Tabellenhandbuch
zur Ermittlung des Verkehrswerts und des Beleihungswerts von Grundstücken

Tabellen, Indizes, Formeln und Normen für die Praxis

herausgegeben von

Dr.-Ing. Hans-Georg Tillmann ist ö.b.u.v. Sachverständiger, Mitglied in mehreren Fachgremien (Architektenkammern, Ingenieurkammer Bau, Industrie- und Handelskammer), u.a. Seminarleitung Wertermittlung bei mehreren Veranstaltern und Kammern;

Dipl.-Ing. Wolfgang Kleiber, Ministerialrat a.D. im Bundesministerium für Verkehr, Bau und Stadtentwicklung, Professor an der Hochschule Anhalt, Fellow of the Royal Institution of Chartered Surveyors (FRICS);

Wolfgang Seitz, M. Sc., ist Diplom-Sachverständiger (DIA) für die Bewertung von bebauten und unbebauten Grundstücken, für Mieten und Pachten sowie für Beleihungswertermittlungen, zertifiziert von der DIA und Dozent an verschiedenen Bildungseinrichtungen.

2. Auflage 2017

Bibliografische Information der Deutschen Nationalbibliothek
Die Deutsche Nationalbibliothek verzeichnet diese Publikation in der Deutschen Nationalbibliografie; detaillierte bibliografische Daten sind im Internet über http://dnb.d-nb.de abrufbar.

Weitere Rechtsgrundlagen und zusätzliche Informationen zum kostenlosen Download unter www.wertermittlerportal.de/rechtsgrundlagen

Bundesanzeiger Verlag GmbH
Amsterdamer Straße 192
50735 Köln

Internet: www.bundesanzeiger-verlag.de
Weitere Informationen finden Sie auch in unserem Themenportal unter https://www.bundesanzeiger-verlag.de/immobilien.html

Beratung und Bestellung:
Tel.: +49 (0) 221 97668-306
Fax: +49 (0) 221 97668-236
E-Mail: bau-immobilien@bundesanzeiger.de

ISBN (Print): 978-3-89817-831-0
ISBN (E-Book): 978-3-8462-0734-5

Herstellung: Günter Fabritius
Satz: starke+partner, Willich

Druck und buchbinderische Verarbeitung: Medienhaus Plump GmbH, Rheinbreitbach

Printed in Germany

Vorwort zur 2. Auflage

Seit der 1. Auflage dieses Buches sind umfangreiche Neuerungen in den Grundlagen zur Wertermittlung von Grundstücken in Kraft getreten. Diese betreffen vor allem Änderungen in der Bewertungsmethodik, in der Terminologie sowie bei den zur Wertermittlung erforderlichen Daten. Insbesondere wurde auch der Modellgedanke stärker in den Vordergrund gerückt.

Die Änderungen bis zur zuletzt in Kraft getretenen EW-RL sind in der vorliegenden 2. Auflage umfassend berücksichtigt. Neben den veränderten methodischen Grundlagen (ImmoWertV, BRW-RL, SW-RL, VW-RL, EW-RL) sind in der vorliegenden Auflage die zur Wertermittlung erforderlichen Daten angepasst worden. Ebenfalls berücksichtigt ist die Umstellung auf die NHK 2010.

Der in den aktuellen Richtlinien aufgenommene Modellgedanke kann in der Praxis der Gutachtenerstellung noch nicht durchgehend zur Anwendung kommen. Zu verschieden sind die Auswertungen durch die Gutachterausschüsse, teilweise ist die Methodik noch nicht vollständig an das neue Regelwerk angepasst worden. Daraus folgt für das Tabellenhandbuch, dass an sich überholte Inhalte noch einmal dargestellt werden, zum Beispiel die NHK 2000, die Bewirtschaftungskosten nach der II. BV oder die Alterswertminderung nach Ross, da sie – wie auch die Marktberichte der Oberen Gutachterausschüsse zeigen – noch vielfach angewendet werden. Andererseits bietet die Zusammenfassung in einem Werk gerade auch den Sachverständigen eine Orientierung, die sich im Lauf ihrer beruflichen Tätigkeit nicht oder (noch) nicht intensiv mit den früheren Regelwerken auseinandergesetzt haben. Darüber hinaus ist damit auch die Prüfung älterer Wertgutachten möglich. Der Zugriff auf historisches Datenmaterial wird primär durch die abgedruckten langen Zeitreihen und weiterhin durch die Angabe der Quellen erleichtert.

Die Inhalte des Buches können nur den bei Redaktionsschluss aktuellen Stand zur Wertermittlung berücksichtigen. Insoweit handelt es sich um eine Momentaufnahme des Wertermittlungsrechts, der Wertermittlungsparameter und der zum Erstattung von Gutachten erforderlichen Daten. Das sind teilweise Inhalte, die der Modifikation unterworfen sind. Die Entwicklung der Märkte, der Indexdaten des Statistischen Bundesamtes oder die Angleichung von ImmoWertV und den neuen Richtlinien führen dazu, dass einzelne Teile dieses Buches im Laufe der Zeit nicht mehr auf der Höhe der Zeit sind. Ergänzend dazu ist deshalb stets ein Blick auf das aktuelle Geschehen erforderlich, eigene Recherche ist – wie immer – unabdingbar. Dieses Buch soll dazu jedoch einen geeigneten Leitfaden bieten.

Es sei auch zu dieser Auflage nachdrücklich darauf hingewiesen, dass die vorliegenden Inhalte nicht unreflektiert zur Erstattung von Gutachten herangezogen werden dürfen. Regionale und örtliche Besonderheiten, wie sie etwa in den Grundstücksmarktberichten zum Ausdruck kommen, sind unbedingt zu beachten. Soweit Erfahrungssätze und Empfehlungen angegeben sind, ist generell – dem Grundsatz der Modellkonformität gehorchend – zu prüfen, ob sie auf den konkreten Bewertungsfall angewendet werden können.

Ein besonderer Dank gebührt den Rechtsinhabern für die Genehmigung zum Abdruck aus zahlreichen Quellen. Sie erst haben dazu beigetragen, dass die vorliegende Zusammenstellung als Arbeitsbuch für die Wertermittlungspraxis verwirklicht werden konnte.

April 2017

Hans-Georg Tillmann, Dortmund Wolfgang Kleiber, Berlin Wolfgang Seitz, Bötzingen

Vorwort zur 2. Auflage

Seit der 1. Auflage dieses Buches sind umfangreiche Neuerungen in den Grundlagen zur Wertermittlung von Grundstücken in Kraft getreten. Diese betreffen vor allem Änderungen in der Bewertungsmethodik, in der Terminologie sowie bei den zur Wertermittlung erforderlichen Daten. Insbesondere wurde auch der Modellgedanke stärker in den Vordergrund gerückt.

Die Änderungen bis zur zuletzt in Kraft getretenen EW-RL sind in der vorliegenden 2. Auflage umfassend berücksichtigt. Neben den veränderten methodischen Grundlagen (ImmoWertV, BRW-RL, SW-RL, VW-RL, EW-RL) sind in der vorliegenden Auflage die zur Wertermittlung erforderlichen Daten angepasst worden. Ebenfalls berücksichtigt ist die Umstellung auf die NHK 2010.

Der in den aktuellen Richtlinien aufgenommene Modellgedanke kann in der Praxis der Gutachtenerstellung noch nicht durchgehend zur Anwendung kommen. Zu verschieden sind die Auswertungen durch die Gutachterausschüsse, teilweise ist die Methodik noch nicht vollständig an das neue Regelwerk angepasst worden. Daraus folgt für das Tabellenhandbuch, dass es sich anbietet, dass ältere Inhalte noch einmal dargestellt werden, zum Beispiel die NHK 2000, die Bewirtschaftungskosten nach der II. BV oder die Alterswertminderung nach Ross, da sie – wie auch die Marktberichte der Oberen Gutachterausschüsse zeigen – noch vielfach angewendet werden. Andererseits bietet die Zusammenfassung in einem Werk gerade auch den Sachverständigen eine Orientierung, die sich im Lauf ihrer beruflichen Tätigkeit nicht oder (noch) nicht intensiv mit den früheren Regelwerken auseinandergesetzt haben. Darüber hinaus ist damit auch die Prüfung älterer Wertgutachten möglich. Der Zugriff auf historisches Datenmaterial wird primär durch die abgedruckten langen Zeitreihen und weiterhin durch die Angabe der Quellen erleichtert.

Die Inhalte des Buches können nur den bei Redaktionsschluss aktuellen Stand zur Wertermittlung berücksichtigen. Insoweit handelt es sich um eine Momentaufnahme des Wertermittlungsrechts, der Wertermittlungsparameter und der zum Erstellen von Gutachten erforderlichen Daten. Das sind teilweise Inhalte, die der Modifikation unterworfen sind. Die Entwicklung der Märkte, der Indexdaten des Statistischen Bundesamtes oder die Angleichung von ImmoWertV und den neuen Richtlinien führen dazu, dass einzelne Teile dieses Buches im Laufe der Zeit nicht mehr auf der Höhe der Zeit sind. Ergänzend dazu ist deshalb stets ein Blick auf das aktuelle Geschehen erforderlich, eigene Recherche ist – wie immer – unabdingbar. Dieses Buch soll dazu jedoch einen geeigneten Leitfaden bieten.

Es sei auch zu dieser Auflage nachdrücklich darauf hingewiesen, dass die vorliegenden Inhalte nicht unreflektiert zur Erstattung von Gutachten herangezogen werden dürfen. Regionale und örtliche Besonderheiten, wie sie etwa in den Grundstücksmarktberichten zum Ausdruck kommen, sind unbedingt zu beachten. Soweit Erfahrungssätze und Empfehlungen angegeben sind, ist generell – dem Grundsatz der Modellkonformität gehorchend – zu prüfen, ob sie auf den konkreten Bewertungsfall angewendet werden können.

Ein besonderer Dank gebührt den Rechtsinhabern für die Genehmigung zum Abdruck aus zahlreichen Quellen. Sie erst haben dazu beigetragen, dass die vorliegende Zusammenstellung als Arbeitsbuch für die Wertermittlungspraxis verwirklicht werden konnte.

April 2017

Hans-Georg Tillmann, Dortmund · Wolfgang Kleiber, Berlin · Wolfgang Seitz, Bötzingen

Vorwort zur 1. Auflage

Die gewissenhafte Erstellung von Wertgutachten erfordert den Umgang mit umfangreichen Fachinformationen, die während der Bearbeitung für den Sachverständigen unmittelbar zugänglich sein müssen.

Das vorliegende Tabellenhandbuch soll als Arbeitsmittel diesem Erfordernis dadurch Rechnung tragen, dass es in komprimierter Form eine Zusammenfassung wichtiger Datengrundlagen, die ansonsten eher verteilt in der Fachliteratur zugänglich sind, für die praktische Arbeit des Wertermittlungssachverständigen bereitstellt.

Die Gliederung der Inhalte orientiert sich an der Bearbeitungsstruktur eines Gutachtens und ist daher primär entsprechend den gutachterlichen Tätigkeiten (Ermittlung des Bodenwerts, des Sach- und Ertragswerts, der Bewertung von Rechten und Lasten etc.) aufgebaut.

Das Handbuch enthält umfangreiche Tabellen, die sowohl handlungsorientierte Daten zur Wertermittlung als auch Daten zu Kontrollzwecken umfassen. Grundlegende Formeln, Texte zu Verordnungen, Richtlinien und Honorardaten runden den Informationsgehalt ebenso ab wie Checklisten zu einzelnen Arbeitsbereichen.

Eine fundierte Wertermittlung muss auf dem jeweiligen Stand der Zeit sein. Die Zeit steht nun einmal nicht still und der Sachverständige muss die Entwicklung auf dem Immobilienmarkt in dem Umfang berücksichtigen, wie er es hätte aktuell erkennen können.

Es war ein besonderes Anliegen der Autoren, mit diesem Werk den derzeitigen Erkenntnisstand zu erfassen, jedoch kann auch dies wiederum nur eine Momentaufnahme sein.

Der Benutzer des Werks sei deshalb ausdrücklich daran erinnert, dass er gegebenenfalls aktuelle und besondere regionale und örtliche Entwicklungen berücksichtigen muss.

Dortmund / Berlin, November 2007

Inhaltsübersicht

Inhaltsverzeichnis

Herkunftsquellen

Die Quellenangaben sind als Anmerkung jeweils den Daten, Tabellen, Texten etc. unmittelbar angefügt.

Bei vielfach zitierten Quellen wurden nachfolgende Kürzel verwendet:

KL-d:	Kleiber digital
KL-M:	Kleiber, Marktwertermittlung nach ImmoWertV, 7. Auflage 2012
KL-V:	Kleiber, Verkehrswertermittlung von Grundstücken, 8. Auflage 2017
KL-V (7):	Kleiber, Verkehrswertermittlung von Grundstücken, 7. Auflage 2014
KL-V (6):	Kleiber, Verkehrswertermittlung von Grundstücken, 6. Auflage 2010
KL-W:	Kleiber, Wertermittlungsrichtlinien (2016), 12. Auflage 2016
KS:	Kleiber / Simon, Verkehrswertermittlung von Grundstücken, 5. Auflage 2007
KS-M:	Kleiber / Simon, WertV '98 Marktwertermittlung unter Berücksichtigung der Wertermittlungsrichtlinien WertR 02, 6. Auflage 2004
GuG-K:	GuG-Kalender 2017
RLKS:	Rössler/Langner fortgeführt von Kleiber/Simon etc.: Schätzung und Ermittlung von Grundstückswerten, 8. Auflage 2004
GA-NRW	© Daten der Gutachterausschüsse für Grundstückswerte NRW (2016), (www.govdata.de/dl-de/by-2-0), https://www.boris.nrw.de
SI-WV:	Simon, Wertermittlungsverfahren, 1. Auflage 2016
SK-S:	Simon / Kleiber, begründet von Rössler/Langner, Schätzung und Ermittlung von Grundstückswerten, 7. Auflage 1996
TK:	Tillmann / Kleiber, Trainingshandbuch Grundstückswertermittlung, 2. Auflage 2014

Herkunftsquellen

Die Quellenangaben sind als Anmerkung jeweils den Daten, Tabellen, Texten etc. unmittelbar angefügt.

Bei vielfach zitierten Quellen wurden nachfolgende Kürzel verwendet:

KL-d: Kleiber digital

KL-M: Kleiber, Marktwertermittlung nach ImmoWertV, 7. Auflage 2012

KL-V: Kleiber, Verkehrswertermittlung von Grundstücken, 8. Auflage 2017

KL-V (7): Kleiber, Verkehrswertermittlung von Grundstücken, 7. Auflage 2014

KL-V (6): Kleiber, Verkehrswertermittlung von Grundstücken, 6. Auflage 2010

KL-W: Kleiber, Wertermittlungsrichtlinien (2016), 12. Auflage 2016

KS: Kleiber/Simon, Verkehrswertermittlung von Grundstücken, 5. Auflage 2007

KS-M: Kleiber/Simon, WertV 98 Marktwertermittlung unter Berücksichtigung der Wertermittlungsrichtlinien WertR 02, 6. Auflage 2004

GuG-K: GuG-Kalender 2017

RLKS: Rössler/Langner fortgeführt von Kleiber/Simon, etc., Schätzung und Ermittlung von Grundstückswerten, 8. Auflage 2004

GA-NRW: © Daten der Gutachterausschüsse für Grundstückswerte NRW (2016), (www.govdata.de/dl-de/zero-2-0), https://www.boris.nrw.de

SI-WV: Simon, Wertermittlungsverfahren, 1. Auflage 2016

SR-S: Simon/Kleiber, begründet von Rössler/Langner, Schätzung und Ermittlung von Grundstückswerten, 7. Auflage 1996

TK: Tillmann/Kleiber, Trainingshandbuch Grundstückswertermittlung, 2. Auflage 2014

Abkürzungen

AGVGA.NRW	Arbeitsgemeinschaft der Vorsitzenden der Gutachterausschüsse in Nordrhein-Westfalen
AK OGA	Arbeitskreis der Gutachterausschüsse und Oberen Gutachterausschüsse in der Bundesrepublik Deutschland
Art.	Artikel
Aufl.	Auflage
BauGB	Baugesetzbuch
BauO	Bauordnung
BauNVO	Baunutzungsverordnung
BelWertV	Beleihungswertermittlungsverordnung
BewG	Bewertungsgesetz
BGB	Bürgerliches Gesetzbuch
BGBl.	Bundesgesetzblatt
BGF	Brutto-Grundfläche
BGH	Bundesgerichtshof
BGHZ	Entscheidung des Bundesgerichtshofs in Zivilsachen
BKleingG	Bundeskleingartengesetz
BMF	Bundesministerium der Finanzen
BNK	Baunebenkosten
BodSchätzDB	Durchführungsverordnung zum Bodenschätzungsgesetz
BRI	Brutto-Rauminhalt
BStBl	Bundessteuerblatt
DFH	Dreifamilienhaus
DIN	Deutsches Institut für Normung e.V.
DMB	Deutscher Mieterbund e.V.
eb-frei	erschließungsbeitragsfrei
eb-pfl.	erschließungsbeitragspflichtig
EFH	Einfamilienhaus
EGBGB	Einführungsgesetz zum BGB
ErbbauV	Erbbaurechtsverordnung
ErbbauRG	Erbbaurechtsgesetz
Erl.	Erlass
EW	Einwohner
EW-RL	Ertragswertrichtlinie
GAA	Gutachterausschuss
GG	Grundgesetz
GBO	Grundbuchordnung
GBV	Grundbuchverfügung
gif	Gesellschaft für immobilienwirtschaftliche Forschung e.V.
GND	Gesamtnutzungsdauer
GFZ	Geschossflächenzahl
GRZ	Grundflächenzahl
GuG	Grundstücksmarkt und Grundstückswert

IfS	Institut für Sachverständigenwesen e.V.
i.S.	im Sinn
ImmoWertV	Immobilienwertermittlungsverordnung
IVD	Immobilienverband Deutschland
JVEG	Justizvergütungs- und Entschädigungsgesetz
LBauO	Landesbauordnung
LZ	Liegenschaftszinssatz
MFH	Mehrfamilienhaus
ModEnG	Modernisierungs- und Energieeinsparungsgesetz
MSVO	Mustersachverständigenordnung
MWSt	Mehrwertsteuer
NF, NFl	Nutzfläche
NFF	Nutzflächenfaktor
NHK	Normalherstellungskosten
NKM	Nettokaltmiete(n)
NRW	Nordrhein-Westfalen
öbuv	öffentlich bestellt und vereidigt
p	in Tabellen von DESTATIS: vorläufige Werte
p.a.	per annum, pro anno
PfandBG	Pfandbriefgesetz
PreisG	Preisangaben- und Preisklauselgesetz
PrKV	Preisklauselverordnung
Rd. Nr., Rn.	Randnummer
REH	Reihenendhaus
RGZ	Entscheidung des Reichsgerichts in Zivilsachen
RH	Reihenhaus
Rn	Randnummer
RMH	Reihenmittelhaus
RND	Restnutzungsdauer
SGB	Sozialgesetzbuch
SV	Sachverständiger
SW-RL	Sachwertrichtlinie
V	Vervielfältiger
VEP	Vorhaben- und Erschließungsplan gemäß BauGB
Vj.	Vierteljahr
VW-RL	Vergleichswertrichtlinie
WEG	Wohnungseigentumsgesetz
WertR	Wertermittlungsrichtlinien
WertV	Wertermittlungsverordnung
WF	Wohnfläche
WGFZ	Wertrelevante Geschossflächenzahl
WiStG	Wirtschaftsstrafgesetz

WNK	Wohn(ungs)nebenkosten
WoFl	Wohnfläche
WoFlV	Wohnflächenverordnung
WoBindG	Wohnungsbindungsgesetz
ZFH	Zweifamilienhaus
Ziff.	Ziffer
ZPO	Zivilprozessordnung
ZVG	Zwangsversteigerungsgesetz

Literaturverzeichnis

Bobka, Gabriele (Hrsg.)
Spezialimmobilien von A bis Z. Bewertung, Modelle, Benchmarks und Beispiele mit CD-ROM
(Bundesanzeiger Verlag) Köln, 2. Auflage 2014
ISBN 978-3-89817-875-4

Blank, Hubert / Börstinghaus, Ulf P.
Miete, Kommentar
(Verlag C. H. Beck) München, 5. Auflage 2016
ISBN 978-3-406-69080-8

Bleutge, Peter
Gebühren für Gutachter
Das novellierte JVEG vom 23.07.2013
Tipps für die Honorarabrechnung der Gerichtssachverständigen
6. Auflage 2013
(Deutscher Industrie- und Handelskammertag) Berlin, 2013
ISBN 978-3-943043-46-4

Bleutge, Peter
Die Ortsbesichtigung durch Sachverständige.
– Grundsätze. Empfehlungen, Musterschreiben –
8. Auflage 2016
Institut für Sachverständigenwesen e.V. Schriftenreihe Band 1
ISBN 978-3-928528-00-9

Bundesverband Deutscher Grundstückssachverständiger e.V. – BDGS
Unverbindliche Preisempfehlung für Wertermittlungsgutachten
Zu beziehen über DCI-Seminare GmbH (info@diaa-akademie)

Dassler / Schiffbauer, fortgeführt von Hintzen / Engels / Rellermeyer
Gesetz über die Zwangsversteigerung und die Zwangsverwaltung
(Verlag Ernst & Werner Gieseking) Bielefeld, 14. Auflage 2013
ISBN 978-3-7694-1097-6

Deutscher Industrie- und Handelskammertag e.V. (DIHK)
Mustersachverständigenordnung (MSVO/DIHK)
In der Fassung vom 24.06.2015

Ernst, Werner / Zinkhahn, Willy / Bielenberg, Walter / Krautzberger, Michael
Baugesetzbuch. Loseblatt-Kommentar
(Verlag C. H. Beck) München, 122. Auflage, August 2016
ISBN 978-3-406-38165-2

Fischer, Roland / Lorenz, Jürgen
Neue Fallstudien zur Wertermittlung von Immobilien
(Bundesanzeiger Verlag) Köln, 2. Auflage 2013
ISBN 978-3-89817-897-6

Fröhlich, Peter J.
Hochbaukosten – Flächen – Rauminhalte; DIN 276, DIN 277, DIN 18960
Kommentar und Erläuterungen
(Vieweg Verlag) Wiesbaden, 16. Auflage 2010
ISBN 978-3-8348-0933-9

Gerardy / Möckel / Troff / Bischoff
Praxis der Grundstücksbewertung
(Olzog-Verlag) München, Loseblattsammlung
ISBN 978-3-7892-1800-72

Heix, Gerhard
Wohnflächenberechnung; Rechtsfragen und Methoden der Wohnflächenberechnung; Wohnflächenverordnung, II. Berechnungsverordnung, DIN 283 und DIN 277,
(Verlag für Wirtschaft und Verwaltung Hubert Wingen) Essen, 4. Auflage 2013
ISBN 978-3-8028-0590-5

Ingenstau, Heinz / Hustedt, Volker
Kommentar zum Erbbaurecht
(Carl Heymanns Verlag), 10. Auflage 2014
ISBN 978-3-452-27911-8

Kleiber, Wolfgang
Wertermittlungsrichtlinien (2016)
Sammlung amtlicher Texte zur Ermittlung des Verkehrswerts von Grundstücken
(Bundesanzeiger Verlag) Köln, 12. Auflage 2016
ISBN 978-3-8462-0642-3

Kleiber, Wolfgang (Hrsg.)
Entscheidungssammlung zum Grundstücksmarkt und zur Grundstückswertermittlung – EzGuG
(Wolters Kluwer Deutschland) Neuwied, Loseblattsammlung
10 Ordner, ca. 11.500 Seiten
ISBN 978-3-472-00431-8

Kleiber, Wolfgang
Verkehrswertermittlung von Grundstücken
Kommentar und Handbuch zur Ermittlung von Marktwerten (Verkehrswerten) und Beleihungswerten sowie zur steuerlichen Bewertung unter Berücksichtigung der ImmoWertV
(Bundesanzeiger Verlag) Köln, 7. Auflage 2014
ISBN 978-3-8462-0218-0

Kleiber, Wolfgang
Verkehrswertermittlung von Grundstücken
Kommentar und Handbuch zur Ermittlung von Marktwerten (Verkehrswerten) und Beleihungswerten sowie zur steuerlichen Bewertung unter Berücksichtigung der ImmoWertV
(Bundesanzeiger Verlag) Köln, 8. Auflage 2017
ISBN 978-3-8462-0680-5

Kleiber, Wolfgang
Marktwertwertermittlung nach ImmoWertV
Praxisnahe Erläuterungen zur Verkehrswertermittlung von Grundstücken
(Bundesanzeiger Verlag) Köln, 7. Auflage 2012
ISBN 978-3-89817-690-3

Kossmann, Ralph / Meyer-Abich, Matthias
Handbuch der Wohnraummiete
(Verlag Vahlen) München, 7. Auflage 2014
ISBN 978-3-8006-3643-3

Kröll, Ralf / Hausmann, Andrea / Rolf, Andrea
Rechte und Belastungen bei der Verkehrswertermittlung von Grundstücken
(Wolters Kluwer Deutschland) Neuwied, 5. Auflage 2015
ISBN 978-3-8041-5135-2

Lenzen, Achim
Die Bewertung von Standardrendite-Immobilien
Berlin, 3. Auflage 2014
(zu beziehen über wertermittlung@berlinhyp.de)

Linde, Trutz/ Richter, Rüdiger
Erbbaurecht und Erbbauzins
(OVS Rechtsverlag), 3. Auflage 2000
ISBN 978-3-933188-12-0

Mayr, Michael
Schadensbeseitigung, Baukostenrichtwerte für Bestandspflege, Reparaturen, Wiederherstellung
(Verlag für Wirtschaft u. Verwaltung Hubert Wingen) Essen, 2008
ISBN 978-3-8028-0548-8

Oefele, Helmut Freiherr von / Winkler, Karl
Handbuch des Erbbaurechts
(Verlag C.H. Beck) München, 6. Auflage 2016
ISBN 978-3-406-69596-4

Palandt, Otto
Bürgerliches Gesetzbuch, Beck' sche Kurzkommentare Band 7
(Verlag C.H. Beck) München, 76. Auflage 2017
ISBN 978-3-406-69500-1
Jedes Jahr erscheint eine neue, aktualisierte Auflage.

Petersen, Hauke / Schnoor, Jürgen / Seitz, Wolfgang
Marktorientierte Immobilienbewertung
(Richard Boorberg Verlag) Stuttgart, 9. Auflage 2015
ISBN 978-3-415-05292-5

Petersen, Hauke / Schnoor, Jürgen / Seitz, Wolfgang / Vogel, Roland
Verkehrswertermittlung von Immobilien
(Richard Boorberg Verlag) Stuttgart, 2. Auflage 2013
ISBN 978-3-415-04609-2

Pohnert, Fritz / Ehrenberg, Birger / Haase, Wolf-Dieter / Joeris, Dagmar
Kreditwirtschaftliche Wertermittlungen
Typische und atypische Beispiele der Immobilienbewertung
(Immobilien Zeitung Verlagsgesellschaft) Wiesbaden, 8. Auflage 2015
ISBN 978-3-940219-26-8

Rosenbaum, Oliver
Fachwörterbuch für Grundstückswertermittlung
(Richard Boorberg Verlag) Stuttgart, 4. Auflage 2008
ISBN 978-3-415-04106-6

Sachs, Lothar / Heddlich, Jürgen:
Angewandte Statistik. Anwendung statistischer Methoden
(Springer Verlag) Berlin, 15. Auflage 2015
[ISBN 978-3-662-45690-3

Sandner, Siegfried / Weber, Ulrich (Hrsg.)
Lexikon der Immobilienwertermittlung
(Bundesanzeiger Verlag) Köln, 2. Auflage 2007
ISBN 978-3-89817-573-9

Schmitz, Heinz / Krings, Edgar / Dahlhaus, Ulrich / Meisel, Ulli
Baukosten 2014/2015, Instandsetzung / Sanierung
Modernisierung / Umnutzung (Band 1: Altbau)
(Verlag für Wirtschaft und Verwaltung) Essen, 22. Auflage 2015
ISBN 978-3-8028-0596-7

Schneider, Rudolf / Stahl, Kerstin
Kapitalisierung und Verrentung
(Verlag C.H. Beck) München, 3. Auflage 2008
ISBN 978-3-406-55281-6

Simon, Jürgen
Wertermittlungsverfahren, Taschenkommentar
ImmoWertV-Wertermittlungsrichtlinien BRW-RL, SW-RL, VW-RL, EW-RL
(Bundesanzeiger Verlag) Köln, 2016
ISBN 978-3-8462-0506-8

Simon, Thore / Gilich, Tobias
Wertermittlung von Grundstücken
Aufgaben und Lösungen zur Verkehrswertermittlung
(Werner Verlag) Neuwied, 6. Auflage 2012
ISBN 978-3-8041-3189-7

Sommer, Götz / Kröll, Ralf
Lehrbuch zur Immobilienbewertung
(Werner Verlag) Neuwied, 5. Auflage 2017
ISBN 978-3-8041-3098-0

Stöber, Kurt
Zwangsversteigerungsgesetz
Kommentar
(Verlag C. H. Beck) München, 21. Auflage 2016
ISBN 978-3-406-68626-9

Stumpe, Bernd / Tillmann, Hans-Georg
Versteigerung und Wertermittlung.
Arbeitshilfen für die Praxis
(Bundesanzeiger Verlag) Köln, 2. Auflage 2014
ISBN 978-3-8462-0241-8

Tillmann, Hans-Georg / Kleiber, Wolfgang
Trainingshandbuch Grundstückswertermittlung
(Bundesanzeiger Verlag) Köln, 2. Auflage 2014
ISBN 978-3-89817-903-4

Troff, Herbert
Bewertung von Grundstücken mit Anlagen erneuerbarer Energien
(OLZOG-Verlag) München, 2015
ISBN 978-3-7892-1832-3

Wenzel, Gerhard
Baulasten in der Praxis.
(Bundesanzeiger-Verlag) Köln, 3. Auflage 2016
ISBN 978-3-8462-0569-3

Autoren

Dr. Hans-Georg Tillmann

Hans-Georg Tillmann, Dr.-Ing, von der IHK zu Dortmund öffentlich bestellter und vereidigter Sachverständiger für die Bewertung von bebauten und unbebauten Grundstücken ist Inhaber eines Sachverständigenbüros (seit 1992), Mitglied sowie stellvertretender Vorsitzender in Gutachterausschüssen, Seminarleiter und Referent zur Ausbildung für Sachverständige des Fachgebietes „Wertermittlung von Grundstücken" bei Kammern und weiteren Trägerorganisationen, Prüfer in Fachgremien für die öffentliche Bestellung und Vereidigung von Sachverständigen bei der IHK Dortmund/Köln, Ingenieurkammer-Bau NRW, Architektenkammer NRW sowie im gemeinsamen Prüfungsausschuss der Architektenkammern Rheinland-Pfalz, Hessen, Saarland. Hans-Georg Tillmann ist Autor zahlreicher Fachveröffentlichungen.

Professor Wolfgang Kleiber

Lead Partner, VALEURO Kleiber und Partner Grundstückssachverständigengesellschaft, Frankfurt/M., Berlin, München, Augsburg; seit 1991 Fellow of the Royal Institution of Chartered Surveyors (FRICS); Professor an der Hochschule Anhalt (Hochschule für angewandte Wissenschaften) sowie Dozent an verschiedenen weiteren Universitäten, z.B. an der Bergischen Universität Wuppertal, der Albert-Ludwigs Universität Freiburg und der International Real Estate Business School (IREBS). Professor Kleiber ist Herausgeber der Fachzeitschrift Grundstücksmarkt und Grundstückswert (GuG) und Autor zahlreicher Fachpublikationen und Standardwerke.

Wolfgang Seitz

Wolfgang Seitz, M.Sc., ist zertifizierter Sachverständiger für Immobilienbewertung (DIA). Vor seiner Tätigkeit in der Immobilienwirtschaft als Makler und Sachverständiger war der gelernte Bankkaufmann zuletzt Vorstandsmitglied einer regionalen Sparkasse. Er ist Dozent an der Deutschen Immobilien-Akademie (DIA) sowie am Center for Real Estate Studies (CRES) und verfügt über jahrzehntelange Lehr- und Prüfungserfahrung. Wolfgang Seitz ist Autor mehrerer Fachbücher.

Autoren

Dr. Hans-Georg Tillmann

Hans-Georg Tillmann, Dr.-Ing., von der IHK zu Dortmund öffentlich bestellter und vereidigter Sachverständiger für die Bewertung von bebauten und unbebauten Grundstücken ist Inhaber eines Sachverständigenbüros (seit 1992), Mitglied sowie stellvertretender Vorsitzender in Gutachterausschüssen, Seminarleiter und Referent zur Ausbildung für Sachverständige des Fachgebietes „Wertermittlung von Grundstücken" bei Kammern und weiteren Trägerorganisationen, Prüfer in Fachgremien für die öffentliche Bestellung und Vereidigung von Sachverständigen bei der IHK Dortmund/Köln, Ingenieurkammer-Bau NRW, Architektenkammer NRW sowie im gemeinsamen Prüfungsausschuss der Architektenkammern Rheinland-Pfalz, Hessen, Saarland. Hans-Georg Tillmann ist Autor zahlreicher Fachveröffentlichungen.

Professor Wolfgang Kleiber

Lead-Partner, VALEURO Kleiber und Partner Grundstückssachverständigengesellschaft, Frankfurt/M., Berlin, München, Augsburg, seit 1991 Fellow of the Royal Institution of Chartered Surveyors (FRICS), Professor an der Hochschule Anhalt (Hochschule für angewandte Wissenschaften) sowie Dozent an verschiedenen weiteren Universitäten, z.B. an der Bergischen Universität Wuppertal, der Albert-Ludwigs-Universität Freiburg und der International Real Estate Business School (IREBS). Professor Kleiber ist Herausgeber der Fachzeitschrift Grundstücksmarkt und Grundstückswert (GuG) und Autor zahlreicher Fachpublikationen und Standardwerke.

Wolfgang Seitz

Wolfgang Seitz, M.Sc., ist zertifizierter Sachverständiger für Immobilienbewertung (DIA). Vor seiner Tätigkeit in der Immobilienwirtschaft als Makler und Sachverständiger war der gelernte Bankkaufmann zuletzt Vorstandsmitglied einer regionalen Sparkasse. Er ist Dozent an der Deutschen Immobilien-Akademie (DIA) sowie am Center for Real Estate Studies (CRES) und verfügt über jahrzehntelange Lehr- und Prüfungserfahrung. Wolfgang Seitz ist Autor mehrerer Fachbücher.

1 Verfahrensübergreifendes

1.1 Übliche wirtschaftliche Gesamtnutzungsdauer von Gebäuden

Quelle: KL-V, 887 f., KL-V (7), 863; Anl. 2 SW-RL; Anl. 3 BelWertV; Anl. 22 BewG

Vorbemerkung: Es handelt sich hierbei um die übliche wirtschaftliche Gesamtnutzungsdauer bei ordnungsgemäßer Instandhaltung (ohne Modernisierung) in Anlehnung an Anl. 3 SW-RL, Anl. 2 BelWertV und Anl. 22 BewG.

Gebäudeart	**Übliche wirtschaftliche Gesamtnutzungsdauer von Gebäuden in Jahren**				
	Empfehlung	**nach SW-RL**		**nach BelWertV**	**nach BewG (Anl. 22)**
Freistehende Ein- und Zweifamilienhäuser, Doppel- und Reihenhäuser[1]	50 – 100	–		25 – 80	70
Standardstufe 1	50 – 65	60		–	–
Standardstufe 2	50 – 70	65		–	–
Standardstufe 3	60 – 75	70		–	–
Standardstufe 4	60 – 80	75		–	–
Standardstufe 5	60 – 100	80		–	–
Mehrfamilienhäuser (Mietwohngebäude)					
Mehrfamilienhäuser	30 – 80	70	+/- 10	25 – 80	70
Wohnhäuser mit Mischnutzung	30 – 80	70	+/- 10	–	70
Büro- und Verwaltungsgebäude, Geschäftshäuser					
Geschäftshäuser	30 – 70	60	+/- 10	30 – 60	60
Bürogebäude	30 – 70	60	+/- 10	30 – 60	60
Banken	50 – 70	60	+/- 10	30 – 60	60
Gemeindezentren, Saalbauten/ Veranstaltungsgebäude	30 – 60	40	+/- 10	–	40
Vereinsheime	–	–	–	–	40
Ausstellungsgebäude	30 – 60	–	–	–	50
Museen, Theater	60	–	–	–	70
Kindergärten, Kindertagesstätten	30 – 50	50	+/- 10	–	50
Schulen	–	50	+/- 10	–	–
Allgemeinbildende und Berufsschulen	40 – 60	–	–	–	50
Hochschulen, Universitäten	50 – 60	–	–	–	50
Wohnheime, Internate, Alten- und Pflegeheime	40 – 70	50	+/- 10	–	50

1 Ausstattungsabhängige Differenzierung siehe Kapitel 3.1.4.

Gebäudeart	Übliche wirtschaftliche Gesamtnutzungsdauer von Gebäuden in Jahren				
	Empfehlung	nach SW-RL		nach BelWertV	nach BewG (Anl. 22)
Krankenhäuser, Tageskliniken, Ärztehäuser	–	40	+/- 10	15 – 40	40
Sanatorien, Kliniken, Alten- und Pflegeheime	40 – 50	–	–	15 – 40	40
Reha-Einrichtungen, Krankenhäuser	40 – 60	40	+/- 10	15 – 40	40
Beherbergungsstätten, Verpflegungseinrichtungen	–	40	+/- 10	–	–
Hotels	40 – 50	–	–	15 – 40	40
Budgethotels	35 – 45	–	–	–	–
Gaststätten	20 – 40	–	–	15 – 40	–
Sporthallen, Freizeitbäder/ Hallenbäder, Heilbäder	–	40	+/- 10	15 – 30	40
Tennishallen	30 – 50	–	–	15 – 30	40
Sporthallen (Turnhallen)	50 – 60	–	–	15 – 30	40
Funktionsgebäude für Sportanlagen	40 – 60	–	–	15 – 30	40
Hallenbäder, Kur- und Heilbäder	40 – 60	–	–	15 – 30	40
Reitsporthalle	30	–	–	15 – 30	30
Campingplätze (bauliche Anlagen)	30 – 40	–	–	–	–
Verbrauchermärkte, Kauf-, Waren- und Autohäuser					
Verbrauchermärkte, Autohäuser	20 – 40	30	+/- 10	10 – 30	30
Kauf- und Warenhäuser*	20 – 50	50	+/- 10	15 – 50	50
Garagen/Parkhäuser/Tiefgaragen					
Fertigteilreihengarage leichte Bauweise	30 – 40	–	–	–	–
Massivfertigteilreihengaragen	60	–	–	–	–
Einzelgarage	50 – 60	60	+/- 10	–	60
Mehrfachgarage	60	–	–	–	60
Parkhäuser (offene Ausführung, Parkpaletten)	40	–	–	15 – 40	40
Parkhäuser (geschlossene Ausführung)	40	–	–	15 – 40	40
Tief- und Hochgarage (als Einzelbauwerk), Carports	40	40	+/- 10	–	40
Tankstelle	10 – 20	–	–	10 – 30	–
Kirchen, Stadt- und Dorfkirchen, Kapellen, Friedhofsgebäude	50 – 150	–	–	–	70

Gebäudeart	**Übliche wirtschaftliche Gesamtnutzungsdauer von Gebäuden in Jahren**				
	Empfehlung	**nach SW-RL**		**nach BelWertV**	**nach BewG (Anl. 22)**
Museum, Theater	–	–	–	–	70
Betriebs- und Werkstätten, Industrie- und Produktionsgebäude	30 – 50	40	+/- 10	15 – 40	40
Gewerbe- und Industriegebäude (Werkstätten)	40 – 50	40	+/- 10	15 – 40	40
Lager- und Versandgebäude**	–	40	+/- 10	15 – 40	40
Lager- und Logistikgebäude	30 – 50	–	–	15 – 40	40
Warm- und Kaltlager ggf. mit Büro- und Sozialtrakt	20 – 30	–	–	15 – 40	40
Tanklager	–	–	–	–	–
Windkraftwerke	15 – 20	–	–	–	–
Landwirtschaftliche Betriebsgebäude	–	30	+/- 10	15 – 40	–
Scheune ohne Stallteil	40 – 50	–	–	–	–
Landwirtschaftliche Mehrzweck- und Maschinenhallen	40	–	–	–	–
Stallgebäude (allgemein)	15 – 25	–	–	–	–
Pferde-, Rinder-, Schweine-, Geflügelställe	30	–	–	–	–
Lauben, Wochenend- und Gartenhäuser	30 – 60	–	–	–	–
Außenanlagen***	40 – 60	–	–	–	–
Außenmauern***					
Außenwände, Stahlfachwerk mit Ziegelsteinen ausgefacht	50 – 60	–	–	–	–
Stahlkonstruktion mit ungeschützten Außenflächen	30 – 40	–	–	–	–
Außenverkleidung mit Trapezblechen auf Stahlstielen und Riegeln	30 – 40	–	–	–	–
Außenverkleidung mit verzinktem Wellblech auf Stahlstielen und Riegeln	25 – 30	–	–	–	–

* Bei bloßer Instandhaltung können sich auch kürzere Nutzungsdauern ergeben; vgl. BMF vom 16.3.1992 (BStBl I 1992, 230). Gleich lautender Erlass der neuen Bundesländer betr. Bewertung von Warenhausgrundstücken, Einkaufszentren sowie Groß-, SB- und Verbrauchermärkten und Messehallen im Beitrittsgebiet vom 25.6.1993 (BStBl I 1993, 528 = GuG 1993, 362).

** Unter Berücksichtigung angemessener Modernisierungen.

*** Nicht mehr in KL-V (8), Fundstelle: KL-V (7), S. 863.

1.2 Restnutzungsdauer von Gebäuden

1.2.1 Restnutzungsdauer von Gebäuden älterer Baujahre

Quelle: *Geschäftsstelle des Gutachterausschusses für Grundstückswerte in Berlin, Amtsblatt für Berlin Nr. 23 vom 5.6.2015, S. 1207 ff.*

1.2.1.1 Baujahre bis 1918 (Altbauten) und Baujahre 1919 bis 1948 (Zwischenkriegsbauten)

Ansatz der Restnutzungsdauer (RND) nach Tabelle 1 und gegebenenfalls Korrekturen nach Tabelle 2:

Tabelle 1

Bauzustand	RND
gut	55
normal	40
schlecht	25

Tabelle 2

Zwischenkriegsbauten: **Normalausstattung:** Zentralheizung, Bäder **Abschlag 5 Jahre:** keine Zentralheizung (komplett)
Altbauten: **Normalausstattung:** Zentralheizung (komplett) und Bäder **Abschlag 5 Jahre:** keine Zentralheizung (komplett) oder Bäder nicht vorhanden **Abschlag 10 Jahre:** weder Zentralheizung (komplett) noch Bäder

1.2.1.2 Baujahre 1949 bis 1969 und Baujahre ab 1970

Tabelle 3

Baualter in Jahren	Bauzustand: gut	Bauzustand: normal	Bauzustand: schlecht
bis 2	80		
3 – 7	75		
8 – 12	70	65	60
13 – 17	65	60	55
18 – 22	60	55	50
23 – 27	55	50	45
28 – 32	55	45	40
33 – 37	55	40	35
38 – 42	55	40	30
43 – 47	55	40	25
48 – 52	55	40	25
53 – 57	55	40	25
ab 58	55	40	25

1.2.2 Modell zur Ableitung der wirtschaftlichen Restnutzungsdauer für Wohngebäude[2] unter Berücksichtigung von Modernisierungen

Quelle: Sachwertrichtlinie (SW-RL), Anlage 4

Das Modell dient der Orientierung zur Berücksichtigung von Modernisierungsmaßnahmen. Es ersetzt nicht die erforderliche sachverständige Würdigung des Einzelfalls.

1 Punktetabelle zur Ermittlung des Modernisierungsgrades

Aus der Summe der Punkte für die jeweils zum Bewertungsstichtag oder kurz zuvor durchgeführten Maßnahmen ergibt sich der Modernisierungsgrad.

Liegen die Maßnahmen weiter zurück, ist zu prüfen, ob nicht ein geringerer als der maximale Tabellenwert anzusetzen ist. Sofern nicht modernisierte Bauelemente noch zeitgemäßen Ansprüchen genügen, sind entsprechende Punkte zu vergeben.

2 Das Modell kann analog auch bei der Bewertung von Verwaltungs-, Büro- und Geschäftsgebäuden Anwendung finden.

Modernisierungselemente	**max. Punkte**
Dacherneuerung inklusive Verbesserung der Wärmedämmung	4
Modernisierung der Fenster und Außentüren	2
Modernisierung der Leitungssysteme (Strom, Gas, Wasser, Abwasser)	2
Modernisierung der Heizungsanlage	2
Wärmedämmung der Außenwände	4
Modernisierung von Bädern	2
Modernisierung des Innenausbaus, z.B. Decken, Fußböden, Treppen	2
Wesentliche Verbesserung der Grundrissgestaltung	2

Entsprechend der jeweils ermittelten Gesamtpunktzahl ist der **Modernisierungsgrad** sachverständig zu ermitteln. Hierfür gibt die folgende Tabelle Anhaltspunkte.

Modernisierungsgrad		
≤ 1 Punkt	=	nicht modernisiert
4 Punkte	=	kleine Modernisierungen im Rahmen der Instandhaltung
8 Punkte	=	mittlerer Modernisierungsgrad
13 Punkte	=	überwiegend modernisiert
≥ 18 Punkte	=	umfassend modernisiert

2 Tabellen zur Ermittlung der modifizierten Restnutzungsdauer

In den nachfolgenden Tabellen sind in Abhängigkeit von der üblichen Gesamtnutzungsdauer, dem **Gebäudealter** und dem ermittelten **Modernisierungsgrad** für Gesamtnutzungsdauern von 30 bis 80 Jahren modifizierte Restnutzungsdauern angegeben. Die Tabellenwerte sind auf die volle Jahreszahl gerundet worden.

Den Tabellenwerten liegt ein theoretischer Modellansatz zu Grunde. Das Modell geht davon aus, dass die Restnutzungsdauer auf maximal 70 % der jeweiligen Gesamtnutzungsdauer gestreckt und nach der Formel

$$a \times \frac{100}{GND} \times Alter^2 - b \times Alter + c \times \frac{GND}{100}$$

mit den nachfolgenden Werten für a, b und c berechnet wird.

Modernisierungsgrad	a	b	c	ab einem relativen Alter [%] von*
≤ 1 Punkt	0,0125	2,625	152,50	60
4 Punkte	0,0073	1,577	111,33	40
8 Punkte	0,0050	1,100	100,00	20
13 Punkte	0,0033	0,735	95,28	15
≥ 18 Punkte	0,0020	0,440	94,20	10

* Die Spalte gibt das Alter an, von dem an die Formeln anwendbar sind. Das relative Alter berechnet sich aus Alter/GND x 100.

Bei kernsanierten Objekten kann die Restnutzungsdauer bis zu 90 % der jeweiligen Gesamtnutzungsdauer betragen.

2.1 Modifizierte Restnutzungsdauer bei einer üblichen Gesamtnutzungsdauer von 80 Jahren

Gebäude-alter	Modernisierungsgrad				
	≤ 1 Punkt	4 Punkte	8 Punkte	13 Punkte	≥ 18 Punkte
	modifizierte Restnutzungsdauer				
0	80	80	80	80	80
5	75	75	75	75	75
10	70	70	70	70	71
15	65	65	65	66	69
20	60	60	61	63	68
25	55	55	56	60	66
30	50	50	53	58	64
35	45	45	49	56	63
40	40	41	46	53	62
45	35	37	43	52	61
50	30	33	41	50	60
55	25	30	38	48	59
60	21	27	37	47	58
65	17	25	35	46	57
70	15	23	34	45	57
75	13	22	33	44	56
≥ 80	12	21	32	44	56

2.2 Modifizierte Restnutzungsdauer bei einer üblichen Gesamtnutzungsdauer von 75 Jahren

Gebäudealter	Modernisierungsgrad				
	≤ 1 Punkt	4 Punkte	8 Punkte	13 Punkte	≥ 18 Punkte
	modifizierte Restnutzungsdauer				
0	75	75	75	75	75
5	70	70	70	70	70
10	65	65	65	65	67
15	60	60	60	61	65
20	55	55	56	59	63
25	50	50	52	56	61
30	45	45	48	53	60
35	40	40	45	51	59
40	35	36	42	49	57
45	30	32	39	47	56
50	25	29	37	46	55
55	20	26	35	44	55
60	17	24	33	43	54
65	14	22	32	42	53
70	12	21	31	42	53
≥ 75	11	20	30	41	53

2.3 Modifizierte Restnutzungsdauer bei einer üblichen Gesamtnutzungsdauer von 70 Jahren

Gebäudealter	Modernisierungsgrad				
	≤ 1 Punkt	4 Punkte	8 Punkte	13 Punkte	≥ 18 Punkte
	modifizierte Restnutzungsdauer				
0	70	70	70	70	70
5	65	65	65	65	65
10	60	60	60	60	62
15	55	55	55	57	60
20	50	50	51	54	58
25	45	45	47	51	57
30	40	40	43	49	55
35	35	36	40	47	54
40	30	32	37	45	53
45	25	28	35	43	52
50	20	25	33	42	51
55	16	23	31	41	50
60	14	21	30	40	50
65	12	19	29	39	49
≥ 70	11	19	28	38	49

2.4 Modifizierte Restnutzungsdauer bei einer üblichen Gesamtnutzungsdauer von 65 Jahren

Gebäudealter	Modernisierungsgrad				
	≤ 1 Punkt	4 Punkte	8 Punkte	13 Punkte	≥ 18 Punkte
	modifizierte Restnutzungsdauer				
0	65	65	65	65	65
5	60	60	60	60	60
10	55	55	55	55	57
15	50	50	50	52	55
20	45	45	46	49	54
25	40	40	42	47	52
30	35	35	39	44	51
35	30	31	36	42	50
40	25	27	33	41	49
45	20	24	31	39	48
50	16	22	29	38	47
55	13	20	28	37	46
60	11	18	27	36	46
≥ 65	10	17	26	36	46

2.5 Modifizierte Restnutzungsdauer bei einer üblichen Gesamtnutzungsdauer von 60 Jahren

Gebäudealter	Modernisierungsgrad				
	≤ 1 Punkt	4 Punkte	8 Punkte	13 Punkte	≥ 18 Punkte
	modifizierte Restnutzungsdauer				
0	60	60	60	60	60
5	55	55	55	55	55
10	50	50	50	50	52
15	45	45	45	47	51
20	40	40	41	45	49
25	35	35	38	42	48
30	30	30	35	40	46
35	25	27	32	38	45
40	20	23	29	37	44
45	16	20	27	35	43
50	12	18	26	34	43
55	10	17	25	33	42
≥ 60	9	16	24	33	42

2.6 Modifizierte Restnutzungsdauer bei einer üblichen Gesamtnutzungsdauer von 50 Jahren

Gebäudealter	Modernisierungsgrad				
	≤ 1 Punkt	4 Punkte	8 Punkte	13 Punkte	≥ 18 Punkte
	modifizierte Restnutzungsdauer				
0	50	50	50	50	50
5	45	45	45	45	45
10	40	40	40	41	43
15	35	35	36	38	41
20	30	30	32	36	40
25	25	25	29	33	39
30	20	21	26	32	38
35	15	18	24	30	37
40	11	16	22	29	36
45	9	14	21	28	35
≥ 50	8	13	20	27	35

2.7 Modifizierte Restnutzungsdauer bei einer üblichen Gesamtnutzungsdauer von 40 Jahren

Gebäudealter	Modernisierungsgrad				
	≤ 1 Punkt	4 Punkte	8 Punkte	13 Punkte	≥ 18 Punkte
	modifizierte Restnutzungsdauer				
0	40	40	40	40	40
5	35	35	35	35	36
10	30	30	30	32	34
15	25	25	26	29	32
20	20	20	23	27	31
25	15	17	20	25	30
30	10	14	18	23	29
35	7	12	17	22	28
≥ 40	6	11	16	22	28

2.8 Modifizierte Restnutzungsdauer bei einer üblichen Gesamtnutzungsdauer von 30 Jahren

Gebäude-alter	Modernisierungsgrad				
	≤ 1 Punkt	4 Punkte	8 Punkte	13 Punkte	≥ 18 Punkte
	modifizierte Restnutzungsdauer				
0	30	30	30	30	30
5	25	25	25	25	26
10	20	20	21	22	25
15	15	15	17	20	23
20	10	12	15	18	22
25	6	9	13	17	21
≥ 30	5	8	12	16	21

1.2.3 Orientierungswerte zur Vergabe von Modernisierungspunkten

Quelle: AGVGA.NRW, Modell zur Ableitung von Sachwertfaktoren, Stand 16.06.2015, 22
© Daten der Gutachterausschüsse für Grundstückswerte (2016), (www.govdata.de/dl-de/by-2-0), Fundstelle: https://www.boris.nrw.de

Modernisierungs-element	bis ca. 5 Jahre zurück	bis ca. 10 Jahre zurück	bis ca. 15 Jahre zurück	bis ca. 25 Jahre zurück	Bemerkung
Dacherneuerung inkl. Wärme-dämmung	4	3	2	1	Wärmedämmung < 1980 = Stufe 1 (sehr einfach) Wärmedämmung < 1995 = Stufe 2 (einfach)
Modernisierung der Fenster und Türen	2	2	1	0	
Modernisierung der Leitungssysteme	2	2	2	1	
Modernisierung der Heizungsanlage	2	2	1	0	
Wärmedämmung der Außenwände	4	3	2	1	
Modernisierung der Bäder	2	1	0	0	Abnutzung, Mode, wichtigster Punkt bei Vermietung
Modernisierung des Innenausbaus	2	2	2	1	
Wesentliche Verbesserung der Grundrissgestaltung	1 bis 2				grundsätzlich zeitpunktunabhängig; z.B. Badeinbau, gefangene Räume befreien, Verkehrsflächenoptimierung, Hinweis: DG-Ausbau gehört nicht dazu

1.2.4 Restnutzungsdauer bei kernsanierten Objekten

Quelle: AGVGA.NRW, Modell zur Ableitung von Sachwertfaktoren, Stand 16.06.2015, 17 f.
© Daten der Gutachterausschüsse für Grundstückswerte (2016),
(www.govdata.de/dl-de/by-2-0), Fundstelle: https://www.boris.nrw.de

Bei **kernsanierten Objekten** kann die Restnutzungsdauer bis zu 90% der jeweiligen Gesamtnutzungsdauer betragen.

Durch eine Kernsanierung wird das Gebäude in einen Zustand versetzt, der nahezu einem neuen Gebäude entspricht. Dazu wird das Gebäude zunächst bis auf die tragende Substanz zurückgebaut. Decken, Außenwände, tragende Innenwände und ggf. der Dachstuhl bleiben dabei in der Regel erhalten; ggf. sind diese zu ertüchtigen und/oder instand zu setzen. Voraussetzungen für das Vorliegen einer Kernsanierung sind insbesondere die komplette Erneuerung der Dacheindeckung, der Fassade, der Innen- und Außenwände mit Ausnahme der tragenden Wände, der Fußböden, der Fenster, der Innen- und Außentüren sowie sämtlicher technischen Systeme wie z.B. der Heizung einschließlich aller Leitungen, des Abwassersystems einschließlich der Grundleitungen, der elektrischen Leitungen und der Wasserversorgungsleitungen, sofern diese technisch einwandfrei und als neubauähnlich und neuwertig zu betrachten sind. Im Einzelfall müssen nicht alle der vorgenannten Kriterien erfüllt sein. Unter diesen Voraussetzungen ist als Baujahr das Jahr der fachgerechten Sanierung zugrunde zu legen. Die teilweise noch verbliebene alte Bausubstanz oder der von neuen Gebäuden abweichende Zustand z.B. des Kellers ist durch einen Abschlag zu berücksichtigen.

Beispiel 1

Einfamilienhaus, Baujahr 1890, vollständig kernsaniert im Jahr 2010, Gebäudestandardkennzahl = 3,4
Wertermittlungsstichtag: 01.06.2015
fiktives Baujahr = 2010 – (10% von 80) = 2002
fiktives Alter = 2015 – 2002 = 13 Jahre
GND = 80 Jahre
RND = 80 – 13 = 67 Jahre

Beispiel 2

Einfamilienhaus, Baujahr 1890, a) vollständig kernsaniert im Jahr 1989, b) im Jahr 2012 wieder modernisiert Gebäudestandardkennzahl = 3,0 Modernisierungspunkte = 8
Wertermittlungsstichtag: 01.06.2015
fiktives Baujahr = 1989 – (10% von 80) = 1981
fiktives Alter = 2015 – 1981 = 34 Jahre
GND = 80 Jahre
RND = 80 – 34 = 50 Jahre

Anmerkung zu Beispiel 2:

Dieses Beispiel wurde unverändert aus der Quelle (s.o.) übernommen. Nach der Sachwertrichtlinie beträgt die Gesamtnutzungsdauer eines Einfamilienhauses 70 Jahre, gemäß NRW-Modell allerdings stets 80 Jahre.

Im Beispiel 2 errechnet sich die Restnutzungsdauer nach der Tab. 2.1 in Anlage 3 der Sachwertrichtlinie, dort: Gesamtnutzungsdauer 80 Jahre, bei einem Modernisierungsgrad von 8 Punkten wie folgt:

Gebäudealter: 30 Jahre, modifizierte Restnutzungsdauer: 53 Jahre

Gebäudealter: 35 Jahre, modifizierte Restnutzungsdauer: 49 Jahre

interpolierte modifizierte Restnutzungsdauer:

Gebäudealter: 34 Jahre, modifizierte Restnutzungsdauer: 50 Jahre

1.3 Modernisierung / Sanierung von Gebäuden

1.3.1 Wohngebäude Vollmodernisierung

Quelle: Schmitz/Krings/Dahlhaus/Meisel, Baukosten 2014/15, 18. Aufl., Altbau, S. 35

Baukosten ohne Grundstücks- und Gebäuderestwerte und ohne Baunebenkosten incl. 19% Mehrwertsteuer (Kostengruppen 200-500, DIN 276-1, Ausg. 12/2008)

	EUR/m² WF*)		
Baukosten II/2014*	von	mittel	bis
Fachwerkhäuser – schlechter Zustand – mittlerer Zustand – guter Zustand	 2.500 1.500 1.200	 3.000 1.850 1.400	 3.500 2.100 1.600
Gründerzeithäuser – Städtische Gebäude – Siedlungshäuser	 900 1.000	 1.100 1.250	 1.300 1.500
Bauten 1920 bis 1939	900	1.050	1.200
Bauten 1950 bis 1959	900	1.000	1.150

Preisstand II/2014 Index 109,2 (2010 = 100); MWSt: 19%

* Wohnfläche gem. Wohnflächenverordnung

1.3.2 Wohngebäude / Fachwerkhäuser

Quelle: Schmitz/Krings/Dahlhaus/Meisel, Baukosten 2014/15: Altbau, S. 37

Baukosten (EUR/m^2 WF)*) ohne Grundstücks- und Gebäuderestwerte und ohne Baunebenkosten incl. 19% Mehrwertsteuer (Kostengruppen 200-500, DIN 276-1, Ausg. 12/ 2008)

Baukosten von Fachwerkhäusern in € pro Quadratmeter Wohn- bzw. Nutzfläche*									
	schlecht			**mittel**			**gut**		
	von	**mittel**	**bis**	**von**	**mittel**	**bis**	**von**	**mittel**	**bis**
Abbruch-/Rohbauarbeiten	1.000	1.150	1.300	380	450	525	225	250	275
Zimmerarbeiten	450	600	750	278	300	336	184	200	225
Dachdeckerarbeiten	100	115	131	95	105	116	90	95	105
Putzarbeiten/Trockenbau	220	285	325	178	220	246	148	160	170
Fliesenarbeiten	37	45	53	38	45	53	37	45	53
Estricharbeiten	25	35	40	25	30	40	25	30	40
Schreinerarbeiten	136	165	184	110	120	130	60	70	78
Schlosserarbeiten	25	30	37	15	20	25	15	20	25
Fenster	120	140	162	110	130	142	105	115	126
Malerarbeiten	84	100	116	79	85	95	79	85	95
Bodenbelagsarbeiten	30	40	48	30	40	48	30	40	48
Heizungsinstallation	68	75	85	68	75	84	68	75	84
Sanitärinstallation	68	85	95	68	85	95	68	85	95
Elektroinstallation	75	90	110	75	90	110	75	90	110
Außenanlagen	30	50	60	30	50	60	30	50	60
Baukosten gesamt (Mittelwert)		**3.000**			**1.850**			**1.400**	

Preisstand II/2014 Index 109,2 (2010=100); MWSt: 19%

*) Wohnfläche gem. Wohnflächenverordnung

1.3.3 Wohngebäude nach Baualtersstufen

Quelle: Schmitz/Krings/Dahlhaus/Meisel, Baukosten 2014/15: Altbau, S. 36

Baukosten (EUR/m^2 WF)*) ohne Grundstücks- und Gebäuderestwerte und ohne Baunebenkosten incl. 19% Mehrwertsteuer (Kostengruppen 200-500, DIN 276-1, Ausg. 12/ 2008)

Sanierungskosten von Gründerzeithäusern in € pro Quadratmeter Wohn- bzw. Nutzfläche*									
	Gründerzeithäuser Städtische Gebäude			Bauten (1920–1939)			Bauten (1950–1959)		
	von	mittel	bis	von	mittel	bis	von	mittel	bis
Abbruch-Rohbauarbeiten	70	85	100	70	80	95	60	75	80
Zimmerarbeiten	28	35	42	28	35	42	28	35	42
Dachdeckerarbeiten	68	80	95	63	75	84	63	70	74
Putzarbeiten/Trockenbau	126	160	184	126	160	184	126	160	184
Fliesenarbeiten	26	40	47	37	40	53	29	40	42
Estricharbeiten	21	35	40	21	35	40	16	30	32
Schreinerarbeiten	47	65	89	47	65	79	47	60	65
Schlosserarbeiten	16	25	26	23	35	34	23	35	37
Fenster	95	120	132	85	100	115	74	85	90
Malerarbeiten	95	120	132	80	85	92	80	85	92
Bodenbelagsarbeiten	21	35	47	23	35	40	27	35	42
Heizungsinstallation	63	75	89	60	70	80	55	65	75
Sanitärinstallation	79	90	100	80	90	100	80	90	100
Elektroinstallation	75	90	110	75	90	110	75	90	110
Außenanlagen	30	50	60	30	50	60	30	50	60
Baukosten gesamt (Mittelwert)		**1.100**			**1.050**			**1.000**	

Preisstand II/2014 Index 109,2 (2010=100); MWSt: 19%

*) Wohnfläche gem. Wohnflächenverordnung

1.3.4 Wertentwicklung im Sanierungsverlauf eines Gebäudes

Quelle: Tillmann, Sondereinflüsse auf die Wertermittlung, 2006, 89

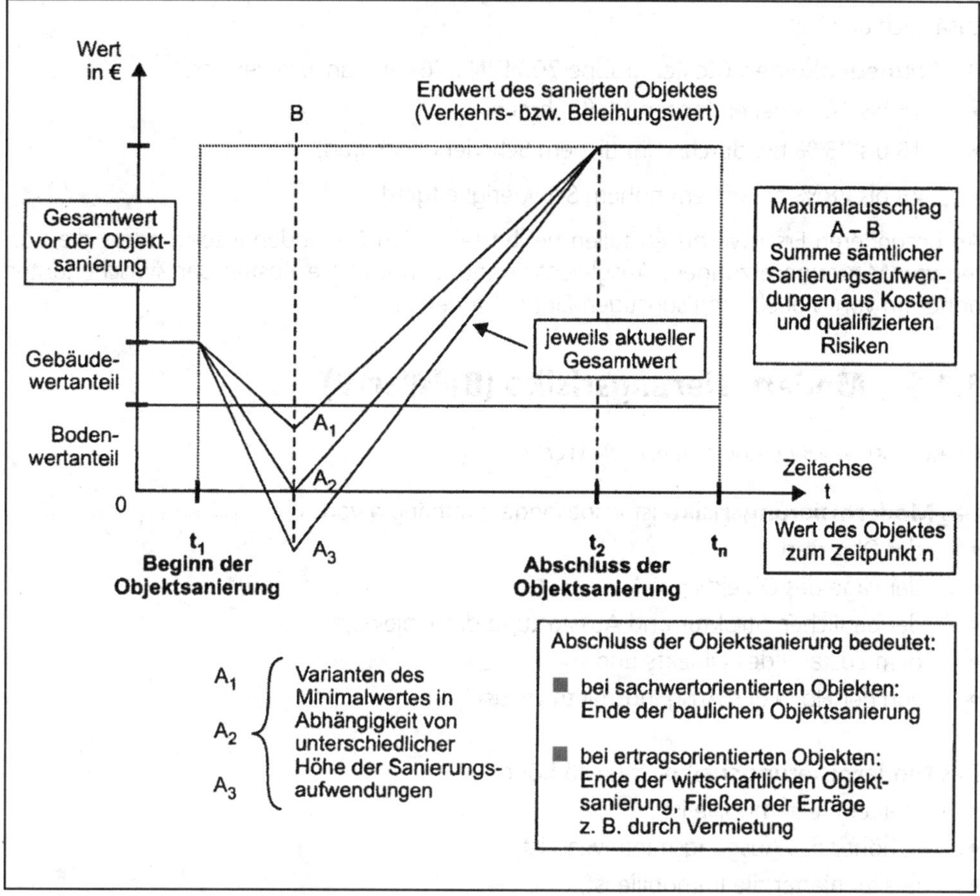

1.3.5 Denkmalpflegerische Sonderaufwendungen

Quelle: *Gesamtverband der Wohnungswirtschaft e. V., GdW Schriften 43, Modernisierung und Entwicklung des Wohnungsbestandes 1994, S. 145 ff.*

Denkmalpflegerische Sonderaufwendungen sind mit 5 bis 10 % der Bauwerkskosten zusätzlich anzusetzen.

Die **Baunebenkosten** (Kostengruppe 700 DIN 276) sind anzusetzen mit

- 15 bis 18 % bei einfachen Maßnahmen,
- 18 bis 23 % bei durchschnittlichem Schwierigkeitsgrad,
- 23 bis 28 % bei extrem hohem Schwierigkeitgrad.

An besonderen Erschwernissen fallen bei bestehenden Gebäuden insbesondere die Kosten von Mieterumsetzungen, Ausgleichswohnungen und die Kosten der Zwischenunterbringung von Möbeln und sonstigen Einrichtungen an.

1.3.6 Modernisierungsrisiko (BelWertV)

Quelle: *KL-V, 1800; Anl. 1 zu § 11 BelWertV*

Das **Modernisierungsrisiko** ist insbesondere abhängig von:

- der Objektart,
- der Lage des Objekts,
- der baulichen Struktur und Ausstattung des Objekts,
- dem Zustand des Objekts und
- von der Höhe des Ausgangsmietniveaus.

Das **Modernisierungsrisiko** ist umso höher,

- je älter die Immobilie ist,
- je höher das Ausgangsmietniveau ist,
- je exponierter die Immobilie ist,
- je zeitgemäßer Ausstattung und Struktur sein müssen und
- je zeitgemäßer die ausgeübte Nutzung ist.

Berechnungsbasis für das Modernisierungsrisiko sind nach Anl. 1 zu § 11 BelWertV die Neubauherstellungskosten (ohne Baunebenkosten und Außenanlagen); dort werden folgende Regelansätze vorgegeben:

a) Kein Modernisierungsrisiko (z.B. normale Wohnhäuser, kleinere Wohn- und Geschäftshäuser, kleine und mittlere Bürogebäude, Lager und Produktionshallen):	0% bis 0,3%
b) geringes Modernisierungsrisiko (z.B. größere Bürogebäude, Wohn-, Büro- und Geschäftshäuser mit besonderen Ausstattungsmerkmalen, Einzelhandel mit einfachem Standard):	0,2% bis 1,2%
c) höheres Modernisierungsrisiko (z.B. innerstädtische Hotels, Einzelhandel mit höherem Standard, Freizeitimmobilien mit einfachem Standard):	0,5% bis 2,0%
d) sehr hohes Modernisierungsrisiko (z.B. Sanatorien, Kliniken, Freizeitimmobilien mit höherem Standard, Hotels und Einzelhandelsobjekte mit besonders hohem Standard):	0,75% bis 3,0%

Die Ansätze sind aus den vom Verband Deutscher Hypothekenbanken (VDH) empfohlenen exemplarischen Bandbreiten der Bewirtschaftungskosten in Abhängigkeit von dem Gebäudezustand und den Investitionskosten abgeleitet worden.

1.3.7 Modernisierungskosten (I)

Quelle: KL-V, 1974, KL-V, 7. Auflage, 1695, eigene Ergänzungen

Modernisierungskosten liegen im Vergleich deutlich über den **Instandhaltungs-/ Sanierungskosten.** Folgende Werte je Quadratmeter Wohnfläche (WF) sind für eine **durchgreifende Modernisierung** angemessen:

Modernisierungskosten	2000	2010	2013
	€/m² WF	€/m² WF	€/m² WF
einfacher Standard	500–700	700–1.000	800–1.000
mittlerer Standard	700–1.000	1.000–1.200	1.000–1.500
gehobener Standard	1.000–1.400	1.200–1.500	1.500–2.000

1.3.8 Modernisierungskosten (II)

Quelle: IVD Berlin-Brandenburg e.V., Immobilienpreisservice 2016/2017, 18

Pauschalsätze für Modernisierungskosten des IVD Berlin-Brandenburg e.V. (2009/2010)	
Bauzustandsnoten	**Durchschnittlicher Kostenaufwand in €/m Wohnfläche**
Sehr gut	Keiner
Gut	Bis max. 150 €/m² Wohnfläche möglich
Normal	Ca. 150 bis 600 €/m² Wohnfläche
Ausreichend	Ca. 600 bis ca. 1.200 €/m² Wohnfläche
Schlecht	Ca. 1.200 bis ca. 1.800 €/m² Wohnfläche

Anzumerken ist, dass bei den Sanierungs- und Modernisierungkosten eine sehr starke Abhängigkeit von Gebäudeart, -typ und Baujahr (EFH, MFH bis Hochhaus, massiv. Fertigteil etc.) i.V.m. dem baulichen Zustand (sehr gut bis schlecht) sowie dem angestrebten (End-)Modernisierungsstandard (einfach bis gehoben) existiert. So kann es zwischen den vorgenannten überschlägigen Spannen durchaus zu Überschneidungen bis hin zu erheblichen Überschreitungen kommen. Nach oben kann hier keine Grenze angegeben werden. Hier sind im Einzelfall auch Aufwendungen bis zu 2.500 €/m² Wohnfläche und mehr möglich.

Sehr gut

Deutlich überdurchschnittlicher Unterhaltungszustand, neuwertig oder sehr geringe Abnutzung ohne erkennbare Schäden, kein Instandhaltungs- und Instandsetzungserfordernis. Zustand i.d.R. für Objekte nach durchgreifender Instandsetzung und Modernisierung bzw. bei Neubauobjekten.

Gut

Überdurchschnittlicher baulicher Unterhaltungszustand, relativ neuwertig oder geringe Abnutzung, geringe Schäden, unbedeutender Instandhaltungs- und Instandsetzungsaufwand, Zustand i.d.R. für Objekte nach weiter zurückliegender durchgreifender Instandsetzung und Modernisierung bzw. bei älteren Neubauobjekten.

Normal:

Im Wesentlichen durchschnittlicher baulicher Unterhaltungszustand, normale (durchschnittliche) Verschleißerscheinungen, geringer oder mittlerer Instandhaltungs- und Instandsetzungsaufwand, Zustand i.d.R. ohne durchgreifende Instandsetzung und Modernisierung bei üblicher (normaler) Instandhaltung.

Ausreichend:

Teils mangelhafter, unterdurchschnittlicher baulicher Unterhaltungszustand, stärkere Verschleißerscheinung, erheblicher bis hoher Reparaturstau, größerer Instandsetzungs- und Instandhaltungsaufwand der Bausubstanz erforderlich, Zustand i.d.R. bei vernachlässigter (deutlich unterdurchschnittlicher) Instandhaltung, weitgehend ohne bzw. nur minimale Instandsetzung und Modernisierung.

Schlecht:

Ungenügender, deutlich unterdurchschnittlicher, weitgehend desolater baulicher Unterhaltungszustand, sehr hohe Verschleißerscheinungen, umfangreicher bis sehr hoher Reparaturstau, umfassende Instandsetzung und Herrichtung der Bausubstanz erforderlich, Zustand i.d.R. für Objekte bei stark vernachlässigter bzw. nicht vorgenommener Instandhaltung, ohne Instandsetzung und Modernisierung, Abbruch wahrscheinlich/möglich/denkbar.

1.3.9 Modernisierungskosten (nach IVD-Checkliste zur EnEV 2009)

Quelle: IVD – Immobilienverband Deutschland

IVD-Checkliste zur EnEV

Seit 1. Mai 2014 ist die dritte Novelle zur Energieeinsparverordnung in Kraft. Damit gelten für Neubauten ab 1. Januar 2016 strengere energetische Anforderungen. So soll der zulässige Jahresprimärenergiebedarf um durchschnittlich 25 % gesenkt werden. Verkäufer und Vermieter müssen spätestens zur Besichtigung eine Kopie des Energieausweises aushändigen. Neu ausgestellte Energieausweise unterscheiden ähnlich wie bei Haushaltsgeräten Effizienzklassen zwischen A+ und H. Eine Veröffentlichung dieser Klassen ist bei Immobilienanzeigen Pflicht!

Die wichtigsten Anforderungen an Bestandsgebäude sind in der nachstehenden Übersicht zusammengefasst. Für Gebäudeerweiterungen sind gesonderte Vorschriften zu beachten.

■ Nachrüstpflicht gem. § 10 EnEV* ■ Bedingte Anforderungen gem. § 9 EnEV**

Nr.	Gebäudeteil	Termin**	Modernisierungs-/ Instandsetzungsmaßnahme	Kostenansätze als Richtgrößen in € (überschlägig)
1.	Fassade (§ 9 Abs. 4)	bei Instandsetzung	Wärmedämmverbundsystem je nach Wandaufbau und verwendeten Materialien	Kunstharzputz: ca. 100 €/m² Mineralischer Putz: ca. 110 €/m²
2.	Dach (§ 10 Abs. 3+4) (§ 10 Abs. 4)	31.12.2015 2 Jahre nach dem ersten Eigentümerwechsel nach 01.02.2002	Dämmung oberste Geschossdecke ■ oberste Geschossdecke ist zugänglich: Dämmung ■ oberste Geschossdecke ist zugänglich und die Dachflächen **sind gedämmt**: keine Dämmung ■ abweichende Fristenregelung für am 01.02.2002 selbst bewohnte Ein- und Zweifamilienhäuser	ca. 40 €/m²
3	Heizung (§ 10 Abs. 1)	31.12.2014	Beschaffenheit der Heizungsanlage (bei flüssigen oder gasförmigen Brennstoffen) ■ Heizkessel **vor** 01.10.1978 eingebaut: Austausch ■ Heizkessel **vor** 01.10.1985 eingebaut: Austausch ■ Heizkessel **nach** 01.10.1985 eingebaut: Austausch nach 30 Jahren ■ Niedertemperatur-/Brennwertanlagen: kein Austausch ■ Nennwärmeleistung < 4 KW: kein Austausch ■ Nennwärmeleistung > 400 KW: kein Austausch	Ölkessel: ca. 6.650 € Gaskessel: ca. 5.100 € Brennwertkessel: ca. 5.750 € Niedertemp.: ca. 6.500 € Brenner: ca. 1.500 € Gastherme: ca. 2.900 €
3.1	Heizung (§ 14 Abs. 2)	31.12.2006	Nachrüstpflicht von Raumthermostaten, ausgenommen Fußbodenheizungen in Räumen < 6m² Nutzfläche	ca. 70 €/St.
4.	Installation (§ 10 Abs. 2)	31.12.2006	Dämmung der Wärmeverteilungs- und Warmwasserleitungen sowie Armaturen ■ zugängliche Leitungen führen durch **nicht** beheizte Räume: Dämmung ■ zugängliche Leitungen führen durch beheizte Räume: keine Dämmung	ca. 10 €/m²
5.	Fenster (§ 9 Abs. 4)	bei Instandsetzung	Austausch der Fenster (Isolierglas) Wärmedurchgangskoeffizient <= 1,3 W/(m² • K) heutiger Standard bis ca. 1,1 W/(m² • K) bei 2-fach Verglasung bis ca. 0,5 W/(m² • K) bei 3-fach Verglasung	Kunststoff: ca. 450 €/m² Holz: ca. 600 €/m² Aluminium: ca. 800 €/m² Dachflächenfenster: ca. 1.000 €/St.
6.	Keller (Anhang 3 Pkt. 5)	bei Instandsetzung	Sperrung der Außenkellerwände und der Bodenplatte	Schweißbahn: ca. 30 €/m²
7.	Außentür (§ 9 Abs. 4)	bei Instandsetzung	Erneuerung der Außentüren Wärmedurchgangskoeffizient <= 1,8 W/(m² • K)	**Eingangstür:** (ca. 2,2 m²) Edelholz: ca. 2.500 €/St. Kunststoff: ca. 3.500 €/St. **Kellertür:** (ca. 2,0 m²) Stahl einfach: ca. 400 €/St. Holz/Kunststoff einfach: ca. 900 €/St.

* - Verordnung über energiesparenden Wärmeschutz und energiesparende Anlagetechnik bei Gebäuden (Energieeinsparverordnung – EnEV), Novelle vom 16.10.2013, in Kraft seit 01.05.2014).

** - Die „bedingten Anforderungen" sind nur zu erfüllen, wenn „freiwillig" modernisiert/instandgesetzt wird (bei Änderungen von mehr als 10 % der gesamten jeweiligen Bauteilfläche des Gebäudes) (vgl. § 4 Abs. 3).

1.3.10 Energetische Modernisierung (Pauschalwerte)

Quelle: www.heizspiegel.de, Heizspiegel 2015, S. 4

Modernisierungsbeispiel: Kombinierte Modernisierungsmaßnahmen für ein Mehrfamilienhaus, Baujahr 1950, mit Erdgas beheizt, 1.000 m² Wohnfläche

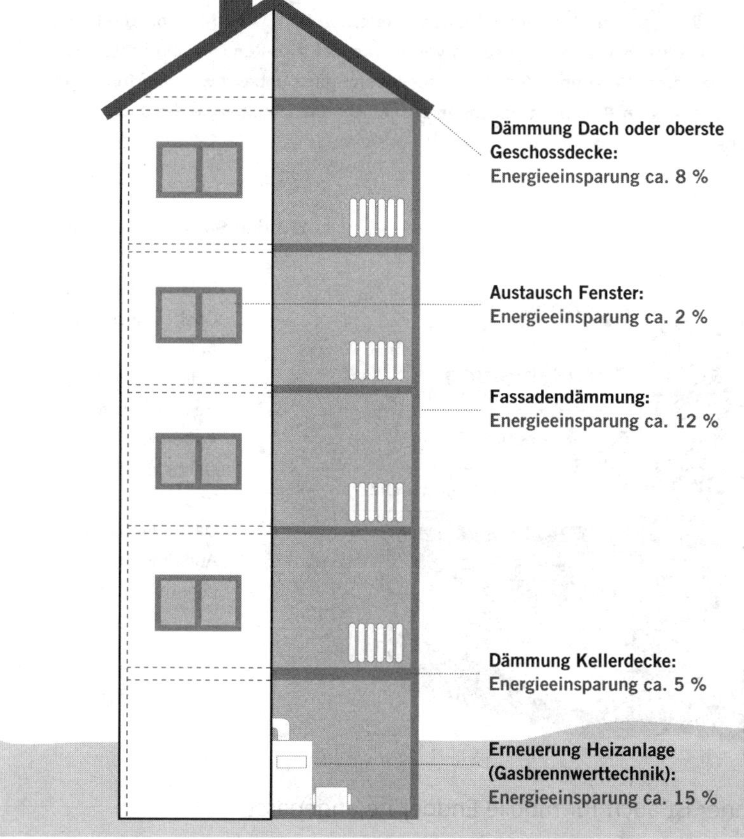

1.3.11 Renovierungskosten-Rechner der LBS

Quelle: Landesbausparkassen, www.lbs.de

Zur Plausibilisierung ermittelter Werte:

Renovierungskosten-Rechner

So viel kostet Ihre Renovierung

Sie möchten Ihr Zuhause verschönern, zum Beispiel mit einem modernen Bad. Oder Sie möchten Energie sparen mit neuen Isolierglasfenstern. Berechnen Sie schon vorab, wie viel Ihre Renovierung kosten wird und finden Sie die passende Finanzierung. So können Sie sich anschließend ganz unbeschwert auf Ihr Projekt konzentrieren. Der Renovierungskosten-Rechner zeigt Ihnen zusätzlich, wie viel Energie Sie durch Ihre Renovierung sparen werden.

Wählen Sie Ihre Maßnahmen:

Solarwärmeanlage
Dacheindeckung
Außenputz
Kellerdeckendämmung
Heizungsanlage
Außenwanddämmung
Dachdämmung
Bad
Dachausbau
Außenanstrich
Fensteraustausch

Anmerkung: Der Rechner ist auch für mobile Endgeräte angepasst.

1.3.12 Kostenanteile der Gewerke bei Renovierung (Instandhaltung)

Quelle: Statistisches Bundesamt, Fachserie 17, Reihe 4, 11/2016

Instandhaltung von Wohngebäuden

Wohngebäude ohne Schönheitsreparaturen	
Insgesamt (Angaben in Promille)	**1.000,00**
Mauerarbeiten	3,31
Zimmer- und Holzbauarbeiten	16,19
Dachdeckungs- und Dachabdichtungsarbeiten	52,42
Klempnerarbeiten	40,66
Putz- und Stuckarbeiten	44,73
Trockenbauarbeiten	38,34
Tischlerarbeiten	49,22
Rollladenarbeiten	14,33
Metallbauarbeiten	0,91
Maler- und Lackierarbeiten – Beschichtungen	118,51
Bodenbelagarbeiten	83,84
Raumlufttechnische Anlagen	7,23
Heizanlagen u. zentrale Wassererwärmungsanl.	265,11
Gas-, Wasser- u. Entwässerungsanl. in Geb.	125,14
Nieder- und Mittelspannungsanlagen bis 36 kV	133,50
Blitzschutzanlagen	6,56

Schönheitsreparaturen in einer Wohnung	
Insgesamt	**1.000,00**
Maler- und Lackierarbeiten – Beschichtungen	552,19
Tapezierarbeiten	447,81

1.4 Instandsetzung von Gebäuden

1.4.1 Grobgliederung der Wertanteile nach Roh- und Ausbau

Quelle: Architektenkammer Nordrhein-Westfalen, Schmitz/Gerlach/Meisel/Baier in DBZ 1986, 645; KS, 2016

	Vogels (S. 245)	Baier DBZ 1986, 645	Schmitz/ Gerlach/ Meisel	Architekten-kammer NRW
Im Rohbau	**in %**		**in %**	**in %**
Erdarbeiten	–	2,2	–	5
Baustelleneinrichtung	–	1,8	–	–
Entwässerung, Drainagearbeiten	–	0,5	–	–
Maurer- und Betonarbeiten	–	41,0	–	35
Zimmerarbeiten	9,1	9,6	–	4
Dachdecker- und Klempnerarbeiten	–	3,4	–	4
Isolier- und Dämmarbeiten	–	1,4	–	–
Rohbau-Anteil	**Σ = 47,1**		**Σ = 49,68**	**Σ = 48**
Im Ausbau				
Putzarbeiten	8,3	2,5	7,63	6
Estrich-, Bodenbelag-, Werkstein-, Fliesenarbeiten	3,6	2,3	4,70	7
Schreiner- und Glaserarbeiten	8,3	10,0	–	9
Sanitärarbeiten	8,7	8,0	7,27	8
Elektroarbeiten	3,6	7,5	2,85	3
Heizungsmontage	4,7	3,8	6,53	7
Treppenbau	–	–	–	4
Maler- und Anstricharbeiten	3,3	1,0	3,22	3
Dachdecker/Zimmermann/Klempner	–	3,4	10,49	–
Fenster	–	–	4,69	–
Türen	–		3,22	–
Sonstige (Schlosser u. a.)	3,3	0,7	–	5
Ausbau-Anteil	**Σ = 52,9**		**Σ = 50,32**	**Σ = 52**
zusammen:	**100**	**100**	**100**	**100**

1.4.2 Wägungsanteile für Bauleistungen am Bauwerk für Neubauten in konventioneller Bauart

Quelle: Statistisches Bundesamt, Fachserie 17, Reihe 4, 11/2016 (2010 = 100)

(Wägungsanteile am Gesamtindex in Promille)

	W	B	G
Bauleistungen am Bauwerk	**1.000,00**	**1.000,00**	**1.000,00**
Rohbauarbeiten	**455,32**	**341,93**	**530,89**
Erdarbeiten	37,81	25,04	45,46
Verbauarbeiten	0,54	3,29	
Entwässerungskanalarbeiten	10,81	7,68	9,04
Mauerarbeiten	110,41	36, 14	32,87
Betonarbeiten	156,88	186,20	230,71
Zimmer- und Holzbauarbeiten	45,67	10,86	28,61
Stahlbauarbeiten	7,38	16,22	71,39
Abdichtungsarbeiten	11,88	5,03	5,45
Dachdeckungs- und Dachabdichtungsarbeiten	48,33	35,39	66,34
Klempnerarbeiten	16,24	8,03	31,52
Gerüstarbeiten	9,37	8,05	9,50
Ausbauarbeiten	**544,68**	**658,07**	**469,11**
Naturwerksteinarbeiten	8,69	6,99	3,28
Betonwerksteinarbeiten	0,46	4,51	0,72
Putz- und Stuckarbeiten	41,31	20,54	14,59
Wärmedämm-Verbundsysteme	32,34	25,64	12,57
Trockenbauarbeiten	25,29	48,02	19,80
Vorgehängte hinterlüftete Fassaden	0,74	7,44	28,70
Fliesen- und Plattenarbeiten	28,77	14,95	17,86
Estricharbeiten	18,36	23,65	13,20
Tischlerarbeiten	96,33	72,68	23,71
Parkettarbeiten	25,09	0,78	2,46
Rollladenarbeiten	17,27	14,69	8,79
Metallbauarbeiten	35,49	92,16	74,85
Verglasungsarbeiten	10,44	49,79	18,70
Maler- und Lackierarbeiten – Beschichtungen	16,78	17,78	13,64

	W	B	G
Korrosionsschutzarbeiten an Stahlbauten	–	–	0,98
Bodenbelagarbeiten	5,40	17,02	3,80
Tapezierarbeiten	7,71	4,03	1,61
Raumlufttechnische Anlagen	6,90	24,84	31,39
Heizanl. u. zentrale Wassererwärmungsanl.	70,38	56,31	43,61
Gas-, Wasser- u. Entwässerungsanl. i. v. Geb.	46,43	25,75	28,58
Nieder- und Mittelspannungsanl. bis 36 kV	40,31	82,69	72,34
Gebäudeautomation	1,07	35,03	14,44
Blitzschutzanlagen	1,70	3,43	3,33
Dämm- und Brandschutzarb. an techn. Anl.	3,65	2,92	6,46
Förder-, Aufzugsanl., Fahrtreppen und -steige	3,77	6,43	9,70

W = Wohngebäude
B = Bürogebäude
G = Gewerbliche Betriebsgebäude

1.4.3 Kostengliederung nach Bauelementen

Quelle: Mittag, Normalherstellungskosten 2000

Kostengliederung nach Bauelementen am Beispiel des Typs 1.01

Kostengliederung nach Bauelementen und Gebäudebaujahrsklassen am Beispiel des Typs 1.01								
Bauteil	**Anteil an Neubaukosten %**	**Mehraufwand gegenüber Neubau**	**Instandhaltungsaufwand %**	**Schadensgrad %**	**betroffene Bereiche %**	**Möglicher Instandhaltungsaufwand %**	**Wahrscheinlichkeit %**	**Kalkulatorischer Instandhaltungsaufwand**
1	**2**	**3**	**4**	**5**	**6**	**7**	**8**	**9**
			2 x 3			4 x 5 x 6		7 x 8
Gebäude								
1. Grundbau								
Baugrube	1,40	5,0-fach	7,00					
Fundamente/Sohle	2,40	5,0-fach	12,00					
Feuchtigkeitsschutz im Keller	0,30	4,0-fach	1,20					
2. Außenwände								
Tragwerk der Außenwände	9,00	2,5-fach	22,50					
Fassaden (Straße)	4,00	2,0-fach	8,00					
Fassaden (Hof)	3,00	2,0-fach	6,00					
Außenfenster/Außentüren	9,10	1,5-fach	13,65					
3. Innenwände								
Tragwerk der Innenwände	6,70	2,5-fach	16,75					
Nichttragende Innenwände	4,10	2,0-fach	8,20					
Wandbeläge	4,50	1,5-fach	6,75					
Innentüren	5,40	1,5-fach	8,10					
4. Decken								
Tragwerk der Decken	10,30	2,5-fach	25,75					
Deckenoberbeläge	4,30	1,5-fach	6,45					
Deckenunterbeläge	2,50	1,5-fach	3,75					
5. Treppen								
Gesamt	1,30	2,0-fach	2,60					
6. Dächer								
Dachtragwerk	3,30	2,0-fach	6,60					
Dachdeckung/ -dichtung	3,30	1,5-fach	4,95					
Dachentwässerung	0,50	1,5-fach	0,75					
Dachaufbau/-öffnungen	0,10	2,0-fach	0,20					

Kostengliederung nach Bauelementen und Gebäudebaujahrsklassen am Beispiel des Typs 1.01								
Bauteil	Anteil an Neubaukosten %	Mehraufwand gegenüber Neubau	Instandhaltungsaufwand %	Schadensgrad %	betroffene Bereiche %	Möglicher Instandhaltungsaufwand %	Wahrscheinlichkeit %	Kalkulatorischer Instandhaltungsaufwand
1	2	3	4	5	6	7	8	9
7. Schornstein								
Insgesamt	1,50	3,0-fach	4,50					
8. Haustechnik								
Wasser-, Gasleitungen	1,60	1,5-fach	2,40					
Abwasserleitungen	2,90	1,5-fach	4,35					
Sanitärobjekte	1,60	1,3-fach	2,06					
Heizung	7,90	1,3-fach	10,27					
Warmwasserversorgung	1,20	1,5-fach	1,80					
Elektroinstallation	4,60	1,5-fach	6,90					
9. Sonstiges								
z.B. Küchenausstattung	0,10	1,1-fach	0,11					
Außenanlagen								
Ver- und Entsorgungsanschlüsse	2,50	1,2-fach	3,00					
Freianlagen	0,50	1,1-fach	0,56					
Summen	**100,00**		**197,16**					

1.4.3.1 Kostengliederung nach Bauelementen und Gebäudebaujahrsklassen am Beispiel des Typs 1.01 – einfache Ausstattung

Quelle: Mittag, Normalherstellungskosten 2000

Bauteil	Anteil an Neubaukosten %							Mehraufwand gegenüber Neubau
	Baujahrsklasse							
Kostengruppe DIN 276	**vor 1925**	**1925-1945**	**1946-1959**	**1960-1969**	**1970-1984**	**1985-1999**	**2000**	
Gebäude								
310 Baugrube	**3,2**	**3,0**	**3,0**	**2,8**	**2,6**	**2,5**	**2,3**	
320 Gründung	**4,1**	**4,2**	**4,1**	**3,8**	**3,8**	**3,8**	**3,5**	
322 Flachgründung	3,2	3,0	3,0	2,8	2,6	2,5	2,3	5,0-fach
324 Unterboden, Bodenplatten	0,1	0,4	0,5	0,4	0,5	0,5	0,4	5,0-fach
325 Bodenbeläge auf Bodenplatten	0,5	0,4	0,3	0,3	0,4	0,5	0,5	5,0-fach
326 Bauwerksabdichtung	0,3	0,4	0,3	0,3	0,3	0,3	0,3	4,0-fach
329 Gründung, sonstiges	-	-	-	-	-	-	-	-
330 Außenwände	**22,5**	**25,2**	**25,7**	**26,0**	**26,2**	**26,6**	**27,2**	
331 Tragende Außenwände	11,5	11,3	10,9	10,9	10,3	9,7	9,3	2,5-fach
332 Nichttragende Außenwände	-	-	-	-	-	-	-	2,0-fach
333 Außenstützen	-	-	-	-	-	-	-	2,0-fach
334 Außentüren, Außenfenster	5,2	5,8	6,8	6,7	7,4	8,4	9,5	1,5-fach
335 Außenwandbekleidungen außen	4,3	6,7	6,6	6,8	7,0	7,0	7,0	1,5-fach
336 Außenwandbekleidungen innen	1,5	1,4	1,4	1,6	1,5	1,5	1,4	2,0-fach
338 Sonnenschutz	-	-	-	-	-	-	-	-
339 Außenwände, sonstiges	-	-	-	-	-	-	-	-
340 Innenwände	**22,6**	**22,2**	**21,9**	**20,8**	**20,6**	**20,3**	**20,1**	
341 Tragende Innenwände	7,9	7,2	6,8	6,8	6,7	6,6	6,6	2,5-fach
342 Nichttragende Innenwände	4,3	4,8	4,8	2,9	3,9	3,9	3,8	2,0-fach
343 Innenstützen	-	-	-	-	-	-	-	-
344 Innentüren, Innenfenster	5,4	5,4	5,5	5,4	5,3	5,1	4,9	2,5-fach
345 Innenwandbekleidung	5,0	4,8	4,8	4,7	4,7	4,6	4,7	1,5-fach
349 Innenwände, sonstiges	-	-	-	-	-	0,1	0,1	1,5-fach
350 Decken	**19,7**	**19,1**	**18,7**	**17,4**	**17,2**	**17,1**	**16,9**	
351 Deckenkonstruktion	13,4	13,0	12,7	11,8	11,1	10,6	9,9	2,5-fach
352 Deckenbeläge	3,6	3,4	3,2	3,0	3,4	3,7	4,2	1,5-fach
353 Deckenbekleidungen	2,7	2,7	2,7	2,5	2,5	2,5	2,5	1,5-fach
359 Decken, sonstiges	-	-	0,1	0,1	0,2	0,3	0,3	1,5-fach
360 Dächer	**12,4**	**11,9**	**11,6**	**11,0**	**10,7**	**10,5**	**10,3**	2,0-fach
361 Dachkonstruktionen	6,3	6,0	5,8	5,3	5,2	5,1	4,9	3,3-fach
362 Dachfenster, Dachöffnungen	0,6	0,6	0,6	0,6	0,6	0,6	0,6	1,5-fach
363 Dachbeläge	4,1	4,1	4,0	3,9	3,7	3,6	3,6	1,5-fach
364 Dachbekleidungen	1,4	1,2	1,2	1,2	1,2	1,2	1,1	1,5-fach
369 Dächer, sonstiges	-	-	-	-	-	-	0,1	1,5-fach
370 Baukonstruktive Einbauten	**-**	**0,8**	**0,8**	**0,8**	**0,8**	**0,8**	**0,9**	1,5-fach
390 Sonstige Maßnahmen für Baukonstruktion	**1,4**	**1,6**	**1,6**	**1,6**	**1,6**	**1,6**	**1,6**	1,5-fach
Summe 300 Bauwerk Baukonstruktion	**85,9**	**88,0**	**87,4**	**84,2**	**83,5**	**83,2**	**82,8**	

Bauteil	Anteil an Neubaukosten %							Mehraufwand gegenüber Neubau
	Baujahrsklasse							
Kostengruppe DIN 276	vor 1925	1925-1945	1946-1959	1960-1969	1970-1984	1985-1999	2000	
410 Abwasser-, Wasser-, Gasanlagen	**4,3**	**3,9**	**4,1**	**5,4**	**5,4**	**5,5**	**5,4**	
411 Abwasseranlagen	-	2,0	2,0	2,3	2,4	2,4	2,5	1,3-fach
412 Wasseranlagen	-	1,9	2,1	3,1	3,0	3,1	2,9	1,3-fach
413 Gasanlagen	-	-	-	-	-	-	-	-
419 Abwasser, Wasser, sonstiges	-	-	-	-	-	-	-	-
420 Wärmeversorgungsanlagen	**6,3**	**4,4**	**4,3**	**6,1**	**6,8**	**6,9**	**7,4**	
421 Wärmeerzeugungsanlagen	-	3,3	3,3	2,0	2,0	2,0	2,0	1,3-fach
422 Wärmeverteilungsnetze	-	0,5	0,4	2,1	2,7	2,6	2,7	1,3-fach
423 Raumheizflächen	-	0,6	0,6	2,0	2,1	2,3	2,7	1,3-fach
429 Wärmeversorgungsanlagen, sonstiges	-	-	-	-	-	-	-	
430 Lufttechnische Anlagen	-	-	-	-	-	-	-	
440 Starkstromanlagen	**3,5**	**3,7**	**3,8**	**3,9**	**3,9**	**4,0**	**4,0**	
443-444 Niederspannungsanlagen	-	2,6	2,7	2,7	2,6	2,8	2,7	1,5-fach
445 Beleuchtungsanlagen	-	1,1	1,1	1,0	1,1	1,0	1,1	1,5-fach
446 Blitzschutz- und Erdungsanlagen	-	-	-	0,2	0,2	0,2	0,2	1,5-fach
449 Starkstromanlagen, sonstiges	-	-	-	-	-	-	-	
450 Fernmelde- und informationstechn. Einrichtungen	-	-	**0,4**	**0,4**	**0,4**	**0,4**	**0,4**	
460 Förderanlagen	-	-	-	-	-	-	-	
470 Nutzungsspezifische Anlagen	-	-	-	-	-	-	-	
480 Gebäudeautomation	-	-	-	-	-	-	-	
490 Sonstige Maßnahmen der techn. Anlage	-	-	-	-	-	-	-	
Summe 400 Bauwerk technische Anlagen	**14,1**	**12,0**	**12,6**	**15,8**	**16,5**	**16,8**	**17,2**	
Summe 300 + 400 Kosten Bauwerk	**100,0**	**100,0**	**100,0**	**100,0**	**100,0**	**100,0**	**100,0**	

1.4.3.2 Kostengliederung nach Bauelementen und Gebäudebaujahrsklassen am Beispiel des Typs 1.01 – mittlere Ausstattung

Quelle: Mittag, Normalherstellungskosten 2000

Bauteil	Anteil an Neubaukosten %							Mehraufwand gegenüber Neubau
	Baujahrsklasse							
Kostengruppe DIN 276	**vor 1925**	**1925-1945**	**1946-1959**	**1960-1969**	**1970-1984**	**1985-1999**	**2000**	
Gebäude								
310 Baugrube	**2,8**	**2,7**	**2,6**	**2,4**	**2,3**	**2,2**	**2,0**	
320 Gründung	**4,0**	**4,0**	**4,0**	**3,8**	**3,7**	**3,7**	**3,4**	
322 Flachgründung	2,8	2,7	2,6	2,4	2,3	2,2	2,0	5,0-fach
324 Unterboden, Bodenplatten	0,3	0,4	0,5	0,5	0,6	0,6	0,5	5,0-fach
325 Bodenbeläge auf Bodenplatten	0,5	0,5	0,4	0,4	0,4	0,5	0,5	5,0-fach
326 Bauwerksabdichtung	0,4	0,4	0,5	0,5	0,4	0,4	0,4	4,0-fach
329 Gründung, sonstiges	-	-	-	-	-	--	-	-
330 Außenwände	**23,0**	**23,4**	**24,0**	**26,0**	**26,4**	**26,6**	**27,2**	
331 Tragende Außenwände	10,4	9,9	9,8	9,6	9,4	9,1	8,6	2,5-fach
332 Nichttragende Außenwände	-	-	-		-	-	-	-
333 Außenstützen	-	-	-	-	-	-	-	-
334 Außentüren, Außenfenster	5,2	6,2	6,2	-7,2	7,6	8,2	9,2	1,5-fach
335 Außenwandbekleidungen außen	6,0	5,9	5,8	6,8	6,9	6,9	6,9	1,5-fach
336 Außenwandbekleidungen innen	1,4	1,4	1,3	1,4	1,4	1,3	1,3	2,0-fach
338 Sonnenschutz	-	-	0,9	0,9	0,9	0,8	0,9	1,5-fach
339 Außenwände, sonstiges	-	-	-	0,1	0,2	0,3	0,3	2,0-fach
340 Innenwände	**21,7**	**21,0**	**20,7**	**19,7**	**19,3**	**19,0**	**18,8**	
341 Tragende Innenwände	7,2	6,7	6,6	6,5	6,0	5,9	5,9	2,5-fach
342 Nichttragende Innenwände	5,0	4,6	4,5	3,6	3,5	3,5	3,5	2,0-fach
343 Innenstützen	-	-	-	-	-	-	-	-
344 Innentüren, Innenfenster	5,0	5,3	5,2	5,1	5,3	5,0	4,8	2,5-fach
345 Innenwandbekleidung	4,5	4,4	4,4	4,3	4,3	4,4	4,4	1,5-fach
349 Innenwände, sonstiges	-	-	-	0,2	0,2	0,2	0,2	1,5-fach
350 Decken	**18,9**	**18,5**	**18,1**	**17,2**	**16,9**	**16,8**	**16,7**	
351 Deckenkonstruktion	12,4	11,7	11,4	10,5	10,1	9,8	9,0	2,5-fach
352 Deckenbeläge	3,9	4,2	4,0	4,1	4,0	4,1	4,7	1,5-fach
353 Deckenbekleidungen	2,5	2,6	2,5	2,4	2,5	2,5	2,5	1,5-fach
359 Decken, sonstiges	0,1	0,1	0,2	0,2	0,3	0,4	0,5	1,5-fach
360 Dächer	**11,2**	**10,9**	**10,6**	**10,2**	**9,9**	**9,7**	**9,6**	2,0-fach
361 Dachkonstruktionen	5,7	5,3	5,1	4,8	4,8	4,7	4,4	3,3-fach
362 Dachfenster, Dachöffnungen	0,7	0,5	0,6	0,5	0,5	0,5	0,6	1,5-fach
363 Dachbeläge	3,6	3,8	3,7	3,7	3,5	3,3	3,3	1,5-fach
364 Dachbekleidungen	1,2	1,3	1,2	1,2	1,1	1,1	1,2	1,5-fach
369 Dächer, sonstiges	-	-	-	-	-	0,1	0,1	1,5-fach
370 Baukonstruktive Einbauten	**1,2**	**1,6**	**1,6**	**1,6**	**1,6**	**1,7**	**1,6**	1,5-fach
390 Sonstige Maßnahmen für Baukonstruktion	**1,8**	**2,1**	**2,1**	**2,0**	**2,1**	**2,2**	**2,1**	1,5-fach
Summe 300 Bauwerk Baukonstruktion	**84,6**	**84,2**	**83,7**	**82,9**	**82,2**	**81,9**	**81,4**	

Bauteil	Anteil an Neubaukosten %							Mehraufwand gegenüber Neubau
	Baujahrsklasse							
Kostengruppe DIN 276	vor 1925	1925-1945	1946-1959	1960-1969	1970-1984	1985-1999	2000	
410 Abwasser-, Wasser-, Gasanlagen	**5,1**	**5,3**	**5,3**	**5,5**	**5,5**	**5,5**	**5,4**	
411 Abwasseranlagen	-	2,4	2,4	2,4	2,5	2,5	2,5	1,3-fach
412 Wasseranlagen	-	2,9	2,9	3,1	3,0	3,0	2,9	1,3-fach
413 Gasanlagen	-	-	-	-	-	-	-	-
419 Abwasser, Wasser, sonstiges	-	-	-	-	-	-	-	-
420 Wärmeversorgungsanlagen	**6,7**	**6,7**	**6,5**	**6,9**	**7,5**	**7,7**	**8,1**	
421 Wärmeerzeugungsanlagen	-	3,5	3,3	2,1	2,1	2,2	2,2	1,3-fach
422 Wärmeverteilungsnetze	-	0,8	0,8	2,5	2,6	2,8	3,1	1,3-fach
423 Raumheizflächen	-	2,4	2,4	2,3	2,8	2,7	2,8	1,3-fach
429 Wärmeversorgungsanlagen, sonstiges	-	-	-	-	-	-	-	-
430 Lufttechnische Anlagen	-	-	-	-	-	-	-	
440 Starkstromanlagen	**3,6**	**3,8**	**3,9**	**4,0**	**4,1**	**4,2**	**4,3**	
443-444 Niederspannungsanlagen	-	2,4	2,5	2,4	2,6	2,7	2,7	1,5-fach
445 Beleuchtungsanlagen	-	1,2	1,2	1,2	1,2	1,2	1,3	1,5-fach
446 Blitzschutz- und Erdungsanlagen	-	0,2	0,2	0,4	0,3	0,3	0,3	1,5-fach
449 Starkstromanlagen, sonstiges	-	-	-	-	-	-	-	-
450 Fernmelde- und informationstechn. Einrichtungen	-	-	**0,4**	**0,4**	**0,4**	**0,4**	**0,4**	
460 Förderanlagen	-	-	-	-	-	-	-	
470 Nutzungsspezifische Anlagen	-	-	**0,2**	**0,3**	**0,3**	**0,3**	**0,4**	
480 Gebäudeautomation	-	-	-	-	-	-	-	
490 Sonstige Maßnahmen der techn. Anlage	-	-	-	-	-	-	-	
Summe 400 Bauwerk technische Anlagen	**15,4**	**15,8**	**16,3**	**17,1**	**17,8**	**18,1**	**18,6**	
Summe 300 + 400 Kosten Bauwerk	**100,0**	**100,0**	**100,0**	**100,0**	**100,0**	**100,0**	**100,0**	

1.4.3.3 Kostengliederung nach Bauelementen und Gebäudebaujahrsklassen am Beispiel des Typs 1.01 – gehobene Ausstattung

Quelle: Mittag, Normalherstellungskosten 2000

	Anteil an Neubaukosten %							Mehraufwand gegenüber Neubau
Bauteil	**Baujahrsklasse**							
Kostengruppe DIN 276	**vor 1925**	**1925-1945**	**1946-1959**	**1960-1969**	**1970-1984**	**1985-1999**	**2000**	
Gebäude								
310 Baugrube	**2,4**	**2,3**	**2,3**	**2,1**	**1,9**	**1,9**	**1,7**	
320 Gründung	**3,8**	**3,8**	**3,8**	**3,5**	**3,5**	**3,4**	**3,2**	
322 Flachgründung	2,4	2,3	2,3	2,1	1,9	1,9	1,7	5,0-fach
324 Unterboden, Bodenplatten	0,4	0,5	0,5	0,5	0,6	0,5	0,5	5,0-fach
325 Bodenbeläge auf Bodenplatten	0,6	0,5	0,6	0,5	0,6	0,6	0,6	5,0-fach
326 Bauwerksabdichtung	0,4	0,5	0,4	0,4	0,4	0,4	0,4	4,0-fach
329 Gründung, sonstiges	-	-	-	-	-	-	-	-
330 Außenwände	**22,4**	**22,9**	**22,9**	**24,8**	**24,9**	**25,2**	**25,5**	
331 Tragende Außenwände	9,4	9,2	8,9	8,7	8,3	8,1	7,7	2,5-fach
332 Nichttragende Außenwände	-	-	-	-	-	-	-	-
333 Außenstützen	-	-	-	-	-	-	-	-
334 Außentüren, Außenfenster	5,1	6,1	6,4	7,1	7,4	8,0	8,8	1,5-fach
335 Außenwandbekleidungen außen	5,4	5,4	5,3	6,4	6,5	6,5	6,4	1,5-fach
336 Außenwandbekleidungen innen	1,3	1,3	1,3	1,4	1,4	1,4	1,3	2,0-fach
338 Sonnenschutz	1,2	0,9	1,0	1,0	1,0	0,9	0,9	1,5-fach
339 Außenwände, sonstiges	-	-	-	0,2	0,3	0,3	0,4	2,0-fach
340 Innenwände	**19,8**	**19,2**	**19,0**	**18,3**	**18,0**	**17,8**	**17,7**	
341 Tragende Innenwände	6,3	6,0	5,8	5,7	5,3	5,3	5,2	2,5-fach
342 Nichttragende Innenwände	4,4	4,0	3,8	3,2	3,2	3,2	3,2	2,0-fach
343 Innenstützen	-	-	-	-	-	-	-	-
344 Innentüren, Innenfenster	4,8	4,8	5,0	4,9	5,1	4,8	4,7	2,5-fach
345 Innenwandbekleidung	4,3	4,4	4,4	4,3	4,2	4,3	4,3	1,5-fach
349 Innenwände, sonstiges	-	-	-	0,2	0,2	0,2	0,3	1,5-fach
350 Decken	**18,9**	**18,4**	**18,0**	**17,2**	**16,9**	**16,8**	**16,7**	
351 Deckenkonstruktion	11,0	10,4	10,1	9,3	8,8	8,5	7,9	2,5-fach
352 Deckenbeläge	5,0	5,2	5,1	5,0	5,1	5,2	5,7	1,5-fach
353 Deckenbekleidungen	2,7	2,6	2,6	2,6	2,6	2,6	2,6	1,5-fach
359 Decken, sonstiges	0,2	0,2	0,2	0,3	0,4	0,5	0,5	1,5-fach
360 Dächer	**11,4**	**11,3**	**11,1**	**10,8**	**10,5**	**10,1**	**10,0**	2,0-fach
361 Dachkonstruktionen	5,1	4,9	4,8	4,6	4,4	4,2	3,9	3,3-fach
362 Dachfenster, Dachöffnungen	0,7	0,6	0,6	0,6	0,7	0,7	0,8	1,5-fach
363 Dachbeläge	4,3	4,6	4,5	4,3	4,1	3,8	3,8	1,5-fach
364 Dachbekleidungen	1,3	1,2	1,2	1,2	1,2	1,2	1,3	1,5-fach
369 Dächer, sonstiges	-	-	-	0,1	0,1	0,2	0,2	1,5-fach
370 Baukonstruktive Einbauten	**2,2**	**2,4**	**2,6**	**2,5**	**2,6**	**2,8**	**2,7**	1,5-fach
390 Sonstige Maßnahmen für Baukonstruktion	**2,3**	**2,5**	**2,5**	**2,5**	**2,7**	**2,7**	**2,6**	1,5-fach
Summe 300 Bauwerk Baukonstruktion	**83,2**	**82,8**	**82,2**	**81,7**	**81,0**	**80,7**	**80,1**	

	Anteil an Neubaukosten %							Mehraufwand gegenüber Neubau
Bauteil	**Baujahrsklasse**							
Kostengruppe DIN 276	**vor 1925**	**1925-1945**	**1946-1959**	**1960-1969**	**1970-1984**	**1985-1999**	**2000**	
410 Abwasser-, Wasser-, Gasanlagen	**5,7**	**5,6**	**5,8**	**5,9**	**5,9**	**5,9**	**5,8**	
411 Abwasseranlagen	-	2,5	2,5	2,4	2,4	2,4	2,4	1,3-fach
412 Wasseranlagen	-	3,1	3,3	3,5	3,5	3,5	3,4	1,3-fach
413 Gasanlagen	-	-	-	-	-	-	-	-
419 Abwasser, Wasser, sonstiges	-	-	-	-	-	-	-	-
420 Wärmeversorgungsanlagen	**7,4**	**7,1**	**6,9**	**7,1**	**7,6**	**7,7**	**8,2**	
421 Wärmeerzeugungsanlagen	-	3,2	2,6	2,1	2,1	2,2	2,2	1,3-fach
422 Wärmeverteilungsnetze	-	2,0	2,0	2,8	3,0	2,9	3,1	1,3-fach
423 Raumheizflächen	-	1,9	2,3	2,2	2,5	2,6	2,9	1,3-fach
429 Wärmeversorgungsanlagen, sonstiges	-	-	-	-	-	-	-	
430 Lufttechnische Anlagen	-	-	-	-	-	-	-	
440 Starkstromanlagen	**3,7**	**4,0**	**4,2**	**4,4**	**4,5**	**4,6**	**4,7**	
443-444 Niederspannungsanlagen	-	2,4	2,5	2,6	2,6	2,7	2,6	1,5-fach
445 Beleuchtungsanlagen	-	1,3	1,4	1,4	1,5	1,6	1,8	1,5-fach
446 Blitzschutz- und Erdungsanlagen	-	0,3	0,3	0,4	0,4	0,3	0,3	1,5-fach
449 Starkstromanlagen, sonstiges	-	-	-	-	-	-	-	-
450 Fernmelde- und informationstechn. Einrichtungen	**-**	**0,3**	**0,6**	**0,6**	**0,6**	**0,6**	**0,7**	
460 Förderanlagen	-	-	-	-	-	-	-	
470 Nutzungsspezifische Anlagen	**-**	**0,2**	**0,3**	**0,3**	**0,4**	**0,5**	**0,5**	
480 Gebäudeautomation	-	-	-	-	-	-	-	
490 Sonstige Maßnahmen der techn. Anlage	-	-	-	-	-	-	-	
Summe 400 Bauwerk technische Anlagen	**16,8**	**17,2**	**17,8**	**18,3**	**19,0**	**19,3**	**19,9**	
Summe 300 + 400 Kosten Bauwerk	**100,0**	**100,0**	**100,0**	**100,0**	**100,0**	**100,0**	**100,0**	

1.4.3.4 Kostengliederung nach Bauelementen und Gebäudebaujahrsklassen am Beispiel des Typs 1.01 – stark gehobene Ausstattung

Quelle: Mittag, Normalherstellungskosten 2000

Bauteil Kostengruppe DIN 276	Anteil an Neubaukosten % Baujahrsklasse vor 1925	1925-1945	1946-1959	1960-1969	1970-1984	1985-1999	2000	Mehraufwand gegenüber Neubau
Gebäude								
310 Baugrube	**1,8**	**1,7**	**1,7**	**1,6**	**1,5**	**1,4**	**1,3**	
320 Gründung	**3,0**	**3,2**	**3,1**	**3,0**	**2,9**	**2,9**	**2,7**	
322 Flachgründung	1,8	1,7	1,7	1,6	1,5	1,4	1,4	5,0-fach
324 Unterboden, Bodenplatten	0,2	0,5	0,4	0,4	0,5	0,5	0,4	5,0-fach
325 Bodenbeläge auf Bodenplatten	0,6	0,5	0,6	0,6	0,5	0,5	0,5	5,0-fach
326 Bauwerksabdichtung	0,4	0,5	0,4	0,4	0,4	0,5	0,4	4,0-fach
329 Gründung, sonstiges	-	-	-	-	-	-	-	-
330 Außenwände	**23,1**	**22,7**	**22,4**	**23,5**	**23,0**	**22,9**	**23,0**	
331 Tragende Außenwände	7,0	6,9	7,0	7,0	6,8	6,5	6,1	2,5-fach
332 Nichttragende Außenwände	-	-	-	-	-	-	-	-
333 Außenstützen	-	-	-	-	-	-	-	-
334 Außentüren, Außenfenster	8,3	8,2	7,8	8,3	7,8	8,2	8,7	1,5-fach
335 Außenwandbekleidungen außen	5,7	5,6	5,7	5,8	5,8	5,7	5,7	1,5-fach
336 Außenwandbekleidungen innen	1,1	1,1	1,0	1,1	1,2	1,1	1,1	2,0-fach
338 Sonnenschutz	1,1	0,9	0,9	1,0	1,1	1,0	1,0	1,5-fach
339 Außenwände, sonstiges	-	-	-	0,3	0,3	0,4	0,4	2,0-fach
340 Innenwände	**16,3**	**16,2**	**16,0**	**15,3**	**15,0**	**14,8**	**14,7**	
341 Tragende Innenwände	5,0	4,5	4,5	4,5	4,0	4,0	4,0	2,5-fach
342 Nichttragende Innenwände	3,0	3,2	3,2	2,6	2,6	2,7	2,7	2,0-fach
343 Innenstützen	-	-	-	-	-	-	-	-
344 Innentüren, Innenfenster	4,6	4,6	4,3	4,2	4,3	3,9	3,8	2,5-fach
345 Innenwandbekleidung	3,7	3,9	3,9	3,8	3,8	3,9	3,8	1,5-fach
349 Innenwände, sonstiges	-	-	0,1-	0,2	0,3	0,3	0,3	1,5-fach
350 Decken	**16,1**	**15,7**	**15,4**	**14,7**	**14,6**	**14,6**	**14,6**	
351 Deckenkonstruktion	8,3	7,7	7,4	6,8	6,6	6,3	5,9	2,5-fach
352 Deckenbeläge	5,2	5,3	5,3	5,1	5,3	5,5	5,9	1,5-fach
353 Deckenbekleidungen	2,4	2,5	2,4	2,4	2,4	2,4	2,4	1,5-fach
359 Decken, sonstiges	0,2	0,2	0,3	0,4	0,3	0,4	0,4	1,5-fach
360 Dächer	**11,1**	**10,9**	**10,9**	**10,7**	**10,5**	**10,2**	**10,1**	2,0-fach
361 Dachkonstruktionen	3,8	3,6	3,6	3,5	3,2	3,1	3,0	3,3-fach
362 Dachfenster, Dachöffnungen	0,8	0,7	0,7	0,7	0,9	1,0	1,2	1,5-fach
363 Dachbeläge	4,8	4,8	4,9	4,5	4,3	3,9	3,8	1,5-fach
364 Dachbekleidungen	1,6	1,7	1,6	1,8	1,9	1,9	1,8	1,5-fach
369 Dächer, sonstiges	0,1	0,1	0,1	0,2	0,2	0,3	0,3	1,5-fach
370 Baukonstruktive Einbauten	**3,8**	**4,2**	**4,3**	**4,2**	**5,0**	**5,4**	**5,2**	1,5-fach
390 Sonstige Maßnahmen für Baukonstruktion	**2,0**	**2,1**	**2,1**	**2,2**	**2,1**	**2,0**	**2,0**	1,5-fach
Summe 300 Bauwerk Baukonstruktion	**77,2**	**76,7**	**75,9**	**75,2**	**74,6**	**74,2**	**73,6**	

Bauteil	Anteil an Neubaukosten %							Mehraufwand gegenüber Neubau
	Baujahrsklasse							
Kostengruppe DIN 276	**vor 1925**	**1925-1945**	**1946-1959**	**1960-1969**	**1970-1984**	**1985-1999**	**2000**	
410 Abwasser-, Wasser-, Gasanlagen	**6,8**	**6,7**	**6,6**	**6,8**	**6,8**	**6,7**	**6,5**	
411 Abwasseranlagen	-	2,5	2,6	2,6	2,5	2,6	2,6	1,3-fach
412 Wasseranlagen	-	4,2	4,0	4,2	4,3	4,1	3,9	1,3-fach
413 Gasanlagen	-	-	-	-	-	-	-	-
419 Abwasser, Wasser, sonstiges	-	-	-	-	-	-	-	
420 Wärmeversorgungsanlagen	**9,3**	**8,6**	**8,6**	**8,4**	**8,8**	**8,8**	**9,3**	
421 Wärmeerzeugungsanlagen	-	2,5	2,5	2,1	2,4	2,5	2,4	1,3-fach
422 Wärmeverteilungsnetze	-	2,9	2,9	3,1	3,1	3,2	3,0	1,3-fach
423 Raumheizflächen	-	3,2	3,2	3,0	3,0	2,7	3,4	1,3-fach
429 Wärmeversorgungsanlagen, sonstiges	-	-	-	0,2	0,3	0,4	0,5	1,3-fach
430 Lufttechnische Anlagen	**1,4**	**1,8**	**1,8**	**1,9**	**1,8**	**2,0**	**1,9**	
440 Starkstromanlagen	**4,5**	**5,2**	**5,2**	**5,4**	**5,6**	**5,7**	**5,9**	
443-444 Niederspannungsanlagen	-	2,4	2,6	2,6	2,7	2,8	2,9	1,5-fach
445 Beleuchtungsanlagen	-	1,9	2,3	2,4	2,6	2,6	2,7	1,5-fach
446 Blitzschutz- und Erdungsanlagen	-	0,3	0,3	0,4	0,3	0,3	0,3	1,5-fach
449 Starkstromanlagen, sonstiges	-	-	-	-	-	-	-	
450 Fernmelde- und informationstechn. Einrichtungen	**0,5**	**0,7**	**1,3**	**1,7**	**1,7**	**1,9**	**2,0**	
460 Förderanlagen	-	-	-	-	-	-		
470 Nutzungsspezifische Anlagen	**0,3**	**0,4**	**0,6**	**0,6**	**0,7**	**0,7**	**0,8**	
480 Gebäudeautomation	-	-	-	-	-	-	-	
490 Sonstige Maßnahmen der techn. Anlage	-	-	-	-	-	-	-	
Summe 400 Bauwerk technische Anlagen	**22,8**	**23,3**	**24,1**	**24,8**	**25,4**	**25,8**	**26,4**	
Summe 300 + 400 Kosten Bauwerk	**100,0**	**100,0**	**100,0**	**100,0**	**100,0**	**100,0**	**100,0**	

1.4.3.5 Kostengliederung nach Bauelementen und Gebäudebaujahrsklassen und Ausstattung am Beispiel des Typs 1.01 – alle Ausstattungsstandards

Quelle: Mittag, Normalherstellungskosten 2000

Bauteil	Anteil an Neubaukosten %							Mehraufwand gegenüber Neubau
	Baujahrsklasse							
Kostengruppe DIN 276	vor 1925	1925-1945	1946-1959	1960-1969	1970-1984	1985-1999	2000	
Gebäude								
310 Baugrube								
Einfache Ausstattung	3,2	3,0	3,0	2,8	2,6	2,5	2,3	
Mittlere Ausstattung	2,8	2,7	2,6	2,4	2,3	2,2	2,0	
Gehobene Ausstattung	2,4	2,9	2,3	2,1	1,9	1,9	1,7	
Stark gehobene Ausstattung	1,8	1,7	1,7	1,6	1,5	1,4	1,3	
320 Gründung								
Einfache Ausstattung	4,1	4,2	4,1	3,8	3,8	3,8	3,5	4,5-fach
Mittlere Ausstattung	4,0	4,0	4,0	3,8	3,7	3,7	3,4	
Gehobene Ausstattung	3,8	3,8	3,8	3,5	3,5	3,4	3,2	
Stark gehobene Ausstattung	3,0	3,2	3,1	3,0	2,9	2,9	2,7	
330 Außenwände								
Einfache Ausstattung	22,5	25,2	25,7	26,0	26,2	26,6	27,2	2,0-fach
Mittlere Ausstattung	23,0	23,4	24,0	26,0	26,4	26,6	27,2	
Gehobene Ausstattung	22,4	22,9	22,9	24,8	24,9	25,2	25,5	
Stark gehobene Ausstattung	23,1	22,7	22,4	23,5	23,0	22,9	23,0	
340 Innenwände								
Einfache Ausstattung	22,6	22,2	21,9	20,8	20,6	20,3	20,1	2,0-fach
Mittlere Ausstattung	21,7	21,0	20,7	19,7	19,3	19,0	18,8	
Gehobene Ausstattung	19,8	19,2	19,0	18,3	18,0	17,8	17,7	
Stark gehobene Ausstattung	16,3	16,2	16,0	15,3	15,0	14,8	14,7	
350 Decken								
Einfache Ausstattung	19,7	19,1	18,7	17,4	17,2	17,1	16,9	2,0-fach
Mittlere Ausstattung	18,9	18,5	18,1	17,2	16,9	16,8	16,7	
Gehobene Ausstattung	18,9	18,4	18,0	17,2	16,9	16,8	16,7	
Stark gehobene Ausstattung	16,1	15,7	15,4	14,7	14,6	14,6	14,6	
360 Dächer								
Einfache Ausstattung	12,4	11,9	11,6	11,0	10,7	10,5	10,3	2,0-fach
Mittlere Ausstattung	11,2	10,9	10,6	10,2	9,9	9,7	9,6	
Gehobene Ausstattung	11,4	11,3	11,1	10,8	10,5	10,1	10,0	
Stark gehobene Ausstattung	11,1	10,9	10,9	10,7	10,5	10,2	10,1	
370 Baukonstruktive Einbauten								
Einfache Ausstattung	-	0,8	0,8	0,8	0,8	0,8	0,9	1,5-fach
Mittlere Ausstattung	1,2	1,6	1,6	1,6	1,6	1,7	1,6	
Gehobene Ausstattung	2,2	2,4	2,6	2,5	2,6	2,8	2,7	
Stark gehobene Ausstattung	3,8	4,2	4,3	4,2	5,0	5,4	5,2	

Bauteil Kostengruppe DIN 276	Anteil an Neubaukosten % Baujahrsklasse vor 1925	1925-1945	1946-1959	1960-1969	1970-1984	1985-1999	2000	Mehraufwand gegenüber Neubau
390 Sonstige Maßnahmen für Baukonstruktion								
Einfache Ausstattung	1,4	1,6	1,6	1,6	1,6	1,6	1,6	1,5-fach
Mittlere Ausstattung	1,8	2,1	2,1	2,0	2,1	2,2	2,1	1,5-fach
Gehobene Ausstattung	2,3	2,5	2,5	2,5	2,7	2,7	2,6	1,5-fach
Stark gehobene Ausstattung	2,0	2,1	2,1	2,2	2,1	2,0	2,0	1,5-fach
Summe 300 Bauwerk Baukonstruktion								
Einfache Ausstattung	85,9	88,0	87,4	84,2	83,5	83,2	82,8	
Mittlere Ausstattung	84,6	84,2	83,7	82,9	82,2	81,9	81,4	
Gehobene Ausstattung	83,2	82,8	82,2	81,7	81,0	80,7	80,1	
Stark gehobene Ausstattung	77,2	76,7	75,9	75,2	74,6	74,2	73,6	
410 Abwasser-, Wasser-, Gasanlagen								
Einfache Ausstattung	4,3	3,9	4,1	5,4	5,4	5,5	5,4	1,3-fach
Mittlere Ausstattung	5,1	5,3	5,3	5,5	5,5	5,5	5,4	
Gehobene Ausstattung	5,7	5,6	5,8	5,9	5,9	5,9	5,8	
Stark gehobene Ausstattung	6,8	6,7	6,6	6,8	6,8	6,7	6,5	
420 Wärmeversorgungsanlagen								
Einfache Ausstattung	6,3	4,4	4,3	6,1	6,8	6,9	7,4	1,3-fach
Mittlere Ausstattung	6,7	6,7	6,5	6,9	7,5	7,7	8,1	
Gehobene Ausstattung	7,4	7,1	6,9	7,1	7,6	7,7	8,2	
Stark gehobene Ausstattung	9,3	8,6	8,6	8,4	8,8	8,8	9,3	
430 Lufttechnische Anlagen								
Einfache Ausstattung	-	-	-	-	-	-	-	
Mittlere Ausstattung	-	-	-	-	-	-	-	
Gehobene Ausstattung	-	-	-	-	-	-	-	
Stark gehobene Ausstattung	1,4	1,8	1,8	1,9	1,8	2,0	1,9	
440 Starkstromanlagen								
Einfache Ausstattung	3,5	3,7	3,8	3,9	3,9	4,0	4,0	1,5-fach
Mittlere Ausstattung	3,6	3,8	3,9	4,0	4,1	4,2	4,3	
Gehobene Ausstattung	3,7	4,0	4,2	4,4	4,5	4,6	4,7	
Stark gehobene Ausstattung	4,5	5,2	5,2	5,4	5,6	5,7	5,9	
450 Fernmelde- und informationstechn. Einrichtungen								
Einfache Ausstattung	-	-	0,4	0,4	0,4	0,4	0,4	
Mittlere Ausstattung	-	-	0,4	0,4	0,4	0,4	0,4	
Gehobene Ausstattung	-	0,3	0,6	0,6	0,6	0,6	0,7	
Stark gehobene Ausstattung	0,5	0,7	1,3	1,7	1,7	1,9	2,0	
460 Förderanlagen	-	-	-	-	-	-	-	
470 Nutzungsspezifische Anlagen								
Einfache Ausstattung	-	-	-	-	-	-	-	
Mittlere Ausstattung	-	-	0,2	0,3	0,3	0,3	0,4	
Gehobene Ausstattung	-	0,2	0,3	0,3	0,4	0,5	0,5	
Stark gehobene Ausstattung	0,3	0,4	0,6	0,6	0,7	0,7	0,8	

Bauteil	Anteil an Neubaukosten %							Mehraufwand gegenüber Neubau
	Baujahrsklasse							
Kostengruppe DIN 276	**vor 1925**	**1925-1945**	**1946-1959**	**1960-1969**	**1970-1984**	**1985-1999**	**2000**	
480 Gebäudeautomation	-	-	-	-	-	-	-	
490 Sonstige Maßnahmen der techn. Anlage	-	-	-	-	-	-	-	
Summe 400 Bauwerk technische Anlagen								
Einfache Ausstattung	14,1	12,0	12,6	15,8	16,5	16,8	17,2	
Mittlere Ausstattung	15,4	15,8	16,3	17,1	17,8	18,1	18,6	
Gehobene Ausstattung	16,8	17,2	17,8	18,3	19,0	19,3	19,9	
Stark gehobene Ausstattung	22,8	23,3	24,1	24,8	25,4	25,8	26,4	
Summe 300 + 400 Kosten Bauwerk	**100,0**	**100,0**	**100,0**	**100,0**	**100,0**	**100,0**	**100,0**	

1.4.4 Wertanteile einzelner Gewerke am Gesamtbauwerk im Wohnungsbau

Quelle: BKI – Baukosteninformationszentrum; GuG-K, 80[3]

Bauteil Gewerk	Anzahl der Vollgeschosse																	
	1			2			3			4			5			6		
	ausgebaute Dachgeschosse		Flachdach	ausgebaute Dachgeschosse		Flachdach	ausgebaute Dachgeschosse		Flachdach	ausgebaute Dachgeschosse		Flachdach	ausgebaute Dachgeschosse		Flachdach	ausgebaute Dachgeschosse		Flachdach
	nein	ja		nein	ja		nein	ja		nein	ja		nein	ja		nein	ja	
Keller insgesamt	**24,9**	**23,5**	**24,0**	**21,2**	**20,2**	**21,2**	**17,7**	**16,8**	**18,6**	**14,6**	**13,9**	**15,9**	**12,2**	**11,6**	**12,9**	**10,7**	**10,1**	**9,5**
Mauerwerk	17,4	16,8	17,1	15,1	14,4	15,2	12,6	12,0	13,3	10,4	9,9	11,4	8,7	8,3	9,3	7,7	7,2	6,8
Erd- u. Isolierarbeiten	2,5	2,5	2,6	2,2	2,2	2,2	1,9	1,8	2,0	1,6	1,5	1,7	1,3	1,2	1,4	1,1	1,1	1,0
Kellerboden	5,0	4,2	4,3	3,8	3,6	3,8	3,2	3,0	3,3	2,6	2,5	2,8	2,2	2,1	2,2	1,9	1,8	1,7
Decken insgesamt	**14,0**	**13,1**	**15,8**	**13,6**	**13,1**	**15,9**	**13,4**	**13,2**	**15,8**	**13,3**	**13,1**	**15,7**	**13,1**	**12,9**	**15,5**	**13,0**	**12,7**	**15,3**
Decke über Keller	15,3	4,5	4,6	4,1	3,8	4,2	3,4	3,2	3,6	2,8	2,6	3,0	2,3	2,2	2,4	2,1	1,9	1,8
übrige Decken	5,4	5,4	6,9	5,9	5,8	7,3	6,2	6,2	7,6	6,5	6,5	7,9	6,7	6,6	8,1	6,8	6,7	8,4
Deckenputz	3,3	3,2	4,3	3,6	3,5	4,4	3,8	3,8	4,6	4,0	4,0	4,8	4,1	4,1	5,0	4,1	4,1	5,1
Umfassungswände insgesamt	**10,3**	**10,0**	**13,0**	**11,2**	**11,0**	**14,0**	**12,4**	**12,0**	**15,0**	**13,6**	**13,5**	**16,0**	**14,7**	**14,7**	**17,0**	**15,2**	**15,2**	**18,0**
Mauerwerk	8,6	8,3	10,8	9,3	9,2	11,7	10,3	10,0	12,5	11,3	11,2	13,3	12,3	12,2	14,2	12,7	12,7	15,0
Außenputzverkleidung	1,7	1,7	2,2	1,9	1,8	2,3	2,1	2,0	2,5	2,3	2,3	2,7	2,4	2,5	2,8	2,5	2,5	3,0
Innenwände unverputzt	**10,7**	**11,0**	**6,0**	**11,8**	**12,0**	**7,4**	**12,8**	**13,0**	**8,8**	**13,5**	**13,7**	**10,2**	**14,1**	**14,1**	**11,6**	**14,3**	**14,3**	**13,0**
Tragend	5,9	6,1	3,5	6,5	6,7	4,1	7,1	7,2	4,9	7,2	7,6	5,6	7,3	7,8	6,4	7,4	7,9	7,2
Nichttragend	4,8	4,9	2,7	5,3	5,3	3,3	5,7	5,8	3,9	6,3	6,1	4,6	6,8	6,3	5,2	6,9	6,4	5,8
Dach insgesamt	**15,3**	**17,8**	**7,5**	**13,5**	**15,5**	**6,2**	**11,8**	**13,5**	**5,0**	**10,7**	**11,5**	**4,1**	**10,0**	**10,5**	**3,7**	**9,9**	**10,3**	**3,5**
Dachstuhl	10,4	12,2		9,2	10,6		8,0	9,3		7,3	7,9		6,8	7,2		6,7	7,1	
Dachhaut	3,9	4,5	6,5	3,5	3,9	4,9	3,0	3,4	3,9	2,7	2,9	3,1	2,6	2,6	2,9	2,6	2,6	2,8
Dachrinnen, Rohre	1,0	1,1	1,5	0,8	1,0	1,3	0,8	0,8	1,1	0,7	0,7	1,0	0,6	0,7	0,8	0,6	0,6	0,7
Treppen insgesamt	**2,2**	**2,0**	**3,4**	**3,1**	**2,9**	**4,2**	**3,8**	**3,7**	**5,0**	**4,5**	**4,4**	**5,8**	**5,0**	**5,0**	**6,4**	**5,3**	**5,2**	**7,2**
Innerer Ausbau insgesamt	**22,6**	**22,6**	**30,3**	**25,7**	**25,5**	**31,1**	**28,1**	**27,8**	**31,8**	**29,8**	**29,9**	**32,3**	**30,9**	**31,2**	**32,9**	**31,6**	**32,2**	**33,5**
Wandputz	5,9	6,0	8,0	6,8	6,7	8,2	7,4	7,4	8,3	7,9	7,9	8,4	8,3	8,4	8,5	8,5	8,6	8,6
Bodenbelag	4,2	4,1	5,3	4,5	4,5	5,6	4,8	4,8	5,9	5,0	5,0	6,1	5,1	5,1	6,3	5,2	5,2	6,5
Installation	4,4	4,4	6,0	5,1	5,0	6,1	5,6	5,5	6,2	6,0	6,0	6,3	6,2	6,2	6,4	6,3	6,5	6,5
Fenster	3,7	3,7	5,0	4,2	4,2	5,1	4,7	4,6	5,2	4,9	5,0	5,2	5,2	5,2	5,3	5,3	5,4	5,4
Verglasung	1,1	1,1	1,5	1,3	1,2	1,5	1,4	1,4	1,6	1,5	1,5	1,6	1,5	1,6	1,6	1,6	1,6	1,6
Türen	3,3	3,3	4,5	3,8	3,7	4,6	4,2	4,1	4,6	4,5	4,5	4,7	4,6	4,7	4,8	4,7	4,9	4,9

3 Abdruck mit freundlicher Genehmigung des Werner Verlags.

Erläuterungen

I. *Die Tabelle enthält keine Angaben über nichtunterkellerte Gebäude. Bei solchen Gebäuden ist die Wertigkeit des schadhaften Bauteils in Anlehnung an die Wertigkeit des Bauteils bei einem entsprechenden unterkellerten Gebäude zu schätzen. Dabei werden die Wertanteile bei nichtunterkellerten Gebäuden regelmäßig etwas höher liegen, weil die Baukosten für den Keller entfallen. Es ist jedoch zu beachten, dass für die Fundamente erhebliche Kosten entstehen und dass die Baukosten für den Fußboden im Erdgeschoss wegen der zusätzlichen Isolierung und Wärmedämmung höher liegen als die Kosten der „Decke über dem Keller" bei unterkellerten Gebäuden. In besonders schwierigen Fällen ist ein Bausachverständiger hinzuzuziehen.*

II. *Vor Anwendung der Tabelle ist festzustellen, wie hoch der Wert des Schadens im Verhältnis zum Gesamtwert des betreffenden Bauteils ist. In diesem Verhältnis ist dann aus der Wertigkeitsziffer der Tabelle der auf den Schaden entfallende Anteil zu errechnen. Bei mehreren Baumängeln oder Bauschäden ergibt die Summe der so ermittelten Schäden an den einzelnen Bauteilen den Gesamtschaden am Gebäude. Der Vomhundertsatz, der sich bei dieser Berechnung für das einzelne Gebäude ergibt, ist auf volle Zahlen aufzurunden. Zu beachten ist, dass vielfach nur die Auswirkungen von Baumängeln und Bauschäden erkennbar sind, während der Schaden selbst verborgen bleibt. So haben beispielsweise feuchte Wände ihre Ursache in mangelhafter oder fehlender Isolierung. Die schadhafte Isolierung rechtfertigt einen Abschlag. Sofern die Feuchtigkeit an den Wänden zu keinen weiteren Schäden geführt hat (z.B. Schwamm), ist bei diesem Bauteil ein Abschlag nicht gerechtfertigt.*

III. *Die Tabelle gilt nicht für die im Sachwertverfahren zu bewertenden Geschäftsgrundstücke und die sonstigen bebauten Grundstücke.*

Hinweis:

Quelle: *(alt) Verfügung betr. Schätzung von Abschlägen wegen behebbarer Baumängel und Bauschäden vom 24.4.1968 (BStBl. I 1991, 968 = OFD Kiel S. 3204 A – St 21/211). Vgl. Erl. des Ministers für Wiederaufbau im Lande Nordrhein-Westfalen vom 24.6.1948 (GeschZ. I A/225); auch Erl. der FM der neuen Bundesländer betr. Bewertung von Einfamilienhäusern im Beitrittsgebiet (BStBl. I 1991,968 = GuG 1992, 78), sowie GuG-K, 2016, 84*

Auf Anfrage teilte das Bundesfinanzministerium am 03.03.2016 mit:

„Die Tabelle ist aus den „Richtzahlen für die Wertanteile bei Geschosswohnbauten" nach dem Erlass des Ministers für Wiederaufbau im Lande Nordrhein-Westfalen vom 24.6.1948 – I A/225 abgeleitet worden. Die Tabelle wird im Rahmen der Einheitsbewertung für Zwecke der Grundsteuer verwendet. Ein aktuellere Fassung gibt es nicht."

1.4.4.1 MagistratsVO-Wertanteile (in v. H.) einzelner Bauteile am Gesamtbauwerk bei Geschossbauten (Richtzahlen) (Verordnung des Magistrats der Stadt Berlin)

Quelle: *Runge, Grundstücksbewertung, 3. Aufl. Berlin 1955, S. 138 f.; Weil, Grundstücksschätzung, 5. Aufl. 1958, S. 113*

	1	2						3						4						5					
Nr.	Bauteil	Wohn- und Bürogebäude												Gewerbliche Bauten											
		ohne ausgebautes Dachgeschoss – Zahl der Geschosse						mit zur Hälfte ausgebautem Dachgeschoss – Zahl der Geschosse						ohne Traggerippe – Zahl der Geschosse						mit Traggerippe aus Stahl oder Stahlbeton – Zahl der Geschosse					
		1	2	3	4	5	6	1	2	3	4	5	6	1	2	3	4	5	6	1	2	3	4	5	6
1	Dach[1]	11,4	7,4	5,7	4,5	3,6	3,1	9,9	6,8	5,3	4,2	3,5	3,1	8,6	6,6	5,4	4,5	3,8	3,4	7,5	5,4	5,1	4,2	3,4	3,0
2	Decken	13,4	12,8	12,8	13,3	12,6	12,4	12,5	12,2	12,4	12,7	12,3	12,5	13,0	15,6	17,4	18,2	19,3	19,7	22,8	20,5	20,1	20,2	20,6	21,0
3	Wände	19,2	20,2	20,0	20,1	21,8	22,0	17,6	18,7	18,8	18,9	20,7	20,9	31,4	28,7	27,9	27,3	26,8	26,5	22,3	23,3	23,8	24,2	24,3	24,1
4	Leichte Trennwände	2,3	2,5	3,0	2,7	2,7	2,8	1,9	2,4	2,9	2,8	3,0	3,1	–	–	–	–	–	–	–	–	–	–	–	–
5	Traggerippe, Stahl, Stahlbeton, gusseiserne Säulen	–	–	–	–	–	–	–	–	–	–	–	–	–	–	–	–	–	–	11,3	13,7	14,6	15,3	15,9	16,3
6	Gründung	3,9	2,5	2,1	1,7	1,6	1,5	3,4	2,3	2,0	1,6	1,3	1,3	9,8	7,5	6,1	5,7	4,8	4,3	14,8	11,9	10,1	8,7	7,7	6,7
7	Fußboden	6,1	5,8	5,9	5,7	5,5	5,5	5,8	5,6	5,7	5,6	5,4	5,4	4,4	5,3	5,8	6,1	6,4	6,6	3,5	3,8	3,8	3,9	3,9	3,8
8	Putz und andere Oberflächenbehandlung[2]	8,4	9,0	7,5	8,1	8,6	8,7	8,2	8,8	7,4	8,0	8,3	8,5	4,5	5,7	6,6	7,1	7,3	7,8	3,3	4,7	5,3	5,7	6,0	6,2
9	Treppen[3]	3,5	3,7	3,9	4,2	4,1	4,1	3,4	3,6	3,8	4,1	4,0	4,0	1,4	1,6	1,8	1,9	2,0	2,1	0,7	0,8	0,8	0,8	0,9	0,9
10	Fenster[4]	4,6	5,5	6,2	6,4	6,4	6,6	5,7	6,2	6,7	6,8	6,9	6,8	6,8	7,5	7,8	8,0	8,2	8,4	2,8	3,7	4,1	4,4	4,6	4,8
11	Türen	5,9	5,9	6,1	6,1	5,6	5,4	6,1	6,1	6,2	6,2	5,8	5,5	2,8	2,8	2,8	2,8	2,8	2,8	0,6	0,8	0,9	1,0	1,0	1,1
12	Keller- und Dachverschläge	0,3	0,3	0,3	0,2	0,2	0,2	0,2	0,2	0,2	0,2	0,2	0,2	–	–	–	–	–	–	–	–	–	–	–	–
13	Maler-, Tapezierarbeiten	4,1	4,9	5,5	5,6	5,7	5,8	4,8	5,3	5,8	5,9	5,9	5,9	2,4	2,8	2,9	3,1	3,2	3,2	1,3	1,9	2,2	2,3	2,5	2,6
1	Be- und Entwässerung	5,6	6,8	7,3	7,6	7,8	7,9	6,6	7,4	7,8	8,0	8,0	8,2	3,7	3,9	3,9	3,8	3,8	3,8	2,0	1,8	1,6	1,6	1,5	1,1
2	Gas- und Stromversorgung	1,4	1,7	1,9	2,0	2,0	2,0	1,7	1,9	2,0	2,1	2,1	2,1	3,4	3,1	3,0	2,8	2,7	2,7	0,9	1,0	1,0	1,0	1,0	1,4
3	Heizung[5]	4,4	5,5	6,3	6,5	6,5	6,8	5,6	6,3	6,8	6,9	6,9	7,0	6,3	7,3	7,4	7,5	7,6	7,6	4,3	3,9	3,5	3,3	3,1	3,3
4	Sonstige Einrichtungen	5,5	5,5	5,5	5,3	5,3	5,3	6,6	6,2	6,2	6,0	5,7	5,5	1,5	1,3	1,2	1,2	1,1	1,1	1,9	2,8	3,1	3,4	3,6	3,7

1 Von den Richtzahlen für das Dach entfallen auf:
a) Dachdeckung rd. 22 v. H.
b) Lattung und Schalung rd. 14 v. H.
c) den Dachstuhl rd. 43 v. H.
d) Klempnerarbeiten rd. 21 v. H.

2 Von den Richtzahlen für den Putz entfallen bei Reihenhäusern auf:

Putzart	Wohn- und Bürogebäude Putzart vor 1918	nach 1918
Außenputz	rd. 30 v H.	35 v. H.
Innenputz	rd. 50 v H.	45 v. H.
Deckenputz	rd. 20 v H.	20 v. H.

3 Von den Richtzahlen für Treppen (VI 9) entfallen bei Massivtreppen auf:
Tragwerk und Stufenaufmauerung rd. 40 v.H.
Tritt- und Setzstufen rd. 45 v.H.
Geländer rd. 15 v.H.

4 Von den Richtzahlen für das Fenster entfallen auf:
a) Tischlerarbeiten rd. 83 v. H.
b) Glaserarbeiten rd. 17 v. H.

5 Von den Richtzahlen für Heizung (VII 3) entfallen bei Sammelheizung rd. 20 v. H. auf die Kesselanlage.

Quelle: Runge, Grundstücksbewertung, 3. Aufl. Bln 1955, S. 138 f..; Weil Grundstücksschätzung, 5. Aufl. 1958, S. 113

1.4.4.2 Wertanteile (in v.H.) der Bauteile bei Geschosswohnbauten (Richtzahlen)

Quelle: Erl. des Ministers für Wiederaufbau im Lande Nordrhein-Westfalen vom 24. Juni 1948 – IA/ 225; MinBl. 1948 Nr. 12 = Weil, Grundstücksschätzungen, 5. Aufl. 1958, S. 112

		geneigtes Dach												Flachdach					
	Vollgeschosse	1		2		3		4		5		6		1	2	3	4	5	6
	Ausgebaute Dachgeschosse	ohne	mit	ohne	mit	ohne	mit	ohne	mit	ohne	mit	ohne	mit						
Umfassungswände	Außenputzverkleidung	1,7	1,7	1,9	1,8	2,1	2,0	2,3	2,3	2,4	2,5	2,5	2,5	2,2	2,3	2,5	2,7	2,8	3,0
	Umfassungswände	8,6	8,3	9,3	9,2	10,3	10,0	11,3	11,2	12,3	12,2	12,7	12,7	10,8	11,7	12,5	13,3	14,2	15,0
	insgesamt %	10,3	10,0	11,2	11,0	12,4	12,0	13,6	13,5	14,7	14,7	15,2	15,2	13,0	14,0	15,0	16,0	17,0	18,0
Keller	Boden	5,0	4,2	3,8	3,6	3,2	3,0	2,6	2,5	2,2	2,1	1,9	1,8	4,3	3,8	3,3	2,8	2,2	1,7
	Erd- und Isolierarbeiten	2,5	2,5	2,2	2,2	1,9	1,8	1,6	1,5	1,3	1,2	1,1	1,1	2,6	2,2	2,0	1,7	1,4	1,0
	Mauerwerk	17,4	16,8	15,1	14,4	12,6	12,0	10,4	9,9	8,7	8,3	7,7	7,2	17,1	15,2	13,3	11,4	9,3	6,8
	insgesamt %	24,9	23,5	21,2	20,2	17,7	16,8	14,6	13,9	12,2	11,6	10,7	10,1	24,0	21,2	18,6	15,9	12,9	9,5
Treppen	Kellertreppe und Geschosstreppe	2,2	2,0	3,1	2,9	3,8	3,7	4,5	4,4	5,0	5,0	5,3	5,2	3,4	4,2	5,0	5,8	6,4	7,2
Innenwände	Nichttragend	4,8	4,9	5,3	5,3	5,7	5,8	6,3	6,1	6,8	6,3	6,9	6,4	2,7	3,3	3,9	4,6	5,2	5,8
	Tragend	5,9	6,1	6,5	6,7	7,1	7,2	7,2	7,6	7,3	7,8	7,4	7,9	3,5	4,1	4,9	5,6	6,4	7,2
	insgesamt %	10,7	11,0	11,8	12,0	12,8	13,0	13,5	13,7	14,1	14,1	14,3	14,3	6,0	7,4	8,8	10,2	11,6	13,0
Innerer Ausbau	Installation	4,4	4,4	5,1	5,0	5,6	5,5	6,0	6,0	6,2	6,2	6,3	6,5	6,0	6,1	6,2	6,3	6,4	6,5
	Wandputz	5,9	6,0	6,8	6,7	7,4	7,4	7,9	7,9	8,3	8,4	8,5	8,6	8,0	8,2	8,3	8,4	8,5	8,6
	Verglasung	1,1	1,1	1,3	1,2	1,4	1,4	1,5	1,5	1,5	1,6	1,6	1,6	1,5	1,5	1,6	1,6	1,6	1,6
	Fenster	3,7	3,7	4,2	4,2	4,7	4,6	4,9	5,0	5,2	5,2	5,3	5,4	5,0	5,1	5,2	5,2	5,3	5,4
	Türen	3,3	3,3	3,8	3,7	4,2	4,1	4,58	4,5	4,6	4,7	4,7	4,9	4,5	4,6	4,6	4,7	4,8	4,9
	Bodenbelag	4,2	4,1	4,5	4,5	4,8	4,8	5,0	5,0	5,1	5,1	5,2	5,2	5,3	5,6	5,9	6,1	6,3	6,5
	insgesamt %	22,6	22,6	25,7	25,5	28,1	27,8	29,8	29,9	30,9	31,2	31,6	32,2	30,3	31,1	31,8	32,3	32,9	33,5
Decken	Decke über Kellergeschoss	5,3	4,5	4,1	3,8	3,4	3,2	2,8	2,6	2,3	2,2	2,1	1,9	4,6	4,2	3,6	3,0	2,4	1,8
	Deckenputz	3,3	3,2	3,6	3,5	3,8	3,8	4,0	4,0	4,1	4,1	4,1	4,1	4,3	4,4	4,6	4,8	5,0	5,1
	Balkenträger	3,3	3,3	3,6	3,6	3,8	3,8	4,0	4,0	4,1	4,1	4,2	4,2	4,3	4,5	4,7	4,8	5,0	5,2
	Füllung	2,1	2,1	2,3	2,2	2,4	2,4	2,5	2,5	2,6	2,5	2,6	2,5	2,6	2,8	2,9	3,1	3,1	3,2
	insgesamt %	14,0	13,1	13,6	13,1	13,4	13,2	13,3	13,1	13,1	12,9	13,0	12,7	15,8	15,9	15,8	15,7	15,5	15,3
Dach	Dachrinne, Rohre	1,0	1,1	0,8	1,0	0,8	0,8	0,7	0,7	0,6	0,7	0,6	0,6	1,5	1,3	1,1	1,0	0,8	0,7
	Dachstuhl	10,4	12,2	9,2	10,6	8,0	9,3	7,3	7,9	6,8	7,2	6,7	7,1	–	–	–	–	–	–
	Dachhaut	3,9	4,5	3,5	3,9	3,0	3,4	2,7	2,9	2,6	2,6	2,6	2,6	6,5	4,9	3,9	3,1	2,9	2,8
	insgesamt %	15,3	17,8	13,5	15,5	11,8	13,5	10,7	11,5	10,0	10,5	9,9	10,3	7,5	6,2	5,0	4,1	3,7	3,5

1.4.5 Wertanteile für eingeschossige, nicht unterkellerte Lagerhallen

Quelle: KL-V, 2308

Wertanteile für eingeschossige, nicht unterkellerte Lagerhallen		
a) in besserer Bauausführung, mit Wärmedämmung und mit Heizung		
Bauwerk/ Gewerk	**durchschnittlicher Anteil in v. H. der Herstellungskosten (ohne Baunebenkosten nach DIN 276 Blatt 3 Nr. 7)**	
	Stahlskelett-, Rahmen- oder Fachwerkbauwerke	**Stahlbeton-, Skelett- oder Rahmenbauweise**
Dacheindeckung	17,5	19,0
Heizanlage	4,5	4,0
Elektroinstallation	3,5	4,0
Fenster	3,0	4,0
Fußboden	4,0	4,0
Wandbekleidung	13,5	10,0
Tragkonstruktion	19,0	18,0
Gründung und Bodenplatte	18,0	17,0
Türen	2,0	2,0
Tore	3,5	3,0
Erdarbeiten	2,5	3,5
insgesamt	100,0	100,0

b) in einfacher Bauausführung, ohne Wärmedämmung und ohne Heizung				
Bauwerk/ Gewerk	**durchschnittlicher Anteil in v. H. der Herstellungskosten (ohne Baunebenkosten nach DIN 276 Blatt 3 Nr. 7)**			
	Mauerwerks-massivbau	**Holzskelett-, Rahmen- oder Fach-werkbauweise**	**Stahlskelett-, Rahmen- oder Fachwerkbauwerke**	**Stahlbeton-, Skelett- oder Rahmenbauweise**
Dacheindeckung	13,0	13,5	14,0	13,5
Heizanlage	–	–	–	–
Elektroinstallation	8,0	2,5	2,5	3,0
Fenster	3,0	2,0	3,5	1,5
Fußboden	4,5	4,5	6,0	6,0
Wandbekleidung	–	12,0	12,5	15,5
Tragkonstruktion	50,0	24,0	23,5	24,0
Gründung und Bodenplatte	19,0	20,0	20,5	20,0
Türen	–	–	1,0	–
Tore	5,0	4,5	3,0	2,5
Erdarbeiten	2,5	3,5	4,0	4,0
insgesamt	100,0	100,0	100,0	100,0

1.4.6 Bauanteile für Hallen

Quelle: RLSK, 689-696

1. Bauanteile für Lagerhallen* in Skelett-, Rahmen- oder Fachwerkkonstruktion in einfacher Bauausführung, ohne Heizung und ohne Wärmedämmung

Bauteil/Gewerk	Wertanteile in %
Erdarbeiten	3,8
Fundament und Bodenplatte	20,2
Tragkonstruktion	23,7
Außenwand/Fassade	13,3
Dacheindeckung	13,7
Fußboden	5,5
Türen	0,3
Tore	3,3
Fenster	2,3
Heizung	-
Elektr. Installation	2,7
Sonstiges	11,2
Insgesamt	100,0

** Eingeschossig, nicht unterkellert*
Hallengröße ca. 2.000 m² bis 5.000 m², Spannweite ca. 15 m, Traufhöhe ca. 6,5 m

2. Bauanteile für Lagerhallen* in Skelett-, Rahmen- oder Fachwerkkonstruktion in guter Bauausführung, mit Heizung und mit Wärmedämmung

Bauteil/Gewerk	Wertanteile in %
Erdarbeiten	3,0
Fundament und Bodenplatte	17,5
Tragkonstruktion	18,5
Außenwand/Fassade	11,8
Dacheindeckung	18,3
Fußboden	4,0
Türen	2,0
Tore	3,3
Fenster	3,5
Heizung	4,3
Elektr. Installation	3,8
Sonstiges	10,0
Insgesamt	100,0

** Eingeschossig, nicht unterkellert*
Hallengröße ca. 2.000 m² bis 5.000 m², Spannweite ca. 15 m, Traufhöhe ca. 6,5 m

3. Bauanteile für Lagerhallen* in Mauerwerksmassivbauweise in einfacher Ausführung, ohne Heizung und ohne Wärmedämmung

Bauteil/Gewerk	Wertanteile in %
Erdarbeiten	2,5
Fundament und Bodenplatte	19,0
Tragkonstruktion Außenwand/Fassade }	50,0
Dacheindeckung	13,0
Fußboden	4,5
Türen	-
Tore	5,0
Fenster	3,0
Heizung	-
Elektr. Installation	3,0
Sonstiges	-
Insgesamt	100,0

** Eingeschossig, nicht unterkellert*
Hallengröße 2.000 m² bis 5.000 m², Spannweite ca. 15 m, Traufhöhe ca. 6,5 m

4. Bauanteile für Produktionshallen* in durchschnittlicher Bauausführung

Bauteil/Gewerk	Wertanteile in %	Mittlere Abweichung in %
Erdarbeiten	4,0	2,0
Fundament und Bodenplatte	15,5	3,5
Tragkonstruktion	16,5	3,5
Außenwand/Fassade	9,5	2,5
Dacheindeckung	12,0	2,5
Fußboden	4,0	1,5
Türen	1,5	0,5
Tore	1,5	1,0
Fenster	4,0	1,5
Heizung	5,5	2,0
Elektr. Installation	5,0	2,0
Sonstiges	21,0	-
Insgesamt	100,0	

** Eingeschossig, nicht unterkellert*
Hallengröße 800 m² bis 1.000 m², Spannweite ca. 20 m, Traufhöhe ca. 4 m bis 5 m

5. Bauanteile für Werkstatthallen* in durchschnittlicher Bauausführung

Bauteil/Gewerk	Wertanteile in %	Mittlere Abweichung in %
Erdarbeiten	3,5	2,5
Fundament und Bodenplatte	16,5	3,5
Tragkonstruktion	21,0	5,5
Außenwand/Fassade	10,0	3,0
Dacheindeckung	12,0	2,5
Fußboden	4,0	1,5
Türen	1,0	0,5
Tore	4,0	2,5
Fenster	5,0	2,5
Heizung	5,5	2,0
Elektr. Installation	5,0	2,0
Sonstiges	12,5	-
Insgesamt	100,0	

** Eingeschossig, nicht unterkellert*
Hallengröße 200 m² bis 500 m², Spannweite ca. 10 m bis 15 m, Traufhöhe ca. 4 m bis 6 m

6. Bauanteile von Markt-, Messe- und Ausstellungshallen und SB-Märkte* in durchschnittlicher Bauausführung

Bauteil/Gewerk	Wertanteile in %	Mittlere Abweichung in %
Erdarbeiten Fundament und Bodenplatte }	19,5	4,0
Tragkonstruktion	25,0	-
Außenwand/Fassade	14,0	5,0
Dacheindeckung	14,5	3,0
Fußboden	5,0	1,5
Türen	1,5	0,5
Tore	-	-
Fenster	7,0	1,5
Heizung	6,5	1,5
Elektr. Installation	5,0	1,5
Sonstiges	2,0	-
Insgesamt	100,0	

** Eingeschossig, nicht unterkellert*
Hallengröße 800 m² bis 2.000 m², Spannweite ca. 15 m bis 25 m, Traufhöhe ca. 3,5 m bis 5 m

7. Bauanteile von Tennishallen* in Holz- oder Stahlkonstruktion, ohne Sozialteil und ohne betriebliche Einrichtungen

Bauteil/Gewerk	Wertanteile in %	Mittlere Abweichung in %
Erdarbeiten	3,5	2,0
Fundament und Bodenplatte	11,0	4,0
Tragkonstruktion	25,0	4,0
Außenwand/Fassade	15,0	4,0
Dacheindeckung	18,0	3,0
Fußboden	8,0	3,0
Türen	0,5	2,0
Tore	-	-
Fenster	3,0	2,0
Heizung	5,0	1,0
Elektr. Installation	6,5	-
Sonstiges	4,5	-
Insgesamt	100,0	

** Hallengröße 2.000 m², Spannweite ca. 40 m, Traufhöhe ca. 4 m bis 5 m*

1.4.7 Instandsetzungs- und Modernisierungskosten (Preisbasis: 2010, einschl. MWSt)

Quelle: GuG-K, 71-77, KL-V, 1117 ff.

Es handelt sich um überschlägige Kalkulationspreise einschl. Materialkosten und aller Nebenkosten, auch soweit sie nicht detailliert beschrieben sind.

Gewerk/Bauteil	Einheit	Preisspanne je Einheit in €
I. Keller		
Vertikale Dichtung		
Horizontalsperre, Aufstemmen und Dichtungsbahn vermauern	lfdm	70
Blechverfahren	lfdm	50
Bohrlochverfahren (Verpressen)	lfdm	35
Senkrechtsperre (außen) mit Freischachten, Sperrputz 2-lagig	m²	25
Dichtungsschlämme 2-lagig	m²	25
Dichtungsbahn 1-lagig	m²	25
Senkrechte Sperre (innen), Ausgleichsputz/Bitumenanstriche	m²	35
Sperrputz 2-lagig/Spritzbewurf ohne Freischachtung	m²	35
Ausgleichsputz/Dichtungsschlämme 2-lagig	m²	35
Ausgleichsputz/Dichtungsbahnen 2-lagig	m²	35
Sohle		
Betonplatte/schwimmender Estrich	m²	25
Neue Sohle/Fußbodenheizung	m²	35
Drainage, Aushub erweitern, mittelschwerer Boden	lfdm	25
Tonrohr verlegen und verfüllen, Kiessickerschicht	lfdm	60
II. Heizung		
Einbau einer kompletten zentralen Heizungsanlage einschließlich Heizkörper, Leitungen, Wärmeerzeuger und Regelung	m² WF	110
Heizkörper 1.000 Watt Heizleistung (Vorlauf 70 Grad und Rücklauf 55 Grad):		
– Stahlradiator 105 × 60 × 11 cm	Stück	130
– Gussradiator 99 × 58 × 11 cm	Stück	260
– Säulenradiator 117 × 60 × 64 cm	Stück	215
– Plattenheizkörper 180 × 60 × 1,6 cm	Stück	190
– Plattenheizkörper 75 × 60 × 10 cm, Stahl mit zwei Konvektorblechen	Stück	210
– Konvektor, Schachthöhe 60 cm, Länge 150 cm	Stück	210
Ölzentralheizung	m² WF	120
– Gasetagenheizung bis 50 m² WF	m² WF	140
– Gasetagenheizung bis 80 m² WF	m² WF	120
Thermostatventil für Heizkörper an Stelle Einheitsventil	Stück	80
Fußbodenheizung, Trockensystem	m² WF	95
Heizkessel 19 bis 44 kW		
– Gaskessel	Stück	4.750
– Ölkessel	Stück	5.650
– Wechselbrand mit Warmwasser	Stück	7.600
Brenner erneuern	Stück	1.400
Heizungsregelung witterungsgeführt, nachträgliche Montage mit Zentralgerät und Außenfühler	Stück	1.050
Heizungsleitung, Kupfer für Zentralheizung		
– auf Putz	m² WF	25
– unter Putz	m² WF	35
Luftheizung, Wärmetauscher, Wärmerückgewinnung	m² WF	200

Gewerk/Bauteil	Einheit	Preisspanne je Einheit in €
Warmwasser		
Warmwasser, Standboiler zentral 200 l		
– Öl	Stück	1.310
– Gas	Stück	800
Wärmezähler		
– mechanisch	Stück	540
– statisch	Stück	1.000
Öltank		
Öl-Erdtank doppelwandig		
– 5.000 l	Stück	7.550
– 10.000 l	Stück	9.950
III. Gas-, Wasser-, Abwasser- und Sanitärinstallation		
Einbau sanitärer Installationen für ein Bad/WC einschließlich Vorarbeiten, anteiliger Abwasser- und Wasserleitungen, Sanitärobjekten und Armaturen		
– WC und Handwaschbecken, einfache Ausführung	Anlage	1.450
– Dusche, Badewanne, WC, Waschtisch, einfache Ausführung	Anlage	2.350–2.850
Warmwasserbereiter einschließlich Vorarbeiten, Anschlüsse und Energieversorgung		
– Durchlauferhitzer 21 kW, dezentrale Bereitung	Stück	440–510
– Elektro-Kochendwassergerät 51 kW	Stück	225–260
– Elektroboiler zentral	Stück	3.550
– Gasdurchlauferhitzer	Stück	1.100
– Ölboiler, dezentrale Bereitung	Stück	4.000
Badausstattung, einfache Ausführung, weiß		
– Waschbecken	Stück	280
– Handwaschbecken	Stück	200
– Standklosett, Spülkasten aufgesetzt	Stück	320
– Wandklosett, Spülkasten aufgesetzt	Stück	380
– Bidet	Stück	520
– Duschwanne	Stück	320
– Duschabtrennung	Stück	950
– Liegewanne	Stück	410
– Anschluss Waschmaschine komplett	Stück	190
– Badmodernisierung in gehobener Ausführung	m²	475
– Kompletterneuerung der Lüftungsanlage für die Bäder	WE	1.950
– Regelungstechnik (Thermostat- und Strangventile, Heizkostenvert.)	WE	360
Kanalisation		
Kanalisation im Haus		
– Kellerablauf mit Geruchs- und Rückstauverschluss, Nennweite 100 mm	Stück	260
– Heizölsperre mit doppeltem Rückstauverschluss, Nennweite 100 mm	Stück	620
– Kanalanschluss	Stück	1.250
– Abflussleitung PVC-hart, Nennweite 100 mm	lfdm	35
IV. Elektroinstallationsarbeiten		
Stromversorgung einschließlich aller Installationen und zentralen Anlagen		
– Wohnungen bis 40 m² Wohnfläche	m²	110
– Wohnungen mit 40 bis 60 m² Wohnfläche	m²	85
Elektroinstallationen		
– Türklingel und Türöffner	Stück	116–135
– Türsprechanlage	Stück	420
– Antennenanlage mit Antennensteckdose und Leitungen montiert	Stück	1.420
– Verteilerkasten unter Putz, 2-reihig, 24 Einheiten, 12 Automaten	Stück	200
– Zählerschrank komplett, 2 Felder für Zähler und Tarifgerät, verdrahtet	Stück	520
– Kabelkanäle für Elektroleitungen, 30 × 40 mm Montage auf Putz	lfdm	15
– Elektronetz erneuern bei WF > 100 m²	m²	60

Gewerk/Bauteil	Einheit	Preisspanne je Einheit in €
V. Treppenarbeiten		
Instandsetzen alter Holztreppen bis 1,10 m Breite als Wangentreppe einschließlich Ausbauarbeiten, Schuttabtransport, Beiputz und Oberflächenbehandlung	Stufe	95–105
– Kiefernholztreppe, gerade	Stufe	280
– Wendeltreppe, Stahlkonstruktion	Stufe	320
– Verschrauben loser Stufen/Verdübeln, Schraubenköpfe zuspachteln	Stufe	20
– Anstriche abbeizen, 2-fach abziehen, Anstrich	Stufe	30
– Neue Setzstufe	Stufe	30
– Trittstufen ausbessern, Dellen mit Zementspachtel ebnen/Teppich auf Tritt- und Setzstufe	Stufe	60
– Tritt- und Setzstufen erneuern/Oberflächenbehandlung	Stufe	280
Geländerstäbe profilieren und einsetzen	Stab	60
Geländer aus Stahl mit Holzhandlauf		
– gerade	lfdm	200
– gewendelt	lfdm	240
Spindeltreppe, 75 cm breit		
– Holzstufe auf Stahlkonstruktion	Stufe	280
– Holzstufe, Holzstufenkonstruktion	Stufe	320
Betontreppe, 110 cm breit, gerade, mit Gitterrost-Auftritt	Stufe	200
Einschubtreppen, Geschosshöhe bis 3 m mit Rahmen/Klappe		
– aus Holz	Stück	510–650
– aus Aluminium	Stück	1.150
– aus Aluminium, feuerhemmend (F 30)	Stück	1.500
Beläge		
– Terrazzo-Beläge, Tritt- und Setzstufe	Stufe	160
– Natursteinbeläge, Trittstufe/Kantenschutz	Stufe	85
VI. Tischlerarbeiten		
Fenster		
Einbau von Holzfenstern mit Isolierverglasung, Ausbau alter Fenster, Schuttabtransport, Verglasung, Beschläge, Beiputz, Oberflächenbehandlung mit Fugenabdichtung		
– einflügelig bis 0,50 m²	m²	680
– einflügelig 0,50 bis 1,00 m²	m²	500
– mehrflügelig 1,00 bis 1,75 m²	m²	460
– mehrflügelig 1,75 bis 2,50 m²	m²	420
Wie zuvor, jedoch Kunststoff-Fenster		
– einflügelig 0,50 bis 1,00 m²	m²	710
– mehrflügelig 1,00 bis 1,75 m²	m²	650
Wie zuvor, jedoch Aluminium-Fenster		
– einflügelig	m²	710
Verbundfenster, Holzsprossenverbundfenster	m²	950
Türen		
Wohnungsinnentür Holz/Kunststoff, einfache Ausführung	Stück	510
Hauseingangstür	Stück	510–3.950
Wohnungseingangstür	Stück	850
Kellertür Stahl, einfache Ausführung	Stück	320
Einbau einer Hauseingangstür, 2,00 bis 3,00 m² einschließlich Ausbau und Abtransport alter Tür, Beschläge, Oberflächenbehandlung, Fugenabdichtung und Beiputz		
– Holz, einfache Ausführung	Stück	1.530–1.900
– Aluminium, einfache Ausführung	Stück	1.550–2.050
Erneuern von Innentüren einschließlich Zarge	Stück	270–510

Gewerk/Bauteil	Einheit	Preisspanne je Einheit in €
Sonstiges		
Holzvertäfelung, einfache Qualität	m²	120
VII. Zimmerarbeiten		
Instandsetzen von Holzbalkendecken einschließlich Freilegung der Balken, Schuttabtransport, einem Spanplattenbelag, Beiputzen und Ergänzen der Fußleisten	m²	160–170
Anlaschen von Stahlschuhen und Balkenköpfen	Stück	420–450
Sanierung der Balkenköpfe mit Kunstharz	Stück	440–475
Holzbalkendecke feuerhemmend verkleiden (F 30)	m²	95
Bekleidung von Decke	m²	150
– Holzvertäfelung	m²	150
– Nut- und Federbretter für 20 €/m²	m²	85
– Abgehängte Decke	m²	60
VIII. Estrich- und Bodenarbeiten		
Neue Massivdecke einschließlich Schalung und Einstemmen der Auflager	m²	120
Verlegen von Spanplatten auf Rohdecke oder vorhandener Unterkonstruktion einschließlich Vorarbeiten und Randabschlüsse bis 16 mm Dicke einschließlich Lagerhölzer und Dämmung	m²	35–40
Verlegen von Fußbodenbelägen auf Estrich oder vorhandener Unterkonstruktion einschließlich Vorarbeiten und Randabschlüsse		
– Parkett, einfache Ausführung	m²	35–45
– Teppichboden (Materialpreis 20 €/m²)	m²	50
– Bodenfliesen (Materialpreis 15 €/m²)	m²	70
– Fußbodenbelag	m²	70
Estrich auf Massivdecke		
– Zementestrich, schwimmend	m²	30
– Trockenestrich	m²	40
– Fließestrich	m²	35
Holzdielen reparieren	m²	35
Spanplatten auf Dämmung	m²	50
Sockelleisten, Holz, 6 cm hoch, glatt	lfdm	25
IX. Maurer- und Putzarbeiten		
Mauerwerk, Bruchstein	m²	400
Mauerwerk, 11,5 cm		
– Ziegel für Putz vorbereiten	m²	60
– Ziegel Sichtmauerwerk	m²	140
– Kalksandstein	m²	60
Plattenwände massiv, innen		
– Vollgipsplatten	m²	80
– Gasbetonplatten	m²	75
– Bimsplatten	m²	60
Leichtbauwand		
– Holz, Gipskarton, 10 cm dick	m²	85
– Metall, Gipskarton, 10 cm dick	m²	100
Instandsetzung von Mauerwerkswänden; aufmauern und verfugen, Wanddicke 24,0 cm; Putzen zusätzlich 10 Prozent	m²	190–200
Herstellung horizontaler Abdichtung gegen aufsteigende Feuchtigkeit durch Bohrlochinjektionsverfahren oder Einschlagen von Edelstahlblechen in 36,5 cm dickes Mauerwerk	m²	155–200
Verkleidungskästen aus Gipskartonplatten, 12,5 cm mit Unterkonstruktion	m²	60
Brandschutz Unterkonstruktion vorhanden		
Gipskarton-Feuerschutzplatte, 15 mm dick	m²	50
Dämmung		
Mineralfaserplatte 50 mm, Gipsbauplatten 12,5 mm	m²	60

Gewerk/Bauteil	Einheit	Preisspanne je Einheit in €
Heizkörpernische dämmen mit Verbundplatte	m²	140
Kellerdecke Unterseite, gewölbt	m²	38
Wärmedämmverbundsystem		
ohne Unterkonstruktion	m²	80
mit Unterkonstruktion	m²	120
Putzarbeiten		
Aufbringen von Glattputz auf altem Untergrund einschließlich Vorarbeiten (Kalkzementputz auf Mauerwerk)	m²	60
Herstellung einer Faserzement-Plattenverkleidung, einformatige Einfachdeckung einschließlich Unterkonstruktion, Wärmedämmung, Randabschluss und Fugenabdichtung	m²	105–120
Herstellung einer Thermohaut (Wärmedämmverbundsystem) auf 5 – 6 cm dicken Hartschaumplatten, armiert, mit Kunstharz oder Mineralputz einschließlich Randabschlussprofilen und Fugenabdichtung auf neuem Mauerwerk	m²	70–85
Reinigen alter Wandflächen, Dampf- oder Sandstrahl	m²	20–25
Kunststoffputz	m²	25
Trockenputz Gipsbauplatten, 12,5 mm in Ansetzerbinder	m²	35
Putzanstrich, einfache Qualität	m²	13
X. Anstrich- und Tapezierarbeiten		
Anstrich und Beschichtung auf neuem Außenputz einschließlich Vorarbeiten, Abdeckung, Überspannung kleiner Risse	m²	13–30
Tapezieren von Wandflächen einschließlich Vorarbeiten, Abdeckung, Entfernen alter Anstriche oder Tapeten (ohne Putzausbesserung)		
– Raufasertapete mit Anstrich	m²	15–25
– Tapete (Rollenpreis 7,50 €)	m²	30–60
Beidseitiger Anstrich von Innentüren einschließlich Zarge	Stück	70–90
XI. Loggia		
Erneuerung der Balkonbrüstung	Stück	1.310
Loggiakomplettsanierung einschl. Betoninstandsetzung	Stück	2.620
Herstellen eines Gefälles zur Entwässerung der Loggiadecke	Stück	300
Sanierung der Kragbalken	Stück	330
XII. Fassadenarbeiten		
Gerüst	m²	7–13
Reinigen mit Gerüst		
– Abwaschen	m²	25
Putz ausbessern mit Gerüst	m²	60
Putz anbringen mit Gerüst		
– Kalkzementreibeputz	m²	60
– Edel- oder Kunststoffputz	m²	60
– Dämmputz ohne Altputz abschlagen	m²	110
Sichtmauerwerk aus Ziegel		
– neu verfugen mit Gerüst	m²	45
– Ausbessern der Ziegelflächen ohne Gerüst	m²	110
Fassadenbekleidung mit Gerüst		
– Holzschindeln/Dämmung	m²	240
– Profilbretter	m²	120
– Faserzementplatten/Dämmung	m²	140
Vormauerung aus Mauernziegel, Dämmung, Luftschicht	m²	240
Anstrich		
– mehrfarbig gegliedert mit Gerüst	m²	30
– 2- bis 3-fach einfarbig mit Gerüst	m²	30
Betoninstandsetzung mit Oberflächenschutzsystem	m²	30

Gewerk/Bauteil	Einheit	Preisspanne je Einheit in €
XIII. Dachdeckungsarbeiten (ohne Entsorgung alter Ziegel)		
Eindeckung geneigter Dächer einschließlich Vorarbeiten, Aufnehmen und Abtransport alter Pfannen und der Unterkonstruktion, neuer Lattung, Unterspannbahn und Dachziegel sowie Formteile, Betondachsteine oder Tonziegel	m²	60–95
Instandsetzen von geneigten Dachdeckungen einschließlich Vorarbeiten, Umdeckung einschließlich neuer Lassung und Unterspannbahn	m²	55–70
Ziegeldach		
– reparieren	m²	25
– umdecken	m²	40
Umdeckung neuer Lattung/Folie	m²	60
Neudeckung		
– Betondachsteine	m²	70
– Ziegelpfannen	m²	70
Wärmedämmung im Dach		
– zwischen Sparren/Gipskartonbekleidung	m²	95
– auf Sparren	m²	70
– unter Sparren/Sperrholzbekleidung	m²	105
Flachdachsanierung mit kompletter Dachhauterneuerung	m²	80
Verstärkung der Wärmedämmung oberste Geschossdecke,	m²	30
Schrägen bekleiden		
– Dämmung 12 cm Gipskarton, Feuerschutzplatten 15 mm (F 30)	m²	105
– Dämmung Feuerschutzplatten 2 × 20 mm (F 90)	m²	170
Pappdach überkleben/Kiesschicht	m²	40
Dachstuhl verstärken durch Bohlen	lfdm	170
Verstärkung der Pfetten	lfdm	240
Erneuern von Stützen und Streben	lfdm	190
Imprägnierung von Holzschutz	m²	30
Dachfenster und Dachgauben		
Dachflächenfenster Wohnräume	Stück	950
Innenjalousien für Dachflächenfenster	Stück	225
Dachfenster, 4-pannig	Stück	110
Dachgaube, einfache Höhe, bis 1,20 ohne Fenster	Stück	775
Klempnerarbeiten		
Herstellen von Dachanschlüssen an Traufen, Gesimsen und aufgehenden Wänden einschließlich Ausbau und Abtransport alter Anschlüsse (Material Zinkblech)	m²	40–55
Dachrinnen aus Zinkblech	lfdm	50
Fallrohr aus Zinkblech (Strang je Geschoss)	Stück	110
Dachrinne aus Zinkblech reparieren	lfdm	25
Dachrinnen aus Kupfer	lfdm	70
Schornsteinarbeiten		
Kaminkopf Höhe 0,75 m abtragen und erneuern	Zug	140
Auskleiden von Schornsteinen mit Edelstahlrohr	m²	250
Ausbessern eines zweizügigen Schornsteinkopfes	Stück	420–485

1.4.8 Instandhaltungsrückstellungen, erforderliche Rücklage p.a. (Preisbasis: 2000)

Quelle: KS, 1862 ff.

Die nachstehenden **Tabellen** gelten **für Wohngebäude mit einfachem, mittlerem und gutem Ausbau.** Sie enthalten die technische Lebensdauer der (Ausbau-)Bauteile/Gewerke sowie die Kosten, die im jeweiligen baulichen Zustand als erforderliche Rücklagen in €/m² WF/NF anzusetzen sind. Der jeweilige bauliche Zustand wird nach einem „Schulnotensystem" von 1 bis 6 bewertet:

1	sehr guter Zustand, Restnutzungsdauer	100 %	Kosten fallen nicht an
2	guter Zustand, Restnutzungsdauer	80 %	
3	befriedigender Zustand, Restnutzungsdauer	40 %	
4	ausreichender Zustand, Restnutzungsdauer	20 %	
5	mangelhafter Zustand, Restnutzungsdauer	10 %	
6	ungenügender Zustand, Restnutzungsdauer	0 %	Die Reparaturkosten fallen sofort in voller Höhe an.

In den letzten Spalten der nachfolgenden Tabelle werden die erforderlichen **jährlichen Rücklagenbeträge in € je m² WF/NF** angegeben. Sie wurden auf der Basis der Kosten in der Zustandsstufe 6 und der dazugehörenden Gesamtnutzungsdauer ermittelt.

Instandhaltungsrückstellung, erforderliche Rücklage p.a. (Preisbasis: 2000)

a) Werte bei einfacher Ausstattung

Bauteil/ Gewerk	GND/RND	Aufwand für die Zustandsstufen 1	2	3	4	5	6	Rücklage €/m² WF/NF
		100 %	80 %	40 %	20 %	10 %	0 %	
Dach	40	0	9	44	75	95	120	**0,50**
Sanitärinstallation	30	0	15	64	100	123	150	**1,13**
Heizung	40	0	11	52	87	111	140	**0,58**
E-Inst.	30	0	9	36	57	70	85	**0,64**
Putz/Fliesen	35	0	11	47	78	97	120	**0,66**
Fenster	30	0	11	44	70	86	105	**0,79**
Türen	40	0	4	18	31	40	50	**0,20**
Oberböden	20	0	11	41	61	72	85	**1,28**
Maler	10	0	17	57	80	92	105	**4,17**
Fassade	40	0	9	44	75	95	120	**0,50**
Sonstiges	30	0	6	25	40	49	60	**0,45**
Summe		0	108	448	714	882	1.080	**10,47**
2000		Zinssatz in %		5		ohne Maler		**6,29**

b) Werte bei durchschnittlicher Ausstattung

Bauteil/ Gewerk	GND/RND	Aufwand für die Zustandsstufen 1	2	3	4	5	6	Rücklage €/m² WF/NF
		100 %	80 %	40 %	20 %	10 %	0 %	
Dach	40	0	11	52	87	111	140	**0,58**
Sanitärinstallation	30	0	20	85	134	165	200	**1,50**
Heizung	40	0	14	66	112	143	180	**0,74**
E-Inst.	30	0	11	47	74	91	110	**0,83**
Putz/Fliesen	35	0	14	63	103	129	160	**0,88**
Fenster	30	0	14	59	94	115	140	**1,05**
Türen	40	0	6	26	44	56	70	**0,29**
Oberböden	20	0	14	53	79	94	110	**1,16**
Maler	10	0	23	76	106	123	140	**5,56**
Fassade	40	0	13	59	100	127	160	**0,66**
Sonstiges	30	0	8	34	54	66	80	**0,60**
Summe		0	141	585	933	1.152	1.410	**13,77**
2000		Zinssatz in %		5		ohne Maler		**8,21**

c) Werte bei gehobener Ausstattung

Bauteil/ Gewerk	GND/RND	Aufwand für die Zustandsstufen 1	2	3	4	5	6	Rücklage €/m² WF/NF
		100 %	80 %	40 %	20 %	10 %	0 %	
Dach	40	0	13	59	100	127	160	**0,61**
Sanitärinstallation	30	0	26	106	167	206	250	**1,88**
Heizung	40	0	19	88	150	190	240	**1,00**
E-Inst.	30	0	14	59	94	115	140	**1,05**
Putz/Fliesen	35	0	18	79	129	162	200	**1,10**
Fenster	30	0	18	76	121	148	180	**1,35**
Türen	40	0	7	33	56	71	90	**0,37**
Oberböden	20	0	20	72	107	128	150	**2,27**
Maler	10	0	29	97	137	158	180	**7,15**
Fassade	40	0	16	74	125	159	200	**0,83**
Sonstiges	30	0	10	42	67	82	100	**0,75**
Summe		0	180	744	1.185	1.464	1.790	**17,67**
2000		Zinssatz in %		5		ohne Maler		**10,52**

Die Anwendung der Tabellen wird jedoch erschwert, da die **errechneten Abzüge** in €/m² WF/NF **nicht von dem um die Alterswertminderung geminderten Wert angewendet werden** dürfen (Doppelberücksichtigung). Auch kann der Abzug nicht vom Normalherstellungswert erfolgen, da die Alterung des Rohbauanteils nicht berücksichtigt werden würde. Da die Alterswertminderung des Rohbauanteils relativ gering ist (technische Lebensdauer üblicherweise mehrere Jahrhunderte), fällt dieser Gesichtspunkt jedoch nicht stark ins Gewicht.

1.4.9 Reparaturbedürftigkeit von Gebäudeteilen

Quelle: KS, 1681, KL-V (6), 1791

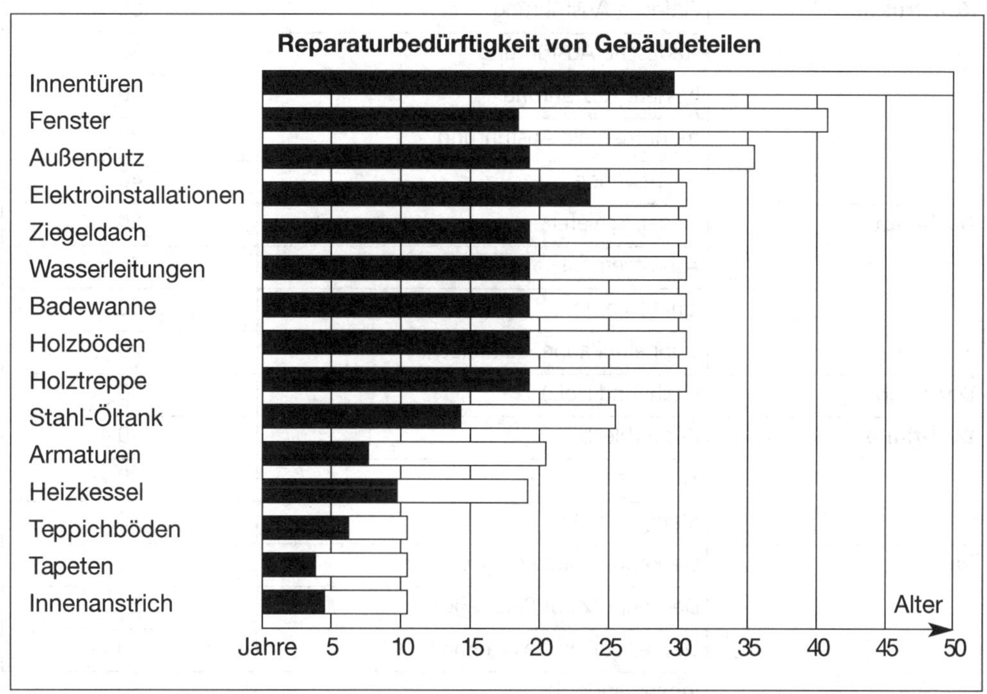

1.5 Technische Lebensdauer (nicht Nutzungsdauer!) von Bauteilen, Gewerken, Materialien und Außenanlagen

1.5.1 Lebensdauer von Bauteilen und Materialien

Quelle: Bund Deutscher Baumeister (BDB), KL-V, 885, KS, 1584, KL-d

Lebensdauer von Bauteilen und Materialien		
	Ausführung	**Lebensdauer in Jahren**
Konstruktion	einfache Ausführung	80
	städtische Ausführung	80
	bessere Ausführung	80
	monumentale Ausführung	80
	Leichtwände	40
Dachhaut	Ziegel, Schiefer	50
	Asbestzement	40
	Zinkblech	30
	Doppelte Pappe, Stahlblech	20
Dachstuhl	(Stahl und Holz)	80
Dachrinne	Kupferblech	40
	Zinkblech	30
	Stahl, verzinkt	20
Putz	Deckenputz auf Massivdecken	80
	Deckenputz auf Putzträger	50
	Deckenputz in Nassräumen	30
	Innenwandputz	50
	Außenwandputz	30
Fußböden	Estrich, Plattenbeläge in Mörtel	30
	Hartholz	50
	Weichholz	30
	Kunststoffbeläge	30
	Linoleum	30
	Textilbeläge	10
Treppenstufen	Hartholz, Stein	50
	Weichholz	30

Lebensdauer von Bauteilen und Materialien		
	Ausführung	**Lebensdauer in Jahren**
Fenster	Hartholz	50
	Weichholz	30
	Fensterbänke	30
	Fensterläden	30
Türen	Innentüren	40
	Außentüren, Hartholz	50
	Außentüren, Weichholz	30

1.5.2 Lebensdauer bestimmter Bauteile von Wohngebäuden

Quelle: SK-S, 361, Tab. 29 (modifiziert)

Bauteil Anteil an den Gesamtbaukosten	**Einzelteil**	**Lebensdauer in Jahren 0 20 40 60 80 100**	**Ersatzbeschaffung bei 100 Jahren Gebäudelebensdauer**
Fassade/Dach **14%**	Papplage		3
	Asbestzement		2
	Dachziegel		1
	Schiefer		-
	Zinkblech		2
	Kupferblech		-
Fußbodenbeläge **4%**	Nadelfilz		19
	Textilbelag		19
	Mosaikparkett		4
	PVC (2,5 mm)		3
	Steinzeugplatten		-
	Parkett		-
	Kunst-/Naturstein		-
	(Zementestrich)		-
Türen/Fenster **10%**	Innentüren		1
	Außentüren		
	Holz		2
	Metall		1
	einf. Holzfenster		3
	Fensterbänke		2
	Fensterläden		4
	Rollläden		4
	Treppenstufen		
	Holz		1
	Stein		-
Anstriche **6%**	Innenanstrich		
	auf Putz		19
	auf Tapeten		19
	auf Holz		6
	Außenanstriche		
	auf Putz		9
	auf Holz		24

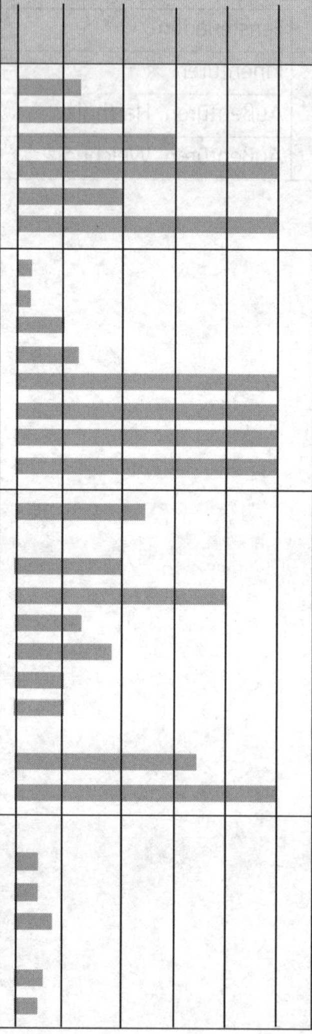

Bauteil Anteil an den Gesamtbaukosten	**Einzelteil**	**Lebensdauer in Jahren 0 20 40 60 80 100**	**Ersatzbeschaffung bei 100 Jahren Gebäudelebensdauer**
Haustechnische Anlagen **17%**	Elt-Anlagen		
	Leitungen unter Putz		1
	Schalter u. Steckdosen		6
	Koch- und Heizgeräte		9
	Sanitäre Anlagen		
	Wasserrohre		
	Blei		2
	Kupfer		1
	Gasrohre		1
	Sanitärobjekte		3
	Heizung		
	Heizkessel		2
	Heizöltanks		3
	Heizkörper		
	Stahlblech		4
	Guss		1

1.5.3 Technische Lebensdauer von Gewerken

Quelle: TU Braunschweig (KS, 1884, Abb. 38)

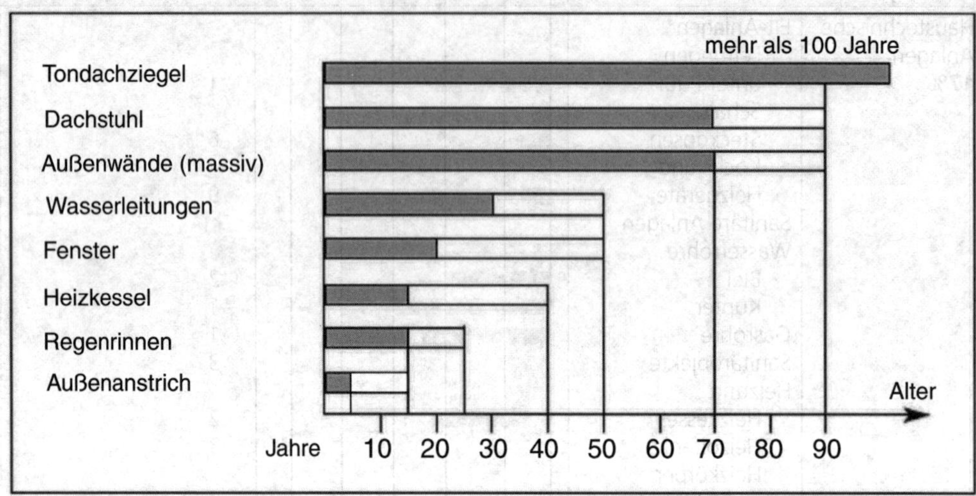

1.5.4 Technische Lebensdauer von Außenanlagen

Quelle: SK-S, 415 f., Rn. 5.191 sowie WERTR 91, Anlage 7

Bezeichnung		Bauart/Baustoff	Jahre
1	**Entwässerungs- und Versorgungseinrichtungen**		
1.1	**Entwässerungsanlagen**		
	Rohrleitungen	Beton/Stahlbeton (Schmutzwasser)	30-50
		Beton/Stahlbeton (Regenwasser)	40-60
		Steinzeug	80-100
		Ortbeton mit Innenauskleidung	100
	Einstieg- und Kontrollschächte	Beton/Stahlbeton	60-80
		Kanalklinker	80-100
	Kläranlagen		
	mechanische und biologische Anlagen		
	baulicher Teil	Beton oder Stahlbeton	30-60
	desgl. maschinelle Teile		20-40
	Sickergruben (je nach Bau- und Bodenart)	Beton	5-20
	Kleinkläranlagen	Beton	30-60
1.2	**Wasserversorgungsanlagen**		
	Rohrleitungen		40-60
	Rohrbrunnen	Metall- oder Kiesfilter	20-40
	Schachtbrunnen	Beton/Mauerwerk	50-70
1.3	**Gasversorgungsanlagen**		
	Hochdruckrohrleitungen	Stahl	40-80
	Normaldruckrohrleitungen	Stahl/Guß	35-50
1.4	**Elt.-Versorgungsanlagen**		
	Hochspannungsfreileitungen	Kupfer/Aluminium	40-50
	Niederspannungsfreileitungen	Kupfer/Aluminium	30-40
	Maste	Stahl mit Betonfundament, Stahlbeton	35-45
		Holz	10-20
	Hochspannungskabel	Kupfer mit Blei- oder Kunststoffmantel	40-50
	Niederspannungskabel	wie vor	30-40
	Straßenbeleuchtungsanlagen	Stahlbetonmaste	30-40

Bezeichnung		Bauart/Baustoff	Jahre
2	**Bodenbefestigungen**		
	Voraussetzung: Durchschnittliche und der Deckenart angepasste Belastung sowie laufende Unterhaltung		
	Schotterdecken ohne Oberflächenbehandlung		5
	Schotterdecken mit Oberflächenbehandlung		5-10
	Schwarzdecken mit mind. 3 cm Deckschicht und ausreichendem Unterbau aus Kies, Schotter, Bitukies oder Beton	Makadam- oder hohlraumarme Bauweise	15-25
	Zementbetondecken mind. 15 cm Stärke mit Unterbau	Beton	15-30
	Pflaster auf Kiesbettung	Naturstein	15-30
	Pflaster auf Betonunterbau mit Fugenverguss	Naturstein	30-50
3	**Einfriedigungen**		
	Holzzäune ohne Massivsockel		
	einfacher Schutzanstrich	Weichholz	10-20
	imprägniert	Weichholz	15-25
	desgl., jedoch	Hartholz	20-30
	Holzzäune mit Massivsockel		5 mehr
	Drahtzäune ohne Massivsockel		
	Maschendraht mit Holzpfosten (Eiche)		15-20
	Drahtzäune mit Massivsockel		
	Maschendraht mit Stahl- oder Betonpfosten		30-40
	desgl., jedoch mit Stahlrahmen		40-50
	Mauern max. 1/2 Stein stark	massiv	30-60
	min. 1 Stein stark	massiv	50-75
4	**Sonstige Anlagen**		
	Rohr-, Heiz- und Kabelkanäle, außen isoliert	massiv	50-60
	Gleisanlagen		35
	Signalanlagen		30
	Tankanlagen		
	Unterirdische (erdgelagerte) und oberirdische (durch Bauwerk geschützte) Lagerbehälter (Tank)	Stahl	30-50
	Batterie-Behälter in Räumen	Stahl	15-30

1.6 Lagebeschreibungen

1.6.1 Wohnlagen

Quelle: *Grundstücksmarktbericht Dortmund 2016*
© Daten der Gutachterausschüsse für Grundstückswerte NRW (2016), (www.govdata.de/di-de/by-2-0), https://www.boris.nrw.de

▶ *Vergleiche auch Kapitel 6.1.3 (Definition gem. IVD)*

Sehr gute Wohnlage

- Aufgelockerte Bebauung, ruhige Wohngegend, überwiegend Ein- und Zweifamilienhäuser bzw. Wohnhäuser mit geringer Anzahl an Wohneinheiten
- Gute Durchgrünung des gesamten Wohngebietes, gepflegtes Straßenbild
- Günstige Verkehrsanbindung (Straßen, Wege u. ÖPNV), innerhalb des Wohngebietes ausschließlich Anliegerverkehr
- Gute öffentliche und private Infrastruktur (Geschäfte, Schulen, Kindergärten, Ärzte, Behörden etc.)

Gute Wohnlage

- Aufgelockerte Bebauung, überwiegend Wohngegend, auch Wohnhäuser mit großer Anzahl an Wohneinheiten
- Grünflächen an Straßen bzw. in den Vorgärten, gepflegtes Straßenbild
- Günstige Verkehrsanbindung (Straßen, Wege u. ÖPNV), innerhalb des Wohngebietes überwiegend Anliegerverkehr, gute Parkmöglichkeiten
- Gute Einkaufsmöglichkeiten, das Wohnen nicht beeinträchtigende Einrichtungen

Mittlere Wohnlage

- Wohn- oder gemischte bauliche Nutzungen, auch mit großer Anzahl an Einheiten, dichte Bebauung
- Wenige Grünflächen, Straßenbild ohne Auffälligkeiten
- Höheres Verkehrsaufkommen, tlw. Durchgangsverkehr
- Ausreichende Verkehrsanbindung (Straßen, Wege u. ÖPNV), ausreichender Parkraum
- Nahversorgung gewährleistet, andere Infrastruktureinrichtungen ausreichend erreichbar

Mäßige Wohnlage

- Wohnen in unmittelbarer Nähe zu Industrie- und Gewerbeanlagen
- Hohe Bebauungsdichte, starke Beeinträchtigungen durch wenig Licht, Luft und Sonne
- Kaum Frei- und Grünflächen, ungepflegtes Straßenbild
- Starkes Verkehrsaufkommen, viel Durchgangsverkehr
- Schlechte Verkehrsanbindung (Straßen, Wege u. ÖPNV), wenig Parkraum
- Mängel in der infrastrukturellen Ausstattung

Hinweis:

Neben den genannten Wohnlagemerkmalen können Immissionseinflüsse **(Lärm, Staub, Gerüche)** und das **Image** den Wert eines Wohnquartiers beeinflussen.

1.6.2 Einzelhandel

Quelle: *Gesellschaft für Immobilienwirtschaftliche Forschung e.V. (gif), Definitionen zur Einzelhandelsanalyse, hier: Differenzierung von Standortlagen, Stand Februar 2014*

A-Lage

Die A-Lage (inklusive der TOP-A-Lage) ist neben der B- und der C-Lage eine Standortlage, die vor allem nach der Höhe der Passantenfrequenz bestimmt wird. Sie weist innerhalb eines bestimmten Bezugsraums (im Regelfall die Gesamtstadt, unter Umständen aber auch ein anders abgegrenzter Raum) die höchste Passantenfrequenz auf, die nach gif über 75% des Spitzenwertes des betreffenden Bezugsraumes liegen soll[4]. Die dabei höchst frequentierten Lagebereiche mit mehr als 95% des Spitzenwertes der Passantenfrequenz werden auch als Top-A-Lage bezeichnet. Außerdem soll bei einer A-Lage gewährleistet sein, dass es sich bei den Passanten – zumindest zu großen Teilen – um solche mit Kaufbereitschaft (Kaufabsicht) handelt. Die Kaufabsicht der Passanten unterscheidet die A-Lage von anderen Orten, die ebenfalls sehr hohe Besucherfrequenzen verzeichnen, wie z.B. Verkehrsknotenpunkte oder Touristenattraktionen (Sonderlagen). Während es in Ober- und Mittelzentren in der Regel nur eine A-Lage gibt, existieren in Metropolen gelegentlich mehrere A-Lagen, aber im Regelfall nur eine TOP-A-Lage (z.B. in Berlin).

Die A-Lage ist zugleich ein räumlich begrenzter Bereich der Konsumlage. Das Mietniveau liegt zumeist unter dem der TOP-A-Lage. Es werden dauerhaft vergleichsweise hohe Einzelhandelsmieten erzielt. Leerstände treten in der Regel nur kurzfristig im Rahmen der natürlichen Mieterfluktuation auf.

Weitere Merkmalsausprägungen dieser Lagekategorie sind:

- dichtester Geschäftsbesatz mit Einschluss von Magnetbetrieben,
- überwiegend zahlungskräftige und –fähige Mieter, zumeist (inter-) nationale Filialisten,
- alle innenstadttypischen Sortimente sind vertreten (vor allem Bekleidung, Lederwaren, Schuhe, aber auch Elektronikartikel, Glas/Porzellan/Geschenkartikel, Wohnaccessoires, Bücher/Zeitschriften); relativ ausgewogene Sortimentsstruktur mit starker Betonung modischer Sortimente,
- ergänzende einzelhandelsnahe Dienstleistungen (u.a. Reisebüros, System-/Fast-Food-Gastronomie) sind räumlich gut integriert und führen nicht zu einer erheblichen Unterbrechung der Ladenfront.

B-Lage

Wie die A-Lage (inklusive der TOP-A-Lage) und die C-Lage orientiert sich die Einordnung einer Einzelhandelslage als B-Lage vor allem an der Frequenz. Klassische B-Lagen sind meistens ein Aus- bzw. Zulauf einer A-Lage (z.B. größere Seitenstraßen, Anfangs- und Endstücke langer Einkaufsstraßen) oder eine Solitärlage mit fehlender Anbindung an die A-Lage. Dieser Bereich wird im Wesentlichen durch eine mittlere Frequenz von Passanten innerhalb eines bestimmten Bezugsraums (zumeist die Gesamtstadt) gekennzeichnet;

4 gif (Hrsg.): Ausgesuchte Begriffs- und Lagedefinitionen der Einzelhandelsanalytik, Wiesbaden, 2000, S. 21.

nach gif weisen solche Lagen eine Frequenz von 50-75% des Spitzenwertes des betreffenden Bezugsraumes auf[5].

Im Gegensatz zu den A-Lagen (inklusive den TOP-A-Lagen) sind B-Lagen keine klassischen Konsumlagen, da die Geschäfte oftmals gezielt aufgesucht werden. Somit ist zwar die Kaufabsicht der Passanten durchaus vorhanden, jedoch ist die Laufkundschaft von deutlich geringerer Bedeutung. Aus der geringeren Zahl an Passanten und der eher durchschnittlichen Werbewirksamkeit der B-Lagen resultieren geringere Absatzchancen für den Einzelhandel. Aufgrund dessen ist die Flächennachfrage von Seiten der Einzelhändler deutlich geringer als in den Konsumlagen. Da das Flächenangebot hingegen vergleichsweise groß ist, liegen die Mieten in den B-Lagen deutlich unter dem Niveau der A-Lagen (bzw. TOP-A-Lagen). Dies führt dazu, dass die vorhandenen Flächen zumeist von Mietern bevorzugt werden, deren Erlös- und Kostensituation keine allzu hohen Mietsätze zulässt. Aus diesem Grund treten Flächen mit Mindernutzungen und auch Leerstände häufiger und längerfristiger auf.

Weitere Merkmalsausprägungen dieser Lagekategorie sind:

- dichter Geschäftsbesatz vor allem von Klein- und Mittelbetrieben, mit vereinzelten Unterbrechungen durch andere Nutzungen[6],
- Mieter, die auf Grund ihres Umsatzes und der Spanne keine höheren Mieten zahlen können,
- teilweise (inter-) nationale Filialisten, aber vermehrt auch inhabergeführte Geschäfte,
- neben innenstadtrelevanten Sortimenten rücken Sortimente des täglichen Bedarfs (Apotheken, Bäckereien, Blumenläden, Drogerien, Metzgereien) und Spezialbedarfe (Brautmoden- und Übergrößengeschäfte, Bio- und Feinkostläden, Sammlerbedarf- und Spielwarenläden) in den Vordergrund,
- zusätzlich ergänzende Dienstleistungs- und Gastronomieangebote (Banken, Cafés, Eisdielen, Reisebüros etc.).

C-Lage

Eine C-Lage zählt neben der A-Lage (inklusive der TOP-A-Lage) und der B-Lage zu jenen Einzelhandelslagen, die vorwiegend nach der Passantenfrequenz bestimmt werden. Bei ihr handelt es sich in der Regel um Aus-/Zuläufe der B-Lagen oder auch um kleinere, aus Kundensicht weniger attraktive Seitenstraßen der A-Lage (z.B. Verbindungsstraße zu einem Parkhaus). Diese Lagebereiche sind durch eine niedrige und unregelmäßige Fußgängerfrequenz (Passantenfrequenz) innerhalb eines bestimmten Bezugsraums (im Regelfall die Gesamtstadt) gekennzeichnet, wobei die Kaufintention bei den Passanten nicht im Vordergrund steht (Passantenqualität). Nach gif liegt die Passantenfrequenz unter 50% der Frequenz des Spitzenwertes des betreffenden Bezugsraumes[7].

C-Lagen zählen nicht zu den Konsumlagen. Aufgrund der vergleichsweise niedrigen Umsatzchancen und der geringen Werbewirksamkeit ist die Nachfrage nach Ladenflächen in den C-Lagen geringer als in den B-Lagen. Aufgrund des großen Flächenangebots liegt das Mietniveau der C-Lagen unter dem der B-Lagen, die Mieter haben entsprechend

---

5 gif (Hrsg.): Ausgesuchte Begriffs- und Lagedefinitionen der Einzelhandelsanalytik, Wiesbaden, 2000, S. 21.
6 HypZert e.V.: Bewertung von Einzelhandelsimmobilien, Berlin, 2009, S. 12.
7 gif (Hrsg.): Ausgesuchte Begriffs- und Lagedefinitionen der Einzelhandelsanalytik, Wiesbaden, 2000, S. 21.

ihres Umsatzes und der Spanne meist nur die Möglichkeit, Räume mit niedrigen m²-Mieten zu übernehmen. Neben dem verstärkten Auftreten von Mindernutzungen werden diese Lagen durch relativ häufige Leerstände (teilweise auch langfristig) sowie Defizite im Straßenbild (Sauberkeit) und bei den Häuserfronten (Fehlen eines ebenerdigen Zugangs, unzureichende Schaufensterfronten) geprägt.

Weitere Merkmalsausprägungen dieser Lagekategorie sind:

- deutlich ausgedünnter Geschäftsbesatz, vor allem von Klein- und Mittelbetrieben mit zahlreichen Unterbrechungen durch andere Nutzungen[8],
- einseitige Sortimentsstruktur, insbesondere täglicher Bedarf, verstärktes Auftreten von „unerwünschten" Nutzungen,
- abschnittsweise auch Dominanz von Dienstleistungs- und Gastronomiebetrieben (Friseursalons, Imbissläden, Kioske).

Ia-/1a-Lagen, Ib-/1b-Lagen, IIa-/2a-Lagen, IIb-/2b-Lagen

In der Immobilienwirtschaft wird insbesondere von Immobilienmaklern eine Einteilung von Standortlagen verwendet, die unter der Ziffer I bzw. 1 Innenstadtlagen und unter der Ziffer II bzw. 2 Vorortlagen (Stadtteillagen) erfasst. Wie bei der Einteilung in A-, B-, C-Lagen stehen hierbei in der Regel das Ausmaß und die Qualität der Passantenfrequenz im Vordergrund (Standortlagen nach Passantenfrequenz), jedoch wird hier zunächst danach unterschieden, ob es sich um eine Innenstadt- oder eine Vorortlage handelt.

Zu den Ia-Lagen bzw. IIa-Lagen zählen die besten Lagen in dem jeweiligen Gebiet (Innenstadt- bzw. Stadtteillagen), wobei außer auf Ausmaß und Qualität der Passantenfrequenz vor allem auf die folgenden Faktoren abgestellt wird,

- die Sichtbarkeit,
- die geballte Präsenz von leistungsstarken Einzelhändlern[9].

Einzelne Institute stellen jedoch auf unterschiedliche Kriterien ab[10].

In Ia-Lagen werden vor allem „Shopping Goods" und „Luxury Goods" angeboten; vorwiegend handelt es sich um mittel- bis hochpreisige Ware. In der Regel finden sich solche Lagen nur in Gemeinden mit mehr als 50.000 Einwohnern. Sie müssen nicht unbedingt in Fußgängerzonen liegen, wie dies durch die Fahrstraßen Königsallee und Schadowstraße in Düsseldorf veranschaulicht wird[11]. In Ia-Lagen werden für Ladenlokale im Erdgeschoss die am Ort höchsten Mieten erzielt; die hohen Mieten spiegeln die Attraktivität dieser Lagen für den Einzelhandel.

Als Ib- und IIb-Lagen werden dann jene Standorte in der Innenstadt bzw. den Stadtteilzentren eingeordnet, die den jeweiligen Kriterien in geringem Maß genügen.

Wenngleich die Lagebezeichnungen Ia, b und IIa, b sehr häufig verwendet werden, so ist doch Folgendes zu beachten: Die Zuordnung einzelner Standorte zu den Lagen stimmt bei einzelnen Marktteilnehmern nicht notwendigerweise überein, weil diese unterschied-

8 HypZert e.V.: Bewertung von Einzelhandelsimmobilien, Berlin, 2009, S. 12.
9 *Kemper, Gerhard K.*: Die Goldene Meile, Düsseldorf, 1995.
10 Zum Vorgehen des IVD Bundesverbandes der Immobilienberater, Makler, Verwalter und Sachverständigen e.V. vgl. www.ivd.net; vgl. auch www.joneslanglasalle.de, www.brockhoff.de oder www.luehmann.de.
11 *Kemper, Gerhard K.*: Die Goldene Meile, Düsseldorf, 1995.

liche Kriterien und Methoden verwenden; teilweise stützen sie sich auf eigene Frequenzanalysen, teilweise verzichten sie auf methodisch anspruchsvolle Zählungen, teilweise ziehen sie nur die Passantenfrequenz heran, teilweise berücksichtigen sie weitere Kriterien, wobei deren Gewicht jedoch meist unklar bleibt. Wenn Frequenzzahlen verwendet werden, ist häufig nicht klar, bei welchen Werten die Grenzen gezogen werden.

1.7 Gebäudezustandsbeschreibung

1.7.1 Zustandsbeschreibung des Gutachterausschusses Berlin

Quelle: Geschäftsstelle des Gutachterausschusses für Grundstückswerte in Berlin, Amtsblatt für Berlin Nr. 23 vom 05.06.2015, S. 1207 ff.

Gut

Guter, deutlich überdurchschnittlicher baulicher Unterhaltungszustand. Neuwertig oder sehr geringe Abnutzung, unbedeutender Instandhaltungs- und Reparaturaufwand. Zustand in der Regel nach durchgreifender Sanierung oder Instandsetzung.

Normal

Normaler, im Wesentlichen durchschnittlicher baulicher Unterhaltungszustand. Geringe oder normale Verschleißerscheinungen, geringer oder mittlerer Instandhaltungs- und Reparaturstau (z.B. malermäßige Renovierung der Fassaden/Fenster, Klempnerarbeiten).

Schlecht

Schlechter, weitgehend desolater baulicher Unterhaltungszustand. Stärkere bis sehr hohe Verschleißerscheinungen, hoher Reparaturstau, umfangreichere Instandsetzung der Substanz notwendig (z.B. an Fassaden, Dächern, Versorgungsanlagen, Mauerwerk).

1.7.2 Zustandsbeschreibung des IVD Berlin-Brandenburg

Quelle: IVD Berlin-Brandenburg e.V., Immobilienpreis Service 2016/2017, 18

Sehr gut

Deutlich überdurchschnittlicher Unterhaltungszustand, neuwertig oder sehr geringe Abnutzung ohne erkennbare Schäden, kein Instandhaltungs- und Instandsetzungserfordernis. Zustand i.d.R. für Objekte nach durchgreifender Instandsetzung und Modernisierung bzw. bei Neubauobjekten.

Gut

Überdurchschnittlicher baulicher Unterhaltungszustand, relativ neuwertig oder geringe Abnutzung, geringe Schäden, unbedeutender Instandhaltungs- und Instandsetzungsaufwand, Zustand i.d.R. für Objekte nach weiter zurückliegender durchgreifender Instandsetzung und Modernisierung bzw. bei älteren Neubauobjekten.

Normal

Im Wesentlichen durchschnittlicher baulicher Unterhaltungszustand, normale (durchschnittliche) Verschleißerscheinungen, geringer oder mittlerer Instandhaltungs- und Instandsetzungsaufwand, Zustand i.d.R. ohne durchgreifende Instandsetzung und Modernisierung bei üblicher (normaler) Instandhaltung.

Ausreichend

Teils mangelhafter, unterdurchschnittlicher baulicher Unterhaltungszustand, stärkere Verschleißerscheinung, erheblicher bis hoher Reparaturstau, größerer Instandsetzungs- und Instandhaltungsaufwand der Bausubstanz erforderlich, Zustand i.d.R. bei vernachlässigter (deutlich unterdurchschnittlicher) Instandhaltung, weitgehend ohne bzw. nur minimale Instandsetzung und Modernisierung.

Schlecht

Ungenügender, deutlich unterdurchschnittlicher, weitgehend desolater baulicher Unterhaltungszustand, sehr hohe Verschleißerscheinungen, umfangreicher bis sehr hoher Reparaturstau, umfassende Instandsetzung und Herrichtung der Bausubstanz erforderlich, Zustand i.d.R. für Objekte bei stark vernachlässigter bzw. nicht vorgenommener Instandhaltung, ohne Instandsetzung und Modernisierung, Abbruch wahrscheinlich/möglich/denkbar.

1.8 Gebäudeausststattungsbeschreibung

1.8.1 IVD-Ausstattungsstandarddefinitionen

Quelle: IVD Berlin-Brandenburg e.V., Immobilienpreisservice 2016/2017, 19

Zur einheitlichen Zuordnung hat der IVD Berlin-Brandenburg e.V. aufbauend auf den Ausstattungsstandardtabellen der NHK 2000 nachfolgende Definitionen festgelegt, die für die Erhebungen des Wertermittlungsausschusses des IVD Berlin-Brandenburg e.V. zu Eigentumswohnungen, Ein-/Zweifamilienhäusern als auch zu Mietwohnungen und zu Renditeobjekten zu beachten sind:

Einfache Ausstattung	Einfachverglasung, nicht mehr zeitgemäße Sanitärbereiche, Wasser-/Abwasserinstallation auf Putz, Bodenbelag untere Preisklasse (Linoleum, Nadelfilz, PVC etc.), einfache Elektroinstallation ohne Gegensprechanlage, einfache Innentüren (glatte Türblätter aus Sperrholz) mit Stahlzargen, dezentrale bzw. überalterte Heizungsanlage (Einzelöfen, Nachtstromspeicherheizung, Gastherme, Außenwandgerät), Warmwasser dezentral über Boiler, elektr. Durchlauferhitzer o. Ä., keine Einbauküche.
Mittlere Ausstattung	Verbundfenster oder Isolierverglasung, Sanitärbereiche gefliest, einfache Qualität, Wasser-/Abwasserinstallation unter Putz, Bodenbelag mittlere Preisklasse (Textil, Laminat, Linoleum etc.), einfache Elektroinstallation mit Gegensprechanlage und je Raum 1 – 2 Steckdosen, Füllungstüren, glatte Türen aus Holz, Holzzargen, zentrale Heizungsanlage ohne Thermostatventile, Warmwasser meist dezentral über elektr. Durchlauferhitzer, Einbauküche einfacher/mittlerer Qualität mit gefliestem Arbeitsbereich, tlw. Elektrogeräte.
Gehobene Ausstattung	Isolierglasfenster aus Holz, Kunststoff, Alu, Sanitärbereiche gefliest, bessere Qualität, tlw. Vorwandinstallation, Wasser-/Abwasserinstallation unter Putz, Kalt-/Warmwasserzähler, Bodenbelag bessere Qualität (Parkett, Laminat, Fliesen etc.), bessere Elektroinstallation mit Gegensprechanlage, FI-Schalter und je Raum mehrere Steckdosen, Türen aus Holz/Kunststoff mit hochwertiger Oberfläche, tlw. Glastüren, zentrale Heizungsanlage (max. 10 J. alt) mit Thermostatventilen, zentrale Warmwasserversorgung, Einbauküche besserer Qualität mit gefliestem/verkleidetem Arbeitsbereich, Elektrogeräte.
Stark gehobene Ausstattung	Isolierglasfenster aus Holz, Kunststoff, Alu, erhöhter Schall-/Wärmeschutz, auch raumhohe Verglasungen, Schiebeelemente, Sanitärbereiche hochwertig gefliest, Doppelwaschbecken, separate Dusche, wandhängendes WC, Wasser-/Abwasserinstallation unter Putz, Kalt-/Warmwasserzähler, Bodenbelag obere Preisklasse (Parkett, Intarsien, Naturstein etc.), aufwändige Elektroinstallation mit Gegensprechanlage z.T. mit Videofunktion, je Raum zahlreiche Steckdosen, Sicherheitseinrichtungen, Edelholztüren, Kassettentüren, massive Ausführung, Glastüren, große Schiebeelemente, Einbruchschutz, zentrale Heizungsanlage als Brennwerttechnik oder Niedertemperaturkessel, Außenfühler, autom. Steuerung, zentrale Warmwasserversorgung, Einbauküche gehobener Preisklasse (Markenhersteller) mit gefliestem/verkleidetem Arbeitsbereich, hochwertigen Elektrogeräten.

Luxus-ausstattung	Isolierglasfenster aus Holz, Kunststoff, Alu, höchster Schall-/Wärmeschutz, raumhohe Verglasungen, Schiebeelemente, Sanitärbereiche luxuriös gefliest, Doppelwaschbecken, separate Duschkabine, wandhängendes WC, Bidet, Wasser-/Abwasserinstallation unter Putz, Kalt-/Warmwasserzähler, Bodenbelag oberste Preisklasse (Parkett, Intarsien, Naturstein etc.), aufwändige Elektroinstallation, Gegensprechanlage mit Videofunktion, je Raum zahlreiche Steckdosen, Sicherheitseinrichtungen, Edelholztüren, Kassettentüren, massive Ausführung, Glastüren, große Schiebeelemente, erhöhter Einbruchschutz, zentrale Heizungsanlage als Brennwerttechnik, Außenfühler, autom. Steuerung, Fußbodenheizung, zentrale Warmwasserversorgung, Terrasse, Galerie, Markise, Einbauküche oberste Preisklasse mit gefliestem/verkleidetem Arbeitsbereich, hochwertigen Elektrogeräten, Arbeitsplatte aus Naturstein, Mittelinsel, etc.

1.8.2 Beschreibung der Gebäudestandards

- *Vgl. Anlage 2 zur SW-RL (siehe Kapitel 3.1.2)*
- *siehe auch Kapitel 3.2.6*

1.9 Bodenverunreinigung

Die Sachwertrichtlinie (SW-RL) führt unter Nr. 6.6 aus:

(1) Bodenverunreinigungen können vorliegen bei schädlichen Bodenveränderungen, Verdachtsflächen, Altlasten und altlastenverdächtigen Flächen.

(2) Die Wertminderung von entsprechenden Grundstücken kann in Anlehnung an die Kosten ermittelt werden, die für eine Sanierung, Sicherungsmaßnahmen, Bodenuntersuchungen oder andere geeignete Maßnahmen zur Gefahrenabwehr erforderlich sind.

(3) Der Umfang des hierfür erforderlichen Aufwands hat sich an der baurechtlich zulässigen bzw. marktüblichen Nutzung des Grundstücks zu orientieren (vgl. § 4 Absatz 4 des Bundesbodenschutzgesetzes – BBodSchG).

Simon (SI-WV, S. 241) merkt hierzu an: „Hierzu können die „Arbeitshilfen Boden- und Gewässerschutz" [www.arbeitshilfen-bogws.de] herangezogen werden." Er gibt jedoch weiter zu bedenken: „Dem fachlich nicht versierten Sachverständigen wird jedoch empfohlen, den Themenkomplex „Altlasten" in seinem Gutachten auszuklammern und Sonderfachleute hinzuzuziehen. Gegebenenfalls kann er die Ergebnisse der Sonderfachleute unter Hinweis auf entsprechende Vorbehalte verwenden."

Bei der Einbindung der Ergebnisse von Sondergutachten ist ggf. ein merkantiler Minderwert zusätzlich in Ansatz zu bringen.

▶ *Zur Definition „Altlasten" siehe Kapitel 16.1*

Als eine Hilfe für überschlägige Ersteinschätzung der möglichen Werteinflüsse können – unter allen Vorbehalten – die Ausführungen von *Lenzen* (*A. Lenzen*: HypZert-Studie „Altlasten in der Immobilienbewertung", 2005) dienen:

Kosten für die Altlastenerkundung

Die Kosten für die Erkundung von Altlasten und Altlastverdachtsflächen sind genauso schwer anzugeben wie die Herstellungskosten eines Gebäudes. Hinsichtlich der Baukosten existieren Normalherstellungskosten je Quadrat- oder Kubikmeter, die Herstellungskosten sind aber letztlich von Art und Größe des Gebäudes abhängig. Genauso verhält es sich mit den ingenieurtechnischen Leistungen einer Altlastenerkundung auch.

Die Kosten sind von der Vornutzung, der geplanten Nutzung, der Verfügbarkeit von Informationen, dem geologischen Untergrundaufbau und einfach auch der Fläche des Grundstückes abhängig.

Als grob überschlägige Hilfe kann folgende Graphik dienen, die zumindest eine Spanne aufzeigt.

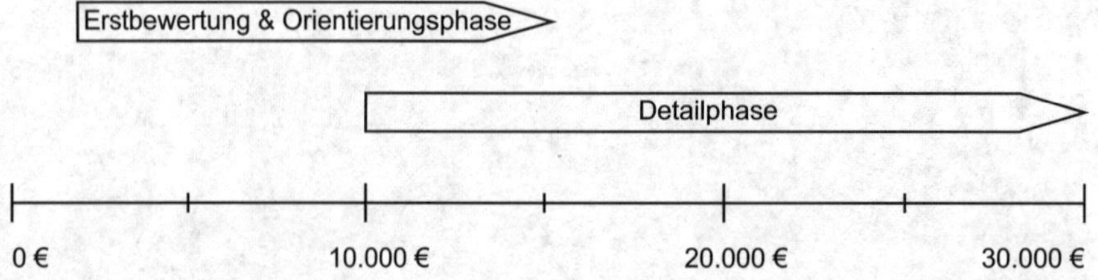

Sanierung

Sanierungsvarianten

Die Untersuchungen können aber auch zu dem Ergebnis führen, dass von Teilbereichen eine akute Gefährdung für die öffentliche Sicherheit und Ordnung ausgeht und Sanierungsmaßnahmen erforderlich sind!

In diesem Fall muss der Sanierungspflichtige der Ordnungsbehörde einen prüffähigen Sanierungsplan vorlegen, der alle Maßnahmen beschreibt, die zur Sanierung erforderlich sind. Auf Grundlage ggf. noch durchzuführender spezieller Sanierungsuntersuchungen sind die geeigneten Sanierungsverfahren zu beschreiben, Sanierungsszenarien zu erarbeiten sowie ein Zeit- und Kostenplan aufzustellen.

Auf Basis des Sanierungsplans wird zwischen Sanierungspflichtigen und der zuständigen Behörde ein Sanierungsvertrag geschlossen. Gegenstand dieses Vertrages ist neben der Festlegung der durchzuführenden Sanierungsmaßnahmen auch die Festlegung von Sanierungszielen bzw. Sanierungszielwerten. Diese Zielwerte stellen Grenzkonzentrationen für Schadstoffe dar. Werden diese Konzentrationen dauerhaft erreicht, gilt eine Sanierung als erfolgreich abgeschlossen.

Somit bietet der Sanierungsvertrag auch eine Möglichkeit, die Sanierungskosten zu begrenzen, weitere Ordnungsverfügungen zu vermeiden und somit Planungssicherheit zu schaffen.

Bei den Sanierungsmaßnahmen ist zwischen den Maßnahmen zur Dekontamination und den Sicherungsmaßnahmen zu unterscheiden.

Dekontamination können nach dem Ort ihres Einsatzes unterschieden werden.

In-situ: Behandlung des Bodens, ohne ihn zu bewegen. Der Boden wird nicht ausgehoben und nicht verbracht (z.B. Behandlung auf Basis von einzubringenden Mikroorganismen oder hydraulische Sanierungen).

On-site: Der belastete Boden wird aufgenommen, an Ort und Stelle behandelt und auf dem Grundstück wieder eingebaut (z.B. durch mobile Bodenwaschanlage).

Off-site: Der verunreinigte Boden wird an zentralen Orten in großen stationären Anlagen gereinigt. Hier kommen Böden aus verschiedenen Standorten zusammen. Nach der Reinigung werden sie in anderen Bereichen wieder eingebaut. Zur Off-site-Sanierung ist im weitesten Sinne auch die Auskofferung von Boden und die Verbringung auf einer zugelassenen Deponie zu verstehen.

Sicherungsmaßnahmen sollen die Ausbreitung von Schadstoffen verhindern.

- Einkapselung des Schadstoffkörpers
- passive hydraulische Maßnahmen
- Immobilisierung der Schadstoffe

Der Umfang von Sanierungsmaßnahmen ist durch viele Unwägbarkeiten gekennzeichnet. Das genaue räumliche Ausmaß der Sanierung ist häufig schlecht abschätzbar und kann immer wieder zu nicht vorhersehbaren und erheblichen Kostensteigerungen führen. Bei In-situ Sanierungen ist in der Regel der Zeitfaktor die kostenrelevante Unbekannte. Geräte müssen ggf. deutlich länger vorgehalten oder auch ersetzt werden, auf dem Grundstück gibt es Nutzungseinschränkungen und damit neben den Kosten auch Einnahmeverluste. Diese Kosten sind im Vorfeld oft nur vage abschätzbar. Faustformeln sind schon allein aufgrund der Vielzahl der verschiedenen Sanierungsvarianten nicht darstellbar.

Muss im Rahmen einer Baumaßnahme Boden auf eine Deponie verbracht werden, ist die Deponieauswahl vom jeweiligen Schadstoffgehalt abhängig, womit auch unterschiedliche Annahmegebühren verbunden sind. Vom Entstehungsort liegen die verschiedenen Deponien unterschiedlich weit entfernt, woraus sich die nächste Unwägbarkeit für eine Grobaussage ergibt. Unterschiedlich hohe Schadstoffgehalte machen zudem bestimmte Sicherheitsvorkehrungen beim Lösen, Aufladen und Transport des belasteten Erdreichs erforderlich, was ebenfalls mit unterschiedlich hohen Kosten verbunden ist.

Alle diese Kosten zusammen sind zudem nicht komplett als Sanierungskosten anzusetzen. Die ohnehin für die normale Baumaßnahme anfallenden Kosten, für den Aushub und Transport des Bodens müssen von den erhöhten Entsorgungskosten abgerechnet werden – erst damit erhält man dann die Kosten für die altlastbedingten Mehraufwendungen.

Sanierungskosten

Kosten für Sanierungsmaßnahmen sind wie schon die Kosten für die Erkundung nicht allgemeingültig nennbar. Sie hängen zu stark von der Nutzung, den geologischen und hydrogeologischen Bedingungen, den jeweiligen Landesgesetzen, der örtlichen Entsorgungssituation und dem jeweils aktuellen Preisniveau für Sanierung und Deponierung ab.

Einen groben Überblick mit entsprechend weiten Spannen soll die nachfolgende Tabelle liefern:

	in-situ	on-site	off-site	Art der Schadstoffe	Dauer	Kosten € / m³
Immobilisierung	•	•	•	Schwermetalle	n-Monate	75 – 200
Bodenwäsche			•	Schwermetalle, org. Schadstoffe	1 Monat / ha	150 – 250
Thermische Behandlung			•	Schwermetalle org. Schadstoffe	1 Monat / ha	350 – 600
Bodenaustausch + Deponie			•	alle	1 Monat / ha	100 – 350

2 Bodenwert

2.0 Bodenwert allgemein

2.0.1 Ermittlung des Bodenwerts (ImmoWertV)

Quelle: § 16 ImmoWertV

(1) Der Wert des Bodens ist vorbehaltlich der Absätze 2 bis 4 ohne Berücksichtigung der vorhandenen baulichen Anlagen auf dem Grundstück vorrangig im Vergleichswertverfahren (§ 15) zu ermitteln. Dabei kann der Bodenwert auch auf der Grundlage geeigneter Bodenrichtwerte ermittelt werden. Bodenrichtwerte sind geeignet, wenn die Merkmale des zugrunde gelegten Richtwertgrundstücks hinreichend mit den Grundstücksmerkmalen des zu bewertenden Grundstücks übereinstimmen. § 15 Absatz 1 Satz 3 und 4 ist entsprechend anzuwenden.

(2) Vorhandene bauliche Anlagen auf einem Grundstück im Außenbereich (§ 35 des Baugesetzbuches) sind bei der Ermittlung des Bodenwerts zu berücksichtigen, wenn sie rechtlich und wirtschaftliche weiterhin nutzbar sind.

(3) Ist alsbald mit einem Abriss der baulichen Anlagen zu rechnen, ist der Bodenwert um die üblichen Freilegungskosten zu mindern, soweit sie im gewöhnlichen Geschäftsverkehr berücksichtigt werden. Von einer alsbaldigen Freilegung kann ausgegangen werden, wenn

1. die baulichen Anlagen nicht mehr nutzbar sind oder
2. der nicht abgezinste Bodenwert ohne Berücksichtigung der Freilegungskosten den im Ertragswertverfahren (§§ 17 bis 20) ermittelten Ertragswert übersteigt.

(4) Ein erhebliches Abweichen der tatsächlichen von der nach § 6 Absatz 1 maßgeblichen Nutzung, wie insbesondere eine erhebliche Beeinträchtigung der Nutzbarkeit durch vorhandene bauliche Anlagen auf einem Grundstück, ist bei der Ermittlung des Bodenwerts zu berücksichtigen, soweit dies dem gewöhnlichen Geschäftsverkehr entspricht.

(5) Bei der Ermittlung der sanierungs- oder entwicklungsbedingten Bodenwerterhöhung zur Bemessung von Ausgleichsbeträgen nach § 154 Absatz 1 oder § 166 Absatz 3 Satz 4 des Baugesetzbuchs sind die Anfangs- und Endwerte auf denselben Zeitpunkt zu ermitteln.

2.0.2 Bodenwertermittlung (VW-RL)

Quelle: VW-RL, Nr. 9 (hier: Auszug)

1) Nach § 16 Absatz 1 Satz 1 ImmoWertV ist der Bodenwert vorrangig im Vergleichswertverfahren zu ermitteln. Die vorstehenden Hinweise gelten damit auch für die Bodenwertermittlung. Bei der Bodenwertermittlung können neben oder an Stelle von Vergleichspreisen geeignete Bodenrichtwerte verwendet werden (§ 16 Absatz 1 Satz 2 ImmoWertV). Bodenrichtwerte sind geeignet, wenn die Grundstücksmerkmale der zugrunde gelegten Bodenrichtwertgrundstücke mit den Grundstücksmerkmalen des Wertermittlungsobjekts sowie die allgemeinen Wertverhältnisse am Stichtag der Bodenrichtwerte und am Wertermittlungsstichtag hinreichend überein-

stimmen (vgl. Nummer 3). Wertbeeinflussende Unterschiede zwischen den Grundstücksmerkmalen der Bodenrichtwertgrundstücke und des Wertermittlungsobjekts sowie den allgemeinen Wertverhältnissen am Stichtag der Bodenrichtwerte und am Wertermittlungsstichtag sind durch geeignete Umrechnungskoeffizienten bzw. geeignete Indexreihen oder in anderer sachgerechter Weise zu berücksichtigen (vgl. Nummer 4).

2) Steht keine ausreichende Anzahl von Vergleichspreisen oder stehen keine geeigneten Bodenrichtwerte zur Verfügung (vgl. Nummer 4.1), kann der Bodenwert auch mit Hilfe deduktiver Verfahren oder in anderer geeigneter und nachvollziehbarer Weise ermittelt werden. Bei der Wahl des herangezogenen Verfahrens sind die im gewöhnlichen Geschäftsverkehr bestehenden Gepflogenheiten und die sonstigen Umstände des Einzelfalls, insbesondere die zur Verfügung stehenden Daten, zu berücksichtigen; die Wahl ist zu begründen.

3) Insbesondere bei größeren Grundstücken ist zu prüfen, ob wirtschaftlich selbstständig genutzte oder nutzbare Teilflächen oder unterschiedliche Grundstücksqualitäten vorliegen. Der Bodenwert solcher Teilflächen ist getrennt zu ermitteln.

2.0.3 Bodenrichtwert

Quelle: BRW-RL Nr. 2

Der Bodenrichtwert (§ 196 Abs. 1 des Baugesetzbuchs – BauGB) ist der durchschnittliche Lagewert des Bodens für eine Mehrheit von Grundstücken innerhalb eines abgegrenzten Gebiets (Bodenrichtwertzone), die nach ihren Grundstücksmerkmalen (§ 4 Abs. 2 ImmoWertV), insbesondere nach Art und Maß der Nutzbarkeit (§ 6 Abs. 1 ImmoWertV) weitgehend übereinstimmen und für die im Wesentlichen gleiche allgemeine Wertverhältnisse (§ 3 Abs. 2 ImmoWertV) vorliegen. Er ist bezogen auf den Quadratmeter Grundstücksfläche eines Grundstücks mit den dargestellten Grundstücksmerkmalen (Bodenrichtwertgrundstück).

2.0.4 Entwicklungszustand von Grundstücken

Quelle: § 5 ImmoWertV

Flächen der Land- oder Forstwirtschaft sind Flächen, die, ohne Bauerwartungsland, Rohbauland oder baureifes Land zu sein, land- oder forstwirtschaftlich nutzbar sind.

Bauerwartungsland sind Flächen, die nach ihren weiteren Grundstücksmerkmalen (§ 6), insbesondere dem Stand der Bauleitplanung und der sonstigen städtebaulichen Entwicklung des Gebiets, eine bauliche Nutzung auf Grund konkreter Tatsachen mit hinreichender Sicherheit erwarten lassen.

Rohbauland sind Flächen, die nach den §§ 30, 33 und 34 des Baugesetzbuches für eine bauliche Nutzung bestimmt sind, deren Erschließung aber noch nicht gesichert ist oder die nach Lage, Form oder Größe für eine bauliche Nutzung unzureichend gestaltet sind.

Baureifes Land sind Flächen, die nach öffentlich-rechtlichen Vorschriften und den tatsächlichen Gegebenheiten baulich nutzbar sind.

2.0.5 Grundstückszustand

Quelle: § 4 Abs. 3 ImmoWertV

Neben dem Entwicklungszustand (§ 5) ist bei der Wertermittlung insbesondere zu berücksichtigen, ob am Qualitätsstichtag

1. eine anderweitige Nutzung von Flächen absehbar ist,
2. Flächen auf Grund ihrer Vornutzung nur mit erheblich über dem Üblichen liegenden Aufwand einer baulichen oder sonstigen Nutzung zugeführt werden können,
3. Flächen von städtebaulichen Missständen oder erheblichen städtebaulichen Funktionsverlusten betroffen sind,
4. Flächen einer dauerhaften öffentlichen Zweckbestimmung unterliegen,
5. Flächen für bauliche Anlagen zur Erforschung, Entwicklung oder Nutzung von Erneuerbaren Energien bestimmt sind,

6. Flächen zum Ausgleich für Eingriffe in Natur und Landschaft genutzt werden oder ob sich auf Flächen gesetzlich geschützte Biotope befinden.

2.0.6 Einteilung der Grundstücksarten (Finanzverwaltung)

Quelle: Gleich lautende Erlasse der obersten Finanzbehörden der Länder zur Umsetzung des Gesetzes zur Reform der Erbschaftsteuer- und Bewertungsrechts vom 5. Mai 2009 (BStBl. 2009 I S. 590)

Abschnitt 9 Grundstücksarten (zu § 181 BewG)

Bei bebauten Grundstücken wird nach § 181 BewG zwischen folgenden Grundstücksarten unterschieden:

Grundstücksart	Voraussetzungen
1. Ein- und Zweifamilienhauser	– Wohngrundstücke mit bis zu zwei Wohnungen; – Mitbenutzung für betriebliche oder öffentliche Zwecke zu weniger als 50 Prozent berechnet nach der Wohn- oder Nutzfläche – ist unschädlich, soweit dadurch nicht die Eigenart als Ein- oder Zweifamilienhaus wesentlich beeinträchtigt wird; – kein Wohnungseigentum nach Nr. 3.
2. Mietwohngrundstücke	– Grundstücke, die zu mehr als 30 Prozent – berechnet nach der Wohn- oder Nutzfläche – Wohnzwecken dienen und nicht Ein- und Zweifamilienhäuser im Sinne der Nr. 1 oder Wohnungseigentum nach Nr. 3 sind.
3. Wohnungs- und Teileigentum	– Wohnungseigentum ist das Sondereigentum an einer Wohnung in Verbindung mit dem Miteigentumsanteil an dem gemeinschaftlichen Eigentum, zu dem es gehört (§ 1 Abs. 2 Wohnungseigentumsgesetz – WEG). – Teileigentum ist das Sondereigentum an nicht zu Wohnzwecken dienenden Räumen eines Gebäudes in Verbindung mit dem Miteigentum an dem gemeinschaftlichen Eigentum, zu dem es gehört (§ 1 Abs. 3 WEG).
4. Geschäftsgrundstücke	– Grundstücke, die zu mehr als 80 Prozent – berechnet nach der Wohn- oder Nutzfläche – eigenen oder fremden betrieblichen oder öffentlichen Zwecken dienen und nicht Teileigentum nach Nr. 3 sind.
5. gemischt genutzte Grundstücke	– Grundstücke, die teils Wohnzwecken, teils eigenen oder fremden betrieblichen oder öffentlichen Zwecken dienen und keine Grundstücke im Sinne der Nr. 1 bis 4 sind.
6. sonstige bebaute Grundstücke	– Grundstücke, die nicht unter die Nr. 1 bis 5 fallen.

2.1 Umrechnungskoeffizienten zum Bodenwert

2.1.1 Umrechnungskoeffizienten zur Abhängigkeit des Bodenwerts von der WGFZ nach Anl. 1 VW-RL

Quelle: GuG-K, 88/89; VW-RL, Anlage 1

Die wertrelevante Geschossflächenzahl (WGFZ) bestimmt sich nach Nr. 6 Abs. 6 Satz 1 der Bodenrichtwertrichtlinie nach dem Verhältnis der Geschossfläche zur Grundstücksfläche, wobei sich die Geschossfläche – abweichend von den Bestimmungen der Baunutzungsverordnung – unter Berücksichtigung der Flächen ergibt, die nach den baurechtlichen Vorschriften nicht anzurechnen sind, aber der wirtschaftlichen Nutzung dienen. Die Ermittlung der wertrelevanten Geschossflächenzahl (WGFZ) wird von den Gutachterausschüssen teilweise sogar erheblich unterschiedlich definiert und muss ggf. dem einschlägigen Grundstücksmarktbericht entnommen werden. Die Praxis der Gutachterausschüsse ist diesbezüglich sehr uneinheitlich, widersprüchlich und vielfach auch durch willkürlichen Gebrauch der Begriffe „GFZ" (Geschossflächenzahl), „GF" (Geschossfläche) irreführend. Im Zusammenhang mit der ImmoWertV dürfen diese Begriffe nur nach der Terminologie des Baugesetzbuchs (BauGB) und der hierzu erlassenen Verordnungen, insbesondere des § 20 Abs. 2 und des § 20 Abs. 3 (Satz 1) der Baunutzungsverordnung (ßauNVO) gebraucht werden (vgl. Kleiber, Verkehrswertermittlung von Grundstücken, 8. Aufl. 2016, http://www.kleiber-digital, § 10 ImmoWertV Rn.75 ff.).

Obwohl sich nach den Vorschriften der Immobilienwertermittlungsverordnung (ImmoWertV) die „maßgebliche Nutzung" (§ 16 Abs. 4 Satz 1 ImmoWertV) insbesondere nach den für die bauplanungsrechtliche Zulässigkeit von Vorhaben maßgeblichen §§ 30, 33 und 34 des Baugesetzbuchs bestimmt, d.h. unter anderem nach der Geschossflächenzahl (GFZ) gemäß § 20 Abs. 2 der Baunutzungsverordnung (BauNVO), sollen nach den Empfehlungen der Nr. 4.3.2 Abs. 1 Satz 1 der VW-RL zur Berücksichtigung von Abweichungen des Maßes der baulichen Nutzung der Vergleichsgrundstücke gegenüber dem Wertermittlungsobjekt „in der Regel" Umrechnungskoeffizienten auf der Grundlage der wertrelevanten Geschossflächenzahl (WGFZ) verwendet werden. Nach Nr. 4.3 Abs. 1 der VW-RL dürfen nur geeignete Umrechnungskoeffizienten (§ 12 ImmoWertV) herangezogen werden, die für einen für das Wertermittlungsobjekt zutreffenden sachlichen und regionalen Teilmarkt ermittelt wurden. Die in Anl. 1 zur VW-RL abgedruckte bundeseinheitliche Tabelle kann deshalb allenfalls „hilfsweise ... nach sachgerechter Würdigung" zur Anwendung kommen.

Für Bodenrichtwerte zwischen den Bodenrichtwertintervallen können die Umrechnungskoeffizienten durch lineare Interpolation ermittelt werden. **Über den tabellarisch aufgeführten Gültigkeitsbereich hinaus ist eine Extrapolation der Umrechnungskoeffizienten nicht sachgerecht.**

Umrechnungskoeffizienten (WGFZ) nach Anl. 1 VW-RL

Boden-richtwert	Wertrelevante Geschossflächenzahl (WGFZ)													
	0,4	0,6	0,8	1,0	1,2	1,4	1,6	1,8	2,0	2,2	2,4	2,6	2,8	3,0
200	0,88	0,93	0,97	1,00	1,03	1,05	1,07	1,08	1,10	1,11				
250	0,78	0,88	0,94	1,00	1,05	1.09	1,13	1,17	1,20	1,23	1,26			
300	0,71	0,83	0,92	1,00	1,07	1,13	1,19	1,24	1,29	1,34	1,38	1,43		
350		0,80	0,91	1,00	1,08	1,16	1,23	1,30	1,36	1,42	1,47	1,52	1.58	
400		0,77	0,89	1,00	1,10	1,18	1,27	1,35	1,42	1,49	1,56	1,62	1,68	
450			0,88	1,00	1,11	1,21	1,31	1,40	1,48	1,57	1,64	1,72	1,79	1,86
500			0,87	1,00	1,12	1,24	1,34	1,45	1,55	1,64	1,73	1,82	1,90	1,98

Beispielrechnung

Gegeben: Bodenrichtwert: 380 €/m² bei einer WGFZ von 1,2

WGFZ des Wertermittlungsobjekts: 1,6

Gesucht: an die WGFZ des Wertermittlungsobjekts angepasster Bodenwert

Lösung: UK für WGFZ 1,2 = 1,09

UK für WGFZ 1,6 = 1,25

$$380 \text{ €/m}^2 \times \frac{1,25}{1,09} = \text{rd. } 436 \text{ €/m}^2$$

2.1.2 Umrechnungskoeffizienten (GFZ) nach Anl. 11 WERTR 2006

Hinweis: Anlage 11 WERTR 2006 ist durch die Anlagen 1 und 2 der VW-RL vom 20. März 2014 (BAnz AT 11.04.2014 B 3) ersetzt worden.

Zur Umrechnung von Grundstücken mit abweichender GFZ werden nachfolgend die Tabellen aus Anlage 11 WERTR noch einmal abgedruckt. Sie können in den Fällen noch herangezogen werden, wo der örtliche Gutachterausschuss den Bodenrichtwert (noch) nicht nach der WGFZ, sondern nach der GFZ ausgewiesen hat (z.B. auch bei historischen Bodenrichtwerten, ggf. zur Plausibilisierung).

Umrechnungskoeffizienten für das Wertverhältnis von gleichartigen Grundstücken bei unterschiedlicher baulicher Nutzung (GFZ : GFZ).

Die angegebenen Umrechnungskoeffizienten beziehen sich auf Wohnbauland im erschließungsbeitragsfreien (ebf) Zustand.

GFZ	Umrechungs-koeffizient	GFZ	Umrechungs-koeffizient	GFZ	Umrechungs-koeffizient
		1,1	1,05	2,1	1,49
		1,2	1,10	2,2	1,53
		1,3	1,14	2,3	1,57
0,4	0,66	1,4	1,19	2,4	1,61
0,5	0,72	1,5	1,24		
0,6	0,78	1,6	1,28		
0,7	0,84	1,7	1,32		
0,8	0,90	1,8	1,36		
0,9	0,95	1,9	1,41		
1,0	1,00	2,0	1,45		

Umrechnungskoeffizienten GFZ : GFZ

	GFZ des Wertermittlungsobjekts																				
GFZ des Vergleichsobjekts		0,4	0,5	0,6	0,7	0,8	0,9	1,0	1,1	1,2	1,3	1,4	1,5	1,6	1,7	1,8	1,9	2,0	2,1	2,2	2,3	2,4
	0,4	**1,00**	1,09	1,18	1,27	1,36	1,44	1,52	1,59	1,67	1,73	1,80	1,88	1,94	2,00	2,06	2,14	2,20	2,26	2,32	2,38	2,44
	0,5	0,92	**1,00**	1,08	1,17	1,25	1,32	1,39	1,46	1,53	1,58	1,65	1,72	1,78	1,83	1,89	1,96	2,01	2,07	2,13	2,18	2,24
	0,6	0,85	0,92	**1,00**	1,08	1,15	1,22	1,28	1,35	1,41	1,46	1,53	1,59	1,64	1,69	1,74	1,81	1,86	1,91	1,96	2,01	2,06
	0,7	0,79	0,86	0,93	**1,00**	1,07	1,13	1,19	1,25	1,31	1,36	1,42	1,48	1,52	1,57	1,62	1,68	1,73	1,77	1,82	1,87	1,92
	0,8	0,73	0,80	0,87	0,93	**1,00**	1,06	1,11	1,17	1,22	1,27	1,32	1,38	1,42	1,47	1,51	1,57	1,61	1,66	1,70	1,74	1,79
	0,9	0,69	0,76	0,82	0,88	0,95	**1,00**	1,05	1,11	1,16	1,20	1,25	1,31	1,35	1,39	1,43	1,48	1,53	1,57	1,61	1,65	1,69
	1,0	0,66	0,72	0,78	0,84	0,90	0,95	**1,00**	1,05	1,10	1,14	1,19	1,24	1,28	1,32	1,36	1,41	1,45	1,49	1,53	1,57	1,61
	1,1	0,63	0,69	0,74	0,80	0,86	0,90	0,95	**1,00**	1,05	1,09	1,13	1,18	1,22	1,26	1,30	1,34	1,38	1,43	1,46	1,50	1,53
	1,2	0,60	0,65	0,71	0,76	0,82	0,86	0,91	0,95	**1,00**	1,04	1,08	1,13	1,16	1,20	1,24	1,28	1,32	1,35	1,39	1,43	1,46
	1,3	0,58	0,63	0,68	0,74	0,79	0,83	0,88	0,92	0,96	**1,00**	1,04	1,09	1,12	1,16	1,19	1,24	1,27	1,31	1,34	1,38	1,41
	1,4	0,55	0,61	0,66	0,71	0,76	0,80	0,84	0,88	0,92	0,96	**1,00**	1,04	1,08	1,11	1,14	1,18	1,22	1,25	1,29	1,32	1,35
	1,5	0,53	0,58	0,63	0,68	0,73	0,77	0,81	0,85	0,89	0,92	0,96	**1,00**	1,03	1,06	1,10	1,14	1,17	1,20	1,23	1,27	1,30
	1,6	0,52	0,56	0,61	0,66	0,70	0,74	0,78	0,82	0,86	0,89	0,93	0,97	**1,00**	1,03	1,06	1,10	1,13	1,16	1,20	1,23	1,26
	1,7	0,50	0,55	0,59	0,64	0,68	0,72	0,76	0,80	0,83	0,86	0,90	0,94	0,97	**1,00**	1,03	1,07	1,10	1,13	1,16	1,19	1,22
	1,8	0,49	0,53	0,57	0,62	0,66	0,70	0,74	0,77	0,81	0,84	0,88	0,91	0,94	0,97	**1,00**	1,04	1,07	1,10	1,13	1,15	1,18
	1,9	0,47	0,51	0,55	0,60	0,64	0,67	0,71	0,74	0,78	0,81	0,84	0,88	0,91	0,94	0,96	**1,00**	1,03	1.06	1,09	1,11	1,14
	2,0	0,46	0,50	0,54	0,58	0,62	0,66	0,69	0,72	0,76	0,79	0,82	0,86	0,88	0,91	0,94	0,97	**1,00**	1,03	1,06	1,08	1,11
	2,1	0,44	0,48	0,52	0,56	0,60	0,64	0,67	0,70	0,74	0,77	9,80	0,83	0,86	0,89	0,91	0,95	0,97	**1,00**	1,03	1,05	1,08
	2,2	0,43	0,47	0,51	0,55	0,59	0,62	0,65	0,69	0,72	0,75	0,78	0,81	0,84	0,86	0,89	0,92	0,95	0,97	**1,00**	1,03	1,05
	2,3	0,42	0,46	0,50	0,54	0,57	0,61	0,64	0,67	0,70	0,73	0,76	0,79	0,82	0,84	0,87	0,90	0,92	0,95	0,97	**1,00**	1,03
	2,4	0,41	0,45	0,48	0,52	0,56	0,59	0,62	0,65	0,68	0,71	0,74	0,77	0,80	0,82	0,84	0,88	0,90	0,93	0,95	0,98	**1,00**

2.1.3 Umrechnungskoeffizienten zur Abhängigkeit des Bodenwerts von der GFZ/WGFZ in ausgewählten Städten

Quelle: *GuG-K, 90-93*

Umrechnungskoeffizienten für das Wertverhältnis von gleichwertigen Grundstücken bei unterschiedlicher baulicher Nutzung*												
GFZ bzw. WGFZ	Aachen	Berlin (ABl. Berlin 2004, 1101) Wohnnutzung	Berlin (ABl. Berlin 2004, 1101) Dienstleistung	Bonn 1a-Bürolagen	Braunschweig	Chemnitz	Darmstadt Dieburg	Düsseldorf EFH, DH, RH	Duisburg EFH, ZFH, RH****	Frankfurt** Bürolage linear	Frankfurt** Geschosswohnungsbau***	Frankfurt** Wohn-/Gemischt genutzte Ertragsobjekte
Grundlage	GFZ 2013	GFZ 2004		GFZ 2014	GFZ 2011	GFZ	GFZ		WGFZ 2015	WGFZ 2013		
0,2	–	–	–	–	–	–	0,45	–	0,83	–	–	–
0,3	–	–	–	–	–	–	0,52	0,61	0,88	–	–	–
0,4	–	–	–	0,660	0,72	–	0,59	0,66	0,94	–	–	–
0,5	0,64	–	–	0,720	0,78	0,67	0,65	0,72	1,00	0,50	–	–
0,6	0,72	–	–	0,780	0,84	0,75	0,72	0,77	1,05	0,60	0,782	–
0,7	0,80	–	–	0,840	0,88	0,82	0,79	0,83	1,12	0,70	0,836	0,888
0,8	0,87	0,7960	–	0,900	0,92	0,88	0,86	0,89	1,19	0,80	0,890	0,924
0,9	0,94	0,8990	–	0,950	0,96	0,94	0,93	0,94	1,26	0,90	0,945	0,961
1,0	**1,00**	**1,0000**	–	**1,000**	**1,00**	**1,00**	**1,00**	**1,00**	–	**1,00**	**1,000**	**1,000**
1,1	1,06	1,0993	–	1,075	1,03	1,06	1,07	1,06	–	1,10	1,055	1,040
1,2	1,11	1,1965	–	1,150	1,06	1,11	1,14	1,12	–	1,20	1,111	1,082
1,3	1,16	1,2918	–	1,225	1,09	1,16	–	1,17	–	1,30	1,167	1,125
1,4	1,21	1,3854	–	1,300	1,12	1,21	–	1,23	–	1,40	1,223	1,170
1,5	1,25	1,4769	–	1,375	1,14	1,26	–	1,29	–	1,50	1,278	1,217
1,6	1,29	1,5665	–	1,450	1,16	1,31	–	1,35	–	1,60	1,334	1,266
1,7	1,33	1,6544	–	1,525	1,19	1,36	–	1,40	–	1,70	1,389	1,316
1,8	1,37	1,7402	–	1,600	1,21	1,40	–	1,46	–	1,80	1,444	1,368
1,9	1,40	1,8242	–	1,675	1,23	1,44	–	1,52	–	1,90	1,499	1,423
2,0	1,44	1,9062	0,5906	1,750	1,25	1,49	–	1,59	–	2,00	1,552	1,479
2,1	1,47	1,9863	0,6111	1,825	1,27	1,53	–	1,62	–	2,10	1,606	1,538
2,2	1,50	2,0646	0,6316	1,900	1,29	1,57	–	1,71	–	2,20	1,658	1,598
2,3	1,53	2,1409	0,6520	1,950	1,30	1,61	–	1,77	–	2,30	1,710	1,662
2,4	1,56	2,2154	0,6725	2,000	1,32	1,65	–	1,83	–	2,40	1,761	1,727
2,5	1,58	2,2880	0,6930	2,050	1,33	1,69	–	1,88	–	2,50	1,810	1,795
2,6	1,61	2,3586	0,7134	2,100	1,35	–	–	1,94	–	2,60	1,859	1,866
2,7	1,63	2,4274	0,7339	2,150	1,37	–	–	2,00	–	2,70	1,906	1,939
2,8	1,66	2,4941	0,7544	2,200	1,38	–	–	2,07	–	2,80	1,952	2,015
2,9	1,68	2,5591	0,7749	2,250	1,40	–	–	2,12	–	2,90	1,996	2,094
3,0	1,70	2,6222	0,7953	2,300	1,41	–	–	2,18	–	3,00	2,039	2,176
3,1	–	2,6832	0,8158	2,350	–	–	–	2,24	–	3,10	–	–
3,2	–	2,7425	0,8363	2,400	–	–	–	2,29	–	3,20	–	–
3,3	–	2,7998	0,8567	2,450	–	–	–	2,34	–	3,30	–	–
3,4	–	2,8551	0,8772	2,500	–	–	–	2,40	–	3,40	–	–
3,5	–	2,9087	0,8977	–	–	–	–	2,45	–	3,50	–	–
3,6	–	2,9694	0,9181	–	–	–	–	2,50	–	3,60	–	–
3,7	–	3,0101	0,9386	–	–	–	–	2,56	–	3,70	–	–
3,8	–	3,0578	0,9591	–	–	–	–	2,62	–	3,80	–	–
3,9	–	3,1037	0,9795	–	–	–	–	2,67	–	3,90	–	–
4,0	–	3,1477	1,0000	–	–	–	–	2,72	–	4,00	–	–
4,1	–	3,1899	1,0205	–	–	–	–	2,77	–	4,10	–	–
4,2	–	3,2301	1,0409	–	–	–	–	2,83	–	4,20	–	–
4,3	–	3,2684	1,0614	–	–	–	–	2,87	–	4,30	–	–
4,4	–	3,3046	1,0819	–	–	–	–	2,91	–	4,40	–	–
4,5	–	3,3391	1,1023	–	–	–	–	2,96	–	4,50	3,04	–
4,6	–	3,3717	1,1228	–	–	–	–	3,02	–	4,60	–	–
4,7	–	3,4024	1,1433	–	–	–	–	3,06	–	4,70	–	–
4,8	–	3,4312	1,1637	–	–	–	–	3,10	–	4,80	–	–
4,9	–	3,4581	1,1842	–	–	–	–	3,14	–	4,90	–	–
5,0	–	3,4830	1,2047	–	–	–	–	3,18	–	5,00	–	–
5,1	–	–	1,2251	–	–	–	–	–	–	–	–	–
5,2	–	–	1,2456	–	–	–	–	–	–	–	–	–
5,3	–	–	1,2661	–	–	–	–	–	–	–	–	–
5,4	–	–	1,2866	–	–	–	–	–	–	–	–	–
5,5	–	–	1,3070	–	–	–	–	3,37	–	–	–	–
5,6	–	–	1,3275	–	–	–	–	–	–	–	–	–
5,7	–	–	1,3480	–	–	–	–	–	–	–	–	–
5,8	–	–	1,3684	–	–	–	–	–	–	–	–	–
5,9	–	–	1,3889	–	–	–	–	–	–	–	–	–
6,0	–	–	1,4094	–	–	–	–	3,50	–	–	–	–
6,1	–	–	1,4298	–	–	–	–	–	–	–	–	–
6,2	–	–	1,4503	–	–	–	–	–	–	–	–	–
6,3	–	–	1,4708	–	–	–	–	–	–	–	–	–
6,4	–	–	1,4912	–	–	–	–	–	–	–	–	–
6,5	–	–	1,5117	–	–	–	–	3,59	–	–	4,160	–
6,6	–	–	1,5322	–	–	–	–	–	–	–	–	–
6,7	–	–	1,5526	–	–	–	–	–	–	–	–	–
6,8	–	–	1,5731	–	–	–	–	–	–	–	–	–
6,9	–	–	1,5936	–	–	–	–	–	–	–	–	–
7,0	–	–	1,6140	–	–	–	–	–	–	–	–	–
10,0	–	–	–	–	–	–	–	–	–	8,868**	–	–
15,0	–	–	–	–	–	–	–	–	–	11,686**	–	–
20,0	–	–	–	–	–	–	–	–	–	13,531**	–	–
25,0	–	–	–	–	–	–	–	–	–	14,475**	–	–
30,0	–	–	–	–	–	–	–	–	–	14,587		

* Siehe Hinweis auf S. 94

** Zu GFZ-Umrechnungskoeffizienten für Bürohochhäuser vgl. *Debus*, GuG 2000, 279.

*** Die Anwendung entspricht der WGFZ (Grundstücksmarktbericht 2012, S. 31).

**** Für misch- und mehrgeschossige Nutzungen; Sondergebiete werden im Grundstücksmarkt die Umrechnungskoeffizienten der WERTR 06 genannt, wobei die GFZ mit der WGFZ gleichgesetzt wurde.

Quelle: Gutachterausschüsse für Grundstückswerte: Marktberichte; Landesgrundstücksmarktbericht.

Umrechnungskoeffizienten für das Wertverhältnis von gleichwertigen Grundstücken bei unterschiedlicher baulicher Nutzung*												
GFZ bzw WGFZ	Göttingen Wohnen		Hamburg			LK Hameln Pyrmont	Hannover	Region Hannover MFH Bodenrichtwert €/m²			Hannover Münden	Heppenheim
	Außer Innenstadt	Innenstadt	Wohnen***	Büros****	Laden			< 215	215–350	> 350	Innenstadt	Südhessen
Grundlage	GFZ		GFZ 2011	GFZ 2011	GFZ 2011		GFZ 2012	WGFZ 2014				2014
0,2	–	–	0,307	0,519	0,5	–	–	–	–	–	–	–
0,3	0,64	–	0,414	0,564	0.5	–	–	–	–	–	–	0,52
0,4	0,68	–	0,511	0,612	0,5	–	–	–	–	–	–	0,59
0,5	0,73	–	0,602	0,664	0,5	0,84	–	–	–	–	–	0,65
0,6	0,77	–	0,688	0,721	0,6	0,88	0,84	0,93	–	–	–	0,72
0,7	0,82	–	0,770	0,782	0,7	0,92	0,88	0,95	–	–	–	0,79
0,8	0,88	–	0,849	0,849	0,8	0,95	0,92	0,97	–	–	–	0,86
0,9	0,94	–	0,926	0,921	0,9	0,97	0,96	0,99	–	–	–	0,93
1,0	**1,00**	**1,00**	**1,000**	**1,000**	**1,0**	**1,00**	**1,00**	**1,00**	**0,93**	**0,75**	**1,00**	**1,00**
1,1	1,07	–	1,07	1,09	1,1	1,03	1,05	1,01	0,94	0,78	–	–
1,2	1,14	1,09	1,14	1,18	1,2	1,04	1,10	1,02	0,96	0,81	1,23	–
1,3	1,21	–	1,21	1,27	1,3	1,07	1,14**	1,03	0,97	0,84	–	–
1,4	1,30	1,16	1,28	1,36	1,4	–	1,19**	1,04	0,99	0,86	1,44	–
1,5	–	–	1,35	1,45	1,5	–	1,24**	1,05	1,00	0,89	–	–
1,6	–	1,26	1,41	1,54	1,6	–	1,28**	1,05	1,01	0,91	1,65	–
1,7	–	–	1,48	1,63	1,7	–	–	1,06	1,02	0,94	–	–
1,8	–	1,37	1,54	1,71	1,8	–	–	1,06	1,03	0,96	1,85	–
1,9	–	–	1,60	1,80	1,9	–	–	1,07	1,04	0,98	–	–
2,0	–	1,47	1,66	1,89	2,0	–	–	1,07	1,05	1,00	2,08	–
2,1	–	–	1,72	1,98	2,1	–	–	1,08	1,05	1,02	–	–
2,2	–	1,59	1,78	2,06	2,2	–	–	1,08	1,06	1,04	2,29	–
2,3	–	–	1,84	2,15	2,3	–	–	1,08	1,07	1,06	–	–
2,4	–	1,72	1,90	2,23	2,4	–	–	–	1,07	1,08	2,52	–
2,5	–	–	1,96	2,32	2,5	–	–	–	1,08	1,09	–	–
2,6	–	1,87	2,01	2,40	2,6	–	–	–	–	1,11	2,75	–
2,7	–	–	2,07	2,49	2,7	–	–	–	–	1,13	–	–
2,8	–	2,01	2,13	2,57	2,8	–	–	–	–	1,14	3,00	–
2,9	–	–	2,18	2,66	2,9	–	–	–	–	–	–	–
3,0	–	–	2,24	2,74	3.0	–	–	–	–	–	3,25	–
3,1	–	–	–	–	–	–	–	–	–	–	–	–
3,2	–	–	–	–	–	–	–	–	–	–	–	–
3,3	–	–	–	–	–	–	–	–	–	–	–	–
3,4	–	–	–	–	–	–	–	–	–	–	–	–
3,5	–	–	2,51	3,16	3,5	–	–	–	–	–	–	–
3,6	–	–	–	–	–	–	–	–	–	–	–	–
3,7	–	–	–	–	–	–	–	–	–	–	–	–
3,8	–	–	–	–	–	–	–	–	–	–	–	–
3,9	–	–	–	–	–	–	–	–	–	–	–	–
4,0	–	–	2,77	3,57	4,0	–	–	–	–	–	–	–
4,1	–	–	–	–	–	–	–	–	–	–	–	–
4,2	–	–	–	–	–	–	–	–	–	–	–	–
4,3	–	–	–	–	–	–	–	–	–	–	–	–
4,4	–	–	–	—	–	–	–	–	–	–	–	–
4,5	–	–	3,94	3,97	4,5	–	–	–	–	–	–	–
4,6	–	–	–	–	–	–	–	–	–	–	–	–
4,7	–	–	–	–	–	–	–	–	–	–	–	–
4,8	–	–	–	–	–	–	–	–	–	–	–	–
4,9	–	–	–	–	–	–	–	–	–	–	–	–
5,0	–	–	3,32	4,38	5,0	–	–	–	–	–	–	–
5,1	–	–	–	–	–	–	–	–	–	–	–	–
5,2	–	–	–	–	–	–	–	–	–		–	–
5,3	–	–	–	–	–	–					–	–
5,4	–	–	–	–	–	–	–	–	–	–	–	–
5,5	–	–	3,59	4,78	5,5	–	–	–	–	–	–	–
5,6	–	–	–	–	–	–	–	–	–	–	–	–
5,7	–	–	–	–	–	–	–	–	–	–	–	–
5,8	–	–	–	–	–	–	–	–	–	–	–	–
5,9	–	–	–	–	–	–	–	–	–	–	–	–
6,0	–	–	3,88	5,17	6,0	–	–	–	–	–	–	–
6,1	–	–	–	–	–	–	–	–	–	–	–	–
6,2	–	–	–	–	–	–	–	–	–	–		–
6,3	–	–	–	–	–	–					–	–
6,4	–	–	–	–	–	–		–	–	–	–	–
6,5	–	–	4,16	5,57	6,5	–	–	–	–	–	–	–

* Siehe Hinweis auf S. 94

** Entspricht WERTR 06

*** im Grundstücksmarktbericht 2014 von Hamburg: UK für Wohnen $WGFZ^{08502}$, wobei die WGFZ definiert wird als das Verhältnis der auf dem Grundstück realisierbaren Geschossfläche zur Grundstücksfläche und die Geschossfläche sich nach der maßgeblichen Terminologie der ImmoWertV nach den nach Außenmaßen der Gebäude in allen Vollgeschossen zu ermittelnden Grundrissflächen bestimmt (§ 20 Abs. 3 BauNVO);

**** UK Büro $WGFZ^{08238}$ (!).

Quelle: Gutachterausschüsse für Grundstückswerte

Umrechnungskoeffizienten für das Wertverhältnis von gleichwertigen Grundstücken bei unterschiedlicher baulicher Nutzung*										
GFZ bzw WGFZ	LK Hildesheim	Karlsruhe	Köln**	Konstanz		Leipzig	Lüneburg	München		
	EFH	MFH, Büro	MFH	Wohnen	Gewerbe	Wohnen	MFH	Wohnbauland		Höherwertiges klassisches Gewerbe
								EFH, DHH, RH	MFH	
Grundlage	GFZ	WGFZ** 2013	GFZ 2013	GFZ	GFZ	GFZ 2007	WGFZ 2013	WGFZ** 2014	WGFZ** 2014	WGFZ** 2014
0,2	–	–	–	–	–	–	0,80	–	–	–
0,3	–	–	–	–	–	–	–	–	–	–
0,4	0,81	0,71	1,15	–	–	0,54	0,88	0,627	0,727	0,727
0,5	0,83	0,76	–	0,54	–	0,62	–	0,690	0,773	0,773
0,6	0,85	0,81	1,24	0,62	–	0,71	0,93	0,752	0,812	0,812
0,7	0,88	0,86	–	0,71	–	0,78	–	0,814	0,850	0,850
0,8	0,91	0,90	1,33	0,78	–	0,86	0,97	0,876	0,891	0,891
0,9	0,95	0,95	–	0,86	–	0,93	–	0,938	0,931	0,939
1,0	**1,00**	**1,00**	**1,43**	**0,93**	**1,00**	**1,00**	**1,00**	**1,000**	**1,000**	**1,000**
1,1	1,05	1,05	–	1,00	–	1,07	–	1,062	1,100	1,100
1,2	1,11	1,10	1,54	1,07	–	1,13	1,03	–	1,200	1,200
1,3	–	1,14	–	1,13	–	1,20	–	–	1,300	1,300
1,4	–	1,19	1,66	1,20	–	1,26	1,05	–	1,400	1,400
1,5	–	1,24	–	1,26	–	1,32	–	–	1,500	1,500
1,6	–	1,29	1,79	1,32	–	1,38	–	–	1,600	1,600
1,7	–	1,34	–	1,38	–	1,44	1,07	–	1,700	1,700
1,8	–	1,39	1,93	1,44	–	1,49	–	–	1,800	1,800
1,9	–	1,43	–	1,49	–	1,55	1,09	–	1,900	1,900
2,0	–	1,48	2,08	1,55	1,25	1,60	–	–	2,000	2,000
2,1	–	1,53	–	1,60	–	1,66	–	–	2,100	2,100
2,2	–	1,58	2,24	1,66	–	1,71	–	–	2,200	2,200
2,3	–	1,63	–	1,71	–	1,76	–	–	2,300	2,300
2,4	–	1,68	2,41	1,76	–	1,82	–	–	2,400	2,400
2,5	–	–	–	1,82	–	1,87	–	–	2,500	2,500
2,6	–	–	2,60	1,87	–	1,92	–	–	2,600	2,600
2,7	–	–	2,70	1,92	–	1,97	–	–	2,700	2,700
2,8	–	–	2,80	1,97	–	2,02	–	–	2,800	2,800
2,9	–	–	2,90	2,02	–	2,07	–	–	2,900	2,900
3,0	–	–	3,00	2,07	1,50	2,12	–	–	3,000	3,000
3,1	–	–	3,10	2,12	–	2,16	–	–	3,100	(3,10)
3,2	–	–	3,20	2,16	–	2,21	–	–	3,200	(3,20)
3,3	–	–	3,30	2,21	–	2,26	–	–	3,300	(3,30)
3,4	–	–	3,40	2,26	–	2,30	–	–	3,400	(3,40)
3,5	–	–	3,50	2,30	–	2,35	–	–	3,500	(3,50)
3,6	–	–	3,60	2,35	–	2,40	–	–	3,600	(3,60)
3,7	–	–	–	2,40	–	2,44	–	–	3,700	(3,70)
3,8	–	–	–	2,44	–	2,49	–	–	3,800	(3,80)
3,9	–	–	–	2,49	–	2,53	–	–	3,900	(3,90)
4,0	–	–	–	2,53	–	2,57	–	–	4,000	(4,00)
4,1	–	–	–	2,57	–	2,62	–	–	–	(4,10)
4,2	–	–	–	2,62	–	2,66	–	–	–	(4,20)
4,3	–	–	–	2,66	–	2,70	–	–	–	(4,30)
4,4	–	–	–	2,70	–	2,75	–	–	–	(4,40)
4,5	–	–	–	2,75	–	2,79	–	–	–	(4,50)
4,6	–	–	–	2,79	–	2,83	–	–	–	(4,60)
4,7	–	–	–	2,83	–	2,87	–	–	–	(4,70)
4,8	–	–	–	2,87	–	2,91	–	–	–	(4,80)
4,9	–	–	–	2,91	–	2,96	–	–	–	(4,90)
5,0	–	–	–	2,96	–	3,00	–	–	–	(5,00)
5,1	–	–	–	–	–	3,04	–	–	–	–
5,2	–	–	–	–	–	–	–	–	–	–
5,3	–	–	–	–	–	–	–	–	–	–
5,4	–	–	–	–	–	–	–	–	–	–
5,5	–	–	–	–	–	–	–	–	–	(5,50)
5,6	–	–	–	–	–	–	–	–	–	–
5,7	–	–	–	–	–	–	–	–	–	–
5,8	–	–	–	–	–	–	–	–	–	–
5,9	–	–	–	–	–	–	–	–	–	–
6,0	–	–	–	2,20	–	–	–	–	–	6,00
6,1	–	–	–	–	–	–	–	–	–	–
6,2	–	–	–	–	–	–	–	–	–	–
6,3	–	–	–	–	–	–	–	–	–	–
6,4	–	–	–	–	–	–	–	–	–	–
6,5	–	–	–	–	–	–	–	–	–	6,50

* Siehe Hinweis auf S. 94

** Modifizierte GFZ vgl. Erläuterungen im Grundstücksmarktbericht.

Quelle: Gutachterausschüsse für Grundstückswerte: Marktberichte

2

Umrechnungskoeffizienten für das Wertverhältnis von gleichwertigen Grundstücken bei unterschiedlicher baulicher Nutzung*											
GFZ bzw. WGFZ	Nürnberg	Offenbach	Paderborn	Schwerin	Stuttgart		LK Uelzen	LK Westerwald	Wiesbaden	Verden	Wuppertal
	Misch- und Wohnnutzung**	Dienstleistung			1-2 geschossig	mehrgeschossig			Gem. genutzte Grundstücke Gewerbl. Anteil < 50%		MFH
Grundlage	GFZ	GFZ 2014			GFZ 2014		WGFZ 2013	GFZ	GFZ 2014		GFZ 2012
0,2	–	–	–	–	–	–	0,80	–	–	0,80	–
0,3	–	–	–	0,54	0,69	–	–	0,55	–	–	–
0,4	–	–	–	–	0,75	–	0,88	0,66	–	0,88	0,80
0,5	–	0,72	–	–	0,80	–	–	0,74	–	–	0,83
0,6	–	0,78	–	–	0,84	–	0,93	0,81	0,88	0,93	0,86
0,7	0,86	0,84	–	0,85	0,88	–	–	0,87	–	–	0,90
0,8	0,90	0,90	–	–	0,92	0,94	0,97	0,92	0,94	0,97	0,93
0,9	0,95	0,96	–	–	0,96	0,97	–	–		–	0,97
1,0	**1,00**	**1,00**	**1,00**	**1,00**	**1,00**	**1,00**	**1,00**	**1,00**	**1,00**	**1,00**	**1,00**
1,1	1,05	1,05	1,00	–	1,05	1,03	–	–	–	–	1,03
1,2	1,10	1,10	1,02	–	–	1,07	1,03	–	1,06	1.03	1,07
1,3	1,14	1,14	1,03	–	–	1,10	–	–	–	–	1,10
1,4	1,19	1,19	1,05	–	–	1,14	1,05	–	1,12	1,05	1,14
1,5	1,24	1,24	1,08	–	–	1,18		–	–	–	1,17
1,6	1,29	1,26	1,11	–	–	1,22	1,07	–	–	1,07	1,20
1,7	1,34	1,32	1,14	–	–	1,27	–	–	–	–	1,24
1,8	1,39	1,36	1,17	–	–	1,31	1,09	–	1,24	1,09	1,27
1,9	1,43	1,41	1,21	–	–	1,36	–	–	–	–	1,31
2,0	1,48	1,45	1,25	–	–	1,41	–	–	1,30	–	1,34
2,1	1,53	1,49	1,29	–	–	1,46	–	–	–	–	1,37
2,2	1,58	1,53	1,32	–	–	1,51		–	–	–	1,41
2,3	1,63	1,57	1,35	–	–	1,56	–	–	–	–	1,44
2,4	1,67	1,61	1,38	–	–	1,61	–	–	1,24	–	1,48
2,5	1,72	1,65	1,40	–	–	–	–	–	–	–	–
2,6	1,77	1,69	1,42	–	–	–	–	–	–	–	–
2,7	1,82	1,73	1,43	–	–	–	–	–	–	–	–
2,8	1,87	1,76	1,45	–	–	–	–	–	1,54	–	–
2,9	1,91	1,80	1,46	–	–	–	–	–	–	–	–
3,0	1,96	1,84	1,48	–	–	–	–	–	–	–	–
3,1	2,01	–	1,50	–	–	–	–	–	–	–	–
3,2	2,06	–	1,51	–	–	–	–	–	1,66	–	–
3,3	2,11	–	1,53	–	–	–	–	–	–	–	–
3,4	2,16	–	1,55	–	–	–	–	–	–	–	–
3,5	2,20	–	1,57	–	–	–	–	–	1,75	–	–
3,6	2,25	–	1,58	–	–	–	–	–	–	–	–
3,7	2,30	–	1,60	–	–	–	–	–	–	–	–
3,8	2,35	–	1,62	–	–	–	–	–	–	–	–
3,9	2,40	–	1,64	–	–	–	–	–	–	–	–
4,0	2,44	–	1,65	–	–	–	–	–	–	–	–
4,1	–	–	1,67	–	–	–	–	–	—	–	–
4,2	–	–	1,69	–	–	–	–	–	–	–	–
4,3	–	–	1,71	–	–	–	–	–	–	–	–
4,4	–	–	1,72	–	–	–	–	–	–	–	–
4,5	–	–	1,74	–	–	–	–	–	–	–	–
4,6			1,76			–	–	–	–	–	–
4,7	–	–	1,78	–	–	–	–	–	–	–	–
4,8	–	–	1,80	–	–	–	–	–	–	–	–
4,9	–	–	1,81	–	–	–	–	–	–	–	–
5,0	–	–	1,82	–	–	–	–	–	–	–	–

* **Hinweis:** Das nach § 6 Abs. 1 ImmoWertV Maß der baulichen Nutzung bestimmt sich nach der bauplanungsrechtlichen GFZ i.S. des § 20 BauNVO (§ 16 Abs. 4 ImmoWertV), eine Reihe von Gutachterausschüssen leiten die Umrechnungskoeffizienten auf der Grundlage der sog. wertrelevanten Geschossflächenzahl (WGFZ) ab. Dabei wird die WGFZ unterschiedlich definiert. Die einschlägige Definition kann i.d.R. dem einschlägigen Grundstücksmarktbericht entnommen werden.

** Ansonsten gelten die Umrechnungskoeffizienten der Anl. 11 WertR

Quelle: Gutachterausschüsse für Grundstückswerte

2.2 Umrechnungskoeffizienten zur Abhängigkeit des Bodenwerts von der Grundstücksgröße

2.2.1 Umrechnungskoeffizienten gem. Anl. 2 VW-RL

Umrechnungskoeffizienten zur Berücksichtigung abweichender Grundstücksgrößen beim Bodenwert von Ein- und Zweifamilienhausgrundstücken[1].

Diese Umrechnungskoeffizienten können nach sachverständiger Würdigung verwendet werden, wenn keine nach Nr. 4.3 Absatz 2 VW-RL geeigneten Umrechnungskoeffizienten vorliegen.

Die Umrechnungskoeffizienten können **nur zur Ermittlung des Bodenwerts von Ein- und Zweifamilienhausgrundstücken und nur innerhalb einer Bodenrichtwertspanne von 30 bis 300 €/m² verwendet werden.** Für Grundstücksflächen zwischen den angegebenen Intervallen können die Umrechnungskoeffizienten durch lineare Interpolation ermittelt werden.

Über den tabellarisch aufgeführten Gültigkeitsbereich hinaus ist eine **Extrapolation der Umrechnungskoeffizienten nicht sachgerecht**.

	Grundstücksfläche in m²							
	500	600	700	800	900	1.000	1.100	1.200
Umrechnungskoeffizienten	1,03	1,02	1,00	0,99	0,98	0,97	0,96	0,96

Beispielrechnung

Gegeben	Bodenrichtwert: 150 €/m² bei einer Grundstücksgröße von 900 m² Grundstücksgröße des Wertermittlungsobjekts: 600 m²
Gesucht	an die Grundstücksgröße des Wertermittlungsobjekts angepasster Bodenwert
Lösung	UK für Grundstücksgröße 900 m² = 0,98 UK für Grundstücksgröße 600 m² = 1,02 150 €/m² x 1,02/0,98 = rd. 156 €/m²

1 Eine ausführliche Darstellung der Ableitung der Umrechnungskoeffizienten enthält der Abschlussbericht „Ableitung von bundesweit anwendbaren Umrechnungskoeffizienten" unter www.bmub.de.

2.2.2 Bodenwert in Abhängigkeit von der Grundstücksgröße (Empfehlung Kleiber)

Quelle: KL-V, 1506

Bodenwert in Abhängigkeit von der Grundstücksgröße und Grundstückstiefe bei Wohnimmobilien

Empfehlung

Aus zahlreichen Untersuchungen ist bekannt, dass der Bodenwert eines Grundstücks bei kleiner werdenden Grundstücken ab einer Grundstücksgröße von etwa 500 m² stark ansteigt, und zwar bei Reihenhäusern stärker als bei sonstigen Ein- und Mehrfamilienhäusern.

Bei größer werdenden Grundstücken geht die Minderung des Quadratmeterpreises zurück und vermindert sich ab etwa 2.500 m² nur noch marginal.

Folgende Umrechnungskoeffizienten sind, sofern vom örtlichen Grundstücksmarkt keine besseren Erkenntnisse vorliegen, für

- Reihenhäuser (RH) und
- Ein- und Zweifamilienhäuser (EFH) heranziehbar:

Ergänzender Hinweis: In Hochpreisregionen ist die Abhängigkeit der Bodenwerte von der Grundstücksgröße stärker als in mittleren und niedrigen Preisregionen ausgeprägt.

Umrechnungskoeffizienten

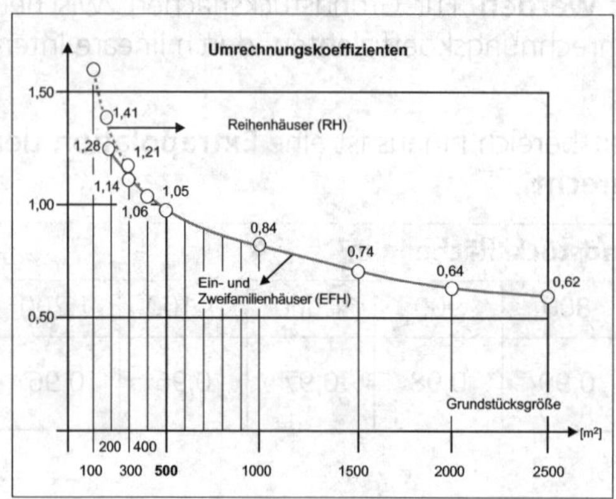

Umrechnungskoeffizienten

Anhaltswerte, soweit örtlich keine Umrechnungskoeffizienten empirisch abgeleitet worden sind

Grundstücksgröße

Größe [m²]	EFH	RH
150		1,57
200	1,28	1,41
250	1,21	1,29
300	1,14	1,21
350	1,10	1,12
400	1,06	1,05
450	1,03	1,03
500	1,00	1,00
550	0,98	0,98
600	0,95	-
650	0,94	-
700	0,92	-
800	0,89	-
900	0,86	-
1.000	0,84	-
1.500	0,74	-
2.000	0,64	-

EFH = Einfamilienhaus; ZFH = Zweifamilienhaus; MFH = Mehrfamilienhaus; RH = Reihenhaus

Beispiel:

a) Es liegt ein Vergleichspreis für ein 250 m² großes Einfamilienhausgrundstück vor: 400 €/m²
b) Gesucht ist ein Vergleichspreis für ein 400 m² großes Einfamilienhausgrundstück (Wertermittlungsobjekt)

Lösung: Umrechnungskoeffizient für 250 m² (EFH): 1,21 (lt. Tabelle)
Umrechnungskoeffizient für 400 m² (EFH): 1,06 (lt. Tabelle)

Vergleichspreis (EFH) 400 m² = 1,06 / 1,21 x 400 €/m² = **350 €/m²**

2.2.3 Umrechnungskoeffizienten zur Abhängigkeit des Bodenwerts von der Grundstücksgröße (Ausgewählte Gutachterausschüsse)

Quelle: GuG-K 2016, 94-99

Bodenwert in Abhängigkeit von der Grundstücksgröße														
Fläche	Vergleichswert R	Altmark	Bad Doberan	Berlin*				LK Birkenfeld	Bonn	Land Brandenburg	Bremen	LK Celle	Chemnitz	Dahme-Spreewald-Kreis
		EFH ZFH	EFH ZFH	EFH/ZFH		DHH/RH			EFH/ZFH	EFH/ZFH				
m²				einfach mittel	gut sehr gut	einfach mittel	gut sehr gut	BW = 30 €/m²						
	2014	2013		2008				2013	2012	2012	2011	2012		
100	–	–	–	–	–	–	–	1,15	–	–	–	–	–	–
150	–	–	1,41	–	–	1,18	1,14	–	1,42	–	–	–	–	–
200	–	–	1,29	–	–	1,12	1,08	1,08	1,29	–	1,21	–	–	–
250	–	–	–	–	–	1,06	1,04	–	–	–		–	1,31	–
275	–	–	–	–	–	–	–	–	–	–	–	–	1,26	–
300	–	1,20	1,16	–	–	1,02	1,02	1,05	1,16	1,32	1,14	–	1,22	–
350	–	–	–	–	–	1,00	1,00	–	–	–	–	–	1,15	1,09
375	–	–	–	–	–	–	–	–	–	–	–	–	1,12	–
400	–	1,13	1,07	1,12	1,08	0,97	0,98	1,02	1,07	1,30	1,08	1,24	1,09	1,05
450	–	–	–	–	–	–	–	–	–	–		1,20	1,04	1,03
475		–	–	–	–	–	–	–	–	–		–	1,02	–
500	1,03	1,08	**1,00**	1,07	1,05	0,93	0,95	**1,00**	**1,00**	**1,00**	1,03	1,16	**1,00**	**1,00**
550	–	–	–	–	–	–	–	–	–	–	–	1,13	0,96	0,97
575	–	–	–	–	–	–	–	–	–	–	–	–	0,95	–
600	1,02	1,04	0,94	1,04	1,03	0,90	0,94	0,98	0,95	0,87	0,98	1,10	0,93	0,95
650	–	–	–	–	–	–		–	–	–	–	1,07	0,90	0,92
675	–	–	–	–	–	–	–	–	–	–	–	–	0,89	–
700	1,00	1,02	0,90	1,00	1,00	0,87	0,91	0,97	0,91	0,77	0,93	1,04	0,88	0,91
750	–	–	–	–	–	–	–	–	–	–	–	1,02	0,85	0,89
800		**1,00**	0,86	0,96	0,98	0,83	0,89	0,96	0,87	0,68	0,89	**1,00**	0,83	0,88
850	–	–	–	–	–	–	–	–	–	–	–	0,97	0,81	0,86
900	0,98	0,98	0,83	0,94	0,97	–	–	0,95	0,85	0,59	0,96	0,94	0,80	0,85
950	–	–	–	–	–	–	–	–	–	–	–	0,93	0,78	0,83
1.000	0,97	0,97	0,81	0,90	0,95	–	–	0,94	0,83	0,52	0,82	0,90	0,76	0,82
1.100	0,96	0,96	0,78	0,86	0,93	–	–	0,93	0,80	0,45	0,79	0,86	–	0,80
1.200	0,96	0,95	0,76	0,82	0,91	–	–	0,92	0,78	0,42	0,76	0,80	–	0,78
1.300	–	0,94	0,74	–	–	–	–	0,92	0,76	–	0,73	0,76	–	0,75
1.400	–	0,94	0,72	–	–	–	–	0,91	0,75	–	0,71	0,71	–	0,74
1.500	–	0,93	0,71	–	–	–	–	0,91	0,73	–	0,68	–	–	0,72
1.600	–	0,93	–	–	–	–	–	–	–	–	0,66	–	–	0,70
1.700	–	0,92	–	–	–	–	–	–	–	–	0,64	–	–	–
1.800	–	0,92	–	–	–	–	–	–	–	–	–	–	–	–
1.900	–	0,91	–	–	–	–	–	–	–	–	–	–	–	–

* Quelle: IVD, vgl. GuG 2008, 44.
EFH = Einfamilienhaus (freistehend), ZFH = Zweifamilienhaus (freistehend), DHH = Doppelhaushälfte, RH = Reihenhaus, o.B. = offene Bauweise.

Quelle: Gutachterausschussberichte der Städte

Bodenwert in Abhängigkeit von der Grundstücksgröße													
Fläche	Cottbus	LK Cloppenburg	Delmenhorst		LK Diepholz/Nienburg (Weser)			Dortmund			LK Ennepe Ruhr		Flensburg
	EFH ZFH	Außenbereich	Ortslagen/ Splittersiedlungen	Außenbereich	Bodenrichtwert			Wohnungsbau			Wohnungsbau		
			Indivdueller Wohnungsbau		≤ 60 €/m²	60 €/m² bis 120 €/m²	≥ 120 €/m²	EFH/ZFH	DHH RendH	RmitelH	Individuell	Geschoss	
m²	2011	2013	2013		2012			2013			2014	2013	2010
100		–	–	–	–	–	–	–	–	1,17	–	–	–
150		–	–	–	–	–			–	1,11	–	–	–
200		–	–	–	–	–		–	1,17	1,04	1,13	–	–
250		–	–	–	–	–	–	–	1,11	0,95	–	–	–
275		–	–	–	–	–	–	–	1,06	0,90	–	–	–
300	1,26	–	1,18	–	–	–	–	1,15	1,02	0,79	1,08	1,09	1,20
350	1,20	–	–	–	–	–	–	1,10	0,99	0,70	–	1,07	–
375	–	–	–	–	–	–	–	–	0,97	0,68	–	–	1,16
400	1,15	–	1.11	–	1,00	1,04	1,08	1,05	0,92	0,64	1,04	1,06	1,14
450	1,12	–	–	–	–	–	–	–		–	–	1,01	1,11
475	–	–	–	–	–	–	–	–	0,81	0,55	–	–	–
500	1,09	–	1,05	–	–	–	–	1,00	0,78	–	1,00	1,00	1,09
550	1,06	–	–	–	–	–	–	–	0,74	–	–	0,98	1,06
575	–	–	–	–	–	–	–		0,71	–	–	–	1,05
600	1,04	–	1,00	–	1,00	1,02	1,04		0,68	–	0,97	0,96	1,04
650	–	–	–	–	–	–	–		0,63	–	–	0,94	1,02
675	–	–	–	–	–	–	–		0,61	–	–	–	1,00
700	1,00	–	0,95	–	–	–	–	0,99	0,59	–	0,93	0,93	0,99
750	0,98	1,54	–	1,82	–	–	–	0,95	0,56	–	–	0,91	0,97
800	0,97	–	0,91	–	1,00	1,00	1,00	0,90	0,53		0,91	0,89	0,94
850	–	–	–	–	–	–	–	0,86	0,50		–	0,88	0,92
900	0,94	–	0,87	–	–	–	–	0,82	–		0,89	0,87	0,89
950	–	–	–	–	–	–	–	0,78	–		–	0,85	0,87
1.000	0,92	1,29	0,83	1,42	1,00	0,96	0,93	0,76	–	–	0,87	0,84	0,85
1.100	0,90	–	0,80	–	–	–	–	0,71	–		–	0,81	0,82
1.200	0,88	–	0,76	1,25	0,98	0,93	0,86	067	–		–	0,77	0,78
1.300	9,87	–	–	1,10	–	–	–	0,62	–		–	–	0,74
1.400	0,85	–	–	–	0,94	0,90	0,81	0,58	–		–	–	–
1.500	0,84	1,00	–	1,00	–	–	–	–	–		–	–	–
1.600	–	–	–	–	0,90	0,87	0,76	–	–	–	–	–	–
1.700	–	0,91	–	0,87	–	–	–	–	–	–	–	–	–
1.800	–	–	–	–	0,87	0,84	0,74	–	–	–	–	–	–
1.900	–	–	–	–	–	–	–	–	–	–	–	–	–
2.000	–	0,84	–	0,78	0,85	0,81	0,72	–	–	–	–	–	–
2.500	–	0,73	–	0,64	–	–	–	–	–	–	–	–	
3.000	–	0,65	–	0,55	–	–	–	–	–	–	–	–	
4.000	–	0,54	–	0,43	–	–	–	–	–	–	–	–	
4.500	–	–	–	–	–	–	–	–	–	–	–	–	
5.000	–	0,47	–	0,35	–	–	–	–		–	–	–	

Quelle: Gutachterausschussberichte der Städte

EFH = Einfamilienhaus (freistehend), ZFH = Zweifamilienhaus (freistehend), DH = Doppelhaushälfte, RH = Reihenhaus, o.B. = offene Bauweise.

Bodenwert in Abhängigkeit von der Grundstücksgröße														
Fläche	LK Gifhorn	Stadt Halle (Saale)	Hamburg*		Hannover EFH/ZFH		LK Harburg Bodenrichtwert			Land Hessen	Heppenheim Südhessen	LK Hildesheim	Hildburghausen	LK Helmstedt
			RH	EFH	Stadt	Region	HH Rand	Buchholz i.d.N.	Landkreis	RHH DHH EFH ZFH BRW < 400 €/m²	EFH/ZFH BRW ≤ 299 €/m²	EFH		
m²	2012	2013			2011	2013	2013			2013	2014		2012	2012
100	–	–	–	–	–	–	–	–	–	–	–	–	–	–
150	–	–	1,93	–	–	–	–	–	–	1,35	–	–	–	–
200	1,129	–	1,63	–	–	1,11	1,33	1,41	1,52	1,27	–	–	1,129	–
250	1,109	–	1,47	–	–	1,08	–	–	–	1,22	–	–	1,109	–
275	–	–	1,39	–	–	–	–	–	–	–	–	–	–	–
300	1,093	1,22	1,32	1,21	1,09	1,06	1,27	1,34	1,42	1,17	1,11	1,04	1,093	–
350	1,079	–	1,22	1,15	1,06	1,04	–	–	–	1,14	–	–	1,079	–
375	–	–	1,16	1,11	–	–	–	–	–	–	–	–	–	–
400	1,067	–	1,13	1,09	1,04	1,02	1,22	1,27	1,34	1,10	1,05	1,03	1,067	1,03
450	1,056	–	1,06	1,04	1,02	1,01	–	–	–	1,08	–	–	1,056	–
475	–	–	1,03	1,02	–	–	–	–	–	–	–	–	–	–
500	1,046	1,07	1,00	1,00	1,00	1,00	1,17	1,21	1,27	1,05	1,00	1,01	1,046	–
550	1,037	–	–	0,96	0,98	0,99	–	–	–	1,02	–	–	1,037	
575	–	–	–	0,94	–	–	–	–	–	–	–	–	–	–
600	1.028	–	–	0,93	0,97	0,98	1,13	1,16	1,20	1,00	0,96	1,00	1,028	1,02
650	1,021	–	–	0,90	0,96	0,97	–	–	–	–	–	–	1,021	
675	–	–	–	0,89	–	–	–	–	–	–	–	–	–	–
700	1,013	1,00	–	0,88	0,94	0,97	1,09	1,11	1,14	0,98	0,93	0,99	1,013	
750	1,006	–	–	0,85	0,93	0,96	–	–	–	0,97	–	–	1,006	–
800	1,000	–	–	0,83	0,91	0,96	1,06	1,07	1,09	0,96	0,90	0,98	1,000	1,00
850	0,994	–	–	0,81	0,89	0,95	–	–	–	0,94	–	–	0,994	–
900	0,988	0,95	–	0,80	0,88	0,95	1,03	1,03	1,04	0,93	0,88	0,97	0,988	–
950	0,983	–	–	0,78	0,87	0,94	–	–	–	0,92	–	–	0,983	–
1.000	0,977	–	–	0,76	0,86	0,94	1,00	1,00	1,00	0,91	0,86	0,96	0,977	0,99
1.100	0,968	–	–	0,74	0,84	0,92	0,98	0,97	0,97	0,90	0,84	0,95	0,968	–
1.200	0,959	0,91	–	0,71	0,82	0,90	0,96	0,95	0,94	0,88	–	–	0,959	0,98
1.300	0,950	–	–	0,69	–	0,87	0,94	0,93	0,91	0,87	–	–	0,950	–
1.400	0,943	–	–	0,67	–	0,84	0,93	0,92	0,90	0,85	–	–	0,943	–
1.500	0,935	0,89	–	0,65	–	0,79	0,92	0,90	0,88	0,84	–	–	0,935	–
1.600	0,928	–	–	–	–	–	0,92	0,90	0,88	–	–	–	0,928	–
1.700	0,922	0,87	–	–	–	–	0,91	0,90	0,87	–	–		0,922	–
1.800	0,916	–	–	–	–	–	0,91	0,90	0,87	–	–		0,916	–
1.900	0,910	–	–	–	–	–	–	–		–	–		0,910	–
2.000	0,904	–	–	0,57	–	–		–	–	–	–	–	0,904	0,904
2.500	–	–	–	0,54	–	–	–	–	–	–	–	–	–	–
3.000		–	–	0,50	–	–	–	–	–	–	–	–	–	–
4.000	–	–	–	0,45	–	–	–	–	–	–	–	–	–	–
4.500	–	–	–	0,43	–	–	–	–	–	–	–	–	–	–
5.000	–	–	–	0,41	–	–	–	–	–	–	–	–	–	–

* Grundstücksmarktbericht Hamburg 2014: UK = (Fläche/1000m²)$^{-0,2909}$

Quelle: Gutachterausschussberichte der Städte

EFH = Einfamilienhaus (freistehend), ZFH = Zweifamilienhaus (freistehend), DH = Doppelhaushälfte, RH = Reihenhaus, o.B. = offene Bauweise.

Bodenwert in Abhängigkeit von der Grundstücksgröße													
Fläche	Köln	LK Leer	Leipzig			LK Lüchow Dannemberg	Lüneburg		LK Mainz/ Bingen	LK Märkisch Oderland Umland Berlin	Magdeburg	Mühlheim a.d. Ruhr	Northeim
	EFH ZFH	EFH ZFH	EFH										
			§ 30	§ 24	RH		Stadt	Landkreis					
m²	2013		2013		2013		2013		2013	2012	2013		2012
100	–		–	–	–	–	–	–	1,15	–	–	–	–
150	1,44	–	1,41	1,33	1,17	–	–	–	–	–	–	1,26	–
200	1,35	–	1,31	1,25	1,13	1,21	1,15	1,44	1,08	–	–	1,15	–
250	1,28	–	1,24	1,19	1,10	–	–	–	–	–	–	1,04	–
275	1,25	–	–	–	–	–	–	–	–	–	–	–	–
300	1,23	–	1,17	1,14	1,07	1,17	1,11	1,31	1,04	–	–	–	1,14
350	1,18	–	1,12	1,10	1,05	–	–	–	–	1,16	–	–	–
375	1,16	–	–	–	–	–	–	–	–	–	–	–	–
400	1,14	1,05	1,08	1,06	1,03	1,13	1,08	1,23	1,02	1,13	–	–	1,11
450	1,10	–	1,04	1,03	1,01	–	–	–	–	1,11	1,02	–	–
475	–	–	–	–	–	–	–	–	–	–	–	–	–
500	1,07	1,00	1,00	1,00	1,00	1,11	1,06	1,17	1,00	1,09	–	–	1,09
550	1,04	–	0,97	0,97	0,99		–	–	–	1,07	1,01	–	–
575	–	–	–	–	–		–	–	–	–	–	–	–
600	1,02	0,97	0,94	0,95	0,97	1,08	1,04	1,12	0,98	1,05	–	–	1,06
650	0,99	–	0,91	0,93	0,96		–	–	–	1,03	1,01	–	–
675	–	–	–	–	–		–	–	–	–	–	–	–
700	0,97	0,95	0,89	0,91	0,95	1,06	1,03	1,09	0,97	1,02	0,99	–	1,03
750	0,95	–	0,86	0,89	0,94		–	–	–	1,00	–	–	–
800	0,93	0,93	0,84	0,87	0,93	1,04	1,02	1,05	0,96	0,98	–	–	1,00
850	0,91	–	0,82	0,86	0,93		–	–	–	0,97	0,97	–	–
900	0,90	0,91	0,80	0,84	0,92	1,02	1,01	1,02	0,95	0,95	–	–	0,97
950	0,88	–	0,78	0,83	0,91		–	–	–	0,94	0,95	–	–
1.000	0,86	0,89	0,76	0,81	0,90	1,00	1,00	1,00	0,94	0,92	–	–	0,94
1.100	–	0,87	0,73	0,79	0,89	0,98	0,99	0,98	0,93	0,89	0,90	0,193	0,91
1.200	–	0,85	0,70	0,76	0,88	0,97	0,99	0,96	0,93	0,86	0,86	–	0,89
1.300	–	0,83	0,67	0,74	0,87	0,95	0,98	0,94	0,92	–	0,81	–	–
1.400	–	0,80	0,65	0,72	0,86	0,94	0,97	0,92	0,92	–	0,77	–	–
1.500	–	0,76	0,63	0,70	0,85	0,92	0,97	0,91	0,91	–	0,71	0,883	–
1.600	–	0,73	–	–	–	0,91	0,96	0,90	–	–	0,66	–	–
1.700	–	–	–	–	–	0,90	0,96	0,88	–	–	–	–	–
1.800	–	(0,70)	–	–	–	0,89	0,95	0,87	–	–	–	–	–
1.900	–	–	–	–	–	0,88	0,95	0,86	–	–	–	–	–
2.000	–	(0,64)	–	–	–	0,87	0,95	0,85	–	–	–	–	–
2.500	–	(0,55)	–	–	–	–	–	–	–	–	–	–	–
3.000	–	(0,47)	–	–	–	–	–	–	–	–	–	–	–
4.000	–	(0,38)	–	–	–	–	–	–	–	–	–	–	–

Quelle: Gutachterausschussberichte der Städte

EFH = Einfamilienhaus, ZFH = Zweifamilienhaus, DH = Doppelhaushälfte, RH = Reihenhaus, o.B. = offene Bauweise

Bodenwert in Abhängigkeit von der Grundstücksgröße													
Fläche	LK Oder Spree Bodenrichtwerteniveau			LK Oldenburg Indiv. Wohnungsbau		Plön	Potsdam Indiv. Wohnungsbau	LK Oberspree Lausitz Wohnlage		LK Rotenburg (Wümme), Soltau, Fallingbostel, Verden	Saale-, Burgenlandkreis Mansfeld	Saarmund	Schwerin
	≤ 15 €/m²	51–64 €/m²	65–100 €/m²	Wohnlage Ortslage	Wohnlage Außenbereich		Inneres Stadtgebiet	städtliche			EFH	EFH	EFH
m²	2012			2013			2011	2011		2013	2013	2008	
200	–	–	–	–	–	–	–	–	–	1,12	–	–	–
250	–	–	–	–	–	–	–	–	–	–	–	–	1,01
275	–	–	–	–	–	–	–	–	–	–	–	–	–
300	–	–	–	–	–	1,35	1,16	1,10	–	1,10	–	–	–
350	–	–	–	–	–	1,29	–	1,09	–	–	–	1,02	–
375	–	–	–	–	–	–	–	–	–	–	–	–	–
400	–	1,16	1,18	1,02	–	1,24	1,09	1,09	1,18	1,07	–	1,02	–
450	–	–	–	–	–	1,19	–	1,08	1,15	–	–	1,02	–
475	–	–	–	–	–	–	–	–	–	–	–	–	–
500	1,23	1,12	1,13	1,00	–	1,15	1,05	1,07	1,13	1,05	–	1,02	1,00
550	–	–	–	1,12	–	1,12	–	1,06	1,10	–	–	1,01	–
575	–	–	–	–	–	–	–	–	–	–	–	–	–
600	1,18	1,08	1,08	0,98	–	1,09	1,02	1,05	1,08	1,03	–	1,01	–
650	–	–	–	–	–	1,07	–	1,04	1,06	–	–	1,01	–
675	–	–	–	–	–	–	–	–	–	–	–	–	–
700	1,13	1,04	1,04	0,96	–	1,04	1,00	1,03	1,04	1,01	–	1,01	–
750	–	–	–	–	1,82	1,03	–	–	–	–	–	1,01	1,00
800	1,08	1,00	1,00	0,95	–	1,00	0,99	1,00	1,00	1,00	–	1,00	–
850	–	–	–	0,98	–	0,98	–	–	–	–	–	–	–
900	1,04	0,96	0,96	0,94	–	0,96	0,97	0,97	0,97	0,99	1,19	–	–
950	–	–	–	–	–	0,95	–	–	–	–	1,13	–	–
1.000	1,00	0,92	0,93	0,93	1,42	0,93	0,97	0,93	0,93	0,98	1,07	0,99	0,99
1.100	0,96	0,88	0,89	0,92	–	0,91	0,96	0,88	0,90	0,97	1,00	0,99	–
1.200	0,93	0,84	0,86	0,92	1,25	0,88	0,95	0,84	0,88	0,96	0,95	0,98	–
1.300	0,89	0,80	0,83	0,91	1,10	0,86	–	0,79	0,85	0,95	0,91	0,98	–
1.400	0,86	0,76	0,80	0,90	–	0,84	0,94	0,74	0,83	0,94	0,87	0,97	–
1.500	0,82	0,72	0,77	0,90	1,00	0,83	0,94	0,69	0,80	0,93	0,85	0,97	0,98
1.600	0,79	–	–	0,90	–	0,81	–	0,63	0,78	–	0,85	0,96	–
1.700	0,76	–	–	–	0,87	–	–	–	0,76	–	0,85	0,96	–
1.800	0,73	–	–	–	–	–	–	–	0,74	–	0,83	0,95	–
1.900	0,71	–	–	–	–	–	–	–	0,72	–	0,82	0,95	–
2.000	0,67	–	–	–	0,78	–	–	–	–	–	–	0,94	–
2.500	–	–	–	–	0,64	–	–	–	–	–	–	–	–
3.000	–	–	–	–	0,55	–	–	–	–	–	–	–	–
4.000	–	–	–	–	0,43	–	–	–	–	–	–	–	–
4.500	–	–	–	–	–	–	–	–	–	–	–	–	–
5.000	–	–	–	–	0,35	–	–	–	–	–	–	–	–

Quelle: Grundstücksmarktberichte

EFH = Einfamilienhaus (freistehend), ZFH = Zweifamilienhaus (freistehend), DH = Doppelhaushälfte, RH = Reihenhaus, o.B. = offene Bauweise.

Bodenwert in Abhängigkeit von der Grundstücksgröße

Fläche	LK Stade EFH/ZFH	Sulingen EFH/ZFH Bodenrichtwert 2013			Teltow	LK Uelzen	LK Vechta Außenbereich	Werder	Wildenbruch	Wilhelmshorst	Wusterwitz	Wuppertal 1-2 gesch.
m²		≤ 60 €/m²	60-120 €/m²	≥ 120 €/m²	2012	2013	2013	2008	2008	2008	2008	2011
100	–	–	–	–	–	–	–	–	–	–	–	–
150	–	–	–	–	–	–	–	–	–	–	–	–
200	1,17	–	–		–	1,17	–	–	–	–	–	1,18
250	–	–	–	–	–	–	–	–	–	–	–	1,14
275	–	–	–	–	–	–	–	–	–	–	–	–
300	1,13	–	–	–	–	1,13	–	–	–	–	–	1,10
350	–	–	–	–	1,09	–	–	1,24	1,37	1,21	1,17	1,07
375	–	–	–	–	–	–	–	–	–	–	–	–
400	1,09	1,00	1,04	1,08	1,08	1,10	–	1,21	1,30	1,18	1,15	1,04
450	–	–	–	–	1,07	–	–	1,18	1,25	1,15	1,13	1,02
475	–	–	–	–	–	–	–	–	–	–	–	–
500	1,06	–	–	–	1,06	1,08	–	1,15	1,20	1,13	1,11	1,00
550	–	–	–	–	1,05	–	–	1,13	1,15	1,10	1,09	–
575	–	–	–	–	–	–	–	–	–	–	–	–
600	1,03	1,00	1,02	1,04	1,04	1,06	–	1,10	1,12	1,08	1,07	0,96
650	–	–	–	–	1,03	–	–	1,07	1,08	1,06–	1,05	–
675	–	–	–	–	–	–	–	–	–	–	–	–
700	1,00	–	–	–	1,02	1,04	–	1,05	1,05	1,04	1,03	0,93
750	–	–	–	–	1,01	–	1,54	1,02	1,03	1,02	1,02	–
800	0,98	1,00	1,00	1,00	1,00	1,03	–	1,00	1,00	1,00	1,00	0,91
850	–	–	–	–	–	–	–	–	–	–	–	–
900	0,95	–	–	–	–	1,01	–	–	–	–	–	0,88
950	–	–	–	–	–	–	–	–	–	–	–	–
1.000	0,93	1,00	0,96	0,93	0,96	1,00	1,29	0,91	0,92	0,93	0,94	0,86
1.100	0,91	–	–	–	0,95	0,99	–	0,87	0,89	0,90	0,91	0,84
1.200	0,89	0,98	0,93	0,86	0,93	0,98	1,18	0,83	0,86	0,87	0,88	0,83
1.300	0,88	–	–	–	0,92	0,97	1,08	0,79	0,83	0,84	0,86	–
1.400	0,86	0,94	0,90	0,81	0,90	0,98	–	0,75	0,81	0,81	0,84	–
1.500	0,84	–	–	–	0,89	0,95	1,00	0,72	0,79	0,79	0,81	–
1.600	–	0,90	0,87	0,76	0,87	0,94	–	0,69	0,77	0,77	0,79	–
1.700	–	–	–	–	0,86	0,94	0,91	0,65	0,75	0.75	0,77	–
1.800	–	0,87	0,84	0,74	0,85	0,93	–	0,62	0,73	0,73	0,75	–
1.900	–	–	–	–	0,83	0,92	–	0,60	0,72	0,71	0,73	–
2.000	–	0,85	0,81	0,72	0,82	0,92	0,84	0,57	0,70	0,68	0,72	–
2.500	–	–	–	–	–	0,89	0,73	–	–	–	–	–
3.000	–	–	–	–	–	–	0,65	–	–	–	–	–
4.000	–	–	–	–	–	–	0,54	–	–	–	–	–
4.500	–	–	–	–	–	–	–	–	–	–	–	–
5.000	–	–	–	–	–	–	0,47	–	–	–	–	–

Quelle: Grundstücksmarktberichte

EFH = Einfamilienhaus (freistehend), ZFH = Zweifamilienhaus (freistehend), DH = Doppelhaushälfte, RH = Reihenhaus, o.B. = offene Bauweise.

2.3 Umrechnungskoeffzienten zur Abhängigkeit des Bodenwerts von der Grundstückstiefe

2.3.1 Umrechnungskoeffizienten für Grundstückstiefe (Empfehlung Kleiber)

Quelle: KL-V, 1506; GuG-K, 101

Umrechnungskoeffizienten Anhaltswerte, soweit örtlich keine Umrechnungskoeffizienten empirisch abgeleitet worden sind		
	Grundstückstiefe	
Tiefe [m]	**EFH/ZFH**	**MFH**
20	1,10	1,25
22	1,07	1,18
24	1,04	1,12
26	1,03	1,10
28	1,02	1,04
30	1,00	1,00
32	0,98	0,97
34	0,97	0,93
36	0,95	0,91
38	0,92	0,89
40	0,89	0,87
45	0,85	0,82
50	0,82	0,78
55	0,82	0,75
60	0,81	0,72
70	0,81	0,70
80	0,80	0,65

EFH = Einfamilienhaus; ZFH = Zweifamilienhaus; MFH = Mehrfamilienhaus

2.3.2 Umrechnungskoeffizienten für Grundstückstiefe in ausgewählten Städten und Landkreisen

Quelle: Kl-V (7), 1405 f.; GuG-K, 100

Bodenwert in Abhängigkeit von der Grundstückstiefe								
Tiefe	**Aachen** (2013)					**Chemnitz**	**Düren**	**Essen**
m^2	**MFH**	**EFH ZFH**		**Ehemaliger Nord- und Südkreis**				**3-4 gesch.**
	Bodenrichtwert bezogen auf							
	30m	**35m**	**40m**	**35 m**	**40 m**			
15								
18								
20	1,20	1,11	1,17	1,15		1,25		1,240
22	1,15	1,10	1,16	1,13		1,19		1,180
24	1,11	1,10	1,16	1,11		1,13		1,120
25	1,09	1,09	1,15	1,10	1,28	1,10		1,100
28	1,03	1,07	1,12	1,07	1,21	1,03		1,040
30	**1,00**	1,05	1,11	1,05	1,17	**1,00**	**1,00**	**1,000**
32	0,97	1,03	1,09	1,03	1,12	0,98		0,970
35	0,93	**1,00**	1,05	**1,00**	1,07	0,92		0,925
38	0,89	0,97	1,02	0,97	1,03	0,87		0,890
40	0,86	0,95	**1,00**	0,95	**1,00**	0,85		0,870
45	0,81	0,90	0,95	0,91	0,94	0,80		0,820
50	0,76	0,87	0,91	0,87	0,90	0,74	0,94	0,780
55	0,72	0,83	0,87	0,83	0,86			0,750
60	0,68	0,80	0,84	0,79	0,83		0,88	0,720
65	0,65	0,77	0,81		0,80			
70	0,62	0,75	0,79		0,79		0,82	
75								
80							0,76	
85								
90							0,70	
100							0,64	

Bodenwert in Abhängigkeit von der Grundstückstiefe									
Tiefe	**Hagen**	**LK Mett-mann**	**Moers**		**Neuss**			**Offen-bach**	**Solingen**
					Ein- und Zweifamilienhäuser				
m²			**EFH, ZFH**	**MFH**	**Bodenrichtwert bezogen auf**				
					30 m	**35 m**	**40 m**		
		2013			**2013**			**2014**	
15					1,02	1,09	1,16		
18					1,02	1,09	1,16		
20					1,02	1,09	1,16	1,09	
22	1,25		1,10	1,25	1,02	1,09	1,16		
24			1,07	1,18	1,02	1,09	1,16		
25			1,04	1,12	1,02	1,09	1,16	1,04	1,09
28	1,10		1,03	1,10					
30			1,02	1,04	**1,00**	1,06	1,13	**1,00**	**1,00**
32	**1,00**		**1,00**	**1,00**					
35		**1,00**	0,98	0,97	0,94	**1,00**	1,06	0,96	0,92
38	0,988		0,96	0,92					0,88
40		0,929	0,92	0,89	0,88	0,94	**1,00**	0,91	0,83
45	0,958	0,847	0,89	0,87	0,81	0,88	0,93	0,87	0,79
50	0,917	0,780	0,85	0,82	0,77	0,82	0,88	0,82	
55	0,867	0,724	0,82	0,78	0,72	0,77	0,82	0,78	
60		0,677	0,82	0,75				0,73	
65		0,635	0,81	0,72				0,69	
70		0,600						0,64	
75		0,585						0,60	
80		0,540						0,55	
85		0,515						0,51	
90									
100									

Quelle: Grundstücksmarktberichte; MFH = Mietwohnhaus (Mehrfamilienhaus) EFH = Einfamilienhaus; ZFH = Zweifamilienhaus; RH = Reihenhaus; DHH = Doppelhaus

2.4 Bodenwert in Abhängigkeit von der Grundstückstiefe in der steuerlichen Bewertung

Quelle: *Abschnitt 8 BewRGr vom 19.9.1966, BAnz Nr. 183 Beil. = BStBl I 1966, 890, Rechtsstand: 01.01.1977 (auch KL-M, 1037)*

Vorder- und Hinterland (Zonen)	Anrechnung der Fläche	Ansatz für den Bodenwert
Zone I **Vorderland**	bis 40 m Tiefe	100 %
Zone II **Hinterland**	40–80 m Tiefe	etwa 50 % des Vorderlands
Zone IIIa **Hinterland**	über 80 m Tiefe soweit baulich nutzbar	etwa 25 % des Vorderlands
Zone IIIb **Hinterland**	über 80 m Tiefe soweit baulich nicht nutzbar	weniger als 25 % des Vorderlands

Abschnitt 8 BewRGr – Getrennte Wertermittlung für Vorderland und Hinterland

(1) Bei der Ermittlung des Bodenwerts ist eine Grundstücksfläche nur dann in Vorderland und Hinterland aufzuteilen, wenn dies auch zuvor bei der Ermittlung des durchschnittlichen Werts geschehen ist. Bezieht sich der durchschnittliche Wert dagegen auf die Gesamtfläche, z.B. in der Regel bei Rohbauland, Industrieland, Verkehrsflächen und bei Grünflächen, unterbleibt die Aufteilung.

(2) Ist die Grundstücksfläche in Vorderland und Hinterland aufzuteilen, so ist sie nach ihrer Tiefe in Zonen zu gliedern, deren Abgrenzung sich nach den örtlichen Verhältnissen richtet. Gelten keine örtlichen Besonderheiten, so kann dabei im Allgemeinen von folgendem ausgegangen werden:

- Die Fläche bis 40 m Tiefe ist Vorderland (Zone I),
- die Fläche über 40 m bis 80 m Tiefe ist Hinterland (Zone II),
- die Fläche über 80 m Tiefe, soweit sie baulich ausnutzbar ist,
- ist Hinterland (Zone IIIa),
- die Fläche über 80 m Tiefe, soweit sie baulich nicht ausnutzbar ist, ist Hinterland (Zone IIIb).

Die Wertansätze für das Hinterland betragen dann in der Regel in

- Zone II etwa die Hälfte des Werts des Vorderlandes,
- Zone IIIa etwa ein Viertel des Werts des Vorderlandes,
- Zone IIIb weniger als ein Viertel des Werts des Vorderlandes.

(3) Ist die Grundstücksfläche so geschnitten, dass eine Aufteilung der Gesamtfläche in Vorderland und Hinterland nach den vorstehenden Grundsätzen nicht ohne weiteres möglich ist, so sind die auf Vorderland und Hinterland entfallenden Flächenanteile zu schätzen.

2.5 Umrechnungskoeffizienten für Grundstücke unterschiedlicher Grundstückstiefe und -bebauung

Quelle: Daten der Gutachterausschüsse für Grundstückswerte NRW (Marktbericht Bergisch-Gladbach, 2016 S. 49, (www.govdata.de/dl-de/by-2-0), https://www.boris.nrw.de

Grundstücke für freistehende Eigenheime (Tiefe Richtwertgrundstück = 35 m)									
Tiefe [m]	20	25	30	35	40	45	50	55	60
Anpassung [%]	12	8	4	0	- 4	- 8	- 12	- 16	- 22

Grundstücke für freistehende Eigenheime (Tiefe Richtwertgrundstück = 30 m)									
Tiefe [m]	15	20	25	30	35	40	45	50	55
Anpassung [%]	12	8	4	0	-4	-8	-12	-16	-20

Grundstücke für Doppelhaushälften / Reihenmittelhäuser						
Tiefe [m]	20	25	30	35	40	45
Anpassung [%]	13	8	3	- 3	- 8	- 13

Grundstücke für Reihenmittelhäuser						
Tiefe [m]	20	22	24	26	28	30
Anpassung [%]	25	20	15	10	5	0

2.6 Umrechnungskoeffizienten für den individuellen Wohnungsbau bei Grundstücken unterschiedlicher Größen und Gebäudetypen

Quelle: Grundstücksmarktbericht Dortmund, 2017, 32, © Daten der Gutachterausschüsse für Grundstückswerte NRW (2017), (www.govdata.de/dl-de/by-2-0), https://www.boris.nrw.de

Für Grundstücke, deren Fläche vom Richtwertgrundstück (600 / 300 / 200 m²) abweicht, ist der Bodenwert für den individuellen Wohnungsbau durch Umrechnungskoeffizienten zu ermitteln. Soweit es sich bei dem Gesamtgrundstück nicht um „baureifes Land" im Sinne von § 5 (4) ImmoWertV handelt, ist bei übertiefen/-breiten Grundstücken, außerhalb der nachfolgend ausgewiesenen jeweiligen Spanne (Faktor 1), der wertmäßige Anteil des „hausnahen Gartenlandes" mit 20 % des Werts des Richtwertgrundstücks im Koeffizienten berücksichtigt. Liegt die Grundstücksgröße zwischen den Werten, ist zu interpolieren.

Bei Grundstücken mit einer Gesamtfläche von mehr als 1.200 / 600 / 400 m² ist der diese Fläche übersteigende Grundstücksanteil mit einem entwicklungsstufenorientierten Bodenwert anzusetzen, z.B. einer Nutzung als „private Grünfläche" mit 14,90 €/m². Darüber hinaus bewirken Abweichungen eines einzelnen Grundstücks von dem Bodenrichtwertgrundstück in den wertbeeinflussenden Merkmalen und Umständen, wie Erschließungszustand, spezielle Lage, Art und Maß der baulichen Nutzung, Geschosszahl, Grundstücksfläche oder Grundstücksgestalt, in der Regel Abweichungen des Verkehrswerts (Marktwert – § 194 BauGB) vom Bodenrichtwert (§ 196 BauGB).

Bei Villengrundstücken ist im Einzelfall jeweils die lagetypische Grundstücksgröße maßgebend.

freistehende Ein- und Zweifamilienhäuser (eh)		**Reihenend- und Doppelhäuser (re, dh)**		**Reihenmittelhäuser (rm)**	
m²	Faktor	m²	Faktor	m²	Faktor
1.200	0,67	600	0,68	400	0,64
1.150	0,69	575	0,70	390	0,65
1.100	0,71	550	0,72	370	0,68
1.050	0,73	525	0,75	350	0,70
1000	0,76	500	0,78	330	0,73
950	0,79	475	0,81	310	0,77
900	0,82	450	0,84	290	0,81
850	0,86	425	0,88	270	0,85
800	0,90	400	0,92	250	0,90
750	0,95	375	0,97	230	0,97
700 – 450	**1,00**	**360 – 300**	**1,00**	**220 – 180**	**1,00**
400	1,05	270	1,05	160	1,05
350	1,10	240	1,10	140	1,10
300	1,15	210	1,15	110	1,15
unter 300	Extrapolation ist nicht zulässig	180	1,20		

Beispiel (freistehendes Ein- / Zweifamilienhaus):

Kaufpreisauswertung:		**Wertermittlung:**	
Grundstücksfläche	825 m²	Grundstücksfläche	825 m²
Grundstückskaufpreis	**247.500 €**	Bodenrichtwert	340 €/m²
Auf das Richtwertgrundstück zurückgeführter Kaufpreisanteil	600 m²	Umrechnungskoeffizient	0,88
Kaufpreis / m²	300 €/m²	**Verkehrswert (Marktwert)**	
247.500: 825 m² : 0,88 =	340 €/m²	825 m² x 340 €/m² x 0,88 =	**246.840 €**
			rd. 247.000 €

2.7 Umrechnungskoeffizienten Himmelsrichtung für Wohnungsgrundstücke in reinen Wohngebieten

Quelle: *Grundstücksmarktbericht Mülheim an der Ruhr, 2017, S. 48*
Grundstücksmarktbericht Solingen, 2017, S. 36

Insbesondere für **Wohngrundstücke in reinen Wohngebieten** ist die Besonnungslage als wertbildender Faktor von Bedeutung: Die Gutachterausschüsse für den Bereich der Stadt *Mülheim an der Ruhr* und *Solingen* haben folgende Umrechnungskoeffizienten für diesen Bereich abgeleitet:

Himmelsrichtung	Garten nach Osten	**1,00**
	Garten nach Westen	1,00 / 1,05
	Garten nach Süden	1,05
	Garten nach Norden	0,95

Umrechnungskoeffizienten zur Berücksichtigung der Ausrichtung des Gartens nach Himmelsrichtungen

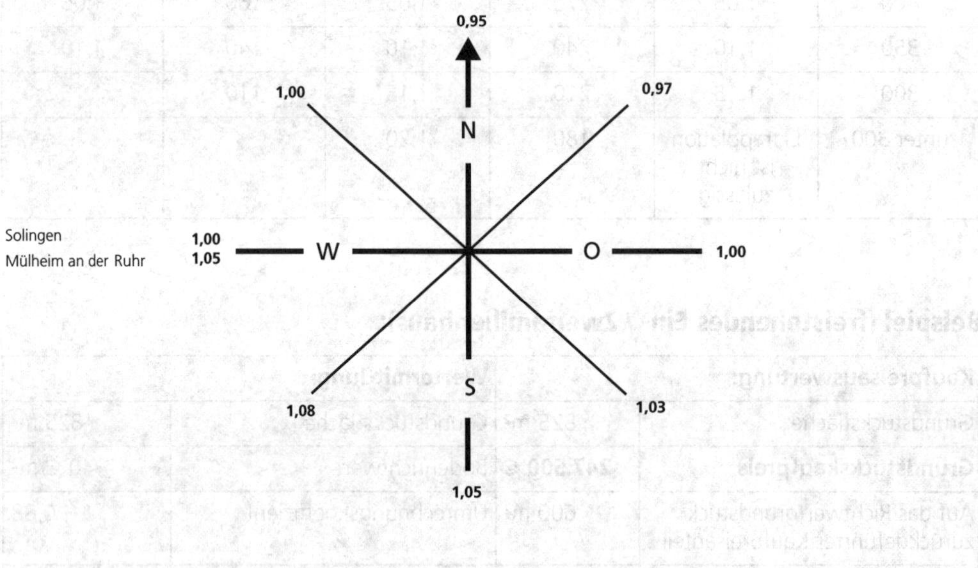

2.8 Bodenwertanteile bebauter Grundstücke in Abhängigkeit von Grundstücksart und Baujahresgruppen

Quelle: KL-V, 1650

Bodenwertanteile in % der Verkehrswerte für Innenstadtlagen						
Baujahrs-gruppen	**Einfami-lien-häuser**	**Zweifami-lienhäuser**	**Wohnungs- und Teileigen-tum**	**Mietwohn-grundstücke**	**Gemischt genutzte Grundstücke**	**Geschäfts-grund-stücke**
bis 1900	39,5	41,4	32,8	32,5	36,0	40,0
1901 – 1924	35,6	43,7	45,5	28,8	34,7	32,9
1925 – 1949	30,5	48,4	43,7	29,9	31,8	33,3
1950 – 1959	32,6	38,2	38,3	24,1	24,6	27,3
1960 – 1969	25,3	31,5	32,2	23,8	22,9	22,9
1970 – 1979	21,1	24,6	24,7	18,3	20,7	19,9
ab 1980	20,9	18,6	17,1	19,5	21,8	21,9
im Mittel	**35,3**	**32,5**	**24,9**	**26,8**	**27,7**	**29,6**

Diese Zahlen stammen aus *Kleiber/Simon/Weyers*, Verkehrswertermittlung von Grundstücken, 3. Auflage, 1998

2.9 Anteil des Bodenwerts am Verkehrswert bei Bürogebäuden in hochwertiger Innenstadtlage

Quelle: Datenbank der DIA Consulting AG Freiburg, KL-M, 1178.

Für **Innenstadtbereiche** wurden mangels eines Geschäftsverkehrs trotz der Vorgabe des § 196 BauGB vielerorts keine Bodenrichtwerte beschlossen. Vereinzelt wird mit **Bodenwertanteilen je Quadratmeter Wohn- oder Nutzfläche** gearbeitet, wobei im gewerblichen Bereich zwischen Büro-, Laden- und Nebenflächen unterschieden wird. Auch Bodenwertanteile je Pkw-Stellplatz auf dem Grundstück bzw. in der Sammelgarage auf dem Grundstück sind üblich.

Aus Projektbewertungen (bis 2007) für **Geschäftsgrundstücke (Büro/Verwaltung) in hochwertiger Innenstadtlage** hat sich ein Bodenwertanteil von rd. 30% am Verkehrswert des Gesamtgrundstücks bestätigt, ohne dass dabei eine Abhängigkeit von der Höhe des Bodenrichtwerts erkennbar wurde.

Anteil des Bodenwerts am Verkehrswert bei Bürogebäuden in hochwertiger Innenstadtlage		
Standort	**Bodenwert**	**Bodenwertanteil am Verkehrswert**
Berlin	<10.000 €	38,3 %
Dortmund	> 5.000 €	26,8 %
Düsseldorf	> 5.000 €	30,9 %
Köln	<10.000 €	36,3 %
Stuttgart	<10.000 €	28,6 %
Mittel		29,2 %

Es muss aber angemerkt werden, dass es sich bei diesen Werten trotz ihrer Ausweisung mit einer Nachkommastelle um residuell abgeleitete Schätzwerte handelt, da es eben keine Möglichkeit gibt, den Bodenwertanteil aus einem Gesamtkaufpreis i.S. eines Verkehrswertanteils abzuleiten. Allgemein kann gelten, dass der **Bodenwertanteil** umso größer ist, je höher das allgemeine Bodenwertniveau, je größer das Grundstück, je geringer das Maß der baulichen Nutzung und je älter die Bebauung ist.

2.10 Durchschnittlicher Wertanteil des Bauerwartungslandes und des Rohbaulandes am Wert des baureifen Landes

Durchschnittlicher Wertanteil des Bauerwartungslandes und des Rohbaulandes am Wert des baureifen Landes (= 100%)			
Entwicklungszustand	**Prozentualer Wertanteil**		
	nach Seele[2]	**nach Vogels**[3]	**nach Gerardy/ Möckel**[4]
	theoretisch		
Baureifes Land	100 %	100 %	100 %
Rohbauland	50–80 %	60–100 %	50–95 %
Bauerwartungsland	25–60 %	30–80 %	15–70 %

Eine detaillierte Zusammenstellung ist durch *Reinhold* in *Gerardy/Möckel/Troff/Bischoff*, Praxis der Grundstücksbewertung, 90. Nachlieferung 6/2010, dargestellt und bei *Kleiber* (KL-V, 1557) wiedergegeben und kommentiert:

Stufe	Merkmal	v. H. des Werts von baureifem Land
	Bauerwartungsland	
1	Eine Bebauung ist nach der Verkehrsauffassung in absehbarer Zeit zu erwarten	15–40
2	Im Flächennutzungsplan als Baufläche dargestellt	25–50
3	Aufstellung eines Bebauungsplans beschlossen	35–60
4	Bebauungsplan aufgestellt, je nach geschätzter Dauer bis zur Rechtskraft und Grad der Erschließungsgewissheit	50–70
	Rohbauland	
5	Innerhalb der im Zusammenhang bebauten Ortsteile gelegen, Erschließung erforderlich	50–70
6	Bebauungsplan rechtskräftig, Bodenordnung erforderlich	60–80
7	Bebauungsplan rechtskräftig, Bodenordnung nicht erforderlich	70–85
8	Bebauungsplan rechtskräftig, Erschließung gesichert	85–95
	Baureifes Land	
9	Bebauungsplan rechtskräftig oder innerhalb der im Zusammenhang bebauten Ortslage gelegen, Erschließung erfolgt oder bereits vorhanden, erschließungs- und kompensationsbeitragspflichtig.	100

Quelle: Gerardy/Möckel/Troff/Bischoff, Praxis der Grundstücksbewertung (Stand 2010)

2 *Seele*, Ausgleich maßnahmebedingter Bodenwerterhöhungen, Schriftenreihe des BMBau Bonn 1976 Nr. 03.047 S. 67; theoretische Berechnungen bei einer Aufschließungsdauer für Bauerwartungsland von 9 Jahren und für Rohbauland von 3 Jahren und einem Liegenschaftszinssatz von 5 %.

3 *Vogels*, Grundstücks- und Gebäudebewertung marktgerecht, 5. Aufl. Wiesbaden 1996, S. 66 ff.; theoretische Berechnungen unter Berücksichtigung inflationärer Entwicklungen bei einer erwarteten Wertsteigerung von 0 – 8 % p.a. und einer Aufschließungsdauer von 5 bis 10 Jahren für Bauerwartungsland und von 5 Jahren für Rohbauland.

4 *Gerardy/Möckel/Troff/Bischoff*, Praxis der Grundstücksbewertung, Landshut 1991, Losebl. 3.1.3/19 (Stand: 6/2010).

Diese Vorgehensweise (Pauschalansätze) kann als eine Methode bezeichnet werden, die aus mehreren Gründen Bedenken hervorrufen muss:

a) Zum einen handelt es sich bei den veröffentlichten Pauschalsätzen um Durchschnittssätze, die schon von daher nicht auf die örtlichen Marktverhältnisse übertragbar sind. Zum anderen sind sie mit großen Unsicherheiten behaftet, wie sich schon aus den veröffentlichten „Spannbreiten" ergibt. Dies ist u.a. darin begründet, dass im Einzelfall die Wartezeit bis zur Baureife sehr unterschiedlich ausfallen kann und der Anteil der erforderlichen Gemeinbedarfs- und naturschutzrechtlichen Ausgleichsflächen ebenfalls recht unterschiedlich sein kann.

b) Es kommt hinzu, dass bei Anwendung dieser Methode die prozentualen Abschläge von dem Ausgangswert des baureifen Landes sehr hoch – im Einzelfall bis zu 90% (!) – ausfallen können und dies allein schon Bedenken hervorrufen muss. Abschläge in dieser Größenordnung sprechen gegen die Eignung des herangezogenen Ausgangswerts von baureifem Land. Das KG Berlin hat zu dieser Problematik festgestellt, dass Zu- und Abschläge „höchstens 30% oder allenfalls 35% nicht übersteigen" dürfen. Ein höherer Abschlag spricht mithin gegen die Eignung des herangezogenen Vergleichspreises.

Es ist zwar einzuräumen, dass Bauerwartungs- und das Rohbauland ex definitionem tendenziell eine den angegebenen Vomhundertsätzen entsprechende Wartezeit und Wertigkeit aufweisen, jedoch ist auch genauso sicher, dass es ein festes und vor allem für das gesamte Bundesgebiet gültiges Wertverhältnis zwischen Bauerwartungs- und Rohbauland und baureifem Land nicht gibt. In empirischen Untersuchungen sind zudem deutlich voneinander abweichende, aber stets erhebliche Wertspannen für den Wertanteil des Bauerwartungs- und Rohbaulandes festgestellt worden.

Gesicherte Aussagen über einen bestimmten Wertanteil des Bauerwartungslandes oder des Rohbaulandes am Wert des baureifen Landes sind nicht möglich.
Die Literaturangaben über den relativen Wertanteil des Bauerwartungslandes und des Rohbaulandes am Wert des baureifen Landes (= 100%) müssen von daher als Durchschnittswerte angesehen werden, denen i.d.R. zudem eine Reihe theoretischer Annahmen zugrunde liegen. Sie sind nur mit höchster Vorsicht heranzuziehen. Einer den Gegebenheiten des konkreten Einzelfalls Rechnung tragenden Berücksichtigung der Wartezeit ist der Vorzug zu geben.

Gerardy/Möckel/Troff/Bischoff unterscheiden in ihrer Veröffentlichung zwischen 4 Stufen des Bauerwartungslandes mit einer Wertigkeit von 15 bis 70 % des Werts von baureifem Land.

2.10.1 Wertverhältnisse Bauerwartungsland/Rohbauland

Quelle: *Grundstücksmarktbericht Dortmund, 2016, © Daten der Gutachterausschüsse für Grundstückswerte NRW (2016), (www.govdata.de/dl-de/by-2-0), https://www.boris.nrw.de*

Die nachfolgende Darstellung reflektiert das Marktgeschehen in Dortmund für Bauerwartungsland nach § 5 (2) ImmoWertV und Rohbauland (§ 5 (3)) in den Jahren 1995 bis 2015 für Flächen > 1.000 m². Der Untersuchung liegen 126 Kaufpreise aus – künftigen – Wohngebieten zugrunde. Die prozentualen Angaben beziehen sich auf abgabenfreie Bodenrichtwerte.

Art	**Anzahl der Kauffälle**	**Kennzahlen**			
katalogisiert nach den verbindenden Eigenschaften Bauleitplanung, Verfahrensstand		Fläche	Prozentsatz		Standardabweichung
		[m²]	%	%	
		Median rd.	von – bis	Median	% Punkte
Bauerwartungsland					
Flächennutzungsplan Darstellung als Wohnbaufläche Bebauungsplan / VEP erforderlich	32	5.700	11 – 42	21	7,6
Bebauungsplan / VEP Aufstellungsbeschluss, Planung noch nicht konkret in allen Einzelheiten		6.600	25 – 41	31	5,1
§ 34 BauGB Hinterland einer bestehenden Bebauung, Erschließung durch Zuerwerb gesichert		1.800	24 – 34	25	3,5
(Brutto-) Rohbauland					
Bebauungsplan / VEP Erwerb **vor** Rechtskraft Wartezeit bis zur Rechtskraft 2 – 6 Jahre private Bodenordnung notwendig	88	5.400	37 – 71	50	9,7
Bebauungsplan / VEP Erwerb **nach** Rechtskraft private Bodenordnung notwendig		6.400	22 – 73	61	13,9
Bebauungsplan / VEP Zuwegung in Anliegereigentum		2.800	55 – 87	78	9,9
§ 34 BauGB Hinterland einer bestehenden Bebauung selbstständig entwickelbar	88	4.400	27 – 75	60	14,4
(Netto-) Rohbauland					
Bebauungsplan / VEP Erschließung gesichert	6	4.700	90 – 95	95	3,9

2.10.2 Deduktive Ableitung wartständigen Baulandes

Quelle: KL-V, 1571

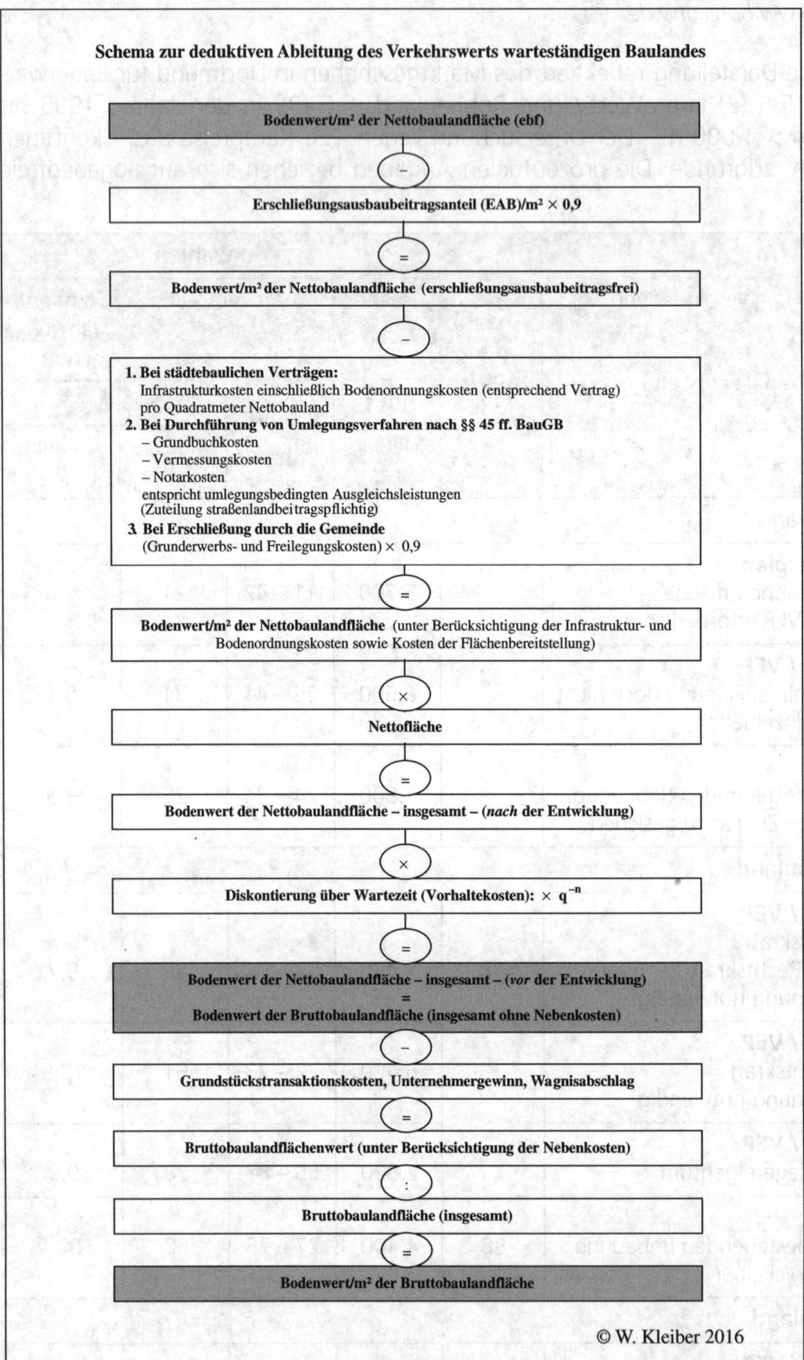

Schema zur deduktiven Ableitung des Verkehrswerts wartständigen Baulandes
Bodenwert/m² der Nettobaulandfläche (ebf)
–
Erschließungsausbaubeitragsanteil (EAB)/m² × 0,9
=
Bodenwert/m² der Nettobaulandfläche (erschließungsausbaubeitragsfrei)
–
1. Bei städtebaulichen Verträgen:
Infrastrukturkosten einschließlich Bodenordnungskosten (entsprechend Vertrag) pro Quadratmeter Nettobauland
2. Bei Durchführung von Umlegungsverfahren nach §§ 45 ff. BauGB
– Grundbuchkosten
– Vermessungskosten
– Notarkosten
entspricht umlegungsbedingten Ausgleichsleistungen
(Zuteilung straßenlandbeitragspflichtig)
3. Bei Erschließung durch die Gemeinde
(Grunderwerbs- und Freilegungskosten) × 0,9
=
Bodenwert/m² der Nettobaulandfläche (unter Berücksichtigung der Infrastruktur- und Bodenordnungskosten sowie Kosten der Flächenbereitstellung)
×
Nettofläche
=
Bodenwert der Nettobaulandfläche – insgesamt – (nach der Entwicklung)
×
Diskontierung über Wartezeit (Vorhaltekosten): × q⁻ⁿ
=
Bodenwert der Nettobaulandfläche – insgesamt – (vor der Entwicklung)
=
Bodenwert der Bruttobaulandfläche (insgesamt ohne Nebenkosten)
–
Grundstückstransaktionskosten, Unternehmergewinn, Wagnisabschlag
=
Bruttobaulandflächenwert (unter Berücksichtigung der Nebenkosten)
:
Bruttobaulandfläche (insgesamt)
=
Bodenwert/m² der Bruttobaulandfläche
© W. Kleiber 2016

2.10.3 Steuerliche Pauschalsätze in Prozent des Bodenrichtwerts für vergleichbar erschließungsbeitragsfreies Bauland

Quelle: *Gleichlautende Erlasse der obersten Finanzbehörden der Länder zur Umsetzung des Gesetzes zur Reform des Erbschaftssteuer- und Bewertungsrechts vom 5. Mai 2009, vgl. auch GuG 2009, 225*[5]*; KL-V, 1559*

Entwicklungszustand	Bodenrichtwertansatz
Bauerwartungsland	25 %
Bruttorohbauland	50 %
Nettorohbauland	75 %

5 Abdruck mit freundlicher Genehmigung des Werner Verlags.

2.11 Mittlerer Bodenwert in Abhängigkeit vom Jahresrohertrag pro m² Grundstücksfläche in niedersächsischen Zentren

Quelle: Gerardy in Nachr. der nds. Kat.- und VermVw 1964, 14, 125

Mittlerer Bodenwert			
Jahresrohertrag pro m² Grundstücksfläche in €	**Mittlerer Bodenwert €/m²**	**Jahresrohertrag pro m² Grundstücksfläche in €**	**Mittlerer Bodenwert €/m²**
5	16,00	80	228,50
10	22,50	85	246,00
15	39,50	90	264,00
20	51,50	95	282,00
25	64,00	100	300,50
30	77,00	110	339,00
35	90,00	120	379,00
40	104,00	130	420,50
45	118,00	140	463,50
50	132,50	150	508,00
55	197,50	160	559,00
60	163,00	170	601,50
65	179,00	180	650,50
70	195,00	190	701,00
75	211,50	200	735,50

Als **Funktionsgleichung** wurde von *Gerardy* **für Zentrumslagen** abgeleitet:

$$BW = 1{,}8691 \times RoE^{1{,}0897}$$

wobei
BW = Bodenwert
RoE = Rohertrag (Nettokaltmiete) pro Quadratmeter Grundstücksfläche

2.12 Bodenwert entsprechend dem Mietsäulenverfahren

Quelle: KL-M, 1008

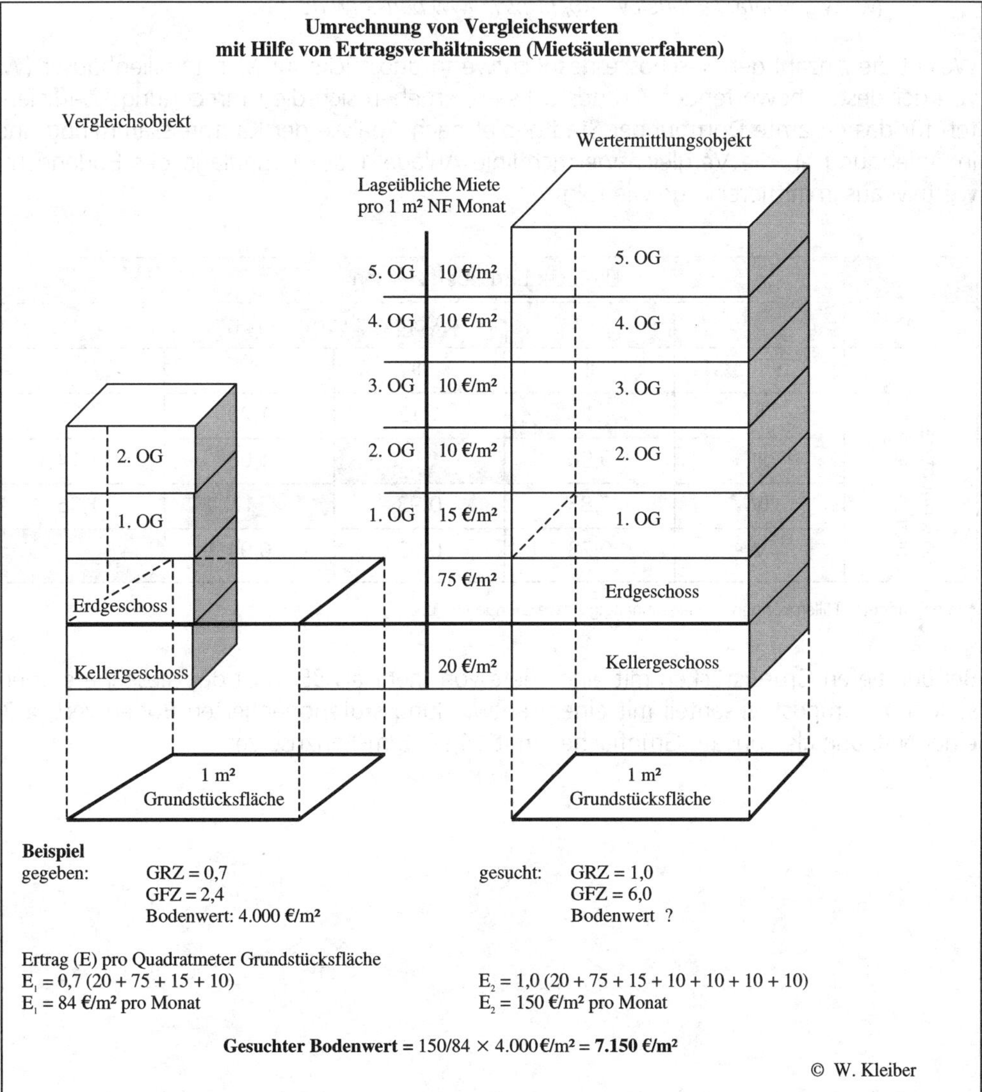

2.13 Umrechnungskoeffizienten für mehrgeschossige Wohngebäude

Quelle: Grundstücksmarktbericht Dortmund, 2017, 33
© Daten der Gutachterausschüsse für Grundstückswerte NRW (2016), (www.govdata.de/dl-de/by-2-0), https://www.boris.nrw.de

Weicht die Anzahl der Geschosse des Richtwertgrundstücks für Mehrfamilienhäuser (W) von der des zu bewertenden Grundstücks ab, ergeben sich die Umrechnungskoeffizienten für das gesamte Dortmunder Stadtgebiet nach Analyse der Kaufpreissammlung und in Anlehnung an die Vergleichswertrichtlinie Anlage 1 auf Grundlage des Bodenrichtwertniveaus in mittlerer Lage wie folgt:

Umrechnungskoeffizienten					
W		Vergleichsgrundstück			
	Geschoss	II	III	IV	V
Bodenrichtwert (mittlere Lage *)	II	1	1,12	1,20	1,28
	III	0,90	1	1,08	1,14
	IV	0,83	0,93	1	1,06
	V	0,78	0,88	0,94	1

* In begründeten Fällen können sich lageabhängig Abweichungen ergeben.

Bei übertiefen Grundstücken mit einer Tiefe von mehr als 35 m ist der diese Tiefe übersteigende Grundstücksanteil mit einem entwicklungsstufenorientierten Bodenwert, **z.B.** einer Nutzung als „private Grünfläche" (mit 14,90 €/m²) anzusetzen.

2.14 Umrechnungskoeffizienten für gemischt genutzte Grundstücke

Quelle: *Grundstücksmarktbericht Dortmund, 2017, 34, sowie Gelsenkirchen, 2017*
© Daten der Gutachterausschüsse für Grundstückswerte NRW (2016), (www.govdata.de/dl-de/by-2-0), https://www.boris.nrw.de

2

Bei abweichender Geschossigkeit des Richtwertgrundstücks von der des zu bewertenden Grundstücks können für gemischt genutzte Grundstücke (M) Zu- oder Abschläge nach der Schichtwertmethode ermittelt werden.

Die Berechnung der Mehr- oder Minderausnutzung des Wertermittlungsobjekts, gemessen an der dem Richtwertgrundstück zugeordneten Geschosszahl, erfolgt mit Hilfe einer Wertigkeitssäule, in der die einzelnen Geschosse entsprechend ihrer wirtschaftlichen Bedeutung (z.B. im Verhältnis der jährlichen Mieterträge pro Geschoss) gewichtet werden. Der Quotient aus der Geschossgewichtssumme der tatsächlichen Vollgeschosse (b) und der Geschossgewichtssumme der dem Bodenrichtwert zugeordneten Geschosszahl (a), multipliziert mit dem Bodenrichtwert, ergibt den Bodenwert des zu bewertenden Grundstücks.

Bei übertiefen Grundstücken mit einer Tiefe von mehr als 35 m ist der diese Tiefe übersteigende Grundstücksanteil mit einem entwicklungsstufenorientierten Bodenwert, z.B. einer Nutzung als „private Grünfläche", mit 11,75 €/m² anzusetzen.

	Geschossgewicht (a)	Geschossgewicht (b)	
5. OG	0,9		
4. OG	0,9	0,9	
3. OG	0,9	0,9	
2. OG	0,9	0,9	
1. OG	1,0	1,0	
EG	2,5	2,5	
KG	0,3	0,3	
Summe	7,4	6,5	Geschossgewichte (b) tatsächliche Vollgeschosse
		Geschosssumme (a) sämtlicher dem Bodenrichtwert unterstellten Vollgeschosse	

Beispiel: **Bodenrichtwert** — **Mischgebiet (M) VI 250 €/m²**
Wertermittlungsobjekt — **Mischgebiet (M) V – geschossig bebaubar**

$$\frac{\text{Geschossgewichte (b) } 6{,}5}{\text{Geschossgewichte (a) } 7{,}4} = 0{,}88 \times 250 \text{ €/m}^2 = \text{Bodenwert } 220 \text{ €/m}^2$$

Umrechnungskoeffizienten Dortmund:

Umrechnungskoeffizienten					
M		**Vergleichsgrundstück**			
	Geschoss	III	IV	V	VI
Bodenrichtwert	III	1,00	1,19		
	IV	0,84	1,00	1,16	
	V		0,86	1,00	1,14
	VI			0,88	1,00

Umrechnungskoeffizienten Gelsenkirchen:

	Geschosszahl	**Vergleichsobjekt**			
		III	IV	V	VI
Richtwert-grundstück	III	1,00	1,19	1,38	
	IV	0,84	1,00	1,16	1,32
	V	0,72	0,86	1,00	1,14
	VI		0,76	0,88	1,00

2.15 Ableitung von Bodenwerten für bebaute Grundstücke im Außenbereich

2.15.1 Werteinflüsse für bebaute Grundstücke im Außenbereich

Quelle: SI-WV, S. 354

Bei bebauten Grundstücken im Außenbereich handelt es sich um „faktisches Bauland" oder „de-facto-Bauland". Es besitzt wegen seiner höherwertigen Nutzungsmöglichkeiten in der Regel einen höheren Wert, als die umliegenden unbebauten Grundstücke im Außenbereich. Der Wert faktischer Baulandflächen ist von den Gegebenheiten des Einzelfalls abhängig.

Eine Wertermittlung kann wie folgt vorgenommen werden:

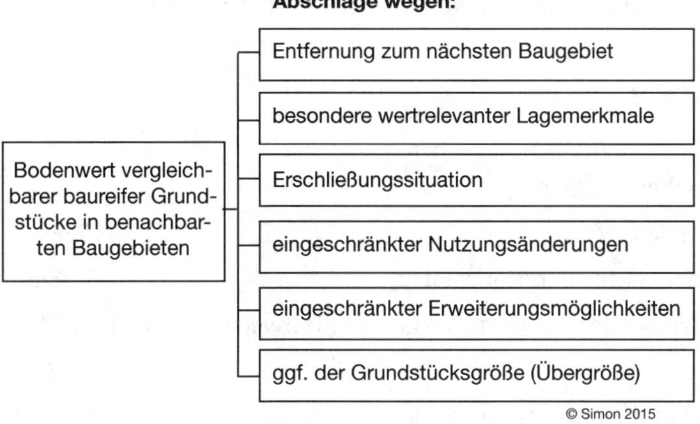

2.15.2 Modell zur Ableitung des Bodenwerts für bebaute Grundstücke im Außenbereich (Gutachterausschuss Dortmund)

Quelle: *Grundstücksmarktbericht Dortmund, 2017, 36*
© Daten der Gutachterausschüsse für Grundstückswerte NRW (2016), (www.govdata.de/dl-de/by-2-0), https://www.boris.nrw.de

Eine Grundstücksfläche, die dem Gebäude wirtschaftlich zuzuordnen ist, wird als Bauland mit den sich aus § 35 BauGB ergebenden Einschränkungen eingestuft. Folgendes Modell wurde zur Ableitung des Bodenrichtwerts für bebaute Grundstücke im Außenbereich angewandt.

Der Bodenwert eines solchen Grundstücks lässt sich ermitteln, indem die aus dem Bodenwert eines vergleichbaren in einem Wohngebiet liegenden Grundstücks abgeleitete (Boden-) Rente auf die Restnutzungsdauer der Bausubstanz kapitalisiert (d.h. der Endwert der Rente berechnet und ggf. diesen auf den Wertermittlungsstichtag diskontiert) und der Restwert (Wert der Fläche für die Land- und/oder Forstwirtschaft) addiert wird:

$$\mathbf{B_b = B_r + (B_u - B_r) * p_{\%} * V_n}$$

B_b	=	Bodenwert in Außenbereichslage	
B_u	=	Bodenwert in einem Wohngebiet	z.B. 235 €/m²
		wegen abweichender Erschließungsqualität	-30 €/m²
B_r	=	Bodenwert der verbleibenden Grundstücksqualität (Restwert)	z.B. 4,80 €/m²
p	=	Liegenschaftszinssatz	3 %
n	=	fiktive (modellhafte) und feststehende Restnutzungsdauer	50 Jahre
V	=	Barwertfaktor nach Anlage 1 ImmoWertV	25,73

Beispiel: B_b = 4,80 €/m² + (205 €/m² – 4,80 €/m²) * 3 % * 25,73 = rd. 160 €/m²

Anm.: Die Formel wurde veröffentlicht in den Nachrichten der Niedersächsischen Vermessungs- und Katasterverwaltung Nr. 4, Hannover, 32. Jahrgang, 4. Vierteljahr 1982, Seite 348 von Klaus-Jürgen Schmidt.

2.16 Ackerschätzungsrahmen

Quelle: *Bodenschätzungsgesetz (BodSchätzG) vom 20. Dezember 2007 (BGBl. I S. 3150, 3176), das durch Artikel 232 der Verordnung vom 31. August 2015 (BGBl. I S. 1474) geändert worden ist*

Der Ackerschätzungsrahmen, der nach § 3 Abs. 1 Satz 2 BodSchätzDB auch für Gartenland gilt, untergliedert sich in der Hauptsache nach **Bodenarten,** wobei der bodenartige Gesamtcharakter einschließlich Steingehalt und Grobkörnigkeit ausschlaggebend ist:

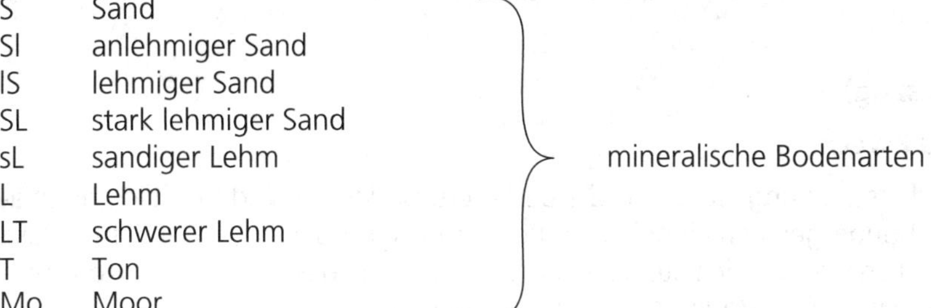

S	Sand	mineralische Bodenarten
Sl	anlehmiger Sand	
lS	lehmiger Sand	
SL	stark lehmiger Sand	
sL	sandiger Lehm	
L	Lehm	
LT	schwerer Lehm	
T	Ton	
Mo	Moor	

Übergänge und Schichtwechsel zwischen Mineral- und Moorböden werden durch Kombinationen bezeichnet, z. B. SMo, LMo, TMo oder MoS, MoL und MoT.

Die **Hauptuntergliederung nach Bodenarten** unterscheidet zusätzlich noch nach

- Entstehungsarten und
- Bodenzustandsstufen.

Entstehungsarten:

Mit der Entstehungsart werden die für die Entstehung des Bodens maßgeblichen Kräfte beschrieben. Es sind dies:

D	=	Diluvium
Al	=	Alluvium (Schwemmland)
Lö	=	Löß (Windboden)
V	=	Verwitterungsboden

Moorböden nehmen dabei eine Sonderstellung ein; sie zählen nicht zu den mineralischen Bodenarten. Ihre Bonität wird maßgeblich durch den Grad der Zersetzung bestimmt.

Bodenzustandsstufen:

Mit der Einteilung in Bodenzustandsstufen werden die **Bodeneigenschaften** beschrieben, die durch lang dauernde Einwirkungen von Klima, früherem Pflanzenbestand, Geländegestaltung, Grundwasser, Art der Nutzung und Gestein bedingt sind.

Es wird zwischen **sieben Zustandsstufen** unterschieden, von denen die Stufe 1 den günstigsten und die Stufe 7 den ungünstigsten Zustand beschreibt.

Beispiel:

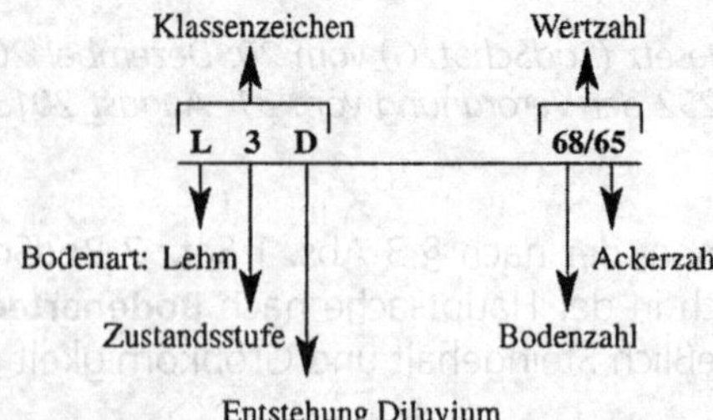

BodSchätzG (Auszug)

§ 1 Umfang und Zweck

(1) Zweck der Bodenschätzung ist es, für die Besteuerung der landwirtschaftlich nutzbaren Flächen des Bundesgebiets einheitliche Bewertungsgrundlagen zu schaffen. Die Bodenschätzung dient auch nichtsteuerlichen Zwecken, insbesondere der Agrarordnung, dem Bodenschutz und Bodeninformationssystemen.

(2) Die Bodenschätzung im Sinne dieses Gesetzes umfasst:

1. die Untersuchung des Bodens nach seiner Beschaffenheit,
2. die Beschreibung des Bodens in Schätzungsbüchern sowie die räumliche Abgrenzung in Schätzungskarten und
3. die Feststellung der Ertragsfähigkeit auf Grund der natürlichen Ertragsbedingungen; das sind Bodenbeschaffenheit, Geländegestaltung, klimatische Verhältnisse und Wasserverhältnisse.

Die Ergebnisse der Bodenschätzung sollen automatisiert verarbeitet werden.

§ 2 Begriffsbestimmungen

(1) Zu den landwirtschaftlich nutzbaren Flächen im Sinne des § 1 gehören die folgenden Nutzungsarten:

1. Ackerland,
2. Grünland.

(2) Bei der Feststellung der Nutzungsarten ist von einer der natürlichen Ertragsfähigkeit entsprechenden gemeinüblichen Bewirtschaftung auszugehen; abweichende Bewirtschaftungsformen bleiben unberücksichtigt. Bei einem regelmäßigen Wechsel verschiedener Nutzungsarten auf derselben Fläche (Wechselland) ist die vorherrschende Nutzungsart anzunehmen. Die Bezeichnung der abweichenden Nutzungsart ist zusätzlich in den Schätzungsbüchern und -karten festzuhalten.

Die Nutzungsarten werden durch die folgenden Merkmale bestimmt:

1. das Ackerland umfasst die Bodenflächen zum feldmäßigen Anbau von Getreide, Hülsen- und Ölfrüchten, Hackfrüchten, Futterpflanzen, Obst- und Sonderkulturen sowie Gartengewächsen. Zum Ackerland gehört auch das Acker-Grünland, das

durch einen Wechsel in der Nutzung von Ackerland und Grünland gekennzeichnet ist. Hierbei überwiegt die Ackernutzung.

2. das Grünland umfasst die Dauergrasflächen, die in der Regel gemäht oder geweidet werden. Zum Grünland gehört auch der Grünland-Acker, der durch einen Wechsel in der Nutzung von Grünland und Ackerland gekennzeichnet ist. Hierbei überwiegt die Grünlandnutzung. Besonders zu bezeichnen sind:
   a) als Grünland-Wiese diejenigen Dauergrasflächen, die infolge ihrer feuchten Lage nur gemäht werden können (absolutes Dauergrünland),
   b) als Grünland-Streuwiese diejenigen stark vernässten Dauergrünlandflächen, die ausschließlich oder in der Hauptsache durch Entnahme von Streu genutzt werden können,
   c) als Grünland-Hutung diejenigen Flächen geringer Ertragsfähigkeit, die nicht bestellt werden können und im Allgemeinen nur eine Weidenutzung zulassen.

§ 3 Schätzungsrahmen

Grundlage für eine einheitliche Beurteilung der natürlichen Ertragsfähigkeit der Böden im Bundesgebiet ist

1. für Ackerland der Ackerschätzungsrahmen (Anlage 1) und
2. für Grünland der Grünlandschätzungsrahmen (Anlage 2).

Die Schätzungsrahmen weisen Wertzahlen aus, die als Verhältniszahlen die Unterschiede im Reinertrag bei gemeinüblicher und ordnungsgemäßer Bewirtschaftung zum Ausdruck bringen.

Anl. 1 BodSchätzG: Ackerschätzungsrahmen (Fundstelle: BGBl. I 2007, 3180 – 3181)

Die Bewertung des Ackerlandes erfolgt nach der Bodenart, der Entstehung und der Zustandsstufe.

Bodenart	Entstehung	Zustandsstufe						
		1	2	3	4	5	6	7
S Sand	D		41 – 34	33 – 27	26 – 21	20 – 16	15 – 12	11 – 7
	Al		44 – 37	36 – 30	29 – 24	23 – 19	18 – 14	13 – 9
	V		41 – 34	33 – 27	26 – 21	20 – 16	15 – 12	11 – 7
Sl (S/lS) anlehmiger Sand	D		51 – 43	42 – 35	34 – 28	27 – 22	21 – 17	16 – 11
	Al		53 – 46	45 – 38	37 – 31	30 – 24	23 – 19	18 – 13
	V		49 – 43	42 – 36	35 – 29	28 – 23	22 – 18	17 – 12

Bodenart	Entstehung	Zustandsstufe						
		1	2	3	4	5	6	7
lS lehmiger Sand	D	68 – 60	59 – 51	50 – 44	43 – 37	36 – 30	29 – 23	22 – 16
	Lö	71 – 63	62 – 54	53 – 46	45 – 39	38 – 32	31 – 25	24 – 18
	Al	71 – 63	62 – 54	53 – 46	45 – 39	38 – 32	31 – 25	24 – 18
	V		57 – 51	50 – 44	43 – 37	36 – 30	29 – 24	23 – 17
	Vg			47 – 41	40 – 34	33 – 27	26 – 20	19 – 12
SL (lS/sL) stark lehmiger Sand	D	75 – 68	67 – 60	59 – 52	51 – 45	44 – 38	37 – 31	30 – 23
	Lö	81 – 73	72 – 64	63 – 55	54 – 47	46 – 40	39 – 33	32 – 25
	Al	80 – 72	71 – 63	62 – 55	54 – 47	46 – 40	39 – 33	32 – 25
	V	75 – 68	67 – 60	59 – 52	51 – 44	43 – 37	36 – 30	29 – 22
	Vg			55 – 48	47 – 40	39 – 32	31 – 24	23 – 16
sL sandiger Lehm	D	84 – 76	75 – 68	67 – 60	59 – 53	52 – 46	45 – 39	38 – 30
	Lö	92 – 83	82 – 74	73 – 65	64 – 56	55 – 48	47 – 41	40 – 32
	Al	90 – 81	80 – 72	71 – 64	63 – 56	55 – 48	47 – 41	40 – 32
	V	85 – 77	76 – 68	67 – 59	58 – 51	50 – 44	43 – 36	35 – 27
	Vg			64 – 55	54 – 45	44 – 36	35 – 27	26 – 18
L Lehm	D	90 – 82	81 – 74	73 – 66	65 – 58	57 – 50	49 – 43	42 – 34
	Lö	100 – 92	91 – 83	82 – 74	73 – 65	64 – 56	55 – 46	45 – 36
	Al	100 – 90	89 – 80	79 – 71	70 – 62	61 – 54	53 – 45	44 – 35
	V	91 – 83	82 – 74	73 – 65	64 – 56	55 – 47	46 – 39	38 – 30
	Vg			70 – 61	60 – 51	50 – 41	40 – 30	29 – 19
LT schwerer Lehm	D	87 – 79	78 – 70	69 – 62	61 – 54	53 – 46	45 – 38	37 – 28
	Al	91 – 83	82 – 74	73 – 65	64 – 57	56 – 49	48 – 40	39 – 29
	V	87 – 79	78 – 70	69 – 61	60 – 52	51 – 43	42 – 34	33 – 24
	Vg			67 – 58	57 – 48	47 – 38	37 – 28	27 – 17
T Ton	D		71 – 64	63 – 56	55 – 48	47 – 40	39 – 30	29 – 18
	Al		74 – 66	65 – 58	57 – 50	49 – 41	40 – 31	30 – 18
	V		71 – 63	62 – 54	53 – 45	44 – 36	35 – 26	25 – 14
	Vg			59 – 51	50 – 42	41 – 33	32 – 24	23 – 14
Mo Moor			54 – 46	45 – 37	36 – 29	28 – 22	21 – 16	15 – 10

Bodenart

Für die Bestimmung der Bodenart ist die Korngrößenzusammensetzung des Profils von der Ackerkrume bis zu einer Tiefe maßgebend, die für das Pflanzenwachstum von Bedeutung ist. Die Einordnung der Böden nach der Bodenart erfolgt bei der Bodenschätzung nach dem Anteil der abschlämmbaren Teilchen (< 0,01 mm), wobei in der Regel bei wechselnden Bodenarten im Gesamtprofil eine mittlere Bodenart angegeben wird.

Es werden acht mineralische Bodenarten und eine Moorgruppe unterschieden:

Sand (S), anlehmiger Sand (Sl), lehmiger Sand (lS), stark lehmiger Sand (SL), sandiger Lehm (sL), Lehm (L), schwerer Lehm (LT), Ton (T) und Moor (Mo).

Zustandsstufe

Bei der Definition der Zustandsstufe ist von der Vorstellung ausgegangen worden, dass sich der Boden entwickelt und verschiedene Stadien durchläuft. Von einem Zustand niedrigster Ertragsfähigkeit wird über eine zunehmende Bodenbildung und eine daraus resultierende zunehmende Durchwurzelungstiefe schließlich eine Stufe höchster Ertragsfähigkeit erreicht.

Dieser optimale Entwicklungsgrad des Bodens erfährt jedoch durch Entkalkung, Bleichung, Versauerung und Verdichtung sowie abnehmende Durchwurzelungstiefe eine Alterung oder Degradierung. Bei der Einordnung in die Zustandsstufe sind die Mächtigkeit und Beschaffenheit der Ackerkrume sowie die Gründigkeit, das heißt die Durchwurzelbarkeit des Bodens, entscheidend.

Es werden sieben Zustandsstufen unterschieden, wobei die Stufe 1 den günstigsten Zustand, Stufe 7 den ungünstigsten Zustand, also die geringste Entwicklung oder stärkste Verarmung kennzeichnet. Der Bewertung der Moorböden liegen nur fünf Stufen zugrunde, wichtig für die Einstufung sind hier in erster Linie der Grad der Zersetzung der organischen Substanz, der Umfang der mineralischen Beimischung sowie der Grundwasserstand.

Entstehung

Die Entstehungsart als weiteres Kriterium bei der Einstufung der Ackerböden durch die Bodenschätzung ist eine stark vereinfachte geologische Differenzierung des Ausgangsgesteins. Je nach Alter und Lagerung des Ausgangsgesteins werden folgende Entstehungsarten unterschieden:

- Al Alluvium (nacheiszeitliche Lockersedimente aus Abschwemmmassen und Ablagerungen von Fließgewässern),
- Lö Löß (Lockersediment aus Windablagerung),
- D Diluvium (Lockersediment und -gestein eiszeitlichen und tertiären Ausgangsmaterials), Verwitterung (Bodenentwicklung aus anstehendem Festgestein),
- Vg stark steinige Verwitterungs- und Gesteinsböden,
- g Zusatz bei hohem Grobbodenanteil von D- und Al-Böden (führt zur Wertminderung).

Treten in einem Bodenprofil zwei Entstehungsarten auf (Mischentstehung), so werden bei entsprechend starker Ausprägung beide Symbole angegeben, zum Beispiel LöD oder DV.

Bodenzahl

Je nach Bodenart, Zustandsstufe und Entstehungsart erhalten die Böden im Ackerschätzungsrahmen bestimmte Wertzahlen (Bodenzahlen) mit mehr oder weniger großen Spannen. Diese Bodenzahlen sind Verhältniszahlen; sie bringen die Reinertragsunterschiede zum Ausdruck, die unter sonst gleichen Verhältnissen bei gemeinüblicher und ordnungsgemäßer Bewirtschaftung allein durch die Bodenbeschaffenheit bedingt sind. Der beste Boden erhält die Bodenzahl 100.

Als Bezugsgrößen bei der Aufstellung des Schätzungsrahmens wurden die folgenden Klima- und Geländeverhältnisse sowie betriebswirtschaftlichen Bedingungen festgelegt:

8 °C mittlere Jahrestemperatur, 600 mm Jahresniederschlag, ebene bis schwach geneigte Lage, annähernd optimaler Grundwasserstand und die betriebswirtschaftlichen Verhältnisse mittelbäuerlicher Betriebe Mitteldeutschlands.

Ackerzahl

Durch Zu- oder Abschläge bei günstigeren oder weniger günstigen natürlichen Ertragsbedingungen, wie Klima, Geländegestaltung und anderem, ergibt sich die Ackerzahl. Die Ackerzahl ist somit Maßstab für die natürliche Ertragsfähigkeit des Bodens am jeweiligen Standort. Die Höhe der Zu- und Abschläge ist auch abhängig von der Bodenart. So wirken sich starke Niederschläge auf schwere Böden negativ, auf leichtere Böden eher positiv aus. Das gesamte Schätzungsergebnis eines Ackerbodens lautet zum Beispiel L 4 Al 65/70, das heißt, es handelt sich um einen Lehmboden, Zustandsstufe 4, Entstehungsart Alluvium, Bodenzahl 65, Ackerzahl 70.

2.17 Grünlandschätzungsrahmen

Quelle: Bodenschätzungsgesetz (BodSchätzG) vom 20. Dezember 2007 (BGBl. I S. 3150, 3176), das durch Artikel 232 der Verordnung vom 31. August 2015 (BGBl. I S. 1474) geändert worden ist

Der Grünlandschätzungsrahmen untergliedert sich in der Hauptsache wiederum nach den Bodenarten, die auch für den Ackerschätzungsrahmen maßgeblich sind; er beschränkt sich allerdings auf nur **fünf Bodenarten:**

S Sand
lS lehmiger Sand
L Lehm
T Ton
Mo Moor

Anl. 2 BodSchätzG: Grünlandschätzungsrahmen

(Fundstelle: BGBl. I 2007, 3182 – 3183)

Für die Bewertung des Grünlandes ist ein besonderer Grünlandschätzungsrahmen maßgebend, der hinsichtlich der für die Wertfindung notwendigen Faktoren vom Ackerschätzungsrahmen abweicht.

Für die Ertragsleistung des Grünlandes sind Temperatur und Wasserverhältnisse entscheidender als das Ausgangsmaterial. Die Bodenart und die Zustandsstufe – im Grünlandschätzungsrahmen als Bodenstufe bezeichnet – werden daher weniger differenziert als im Ackerschätzungsrahmen. Die Temperatur- und Wasserverhältnisse sind unmittelbar in den Grünlandschätzungsrahmen einbezogen.

Boden-		Wasserverhältnisse					
Art	Stufe	Klima	1	2	3	4	5
S Sand	I (45 – 40)	a	60 – 51	50 – 43	42 – 35	34 – 28	27 – 20
		b	52 – 44	43 – 36	35 – 29	28 – 23	22 – 16
		c	45 – 38	37 – 30	29 – 24	23 – 19	18 – 13
	II (30 – 25)	a	50 – 43	42 – 36	35 – 29	28 – 23	22 – 16
		b	43 – 37	36 – 30	29 – 24	23 – 19	18 – 13
		c	37 – 32	31 – 26	25 – 21	20 – 16	15 – 10
	III (20 – 15)	a	41 – 34	33 – 28	27 – 23	22 – 18	17 – 12
		b	36 – 30	29 – 24	23 – 19	18 – 15	14 – 10
		c	31 – 26	25 – 21	20 – 16	15 – 12	11 – 7

Boden-		Wasserverhältnisse					
Art	Stufe	Klima	1	2	3	4	5
lS lehmiger Sand	I (60 – 55)	a	73 – 64	63 – 54	53 – 45	44 – 37	36 – 28
		b	65 – 56	55 – 47	46 – 39	38 – 31	30 – 23
		c	57 – 49	48 – 41	40 – 34	33 – 27	26 – 19
	II (45 – 40)	a	62 – 54	53 – 45	44 – 37	36 – 30	29 – 22
		b	55 – 47	46 – 39	38 – 32	31 – 26	25 – 19
		c	48 – 41	40 – 34	33 – 28	27 – 23	22 – 16
	III (30 – 25)	a	52 – 45	44 – 37	36 – 30	29 – 24	23 – 17
		b	46 – 39	38 – 32	31 – 26	25 – 21	20 – 14
		c	40 – 34	33 – 28	27 – 23	22 – 18	17 – 11
L Lehm	I (75 – 70)	a	88 – 77	76 – 66	65 – 55	54 – 44	43 – 33
		b	80 – 70	69 – 59	58 – 49	48 – 40	39 – 30
		c	70 – 61	60 – 52	51 – 43	42 – 35	34 – 26
	II (60 – 55)	a	75 – 65	64 – 55	54 – 46	45 – 38	37 – 28
		b	68 – 59	58 – 50	49 – 41	40 – 33	32 – 24
		c	60 – 52	51 – 44	43 – 36	35 – 29	28 – 20
	III (45 – 40)	a	64 – 55	54 – 46	45 – 38	37 – 30	29 – 22
		b	58 – 50	49 – 42	41 – 34	33 – 27	26 – 18
		c	51 – 44	43 – 37	36 – 30	29 – 23	22 – 14
T Ton	I (70 – 65)	a	88 – 77	76 – 66	65 – 55	54 – 44	43 – 33
		b	80 – 70	69 – 59	58 – 48	47 – 39	38 – 28
		c	70 – 61	60 – 52	51 – 43	42 – 34	33 – 23
	II (55 – 50)	a	74 – 64	63 – 54	53 – 45	44 – 36	35 – 26
		b	66 – 57	56 – 48	47 – 39	38 – 30	29 – 21
		c	57 – 49	48 – 41	40 – 33	32 – 25	24 – 17
	III (40 – 35)	a	61 – 52	51 – 43	42 – 35	34 – 28	27 – 20
		b	54 – 46	45 – 38	37 – 31	30 – 24	23 – 16
		c	46 – 39	38 – 32	31 – 25	24 – 19	18 – 12

Boden-		Wasserverhältnisse					
Art	Stufe	Klima	1	2	3	4	5
Mo Moor	I (45 – 40)	a	60 – 51	50 – 42	41 – 34	33 – 27	26 – 19
		b	57 – 49	48 – 40	39 – 32	31 – 25	24 – 17
		c	54 – 46	45 – 38	37 – 30	29 – 23	22 – 15
	II (30 – 25)	a	53 – 45	44 – 37	36 – 30	29 – 23	22 – 16
		b	50 – 43	42 – 35	34 – 28	27 – 21	20 – 14
		c	47 – 40	39 – 33	32 – 26	25 – 19	18 – 12
	III (20 – 15)	a	45 – 38	37 – 31	30 – 25	24 – 19	18 – 13
		b	41 – 35	34 – 28	27 – 22	21 – 16	15 – 10
		c	37 – 31	30 – 25	24 – 19	18 – 13	12 – 7

Bodenart

Als Bodenarten sind im Grünlandschätzungsrahmen vorgesehen: Sand (S), lehmiger Sand (lS), Lehm (L) und Ton (T); hinzu kommt Moor (Mo). Die genannten Bodenarten stellen eine Zusammenfassung jeweils benachbarter Bodenarten des Ackerschätzungsrahmens dar.

Bodenstufe

Die Bodenstufen des Grünlandes werden mit I, II und III bezeichnet. Die Stufe I steht für den günstigsten Bodenzustand (günstige Basenverhältnisse, durchlässig), die Stufe III für den ungünstigsten Zustand (sauer, dicht). Verglichen mit den Zustandsstufen des Ackerlandes entspricht etwa die Stufe I den Zustandsstufen 2 und 3, die Stufe II den Zustandsstufen 4 und 5 und die Stufe III den Zustandsstufen 6 und 7.

Klima

Stellvertretend für die klimatischen Verhältnisse wird beim Grünland nur die durchschnittliche Jahrestemperatur berücksichtigt.

Für die Temperatur sind im Grünlandschätzungsrahmen drei Gruppen vorgesehen:

a > 7,9 °C,

b 7,9 – 7,0 °C,

c 6,9 – 5,7 °C.

Bei besonders ungünstigen klimatischen Verhältnissen in Gebirgslagen mit einer Jahresdurchschnittstemperatur unter 5,7 °C kann eine weitere Klimastufe d gebildet werden, die eine entsprechend geringere Bewertung zulässt.

Wasserverhältnisse

Bei der Schätzung des Grünlandes wird der Faktor Wasser nach seiner Wirkung auf den Grünlandbestand in die Wasserverhältnisse der Stufenskala 1 bis 5 festgelegt. Die Stufe 1 kennzeichnet besonders günstige, die Stufe 5 besonders ungünstige Wasserverhältnisse für den Aufwuchs. Dabei kann die nachteilige Wirkung sowohl in unzureichender

Wasserversorgung als auch in einem Überangebot an Wasser bestehen. Für besonders trockene Lagen ist bei den Wasserstufen 4 und 5 über die Angabe der Wasserstufe ein Minuszeichen zu setzen.

Grünlandgrundzahl

Aus den Faktoren Bodenart, Bodenstufe, Klima und Wasserverhältnisse wird anhand des Grünlandschätzungsrahmens die Grünlandgrundzahl ermittelt. Grünlandgrundzahlen stellen ebenfalls Verhältniszahlen dar, die bei durchschnittlicher Bewirtschaftung standortunabhängige Unterschiede im Reinertrag darstellen. Sie sind den Bodenzahlen der Ackerschätzung vergleichbar.

Grünlandzahl

Einflüsse, die davon abweichend Ertrag und Qualität mindern (Hangneigung, Exposition, Nässe, kürzere Vegetationszeit, Schattenlage) werden durch Abschläge berücksichtigt und ergeben die Grünlandzahl.

Ein Beispiel für das gesamte Schätzungsergebnis eines Grünlandbodens ist L II b 2 – 55/53, das heißt, es handelt sich um einen Lehmboden, Bodenstufe II, Klima b, Wasserstufe 2, Grünlandgrundzahl 55, Grünlandzahl 53.

2.18 Durchschnittlicher Kaufwert für landwirtschaftliche Grundstücke in Deutschland

Quelle: *Statistisches Bundesamt, GENESIS – Online Datenbank, Code: 61521-0002, Stand 06/2016*

Durchschnittlicher Kaufwert (EUR/ha)

	Ertragsmesszahlklassen					
Größenkl. der veräußerten FdlN je Veräußerungsfall	Ertragsmesszahl insgesamt	Ertragsmesszahl unter 30	Ertragsmesszahl 30 bis unter 40	Ertragsmesszahl 40 bis unter 50	Ertragsmesszahl 50 bis unter 60	Ertragsmesszahl 60 und mehr
1991						
0,1 bis unter 0,25 ha	24.547	15.234	15.299	18.975	25.269	39.712
0,25 bis unter 1 ha	17.994	12.326	13.122	16.703	21.469	26.385
1 bis unter 2 ha	17.470	12.477	13.215	16.481	23.155	24.788
2 bis unter 5 ha	16.036	12.153	12.827	15.352	20.764	22.955
5 und mehr ha	9.643	8.367	7.410	7.981	10.182	15.917
1992						
0,1 bis unter 0,25 ha	21.921	13.859	14.763	17.393	24.252	36.379
0,25 bis unter 1 ha	17.306	12.055	12.782	15.621	21.063	26.098
1 bis unter 2 ha	16.350	12.029	12.560	15.857	20.896	23.881
2 bis unter 5 ha	14.834	12.286	11.417	15.381	19.958	19.368
5 und mehr ha	8.712	7.985	6.799	7.678	10.905	12.060
1993						
0,1 bis unter 0,25 ha	19.896	12.966	13.683	17.618	23.279	31.658
0,25 bis unter 1 ha	15.759	11.507	11.990	14.706	19.794	23.037
1 bis unter 2 ha	15.467	12.916	11.614	15.575	19.371	21.755
2 bis unter 5 ha	14.135	12.264	11.129	13.535	18.900	19.224
5 und mehr ha	8.299	6.284	7.486	6.956	10.776	11.791
1994						
0,1 bis unter 0,25 ha	21.096	11.939	15.499	18.055	24.289	32.117
0,25 bis unter 1 ha	16.584	12.086	12.441	15.854	20.159	23.569
1 bis unter 2 ha	15.732	11.779	11.703	15.842	20.308	21.967
2 bis unter 5 ha	13.439	11.383	10.411	13.660	17.371	17.898
5 und mehr ha	8.416	8.700	63.06	6.354	12.800	12.836
1995						
0,1 bis unter 0,25 ha	23.042	15.134	15.578	20.406	26.446	32.797
0,25 bis unter 1 ha	16.942	12.314	12.643	16.115	21.264	22.661
1 bis unter 2 ha	15.956	12.327	12.532	16.124	19.863	20.900
2 bis unter 5 ha	14.162	10.930	11.400	13.773	18.495	18.150
5 und mehr ha	7.739	6.862	6.118	5.832	10.063	13.393
1996						
0,1 bis unter 0,25 ha	22.141	14.473	16.809	19.105	25.236	30.839
0,25 bis unter 1 ha	16.516	11.941	12.457	16.156	20.220	21.696
1 bis unter 2 ha	15.462	10.800	12.058	14.831	20.756	20.657
2 bis unter 5 ha	13.722	11.116	10.974	13.162	19.041	16.857
5 und mehr ha	7.311	6.551	5.295	5.032	12.685	13.714

	Ertragsmesszahlklassen					
Größenkl. der veräußerten FdlN je Veräußerungsfall	Ertragsmesszahl insgesamt	Ertragsmesszahl unter 30	Ertragsmesszahl 30 bis unter 40	Ertragsmesszahl 40 bis unter 50	Ertragsmesszahl 50 bis unter 60	Ertragsmesszahl 60 und mehr
1997						
0,1 bis unter 0,25 ha	22.274	14.438	15.277	19.057	25.182	33.841
0,25 bis unter 1 ha	15.933	10.805	12.207	15.343	19.041	22.108
1 bis unter 2 ha	14.881	10.435	11.583	14.964	19.119	19.874
2 bis unter 5 ha	13.509	11.241	11.025	13.080	18.268	16.323
5 und mehr ha	6.999	7.091	4.913	5.501	10.885	12.676
1998						
0,1 bis unter 0,25 ha	20.489	13.127	15.195	16.971	23.707	29.141
0,25 bis unter 1 ha	15.435	11.198	11.692	14.482	18.883	20.975
1 bis unter 2 ha	14.814	11.079	11.486	14.401	19.264	20.182
2 bis unter 5 ha	13.513	10.496	10.373	12.795	18.803	18.317
5 und mehr ha	6.658	6.406	4.881	5.235	10.317	12.402
1999						
0,1 bis unter 0,25 ha	21.481	11.627	14.572	20.094	24.465	30.301
0,25 bis unter 1 ha	15.108	9.968	11.702	14.090	18.981	21.331
1 bis unter 2 ha	13.803	10.110	10.824	13.343	18.078	19.233
2 bis unter 5 ha	12.412	8.841	9.413	12.505	16.454	17.825
5 und mehr ha	6.470	4.727	4.696	5.500	10.164	12.741
2000						
0,1 bis unter 0,25 ha	19.524	12.382	13.258	17.053	22.088	28.455
0,25 bis unter 1 ha	14.164	9.948	10.573	12.966	17.887	20.256
1 bis unter 2 ha	13.641	9.404	10.193	13.203	17.819	19.802
2 bis unter 5 ha	12.644	9.761	9.956	12.035	17.429	17.280
5 und mehr ha	6.674	5.153	4.511	5.568	9.896	14.973
2001						
0,1 bis unter 0,25 ha	19.958	12.072	13.670	17.032	22.336	28.714
0,25 bis unter 1 ha	14.700	9.340	10.475	13.388	17.628	21.475
1 bis unter 2 ha	13.649	9.960	10.157	13.236	16.753	19.733
2 bis unter 5 ha	12.639	9.928	9.999	11.955	16.030	17.433
5 und mehr ha	7.035	6.248	4.999	6.014	10.404	12.605
2002						
0,1 bis unter 0,25 ha	21.433	11.748	13.281	21.018	23.956	30.937
0,25 bis unter 1 ha	14.290	8.674	10.805	14.461	17.111	20.194
1 bis unter 2 ha	13.329	9.634	9.902	13.507	17.062	18.781
2 bis unter 5 ha	12.467	9.427	9.767	12.441	16.263	17.421
5 und mehr ha	7.168	5.293	5.392	6.513	10.209	11.751
2003						
0,1 bis unter 0,25 ha	20.263	14.200	14.888	18.115	21.578	29.302
0,25 bis unter 1 ha	13.999	8.876	10.178	13.218	17.430	20.827
1 bis unter 2 ha	13.266	8.907	10.294	13.467	17.815	19.244
2 bis unter 5 ha	12.600	10.172	9.772	12.188	16.541	17.912
5 und mehr ha	6.926	5.466	5.072	6.354	11.042	11.578
2004						
0,1 bis unter 0,25 ha	20.239	12.089	14.545	16.772	21.636	31.014
0,25 bis unter 1 ha	13.418	9.062	9.775	12.544	15.704	20.826
1 bis unter 2 ha	12.582	8.505	9.569	12.792	16.279	19.165
2 bis unter 5 ha	11.910	9.592	9.099	11.729	16.292	17.317
5 und mehr ha	7.245	5.840	5.063	6.774	10.492	12.477

	Ertragsmesszahlklassen					
Größenkl. der veräußerten FdlN je Veräußerungsfall	Ertragsmesszahl insgesamt	Ertragsmesszahl unter 30	Ertragsmesszahl 30 bis unter 40	Ertragsmesszahl 40 bis unter 50	Ertragsmesszahl 50 bis unter 60	Ertragsmesszahl 60 und mehr
2005						
0,1 bis unter 0,25 ha	18.058	11.885	12.501	15.686	22.946	27.074
0,25 bis unter 1 ha	13.129	8.486	9.480	11.971	16.381	20.216
1 bis unter 2 ha	11.966	8.103	9.142	12.256	15.170	17.733
2 bis unter 5 ha	10.813	8.652	7.939	11.020	14.462	15.561
5 und mehr ha	6.937	4.726	4.829	6.598	10.259	12.137
2006						
0,1 bis unter 0,25 ha	19.661	10.651	11.726	16.600	24.222	32.694
0,25 bis unter 1 ha	13.246	8.574	9.130	12.328	17.062	20.402
1 bis unter 2 ha	12.094	8.125	8.823	12.034	15.383	19.626
2 bis unter 5 ha	11.441	7.805	8.626	12.031	15.784	17.055
5 und mehr ha	6.912	5.018	4.936	6.411	9.142	13.214
2007						
0,1 bis unter 0,25 ha	18.212	11.386	12.523	16.186	20.498	27.367
0,25 bis unter 1 ha	12.949	8.154	9.337	12.381	16.380	19.904
1 bis unter 2 ha	11.993	8.323	8.958	12.117	15.946	19.040
2 bis unter 5 ha	11.502	8.065	8.692	11.829	16.760	17.313
5 und mehr ha	7.362	5.674	5.295	7.618	10.854	13.727
2008						
0,1 bis unter 0,25 ha	17.410	10.392	13.264	16.100	19.509	25.624
0,25 bis unter 1 ha	12.858	8.172	9.265	12.416	16.364	19.476
1 bis unter 2 ha	12.505	8.596	9.232	12.681	17.033	19.218
2 bis unter 5 ha	12.071	8.595	9.012	13.144	15.742	18.334
5 und mehr ha	8.276	6.515	5.986	8.610	10.563	14.260
2009						
0,1 bis unter 0,25 ha	18.184	11.636	12.480	17.000	21.970	26.124
0,25 bis unter 1 ha	13.444	8.639	9.608	13.120	17.335	20.180
1 bis unter 2 ha	13.498	9.660	10.055	13.617	18.718	19.716
2 bis unter 5 ha	13.099	9.822	10.261	13.914	16.497	18.927
5 und mehr ha	9.215	7.768	6.665	9.799	12898	14.420
2010						
0,1 bis unter 0,25 ha	18.710	10.948	13.645	15.784	21.134	27.599
0,25 bis unter 1 ha	13.962	10.114	10.515	13.216	18.106	20.009
1 bis unter 2 ha	13.707	9.900	10.411	14.191	18.079	19.963
2 bis unter 5 ha	13.712	10.373	11.009	14.115	18.464	19.644
5 und mehr ha	10.613	8.085	8.833	11.658	13.837	16.706
2011						
0,1 bis unter 0,25 ha	19.072	11.417	13.093	16.968	22.492	28.395
0,25 bis unter 1 ha	14.474	10.229	10.783	14.534	17.568	21.877
1 bis unter 2 ha	15.002	10.743	11.350	15.760	20.383	22.015
2 bis unter 5 ha	15.135	12.594	11.800	15.458	19.374	21.438
5 und mehr ha	12.466	8.709	10.256	13.742	18.084	19.039
2012						
0,1 bis unter 0,25 ha	18.681	11.560	13.288	16.498	22.060	26.902
0,25 bis unter 1 ha	15.361	10.576	11.703	15.298	19.148	21.999
1 bis unter 2 ha	16.376	12.227	13.205	16.776	21.229	23.457
2 bis unter 5 ha	16.464	13.459	12.978	17.020	21.665	23.170
5 und mehr ha	13.157	10.114	10.549	14.259	15.946	19.550

Ertragsmesszahlklassen						
Größenkl. der veräußerten FdlN je Veräußerungsfall	Ertragsmesszahl insgesamt	Ertragsmesszahl unter 30	Ertragsmesszahl 30 bis unter 40	Ertragsmesszahl 40 bis unter 50	Ertragsmesszahl 50 bis unter 60	Ertragsmesszahl 60 und mehr
2013						
0,1 bis unter 0,25 ha	19.452	12.804	15.930	17.339	20.800	27.274
0,25 bis unter 1 ha	16.692	11.786	13.254	16.227	20.268	23.957
1 bis unter 2 ha	18.190	13.625	14.298	18.440	24.144	26.676
2 bis unter 5 ha	19.399	16.062	15.330	19.796	25.653	26.769
5 und mehr ha	14.860	10.119	12.542	17.137	20.161	20.300
2014						
0,1 bis unter 0,25 ha	20.064	12.680	14.811	17.791	23.885	28.429
0,25 bis unter 1 ha	18.798	13.375	14.741	18.660	23.141	26.300
1 bis unter 2 ha	20.789	15.269	16.851	21.716	27.477	28.681
2 bis unter 5 ha	21.379	17.922	17.475	22.260	27.765	27.611
5 und mehr ha	16.434	11.499	14.480	18.214	23.155	24.313
2015						
0,1 bis unter 0,25 ha	21258	14.103	15.651	18.601	24.602	30.287
0,25 bis unter 1 ha	20.274	14.949	15.518	20.177	27.564	26.810
1 bis unter 2 ha	22.215	16.903	16.925	24.339	30.581	30.057
2 bis unter 5 ha	22.574	18.476	17.800	22.949	33.345	28.714
5 und mehr ha	18.309	13.665	15.723	21.605	23.106	25.877

FdlN = Fläche der landwirtschaftlichen Nutzung

EMZ = Ertragsmesszahl

Quelle: *Statistisches Bundesamt, GENESIS – Online Datenbank, Code: 61521-0002, Stand 06/2016, eigene Darstellung*

Durchschnittlicher Kaufwert für landwirtschaftliche Grundstücke (D) in EUR/ha

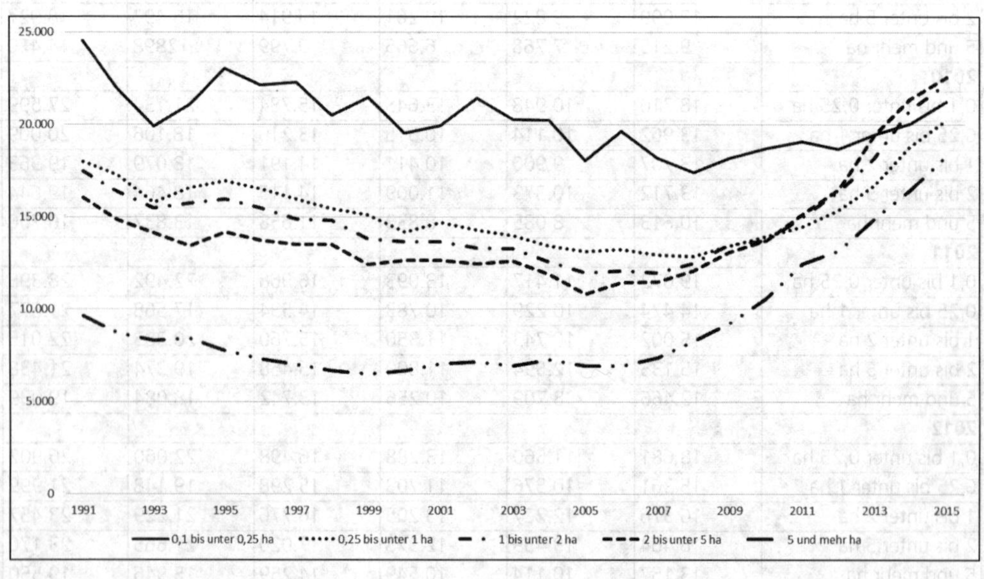

2.19 Kaufwerte für Bauland insgesamt, baureifes Land und Rohbauland

Quelle: Statistisches Bundesamt, Fachserie 17, Reihe 5, Kaufwerte für Bauland Stand 3. Vj. 2016

Kaufwerte für Bauland in Deutschland									
Jahr [a,b]	Bauland insgesamt			Baureifes Land			Rohbauland		
	Deutschland	Bundesländer		Deutschland	Bundesländer		Deutschland	Bundesländer	
		alte	neue		alte	neue		alte	neue
	Kaufwert €/m²	Kaufwert €/m²	Kaufwert €/m²	Kaufwert €/m²	Kaufwert €/m²	Kaufwert €/m²	Kaufwert €/m²	Kaufwert €/m²	Kaufwert €/m²
1962	–	5,90	–	–	7,58	–	–	4,86	–
1963	–	6,86	–	–	8,65	–	–	5,85	–
1964	–	7,29	–	–	9,44	–	–	6,20	–
1965	–	8,71	–	–	11,19	–	–	7,00	–
1966	–	9,68	–	–	12,07	–	–	7,47	–
1967	–	10,57	–	–	13,15	–	–	7,60	–
1968	–	11,51	–	–	14,51	–	–	8,12	–
1969		11,95	–	–	15,27	–	–	9,14	–
1970	–	12,93	–	–	15,72	–	–	10,02	–
1971	–	13,82	–	–	17,16	–	–	10,00	–
1972	–	16,06	–	–	20,57	–	–	11,52	–
1973	–	16,74	–	–	20,85	–	–	12,14	–
1974	–	16,20	–	–	20,63	–	–	11,35	–
1975	–	17,94	–	–	22,54	–	–	11,10	–
1976	–	20,44	–	–	24,95	–	–	12,85	–
1977	–	22,39	–	–	27,60	–	–	13,36	–
1978	–	23,82	–	–	30,63	–	–	14,65	–
1979	–	27,54	–	–	35,37	–	–	16,20	–
1980	–	31,92	–	–	41,93	–	–	16,81	–
1981	–	37,15	–	–	49,12	–	–	18,69	–
1982	–	42,43	–	–	57,01	–	–	21,91	–
1983	–	45,26	–	–	61,31	–	–	23,56	–
1984	–	44,85	–	–	62,35	–	–	23,05	–
1985	–	40,23	–	–	59,36	–	–	20,42	–
1986	–	42,95	–	–	61,90	–	–	22,94	–
1987	–	43,66	–	–	64,46	–	–	21,86	–
1988	–	45,12	–	–	65,31	–	–	25,08	–
1989	–	47,11	–	–	64,65	–	–	26,01	–
1990	–	45,63	–	–	63,50	–	–	29,18	–

Kaufwerte für Bauland in Deutschland									
Jahr [a,b]	Bauland insgesamt			Baureifes Land			Rohbauland		
	Deutschland	Bundesländer		Deutschland	Bundesländer		Deutschland	Bundesländer	
		alte	neue		alte	neue		alte	neue
	Kaufwert €/m²	Kaufwert €/m²	Kaufwert €/m²	Kaufwert €/m²	Kaufwert €/m²	Kaufwert €/m²	Kaufwert €/m²	Kaufwert €/m²	Kaufwert €/m²
1991	–	46,38	–	–	64,12	–	–	27,79	–
1992	25,09	48,06	10,18	43,16	64,71	13,90	10,94	27,74	8,12
1993	30,59	49,36	14,47	49,06	66,45	22,63	13,30	25,63	9,82
1994	35,58	50,33	19,72	55,66	68,18	33,44	15,70	23,54	11,71
1995	35,93	50,60	19,91	58,02	71,25	36,09	14,68	24,48	9,54
1996	41,53	53,48	26,50	61,37	74,29	40,71	17,60	23,41	13,01
1997	44,47	55,16	27,47	64,70	77,67	41,12	18,84	24,92	11,38
1998	48,25	56,46	30,87	69,69	80,64	45,45	21,30	24,93	13,65
1999	49,60	59,67	29,20	70,65	81,64	44,67	20,51	23,73	14,91
2000	51,79	63,03	30,75	76,21	89,37	48,17	22,70	25,49	16,87
2001	50,18	61,63	27,86	75,20	88,70	44,94	19,46	21,40	14,35
2002	58,43	68,29	35,15	80,44	91,82	50,45	22,66	24,75	16,90
2003	76,90	92,37	35,04	99,89	117,33	48,95	24,13	27,07	15,84
2004	76,93	97,31	31,88	103,47	129,02	44,92	27,00	32,31	12,87
2005	85,97	108,53	33,62	115,80	140,44	49,14	26,13	31,12	14,64
2006	81,93	–	–	122,85	–	–	25,74	–	–
2007	83,64	–	–	134,29	–	–	26,20	–	–
2008	80,38	–	–	126,58	–	–	21,91	–	–
2009	81,78	–	–	122,05	–	–	23,32	–	–
2010	90,76	–	–	129,67	–	–	25,61	–	–
2011	90,92	–	–	128,19	–	–	25,71	–	–
2012	94,14	-	-	128,76	-	-	34,38	-	-
2013	98,61	-	-	134,34	-	-	32,65	-	-
2014	106,07	-	-	138,74	-	-	35,84	-	-
2015	110,06	-	-	144,02	-	-	34,69	-	-
2016									

a) Bis einschl. 1964 Bundesgebiet ohne Berlin.

b) Die Summe der Veräußerungsfälle des Kalenderjahres liegt um die Nachmeldungen höher als die der Veräußerungsfälle der zugehörigen Quartale.

2.20 Kaufwerte für sonstiges Bauland (Industrieland, Land für Verkehrszwecke, Freiflächen)

Quelle: Statistisches Bundesamt, Fachserie 17, Reihe 5, Stand 2. Vj. 2007

Kaufwerte für sonstiges Bauland				
Jahr	Industrieland	Land für Verkehrszwecke	Freiflächen	Jahr
	Kaufwert	Kaufwert	Kaufwert	
	EUR/m²	EUR/m²	EUR/m²	
	Deutschland[1]			
1992	17,22	5,30	9,64	1992
1993	19,08	6,92	13,12	1993
1994	20,34	7,13	17,40	1994
1995	22,52	6,52	10,35	1995
1996	24,92	7,87	27,69	1996
1997	24,21	5,77	9,44	1997
1998	25,82	6,75	15,62	1998
1999	26,81	5,28	10,53	1999
2000	29,52	6,37	14,51	2000
2001	29,76	10,21	13,09	2001
2002	28,28	6,54	17,22	2002
2003	48,34	8,45	19,24	2003
2004	44,21	7,28	5,14	2004
2005	48,14	4,41	32,09	2005
2006	43,57	6,63	9,57	2006
	Früheres Bundesgebiet[1]			
1967	7,63	6,06	5,74	1967
1968	7,91	6,02	5,44	1968
1969	6,59	6,74	6,14	1969
1970	8,76	8,07	6,83	1970
1971	8,90	7,09	6,78	1971
1972	9,21	6,50	8,41	1972
1973	11,01	6,47	7,43	1973
1974	9,49	6,30	4,98	1974
1975	9,64	6,97	6,51	1975
1976	10,33	7,26	8,88	1976
1977	10,84	6,15	8,12	1977
1978	8,21	6,45	10,37	1978
1979	13,43	7,82	10,99	1979
1980	13,82	7,72	12,67	1980
1981	15,60	8,70	14,99	1981
1982	16,48	7,80	10,86	1982
1983	19,96	5,61	8,52	1983
1984	19,93	6,88	16,76	1984
1985	20,50	6,28	11,79	1985

Kaufwerte für sonstiges Bauland				
Jahr	Industrieland	Land für Verkehrszwecke	Freiflächen	Jahr
	Kaufwert	Kaufwert	Kaufwert	
	EUR/m²	EUR/m²	EUR/m²	
1986	20,19	6,31	13,40	1986
1987	21,02	6,23	14,66	1987
1988	20,63	6,20	10,65	1988
1989	21,60	7,49	17,82	1989
1990	23,26	6,36	11,28	1990
1991	24,79	6,25	11,21	1991
1992	21,70	5,31	16,95	1992
1993	21,62	8,91	15,12	1993
1994	26,15	9,42	20,43	1994
1995	27,92	8,19	15,13	1995
1996	30,09	9,18	17,04	1996
1997	27,76	6,55	14,79	1997
1998	29,10	11,45	23,35	1998
1999	32,24	13,98	17,13	1999
2000	36,86	20,05	31,55	2000
2001	36,25	57,34	17,60	2001
2002	34,14	12,93	21,89	2002
2003	60,22	17,04	21,50	2003
2004	51,92	16,25	17,13	2004
2005	57,14	11,32	43,67	2005
2006	51,27	14,81	18,31	2006
	Neue Länder und Berlin – Ost			
1992	12,09	5,28	3,54	1992
1993	13,89	2,80	8,76	1993
1994	13,64	2,89	10,80	1994
1995	15,01	3,16	6,32	1995
1996	18,44	6,17	43,58	1996
1997	18,96	4,09	2,98	1997
1998	18,51	3,58	4,46	1998
1999	15,06	2,62	5,24	1999
2000	16,55	3,38	4,09	2000
2001	17,65	1,76	5,14	2001
2002	17,59	3,74	10,07	2002
2003	15,99	3,41	8,50	2003
2004	19,15	2,59	1,74	2004
2005	22,59	1,90	8,00	2005
2006	16,85	3,06	3,02	2006

1) bis einschl. 2004 ohne Hamburg

Das Statistische Bundesamt hat die Aufgliederung der Kaufwerte für „Sonstiges Bauland" wegen zu geringer Fallzahlen in 2007 eingestellt.

Die aggregierten Zahlen für „Sonstiges Bauland" sind weiterhin beim Statistischen Bundesamt abrufbar (z.B. Fachserie 17 Reihe 5).

3 Sachwert

3.0 Sachwertverfahren allgemein

3.0.1 Sachwertverfahren nach SW-RL (Ablaufschema)

Quelle: Nr. 3.3 SW-RL

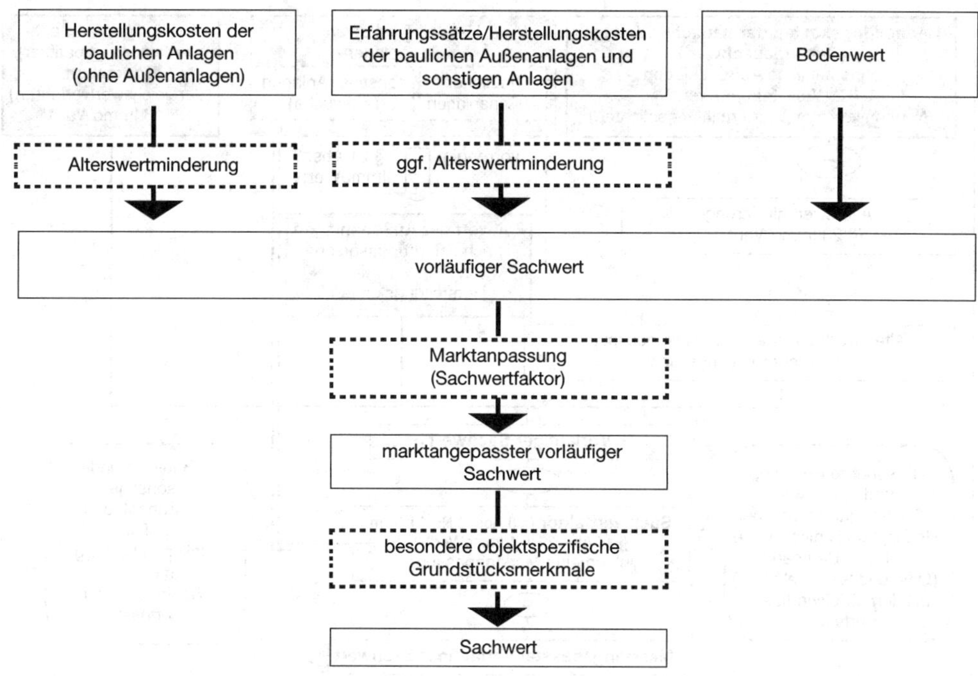

3.0.2 Sachwertverfahren gemäß ImmoWertV (Ablaufschema nach Kleiber konkretisiert)

Quelle: KL-V, 2006

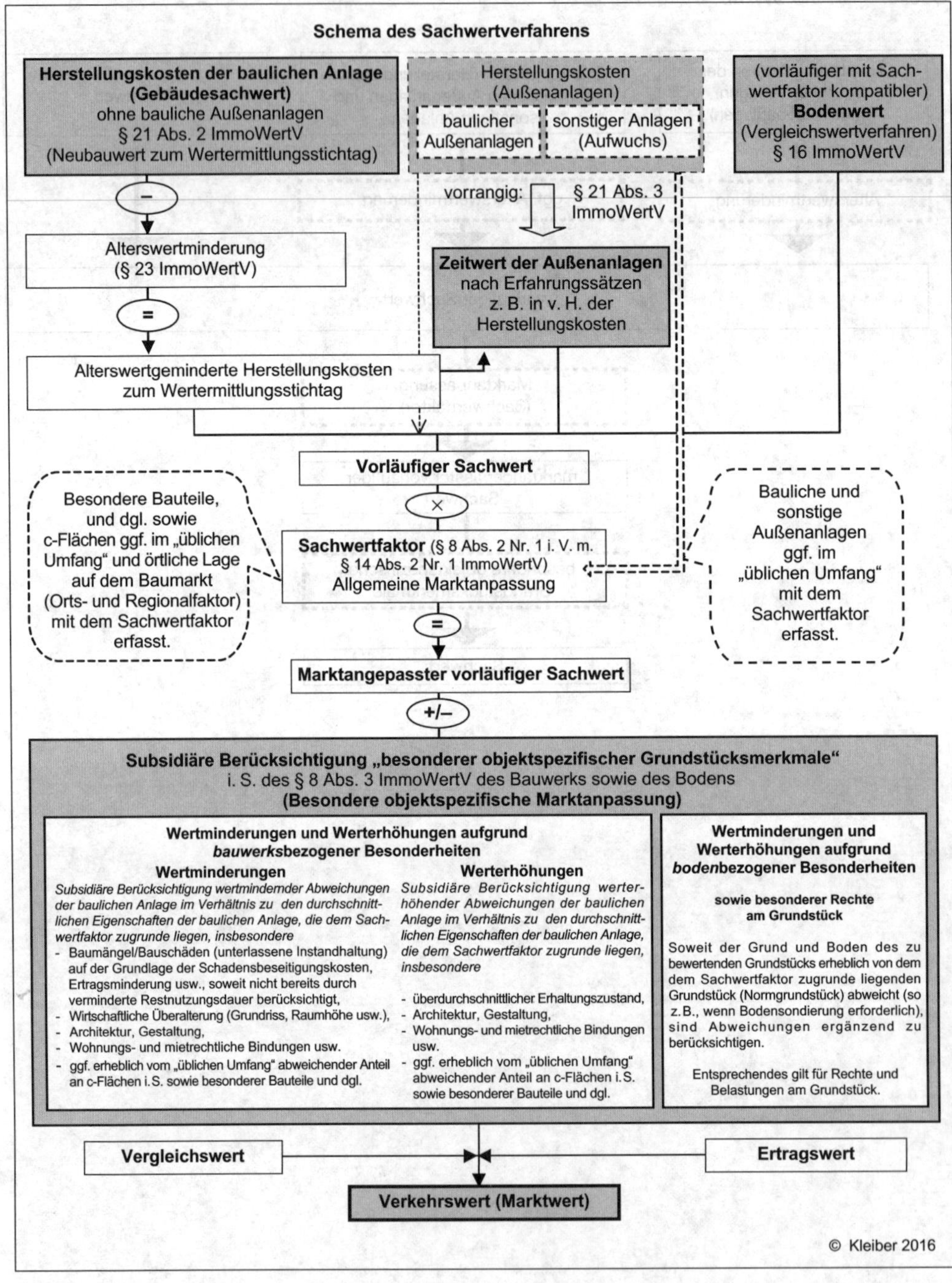

3.0.3 Ablaufschema zur Ermittlung der Herstellungskosten der baulichen Anlage (Gebäudesachwert)

Quelle: KL-V, 2027

Ermittlung der Herstellungskosten der baulichen Anlage (Gebäudesachwert)

Normalherstellungskosten (NHK 2010) des zu bewertenden Gebäudes, insbesondere unter Berücksichtigung
- der Gebäudeart,
- des Gebäudestandards,
- eines Drempels, der Trauflänge, der Giebelbreite und ggf. der Dachneigung

Brutto-Grundfläche (BGF) des zu bewertenden Gebäudes, wobei sich diese bei Anwendung der NHK 2010 auf die Teilfläche a und b i. S. der DIN 277 (ohne Berücksichtigung überdeckter Balkone und nutzbarer Grundrissebenen in Spitzböden) beschränkt, d. h. Ermittlung der **sog. reduzierten Brutto-Grundfläche (BGF_{red})**

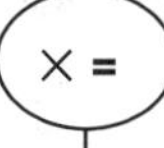

Vorläufige Herstellungskosten des zu bewertenden Gebäudes
einschließlich Baunebenkosten
- bezogen auf die Preisverhältnisse des Bezugsjahres der NHK 2010,
- jedoch ggf. ohne den mit den Kostenkennwerten (der NHK 2010) nicht erfassten Anteil an c-Flächen i. S. der DIN 277 sowie den Kosten einzelner Bauteile, Einrichtungen oder sonstiger Vorrichtungen i. S. des § 22 Abs. 2 Satz 2 ImmoWertV (vgl. Nr. 4.1.1.4 Abs. 4 SW-RL)

Umrechnung der vorläufigen Herstellungskosten auf die Preisverhältnisse des Wertermittlungsstichtags:

$$\times \frac{\text{Baupreisindexzahl des Wertermittlungsstichtags}}{\text{Baupreisindexzahl des Bezugsstichtags der Normalherstellungskosten (2010)}}$$

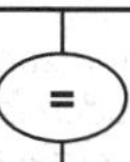

Vorläufige HERSTELLUNGSKOSTEN (Neubauwert am Wertermittlungsstichtag)
ggf. nachträglich (nach § 8 Abs. 3 ImmoWertV) zu ergänzen durch marktkonforme Zu- oder Abschläge für
- c-Flächen i. S. der DIN 277,
- Bauteile, Einrichtungen oder sonstige Vorrichtungen i. S. des § 22 Abs. 2 Satz 2 ImmoWertV,
- Baunebenkosten,

soweit sich erhebliche Abweichungen gegenüber deren Erfassung durch die Kostenkennwerte bzw. den angesetzten Sachwertfaktor ergeben und dies dem gewöhnlichen Geschäftsverkehr entspricht.

3.0.4 Sachwertrichtlinie – SW-RL

Inhaltsübersicht

1 Zweck und Anwendungsbereich

(1) Diese Richtlinie gibt Hinweise für die Ermittlung des Sachwerts nach den §§ 21 bis 23 der Immobilienwertermittlungsverordnung (ImmoWertV) vom 19. Mai 2010 (BGBl. I S. 639). Ihre Anwendung soll die Ermittlung des Sach- bzw. Verkehrswerts von Grundstücken nach einheitlichen und marktgerechten Grundsätzen sicherstellen. Diese Hinweise gelten auch für die Ableitung der Sachwertfaktoren (vgl. Nummer 5).

(2) Bei der Ermittlung des Sachwerts ist der Grundsatz der Modellkonformität zu beachten. Dies gilt insbesondere in den Fällen, in denen Sachwertfaktoren zur Anwendung kommen, die auf einer von dieser Richtlinie abweichenden Datengrundlage beruhen.

(3) Die Richtlinie ersetzt die Nummern 1.5.5 Absatz 4, 3.1.3, 3.6 bis 3.6.2 sowie die Anlagen 4, 6, 7 und 8 der Wertermittlungsrichtlinien 2006 (WertR 2006) vom 1. März 2006 (BAnz. Nr. 108a vom 10. Juni 2006, BAnz. S. 4798).

(4) Die Richtlinie wurde von einer Arbeitsgruppe aus Vertretern des Bundesministeriums für Verkehr, Bau und Stadtentwicklung, der für das Gutachterausschusswesen zuständigen Ministerien der Länder sowie der Bundesvereinigung der Kommunalen Spitzenverbände erarbeitet und wird allen in der Grundstückswertermittlung Tätigen zur Anwendung empfohlen.

2 Allgemeines

(1) Das Sachwertverfahren ist in den §§ 21 bis 23 ImmoWertV geregelt. Ergänzend sind die allgemeinen Verfahrensgrundsätze (§ 1 bis 8 ImmoWertV) heranzuziehen, um den Verkehrswert des Wertermittlungsobjekts zu ermitteln. Das Sachwertverfahren kann in der Verkehrswertermittlung dann zur Anwendung kommen, wenn im gewöhnlichen Geschäftsverkehr (marktüblich) der Sachwert und nicht die Erzielung von Erträgen für die Preisbildung ausschlaggebend ist, insbesondere bei selbstgenutzten Ein- und Zweifamilienhäusern. Das Sachwertverfahren kann auch zur Überprüfung anderer Verfahrensergebnisse in Betracht kommen.

(2) Nicht anzuwenden ist das Sachwertverfahren auf Wertermittlungsobjekte, die nicht mehr wirtschaftlich nutzbar sind (§ 21 Absatz 1 ImmoWertV), z.B. auf abbruchreife oder funktionslose bauliche Anlagen oder Teile von diesen. Wirtschaftlich nutzbar sind nur solche baulichen und sonstigen Anlagen, die eine wirtschaftliche Restnutzungsdauer aufweisen (vgl. Nummer 4.3.2).

3 Verfahrensgang

(1) Im Sachwertverfahren ist

- der **Sachwert der baulichen Anlagen** (ohne Außenanlagen) ausgehend von den Herstellungskosten unter Berücksichtigung der Alterswertminderung zu ermitteln (§ 21Absatz 2 ImmoWertV);
- der **Sachwert der baulichen Außenanlagen** und der **sonstigen Anlagen** nach Erfahrungssätzen oder nach gewöhnlichen Herstellungskosten (ggf. unter Berücksichtigung der Alterswertminderung, § 21 Absatz 3 ImmoWertV) zu ermitteln, soweit sie nicht als besondere objektspezifische Grundstücksmerkmale zu berücksichtigen sind (vgl. Nummer 6);
- der **Bodenwert** nach § 16 ImmoWertV vorrangig im Vergleichswertverfahren zu ermitteln; dabei kann auf geeignete Bodenrichtwerte zurückgegriffen werden. Selbstständig nutzbare Teilflächen sind gesondert zu berücksichtigen.

(2) Die Summe aus den Sachwerten der baulichen Anlagen einschließlich der baulichen Außenanlagen, der sonstigen Anlagen und des Bodenwerts ergibt einen **vorläufigen Sachwert des Grundstücks,**

- der an die allgemeinen Wertverhältnisse auf dem Grundstücksmarkt anzupassen ist **(marktangepasster vorläufiger Sachwert);** die Marktanpassung ist in der Regel durch Multiplikation mit dem zutreffenden Sachwertfaktor (§ 8 Absatz 2 Nummer 1, § 14 Absatz 2 Nummer 1 ImmoWertV) vorzunehmen und
- bei dem nach der Marktanpassung ggf. **besondere objektspezifische Grundstücksmerkmale** z.B. mit Zu- oder Abschlägen zu berücksichtigen sind (§ 8 Absatz 2 Nummer 2, Absatz 3 ImmoWertV),

um zum **Sachwert des Grundstücks** zu gelangen.

(3) Damit ergibt sich folgendes Ablaufschema:

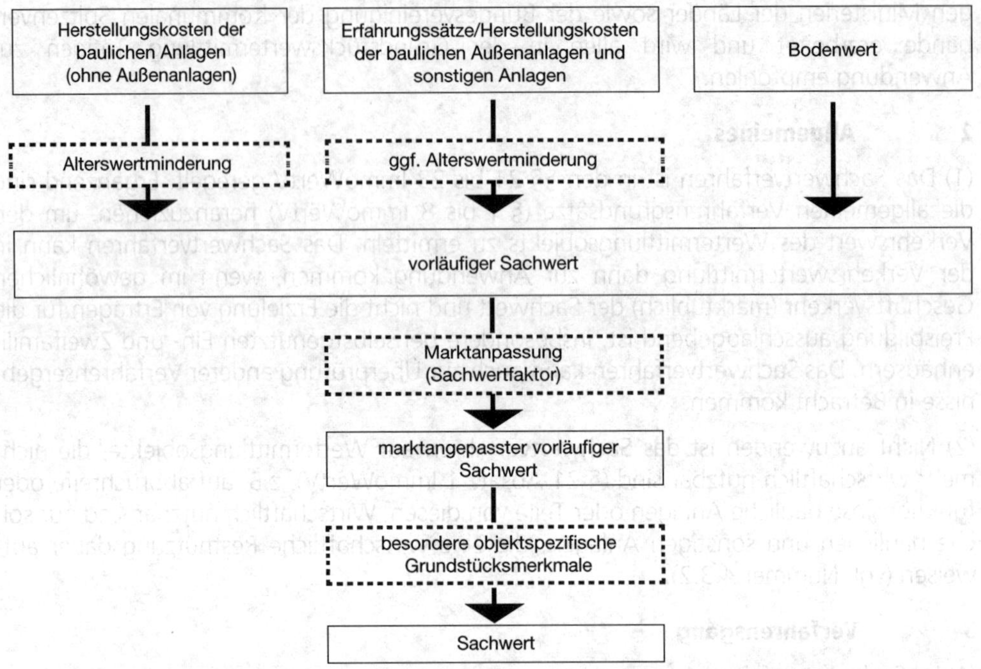

4 Vorläufiger Sachwert

4.1 Herstellungskosten der baulichen Anlagen (ohne Außenanlagen)

(1) Zur Ermittlung des Sachwerts der baulichen Anlagen (ohne Außenanlagen) ist von den Herstellungskosten auszugehen, die unter Beachtung wirtschaftlicher Gesichtspunkte für die Errichtung eines dem Wertermittlungsobjekt in vergleichbarer Weise nutzbaren Neubaus am Wertermittlungsstichtag (ggf. unter Berücksichtigung abweichender Qualitäten am Qualitätsstichtag) unter Zugrundelegung neuzeitlicher, wirtschaftlicher Bauweisen aufzuwenden wären, und nicht von Rekonstruktionskosten.

(2) Der Ermittlung der Herstellungskosten eines Gebäudes können zu Grunde gelegt werden:

– vorrangig die Normalherstellungskosten 2010 (NHK 2010, siehe Anlage 1), das heißt die gewöhnlichen Herstellungskosten, die für die jeweilige Gebäudeart unter Berücksichtigung des Gebäudestandards je Flächeneinheit angegeben sind;

– soweit die entsprechende Gebäudeart in den NHK 2010 nicht erfasst ist, geeignete andere Datensammlungen;

– ausnahmsweise Einzelkosten, das heißt die gewöhnlichen Herstellungskosten einzelner Bauleistungen.

(3) Bei der Ermittlung des Flächen- oder ggf. des Rauminhalts sind die den Herstellungskosten zu Grunde gelegten Berechnungsvorschriften anzuwenden.

4.1.1 Normalherstellungskosten 2010 – NHK 2010

4.1.1.1 Allgemeines

(1) Die NHK 2010 enthalten neben den Kostenkennwerten weitere Angaben zu der jeweiligen Gebäudeart, wie Angaben zur Höhe der eingerechneten Baunebenkosten, teilweise Korrekturfaktoren sowie teilweise weitergehende Erläuterungen.

(2) Es ist der Kostenkennwert zu Grunde zu legen, der dem Wertermittlungsobjekt nach Gebäudeart und Gebäudestandard hinreichend entspricht. Sind Gebäude nachhaltig umgenutzt worden, so ist bei der Zuordnung zu einem Kostenkennwert auf die aktuelle Nutzung abzustellen. Hat ein Gebäude in Teilbereichen erheblich voneinander abweichende Standardmerkmale oder unterschiedliche Nutzungen, kann es sinnvoll sein, die Herstellungskosten getrennt nach Teilbereichen zu ermitteln (vgl. z.B. Nummer 4.1.1.6).

(3) Die Kostenkennwerte der NHK 2010 sind in Euro/m² Brutto-Grundfläche (€/m² BGF) angegeben. Sie erfassen die Kostengruppen 300 und 400 der DIN 276-11:2006. In ihnen sind die Umsatzsteuer und die üblichen Baunebenkosten (Kostengruppen 730 und 771 der DIN 276) eingerechnet. Sie sind bezogen auf den Kostenstand des Jahres 2010 (Jahresdurchschnitt).

4.1.1.2 Gebäudestandard

(1) Die NHK 2010 unterscheiden bei den einzelnen Gebäudearten zwischen verschiedenen Standardstufen. Das Wertermittlungsobjekt ist dementsprechend auf der Grundlage seiner Standardmerkmale zu qualifizieren.

(2) Die Einordnung zu einer Standardstufe ist insbesondere abhängig vom Stand der technischen Entwicklung und den bestehenden rechtlichen Anforderungen am Wertermittlungsstichtag. Sie hat unter Berücksichtigung der für das jeweilige Wertermittlungsobjekt am Wertermittlungsstichtag relevanten Marktverhältnisse zu erfolgen. Dafür sind die Qualität der verwandten Materialien und der Bauausführung, die energetischen Eigenschaften sowie solche Standardmerkmale, die für die jeweilige Nutzungs- und Gebäudeart besonders relevant sind, wie z.B. Schallschutz oder Aufzugsanlagen in Mehrfamilienhäusern von Bedeutung. Bei den freistehenden Ein- und Zweifamilienhäusern, Doppelhäusern und Reihenhäusern (Gebäudearten Nummer 1.01 bis 3.33) enthalten die NHK 2010 zwei weitere Standardstufen (1 und 2) mit Kostenkennwerten für Gebäude, deren Standardmerkmale zwar nicht mehr zeitgemäß sind, aber dennoch eine zweckentsprechende Nutzung des Gebäudes erlauben. Bei den übrigen Gebäudearten ist bei nicht mehr zeitgemäßen Standardmerkmalen ein entsprechender Abschlag sachverständig vorzunehmen.

(3) Zur Orientierung und Modellbeschreibung enthält die Anlage 2 eine Beschreibung der Standardmerkmale zum Bezugsjahr der NHK 2010 einschließlich eines Anwendungsbeispiels für die Ermittlung der Kostenkennwerte für freistehende Ein- und Zweifamilienhäuser, Doppelhäuser und Reihenhäuser. Die Beschreibung ist beispielhaft und kann nicht alle in der Praxis vorkommenden Standardmerkmale beschreiben. Alle wertrelevanten Standardmerkmale eines Objektes, auch wenn sie nicht in der Tabelle beschrieben sind, sind sachverständig einzustufen.

4.1.1.3 Korrekturfaktoren

In den NHK 2010 sind teilweise Korrekturfaktoren angegeben, die eine Anpassung des jeweiligen Kostenkennwerts wegen der speziellen Merkmale des Bewertungsobjekts erlauben.

4.1.1.4 Brutto-Grundfläche

(1) Die Kostenkennwerte der NHK 2010 beziehen sich auf den Quadratmeter Brutto-Grundfläche (BGF). Die BGF ist die Summe der bezogen auf die jeweilige Gebäudeart marktüblich nutzbaren Grundflächen aller Grundrissebenen eines Bauwerks.

(2) In Anlehnung an die DIN 277-1:2005-02 sind bei den Grundflächen folgende Bereiche zu unterscheiden:

Bereich a: überdeckt und allseitig in voller Höhe umschlossen,

Bereich b: überdeckt, jedoch nicht allseitig in voller Höhe umschlossen,

Bereich c: nicht überdeckt.

Für die Anwendung der NHK 2010 sind im Rahmen der Ermittlung der BGF nur die Grundflächen der Bereiche a und b zu Grunde zu legen. Balkone, auch wenn sie überdeckt sind, sind dem Bereich c zuzuordnen (vgl. Abbildung 1).

(3) Für die Ermittlung der BGF sind die äußeren Maße der Bauteile einschließlich Bekleidung, z.B. Putz und Außenschalen mehrschaliger Wandkonstruktionen, in Höhe der Bodenbelagsoberkanten anzusetzen.

(4) Nicht zur BGF gehören z.B. Flächen von Spitzböden (vgl. Nummer 4.1.1.5 Absatz 3) und Kriechkellern, Flächen, die ausschließlich der Wartung, Inspektion und Instandsetzung von Baukonstruktionen und technischen Anlagen dienen sowie Flächen unter konstruktiven Hohlräumen, z.B. über abgehängten Decken.

Abbildung 1: Zuordnung der Grundflächen zu den Bereichen a, b, c

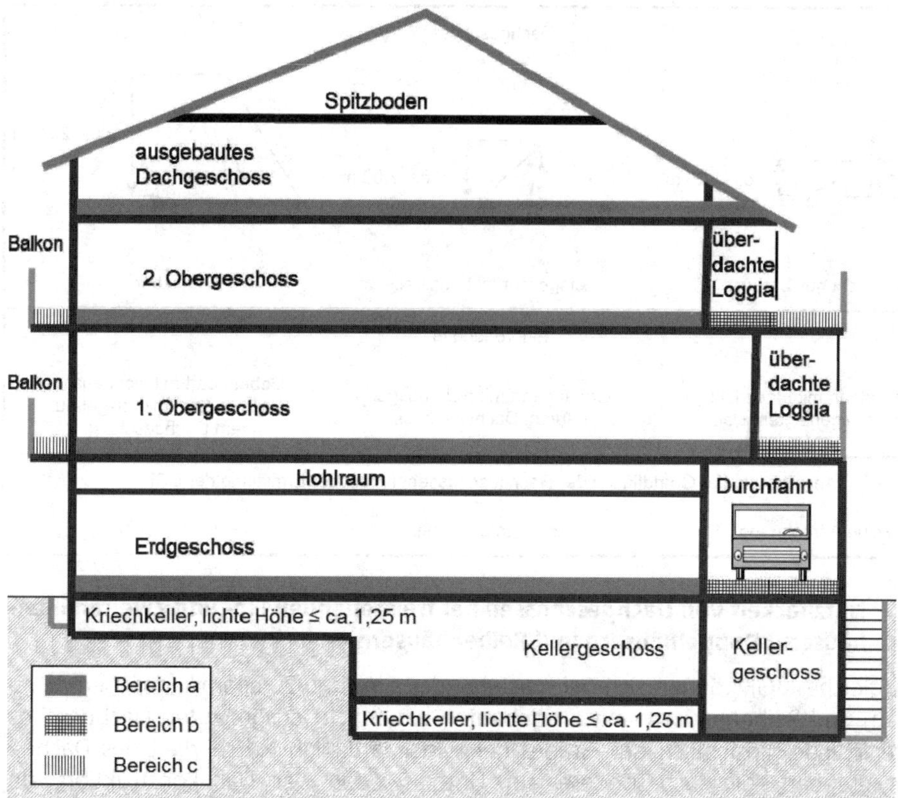

(5) Bei den freistehenden Ein- und Zweifamilienhäusern, Doppelhäusern und Reihenhäusern der NHK 2010 erfolgt u. a. eine Unterteilung in Gebäudearten mit ausgebautem bzw. nicht ausgebautem Dachgeschoss (vgl. Absatz 6) und Gebäudearten mit Flachdach bzw. flach geneigtem Dach (vgl. Absatz 7), wobei für eine Einordnung zu der entsprechenden Gebäudeart die Anrechenbarkeit ihrer Grundflächen entscheidend ist.

(6) Entscheidend für die Anrechenbarkeit der Grundflächen in Dachgeschossen ist ihre Nutzbarkeit. Dabei genügt es nach dieser Richtlinie auch, dass nur eine untergeordnete Nutzung (vgl. DIN 277-2:2005-02), wie z.B. als Lager- und Abstellräume, Räume für betriebstechnische Anlagen möglich ist (eingeschränkte Nutzbarkeit). Als nutzbar können Dachgeschosse ab einer lichten Höhe von ca. 1,25 m behandelt werden, soweit sie begehbar sind. Eine Begehbarkeit setzt eine feste Decke und die Zugänglichkeit voraus.

(7) Bei Gebäuden mit Flachdach bzw. flach geneigtem Dach ist auf Grund der Dachkonstruktion eine Dachgeschossnutzung nicht möglich, sodass eine Anrechnung der Grundfläche des Dachgeschosses bei der Berechnung der BGF nicht vorzunehmen ist.

Abbildung 2: Anrechenbarkeit der Grundfläche im Dachgeschoss

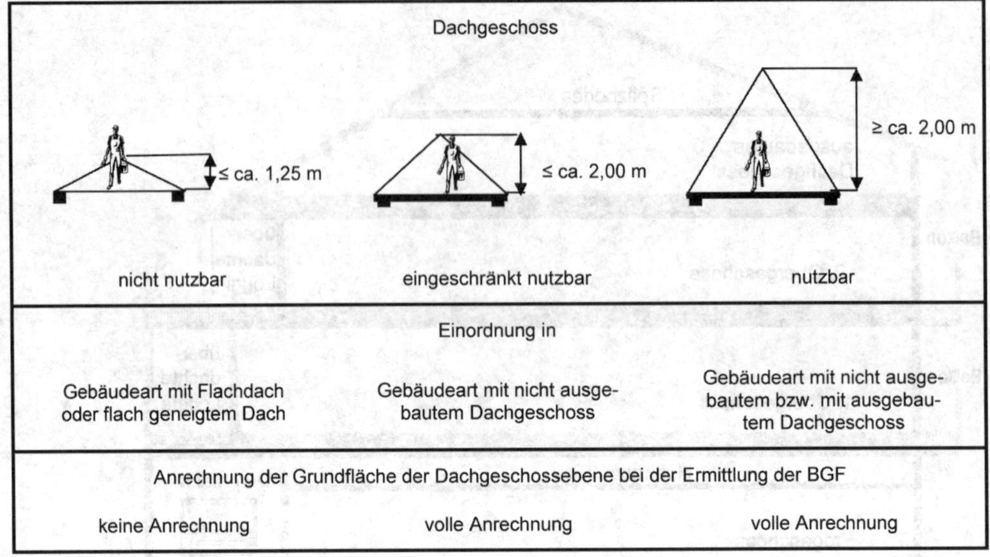

Dachgeschoss
≤ ca. 1,25 m
≤ ca. 2,00 m
≥ ca. 2,00 m
nicht nutzbar
eingeschränkt nutzbar
nutzbar
Einordnung in
Gebäudeart mit Flachdach oder flach geneigtem Dach
Gebäudeart mit nicht ausgebautem Dachgeschoss
Gebäudeart mit nicht ausgebautem bzw. mit ausgebautem Dachgeschoss
Anrechnung der Grundfläche der Dachgeschossebene bei der Ermittlung der BGF
keine Anrechnung
volle Anrechnung
volle Anrechnung

4.1.1.5 Nutzbarkeit von Dachgeschossen bei freistehenden Ein- und Zweifamilienhäusern, Doppelhäusern und Reihenhäusern

(1) Trotz gleicher BGF können sich bei freistehenden Ein- und Zweifamilienhäusern, Doppelhäusern und Reihenhäusern mit ausgebauten bzw. nicht ausgebauten Dachgeschossen Unterschiede hinsichtlich des Grades der wirtschaftlichen Nutzbarkeit des Dachgeschosses ergeben, die insbesondere auf Unterschieden der Dachkonstruktion, der Gebäudegeometrie und der Giebelhöhe beruhen können.

(2) Bei Gebäuden mit nicht ausgebautem Dachgeschoss ist zu unterscheiden zwischen

- Gebäuden mit Dachgeschossen, die nur eine eingeschränkte Nutzung zulassen (nicht ausbaufähig) und
- Gebäuden mit Dachgeschossen, die für die Hauptnutzung „Wohnen" ausbaubar sind.

Im Fall einer nur eingeschränkten Nutzbarkeit des Dachgeschosses (nicht ausbaufähig) ist in der Regel ein Abschlag vom Kostenkennwert für die Gebäudeart mit nicht ausgebautem Dachgeschoss anzusetzen. Die Höhe des Abschlags ist zu begründen.

(3) Bei Gebäuden mit ausgebautem Dachgeschoss bestimmt sich der Grad der wirtschaftlichen Nutzbarkeit des Dachgeschosses insbesondere nach der vorhandenen Wohnfläche. Diese ist im Wesentlichen abhängig von Dachneigung, Giebelbreite und Drempelhöhe. Deshalb ist z.B. zu prüfen, ob im Dachgeschoss ein Drempel vorhanden ist. Ein fehlender Drempel verringert die Wohnfläche und ist deshalb in der Regel wertmindernd zu berücksichtigen. Ein ausgebauter Spitzboden (zusätzliche Ebene im Dachgeschoss) ist durch Zuschläge zu berücksichtigen. Die Höhe des entsprechenden Abschlags bzw. Zuschlags ist zu begründen.

4.1.1.6 Teilweiser Ausbau des Dachgeschosses bzw. teilweise Unterkellerung

Ein teilweiser Ausbau des Dachgeschosses bzw. eine teilweise Unterkellerung können durch anteilige Heranziehung der jeweiligen Kostenkennwerte für die verschiedenen Gebäudearten berücksichtigt werden (Mischkalkulation).

Beispiel 1: Mischkalkulation zur Ermittlung des Kostenkennwerts bei teilweiser Unterkellerung

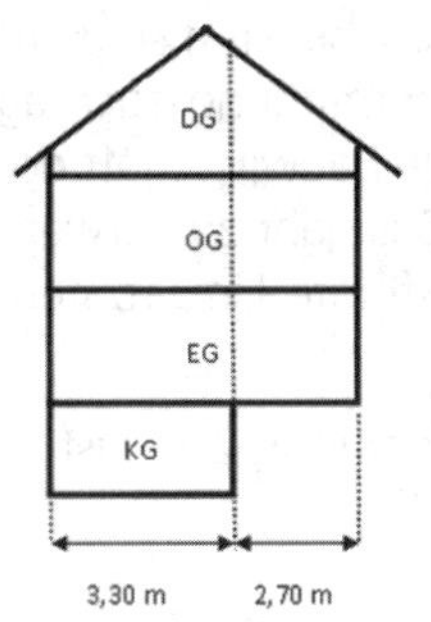

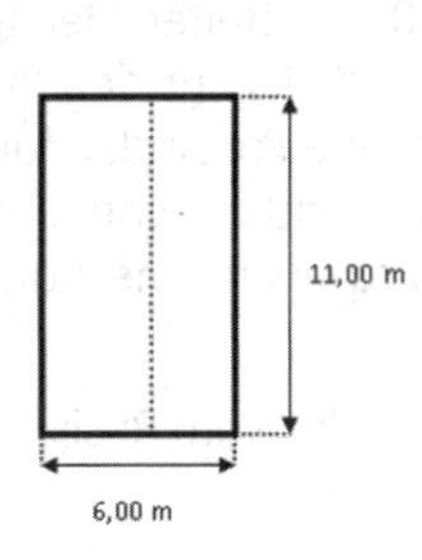

Gebäudedaten

Reihenendhaus: teilweise unterkellert, Erdgeschoss, Obergeschoss, ausgebautes Dachgeschoss

Standardstufe 3

Gebäudeart und Kostenkennwert der NHK 2010

Gebäudeart unterkellert	2.11	785 €/m² BGF	Gebäudeart nicht unterkellert	2.31	865 €/m² BGF

Unterkellerter Gebäudeteil:

Grundfläche: 3,3 m × 11 m = 36,3 m²
BGF: 4 Ebenen × 36,3 m² × 4 = 145,2 m²

Nicht unterkellerter Gebäudeteil:

Grundfläche 2,7 m × 11 m = 29,7 m²
BGF: 3 Ebenen 29,7 m² × 3 = 89,1 m²

145,2 m² BGF × 785 €/m² BGF + 89,1 m² BGF × 865 €/m² BGF = 191.053 €
Herstellungskosten: 190.000 €

Beispiel 2: Mischkalkulation zur Ermittlung des Kostenkennwerts eines nicht unterkellerten Anbaus

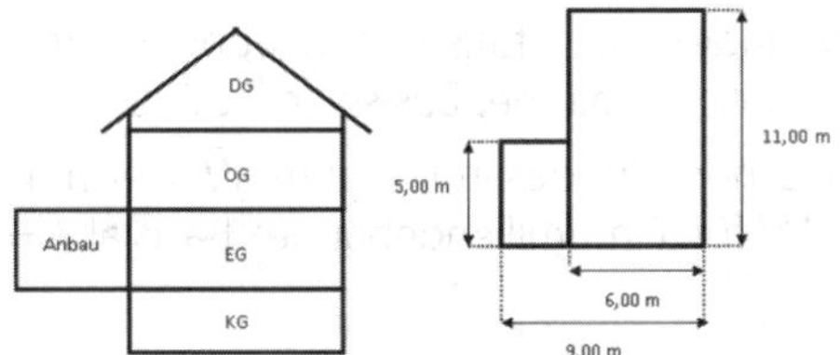

Gebäudedaten

Reihenendhaus: unterkellert, Erdgeschoss, Obergeschoss, ausgebautes Dachgeschoss

nicht unterkellerter Anbau

Standardstufe 3

Gebäudeart und Kostenkennwert der NHK 2010

Gebäudeart unterkellert	2.11	785 €/m² BGF	Gebäudeart nicht unterkellert, Flachdach	2.23	1.105 €/m² BGF

Gebäude (ohne Anbau)

Grundfläche: 6 m × 11m = 66 m²
BGF: 4 Ebenen × 66 m² = 264 m²

Anbau

Grundfläche/BGF: 3 m × 5 m = 15 m²

264 m² BGF × 785 €/m² BGF + 15 m² BGF × 1 105 €/m² BGF = 223.815 €
Herstellungskosten: 225.000 €

4.1.1.7 Bei der BGF-Berechnung nicht erfasste Bauteile

Werthaltige, bei der BGF-Berechnung nicht erfasste Bauteile, wie z.B. Dachgauben, Balkone und Vordächer sind in Ansatz zu bringen. Soweit diese Bauteile erheblich vom Üblichen abweichen, ist ggf. ihr Werteinfluss als besonderes objektspezifisches Grundstücksmerkmal nach der Marktanpassung zu berücksichtigen.

4.1.2 Baupreisindex

(1) Die aus den Kostenkennwerten der NHK 2010 ermittelten Herstellungskosten sind auf den Wertermittlungsstichtag zu beziehen. Hierzu ist der für den Wertermittlungsstichtag aktuelle und für die jeweilige Gebäudeart zutreffende Preisindex für die Bauwirtschaft des Statistischen Bundesamtes (Baupreisindex) mit dem entsprechenden Basisjahr zu verwenden. Mit der Verwendung des Baupreisindex wird auch eine ggf. erfolgte Umsatzsteueränderung berücksichtigt.

(2) Eine Abweichung des Basisjahres des Baupreisindex vom Basisjahr der NHK 2010 ist zu berücksichtigen.

Beispiel 3: Berücksichtigung der Abweichung des Basisjahres des Baupreisindex vom Basisjahr der NHK 2010

Die Kostenkennwerte der NHK 2010 liegen auf der Preisbasis 2010 vor, der für den Wertermittlungsstichtag veröffentlichte Baupreisindex des Statistischen Bundesamtes basiert auf der Preisbasis 2005. Eine direkte Anwendung des Baupreisindex ist damit nicht möglich.

Daten des Beispiels:

Freistehendes Einfamilienhaus

15. Juli 2011	Wertermittlungsstichtag
1.005 €/m² BGF	Kostenkennwert aus den Tabellen der NHK 2010 Gebäudeart 1.01, Standardstufe 4; Basisjahr der NHK 2010 = 2010
113,7	durchschnittlicher Baupreisindex des Statistischen Bundesamtes für das Jahr 2010 für Einfamiliengebäude; Basisjahr = 2005
116,5	Baupreisindex des Statistischen Bundesamtes zum Wertermittlungsstichtag 15. Juli 2011 für Einfamiliengebäude; Basisjahr = 2005

$$\frac{\text{Index zum Wertermittlungsstichtag 15. Juli 2011 (Basisjahr 2005 = 100)}}{\text{durchschnittlicher Index für das Jahr 2010 (Basisjahr 2005 = 100)}} \times 1.005\ \text{€/m}^2\ \text{BGF}$$

$$= \frac{116{,}5}{113{,}7} \times 1.005\ \text{€/m}^2\ \text{BGF} = 1.029{,}75\ \text{€/m}^2\ \text{BGF} = \text{rd. } 1.030\ \text{€/m}^2\ \text{BGF}$$

4.2 Bauliche Außenanlagen und sonstige Anlagen

(1) Zu den baulichen Außenanlagen zählen z.B. befestigte Wege und Plätze, Ver- und Entsorgungseinrichtungen auf dem Grundstück und Einfriedungen. Zu den sonstigen Anlagen zählen insbesondere Gartenanlagen.

(2) Soweit wertrelevant und nicht anderweitig erfasst, sind die Sachwerte der für die jeweilige Gebäudeart üblichen baulichen Außenanlagen und sonstigen Anlagen nach Erfahrungssätzen oder nach den gewöhnlichen Herstellungskosten zu ermitteln. Werden die gewöhnlichen Herstellungskosten zu Grunde gelegt, ist eine Alterswertminderung anzusetzen, wobei sich die Restnutzungsdauer in der Regel an der Restnutzungsdauer der baulichen Anlage orientiert. Soweit diese Anlagen erheblich vom Üblichen abweichen, ist ggf. ihr Werteinfluss als besonderes objektspezifisches Grundstücksmerkmal nach der Marktanpassung zu berücksichtigen.

4.3 Lineare Alterswertminderung

(1) Die auf der Grundlage der NHK 2010 unter Berücksichtigung der entsprechenden Korrekturfaktoren und mit Hilfe des Baupreisindexes auf den Wertermittlungsstichtag bezogenen Herstellungskosten entsprechen denen eines neu errichteten Gebäudes gleicher Gebäudeart.

(2) Soweit es sich nicht um einen Neubau handelt, müssen diese Herstellungskosten unter Berücksichtigung des Verhältnisses der wirtschaftlichen Restnutzungsdauer (vgl. Nummer 4.3.2) zur Gesamtnutzungsdauer (vgl. Nummer 4.3.1) des Gebäudes gemindert werden (Alterswertminderung). Dabei wird der für die jeweilige Gebäudeart angesetzten Gesamtnutzungsdauer die ggf. durch Instandsetzung oder Modernisierungen verlängerte oder durch unterlassene Instandhaltung oder andere Gegebenheiten verkürzte Restnutzungsdauer gegenübergestellt.

(3) Die Alterswertminderung wird in einem Prozentsatz der Gebäudeherstellungskosten ausgedrückt und nach folgender Formel berechnet:

$$\text{Alterswertminderung in \%} = \frac{\text{Gesamtnutzungsdauer - Restnutzungsdauer}}{\text{Gesamtnutzungsdauer}} \times 100$$

Beispiel 4: Ermittlung der Alterswertminderung

Gesamtnutzungsdauer: 80 Jahre

Restnutzungsdauer: 50 Jahre

$$\frac{\text{80 Jahre - 50 Jahre}}{\text{80 Jahre}} \times 100 = \text{rd. } 38\ \%$$

4.3.1 Gesamtnutzungsdauer

Die anzusetzende Gesamtnutzungsdauer ist eine Modellgröße. Anlage 3 (der SW-RL) enthält hierzu Orientierungswerte, die die Gebäudeart berücksichtigen.

4.3.2 Wirtschaftliche Restnutzungsdauer

(1) Die Restnutzungsdauer wird grundsätzlich aus dem Unterschiedsbetrag zwischen Gesamtnutzungsdauer und dem Alter des Gebäudes am Wertermittlungsstichtag ermittelt. Das Ergebnis ist daraufhin zu prüfen, ob es dem Zeitraum entspricht, in dem das Gebäude bei ordnungsgemäßer Bewirtschaftung voraussichtlich noch wirtschaftlich genutzt werden kann (wirtschaftliche Restnutzungsdauer), wobei die rechtliche Zulässigkeit der angesetzten Nutzung vorausgesetzt wird.

(2) Für Gebäude, die modernisiert wurden, kann von einer entsprechend längeren wirtschaftlichen (modifizierten) Restnutzungsdauer ausgegangen werden. Für die Ermittlung der wirtschaftlichen Restnutzungsdauer bei Wohngebäuden kann auf das in Anlage 4 beschriebene Modell zurückgegriffen werden, mit dem ggf. durchgeführte Modernisierungen berücksichtigt werden können. Eine unterlassene Instandhaltung (§ 6 Absatz 6 ImmoWertV) wird in der Regel als Bauschaden (vgl. Nummer 6.2) berücksichtigt. In gravierenden Fällen verringert sich die wirtschaftliche Restnutzungsdauer. Die längere oder verringerte wirtschaftliche Restnutzungsdauer verändert nicht die Gesamtnutzungsdauer des Gebäudes.

4.4 Bodenwert

Zur Ermittlung des Bodenwerts wird auf die Richtlinie zur Ermittlung des Vergleichswerts einschließlich der Ermittlung des Bodenwerts verwiesen.

5 Marktanpassung – Sachwertfaktoren

(1) Zur Berücksichtigung der Lage auf dem Grundstücksmarkt einschließlich der regionalen Baupreisverhältnisse ist der im Wesentlichen nur kostenorientierte vorläufige Sachwert an die allgemeinen Wertverhältnisse auf dem örtlichen Grundstücksmarkt anzupassen. Hierzu ist der vorläufige Sachwert mit dem zutreffenden Sachwertfaktor zu multiplizieren, der aus dem Verhältnis geeigneter Kaufpreise zu entsprechenden vorläufigen Sachwerten ermittelt wird (§ 14 Absatz 2 Nummer 1 ImmoWertV). In Abhängigkeit von den maßgeblichen Verhältnissen am örtlichen Grundstücksmarkt kann auch ein relativ hoher oder niedriger Sachwertfaktor sachgerecht sein. Kann vom Gutachterausschuss kein zutreffender Sachwertfaktor zur Verfügung gestellt werden, können hilfsweise Sachwertfaktoren aus vergleichbaren Gebieten herangezogen oder ausnahmsweise die Marktanpassung unter Berücksichtigung der regionalen Marktverhältnisse sachverständig geschätzt werden; in diesen Fällen ist die Marktanpassung besonders zu begründen.

(2) Sachwertfaktoren werden von den Gutachterausschüssen für Grundstückswerte auf der Grundlage von Kaufpreisen von für die jeweilige Gebäudeart typischen Grundstücken ermittelt. Dabei sind die Einflüsse besonderer objektspezifischer Grundstücksmerkmale zu eliminieren. Die wesentlichen Modellparameter für die Ermittlung des Sachwertfaktors enthält Anlage 5. Bei der Veröffentlichung der Sachwertfaktoren sind mindestens die in Anlage 5 aufgeführten Modellparameter und der Umfang der zu Grunde liegenden Daten darzustellen.

(3) Bei der Anwendung der Sachwertfaktoren sind die verwendete Ableitungsmethode und die zu Grunde gelegten Daten zu beachten, um die Modellkonformität sicherzustellen. Dabei ist insbesondere zu beachten, dass die Sachwertfaktoren nur auf solche Wertanteile angewandt werden dürfen, die ihrer Ermittlungsgrundlage hinreichend entsprechen. Die nicht von dem angewandten Sachwertfaktor abgedeckten Wertanteile sind

als besondere objektspezifische Grundstücksmerkmale nach der Marktanpassung zu berücksichtigen.

6 Besondere objektspezifische Grundstücksmerkmale

(1) Besondere objektspezifische Grundstücksmerkmale (vgl. insbesondere die Nummern 6.1 bis 6.7) sind wertbeeinflussende Umstände des einzelnen Wertermittlungsobjekts, die erheblich vom Üblichen abweichen und denen der Grundstücksmarkt einen eigenständigen Werteinfluss beimisst. Soweit sie im bisherigen Verfahren noch nicht erfasst und berücksichtigt wurden, sind sie durch Zu- oder Abschläge regelmäßig nach der Marktanpassung gesondert zu berücksichtigen (§ 8 Absatz 2 und 3 ImmoWertV).

(2) Die Ermittlung der Werterhöhung bzw. Wertminderung hat marktgerecht zu erfolgen und ist zu begründen. Werden zusätzlich weitere Wertermittlungsverfahren durchgeführt, sind die besonderen objektspezifischen Grundstücksmerkmale, soweit möglich, in allen Verfahren identisch anzusetzen.

6.1 Besondere Ertragsverhältnisse

Weist das Wertermittlungsobjekt vom Üblichen erheblich abweichende Erträge auf, ist dieser Umstand wertmindernd oder werterhöhend zu berücksichtigen. Die Wertminderung bzw. Werterhöhung ist nach den Grundsätzen des Ertragswertverfahrens zu ermitteln.

6.2 Baumängel und Bauschäden

Wertminderungen auf Grund von Baumängeln und/oder Bauschäden können

- durch Abschläge nach Erfahrungswerten,
- unter Zugrundelegung von Bauteiltabellen oder
- auf der Grundlage von Schadensbeseitigungskosten

berücksichtigt werden. Ein Abzug der vollen Schadensbeseitigungskosten kommt nur in Betracht, wenn der Schaden unverzüglich beseitigt werden muss. Dabei ist ggf. ein Vorteilsausgleich („neu für alt") vorzunehmen.

6.3 Wirtschaftliche Überalterung

Ausnahmsweise kommt zusätzlich zum Ansatz der Alterswertminderung ein Abschlag wegen wirtschaftlicher Überalterung in Betracht, wenn das Bewertungsobjekt nur noch eingeschränkt verwendungsfähig bzw. marktgängig ist. Anhaltspunkte für eine wirtschaftliche Überalterung sind z.B. erhebliche Ausstattungsmängel, unzweckmäßige Gebäudegrundrisse und eine unzweckmäßige Anordnung der Gebäude auf dem Grundstück.

6.4 Überdurchschnittlicher Erhaltungszustand

Ausnahmsweise kommt ein Zuschlag wegen überdurchschnittlichen Erhaltungszustands in Betracht, wenn sich das Bewertungsobjekt in einem besonders gepflegten Zustand befindet. In Abgrenzung zur Modernisierung handelt es sich hier um über das übliche Maß hinausgehende Instandhaltungsmaßnahmen, die in ihrer Gesamtheit zwar das Erscheinungsbild des Bewertungsobjekts überdurchschnittlich positiv beeinflussen, jedoch keine Erhöhung der Restnutzungsdauer bewirken.

6.5 Freilegungskosten

Bei Freilegungs-, Teilabriss- und Sicherungsmaßnahmen, die bei wirtschaftlicher Betrachtungsweise erforderlich sind und noch nicht bei der Ermittlung des Bodenwerts berücksichtigt wurden, sind ggf.

- die anfallenden Kosten,
- die Verwertungserlöse für abgängige Bauteile und
- die ersparten Baukosten durch die Verwendung vorhandener Bauteile zu berücksichtigen.

6.6 Bodenverunreinigungen

(1) Bodenverunreinigungen können vorliegen bei schädlichen Bodenveränderungen, Verdachtsflächen, Altlasten und altlastenverdächtigen Flächen.

(2) Die Wertminderung von entsprechenden Grundstücken kann in Anlehnung an die Kosten ermittelt werden, die für eine Sanierung, Sicherungsmaßnahmen, Bodenuntersuchungen oder andere geeignete Maßnahmen zur Gefahrenabwehr erforderlich sind.

(3) Der Umfang des hierfür erforderlichen Aufwands hat sich an der baurechtlich zulässigen bzw. marktüblichen Nutzung des Grundstücks zu orientieren (vgl. § 4 Absatz 4 des Bundesbodenschutzgesetzes – BBodSchG).

6.7 Grundstücksbezogene Rechte und Belastungen

Hinsichtlich der Ermittlung der Auswirkungen von grundstücksbezogenen Rechten und Belastungen wird auf Nummer 4 des Zweiten Teils der WertR 2006 verwiesen.

7 Verkehrswert (Marktwert)

Der ermittelte Sachwert (marktangepasster Sachwert unter Berücksichtigung besonderer objektspezifischer Grundstücksmerkmale) entspricht in der Regel dem Verkehrswert. Liegen aus zusätzlich angewandten Wertermittlungsverfahren abweichende Ergebnisse vor, so sind diese nach § 8 Absatz 1 Satz 3 ImmoWertV bei der Ermittlung des Verkehrswerts entsprechend ihrer Aussagefähigkeit und unter Beachtung der Lage auf dem Grundstücksmarkt zu würdigen.

3.1 Normalherstellungskosten NHK 2010

3.1.1 Normalherstellungskosten 2010 (NHK 2010, Anlage 1 zur SW-RL)

Kostenkennwerte für die Kostengruppe 300 und 400 in Euro/m² Brutto-Grundfläche einschließlich Baunebenkosten und Umsatzsteuer Kostenstand 2010

Inhaltsübersicht

1 – 3 freistehende Ein- und Zweifamilienhäuser, Doppelhäuser, Reihenhäuser[2]

Keller-, Erdgeschoss		Dachgeschoss voll ausgebaut						Dachgeschoss nicht ausgebaut						Flachdach oder flach geneigtes Dach				
Standardstufe		1	2	3	4	5		1	2	3	4	5		1	2	3	4	5
freistehende Einfamilienhäuser[3]	1.01	655	725	835	1 005	1 260	1.02	545	605	695	840	1 050	1.03	705	785	900	1 085	1 360
Doppel- und Reihenendhäuser	2.01	615	685	785	945	1 180	2.02	515	570	655	790	985	2.03	665	735	845	1 020	1 275
Reihenmittelhäuser	3.01	575	640	735	885	1 105	3.02	480	535	615	740	925	3.03	620	690	795	955	1 195

Keller-, Erd-, Obergeschoss		Dachgeschoss voll ausgebaut						Dachgeschoss nicht ausgebaut						Flachdach oder flach geneigtes Dach				
Standardstufe		1	2	3	4	5		1	2	3	4	5		1	2	3	4	5
freistehende Einfamilienhäuser[3]	1.11	655	725	835	1 005	1 260	1.12	570	635	730	880	1 100	1.13	665	740	850	1 025	1 285
Doppel- und Reihenendhäuser	2.11	615	685	785	945	1 180	2.12	535	595	685	825	1 035	2.13	625	695	800	965	1 205
Reihenmittelhäuser	3.11	575	640	735	885	1 105	3.12	505	560	640	775	965	3.13	585	650	750	905	1 130

Erdgeschoss, nicht unterkellert		Dachgeschoss voll ausgebaut						Dachgeschoss nicht ausgebaut						Flachdach oder flach geneigtes Dach				
Standardstufe		1	2	3	4	5		1	2	3	4	5		1	2	3	4	5
freistehende Einfamilienhäuser[3]	1.21	790	875	1 005	1 215	1 515	1.22	585	650	745	900	1 125	1.23	920	1 025	1 180	1 420	1 775
Doppel- und Reihenendhäuser	2.21	740	825	945	1 140	1 425	2.22	550	610	700	845	1 055	2.23	865	965	1 105	1 335	1 670
Reihenmittelhäuser	3.21	695	770	885	1 065	1 335	3.22	515	570	655	790	990	3.23	810	900	1 035	1 250	1 560

Erd-, Obergeschoss, nicht unterkellert		Dachgeschoss voll ausgebaut						Dachgeschoss nicht ausgebaut						Flachdach oder flach geneigtes Dach				
Standardstufe		1	2	3	4	5		1	2	3	4	5		1	2	3	4	5
freistehende Einfamilienhäuser[3]	1.31	720	800	920	1 105	1 385	1.32	620	690	790	955	1 190	1.33	785	870	1 000	1 205	1 510
Doppel- und Reihenendhäuser	2.31	675	750	865	1 040	1 300	2.32	580	645	745	895	1 120	2.33	735	820	940	1 135	1 415
Reihenmittelhäuser	3.31	635	705	810	975	1 215	3.32	545	605	695	840	1 050	3.33	690	765	880	1 060	1 325

[2] einschließlich Baunebenkosten in Höhe von 17 %
[3] Korrekturfaktor für freistehende Zweifamilienhäuser: 1,05

4 Mehrfamilienhäuser[4]

		Standardstufe		
		3	4	5
4.1	Mehrfamilienhäuser[5, 6] mit bis zu 6 WE	825	985	1.190
4.2	Mehrfamilienhäuser[5, 6] mit 7 bis 20 WE	765	915	1.105
4.3	Mehrfamilienhäuser[5, 6] mit mehr als 20 WE	755	900	1.090

[4] einschließlich Baunebenkosten in Höhe von Gebäudeart 4.1 – 4.3 19 %

[5] Korrekturfaktoren für die Wohnungsgröße ca. 35 m^2 WF/WE = 1,10; ca. 50 m^2 WF/WE = 1,00; ca. 135 m^2 WF/WE = 0,85

[6] Korrekturfaktoren für die Grundrissart Einspänner = 1,05; Zweispänner = 1,00; Dreispänner = 0,97; Vierspänner = 0,95

5 Wohnhäuser mit Mischnutzung, Banken/Geschäftshäuser[7]

		Standardstufe		
		3	4	5
5.1	Wohnhäuser mit Mischnutzung[8, 9, 10]	860	1.085	1.375
5.2	Banken und Geschäftshäuser mit Wohnungen[11]	890	1.375	1.720
5.3	Banken und Geschäftshäuser ohne Wohnungen	930	1.520	1.900

[7] einschließlich Baunebenkosten in Höhe von Gebäudeart 5.1 18 %; Gebäudeart 5.2 – 5.3 22 %

[8] Korrekturfaktoren für die Wohnungsgröße ca. 35 m^2 WF/WE = 1,10; ca. 50 m^2 WF/WE = 1,00; ca. 135 m^2 WF/WE = 0,85

[9] Korrekturfaktoren für die Grundrissart Einspänner = 1,05; Zweispänner = 1,00; Dreispänner = 0,97; Vierspänner = 0,95

[10] Wohnhäuser mit Mischnutzung sind Gebäude mit überwiegend Wohnnutzung und einem geringen gewerblichen Anteil. Anteil der Wohnfläche ca. 75 %. Bei deutlich abweichenden Nutzungsanteilen ist eine Ermittlung durch Gebäudemix sinnvoll.

[11] Geschäftshäuser sind Gebäude mit überwiegend gewerblicher Nutzung und einem geringen Wohnanteil. Anteil der Wohnfläche ca. 20 bis 25 %.

6 Bürogebäude[12]

		Standardstufe		
		3	4	5
6.1	Bürogebäude, Massivbau	1.040	1.685	1.900
6.2	Bürogebäude, Stahlbetonskelettbau	1.175	1.840	2.090

[12] einschließlich Baunebenkosten in Höhe von Gebäudeart 6.1 – 6.2 18 %

7 Gemeindezentren, Saalbauten/Veranstaltungsgebäude[13]

		Standardstufe		
		3	4	5
7.1	Gemeindezentren	1.130	1.425	1.905
7.2	Saalbauten/Veranstaltungsgebäude	1.355	1.595	2.085

[13] einschließlich Baunebenkosten in Höhe von Gebäudeart 7.1 – 7.2 18 %

8 Kindergärten, Schulen[14]

		Standardstufe		
		3	4	5
8.1	Kindergärten	1.300	1.495	1.900
8.2	Allgemeinbildende Schulen, Berufsbildende Schulen	1.450	1.670	2.120
8.3	Sonderschulen	1.585	1.820	2.315

[14] einschließlich Baunebenkosten in Höhe von Gebäudeart 8.1 20 %; Gebäudeart 8.2 21 %; Gebäudeart 8.3 17 %

9 Wohnheime, Alten-/Pflegeheime[15]

		Standardstufe		
		3	4	5
9.1	Wohnheime/Internate	1.000	1.225	1.425
9.2	Alten-/Pflegeheime	1.170	1.435	1.665

[15] einschließlich Baunebenkosten in Höhe von Gebäudeart 9.1 – 9.2 18 %

10 Krankenhäuser, Tageskliniken[16]

		Standardstufe		
		3	4	5
10.1	Krankenhäuser/Kliniken	1.720	2.080	2.765
10.2	Tageskliniken/Ärztehäuser	1.585	1.945	2.255

[16] einschließlich Baunebenkosten in Höhe von Gebäudeart 10.1 – 10.2 21 %

11 Beherbergungsstätten, Verpflegungseinrichtungen[17]

		Standardstufe		
		3	4	5
11.1	Hotels	1.385	1.805	2.595

[17] einschließlich Baunebenkosten in Höhe von Gebäudeart 11.1 21 %

12 Sporthallen, Freizeitbäder/Heilbäder[18]

		Standardstufe		
		3	4	5
12.1	Sporthallen (Einfeldhallen)	1.320	1.670	1.955
12.2	Sporthallen (Dreifeldhallen/Mehrzweckhallen)	1.490	1.775	2.070
12.3	Tennishallen	1.010	1.190	1.555
12.4	Freizeitbäder/Heilbäder	2.450	2.985	3.840

[18] einschließlich Baunebenkosten in Höhe von Gebäudeart 12.1 + 12.3 17 %
Gebäudeart 12.2 19 %
Gebäudeart 12.4 24 %

13 Verbrauchermärkte, Kauf-/Warenhäuser, Autohäuser[19]

		Standardstufe		
		3	4	5
13.1	Verbrauchermärkte	720	870	1.020
13.2	Kauf-/Warenhäuser	1.320	1.585	1.850
13.3	Autohäuser ohne Werkstatt	940	1.240	1.480

[19] einschließlich Baunebenkosten in Höhe von Gebäudeart 13.1 16 %
Gebäudeart 13.2 22 %
Gebäudeart 13.3 21 %

14 Garagen[20]

		Standardstufe		
		3	4	5
14.1	Einzelgaragen/Mehrfachgaragen[21]	245	485	780
14.2	Hochgaragen	480	655	780
14.3	Tiefgaragen	560	715	850
14.4	Nutzfahrzeuggaragen	530	680	810

[20] einschließlich Baunebenkosten in Höhe von Gebäudeart 14.1 12 %
Gebäudeart 14.2 – 14.3 15 %
Gebäudeart 14.4 13 %

[21] Standardstufe 3: Fertiggaragen;
Standardstufe 4: Garagen in Massivbauweise;
Standardstufe 5: individuelle Garagen in Massivbauweise mit besonderen Ausführungen wie Ziegeldach, Gründach, Bodenbeläge, Fliesen o.Ä., Wasser, Abwasser und Heizung

15 Betriebs-/Werkstätten, Produktionsgebäude[22]

		Standardstufe		
		3	4	5
15.1	Betriebs-/Werkstätten, eingeschossig	970	1.165	1.430
15.2	Betriebs-/Werkstätten, mehrgeschossig, ohne Hallenanteil	910	1.090	1.340
15.3	Betriebs-/Werkstätten, mehrgeschossig, hoher Hallenanteil	620	860	1.070
15.4	Industrielle Produktionsgebäude, Massivbauweise	950	1.155	1.440
15.5	Industrielle Produktionsgebäude, überwiegend Skelettbauweise	700	965	1.260

[22] einschließlich Baunebenkosten in Höhe von Gebäudeart 15.1 – 15.4 19 %
Gebäudeart 15.5 18 %

16 Lagergebäude[23]

		Standardstufe		
		3	4	5
16.1	Lagergebäude ohne Mischnutzung, Kaltlager	350	490	640
16.2	Lagergebäude mit bis zu 25 % Mischnutzung[24]	550	690	880
16.3	Lagergebäude mit mehr als 25 % Mischnutzung[24]	890	1.095	1.340

[23] einschließlich Baunebenkosten in Höhe von Gebäudeart 16.1 16 %
Gebäudeart 16.2 17 %
Gebäudeart 16.3 18 %

[24] Lagergebäude mit Mischnutzung sind Gebäude mit einem überwiegenden Anteil an Lagernutzung und einem geringeren Anteil an anderen Nutzungen wie Büro, Sozialräume, Ausstellungs- oder Verkaufsflächen etc.

17 Sonstige Gebäude[25]

		Standardstufe		
		3	4	5
17.1	Museen	1.880	2.295	2.670
17.2	Theater	2.070	2.625	3.680
17.3	Sakralbauten	1.510	2.060	2.335
17.4	Friedhofsgebäude	1.320	1.490	1.720

[25] einschließlich Baunebenkosten in Höhe von Gebäudeart 17.1 18 %
Gebäudeart 17.2 22 %
Gebäudeart 17.3 16 %
Gebäudeart 17.4 19 %

18 Landwirtschaftliche Betriebsgebäude

18.1 Reithallen, Pferdeställe

18.1.1 Reithallen

	Standardstufe		
	3	4	5
300 Bauwerk – Baukonstruktion	215	235	280
400 Bauwerk – Technische Anlagen	20	25	30
Bauwerk	235	260	310
einschließlich Baunebenkosten in Höhe von	12 %		
Traufhöhe	5,00 m		
BGF/Nutzeinheit	–		
Korrekturfaktoren	Gebäudegröße BGF 500 m² 1,20 1.000 m² 1,00 1.500 m² 0,90		

18.1.2 Pferdeställe

	Standardstufe		
	3	4	5
300 Bauwerk – Baukonstruktion	310	450	535
400 Bauwerk – Technische Anlagen	55	70	90
Bauwerk	365	520	625
einschließlich Baunebenkosten in Höhe von	12 %		
Traufhöhe	3,50 m		
BGF/Nutzeinheit	15,00 – 20,00 m²/Tier		
Korrekturfaktoren	Gebäudegröße BGF 250 m² 1,20 500 m² 1,00 750 m² 0,90		

18.2 Rinderställe, Melkhäuser

18.2.1 Kälberställe

	Standardstufe		
	3	4	5
300 Bauwerk – Baukonstruktion	335	375	455
400 Bauwerk – Technische Anlagen	145	165	195
Bauwerk	480	540	650
einschließlich Baunebenkosten in Höhe von	12 %		
Traufhöhe	3,00 m		
BGF/Nutzeinheit	4,00 – 4,50 m²/Tier		
Korrekturfaktoren	Gebäudegröße BGF 100 m² 1,20 150 m² 1,00 250 m² 0,90	Unterbau Güllekanäle (Tiefe 1,00 m) 1,05 ohne Güllekanäle 1,00	

18.2.2 Jungvieh-/Mastbullen-/Milchviehställe ohne Melkstand und Warteraum

	Standardstufe		
	3	4	5
300 Bauwerk – Baukonstruktion	235	260	310
400 Bauwerk – Technische Anlagen	55	65	80
Bauwerk	290	325	390
einschließlich Baunebenkosten in Höhe von	12 %		
Traufhöhe	4,00 m		
BGF/Nutzeinheit	6,50 – 10,50 m²/Tier		
Korrekturfaktoren	Gebäudegröße BGF 500 m² 1,20 1.000 m² 1,00 1.500 m² 0,90	Unterbau Güllekanäle (Tiefe 1,00 m) 1,20 ohne Güllekanäle 1,00 Güllelagerraum (Tiefe 2,00 m) 1,40	

18.2.3 Milchviehställe mit Melkstand und Milchlager

	Standardstufe		
	3	4	5
300 Bauwerk – Baukonstruktion	225	255	310
400 Bauwerk – Technische Anlagen	100	110	130
Bauwerk	325	365	440
einschließlich Baunebenkosten in Höhe von	12 %		
Traufhöhe	4,00 m		
BGF/Nutzeinheit	10,00 – 15,00 m²/Tier		
Korrekturfaktoren	Gebäudegröße BGF 1.000 m² 1,20 1.500 m² 1,00 2.000 m² 0,90	Unterbau Güllekanäle (Tiefe 1,00 m) 1,20 ohne Güllekanäle 1,00 Güllelagerraum (Tiefe 2,00 m) 1,40	

18.2.4 Melkhäuser mit Milchlager und Nebenräumen als Einzelgebäude ohne Warteraum und Selektion

	Standardstufe		
	3	4	5
300 Bauwerk – Baukonstruktion	700	780	935
400 Bauwerk – Technische Anlagen	470	520	625
Bauwerk	1.170	1.300	1.560
einschließlich Baunebenkosten in Höhe von	12 %		
Traufhöhe	3,00 m		
BGF/Nutzeinheit	–		
Korrekturfaktoren	Gebäudegröße BGF 100 m² 1,20 150 m² 1,00 250 m² 0,90		

18.3 Schweineställe

18.3.1 Ferkelaufzuchtställe

	Standardstufe		
	3	4	5
300 Bauwerk – Baukonstruktion	300	330	395
400 Bauwerk – Technische Anlagen	155	175	215
Bauwerk	455	505	610
einschließlich Baunebenkosten in Höhe von	12 %		
Traufhöhe	3,00 m		
BGF/Nutzeinheit	0,45 – 0,65 m²/Tier		
Korrekturfaktoren	Gebäudegröße BGF 400 m² 1,20 600 m² 1,00 800 m² 0,90	Unterbau Güllekanäle (Tiefe 0,60 m) 1,10 ohne Güllekanäle 1,00 Güllelagerraum (Tiefe 1,50 m) 1,20	

18.3.2 Mastschweineställe

	Standardstufe		
	3	4	5
300 Bauwerk – Baukonstruktion	290	325	400
400 Bauwerk – Technische Anlagen	125	145	170
Bauwerk	415	470	570
einschließlich Baunebenkosten in Höhe von	12 %		
Traufhöhe	3,00 m		
BGF/Nutzeinheit	0,90 – 1,30 m²/Tier		
Korrekturfaktoren	Gebäudegröße BGF 750 m² 1,20 1.250 m² 1,00 2.000 m² 0,90	Unterbau Güllekanäle (Tiefe 0,60 m) 1,10 ohne Güllekanäle 1,00 Güllelagerraum (Tiefe 1,50 m) 1,20	

18.3.3 Zuchtschweineställe, Deck-/Warte-/Abferkelbereich

	Standardstufe		
	3	4	5
300 Bauwerk – Baukonstruktion	305	340	405
400 Bauwerk – Technische Anlagen	165	180	220
Bauwerk	470	520	625
einschließlich Baunebenkosten in Höhe von	12 %		
Traufhöhe	3,00 m		
BGF/Nutzeinheit	4,50 – 5,00 m²/Tier		
Korrekturfaktoren	Gebäudegröße BGF 750 m² 1,20 1.250 m² 1,00 2.000 m² 0,90	Unterbau Güllekanäle (Tiefe 0,60 m) 1,10 ohne Güllekanäle 1,00 Güllelagerraum (Tiefe 1,50 m) 1,20	

18.3.4 Abferkelstall als Einzelgebäude

	Standardstufe		
	3	4	5
300 Bauwerk – Baukonstruktion	320	350	420
400 Bauwerk – Technische Anlagen	205	235	280
Bauwerk	525	585	700
einschließlich Baunebenkosten in Höhe von	12 %		
Traufhöhe	3,00 m		
BGF/Nutzeinheit	6,30 – 6,50 m²/Tier		
Korrekturfaktoren	Gebäudegröße BGF 200 m² 1,20 400 m² 1,00 600 m² 0,90	Unterbau Güllekanäle (Tiefe 0,60 m) 1,10 ohne Güllekanäle 1,00	

18.4 Geflügelställe

18.4.1 Mastgeflügel, Bodenhaltung (Hähnchen, Puten, Gänse)

	Standardstufe		
	3	4	5
300 Bauwerk – Baukonstruktion	210	235	280
400 Bauwerk – Technische Anlagen	50	55	70
Bauwerk	260	290	350
einschließlich Baunebenkosten in Höhe von	12 %		
Traufhöhe	3,00 m		
BGF/Nutzeinheit	0,05 – 0,06 m²/Tier		
Korrekturfaktoren	Gebäudegröße BGF 1.000 m² 1,20 1.900 m² 1,00 3.800 m² 0,90		

18.4.2 Legehennen, Bodenhaltung

	Standardstufe		
	3	4	5
300 Bauwerk – Baukonstruktion	290	325	390
400 Bauwerk – Technische Anlagen	130	145	170
Bauwerk	420	470	560
einschließlich Baunebenkosten in Höhe von	12 %		
Traufhöhe	3,00 m		
BGF/Nutzeinheit	0,15 – 0,20 m²/Tier		
Korrekturfaktoren	Gebäudegröße BGF 1.000 m² 1,20 2.500 m² 1,00 3.500 m² 0,90	Unterbau Kotgrube (Tiefe 1,00 m) 1,10	

18.4.3 Legehennen, Volierenhaltung

	Standardstufe		
	3	4	5
300 Bauwerk – Baukonstruktion	335	370	445
400 Bauwerk – Technische Anlagen	275	305	365
Bauwerk	610	675	810
einschließlich Baunebenkosten in Höhe von	12 %		
Traufhöhe	3,00 m		
BGF/Nutzeinheit	0,07 – 0,10 m²/Tier		
Korrekturfaktoren	Gebäudegröße BGF 500 m² 1,20 1.600 m² 1,00 2.200 m² 0,90		

18.4.4 Legehennen, Kleingruppenhaltung, ausgestalteter Käfig

	Standardstufe		
	3	4	5
300 Bauwerk – Baukonstruktion	340	370	450
400 Bauwerk – Technische Anlagen	335	370	445
Bauwerk	675	740	895
einschließlich Baunebenkosten in Höhe von	12 %		
Traufhöhe	3,00 m		
BGF/Nutzeinheit	0,05 – 0,07 m²/Tier		
Korrekturfaktoren	Gebäudegröße BGF 500 m² 1,20 1.200 m² 1,00 1.500 m² 0,90		

18.5 Landwirtschaftliche Mehrzweckhallen

18.5.1 Landwirtschaftliche Mehrzweckhallen

	Standardstufe		
	3	4	5
300 Bauwerk – Baukonstruktion	230	255	330
400 Bauwerk – Technische Anlagen	15	15	20
Bauwerk	245	270	350
einschließlich Baunebenkosten in Höhe von	11 %		
Traufhöhe	5,00 m		
BGF/Nutzeinheit	–		
Korrekturfaktoren	Gebäudegröße BGF 250 m² 1,20 800 m² 1,00 1.500 m² 0,90	Unterbau Remise (ohne Betonboden) 0,80	

18.6 Außenanlagen zu allen landwirtschaftlichen Betriebsgebäuden

Raufutter-Fahrsilo	60 – 100 €/m³ Nutzraum
Kraftfutter-Hochsilo	170 – 350 €/m³ Nutzraum
Fertigfutter-Hochsilo	170 – 350 €/m³ Nutzraum
Mistlager	60 – 100 €/m³ Nutzraum
Beton-Güllebehälter	30 – 60 €/m³ Nutzraum
Waschplatz (4,00 x 5,00 m) mit Kontrollschacht und Ölabscheider	4.000 – 5.000 €/Stck.
Vordach am Hauptdach angeschleppt	80 – 100 €/m²
Hofbefestigung aus Beton-Verbundsteinen	40 – 50 €/m²
Laufhof für Rinder	70 – 100 €/m² Nutzraum
Auslauf mit Spaltenboden	150 – 220 €/m² Nutzraum
Auslauf, Wintergarten für Geflügel	100 – 120 €/m² Nutzraum
Schüttwände bis 3,00 m Höhe	100 – 125 €/m²

3.1.2 NHK 2010: Beschreibung der Gebäudestandards (Anlage 2 zur SW-RL)

Inhaltsübersicht

Tabelle 1: Beschreibung der Gebäudestandards für freistehende Ein- und Zweifamilienhäuser, Doppelhäuser und Reihenhäuser

Die Beschreibung der Gebäudestandards ist beispielhaft und dient der Orientierung. Sie kann nicht alle in der Praxis auftretenden Standardmerkmale aufführen. Merkmale, die die Tabelle nicht beschreibt, sind zusätzlich sachverständig zu berücksichtigen. Es müssen nicht alle aufgeführten Merkmale zutreffen. Die in der Tabelle angegebenen Jahreszahlen beziehen sich auf die im jeweiligen Zeitraum gültigen Wärmeschutzanforderungen; in Bezug auf das konkrete Bewertungsobjekt ist zu prüfen, ob von diesen Wärmeschutzanforderungen abgewichen wird. Die Beschreibung der Gebäudestandards basiert auf dem Bezugsjahr der NHK (Jahr 2010).

	Standardstufe					**Wägungsanteil**
	1	**2**	**3**	**4**	**5**	
Außenwände	Holzfachwerk, Ziegelmauerwerk; Fugenglattstrich, Putz, Verkleidung mit Faserzementplatten, Bitumenschindeln oder einfachen Kunststoffplatten; kein oder deutlich nicht zeitgemäßer Wärmeschutz (vor ca. 1980)	ein-/zweischaliges Mauerwerk, z.B. Gitterziegel oder Hohlblocksteine; verputzt und gestrichen oder Holzverkleidung; nicht zeitgemäßer Wärmeschutz (vor ca. 1995)	ein-/zweischaliges Mauerwerk, z.B. aus Leichtziegeln, Kalksandsteinen, Gasbetonsteinen; Edelputz; Wärmedämmverbundsystem oder Wärmedämmputz (nach ca. 1995)	Verblendmauerwerk, zweischalig, hinterlüftet, Vorhangfassade (z.B. Naturschiefer); Wärmedämmung (nach ca. 2005)	aufwendig gestaltete Fassaden mit konstruktiver Gliederung (Säulenstellungen, Erker etc.), Sichtbeton-Fertigteile, Natursteinfassade, Elemente aus Kupfer-/Eloxalblech, mehrgeschossige Glasfassaden; Dämmung im Passivhausstandard	23

	Standardstufe					Wägungsanteil
	1	2	3	4	5	
Dach	Dachpappe, Faserzementplatten/ Wellplatten; keine bis geringe Dachdämmung	einfache Betondachsteine oder Tondachziegel, Bitumenschindeln; nicht zeitgemäße Dachdämmung (vor ca. 1995)	Faserzement-Schindeln, beschichtete Betondachsteine und Tondachziegel, Folienabdichtung; Rinnen und Fallrohre aus Zinkblech; Dachdämmung (nach ca. 1995)	glasierte Tondachziegel, Flachdachausbildung tlw. als Dachterrassen; Konstruktion in Brettschichtholz, schweres Massivflachdach; besondere Dachformen, z.B. Mansarden-, Walmdach; Aufsparrendämmung, überdurchschnittliche Dämmung (nach ca. 2005)	hochwertige Eindeckung z.B. aus Schiefer oder Kupfer, Dachbegrünung, befahrbares Flachdach; aufwendig gegliederte Dachlandschaft, sichtbare Bogendachkonstruktionen; Rinnen und Fallrohre aus Kupfer; Dämmung im Passivhausstandard	15
Fenster und Außentüren	Einfachverglasung; einfache Holztüren	Zweifachverglasung (vor ca. 1995); Haustür mit nicht zeitgemäßem Wärmeschutz (vor ca. 1995)	Zweifachverglasung (nach ca. 1995), Rollläden (manuell); Haustür mit zeitgemäßem Wärmeschutz (nach ca. 1995)	Dreifachverglasung, Sonnenschutzglas, aufwendigere Rahmen, Rollläden (elektr.); höherwertige Türanlage z.B. mit Seitenteil, besonderer Einbruchschutz	große feststehende Fensterflächen, Spezialverglasung (Schall- und Sonnenschutz); Außentüren in hochwertigen Materialien	11
Innenwände und -türen	Fachwerkwände, einfache Putze/ Lehmputze, einfache Kalkanstriche; Füllungstüren, gestrichen, mit einfachen Beschlägen ohne Dichtungen	massive tragende Innenwände, nicht tragende Wände in Leichtbauweise (z.B. Holzständerwände mit Gipskarton), Gipsdielen; leichte Türen, Stahlzargen	nicht tragende Innenwände in massiver Ausführung bzw. mit Dämmmaterial gefüllte Ständerkonstruktionen; schwere Türen, Holzzargen	Sichtmauerwerk, Wandvertäfelungen (Holzpaneele); Massivholztüren, Schiebetürelemente, Glastüren, strukturierte Türblätter	gestaltete Wandabläufe (z.B. Pfeilervorlagen, abgesetzte oder geschwungene Wandpartien); Vertäfelungen (Edelholz, Metall), Akustikputz, Brandschutzverkleidung; raumhohe aufwendige Türelemente	11
Deckenkonstruktion und Treppen	Holzbalkendecken ohne Füllung, Spalierputz; Weichholztreppen in einfacher Art und Ausführung; kein Trittschallschutz	Holzbalkendecken mit Füllung, Kappendecken; Stahl- oder Hartholztreppen in einfacher Art und Ausführung	Beton- und Holzbalkendecken mit Tritt- und Luftschallschutz (z.B. schwimmender Estrich); geradläufige Treppen aus Stahlbeton oder Stahl, Harfentreppe, Trittschallschutz	Decken mit größerer Spannweite, Deckenverkleidung (Holzpaneele/Kassetten); gewendelte Treppen aus Stahlbeton oder Stahl, Hartholztreppenanlage in besserer Art und Ausführung	Decken mit großen Spannweiten, gegliedert, Deckenvertäfelungen (Edelholz, Metall); breite Stahlbeton-, Metall- oder Hartholztreppenanlage mit hochwertigem Geländer	11
Fußböden	ohne Belag	Linoleum-, Teppich-, Laminat- und PVC-Böden einfacher Art und Ausführung	Linoleum-, Teppich-, Laminat- und PVC-Böden besserer Art und Ausführung, Fliesen, Kunststeinplatten	Natursteinplatten, Fertigparkett, hochwertige Fliesen, Terrazzobelag, hochwertige Massivholzböden auf gedämmter Unterkonstruktion	hochwertiges Parkett, hochwertige Natursteinplatten, hochwertige Edelholzböden auf gedämmter Unterkonstruktion	5
Sanitäreinrichtungen	einfaches Bad mit Stand-WC, Installation auf Putz, Ölfarbenanstrich, einfache PVC-Bodenbeläge	1 Bad mit WC, Dusche oder Badewanne; einfache Wand- und Bodenfliesen, teilweise gefliest	1 Bad mit WC, Dusche und Badewanne, Gäste-WC; Wand- und Bodenfliesen, raumhoch gefliest	1 – 2 Bäder mit tlw. zwei Waschbecken, tlw. Bidet/ Urinal, Gäste-WC, bodengleiche Dusche; Wand- und Bodenfliesen; jeweils in gehobener Qualität	mehrere großzügige, hochwertige Bäder, Gäste-WC; hochwertige Wand- und Bodenplatten (oberflächenstrukturiert, Einzel- und Flächendekors)	9

	Standardstufe					Wägungsanteil
	1	2	3	4	5	
Heizung	Einzelöfen, Schwerkraftheizung	Fern- oder Zentralheizung, einfache Warmluftheizung, einzelne Gasaußenwandthermen, Nachtstromspeicher-, Fußbodenheizung (vor ca. 1995)	elektronisch gesteuerte Fern- oder Zentralheizung, Niedertemperatur- oder Brennwertkessel	Fußbodenheizung, Solarkollektoren für Warmwassererzeugung, zusätzlicher Kaminanschluss	Solarkollektoren für Warmwassererzeugung und Heizung, Blockheizkraftwerk, Wärmepumpe, Hybrid-Systeme; aufwendige zusätzliche Kaminanlage	9
Sonstige technische Ausstattung	sehr wenige Steckdosen, Schalter und Sicherungen, kein Fehlerstromschutzschalter (FI-Schalter), Leitungen teilweise auf Putz	wenige Steckdosen, Schalter und Sicherungen	zeitgemäße Anzahl an Steckdosen und Lichtauslässen, Zählerschrank (ab ca. 1985) mit Unterverteilung und Kippsicherungen	zahlreiche Steckdosen und Lichtauslässe, hochwertige Abdeckungen, dezentrale Lüftung mit Wärmetauscher, mehrere LAN- und Fernsehanschlüsse	Video- und zentrale Alarmanlage, zentrale Lüftung mit Wärmetauscher, Klimaanlage, Bussystem	6

Anwendungsbeispiel für Tabelle 1

Einfamilienhaus freistehend;

Gebäudeart: 1.01

Keller-, Erdgeschoss, ausgebautes Dachgeschoss

Nach sachverständiger Würdigung werden den in Tabelle 1 angegebenen Standardmerkmalen die zutreffenden Standardstufen zugeordnet. Eine Mehrfachnennung ist möglich, wenn die verwendeten Bauteile Merkmale mehrerer Standardstufen aufweisen, z.B. im Bereich Fußboden 50 % Teppichbelag und 50 % Parkett.

	Standardstufe					Wägungsanteil
	1	2	3	4	5	
Außenwände			1			23
Dächer			0,5	0,5		15
Außentüren und Fenster				1		11
Innenwände und -türen			0,5	0,5		11
Deckenkonstruktion und Treppen				1		11
Fußböden			0,5	0,5		5
Sanitäreinrichtungen	1					9
Heizung			0,6	0,4		9
Sonstige technische Ausstattung	0,5	0,5				6
Kostenkennwerte für Gebäudeart 1.01:	655 €/m² BGF	725 €/m² BGF	835 €/m² BGF	1.005 €/m² BGF	1.260 €/m² BGF	

Außenwände	1 x 23 % x 835 €/m² BGF =	192 €/m² BGF
Dächer	0,5 x 15 % x 835 €/m² BGF + 0,5 x 15 % x 1.005 €/m² BGF =	138 €/m² BGF
Außentüren und Fenster	1 x 11 % x 1.005 €/m² BGF =	111 €/m² BGF
Innenwände	0,5 x 11 % x 835 €/m² BGF + 0,5 x 11 % x 1.005 €/m² BGF =	101 €/m² BGF
Deckenkonstruktion und Treppen	1 x 11 % x 1.005 €/m² BGF =	111 €/m² BGF
Fußböden	0,5 x 5 % x 835 €/m² BGF + 0,5 x 5 % x 1.005 €/m² BGF =	46 €/m² BGF
Sanitäreinrichtungen	1 x 9 % x 655 €/m² BGF =	59 €/m² BGF
Heizung	0,6 x 9 % x 835 €/m² BGF + 0,4 x 9 % x 1.005 €/m² BGF =	81 €/m² BGF
Sonstige technische Ausstattung	0,5 x 6 % x 655 €/m² BGF + 0,5 x 6 % x 725 €/m² BGF =	41 €/m² BGF
	Kostenkennwert (Summe)	880 €/m² BGF

Tabelle 2: Beschreibung der Gebäudestandards für Mehrfamilienhäuser, Wohnhäuser mit Mischnutzung

Die Beschreibung der Gebäudestandards ist beispielhaft und dient der Orientierung. Sie kann nicht alle in der Praxis auftretenden Standardmerkmale aufführen. Merkmale, die die Tabelle nicht beschreibt, sind zusätzlich sachverständig zu berücksichtigen. Es müssen nicht alle aufgeführten Merkmale zutreffen. Die in der Tabelle angegebenen Jahreszahlen beziehen sich auf die im jeweiligen Zeitraum gültigen Wärmeschutzanforderungen; in Bezug auf das konkrete Bewertungsobjekt ist zu prüfen, ob von diesen Wärmeschutzanforderungen abgewichen wird. Die Beschreibung der Gebäudestandards basiert auf dem Bezugsjahr der NHK (Jahr 2010). Bei nicht mehr zeitgemäßen Standardmerkmalen ist ein Abschlag sachverständig vorzunehmen.

	Standardstufe		
	3	**4**	**5**
Außenwände	ein-/zweischaliges Mauerwerk, z.B. aus Leichtziegeln, Kalksandsteinen, Gasbetonsteinen; Edelputz; Wärmedämmverbundsystem oder Wärmedämmputz (nach ca. 1995)	Verblendmauerwerk, zweischalig, hinterlüftet, Vorhangfassade (z.B. Naturschiefer); Wärmedämmung (nach ca. 2005)	aufwendig gestaltete Fassaden mit konstruktiver Gliederung (Säulenstellungen, Erker etc.), Sichtbeton-Fertigteile, Natursteinfassade, Elemente aus Kupfer-/Eloxalblech, mehrgeschossige Glasfassaden; hochwertigste Dämmung
Dach	Faserzement-Schindeln, beschichtete Betondachsteine und Tondachziegel, Folienabdichtung; Dachdämmung (nach ca. 1995)	glasierte Tondachziegel; Flachdachausbildung tlw. als Dachterrasse; Konstruktion in Brettschichtholz, schweres Massivflachdach; besondere Dachform, z.B. Mansarden-, Walmdach; Aufsparrendämmung, überdurchschnittliche Dämmung (nach ca. 2005)	hochwertige Eindeckung z.B. aus Schiefer oder Kupfer, Dachbegrünung, befahrbares Flachdach; stark überdurchschnittliche Dämmung
Fenster und Außentüren	Zweifachverglasung (nach ca. 1995), Rollläden (manuell); Haustür mit zeitgemäßem Wärmeschutz (nach ca. 1995)	Dreifachverglasung, Sonnenschutzglas, aufwendigere Rahmen, Rollläden (elektr.); höherwertige Türanlagen z.B. mit Seitenteil, besonderer Einbruchschutz	große feststehende Fensterflächen, Spezialverglasung (Schall- und Sonnenschutz); Außentüren in hochwertigen Materialien
Innenwände und -türen	nicht tragende Innenwände in massiver Ausführung bzw. mit Dämmmaterial gefüllte Ständerkonstruktionen; schwere Türen	Sichtmauerwerk; Massivholztüren, Schiebetürelemente, Glastüren, strukturierte Türblätter	gestaltete Wandabläufe (z.B. Pfeilervorlagen, abgesetzte oder geschwungene Wandpartien); Brandschutzverkleidung; raumhohe aufwendige Türelemente
Deckenkonstruktion	Betondecken mit Tritt- und Luftschallschutz (z.B. schwimmender Estrich); einfacher Putz	zusätzlich Deckenverkleidung	Deckenvertäfelungen (Edelholz, Metall)
Fußböden	Linoleum-, Teppich-, Laminat- und PVC-Böden besserer Art und Ausführung, Fliesen, Kunststeinplatten	Natursteinplatten, Fertigparkett, hochwertige Fliesen, Terrazzobelag, hochwertige Massivholzböden auf gedämmter Unterkonstruktion	hochwertiges Parkett, hochwertige Natursteinplatten, hochwertige Edelholzböden auf gedämmter Unterkonstruktion
Sanitäreinrichtungen	1 Bad mit WC je Wohneinheit; Dusche und Badewanne; Wand- und Bodenfliesen, raumhoch gefliest	1 bis 2 Bäder je Wohneinheit mit tlw. zwei Waschbecken, tlw. Bidet/Urinal, Gäste-WC, bodengleiche Dusche; Wand- und Bodenfliesen jeweils in gehobener Qualität	2 und mehr Bäder je Wohneinheit; hochwertige Wand- und Bodenplatten (oberflächenstrukturiert, Einzel- und Flächendekors)
Heizung	elektronisch gesteuerte Fern- oder Zentralheizung, Niedertemperatur- oder Brennwertkessel	Fußbodenheizung, Solarkollektoren für Warmwassererzeugung	Solarkollektoren für Warmwassererzeugung und Heizung, Blockheizkraftwerk, Wärmepumpe, Hybrid-Systeme

	Standardstufe		
	3	4	5
Sonstige technische Ausstattung	zeitgemäße Anzahl an Steckdosen und Lichtauslässen; Zählerschrank (ab ca. 1985) mit Unterverteilung und Kippsicherungen	zahlreiche Steckdosen und Lichtauslässe, hochwertige Abdeckungen, dezentrale Lüftung mit Wärmetauscher, mehrere LAN- und Fernsehanschlüsse, Personenaufzugsanlagen	Video- und zentrale Alarmanlage, zentrale Lüftung mit Wärmetauscher, Klimaanlage; Bussystem; aufwendige Personenaufzugsanlagen

Tabelle 3: Beschreibung der Gebäudestandards für Bürogebäude, Banken, Geschäftshäuser

Die Beschreibung der Gebäudestandards ist beispielhaft und dient der Orientierung. Sie kann nicht alle in der Praxis auftretenden Standardmerkmale aufführen. Merkmale, die die Tabelle nicht beschreibt, sind zusätzlich sachverständig zu berücksichtigen. Es müssen nicht alle aufgeführten Merkmale zutreffen. Die in der Tabelle angegebenen Jahreszahlen beziehen sich auf die im jeweiligen Zeitraum gültigen Wärmeschutzanforderungen; in Bezug auf das konkrete Bewertungsobjekt ist zu prüfen, ob von diesen Wärmeschutzanforderungen abgewichen wird. Die Beschreibung der Gebäudestandards basiert auf dem Bezugsjahr der NHK (Jahr 2010). Bei nicht mehr zeitgemäßen Standardmerkmalen ist ein Abschlag sachverständig vorzunehmen.

	Standardstufe		
	3	4	5
Außenwände	ein-/zweischalige Konstruktion; Wärmedämmverbundsystem oder Wärmedämmputz (nach ca. 1995)	Verblendmauerwerk, zweischalig, hinterlüftet, Vorhangfassade (z.B. Naturschiefer); Wärmedämmung (nach ca. 2005)	aufwendig gestaltete Fassaden mit konstruktiver Gliederung (Säulenstellungen, Erker etc.), Sichtbeton-Fertigteile, Natursteinfassade, Elemente aus Kupfer-/Eloxalblech, mehrgeschossige Glasfassaden; Vorhangfassade aus Glas; stark überdurchschnittliche Dämmung
Dach	Faserzement-Schindeln, beschichtete Betondachsteine und Tondachziegel, Folienabdichtung; Dachdämmung (nach ca. 1995)	glasierte Tondachziegel; schweres Massivflachdach; besondere Dachform; überdurchschnittliche Dämmung (nach ca. 2005)	hochwertige Eindeckung z.B. aus Schiefer oder Kupfer; Dachbegrünung; befahrbares Flachdach; aufwendig gegliederte Dachlandschaft; stark überdurchschnittliche Dämmung
Fenster und Außentüren	Zweifachverglasung (nach ca. 1995)	Dreifachverglasung, Sonnenschutzglas, aufwendigere Rahmen, höherwertige Türanlagen	große feststehende Fensterflächen, Spezialverglasung (Schall- und Sonnenschutz); Außentüren in hochwertigen Materialien; Automatiktüren
Innenwände und -türen	nicht tragende Innenwände in massiver Ausführung; schwere Türen	Sichtmauerwerk, Massivholztüren, Schiebetürelemente, Glastüren, Innenwände für flexible Raumkonzepte (größere statische Spannweiten der Decken)	gestaltete Wandabläufe (z.B. Pfeilervorlagen, abgesetzte oder geschwungene Wandpartien); Wände aus großformatigen Glaselementen, Akustikputz, tlw. Automatiktüren; rollstuhlgerechte Bedienung
Deckenkonstruktion	Betondecken mit Tritt- und Luftschallschutz; einfacher Putz; abgehängte Decken	höherwertige abgehängte Decken	Deckenvertäfelungen (Edelholz, Metall)
Fußböden	Linoleum- oder Teppich-Böden besserer Art und Ausführung; Fliesen, Kunststeinplatten	Natursteinplatten, Fertigparkett, hochwertige Fliesen, Terrazzobelag, hochwertige Massivholzböden auf gedämmter Unterkonstruktion	hochwertiges Parkett, hochwertige Natursteinplatten, hochwertige Edelholzböden auf gedämmter Unterkonstruktion
Sanitäreinrichtungen	ausreichende Anzahl von Toilettenräumen in Standard-Ausführung	Toilettenräume in gehobenem Standard	großzügige Toilettenanlagen jeweils mit Sanitäreinrichtung in gehobener Qualität

	Standardstufe		
	3	4	5
Heizung	elektronisch gesteuerte Fern- oder Zentralheizung, Niedertemperatur- oder Brennwertkessel	Fußbodenheizung; Solarkollektoren für Warmwassererzeugung	Solarkollektoren für Warmwassererzeugung und Heizung, Blockheizkraftwerk, Wärmepumpe, Hybrid-Systeme; Klimaanlage
Sonstige technische Ausstattung	zeitgemäße Anzahl an Steckdosen und Lichtauslässen; Zählerschrank (ab ca. 1985) mit Unterverteilung und Kippsicherungen; Kabelkanäle; Blitzschutz	zahlreiche Steckdosen und Lichtauslässe; hochwertige Abdeckungen, hochwertige Beleuchtung; Doppelboden mit Bodentanks zur Verkabelung; ausreichende Anzahl von LAN-Anschlüssen; dezentrale Lüftung mit Wärmetauscher, Messverfahren von Verbrauch, Regelung von Raumtemperatur und Raumfeuchte, Sonnenschutzsteuerung; elektronische Zugangskontrolle; Personenaufzugsanlagen	Video- und zentrale Alarmanlage; zentrale Lüftung mit Wärmetauscher, Klimaanlage, Bussystem; aufwendige Personenaufzugsanlagen

3

Tabelle 4: Beschreibung der Gebäudestandards für Gemeindezentren, Saalbauten/Veranstaltungsgebäude, Kindergärten, Schulen

Die Beschreibung der Gebäudestandards ist beispielhaft und dient der Orientierung. Sie kann nicht alle in der Praxis auftretenden Standardmerkmale aufführen. Merkmale, die die Tabelle nicht beschreibt, sind zusätzlich sachverständig zu berücksichtigen. Es müssen nicht alle aufgeführten Merkmale zutreffen. Die in der Tabelle angegebenen Jahreszahlen beziehen sich auf die im jeweiligen Zeitraum gültigen Wärmeschutzanforderungen; in Bezug auf das konkrete Bewertungsobjekt ist zu prüfen, ob von diesen Wärmeschutzanforderungen abgewichen wird. Die Beschreibung der Gebäudestandards basiert auf dem Bezugsjahr der NHK (Jahr 2010). Bei nicht mehr zeitgemäßen Standardmerkmalen ist ein Abschlag sachverständig vorzunehmen.

	Standardstufe		
	3	4	5
Außenwände	ein-/zweischalige Konstruktion; Wärmedämmverbundsystem oder Wärmedämmputz (nach ca. 1995)	Verblendmauerwerk, zweischalig, hinterlüftet; Vorhangfassade (z.B. Naturschiefer); Wärmedämmung (nach ca. 2005)	aufwendig gestaltete Fassaden mit konstruktiver Gliederung (Säulenstellungen, Erker etc.), Sichtbeton-Fertigteile, Natursteinfassade, Elemente aus Kupfer-/Eloxalblech, mehrgeschossige Glasfassaden; stark überdurchschnittliche Dämmung
Dach	Faserzement-Schindeln, beschichtete Betondachsteine und Tondachziegel, Folienabdichtung; Dachdämmung (nach ca. 1995)	glasierte Tondachziegel; besondere Dachform; Dämmung (nach ca. 2005)	hochwertige Eindeckung z.B. aus Schiefer oder Kupfer, Dachbegrünung, befahrbares Flachdach; aufwendig gegliederte Dachlandschaft, stark überdurchschnittliche Dämmung
Fenster und Außentüren	Zweifachverglasung (nach ca. 1995)	Dreifachverglasung, Sonnenschutzglas, aufwendigere Rahmen, höherwertige Türanlagen	große feststehende Fensterflächen, Spezialverglasung (Schall- und Sonnenschutz); Außentüren in hochwertigen Materialien
Innenwände und -türen	nicht tragende Innenwände in massiver Ausführung bzw. mit Dämmmaterial gefüllte Ständerkonstruktionen; schwere und große Türen	Sichtmauerwerk, Massivholztüren, Schiebetürelemente, Glastüren	gestaltete Wandabläufe (z.B. Pfeilervorlagen, abgesetzte oder geschwungene Wandpartien); Vertäfelungen (Edelholz, Metall), Akustikputz, raumhohe aufwendige Türelemente; tlw. Automatiktüren; rollstuhlgerechte Bedienung

	Standardstufe		
	3	4	5
Deckenkonstruktion	Betondecken mit Tritt- und Luftschallschutz; einfacher Putz; abgehängte Decken	Decken mit großen Spannweiten, Deckenverkleidung	Decken mit größeren Spannweiten
Fußböden	Linoleum- oder Teppich-Böden besserer Art und Ausführung; Fliesen, Kunststeinplatten	Natursteinplatten, hochwertige Fliesen, Terrazzobelag, hochwertige Massivholzböden auf gedämmter Unterkonstruktion	hochwertiges Parkett, hochwertige Natursteinplatten, hochwertige Edelholzböden auf gedämmter Unterkonstruktion
Sanitäreinrichtungen	ausreichende Anzahl von Toilettenräumen in Standard-Ausführung	Toilettenräume in gehobenem Standard	großzügige Toilettenanlagen mit Sanitäreinrichtung in gehobener Qualität
Heizung	elektronisch gesteuerte Fern- oder Zentralheizung, Niedertemperatur- oder Brennwertkessel	Solarkollektoren für Warmwassererzeugung; Fußbodenheizung	Solarkollektoren für Warmwassererzeugung und Heizung; Blockheizkraftwerk, Wärmepumpe, Hybrid-Systeme; Klimaanlage
Sonstige technische Ausstattung	zeitgemäße Anzahl an Steckdosen und Lichtauslässen; Zählerschrank (ab 1985) mit Unterverteilung und Kippsicherungen; Kabelkanäle; Blitzschutz	zahlreiche Steckdosen und Lichtauslässe; hochwertige Abdeckungen, hochwertige Beleuchtung; Doppelboden mit Bodentanks zur Verkabelung, ausreichende Anzahl von LAN-Anschlüssen; dezentrale Lüftung mit Wärmetauscher, Messverfahren von Raumtemperatur, Raumfeuchte, Verbrauch, Einzelraumregelung, Sonnenschutzsteuerung; elektronische Zugangskontrolle; Personenaufzugsanlagen	Video- und zentrale Alarmanlage; zentrale Lüftung mit Wärmetauscher, Klimaanlage, Bussystem

Tabelle 5: Beschreibung der Gebäudestandards für Wohnheime, Alten-/Pflegeheime, Krankenhäuser, Tageskliniken, Beherbergungsstätten, Verpflegungseinrichtungen

Die Beschreibung der Gebäudestandards ist beispielhaft und dient der Orientierung. Sie kann nicht alle in der Praxis auftretenden Standardmerkmale aufführen. Merkmale, die die Tabelle nicht beschreibt, sind zusätzlich sachverständig zu berücksichtigen. Es müssen nicht alle aufgeführten Merkmale zutreffen. Die in der Tabelle angegebenen Jahreszahlen beziehen sich auf die im jeweiligen Zeitraum gültigen Wärmeschutzanforderungen; in Bezug auf das konkrete Bewertungsobjekt ist zu prüfen, ob von diesen Wärmeschutzanforderungen abgewichen wird. Die Beschreibung der Gebäudestandards basiert auf dem Bezugsjahr der NHK (Jahr 2010). Bei nicht mehr zeitgemäßen Standardmerkmalen ist ein Abschlag sachverständig vorzunehmen.

	Standardstufe		
	3	4	5
Außenwände	ein-/zweischalige Konstruktion; Wärmedämmverbundsystem oder Wärmedämmputz (nach ca. 1995)	Verblendmauerwerk, zweischalig, hinterlüftet, Vorhangfassade (z.B. Naturschiefer); Wärmedämmung (nach ca. 2005)	aufwendig gestaltete Fassaden mit konstruktiver Gliederung (Säulenstellungen, Erker etc.), Sichtbeton-Fertigteile, Natursteinfassade, Elemente aus Kupfer-/Eloxalblech, mehrgeschossige Glasfassaden; hochwertigste Dämmung
Dach	Faserzement-Schindeln, beschichtete Betondachsteine und Tondachziegel, Folienabdichtung; Dachdämmung (nach ca. 1995)	glasierte Tondachziegel; besondere Dachformen; überdurchschnittliche Dämmung (nach ca. 2005)	hochwertige Eindeckung z.B. aus Schiefer oder Kupfer, Dachbegrünung, befahrbares Flachdach; aufwendig gegliederte Dachlandschaft, sichtbare; hochwertigste Dämmung

	Standardstufe		
	3	4	5
Fenster und Außentüren	Zweifachverglasung (nach ca. 1995); nur Wohnheime, Altenheime, Pflegeheime, Krankenhäuser und Tageskliniken: Automatik-Eingangstüren	Dreifachverglasung, Sonnenschutzglas, aufwendigere Rahmen; nur Beherbergungsstätten und Verpflegungseinrichtungen: Automatik-Eingangstüren	große feststehende Fensterflächen, Spezialverglasung (Schall- und Sonnenschutz)
Innenwände und -türen	nicht tragende Innenwände in massiver Ausführung bzw. mit Dämmmaterial gefüllte Ständerkonstruktionen; schwere Türen; nur Wohnheime, Altenheime, Pflegeheime, Krankenhäuser und Tageskliniken: Automatik-Flurzwischentüren; rollstuhlgerechte Bedienung	Sichtmauerwerk; nur Beherbergungsstätten und Verpflegungseinrichtungen: Automatik-Flurzwischentüren; rollstuhlgerechte Bedienung	gestaltete Wandabläufe (z.B. Pfeilervorlagen, abgesetzte oder geschwungene Wandpartien); Akustikputz, raumhohe aufwendige Türelemente
Deckenkonstruktion und Treppen	Betondecken mit Tritt- und Luftschallschutz; Deckenverkleidung, einfacher Putz	Decken mit großen Spannweiten	Decken mit größeren Spannweiten; hochwertige breite Stahlbeton-, Metalltreppenanlage mit hochwertigem Geländer
Fußböden	Linoleum- oder PVC-Böden besserer Art und Ausführung; Fliesen, Kunststeinplatten	Natursteinplatten, hochwertige Fliesen, Terrazzobelag, hochwertige Massivholzböden auf gedämmter Unterkonstruktion	hochwertiges Parkett, hochwertige Natursteinplatten, hochwertige Edelholzböden auf gedämmter Unterkonstruktion
Sanitäreinrichtungen	mehrere WCs und Duschbäder je Geschoss; Waschbecken im Raum	je Raum ein Duschbad mit WC; nur Wohnheime, Altenheime, Pflegeheime, Krankenhäuser und Tageskliniken: behindertengerecht	je Raum ein Duschbad mit WC in guter Ausstattung; nur Wohnheime, Altenheime, Pflegeheime, Krankenhäuser und Tageskliniken: behindertengerecht
Heizung	elektronisch gesteuerte Fern- oder Zentralheizung, Niedertemperatur- oder Brennwertkessel	Solarkollektoren für Warmwassererzeugung	Solarkollektoren für Warmwassererzeugung und Heizung; Blockheizkraftwerk, Wärmepumpe, Hybrid-Systeme; Klimaanlage
Sonstige technische Ausstattung	zeitgemäße Anzahl an Steckdosen und Lichtauslässen; Blitzschutz, Personenaufzugsanlagen	zahlreiche Steckdosen und Lichtauslässe; hochwertige Abdeckungen; dezentrale Lüftung mit Wärmetauscher; mehrere LAN- und Fernsehanschlüsse	Video- und zentrale Alarmanlage, zentrale Lüftung mit Wärmetauscher, Klimaanlage, Bussystem; aufwendige Aufzugsanlagen

Tabelle 6: Beschreibung der Gebäudestandards für Sporthallen, Freizeitbäder/Heilbäder

Die Beschreibung der Gebäudestandards ist beispielhaft und dient der Orientierung. Sie kann nicht alle in der Praxis auftretenden Standardmerkmale aufführen. Merkmale, die die Tabelle nicht beschreibt, sind zusätzlich sachverständig zu berücksichtigen. Es müssen nicht alle aufgeführten Merkmale zutreffen. Die in der Tabelle angegebenen Jahreszahlen beziehen sich auf die im jeweiligen Zeitraum gültigen Wärmeschutzanforderungen; in Bezug auf das konkrete Bewertungsobjekt ist zu prüfen, ob von diesen Wärmeschutzanforderungen abgewichen wird. Die Beschreibung der Gebäudestandards basiert auf dem Bezugsjahr der NHK (Jahr 2010). Bei nicht mehr zeitgemäßen Standardmerkmalen ist ein Abschlag sachverständig vorzunehmen.

	Standardstufe		
	3	4	5
Außenwände	ein-/zweischalige Konstruktion; Wärmedämmverbundsystem oder Wärmedämmputz (nach ca. 1995)	Verblendmauerwerk, zweischalig, hinterlüftet; Vorhangfassade (z.B. Naturschiefer); Wärmedämmung (nach ca. 2005)	aufwendig gestaltete Fassaden mit konstruktiver Gliederung (Säulenstellungen, Erker etc.), Sichtbeton-Fertigteile, Elemente aus Kupfer-/Eloxalblech, mehrgeschossige Glasfassaden; hochwertigste Dämmung
Dach	Faserzement-Schindeln, beschichtete Betondachsteine und Tondachziegel, Folienabdichtung; Dachdämmung (nach ca. 1995)	glasierte Tondachziegel; besondere Dachformen, überdurchschnittliche Dämmung (nach ca. 2005)	hochwertige Eindeckung z.B. aus Schiefer oder Kupfer, Dachbegrünung; aufwendig gegliederte Dachlandschaft, sichtbare Bogendachkonstruktionen; hochwertigste Dämmung
Fenster und Außentüren	Zweifachverglasung (nach ca. 1995)	Dreifachverglasung, Sonnenschutzglas, aufwendigere Rahmen, höherwertige Türanlagen	große feststehende Fensterflächen, Spezialverglasung (Schall- und Sonnenschutz); Automatik-Eingangstüren
Innenwände und -türen	nicht tragende Innenwände in massiver Ausführung bzw. mit Dämmmaterial gefüllte Ständerkonstruktionen; schwere Türen	Sichtmauerwerk; rollstuhlgerechte Bedienung	gestaltete Wandabläufe (z.B. Pfeilervorlagen, abgesetzte oder geschwungene Wandpartien); Akustikputz, raumhohe aufwendige Türelemente
Deckenkonstruktion und Treppen	Betondecke	Decken mit großen Spannweiten	Decken mit größeren Spannweiten; hochwertige breite Stahlbeton-, Metalltreppenanlage mit hochwertigem Geländer
Fußböden	nur Sporthallen: Beton, Asphaltbeton, Estrich oder Gussasphalt auf Beton; Teppichbelag, PVC; nur Freizeitbäder/Heilbäder: Fliesenbelag	nur Sporthallen: hochwertigere flächenstatische Fußbodenkonstruktion, Spezialteppich mit Gummigranulatauflage; hochwertigerer Schwingboden	nur Sporthallen: hochwertigste flächenstatische Fußbodenkonstruktion, Spezialteppich mit Gummigranulatauflage; hochwertigster Schwingboden; nur Freizeitbäder/Heilbäder: hochwertiger Fliesenbelag und Natursteinboden
Sanitäreinrichtungen	wenige Toilettenräume und Duschräume bzw. Waschräume	ausreichende Anzahl von Toilettenräumen und Duschräumen in besserer Qualität	großzügige Toilettenanlagen und Duschräume mit Sanitäreinrichtung in gehobener Qualität
Heizung	elektronisch gesteuerte Fern- oder Zentralheizung, Niedertemperatur- oder Brennwertkessel	Fußbodenheizung; Solarkollektoren für Warmwassererzeugung	Solarkollektoren für Warmwassererzeugung und Heizung, Blockheizkraftwerk, Wärmepumpe, Hybrid-Systeme
Sonstige technische Ausstattung	zeitgemäße Anzahl an Steckdosen und Lichtauslässen; Blitzschutz	zahlreiche Steckdosen und Lichtauslässe, hochwertige Abdeckungen, Lüftung mit Wärmetauscher	Video- und zentrale Alarmanlage; Klimaanlage; Bussystem

Tabelle 7: Beschreibung der Gebäudestandards für Verbrauchermärkte, Kauf-/Warenhäuser, Autohäuser

Die Beschreibung der Gebäudestandards ist beispielhaft und dient der Orientierung. Sie kann nicht alle in der Praxis auftretenden Standardmerkmale aufführen. Merkmale, die die Tabelle nicht beschreibt, sind zusätzlich sachverständig zu berücksichtigen. Es müssen nicht alle aufgeführten Merkmale zutreffen. Die in der Tabelle angegebenen Jahreszahlen beziehen sich auf die im jeweiligen Zeitraum gültigen Wärmeschutzanforderungen; in Bezug auf das konkrete Bewertungsobjekt ist zu prüfen, ob von diesen Wärmeschutzanforderungen abgewichen wird. Die Beschreibung der Gebäudestandards basiert auf dem Bezugsjahr der NHK (Jahr 2010). Bei nicht mehr zeitgemäßen Standardmerkmalen ist ein Abschlag sachverständig vorzunehmen.

	Standardstufe		
	3	4	5
Außenwände	ein-/zweischalige Konstruktion, Wärmedämmverbundsystem oder Wärmedämmputz (nach ca. 1995)	Verblendmauerwerk, zweischalig, hinterlüftet; Vorhangfassade (z.B. Naturschiefer); Wärmedämmung (nach ca. 2005)	aufwendig gestaltete Fassaden mit konstruktiver Gliederung (Säulenstellungen, Erker etc.), Sichtbeton-Fertigteile, Natursteinfassade, Elemente aus Kupfer-/Eloxalblech, mehrgeschossige Glasfassaden; hochwertigste Dämmung
Dach	Faserzement-Schindeln, beschichtete Betondachsteine und Tondachziegel, Folienabdichtung; Rinnen und Fallrohre aus Zinkblech; Dachdämmung (nach ca. 1995)	glasierte Tondachziegel; besondere Dachform; überdurchschnittliche Dämmung (nach ca. 2005)	hochwertige Eindeckung z.B. aus Schiefer oder Kupfer, Dachbegrünung; aufwendig gegliederte Dachlandschaft; hochwertigste Dämmung
Fenster und Außentüren	Zweifachverglasung (nach ca. 1995)	Dreifachverglasung, Sonnenschutzglas, aufwendigere Rahmen, höherwertige Türanlagen	große feststehende Fensterflächen, Spezialverglasung (Schall- und Sonnenschutz); Außentüren in hochwertigen Materialien
Innenwände und -türen	nicht tragende Innenwände in massiver Ausführung bzw. mit Dämmmaterial gefüllte Ständerkonstruktionen; schwere Türen	Sichtmauerwerk	gestaltete Wandabläufe (z.B. Pfeilervorlagen, abgesetzte oder geschwungene Wandpartien); Akustikputz, raumhohe aufwendige Türelemente; rollstuhlgerechte Bedienung, Automatiktüren
Deckenkonstruktion	Betondecken mit Tritt- und Luftschallschutz, einfacher Putz, Deckenverkleidung	Decken mit großen Spannweiten	Decken mit größeren Spannweiten, Deckenvertäfelungen (Edelholz, Metall)
Fußböden	Linoleum- oder Teppich-Böden besserer Art und Ausführung; Fliesen, Kunststeinplatten	Natursteinplatten, Fertigparkett, hochwertige Fliesen, Terrazzobelag, hochwertige Massivholzböden auf gedämmter Unterkonstruktion	hochwertiges Parkett, hochwertige Natursteinplatten, hochwertige Edelholzböden auf gedämmter Unterkonstruktion
Sanitäreinrichtungen	Toilettenräume	ausreichende Anzahl von Toilettenräumen, jeweils in gehobenem Standard	großzügige Toilettenanlagen mit Sanitäreinrichtung in gehobener Qualität
Heizung	elektronisch gesteuerte Fern- oder Zentralheizung; Niedertemperatur- oder Brennwertkessel	Fußbodenheizung; Solarkollektoren für Warmwassererzeugung	Solarkollektoren für Warmwassererzeugung und Heizung; Blockheizkraftwerk, Wärmepumpe, Hybrid-Systeme; Klimaanlage
Sonstige technische Ausstattung	zeitgemäße Anzahl an Steckdosen und Lichtauslässen, Zählerschrank (ab 1985) mit Unterverteilung und Kippsicherungen; Kabelkanäle; Blitzschutz; Personenaufzugsanlagen	zahlreiche Steckdosen und Lichtauslässe; hochwertige Abdeckungen, hochwertige Beleuchtung; Doppelboden mit Bodentanks zur Verkabelung, ausreichende Anzahl von LAN-Anschlüssen; dezentrale Lüftung mit Wärmetauscher, Messverfahren von Raumtemperatur, Raumfeuchte, Verbrauch, Einzelraumregelung, Sonnenschutzsteuerung	Video- und zentrale Alarmanlage; zentrale Lüftung mit Wärmetauscher, Klimaanlage; Bussystem; Doppelboden mit Bodentanks zur Verkabelung; aufwendigere Aufzugsanlagen

Tabelle 8: Beschreibung der Gebäudestandards für Garagen

Die Beschreibung der Gebäudestandards ist beispielhaft und dient der Orientierung. Sie kann nicht alle in der Praxis auftretenden Standardmerkmale aufführen. Merkmale, die die Tabelle nicht beschreibt, sind zusätzlich sachverständig zu berücksichtigen. Es müssen nicht alle aufgeführten Merkmale zutreffen. Die Beschreibung der Gebäudestandards basiert auf dem Bezugsjahr der NHK (Jahr 2010). Bei nicht mehr zeitgemäßen Standardmerkmalen ist ein Abschlag sachverständig vorzunehmen.

	Standardstufe		
	3	4	5
Außenwände	offene Konstruktion	einschalige Konstruktion	aufwendig gestaltete Fassaden mit konstruktiver Gliederung (Säulenstellungen, Erker etc.)
Konstruktion	Stahl- und Betonfertigteile	überwiegend Betonfertigteile; große stützenfreie Spannweiten	größere stützenfreie Spannweiten
Dach	Flachdach, Folienabdichtung	Flachdachausbildung; Wärmedämmung	befahrbares Flachdach (Parkdeck)
Fenster und Außentüren	einfache Metallgitter	begrünte Metallgitter, Glasbausteine	Außentüren in hochwertigen Materialien
Fußböden	Beton	Estrich, Gussasphalt	beschichteter Beton oder Estrichboden
Sonstige technische Ausstattung	Strom- und Wasseranschluss; Löschwasseranlage; Treppenhaus; Brandmelder	Sprinkleranlage; Rufanlagen; Rauch- und Wärmeabzugsanlagen; mechanische Be- und Entlüftungsanlagen; Parksysteme für zwei PKW übereinander; Personenaufzugsanlagen	Video- und zentrale Alarmanlage; Beschallung; Parksysteme für drei oder mehr PKW übereinander; aufwendigere Aufzugsanlagen

Tabelle 9: Beschreibung der Gebäudestandards für Betriebs-/Werkstätten, Produktionsgebäude, Lagergebäude

Die Beschreibung der Gebäudestandards ist beispielhaft und dient der Orientierung. Sie kann nicht alle in der Praxis auftretenden Standardmerkmale aufführen. Merkmale, die die Tabelle nicht beschreibt, sind zusätzlich sachverständig zu berücksichtigen. Es müssen nicht alle aufgeführten Merkmale zutreffen. Die in der Tabelle angegebenen Jahreszahlen beziehen sich auf die im jeweiligen Zeitraum gültigen Wärmeschutzanforderungen; in Bezug auf das konkrete Bewertungsobjekt ist zu prüfen, ob von diesen Wärmeschutzanforderungen abgewichen wird. Die Beschreibung der Gebäudestandards basiert auf dem Bezugsjahr der NHK (Jahr 2010). Bei nicht mehr zeitgemäßen Standardmerkmalen ist ein Abschlag sachverständig vorzunehmen.

	Standardstufe		
	3	4	5
Außenwände	ein-/zweischaliges Mauerwerk, z.B. aus Leichtziegeln, Kalksandsteinen, Gasbetonsteinen; Edelputz; gedämmte Metall-Sandwichelemente; Wärmedämmverbundsystem oder Wärmedämmputz (nach ca. 1995)	Verblendmauerwerk, zweischalig, hinterlüftet; Vorhangfassade (z.B. Naturschiefer); Wärmedämmung (nach ca. 2005)	Sichtbeton-Fertigteile; Natursteinfassade, Elemente aus Kupfer-/Eloxalblech; mehrgeschossige Glasfassaden; hochwertigste Dämmung
Konstruktion	Stahl- und Betonfertigteile	überwiegend Betonfertigteile; große stützenfreie Spannweiten; hohe Deckenhöhen; hohe Belastbarkeit der Decken und Böden	größere stützenfreie Spannweiten; hohe Deckenhöhen; höhere Belastbarkeit der Decken und Böden
Dach	Faserzement-Schindeln, beschichtete Betondachsteine und Tondachziegel; Folienabdichtung; Dachdämmung (nach ca. 1995)	schweres Massivflachdach; besondere Dachformen; überdurchschnittliche Dämmung (nach ca. 2005)	hochwertige Eindeckung z.B. aus Schiefer oder Kupfer, hochwertigste Dämmung
Fenster und Außentüren	Zweifachverglasung (nach ca. 1995)	Dreifachverglasung, Sonnenschutzglas, aufwendigere Rahmen; höherwertige Türanlage	große feststehende Fensterflächen, Spezialverglasung (Schall- und Sonnenschutz); Außentüren in hochwertigen Materialien
Innenwände und -türen	Anstrich	tlw. gefliest, Sichtmauerwerk; Schiebetürelemente, Glastüren	überwiegend gefliest; Sichtmauerwerk; gestaltete Wandabläufe
Fußböden	Beton	Estrich, Gussasphalt	beschichteter Beton oder Estrichboden; Betonwerkstein, Verbundpflaster

	Standardstufe		
	3	4	5
Sanitäreinrichtungen	einfache und wenige Toilettenräume	ausreichende Anzahl von Toilettenräumen	großzügige Toilettenanlagen
Heizung	elektronisch gesteuerte Fern- oder Zentralheizung; Niedertemperatur- oder Brennwertkessel	Fußbodenheizung; Solarkollektoren für Warmwassererzeugung; zusätzlicher Kaminanschluss	Solarkollektoren für Warmwassererzeugung und Heizung; Blockheizkraftwerk; Wärmepumpe; Hybrid-Systeme; aufwendige zusätzliche Kaminanlage
Sonstige technische Ausstattung	zeitgemäße Anzahl an Steckdosen und Lichtauslässen; Blitzschutz; Teeküchen	zahlreiche Steckdosen und Lichtauslässe; hochwertige Abdeckungen; Kabelkanäle; dezentrale Lüftung mit Wärmetauscher; kleinere Einbauküchen mit Kochgelegenheit, Aufenthaltsräume; Aufzugsanlagen	Video- und zentrale Alarmanlage; zentrale Lüftung mit Wärmetauscher, Klimaanlage; Bussystem; Küchen, Kantinen; aufwendigere Aufzugsanlagen

Tabelle 10: Beschreibung der Gebäudestandards für Reithallen

Die Beschreibung der Gebäudestandards ist beispielhaft und dient der Orientierung. Sie kann nicht alle in der Praxis auftretenden Standardmerkmale aufführen. Merkmale, die die Tabelle nicht beschreibt, sind zusätzlich sachverständig zu berücksichtigen. Es müssen nicht alle aufgeführten Merkmale zutreffen. Die Beschreibung der Gebäudestandards basiert auf dem Bezugsjahr der NHK (Jahr 2010). Bei nicht mehr zeitgemäßen Standardmerkmalen ist ein Abschlag sachverständig vorzunehmen.

	Standardstufe		
	3	4	5
Außenwände	Holzfachwerkwand; Holzstützen, Vollholz; Brettschalung oder Profilblech auf Holz-Unterkonstruktion	Kalksandstein- oder Ziegel-Mauerwerk; Metallstützen, Profil; Holz-Blockbohlen zwischen Stützen, Wärmedämmverbundsystem, Putz	Betonwand, Fertigteile, mehrschichtig; Stahlbetonstützen, Fertigteil; Kalksandstein-Vormauerung oder Klinkerverblendung mit Dämmung
Dach	Holzkonstruktionen, Nagelbrettbinder; Bitumenwellplatten, Profilblech	Stahlrahmen mit Holzpfetten; Faserzementwellplatten; Hartschaumplatten	Brettschichtholzbinder; Betondachsteine oder Dachziegel; Dämmung mit Profilholz oder Paneelen
Fenster und Außentüren bzw. -tore	Lichtplatten aus Kunststoff, Holz-Brettertüren	Kunststofffenster, Windnetze aus Kunststoff, Jalousien mit Motorantrieb	Türen und Tore mehrschichtig mit Wärmedämmung, Holzfenster, hoher Fensteranteil
Innenwände	keine	tragende bzw. nicht tragende Innenwände aus Holz; Anstrich	tragende bzw. nicht tragende Innenwände als Mauerwerk; Sperrholz, Gipskarton, Fliesen
Deckenkonstruktion	keine	Holzkonstruktionen über Nebenräumen; Hartschaumplatten	Stahlbetonplatte über Nebenräumen; Dämmung mit Profilholz oder Paneelen
Fußböden	Tragschicht: Schotter, Trennschicht: Vlies, Tretschicht: Sand	zusätzlich/alternativ: Tragschicht: Schotter, Trennschicht: Kunststoffgewebe, Tretschicht: Sand und Holzspäne	Estrich auf Dämmung, Fliesen oder Linoleum in Nebenräumen; zusätzlich/alternativ: Tragschicht: Schotter, Trennschicht: Kunststoffplatten, Tretschicht: Sand und Textilflocken, Betonplatte im Bereich der Nebenräume
baukonstruktive Einbauten	Reithallenbande aus Nadelholz zur Abgrenzung der Reitfläche	zusätzlich/alternativ: Vollholztafeln fest eingebaut	zusätzlich/alternativ: Vollholztafeln, Fertigteile zum Versetzen
Abwasser-, Wasser-, Gasanlagen	Regenwasserableitung	zusätzlich/alternativ: Abwasserleitungen, Sanitärobjekte (einfache Qualität)	zusätzlich/alternativ: Sanitärobjekte (gehobene Qualität), Gasanschluss
Wärmeversorgungsanlagen	keine	Raumheizflächen in Nebenräumen, Anschluss an Heizsystem	zusätzlich/alternativ: Heizkessel

	Standardstufe		
	3	4	5
lufttechnische Anlagen	keine	Firstentlüftung	Be- und Entlüftungsanlage
Starkstrom-Anlage	Leitungen, Schalter, Dosen, Langfeldleuchten	zusätzlich/alternativ: Sicherungen und Verteilerschrank	zusätzlich/alternativ: Metall-Dampfleuchten
nutzungsspezifische Anlagen	keine	Reitbodenbewässerung (einfache Ausführung)	Reitbodenbewässerung (komfortable Ausführung)

Tabelle 11: Beschreibung der Gebäudestandards für Pferdeställe

Die Beschreibung der Gebäudestandards ist beispielhaft und dient der Orientierung. Sie kann nicht alle in der Praxis auftretenden Standardmerkmale aufführen. Merkmale, die die Tabelle nicht beschreibt, sind zusätzlich sachverständig zu berücksichtigen. Es müssen nicht alle aufgeführten Merkmale zutreffen. Die Beschreibung der Gebäudestandards basiert auf dem Bezugsjahr der NHK (Jahr 2010). Bei nicht mehr zeitgemäßen Standardmerkmalen ist ein Abschlag sachverständig vorzunehmen.

	Standardstufe		
	3	4	5
Außenwände	Holzfachwerkwand; Holzstützen, Vollholz; Brettschalung oder Profilblech auf Holz-Unterkonstruktion	Kalksandstein- oder Ziegel-Mauerwerk; Metallstützen, Profil; Holz-Blockbohlen zwischen Stützen, Wärmedämmverbundsystem, Putz	Betonwand, Fertigteile, mehrschichtig; Stahlbetonstützen, Fertigteil; Kalksandstein-Vormauerung oder Klinkerverblendung mit Dämmung
Dach	Holzkonstruktionen, Vollholzbalken; Nagelbrettbinder; Bitumenwellplatten, Profilblech	Stahlrahmen mit Holzpfetten; Faserzementwellplatten; Hartschaumplatten	Brettschichtholzbinder; Betondachsteine oder Dachziegel; Dämmung mit Profilholz oder Paneelen
Fenster und Außentüren bzw. -tore	Lichtplatten aus Kunststoff, Holz-Brettertüren	Kunststofffenster, Windnetze aus Kunststoff, Jalousien mit Motorantrieb	Türen und Tore mehrschichtig mit Wärmedämmung, Holzfenster, hoher Fensteranteil
Innenwände	keine	tragende bzw. nicht tragende Innenwände aus Holz; Anstrich	tragende bzw. nicht tragende Innenwände als Mauerwerk; Sperrholz, Putz, Fliesen
Deckenkonstruktion	keine	Holzkonstruktionen über Nebenräumen; Hartschaumplatten	Stahlbetonplatten über Nebenräumen; Dämmung mit Profilholz oder Paneelen
Fußböden	Beton-Verbundpflaster in Stallgassen, Stahlbetonplatte im Tierbereich	zusätzlich/alternativ: Stahlbetonplatte; Anstrich, Gummimatten im Tierbereich	zusätzlich/alternativ: Stahlbetonplatte als Stallprofil mit versetzten Ebenen; Nutzestrich auf Dämmung, Anstrich oder Fliesen in Nebenräumen, Kautschuk im Tierbereich
baukonstruktive Einbauten	Fütterung: Futtertrog PVC	Fütterung: Krippenschalen aus Polyesterbeton	Fütterung: Krippenschalen aus Steinzeug
Abwasser-, Wasser-, Gasanlagen	Regenwasserableitung, Wasserleitung	zusätzlich/alternativ: Abwasserleitungen, Sanitärobjekte (einfache Qualität) in Nebenräumen	zusätzlich/alternativ: Sanitärobjekte (gehobene Qualität), Gasanschluss
Wärmeversorgungsanlagen	keine	Elektroheizung in Sattelkammer	zusätzlich/alternativ: Raumheizflächen, Heizkessel
lufttechnische Anlagen	keine	Firstentlüftung	Be- und Entlüftungsanlage
Starkstrom-Anlage	Leitungen, Schalter, Dosen, Langfeldleuchten	zusätzlich/alternativ: Sicherungen und Verteilerschrank	zusätzlich/alternativ: Metall-Dampfleuchten

	Standardstufe		
	3	4	5
nutzungsspezifische Anlagen	Aufstallung: Boxentrennwände aus Holz, Anbindevorrichtungen; Fütterung: Tränken, Futterraufen	Aufstallung: zusätzlich/alternativ: Boxentrennwände: Hartholz/Metall Fütterung: zusätzlich/alternativ: Fressgitter, Futterautomaten, Rollraufe mit elektr. Steuerung	Aufstallung: zusätzlich/alternativ: Komfort-Pferdeboxen, Pferde-Solarium Fütterung: zusätzlich/alternativ: Futter-Abrufstationen für Rau- und Kraftfutter mit elektr. Tiererkennung und Selektion, automatische Futterzuteilung für Boxenställe

3

Tabelle 12: Beschreibung der Gebäudestandards für Rinderställe und Melkhäuser

Die Beschreibung der Gebäudestandards ist beispielhaft und dient der Orientierung. Sie kann nicht alle in der Praxis auftretenden Standardmerkmale aufführen. Merkmale, die die Tabelle nicht beschreibt, sind zusätzlich sachverständig zu berücksichtigen. Es müssen nicht alle aufgeführten Merkmale zutreffen. Die Beschreibung der Gebäudestandards basiert auf dem Bezugsjahr der NHK (Jahr 2010). Bei nicht mehr zeitgemäßen Standardmerkmalen ist ein Abschlag sachverständig vorzunehmen.

	Standardstufe		
	3	4	5
Außenwände	Holzfachwerkwand; Holzstützen, Vollholz; Brettschalung oder Profilblech auf Holz-Unterkonstruktion	Kalksandstein- oder Ziegel-Mauerwerk; Metallstützen, Profil; Holz-Blockbohlen zwischen Stützen	Betonwand, Fertigteile, mehrschichtig; Stahlbetonstützen, Fertigteil; Klinkerverblendung
Dach	Holzkonstruktionen, Vollholzbalken, Nagelbrettbinder; Bitumenwellplatten, Profilblech	Stahlrahmen mit Holzpfetten; Faserzementwellplatten; Hartschaumplatten	Brettschichtholzbinder; Betondachsteine oder Dachziegel; Dämmung mit Profilholz oder Paneelen
Fenster und Außentüren bzw. -tore	Lichtplatten aus Kunststoff	Kunststofffenster, Windnetze aus Kunststoff, Jalousien mit Motorantrieb	Türen und Tore mehrschichtig mit Wärmedämmung, Holzfenster, hoher Fensteranteil
Innenwände	keine	tragende und nicht tragende Innenwand aus Holz; Anstrich	tragende und nicht tragende Innenwände aus Mauerwerk; Sperrholz, Putz, Fliesen
Deckenkonstruktion	keine	Holzkonstruktionen über Nebenräumen; Hartschaumplatten	Stahlbetonplatte über Nebenräumen; Dämmung mit Profilholz oder Paneelen
Fußböden	Stahlbetonplatte	zusätzlich/alternativ: Stahlbetonplatte mit Oberflächenprofil, Rautenmuster; Epoxidharzbeschichtung am Fressplatz, Liegematten im Tierbereich	zusätzlich/alternativ: Stahlbetonplatte als Stallprofil mit versetzten Ebenen; Estrich auf dem Futtertisch, Liegematratzen im Tierbereich, Gussasphalt oder Gummiauflage
baukonstruktive Einbauten	Aufstallung: Beton-Spaltenboden, Einzelbalken	Aufstallung: Beton-Spaltenboden, Flächenelemente; Krippenschalen aus Polyesterbeton; Güllerohre vom Stall zum Außenbehälter	Aufstallung: Spaltenboden mit Gummiauflage, Gussroste über Treibmistkanal; Krippenschalen aus Steinzeug; zusätzlich/alternativ: Spülleitungen für Einzelkanäle
Abwasser-, Wasser-, Gasanlagen	Regenwasserableitung; Wasserleitung	zusätzlich/alternativ: Abwasserleitungen, Sanitärobjekte (einfache Qualität) in Nebenräumen	zusätzlich/alternativ: Sanitärobjekte (gehobene Qualität); Gasanschluss
Wärme-, Versorgungsanlagen	keine	Elektroheizung im Melkstand	zusätzlich/alternativ: Raumheizflächen, Heizkessel
lufttechnische Anlagen	keine	Firstentlüftung	Be- und Entlüftungsanlage
Starkstrom-Anlage	Leitungen, Schalter, Dosen, Langfeldleuchten	zusätzlich/alternativ: Sicherungen und Verteilerschrank	zusätzlich/alternativ: Metall-Dampfleuchten

	Standardstufe		
	3	4	5
nutzungsspezifische Anlagen	Aufstallung: Fressgitter, Liegeboxenbügel, Kälberboxen, Abtrennungen aus Holz, Kurzstandanbindung Fütterung: Selbsttränke, Balltränke Entmistung: keine Technik (Schlepper) Tierproduktentnahme: Fischgrätenmelkstand, Melkanlage, Maschinensatz, Milchkühltank, Kühlaggregat, Wärmerückgewinnung	Aufstallung: zusätzlich/alternativ: Einrichtungen aus verz. Stahlrohren Fütterung: Tränkewanne mit Schwimmer, Tränkeautomat für Kälber Entmistung: Faltschieber mit Seilzug und Antrieb, Tauchschneidpumpe, Rührmixer Tierproduktentnahme: zusätzlich/alternativ: Milchflussgesteuerte Anrüst- und Abschaltautomatik	Aufstallung: zusätzlich/alternativ: Komfortboxen Fütterung: Edelstahl-Kipptränke, computergesteuerte Kraftfutteranlage mit Tiererkennung Entmistung: Schubstangenentmistung Tierproduktentnahme: zusätzlich/alternativ: Melkstand-Schnellaustrieb, Tandem- oder Karussellmelkstand, Automatisches Melksystem (Roboter)

Tabelle 13: Beschreibung der Gebäudestandards für Schweineställe

Die Beschreibung der Gebäudestandards ist beispielhaft und dient der Orientierung. Sie kann nicht alle in der Praxis auftretenden Standardmerkmale aufführen. Merkmale, die die Tabelle nicht beschreibt, sind zusätzlich sachverständig zu berücksichtigen. Es müssen nicht alle aufgeführten Merkmale zutreffen. Die Beschreibung der Gebäudestandards basiert auf dem Bezugsjahr der NHK (Jahr 2010). Bei nicht mehr zeitgemäßen Standardmerkmalen ist ein Abschlag sachverständig vorzunehmen.

	Standardstufe		
	3	4	5
Außenwände	Holzfachwerkwand; Holzstützen, Vollholz; Brettschalung oder Profilblech auf Holz-Unterkonstruktion	Kalksandstein- oder Ziegel-Mauerwerk; Metallstützen, Profil; Holz-Blockbohlen zwischen Stützen, Beton-Schalungssteine mit Putz	Betonwand, Fertigteile, mehrschichtig; Stahlbetonstützen, Fertigteil; Kalksandstein-Vormauerung oder Klinkerverblendung mit Dämmung
Dach	Holzkonstruktionen, Vollholzbalken; Nagelbrettbinder; Bitumenwellplatten, Profilblech	Stahlrahmen mit Holzpfetten; Faserzementwellplatten; Hartschaumplatten	Brettschichtholzbinder; Betondachsteine oder Dachziegel; Dämmung, Kunststoffplatten, Paneele
Fenster und Außentüren bzw. -tore	Lichtplatten aus Kunststoff, Holz-Brettertüren	Kunststofffenster, Windnetze aus Kunststoff, Jalousien mit Motorantrieb, Metalltüren	Türen und Tore mehrschichtig mit Wärmedämmung, Holzfenster, hoher Fensteranteil
Innenwände	keine Innenwände	tragende Innenwände aus Mauerwerk, Putz und Anstrich; nichttragende Innenwände aus Kunststoff-Paneelen mit Anstrich	tragende Innenwände als Betonwand, Fertigteile, Anstrich; nichttragende Innenwände aus Mauerwerk, Putz und Anstrich; Sperrholz, Putz, Fliesen
Deckenkonstruktion	keine Decke	Holzkonstruktionen über Nebenräumen; Hartschaumplatten	Stahlbetonplatten über Nebenräumen; Dämmung, Kunststoffplatten, Paneele
Fußböden	Stahlbetonplatte	Stahlbetonplatte; Verbundestrich	zusätzlich/alternativ: Stahlbetonplatte als Stallprofil mit versetzten Ebenen; Stallbodenplatten mit Dämmung, Fliesen auf Estrich in Nebenräumen
baukonstruktive Einbauten	Fütterung: Tröge aus Polyesterbeton	Aufstallung: Beton-Spaltenboden, Flächenelemente Fütterung: Tröge aus Polyesterbeton Entmistung: Güllerohre vom Stall zum Außenbehälter, Absperrschieber in Güllekanälen	Aufstallung: Gussroste in Sauenställen, Kunststoffroste in Ferkelställen Fütterung: Tröge aus Steinzeug Entmistung: zusätzlich/alternativ: Spülleitungen für Einzelkanäle
Abwasser-, Wasser-, Gasanlagen	Regenwasserableitung, Wasserleitung	zusätzlich/alternativ: Abwasserleitungen, Sanitärobjekte (einfache Qualität) in Nebenräumen	zusätzlich/alternativ: Sanitärobjekte (gehobene Qualität), Gasanschluss

	Standardstufe		
	3	4	5
Wärmeversorgungsanlagen	Warmluftgebläse, Elt.-Anschluss	Raumheizflächen oder Twin- bzw. Delta-Heizungsrohre, Anschluss an vorh. Heizsystem	zusätzlich/alternativ: Warmwasser-Fußbodenheizung, Heizkessel mit Gasbefeuerung, Wärmerückgewinnung aus Stallluft
lufttechnische Anlagen	Zuluftklappen, Lüftungsfirst	Be- und Entlüftungsanlage im Unterdruckverfahren; Zuluftkanäle oder Rieseldecke; Einzelabsaugung, Abluftkanäle, Ventilatoren	zusätzlich/alternativ: Gleichdrucklüftung, Zentralabsaugung, Luftwäscher
Starkstrom-Anlage	Leitungen, Schalter, Dosen, Langfeldleuchten	zusätzlich/alternativ: Sicherungen und Verteilerschrank	zusätzlich/alternativ: Metall-Dampfleuchten
nutzungsspezifische Anlagen	Aufstallung: Buchtenabtrennungen aus Kunststoff-Paneelen, Pfosten und Beschläge aus verz. Stahl, Abferkelbuchten, Selbstfang-Kastenstände für Sauen Fütterung: Trockenfutterautomaten, Tränkenippel	Aufstallung: zusätzlich/alternativ: Pfosten und Beschläge aus V2A, Ruhekisten, Betteneinrichtungen Fütterung: zusätzlich/alternativ: Transportrohre, Drahtseilförderer, Rohrbreiautomaten mit Dosierung Entmistung: Tauchschneidpumpe, Rührmixer	Aufstallung: zusätzlich/alternativ: Sortierschleuse Fütterung: zusätzlich/alternativ: Flüssigfütterungsanlage mit Mixbehälter, Sensorsteuerung, Fütterungscomputer, Abrufstation, Tiererkennung, Selektion Entmistung: Schubstangenentmistung

Tabelle 14: Beschreibung der Gebäudestandards für Geflügelställe

Die Beschreibung der Gebäudestandards ist beispielhaft und dient der Orientierung. Sie kann nicht alle in der Praxis auftretenden Standardmerkmale aufführen. Merkmale, die die Tabelle nicht beschreibt, sind zusätzlich sachverständig zu berücksichtigen. Es müssen nicht alle aufgeführten Merkmale zutreffen. Die Beschreibung der Gebäudestandards basiert auf dem Bezugsjahr der NHK (Jahr 2010). Bei nicht mehr zeitgemäßen Standardmerkmalen ist ein Abschlag sachverständig vorzunehmen.

	Standardstufe		
	3	4	5
Außenwände	Holzfachwerkwand, Holzstützen, Vollholz, Brettschalung oder Profilblech auf Holz-Unterkonstruktion	Kalksandstein- oder Ziegel-Mauerwerk, Metallstützen, Profil, Metall-Sandwichelemente mit Hartschaumdämmung	Betonwand, Fertigteile, mehrschichtig, Stahlbetonstützen, Fertigteil, Klinkerverblendung
Dach	Holzkonstruktionen, Vollholzbalken, Nagelbrettbinder, Bitumenwellplatten, Profilblech	Stahlrahmen mit Holzpfetten, Faserzementwellplatten, Hartschaumplatten	Brettschichtholzbinder, Betondachsteine oder Dachziegel, Dämmung, Profilholz oder Paneele
Fenster und Außentüren bzw. -tore	Lichtplatten aus Kunststoff; Holz-Brettertüren	Kunststofffenster; Windnetze aus Kunststoff, Jalousien mit Motorantrieb	Türen und Tore mehrschichtig mit Wärmedämmung, Holzfenster, hoher Fensteranteil
Innenwände	keine	tragende bzw. nicht tragende Innenwände aus Holz; Anstrich	tragende bzw. nicht tragende Innenwände als Mauerwerk; Profilblech, Plantafeln, Putz
Deckenkonstruktion	keine	Holzkonstruktionen über Nebenräumen; Hartschaumplatten	Stahlbetonplatten über Nebenräumen; Dämmung, Profilblech oder Paneele
Fußböden	Stahlbetonplatte	zusätzlich/alternativ: Oberfläche maschinell geglättet; Estrich mit Anstrich (Eierverpackung)	zusätzlich/alternativ: Stallprofil mit versetzten Ebenen, Estrich mit Fliesen (Eierverpackung)
Abwasser-, Wasser-, Gasanlagen	Regenwasserableitung, Wasserleitung	zusätzlich/alternativ: Abwasserleitungen, Sanitärobjekte (einfache Qualität) in Nebenräumen	zusätzlich/alternativ: Sanitärobjekte (gehobene Qualität), Gasanschluss

	Standardstufe		
	3	4	5
Wärmeversorgungs-anlagen	Warmluftgebläse, Elt.-Anschluss	zusätzlich/alternativ: Raumheizflächen oder Twin- bzw. Delta-Heizungsrohre, Heizkessel	zusätzlich: Wärmerückgewinnung aus der Stallluft
lufttechnische Anlagen	Firstentlüftung	Be- und Entlüftungsanlage im Unterdruckverfahren; Zuluftklappen, Abluftkamine, Ventilatoren	zusätzlich/alternativ: Gleichdrucklüftung, Zentralabsaugung, Luftwäscher
Starkstrom-Anlage	Leitungen, Schalter, Dosen, Langfeldleuchten	zusätzlich/alternativ: Sicherungen und Verteilerschrank	zusätzlich/alternativ: Metall-Dampfleuchten
nutzungsspezifische Anlagen	Aufstallung: Geflügelwaage	Aufstallung: zusätzlich/alternativ: Kotroste, Sitzstangen, Legenester Fütterung: Vollautomatische Kettenfütterung, Strang-Tränkeanlage, Nippeltränken Entmistung: Kotbandentmistung Tierproduktentnahme: Eier-Sammelband	Aufstallung: zusätzlich/alternativ: Etagensystem (Voliere, Kleingruppe) Entmistung: zusätzlich/alternativ: Entmistungsbänder mit Belüftung Tierproduktentnahme: zusätzlich/alternativ: Sortieranlage, Verpackung

Tabelle 15: Beschreibung der Gebäudestandards für landwirtschaftliche Mehrzweckhallen

Die Beschreibung der Gebäudestandards ist beispielhaft und dient der Orientierung. Sie kann nicht alle in der Praxis auftretenden Standardmerkmale aufführen. Merkmale, die die Tabelle nicht beschreibt, sind zusätzlich sachverständig zu berücksichtigen. Es müssen nicht alle aufgeführten Merkmale zutreffen. Die Beschreibung der Gebäudestandards basiert auf dem Bezugsjahr der NHK (Jahr 2010). Bei nicht mehr zeitgemäßen Standardmerkmalen ist ein Abschlag sachverständig vorzunehmen.

	Standardstufe		
	3	4	5
Außenwände	Holzfachwerkwand; Holzstützen, Vollholz; Brettschalung oder Profilblech auf Holz-Unterkonstruktion	Kalksandstein- oder Ziegel-Mauerwerk; Metallstützen, Profil; Holz-Blockbohlen zwischen Stützen, Wärmedämmverbundsystem, Putz	Betonwand, Fertigteile, mehrschichtig; Stahlbetonstützen, Fertigteil; Kalksandstein-Vormauerung oder Klinkerverblendung mit Dämmung
Dach	Holzkonstruktionen, Nagelbrettbinder; Bitumenwellplatten, Profilblech	Stahlrahmen mit Holzpfetten; Faserzementwellplatten; Hartschaumplatten	Brettschichtholzbinder; Betondachsteine oder Dachziegel; Dämmung mit Profilholz oder Paneelen
Fenster und Außentüren bzw. -tore	Lichtplatten aus Kunststoff, Holztore	Kunststofffenster, Metall-Sektionaltore	Türen und Tore mehrschichtig mit Wärmedämmung, Holzfenster, hoher Fensteranteil
Innenwände	keine	tragende bzw. nicht tragende Innenwände aus Holz; Anstrich	tragende bzw. nicht tragende Innenwände als Mauerwerk; Sperrholz, Gipskarton, Fliesen
Deckenkonstruktion	keine	Holzkonstruktionen über Nebenräumen; Hartschaumplatten	Stahlbetonplatte über Nebenräumen; Dämmung mit Profilholz oder Paneelen
Fußböden	Beton-Verbundsteinpflaster	zusätzlich/alternativ: Stahlbetonplatte	zusätzlich/alternativ: Oberfläche maschinell geglättet; Anstrich
Abwasser-, Wasser-, Gasanlagen	Regenwasserableitung	zusätzlich/alternativ: Abwasserleitungen, Sanitärobjekte (einfache Qualität) in Nebenräumen	zusätzlich/alternativ: Sanitärobjekte (gehobene Qualität) in Nebenräumen, Gasanschluss
Wärmeversorgungs-anlagen	keine	Raumheizflächen in Nebenräumen, Anschluss an Heizsystem	zusätzlich/alternativ: Heizkessel

	Standardstufe		
	3	**4**	**5**
lufttechnische Anlagen	keine	Firstentlüftung	Be- und Entlüftungsanlage
Starkstrom-Anlage	Leitungen, Schalter, Dosen, Langfeldleuchten	zusätzlich/alternativ: Sicherungen und Verteilerschrank	zusätzlich/alternativ: Metall-Dampfleuchten
nutzungsspezifische Anlagen	keine	Schüttwände aus Holz zwischen Stahlstützen, Trocknungsanlage für Getreide	Schüttwände aus Beton-Fertigteilen

3.1.3 NHK 2010: Orientierungswerte für die übliche Gesamtnutzungsdauer bei ordnungsgemäßer Instandhaltung (Anlage 3 zur SW-RL)

Je nach Situation auf dem Grundstücksmarkt ist die anzusetzende Gesamtnutzungsdauer sachverständig zu bestimmen und zu begründen.

Freistehende Ein- und Zweifamilienhäuser, Doppelhäuser, Reihenhäuser		
Standardstufe 1	60 Jahre	
Standardstufe 2	65 Jahre	
Standardstufe 3	70 Jahre	
Standardstufe 4	75 Jahre	
Standardstufe 5	80 Jahre	
Mehrfamilienhäuser	70 Jahre	+/- 10
Wohnhäuser mit Mischnutzung	70 Jahre	+/- 10
Geschäftshäuser	60 Jahre	+/- 10
Bürogebäude, Banken	60 Jahre	+/- 10
Gemeindezentzentren, Saalbauten/Veranstaltungsgebäude	40 Jahre	+/- 10
Kindergärten, Schulen	50 Jahre	+/- 10
Wohnheime, Alten-/Pflegeheime	50 Jahre	+/- 10
Krankenhäuser, Tageskliniken	40 Jahre	+/- 10
Beherbergungsstätten, Verpflegungseinrichtungen	40 Jahre	+/- 10
Sporthallen, Freizeitbäder/Heilbäder	40 Jahre	+/- 10
Verbrauchermärkte, Autohäuser	30 Jahre	+/- 10
Kauf-/ Warenhäuser	50 Jahre	+/- 10
Einzelgaragen	60 Jahre	+/- 10
Tief- und Hochgaragen als Einzelbauwerk	40 Jahre	+/- 10
Betriebs- und Werkstätten, Produktionsgebäude	40 Jahre	+/- 10
Lager- und Versandgebäude	40 Jahre	+/- 10
Landwirtschaftliche Betriebsgebäude	30 Jahre	+/- 10

3.1.4 Orientierungswerte für die übliche Gesamtnutzungsdauer bei ausstattungsabhängiger Differenzierung

▶ *Gesamtnutzungsdauer siehe Kapitel 1.1*

Quelle: AGVGA.NRW, Modell zur Ableitung von Sachwertfaktoren, Anlage 3, S. 16, Stand 16.6.2015
© Daten der Gutachterausschüsse für Grundstückswerte (2016), (www.govdata.de/dl-de/by-2-0), https://www.boris.nrw.de

	Gesamtnutzungsdauer in Jahren bei Standardkennzahl		
	< 2,5	2,5 – 3,5	> 3,5
freistehende Ein- und Zweifamilienhäuser, Doppelhäuser, Reihenhäuser	70	80	90

Hinweis: Diese Tabelle (Anlage 3) ist von der AGVGA.NRW zurückgezogen worden.

3.1.5 Modellparameter für die Ermittlung des Sachwertfaktors

Quelle: SW-RL, Anlage 5

Sachwertfaktoren werden aus dem Verhältnis geeigneter, um die besonderen objektspezifischen Grundstücksmerkmale bereinigter Kaufpreise zu den entsprechenden vorläufigen Sachwerten abgeleitet.

Das Modell für die Ableitung der Sachwertfaktoren sowie die wesentlichen Modellparameter sind zu beschreiben.

Normalherstellungskosten	NHK 2010 (Anlage 1 SW-RL)
Gebäudebaujahrsklassen	keine
Gebäudestandard	nach Standardmerkmalen und Standardstufen (Anlage 2 SW-RL)
Baunebenkosten	in den NHK 2010 enthalten
Korrekturfaktoren für das Land und die Ortsgröße (z.B. Regionalfaktor)	keine
Bezugsmaßstab	Brutto-Grundfläche
Baupreisindex	Preisindex für die Bauwirtschaft des Statistischen Bundesamtes
Baujahr	ursprüngliches Baujahr
Gesamtnutzungsdauer	nach Anlage 3 SW-RL

Restnutzungsdauer	Gesamtnutzungsdauer abzüglich Alter; ggf. modifizierte Restnutzungsdauer; bei Modernisierungsmaßnahmen Verlängerung der Restnutzungsdauer nach Anlage 4 SW-RL
Alterswertminderung	linear
Wertansatz für bauliche Außenanlagen, sonstige Anlagen	kein gesonderter Ansatz – Anlagen sind im üblichen Umfang im Sachwert enthalten **oder** Pauschaler Ansatz in Höhe von …
Wertansatz für bei der BGF-Berechnung nicht erfasste Bauteile	kein gesonderter Ansatz – Bauteile sind im üblichen Umfang im Sachwert enthalten **oder** Pauschaler Ansatz in Höhe von …
Besondere objektspezifische Grundstücksmerkmale	keine **oder** entsprechende Kaufpreisbereinigung
Bodenwert	ungedämpft, zutreffender Bodenrichtwert ggf. angepasst an die Merkmale des Einzelobjekts
Grundstücksfläche	marktübliche, objektbezogene Grundstücksgröße

3.1.6 Ermittlung des Kostenkennwerts und der Gebäudestandardkennzahl

Quelle: *AGVGA.NRW, Modell zur Ableitung von Sachwertfaktoren, Anwendungsbeispiel zu Anlage 2, S. 13-14, Stand 16.6.2015*
© Daten der Gutachterausschüsse für Grundstückswerte (2016), (www.govdata.de/dl-de/by-2-0), https://www.boris.nrw.de

Einfamilienhaus freistehend; Gebäudeart: 1.01

Keller-, Erdgeschoss, ausgebautes Dachgeschoss

Nach sachverständiger Würdigung werden den angegebenen Standardmerkmalen die zutreffenden Standardstufen zugeordnet. Eine Mehrfachnennung ist möglich, wenn die verwendeten Bauteile Merkmale mehrerer Standardstufen aufweisen, z.B. im Bereich Fußboden 50% Teppichbelag und 50% Parkett.

Standardmerkmal	Standardstufe					Wägungsanteil in %
	1	2	3	4	5	
Außenwände			**1,0**			23
Dächer			**0,5**	**0,5**		15
Außentüren und Fenster				**1,0**		11
Innenwände und -türen			**0,5**	**0,5**		11
Deckenkonstruktion und Treppen				**1,0**		11
Fußböden			**0,5**	**0,5**		5
Sanitäreinrichtungen	**1,0**					9
Heizung			**0,6**	**0,4**		9
Sonstige technische Ausstattung	**0,5**	**0,5**				6

Kostenkennwerte für Gebäudeart 1.01:	**655 €**	**725 €**	**835 €**	**1.005 €**	**1.260 €**

Beispiel:

Außenwände	**1,0 x 23% x 835 €/m² BGF =**	**192 €/m² BGF**
Dächer	**0,5 x 15% x 835 €/m² BGF +** **0,5 x 15% x 1.005 €/m² BGF =**	**138 €/m² BGF**
Außentüren und Fenster	**1,0 x 11% x 1.005 €/m² BGF =**	**111 €/m² BGF**
Innenwände	**0,5 x 11% x 835 €/m² BGF +** **0,5 x 11% x 1.005 €/m² BGF =**	**101 €/m² BGF**
Deckenkonstruktion und Treppen	**1,0 x 11% x 1.005 €/m² BGF =**	**111 €/m² BGF**
Fußböden	**0,5 x 5% x 835 €/m² BGF +** **0,5 x 5% x 1.005 €/m² BGF =**	**46 €/m² BGF**
Sanitäreinrichtungen	**1,0 x 9% x 655 €/m² BGF =**	**59 €/m² BGF**
Heizung	**0,6 x 9% x 835 €/m² BGF +** **0,4 x 9% x 1.005 €/m² BGF =**	**81 €/m² BGF**
Sonstige technische Ausstattung	**0,5 x 6% x 655 €/m² BGF +** **0,5 x 6% x 725 €/m² BGF =**	**41 €/m² BGF**
	Ermittelter Kostenkennwert (Summe)	**880 €/m² BGF**

Die Gebäudestandardkennzahl wird wie folgt ermittelt:

Kostenkennwerte für Gebäudeart 1.01	655 €	725 €	835 €	1.005 €	1.260 €
Ermittelter Kostenkennwert des Bewertungsobjekts	880 €/m² BGF				
Gebäudestandardkennzahl des Bewertungsobjekts	$3 + \frac{(880 - 835)}{(1.005 - 835)} = 3{,}3$				

3.1.7 Orientierungswerte zur Handhabung der NHK 2010 in Dachgeschossen bei freistehenden Ein- und Zweifamilienhäusern, Doppel- und Reihenhäusern

Quelle: *AGVGA.NRW, Modell zur Ableitung von Sachwertfaktoren, Anlage 5, S. 23-28, Stand 16.6.2015*
© Daten der Gutachterausschüsse für Grundstückswerte (2016), (www.govdata.de/dl-de/by-2-0), https://www.boris.nrw.de

Hinweis: Die rechnerisch ermittelten Ergebnisse sind sachverständig zu würdigen.

1. Gebäudearten mit nicht ausgebautem Dachgeschoss

1.1 Systemskizze zur Nutzbarkeit von Dachgeschossen

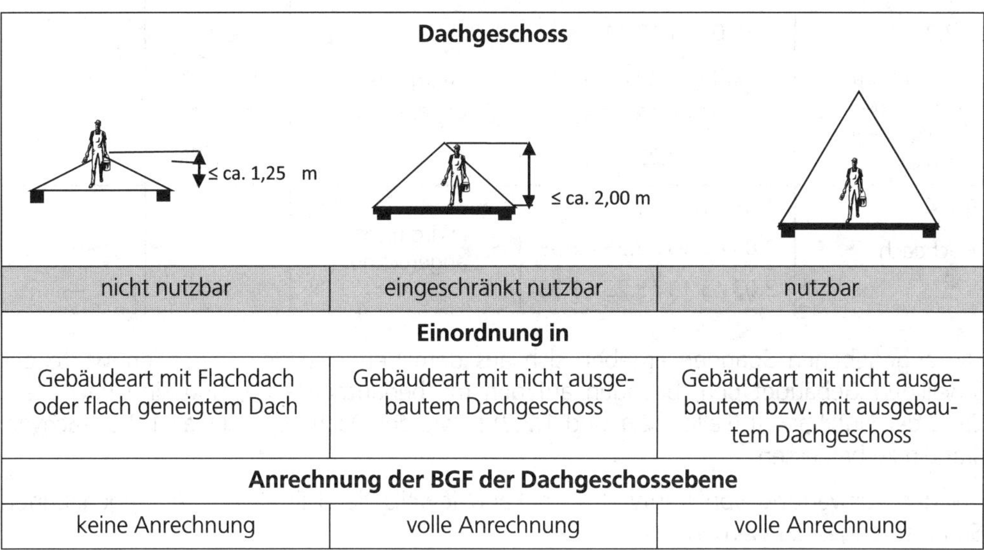

nicht nutzbar	eingeschränkt nutzbar	nutzbar
Einordnung in		
Gebäudeart mit Flachdach oder flach geneigtem Dach	Gebäudeart mit nicht ausgebautem Dachgeschoss	Gebäudeart mit nicht ausgebautem bzw. mit ausgebautem Dachgeschoss
Anrechnung der BGF der Dachgeschossebene		
keine Anrechnung	volle Anrechnung	volle Anrechnung

1.2 Berücksichtigung des Grades der Nutzbarkeit des nicht ausgebauten Dachgeschosses

Dachgeschoss	Gebäudeart	BGF der DG-Ebene	Zuschlag	Abschlag
			vom jeweiligen Kostenkennwert	
1.2.1 nicht ausgebaut, aber nutzbar	1.02 / 1.12 / 1.22 / 1.32 2.02 / 2.12 / 2.22 / 2.32 3.02 / 3.12 / 3.22 / 3.32	wird angerechnet	---	---
1.2.2 nicht ausgebaut, eingeschränkt nutzbar	1.02 / 1.12 / 1.32 2.02 / 2.12 / 2.32 3.02 / 3.12 / 3.32 1.22 / 2.22 / 3.22	wird angerechnet	---	4 – 12 % 4 – 12 % 4 – 12 % 6 – 18 %
1.2.3 nicht ausgebaut, nicht nutzbar flach geneigtes Dach	1.03 / 1.13 / 1.33 2.03 / 2.13 / 2.33 3.03 / 3.13 / 3.33 1.23 / 2.23 / 3.23	wird nicht angerechnet	0 – 4 % 0 – 4 % 0 – 4 % 0 – 6 %	---
1.2.4 Flachdach	1.03 / 1.13 / 1.23 / 1.33 2.03 / 2.13 / 2.23 / 2.33 3.03 / 3.13 / 3.23 / 3.33	wird nicht angerechnet	---	---

Die angegebenen Spannen ergeben sich aus dem Vergleich der Kostenkennwerte der jeweiligen Gebäudetypen, bezogen auf den m^2 bebauter Fläche, und sind nach dem Grad der Nutzbarkeit (Fälle 1.2.1 und 1.2.2) sowie der Dachneigung (Fall 1.2.3) sachverständig zu bemessen.

Bei der Auswertung von Kaufverträgen kann jeweils der Mittelwert der angegebenen Spannen angesetzt werden.

3

1.3 Berücksichtigung eines vorhandenen Drempels[1]

Gebäudeart	*Zuschlag* zum Kostenkennwert für die Gebäudeart ohne ausgebautes Dachgeschoss	
	6 m Trauflänge 8 m Giebelbreite Standardstufe 2	14 m Trauflänge 14 m Giebelbreite Standardstufe 4
1.02 / 2.02 / 3.02	7,5%	2,5%
1.12 / 2.12 / 3.12	5,5%	2,0%
1.22 / 2.22 / 3.22	10,5%	3,5%
1.32 / 2.32 / 3.32	6,5%	2,5%

Anwendungsbeispiele:

Der Zuschlag kann durch Interpolation wie folgt ermittelt werden:

Objekt		Interpolierte Abschläge für die einzelnen Merkmale
Trauflänge in Meter	8	6,3%
Giebelbreite in Meter	12	4,2%
Standardstufe	3	5,0%
Gebäudeart: 1.02	**Mittel**	**5,1%**

Objekt		Interpolierte Abschläge für die einzelnen Merkmale
Trauflänge in Meter	14	2,0%
Giebelbreite in Meter	10	4,3%
Standardstufe	2	5,5%
Gebäudeart: 1.12	**Mittel**	**3,9%**

1 Die Tabellenwerte unterstellen einen Drempel von 1 m. Abweichende Drempelhöhen können proportional berücksichtigt werden.

2. Gebäudearten mit ausgebautem Dachgeschoss

2.1 Berücksichtigung eines fehlenden Drempels[2]

Gebäudeart	*Abschlag* an dem Kostenkennwert für die Gebäudeart mit ausgebautem Dachgeschoss	
	6 m Trauflänge 8 m Giebelbreite Standardstufe 2	14 m Trauflänge 14 m Giebelbreite Standardstufe 4
1.01 / 2.01 / 3.01	6,0%	2,0%
1.11 / 2.11 / 3.11	4,5%	1,5%
1.21 / 2.21 / 3.21	7,5%	2,5%
1.31 / 2.31 / 3.31	5,5%	1,5%

Anwendungsbeispiele:

Objekt		Interpolierte Abschläge für die einzelnen Merkmale
Trauflänge in Meter	12	2,3%
Giebelbreiet in Meter	11	3,0%
Standardstufe	3	3,0%
Gebäudeart: 1.11	**Mittel**	**2,8%**

2.2 Berücksichtigung eines ausgebauten Spitzbodens

Gebäudeart	Zuschlag auf den Kostenkennwert für die Gebäudeart mit ausgebautem Dachgeschoss	
	40° – Dach 10 m Giebelbreite mit Drempel (1 m) Standardstufe 4	50° – Dach 14 m Giebelbreite mit Drempel (1 m) Standardstufe 2
1.01 / 2.01 / 3.01	7,5%	14,0%
1.11 / 2.11 / 3.11	5,5%	10,5%
1.21 / 2.21 / 3.21	9,5%	17,5%
1.31 / 2.31 / 3.31	7,0%	13,0%

2 Es wird unterstellt, dass die Kostenkennwerte eine Drempelhöhe von 1 m enthalten. Abweichende Drempelhöhen können proportional berücksichtigt werden.

Anwendungsbeispiel:

Objekt		Interpolierte Abschläge für die einzelnen Merkmale
Trauflänge in Meter	40	5,5%
Giebelbreiet in Meter	11	6,8%
Standardstufe	3	8,0%
Gebäudeart: 1.11	**Mittel**	**6,8%**

3

Anmerkung:

Im Fall, dass sowohl Ziffer 2.1 als auch Ziffer 2.2 zutreffen, sind die beiden Zu- bzw. Abschläge gegeneinander aufzurechnen.

Beispiel:	Abschlag wegen eines fehlenden Drempels (Ziffer 2.1)	- 2,8 %
	Zuschlag für einen ausgebauten Spitzboden (Ziffer 2.2)	+ 6,8 %
	Ansatz: Zuschlag auf den Kostenkennwert (NHK 2010)	+ 4,0 %

2.3 Berücksichtigung von Staffelgeschossen[3]

Gebäudeart	Zuschlag auf den Kostenkennwert für die Gebäudeart mit ausgebautem Dachgeschoss
1.01 / 2.01 / 3.01	2 – 5 %
1.11 / 2.11 / 3.11	2 – 5 %
1.21 / 2.21 / 3.21	2 – 5 %
1.31 / 2.31 / 3.31	2 – 5 %

Bei der Auswertung von Kaufverträgen kann jeweils der Mittelwert der angegebenen Spannen angesetzt werden.

2.4 Berücksichtigung von Geschossen mit Dachschrägen

Bei der Ermittlung des Gebäudetyps sind Geschosse mit schrägen Dachflächen als volle Geschosse einzustufen, wenn sie bauordnungsrechtlich ein Vollgeschoss darstellen.

In dem unten gezeigten Beispiel ist, den Ausbau aller drei Ebenen angenommen, mit Hilfe der Vollgeschossigkeit zu entscheiden, ob als Gebäudetyp Typ 1.21 mit zusätzlich ausgebautem Spitzboden oder Typ 1.31 auszuwählen ist.

Ein Spitzboden wird gemäß Anlage 8 nicht in die BGF eingerechnet.

3 Ein Staffelgeschoss ist mit seiner tatsächlichen BGF anzurechnen.

3.1.8 Orientierungswerte für in der BGF nicht erfasste Bauteile

Quelle: AGVGA.NRW, Modell zur Ableitung von Sachwertfaktoren, Anlage 7, Stand 16.6.2015
© Daten der Gutachterausschüsse für Grundstückswerte (2016), (www.govdata.de/dl-de/by-2-0), https://www.boris.nrw.de

Gauben

Flachdachgaube (einschl. Fenster):	1.800 € Grundbetrag zzgl. 1.100 €/m² (Ansichtsfläche, Front)
Schleppdachgaube (einschl. Fenster):	1.900 € Grundbetrag zzgl. 1.200 €/m² (Ansichtsfläche, Front)
Satteldachgaube (einschl. Fenster):	2.100 € Grundbetrag zzgl. 1.400 €/m² (Ansichtsfläche, Front)

Balkone

Balkon (einschl. Geländer, ISO-Korb, Dämmung, Abdichtung u. Belag)	1.000 € Grundbetrag zzgl. 750 €/m²

Vordächer

Stahl/Zink	150 €/m² (Dachfläche)
Stahl/Edelstahl	300 €/m² (Dachfläche)
Stahl/Glas	350 €/m² (Dachfläche)

Treppen

Kelleraußentreppe (einschl. Tür, Geländer, Handlauf)	6.000 €/Stück
Außentreppe mit mehr als 3 Stufen (1 m breit, Beton, mit Belag)	400 €/Stufe

3.1.9 NHK einer Teilunterkellerung

Quelle: KL-V, 2122 ff. sowie Petersen/Schnoor/Seitz: Verkehrswertermittlung von Immobilien, 3. Auflage, München 2017

Beispiel 1: Teilunterkellertes Einfamilienhaus mit Satteldach

Im folgenden Beispiel wird der Kostenkennwert für einen Gebäudemix mit Teilunterkellerung ermittelt. Das Gebäude setzt sich zu 55 % aus der Gebäudeart 2.11 und zu 45 % aus der Gebäudeart 2.31 zusammen, die Standardstufe ist 3. Für jede andere Kombination ist das Beispiel analog anzuwenden.

Mischkalkulation:

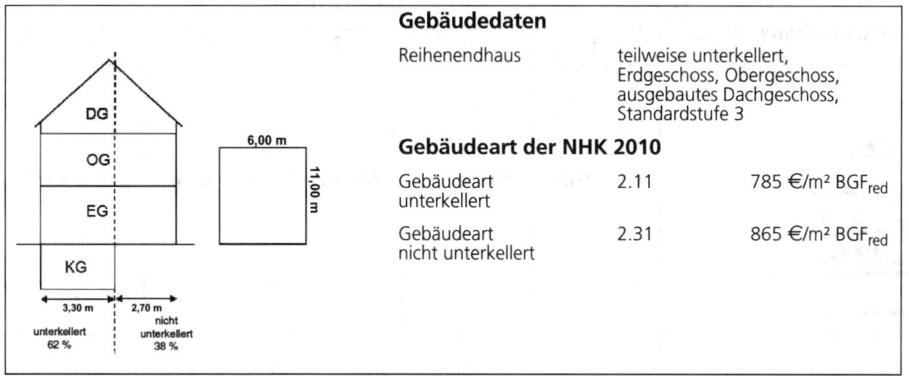

DG
OG
EG
KG
3,30 m
2,70 m
unterkellert 62 %
nicht unterkellert 38 %
6,00 m
11,00 m
Gebäudedaten
Reihenendhaus
teilweise unterkellert, Erdgeschoss, Obergeschoss, ausgebautes Dachgeschoss, Standardstufe 3
Gebäudeart der NHK 2010
Gebäudeart unterkellert
2.11
785 €/m² BGFred
Gebäudeart nicht unterkellert
2.31
865 €/m² BGFred

Unterkellerter Gebäudeteil (Gebäudeart 2.11):

Grundfläche:	3,30 m × 11 m =	36,30 m²		
BGF_{red}:[4]	4 Ebenen	36,30 m²	× 4	= 145,20 m²

Nicht unterkellerter Gebäudeteil (Gebäudeart 2.31):

Grundfläche	2,70 m × 11 m =	29,70 m²		
BGF_{red}:	3 Ebenen	29,70 m³	× 3	= 89,10 m²
Summe				= 234,30 m²

Gewichte:

Unterkellerter Gebäudeteil: 145,20 m² BGF_{red} / 234,30 m² BGF = 61,97 %

Nicht unterkellerter Gebäudeteil: 89,10 m² BGF_{red} / 234,30 m² BGF = 38,03 %

Gewichteter Kostenkennwert nach Flächengewichten:

Herstellungskosten
= 61,97 % x 785 €/m² BGF_{red} + 38,03 % x 865 €/m² BGF_{red} = 815,42 €/m² BGF_{red}

Herstellungskosten
= 815,42 €/m² BGF_{red} x 234,30 m² BGF = 191.053 €

Schneller – weil ohne Zwischenschritt – ist die Ermittlung nach Flächenanteilen:

4 BGF_{red} = reduzierte BGF gemäß NHK 2010; siehe auch Kl-V, 2042 ff.

Herstellungskosten
= 145,20 m² BGF_{red} x 785 €/m² BGF_{red} + 89,10 m² BGF_{red} x 865 €/m² BGF_{red} = 191.053 €

Bei dieser Berechnungsmethode wird allerdings der Kostenkennwert pro m² BGF nicht ausgewiesen.

Die Herstellungskosten werden unabhängig vom Berechnungsweg jeweils mit rd. 190.000 € ermittelt.

Die Normalherstellungskosten einzelner Geschossebenen lassen sich auch im Wege eines Schnittvergleichs ermitteln. Dies soll am vorstehenden Beispiel der SW-RL eines teilunterkellerten Reihenendhauses erläutert werden:

Schnittvergleich:

Gebäudeart Reihenendhaus	**Standardstufe**				
	1	**2**	**3**	**4**	**5**
2.11	**615 €/m²**	**685 €/m²**	**785 €/m²**	**945 €/m²**	**1.180 €/m²**
2.31	**675 €/m²**	**750 €/m²**	**865 €/m²**	**1.040 €/m²**	**1.300 €/m²**

Gebäudeart 2.11, Standardstufe 3,0:	4 Ebenen x 785 €/m^2	=	3.140 €
Gebäudeart 2.31, Standardstufe 3,0:	– 3 Ebenen x 865 €/m^2	=	– 2.595 €
Kostenkennwert (NHK 2010) je 1 m^2 BGF im Kellergeschoss		=	545 €/m^2 BGF_{red}

Die Normalherstellungskosten (2010) pro m^2 BGF_{red} im Kellergeschoss eines zweigeschossigen Reihenendhauses betragen 545 €. Das Ergebnis soll mit den Ergebnissen des vorstehenden Beispiels verglichen werden:

Ermittlung der Herstellungskosten:

1.	Kostenkennwert für Gebäudeart 2.31 bei Standardstufe 3,0	=	865 €/m^2 BGF
2.	BGF_{red} des Gebäudes = 6,00 m x 11,00 m x 3 Ebenen	=	198 m²
3.	Normalherstellungskosten = 198 m^2 x 865 €/m^2 BGF	=	171.270 €

Ergänzende Berücksichtigung des Kellergeschosses:

4.	BGF_{red} des Kellergeschosses = 3,30 m x 11,00 m	=	36,30 m²
5.	Kostenkennwert pro m² KG (vgl. Berechnung oben)	=	545 €/m² BGF_{red}

6. Normalherstellungskosten des Kellergeschosses
= 36,30 m² x 545 €/m² BGF_{red} = 19.783 €
7. Gesamtherstellungskosten = 171 270 € + 19 783 € = 191.053 €

Das Ergebnis entspricht exakt den oben ermittelten Herstellungskosten.

3

Der vorstehend ermittelte Kostenkennwert pro 1 m^2 Kellergeschoss kann nicht verallgemeinernd auf andere Gebäudearten übertragen werden. Er ist insbesondere von

- der Anzahl der Geschosse und
- der Dachform (z.B. Satteldach, Flachdach)

abhängig. In den folgenden Beispielen für ein Einfamilienhaus mit Flachdach ergeben sich deshalb abweichende Kostenkennwerte und Herstellungskosten für das Kellergeschoss.

Beispiel 2 a: Voll unterkellertes Einfamilienhaus mit Flachdach

NHK für ein Kellergeschoss eines Einfamilienhauses (Flachdach, Standardstufe 3,0):

Schnittvergleich:

	Standardstufe				
Gebäudeart	**1**	**2**	**3**	**4**	**6**
1.03	**705 €/m²**	**785 €/m²**	**900 €/m²**	**1.085 €/m²**	**1.360 €/m²**
Geschosshöhe 3,02 m					
1.23	**920 €/m²**	**1.025 €/m²**	**1.180 €/m²**	**1.420 €/m²**	**1.775 €/m²**
Geschosshöhe 3,51 m					

Berechnung des Kostenkennwerts und der NHK für das Kellergeschoss:

Gebäudeart 1.03, Standardstufe 3,0: 2 Ebenen x 900 €/m^2 = 1.800 €/m^2

Gebäudeart 1.23, Standardstufe 3,0: – 1 Ebene x 1.180 €/m^2 = – 1.180 €/m^2

Kostenkennwert (NHK 2010) je 1 m^2 BGF im Kellergeschoss = 620 €/m^2 $BGF_{(red)}$

Die Normalherstellungskosten (2010) pro m^2 BGF_{red} im Kellergeschoss eines eingeschossigen freistehenden Einfamilienhauses mit der Standardstufe 3 betragen 620 €. Dieses Ergebnis kann auf die Berechnung der Herstellungskosten für eine Teilunterkellerung übertragen werden. Das folgende Beispiel ist so berechnet.

Beispiel 2 b: Teilunterkellertes Einfamilienhaus

BGF_{red} im Erdgeschoss	300 m^2
BGF_{red} im Kellergeschoss	100 m^2
BGF_{red} (gesamt)	400 m^2

Das Gebäude ist damit zu 2/3 ein Gebäude der Gebäudeart 1.23 und zu 1/3 ein Gebäude der Gebäudeart 1.03.

Teilunterkellerung

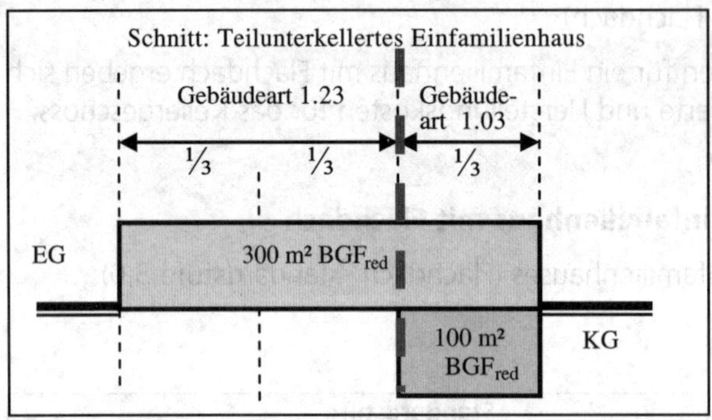

Berechnung nach Teilbereichen (Standardstufe 3):

Gebäudeart 1.23:

200 m² (EG anteilig) x 1.180 €/m²	= 236.000 €

Gebäudeart 1.03:

200 m² (EG anteilig und KG) x 900 €/m²	= 180.000 €
Zusammen: 400 m²	= 416.000 €

Alternative Berechnung unter gesonderter Berücksichtigung des Kellergeschosses mit dem Ergebnis aus Beispiel 2 a (Standardstufe 3):

EG (Gebäudeart 1.23): 300 m² x 1.180 €/m²	= 354.000 €
KG 100 m² x 620 €/m² (Berechnung gem. Beispiel 2 a)	= 62.000 €
Zusammen: 400 m²	= 416.000 €

Das ist mit dem Resultat der vorstehenden Berechnung identisch.

Es fällt auf, dass beide Berechnungsmethoden zu exakt demselben Ergebnis führen, wobei die bei der Ausgangsberechnung angesetzten Normalherstellungskosten des Kellergeschosses ohne Berücksichtigung der unterschiedlichen Geschosshöhen der Typen 1.03 und 1.23 ermittelt wurden. Dies lässt darauf schließen, dass die Kostenkennwerte der NHK 2010 aufeinander „abgestimmt" wurden.

3.1.10 NHK eines Kellers

Quelle: Schnoor, Jürgen, in: Petersen/Schnoor/Seitz, Verkehrswerterermittlung von Immobilien, 3. Auflage, München, 2017

Kostenkennwerte (NHK 2010) je m² BGF für einen Keller

Standardstufe	1	2	3	4	5	
Gebäudeart	€ / m² KG Fläche					**Ebenen**
1.01	383	425	495	585	750	3
1.02	465	515	595	720	900	3
1.03	490	545	620	750	945	2
1.11	460	500	580	705	885	4
1.12	420	470	550	655	830	4
1.13	425	480	550	665	835	3
2.01	365	405	465	555	690	3
2.02	445	490	365	680	845	3
2.03	465	505	585	705	880	2
2.11	435	490	545	660	820	4
2.12	400	445	505	615	780	4
2.13	405	445	520	625	785	3
3.01	335	380	435	525	645	3
3.02	410	465	535	640	795	3
3.03	430	480	555	660	830	2
3.11	385	445	510	615	775	4
3.12	375	425	475	580	710	4
3.13	375	420	490	595	740	3

2.02	Ebenen: 2 ohne Keller Kostenkennwert Standardstufe 3	700 €/m²
2.22	Ebenen: 3 mit Kellergeschoss Kostenkennwert Standardstufe 3	655 €/m²
	Kellergeschoss 655 €/m² x 3 - 700 €/m² x 2 =	565 €/m²

3.1.11 NHK eines Vollgeschosses

Quelle: KL-V, 2125 ff.

Vielfach ist es erforderlich, die Normalherstellungskosten eines Vollgeschosses gesondert zu ermitteln. Das ist zum Beispiel dann der Fall, wenn ein Gebäude mehr Geschosse aufweist als die im Tabellenwerk der SW-RL abgebildeten Gebäudearten. Die Kosten für ein Vollgeschoss lassen sich durch Schnittvergleich ermitteln.

Beispiel 1: freistehendes Einfamilienhaus mit Satteldach

NHK für ein Vollgeschoss eines zweigeschossigen Einfamilienhauses (freistehend, Satteldach, Standardstufe 3,0). Die Berechnung erfolgt nach den Normalherstellungskosten der Gebäudearten 1.01 und 1.11:

Schnittvergleich für freistehendes Einfamilienhaus

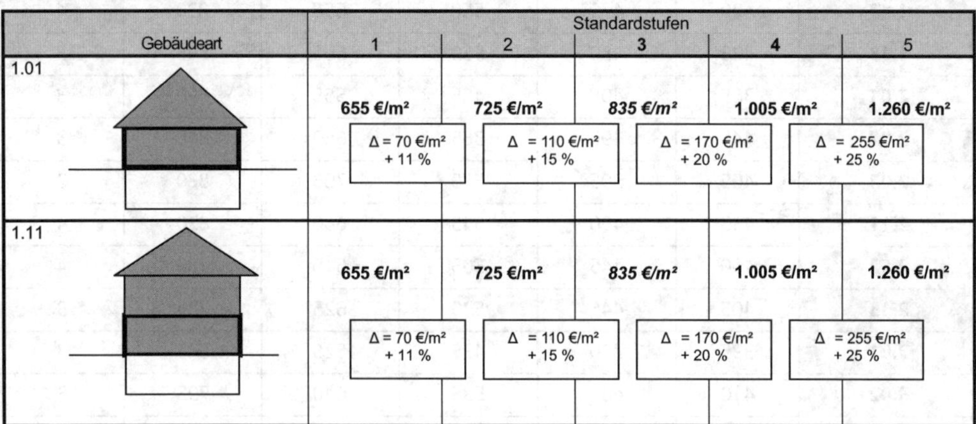

Gebäudeart	Standardstufen 1	2	3	4	5
1.01	655 €/m²	725 €/m²	835 €/m²	1.005 €/m²	1.260 €/m²
	Δ = 70 €/m² + 11 %	Δ = 110 €/m² + 15 %	Δ = 170 €/m² + 20 %	Δ = 255 €/m² + 25 %	
1.11	655 €/m²	725 €/m²	835 €/m²	1.005 €/m²	1.260 €/m²
	Δ = 70 €/m² + 11 %	Δ = 110 €/m² + 15 %	Δ = 170 €/m² + 20 %	Δ = 255 €/m² + 25 %	

Kostenkennwert (NHK 2010) für eine Vollgeschossebene:

Gebäudeart 1.11, Standardstufe 3,0:	4 Ebenen x 835 €/m²	= 3.340 €
Gebäudeart 1.01, Standardstufe 3,0:	– 3 Ebenen x 835 €/m²	= – 2.505 €
Kostenkennwert (NHK 2010) je 1 m² BGF Vollgeschoss		= 835 €

Die Normalherstellungskosten 2010 pro 1 m² Vollgeschoss eines zweigeschossigen Einfamilienhauses mit Satteldach (Gebäudeart 1.11, Standardstufe 3) betragen rd. 835 €/m². Der Kostenkennwert für das 3. Vollgeschoss eines vergleichbaren Gebäudes beträgt demnach ebenfalls 835 € pro m² BGF.

Beispiel 2: Reihenmittelhaus mit Satteldach

Für ein Vollgeschoss eines zweigeschossigen Reihenmittelhauses (Satteldach, Standardstufe 3,0) der Gebäudeart 3.11 ergeben sich aus nachfolgender Vergleichsberechnung geringere Normalherstellungskosten pro Quadratmeter Vollgeschoss:

Schnittvergleich für ein Reihenmittelhaus:

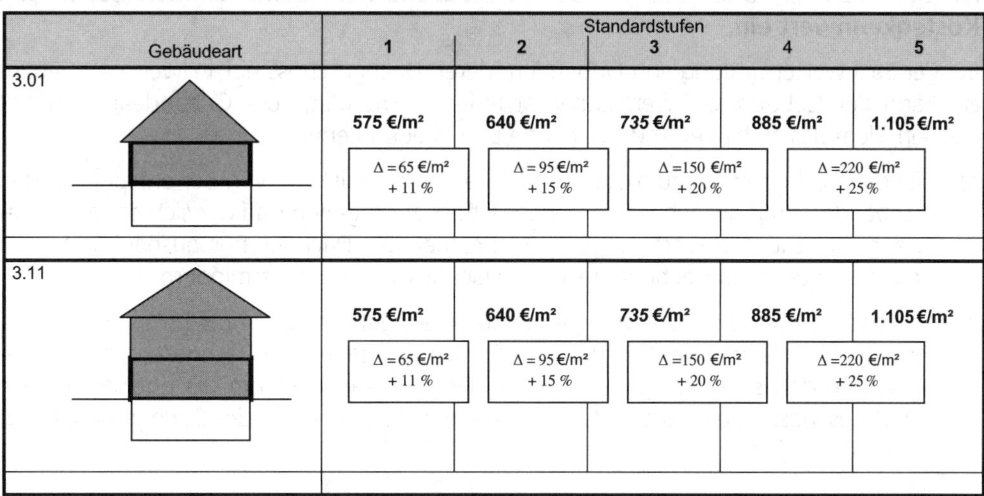

Kostenkennwert (NHK 2010) für eine Vollgeschossebene:

Gebäudeart 3.11, Standardstufe 3,0:	4 Ebenen x 735 €/m²	= 2.940 €
Gebäudeart 3.01, Standardstufe 3,0:	– 3 Ebenen x 735 €/m²	= – 2.205 €
Kostenkennwert (NHK 2010) je 1 m² BGF Vollgeschoss		= 735 €

Die Normalherstellungskosten (2010) pro 1 m² Vollgeschoss eines zweigeschossigen Reihenmittelhauses mit Satteldach (Standardstufe 3, Gebäudeart 3.11) betragen 735 €/m² und fallen damit um 100 €/m² geringer aus als die eines (vergleichbaren) freistehenden Einfamilienhauses (Gebäudeart 3.01). Dies ist nur auf den ersten Blick plausibel, denn tatsächlich erfordern Reihenhäuser mit vergleichsweise kleinteiliger Aufteilung i.d.R. höhere Bauleistungen pro Quadratmeter BGF_{red} als Einfamilienhäuser mit großzügigerem Grundriss.

3.1.12 NHK eines Dachgeschossausbaus

Quelle: KL-M, 1615 ff.

Das Tafelwerk der NHK 2010 unterscheidet wie das Tafelwerk der NHK 2000 im Bereich der Ein- und Zweifamilienhäuser nach Gebäuden mit ausgebautem und Gebäuden mit nicht ausgebautem Dachgeschoss. **Der Dachausbau geht damit unmittelbar in den Kostenkennwert ein.**

Bei der Sachwertermittlung von Gebäuden, deren Dachgeschoss nur teilweise ausgebaut ist, kann der Gebäudesachwert zunächst auf der Grundlage der Gebäudeart ermittelt werden, dem das zu bewertende Gebäude überwiegend entspricht.

a) Ist das Dachgeschoss zu mehr als 50 % ausgebaut, ist z.B. von der entsprechenden Gebäudeart mit ausgebautem Dachgeschoss auszugehen und der sich danach ergebene Gebäudesachwert um die entsprechenden Dachgeschossausbaukosten der nicht ausgebauten Flächenanteile des Dachgeschosses zu vermindern.

b) Ist das Dachgeschoss zu weniger als 50 % ausgebaut, so empfiehlt es sich umgekehrt, zunächst von der Gebäudeart mit nicht ausgebautem Dachgeschoss auszugehen und den sich danach ergebenden Gebäudesachwert um die entsprechenden Dachgeschossausbaukosten der ausgebauten Flächenanteile des Dachgeschosses zu erhöhen.

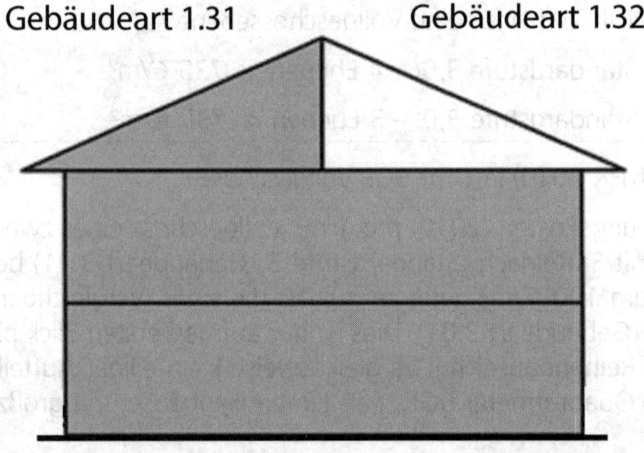

Die Dachgeschossausbaukosten ergeben sich wiederum aus dem Unterschied der Normalherstellungskosten der jeweiligen Gebäudeart mit und ohne ausgebautem Dachgeschoss.

Beispiel: NHK bei ausgebautem und nicht ausgebautem Dachgeschoss

Unterschied der NHK zwischen ausgebautem und nicht ausgebautem Dachgeschoss eines nicht unterkellerten Einfamilienhauses (zweigeschossiges Einfamilienhaus, Standardstufe 3,0), Gebäudearten 1.31 und 1.32.

Schnittvergleich zum Dachausbau

Gebäudeart	Standardstufe				
	1	2	3	4	5
1.31	720 €/m²	800 €/m²	920 €/m²	1.150 €/m²	1.385 €/m²
Geschosshöhe 2,97 m (die Geschosshöhe ist der vom BMVBW veröffentlichten Vorversion entnommen (GuG 2012, 30))					
1.32	620 €/m²	690 €/m²	790 €/m²	955 €/m²	1.190 €/m²
Geschosshöhe 2,67 m (die Geschosshöhe ist der vom BMVBW veröffentlichten Vorversion entnommen (GuG 2012, 30))					

Umrechnung der NHK der Gebäudeart 1.32 (Standardstufe 3,0) auf eine Geschosshöhe von 2,97 m:

$NHK_{GH = 2,97\ m}$ = 790 €/m² × 2,97 m/2,67 m = 878,76 €/m²

Eine Berücksichtigung der Geschosshöhe erscheint angezeigt, da die Geschosshöhen der Gebäudearten 1.31 und 1.32 erheblich voneinander abweichen und dem Gebäudetyp 1.31 ein Drempel von 1 m Höhe unterstellt wird (vgl. KL-V S. 2055). Die entsprechenden Herstellungskosten müssten dann auch in den Kostenkennwert eingegangen sein.

Gebäudeart 1.31, Standardstufe 3,0:	3 Ebenen × 920,00 €/m² =	2.760,00 €/m²
Gebäudeart 1.32, Standardstufe 3,0:	– 3 Ebenen × 878,76 €/m² =	– 2.636,28 €/m²
= Differenz (Dachausbau)		124,72 €/m²

Die Normalherstellungskosten für den Ausbau von 1 m² einer nutzbaren Dachgeschossfläche betragen unter Berücksichtigung der unterschiedlichen Geschosshöhen im Beispiel rd. 125 €/m². Ohne Berücksichtigung der unterschiedlichen Geschosshöhen ergäben sich Dachausbaukosten von 390 €/m².

Es fällt auf, dass die nach vorstehendem Schema ermittelten Ausbaukosten ohne Berücksichtigung der Geschosshöhen deutlich von dem Ergebnis abweicht, das sich unter Berücksichtigung der empirisch ermittelten und noch in den Vorentwürfen zur SW-RL veröffentlichten Geschosshöhen ergibt. Die Unterschiede sind aus der Gegenüberstellung in der folgenden Abbildung erkennbar und zeigen den Einfluss auf, den die Erfassung und Berücksichtigung der Geschosshöhe hat. In der amtlich gewordenen Fassung der SW-RL werden die Geschosshöhen nicht mehr angegeben. Dies muss darauf zurückgeführt werden, dass die empirische Erfassung nicht als vertrauenswürdig erkannt wurde, was letztlich die Eignung der empirischen Grundlagen der veröffentlichten Kostenkennwerte in Frage stellt.

Aus diesem Grunde ist eine Interpretation der sich aus der folgenden Abbildung ergebenden Ergebnisse nur i.S. der konstruktiven Gestaltung des Systems der NHK 2010 möglich. Nach diesem System sollen die Kosten für den Ausbau des Dachgeschosses in durchaus nachvollziehbarer Weise je nach Gebäudetyp und Ausstattungsstandard unterschiedlich ausfallen und mit der Standardstufe ansteigen. Sie sollen dementsprechend bei frei stehenden Einfamilienhäusern mit der Standardstufe 5 am höchsten ausfallen und über Doppelhäuser und Reihenendhäuser bis hin zu Reihenmittelhäuser vermindern. Auffällig ist weiterhin, dass bei Gebäuden, die nur ein Erd- und ein Dachgeschoss aufweisen, sich höhere Ausbaukosten als bei mehrgeschossigen Reihenhäusern ergeben sollen.

Kosten des Dachgeschossausbaus (Baujahr 2010)

Einfamilienhaus

Kosten des Dachgeschossausbaus (Baujahr 2010)				
Gebäudeart				
Standardstufe	1.21/1.22	1.31/1.32	1.01/1.02	1.11/1.12
1	120 €/m²	92 €/m²	53 €/m²	340 €/m²
2	128 €/m²	98 €/m²	53 €/m²	360 €/m²
3	151 €/m²	124 €/m²	67 €/m²	420 €/m²
4	184 €/m²	128 €/m²	68 €/m²	500 €/m²
5	222 €/m²	185 €/m²	96 €/m²	640 €/m²
Hinweis: Ermittlung unter Berücksichtigung der unterschiedlichen Geschosshöhen				

Doppelhäuser und Reihenendhäuser

Kosten des Dachgeschossausbaus (Baujahr 2010)				
Gebäudeart				
Standardstufe	2.21/2.22	2.31/2.32	2.01/2.02	2.11/2.12
1	380 €/m²	285 €/m²	300 €/m²	320 €/m²
2	430 €/m²	315 €/m²	345 €/m²	360 €/m²
3	490 €/m²	360 €/m²	390 €/m²	400 €/m²
4	590 €/m²	435 €/m²	465 €/m²	480 €/m²
5	740 €/m²	540 €/m²	585 €/m²	580 €/m²

Reihenmittelhaus

Kosten des Dachgeschossausbaus (Baujahr 2010)				
Gebäudeart				
Standardstufe	**3.21/3.22**	**3.31/3.32**	**3.01/3.02**	**3.11/3.12**
1	360 €/m²	270 €/m²	285 €/m²	280 €/m²
2	400 €/m²	300 €/m²	315 €/m²	320 €/m²
3	460 €/m²	345 €/m²	360 €/m²	380 €/m²
4	550 €/m²	405 €/m²	435 €/m²	440 €/m²
5	690 €/m²	495 €/m²	540 €/m²	560 €/m²

3.1.13 NHK eines Gebäudeanbaus

Quelle: KL-V, 2125 ff.

Typisch für die gesonderte Ermittlung der Normalherstellungskosten eines Vollgeschosses ist der Fall eines Anbaus. Dort liegen die Verhältnisse nicht ganz so einfach: Der Anbau bedarf im Gegensatz zu einem eingeschobenen Vollgeschoss einer eigenständigen Gründung sowie einer Dachabdichtung, weiterhin ist – je nach Gebäudeart – die Zahl der Außenwände unterschiedlich.

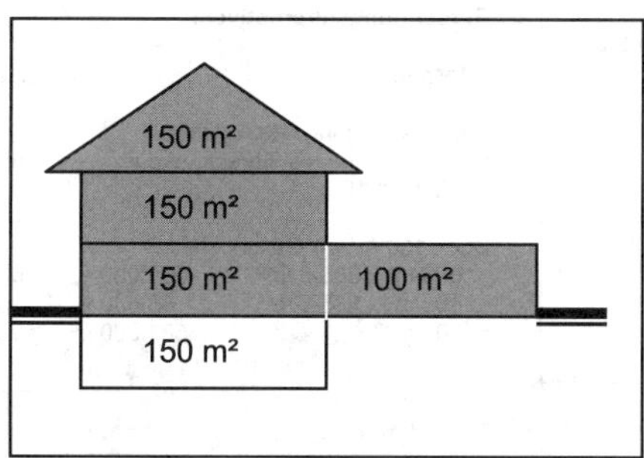

Die Ermittlung der Normalherstellungskosten auf der Grundlage der Kostenkennwerte eines freistehenden Einfamilienhauses (Gebäudeart 1.11) und eines gesonderten Ansatzes der Normalherstellungskosten für den Anbau (Grundlage: Gebäudeart 1.23) führt deshalb nicht zu einem sachgerechten Ergebnis. Dazu kommt, dass die für die Gebäudeart 1.23 im Tabellenwerk angegebenen Normalherstellungskosten die Kosten für die gesamte Haustechnik enthalten, die aber bereits im Kostenkennwert der Gebäudeart 1.11 erfasst sind.

Zunächst scheint es angebracht, zur Ermittlung des Kostenkennwertes für den Anbau die Gebäudearten 1.03 und 1.23 heranzuziehen:

Schnittvergleich

Gebäudeart	Standardstufe				
	1	2	3	4	6
1.03 Geschosshöhe 3,02 m	705 €/m²	785 €/m²	900 €/m²	1.085 €/m²	1.360 €/m²
1.23 Geschosshöhe 3,51 m	920 €/m²	1.025 €/m²	1.180 €/m²	1.420 €/m²	1.775 €/m²

Bei einer Standardstufe von 3,0 ergäben sich nach dem Tabellenwerk der SW-RL für die Gebäudeart 1.23 – bezogen auf 2010 – Normalherstellungskosten von 1.180 €/m². Diese sind wegen der darin enthaltenen Kosten für die gesamte Haustechnik zu hoch.

Im Rahmen eines Schnittvergleichs werden für ein Vollgeschoss Normalherstellungskosten von gerade einmal rd. 835 €/m² BGF_{red} ermittelt (vgl. Kapitel 3.1.11). Dieser Wert ist nun aber zu gering, was auf die Gründung und die Abdichtung zurückzuführen ist:

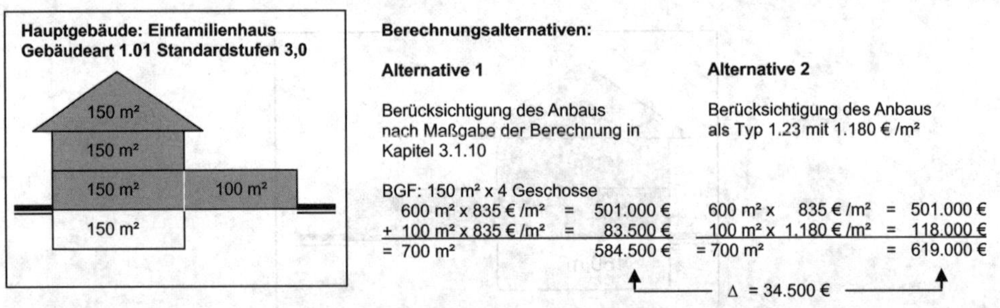

Beiden Berechnungen kann nicht uneingeschränkt gefolgt werden, weil

– Alternative 1 die Gründungskosten unzureichend berücksichtigt und
– Alternative 2 nicht dem Umstand Rechnung trägt, dass beim Anbau die Kosten für die gesamte Haustechnik (einschließlich innerer Erschließung) nicht anfallen.

Die „Lösung" liegt zwischen den Alternativlösungen. Unter Berücksichtigung der Gründungskosten ergeben sich „gerundete" Herstellungskosten von 600.000 €.

3.1.14 Flächen-Umrechnungsfaktoren

▶ *Siehe auch Kapitel 8.3*

3.1.14.1 Verhältnis BRI:BGF und BGF:WF

Quelle: SW-RL, Entwurfsstand 25.10.2011 (wurde nicht in die Endfassung übernommen), abgedruckt in GuG 2012, 29 ff., KL-V 2179, GuG-K 63

Gebäudeart	SW-RL		KL-V	
	BRI:BGF	BGF:WF	BGF:WF	WF:BGF
Einfamilienhäuser/Zweifamilienhäuser				
1.01 freistehende EFH	2,83	2,30	1,50	0,67
1.02 freistehende EFH	2,42	3,80	2,45	0,41
1.03 freistehende EFH	3,02	2,50	1,85	0,54
1.11 freistehende EFH	2,85	1,90	1,30	0,77
1.12 freistehende EFH	2,86	2,80	1,75	0,57
1.13 freistehende EFH	3,07	2,10	1,45	0,69
1.21 freistehende EFH	3,02	1,60	1,20	0,83
1.22 freistehende EFH	2,42	2,60	1,85	0,54
1.23 freistehende EFH	3,51	1,40	1,15	0,87
1.31 freistehende EFH	2,97	1,50	1,15	0,87
1.32 freistehende EFH	2,67	2,10	1,40	0,71
1.33 freistehende EFH	3,37	1,40	1,15	0,87
2.01 Doppel- und Reihenendhäuser	k.A.	k.A.	1,50	0,67
2.02 Doppel- und Reihenendhäuser	k.A.	k.A.	2,45	0,41
2.03 Doppel- und Reihenendhäuser	k.A.	k.A.	1,85	0,54
2.11 Doppel- und Reihenendhäuser	k.A.	k.A.	1,30	0,77
2.12 Doppel- und Reihenendhäuser	k.A.	k.A.	1,75	0,57
2.13 Doppel- und Reihenendhäuser	k.A.	k.A.	1,45	0,69
2.21 Doppel- und Reihenendhäuser	k.A.	k.A.	1,20	0,83
2.22 Doppel- und Reihenendhäuser	k.A.	k.A.	1,85	0,54
2.23 Doppel- und Reihenendhäuser	k.A.	k.A.	1,15	0,87
2.31 Doppel- und Reihenendhäuser	k.A.	k.A.	1,15	0,87
2.32 Doppel- und Reihenendhäuser	k.A.	k.A.	1,40	0,71
2.33 Doppel- und Reihenendhäuser	k.A.	k.A.	1,15	0,87

Gebäudeart	SW-RL		KL-V	
	BRI:BGF	BGF:WF	BGF:WF	WF:BGF
3.01 Reihenmittelhäuser	k.A.	k.A.	1,50	0,67
3.02 Reihenmittelhäuser	k.A.	k.A.	2,45	0,41
3.03 Reihenmittelhäuser	k.A.	k.A.	1,85	0,54
3.11 Reihenmittelhäuser	k.A.	k.A.	1,30	0,77
3.12 Reihenmittelhäuser	k.A.	k.A.	1,75	0,57
3.13 Reihenmittelhäuser	k.A.	k.A.	1,45	0,69
3.21 Reihenmittelhäuser	k.A.	k.A.	1,20	0,83
3.22 Reihenmittelhäuser	k.A.	k.A.	1,85	0,54
3.23 Reihenmittelhäuser	k.A.	k.A.	1,15	0,87
3.31 Reihenmittelhäuser	k.A.	k.A.	1,15	0,87
3.32 Reihenmittelhäuser	k.A.	k.A.	1,40	0,71
3.33 Reihenmittelhäuser	k.A.	k.A.	1,15	0,87

Das Verhältnis WF:BGF wird auch als Ausbaufaktor bezeichnet.

3.1.14.2 Verhältnis BRI:BGF und BGF:Nutzeinheit

Quelle: SW-RL, Entwurfsstand 25.10.2011 (dünner Druck, wurde nicht in die Endfassung übernommen), abgedruckt in GuG 2012, 29 ff., SW-RL, Anlage 1 (Fettdruck)

Gebäudeart	SW-RL		
	Standardstufe		
	3	4	5
4.1 Mehrfamilienhäuser mit bis zu 6 WE			
BRI/BGF	2,85	2,86	2,78
BGF/Nutzeinheit (WFl.)	1,80	1,90	2,10
4.2 Mehrfamilienhäuser mit 7 bis 20 WE			
BRI/BGF	2,85	2,83	2,80
BGF/Nutzeinheit (WFl.)	1,80	2,40	2,10
4.3 Mehrfamilienhäuser mit mehr als 20 WE			
BRI/BGF	2,85	2,83	2,80
BGF/Nutzeinheit (WFl.)	1,80	2,40	2,10
5 Wohnhäuser mit Mischnutzung			
5.1 Wohnhäuser mit Mischnutzung			
BRI/BGF	2,81	3,26	3,14
BGF/Nutzeinheit (WFl.)	k.A.	k.A.	k.A.
5.2 Banken/Geschäftshäuser mit Wohnungen			
BRI/BGF	3,19		
BGF/Nutzeinheit (WFl.)	k.A.		
6 Bürogebäude			
6.1 Bürogebäude, Massivbau			
BRI/BGF	3,35	3,26	3,50
BGF/Nutzeinheit (Arbeitsplatz)	44,40	47,20	71,90
6.2 Bürogebäude, Stahlbetonskelettbau			
BRI/BGF	3,51	3,38	3,92
BGF/Nutzeinheit (Arbeitsplatz)	30,20	37,30	39,40
6.3 Bürobau, Holzbau			
BRI/BGF	3,47	3,84	3,57
BGF/Nutzeinheit (Arbeitsplatz)	k.A.	k.A.	32,30

Gebäudeart	SW-RL		
	Standardstufe		
	3	4	5
7 Gemeindezentren, Saalbauten/Veranstaltungsgebäude			
7.1 Gemeindezentren			
BRI/BGF	3,40	3,56	3,73
BGF/Nutzeinheit	k.A.	k.A.	k.A.
7.2 Saalbauten/Veranstaltungsgebäude			
BRI/BGF	4,11	4,10	4,31
BGF/Nutzeinheit	k.A.	k.A.	k.A.
8 Kindergärten, Schulen			
8.1 Kindergärten			
BRI/BGF	3,90	3,86	3,82
BGF/Nutzeinheit (Gruppe)	238,10	217,40	217,40
8.2 Schulen			
8.2.1 Allgemeinbildende Schule			
BRI/BGF	3,94		
BGF/Nutzeinheit (Schüler)	11,40		
8.2.2 Berufsbildende Schule			
BRI/BGF	4,32		
BGF/Nutzeinheit (Schüler)	17,60		
8.2.3 Sonderschulen			
BRI/BGF	3,92		
BGF/Nutzeinheit (Schüler)	17,20		
9 Wohnheime, Altenheime, Pflegeheime			
9.1 Wohnheime, Internate			
BRI/BGF	2,86	3,34	3,70
BGF/Nutzeinheit (Bett)	33,10	49,00	35,20
9.2 Alten-/Pflegeheime			
BRI/BGF	3,02	3,12	3,33
BGF/Nutzeinheit (Bett)	72,50	74,10	71,40

Gebäudeart	SW-RL		
	Standardstufe		
	3	4	5
9.3 Altenwohnheime			
BRI/BGF		2,82	
BGF/Nutzeinheit (WFl.)		2,70	
10 Krankenhäuser/Tageskliniken			
10.1 Krankenhäuser/Kliniken			
BRI/BGF		3,87	
BGF/Nutzeinheit (Bett)		98,00	
10.2 Tageskliniken/Ärztehäuser			
BRI/BGF		3,38	
BGF/Nutzeinheit (Bett)		k.A.	
11 Beherbergungsstätten, Verpflegungseinrichtungen			
11.1 Hotels			
BRI/BGF		3,17	
BGF/Nutzeinheit (Bett)		38,50	
11.2 Gaststätten/Raststätten			
BRI/BGF		3,94	
BGF/Nutzeinheit		k.A.	
12 Sporthallen, Schwimmhallen			
12.1 Sporthallen (Einfeldhallen)			
BRI/BGF		5,98	
BGF/Nutzeinheit		k.A.	
12.2 Sporthallen (Dreifeldhallen)			
BRI/BGF		6,07	
BGF/Nutzeinheit		k.A.	
12.3 Sport- und Mehrzweckhallen			
BRI/BGF		4,84	
BGF/Nutzeinheit		k.A.	
12.4 Tennishallen			
BRI/BGF		7,15	
BGF/Nutzeinheit		k.A.	

Gebäudeart	SW-RL		
	Standardstufe		
	3	4	5
12.5 Freizeitbäder/Heilbäder			
BRI/BGF		5,65	
BGF/Nutzeinheit		k.A.	
13 Geschäftshäuser, Läden			
13.1 Banken/Geschäftshäuser – ohne Wohnungen			
BRI/BGF		3,40	
BGF/Nutzeinheit		k.A.	
13.2 Verbrauchermärkte			
BRI/BGF		4,85	
BGF/Nutzeinheit		k.A.	
13.3 Kauf-/Warenhäuser			
BRI/BGF		3,47	
BGF/Nutzeinheit		k.A.	
13.4 Autohäuser			
BRI/BGF		4,59	
BGF/Nutzeinheit		k.A.	
14 Garagen, Stellplätze			
14.1 Einzelgaragen/Mehrfachgaragen			
BRI/BGF	2,70	2,80	2,90
BGF/Nutzeinheit (Stellplatz)	20,00	22,00	23,00
14.2 Hochgaragen			
BRI/BGF		2,95	
BGF/Nutzeinheit (Stellplatz)		25,30	
14.3 Tiefgaragen			
BRI/BGF		2,97	
BGF/Nutzeinheit (Stellplatz)		26,50	
14.4 Nutzfahrzeuggaragen			
BRI/BGF		5,41	
BGF/Nutzeinheit (Stellplatz)		95,20	

Gebäudeart	SW-RL		
	Standardstufe		
	3	4	5
15 Betriebs-/Werkstätten, Produktionsgebäude			
15.1 Betriebs-/Werkstätten, eingeschossig			
BRI/BGF	5,56		
BGF/Nutzeinheit	k.A.		
15.2 Werkstätten, mehrgeschossig, ohne Hallenanteil			
BRI/BGF	4,19		
BGF/Nutzeinheit	k.A.		
15.3 Werkstätten, mehrgeschossig, hoher Hallenanteil			
BRI/BGF	4,37		
BGF/Nutzeinheit	k.A.		
15.4 Industrielle Produktionsgebäude			
BRI/BGF	5,10		
BGF/Nutzeinheit	k.A.		
15.5 Industrielle Produktionsgebäude, überwiegend Skelettbauweise			
BRI/BGF	6,77		
BGF/Nutzeinheit	k.A.		
16 Lager-/Verwaltungsgebäude			
16.1 Lagergebäude ohne Mischnutzung			
BRI/BGF	5,71		
BGF/Nutzeinheit	k.A.		
16.2 Lagergebäude mit bis zu 25 % Mischnutzung			
BRI/BGF	6,10		
BGF/Nutzeinheit	k.A.		
16.3 Lagergebäude mit mehr als 25 % Mischnutzung			
BRI/BGF	5,85		
BGF/Nutzeinheit	k.A.		
17 Sonstige Gebäude			
17.1 Museen			
BRI/BGF	4,50		
BGF/Nutzeinheit	k.A.		

Gebäudeart	SW-RL		
	Standardstufe		
	3	4	5
17.2 Theater			
BRI/BGF	4,48		
BGF/Nutzeinheit	k.A.		
17.3 Feuerwehrhäuser			
BRI/BGF	4,00		
BGF/Nutzeinheit (Stellplatz)	192,30		
17.4 Kirchen			
BRI/BGF	5,71		
BGF/Nutzeinheit	k.A.		
17.5 Friedhofsgebäude			
BRI/BGF	6,10		
BGF/Nutzeinheit	k.A.		
18 Landwirtschaftliche Betriebsgebäude			
18.1 Reithallen, Pferdeställe			
18.1.1 Reithallen			
BRI/BGF	k.A.		
BGF/Nutzeinheit	k.A.		
18.1.2 Pferdeställe			
BRI/BGF	k.A.		
BGF/Nutzeinheit (Tier)	15,00-20,00		
18.2 Rinderställe, Melkhäuser			
18.2.1 Kälberställe			
BRI/BGF	k.A.		
BGF/Nutzeinheit (Tier)	4,00-4,50		
18.2.2 Rinderställe, Jungvieh-/Mastbullen-/Milchviehställe ohne Melkstand und Warteraum			
BRI/BGF	k.A.		
BGF/Nutzeinheit (Tier)	6,50-10,50		
18.2.3 Milchviehställe mit Melkstand und Milchlage			
BRI/BGF	k.A.		
BGF/Nutzeinheit (Tier)	10,00-15,00		

3

Gebäudeart	SW-RL		
	Standardstufe		
	3	4	5
18.2.4 Melkhäuser mit Milchlager und Nebenräumen als Einzelgebäude ohne Warteraum und Selektion			
BRI/BGF	k.A.		
BGF/Nutzeinheit (Tier)	k.A.		
18.3 Schweineställe			
18.3.1 Ferkelaufzuchtställe			
BRI/BGF	k.A.		
BGF/Nutzeinheit (Tier)	0,45-0,65		
18.3.2 Mastschweinställe			
BRI/BGF	k.A.		
BGF/Nutzeinheit (Tier)	0,90-1,30		
18.3.3 Zuchtschweinställe, Deck-/Warte-/Abferkelbereich			
BRI/BGF	k.A.		
BGF/Nutzeinheit (Tier)	4,50-5,00		
18.3.4 Abferkelstall als Einzelgebäude			
BRI/BGF	k.A.		
BGF/Nutzeinheit (Tier)	6,30-6,50		
18.4 Geflügelställe			
18.4.1 Mastgeflügel, Bodenhaltung, Hähnchen, Puten, Gänse			
BRI/BGF	k.A.		
BGF/Nutzeinheit (Tier)	0,05-0,06		
18.4.2 Legehennen, Bodenhaltung			
BRI/BGF	k.A.		
BGF/Nutzeinheit (Tier)	0,15-0,20		
18.4.3 Legehennen, Volierenhaltung			
BRI/BGF	k.A.		
BGF/Nutzeinheit (Tier)	0,07-0,10		
18.4.4 Legehennen, Kleingruppenhaltung, ausgestalteter Käfig			
BRI/BGF	k.A.		
BGF/Nutzeinheit (Tier)	0,05-0,07		

Gebäudeart	SW-RL		
	Standardstufe		
	3	4	5
18.5 Landwirtschaftliche Mehrzweckhallen, Scheunen			
18.5.1 Landwirtschaftliche Mehrzweckhallen			
BRI/BGF		k.A.	
BGF/Nutzeinheit (Tier)		k.A.	
18.5.2 Scheunen ohne Stallteil			
BRI/BGF		k.A.	
BGF/Nutzeinheit (Tier)		k.A.	
18.6 Außenanlagen zu allen landwirtschaftlichen Betriebsgebäuden			

3.1.14.3 Verhältnis BGF:NF, Ausbaufaktor

Quelle: KL-V, 2179, GuG-K 63

Grundstücksart	Umrechnungsfaktor BGF:NF	Umrechnungsfaktor NF:BGF
Personal- und Schwesternwohnheime	1,65	0,61
Altenwohnheime	1,85	0,54
Hotels	1,80	0,56
Krankenhäuser	2,50	0,40
Kindergärten, Kindertagesstätten	1,80	0,56
Schulen, Berufsschulen	2,05	0,49
Hochschulen, Universitäten	1,55	0,65
Funktionsgebäude für Sportanlagen	1,40	0,71
Turnhallen, Sporthallenbäder	2,00	0,50
Kur- und Heilbäder	2,05	0,49
Tennishallen	1,20	0,83
Reitsporthallen und Stallungen	1,35	0,74
Kirchen	1,45	0,69
Gemeindezentren, Bürgerhäuser	1,65	0,61
Saalbauten, Veranstaltungszentren	1,45	0,69
Vereinsheime, Jugendheime, Tagesstätten	1,40	0,71
Einkaufsmärkte	1,30	0,77
Kaufhäuser, Warenhäuser	1,40	0,71
Ausstellungsgebäude	1,40	0,71
Bankgebäude	1,70	0,59
Gerichtsgebäude	1,05	0,95

3.2 Normalherstellungskosten (NHK 2000)

3.2.1 Allgemeines

1. Normalherstellungskosten – NHK 2000 – von Gebäuden (ohne Baunebenkosten und mit Mehrwertsteuer), Preisbasis 2000

Die nachfolgend abgedruckten Normalherstellungskosten wurden erstmals mit RdErl. des Bundesministeriums für Raumordnung, Bauwesen und Städtebau vom 1.8.1997 (RS 13–63 05 04–4) im Bereich des Bundes eingeführt und sind in aktualisierter auf Euro umgestellter Fassung Bestandteil der WertR 06 (NHK 2000).

1.1 Vorbemerkungen:

I Die angegebenen Normalherstellungskosten – NHK 2000 –

a) beziehen sich auf **1 Quadratmeter (m²) Brutto-Grundfläche**, ermittelt nach DIN 277 i.d.F. von 1987/2005. Die Normalherstellungskosten (NHK 2000) werden zum Teil auch als Raummeterpreise in €/m³ Brutto-Rauminhalt (BRI) angegeben; die Berechnung des Brutto-Rauminhalts erfolgt wiederum auf der Grundlage der DIN 277 i.d.F. von 1987/2005.

b) geben **Bundesmittelwerte nach dem Preisstand 2000 ohne Baunebenkosten einschließlich einer 16%igen Mehrwertsteuer** wieder. Die durchschnittlichen Baunebenkosten sind in einem Vomhundertsatz auf den Gebäudetypenblättern angegeben. Baunebenkosten in Höhe von z. B. 14 % entsprechen einem (multiplikativen) Korrekturfaktor von 1,14.

II Zur Ermittlung des aktuellen Neubauwerts müssen

a) die Brutto-Grundfläche (BGF) bzw. der Brutto-Rauminhalt (BRI) des Gegenstands der Wertermittlung korrespondierend mit den auf der Grundlage dieser Norm abgeleiteten und in den nachfolgend abgedruckten Gebäudetypenblättern ausgewiesenen Normalherstellungskosten (NHK 2000) vervielfältigt werden,

b) die mit den herangezogenen Brutto-Grundflächenkosten(-preisen) nicht erfassten besonderen Bauteile wertmäßig hinzugerechnet werden,

c) der sich daraus ergebene Neubauwert des Jahres 2000 mit Hilfe geeigneter Baupreisindexreihen auf die Wertverhältnisse des Wertermittlungsstichtags indiziert[5] werden,

d) regionale sowie ortsspezifische Besonderheiten, soweit sie mit der herangezogenen Baupreisindexreihe nicht berücksichtigt worden sind, durch Anwendung eines regional- und ortsspezifischen Korrekturfaktors zusätzlich berücksichtigt werden und

e) die zum jeweiligen Wertermittlungsstichtag geltenden Mehrwertsteuer ggf. abgezogen werden (vgl. § 22 WertR Rn. 18 ff.).

Die einzelnen Normalherstellungskosten (NHK 2000) sind in den jeweiligen Gebäudetypenblättern differenziert nach

- Gebäudebaujahrsklassen und
- Ausstattungsstandards

nachgewiesen.

5 Anm. der Autoren: Sprachlich korrekt ist „indexiert".

Mitunter werden für denselben Gebäudetypus jeweils gesonderte Gebäudetypenblätter für eine frei stehende oder in Reihe angeordnete und dann nach **Kopf- und Mittelhaus** aufgeteilte Bebauung abgedruckt.

Eine **Kurzbeschreibung des Ausstattungsstandards** ist den Gebäudetypenblättern zugeordnet. Der Gegenstand der Wertermittlung ist auf der Grundlage dieser Ausstattungsmerkmale zu qualifizieren. Dabei ist zu beachten, dass die in der Ausstattungstabelle angegebenen Kostengruppen ungleichgewichtig sind und im Einzelfall das zu wertende Objekt sachverständig zugeordnet werden muss. Eine einfache Interpolation ist wegen der unterschiedlichen Kostenanteile einzelner Ausstattungsmerkmale nicht zulässig.

Für die Bestimmung der **Gebäudebaujahrsklasse** für Gebäude, die überdurchschnittlich instand gesetzt oder modernisiert worden sind, kann von einer entsprechenden verjüngten Baujahrsklasse ausgegangen werden, wenn dem nicht bereits durch Zuschläge Rechnung getragen wurde. Bei durchgreifend modernisierten Gebäuden ist fiktiv die Gebäudebaujahrsklasse zugrunde zu legen, die dem Standard der Gebäudebaujahrsklasse entspricht, der durch die Modernisierung herbeigeführt worden ist. Die (noch) im Einführungserlass angegebene Formel zur Umrechnung von 1 m² WF auf 1 m² BGF stellt lediglich eine grobe Durchschnittsformel dar, die nicht zur Umrechnung einer im Einzelfall gegebenen WF auf die BGF herangezogen werden darf (vgl. Einführungserl. des BMBau vom 1.8.1997). In solchen Fällen muss die BGF originär ermittelt werden.

Das Gebäudetypenblatt enthält schließlich noch

- Hinweise zu den Baunebenkosten entsprechend der Kostengruppe 700 DIN 276/1993. Hierzu gehören insbesondere die Kosten, die bei der Planung und Durchführung auf der Grundlage von Honorarordnungen, Gebührenordnungen oder nach weiteren vertraglichen Vereinbarungen entstehen, die Bauherrenaufgaben, die Vorbereitung der Objektplanung, Architekten- und Ingenieurleistungen, Gutachten und Beratungen, Kunst, Finanzierung sowie die allgemeinen und sonstigen Baunebenkosten;
- sowie die jeweilige Spanne der **üblichen Gesamtnutzungsdauer** (GND).

III Die Anwendung dieser Normalherstellungskosten bedarf der zusätzlichen Berücksichtigung von Korrekturfaktoren, die in Kap. 3.2.2.1 dargestellt sind.

3.2.2 Normalherstellungskosten (NHK 2000) für unterschiedliche Gebäudetypen

*) Die Gebäudetypen 32.1 bis 33.4.2 wurden durch die Arbeitsgruppe „Landwirtschaftliche NHK 2000" erarbeitet. Dieser Arbeitsgruppe gehörten je ein Vertreter der Bundesforschungsanstalt für Landwirtschaft, der Hessischen und der Niedersächsischen Landgesellschaft, ein ö.b.v. Sachverständiger, ein Architekt und Vertreter des Bundesministeriums für Verkehr, Bau- und Wohnungswesen (BMVBW) an (vgl. GuG 2001, 326).

Einfamilien-Wohnhäuser, frei stehend

Typ 1.01–1.33

Ausstattungsstandard				
Kostengruppe	**einfach**	**mittel**	**gehoben**	**stark gehoben**
Fassade *Anteil: 11 %*	Mauerwerk mit Putz oder Fugenglattstrich und Anstrich	Wärmedämmputz, Wärmedämmverbundsystem, Sichtmauerwerk mit Fugenglattstrich, mittlerer Wärmedämmstandard	Verblendmauerwerk, Metallbekleidung, Vorhangfassade, hoher Wärmedämmstandard	Naturstein
Fenster *Anteil: 14 %*	Holz, Einfachverglasung	Kunststoff, Rollladen, Isolierverglasung	Aluminium, Sprossenfenster, Sonnenschutzvorrichtung, Wärmeschutzverglasung	raumhohe Verglasung, große Schiebeelemente, elektr. Rollladen, Schallschutzverglasung
Dächer *Anteil: 15 %*	Betondachpfannen (untere Preisklasse), Bitumen-, Kunststofffolienabdichtung keine Wärmedämmung	Betondachpfannen (gehobene Preisklasse), mittlerer Wärmedämmstandard	Tondachpfannen, Schiefer-, Metalleindeckung, hoher Wärmedämmstandard	große Anzahl von Oberlichtern, Dachaus- und Dachaufbauten mit hohem Schwierigkeitsgrad Dachausschnitte in Glas
Sanitär *Anteil: 13 %*	1 Bad mit WC, Installation auf Putz	1 Bad mit Dusche und Badewanne, Gäste-WC Installation unter Putz	1–2 Bäder Gäste-WC	mehrere großzügige Bäder, tlw. Bidet, Whirlpool, Gäste-WC
Innenwandbekleidung der Nassräume *Anteil: 6 %*	Ölfarbanstrich, Fliesensockel (1,50 m)	Fliesen (2,00 m)	Fliesen raumhoch, großformatige Fliesen	Naturstein, aufwendige Verlegung
Bodenbeläge *Anteil: 8 %*	Holzdielen, Nadelfilz, Linoleum, PVC (untere Preisklasse) **Nassräume:** PVC, Fliesen	Teppich, PVC, Fliesen, Linoleum (mittlere Preisklasse) **Nassräume:** Fliesen	Fliesen, Parkett, Betonwerkstein **Nassräume:** großformatige Fliesen	Naturstein, aufwendige Verlegung **Nassräume:** Naturstein
Innentüren *Anteil: 11 %*	Füllungstüren, Türblätter und Zargen gestrichen, Stahlzargen	Kunststoff-/Holztürblätter, Holzzargen, Glastürausschnitte	Türblätter mit Edelholzfurnier, Glastüren, Holzzargen	massivere Ausführung, Einbruchschutz
Heizung *Anteil: 15 %*	Einzelöfen, elektrische Speicherheizung, Boiler für Warmwasser	Mehrraum-Warmluft-Kachelofen, Zentralheizung mit Radiatoren (Schwerkraftheizung)	Zentralheizung/Pumpenheizung mit Flachheizkörpern oder Fußbodenheizung, Warmwasserbereitung zentral	Zentralheizung und Fußbodenheizung, Klimaanlagen, Solaranlagen
Elektroinstallation *Anteil: 7 %*	je Raum 1 Lichtauslass und 1–2 Steckdosen, Installation tlw. auf Putz	je Raum 1–2 Lichtauslässe und 2–3 Steckdosen, Installation unter Putz	je Raum mehrere Lichtauslässe und Steckdosen, informationstechnische Anlagen	aufwendige Installation, Sicherheitseinrichtungen

Baunebenkosten (entsprechend Kostengruppe 700 DIN 276) **16 %**

Gesamtnutzungsdauer **60 bis 100 Jahre**

Einfamilien-Wohnhäuser, frei stehend

Typ 1.01–1.03

NHK 2000

WERTR

Normalherstellungskosten (ohne Baunebenkosten) entsprechend Kostengruppe 300 und 400 DIN 276/1993 einschließlich 16 % Mehrwertsteuer, Preisstand 2000

Ausstattungsstandards, Baunebenkosten und Gesamtnutzungsdauer für diese Gebäudetypen siehe Tabelle „Ausstattungsstandards"

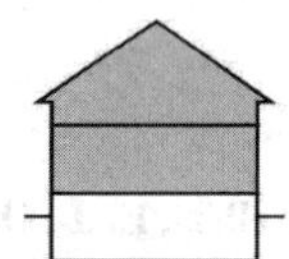

Typ 1.01 Keller-, Erdgeschoss, voll ausgebautes Dachgeschoss

Kosten der Brutto-Grundfläche in €/m², durchschnittliche Geschosshöhe 2,85 m							
Ausstattungs-standards	**vor 1925**	**1925 bis 1945**	**1946 bis 1959**	**1960 bis 1969**	**1970 bis 1984**	**1985 bis 1999**	**2000**
einfach	410–425	430–440	440–475	475–500	505–530	535–580	580
mittel	470–485	490–500	500–540	540–575	575–605	610–660	660
gehoben	540–560	565–580	580–625	625–660	665–700	700–760	760
stark gehoben	740–765	770–785	790–850	855–900	905–955	955–1035	1040

Typ 1.02 Keller-, Erdgeschoss, nicht ausgebautes Dachgeschoss

Kosten der Brutto-Grundfläche in €/m², durchschnittliche Geschosshöhe 2,70 m							
Ausstattungs-standards	**vor 1925**	**1925 bis 1945**	**1946 bis 1959**	**1960 bis 1969**	**1970 bis 1984**	**1985 bis 1999**	**2000**
einfach	340–350	355–360	365–390	390–415	415–435	440–475	475
mittel	385–400	400–410	415–440	445–470	470–495	500–540	540
gehoben	440–455	460–470	470–505	510–540	540–570	575–620	625
stark gehoben	590–610	615–625	630–675	680–715	720–760	760–825	830

Typ 1.03 Keller-, Erdgeschoss, Flachdach

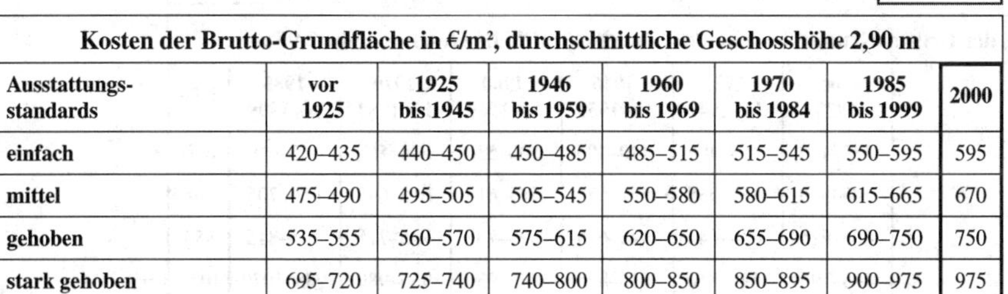

Kosten der Brutto-Grundfläche in €/m², durchschnittliche Geschosshöhe 2,90 m							
Ausstattungs-standards	**vor 1925**	**1925 bis 1945**	**1946 bis 1959**	**1960 bis 1969**	**1970 bis 1984**	**1985 bis 1999**	**2000**
einfach	420–435	440–450	450–485	485–515	515–545	550–595	595
mittel	475–490	495–505	505–545	550–580	580–615	615–665	670
gehoben	535–555	560–570	575–615	620–650	655–690	690–750	750
stark gehoben	695–720	725–740	740–800	800–850	850–895	900–975	975

Einfamilien-Wohnhäuser, frei stehend Typ 1.11–1.13

Normalherstellungskosten (ohne Baunebenkosten)
entsprechend Kostengruppe 300 und 400 DIN 276/1993
einschließlich 16 % Mehrwertsteuer, Preisstand 2000

NHK 2000

WERTR

Ausstattungsstandards, Baunebenkosten und Gesamtnutzungsdauer
für diese Gebäudetypen siehe Tabelle „Ausstattungsstandards"

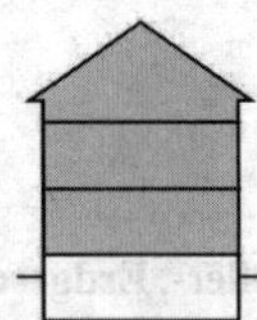

Typ 1.11 Keller-, Erd-, Obergeschoss, voll ausgebautes Dachgeschoss

Kosten der Brutto-Grundfläche in €/m², durchschnittliche Geschosshöhe 2,95 m							
Ausstattungs-standards	**vor 1925**	**1925 bis 1945**	**1946 bis 1959**	**1960 bis 1969**	**1970 bis 1984**	**1985 bis 1999**	**2000**
einfach	445–460	465–475	475–505	510–540	545–575	575–625	625
mittel	515–530	535–545	550–585	590–625	630–660	660–720	720
gehoben	615–640	640–655	655–700	705–750	750–790	790–865	865
stark gehoben	780–810	810–830	835–890	895–950	955–1000	1005–1095	1100

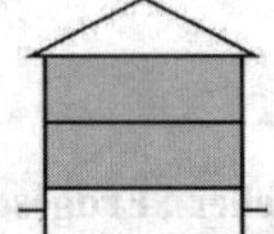

Typ 1.12 Keller-, Erd-, Obergeschoss, nicht ausgebautes Dachgeschoss

Kosten der Brutto-Grundfläche in €/m², durchschnittliche Geschosshöhe 2,90 m							
Ausstattungs-standards	**vor 1925**	**1925 bis 1945**	**1946 bis 1959**	**1960 bis 1969**	**1970 bis 1984**	**1985 bis 1999**	**2000**
einfach	400–415	420–425	430–455	460–485	490–515	515–560	565
mittel	465–480	480–490	490–525	530–565	565–595	595–645	650
gehoben	555–575	580–590	590–635	635–675	675–715	715–775	780
stark gehoben	705–730	730–745	750–800	805–855	860–900	905–985	990

Typ 1.13 Keller-, Erd-, Obergeschoss, Flachdach

Kosten der Brutto-Grundfläche in €/m², durchschnittliche Geschosshöhe 2,95 m							
Ausstattungs-standards	**vor 1925**	**1925 bis 1945**	**1946 bis 1959**	**1960 bis 1969**	**1970 bis 1984**	**1985 bis 1999**	**2000**
einfach	435–450	455–465	470–495	500–530	535–560	565–610	615
mittel	505–520	525–535	535–575	575–615	615–645	650–705	705
gehoben	605–625	630–640	645–685	690–735	735–775	775–845	850
stark gehoben	765–795	795–810	815–875	875–930	935–980	985–1070	1075

Einfamilien-Wohnhäuser, frei stehend

Typ 1.21–1.23

Normalherstellungskosten (ohne Baunebenkosten)
entsprechend Kostengruppe 300 und 400 DIN 276/1993
einschließlich 16 % Mehrwertsteuer, Preisstand 2000

NHK 2000

WERTR

Ausstattungsstandards, Baunebenkosten und Gesamtnutzungsdauer für diese Gebäudetypen siehe Tabelle „Ausstattungsstandards"

Typ 1.21 Erdgeschoss, voll ausgebautes Dachgeschoss, nicht unterkellert

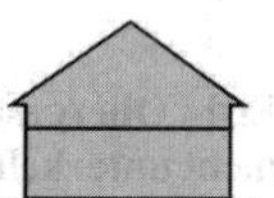

Kosten der Brutto-Grundfläche in €/m², durchschnittliche Geschosshöhe 2,90 m							
Ausstattungs-standards	**vor 1925**	**1925 bis 1945**	**1946 bis 1959**	**1960 bis 1969**	**1970 bis 1984**	**1985 bis 1999**	**2000**
einfach	490–510	510–520	525–565	570–600	600–635	635–690	690
mittel	555–580	580–590	590–640	640–675	680–715	715–780	780
gehoben	665–690	695–710	710–765	770–810	815–860	865–935	940
stark gehoben	905–940	945–960	965–1040	1045–1105	1110–1165	1170–1270	1275

Typ 1.22 Erdgeschoss, nicht ausgebautes Dachgeschoss, nicht unterkellert

Kosten der Brutto-Grundfläche in €/m², durchschnittliche Geschosshöhe 2,70 m							
Ausstattungs-standards	**vor 1925**	**1925 bis 1945**	**1946 bis 1959**	**1960 bis 1969**	**1970 bis 1984**	**1985 bis 1999**	**2000**
einfach	375–390	395–400	405–430	435–455	460–485	490–525	530
mittel	435–450	450–460	465–495	500–525	525–560	565–605	610
gehoben	520–535	540–555	560–595	600–630	635–675	675–730	730
stark gehoben	685–710	710–725	730–780	785–830	830–885	885–955	960

Typ 1.23 Erdgeschoss, Flachdach, nicht unterkellert

Kosten der Brutto-Grundfläche in €/m², durchschnittliche Geschosshöhe 3,05 m							
Ausstattungs-standards	**vor 1925**	**1925 bis 1945**	**1946 bis 1959**	**1960 bis 1969**	**1970 bis 1984**	**1985 bis 1999**	**2000**
einfach	615–640	645–650	655–710	710–755	755–795	795–865	870
mittel	705–735	735–750	755–820	820–865	870–910	915–990	995
gehoben	835–870	870–890	890–965	965–1020	1025–1075	1080–1175	1175
stark gehoben	1065–1115	1120–1140	1140–1235	1235–1305	1310–1385	1385–1505	1505

Einfamilien-Wohnhäuser, frei stehend Typ 1.31–1.33

Normalherstellungskosten (ohne Baunebenkosten) entsprechend Kostengruppe 300 und 400 DIN 276/1993 einschließlich 16 % Mehrwertsteuer, Preisstand 2000

NHK 2000

WERTR

Ausstattungsstandards, Baunebenkosten und Gesamtnutzungsdauer für diese Gebäudetypen siehe Tabelle „Ausstattungsstandards“

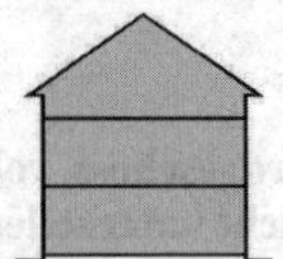

Typ 1.31 Erd-, Obergeschoss, voll ausgebautes Dachgeschoss, nicht unterkellert

Kosten der Brutto-Grundfläche in €/m², durchschnittliche Geschosshöhe 2,95 m							
Ausstattungs-standards	**vor 1925**	**1925 bis 1945**	**1946 bis 1959**	**1960 bis 1969**	**1970 bis 1984**	**1985 bis 1999**	**2000**
einfach	475–490	495–500	505–540	545–580	580–615	615–665	670
mittel	550–565	570–580	580–625	630–665	665–705	705–765	765
gehoben	655–680	680–695	695–750	750–800	800–845	850–920	920
stark gehoben	835–860	865–880	885–950	955–1010	1015–1075	1075–1165	1170

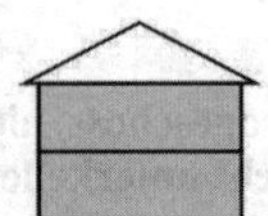

Typ 1.32 Erd-, Obergeschoss, nicht ausgebautes Dachgeschoss, nicht unterkellert

Kosten der Brutto-Grundfläche in €/m², durchschnittliche Geschosshöhe 2,85 m							
Ausstattungs-standards	**vor 1925**	**1925 bis 1945**	**1946 bis 1959**	**1960 bis 1969**	**1970 bis 1984**	**1985 bis 1999**	**2000**
einfach	410–425	430–445	445–480	480–505	510–535	540–585	585
mittel	475–490	495–510	515–550	555–585	590–620	620–670	675
gehoben	570–590	595–615	615–660	665–700	705–740	745–805	810
stark gehoben	725–755	755–780	780–835	840–890	895–940	945–1020	1025

Typ 1.33 Erd-, Obergeschoss, Flachdach, nicht unterkellert

Kosten der Brutto-Grundfläche in €/m², durchschnittliche Geschosshöhe 3,05 m							
Ausstattungs-standards	**vor 1925**	**1925 bis 1945**	**1946 bis 1959**	**1960 bis 1969**	**1970 bis 1984**	**1985 bis 1999**	**2000**
einfach	495–515	515–525	525–565	570–600	605–635	640–695	695
mittel	570–590	595–605	610–650	655–690	695–730	735–795	800
gehoben	680–710	710–725	730–780	785–830	835–880	880–960	960
stark gehoben	865–900	905–920	925–990	995–1050	1055–1115	1120–1215	1215

Einfamilien-Reihenhäuser

Typ 2.01–2.33

Kostengruppe	Ausstattungsstandard einfach	Ausstattungsstandard mittel
Fassade *Anteil: 11 %*	Mauerwerk mit Putz oder Fugenglattstrich und Anstrich	Wärmedämmputz, Wärmedämmverbundsystem, mittlerer Wärmedämmstandard
Fenster *Anteil: 14 %*	Holz, Einfachverglasung	Kunststoff, Rollladen, Isolierverglasung
Dächer *Anteil: 15 %*	Betondachpfannen (untere Preisklasse), Bitumen-, Kunststofffolienabdichtung	Betondachpfannen (gehobene Preisklasse), mittlerer Wärmedämmstandard
Sanitär *Anteil: 13 %*	1 Bad mit WC, Gäste-WC Installation tlw. auf Putz	1–2 Bäder, Gäste-WC Installation unter Putz
Innenwandbekleidung der Nassräume *Anteil: 6 %*	Ölfarbanstrich, Fliesensockel (1,50 m)	Fliesen (2,00 m)
Bodenbeläge *Anteil: 8 %*	Holzdielen, Nadelfilz, Linoleum, PVC (untere Preisklasse) **Nassräume:** PVC, Fliesen	Teppich, PVC, Fliesen, Parkett, Linoleum (mittlere Preisklasse) **Nassräume:** Fliesen
Innentüren *Anteil: 11 %*	Füllungstüren, Türblätter und Zargen gestrichen, Stahlzargen	Kunststoff-/Holztürblätter, Holzzargen, Glastürausschnitte
Heizung *Anteil: 15 %*	Einzelöfen, elektrische Speicherheizung, Boiler für Warmwasser	Zentralheizung, Warmwasserbereitung zentral
Elektroinstallation *Anteil: 7 %*	je Raum 1 Lichtauslass und 1–2 Steckdosen, Installation tlw. auf Putz	je Raum 1–2 Lichtauslässe und 2–3 Steckdosen, Installation unter Putz

Baunebenkosten (entsprechend Kostengruppe 700 DIN 276) **14 %**

Gesamtnutzungsdauer **60 bis 100 Jahre**

Einfamilien-Reihenhäuser

Typ 2.01–2.03

Normalherstellungskosten (ohne Baunebenkosten)
entsprechend Kostengruppe 300 und 400 DIN 276/1993
einschließlich 16 % Mehrwertsteuer, Preisstand 2000

NHK 2000
WertR

Ausstattungsstandards, Baunebenkosten und Gesamtnutzungsdauer für diese Gebäudetypen siehe Tabelle „Ausstattungsstandards"

Typ 2.01 Keller-, Erdgeschoss, voll ausgebautes Dachgeschoss

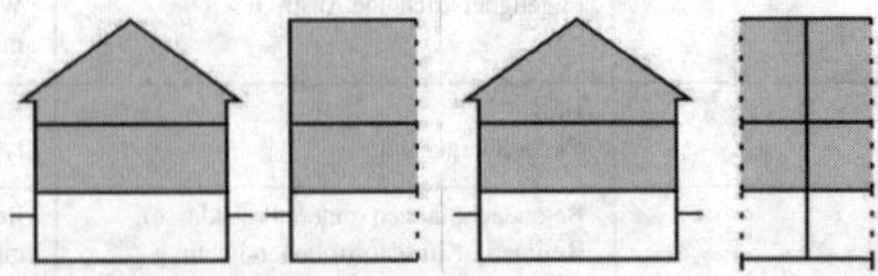

Kosten der Brutto-Grundfläche in €/m², durchschnittliche Geschosshöhe 2,85 m							
Ausstattungsstandards	**vor 1925**	**1925 bis 1945**	**1946 bis 1959**	**1960 bis 1969**	**1970 bis 1984**	**1985 bis 1999**	**2000**
Kopfhaus einfach	445–465	470–480	480–515	520–545	550–580	585–630	635
Kopfhaus mittel	470–495	500–510	510–550	555–580	585–620	620–670	675
Mittelhaus einfach	440–460	465–470	475–510	510–535	540–575	575–625	625
Mittelhaus mittel	465–490	490–500	505–540	545–570	575–610	610–660	665

Typ 2.02 Keller-, Erdgeschoss, nicht ausgebautes Dachgeschoss

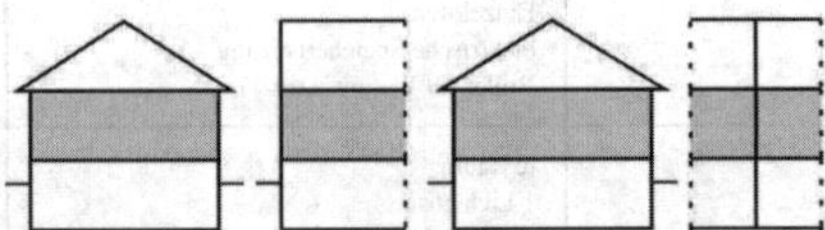

Kosten der Brutto-Grundfläche in €/m², durchschnittliche Geschosshöhe 2,70 m							
Ausstattungsstandards	**vor 1925**	**1925 bis 1945**	**1946 bis 1959**	**1960 bis 1969**	**1970 bis 1984**	**1985 bis 1999**	**2000**
Kopfhaus einfach	405–425	425–435	440–470	475–495	500–530	530–575	580
Kopfhaus mittel	435–455	460–470	470–505	510–530	535–570	570–620	620
Mittelhaus einfach	400–420	420–430	435–465	465–490	495–520	525–570	570
Mittelhaus mittel	430–450	455–465	465–500	500–530	530–565	565–610	615

Typ 2.03 Keller-, Erdgeschoss, Flachdach

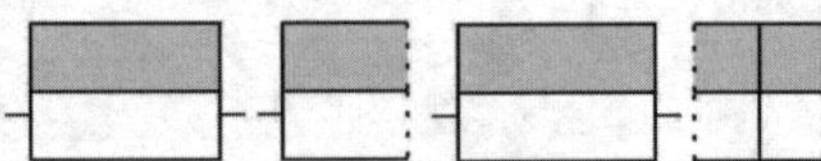

Kosten der Brutto-Grundfläche in €/m², durchschnittliche Geschosshöhe 2,90 m							
Ausstattungsstandards	**vor 1925**	**1925 bis 1945**	**1946 bis 1959**	**1960 bis 1969**	**1970 bis 1984**	**1985 bis 1999**	**2000**
Kopfhaus einfach	455–480	480–490	495–530	535–560	565–595	600–650	650
Kopfhaus mittel	480–505	505–520	520–560	565–590	595–630	630–685	685
Mittelhaus einfach	450–475	475–485	490–525	525–555	560–590	595–640	645
Mittelhaus mittel	475–500	500–510	515–555	560–585	585–620	625–675	680

Einfamilien-Reihenhäuser

Typ 2.11–2.13

NHK 2000

WERTR

Normalherstellungskosten (ohne Baunebenkosten)
entsprechend Kostengruppe 300 und 400 DIN 276/1993
einschließlich 16 % Mehrwertsteuer, Preisstand 2000

Ausstattungsstandards, Baunebenkosten und Gesamtnutzungsdauer für diese Gebäudetypen siehe Tabelle „Ausstattungsstandards"

Typ 2.11 Keller-, Erd-, Obergeschoss, voll ausgebautes Dachgeschoss

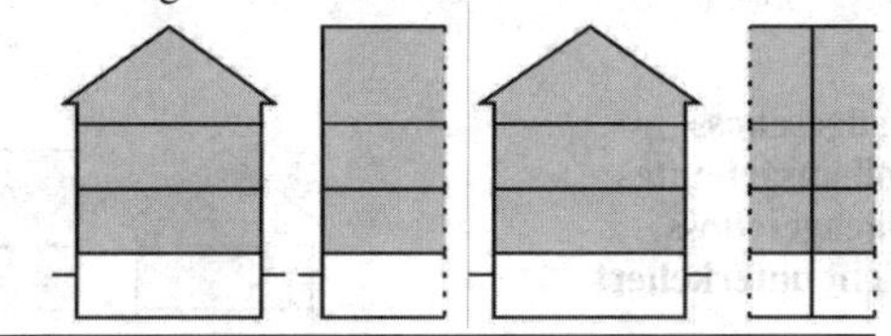

Kosten der Brutto-Grundfläche in €/m², durchschnittliche Geschosshöhe 2,95 m							
Ausstattungs-standards	**vor 1925**	**1925 bis 1945**	**1946 bis 1959**	**1960 bis 1969**	**1970 bis 1984**	**1985 bis 1999**	**2000**
Kopfhaus einfach	510–535	535–550	555–595	595–625	625–665	670–725	725
Kopfhaus mittel	530–560	565–580	580–625	625–655	655–700	700–760	760
Mittelhaus einfach	505–530	535–545	550–590	590–620	620–660	665–720	720
Mittelhaus mittel	530–560	560–575	575–620	620–650	650–695	695–755	755

Typ 2.12 Keller-, Erd-, Obergeschoss, nicht ausgebautes Dachgeschoss

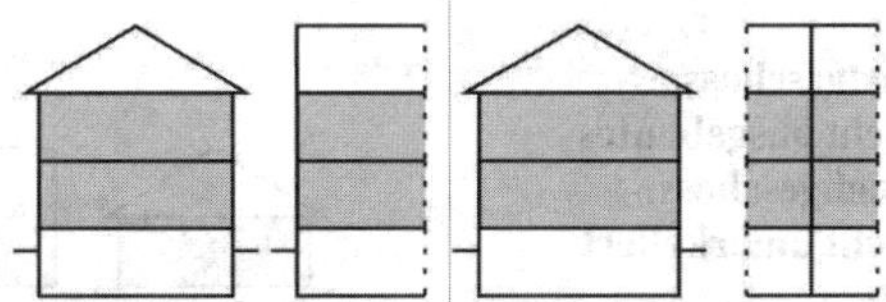

Kosten der Brutto-Grundfläche in €/m², durchschnittliche Geschosshöhe 2,90 m							
Ausstattungs-standards	**vor 1925**	**1925 bis 1945**	**1946 bis 1959**	**1960 bis 1969**	**1970 bis 1984**	**1985 bis 1999**	**2000**
Kopfhaus einfach	470–495	500–510	510–550	555–580	580–620	620–670	675
Kopfhaus mittel	490–515	515–530	530–570	575–600	600–640	645–695	700
Mittelhaus einfach	470–495	495–505	505–545	550–575	575–615	615–665	670
Mittelhaus mittel	485–510	515–525	525–565	570–595	595–635	640–690	695

Typ 2.13 Keller-, Erd-, Obergeschoss, Flachdach

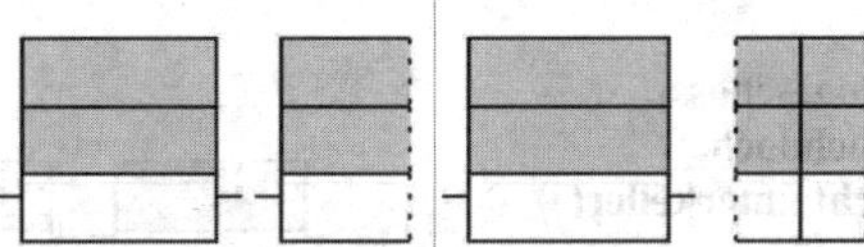

Kosten der Brutto-Grundfläche in €/m², durchschnittliche Geschosshöhe 2,95 m							
Ausstattungs-standards	**vor 1925**	**1925 bis 1945**	**1946 bis 1959**	**1960 bis 1969**	**1970 bis 1984**	**1985 bis 1999**	**2000**
Kopfhaus einfach	515–540	540–555	560–600	605–630	630–675	675–730	735
Kopfhaus mittel	540–570	570–585	585–630	630–660	660–705	710–765	770
Mittelhaus einfach	510–535	540–550	555–595	600–625	630–670	670–725	730
Mittelhaus mittel	535–565	570–580	580–625	625–655	655–700	705–760	765

Einfamilien-Reihenhäuser

Typ 2.21–2.23

Normalherstellungskosten (ohne Baunebenkosten)
entsprechend Kostengruppe 300 und 400 DIN 276/1993
einschließlich 16 % Mehrwertsteuer, Preisstand 2000

NHK 2000
WertR

Ausstattungsstandards, Baunebenkosten und Gesamtnutzungsdauer
für diese Gebäudetypen siehe Tabelle „Ausstattungsstandards"

Typ 2.21 **Erdgeschoss, voll ausgebautes Dachgeschoss, nicht unterkellert**

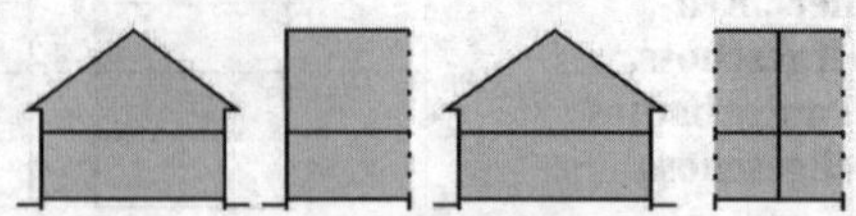

Kosten der Brutto-Grundfläche in €/m², durchschnittliche Geschosshöhe 2,90 m							
Ausstattungs-standards	**vor 1925**	**1925 bis 1945**	**1946 bis 1959**	**1960 bis 1969**	**1970 bis 1984**	**1985 bis 1999**	**2000**
Kopfhaus einfach	550–580	580–595	595–640	645–670	675–720	720–780	785
Kopfhaus mittel	585–620	620–635	635–685	685–720	720–765	770–835	840
Mittelhaus einfach	540–570	570–585	585–630	630–660	660–705	710–765	770
Mittelhaus mittel	575–605	610–625	625–670	675–705	705–780	780–820	825

Typ 2.22 **Erdgeschoss, nicht ausgebautes Dachgeschoss, nicht unterkellert**

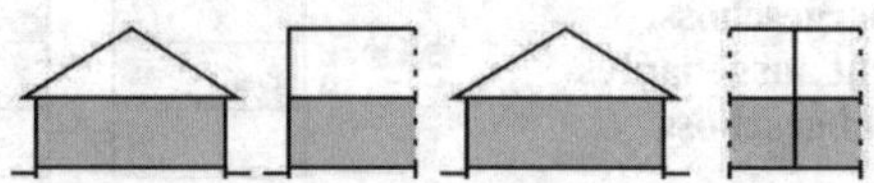

Kosten der Brutto-Grundfläche in €/m², durchschnittliche Geschosshöhe 2,70 m							
Ausstattungs-standards	**vor 1925**	**1925 bis 1945**	**1946 bis 1959**	**1960 bis 1969**	**1970 bis 1984**	**1985 bis 1999**	**2000**
Kopfhaus einfach	510–535	535–550	555–595	595–625	625–665	670–725	725
Kopfhaus mittel	555–585	585–600	600–645	650–675	680–725	725–785	790
Mittelhaus einfach	500–525	525–540	540–585	585–610	615–655	655–710	715
Mittelhaus mittel	545–575	575–590	590–635	640–665	670–710	715–775	775

Typ 2.23 **Erdgeschoss, Flachdach, nicht unterkellert**

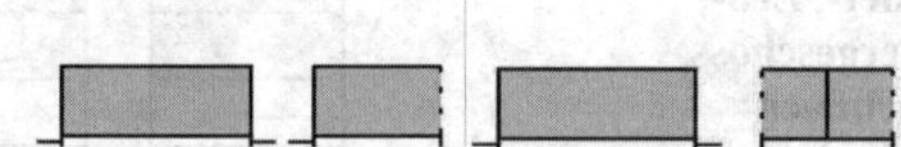

Kosten der Brutto-Grundfläche in €/m², durchschnittliche Geschosshöhe 3,05 m							
Ausstattungs-standards	**vor 1925**	**1925 bis 1945**	**1946 bis 1959**	**1960 bis 1969**	**1970 bis 1984**	**1985 bis 1999**	**2000**
Kopfhaus einfach	575–605	610–625	625–670	675–705	705–755	755–820	825
Kopfhaus mittel	615–650	650–665	670–720	720–755	755–805	810–880	880
Mittelhaus einfach	570–600	600–615	615–660	665–695	695–740	745–805	810
Mittelhaus mittel	610–640	645–660	660–710	715–745	750–795	800–870	870

3

Einfamilien-Reihenhäuser

Typ 2.31–2.33

Normalherstellungskosten (ohne Baunebenkosten)
entsprechend Kostengruppe 300 und 400 DIN 276/1993
einschließlich 16 % Mehrwertsteuer, Preisstand 2000

NHK 2000
WERTR

Ausstattungsstandards, Baunebenkosten und Gesamtnutzungsdauer für diese Gebäudetypen siehe Tabelle „Ausstattungsstandards“

Typ 2.31 Erd-, Obergeschoss, voll ausgebautes Dachgeschoss, nicht unterkellert

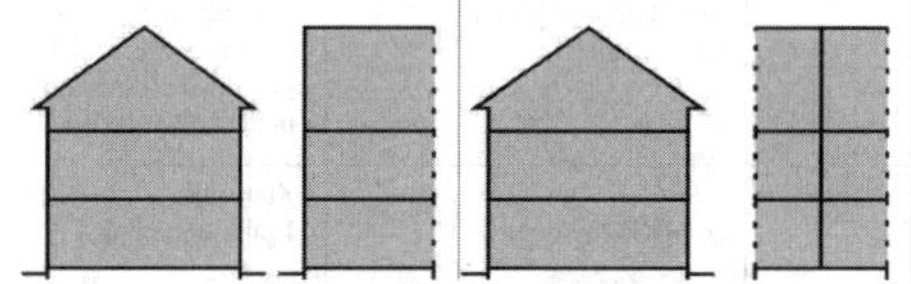

Kosten der Brutto-Grundfläche in €/m², durchschnittliche Geschosshöhe 2,95 m							
Ausstattungs-standards	**vor 1925**	**1925 bis 1945**	**1946 bis 1959**	**1960 bis 1969**	**1970 bis 1984**	**1985 bis 1999**	**2000**
Kopfhaus einfach	540–570	575–585	590–635	635–665	665–710	710–770	775
Kopfhaus mittel	575–605	605–620	620–670	670–700	705–750	750–815	820
Mittelhaus einfach	535–565	570–580	585–625	630–655	660–705	705–765	765
Mittelhaus mittel	570–600	600–615	615–660	665–695	695–740	745–805	810

Typ 2.32 Erd-, Obergeschoss, nicht ausgebautes Dachgeschoss, nicht unterkellert

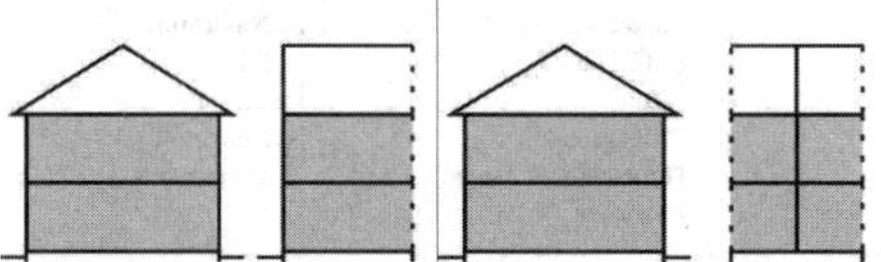

Kosten der Brutto-Grundfläche in €/m², durchschnittliche Geschosshöhe 2,85 m							
Ausstattungs-standards	**vor 1925**	**1925 bis 1945**	**1946 bis 1959**	**1960 bis 1969**	**1970 bis 1984**	**1985 bis 1999**	**2000**
Kopfhaus einfach	485–510	515–525	525–570	570–595	595–635	640–690	695
Kopfhaus mittel	510–535	535–550	555–595	595–625	625–665	670–725	725
Mittelhaus einfach	480–505	505–520	520–560	565–590	590–630	630–685	685
Mittelhaus mittel	500–525	530–540	545–585	590–615	615–655	660–715	715

Typ 2.33 Erd-, Obergeschoss, Flachdach, nicht unterkellert

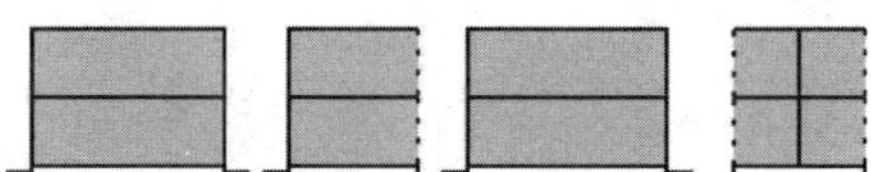

Kosten der Brutto-Grundfläche in €/m², durchschnittliche Geschosshöhe 3,05 m							
Ausstattungs-standards	**vor 1925**	**1925 bis 1945**	**1946 bis 1959**	**1960 bis 1969**	**1970 bis 1984**	**1985 bis 1999**	**2000**
Kopfhaus einfach	585–615	615–630	635–680	685–715	715–765	765–830	835
Kopfhaus mittel	610–640	645–660	660–710	715–745	750–795	800–870	870
Mittelhaus einfach	575–605	610–625	625–670	675–705	705–755	755–820	825
Mittelhaus mittel	605–635	635–650	655–705	705–735	740–790	790–860	860

Mehrfamilien-Wohnhäuser

Typ 3.11–3.73

	Ausstattungsstandard		
Kostengruppe	**einfach**	**mittel**	**gehoben**
Fassade *Anteil: 11 %*	Mauerwerk mit Putz oder Fugenglattstrich und Anstrich	Wärmedämmputz, Wärmedämmverbundsystem, Sichtmauerwerk mit Fugenglattstrich und Anstrich, mittlerer Wärmedämmstandard	Verblendmauerwerk, Metallbekleidung, Vorhangfassade, hoher Wärmedämmstandard
Fenster *Anteil: 14 %*	Holz, Einfachverglasung	Kunststoff, Isolierverglasung	Aluminium, Rollladen, Sonnenschutzvorrichtungen, Wärmeschutzverglasung, aufwendige Fensterkonstruktionen
Dächer *Anteil: 15 %*	Betondachpfannen (untere Preisklasse), Bitumen-, Kunststofffolienabdichtung	Betondachpfannen (gehobene Preisklasse), mittlerer Wärmedämmstandard	Tondachpfannen, Schiefer-, Metalleindeckung, hoher Wärmedämmstandard
Sanitär *Anteil: 13 %*	1 Bad mit WC, Installation auf Putz	1 Bad mit WC, Gäste-WC, Installation unter Putz	1 Bad mit Dusche und Badewanne, Gäste-WC
Innenwandbekleidung der Nassräume *Anteil 6 %*	Ölfarbanstrich	Fliesensockel (1,50 m)	Fliesen raumhoch
Bodenbeläge *Anteil: 8 %*	Holzdielen, Nadelfilz, Linoleum, PVC (untere Preisklasse) **Nassräume:** PVC, Fliesen	Teppich, PVC, Fliesen, Linoleum (mittlere Preisklasse) **Nassräume:** Fliesen	großformatige Fliesen, Parkett, Betonwerkstein **Nassräume:** großformatige Fliesen
Innentüren *Anteil: 11 %*	Füllungstüren, Türblätter und Zargen gestrichen	Kunststoff-/Holztürblätter, Stahlzargen	Türblätter mit Edelholzfurnier, Glastüren, Holzzargen
Heizung *Anteil: 15 %*	Einzelöfen, elektrische Speicherheizung, Boiler für Warmwasser	Mehrraum-Warmluftkachelofen, Zentralheizung mit Radiatoren (Schwerkraftheizung)	Zentralheizung/Pumpenheizung mit Flachheizkörpern, Warmwasserbereitung zentral
Elektroinstallation *Anteil: 7 %*	je Raum 1 Lichtauslass und 1–2 Steckdosen, Installation auf Putz	je Raum 1–2 Lichtauslässe und 2–3 Steckdosen, Installation unter Putz	aufwendige Installation, informationstechnische Anlagen

Baunebenkosten (entsprechend Kostengruppe 700 DIN 276) **14 %**

Gesamtnutzungsdauer **60 bis 80 Jahre**

Mehrfamilien-Wohnhäuser

Typ 3.11

Normalherstellungskosten (ohne Baunebenkosten)
entsprechend Kostengruppe 300 und 400 DIN 276/1993
einschließlich 16 % Mehrwertsteuer, Preisstand 2000

NHK 2000
WERTR

Ausstattungsstandards, Baunebenkosten und Gesamtnutzungsdauer für diese Gebäudetypen siehe Tabelle „Ausstattungsstandards“

Korrekturfaktoren

bezüglich der Grundrissart und der durchschnittlichen Wohnungsgröße

(C) Grundrissart	– Einspänner	1,05
	– **Zweispänner**	**1,00**
	– Dreispänner	0,97
	– Vierspänner	0,95
(D) Wohnungsgröße	– von 50 m² BGF/WE = 35 m² WF/WE	1,10
	– **von 70 m² BGF/WE = 50 m² WF/WE**	**1,00**
	– von 135 m² BGF/WE = 100 m² WF/WE	0,85

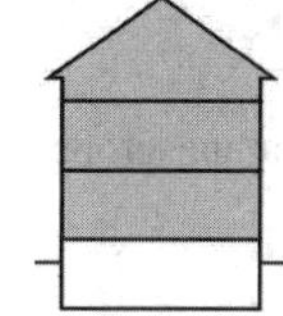

Typ 3.11 Keller-, Erd-, Obergeschoss, voll ausgebautes Dachgeschoss

KOPFHAUS

Kosten der Brutto-Grundfläche in €/m², durchschnittliche Geschosshöhe 2,95 m							
Ausstattungs-standards	**vor 1925**	**1925 bis 1945**	**1946 bis 1959**	**1960 bis 1969**	**1970 bis 1984**	**1985 bis 1999**	**2000**
einfach	495–520	520–535	535–575	580–605	605–645	650–705	705
mittel	510–540	540–550	555–595	600–625	625–670	670–730	730
gehoben	560–590	590–605	610–655	655–685	685–735	740–800	800

MITTELHAUS

Kosten der Brutto-Grundfläche in €/m², durchschnittliche Geschosshöhe 2,95 m							
Ausstattungs-standards	**vor 1925**	**1925 bis 1945**	**1946 bis 1959**	**1960 bis 1969**	**1970 bis 1984**	**1985 bis 1999**	**2000**
einfach	490–515	515–530	530–570	570–595	600–640	640–695	700
mittel	505–530	535–545	550–590	590–620	620–660	665–720	725
gehoben	555–585	585–600	600–645	650–680	680–730	730–790	795

FREI STEHEND

Kosten der Brutto-Grundfläche in €/m², durchschnittliche Geschosshöhe 2,95 m							
Ausstattungs-standards	**vor 1925**	**1925 bis 1945**	**1946 bis 1959**	**1960 bis 1969**	**1970 bis 1984**	**1985 bis 1999**	**2000**
einfach	500–530	530–545	545–585	590–615	615–655	660–715	720
mittel	520–545	550–565	565–605	610–635	640–680	680–740	745
gehoben	570–600	600–615	615–665	665–700	700–745	750–810	815

Mehrfamilien-Wohnhäuser

Typ 3.12

Normalherstellungskosten (ohne Baunebenkosten)
entsprechend Kostengruppe 300 und 400 DIN 276/1993
einschließlich 16 % Mehrwertsteuer, Preisstand 2000

NHK 2000
WertR

Ausstattungsstandards, Baunebenkosten und Gesamtnutzungsdauer
für diese Gebäudetypen siehe Tabelle „Ausstattungsstandards“

Korrekturfaktoren

bezüglich der Grundrissart und der durchschnittlichen Wohnungsgröße

(C) Grundrissart	– Einspänner	1,05
	– **Zweispänner**	**1,00**
	– Dreispänner	0,97
	– Vierspänner	0,95
(D) Wohnungsgröße	– von 50 m² BGF/WE = 35 m² WF/WE	1,10
	– **von 70 m² BGF/WE = 50 m² WF/WE**	**1,00**
	– von 135 m² BGF/WE = 100 m² WF/WE	0,85

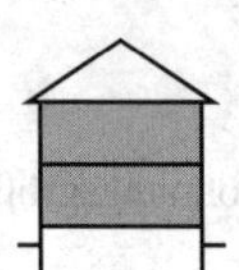

Typ 3.12 Keller-, Erd-, Obergeschoss, nicht ausgebautes Dachgeschoss

KOPFHAUS

Kosten der Brutto-Grundfläche in €/m², durchschnittliche Geschosshöhe 2,90 m							
Ausstattungs-standards	**vor 1925**	**1925 bis 1945**	**1946 bis 1959**	**1960 bis 1969**	**1970 bis 1984**	**1985 bis 1999**	**2000**
einfach	450–475	475–490	490–525	530–550	555–590	595–640	645
mittel	470–490	495–505	505–545	545–570	575–610	615–665	665
gehoben	515–540	540–555	555–600	600–625	630–670	675–730	735

MITTELHAUS

Kosten der Brutto-Grundfläche in €/m², durchschnittliche Geschosshöhe 2,90 m							
Ausstattungs-standards	**vor 1925**	**1925 bis 1945**	**1946 bis 1959**	**1960 bis 1969**	**1970 bis 1984**	**1985 bis 1999**	**2000**
einfach	445–470	470–480	485–520	520–545	550–585	585–635	635
mittel	465–490	490–500	505–540	545–565	570–610	615–660	660
gehoben	510–535	535–550	550–590	595–620	625–665	665–725	725

FREI STEHEND

Kosten der Brutto-Grundfläche in €/m², durchschnittliche Geschosshöhe 2,90 m							
Ausstattungs-standards	**vor 1925**	**1925 bis 1945**	**1946 bis 1959**	**1960 bis 1969**	**1970 bis 1984**	**1985 bis 1999**	**2000**
einfach	460–485	485–495	500–535	540–560	565–600	605–655	655
mittel	475–500	505–515	515–555	555–580	585–620	625–675	680
gehoben	520–550	550–565	565–610	610–635	640–680	685–745	745

Mehrfamilien-Wohnhäuser

Typ 3.13

Normalherstellungskosten (ohne Baunebenkosten)
entsprechend Kostengruppe 300 und 400 DIN 276/1993
einschließlich 16 % Mehrwertsteuer, Preisstand 2000

NHK 2000
WERTR

Ausstattungsstandards, Baunebenkosten und Gesamtnutzungsdauer für diese Gebäudetypen siehe Tabelle „Ausstattungsstandards"

Korrekturfaktoren

bezüglich der Grundrissart und der durchschnittlichen Wohnungsgröße

(C) Grundrissart	– Einspänner	1,05
	– **Zweispänner**	**1,00**
	– Dreispänner	0,97
	– Vierspänner	0,95
(D) Wohnungsgröße	– von 50 m² BGF/WE = 35 m² WF/WE	1,10
	– **von 70 m² BGF/WE = 50 m² WF/WE**	**1,00**
	– von 135 m² BGF/WE = 100 m² WF/WE	0,85

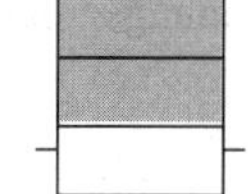

Typ 3.13 Keller-, Erd-, Obergeschoss, Flachdach

KOPFHAUS

Kosten der Brutto-Grundfläche in €/m², durchschnittliche Geschosshöhe 2,95 m							
Ausstattungs-standards	**vor 1925**	**1925 bis 1945**	**1946 bis 1959**	**1960 bis 1969**	**1970 bis 1984**	**1985 bis 1999**	**2000**
einfach	–	–	545–585	585–610	615–655	655–715	715
mittel	–	–	560–605	605–635	635–675	680–740	740
gehoben	–	–	615–665	665–700	700–745	750–810	815

MITTELHAUS

Kosten der Brutto-Grundfläche in €/m², durchschnittliche Geschosshöhe 2,95 m							
Ausstattungs-standards	**vor 1925**	**1925 bis 1945**	**1946 bis 1959**	**1960 bis 1969**	**1970 bis 1984**	**1985 bis 1999**	**2000**
einfach	–	–	540–575	580–605	610–650	650–705	710
mittel	–	–	555–600	600–625	630–670	675–730	735
gehoben	–	–	610–655	660–690	690–740	740–805	805

FREI STEHEND

Kosten der Brutto-Grundfläche in €/m², durchschnittliche Geschosshöhe 2,95 m							
Ausstattungs-standards	**vor 1925**	**1925 bis 1945**	**1946 bis 1959**	**1960 bis 1969**	**1970 bis 1984**	**1985 bis 1999**	**2000**
einfach	–	–	555–595	595–620	625–665	670–725	730
mittel	–	–	570–615	615–645	645–690	690–750	755
gehoben	–	–	625–675	675–710	710–760	760–825	825

Mehrfamilien-Wohnhäuser

Typ 3.21

Normalherstellungskosten (ohne Baunebenkosten)
entsprechend Kostengruppe 300 und 400 DIN 276/1993
einschließlich 16 % Mehrwertsteuer, Preisstand 2000

NHK 2000
WertR

Ausstattungsstandards, Baunebenkosten und Gesamtnutzungsdauer für diese Gebäudetypen siehe Tabelle „Ausstattungsstandards"

Korrekturfaktoren

bezüglich der Grundrissart und der durchschnittlichen Wohnungsgröße

(C) Grundrissart	– Einspänner	1,05
	– **Zweispänner**	**1,00**
	– Dreispänner	0,97
	– Vierspänner	0,95
(D) Wohnungsgröße	– von 50 m² BGF/WE = 35 m² WF/WE	1,10
	– **von 70 m² BGF/WE = 50 m² WF/WE**	**1,00**
	– von 135 m² BGF/WE = 100 m² WF/WE	0,85

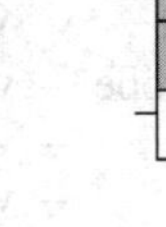

Typ 3.21 Keller-, Erdgeschoss, 2 Obergeschosse, voll ausgebautes Dachgeschoss

KOPFHAUS

Kosten der Brutto-Grundfläche in €/m², durchschnittliche Geschosshöhe 2,95 m							
Ausstattungs-standards	**vor 1925**	**1925 bis 1945**	**1946 bis 1959**	**1960 bis 1969**	**1970 bis 1984**	**1985 bis 1999**	**2000**
einfach	510–540	540–550	555–595	600–625	625–670	670–730	730
mittel	535–565	565–580	580–625	625–655	655–705	705–765	765
gehoben	580–610	615–630	630–680	680–715	715–765	765–830	830

MITTELHAUS

Kosten der Brutto-Grundfläche in €/m², durchschnittliche Geschosshöhe 2,95 m							
Ausstattungs-standards	**vor 1925**	**1925 bis 1945**	**1946 bis 1959**	**1960 bis 1969**	**1970 bis 1984**	**1985 bis 1999**	**2000**
einfach	505–530	535–545	550–590	590–620	620–660	665–720	725
mittel	530–560	560–575	575–620	620–650	650–695	700–755	760
gehoben	575–605	605–620	625–670	670–705	705–755	755–820	820

FREI STEHEND

Kosten der Brutto-Grundfläche in €/m², durchschnittliche Geschosshöhe 2,95 m							
Ausstattungs-standards	**vor 1925**	**1925 bis 1945**	**1946 bis 1959**	**1960 bis 1969**	**1970 bis 1984**	**1985 bis 1999**	**2000**
einfach	520–545	550–560	565–605	610–635	640–680	680–740	745
mittel	545–575	575–590	595–635	640–670	670–715	720–780	780
gehoben	590–625	625–640	640–690	695–725	730–775	780–845	845

Mehrfamilien-Wohnhäuser

Typ 3.22

Normalherstellungskosten (ohne Baunebenkosten)
entsprechend Kostengruppe 300 und 400 DIN 276/1993
einschließlich 16 % Mehrwertsteuer, Preisstand 2000

NHK 2000
WERTR

Ausstattungsstandards, Baunebenkosten und Gesamtnutzungsdauer für diese Gebäudetypen siehe Tabelle „Ausstattungsstandards“

Korrekturfaktoren

bezüglich der Grundrissart und der durchschnittlichen Wohnungsgröße

(C) Grundrissart	– Einspänner	1,05
	– **Zweispänner**	**1,00**
	– Dreispänner	0,97
	– Vierspänner	0,95
(D) Wohnungsgröße	– von 50 m² BGF/WE = 35 m² WF/WE	1,10
	– **von 70 m² BGF/WE = 50 m² WF/WE**	**1,00**
	– von 135 m² BGF/WE = 100 m² WF/WE	0,85

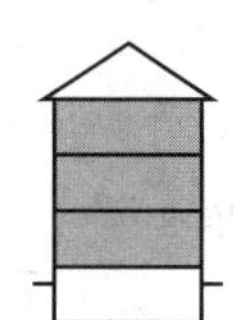

Typ 3.22 Keller-, Erdgeschoss, 2 Obergeschosse, nicht ausgebautes Dachgeschoss

KOPFHAUS

Kosten der Brutto-Grundfläche in €/m², durchschnittliche Geschosshöhe 2,90 m							
Ausstattungs-standards	**vor 1925**	**1925 bis 1945**	**1946 bis 1959**	**1960 bis 1969**	**1970 bis 1984**	**1985 bis 1999**	**2000**
einfach	470–490	495–505	505–545	545–570	575–610	615–665	665
mittel	490–525	525–530	530–570	575–600	600–640	645–700	700
gehoben	530–560	560–575	580–620	625–650	655–700	700–760	760

MITTELHAUS

Kosten der Brutto-Grundfläche in €/m², durchschnittliche Geschosshöhe 2,90 m							
Ausstattungs-standards	**vor 1925**	**1925 bis 1945**	**1946 bis 1959**	**1960 bis 1969**	**1970 bis 1984**	**1985 bis 1999**	**2000**
einfach	460–485	490–500	500–540	540–565	565–605	605–655	660
mittel	485–510	515–525	525–565	570–590	595–635	635–690	690
gehoben	525–555	555–565	570–605	615–640	645–685	690–750	750

FREI STEHEND

Kosten der Brutto-Grundfläche in €/m², durchschnittliche Geschosshöhe 2,90 m							
Ausstattungs-standards	**vor 1925**	**1925 bis 1945**	**1946 bis 1959**	**1960 bis 1969**	**1970 bis 1984**	**1985 bis 1999**	**2000**
einfach	475–500	505–515	515–555	555–580	585–620	625–675	680
mittel	500–525	525–540	540–580	585–610	610–650	655–710	715
gehoben	540–570	570–585	585–630	635–660	665–710	710–770	775

Mehrfamilien-Wohnhäuser

Typ 3.23

Normalherstellungskosten (ohne Baunebenkosten)
entsprechend Kostengruppe 300 und 400 DIN 276/1993
einschließlich 16 % Mehrwertsteuer, Preisstand 2000

NHK 2000
WERTR

Ausstattungsstandards, Baunebenkosten und Gesamtnutzungsdauer
für diese Gebäudetypen siehe Tabelle „Ausstattungsstandards“

Korrekturfaktoren

bezüglich der Grundrissart und der durchschnittlichen Wohnungsgröße

(C) Grundrissart	– Einspänner	1,05
	– **Zweispänner**	**1,00**
	– Dreispänner	0,97
	– Vierspänner	0,95
(D) Wohnungsgröße	– von 50 m² BGF/WE = 35 m² WF/WE	1,10
	– **von 70 m² BGF/WE = 50 m² WF/WE**	**1,00**
	– von 135 m² BGF/WE = 100 m² WF/WE	0,85

Typ 3.23 Keller-, Erdgeschoss, 2 Obergeschosse, Flachdach

KOPFHAUS

Kosten der Brutto-Grundfläche in €/m², durchschnittliche Geschosshöhe 2,95 m							
Ausstattungs-standards	**vor 1925**	**1925 bis 1945**	**1946 bis 1959**	**1960 bis 1969**	**1970 bis 1984**	**1985 bis 1999**	**2000**
einfach	–	–	560–605	605–635	635–675	680–740	740
mittel	–	–	590–635	635–665	670–715	715–775	780
gehoben	–	–	640–690	690–725	725–775	775–840	845

MITTELHAUS

Kosten der Brutto-Grundfläche in €/m², durchschnittliche Geschosshöhe 2,95 m							
Ausstattungs-standards	**vor 1925**	**1925 bis 1945**	**1946 bis 1959**	**1960 bis 1969**	**1970 bis 1984**	**1985 bis 1999**	**2000**
einfach	–	–	555–600	600–625	630–675	675–730	735
mittel	–	–	585–630	630–660	660–710	710–770	770
gehoben	–	–	635–680	680–715	720–765	770–830	835

FREI STEHEND

Kosten der Brutto-Grundfläche in €/m², durchschnittliche Geschosshöhe 2,95 m							
Ausstattungs-standards	**vor 1925**	**1925 bis 1945**	**1946 bis 1959**	**1960 bis 1969**	**1970 bis 1984**	**1985 bis 1999**	**2000**
einfach	–	–	570–615	615–645	645–690	690–750	755
mittel	–	–	600–645	650–680	680–730	730–790	795
gehoben	–	–	650–705	705–735	740–790	790–855	860

Mehrfamilien-Wohnhäuser

Typ 3.32

Normalherstellungskosten (ohne Baunebenkosten)
entsprechend Kostengruppe 300 und 400 DIN 276/1993
einschließlich 16 % Mehrwertsteuer, Preisstand 2000

NHK 2000
WERTR

Ausstattungsstandards, Baunebenkosten und Gesamtnutzungsdauer für diese Gebäudetypen siehe Tabelle „Ausstattungsstandards"

Korrekturfaktoren

bezüglich der Grundrissart und der durchschnittlichen Wohnungsgröße

(C) Grundrissart	– Einspänner	1,05
	– **Zweispänner**	**1,00**
	– Dreispänner	0,97
	– Vierspänner	0,95
(D) Wohnungsgröße	– von 50 m² BGF/WE = 35 m² WF/WE	1,10
	– **von 70 m² BGF/WE = 50 m² WF/WE**	**1,00**
	– von 135 m² BGF/WE = 100 m² WF/WE	0,85

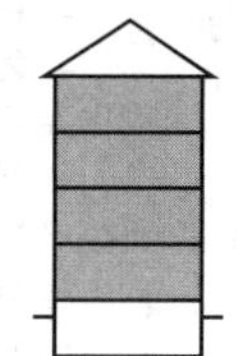

Typ 3.32 Keller-, Erdgeschoss, 3 Obergeschosse, nicht ausgebautes Dachgeschoss

KOPFHAUS

Kosten der Brutto-Grundfläche in €/m², durchschnittliche Geschosshöhe 2,90 m							
Ausstattungs-standards	**vor 1925**	**1925 bis 1945**	**1946 bis 1959**	**1960 bis 1969**	**1970 bis 1984**	**1985 bis 1999**	**2000**
einfach	480–505	505–520	520–560	560–585	590–625	630–680	685
mittel	505–530	530–545	545–585	590–615	615–655	660–715	720
gehoben	545–575	575–590	595–635	640–670	670–715	720–780	780
Großblock- und Plattenbauweise Typ IW 62				540–550	Baujahre 1961–1971		

MITTELHAUS

Kosten der Brutto-Grundfläche in €/m², durchschnittliche Geschosshöhe 2,90 m							
Ausstattungs-standards	**vor 1925**	**1925 bis 1945**	**1946 bis 1959**	**1960 bis 1969**	**1970 bis 1984**	**1985 bis 1999**	**2000**
einfach	475–500	500–510	515–555	555–580	580–620	620–675	675
mittel	495–525	525–535	540–580	580–610	610–650	650–710	710
gehoben	540–570	575–585	590–635	635–665	665–710	715–775	775
Großblock- und Plattenbauweise Typ IW 62				535–545	Baujahre 1961–1971		

FREI STEHEND

Kosten der Brutto-Grundfläche in €/m², durchschnittliche Geschosshöhe 2,90 m							
Ausstattungs-standards	**vor 1925**	**1925 bis 1945**	**1946 bis 1959**	**1960 bis 1969**	**1970 bis 1984**	**1985 bis 1999**	**2000**
einfach	490–515	515–530	530–570	570–595	600–640	640–695	700
mittel	510–540	540–550	555–595	600–625	625–670	670–730	730
gehoben	555–585	585–600	600–645	650–680	680–730	730–790	795

Mehrfamilien-Wohnhäuser

Typ 3.33

Normalherstellungskosten (ohne Baunebenkosten)
entsprechend Kostengruppe 300 und 400 DIN 276/1993
einschließlich 16 % Mehrwertsteuer, Preisstand 2000

NHK 2000
WertR

Ausstattungsstandards, Baunebenkosten und Gesamtnutzungsdauer für diese Gebäudetypen siehe Tabelle „Ausstattungsstandards"

Korrekturfaktoren

bezüglich der Grundrissart und der durchschnittlichen Wohnungsgröße

(C) Grundrissart	– Einspänner	1,05
	– **Zweispänner**	**1,00**
	– Dreispänner	0,97
	– Vierspänner	0,95
(D) Wohnungsgröße	– von 50 m² BGF/WE = 35 m² WF/WE	1,10
	– **von 70 m² BGF/WE = 50 m² WF/WE**	**1,00**
	– von 135 m² BGF/WE = 100 m² WF/WE	0,85

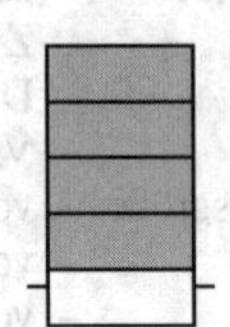

Typ 3.33 Keller-, Erdgeschoss, 3 Obergeschosse, Flachdach

KOPFHAUS

Kosten der Brutto-Grundfläche in €/m², durchschnittliche Geschosshöhe 2,95 m							
Ausstattungs-standards	**vor 1925**	**1925 bis 1945**	**1946 bis 1959**	**1960 bis 1969**	**1970 bis 1984**	**1985 bis 1999**	**2000**
einfach	–	–	570–610	615–640	640–685	685–745	750
mittel	–	–	595–640	645–670	675–720	725–785	785
gehoben	–	–	645–695	700–730	735–780	785–850	850

MITTELHAUS

Kosten der Brutto-Grundfläche in €/m², durchschnittliche Geschosshöhe 2,95 m							
Ausstattungs-standards	**vor 1925**	**1925 bis 1945**	**1946 bis 1959**	**1960 bis 1969**	**1970 bis 1984**	**1985 bis 1999**	**2000**
einfach	–	–	560–605	605–635	635–675	680–740	740
mittel	–	–	590–635	635–665	670–715	715–775	780
gehoben	–	–	640–685	690–720	725–770	775–840	840

FREI STEHEND

Kosten der Brutto-Grundfläche in €/m², durchschnittliche Geschosshöhe 2,95 m							
Ausstattungs-standards	**vor 1925**	**1925 bis 1945**	**1946 bis 1959**	**1960 bis 1969**	**1970 bis 1984**	**1985 bis 1999**	**2000**
einfach	–	–	580–620	625–650	655–700	700–760	760
mittel	–	–	610–655	655–685	685–735	740–800	800
gehoben	–	–	655–710	710–745	745–795	795–865	865

Mehrfamilien-Wohnhäuser

Typ 3.42

Normalherstellungskosten (ohne Baunebenkosten)
entsprechend Kostengruppe 300 und 400 DIN 276/1993
einschließlich 16 % Mehrwertsteuer, Preisstand 2000

NHK 2000
WERTR

Ausstattungsstandards, Baunebenkosten und Gesamtnutzungsdauer für diese Gebäudetypen siehe Tabelle „Ausstattungsstandards"

Korrekturfaktoren

bezüglich der Grundrissart und der durchschnittlichen Wohnungsgröße

(C) Grundrissart	– Einspänner	1,05
	– **Zweispänner**	**1,00**
	– Dreispänner	0,97
	– Vierspänner	0,95
(D) Wohnungsgröße	– von 50 m² BGF/WE = 35 m² WF/WE	1,10
	– **von 70 m² BGF/WE = 50 m² WF/WE**	**1,00**
	– von 135 m² BGF/WE = 100 m² WF/WE	0,85

Typ 3.42 Keller-, Erdgeschoss, 4–5 Obergeschosse, nicht ausgebautes Dachgeschoss

KOPFHAUS

Kosten der Brutto-Grundfläche in €/m², durchschnittliche Geschosshöhe 2,95 m							
Ausstattungs-standards	**vor 1925**	**1925 bis 1945**	**1946 bis 1959**	**1960 bis 1969**	**1970 bis 1984**	**1985 bis 1999**	**2000**
einfach	–	–	530–570	570–595	600–640	640–695	700
mittel	–	–	555–600	600–625	630–670	675–730	735
gehoben	–	–	605–650	650–680	685–730	735–795	795
Großblock- und Plattenbauweise, Typ QD 58/60 P 2–11				535–545	Baujahre 1959–1964		
Großblock- und Plattenbauweise, Typ IW 62 P 2–11				530–540	Baujahre 1961–1971		

MITTELHAUS

Kosten der Brutto-Grundfläche in €/m², durchschnittliche Geschosshöhe 2,95 m							
Ausstattungs-standards	**vor 1925**	**1925 bis 1945**	**1946 bis 1959**	**1960 bis 1969**	**1970 bis 1984**	**1985 bis 1999**	**2000**
einfach	–	–	525–565	565–590	595–630	635–685	690
mittel	–	–	550–590	595–620	625–665	665–725	725
gehoben	–	–	600–645	645–675	680–725	730–790	790
Großblock- und Plattenbauweise, Typ QD 58/60 P 2–11				530–545	Baujahre 1959–1964		
Großblock- und Plattenbauweise, Typ IW 62 P 2–11				525–535	Baujahre 1961–1971		

FREI STEHEND

Kosten der Brutto-Grundfläche in €/m², durchschnittliche Geschosshöhe 2,95 m							
Ausstattungs-standards	**vor 1925**	**1925 bis 1945**	**1946 bis 1959**	**1960 bis 1969**	**1970 bis 1984**	**1985 bis 1999**	**2000**
einfach	–	–	540–580	580–610	610–650	650–710	710
mittel	–	–	565–610	610–640	640–680	685–745	745
gehoben	–	–	615–660	660–690	695–740	745–805	810

Mehrfamilien-Wohnhäuser

Typ 3.53

Normalherstellungskosten (ohne Baunebenkosten)
entsprechend Kostengruppe 300 und 400 DIN 276/1993
einschließlich 16 % Mehrwertsteuer, Preisstand 2000

NHK 2000
WertR

Ausstattungsstandards, Baunebenkosten und Gesamtnutzungsdauer
für diese Gebäudetypen siehe Tabelle „Ausstattungsstandards“

Korrekturfaktoren

bezüglich der Grundrissart und der durchschnittlichen Wohnungsgröße

(C) Grundrissart	– Einspänner	1,05
	– **Zweispänner**	**1,00**
	– Dreispänner	0,97
	– Vierspänner	0,95
(D) Wohnungsgröße	– von 50 m² BGF/WE = 35 m² WF/WE	1,10
	– **von 70 m² BGF/WE = 50 m² WF/WE**	**1,00**
	– von 135 m² BGF/WE = 100 m² WF/WE	0,85

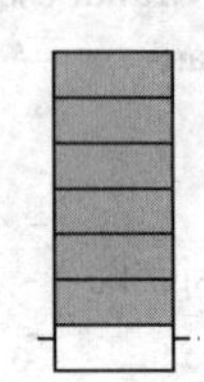

Typ 3.53 Keller-, Erdgeschoss, 5 Obergeschosse, Flachdach

KOPFHAUS

Kosten der Brutto-Grundfläche in €/m², durchschnittliche Geschosshöhe 3,00 m							
Ausstattungs-standards	**vor 1925**	**1925 bis 1945**	**1946 bis 1959**	**1960 bis 1969**	**1970 bis 1984**	**1985 bis 1999**	**2000**
einfach	–	–	575–615	620–645	650–690	695–755	755
mittel	–	–	600–645	650–680	680–730	730–790	795
gehoben	–	–	650–705	705–735	740–790	790–855	860
Großblock- und Plattenbauweise, Typ IW 65				585–595	Baujahre 1969–1974		
Großblock- und Plattenbauweise, Typ IW 66 P 2–6				585–590	Baujahre 1968–1975		

MITTELHAUS

Kosten der Brutto-Grundfläche in €/m², durchschnittliche Geschosshöhe 3,00 m							
Ausstattungs-standards	**vor 1925**	**1925 bis 1945**	**1946 bis 1959**	**1960 bis 1969**	**1970 bis 1984**	**1985 bis 1999**	**2000**
einfach	–	–	570–610	615–640	640–685	685–745	750
mittel	–	–	595–640	645–670	675–720	725–785	785
gehoben	–	–	645–690	695–730	730–780	780–845	850
Großblock- und Plattenbauweise, Typ IW 65				575–580	Baujahre 1969–1974		
Großblock- und Plattenbauweise, Typ IW 66 P 2–6				580–585	Baujahre 1968–1975		

FREI STEHEND

Kosten der Brutto-Grundfläche in €/m², durchschnittliche Geschosshöhe 3,00 m							
Ausstattungs-standards	**vor 1925**	**1925 bis 1945**	**1946 bis 1959**	**1960 bis 1969**	**1970 bis 1984**	**1985 bis 1999**	**2000**
einfach	–	–	585–625	630–655	660–705	710–765	770
mittel	–	–	615–660	660–690	695–740	745–805	810
gehoben	–	–	665–715	720–750	750–800	805–870	875

Mehrfamilien-Wohnhäuser

Typ 3.73

Normalherstellungskosten (ohne Baunebenkosten)
entsprechend Kostengruppe 300 und 400 DIN 276/1993
einschließlich 16 % Mehrwertsteuer, Preisstand 2000

NHK 2000
WERTR

Ausstattungsstandards, Baunebenkosten und Gesamtnutzungsdauer für diese Gebäudetypen siehe Tabelle „Ausstattungsstandards"

Korrekturfaktoren

bezüglich der Grundrissart und der durchschnittlichen Wohnungsgröße

(C) Grundrissart	– Einspänner	1,05
	– **Zweispänner**	**1,00**
	– Dreispänner	0,97
	– Vierspänner	0,95
(D) Wohnungsgröße	– von 50 m² BGF/WE = 35 m² WF/WE	1,10
	– **von 70 m² BGF/WE = 50 m² WF/WE**	**1,00**
	– von 135 m² BGF/WE = 100 m² WF/WE	0,85

Typ 3.73 Keller-, Erdgeschoss, 7–10 Obergeschosse, Flachdach

KOPFHAUS

Kosten der Brutto-Grundfläche in €/m², durchschnittliche Geschosshöhe 3,00 m							
Ausstattungs-standards	**vor 1925**	**1925 bis 1945**	**1946 bis 1959**	**1960 bis 1969**	**1970 bis 1984**	**1985 bis 1999**	**2000**
einfach	–	–	595–640	645–670	675–720	725–785	785
mittel	–	–	625–675	675–710	710–760	760–825	825
gehoben	–	–	680–730	735–765	770–820	825–890	895
Großblock- und Plattenbauweise, Typ IW 66 P 2–11				565–570	Baujahre 1973–1975		

MITTELHAUS

Kosten der Brutto-Grundfläche in €/m², durchschnittliche Geschosshöhe 3,00 m							
Ausstattungs-standards	**vor 1925**	**1925 bis 1945**	**1946 bis 1959**	**1960 bis 1969**	**1970 bis 1984**	**1985 bis 1999**	**2000**
einfach	–	–	590–635	635–665	670–715	715–775	780
mittel	–	–	620–670	670–705	705–750	755–815	820
gehoben	–	–	670–725	725–760	760–810	815–880	885
Großblock- und Plattenbauweise, Typ IW 66 P 2–11				565–575	Baujahre 1973–1975		

FREI STEHEND

Kosten der Brutto-Grundfläche in €/m², durchschnittliche Geschosshöhe 3,00 m							
Ausstattungs-standards	**vor 1925**	**1925 bis 1945**	**1946 bis 1959**	**1960 bis 1969**	**1970 bis 1984**	**1985 bis 1999**	**2000**
einfach	–	–	605–650	655–685	685–735	735–795	800
mittel	–	–	640–685	690–720	725–770	775–840	840
gehoben	–	–	690–745	745–780	780–835	835–905	910

Gemischt genutzte Wohn- und Geschäftshäuser

mit im Mittel 1/3 Gewerbefläche und 2/3 Wohnfläche

Typ 4

	Ausstattungsstandard		
Kostengruppe	**einfach**	**mittel**	**gehoben**
Fassade *Anteil: 11 %*	Mauerwerk mit Putz oder Fugenglattstrich und Anstrich	Wärmedämmputz, Wärmedämmverbundsystem, Sichtmauerwerk mit Fugenglattstrich und Anstrich, mittlerer Wärmedämmstandard	Verblendmauerwerk, Metallbekleidung, Vorhangfassade, hoher Wärmedämmstandard
Fenster *Anteil: 14 %*	Holz, Einfachverglasung	Kunststoff, Isolierverglasung	Aluminium, Rollladen, Sonnenschutzvorrichtung, Wärmeschutzverglasung, aufwendige Fensterkonstruktion
Dächer *Anteil: 15 %*	Wellfaserzement-, Blecheindeckung, Bitumen-, Kunststofffolienabdichtung	Betondachpfannen, mittlerer Wärmedämmstandard	Tondachpfannen, Schiefer-, Metalleindeckung, Gasbetonfertigteile, Stegzementdielen, hoher Wärmedämmstandard
Sanitär *Anteil: 13 %*	1 Bad mit WC, Installation auf Putz	1 Bad mit WC, separates Gäste-WC, Installation unter Putz	1–2 Bäder
Innenwandbekleidung der Nassräume *Anteil: 6 %*	Ölfarbanstrich	Fliesensockel (1,50 m)	Fliesen raumhoch
Bodenbeläge *Anteil: 8 %*	Holzdielen, Nadelfilz, Linoleum, PVC (untere Preisklasse) **Nassräume:** PVC	Teppich, PVC, Fliesen, Linoleum (mittlere Preisklasse) **Nassräume:** Fliesen	großformatige Fliesen, Parkett, Betonwerkstein, aufwendige Verlegung **Nassräume:** beschichtete Sonderfliesen, großformatige Fliesen,
Innentüren *Anteil: 11 %*	Füllungstüren, Türblätter und Zargen gestrichen	Kunststoff-/Holztürblätter, Stahlzargen	beschichtete oder furnierte Türblätter, Glastüren, Holzzargen
Heizung *Anteil: 15 %*	Einzelöfen, elektrische Speicherheizung, Boiler für Warmwasser	Mehrraum-Warmluftkachelofen, Zentralheizung mit Radiatoren (Schwerkraftheizung)	Zentralheizung/Pumpenheizung mit Flachheizkörpern, Klima- oder Lüftungsanlage, Warmwasserbereitung zentral
Elektroinstallation *Anteil: 7 %*	je Raum 1 Lichtauslass und 1–2 Steckdosen, Installation auf Putz	je Raum 1 Lichtauslass und 2–3 Steckdosen, Blitzschutz, Installation unter Putz	aufwendige Installation, Sicherheitseinrichtungen, Solaranlage, informationstechnische Anlagen

Baunebenkosten (entsprechend Kostengruppe 700 DIN 276) **14 %**

Gesamtnutzungsdauer **60 bis 80 Jahre**

Gemischt genutzte Wohn- und Geschäftshäuser

Typ 4

Normalherstellungskosten (ohne Baunebenkosten)
entsprechend Kostengruppe 300 und 400 DIN 276/1993
einschließlich 16 % Mehrwertsteuer, Preisstand 2000

NHK 2000
WertR

Typ 4 3- bis 4-geschossig, unterkellert, Dach geneigt oder Flachdach

Kosten der Brutto-Grundfläche in €/m², durchschnittliche Geschosshöhe 3,10 m							
Ausstattungs-standards	**vor 1925**	**1925 bis 1945**	**1946 bis 1959**	**1960 bis 1969**	**1970 bis 1984**	**1985 bis 1999**	**2000**
einfach	530–550	555–565	570–610	615–650	650–685	690–745	750
mittel	770–800	805–825	825–890	895–945	945–1000	1000–1085	1085
gehoben	–	–	–	1170–1235	1240–1305	1310–1420	1425

Verwaltungsgebäude

Typ 5.1–5.3

Kostengruppe		Ausstattungsstandard einfach	mittel	gehoben	stark gehoben
Fassade	**Skelett-, Fachwerk-, Rahmenbau**	einfache Wände, Holz-, Blech-, Faserzementbekleidung	Leichtbetonwände mit Wärmedämmung, Beton-Sandwich-Elemente, Ausfachung 12 bis 25 cm	Schwerbetonplatten, Verblendmauerwerk, Spaltklinker, Ausfachung bis 30 cm	Glasverkleidung, Ausfachung über 30 cm
Anteil: 11 %	**Massivbau**	Mauerwerk mit Putz oder mit Fugenglattstrich und Anstrich	Wärmedämmputz, Wärmedämmverbundsystem, Sichtmauerwerk mit Fugenglattstrich und Anstrich, mittlerer Wärmedämmstandard	Verblendmauerwerk, Metallbekleidung, Vorhangfassade, hoher Wärmedämmstandard	Naturstein
Fenster *Anteil: 14 %*		Holz, Einfachverglasung	Holz, Kunststoff, Isolierverglasung	Aluminium, Rollladen, Sonnenschutzvorrichtung, Wärmeschutzverglasung	raumhohe Verglasung, große Schiebeelemente, elektrische Rollladen, Schallschutzverglasung
Dächer *Anteil: 15 %*		Wellfaserzement-, Blecheindeckung, Bitumen-, Kunststofffolienabdichtung	Betondachpfannen, mittlerer Wärmedämmstandard	Tondachpfannen, Schiefer-, Metalleindeckung, hoher Wärmedämmstandard	große Anzahl von Oberlichtern, Dachaus- und Dachaufbauten mit hohem Schwierigkeitsgrad, Dachausschnitte in Glas
Sanitär *Anteil: 13 %*		einfache und wenige Toilettenräume, Installation auf Putz	ausreichende Anzahl von Toilettenräumen, Installation unter Putz	Toilettenräume in guter Ausstattung	großzügige Toilettenanlagen mit Sanitäreinrichtungen, gehobener Standard
Innenwandbekleidung der Nassräume *Anteil: 6 %*		Ölfarbanstrich	Fliesensockel (1,50 m)	Fliesen raumhoch	Naturstein, aufwendige Verlegung
Bodenbeläge *Anteil: 8 %*		Holzdielen, Nadelfilz, Linoleum, PVC (untere Preisklasse) **Nassräume:** PVC	Teppich, PVC, Fliesen, Linoleum (mittlere Preisklasse) **Nassräume:** Fliesen	großformatige Fliesen, Parkett, Betonwerkstein **Nassräume:** großformatige Fliesen, beschichtete Sonderfliesen	Naturstein, aufwendige Verlegung **Nassräume:** Naturstein
Innentüren *Anteil: 11 %*		Füllungstüren, Türblätter und Zargen gestrichen	Kunststoff-/Holztürblätter, Stahlzargen	Türblätter mit Edelholzfurnier, Glastüren, Holzzargen	massive Ausführung, Einbruchschutz, rollstuhlgerechte Bedienung, Automatiktüren
Heizung *Anteil: 15 %*		Einzelöfen, elektrische Speicherheizung, Boiler für Warmwasser	Zentralheizung mit Radiatoren (Schwerkraftheizung)	Zentralheizung/Pumpenheizung mit Flachheizkörpern, Warmwasserbereitung zentral	Fußbodenheizung, Klima- und sonstige raumlufttechnische Anlagen
Elektroinstallation *Anteil: 7 %*		je Raum 1 Lichtauslass und 1–2 Steckdosen, Installation auf Putz	je Raum 1–2 Lichtauslässe und 2–3 Steckdosen, informationstechnische Anlagen, Installation auf Putz	je Raum mehrere Lichtauslässe und Steckdosen, Fensterbankkanal mit EDV-Verkabelung	aufwendige Installation, Sicherheitseinrichtungen

Baunebenkosten (entsprechend Kostengruppe 700 DIN 276)

Verwaltungsgebäude Typ 5.1	**14 %**
Verwaltungsgebäude Typ 5.2	**15 %**
Verwaltungsgebäude Typ 5.3	**17%**

Gesamtnutzungsdauer **50 bis 80 Jahre**

Verwaltungsgebäude

Typ 5.1–5.3

Normalherstellungskosten (ohne Baunebenkosten)
entsprechend Kostengruppe 300 und 400 DIN 276/1993
einschließlich 16 % Mehrwertsteuer, Preisstand 2000

NHK 2000
WERTR

3

Typ 5.1 1- bis 2-geschossig, nicht unterkellert, Dach geneigt oder Flachdach

Kosten der Brutto-Grundfläche in €/m², durchschnittliche Geschosshöhe 3,40 m							
Ausstattungs-standards	**vor 1925**	**1925 bis 1945**	**1946 bis 1959**	**1960 bis 1969**	**1970 bis 1984**	**1985 bis 1999**	**2000**
einfach	–	–	745–805	805–850	855–900	905–980	985
mittel	–	–	875–940	940–1000	1000–1055	1055–1145	1150
gehoben	–	–	1070–1150	1155–1225	1225–1290	1295–1405	1405

Typ 5.2 2- bis 5-geschossig, unterkellert, Dach geneigt oder Flachdach

Kosten der Brutto-Grundfläche in €/m², durchschnittliche Geschosshöhe 3,40 m							
Ausstattungs-standards	**vor 1925**	**1925 bis 1945**	**1946 bis 1959**	**1960 bis 1969**	**1970 bis 1984**	**1985 bis 1999**	**2000**
einfach	–	–	890–955	955–1015	1015–1070	1075–1165	1165
mittel	985–1025	1025–1050	1055–1135	1135–1205	1210–1275	1275–1385	1385
gehoben	1185–1235	1240–1265	1270–1365	1370–1450	1455–1535	1540–1670	1670
stark gehoben	–	–	–	1620–1715	1720–1815	1815–1975	1975

Typ 5.3 6- und mehrgeschossig, Flachdach

Kosten der Brutto-Grundfläche in €/m², durchschnittliche Geschosshöhe 3,40 m							
Ausstattungs-standards	**vor 1925**	**1925 bis 1945**	**1946 bis 1959**	**1960 bis 1969**	**1970 bis 1984**	**1985 bis 1999**	**2000**
mittel	–	–	1345–1450	1450–1540	1540–1630	1630–1770	1770
gehoben	–	–	1680–1810	1810–1920	1920–2030	2030–2205	2210
stark gehoben	–	–	–	–	2275–2405	2405–2615	2615

Bank- und Gerichtsgebäude

Typ 6–7

Ausstattungsstandard				
Kostengruppe		**mittel**	**gehoben**	**stark gehoben**
Fassade	**Skelett-, Fachwerk-, Rahmenbau**	Leichtbetonwände mit Wärmedämmung, Beton-Sandwich-Elemente, Ausfachung 12 bis 25 cm	Schwerbetonplatten, Verblendmauerwerk, Spaltklinker, Ausfachung bis 30 cm	Glasverkleidung, Ausfachung über 30 cm
Anteil: 11 %	**Massivbau**	Wärmedämmputz, Wärmedämmverbundsystem, Sichtmauerwerk mit Fugenglattstrich und Anstrich, mittlerer Wärmedämmstandard	Verblendmauerwerk, Metallbekleidung, Vorhangfassade, hoher Wärmedämmstandard	Naturstein
Fenster *Anteil: 14 %*		Holz/Kunststoff, Isolierverglasung	Aluminium, Rollladen, Sonnenschutzvorrichtung, Wärmeschutzverglasung	raumhohe Verglasung, große Schiebeelemente, elektr. Rollladen, Schallschutzverglasung
Dächer *Anteil: 15 %*		Betondachpfannen, mittlerer Wärmedämmstandard	Tondachpfannen, Schiefer-, Metalleindeckung, hoher Wärmedämmstandard	große Anzahl von Oberlichtern, Dachaus- und Dachaufbauten mit hohem Schwierigkeitsgrad, Dachausschnitte in Glas
Sanitär *Anteil: 13 %*		ausreichende Anzahl von Toilettenräumen, Installation unter Putz	Toiletteräume in guter Ausstattung	großzügige Toilettenanlagen mit Sanitäreinrichtungen, gehobener Standard
Innenwandbekleidung der Nassräume *Anteil: 6 %*		Fliesensockel (1,50 m)	Fliesen raumhoch	Naturstein, aufwendige Verlegung
Bodenbeläge *Anteil: 8 %*		Teppich, PVC, Fliesen, Linoleum (mittlere Preisklasse) **Nassräume:** Fliesen	großformatige Fliesen, Parkett, Betonwerkstein **Nassräume:** großformatige Fliesen, beschichtete Sonderfliesen	Naturstein, aufwendige Verlegung **Nassräume:** Naturstein
Innentüren *Anteil: 11 %*		Kunststoff-/Holztürblätter, Stahlzargen	Türblätter mit Edelholzfurnier, Glastüren, Holzzargen	massivere Ausführung, Einbruchschutz, rollstuhlgerechte Bedienung, Automatiktüren
Heizung *Anteil: 15 %*		Zentralheizung mit Radiatoren (Schwerkraftheizung), Boiler für Warmwasser	Zentralheizung/Pumpenheizung mit Flachheizkörpern, Warmwasserbereitung zentral	Fußbodenheizung, Klima- und sonstige raumlufttechnische Anlagen
Elektroinstallation *Anteil: 7 %*		je Raum 1–2 Lichtauslässe und 2–3 Steckdosen, informationstechnische Anlagen, Installation unter Putz	je Raum mehrere Lichtauslässe und Steckdosen, Fensterbankkanal mit EDV-Verkabelung	aufwendige Installation, Sicherheitseinrichtungen

Baunebenkosten (entsprechend Kostengruppe 700 DIN 276)

Bankgebäude	**18 %**
Gerichtsgebäude	**16 %**

Gesamtnutzungsdauer

Bankgebäude	**50 bis 80 Jahre**
Gerichtsgebäude	**60 bis 80 Jahre**

Bank- und Gerichtsgebäude

Typ 6–7

Normalherstellungskosten (ohne Baunebenkosten)
entsprechend Kostengruppe 300 und 400 DIN 276/1993
einschließlich 16 % Mehrwertsteuer, Preisstand 2000

NHK 2000
WERTR

Typ 6 BANKGEBÄUDE
2- bis 6-geschossig, unterkellert, Dach geneigt oder Flachdach

Kosten der Brutto-Grundfläche in €/m², durchschnittliche Geschosshöhe 4,40 m							
Ausstattungs-standards	**vor 1925**	**1925 bis 1945**	**1946 bis 1959**	**1960 bis 1969**	**1970 bis 1984**	**1985 bis 1999**	**2000**
mittel	–	–	1410–1520	1525–1610	1615–1705	1705–1855	1855
gehoben	–	–	1625–1750	1755–1810	1815–1965	1965–2135	2135
stark gehoben	–	–	–	–	2955–3120	3120–3390	3395

Typ 7 GERICHTSGEBÄUDE
2- bis 6-geschossig, unterkellert, Dach geneigt oder Flachdach

Kosten der Brutto-Grundfläche in €/m², durchschnittliche Geschosshöhe 3,50 m							
Ausstattungs-standards	**vor 1925**	**1925 bis 1945**	**1946 bis 1959**	**1960 bis 1969**	**1970 bis 1984**	**1985 bis 1999**	**2000**
mittel	1075–1120	1125–1150	1155–1240	1245–1320	1320–1395	1395–1515	1515
gehoben	1260–1315	1315–1345	1350–1455	1455–1545	1545–1630	1635–1775	1775

Gemeinde- und Veranstaltungszentren, Bürgerhäuser, Saalbauten, Vereins- und Jugendheime, Tagesstätten

Typ 8–10

		Ausstattungsstandard		
Kostengruppe		**einfach**	**mittel**	**gehoben**
Fassade	**Skelett-, Fachwerk-, Rahmenbau**	einfache Wände, Holz-, Blech-, Faserzementbekleidung	Leichtbetonwände mit Wärmedämmung, Beton-Sandwich-Elemente, Ausfachung 12 bis 25 cm	Schwerbetonplatten, Verblendmauerwerk, Spaltklinker, Ausfachung bis 30 cm
Anteil: 11 %	**Massivbau**	Mauerwerk mit Putz oder mit Fugenglattstrich und Anstrich	Wärmedämmputz, Wärmedämmverbundsystem, Sichtmauerwerk mit Fugenglattstrich und Anstrich, mittlerer Wärmedämmstandard	Verblendmauerwerk, Metallbekleidung, hoher Wärmedämmstandard
Fenster *Anteil: 14 %*		Holz, Einfachverglasung	Kunststoff, Isolierverglasung	Aluminium, Rollladen, Sonnenschutzvorrichtung, Wärmeschutzverglasung
Dächer *Anteil: 15 %*		Wellfaserzement-, Blecheindeckung, Bitumen-, Kunststofffolienabdichtung	Betondachpfannen, mittlerer Wärmedämmstandard	Tondachpfannen, Schiefer-, Metalleindeckung, hoher Wärmedämmstandard
Sanitär *Anteil: 13 %*		einfache und wenige Toilettenräume, Installation auf Putz	ausreichende Anzahl von Toilettenräumen, Installation unter Putz	großzügige Toilettenräume in guter Ausstattung
Innenwandbekleidung der Nassräume *Anteil: 6 %*		Ölfarbanstrich	Fliesensockel (1,50 m)	Fliesen raumhoch
Bodenbeläge *Anteil: 8 %*		Holzdielen, Nadelfilz, Linoleum, PVC (untere Preisklasse) **Nassräume:** PVC	Teppich, PVC, Fliesen, Linoleum (mittlere Preisklasse) **Nassräume:** Fliesen	großformatige Fliesen, Parkett, Betonwerkstein **Nassräume:** großformatige Fliesen, beschichtete Sonderfliesen
Innentüren *Anteil: 11 %*		Füllungstüren, Türblätter und Zargen gestrichen	Kunststoff-/Holztürblätter, Stahlzargen	Türblätter mit Edelholzfurnier, Glastüren, Holzzargen
Heizung *Anteil: 15 %*		Einzelöfen, elektrische Speicherheizung, Boiler für Warmwasser	Zentralheizung mit Radiatoren (Schwerkraftheizung)	Zentralheizung/Pumpenheizung mit Flachheizkörpern, Klima- oder Lüftungsanlage, Warmwasserbereitung zentral
Elektroinstallation *Anteil: 7 %*		je Raum 1 Lichtauslass und 1–2 Steckdosen, Installation auf Putz	je Raum 1–2 Lichtauslässe und 2–3 Steckdosen, informationstechnische Anlagen, Installation unter Putz	aufwendige Installation, Sicherheitseinrichtungen, Solaranlage

Baunebenkosten (entsprechend Kostengruppe 700 DIN 276)

Gemeindezentren, Bürgerhäuser	**16 %**
Saalbauten, Veranstaltungszentren	**18 %**
Vereins- und Jugendheime, Tagesstätten	**16 %**

Gesamtnutzungsdauer

Gemeindezentren, Bürgerhäuser	**40 bis 80 Jahre**
Saalbauten, Veranstaltungszentren	**60 bis 80 Jahre**
Vereins- und Jugendheime, Tagesstätten	**40 bis 80 Jahre**

Gemeinde- und Veranstaltungszentren, Vereins- und Jugendheime

Typ 8–10

Normalherstellungskosten (ohne Baunebenkosten)
entsprechend Kostengruppe 300 und 400 DIN 276/1993
einschließlich 16 % Mehrwertsteuer, Preisstand 2000

NHK 2000
WERTR

3

Typ 8 GEMEINDEZENTREN, BÜRGERHÄUSER
1- bis 3-geschossig, unterkellert bzw. teilunterkellert, Dach geneigt oder Flachdach

Kosten der Brutto-Grundfläche in €/m², durchschnittliche Geschosshöhe 4,55 m							
Ausstattungs-standards	**vor 1925**	**1925 bis 1945**	**1946 bis 1959**	**1960 bis 1969**	**1970 bis 1984**	**1985 bis 1999**	**2000**
einfach	–	–	915–985	990–1050	1050–1105	1110–1205	1205
mittel	–	–	1010–1090	1090–1155	1160–1220	1225–1330	1330
gehoben	–	–	1160–1245	1250–1325	1325–1400	1400–1520	1525

Typ 9 SAALBAUTEN, VERANSTALTUNGSZENTREN
1- bis 3-geschossig, unterkellert bzw. teilunterkellert, Dach geneigt oder Flachdach

Kosten der Brutto-Grundfläche in €/m², durchschnittliche Geschosshöhe 4,75 m							
Ausstattungs-standards	**vor 1925**	**1925 bis 1945**	**1946 bis 1959**	**1960 bis 1969**	**1970 bis 1984**	**1985 bis 1999**	**2000**
einfach	–	–	980–1055	1055–1120	1125–1185	1185–1285	1290
mittel	1205–1255	1255–1285	1290–1390	1390–1475	1475–1560	1560–1695	1695
gehoben	–	–	1625–1750	1755–1860	1860–1960	1965–2135	2140

Typ 10 VEREINS- UND JUGENDHEIME, TAGESSTÄTTEN
1- bis 3-geschossig, unterkellert bzw. teilunterkellert, Dach geneigt oder Flachdach

Kosten der Brutto-Grundfläche in €/m², durchschnittliche Geschosshöhe 4,00 m							
Ausstattungs-standards	**vor 1925**	**1925 bis 1945**	**1946 bis 1959**	**1960 bis 1969**	**1970 bis 1984**	**1985 bis 1999**	**2000**
einfach	–	–	775–835	840–885	890–940	940–1020	1025
mittel	–	–	855–925	925–980	980–1035	1040–1125	1130
gehoben	–	–	1000–1075	1080–1140	1145–1210	1210–1315	1315

Kindergärten, Kindertagesstätten, Schulen, Berufsschulen, Hochschulen, Universitäten

Typ 11–14

Ausstattungsstandard			
Kostengruppe	**einfach**	**mittel**	**gehoben**
Fassade *Anteil: 11 %*	Mauerwerk mit Putz oder Fugenglattstrich und Anstrich	Wärmedämmputz, Wärmedämmverbundsystem, Sichtmauerwerk mit Fugenglattstrich und Anstrich, Holzbekleidung, mittlerer Wärmedämmstandard	Verblendmauerwerk, Metallbekleidung, hoher Wärmedämmstandard
Fenster *Anteil: 14 %*	Holz, Einfachverglasung	Kunststoff, Isolierverglasung	Aluminium, Rollladen, Sonnenschutzvorrichtung, Wärmeschutzverglasung
Dächer *Anteil: 15 %*	Wellfaserzement-, Blecheindeckung, Bitumen-, Kunststofffolienabdichtung	Betondachpfannen, mittlerer Wärmedämmstandard	Tondachpfannen, Schiefer-, Metalleindeckung, Gasbetonfertigteile, Stegzementdielen, hoher Wärmedämmstandard
Sanitär *Anteil: 13 %*	einfache Toilettenanlagen, Installation auf Putz	ausreichende Toilettenanlagen, Duschräume, Installation unter Putz	gut ausgestattete Toilettenanlagen und Duschräume
Innenwandbekleidung der Nassräume *Anteil: 6 %*	Ölfarbanstrich	Fliesensockel (1,50 m)	Fliesen raumhoch
Bodenbeläge *Anteil: 8 %*	Holzdielen, Nadelfilz, Linoleum, PVC (untere Preisklasse) **Nassräume:** PVC	Teppich, PVC, Fliesen, Linoleum (mittlere Preisklasse) **Nassräume:** Fliesen	großformatige Fliesen, Parkett, Betonwerkstein **Nassräume:** großformatige Fliesen, beschichtete Sonderfliesen
Innentüren *Anteil: 11 %*	Füllungstüren, Türblätter und Zargen gestrichen	Kunststoff-/Holztürblätter, Stahlzargen	beschichtete oder furnierte Türblätter und Zargen, Glasausschnitte, Glastüren
Heizung *Anteil: 15 %*	Einzelöfen, elektrische Speicherheizung, Boiler für Warmwasser	Zentralheizung mit Radiatoren (Schwerkraftheizung) Verbrühschutz*	Zentralheizung, Warmwasserbereitung zentral
Elektroinstallation *Anteil: 7 %*	je Raum 1 Lichtauslass und 1–2 Steckdosen, Fernseh-/Radioanschluss, Installation auf Putz	je Raum 1–2 Lichtauslässe und 2–3 Steckdosen, Blitzschutz, Installation unter Putz	je Raum mehrere Lichtauslässe und Steckdosen, informationstechnische Anlagen

* nur bei Kindergärten, Kindertagesstätten

Baunebenkosten (entsprechend Kostengruppe 700 DIN 276)

Kindergärten, Kindertagesstätten	**14 %**
Schulen	**14 %**
Berufsschulen	**15 %**
Hochschulen, Universitäten	**16 %**

Gesamtnutzungsdauer

Kindergärten, Kindertagesstätten	**50 bis 70 Jahre**
Schulen, Berufsschulen	**50 bis 80 Jahre**
Hochschulen, Universitäten	**60 bis 80 Jahre**

Kindergärten, Schulen, Hochschulen

Typ 11–14

Normalherstellungskosten (ohne Baunebenkosten)
entsprechend Kostengruppe 300 und 400 DIN 276/1993
einschließlich 16 % Mehrwertsteuer, Preisstand 2000

NHK 2000
WERTR

Typ 11 KINDERGÄRTEN, KINDERTAGESSTÄTTEN
eingeschossig, nicht- bzw. teilunterkellert,
Dach geneigt (nicht ausgebaut) oder Flachdach

Kosten der Brutto-Grundfläche in €/m², durchschnittliche Geschosshöhe 3,80 m							
Ausstattungs-standards	vor 1925	1925 bis 1945	1946 bis 1959	1960 bis 1969	1970 bis 1984	1985 bis 1999	2000
einfach	–	–	855–920	925–980	980–1035	1035–1125	1125
mittel	–	–	930–1000	1005–1060	1065–1125	1125–1220	1225
gehoben	–	–	1185–1275	1280–1355	1360–1435	1435–1560	1560

Typ 12 SCHULEN
2- bis 3-geschossig, unterkellert, Dach geneigt (nicht ausgebaut)
oder Flachdach

Kosten der Brutto-Grundfläche in €/m², durchschnittliche Geschosshöhe 4,20 m							
Ausstattungs-standards	vor 1925	1925 bis 1945	1946 bis 1959	1960 bis 1969	1970 bis 1984	1985 bis 1999	2000
einfach	815–845	850–870	875–940	940–1000	1000–1055	1055–1145	1150
mittel	925–960	965–990	995–1065	1070–1135	1135–1200	1200–1305	1305
gehoben	1005–1045	1045–1070	1075–1155	1160–1230	1230–1300	1305–1415	1415

Typ 13 BERUFSSCHULEN
1- bis 3-geschossig, unterkellert bzw. teilunterkellert,
Dach geneigt (nicht ausgebaut) oder Flachdach

Kosten der Brutto-Grundfläche in €/m², durchschnittliche Geschosshöhe 3,85 m							
Ausstattungs-standards	vor 1925	1925 bis 1945	1946 bis 1959	1960 bis 1969	1970 bis 1984	1985 bis 1999	2000
einfach	805–835	835–855	860–925	925–985	985–1040	1040–1130	1130
mittel	925–960	965–990	990–1065	1065–1130	1135–1195	1200–1300	1305
gehoben	1035–1080	1080–1110	1110–1195	1200–1270	1270–1340	1345–1460	1460

Typ 14 HOCHSCHULEN, UNIVERSITÄTEN
2- bis 4-geschossig, unterkellert, Dach geneigt (nicht ausgebaut)
oder Flachdach

Kosten der Brutto-Grundfläche in €/m², durchschnittliche Geschosshöhe 4,20 m							
Ausstattungs-standards	vor 1925	1925 bis 1945	1946 bis 1959	1960 bis 1969	1970 bis 1984	1985 bis 1999	2000
mittel	1125–1165	1170–1200	1205–1295	1295–1375	1375–1455	1455–1580	1580
gehoben	1340–1395	1395–1435	1435–1545	1550–1640	1645–1735	1740–1885	1890

Personal- und Schwesternwohnheime, Altenwohnheime

Typ 15–16

Ausstattungsstandard				
Kostengruppe	**einfach**	**mittel**	**gehoben**	**stark gehoben[1]**
Fassade *Anteil: 11 %*	Mauerwerk mit Putz oder Fugenglattstrich und Anstrich	Wärmedämmputz, Wärmedämmverbundsystem, mittlerer Wärmedämmstandard, Sichtmauerwerk mit Fugenglattstrich[1]	Verblendmauerwerk, Vorhangfassade, hoher Wärmedämmstandard, Metallbekleidung[1]	Naturstein
Fenster *Anteil: 14 %*	Holz, Einfachverglasung	Kunststoff, Isolierverglasung	Aluminium, Rollladen, Sonnenschutzvorrichtung, Wärmeschutzverglasung	raumhohe Verglasung, große Schiebeelemente, elektrische Rollladen, Schallschutzverglasung
Dächer *Anteil: 15 %*	Wellfaserzement-, Blecheindeckung, Bitumen-, Kunststofffolienabdichtung	Betondachpfannen, mittlerer Wärmedämmstandard	Tondachpfannen, Schiefer-, Metalleindeckung, Gasbetonfertigteile, Stegzementdielen, hoher Wärmedämmstandard	große Anzahl von Oberlichtern, Dachaus- und Dachaufbauten mit hohem Schwierigkeitsgrad, Dachausschnitte in Glas
Sanitär *Anteil: 13 %*	WC und Bäderanlage geschossweise, Waschbecken im Raum, Installation auf Putz	mehrere WCs und Duschbäder je Geschoss, Installation unter Putz	je Raum ein Duschbad mit WC, behindertengerecht[1], Verbrühschutz[1]	je Raum ein Duschbad mit WC in guter Ausstattung
Innenwandbekleidung der Nassräume *Anteil: 6 %*	Ölfarbanstrich	Fliesensockel (1,50 m)	Fliesen raumhoch, großformatige Fliesen	Naturstein, aufwendige Verlegung
Bodenbeläge *Anteil: 8 %*	Holzdielen, Nadelfilz, Linoleum, PVC (untere Preisklasse) **Nassräume:** PVC	Teppich, PVC, Fliesen, Linoleum (mittlere Preisklasse) **Nassräume:** Fliesen	großformatige[1] Fliesen, Parkett, Betonwerkstein **Nassräume:** großformatige Fliesen, beschichtete Sonderfliesen	Naturstein, aufwendige Verlegung **Nassräume:** Naturstein
Innentüren *Anteil: 11 %*	Füllungstüren, Türblätter und Zargen gestrichen	Kunststoff-/Holztürblätter, Stahlzargen	Türblätter mit Edelholzfurnier, Glas-, Automatiktüren, Holzzargen, rollstuhlgerechte Bedienung[1]	massive Ausführung, Einbruchschutz
Heizung *Anteil: 15 %*	Einzelöfen, elektrische Speicherheizung, Boiler für Warmwasser	Mehrraum-Warmluft-Kachelofen, Zentralheizung mit Radiatoren (Schwerkraftheizung)	Zentralheizung/Pumpenheizung mit Flachheizkörpern, Warmwasserbereitung zentral	Fußbodenheizung, Klimaanlagen
Elektroinstallation *Anteil: 7 %*	je Raum 1 Lichtauslass und 1–2 Steckdosen, Fernseh-/Radioanschluss je Geschoss[2], Installation auf Putz	je Raum 1–2 Lichtauslässe und 2–3 Steckdosen, Fernseh-/Radioanschluss, Blitzschutz, Installation unter Putz	je Raum mehrere Lichtauslässe und Steckdosen, informationstechnische Anlagen	aufwendige Installation, Sicherheitseinrichtungen
Sonstige Einbauten	Gemeinschaftsküche[2]	Aufzugsanlage, Gemeinschaftseinrichtungen[2], Einbauküchen[2]	Aufzugsanlage, Balkon je Raum, Pantry-Küche[2], Fitnessraum[2], zentrale Einrichtungen[1], Gemeinschaftsräume[1], Therapie- und Gymnastikräume[1]	Aufzugsanlage, Müllschlucker, zentrale Einrichtungen: zusätzlich z. B. Hydrotherapie, Café

1 nur Altenwohnheime 2 nur Personal- und Schwesternwohnheime

Baunebenkosten (entsprechend Kostengruppe 700 DIN 276)

Personal- und Schwesternwohnheime	**14 %**
Altenwohnheime	**15 %**

Gesamtnutzungsdauer **40 bis 80 Jahre**

Personal- und Schwesternwohnheime, Altenwohnheime

Typ 15–16

Normalherstellungskosten (ohne Baunebenkosten)
entsprechend Kostengruppe 300 und 400 DIN 276/1993
einschließlich 16 % Mehrwertsteuer, Preisstand 2000

NHK 2000
WERTR

Typ 15 PERSONAL- UND SCHWESTERNWOHNHEIME
2- bis 6-geschossig, unterkellert,
Dach geneigt (nicht ausgebaut) oder Flachdach

Kosten der Brutto-Grundfläche in €/m², durchschnittliche Geschosshöhe 2,95 m							
Ausstattungs-standards	**vor 1925**	**1925 bis 1945**	**1946 bis 1959**	**1960 bis 1969**	**1970 bis 1984**	**1985 bis 1999**	**2000**
einfach	630–650	655–670	675–725	730–770	770–815	815–885	885
mittel	775–805	810–830	830–895	895–950	950–1000	1005–1090	1095
gehoben	855–890	890–910	915–985	985–1045	1050–1105	1110–1200	1205

Typ 16 ALTENWOHNHEIME
2- bis 4-geschossig, unterkellert,
Dach geneigt (nicht ausgebaut) oder Flachdach

Kosten der Brutto-Grundfläche in €/m², durchschnittliche Geschosshöhe 3,35 m							
Ausstattungs-standards	**vor 1925**	**1925 bis 1945**	**1946 bis 1959**	**1960 bis 1969**	**1970 bis 1984**	**1985 bis 1999**	**2000**
einfach	720–750	750–770	770–830	830–880	885–930	935–1010	1015
mittel	845–875	880–900	905–970	975–1030	1035–1090	1095–1185	1190
gehoben	930–970	970–995	995–1075	1075–1140	1140–1205	1210–1310	1310
stark gehoben	1050–1090	1095–1120	1125–1210	1210–1285	1285–1355	1360–1475	1480

Allgemeine Krankenhäuser– Querschnittsdaten für Gesamtanlage

Typ 17

NHK 2000
WERTR

Normalherstellungskosten (ohne Baunebenkosten)
entsprechend Kostengruppe 300 und 400 DIN 276/1993
einschließlich 16 % Mehrwertsteuer, Preisstand 2000

Typ 17 2- bis 6-geschossig, unterkellert, Dach geneigt (nicht ausgebaut) oder Flachdach

Kosten der Brutto-Grundfläche in €/m², durchschnittliche Geschosshöhe 4,10 m							
Ausstattungs-standards	**vor 1925**	**1925 bis 1945**	**1946 bis 1959**	**1960 bis 1969**	**1970 bis 1984**	**1985 bis 1999**	**2000**
einfach	1060–1100	1105–1130	1135–1220	1225–1295	1295–1370	1370–1490	1490
mittel	1355–1410	1415–1450	1450–1565	1565–1660	1660–1755	1755–1905	1910
gehoben	1670–1740	1740–1785	1785–1925	1930–2045	2045–2160	2160–2350	2350

Ausstattungsstandard			
Kostengruppe	**einfach**	**mittel**	**gehoben**
Fassade *Anteil: 11 %*	Mauerwerk mit Putz oder Fugenglattstrich und Anstrich	Wärmedämmputz, Wärmedämmverbundsystem, Sichtmauerwerk mit Fugenglattstrich und Anstrich, mittlerer Wärmedämmstandard	Verblendmauerwerk, Metallbekleidung, Vorhangfassade, hoher Wärmedämmstandard
Fenster *Anteil: 14 %*	Holz, Einfachverglasung	Kunststoff, Isolierverglasung	Aluminium, Rollladen, Sonnenschutzvorrichtung, Wärmeschutzverglasung
Dächer *Anteil: 15 %*	Wellfaserzement-, Blecheindeckung, Bitumen-, Kunststofffolienabdichtung	Betondachpfannen, mittlerer Wärmedämmstandard	Tondachpfannen, Schiefer-, Metalleindeckung, Gasbetonfertigteile, Stegzementdielen, hoher Wärmedämmstandard
Sanitär *Anteil: 13 %*	Toilettenanlagen und Duschräume geschossweise, Installation auf Putz	mehrere Toilettenanlagen und Bäder je Geschoss, tlw. Toiletten je Zimmer, Installation unter Putz	tlw. Duschbäder je 1 oder 2 Zimmer
Innenwandbekleidung der Nassräume	Ölfarbanstrich	Fliesensockel (1,50 m)	Fliesen raumhoch
Bodenbeläge *Anteil: 8 %*	Holzdielen, Linoleum, PVC (untere Preisklasse) **Nassräume:** PVC	PVC, Fliesen, Linoleum (mittlere Preisklasse) **Nassräume:** Fliesen	Fliesen, Parkett, Betonwerkstein **Nassräume:** beschichtete Sonderfliesen
Innentüren *Anteil: 11 %*	Füllungstüren, Türblätter und Zargen gestrichen	Kunststoff-/Holztürblätter, Stahlzargen	bessere Ausführung, Glastüren, Holzzargen
Heizung *Anteil: 15 %*	elektrische Speicherheizung, Boiler für Warmwasser	Lufterhitzer, Lufterhitzer mit zentraler Kesselanlage, Sammelheizung, Fernheizung	Sammelheizung mit separater Kesselanlage, Klimaanlage
Elektroinstallation *Anteil: 7 %*	je Raum 1 Lichtauslass und 1–2 Steckdosen, Installation auf Putz	je Raum 1 Lichtauslass und 2–5 Steckdosen Fernseh-/Radioanschluss, Installation unter Putz	je Raum mehrere Lichtauslässe und Steckdosen, informationstechnische Anlagen

Baunebenkosten (entsprechend Kostengruppe 700 DIN 276) **20 %**

Gesamtnutzungsdauer **40 bis 60 Jahre**

Hotels

Typ 18

NHK 2000

WertR

Normalherstellungskosten (ohne Baunebenkosten)
entsprechend Kostengruppe 300 und 400 DIN 276/1993
einschließlich 16 % Mehrwertsteuer, Preisstand 2000

Typ 18 2- bis 6-geschossig, unterkellert, Dach geneigt (nicht ausgebaut) oder Flachdach

Kosten der Brutto-Grundfläche in €/m², durchschnittliche Geschosshöhe 3,40 m							
Ausstattungs-standards	**vor 1925**	**1925 bis 1945**	**1946 bis 1959**	**1960 bis 1969**	**1970 bis 1984**	**1985 bis 1999**	**2000**
einfach	675–700	700–715	720–775	775–820	825–870	870–945	945
mittel	875–910	915–935	935–1010	1010–1070	1070–1130	1135–1230	1235
gehoben	1135–1180	1180–1210	1215–1310	1310–1385	1390–1465	1470–1595	1595
stark gehoben	1395–1450	1455–1490	1495–1610	1610–1705	1710–1805	1805–1965	1965

	Ausstattungsstandard			
Kostengruppe	**einfach**	**mittel**	**gehoben**	**stark gehoben**
Fassade *Anteil: 11 %*	Mauerwerk mit Putz oder Fugenglattstrich und Anstrich	Wärmedämmputz, Wärmedämmverbund-system, Sichtmauerwerk und Anstrich, einfache Bekleidung, mittlerer Wärmedämmstandard	Verblendmauerwerk, Metallbekleidung, Vorhangfassade, hoher Wärmedämm-standard	Naturstein
Fenster *Anteil: 14*	Holz, Einfachverglasung	Kunststoff, Isolierverglasung	Aluminium, Rollladen, Sonnenschutzvorrichtung, Wärmeschutz-verglasung	raumhohe Verglasung, große Schiebeelemente, elektr. Rollladen, Schall-schutzverglasung
Dächer *Anteil: 15 %*	Wellfaserzement-, Blecheindeckung, Bitumen-, Kunststoff-folienabdichtung	Betondachpfannen, mittlerer Wärmedämm-standard	Tondachpfannen, Schie-fer-, Metalleindeckung, Gasbetonfertigteile, Steg-zementdielen, hoher Wär-medämmstandard	große Anzahl von Ober-lichtern, Dachaus- und Dachaufbauten mit hohem Schwierigkeitsgrad, Dachausschnitte in Glas
Sanitär *Anteil: 13 %*	WC und Bäderanlage geschossweise, Wasch-becken im Raum, Installation auf Putz	mehrere WCs und Dusch-bäder je Geschoss, Installation unter Putz	Zimmer mit Duschbad und WC	Zimmer mit Dusch- und-Wannenbad und WC, Sanitäreinrichtungen gehobener Standard
Innenwandbekleidung der Nassräume	Ölfarbanstrich	Fliesensockel (1,50 m)	Fliesen raumhoch, großformatige Fliesen	Naturstein, aufwendige Verlegung
Bodenbeläge *Anteil: 8 %*	Holzdielen, Nadelfilz, Linoleum, PVC (untere Preisklasse) **Nassräume:** PVC	Teppich, PVC, Fliesen, Linoleum (mittlere Preisklasse) **Nassräume:** Fliesen	großformatige Fliesen, Betonwerkstein **Nassräume:** großformatige Fliesen, be-schichtete Sonderfliesen	Naturstein, aufwendige Verlegung **Nassräume:** Naturstein
Innentüren *Anteil: 11 %*	Füllungstüren, Türblätter und Zargen gestrichen	Kunststoff-/Holztür-blätter, Stahlzargen	Türblätter mit Edelholz-furnier, Glastüren, Holzzargen	massive Ausführung, Stiltüren
Heizung *Anteil: 15 %*	Einzelöfen, elektrische Speicher-heizung, Boiler für Warmwasser	Mehrraum-Warmluft-Kachelofen, Zentralhei-zung mit Radiatoren (Schwerkraftheizung)	Zentralheizung/Pumpen-heizung mit Flachheizkör-pern, Warmwasser-bereitung zentral	Fußbodenheizung, Klimaanlagen
Elektroinstallation *Anteil: 7 %*	je Raum 1 Lichtauslass und 1–2 Steckdosen, Fernseh-/Ra-dioanschluss je Geschoss, Installation auf Putz	je Raum 1–2 Lichtaus-lässe und 2–3 Steckdosen, Blitzschutz, je Raum Fern-seh- und Radioanschluss, Installation unter Putz	je Raum mehrere Lichtauslässe und Steck-dosen, informations-technische Anlagen	aufwendige Installation, Sicherheitseinrichtungen
Sonstige Einbauten		zentrale Einrichtungen, Gastraum	Aufzugsanlage, Balkon je Raum, Brandmelder, Sprinkler, zentrale Ein-richtungen: z. B. Konfe-renzräume, Schwimmbad, Sauna, zusätzl. Restaurant	Aufzugsanlage, Müll-schlucker, zentrale Ein-richtungen: z. B. große Konferenzräume, Ballsäle, Sondereinrichtungen, z. B. Friseur

Baunebenkosten (entsprechend Kostengruppe 700 DIN 276) **18 %**

Gesamtnutzungsdauer **40 bis 80 Jahre**

Tennishallen, Turn- und Sporthallen

Typ 19–20

Kostengruppe		Ausstattungsstandard einfach	mittel	gehoben
Fassade	**Skelett-, Fachwerk-, Rahmenbau**	einfache Wände, Holz-, Blech-, Faserzementbekleidung	Leichtbetonwände mit Wärmedämmung, Beton-Sandwich-Elemente, Ausfachung 12 bis 25 cm	Schwerbetonplatten, Verblendmauerwerk, Spaltklinker, Ausfachung bis 30 cm
Anteil: 11 %	**Massivbau**	Mauerwerk mit Putz oder Fugenglattstrich und Anstrich	Wärmedämmputz, Wärmedämmverbundsystem, Sichtmauerwerk mit Fugenglattstrich und Anstrich, mittlerer Wärmedämmstandard	Verblendmauerwerk, Vorhangfassade, Metallbekleidung, hoher Wärmedämmstandard
Fenster *Anteil: 14 %*		Holz, Einfachverglasung	Kunststoff, Isolierverglasung	Aluminium, Rollladen, Sonnenschutzvorrichtung, Wärmeschutzverglasung
Dächer *Anteil: 15 %*		Wellfaserzementeindeckung, Blecheindeckung[2], Bitumen-[2], Kunststofffolienabdichtung[2]	Papp-[1], PVC-[1], Blecheindeckung[1], Betondachpfannen[2], mittlerer Wärmedämmstandard	Papp-[1], PVC-[1], Blecheindeckung[1], Tondachpfannen[2], Schiefer[2], Metalleindeckung[2], Gasbetonfertigteile[2], Stegzementdielen[2], hoher Wärmedämmstandard
Sanitär *Anteil: 13 %*		einfache Toilettenanlagen mit Duschmöglichkeit, Installation auf Putz	ausreichende Toilettenanlagen und Duschräume, Installation unter Putz	gut ausgestattete Toilettenanlagen und Duschräume
Innenwandbekleidung der Nassräume *Anteil: 6 %*		Ölfarbanstrich	Fliesensockel (1,50 m)	raumhohe Fliesen
Bodenbeläge *Anteil: 8 %*		Beton[1] oder Asphaltbeton[1], oberflächenbehandelt[1], Holzdielen[2]	Estrich[1] oder Gussasphalt auf Beton[1], Teppichbelag[1], PVC[2]	flächenstatische Fußbodenkonstruktion[1], Spezialteppich mit Gummigranulatauflage[1], Schwingboden[2]
Innentüren[2] *Anteil: 11 %*		Füllungstüren, Türblätter und Zargen gestrichen	Kunststoff-, Holztürblätter, Stahlzargen	bessere Ausführung, Glastüren, Holzzargen
Heizung *Anteil: 15 %*		Einzelöfen, Lufterhitzer mit Direktbefeuerung	Lufterhitzer mit Wärmetauscher mit zentraler Kesselanlage	Luftheizung mit Außenluft- und Umluftregelung, Luftqualitätsregeltechnik
besondere Einbauten			Sauna	Restaurant, große Saunaanlage, Solarium

1 nur Tennishallen
2 nur Turn- und Sporthallen

Baunebenkosten (entsprechend Kostengruppe 700 DIN 276) **14 %**

Gesamtnutzungsdauer **30 bis 50 Jahre**

Tennishallen, Turn- und Sporthallen

Typ 19–20

Normalherstellungskosten (ohne Baunebenkosten)
entsprechend Kostengruppe 300 und 400 DIN 276/1993
einschließlich 16 % Mehrwertsteuer, Preisstand 2000

NHK 2000
WERTR

3

Typ 19 TENNISHALLEN
eingeschossig, nicht unterkellert, Dach geneigt oder Flachdach

Kosten der Brutto-Grundfläche in €/m², durchschnittliche Geschosshöhe 6,00 m							
Ausstattungs-standards	**vor 1925**	**1925 bis 1945**	**1946 bis 1959**	**1960 bis 1969**	**1970 bis 1984**	**1985 bis 1999**	**2000**
einfach	–	–	400–430	430–455	455–480	485–525	525
mittel	–	–	470–505	510–535	540–570	570–620	620
gehoben	–	–	–	–	620–655	655–710	715

Typ 20 TURN- UND SPORTHALLEN
eingeschossig, unterkellert, Dach flach geneigt oder Flachdach

Kosten der Brutto-Grundfläche in €/m², durchschnittliche Geschosshöhe 7,00 m							
Ausstattungs-standards	**vor 1925**	**1925 bis 1945**	**1946 bis 1959**	**1960 bis 1969**	**1970 bis 1984**	**1985 bis 1999**	**2000**
einfach	–	–	760–820	820–865	870–920	920–995	1000
mittel	–	–	920–990	990–1050	1055–1110	1115–1210	1210
gehoben	–	–	980–1055	1060–1120	1125–1185	1190–1290	1290

Funktionsgebäude für Sportanlagen **Typ 21**

Normalherstellungskosten (ohne Baunebenkosten)
entsprechend Kostengruppe 300 und 400 DIN 276/1993
einschließlich 16 % Mehrwertsteuer, Preisstand 2000

NHK 2000
WERTR

Typ 21 1- bis 2-geschossig, nicht unterkellert, Dach geneigt (nicht ausgebaut) oder Flachdach

Kosten der Brutto-Grundfläche in €/m², durchschnittliche Geschosshöhe 3,30 m							
Ausstattungs-standards	**vor 1925**	**1925 bis 1945**	**1946 bis 1959**	**1960 bis 1969**	**1970 bis 1984**	**1985 bis 1999**	**2000**
einfach	–	–	620–665	670–705	710–750	750–810	815
mittel	–	–	785–845	845–895	900–950	950–1030	1030
gehoben	–	–	1080–1165	1165–1235	1235–1305	1310–1420	1420

Ausstattungsstandard			
Kostengruppe	**einfach**	**mittel**	**gehoben**
Fassade *Anteil: 11 %*	Mauerwerk mit Putz oder Fugenglattstrich und Anstrich	Wärmedämmputz, Wärmedämmverbundsystem, Sichtmauerwerk mit Fugenglattstrich und Anstrich, mittlerer Wärmedämmstandard	Verblendmauerwerk, Metallbekleidung, Vorhangfassade, hoher Wärmedämmstandard
Fenster *Anteil: 14 %*	Holz, Einfachverglasung	Kunststoff, Isolierverglasung	Aluminium, Rollladen, Sonnenschutzvorrichtung, Wärmeschutzverglasung
Dächer *Anteil: 15 %*	Wellfaserzement-, Blecheindeckung, Bitumen-, Kunststofffolienabdichtung	Betondachpfannen, mittlerer Wärmedämmstandard	Tondachpfannen, Schiefer-, Metalleindeckung, Gasbetonfertigteile, Stegzementdielen, hoher Wärmedämmstandard
Sanitär *Anteil: 13 %*	einfache Toilettenanlagen, Installation auf Putz	ausreichende Toilettenanlagen, Duschräume, Installation unter Putz	gut ausgestattete Toilettenanlagen und Duschräume
Innenwandbekleidung der Nassräume *Anteil: 6 %*	Ölfarbanstrich	Fliesensockel (1,50 m)	Fliesen raumhoch
Bodenbeläge *Anteil: 8 %*	Holzdielen, Nadelfilz, Linoleum, PVC (untere Preisklasse) **Nassräume:** PVC	Teppich, PVC, Fliesen, Linoleum (mittlere Preisklasse) **Nassräume:** Fliesen	großformatige Fliesen, Parkett, Betonwerkstein **Nassräume:** beschichtete Sonderfliesen
Innentüren *Anteil: 11 %*	Füllungstüren, Türblätter und Zargen gestrichen	Kunststoff-/Holztürblätter, Stahlzargen	beschichtete oder furnierte Türblätter und Zargen, Glasausschnitte, Glastüren
Heizung *Anteil: 15 %*	Einzelöfen, elektrische. Speicherheizung, Boiler für Warmwasser	Zentralheizung mit Radiatoren (Schwerkraftheizung)	Zentralheizung, Warmwasserbereitung zentral
Elektroinstallation *Anteil: 7 %*	je Raum 1 Lichtauslass und 1–2 Steckdosen, Installation auf Putz	je Raum 1 Lichtauslass und 2–3 Steckdosen, Blitzschutz, Installation unter Putz	je Raum mehrere Lichtauslässe und Steckdosen, informationstechnische Anlagen

Baunebenkosten **14 %**

Gesamtnutzungsdauer **40 bis 60 Jahre**

Hallenbäder, Kur- und Heilbäder

Typ 22–23

Kostengruppe		Ausstattungsstandard einfach[1]	mittel	gehoben	stark gehoben
Fassade *Anteil: 11 %*	**Skelett-, Fachwerk-, Rahmenbau**	einfache Wände, Holz-, Blech-, Faserzementbekleidung	Leichtbetonwände mit Wärmedämmung, Beton-Sandwich-Elemente, Ausfachung 12 bis 25 cm	Schwerbetonplatten, Ausfachung bis 30 cm	Verblendmauerwerk, Glasverkleidung, Spaltklinker, Ausfachung über 30 cm
	Massivbau	Mauerwerk mit Putz oder Fugenglattstrich und Anstrich	Wärmedämmputz, Wärmedämmverbundsystem, Sichtmauerwerk mit Fugenglattstrich und Anstrich, mittlerer Wärmedämmstandard	Verblendmauerwerk, Metallbekleidung, Vorhangfassade, hoher Wärmedämmstandard	Naturstein
Fenster *Anteil: 14 %*		Holz, Einfachverglasung	Holz[1], Kunststoff, Isolierverglasung	Aluminium, Rollladen, Sonnenschutzvorrichtung, Wärmeschutzverglasung	raumhohe Verglasung, große Schiebeelemente, elektr. Rollladen, Schallschutzverglasung
Dächer *Anteil: 15 %*		Wellfaserzement-, Blecheindeckung, Bitumen-, Kunststofffolienabdichtung	Betondachpfannen, mittlerer Wärmedämmstandard	Tondachpfannen, Schiefer-, Metalleindeckung, Gasbetonfertigteile, Stegzementdielen, hoher Wärmedämmstandard	große Anzahl von Oberlichtern, Dachaus- und Dachaufbauten mit hohem Schwierigkeitsgrad, Dachausschnitte in Glas
Sanitär *Anteil: 13 %*		einfache Toilettenanlagen und Duschräume, Installation auf Putz	ausreichende Toilettenanlagen und Duschräume, Installation unter Putz	gut ausgestattete Toilettenanlagen und Duschräume	großzügige Toilettenanlagen, Sanitäreinrichtungen gehobener Standard
Innenwandbekleidung der Nassräume *Anteil: 6 %*		Ölfarbanstrich	Fliesensockel (1,50 m)	Fliesen raumhoch, großformatige Fliesen	Naturstein, aufwendige Verlegung
Bodenbeläge *Anteil: 8 %*		Fliesen, Linoleum, PVC (untere Preisklasse) **Nassräume:** PVC	PVC, Fliesen, Linoleum (mittlere Preisklasse) **Nassräume:** Fliesen	großformatige Fliesen, Betonwerkstein **Nassräume:** großformatige Fliesen, beschichtete Sonderfliesen	Naturstein, aufwendige Verlegung **Nassräume:** großformatige Fliesen, Naturstein
Innentüren *Anteil: 11 %*		Füllungstüren, Türblätter und Zargen gestrichen	Kunststoff-/Holztürblätter, Stahlzargen	bessere Ausführung, Glastüren, Holzzargen	massivere Ausführung, Einbruchschutz, Automatiktüren
Heizung *Anteil: 15 %*		Lufterhitzer mit Direktbefeuerung, elektrische Speicherheizung	Lufterhitzer mit zentraler Kesselanlage bzw. an Kesselanlage des Betriebs angeschlossene Sammelheizung, Fernheizung	Sammelheizung mit separater Kesselanlage	aufwendige Heiztechnik
besondere Einbauten				Solarien, Massageräume, Sauna, separates Kinderbecken[1], Imbiss[1], Therapieräume[2]	Sprungbecken[1], Wellenbad[1], Restaurant[1]

1 nur Hallenbäder
2 nur Kur- und Heilbäder

Baunebenkosten (entsprechend Kostengruppe 700 DIN 276)

Hallenbäder **16 %**
Kur- und Heilbäder **18 %**

Gesamtnutzungsdauer

Hallenbäder **40 bis 70 Jahre**
Kur- und Heilbäder **60 bis 80 Jahre**

Hallenbäder, Kur- und Heilbäder

Typ 22–23

Normalherstellungskosten (ohne Baunebenkosten)
entsprechend Kostengruppe 300 und 400 DIN 276/1993
einschließlich 16 % Mehrwertsteuer, Preisstand 2000

NHK 2000
WERTR

Typ 22 HALLENBÄDER
eingeschossig, teilunterkellert,
Dach, flach geneigt oder Flachdach

Kosten der Brutto-Grundfläche in €/m², durchschnittliche Geschosshöhe 7,25 m							
Ausstattungs-standards	**vor 1925**	**1925 bis 1945**	**1946 bis 1959**	**1960 bis 1969**	**1970 bis 1984**	**1985 bis 1999**	**2000**
einfach	–	–	1055–1135	1140–1205	1210–1275	1275–1385	1385
mittel	–	–	1390–1500	1505–1590	1595–1685	1685–1830	1835
gehoben	–	–	1540–1655	1660–1755	1760–1860	1860–2020	2025
stark gehoben	–	–	–	–	2115–2235	2235–2430	2430

Typ 23 KUR- UND HEILBÄDER
eingeschossig, teilunterkellert,
Dach, flach geneigt oder Flachdach

Kosten der Brutto-Grundfläche in €/m², durchschnittliche Geschosshöhe 4,20 m							
Ausstattungs-standards	**vor 1925**	**1925 bis 1945**	**1946 bis 1959**	**1960 bis 1969**	**1970 bis 1984**	**1985 bis 1999**	**2000**
mittel	1930–2010	2010–2065	2065–2225	2230–2360	2365–2495	2500–2715	2720
gehoben	2145–2235	2235–2290	2295–2475	2475–2625	2630–2775	2780–3020	3020
stark gehoben	–	–	–	–	2945–3110	3115–3380	3385

Kirchen, Stadt-/Dorfkirche, Kapelle

Typ 24

Normalherstellungskosten (ohne Baunebenkosten)
entsprechend Kostengruppe 300 und 400 DIN 276/1993
einschließlich 16 % Mehrwertsteuer, Preisstand 2000

NHK 2000
WERTR

Typ 24 eingeschossig, nicht unterkellert bzw. teilunterkellert, Dach geneigt oder Flachdach

Kosten der Brutto-Grundfläche in €/m², durchschnittliche Geschosshöhe 4,75 m							
Ausstattungs-standards	**vor 1925**	**1925 bis 1945**	**1946 bis 1959**	**1960 bis 1969**	**1970 bis 1984**	**1985 bis 1999**	**2000**
einfach	765–795	795–815	815–880	880–930	935–985	990–1075	1075
mittel	1040–1080	1085–1110	1115–1200	1200–1275	1275–1345	1345–1465	1465
gehoben	–	–	–	1360–1440	1445–1525	1525–1655	1660

Ausstattungsstandard			
Kostengruppe	**einfach**	**mittel**	**gehoben**
Fassade *Anteil: 11 %*	Mauerwerk mit Putz oder Fugenglattstrich und Anstrich	Wärmedämmputz, Wärmedämmverbundsystem, Sichtmauerwerk mit Fugenglattstrich und Anstrich, mittlerer Wärmedämmstandard	Verblendmauerwerk, Metallbekleidung, Vorhangfassade, hoher Wärmedämmstandard
Fenster *Anteil: 14 %*	Holz-Rechteckform, Einfachverglasung	Steingewände, Betonfenster, gotische/romanische Form, Isolierverglasung, farbige Gläser, Ornamentglas	Bleiverglasung mit Schutzglas, farbige Maßwerkfenster
Dächer *Anteil: 15 %*	Betondachpfannen ohne Unterdächer und Wärmedämmung	Tondachpfannen, Kunstschiefer	Kupfer-, Schiefer-, Metalleindeckung auf Verschalung und Wärmedämmung, Dachaufbauten, Dachbekrönung, Biberschwänze
Bodenbeläge *Anteil: 8 %*	Holzdielen, Fliesen	Betonwerkstein Sandstein	Marmor, Granit
Innentüren *Anteil: 11 %*	Holz mit Blechbeschlägen	massive Holztüren aufwendig verarbeitet, Stahlglastüren	Bronzetüren, schmiedeeiserne Türen
Heizung *Anteil: 15 %*	Warmluftheizung, 1 Ausblasöffnung, Elektroheizung im Gestühl, Nachtspeicherheizung, dezentrale Warmwasserversorgung	Warmluftheizung mit mehreren Ausblasöffnungen, Regelungstechnik, zentrale Warmwasserversorgung	Fußbodenheizung mit Wärmeträgern Wasser, Luft (Hypokaustenheizung) als Kombination mit Warmluftheizung
Elektroinstallation *Anteil: 7 %*	wenige Lichtauslässe und Steckdosen, 1 Stromkreislauf, Installation auf Putz	ausreichende Lichtauslässe und Steckdosen, mehrere Stromkreisläufe, Installation unter Putz	ausreichende Lichtauslässe und Steckdosen, mehrere Stromkreisläufe mit Kraftstromanschluss, aufwendige Sicherheitsanlagen, Blitzschutz

Baunebenkosten (entsprechend Kostengruppe 700 DIN 276) **16 %**

Gesamtnutzungsdauer **60 bis 80 Jahre**

Einkaufsmärkte, Kauf- und Warenhäuser, Ausstellungsgebäude

Typ 25– 27

Kostengruppe		Ausstattungsstandard einfach	mittel	gehoben
Fassade *Anteil: 11 %*	**Skelett-, Fachwerk-, Rahmenbau**	einfache Wände, Holz-, Blech-, Faserzementbekleidung	Leichtbetonwände mit Wärmedämmung, Beton-Sandwich-Elemente, Ausfachung 12 bis 25 cm	Schwerbetonplatten, Verblendmauerwerk, Spaltklinker, Ausfachung bis 30 cm
	Massivbau	Mauerwerk mit Putz oder mit Fugenglattstrich und Anstrich	Wärmedämmputz, Wärmedämmverbundsystem, Sichtmauerwerk mit Fugenglattstrich und Anstrich, mittlerer Wärmedämmstandard	Verblendmauerwerk, Metallbekleidung, Vorhangfassade, hoher Wärmedämmstandard
Fenster *Anteil: 14 %*		Holz, Stahl, Einfachverglasung	Kunststoff, Holz*, Isolierverglasung	Aluminium, Rollladen, Sonnenschutzvorrichtung, Wärmeschutzverglasung
Dächer *Anteil: 15 %*		Wellfaserzement-, Blecheindeckung, Bitumen-, Kunststofffolienabdichtung	Betondachpfannen, mittlerer Wärmedämmstandard	Tondachpfannen, Schiefer-, Metalleindeckung, Gasbetonfertigteile, Stegzementdielen, hoher Wärmedämmstandard
Sanitär *Anteil: 13 %*		einfache und wenige Toilettenräume Installation auf Putz	ausreichende Anzahl von Toilettenräumen Installation unter Putz	großzügige Toilettenräume in guter Ausstattung
Innenwandbekleidung der Nassräume *Anteil: 6 %*		Ölfarbanstrich	Fliesensockel (1,50 m)	Fliesen raumhoch
Bodenbeläge *Anteil: 8 %*		PVC, Linoleum, Holzdielen **Nassräume:** PVC	beschichteter Estrich, Gussasphalt **Nassräume:** Fliesen	Fliesen, Holzpflaster, Betonwerkstein **Nassräume:** großformatige Fliesen
Heizung *Anteil: 15 %*		Einzelöfen, elektr. Speicherheizung, Boiler für Warmwasser	Lufterhitzer, Lufterhitzer mit Anschluss an zentrale Kesselanlage, Fernheizung	Zentralheizung/Pumpenheizung mit Flachheizkörpern, Klima- oder Lüftungsanlage, Warmwasserbereitung zentral
Elektroinstallation *Anteil: 7 %*		einfache Installation auf Putz	ausreichende Installation unter Putz	aufwendige Installation, Sicherheitseinrichtungen

* nur Ausstellungsgebäude

Baunebenkosten (entsprechend Kostengruppe 700 DIN 276)

Einkaufsmärkte	**14 %**
Kauf- und Warenhäuser	**15 %**
Ausstellungsgebäude	**14 %**

Gesamtnutzungsdauer

Einkaufsmärkte	**30 bis 50 Jahre**
Kauf- und Warenhäuser	**40 bis 60 Jahre**

Einkaufsmärkte, Kauf- und Warenhäuser, Ausstellungsgebäude

Typ 25–27

Normalherstellungskosten (ohne Baunebenkosten)
entsprechend Kostengruppe 300 und 400 DIN 276/1993
einschließlich 16 % Mehrwertsteuer, Preisstand 2000

NHK 2000
WERTR

Typ 25 EINKAUFSMÄRKTE
eingeschossig, unterkellert, Dach geneigt oder Flachdach

Kosten der Brutto-Grundfläche in €/m², durchschnittliche Geschosshöhe 4,20 m							
Ausstattungs-standards	**vor 1925**	**1925 bis 1945**	**1946 bis 1959**	**1960 bis 1969**	**1970 bis 1984**	**1985 bis 1999**	**2000**
einfach	–	–	490–530	530–560	560–590	595–645	645
mittel	–	–	660–710	710–750	755–810	815–865	865
gehoben	–	–	–	–	850–895	900–975	980

Typ 26 KAUF- UND WARENHÄUSER
3- bis 6-geschossig, unterkellert, Dach geneigt oder Flachdach

Kosten der Brutto-Grundfläche in €/m², durchschnittliche Geschosshöhe 4,45 m							
Ausstattungs-standards	**vor 1925**	**1925 bis 1945**	**1946 bis 1959**	**1960 bis 1969**	**1970 bis 1984**	**1985 bis 1999**	**2000**
einfach	735–765	765–785	785–845	850–895	900–950	955–1035	1035
mittel	865–900	905–925	925–995	1000–1055	1060–1120	1120–1215	1220
gehoben	1145–1190	1195–1225	1230–1325	1325–1410	1410–1485	1485–1615	1615

Typ 27 AUSSTELLUNGSGEBÄUDE
2- bis 4-geschossig, unterkellert bzw. teilunterkellert, Dach geneigt oder Flachdach

Kosten der Brutto-Grundfläche in €/m², durchschnittliche Geschosshöhe 4,50 m							
Ausstattungs-standards	**vor 1925**	**1925 bis 1945**	**1946 bis 1959**	**1960 bis 1969**	**1970 bis 1984**	**1985 bis 1999**	**2000**
mittel	–	–	1125–1210	1210–1280	1285–1355	1360–1475	1475
gehoben	–	–	–	–	1615–1705	1705–1850	1855

Parkhäuser, Tiefgaragen, Kfz-Stellplätze

Typ 28.1–28.2, 29

Kostengruppe		Ausstattungsstandard einfach	Ausstattungsstandard mittel
Fassade	**Skelett-, Fachwerk-, Rahmenbau**[1]		Sichtbeton, Mauerwerk mit Putz oder Fugenglattstrich und Anstrich, einfache Verkleidung
Anteil: 11 %	**Massivbau**	Betonwände, Mauerwerk mit Putz oder Fugenglattstrich und Anstrich	Sichtbeton, Sichtmauerwerk[2]/ Mauerwerk[1] mit Putz oder Fugenglattstrich und Anstrich, einfache Verkleidung[1]
Fenster *Anteil: 14 %*		einfache Metallgitter	begrünte[2] Metallgitter, Glasbausteine
Dächer *Anteil: 15 %*		Flachdach bzw. Überbauung	befahrbares Flachdach (Dachparkdeck), ungedämmt[2], Oberflächenentwässerung, begrüntes Flachdach[2] bzw. Überbauung[2]
Bodenbeläge *Anteil: 8 %*		Rohbeton	Rohbeton[1], Estrich, Gussasphalt
Installation		Strom- und Wasseranschluss, Installation auf Putz	Springleranlage[2], Strom- und Wasseranschluss[1], Löschwasserleitungen[1], Installation auf Putz[1]
besondere Einrichtungen		Treppenhaus	Personenaufzug, Videoüberwachung, Rufanlagen[1], Brandmelder[1], Beschallung[1], Toilettenanlagen[1], Rauch- und Wärmeabzugsanlagen[2], mechanische Be- und Entlüftungsanlagen[2]

1 nur Parkhäuser
2 nur Tiefgaragen

Baunebenkosten (entsprechend Kostengruppe 700 DIN 276)

Parkhäuser Typ 28.1	**10 %**
Parkhäuser Typ 28.2	**11 %**
Tiefgaragen Typ 29	**12 %**

Gesamtnutzungsdauer

Parkhäuser Typ 28.1	**50 Jahre**
Parkhäuser Typ 28.2	**50 Jahre**
Tiefgaragen Typ 29	**50 Jahre bzw. wie Überbauung**

Parkhäuser, Tiefgaragen, Kfz-Stellplätze

Typ 28.1–28.2, 29

Normalherstellungskosten (ohne Baunebenkosten)
entsprechend Kostengruppe 300 und 400 DIN 276/1993
einschließlich 16 % Mehrwertsteuer, Preisstand 2000

NHK 2000
WERTR

3

Typ 28.1 PARKHÄUSER
mehrgeschossig, offene Ausführung ohne Lüftungsanlage

Kosten der Brutto-Grundfläche in €/m², durchschnittliche Geschosshöhe 2,65 m							
Ausstattungs-standards	**vor 1925**	**1925 bis 1945**	**1946 bis 1959**	**1960 bis 1969**	**1970 bis 1984**	**1985 bis 1999**	**2000**
mittel	–	–	395–425	425–450	450–475	475–515	520

Typ 28.2 PARKHÄUSER
mehrgeschossig, geschlossene Ausführung mit Lüftungsanlage

Kosten der Brutto-Grundfläche in €/m², durchschnittliche Geschosshöhe 2,65 m							
Ausstattungs-standards	**vor 1925**	**1925 bis 1945**	**1946 bis 1959**	**1960 bis 1969**	**1970 bis 1984**	**1985 bis 1999**	**2000**
mittel	–	–	485–520	525–555	555–585	585–635	640

Typ 29 TIEFGARAGEN

Kosten der Brutto-Grundfläche in €/m², durchschnittliche Geschosshöhe 3,05 m							
Ausstattungs-standards	**vor 1925**	**1925 bis 1945**	**1946 bis 1959**	**1960 bis 1969**	**1970 bis 1984**	**1985 bis 1999**	**2000**
einfach	–	–	425–455	460–485	485–515	515–555	560
mittel	–	–	550–590	595–630	630–665	665–725	725

Anhang KFZ-STELLPLÄTZE

Kleingaragen frei stehend	230–255 €/m² BGF
Kellergaragen	435–460 €/m² BGF
Carports	130–155 €/m² BGF

Industriegebäude, Werkstätten
mit und ohne Büro- und Sozialtrakt

Typ 30.1–30.2

Ausstattungsstandard				
Kostengruppe		**einfach**	**mittel**	**gehoben**
Fassade	**Skelett-, Fachwerk-, Rahmenbau**	einfache Wände, Holz-, Blech-, Faserzementbekleidung	Leichtbetonwände mit Wärmedämmung, Beton-Sandwich-Elemente, Ausfachung 12 bis 25 cm	Schwerbetonplatten, Ausfachung bis 30 cm
Anteil: 11 %	**Massivbau**	Mauerwerk mit Putz oder Fugenglattstrich und Anstrich	Wärmedämmputz, Wärmedämmverbundsystem, Sichtmauerwerk mit Fugenglattstrich und Anstrich, mittlerer Wärmedämmstandard	Verblendmauerwerk, Metallbekleidung, Vorhangfassade, hoher Wärmedämmstandard
Fenster *Anteil: 14 %*		Holz/Stahl, Einfachverglasung	Kunststoff, Isolierverglasung, Glasbausteine	Aluminium, aufwendige Fensterkonstruktion
Dächer *Anteil: 15 %*		Wellfaserzement-, Blecheindeckung, Bitumen-, Kunststofffolienabdichtung	Betondachpfannen, mittlerer Wärmedämmstandard	Metalleindeckung, hoher Wärmedämmstandard
Bodenbeläge *Anteil: 8 %*		Rohbeton, Anstrich	Estrich, Gussasphalt, PVC	Betonwerkstein, Verbundpflaster, Klinker
Heizung *Anteil: 15 %*		Einzelöfen, elektrische Speicherheizung, Boiler für Warmwasser[2]	Lufterhitzer, Sammelheizung, Fernheizung	Sammelheizung mit separater Regeltechnik, Luftheizung mit Umluftregelung
Elektroinstallation *Anteil: 7 %*		je Raum 1 Lichtauslass und 1–2 Steckdosen, Installation auf Putz	je Raum 1–2 Lichtauslässe und 2–3 Steckdosen, informationstechnische Anlagen, Installation (tlw.[1]) unter Putz	je Raum mehrere Lichtauslässe und Steckdosen
Sanitär[2] *Anteil: 13 %*		einfache Toilettenanlage, wenige Duschen, Installation auf Putz	ausreichende Toilettenanlagen, mehrere Duschen, Installation tlw. auf Putz	großzügige Toilettenanlagen und Duschräume, Installation unter Putz
Innenwandbekleidung der Nassräume[2] *Anteil: 6 %*		Ölfarbanstrich	Fliesensockel (1,50m)	Fliesen raumhoch
Sonstige Einbauten[2]		Kochmöglichkeit, Spüle	Teeküche	Einbauküche, Aufenthaltsraum

1 ohne Büro- und Sozialtrakt
2 mit Büro- und Sozialtrakt

Baunebenkosten (entsprechend Kostengruppe 700 DIN 276)

ohne Büro- und Sozialtrakt	**12 %**
mit Büro- und Sozialtrakt	**14 %**

Gesamtnutzungsdauer **40 bis 60 Jahre**

Industriegebäude, Werkstätten

Typ 30.1–30.2

Normalherstellungskosten (ohne Baunebenkosten)
entsprechend Kostengruppe 300 und 400 DIN 276/1993
einschließlich 16 % Mehrwertsteuer, Preisstand 2000

NHK 2000
WERTR

3

Typ 30.1 ohne Büro- und Sozialtrakt

Kosten des Brutto-Rauminhalts in €/m³							
Ausstattungs-standards	**vor 1925**	**1925 bis 1945**	**1946 bis 1959**	**1960 bis 1969**	**1970 bis 1984**	**1985 bis 1999**	**2000**
einfach	–	–	80–85	90–90	95–95	100–105	110
mittel	–	–	110–120	120–125	130–130	135–145	145
gehoben	–	–	130–140	140–145	150–155	160–170	170

Typ 30.2 mit Büro- und Sozialtrakt

Kosten des Brutto-Rauminhalts in €/m³							
Ausstattungs-standards	**vor 1925**	**1925 bis 1945**	**1946 bis 1959**	**1960 bis 1969**	**1970 bis 1984**	**1985 bis 1999**	**2000**
einfach	–	–	115–120	125–125	130–135	135–145	150
mittel	–	–	150–155	160–165	170–175	180–190	195
gehoben	–	–	170–180	180–190	195–205	205–220	225

Lagergebäude

Typ 31.1–31.3

Ausstattungsstandard			
Kostengruppe		**einfach**	**mittel**
Fassade *Anteil: 11 %*	**Skelett-, Fachwerk-, Rahmenbau**	einfache Wände, Holz-, Blech-, Faserzementbekleidung	Leichtbetonwände mit Wärmedämmung, Beton-Sandwich-Elemente, Ausfachung 12 bis 25 cm
	Massivbau	Mauerwerk mit Putz oder Fugenglattstrich und Anstrich	Wärmedämmputz, Wärmedämmverbundsystem, Sichtmauerwerk mit Fugenglattstrich und Anstrich, mittlerer Wärmedämmstandard
Fenster *Anteil: 14 %*		Holz, Einfachverglasung	Kunststoff, Glasbausteine, Isolierverglasung
Dächer *Anteil: 15 %*		Wellfaserzement-, Blecheindeckung, Bitumen-, Kunststofffolienabdichtung	Betondachpfannen, mittlerer Wärmedämmstandard
Bodenbeläge *Anteil: 8 %*		Rohbeton, Anstrich	Estrich, Gussasphalt, Verbundpflaster ohne Unterbau
Heizung[1] *Anteil: 15 %*		Luftheizung mit Direktbefeuerung	Zentralheizung
Installation		Strom- und Wasseranschluss, Installation auf Putz	Strom- und Wasseranschluss, Installation auf Putz
Sanitär[2] *Anteil: 13 %*		einfache Toilettenanlagen, wenige Duschen, Installation auf Putz	ausreichende Toilettenanlagen, mehrere Duschen, Installation tlw. auf Putz
Innenwandbekleidung der Nassräume[2]		Ölfarbanstrich	Fliesensockel (1,50 m)
Sonstige Einbauten[2]		Kochmöglichkeit, Spüle[2]	Teeküche

1 entfällt bei Kaltlager
2 nur bei Wamlager mit Büro- und Sozialtrakt

Baunebenkosten (entsprechend Kostengruppe 700 DIN 276)

Kaltlager	**9 %**
Warmlager	**10 %**
Warmlager mit Sozialtrakt	**11 %**

Gesamtnutzungsdauer **40 bis 60 Jahre**

Lagergebäude

Typ 31.1–31.3

Normalherstellungskosten (ohne Baunebenkosten)
entsprechend Kostengruppe 300 und 400 DIN 276/1993
einschließlich 16 % Mehrwertsteuer, Preisstand 2000

NHK 2000
WERTR

3

Typ 31.1 KALTLAGER

Kosten des Brutto-Rauminhalts in €/m³							
Ausstattungs-standards	**vor 1925**	**1925 bis 1945**	**1946 bis 1959**	**1960 bis 1969**	**1970 bis 1984**	**1985 bis 1999**	**2000**
einfach	–	–	60–60	65–65	70–70	75–75	80
mittel	–	–	110–115	120–125	125–130	135–140	145

Typ 31.2 WARMLAGER

Kosten des Brutto-Rauminhalts in €/m³							
Ausstattungs-standards	**vor 1925**	**1925 bis 1945**	**1946 bis 1959**	**1960 bis 1969**	**1970 bis 1984**	**1985 bis 1999**	**2000**
einfach	–	–	75–80	80–85	85–90	90–95	100
mittel	–	–	125–135	135–145	145–150	155–165	165

Typ 31.3 WARMLAGER MIT BÜRO- UND SOZIALTRAKT

Kosten des Brutto-Rauminhalts in €/m³							
Ausstattungs-standards	**vor 1925**	**1925 bis 1945**	**1946 bis 1959**	**1960 bis 1969**	**1970 bis 1984**	**1985 bis 1999**	**2000**
einfach	–	–	120–125	125–130	135–140	140–150	155
mittel	–	–	160–170	175–180	185–190	195–210	215

Reithallen und Pferdeställe Typ 32.1–32.2*

Reithallen Typ 32.1

Kostengruppe	Ausstattungsstandard einfach	mittel	gehoben
Hallenboden	Tretschicht als Schüttung auf gewachsenem Boden	Tretschicht als Schüttung auf Tragschicht aus Lehm	Tretschicht als Schüttung auf Tragschicht aus Schotter und Sand/Lehm-Zwischenschicht
Außenwände	Verbretterung oder Blechverkleidung auf Holztragwerk, Lichtflächen aus Kunststoff-Doppelstegplatten	Stahlblech-Sandwichelemente auf Holz- oder Stahlrahmen, Lichtflächen aus Kunststoff-Doppelstegplatten	Stahlbetonstützen und Ziegelmauerwerk, Holzfenster, Holztüren und Holztore
Innenwände		Mauerwerk zwischen Halle und Nebenräumen	Mauerwerk, Putz, Tapete im Reiterstübchen
Dächer *Anteil: 15 %*	Holzbinder auf Stahl- oder Stahlbetonstützen, Faserzementwellplatten auf Holzpfetten	Stahlblech-Sandwichelemente auf Holz- oder Stahlrahmen	Holzbinder, Pfetten, Sparren, Hartschaumdämmung, Betondachsteine, Tonpfannen
Sanitär *Anteil: 13 %*	Toiletten, Waschbecken	Toiletten, Waschbecken	Düsenrohrberegnung, Toiletten und Duschanlagen
Heizung *Anteil: 15 %*	keine	WW-Zentralheizung in Nebenräumen	WW-Zentralheizung in Nebenräumen, Lufterhitzer
Elektroinstallation	Leuchten in Halle und WC	Leuchten in Halle und WC	Leuchten in Halle,WC, Reiterstübchen und Tribüne

Pferdeställe Typ 32.2

Kostengruppe	Ausstattungsstandard einfach	mittel	gehoben
Hallenboden	Beton-Verbundsteine mit Einstreu im Tierbereich	Beton mit Einstreu im Tierbereich	Beton mit Gussasphalt und Einstreu im Tierbereich
Außenwände	Brettschalung oder Bohlenbekleidung auf Holztragwerk, Lichtplatten	Mauerwerk oder Blockholzbauweise, Lichtplatten, Holztüren	Hintermauerwerk, Dämmung und Verblendmauerwerk, Holzfenster und Holztüren
Innenwände	Mauerwerk	Mauerwerk und Putz	Mauerwerk, Putz, Anstrich, Fliesen am Waschplatz
Dächer	Holztragwerk, Pappdach oder Bitumenwellplatten	Holz- oder Stahltragwerk, Faserzementwellplatten	Leimholzbinder, Betondachsteine, Tonpfannen, Dämmung
Aufstallung	Abtrennungen aus Holz	Holz-Bohlenwände in U-Eisen	Hartholz-Bohlenwände in U-Eisen und Gitteraufsatz aus verzinktem Stahl
Fütterung	Krippen und Selbsttränkebecken, Handfütterung	Krippen und Heuraufen, Selbsttränkebecken, Handfütterung	Krippen und Heuraufen, Kraftfutterautomaten mit individueller Zuteilung und automatischer Zuteilung
Entmistung	Schubkarrenentmistung	Schlepperentmistung	Schubstangen- oder Seilzugentmistung
Lüftung	freie Entlüftung, Windnetze oder senkrechte Verbretterung mit Luftschlitzen in Wänden	freie Entlüftung, Zuluftklappen, Abluft durch Lichtkuppelfirst mit Abluftöffnung	Zwangslüftung, Unterdruck, Abluftschächte mit Ventilatoren
Installation	Strom- und Wasseranschluss	Strom- und Wasseranschluss	Strom- und Wasseranschluss, Waschplatz mit Solarium

Baunebenkosten (entsprechend Kostengruppe 700 DIN 276) **12 %**

Gesamtnutzungsdauer **30 Jahre**

* erarbeitet von der Arbeitsgruppe „Landwirtschaftliche NHK“

Reithallen und Pferdeställe

Typ 32.1–32.2

Normalherstellungskosten (ohne Baunebenkosten)
entsprechend Kostengruppe 300 und 400 DIN 276/1993
einschließlich 16 % Mehrwertsteuer, Preisstand 2000

NHK 2000
WERTR

Typ 32.1 REITHALLEN
eingeschossig, Dach geneigt
Kostenanteile entsprechend DIN 276: KG 300/400 = 90 %/10 %

Kosten der Brutto-Grundfläche in €/m², Traufhöhe 5,00 m			
Ausstattungs-standards	**1970 bis 1984**	**1985 bis 1999**	**2000**
einfach	155–165	170–180	180
mittel	170–180	185–200	200
gehoben	205–215	220–240	240

Korrekturfaktoren

Gebäudegröße (BGF)	500 m²	1,1
	1000 m²	**1,0**
	1500 m²	0,95

Typ 32.2 PFERDESTÄLLE
eingeschossig, Dach geneigt
(Kennzahl: 15 bis 20 m² BGF/Tier)
Kostenanteile entsprechend DIN 276: KG 300/400 = 70 %/30 %

Kosten der Brutto-Grundfläche in €/m², Traufhöhe 3,50 m			
Ausstattungs-standards	**1970 bis 1984**	**1985 bis 1999**	**2000**
einfach	240–260	260–280	280
mittel	345–365	370–400	400
gehoben	410–425	430–480	480

Korrekturfaktoren

Gebäudegröße (BGF)	250 m²	1,1
	500 m²	**1,0**
	750 m²	0,95

Landwirtschaftliche Betriebsgebäude
Rinderställe
Typ 33.1.1–33.1.4*

	Ausstattungsstandard		
Kostengruppe	**einfach** (mit Einstreu)	**mittel** (ohne Einstreu)	**gehoben** (ohne Einstreu)
Bodenplatten und Bodenbelag	Betonboden	Betonboden, Kunststoffbeschichtung im Melkstand und Milchlagerraum[3,4]	Betonboden mit Gussasphalt, Fliesenbelag im Melkstand und Milchlagerraum[3,4]
Außenwände	Brettschaltung auf Holztragwerk, Kunststoff-Windnetze	Holzbohlen, auf Holztragwerk Doppelsteg-Lichtplatten als Licht- und Luftöffnung, Güllekanalwände aus Beton-Schalungssteinen[1,2,3]	Mauerwerk oder Holz-Blockbohlen, Kunststofffenster, Holztüren, Güllekanalwände aus Stahlbeton[1,2,3]
Innenwände	Mauerwerk	Mauerwerk mit Anstrich	Mauerwerk mit Fliesenbelag im Melkraum und Milchlagerraum[3,4]
Decken		Holzbalkendecke[3,4]	Stahlbetondecke[3,4]
Dächer	Tragwerk aus Holz mit Außen- und Innenstützen, Eindeckung mit Profilblech oder Bitumenwellplatten	Tragwerk aus stützenfreien Stahlrahmen, Eindeckung mit Faserzementwellplatten	Tragwerk aus stützfreien Holz-Leimbindern, Eindeckung mit Betondachsteinen oder Tonpfannen, Licht- und Lüftungsfirst regulierbar
baukonstruktive Einbauten	Krippen	Laufgänge[1,2,3] und Gruppenbuchten für Mastbullen[2] aus Beton-Spaltenbodenelementen, Krippenschalen aus Polyesterbeton	Laufgänge[1,2,3] und Gruppenbuchten für Mastbullen[2] aus Beton-Spaltenbodenelementen, Krippenschalen aus Steinzeug
Aufstallung	Stand-, Buchten- und Boxenabtrennung aus Holz, Fressgitter aus verzinktem Stahlrohr[1,2,3]	Gummimatten in Liegeboxen[1,2,3] und auf Spaltenboden in Mastbullenbuchten[2], Buchten- und Boxenbügel sowie Fressgitter aus verzinktem Stahlrohr[1,2,3]	Stall-Matratze oder Wasserbetten in Liegeboxen[2,3], Gummimatten auf Spaltenboden in Mastbullenbuchten[2], Boxenabtrennungen und Fressgitter aus verzinktem Stahlrohr
Fütterung	Tränkebecken	Tränkeautomat[1], Kraftfutter-Abruffütterung[2,3], Tränkewannen[2,3]	Tränkeautomat[1], Kraftfutter-Abruffütterung[2,3], Tränkewannen mit Wasseranwärmung[2,3]
Entmistung	Schlepperentmistung	Seilzugschieber oder Faltschieber für planbefestigte Laufgänge, Güllepumpe und Rührgerät für Kanäle und Lagerräume	selbstfahrender Dungschieber für planbefestigte Laufgänge, Güllepumpe für Spülverfahren
Lüftung	freie Lüftung, Offenfrontstall	freie Lüftung, Traufe-First, Windnetze mit Jalousien, Licht- und Lüftungsfirst	Zwangslüftung, Unterdruck, Abluftschächte und Ventilatoren
Milchentzug für Lagerung	Parallelmelkstand[3,4], Fischgrätenmelkstand[3,4], Milchtank[3,4]	Fischgrätenmelkstand mit Abnahmeautomatik, Milchmengenmessung, Tiererkennung, Milchtank mit Kühlung[3,4]	Karussell- und Tandemmelkstand mit Abnahmeautomatik, Milchmengenmessung, Tiererkennung, Nachtreibehilfe, Milchtank mit Vorkühlung[3,4]

1 nur bei Kälberställen
2 nur bei Rinderställen ohne Melkstand
3 nur bei Milchviehställen mit Melkstand
4 nur bei Melkgebäuden

Baunebenkosten (entsprechend Kostengruppe 700 DIN 276) **12 %**

Gesamtnutzungsdauer **30 Jahre**

Außenanlagen:	Raufutter-Fahrsilo	**60–100 €/m³ Nutzraum**
	Kraftfutter-Hochsilo	**170–350 €/m³ Nutzraum**
	Beton-Güllebehälter	**30–60 €/m³ Nutzraum**

* erarbeitet von der Arbeitsgruppe „Landwirtschaftliche NHK 2000"

Rinderställe

Typ 33.1.1–33.1.4

Normalherstellungskosten (ohne Baunebenkosten)
entsprechend Kostengruppe 300 und 400 DIN 276/1993
einschließlich 16 % Mehrwertsteuer, Preisstand 2000

NHK 2000
WertR

Typ 33.1.1 KÄLBERSTÄLLE eingeschossig, ohne Güllekanäle, Dach geneigt

(Kennzahl: 4,00–4,50 m² BGF/Tier)
Kostenanteile entsprechend DIN 276: KG 300/400 = 70 %/30 %

Kosten der Brutto-Grundfläche in €/m², Traufhöhe 3,00 m			
Ausstattungs-standards	**1970 bis 1984**	**1985 bis 1999**	**2000**
einfach	320–345	350–370	370
mittel	355–375	380–415	415
gehoben	430–440	445–500	500

Korrekturfaktoren

Gebäudegröße (BGF)	100 m²	1,1
	150 m²	**1,0**
	250 m²	0,95
Unterbau	Güllekanäle (Tiefe 1,00 m)	1,05

Typ 33.1.2 RINDERSTÄLLE eingeschossig, ohne Güllekanäle, Dach geneigt Jungvieh-, Mastbullen- und Milchviehställe ohne Melkstand

(Kennzahl: 5,00–9,00 m² BGF/Tier)
Kostenanteile entsprechend DIN 276: KG 300/400 = 80 %/20 %

Kosten der Brutto-Grundfläche in €/m², Traufhöhe 3,50 m			
Ausstattungs-standards	**1970 bis 1984**	**1985 bis 1999**	**2000**
einfach	195–205	210–225	225
mittel	215–225	230–250	250
gehoben	255–265	270–300	300

Korrekturfaktoren

Gebäudegröße (BGF)	500 m²	1,1
	750 m²	**1,0**
	1000 m²	0,95
Unterbau	Güllekanäle (Tiefe 1,00 m)	1,2
	Güllelagerraum (Tiefe 2,00 m)	1,4

Typ 33.1.3 MILCHVIEHSTÄLLE eingeschossig, ohne Güllekanäle, Dach geneigt mit Melkstand und Milchlager

(Kennzahl: 10,00–15,00 m² BGF/Tier)
Kostenanteile entsprechend DIN 276: KG 300/400 = 70 %/30 %

Kosten der Brutto-Grundfläche in €/m², Traufhöhe 3,50 m			
Ausstattungs-standards	**1970 bis 1984**	**1985 bis 1999**	**2000**
einfach	215–225	240–250	250
mittel	240–255	260–280	280
gehoben	285–295	300–340	340

Korrekturfaktoren

Gebäudegröße (BGF)	1000 m²	1,1
	1500 m²	**1,0**
	2000 m²	0,95
Unterbau	Güllekanäle (Tiefe 1,00 m)	1,2
	Güllelagerraum (Tiefe 2,00 m)	1,4

Typ 33.1.4 MELKSTAND eingeschossig, ohne Güllekanäle, Dach geneigt mit Milchlager und Nebenräumen als Einzelgebäude

Kostenanteile entsprechend DIN 276: KG 300/400 = 60 %/40 %

Kosten der Brutto-Grundfläche in €/m², Traufhöhe 3,00 m			
Ausstattungs-standards	**1970 bis 1984**	**1985 bis 1999**	**2000**
einfach	620–675	680–720	720
mittel	670–735	740–800	800
gehoben	825–855	860–960	960

Korrekturfaktoren

Gebäudegröße (BGF)	200 m²	1,1
	350 m²	**1,0**
	500 m²	0,95

Schweineställe

Typ 33.2.1–33.2.4*

Kostengruppe	Ausstattungsstandard		
	einfach (mit Einstreu)	**mittel** (ohne Einstreu)	**gehoben** (ohne Einstreu)
Bodenplatten und Bodenbeläge	Betonboden	Betonboden der Güllekanäle und der Stall-, Gang- und Nebenflächen mit geschlossener Oberfläche, Estrich mit Wärmedämmung im Tierbereich	Betonboden der Güllekanäle und der Stallflächen mit geschlossener Oberfläche, Estrich mit Wärmedämmung im Tierbereich
Außenwände	Brettschaltung auf Holztragwerk, Kunststoff-Windnetze oder Doppelstegplatten	Hintermauerwerk, Innenanstrich, Dämmung, Außenbekleidung aus Holz oder Profilblech, Güllekanalwände aus Beton-Schalungssteinen	Hintermauerwerk, Innenputz, Anstrich, Dämmung und Vormauerziegel, Güllekanalwände aus Beton
Innenwände	Mauerwerk	Mauerwerk mit Anstrich, Kunststoffpaneele als Abteiltrennung	Mauerwerk mit Putz und Anstrich oder Fliesenbelag im Tierbereich[3,4]
Dächer	Tragwerk aus Holz mit Holzaußen- und Innenstützen oder Stahlrahmen, Blecheindeckung oder Bitumenwellplatten	Holz-Dachbinder, Eindeckung mit Faserzementwellplatten, Wärmedämmung aus Hartschaumplatten	Holz-Dachbinder, Betondachsteine oder Tonpfannen, Wärmedämmung aus Schaumglas und Beschichtung
baukonstruktive Einbauten	Futtertröge	perforierte Buchtenflächen aus Kunststoffrosten[1,3,4], Beton-Spaltenboden[1,2,3], Futtertröge aus Polyesterbeton	perforierte Buchtenflächen aus Kunststoffrosten[1,3,4], Beton-Spaltenboden[1,2,3], Gussroste[3,4], Futtertröge aus Steinzeug
Aufstallung	Buchtenabtrennung und Einzelstände[3,4], aus verzinktem Stahlrohr	Buchtenabtrennungen aus Kunststoff[1,2], Einzelstände aus verzinktem Stahlrohr[3,4], gedämmte Ruhekissen[1,2,3]	Buchtenabtrennungen aus Betonfertigteilen[1,2], Einzelstände aus verzinktem Stahlrohr[3,4], gedämmte Ruhekissen[1,2,3]
Fütterung	Beißnippeltränken, Becken-Selbsttränke[3,4], Trocken-Futterautomat[1,2,3], Tröge für Handfütterung[3,4]	Beißnippeltränken[1,2], Becken-Selbsttränke[3,4], Breifutterautomaten mit Futter-Fördersystem[1,2], Trockenfütterung mit Volumendosierer	Becken-Selbsttränken, Flüssigfütterung mit Sensorsteuerung[1,2], Sauenabruffütterung für Trocken- oder Flüssigfutter[3], Trogfütterung mit dosierter Futterzuteilung[4]
Entmistung	Schubstange	Absperrschieber für Staukanäle oder Wannen, Güllerohre, Pumpe	Absperrschieber für Staukanäle oder Wannen, Güllerohre, Pumpe
Lüftung	freie Lüftung, Traufe-First, Windnetze mit Jalousie, Steuerung und Verstelleinrichtung[1,2,3] oder Bretter mit Luftschlitzen	Zwangslüftung, Unterdruck, Rieselkanäle oder Porendecke, Abluft mit Ventilatoren, punktförmige Schächte	Zwangslüftung, Gleichdruck, Zu- und Abluftschächte sowie zentraler Abluftschacht mit Ventilatoren für Unterdrucksystem
Heizung	Heizung in Ruhekisten und Betten[1,2,3]	Gas- oder Elektrostrahler[3,4], Gas-Lufterhitzer[1,2,3]	beheizbare Liegeflächen[3,4], WW-Heizung mit Heizrohren in Stallabteilen

1 nur bei Ferkelaufzuchtställen
2 nur bei Mastschweineställen
3 nur bei Sauenställen
4 nur bei Abferkelställen

Baunebenkosten (entsprechend Kostengruppe 700 DIN 276) **12 %**

Gesamtnutzungsdauer **30 Jahre**

Außenanlagen: Fertigfutter-Hochsilo **170–350 €/m³ Nutzraum**
Beton-Güllebehälter **30–60 €/m³ Nutzraum**

* erarbeitet von der Arbeitsgruppe „Landwirtschaftliche NHK 2000"

Schweineställe

Typ 33.2.1–33.2.4

Normalherstellungskosten (ohne Baunebenkosten)
entsprechend Kostengruppe 300 und 400 DIN 276/1993
einschließlich 16 % Mehrwertsteuer, Preisstand 2000

NHK 2000
WertR

Typ 33.2.1 FERKELAUFZUCHTSTÄLLE eingeschossig, ohne Güllekanäle, Dach geneigt

(Kennzahl: 0,45–0,65 m^2 BGF/Tier)
Kostenanteile entsprechend DIN 276: KG 300/400 = 75 %/25%

Kosten der Brutto-Grundfläche in €/m², Traufhöhe 3,00 m			
Ausstattungs-standards	**1970 bis 1984**	**1985 bis 1999**	**2000**
einfach	300–325	330–350	350
mittel	335–355	360–390	390
gehoben	405–415	420–470	470

Korrekturfaktoren

Gebäudegröße (BGF)	400 m²	1,1
	600 m²	**1,0**
	800 m²	0,95
Unterbau	Güllekanäle (Tiefe 0,80 m)	1,2

Typ 33.2.2 MASTSCHWEINESTÄLLE eingeschossig, ohne Güllekanäle, Dach geneigt

(Kennzahl: 0,90–1,30 m^2 BGF/Tier)
Kostenanteile entsprechend DIN 276: KG 300/400 = 70 %/30 %

Kosten der Brutto-Grundfläche in €/m², Traufhöhe 3,00 m			
Ausstattungs-standards	**1970 bis 1984**	**1985 bis 1999**	**2000**
einfach	260–285	290–305	305
mittel	290–305	310–340	340
gehoben	350–360	365–410	410

Korrekturfaktoren

Gebäudegröße (BGF)	500 m²	1,1
	1000 m²	**1,0**
	1500 m²	0,95
Unterbau	Güllekanäle (Tiefe 0,80 m)	1,2
	Gülle-Lagerraum (Tiefe 1,50 m)	1,25

Typ 33.2.3 ZUCHTSCHWEINESTÄLLE eingeschossig, ohne Güllekanäle, Dach geneigt (Deck-, Warte- und Abferkelbereiche)

(Kennzahl: 4,50–5,00 m^2 BGF/Tier)
Kostenanteile entsprechend DIN 276: KG 300/400 = 65 %/35 %

Kosten der Brutto-Grundfläche in €/m², Traufhöhe 3,00 m			
Ausstattungs-standards	**1970 bis 1984**	**1985 bis 1999**	**2000**
einfach	325–355	360–380	380
mittel	365–385	390–425	425
gehoben	440–455	460–510	510

Korrekturfaktoren

Gebäudegröße (BGF)	500 m²	1,1
	1000 m²	**1,0**
	1500 m²	0,95
Unterbau	Güllekanäle (Tiefe 0,80 m)	1,1
	Gülle-Lagerraum (Tiefe 1,50 m)	1,2

Typ 33.2.4 ABFERKELSTÄLLE eingeschossig, ohne Güllekanäle, Dach geneigt als Einzelgebäude

(Kennzahl: 6,30–6,50 m^2 BGF/Tier)
Kostenanteile entsprechend DIN 276: KG 300/400 = 60 %/40 %

Kosten der Brutto-Grundfläche in €/m², Traufhöhe 3,00 m			
Ausstattungs-standards	**1970 bis 1984**	**1985 bis 1999**	**2000**
einfach	345–375	380–405	405
mittel	385–410	415–450	450
gehoben	465–485	490–540	540

Korrekturfaktoren

Gebäudegröße (BGF)	200 m²	1,1
	400 m²	**1,0**
	600 m²	0,95
Unterbau	Güllekanäle (Tiefe 0,80 m)	1,1

Geflügelställe

Typ 33.3.1–33.3.4*

Ausstattungsstandard			
Kostengruppe	**einfach**	**mittel**	**gehoben**
Bodenplatten und Bodenbeläge	Betonboden	Betonboden	Betonboden
Außenwände	Brettschalung auf Holztragwerk, Innenbekleidung aus profilierten Alu-Blechen, dazwischen Dämmung aus Mineralwolle	Holzbohlen auf Holztragwerk, Innenbekleidung aus Faserzementplantafeln, dazwischen Dämmung aus Mineralwolle, Doppelsteg-Lichtplatten aus Kunststoff	Mauerwerk mit Innen- und Außenputz bzw. Außen-Verblendung oder Beton-Fertigteile mit Kerndämmung, Kunststofffenster
Innenwände	Mauerwerk	Mauerwerk	Mauerwerk
Dächer	Tragwerk aus Holz, Eindeckung aus Profilblech oder Bitumenwellplatten	Stahlrahmen als Tragwerk, Eindeckung mit Faserzementwellplatten, Wärmedämmung aus Hartschaumplatten	Holz-Dachbinder, Eindeckung aus Betondachsteinen oder Tonpfannen, Wärmedämmung aus Schaumglas und Beschichtung
Aufstallung	Kotkästen aus Holz[2], Wintergärten als Scharrräume, Legenester	Kotkästen aus Metall und Kunststoffrosten[1], Legenester mit Austrieb, Eiersammelanlage	Kotkästen aus Metall und Kunststoffrosten[2], Abrollnester mit Austrieb, Eiersammelanlage, Eierverpackungsanlage
Fütterung	Nippeltränken[2, 3], Trogkettenfütterung	Nippeltränken mit Cups, Trogkettenfütterung	Nippeltränken mit Cups, Trogkettenfütterung
Entmistung	Schlepperentmistung[1, 2]	Kotbandentmistung, Längs- und Querförderer[2, 3, 4]	belüftete Kotbandentmistung, Längs- und Querförderer[3, 4]
Lüftung	freie Lüftung	Zwangslüftung, Unterdruckverfahren, Zuluftelemente, Abluft mit Ventilatoren, punktförmige Schächte	Zwangslüftung, Gleichdruckverfahren, Zuluftelemente, Abluftschächte mit Ventilatoren sowie zentraler Abluftschacht
Heizung	Gas-Lufterhitzer	Gas-Lufterhitzer	Gas-Lufterhitzer mit Temperaturfühler und Klimacomputer

1 nur bei Mast in Bodenhaltung
2 nur bei Hennen-Bodenhaltung
3 nur bei Hennen-Volierenhaltung
4 nur bei Hennen-Käfighaltung

Baunebenkosten (entsprechend Kostengruppe 700 DIN 276) **12 %**

Gesamtnutzungsdauer **30 Jahre**

Außenanlagen: Fertigfutter-Hochsilo **170–350 €/m³ Nutzraum**
Mistlager **60–100 €/m² Nutzraum**

* erarbeitet von der Arbeitsgruppe „Landwirtschaftliche NHK 2000“

3

Geflügelställe

Typ 33.3.1–33.3.4

Normalherstellungskosten (ohne Baunebenkosten)
entsprechend Kostengruppe 300 und 400 DIN 276/1993
einschließlich 16 % Mehrwertsteuer, Preisstand 2000

NHK 2000
WertR

Typ 33.3.1 MASTGEFLÜGEL, Bodenhaltung, eingeschossig, Dach geneigt (Hähnchen, Puten, Gänse) (Kennzahl: 0,05–0,06 m² BGF/Tier)
Kostenanteile entsprechend DIN 276: KG 300/400 = 80 %/20 %

Kosten der Brutto-Grundfläche in €/m², Traufhöhe 3,00 m			
Ausstattungs-standards	**1970 bis 1984**	**1985 bis 1999**	**2000**
einfach	195–210	215–225	225
mittel	215–225	230–250	250
gehoben	255–265	270–300	300

Korrekturfaktoren

Gebäudegröße (BGF)	500 m²	1,1
	900 m²	**1,0**
	1800 m²	0,95

Typ 33.3.2 LEGEHENNEN, Bodenhaltung, eingeschossig, Dach geneigt
(Kennzahl: 0,15–0,20 m² BGF/Tier)
Kostenanteile entsprechend DIN 276: KG 300/400 = 70 %/30 %

Kosten der Brutto-Grundfläche in €/m², Traufhöhe 3,00 m			
Ausstattungs-standards	**1970 bis 1984**	**1985 bis 1999**	**2000**
einfach	280–300	305–325	325
mittel	310–325	330–360	360
gehoben	370–385	390–430	430

Korrekturfaktoren

Gebäudegröße (BGF)	500 m²	1,1
	850 m²	**1,0**
	1200 m²	0,95
Kotgrube	Tiefe 1,00 m	1,1

Typ 33.3.3 LEGEHENNEN, Volierenhaltung, eingeschossig, Dach geneigt
(Kennzahl: 0,07–0,10 m² BGF/Tier)
Kostenanteile entsprechend DIN 276: KG 300/400 = 50 %/50 %

Kosten der Brutto-Grundfläche in €/m², Traufhöhe 3,00 m			
Ausstattungs-standards	**1970 bis 1984**	**1985 bis 1999**	**2000**
einfach	405–435	440–470	470
mittel	445–475	480–520	520
gehoben	535–555	560–625	625

Korrekturfaktoren

Gebäudegröße (BGF)	500 m²	1,1
	850 m²	**1,0**
	1200 m²	0,95

Typ 33.3.4 LEGEHENNEN, Käfighaltung, eingeschossig, Dach geneigt
(Kennzahl: 0,05–0,07 m² BGF/Tier)
Kostenanteile entsprechend DIN 276: KG 300/400 = 45 %/55 %

Kosten der Brutto-Grundfläche in €/m², Traufhöhe 3,00 m			
Ausstattungs-standards	**1970 bis 1984**	**1985 bis 1999**	**2000**
einfach	495–540	545–575	575[1]
mittel	550–585	590–640	640[1]
gehoben	660–685	690–770	770[1]

Korrekturfaktoren

Gebäudegröße (BGF)	300 m²	1,1
	900 m²	**1,0**
	1800 m²	0,95

1 ab 2001 in D nicht mehr genehmigungsfähig

Landwirtschaftliche Mehrzweckhallen, Scheunen — Typ 33.4.1–33.4.2*

Landwirtschaftliche Mehrzweckhallen — Typ 33.4.1

	Ausstattungsstandard		
Kostengruppe	**einfach**	**mittel**	**gehoben**
Bodenplatten und Bodenbeläge	Beton, Verbundpflastersteine	Betonboden	Betonboden mit verdichteter Oberfläche oder Gussasphalt
Außenwände	Brettschalung oder Blechbekleidung auf Holztragwerk	Stahlrahmen mit Ausmauerung oder Stahl-Sandwichelementen	Mauerwerk mit Stahlbetonstützen oder Beton-Fertigteilen
Innenwände	keine	Leichtbauweise	Mauerwerk mit Stahlbetonstützen oder Beton-Fertigteilen
Dächer	Holztragwerk mit Eindeckung aus Profilblech oder Bitumenwellplatten	Faserzementwellplatten auf Holzpfetten und Stahlrahmen, Lichtplatten	Holz-Dachbinder auf Stahl- oder Stahlbetonstützen, Betondachsteine oder Tondachpfannen
Elektroinstallation	Leuchten	Leuchten, Steckdosen	Leuchten, Steckdosen

Scheunen ohne Stallteil — Typ 33.4.2

	Ausstattungsstandard		
Kostengruppe	**einfach**	**mittel**	**gehoben**
Bodenplatten und Bodenbeläge	Lehmboden	Verbundpflastersteine	Betonboden
Außenwände	Verbretterung auf Holzfachwerk	Holzfachwerk mit Ausmauerung	Ziegel- und Natursteinmauerwerk
Innenwände	Holzstützen	Holzfachwerk mit Ausmauerung	Ziegelmauerwerk
Decken	keine	Holzbalkendecke	Massivdecke
Dächer	Holztragwerk mit Pappdach auf Schalung oder Blecheindeckung	Holztragwerk mit Eindeckung aus Faserzementwellplatten	Holztragwerk mit Eindeckung aus Betondachsteinen oder Tonpfannen
Elektroinstallation	keine	Leuchten	Leuchten und Geräte-Anschlussdosen

Baunebenkosten (entsprechend Kostengruppe 700 DIN 276) **10–12 %**

Gesamtnutzungsdauer

landwirtschaftliche Mehrzweckhallen **40 Jahre**

Scheunen ohne Stallteil **40–60 Jahre**

Außenanlagen: **Waschplatz** (4,00 x 5,00 m) mit Kontrollschacht und Ölabscheider **4.000–5.000 €/Stück**

Vordach am Hauptdach angeschleppt **80–100 €/m²**

Hofbefestigung aus Beton-Verbundsteinen **40– 50 €/m²**

* erarbeitet von der Arbeitsgruppe „Landwirtschaftliche NHK 2000"

Landwirtschaftliche Mehrzweckhallen, Scheunen

Typ 33.4.1–33.4.2

Normalherstellungskosten (ohne Baunebenkosten)
entsprechend Kostengruppe 300 und 400 DIN 276/1993
einschließlich 16 % Mehrwertsteuer, Preisstand 2000

NHK 2000
WERTR

3

Typ 33.4.1 LANDWIRTSCHAFTLICHE MEHRZWECKHALLEN eingeschossig, Dach geneigt

Kostenanteile entsprechend DIN 276: KG 300/400 = 95 %/5 %

Kosten der Brutto-Grundfläche in €/m², Traufhöhe 5,50 m							
Ausstattungs-standards	**vor 1925**	**1925 bis 1945**	**1946 bis 1959**	**1960 bis 1969**	**1970 bis 1984**	**1985 bis 1999**	**2000**
einfach	–	–	–	155–165	165–175	180–190	190
mittel	–	–	–	170–175	180–190	195–210	210
gehoben	–	–	–	200–205	210–220	225–270	270

Korrekturfaktoren Gebäudegröße (BGF)

250 m²	1,1
500 m²	**1,0**
750 m²	0,95

Typ 33.4.2 SCHEUNEN ohne Stallanteile* eingeschossig, Dach geneigt

Kostenanteile entsprechend DIN 276: KG 300/400 = 95 %/5 %

Kosten der Brutto-Grundfläche in €/m², Traufhöhe 5,00 m							
Ausstattungs-standards	**vor 1925**	**1925 bis 1945**	**1946 bis 1959**	**1960 bis 1969**	**1970 bis 1984**	**1985 bis 1999**	**2000**
einfach	160–170	170–180	180–190	190–200	–	–	–
mittel	200–210	210–220	220–230	230–240	–	–	–
gehoben	220–240	240–260	260–280	280–300	–	–	–

Korrekturfaktoren Gebäudegröße (BGF)

250 m²	1,1
500 m²	**1,0**
750 m²	0,95

* Wirtschaftlich nutzbare Stallteile werden mit Typ 32.2–33.3.4 bewertet.

3.2.2.1 Korrekturfaktoren zu den Normalherstellungkosten (NHK 2000)

Die Korrekturen sind auf der Grundlage des ortsüblichen Grundstückmarktes sachverständig in angemessener Höhe zu schätzen. Abweichungen sind zulässig. Bei Zusammentreffen mehrerer Korrekturfaktoren sind diese miteinander zu multiplizieren.

3.2.2.1.1 Regionaler Korrekturfaktor der Länder (zur Berücksichtigung des regionalen Einflusses):

Land	Einf. Erl. zu den NHK 95[6]	S/G/M 2001[7]	LBS[8]	LBS 2007
Baden-Württemberg	1,00–1,10	1,02	1,326	1,357
Bayern	1,05–1,10	1,05	1,490	1,488
Berlin	1,25–1,45	1,10	1,061	1,060
Brandenburg	0,95–1,10	1,05	1,038	1,044
Bremen	0,90–1,00	0,95	1,000	0,975
Hamburg	1,25–1,30	1,00	1,343	1,210
Hessen	0,95–1,00	1,00	1,226	1,232
Mecklenburg-Vorpommern	0,95–1,10	1,00	1,015	1,020
Niedersachsen	0,75–0,90	0,95	1,019	1,029
Nordrhein-Westfalen	0,90–1,00	0,98	1,198	1,196
Rheinland-Pfalz	0,95–1,00	0,98	1,257	1,287
Saarland	0,85–1,00	0,98	1,331	1,301
Sachsen	1,00–1,10	1,05	1,086	1,088
Sachsen-Anhalt	0,90–0,95	1,00	0,969	0,990
Schleswig-Holstein	0,90–0,95	0,95	1,089	1,103
Thüringen	1,00–1,05	1,00	1,132	1,139

3.2.2.1.2 Ortsspezifische Korrekturfaktoren (NHK 2000) (zur Berücksichtigung des Einflusses der Ortsgröße); ausgenommen Berlin, Bremen und Hamburg

Ortsgröße	Korrekturfaktor
Großstädte mit mehr als 500.000–1.500.000 Einwohnern	1,05–1,15
Städte mit mehr als 50.000–500.000 Einwohnern	0,97–1,05
Orte bis 50.000 Einwohner	0,90–0,97

6 Einführungserlass des Bundesministeriums für Raumordnung, Bauwesen und Städtebau vom 1.8.1997 (abgedruckt bei *Kleiber*, WERTR 76/96, 7. Aufl. 2000, S. 151).
7 *Schmitz/Gerlach/Meisel*, Baukosten 2001, Verlag Wingen 14. Aufl.
8 LBS Research, vgl. GuG 2006, 233.

3.2.2.1.3 Faktor für Konjunkturschwankungen (NHK 2000)

Im Übrigen können – **soweit nicht mit dem Baupreisindex bereits berücksichtigt** – Konjunkturschwankungen mit folgenden Korrekturfaktoren berücksichtigt werden:

Konjunkturschwankungen	Korrekturfaktor
Für sehr gute konjunkturelle Lage	1,05
Für gute konjunkturelle Lage	1,03
Für mittlere konjunkturelle Lage	1,00
Für schlechte konjunkturelle Lage	0,98
Für sehr schlechte konjunkturelle Lage	0,95

3.2.2.1.4 Besonderheiten für Mehrfamilien-Wohnhäuser (NHK 2000)

Die ausgewiesenen Bundesmittelwerte für Mehrfamilien-Wohnhäuser gelten für

- eine durchschnittliche Wohnfläche von 70 m² BGF je Wohneinheit (50 m² WF/WE) sowie
- einen Grundriss mit 2 Wohneinheiten (WE) je Geschoss (Zweispänner).

Abweichungen von der Grundrissart bzw. von der durchschnittlichen Wohnfläche können nach folgenden Korrekturfaktoren – die auf jedem Gebäudetypenblatt ausgewiesen sind – berücksichtigt werden:

Grundrissart	Korrekturfaktor
• Einspänner (1 Wohneinheit je Geschoss)	1,05
• Zweispänner (2 Wohneinheiten je Geschoss)	1,00
• Dreispänner (3 Wohneinheiten je Geschoss)	0,97
• Vierspänner (4 Wohneinheiten je Geschoss)	0,95

3.2.2.1.5 Korrekturfaktor für Wohnungsgröße bei Mehrfamilienhäusern (NHK 2000)

Wohnungsgröße	Korrekturfaktor
• Durchschnittliche Wohnungsgröße von 50 m² BGF/WE	1,00
• Durchschnittliche Wohnungsgröße von 70 m² BGF/WE	1,00
• Durchschnittliche Wohnungsgröße von 135 m² BGF/WE	0,85

3.2.2.1.6 Korrekturfaktoren für Büro- und Verwaltungsgebäude zur Berücksichtigung der Gebäudebaujahrsklasse gegenüber Gebäudebaujahrsklasse 2000 (NHK 2000)

Quelle: KS, 1991

Die **Gebäudebaujahrsklasse** ist mit folgenden Faktoren zu berücksichtigen:

Korrekturfaktoren zur Berücksichtigung der Gebäudebaujahrsklasse gegenüber Gebäudebaujahrsklasse 2000							
	Gebäudebaujahrsklasse						
	vor 1925	1925 bis 1945	1946 bis 1959	1960 bis 1969	1970 bis 1984	1985 bis 1999	2000
Korrekturfaktoren	0,71–0,74	0,75	0,76–0,81	0,82–0,86	0,87–0,91	0,92–0,99	1,00

3.2.2.1.7 Korrekturfaktoren für Personal- und Schwesternwohnheime, Altenwohnheime (NHK 2000)

Quelle: KS, 1991

Die für **Personal- und Schwesternwohnheime** (Typ 15) im Tafelwerk ausgewiesenen Normalherstellungskosten beziehen sich auf Gebäude mit bis zu 6 Geschossen; die für **Altenwohnheime** (Typ 16) im Tafelwerk ausgewiesenen Normalherstellungskosten beziehen sich dagegen auf Gebäude mit bis zu 4 Geschossen. Bei Gebäuden mit höherer Geschosszahl, insbesondere Hochhäusern, sind die ausgewiesenen Normalherstellungskosten um bis zu 20 % zu erhöhen. Ein „stark gehobener" Ausstattunsstandard ist des Weiteren mit einem Zuschlag von rd. 18 % gegenüber den für einen „gehobenen" Ausstattungsstandard ausgewiesenen Normalherstellungskosten zu berücksichtigen. Des Weiteren gelten für diese Objekttypen die für Büro- und Verwaltungsgebäude vorgestellten Korrekturfaktoren zur Berücksichtigung der Gebäudebaujahrsklassen.

3.2.2.1.8 Beispiel für die Anwendung von Korrekturfaktoren (NHK 2000)

- Mehrfamilien-Wohnhaus: Typ 3.11
- Bauart: Kopfhaus
- Baujahr: 1970
- Ausstattungsstandard: gehoben
- Grundrissart: Einspänner (Korrekturfaktor = 1,05)
- Durchschnittliche WF: 135 m² BGF (Korrekturfaktor = 0,85)
- Lage (Ort/Land): Großstadt mit 600.000 Einwohnern in Nordrhein-Westfalen

Die Korrekturfaktoren sind auf der Grundlage des örtlichen Grundstückmarktes sachverständig in angemessener Höhe zu schätzen. Abweichungen sind zulässig.

Berechnung der NHK 2000 je m² BGF

Aus der Tabelle des Gebäudetypenblattes 3.11 (Kopfhaus 1970, gehoben) ergibt sich unter Berücksichtigung der Grundrissart und der durchschnittlichen Wohnfläche für 1 m² BGF:

NHK 2000 = 685 €/m² BGF (ohne Baunebenkosten)

mit folgenden Eigenschaften:

- Zweispänner
- Durchschnittliche Wohnungsgröße von 70 m² BGF (= 50 m² WF)
- ohne Baunebenkosten (von 14 %).

Die dem Gebäudetypenblatt entnommenen 685 €/m² BGF werden auf die **Eigenschaften des Wertermittlungs-Objektes** unter Einbeziehung der Baunebenkosten auf der Grundlage von Korrekturfaktoren für

• Grundrissart (1 Einspänner)	Korrekturfaktor:	1,05
• die Wohnungsgröße (135 m² BGF)	Korrekturfaktor:	0,85
• die Baunebenkosten (je 14 %)	Korrekturfaktor:	1,14

wie folgt ermittelt:

NHK 2000 = 685 €/m² BGF × 1,05 × 0,85 × 1,14 = 697 €/m² BGF

Die **Regionalisierung** der ermittelten NHK 2000 ergibt auf der Grundlage von vorläufigen Korrekturfaktoren für

• die Ortsgröße (hier rd. 600.000 EW)	Korrekturfaktor:	1,05
• das Land (hier Nordrhein-Westfalen)	Korrekturfaktor:	1,00

697 €/m² BGF × 1,05 × 1,00 = 732 €/m² BGF

Das Ergebnis bedarf der Indexierung auf den Wertermittlungsstichtag.

Die Ermittlung des Verkehrswerts auf der Grundlage des unter Heranziehung der NHK 2000 ermittelten Sachwerts bedarf nach § 7 Abs. 1 Satz 2 WertV der **Anpassung an den Grundstücksmarkt**.

3.2.3 Berücksichtigung Drempel nach Empfehlung der AGVGA.NRW (NHK 2000)

Quelle: *AGVGA: Anlage IV zum Sachwertmodell der AGAVA.NRW, Orientierungswerte zur Berücksichtigung von Drempel und ausgebautem Spitzboden bei der Bewertung von Ein- und Zweifamilienhäusern.*

Abschläge für die Gebäudetypen 1.01, 1.11, 1.21 und 1.31 ohne Drempel		
	Abschlag auf den Ansatz €/m² BGF in %	
Typ	12 m Trauflänge 14 m Giebelbreite gehobene Ausstattung	6 m Trauflänge 10 m Giebelbreite gehobene Ausstattung
1.11	1,5	4,0
1.31	2,0	5,0
1.01	2,5	5,5
1.21	3,0	7,0

3.2.4 Zuschlag auf den Ansatz €/m² BGF in % für ausgebaute Spitzböden nach Empfehlung der AGVGA.NRW (NHK 2000)

Quelle: *AGVGA: Anlage IV zum Sachwertmodell der AGAVA.NRW, Orientierungswerte zur Berücksichtigung von Drempel und ausgebautem Spitzboden bei der Bewertung von Ein- und Zweifamilienhäusern.*

Zuschlag auf den Ansatz €/m² BGF in % für ausgebaute Spitzböden nach Empfehlung der AGVGA.NRW		
Typ	Zuschlag auf den Ansatz €/m² BGF in % Modellrechnung für ein Gebäude mit	
	– 12 m Trauflänge – 14 m Giebelbreite – ohne Drempel – gehobene Ausstattung	– 6 m Trauflänge – 10 m Giebelbreite – mit Drempel – einfache Ausstattung
1.11	5,0	9,0
1.31	6,0	11,5
1.01	7,5	13,0
1.21	9,0	16,5

3.2.5 Auf Geschossebenen bezogene NHK 2000

Quelle: KS, 2001 ff.

Die Tabellen der Normalherstellungskosten können auch zur Ermittlung von Normalherstellungskosten für einzelne Geschossebenen herangezogen werden, indem man entsprechende „Pärchen" vergleicht. Dabei gilt es zu beachten, dass man einerseits **möglichst gleichartige Gebäude** (Flachdachgebäude, Satteldachgebäude) miteinander **in Beziehung setzt** und andererseits beachtet, dass sowohl das Kellergeschoss als auch das Dachgeschoss – unabhängig davon, dass es aus- oder nicht ausgebaut ist – in die Brutto-Grundfläche eingeht. Durch Vergleichsrechnungen lassen sich unter Beachtung dieser Grundsätze Normalherstellungskosten für Keller- und Vollgeschosse sowie der Unterschied zwischen einem ausgebauten und nicht ausgebauten Dachgeschoss ableiten.

3.2.5.1 Kellergeschosse

Quelle: KS-M, 1525

Beispiel:

NHK für ein Kellergeschoss eines Einfamilien-Reihenhauses (Kopfhaus, einfache Ausstattung, Flachdach):

Schnittvergleich

Typ	Ausstattung			
	einfach	mittel	einfach	mittel
	Kopfhaus		Mittelhaus	
2.03 Geschosshöhe 2,90 m	650 €/m²	685 €/m²	645 €/m²	680 €/m²
2.23 Geschosshöhe 3,05 m	825 €/m²	880 €/m²	810 €/m²	870 €/m²

2 m² × 650 €/m²	(Typ 2.03)	=	1 300 €
– 1 m² × 825 €/m²	(Typ 2.23)	=	– 825 €
= 1 m²		=	**475 €**

Die Normalherstellungskosten pro 1 m² Kellergeschoss eines eingeschossigen Reihenhauses betragen 475 €/m².

Mit Hilfe dieser Normalherstellungskosten lassen sich die Normalherstellungskosten von Objekten mit abweichenden Grundrissebenen ermitteln. Dies soll am Beispiel eines teilunterkellerten Gebäudes erläutert werden:

Quelle: KS, 2002

Beispiel:

Teilunterkellertes Einfamilien-Reihenhaus

BGF des Erdgeschosses	300 m^2
BGF des Kellergeschosses	100 m^2
BGF (gesamt)	**400 m^2**

Das Gebäude ist damit zu 2/3 ein Gebäude des Typs 2.23 und zu 1/3 ein Gebäude des Typs 2.03.

Teilunterkellerung

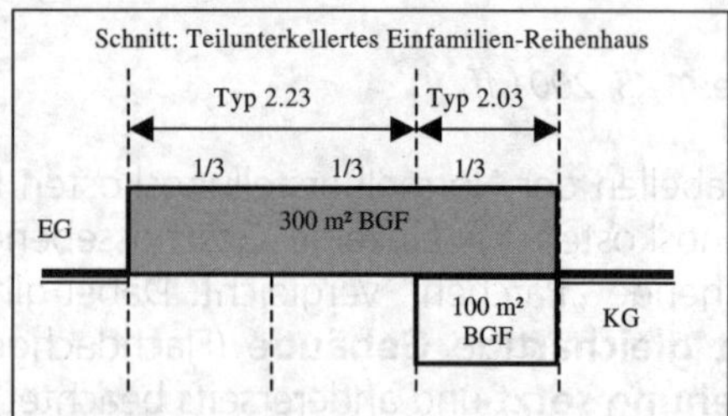

Berechnung:

EG (Typ 2.23):	300 m^2 × 825 €/m^2 =	247.500 €
KG (vgl. oben):	100 m^2 × 475 €/m^2 =	47.500 €
Zusammen:	**400 m^2**	**295.000 €**

Kontrollrechnung und Alternative[9]:

Typ 2.23:	200 m^2 × 825 €/m^2 =	165.000 €	(200 m^2 des Erdgeschosses)
Typ 2.03:	200 m^2 × 650 €/m^2 =	130.000 €	(100 m^2 im EG und 100 m^2 im KG)
Zusammen	**400 m^2**	**295.000 €**	(Ergebnis wie vorher)

Abzulehnen ist dagegen die Ermittlung eines nach den Gebäudeanteilen (1/3 des Typs 2.03 und 2/3 des Typs 2.23) gewogenen Mittels der Normalherstellungskosten der Typen 2.03 und 2.23.

Die vorstehend ermittelten NHK pro 1 m^2 Kellergeschoss **können nicht verallgemeinernd auf andere Gebäudetypen übertragen werden.** Sie sind insbesondere von

- der Anzahl der Geschosse und
- dem Dachtypus

abhängig, wie folgender Vergleich zwischen dem Gebäudetyp 2.11 und 2.31 (Kopfhaus, einfache Ausstattung) zeigt:

Quelle: *KS, 2003*

Schnittvergleich

Typ	**Ausstattung**			
	einfach	**mittel**	**einfach**	**mittel**
	Kopfhaus		**Mittelhaus**	
2.11 Geschosshöhe 2,95 m	725 €/m^2	760 €/m^2	720 €/m^2	755 €/m^2

9 Hier: Anteile jeweils 50% der Typen 2.23 und 2.03.

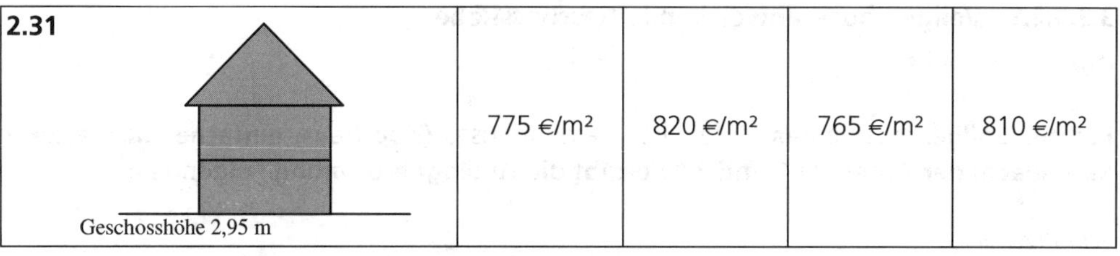

2.31				
Geschosshöhe 2,95 m	775 €/m²	820 €/m²	765 €/m²	810 €/m²

			=	
	4 m² × 725 €/m²	(Typ 2.11)	=	2.900 €
–	3 m² × 775 €/m²	(Typ 2.31)	=	– 2.325 €
=	**1 m²**		=	**575 €**

Die Normalherstellungskosten pro 1 m² Kellergeschoss eines zweigeschossigen Einfamilien-Wohnhauses betragen 575 €/m².

3.2.5.2 Vollgeschosse

Quelle: KS-M, 1526

Vielfach ist es erforderlich, die Normalherstellungskosten eines Vollgeschosses gesondert zu ermitteln.

Beispiel:

NHK für ein Vollgeschoss eines **Einfamilien-Wohnhauses** (einfache Ausstattung, Satteldach); Typen 1.01 und 1.11:

Schnittvergleich

Typ	Ausstattung einfach	mittel	gehoben	stark gehoben
1.01 (Geschosshöhe 2,85 m)	580 €/m²	660 €/m²	760 €/m²	1 040 €/m²
	= 80 €/m² + 13 %	= 120 €/m² + 18 %	= 280 €/m² + 36 %	
1.11 (Geschosshöhe 2,95 m)	625 €/m²	720 €/m²	865 €/m²	1 100 €/m²
	= 95 €/m² + 15 %	= 145 €/m² + 20 %	= 235 €/m² + 27 %	

			=	
	4 m² × 625 €/m²	(Typ 1.11)	=	2.500 €
–	3 m² × 580 €/m²	(Typ 1.01)	=	– 1.740 €
=	**1 m²**		=	**760 €**

Die Normalherstellungskosten pro 1 m² Vollgeschoss eines zweigeschossigen Einfamilien-Wohnhauses mit Satteldach betragen 760 €/m².

3.2.5.2.1 Vollgeschoss, abweichende Geschosshöhe

Quelle: KS, 2005

Für ein Vollgeschoss eines Einfamilien-Reihenhauses **(Kopfhaus, einfache Ausstattung, Satteldach) der Typen 2.01 und 2.11 ergibt die Analogberechnung Folgendes:**

Schnittvergleich

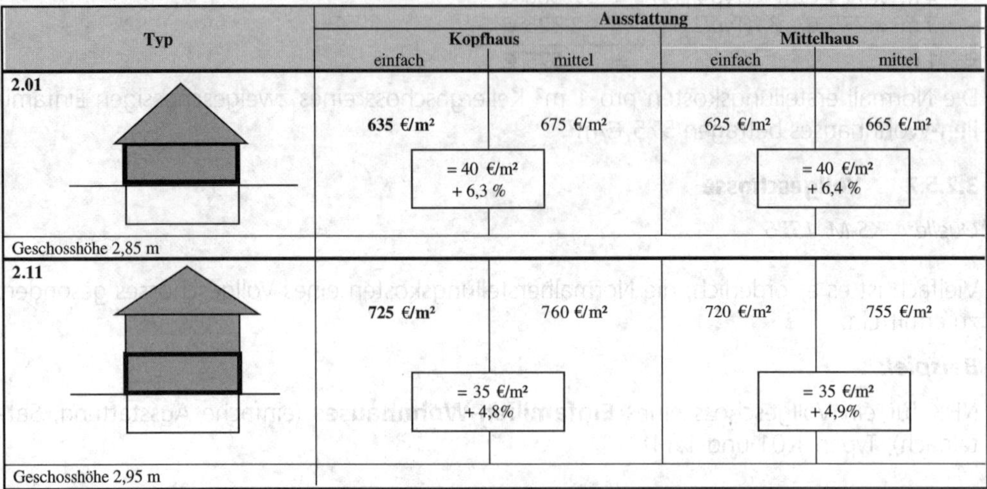

Typ	Ausstattung			
	Kopfhaus		Mittelhaus	
	einfach	mittel	einfach	mittel
2.01	**635 €/m²**	675 €/m²	625 €/m²	665 €/m²
	= 40 €/m² + 6,3 %		= 40 €/m² + 6,4 %	
Geschosshöhe 2,85 m				
2.11	**725 €/m²**	760 €/m²	720 €/m²	755 €/m²
	= 35 €/m² + 4,8%		= 35 €/m² + 4,9%	
Geschosshöhe 2,95 m				

Umrechnung der NHK des Gebäudetyps 2.01 (einfache Ausstattung) auf eine Geschosshöhe von 2,95 m:

$NHK_{GH = 2,95\ m}$ = 635 €/m² × 2,95 m/2,85 m = 657,28 €/m²

	4 m² × 725,00 €/m²	(Typ 2.11)	=	2.900,00 €
–	3 m² × 657,28 €/m²	(Typ 2.01)	=	– 1.971,84 €
=	**1 m²**		≈	**rd. 928,00 €**

Die Normalherstellungskosten pro 1 m² Vollgeschoss eines zweigeschossigen Einfamilien-Reihenkopfhauses mit Satteldach betragen 928 €/m²; sie sind damit um 229 €/m² höher als die eines (analogen) zweigeschossigen Einfamilien-Wohnhauses. Dies ist darin begründet, dass die in aller Regel „kompakten" Reihenhäuser mit vergleichsweise kleinteiliger Aufteilung weithaus höhere Bauleistungen pro Quadratmeter BGF erfordern als Einfamilien-Wohnhäuser mit großzügiger Zimmeraufteilung.

3.2.5.2.2 Vollgeschoss, Anbau

Quelle: KS, 2004

Die Ermittlung der Normalherstellungskosten auf der Grundlage des Typs 2.12 und eines gesonderten Ansatzes der Normalherstellungskosten für den Anbau auf der Grundlage des Typs 2.23 würde nicht zu einem sachgerechten Ergebnis führen, da mit den für den Typ 2.23 im Tabellenwerk angegebenen Normalherstellungskosten die gesamte Haustechnik Berücksichtigung finden würde, die aber bereits mit den Normalherstellungskosten des Typs 2.12 erfasst ist.

Anbau

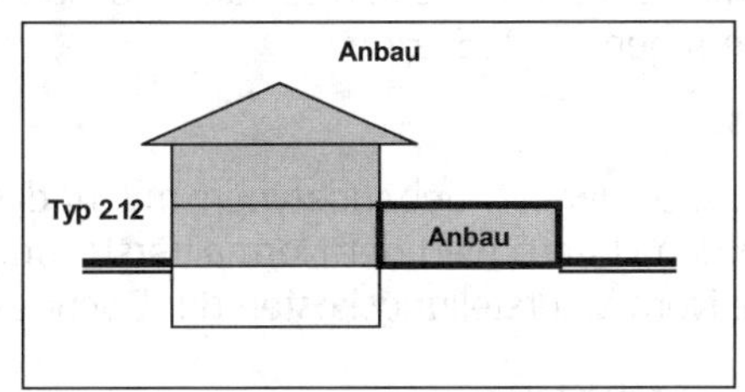

Bei einfacher Ausstattung ergäben sich für den Typ 2.23 (Kopfhaus) – bezogen auf 2000 – Normalherstellungskosten von 825 €/m². Diese sind aus vorstehenden Gründen zu hoch. Im Rahmen eines Schnittvergleichs ergeben sich für den Anbau gerade einmal Normalherstellungskosten von rd. 700 €/m².

3.2.5.3 Dachgeschosse

Quelle: KS-M, 1526, 1527

Beispiel

Unterschied der NHK zwischen ausgbautem und nicht ausgebautem Dachgeschoss eines nicht unterkellerten Einfamilienwohnhauses (zweigeschossig, einfache Ausstattung), Typen 1.31 und 1.32

Schnittvergleich

Typ	Ausstattung			
	einfach	mittel	gehoben	stark gehoben
1.31 Geschosshöhe 2,95 m	670 €/m²	765 €/m²	920 €/m²	1 170 €/m²
1.32 Geschosshöhe 2,85 m	585 €/m²	675 €/m²	810 €/m²	1 025 €/m²

	3 m² × 670 €/m²	(Typ 1.31)	=	2.010 €
–	3 m² × 585 €/m²	(Typ 1.32)	=	– 1.755 €
=	**Differenz**		=	**255 €**

Die Normalherstellungskosten für den Ausbau von 1 m² einer nutzbaren Dachgeschossfläche betragen rd. 255 €/m².

Hinweis:

Der Vergleich zweier Gebäudetypen mit und ohne ausgebautem Dachgeschoss ergibt lediglich den Unterschied der Normalherstellungskosten pro m² Dachgeschossfläche und nicht die Normalherstellungskosten der Dachgeschossfläche insgesamt.

3.2.5.4 Spitzböden

Quelle: KS, 2006

Beispiel:

Die Berechnungsmethode kann auch Anwendung finden, wenn das Dachgeschoss nur teilweise ausgebaut worden ist, insbesondere wenn ein **Spitzboden** im Unterschied zum übrigen Dachgeschoss nicht ausgebaut worden ist.

Berücksichtigung von Spitzböden

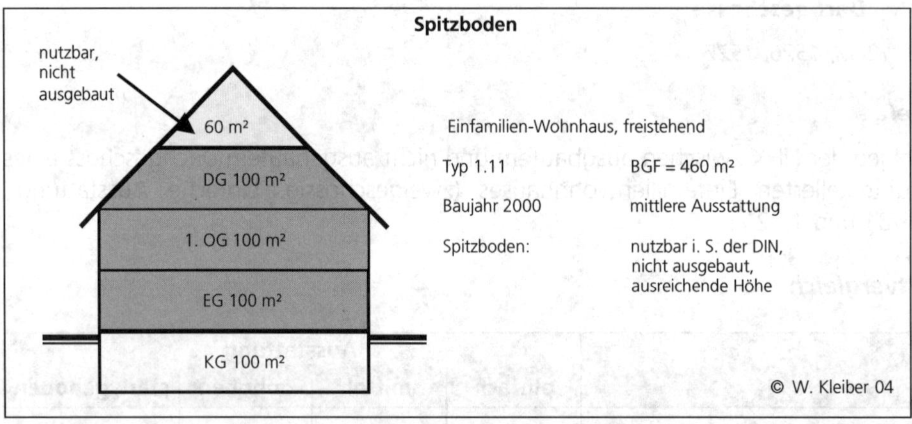

1. Normalherstellungskosten für Dachausbau (*ohne* Berücksichtigung der Geschosshöhe)

Typ 1.11:	4 m² × 720 €/m²	=	2.880 €	(Geschosshöhe 2,95 m)
Typ 1.12:	– 4 m² × 650 €/m²	=	2.600 €	(Geschosshöhe 2,90 m)
= Differenz		=	**280 €**	

Bei alledem ist zu beachten, dass Gebäude mit ausgebautem Dachgeschoss gegenüber Gebäuden ohne ausgebautes Dachgeschoss regelmäßig eine bis zu 0,20 m höhere (durchschnittliche) Geschosshöhe aufweisen. Dies kann u.a. darauf zurückgeführt werden, dass Gebäude mit ausgebautem Dachgeschoss überwiegend dementsprechend gestaltet sind, d.h., die in die Ableitung der Normalherstellungskosten eingegangenen Daten haben sich vielfach auf Gebäude bezogen, die einen Drempel aufwiesen, während das Untersuchungsmaterial für Gebäude ohne ausgebautes Dachgeschoss umgekehrt in den überwiegenden Fällen keine Drempel aufwiesen.

3.2.5.5 Geschosshöhen

Quelle: KS-M, 1528

Durchschnittliche Geschosshöhen

Typ	Durchschnittliche Geschosshöhe			
	mit voll ausgebautem	*ohne* ausgebautes	Δ Geschosshöhe	Flachdach
	Dachgeschoss		m	
Einfamilien-Wohnhäuser frei stehend				
1.01 bis 1.03 Keller-, Erd- und Dachgeschoss	2,85	2,70	0,15	2,90
1.11 bis 1.13 Keller-, Erd-, Ober- und Dachgeschoss	2,95	2,90	0,05	2,95
1.21 bis 1.23 Erd- und Dachgeschoss (ohne Keller)	2,90	2,70	0,20	3,05
1.31 bis 1.33 Erd-, Ober- und Dachgeschoss (ohne Keller)	2,95	2,85	0,10	3,05
Einfamilien-Reihenhäuser				
2.01 bis 2.03 Keller-, Erd- und Dachgeschoss	2,85	2,70	0,15	2,90
2.11 bis 2.13 Keller-, Erd-, Ober- und Dachgeschoss	2,95	2,90	0,05	2,95
2.21 bis 2.23 Erd- und Dachgeschoss (ohne Keller)	2,90	2,70	0,20	3,05
2.31 bis 2.33 Erd-, Ober- und Dachgeschoss (ohne Keller)	2,95	2,85	0,10	3,05
Mehrfamilien-Wohnhäuser				
3.11 bis 3.13 Keller-, Erd-, Ober- und Dachgeschoss	2,95	2,90	0,05	2,95
3.21 bis 3.23 Keller-, Erd-, 2 Ober- und Dachgeschosse	2,95	2,90	0,05	2,95
3.32 und 3.33 Keller-, Erd-, 3 Ober- und Dachgeschosse		2,90		2,95
3.42 und 3.53 Keller-, Erd-, 4–5 Ober- und Dachgeschosse		2,95		3,00

Um einen unmittelbaren Vergleich zwischen den Gebäudetypen 1.11 und 1.12 herbeizuführen, werden im vorstehenden *Beispiel* deshalb die Normalherstellungskosten des Typs 1.12 (Geschosshöhe 2,90 m) auf eine Geschosshöhe von 2,95 m umgerechnet. Aus dem Verhältnis von 0,05 m/2,95 m ergibt sich ein Zuschlag von 1,69 %.

1. Normalherstellungskosten für Dachausbau (unter Berücksichtigung der Geschosshöhe)

Typ 1.11:	4 m² × 720 €/m²	=	2.880 €
Typ 1.12:	– 4 m² × 661 €/m² (650 €/m² × 1,0169 % = 661€/m²)	=	– 2.644 €
= Differenz		=	**236 €**

2. Normalherstellungskosten des Wertermittlungsobjekts

460 m²	×	720 €/m²	=	331.200 €	(ausgebautes DG)
– 60 m²	×	236 €/m²	=	– 14.160 €	(nicht ausgebautes DG)
= Gesamtobjekt			=	**317.040 €**	≈ **rd. 320.000 €**

3.2.6 Merkmale für die Beurteilung der baulichen Ausstattung bei Gebäuden (NHK 2000)

Quelle: *KS, 921*

Bezüglich der Arten und Merkmale baulicher Anlagen kann auf die **Untergliederungen** zurückgegriffen werden, wie sie sich in der Praxis der Gutachterausschüsse, aber auch der **Finanzverwaltungen** bei der Einheitsbewertung herausgebildet haben; aus der nachfolgenden Abbildung ergeben sich alle wesentlichen Merkmale.

Merkmale für die Beurteilung der baulichen Ausstattung bei Gebäuden

Merkmale für die Beurteilung der baulichen Ausstattung bei Gebäuden					
Bau- und Gebäudeteil	**Einfache Ausstattung**	**Mittlere Ausstattung**	**Gute Ausstattung**	**Sehr gute Ausstattung**	**Aufwendige Ausstattung**
1	**2**	**3**	**4**	**5**	**6**
1. Fassadenausführung	Schwemmsteine, Plattenwände, Hintermauersteine oder Kalksandsteine gefugt; einfacher glatter Putz, Holzfachwerk mit einfacher Ausfachung.	Einfacher Putz mit Fenster- und Türeinfassung; gefugte Vormauersteine, Holzfachwerk mit Klinkerausfachung.	Edelputz mit Fenster- und Türeinfassungen in Kunststein; Sockel mit Klinkerverblendung oder Waschputz. Holzfachwerk aus Lärche oder Eiche mit Klinkerausfachung.	Edelputz mit Fenster- und Türeinfassungen aus Naturstein; Keramikplatten; Kunststeinverkleidung; Glasverkleidung; Klinkerfassade aus holländischen oder bunten Klinkern.	Natursteinfassade; Spaltklinker oder Mosaik; Kupfer, Eloxal oder Ähnliches.
2. Dachausführung	Flaches Pappdach; einfaches Ziegeldach (Giebel- oder Pultdach); Asbestzementeindeckung.	Kleines Walmdach; Giebeldach mit größeren Dachausbauten; leichtes Massivflachdach mit Pappeindeckung.	Größeres Walmdach mit Dachausbauten; Oberlichte besonderer Ausführung; schweres Massivflachdach mit Pappeindeckung.	Sattel- oder Walmdach mit besonderen Ausbauten; Schieferdachdeckung, Dächer mit bes. Wärmeisolierung.	Flachdach mit Kupfer oder Bleideckung und mit Wärmeisolierung.
3. Deckenbehandlung	Einfacher Deckenputz; unverputzte Holzfaserplatten oder ähnliche Platten.	Decken, gerieben und gefilzt.	Deckenputz teilweise mit Stuck; Schall dämmende Platten.	Bessere Stuckdecken; Deckenvertäfelung in 1 oder 2 Räumen; Decken mit indirekter Beleuchtung.	Beste Stuckarbeiten; Vertäfelungen in mehreren Räumen.
4. Wandbehandlung	Kalk- oder Leimfarbenanstriche.	Ölfarbenanstriche; einfache Tapeten; Steinemaille; Wandplatten in geringem Ausmaß.	Gute Tapeten; Wandplatten aus Naturstein in geringem Ausmaß; Keramikplatten in reicherem Ausmaß; Holzvertäfelung in einfachen Ausführungen.	Abwaschbare Tapeten; Vertäfelungen und Heizkörperverkleidungen aus Edelhölzern oder Rohrbespannungen, Stoffbespannungen; Natursteinplatten in größerem Ausmaß.	Beste Tapeten (Seidentapeten, Ledertapeten); Vertäfelungen und Heizkörperverkleidungen aus ausländischen Edelhölzern (Mahagoni und Ähnl.); Wandbemalungen.
5. Fußböden	Dielen-, Steinholz-, Asphalt-, Spachtel- oder ähnliche Böden.	Linoleum- und PVC-Böden einfacher Art und Ausführung; Kleinparkett in einem Raum; Buchenparkett.	Linoleum besserer Qualität; teilweise Natursteinplatten; beste PVC-Böden; Kleinparkett I. Wahl in mehr. Räumen; Bespannungen (Bouclé, Haargarn und Ähnl.).	Parkett in guter Ausführung, versiegelt; Veloursbespannungen in mehreren Räumen.	Parkett aus besten Hölzern, versiegelt; beste Bespannungen (Nylon, Perlon); Naturstein in mehreren Räumen.

Merkmale für die Beurteilung der baulichen Ausstattung bei Gebäuden					
Bau- und Gebäudeteil	**Einfache Ausstattung**	**Mittlere Ausstattung**	**Gute Ausstattung**	**Sehr gute Ausstattung**	**Aufwendige Ausstattung**
1	**2**	**3**	**4**	**5**	**6**
6. Treppen	Einfache Treppen, Betontreppe mit PVC-Belag einfacher Art, einfache Geländer.	Massivtreppen mit Kunststeinbelag, Linoleumbelag oder gutem PVC-Belag; Hartholztreppen; einfache Geländer.	Massivtreppen mit Plattenbelag aus Qualitätskunststein oder aus Naturstein einfacher Qualität; bessere Geländer	Massivtreppen mit Natursteinauflage und besserem Geländer (z. B. schmiedeeisernes oder geschnitztes Geländer).	Marmortreppen und wertvolle Treppen mit künstlerisch gestaltetem Geländer.
7. Fenster	Einfache Fenster aus Holz oder Stahl mit einfacher Verglasung und einfachen Beschlägen, Fensterbänke aus Asbestzement, Holz oder Beton.	Einfache Fenster aus Holz oder Stahl mit besseren Beschlägen; Rollläden oder Fensterläden; einfache Fensterbänke (Holz oder Kunststein).	Doppelfenster mit einfacher Verglasung und besseren Beschlägen; Blumenfenster mit besserer Verglasung; Fensterbänke aus Kunststein bzw. Klinker oder einfachem Naturstein; Rollläden.	Verbundfenster mit Spiegelglas, Isolierglas; besondere Beschläge; Schiebefenster und dgl.; Blumenfenster mit Bleiverglasung; Fensterbänke aus deutschem Marmor bzw. ähnlichem Naturstein; Rollläden bzw. Markisen.	Besonders große teure Fenster mit bester Verglasung; versenkbare Fenster; eingebaute Markisen und dgl.; beste Blumenfenster mit Marmorfensterbänken oder ähnliche Fenster.
8. Türen	Einfache glatte Türen oder Füllungstüren mit einfachen Beschlägen.	Bessere glatte Türen oder Füllungstüren mit besseren Beschlägen.	Türen mit Glasfüllungen und guten Beschlägen; Schleiflacktüren; Türen mit Edelholz in geringem Ausmaß; Eingangstüren Eiche oder Ähnl.	Türen aus Edelhölzern; Schleiflacktüren mit besten Beschlägen und Ornamentglas, Schiebetüren; Doppeltüren; Metalleingangstüren	Edelholztüren; Türen in künstlerischer Form; Metalleingangstür in Bronze oder ähnl. Ausführung.
9. Elektroinstallation	Einfache Ausstattung, wenige Brennstellen, einfache Beleuchtungskörper.	Mehrere Brennstellen und Steckdosen; mittlere Beleuchtungskörper.	Mehrere Brennstellen, Lichtbänder und dgl.; gute Beleuchtungskörper.	Indirekte Beleuchtungskörper, Wandbeleuchtung und gute Beleuchtungskörper.	Aufwendige Ausstattung, beste Beleuchtungskörper.
10. Sanitäre Installation	Einfache und wenige sanitäre Einrichtungsgegenstände in Wasch- und Toilettenräumen.	Sanitäre Einrichtungsgegenstände in einfacher Ausführung, aber größerer Anzahl.	Wie vor, jedoch in besserer Ausführung und außer in Toiletten und Waschräumen auch in anderen Räumen.	Beste Ausführung in Waschräumen, Bädern und Toiletten; in anderen Räumen größere Objekte.	Besonders reiche Ausstattung in bester Qualität.
11. Boden- und Wandfliesen	Geringfügig (Wand nur teilw.); Boden- und Wandplatten in einfacher Ausführung (Keramikplatten II.–III. Wahl).	Keramische Boden- und Wandplatten I. und II. Wahl in einigen Räumen.	Keramische Boden- und Wandplatten I. Wahl in mehreren Räumen; teilweise Naturstein-Bodenplatten.	In mehreren Räumen Mosaikbodenfliesen; Majolikawandplatten; inländische Natursteinplatten.	In mehreren Räumen japanisches Mosaik oder ausländische Natursteine (z. B. Marmor).
12. Heizung	Öfen.	Warmluftheizung.	Warmwasserheizung mit festen Brennstoffen und einfacher Regelung.	Warmwasserheizung mit flüssigen Brennstoffen oder Gas bzw. Fernheizung; Thermostatregelung.	Klimaanlage.

Merkmale für die Beurteilung der baulichen Ausstattung bei Gebäuden					
Bau- und Gebäudeteil	**Einfache Ausstattung**	**Mittlere Ausstattung**	**Gute Ausstattung**	**Sehr gute Ausstattung**	**Aufwendige Ausstattung**
1	**2**	**3**	**4**	**5**	**6**
13. Anteil der besonderen Räume (z. B. Empfangsräume, Direktionsräume, Sitzungszimmer, Gesellschaftszimmer u. Ä.)	Keine.	Geringe Anzahl.	Mehrere kleine Räume.	Kleine und größere Räume in größerer Anzahl.	Anzahl.

3.2.7 Gewichtung der Kostengruppen (AGVGA-Vorschlag zu NHK 2000)

Zur **Gewichtung der Kostengruppen** kann auf einen Vorschlag der AGVGA.NRW zurückgegriffen werden.

Gewichtung der Kostengruppen nach einem Vorschlag der AGVGA.NRW

Gewichtung der Kostengruppen nach einem Vorschlag der AGVGA.NRW	
Kostengruppe	Kostenanteil in %
Fassade	11
Fenster	14
Dächer	15
Sanitär	13
Innenwandbekleidung der Nassräume	6
Bodenbeläge	8
Innentüren	11
Heizung	15
Elektroinstallation	7
zusammen	**100**

Des Weiteren ist zu beachten, dass die angegebenen Normalherstellungskosten auch jeweils nur für die angegebenen Ausstattungsstandards gelten, d. h., bei **besonders exklusivem oder zurückgebliebenem Ausstattungsstandard** müssen die angegebenen Normalherstellungskosten erhöht bzw. vermindert werden. Dies kann insbesondere für die neuen Bundesländer von Bedeutung sein, die mitunter (z. B. bei Hallen) einen Ausstattungsstandard aufweisen, dem die angegebenen Normalherstellungskosten nicht gerecht werden.

3.2.8 Baukostenanteile bei Wohngebäuden und Kosteneinsparungen durch Eigenleistungen

Quelle: Baier (Selbstbau oder die Angst des Architekten DBZ 1986, 645)

Gewerk	Baukostenanteile in v.H.			mögl. Eigenleistungsanteil in v.H.	Kosteneinsparung durch Eigenleist. in v.H.
	insges.	Materialaufwand	Arbeitsaufwand		
Baustelleneinrichtung	1,8	1,0	0,8	50-100	0,6
Erdarbeiten	2,2	0,0	2,2	50-100	1,6
Entwässerung, Drainagearb.	0,5	0,3	0,2	30 – 80	0,1
Beton- u. Stahlbetonarbeiten	26,5	15,9	10,6	20 – 60	4,3
Maurerarbeiten	14,5	8,7	5,8	20 – 50	2,1
Isolier- u. Dämmarbeiten	1,4	0,8	0,6	40 – 60	0,3
Zimmerer- u. Holzarbeiten	9,6	6,6	3,0	10 – 20	0,5
Klempnerarbeiten	1,0	0,6	0,4	30 – 40	0,2
Dachdeckerarbeiten	2,4	1,4	1,0	30 – 50	0,4
Schlosser- u. Metallbauarbeiten	0,7	0,5	0,2	10 – 20	0,1
Schreiner- u. Beschlagsarbeiten	8,5	5,1	3,4	20 – 90	1,9
Glaserarbeiten	1,5	1,2	0,3	10 – 20	0,1
Estricharbeiten	2,3	0,6	1,7	50 – 60	1,0
Sanitäre Installation	4,3	2,6	1,7	10 – 20	0,3
Heizungsinstallation	8,0	6,1	1,9	10 – 20	0,3
Elektroinstallation	3,8	1,9	1,9	30 – 40	0,7
Boden- u. Wandbeläge, Putzarbeiten	7,5	4,9	2,6	20 – 70	1,2
Maler- u. Tapezierarbeiten	2,5	0,7	1,8	50 – 90	1,3
Sonstige Arbeiten	1,0	0,5	0,5	-100	0,3
	100,0	**59,4**	**40,6**		**17,3**

Die Einsparung durch Eigenleistungen kann im allgemeinen zwischen 10 und 24 v.H. der gesamten Herstellungskosten betragen.

3.2.9 Normalherstellungskosten für Büro- und Verwaltungsgebäude (Typ 5.1 bis 5.3) nach Geschosszahl (NHK 2000)

Quelle: KS, 1991

Normalherstellungkosten 2000 für Büro- und Verwaltungsgebäude (Typ 5.1 bis 5.3) nach Geschosszahl			
	Ausstattungsstandard		
	einfach	mittel	gehoben
1–2-geschossig	985 €/m² BGF	1.150 €/m² BGF	1.405 €/m² BGF
3-geschossig	1.045 €/m² BGF	1.230 €/m² BGF	1.500 €/m² BGF
4-geschossig	1.105 €/m² BGF	1.310 €/m² BGF	1.590 €/m² BGF
5-geschossig	1.165 €/m² BGF	1.395 €/m² BGF	1.685 €/m² BGF
6-geschossig	1.225 €/m² BGF	1.474 €/m² BGF	1.780 €/m² BGF
7-geschossig	1.285 €/m² BGF	1.555 €/m² BGF	1.870 €/m² BGF
8-geschossig	1.345 €/m² BGF	1.635 €/m² BGF	1.965 €/m² BGF
9-geschossig	1.405 €/m² BGF	1.720 €/m² BGF	2.055 €/m² BGF
10-geschossig	1.465 €/m² BGF	1.800 €/m² BGF	2.150 €/m² BGF
11-geschossig	1.525 €/m² BGF	1.880 €/m² BGF	2.240 €/m² BGF
12-geschossig	1.585 €/m² BGF	1.960 €/m² BGF	2.335 €/m² BGF
13-geschossig	1.645 €/m² BGF	2.040 €/m² BGF	2.430 €/m² BGF
14-geschossig	1.705 €/m² BGF	2.120 €/m² BGF	2.520 €/m² BGF
15-geschossig	1.765 €/m² BGF	2.205 €/m² BGF	2.615 €/m² BGF
16-geschossig	1.825 €/m² BGF	2.285 €/m² BGF	2.710 €/m² BGF
17-geschossig	1.885 €/m² BGF	2.365 €/m² BGF	2.800 €/m² BGF
18-geschossig	1.945 €/m² BGF	2.445 €/m² BGF	2.895 €/m² BGF
19-geschossig	2.005 €/m² BGF	2.530 €/m² BGF	2.985 €/m² BGF
20-geschossig	2.065 €/m² BGF	2.610 €/m² BGF	3.080 €/m² BGF

Bei einem **„stark gehobenen" Ausstattungsstandard eines Büro- und Verwaltungsgebäudes** ist gegenüber den Normalherstellungskosten eines „gehobenen" Ausstattungsstandard ein Zuschlag von rd. 19 % zu berücksichtigen.

3.2.10 Preise von Hallengebäuden in Abhängigkeit von der Geschosshöhe

Quelle: KS, 1984

Untersuchungen im Bereich der Bundesfinanzverwaltung haben ergeben, dass sich mit zunehmender Geschosshöhe die Kubikmeterpreise keinesfalls signifikant vermindern, da mit höheren Geschosshöhen **Mehrkosten bei den Außenwänden insbesondere im Hinblick auf den nicht unerheblich zunehmenden Winddruck einhergehen:**

Preise von Hallengebäuden in Abhängigkeit von der Geschosshöhe

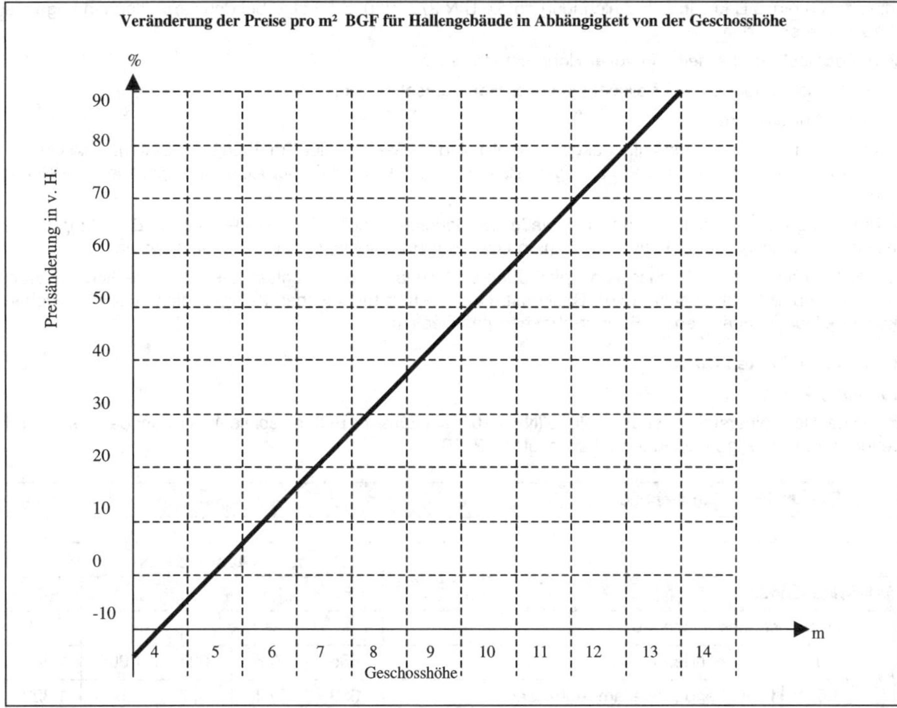

3.3 Regelherstellungskosten (BewG), Kostenstand 2010

Anlage 24 (zu § 190 Absatz 1 Satz 4 und Absatz 3) Bewertungsgesetz (BewG), Ermittlung des Gebäuderegelherstellungswerts

Quelle: BGBl. I 2015, S. 1847–1852

Ermittlung des Gebäuderegelherstellungswerts

I. Begriff der Brutto-Grundfläche (BGF)

1. Die BGF ist die Summe der bezogen auf die jeweilige Gebäudeart marktüblich nutzbaren Grundflächen aller Grundrissebenen eines Bauwerks. In Anlehnung an die DIN 277-1:2005-02 sind bei den Grundflächen folgende Bereiche zu unterscheiden:

   Bereich a: überdeckt und allseitig in voller Höhe umschlossen,

   Bereich b: überdeckt, jedoch nicht allseitig in voller Höhe umschlossen,

   Bereich c: nicht überdeckt.

   Für die Anwendung der Regelherstellungskosten (RHK) sind im Rahmen der Ermittlung der BGF nur die Grundflächen der Bereiche a und b zugrunde zu legen. Balkone, auch wenn sie überdeckt sind, sind dem Bereich c zuzuordnen.

   Für die Ermittlung der BGF sind die äußeren Maße der Bauteile einschließlich Bekleidung, z. B. Putz und Außenschalen mehrschaliger Wandkonstruktionen, in Höhe der Bodenbelagsoberkanten anzusetzen.

2. Nicht zur BGF gehören z. B. Flächen von Spitzböden und Kriechkellern, Flächen, die ausschließlich der Wartung, Inspektion und Instandsetzung von Baukonstruktionen und technischen Anlagen dienen sowie Flächen unter konstruktiven Hohlräumen, z. B. über abgehängten Decken.

II. Regelherstellungskosten (RHK)

Regelherstellungskosten

auf Grundlage der Normalherstellungskosten 2010 (NHK 2010) in Euro/m² BGF einschließlich Baunebenkosten und Umsatzsteuer für die jeweilige Gebäudeart (Kostenstand 2010)

1-3	Ein- und Zweifamilienhäuser

Keller- und Erdgeschoss		Standardstufe 1	2	3	4	5
Dachgeschoss ausgebaut						
1.01	freistehende Einfamilienhäuser	655	725	835	1.005	1.260
1.011	freistehende Zweifamilienhäuser[1]	688	761	877	1.055	1.323
2.01	Doppel- und Reihenendhäuser	615	685	785	945	1.180
3.01	Reihenmittelhäuser	575	640	735	885	1.105
Dachgeschoss nicht ausgebaut						
1.02	freistehende Einfamilienhäuser	545	605	695	840	1.050
1.021	freistehende Zweifamilienhäuser[1]	572	635	730	882	1.103
2.02	Doppel- und Reihenendhäuser	515	570	655	790	985
3.02	Reihenmittelhäuser	480	535	615	740	925
Flachdach oder flach geneigtes Dach						
1.03	freistehende Einfamilienhäuser	705	785	900	1.085	1.360
1.031	freistehende Zweifamilienhäuser[1]	740	824	945	1.139	1.428
2.03	Doppel- und Reihenendhäuser	665	735	845	1.020	1.275
3.03	Reihenmittelhäuser	620	690	795	955	1.195

Keller-, Erd- und Obergeschoss			Standardstufe 1	2	3	4	5
	Dachgeschoss ausgebaut						
	1.11	freistehende Einfamilienhäuser	655	725	835	1.005	1.260
	1.111	freistehende Zweifamilienhäuser[1]	688	761	877	1.055	1.323
	2.11	Doppel- und Reihenendhäuser	615	685	785	945	1.180
	3.11	Reihenmittelhäuser	575	640	735	885	1.105
	Dachgeschoss nicht ausgebaut						
	1.12	freistehende Einfamilienhäuser	570	635	730	880	1.100
	1.121	freistehende Zweifamilienhäuser[1]	599	667	767	924	1.155
	2.12	Doppel- und Reihenendhäuser	535	595	685	825	1.035
	3.12	Reihenmittelhäuser	505	560	640	775	965
	Flachdach oder flach geneigtes Dach						
	1.13	freistehende Einfamilienhäuser	665	740	850	1.025	1.285
	1.131	freistehende Zweifamilienhäuser[1]	698	777	893	1.076	1.349
	2.13	Doppel- und Reihenendhäuser	625	695	800	965	1.205
	3.13	Reihenmittelhäuser	585	650	750	905	1.130

Erdgeschoss, nicht unterkellert			Standardstufe 1	2	3	4	5
	Dachgeschoss ausgebaut						
	1.21	freistehende Einfamilienhäuser	790	875	1.005	1.215	1.515
	1.211	freistehende Zweifamilienhäuser[1]	830	919	1.055	1.276	1.591
	2.21	Doppel- und Reihenendhäuser	740	825	945	1.140	1.425
	3.21	Reihenmittelhäuser	695	770	885	1.065	1.335
	Dachgeschoss nicht ausgebaut						
	1.22	freistehende Einfamilienhäuser	585	650	745	900	1.125
	1.221	freistehende Zweifamilienhäuser[1]	614	683	782	945	1.181
	2.22	Doppel- und Reihenendhäuser	550	610	700	845	1.055
	3.22	Reihenmittelhäuser	515	570	655	790	990
	Flachdach oder flach geneigtes Dach						
	1.23	freistehende Einfamilienhäuser	920	1.025	1.180	1.420	1.775
	1.231	freistehende Zweifamilienhäuser[1]	966	1.076	1.239	1.491	1.864
	2.23	Doppel- und Reihenendhäuser	865	965	1.105	1.335	1.670
	3.23	Reihenmittelhäuser	810	900	1.035	1.250	1.560

Erd- und Obergeschoss, nicht unterkellert			Standardstufe 1	2	3	4	5
	Dachgeschoss ausgebaut						
	1.31	freistehende Einfamilienhäuser	720	800	920	1.105	1.385
	1.311	freistehende Zweifamilienhäuser[1]	756	840	966	1.160	1.454
	2.31	Doppel- und Reihenendhäuser	675	750	865	1.040	1.300
	3.31	Reihenmittelhäuser	635	705	810	975	1.215
	Dachgeschoss nicht ausgebaut						
	1.32	freistehende Einfamilienhäuser	620	690	790	955	1.190
	1.321	freistehende Zweifamilienhäuser[1]	651	725	830	1.003	1.250
	2.32	Doppel- und Reihenendhäuser	580	645	745	895	1.120
	3.32	Reihenmittelhäuser	545	605	695	840	1.050
	Flachdach oder flach geneigtes Dach						
	1.33	freistehende Einfamilienhäuser	785	870	1.000	1.205	1.510
	1.331	freistehende Zweifamilienhäuser[1]	824	914	1.050	1.265	1.586
	2.33	Doppel- und Reihenendhäuser	735	820	940	1.135	1.415
	3.33	Reihenmittelhäuser	690	765	880	1.060	1.325

[1] ermittelt mit Korrekturfaktor 1,05 bezogen auf die Regelherstellungskosten für freistehende Einfamilienhäuser

4	**Wohnungseigentum und vergleichbares Teileigentum in Mehrfamilienhäusern (ohne Tiefgaragenplatz)/Mehrfamilienhäuser** Für Wohnungseigentum in Gebäuden, die wie Ein- und Zweifamilienhäuser im Sinne des § 181 Absatz 2 des Bewertungsgesetzes gestaltet sind, werden die Regelherstellungskosten der Ein- und Zweifamilienhäuser zugrunde gelegt. Umrechnungsfaktor hinsichtlich der Brutto-Grundfläche (BGF) für Wohnungseigentum in Mehrfamilienhäusern: BGF = 1,55 x Wohnfläche					
		Standardstufe				
		1	2	3	4	5
4.1	Mehrfamilienhäuser mit bis zu 6 WE	650	720	825	985	1.190
4.2	Mehrfamilienhäuser mit 7 bis 20 WE	600	665	765	915	1.105
4.3	Mehrfamilienhäuser mit mehr als 20 WE	590	655	755	900	1.090

5-18	**Gemischt genutzte Grundstücke, Geschäftsgrundstücke und sonstige bebaute Grundstücke**					
		Standardstufe				
		1	2	3	4	5
5.1	Gemischt genutzte Grundstücke (Wohnhäuser mit Mischnutzung)	605	675	860	1.085	1.375
5.2	Banken und ähnliche Geschäftshäuser mit Wohnanteil[2]	625	695	890	1.375	1.720
5.3	Banken und ähnliche Geschäftshäuser ohne Wohnanteil	655	730	930	1.520	1.900

[2] Anteil der Wohnfläche bis 20 Prozent

		Standardstufe				
		1	2	3	4	5
6.1	Bürogebäude/Verwaltungsgebäude	735	815	1.040	1.685	1.900

		Standardstufe				
		1	2	3	4	5
7.1	Gemeindezentren/Vereinsheime	795	885	1.130	1.425	1.905
7.2	Saalbauten/Veranstaltungsgebäude	955	1.060	1.355	1.595	2.085

		Standardstufe				
		1	2	3	4	5
8.1	Kindergärten	915	1.020	1.300	1.495	1.900
8.2	Allgemeinbildende Schulen, Berufsbildende Schulen, Hochschulen	1.020	1.135	1.450	1.670	2.120
8.3	Sonderschulen	1.115	1.240	1.585	1.820	2.315

		Standardstufe				
		1	2	3	4	5
9.1	Wohnheime/Internate	705	785	1.000	1.225	1.425
9.2	Alten-/Pflegeheime	825	915	1.170	1.435	1.665

		Standardstufe				
		1	2	3	4	5
10.1	Krankenhäuser/Kliniken	1.210	1.345	1.720	2.080	2.765
10.2	Tageskliniken/Ärztehäuser	1.115	1.240	1.585	1.945	2.255

		Standardstufe				
		1	2	3	4	5
11.1	Beherbergungsstätten/Hotels/Verpflegungseinrichtungen	975	1.085	1.385	1.805	2.595

		Standardstufe				
		1	2	3	4	5
12.1	Sporthallen (Einfeldhallen)	930	1.035	1.320	1.670	1.955
12.2	Sporthallen (Dreifeldhallen/Mehrzweckhallen)	1.050	1.165	1.490	1.775	2.070
12.3	Tennishallen	710	790	1.010	1.190	1.555
12.4	Freizeitbäder/Kur- und Heilbäder	1.725	1.920	2.450	2.985	3.840

		Standardstufe				
		1	2	3	4	5
13.1	Verbrauchermärkte	510	565	720	870	1.020
13.2	Kauf-/Warenhäuser	930	1.035	1.320	1.585	1.850
13.3	Autohäuser ohne Werkstatt	665	735	940	1.240	1.480

		Standardstufe				
		1	2	3	4	5
14.1	Einzelgaragen/Mehrfachgaragen[3]		245		485	780
14.2	Hochgaragen[4]		480		655	780
14.3	Tiefgaragen[4]		560		715	850
14.4	Nutzfahrzeuggaragen		530		680	810
14.5	Carports			190		

[3] Standardstufe 1–3: Fertiggaragen; Standardstufe 4: Garagen in Massivbauweise; Standardstufe 5: individuelle Garagen in Massivbauweise mit besonderen Ausführungen wie Ziegeldach, Gründach, Bodenbeläge, Fliesen o. ä., Wasser, Abwasser und Heizung

[4] Umrechnungsfaktor hinsichtlich der Brutto-Grundfläche (BGF) für Tief- und Hochgaragen: BGF = tatsächliche Stellplatzfläche (Länge x Breite) x 1,55

		Standardstufe				
		1	2	3	4	5
15.1	Betriebs-/Werkstätten, eingeschossig	685	760	970	1.165	1.430
15.2	Betriebs-/Werkstätten, mehrgeschossig ohne Hallenanteil	640	715	910	1.090	1.340
15.3	Betriebs-/Werkstätten, mehrgeschossig, hoher Hallenanteil	435	485	620	860	1.070
15.4	Industrielle Produktionsgebäude, Massivbauweise	670	745	950	1.155	1.440
15.5	Industrielle Produktionsgebäude, überwiegend Skelettbauweise	495	550	700	965	1.260

		Standardstufe				
		1	2	3	4	5
16.1	Lagergebäude ohne Mischnutzung, Kaltlager	245	275	350	490	640
16.2	Lagergebäude mit bis zu 25 % Mischnutzung[5]	390	430	550	690	880
16.3	Lagergebäude mit mehr als 25 % Mischnutzung[5]	625	695	890	1.095	1.340

[5] Lagergebäude mit Mischnutzung sind Gebäude mit einem überwiegenden Anteil an Lagernutzung und einem geringeren Anteil an anderen Nutzungen wie Büro, Sozialräume, Ausstellungs- oder Verkaufsflächen etc.

		Standardstufe				
		1	2	3	4	5
17.1	Museen	1.325	1.475	1.880	2.295	2.670
17.2	Theater	1.460	1.620	2.070	2.625	3.680
17.3	Sakralbauten	1.185	1.315	1.510	2.060	2.335
17.4	Friedhofsgebäude	1.035	1.150	1.320	1.490	1.720

		Standardstufe				
		1	2	3	4	5
18.1	Reithallen		235		260	310
18.2	ehemalige landwirtschaftliche Mehrzweckhallen, Scheunen, u. Ä.		245		270	350

19	**Teileigentum** Teileigentum ist in Abhängigkeit von der baulichen Gestaltung den vorstehenden Gebäudearten zuzuordnen.

20	**Auffangklausel** Regelherstellungskosten für nicht aufgeführte Gebäudearten sind aus den Regelherstellungskosten vergleichbarer Gebäudearten abzuleiten.

III. Beschreibung der Gebäudestandards

Die Beschreibung der Gebäudestandards ist beispielhaft und dient der Orientierung. Sie kann nicht alle in der Praxis auftretenden Standardmerkmale aufführen. Es müssen nicht alle aufgeführten Merkmale zutreffen. Die in der Tabelle angegebenen Jahreszahlen beziehen sich auf die im jeweiligen Zeitraum gültigen Wärmeschutzanforderungen; in Bezug auf das konkrete Bewertungsobjekt ist zu prüfen, ob von diesen Wärmeschutzanforderungen abgewichen wird. Die Beschreibung der Gebäudestandards basiert auf dem Bezugsjahr der Normalherstellungskosten (2010).

1-5.1	①1.01-3.33	**Ein- und Zweifamilienhäuser**
	②4.1-5.1	**Wohnungseigentum und vergleichbares Teileigentum in Mehrfamilienhäusern (ohne Tiefgaragenplatz)/Mehrfamilienhäuser sowie gemischt genutzte Grundstücke (Wohnhäuser mit Mischnutzung)**

	Standardstufe					Wägungs-anteil
	1	2	3	4	5	
	nicht zeitgemäß		zeitgemäß			
	einfachst	einfach	Basis	gehoben	aufwendig	
Außenwände	Holzfachwerk, Ziegelmauerwerk; Fugenglattstrich, Putz, Verkleidung mit Faserzementplatten, Bitumenschindeln oder einfachen Kunststoffplatten; kein oder deutlich nicht zeitgemäßer Wärmeschutz (vor ca. 1980)	ein-/zweischaliges Mauerwerk, z. B. Gitterziegel oder Hohlblocksteine; verputzt und gestrichen oder Holzverkleidung; nicht zeitgemäßer Wärmeschutz (vor ca. 1995)	ein-/zweischaliges Mauerwerk, z. B. aus Leichtziegeln, Kalksandsteinen, Gasbetonsteinen; Edelputz; Wärmedämmverbundsystem oder Wärmedämmputz (nach ca. 1995)	Verblendmauerwerk, zweischalig, hinterlüftet, Vorhangfassade (z. B. Naturschiefer); Wärmedämmung (nach ca. 2005)	aufwendig gestaltete Fassaden mit konstruktiver Gliederung (Säulenstellungen, Erker etc.), Sichtbeton-Fertigteile, Natursteinfassade, Elemente aus Kupfer-/Eloxalblech, mehrgeschossige Glasfassaden; hochwertigste Dämmung (z. B. Passivhausstandard)	23
Dach	Dachpappe, Faserzementplatten/Wellplatten; keine bis geringe Dachdämmung	einfache Betondachsteine oder Tondachziegel, Bitumenschindeln; nicht zeitgemäße Dachdämmung (vor ca. 1995)	Faserzement-Schindeln, beschichtete Betondachsteine und Tondachziegel, Folienabdichtung; Dachdämmung (nach ca. 1995); Rinnen und Fallrohre aus Zinkblech;	glasierte Tondachziegel, Flachdachausbildung tlw. als Dachterrassen; Konstruktion in Brettschichtholz, schweres Massivflachdach; besondere Dachformen, z. B. Mansarden-, Walmdach; Aufsparrendämmung, überdurchschnittliche Dämmung (nach ca. 2005)	hochwertige Eindeckung, z. B. aus Schiefer oder Kupfer, Dachbegrünung, befahrbares Flachdach; hochwertigste Dämmung (z. B. Passivhausstandard); Rinnen und Fallrohre aus Kupfer ①aufwendig gegliederte Dachlandschaft, sichtbare Bogendachkonstruktionen	15

	Standardstufe					Wägungs-anteil
	1	2	3	4	5	
	nicht zeitgemäß		zeitgemäß			
	einfachst	einfach	Basis	gehoben	aufwendig	
Fenster und Außentüren	Einfachverglasung; einfache Holztüren	Zweifachverglasung (vor ca. 1995); Haustür mit nicht zeitgemäßem Wärmeschutz (vor ca. 1995)	Zweifachverglasung (nach ca. 1995), Rollläden (manuell); Haustür mit zeitgemäßem Wärmeschutz (nach ca. 1995)	Dreifachverglasung, Sonnenschutzglas, aufwendigere Rahmen, Rollläden (elektr.); höherwertige Türanlage z. B. mit Seitenteil, besonderer Einbruchschutz	große, feststehende Fensterflächen, Spezialverglasung (Schall- und Sonnenschutz); Außentüren in hochwertigen Materialien	11
Innenwände und -türen	Fachwerkwände, einfache Putze/Lehmputze, einfache Kalkanstriche; Füllungstüren, gestrichen, mit einfachen Beschlägen ohne Dichtungen	massive tragende Innenwände, nicht tragende Wände in Leichtbauweise (z. B. Holzständerwände mit Gipskarton), Gipsdielen; leichte Türen, Stahlzargen	nicht tragende Innenwände in massiver Ausführung bzw. mit Dämmmaterial gefüllte Ständerkonstruktionen; schwere Türen ①Holzzargen	Sichtmauerwerk; Massivholztüren, Schiebetürelemente, Glastüren, strukturierte Türblätter ①Wandvertäfelungen (Holzpaneele)	gestaltete Wandabläufe (z. B. Pfeilervorlagen, abgesetzte oder geschwungene Wandpartien); Brandschutzverkleidung; raumhohe aufwendige Türelemente ①Vertäfelungen (Edelholz, Metall), Akkustikputz	11
Deckenkonstruktion und Treppen	Holzbalkendecken ohne Füllung, Spalierputz; Weichholztreppen in einfacher Art und Ausführung; kein Trittschallschutz ①Weichholztreppen in einfacher Art und Ausführung; kein Trittschallschutz	Holzbalkendecken mit Füllung, Kappendecken; Stahl- oder Hartholztreppen in einfacher Art und Ausführung ①Stahl- oder Hartholztreppen in einfacher Art und Ausführung	①Beton- und Holzbalkendecken mit Tritt- und Luftschallschutz (z. B. schwimmender Estrich); geradläufige Treppen aus Stahlbeton oder Stahl, Harfentreppe, Trittschallschutz ②Betondecken mit Tritt- und Luftschallschutz (z. B. schwimmender Estrich); einfacher Putz	①Decken mit größerer Spannweite, Deckenverkleidung (Holzpaneele/Kassetten); gewendelte Treppen aus Stahlbeton oder Stahl, Hartholztreppenanlage in besserer Art und Ausführung ②zusätzlich Deckenverkleidung	Deckenvertäfelungen (Edelholz, Metall) ①Decken mit großen Spannweiten, gegliedert; breite Stahlbeton-, Metall- oder Hartholztreppenanlage mit hochwertigem Geländer	11
Fußböden	ohne Belag	Linoleum-, Teppich-, Laminat- und PVC-Böden einfacher Art und Ausführung	Linoleum-, Teppich-, Laminat- und PVC-Böden besserer Art und Ausführung, Fliesen, Kunststeinplatten	Natursteinplatten, Fertigparkett, hochwertige Fliesen, Terrazzobelag, hochwertige Massivholzböden auf gedämmter Unterkonstruktion	hochwertiges Parkett, hochwertige Natursteinplatten, hochwertige Edelholzböden auf gedämmter Unterkonstruktion	5

	Standardstufe					Wägungs-anteil
	1	2	3	4	5	
	nicht zeitgemäß		zeitgemäß			
	einfachst	einfach	Basis	gehoben	aufwendig	
Sanitär-einrichtungen	einfaches Bad mit Stand-WC; Installation auf Putz; Ölfarbenanstrich, einfache PVC-Bodenbeläge	1 Bad mit WC, Dusche oder Badewanne; einfache Wand- und Bodenfliesen, teilweise gefliest	Wand- und Bodenfliesen, raumhoch gefliest; Dusche und Badewanne ①1 Bad mit WC, Gäste-WC ②1 Bad mit WC je Wohn-einheit	1–2 Bäder (②je Wohn-einheit) mit tlw. zwei Waschbecken, tlw. Bidet/ Urinal, Gäste-WC, boden-gleiche Dusche; Wand- und Bodenfliesen; jeweils in gehobener Qualität	hochwertige Wand- und Bodenplatten (oberflächen-strukturiert, Einzel- und Flächendekors) ①mehrere großzügige, hochwertige Bäder, Gäste-WC; ②2 und mehr Bäder je Wohneinheit	9
Heizung	Einzelöfen, Schwerkraft-heizung	Fern- oder Zentralheizung, einfache Warmluftheizung, einzelne Gasaußenwand-thermen, Nachtstrom-speicher-, Fußboden-heizung (vor ca. 1995)	elektronisch gesteuerte Fern- oder Zentralheizung, Niedertemperatur- oder Brennwertkessel	Fußbodenheizung, Solar-kollektoren für Warm-wassererzeugung ①zusätzlicher Kamin-anschluss	Solarkollektoren für Warm-wassererzeugung und Heizung, Blockheizkraft-werk, Wärmepumpe, Hybrid-Systeme ①aufwendige zusätzliche Kaminanlage	9
Sonstige technische Ausstattung	sehr wenige Steckdosen, Schalter und Sicherungen, kein Fehlerstromschutz-schalter (FI-Schalter), Leitungen teilweise auf Putz	wenige Steckdosen, Schalter und Sicherungen	zeitgemäße Anzahl an Steckdosen und Licht-auslässen, Zählerschrank (ab ca. 1985) mit Unter-verteilung und Kipp-sicherungen	zahlreiche Steckdosen und Lichtauslässe, hochwertige Abdeckungen, dezentrale Lüftung mit Wärme-tauscher, mehrere LAN- und Fernsehanschlüsse ②Personenaufzugsanlagen	Video- und zentrale Alarm-anlage, zentrale Lüftung mit Wärmetauscher, Klima-anlage, Bussystem ②aufwendige Personen-aufzugsanlagen	6

5.2-17.4	③5.2-6.1	**Banken und ähnliche Geschäftshäuser, Bürogebäude/Verwaltungsgebäude**
	④7.1-8.3	**Gemeindezentren/Vereinsheime, Saalbauten/Veranstaltungsgebäude, Kindergärten, Schulen**
	⑤9.1-11.1	**Wohnheime, Alten-/Pflegeheime, Krankenhäuser, Tageskliniken, Beherbergungsstätten, Hotels, Verpflegungseinrichtungen**
	⑥12.1-12.4	**Sporthallen, Tennishallen, Freizeitbäder/Kur- und Heilbäder**
	⑦13.1-13.3	**Verbrauchermärkte, Kauf-/Warenhäuser, Autohäuser**
	⑧15.1-16.3	**Betriebs-/Werkstätten, Produktionsgebäude, Lagergebäude**
	⑨17.1-17.4	**Museen, Theater, Sakralbauten, Friedhofsgebäude**

	Standardstufe				
	1	2	3	4	5
	nicht zeitgemäß		zeitgemäß		
	einfachst	einfach	Basis	gehoben	aufwendig
Außenwände	Mauerwerk mit Putz oder mit Fugenglattstrich und Anstrich; einfache Wände, Holz-, Blech-, Faserzementbekleidung, Bitumenschindeln oder einfache Kunststoffplatten; kein oder deutlich nicht zeitgemäßer Wärmeschutz (vor ca. 1980)	ein-/zweischaliges Mauerwerk, z. B. Gitterziegel oder Hohlblocksteine; verputzt und gestrichen oder Holzverkleidung; einfache Metall-Sandwichelemente; nicht zeitgemäßer Wärmeschutz (vor ca. 1995)	Wärmedämmverbundsystem oder Wärmedämmputz (nach ca. 1995); ein-/zweischalige Konstruktion, z. B. Mauerwerk aus Leichtziegeln, Kalksandsteinen, Gasbetonsteinen; Edelputz; gedämmte Metall-Sandwichelemente	Verblendmauerwerk, zweischalig, hinterlüftet, Vorhangfassade (z. B. Naturschiefer); Wärmedämmung (nach ca. 2005)	Sichtbeton-Fertigteile, Natursteinfassade, Elemente aus Kupfer-/Eloxalblech, mehrgeschossige Glasfassaden; stark überdurchschnittliche Dämmung ③④⑤⑥⑦aufwendig gestaltete Fassaden mit konstruktiver Gliederung (Säulenstellungen, Erker etc.) ③Vorhangfassade aus Glas
Konstruktion⑧	Holzkonstruktion in nicht zeitgemäßer statischer Ausführung	Mauerwerk, Stahl- oder Stahlbetonkonstruktion in nicht zeitgemäßer statischer Ausführung	Stahl- und Betonfertigteile	überwiegend Betonfertigteile; große stützenfreie Spannweiten; hohe Deckenhöhen; hohe Belastbarkeit der Decken und Böden	größere stützenfreie Spannweiten; hohe Deckenhöhen; höhere Belastbarkeit der Decken und Böden
Dach	Dachpappe, Faserzementplatten/Wellplatten, Blecheindeckung; kein Unterdach; keine bis geringe Dachdämmung	einfache Betondachsteine oder Tondachziegel, Bitumenschindeln; nicht zeitgemäße Dachdämmung (vor ca. 1995)	Faserzement-Schindeln, beschichtete Betondachsteine und Tondachziegel, Folienabdichtung; Dachdämmung (nach ca. 1995); Rinnen und Fallrohre aus Zinkblech	besondere Dachformen; überdurchschnittliche Dämmung (nach ca. 2005) ③④⑤⑥⑦glasierte Tondachziegel ③⑧schweres Massivflachdach ⑨Biberschwänze	hochwertige Eindeckung z. B. aus Schiefer oder Kupfer; Dachbegrünung; aufwendig gegliederte Dachlandschaft ③④⑤befahrbares Flachdach ③④stark überdurchschnittliche Dämmung ⑤⑥⑦⑧hochwertigste Dämmung

	Standardstufe				
	1	2	3	4	5
	nicht zeitgemäß		zeitgemäß		
	einfachst	einfach	Basis	gehoben	aufwendig
Fenster- und Außentüren	Einfachverglasung; einfache Holztüren	Isolierverglasung, Zweifachverglasung (vor ca. 1995); Eingangstüren mit nicht zeitgemäßem Wärmeschutz (vor ca. 1995)	Zweifachverglasung (nach ca. 1995) ⑤nur Wohnheime, Altenheime, Pflegeheime, Krankenhäuser und Tageskliniken: Automatik-Eingangstüren ⑨kunstvoll gestaltetes farbiges Fensterglas, Ornamentglas	Dreifachverglasung, Sonnenschutzglas, aufwendigere Rahmen ③④⑥⑦⑧höherwertige Türanlagen ⑤nur Beherbergungsstätten und Verpflegungseinrichtungen: Automatik-Eingangstüren ⑨besonders große kunstvoll gestaltete farbige Fensterflächen	große, feststehende Fensterflächen, Spezialverglasung (Schall- und Sonnenschutz) ③④⑦⑧Außentüren in hochwertigen Materialien ③Automatiktüren ⑥Automatik-Eingangstüren ⑨Bleiverglasung mit Schutzglas, farbige Maßfenster
Innenwände und -türen	Fachwerkwände, einfache Putze/Lehmputze, einfache Kalkanstriche; Füllungstüren, gestrichen, mit einfachen Beschlägen ohne Dichtungen	massive tragende Innenwände, nicht tragende Wände in Leichtbauweise (z. B. Holzständerwände mit Gipskarton), Gipsdielen; leichte Türen, Kunststoff-/Holztürblätter, Stahlzargen	④⑤⑥⑦nicht tragende Innenwände in massiver Ausführung bzw. mit Dämmmaterial gefüllte Ständerkonstruktionen ⑤⑥⑦schwere Türen ③nicht tragende Innenwände in massiver Ausführung; schwere Türen ④schwere und große Türen ⑤nur Wohnheime, Altenheime, Pflegeheime, Krankenhäuser und Tageskliniken: Automatik-Flurzwischentüren; rollstuhlgerechte Bedienung ⑧Anstrich	③④⑤⑥⑦Sichtmauerwerk ③④Massivholztüren, Schiebetürelemente, Glastüren ③Innenwände für flexible Raumkonzepte (größere statische Spannweiten der Decken) ⑤nur Beherbergungsstätten und Verpflegungseinrichtungen: Automatik-Flurzwischentüren; rollstuhlgerechte Bedienung ⑥rollstuhlgerechte Bedienung ⑧tlw. gefliest, Sichtmauerwerk; Schiebetürelemente, Glastüren ⑨schmiedeeiserne Türen	③④⑤⑥⑦gestaltete Wandabläufe (z. B. Pfeilervorlagen, abgesetzte oder geschwungene Wandpartien) ④Vertäfelungen (Edelholz, Metall), Akustikputz ③Wände aus großformatigen Glaselementen, Akustikputz, tlw. Automatiktüren, rollstuhlgerechte Bedienung ④raumhohe aufwendige Türelemente; tlw. Automatiktüren, rollstuhlgerechte Bedienung ⑤⑥⑦Akustikputz, raumhohe aufwendige Türelemente ⑦rollstuhlgerechte Bedienung, Automatiktüren ⑧überwiegend gefliest; Sichtmauerwerk; gestaltete Wandabläufe

	Standardstufe				
	1	2	3	4	5
	nicht zeitgemäß		zeitgemäß		
	einfachst	einfach	Basis	gehoben	aufwendig
Decken-konstruktion und Treppen	Weichholztreppen in einfacher Art und Ausführung; kein Trittschallschutz ③④⑤Holzbalkendecken ohne Füllung, Spalierputz	Stahl- oder Hartholztreppen in einfacher Art und Ausführung ③④⑤⑦⑧⑨Holzbalkendecken mit Füllung, Kappendecken	③④⑤⑦Betondecken mit Tritt- und Luftschallschutz; einfacher Putz ③④abgehängte Decken ⑤⑦Deckenverkleidung ⑥Betondecke	③höherwertige abgehängte Decken ④⑤⑥⑦Decken mit großen Spannweiten ④Deckenverkleidung	hochwertige breite Stahl-beton-/Metalltreppenanlage mit hochwertigem Geländer ③⑦Deckenvertäfelungen (Edelholz, Metall) ④⑤⑥⑦Decken mit größeren Spannweiten
Fußböden	ohne Belag	Linoleum-, Teppich-, Laminat- und PVC-Böden einfacher Art und Ausführung ⑨Holzdielen	③④⑤⑦Fliesen, Kunststein-platten ③④Linoleum- oder Teppich-Böden besserer Art und Ausführung ⑤⑦Linoleum- oder PVC-Böden besserer Art und Ausführung ⑥nur Sporthallen: Beton, Asphaltbeton, Estrich oder Gussasphalt auf Beton; Teppichbelag, PVC; nur Freizeitbäder/Heilbäder: Fliesenbelag ⑧Beton ⑨Betonwerkstein, Sandstein	③⑤⑦Natursteinplatten, hochwertige Fliesen, Terrazzobelag, hochwertige Massivholzböden auf gedämmter Unterkonstruk-tion ③⑦Fertigparkett ⑥nur Sporthallen: hoch-wertigere flächenstatische Fußbodenkonstruktion, Spezialteppich mit Gummi-granulatauflage; hoch-wertigerer Schwingboden ⑧Estrich, Gussasphalt	③④⑤⑦hochwertiges Parkett, hochwertige Naturstein-platten, hochwertige Edel-holzböden auf gedämmter Unterkonstruktion ⑥nur Sporthallen: hoch-wertigste flächenstatische Fußbodenkonstruktion, Spezialteppich mit Gummi-granulatauflage; hoch-wertigster Schwingboden; nur Freizeitbäder/Heilbäder: hochwertiger Fliesenbelag und Natursteinboden ⑧beschichteter Beton oder Estrichboden; Betonwerk-stein, Verbundpflaster ⑨Marmor, Granit
Sanitär-einrichtungen	einfache Toilettenanlagen (Stand-WC); Installation auf Putz; Ölfarbenanstrich, einfache PVC-Bodenbeläge, WC und Bäderanlage geschossweise	Toilettenanlagen in einfacher Qualität; Installation unter Putz; WCs und Duschräume je Geschoss; einfache Wand- und Bodenfliesen, tlw. gefliest	Sanitäreinrichtung in Standard-Ausführung ③④ausreichende Anzahl von Toilettenräumen ⑤mehrere WCs und Dusch-bäder je Geschoss; Wasch-becken im Raum ⑥wenige Toilettenräume und Duschräume bzw. Wasch-räume	Sanitäreinrichtung in besserer Qualität ③④höhere Anzahl Toiletten-räume ⑤je Raum ein Duschbad mit WC nur Wohnheime, Altenheime, Pflegeheime, Krankenhäuser und Tageskliniken: behindertengerecht	Sanitäreinrichtung in gehobener Qualität ③④großzügige Toiletten-anlagen jeweils mit Sanitär-einrichtung in gehobener Qualität ⑤je Raum ein Duschbad mit WC in guter Ausstattung; nur Wohnheime, Altenheime, Pflegeheime, Krankenhäuser

	Standardstufe				
	1	2	3	4	5
	nicht zeitgemäß		zeitgemäß		
	einfachst	einfach	Basis	gehoben	aufwendig
			⑦⑧wenige Toilettenräume	⑥ausreichende Anzahl von Toilettenräumen und Duschräumen ⑦⑧ausreichende Anzahl von Toilettenräumen	und Tageskliniken: behindertengerecht ⑥großzügige Toilettenanlagen und Duschräume mit Sanitäreinrichtung in gehobener Qualität ⑦großzügige Toilettenanlagen mit Sanitäreinrichtung in gehobener Qualität ⑧großzügige Toilettenanlagen
Heizung	Einzelöfen, Schwerkraftheizung, dezentrale Warmwasserversorgung ⑨Elektroheizung im Gestühl	Zentralheizung mit Radiatoren (Schwerkraftheizung); einfache Warmluftheizung, mehrere Ausblasöffnungen; Lufterhitzer mit Wärmetauscher mit zentraler Kesselanlage, Fußbodenheizung (vor ca. 1995) ⑨einfache Warmluftheizung, eine Ausblasöffnung	elektronisch gesteuerte Fern- oder Zentralheizung, Niedertemperatur- oder Brennwertkessel	Solarkollektoren für Warmwassererzeugung ③④⑥⑦⑧Fußbodenheizung ⑧zusätzlicher Kaminanschluss	Solarkollektoren für Warmwassererzeugung und Heizung, Blockheizkraftwerk, Wärmepumpe, Hybrid-Systeme ③④⑤⑦Klimaanlage ⑧Kaminanlage
Sonstige technische Ausstattung	sehr wenige Steckdosen, Schalter und Sicherungen, kein Fehlerstromschutzschalter (FI-Schalter), Leitungen auf Putz, einfache Leuchten	wenige Steckdosen, Schalter und Sicherungen, Installation unter Putz	③④⑦zeitgemäße Anzahl an Steckdosen und Lichtauslässen, Zählerschrank (ab ca. 1985) mit Unterverteilung und Kippsicherungen; Kabelkanäle; Blitzschutz ⑤⑥⑧zeitgemäße Anzahl an Steckdosen und Lichtauslässen; Blitzschutz ⑤⑦Personenaufzugsanlagen ⑧Teeküchen	zahlreiche Steckdosen und Lichtauslässe, hochwertige Abdeckungen ③④⑤⑦⑧dezentrale Lüftung mit Wärmetauscher ⑥Lüftung mit Wärmetauscher ③⑤mehrere LAN- und Fernsehanschlüsse ③④⑦hochwertige Beleuchtung; Doppelboden mit Bodentanks zur Verkabelung; ausreichende Anzahl von LAN-Anschlüssen	Video- und zentrale Alarmanlage, Klimaanlage, Bussystem ③④⑤⑦⑧zentrale Lüftung mit Wärmetauscher ⑦Doppelboden mit Bodentanks zur Verkabelung ③aufwendige Personenaufzugsanlagen ⑤⑦⑧aufwendige Aufzugsanlagen ⑧Küchen, Kantinen

	Standardstufe				
	1	2	3	4	5
	nicht zeitgemäß		zeitgemäß		
	einfachst	einfach	Basis	gehoben	aufwendig
				③Messverfahren von Verbrauch, Regelung von Raumtemperatur und Raumfeuchte ③④⑦Sonnenschutzsteuerung ③④elektronische Zugangskontrolle; Personenaufzugsanlagen ④⑦Messverfahren von Raumtemperatur, Raumfeuchte, Verbrauch, Einzelraumregelung ⑧Kabelkanäle; kleinere Einbauküchen mit Kochgelegenheit, Aufenthaltsräume; Aufzugsanlagen	

14.2-14.4	14.2-14.4 Hoch-, Tief- und Nutzfahrzeuggaragen

	Standardstufe		
	1-3	4	5
	Basis	gehoben	aufwendig
Außenwände	offene Konstruktion	Einschalige Konstruktion	aufwendig gestaltete Fassaden mit konstruktiver Gliederung (Säulenstellungen, Erker etc.)
Konstruktion	Stahl- und Betonfertigteile	überwiegend Betonfertigteile; große stützenfreie Spannweiten	größere stützenfreie Spannweiten
Dach	Flachdach, Folienabdichtung	Flachdachausbildung; Wärmedämmung	befahrbares Flachdach (Parkdeck)
Fenster und Außentüren	einfache Metallgitter	begrünte Metallgitter, Glasbausteine	Außentüren in hochwertigen Materialien
Fußböden	Beton	Estrich, Gussasphalt	beschichteter Beton oder Estrichboden

	Standardstufe		
	1-3	4	5
	Basis	gehoben	aufwendig
Sonstige technische Ausstattung	Strom- und Wasseranschluss; Löschwasseranlage; Treppenhaus; Brandmelder	Sprinkleranlage; Rufanlagen; Rauch- und Wärmeabzugsanlagen; mechanische Be- und Entlüftungsanlagen; Parksysteme für zwei PKWs übereinander; Personenaufzugsanlagen	Video- und zentrale Alarmanlage; Beschallung; Parksysteme für drei oder mehr PKWs übereinander; aufwendigere Aufzugsanlagen

18.1-18.2	**⑩18.1 Reithallen**
	①①18.2 Ehemalige landwirtschaftliche Mehrzweckhallen, Scheunen u. Ä.

	Standardstufe		
	1-3	4	5
	Basis	gehoben	aufwendig
Außenwände	Holzfachwerkwand; Holzstützen, Vollholz; Brettschalung oder Profilblech auf Holz-Unterkonstruktion	Kalksandstein- oder Ziegel-Mauerwerk; Metallstützen, Profil; Holz-Blockbohlen zwischen Stützen, Wärmedämmverbundsystem, Putz	Betonwand, Fertigteile, mehrschichtig; Stahlbetonstützen, Fertigteil; Kalksandstein-Vormauerung oder Klinkerverblendung mit Dämmung
Dach	Holzkonstruktionen, Nagelbrettbinder; Bitumenwellplatten, Profilblech	Stahlrahmen mit Holzpfetten; Faserzementwellplatten; Hartschaumplatten	Brettschichtholzbinder; Betondachsteine oder Dachziegel; Dämmung mit Profilholz oder Paneelen
Fenster und Außentüren bzw. -tore	Lichtplatten aus Kunststoff ⑩Holz-Brettertüren ①①Holztore	Kunststofffenster ⑩Windnetze aus Kunststoff, Jalousien mit Motorantrieb ①①Metall-Sektionaltore	Türen und Tore mehrschichtig mit Wärmedämmung, Holzfenster, hoher Fensteranteil
Innenwände	keine	tragende bzw. nicht tragende Innenwände aus Holz; Anstrich	tragende bzw. nicht tragende Innenwände als Mauerwerk; Sperrholz, Gipskarton, Fliesen
Deckenkonstruktionen	keine	Holzkonstruktionen über Nebenräumen; Hartschaumplatten	Stahlbetonplatte über Nebenräumen; Dämmung mit Profilholz oder Paneelen
Fußböden	⑩Tragschicht: Schotter, Trennschicht: Vlies, Tretschicht: Sand ①①Beton-Verbundsteinpflaster	⑩zusätzlich/alternativ: Tragschicht: Schotter, Trennschicht: Kunststoffgewebe, Tretschicht: Sand und Holzspäne ①①zusätzlich/alternativ: Stahlbetonplatte	⑩Estrich auf Dämmung, Fliesen oder Linoleum in Nebenräumen; zusätzlich/alternativ: Tragschicht: Schotter, Trennschicht: Kunststoffplatten, Tretschicht: Sand und Textilflocken, Betonplatte im Bereich der Nebenräume ①①zusätzlich/alternativ: Oberfläche maschinell geglättet, Anstrich

	Standardstufe		
	1-3	4	5
	Basis	gehoben	aufwendig
baukonstruktive Einbauten⑩	⑩Reithallenbande aus Nadelholz zur Abgrenzung der Reitfläche	⑩zusätzlich/alternativ: Vollholztafeln fest eingebaut	⑩zusätzlich/alternativ: Vollholztafeln, Fertigteile zum Versetzen
Abwasser-, Wasser-, Gasanlagen	Regenwasserableitung	zusätzlich/alternativ: Abwasserleitungen, Sanitärobjekte (einfache Qualität)	zusätzlich/alternativ: Sanitärobjekte (gehobene Qualität), Gasanschluss
Wärmeversorgungsanlagen	keine	Raumheizflächen in Nebenräumen, Anschluss an Heizsystem	zusätzlich/alternativ: Heizkessel
lufttechnische Anlagen	keine	Firstentlüftung	Be- und Entlüftungsanlage
Starkstrom-Anlage	Leitungen, Schalter, Dosen, Langfeldleuchten	zusätzlich/alternativ: Sicherungen und Verteilerschrank	zusätzlich/alternativ: Metall-Dampfleuchten
nutzungsspezifische Anlagen	keine	⑩Reitbodenbewässerung (einfache Ausführung) ①①Schüttwände aus Holz zwischen Stahlstützen, Trocknungsanlage für Getreide	⑩Reitbodenbewässerung (komfortable Ausführung) ①①Schüttwände aus Beton-Fertigteilen

3.4 Weitere Normalherstellungskosten

3.4.1 Normalherstellungskosten für besondere Bauteile und Einrichtungen (Preisbasis: 2010) einschließlich Umsatzsteuer und Baunebenkosten

Quelle: GuG-K, 68-70

	Gewerke	Kosten	Einheit
1	**Treppen**		
	Hauseingangstreppe		
	bis 5 Stufen pauschal	570–1.100	€/Stück
	bis 10 Stufen pauschal	750–1.600	€/Stück
	Zuschlag bei Klinkerbelag	50	%
	Zuschlag bei Natursteinbelag	100	%
	Freitreppe	40–80	€/Stufe
	Kelleraußentreppe,		
	(einschließlich Tür, Geländer, Handlauf)	1.500–5.000	€/Stück
	Außentreppe mit mehr als 3 Stufen*		
	(b= 1 m; Beton mit Belag)	400	€/Stufe
2	**Balkon**, soweit nicht in BGF enthalten		
	Balkon* einschließlich Geländer, ISO-Korb		
	Grundbetrag	1000	€/Stück
	zuzüglich Dämmung, Abdichtung und Belag	750	€/m²
	Kragplatte, Isolierung, Geländer, Dämmung, Fliesenbelag		
	Balkon pauschal bis 10 m²	2.800–5.700	€/Stück
	Balkon pauschal größer als 10 m²	4.500–8.000	€/Stück
	Balkon aus Stahlbeton, Stahlgeländer	600	€/m²
	Balkonplatte (mit keramischem Belag,		
	Abdichtung, ohne Brüstung)	ab 280	€/m²
3	**Kellerlichtschacht**		
	Beton oder gemauert bis 100/40 cm	bis 1.000	€/Stück
	Beton oder gemauert bis 200/40 cm	850–1.150	€/Stück
	Kunststoff (pauschal)	230–550	€/Stück
4	**Eingangsvorbauten/Vordächer**, soweit nicht in BGF enthalten		
	Stahl/Zink	150	€/m²
	Stahl/Glas	350	€/m²
	Stahl/Edelstahl	300	€/m²
	Stahlkonstruktion auf Stützen	1.150–3.400	€/Stück
	Holzkonstruktion	550–1.700	€/Stück
	Massiv ein- und zweiseitig offen (bis 10 m² BGF)	3.400–16.000	€/Stück
	Leichtmetallkonstruktion (bis 10 m² BGF)	1.700–11.000	€/Stück
	geschlossene Leichtmetallkonstruktion		
	(bis 10 m² BGF)	bis 17.000	€/Stück
	Vordach (Stahltragewerk/Trapezprofil)	140	€/m²
5	**Gartenterrasse**		
	Waschbetonplatten (10–20 m²)	1.700–3.400	€/Stück
	Fliesen/Klinkerplatten (10–20 m²)	1.900–3.700	€/Stück
	Bruchsteinplatten (10–20 m²)	2.000–4.000	€/Stück
	Gartenterrasse	280	€/m²
	Waschbetonplatten (40 x 40 cm)	60	€/m²
	Betonplatte (40 cm x 40 cm)	50	€/m²
	Kunststeinplatten (Betonwerkstein)	65	€/Stück
	Keramischer Belag (einschließlich Betonunterbau)	100	€/Stück

	Gewerke	Kosten	Einheit
6	**Markise**		
	Pauschal	650–4.000	€/Stück
	Breite bis 2,5 m	650	€/Stück
	Breite bis 5 m	4.000	€/Stück
7	**Dachterrasse**		
	bis 10 m^2	2.800–5.500	€/Stück
	über 10 m^2 in angemessener Größe bezogen auf Baulichkeit	bis 11.000	€/Stück
	Oberer Spannwert bei hochwertigem Bodenbelag (z.B. Terrakotta, Naturstein) und gemauerter Brüstung		
8	**Gauben** (mehr als 2 m^2 Ansichtsfläche)		
	Flachdachgaube (einschließlich Fenster)*		
	Grundbetrag	1.800	€/Stück
	zuzüglich Ansichtsfläche, Front	1.100	€/m^2
	Schleppdachgaube (einschließlich Fenster)*		
	Grundbetrag	1.900	€/Stück
	zuzüglich Ansichtsfläche, Front	1.200	€/m^2
	Satteldachgaube (einschließlich Fenster)*		
	Grundbetrag	2.100	€/Stück
	zuzüglich Ansichtsfläche, Front	1.400	€/m^2
	Steildachgaube, Wangengaube	2.300–6.000	€/Stück
	Fledermausgaube	3.400–6.000	€/Stück
9	**Wintergarten**, soweit nicht in BGF enthalten		
	Leichtmetallkonstruktion bis 20 m^2	11.000–23.000	€/Stück
	Leichtmetallkonstruktion ab 20 m^2	8.000–23.000	€/Stück
	Untere Spannwerte beziehen sich auf offene Konstruktionen (Loggia)		
10	**Rampen**		
	Garagenabfahrt	120	€/m^2
	Gewerblich mit Unterbau und Entwässerung	170	€/m^2
	Freistehende Rampe (Breite 4,00 m)	bis 170	€/m^2
	Rampe i.V.m. Gebäude	400–450	€/Stück
	auskragende Rampe	60–90	€/m^2
	untermauerte Rampe	70–95	€/m^2
11	**Offener Kamin** (je nach Qualität)	850–6.000	€/Stück
12	**Einbauküche** (je nach Ausstattung des Gebäudes) max. 3 % des Gebäudeherstellungswerts		
	einfach	1.150–2.300	€/Stück
	mittel	2.800–6.000	€/Stück
	gehoben	6.300–17.000	€/Stück
	stark gehoben	8.500–35.000	€/Stück
13	**Whirlpool**		
	Whirlpoolwannen	1.700	€/Stück
	Professionelle Systeme (z.B. Fitnesscenter)	bis 28.000	€/Stück

	Gewerke	Kosten Einheit
14	**Innenschwimmbad**	
	Alternativ: Pauschalzuschlag für Schwimmbadtechnik	
	Pauschal (50–100 m²)	35.000–120.000 €/Stück
15	**Sauna**	2.300–8.500 €/Stück
16	**Satellitenspiegel**	230–550 €/Stück
17	**Alarmanlage**	1.150–12.000 €/Stück
18	**Notstromaggregat 110 kVA**	75.000 €/Stück
19	**Aufzugsanlagen**	
	320 kg (4 Personen, 4 Haltestellen)	45.000 €/Stück
	630 kg (8 Personen, 6 Haltstellen)	55.000 €/Stück
	1.000 kg (13 Personen, 6 Haltestellen)	85.000 €/Stück
	Paternoster (bei 7 Geschossen	180.000 €/Stück
	Bei Aufzügen in Glasschächten erhöhen sich die Angaben um 10 bis 15 %; sowie um 12.000 € je zusätzliches Geschoss	
20	**Rolltreppen** (je Geschosstreppenlauf)	100.000–140.000 €/Stück
21	**Heizöltank** (Erdtank)	
	5.000 ltr.	4.500–6.000 €/Stück
	10.000 ltr.	8.000–11.000 €/Stück
22	**Hundezwinger**	180 €/m²

* Orientierungswerte nach Anl. 4 der SachwertR

Quellen: *Gutachterausschuss Köln; Mittag,* Kostenplanung mit Bauelementen nach DIN; *IVD Berlin-Brandenburg*

3.4.2 Normalherstellungskosten für Außenanlagen (Preisbasis 2010) einschließlich Umsatzsteuer

Quelle: KL-V, 2097 ff.; GuG-K, 64-70

Die angegebenen Werte für die Kosten von Außenanlagen enthalten die geltende Mehrwertsteuer. Die aufgeführten m²- bzw m³-Sätze sind auf Außenanlagen abgestellt, die i.d.R. keine größeren Gewerke sind. Bei größeren Anlagen können die angegebenen Werte wegen rationellerer Arbeitstechniken geringer sein. Die Wertansätze für Bodenaushub beziehen sich je nach Bodenverhältnissen auf nichtbelastete Materialien (Erdreich).

	Gewerke	Kosten
1	**Hausanschlüsse** (Pauschal)	6.800 €
	Kanal (je nach Lage und Bodenverhältnisse)	
	im Straßenbereich	620 €/m
	im Grundstücksbereich	340 €/m
	Stromanschluss	
	bei EFH pauschal	2.850 €
	bei MFH pauschal	4.600 €
	Gasanschluss	
	bei EFH pauschal	1.700 €
	bei MFH pauschal	2.300 €
	Fernwärmeanschluss (ohne Übergabestation)	2.550 €
	Wasseranschluss	4.000 €
	Entwässerungsleitung DN 100	75 €/m
	Einfache Elektroleitung im Garten verlegt	
2	**Erdaushub**	
	Mutterbodenabtrag (30 cm) einschl. Transport und Lagerung	7 €/m²
	Fundamentaushub einschl. Transport und Lagerung	
	Streifenfundament	70 €/m³
	Flächenfundament (30 cm) z. B. für Hoffläche	17 €/m³
	Kiesverfüllung und Verdichtung	28 €/m³
	Fundament (frostfrei)	150 €/m³
	zzgl. Schalung (mittlere Dicke 30 cm)	50 €/m³
	Betonsockel (einschl. Schalung)	340 €/m³
3	**Zisterne**	
	– Einzelgewerk bis 1 – 2 m² (pauschal)	570 €
	– aus Betonringen Ø 1 m T bis 3 m (pauschal	850 €
	Sickerbrunnen mit Einlaufschacht	340 €
	Kläranlage (3 – 4 Kammersystem)	
	– für 4 Personen (pauschal)	4.000 €
	– für 6 Personen (pauschal)	5.700 €
	– für 8 Personen (pauschal)	8.000 €
4	**Hofbefestigung**	
	Schotterfläche	35 m²

	Gewerke		Kosten
	Übertrag		
	Bitumen (Grob- und Feinasphalt 10 + 4 cm)		
	– einfache Garagenhofbefestigung		50 €/m²
	– Bitumen einschl. Unterbau		70 €/m²
	– Bitumen für Schwerlastverkehr inkl. Unterbau, Entwässerung (Industriegrundstücke)		90 €/m²
	Verbundsteine		
	– ohne Unterbau		40 €/m²
	– einschl. Unterbau		55 €/m²
	Betonierte Hoffläche		
	Beton einschl. Unterbau (ab 15 cm stark)		55 €/m²
	Beton einschl. Unterbau mit Fugenteilung		75 €/m²
	Unterbau		17 €/m²
	Kiesverfüllung und Verdichtung		28 €/m²
	Mutterbodeneintrag 30 cm		7 €/m²
5	**Wegebefestigungen**		
	Betonweg (Verdichtung Tiefe 50 cm)		28 €/m²
	Pflasterweg Blaubasalt (Verdichtung Tiefe 50 cm)		85 €/m²
	Verbundsteinpflaster		85 €/m²
6	**Wegeeinfassung**		
	Rasenkantensteine (6 x 25 cm)		17 €/m
	Bordsteine (8 x 25 cm)		28 €/m
7	**Einfriedungen**		
	Jägerzaun (ohne Betonsockel)	h = 0,6 m	40 €/m
		h = 1,0 m	46 €/m
	Jägerzaun (auf Betonsockel)	h = 0,6 m	105 €/m
		h = 1,0 m	120 €/m
	Holzgeflechtzaun		
	ohne Betonsockel	h = 2,0 m	85 €/m
	mit Betonsockel	h = 2,0 m	160 €/m
	Maschendrahtzaun		
	zwischen T-Eisen-Pfosten, in Betonklotz	h = 1,0 m	35 €/m
	Zaun kunststoffummantelt	h = 1,5 m	40 €/m
		h = 2,0 m	50 €/m
	Stahlzaun	h = 2,0 m	170 €/m
	Stahlgitter (runde/eckige Stäbe)	h = 1,0 m	200 €/m
	Eisengitter (verzinkt) auf Betonsockel	h = 1,0 m	330 €/m
	Schmiedeeisernes Gitter		
	– runde/eckige Stäbe	h = 1,0 m	170 €/m
	– ohne Betonsockel	h = 1,0 m	200 €/m
	– mit Betonsockel	h = 1,0 m	285 €/m
	Ziegelsteinmauer auf Fundament		
	0,12 Abdeckung (einschl. Aushub und Schalung)	h = 1,0 m	130 €/m
		h = 1,5 m	155 €/m
		h = 2,0 m	190 €/m
	– 0,25 Abdeckung (einschl. Aushub und Schalung)	h = 1,0 m	190 €/m
		h = 1,5 m	245 €/m
		h = 2,0 m	300 €/m
	Kalksandstein (KS) Mauer auf Fundament		
	0,12 Abdeckung	h = 1,0 m	180 €/m

	Gewerke		Kosten
	Übertrag		
		h = 1,5 m	230 €/m
		h = 2,0 m	275 €/m
	– 0,24 Abdeckung verputzt	h = 1,0 m	245 €/m
		h = 1,5 m	305 €/m
		h = 2,0 m	370 €/m
	Kalksandstein (KS) Sichtmauer auf Fundament		
	– 0,12 Abdeckung	h = 1,0 m	130 €/m
		h = 1,5 m	150 €/m
		h = 2,0 m	190 €/m
	– 0,24 Abdeckung verputzt	h = 1,0 m	190 €/m
		h = 1,5 m	245 €/m
		h = 2,0 m	300 €/m
	Bimsmauer auf Fundament		
	– 0,12 Abdeckung	h = 1,0 m	170 €/m
		h = 1,5 m	210 €/m
		h = 2,0 m	255 €/m
	– 0,24 Abdeckung verputzt	h = 1,0 m	205 €/m
		h = 1,5 m	280 €/m
		h = 2,0 m	340 €/m
	Klinkermauer auf Fundament		
	– 0,12 Abdeckung	h = 1,0 m	155 €/m
		h = 1,5 m	190 €/m
		h = 2,0 m	230 €/m
	– 0,24 Abdeckung verputzt	h = 1,0 m	210 €/m
		h = 1,5 m	300 €/m
		h = 2,0 m	365 €/m
	Waschbetonplatten zwischen Betonpfählen		
	(Fundament)	h = 1,0 m	160 €/m
		h = 1,5 m	210 €/m
		h = 2,0 m	270 €/m
	Gebrochener Beton einschl. Fundament	h = 1,0 m	180 €/m
		h = 1,5 m	240 €/m
		h = 2,0 m	320 €/m
	Betonplatten einschl. Fundament und Abdeckung	h = 1,0 m	140 €/m
		h = 1,5 m	180 €/m
		h = 2,0 m	205 €/m
	Betonmauer 24 cm dick		370 €/m
	Bruchsteinmauer (Plattenstärke 0,12)		
	auf Betonsockel mit	h = 1,0 m	290 €/m
	Abdeckung und verfugen	h = 1,5 m	425 €/m
		h = 2,0 m	535 €/m
	Einfacher Betonsockel		170 €/m
8	**Hecken**		
	Naturhecke (je nach Strauchgut)	h = 2,0 m	55 €/m
9	**Mauerwerke unverfugt und unverputzt**		
	Klinker		370 €/m
	Ziegel Sichtmauerwerk		295 €/m
	Kalksandstein Sichtmauerwerk		270 €/m
	Bimsstein		270 €/m
	Waschbeton (ab 10 cm) bzw. Stahlbeton		
	mit Struktur		115 €/m
	Gebrochener Beton (ab 10 cm), z.B. Betonwaben		140 €/m

	Gewerke		Kosten
	Übertrag		
	Bruchstein		
	unbearbeitet an 0,12 cm stark		215 €/m
	bearbeitet		330 €/m
	Betonplatte (8 cm) oder Stegzementdielen		
	bzw. Pfeiler		75 €/m
	Mauerabdeckung		
	(für mindestens 24 cm Mauerwerk)		50 €/m
	Nebenleistung		
	Verfugen		15 €/m
	Verputzen		40 €/m
10	**Vorgarteneingangstür**		
	Stahlrohrrahmen mit Wellengitterfüllung einflüglig		
	1m x 1m	h = 1,0 m	240 €/Stück
	Schmiedeeisern einflüglig einfach 1m x 1m	h = 1,0 m	340 €/Stück
		h = 1,5 m	455 €/Stück
	Eisengitter verzinkt einflüglig einfach 1m x 1m	h = 1,0 m	400 €/Stück
		h = 1,5 m	510 €/Stück
	Holz einfach 1 m x 1 m	h = 1,0 m	230 €/Stück
		h = 1,5 m	310 €/Stück
11	**Einfahrtstor**		
	Schmiedeeisern doppelflüglig einfach	h = 1,0 m	340 €/Stück
		h = 1,5 m	455 €/Stück
		h = 2,0 m	570 €/Stück
	Eisengitter doppelflügelig einfach	h = 1,0 m	400 €/Stück
		h = 1,5 m	520 €/Stück
		h = 2,0 m	680 €/Stück
	Holz doppelflüglig einfach	h = 1,0 m	230 €/Stück
		h = 1,5 m	310 €/Stück
		h = 2,0 m	400 €/Stück
	Stahlgitter verzinkt		400 €/Stück
12	**Sonstiges**		
	Gartenhaus – einfach		340 €/m² BGF
	– mittel		455 €/m² BGF
	– gehoben		510 €/m² BGF
	Gewächshaus		230 €/m² BGF
	Grillplatz		850 €/Stück
	Teichanlage		8.000 €/Stück

3.4.3 Kosten der Außenanlagen in % der Herstellungskosten nach Gärtner

Quelle: *Gärtner, S., Beurteilung und Bewertung alternativer Planungsentscheidungen im Immobilienbereich mit Hilfe eines Kennzahlensystems, 1. Aufl. 1996*

3

Kosten der Außenanlagen in % der Herstellungskosten nach Gärtner						
Qualifizierung	**Büro- und Verwaltungsgebäude**			**Wohn- und Wohnungsgeschäftsgebäude**		
	niedrig	**mittel**	**hoch**	**niedrig**	**mittel**	**hoch**
Kosten der Außenanlagen in % der Herstellungskosten	3,5	5,5	7,5	5,0	10,0	15,0

Die **Pauschalzuschläge** sind umso größer, je aufwendiger, größer und neuwertiger die Bebauung ist. Bei **neuen Ein- und Zweifamilienhäusern** können die Pauschalsätze höhere Größenordnungen bis zu 10 % einnehmen.

Der Vomhundertsatz ist stets auf den für ein **mängelfreies** Gebäude ermittelten Gebäudesachwert zu beziehen.

3.4.4 Pauschale Ermittlung des Wertanteils baulicher Außenanlagen als Vomhundertsatz des alterswertgeminderten Gebäudewerts

Quelle: KL-V, 2096

Pauschale Ermittlung des Wertanteils baulicher Außenanlagen als Vomhundertsatz des alterswertgeminderten Gebäudewerts				
Kategorie	Beschreibung	Ein- und Zweifamilienhäuser	Wohn- und Geschäftsgebäude	
			3–5-geschossig	> als 5-geschossig
Einfachste Anlagen	Hofflächenbefestigung in geringem Umfang, Gehwegplatten, einfachste Holz- oder Metallzäune	1,0 %–2,0 %	0,5 %–1,0 %	0,25 %–0,5 %
Einfache Anlagen	Hofflächenbefestigung, Gehwegplatten in winterfester Ausführung, gemauerte Einfriedung mit Holz- oder Metallzäunen	2,0 %–4,0 %	1,0 %–2,0 %	0,5 %–1,0 %
Durchschnittliche Anlagen	Großflächig befahrbare Weg- und Hoffläche; Gehwege und Einfriedung in Natur- oder Kunststein	4,0 %–6,0 %	2,0 %–3,0 %	1,0 %–1,5 %
Aufwendige Anlagen	Großflächig befahrbare Weg- und Hoffläche; Gehwege und Einfriedung in Natur- oder Kunststein, Pergola; Stützmauern und Treppenanlagen für Grundstücke mit Höhenunterschieden, Zierteiche	bis 10,0%	bis 5,0 %	bis 2,5 %

3.4.5 Normalherstellungskosten für Kranbahnen (Preisbasis 2000)

Verstärkung der Hallenstützen und -fundamente, Kranbahnschienen, Auflager usw.

Quelle: Thormälen, Baurichtwerte und eigene Berechnungen

Lauf-höhe (m)	Euro bei Belastbarkeit bis max. 10 t Lauflänge von								
	2,5 m	**5,0 m**	**7,5 m**	**10,0 m**	**12,5 m**	**15,0 m**	**17,5 m**	**20,0 m**	**22,5 m**
4	780	1.160	1.560	2.045	2.220	2.390	2.560	2.710	2.860
6	830	1.210	1.600	1.960	2.220	2.410	2.580	2.710	2.860
8	910	1.270	1.640	1.990	2.250	2.430	2.580	2.730	2.890
10	1.020	1.360	1.710	2.050	2.300	2.480	2.630	2.770	2.890
12	1.100	1.460	1.790	2.150	2.400	2.590	2.710	2.820	2.910
14	1.230	1.480	1.900	2.220	2.510	2.680	2.770	2.860	3.020
16	1.230	1.690	2.020	2.360	2.610	2.790	2.900	3.020	3.120
18	1.530	1.850	2.200	2.560	2.770	2.980	3.070	3.160	3.300
20	1.730	2.050	2.380	2.680	2.940	3.160	3.250	3.320	3.430
25	2.100	2.530	2.710	3.220	3.480	3.760	3.830	3.940	4.090

Umrechnungskoeffizienten für abweichende Belastbarkeit

Quelle: Thormälen, Baurichtwerte und eigene Berechnungen

Belastbarkeit	**5 t**	**10 t**	**15 t**	**20 t**	**15 t**	**30 t**	**35 t**	**40 t**	**45 t**
Umrechnungskoeffizient	0,8	1,0	1,1	1,30	1,45	1,60	1,75	1,90	2,00

3.5 Alterswertminderungstabellen

3.5.1 Alterswertminderung bei linearer Abschreibung in v. H. des Herstellungswerts

Quelle: Anlage 8b W*ERT*R *2006 sowie Nr. 4.3 SW-RL*

$$\text{Wertminderung [\%]} = \frac{100 \times \text{Alter}}{\text{GND}} = \frac{100 \times (\text{GND} - \text{RND})}{\text{GND}}$$

wobei
GND = Gesamtnutzungsdauer
RND = Restnutzungsdauer = GND – Alter

Restnutzungsdauer	Übliche Gesamtnutzungsdauer (GND) in Jahren									
Jahre	**10**	**20**	**30**	**40**	**50**	**60**	**70**	**80**	**90**	**100**
1	90	95	97	98	98	98	99	99	99	99
2	80	90	93	95	96	97	97	98	98	98
3	70	85	90	93	94	95	96	96	97	97
4	60	80	87	90	92	93	94	95	96	96
5	50	75	83	88	90	92	93	94	94	95
6	40	70	80	85	88	90	91	93	93	94
7	30	65	77	83	86	88	90	91	92	93
8	20	60	73	80	84	87	89	90	91	92
9	10	55	70	78	82	85	87	89	90	91
10	0	50	67	75	80	83	86	88	89	90
11		45	63	73	78	82	84	86	88	89
12		40	60	70	76	80	83	85	87	88
13		35	57	68	74	78	81	84	86	87
14		30	53	65	72	77	80	83	84	86
15		25	50	63	70	75	79	81	83	85
16		20	47	60	68	73	77	80	82	84
17		15	43	58	66	72	76	79	81	83
18		10	40	55	64	70	74	78	80	82
19		5	37	53	62	68	73	76	79	81
20		0	33	50	60	67	71	75	78	80
21			30	48	58	65	70	74	77	79
22			27	45	56	63	69	73	76	78
23			23	43	54	62	67	71	74	77
24			20	40	52	60	66	70	73	76
25			17	38	50	58	64	69	72	75

Restnutzungsdauer	Übliche Gesamtnutzungsdauer (GND) in Jahren									
Jahre	**10**	**20**	**30**	**40**	**50**	**60**	**70**	**80**	**90**	**100**
26			13	35	48	57	63	68	71	74
27			10	33	46	55	61	66	70	73
28			7	30	44	53	60	65	69	72
29			3	28	42	52	59	64	68	71
30			0	25	40	50	57	63	67	70
31				23	38	48	56	61	66	69
32				20	36	47	54	60	64	68
33				18	34	45	53	59	63	67
34				15	32	43	51	58	62	66
35				13	30	42	50	56	61	65
36				10	28	40	49	55	60	64
37				8	26	38	47	54	59	63
38				5	24	37	46	53	58	62
39				3	22	35	44	51	57	61
40				0	20	33	43	50	56	60
41					18	32	41	49	54	59
42					16	30	40	48	53	58
43					14	28	39	46	52	57
44					12	27	37	45	51	56
45					10	25	36	44	50	55
46					8	23	34	43	49	54
47					6	22	33	41	48	53
48					4	20	31	40	47	52
49					2	18	30	39	46	51
50					0	17	29	38	44	50
51						15	27	36	43	49
52						13	26	35	42	48
53						12	24	34	41	47
54						10	23	33	40	46
55						8	21	31	39	45
56						7	20	30	38	44
57						5	19	29	37	43
58						3	17	28	36	42
59						2	16	26	34	41
60						0	14	25	33	40
61							13	24	32	39
62							11	23	31	38
63							10	21	30	37
64							9	20	29	36
65							7	19	28	35

Restnutzungsdauer	Übliche Gesamtnutzungsdauer (GND) in Jahren									
Jahre	10	20	30	40	50	60	70	80	90	100
66							6	18	27	34
67							4	16	26	33
68							3	15	24	32
69							1	14	23	31
70							0	13	22	30
71								11	21	29
72								10	20	28
73								9	19	27
74								8	18	26
75								6	17	25
76								5	16	24
77								4	14	23
78								3	13	22
79								1	12	21
80								0	11	20
81									10	19
82									9	18
83									8	17
84									7	16
85									6	15
86									4	14
87									3	13
88									2	12
89									1	11
90									0	10
91										9
92										8
93										7
94										6
95										5
96										4
97										3
98										2
99										1
100										0

3.5.2 Alterswertminderung nach „Ross" in v. H. des Herstellungswerts

Quelle: Anlage 8a WertR 2006

$$\text{Wertminderung [\%]} = 50 \times \left(\frac{\text{Alter}^2}{GND^2} + \frac{\text{Alter}}{GND}\right)$$

wobei

GND = Gesamtnutzungsdauer
RND = Restnutzungsdauer = GND – Alter

Restnutzungsdauer	Übliche Gesamtnutzungsdauer in Jahren (GND)									
Jahre	**10**	**20**	**30**	**40**	**50**	**60**	**70**	**80**	**90**	**100**
0	100	100	100	100	100	100	100	100	100	100
1	86	93	95	96	97	98	98	98	98	99
2	72	86	90	93	94	95	96	96	97	97
3	60	79	86	89	91	93	94	94	95	96
4	48	72	81	86	88	90	92	93	93	94
5	38	66	76	82	86	88	90	91	92	93
6	28	60	72	79	83	86	88	89	90	91
7	20	54	68	75	80	83	86	87	89	90
8	12	48	64	72	77	81	84	86	87	88
9	6	43	60	69	75	79	82	84	86	87
10		38	56	66	72	76	80	82	84	86
11		33	52	63	69	74	78	80	82	84
12		28	48	60	67	72	76	79	81	83
13		24	44	57	64	70	74	77	79	81
14		20	41	54	62	68	72	75	78	80
15		16	38	51	60	66	70	74	76	79
16		12	34	48	57	64	68	72	75	77
17		9	31	45	55	62	67	70	73	76
18		6	28	43	52	60	65	69	72	75
19		3	25	40	50	58	63	67	71	73
20		0	22	38	48	56	61	66	69	72
21			20	35	46	54	60	64	68	71
22			17	33	44	52	58	63	66	69
23			14	30	42	50	56	61	65	68
24			12	28	40	48	54	60	64	67
25			10	26	38	46	53	58	62	66

Restnutzungsdauer	Übliche Gesamtnutzungsdauer in Jahren (GND)									
Jahre	10	20	30	40	50	60	70	80	90	100
26			8	24	36	44	51	57	61	64
27			6	22	34	43	50	55	60	63
28			4	20	32	41	48	54	58	62
29			2	18	30	39	46	52	57	61
30			0	16	28	38	45	51	56	60
31				14	26	36	43	49	54	58
32				12	24	34	42	48	53	57
33				10	23	33	40	47	52	56
34				9	21	31	39	45	50	55
35				7	20	30	38	44	49	54
36				6	18	28	36	43	48	52
37				4	16	26	35	41	47	51
38				3	15	25	33	40	46	50
39				1	13	24	32	39	44	49
40				0	12	22	31	38	43	48
41					11	21	29	36	42	47
42					9	20	28	35	41	46
43					8	18	27	34	40	45
44					7	17	25	33	39	44
45					6	16	24	31	38	43
46					4	14	23	30	36	42
47					3	13	22	29	35	41
48					2	12	21	28	34	40
49					1	11	20	27	33	39
50					0	10	18	26	32	38
51						9	17	25	31	37
52						8	16	24	30	36
53						7	15	23	29	35
54						6	14	22	28	34
55						5	13	21	27	33
56						4	12	20	26	32
57						3	11	19	25	31
58						2	10	18	24	30
59						1	9	17	23	29
60						0	8	16	22	28
61							7	15	21	27
62							6	14	20	26
63							6	13	20	25
64							5	12	19	24
65							4	11	18	24

Restnutzungsdauer	Übliche Gesamtnutzungsdauer in Jahren (GND)									
Jahre	**10**	**20**	**30**	**40**	**50**	**60**	**70**	**80**	**90**	**100**
66							3	10	17	23
67							2	9	16	22
68							1	9	15	21
69							1	8	14	20
70							0	7	14	20
71								6	13	19
72								6	12	18
73								5	11	17
74								4	10	16
75								3	10	16
76								3	9	15
77								2	8	14
78								1	8	13
79								1	7	13
80								0	6	12
81									6	11
82									5	11
83									4	10
84									4	9
85									3	9
86									2	8
87									2	7
88									1	7
89									1	6
90									0	6
91										5
92										4
93										4
94										3
95										3
96										2
97										2
98										1
99										1
100										0

3.5.3 Alterswertminderung, grafische Darstellung

Quelle: eigene Berechnungen und eigene Darstellung

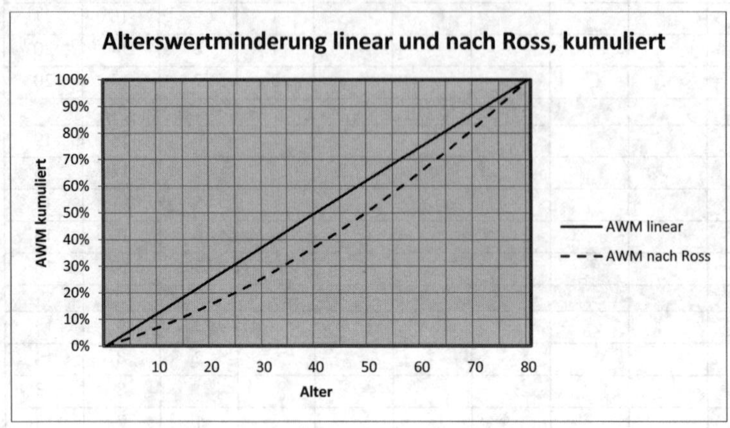

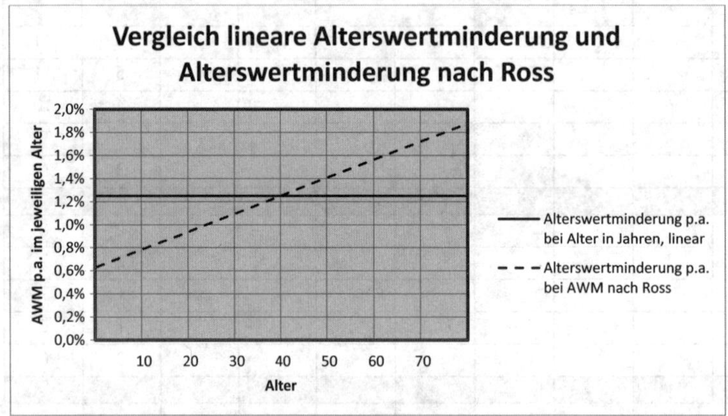

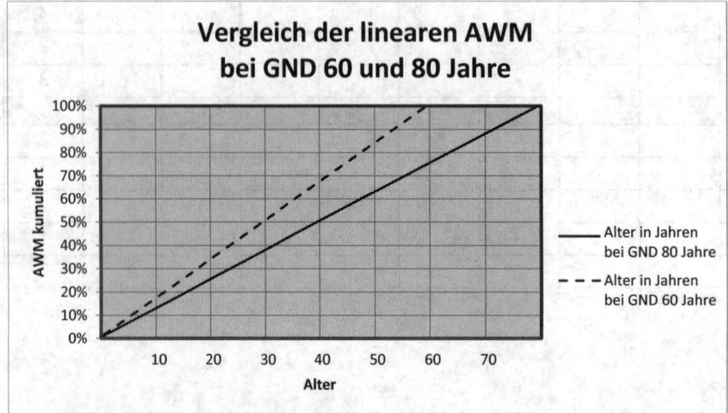

AWM = Alterswertminderung
GND = Gesamtnutzungsdauer

3

3.6 Sachwertfaktoren

3.6.1 Sachwertfaktoren in Deutschland

Quelle: Immobilienmarktbericht Deutschland 2015 der Gutachterausschüsse in der Bundesrepublik Deutschland, S. 146 ff.; Herausgeber: Arbeitskreis der Gutachterausschüsse und Oberen Gutachterausschüsse in der Bundesrepublik Deutschland (AK OGA), Oldenburg Dezember 2015

Der „Immobilienmarktbericht Deutschland 2015 der Gutachterausschüsse in der Bundesrepublik Deutschland" für den Berichtszeitraum 01.01.2007 bis 31.12.2014 (Veröffentlichung Januar 2016) gibt zu den Sachwertfaktoren folgende Ergebnisse an:

Der Datenbestand aus der Erhebung 2013 und 2014 umfasst Sachwertfaktoren aus den nachfolgend dargestellten Ländern Deutschlands. Der Großteil der Daten stammt aus Niedersachen (24 %), Nordrhein-Westfalen (16 %), Hessen (11 %) und Rheinland-Pfalz (9 %). Insgesamt liegen den Auswertungen 766 Datensätze von 209 Gutachterausschüssen zugrunde.

Die nachfolgenden Analyseergebnisse wurden anhand von Durchschnittswerten unter Ausschluss von Extremwerten abgeleitet. Sie sollen überregionale Zusammenhänge und Entwicklungen aufzeigen.

Eine unreflektierte Anwendung der Daten auf einen regionalen Markt wird ausdrücklich nicht empfohlen! Hierzu wird auf die jeweiligen Marktdaten der örtlichen Gutachterausschüsse verwiesen.

Ein grober Überblick über die Entwicklung der bundesweiten Sachwertfaktoren ergibt sich wie folgt:

Durchschnittliche Sachwertfaktoren für Grundstücke des individuellen Wohnungsbaus (2007 – 2014)								
	Sachwertfaktoren							
	2007	**2008**	**2009**	**2010**	**2011**	**2012**	**2013**	**2014**
freistehende Ein- und Zweifamilienhäuser								
bundesweite Durchschnittswerte	0,80	0,76	0,80	0,81	0,81	0,82	0,84	0,86
Reihenhäuser und Doppelhaushälften								
bundesweite Durchschnittswerte	0,87	0,84	0,85	0,86	0,86	0,88	0,96	0,98

Durchschnittliche Sachwertfaktoren für Grundstücke des individuellen Wohnungsbaus (2007 – 2014)

Die Tabelle zeigt für die Jahre 2007 bis 2014 die durchschnittlichen Sachwertfaktoren für Grundstücke des individuellen Wohnungsbaus. Hierbei ist zu beachten, dass die Sachwertfaktoren der Jahre 2013 und 2014 nicht mehr auf dem Modell der WertR 2006 beruhen, sondern in der Regel gemäß Richtlinie zur Ermittlung des Sachwerts (Sachwertrichtlinie – SW-RL) vom 5. September 2012 abgeleitet wurden.

Mittlere Sachwertfaktoren für freistehende Ein- und Zweifamilienhäuser, Doppelhaushälften und Reihenhäuser in den Ländern (2014)			
Bundesland	**BRW (Mittlere Lage)**	**Freist. EHF / ZFH**	**DHH / RH**
Baden-Württemberg	235	1,11	1,31
Bayern	225	1,00	1,10
Brandenburg	35	0,84	0,90
Bremen	70	0,79	0,99
Hessen	120	0,93	1,16
Mecklenburg-Vorpommern	48	0,87	0,91
Niedersachsen	70	0,81	0,94
Nordrhein-Westfalen	160	0,86	0,98
Rheinland-Pfalz	150	0,94	0,99
Saarland	80	0,99	1,10
Sachsen	65	0,91	0,95
Sachsen-Anhalt	35	0,80	0,85
Schleswig-Holstein	60	0,80	0,76
Thüringen	40	0,86	1,01

Funktionaler Zusammenhang zwischen Bodenwertniveau und Sachwertfaktor

Freistehende Ein- und Zweifamilienhäuser

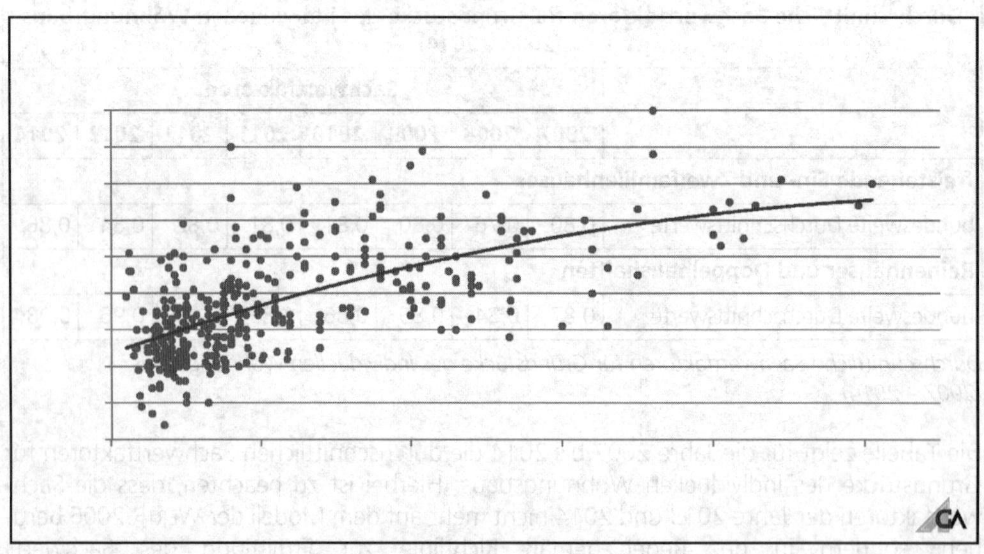

Zusammenhang zwischen Bodenrichtwert und Sachwertfaktor (freistehende Ein- und Zweifamilienhäuser, 2014)

Reihenhäuser und Doppelhaushälften

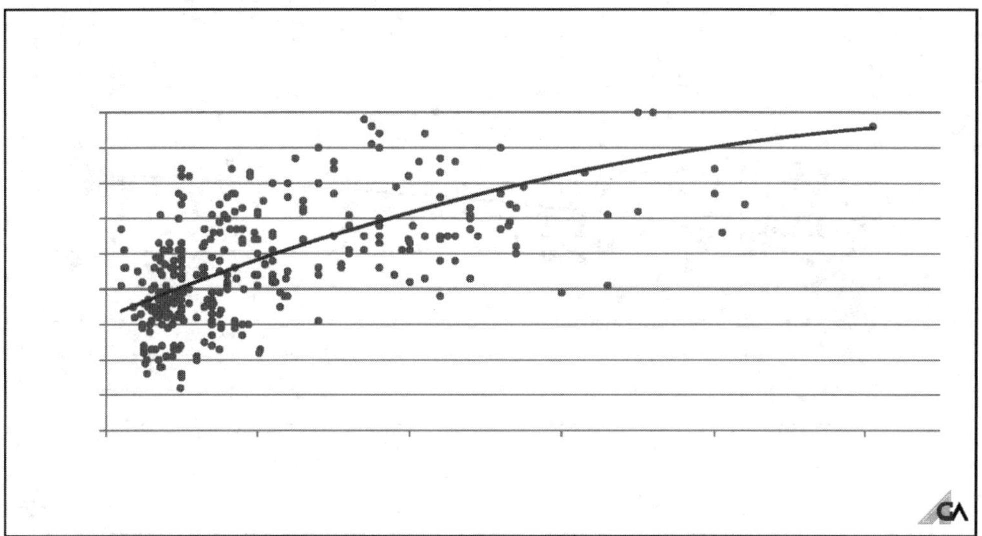

Zusammenhang zwischen Bodenrichtwert und Sachwertfaktor (Reihenhäuser und Doppelhaushälften, 2014)

Sachwertfaktor in Abhängigkeit von der Bevölkerungsdichte

Freistehende Ein- und Zweifamilienhäuser

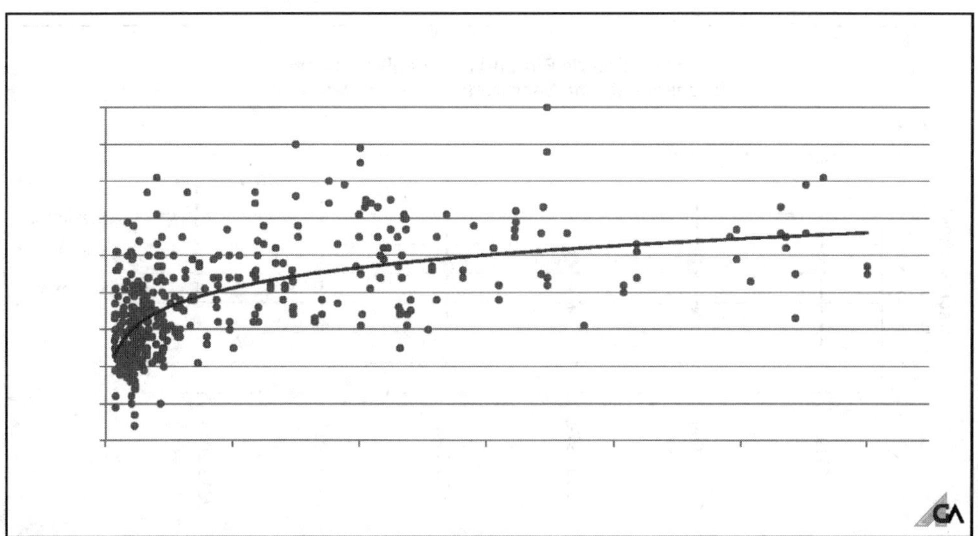

Zusammenhang zwischen Bevölkerungsdichte und Sachwertfaktor (freistehende Ein- und Zweifamilienhäuser, 2014)

Reihenhäuser und Doppelhaushälften

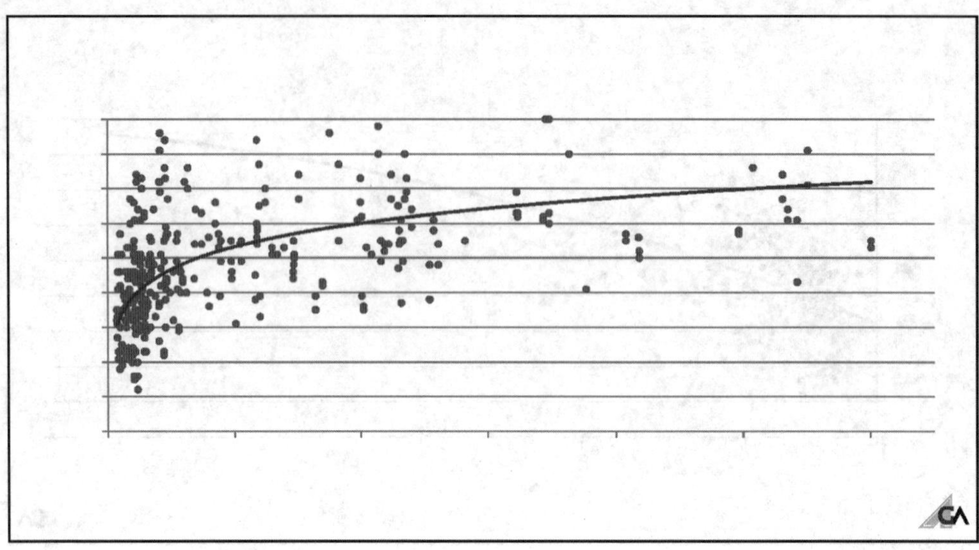

Zusammenhang zwischen Bevölkerungsdichte und Sachwertfaktor (Reihenhäuser und Doppelhaushälften, 2014)

Sachwertfaktor in Abhängigkeit von der Baujahrsklasse

Freistehende Ein- und Zweifamilienhäuser

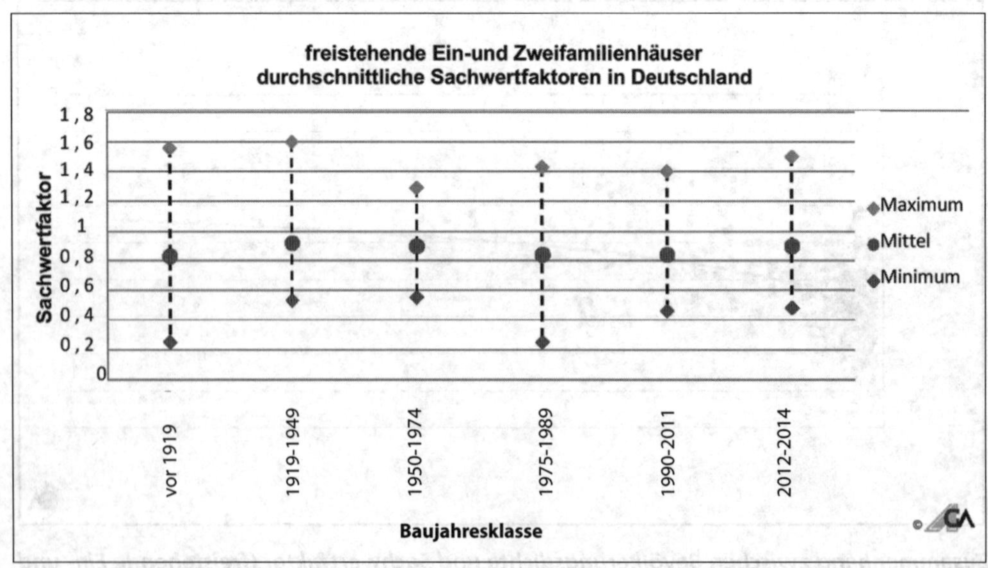

Der Sachwertfaktor in Abhängigkeit von der Baujahrsklasse (freistehende Ein- und Zweifamilienhäuser, 2014)

Reihenhäuser und Doppelhaushälften

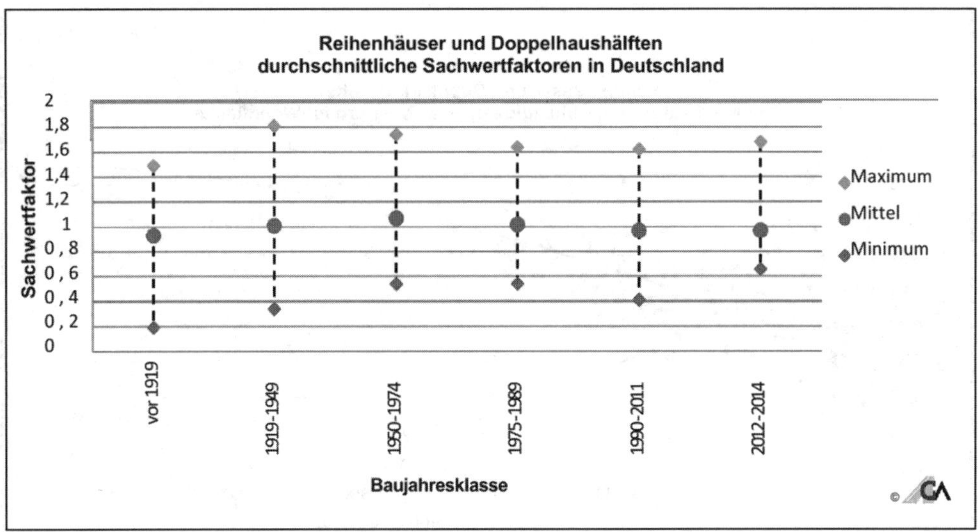

Der Sachwertfaktor in Abhängigkeit von der Baujahrsklasse (Reihenhäuser und Doppelhaushälften, 2014)

Sachwertfaktor in Abhängigkeit vom Kaufpreis

Freistehende Ein- und Zweifamilienhäuser

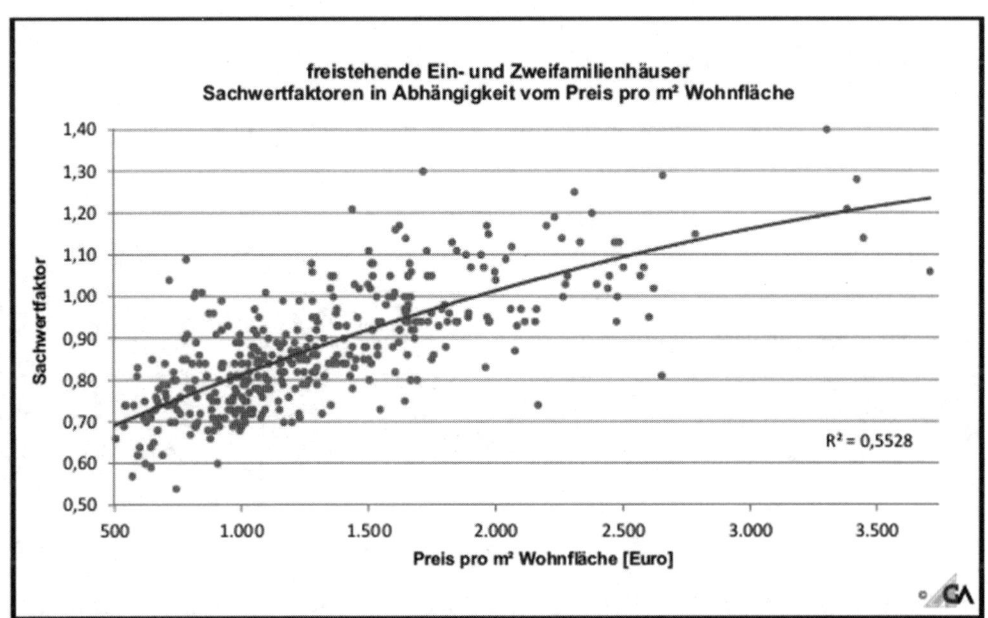

Der Sachwertfaktor in Abhängigkeit vom Kaufpreis (freistehende Ein- und Zweifamilienhäuser, 2014)

Reihenhäuser und Doppelhaushälften

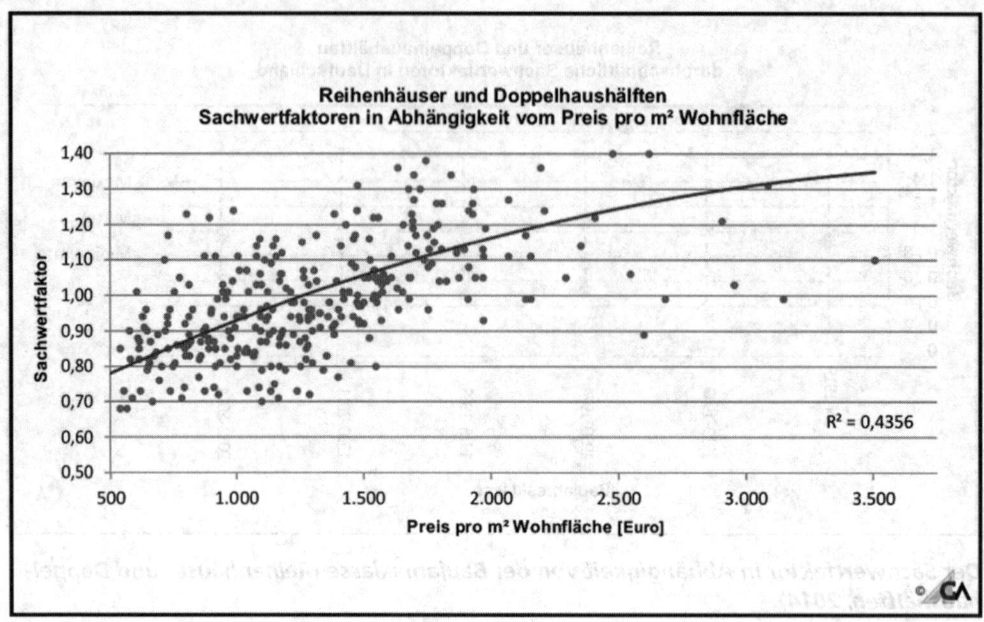

Der Sachwertfaktor in Abhängigkeit vom Kaufpreis (Reihenhäuser und Doppelhaushälften, 2014)

3.6.2 Durchschnittliche Sachwertfaktoren (NHK 2010) für freistehende Ein- und Zweifamilienhäuser in Hessen

Quelle: Kleiber-digital, Stand Januar 2017; Marktbericht 2014

Vorbemerkung

Da die Höhe des Sachwertfaktors von dem Modell anhängig ist, nach dem der jeweilige Gutachterausschuss für Grundstückswerte den jeweils einschlägigen Sachwertfaktor abgeleitet hat, muss sich der Sachverständige bei Heranziehung des Sachwertfaktors Klarheit verschaffen über

1. die bei der Ableitung des jeweiligen Sachwertfaktors maßgeblichen Modellparameter
2. den Zeitpunkt, auf den sich der Sachwertfaktor bezieht und
3. die Eigenschaften des „Sachwertgrundstücks", die sich aus den durchschnittlichen Grundstücksmerkmalen der Grundstücke ergeben, aus denen der Sachwertfaktor abgeleitet wurde (Referenzmerkmale).

Diese Angaben können dem Grundstücksmarktbericht eines qualifizierten Gutachterausschusses entnommen werden. Die Sachwertfaktoren sind modell- und referenzkonform anzuwenden.

Die nachfolgenden Beispiele sind daher als Informationsgrundlage zu betrachten und nicht ohne entsprechende Würdigung auf andere Orte, Zeiten und abweichende Modellparameter anwendbar.

Durchschnittliche Sachwertfaktoren (NHK 2010) für freistehende Ein- und Zweifamilienhäuser in Hessen								
Referenzen								
Vorläufiger Sachwert in €	180.800	203.150	235.600	277.550	301.450	329.850	368.750	478.200
Bodenrichtwert (€/m²)	36	71	11.888	171	249	345	433	563
Grundstücksgröße	850	780	710	680	630	580	560	600
Restnutzungsdauer (Jahre)	37	36	35	36	33	31	31	33
Gesamtnutzungsdauer (Jahre)	Gemäß Leitfaden www.gutachterausschuss.hessen.de>Produkt>Kaufpreissammlung>Downloads (70 Jahre)							
Standardstufe	2,4	2,4	2,5	2,6	2,4	2,3	2,5	2,4
BGF (m²)	324	322	335	331	333	336	328	347
Wohnfläche (m²)	148	148	155	152	160	152	150	164
Wohnflächenwert (€/m²)	930	1.190	1.530	1.840	2.030	2.430	2.780	3.700
Wert der Außenanlagen (€)	6.200	6.100	6.400	6.800	6.950	8.850	11.100	11.800

Durchschnittliche Sachwertfaktoren (NHK 2010) für freistehende Ein- und Zweifamilienhäuser in Hessen								
Referenzen								
Wert der Nebengebäude (€)	4.350	4.300	3.300	3.200	3.650	5.550	4.800	6.300
Bodenwertanteil	0,25	0,34	0,38	0,44	0,51	0,57	0,61	0,59
Regionalfaktor	Kein Korrekturfaktor							
Besondere objektspezifische Grundstücksmerkmale	Keine (Auswertung aufgrund fiktiv „boG freie Objekte“)							
	Bodenrichtwertbereich							
	bis 49 €/m²	50–99 €/m²	100–149 €/m²	150–199 €/m²	200–299 €/m²	300–399 €/m²	400–499 €/m²	500–699 €/m²
Vorläufiger Sachwert in €	2015							
100.000	0,86	1,03	-	-	-	-	-	-
150.000	0,78	0,92	1,16	1,28	-	-	-	-
200.000	0,72	0,84	1,03	1,12	1,25	1,39	-	-
250.000	0,68	0,79	0,95	1,02	1,13	1,24	1,26	-
300.000	0,65	0,75	0,88	0,94	1,04	1,13	1,18	1,41
350.000	-	0,72	0,83	0,88	0,97	1,04	1,12	1,34
400.000	-	0,70	0,79	0,83	0,91	0,97	1,06	1,28
450.000	-	-	-	0,78	0,87	0,91	1,02	1,23
500.000	-	-	-	-	0,83	0,86	0,98	1,19
550.000	-	-	-	-	-	0,82	0,95	1,15
600.000	-	-	-	-	-	-	0,92	1,12
650.000	-	-	-	-	-	-	-	1,09

Durchschnittliche Sachwertfaktoren (NHK 2010) für Reihenhäuser und Doppelhaushälfiten in Hessen Sachwertmodell Hessen						
Referenzen						
Vorläufiger Sachwert in €	148.350	180.500	216.800	253.350	244.900	281.450
Bodenrichtwert (€/m²)	62	143	253	344	442	567
Grundstücksgröße	370	330	280	280	270	280
Restnutzungsdauer (Jahre)	43	41	45	45	38	37

Durchschnittliche Sachwertfaktoren (NHK 2010) für Reihenhäuser und Doppelhaushälfiten in Hessen Sachwertmodell Hessen						
Referenzen						
Gesamtnutzungsdauer (Jahre)	Gemäß Leitfaden www.gutachterausschuss.hessen.de>Produkt>Kaufpreissammlung>Downloads (70 Jahre)					
BGF (m²)	232	254	247	261	253	254
Standardstufe	2,6	2,6	2,8	2,6	2,5	2,5
Wohnfläche (m²)	121	128	133	131	127	129
Wohnflächen-wert (€/m²)	1.180	1.600	2.060	2.380	2.740	3.380
Wert der Außen-anlagen (€)	5.200	5.500	7.500	8.700	8.500	8.800
Wert der Neben-gebäude (€)	3.150	2.250	2.150	3.400	3.300	4.900
Bodenwertanteil	0,17	0,24	0,27	0,32	0,36	0,37
Regionalfaktor	Kein Korrekturfaktor					
Besondere objektspezi-fische Grundstücks-merkmale	Keine (Auswertung aufgrund fiktiv „boG freie Objekte")					
Bodenrichtwertbereich						
	bis 99 €/m²	100–199 €/m²	200–299 €/m²	300–399 €/m²	400–499 €/m²	500–699 €/m²
Vorläufiger Sach-wert in €	**2015**					
100.000	1,06	-	-	-	-	-
150.000	0,95	1,22	1,45	-	-	-
200.000	0,88	1,07	1,28	1,33	1,50	-
250.000	0,83	0,96	1,17	1,20	1,39	1,60
300.000	-	0,88	1,08	1,10	1,30	1,50
350.000	-	-	1,02	1,02	1,22	1,42
400.000	-	-	-	0,96	1,17	1,35
450.000	-	-	-	.	1,12	1,30
500.000	-	-	-	-	1,07	1,25
550.000	-	-	-	-	-	1,21
600.000	-	-	-	-	-	-

3.6.3 Sachwertfaktoren (NHK 2010) für freistehende Ein- und Zweifamilienhäuser, Reihen- und Doppelhäuser sowie Villen und hochpreisige Ein- und Zweifamilienhäuser in Südhessen

Quelle: Kleiber-digital, Stand Januar 2017; Grundstücksmarktberichte

Durchschnittliche Sachwertfaktoren (NHK 2010) für Reihenhäuser (RH) und Doppelhaushälften (DHH), freistehende Ein- und Zweifamilienhäuser (EFH/ZFH) sowie Villen und hochpreisige Ein- und Zweifamilienhäuser in Südhessen								
	Reihenhäuser/ Doppelhaushälften			**Freistehende Ein- und Zweifamilienhäuser**				**Villen**
Referenzen								
Sachwert (vorläufig) in €	242.000	227.000	252.000	176.000	256.000	303.000	386.000	940.000
Bodenrichtwert (€/m²)	180	300	400	70	165	275	395	500
Grundstücksgröße (m²)	230	255	247	605	588	545	553	1.120
Gesamtnutzungsdauer (Jahre)	70			70				70
Restnutzungsdauer (Jahre)	57	47	46	35	39	36	37	47
Standardstufe	3,4	2,6	2,7	2,0	2,4	2,3	2,4	3,3
BGF (m²)	272	259	262	307	324	334	344	540
Wohnfläche (m²)	136	131	137	139	152	156	169	260
Wohnflächenwert (€/m² WF)	1.730	2.050	2.245	1.180	1.605	1.935	2.465	4.760
Wert der Außenanlagen	Pauschal 3-6 % des Zeitwerts			Pauschal 3-6 % des Zeitwerts				5-10 %
Wert der Nebengebäude	Pauschaler Zeitwert			Pauschaler Zeitwert				pauschal
Bodenwertanteil in %	18	30	34	27	42	53	57	46
Regionalfaktor	entfällt			entfällt				
	Bodenrichtwert			Bodenrichtwert				
	150 €/m²	275 €/m²	400 €/m²	75 €/m²	150 €/m²	275 €/m²	400 €/m²	
Bezug	2015			2015				2015
Sachwert (vorläufig) in €								
125.000	1,28	-	-	1,02	-	-	-	-
150.000	1,19	1,34	-	0,96	1,06	-	-	-
175.000	1,12	1,26	1,34	0,91	1,02	-	-	-
200.000	1,05	1,20	1,26	0,87	0,98	1,08	-	-
225.000	1,00	1,15	1,20	0,84	0,94	1,04	-	-

Durchschnittliche Sachwertfaktoren (NHK 2010) für Reihenhäuser (RH) und Doppelhaushälften (DHH), freistehende Ein- und Zweifamilienhäuser (EFH/ZFH) sowie Villen und hochpreisige Ein- und Zweifamilienhäuser in Südhessen								
	Reihenhäuser/ Doppelhaushälften			Freistehende Ein- und Zweifamilienhäuser				Villen
Referenzen								
250.000	0,96	1,11	1,15	0,81	0,91	1,01	1,18	-
275.000	0,92	1,07	1,11	0,78	0,89	0,98	1,14	-
300.000	0,89	1,03	1,07	0,76	0,86	0,96	1,10	-
325.000	0,86	1,00	1,03	0,74	0,84	0,93	1,07	-
350.000	0,83	0,97	1,00	-	0,82	0,91	1,04	-
375.000	0,81	0,95	0,97	-	0,81	0,90	1,02	-
400.000	0,79	0,93	0,95	-	0,79	0,88	0,99	-
425.000	-	0,91	0,93	-	0,78	0,86	0,97	-
450.000	-	0,89	0,91	-	0,76	085	0,95	-
475.000		0,87	0,89	-	-	0,84	0,93	-
500.000	-	-	0,87	-	-	0,82	0,92	-
525.000		-	-	-	-	0,81	0,90	-
550.000	-	-	-	-	-	0,80	0,88	-
575.000	-	-	-	-	-	-	0,87	-
600.000	-	-	-	-	-	-	0,86	-
700.000	-	-	-	-	-	-	-	1,31
800.000	-	-	-	-	-	-	-	1,29
900.000	-	-	-	-	-	-	-	1,27
1.000.000	-	-	-	-	-	-	-	1,26
1 100.000	-	-	-	-	-	-	-	1,24
1 200.000	-	-	-	-	-	-	-	1,23
1 300.000	-	-	-	-	-	-	-	1,22
1 400.000	-		-	-	-	-	-	1,21
1 500.000	-	-	-	-	-	-	-	1,20
1 600.000	-	-	-	-	-	-	-	1,19
1 700.000	-	-	-	-	-	-	-	1,18
1 800.000	-	-	-	-	-	-	-	1,17
1 900.000	-	-	-	-	-	-	-	1,17
2.000.000	-	-	-	-	-	-	-	1,16
2 100.000	-	-	-	-	-	-	-	1,15
2 200.000	-	-	-	-	-	-	-	1,15

3.6.4 Sachwerfaktoren (NHK 2010) für Ein- und Zweifamilienhäuser in Nordrhein-Westfalen

Quelle: Kleiber-digital, Stand Januar 2017; Grundstücksmarktberichte

Sachwertfaktoren für Ein – und Zweifamilienhäuser in Nordrhein Westfalen (NHK 2010)					
Referenzen	**LK Ennepe-Ruhr**	**Wuppertal**	**Düren**	**Köln**	
	2014	2014	2014	2014	
Funktion	y = 13,399x–0,2094	-	-	Linksrheinisch	Rechtsrheinisch
BRW (€/m²)	205 €/m²	-	115 €/m²	468	351
Bodenwert-anteil (%)	-	-	28 %	47 %	48
RND (Jahre)	54 Jahre	-	51 Jahre	58	46
GND (Jahre)	-	80 Jahre	-		
BGF (m²)	-	-	307 m²		
WF (m²)	195 m²	-	-	168	159
Grundstücks-größe	810 m²	-	-	586	596
Bauteile, sonst. Anl.	Pauschaler Ansatz	I.d.R 5 % des Gebäudesachwerts	-		
Regional- bzw. Ortsfaktor	Kein Ansatz	-	-		
Haustyp	EFH, ZFH	EFH, ZFH	EFH, ZFH auch DHH, REH		
Vorläufiger Sachwert in €					
100.000	-	-	0,95	-	-
125.000	-	-	0,92	-	-
150.000	-	-	0,89	-	1,27
175.000	1,07	-	0,86	-	-
200.000	1,04	0,95	0,84	-	1,19
225.000	1,01	0,93	0,82	-	-
250.000	0,99	0,91	0,81	0,95	1,13
275.000	0,97	0,90	0,79	-	-
300.000	0,96	0,88	0,78	0,93	1,08
325.000	0,94	0,87	0,76	-	-

Sachwertfaktoren für Ein – und Zweifamilienhäuser in Nordrhein Westfalen (NHK 2010)					
Referenzen	**LK Ennepe-Ruhr**	**Wuppertal**	**Düren**	**Köln**	
	2014	2014	2014	2014	
350.000	0,93	0,86	0,75	0,91	1,04
375.000	0,91	0,85	-	-	-
400.000	0,90	0,84	-	0,90	1,01
425.000	0,89	0,83	-	-	-
450.000	0.99	0,82	-	0,89	0,97
475.000	0,87	0,81	-	-	-
500.000	0,86	0,81	-	0,88	0,95
525.000	0,85	-	-	-	-
550.000	0,84	-	-	0,87	0,92
575.000	0,83	-	-	-	-
600.000	0,83	-	-	0,86	0,90
625.000	0,82	-	-	-	-
650.000	0,81	-	-	0,85	0,87
675.000	0,81	-	-	-	-
700.000	0,80	-	-	0,84	0,85
725.000	0,79	-	-	-	-
750.000	0,79	-	-	0,84	0,84
775.000	0,78	-	-		-
800.000	0,77	-	-	0,83	0,82
850.000	0,76	-	-	-	-
900.000	0,75	-	-	-	-
950.000	0,74	-	-	-	-
1.000.000	0,73	-	-	-	-
1.050.000	0,73	-	-	-	-
1.100.000	0,72	-	-	-	-
1.150.000	-	-	-	-	-

Quelle: Kleiber-digital, Stand Januar 2017; Grundstücksmarktberichte

Sachwertfaktoren für Ein – und Zweifamilienhäuser (NHK 2010) in Nordrhein-Westfalen						
	LK Ennepe-Ruhr					
Referenzen	**RMH**	**REH**	**Doppelhaus**		**EFH, ZFH freistehend**	
			Bodenrichtwert			
			< 600 €/m^2	**$\geq$ 600 €/m^2**	**< 600 €/m^2**	**$\geq$ 600 €/m^2**
	2014	2014	2014	2014	2014	2014
BRW (€/m^2)						
RND (Jahre)						
WF (m^2)						
Grundstücks-größe						
Bauteile, sonst. Anl.	Pauschaler Ansatz	Pauschaler Ansatz	Pauschaler Ansatz	Pauschaler Ansatz	Pauschaler Ansatz	Pauschaler Ansatz
Regional- bzw. Ortsfaktor	Kein Ansatz					
Vorläufiger Sachwert in €						
160.000	1,57	1,34	1,28	-	-	-
180.000	1,51	1,31	126	-	-	-
200.000	1,46	1,28	1,25	-	1,16	-
220.000	1,41	1,27	1,24	-	1,14	-
240.000	1,37	1,24	1,23	-	1,13	-
260.000	1,33	1,22	1,22	-	1,12	-
280.000	1,29	1,21	1,21	1,06	1,11	-
300.000	1,26	1,20	1,20	1,08	1,10	-
320.000	1,23	1,19	1,19	1,10	1,09	-
340.000	1,20	1,17	1,18	1,12	1,08	-
360.000	1,17	1,15	1,18	1,14	1,08	-
380.000	1,14	1,15	1,17	1,16	1,07	-
400.000	1,12	1,14	1,16	1,18	1,06	-
450.000	-	1,11	1,15	1,22	1,04	-
500.000	-	1,09	-	1,27	1,03	-
550.000	-	-	-	1,32	1,02	-
600.000	-	-	-	1,37	1,00	1,12
625.000	0,82					
650.000	-	-	-	-	0,99	1,15

Sachwertfaktoren für Ein – und Zweifamilienhäuser (NHK 2010) in Nordrhein-Westfalen						
	LK Ennepe-Ruhr					
Referenzen	**RMH**	**REH**	**Doppelhaus**		**EFH, ZFH freistehend**	
			Bodenrichtwert			
			< 600 €/m²	**≥ 600 €/m²**	**< 600 €/m²**	**≥ 600 €/m²**
	2014	2014	2014	2014	2014	2014
675.000						
700.000	-	-	-	-	0,98	1,18
800.000	-	-	-	-	0,96	1,24
1.000.000	-	-	-	-	-	1,35
1 050.000	0,73					
1 100.000	0,72					
1 200.000	-	-	-	-	-	1,47
1 500.000	-	-	-	-	-	1,65

Quelle: Kleiber-digital, Stand Januar 2017; Grundstücksmarktbericht 2014

Sachwertfaktoren (NHK 2010) für freistehende Einfamilienhäuser in Bonn													
Referenzen		**Gebäudestandard**				**Standardstufen der Anl. 2 der SW-RL**							
		Orts- und Regionalfaktoren				keine							
		Gesamtnutzungsdauer				80 Jahre (Modellansatz)							
		Restnutzungsdauer				Ggf. durch Modernisierung verlängert							
		Außenanlage				2 % des Sachwerts der baul. Anlage zzgl. 7.000 € (Hausanschluss)							
		Besondere Bauteile				individuell							
		Bodenwert				Bodenrichtwert abgestellt auf Grundstücksgröße							
Restnutzungsdauer		20	40	60	80	20	40	60	80	20	40	60	80
Grundstücksgröße		300 m²				500 m²				800 m²			
Vorl. SW in €	**Lage**	**Sachwertfaktoren**											
200.000	mittel	1,05	1,06	1,08	1,09	1,00	1,01	1,02	1,03	0,91	0,93	0,94	0,95
300.000	mittel	1,07	1,08	1,10	1,11	1,02	1,03	1,04	1,05	0,93	0,95	0,96	0,97
350.000	mittel	1,08	1,09	1,11	1,12	1,03	1,04	1,05	1,06	0,94	0,96	0,97	0,98
400.000	mittel	1,09	1,10	1,12	1,13	1,04	1,05	1,06	1,07	0,95	0,97	0,98	0,99
500.000	mittel	1,11	1,12	1,13	1,15	1,06	1,07	1,08	1,09	0,97	0,99	1,00	1,01
600.000	mittel	1,13	1,14	1,15	1,17	1,08	1,09	1,10	1,11	0,99	1,01	1,02	1,03

Sachwertfaktoren (NHK 2010) für freistehende Einfamilienhäuser in Bonn													
Referenzen		Gebäudestandard				Standardstufen der Anl. 2 der SW-RL							
800.000	mittel	1,15	1,18	1,19	1,21	1,11	1,13	1,14	1,15	1,03	1,05	1,06	1,07
200.000	gut	1,11	1,12	1,14	1,15	1,06	1,07	1,08	1,09	0,97	0,99	1,00	1,01
300.000	gut	1,13	1,14	1,16	1,17	1,08	1,09	1,10	1,11	0,99	1,01	1,02	1,03
350.000	gut	1,14	1,15	1,16	1,18	1,09	1,10	1,11	1,12	1,00	1,02	1,03	1,04
400.000	gut	1,15	1,16	1,17	1,19	1,10	1,11	1,12	1,13	1,01	1,03	1,04	1,05
500.000	gut	1,17	1,18	1,19	1,21	1,12	1,13	1,14	1,15	1,03	1,05	1,06	1,07
600.000	gut	1,19	1,20	1,21	1,23	1,13	1,15	1,16	1,17	1,05	1,07	1,08	1,09
800.000	gut	1,23	1,24	1,25	1,27	1,17	1,19	1,20	1,21	1,09	1,10	1,12	1,13
200.000	sehr gut	-	-	-	-	1,12	1,13	1,14	1,15	1,03	1,05	1,06	1,07
300.000	sehr gut	-	-	-	-	1,14	1,15	1,16	1,17	1,05	1,07	1,08	1,09
350.000	sehr gut	-	-	-	-	1,15	1,16	1,17	1,18	1,06	1,08	1,09	1,10
400.000	sehr gut	-	-	-	-	1,15	1,17	1,18	1,19	1,07	1,09	1,10	1,11
500.000	sehr gut	-	-	-	-	1,17	1,19	1,20	1,21	1,09	1,11	1,12	1,13
600.000	sehr gut	-	-	-	-	1,19	1,21	1,22	1,23	1,11	1,12	1,14	1,15
800.000	sehr gut	-	-	-	-	1,23	1,25	1,26	1,27	1,15	1,16	1,18	1,19

Quelle: Kleiber-digital, Stand Januar 2017; Grundstücksmarktberichte

Sachwertfaktoren für Reihenhäuser und Doppelhaushälften (NHK 2010) in Nordrhein-Westfalen					
	Wuppertal	Köln			
Referenzen	2014	2014			
		Reihenendhäuser/DHH		Reihenmittelhäuser	
		Linksrheinisch	Rechtsrheinisch	Linksrheinisch	Rechtsrheinisch
BRW (€/m²)		432	331	414	339
RND (Jahre)		54	56	57	59
GND (Jahre)	80 Jahre				
WF (m²)		135	132	124	129
Grundstücksgröße		317	305	190	184

Sachwertfaktoren für Reihenhäuser und Doppelhaushälften (NHK 2010) in Nordrhein-Westfalen					
	Wuppertal	**Köln**			
Referenzen	2014	2014			
		Reihenendhäuser/DHH		Reihenmittelhäuser	
		Linksrheinisch	Rechtsrheinisch	Linksrheinisch	Rechtsrheinisch
Bauteile, sonst. Anl.	5 % des Gebäudesachwerts				
Bodenwertanteil		45 %	38 %	30 %	32 %
Regional- bzw. Ortsfaktor	Kein Ansatz				
Vorläufiger Sachwert in €					
100.000	1,34	-	-	-	-
125.000	1,24	-	-	1,30	-
150.000	1,16	1,25	1,24	1,27	1,33
175.000	1,10	-	-	-	-
200.000	1,04	1,17	1,19	1,22	1,24
225.000	0,99	-	-	-	-
250.000	0,95	1,11	1,14	1,18	1,18
275.000	0,91	-	-	-	-
300.000	0,87	1,07	1,11	1,15	1,12
325.000	-	-	-	-	-
350.000	-	1,03	1,07	1,13	1,07
375.000	-	-	-	-	-
400.000	-	0,99	1,05	-	-
425.000	-	-	-	-	-
450.000	-	0,96	-	-	-
475.000	-	-	-	-	-
500.000	-	0,93	-	-	-
525.000	-	-	-	-	-
550.000		0,91	-	-	-
575.000	-	-	-	-	-
600.000	-	0,89	-	-	-

Korrekturfaktoren zum Sachwertfaktor bei abweichendem Bodenrichtwert in Nordrhein-Westfalen

Quelle: Kleiber-digital, Stand Januar 2017; Grundstücksmarktberichte

Korrekturfaktoren zum Sachwertfaktor bei abweichendem Bodenrichtwert in Nordrhein-Westfalen	
Abweichender Bodenrichtwert	Köln
	links- und rechtsrheinisch
	RH, DHH, EFH
€/m²	2014
200	0,80
250	-
300	0,90
350	-
400	1,00
450	-
500	1,10
550	-
600	1,20
650	-
700	1,30
750	1,35

Quelle: Kleiber-digital, Stand Januar 2017; Grundstücksmarktbericht 2014

Sachwertfaktoren (NHK 2010) für Reihenendhäuser und Doppelhaushälften in Bonn													
Referenzen		**Gebäudestandard**				**Standardstufen der Anl. 2 der SachwertR**							
		Orts- und Regionalfaktoren				keine							
		Gesamtnutzungsdauer				80 Jahre (Modellansatz)							
		Restnutzungsdauer				Ggf. durch Modernisierung verlängert							
		Außenanlage				2 % des Sachwerts der baul. Anlage zzgl. 7.000 € (Hausanschluss)							
		Besondere Bauteile				individuell							
		Bodenwert				Bodenrichtwert abgestellt auf Grundstücksgröße							
RND (Jahre)		20	40	60	80	20	40	60	80	20	40	60	80
Grundstücksgröße		200 m²				300 m²				450 m²			
Vorl. SW in €	**Lage**	**Sachwertfaktoren**											
150.000	mittel	1,19	1,09	1,00	0,91	1,12	1,03	0,94	0,85	1,03	0,93	0,84	0,75
200.000	mittel	1,23	1,14	1,05	0,96	1,17	1,08	0,98	0,89	1,07	0,98	0,89	0,80
250.000	mittel	1,28	1,19	1,09	1,00	1,21	1,12	1,03	0,94	1,12	1,03	0,93	0,84
300.000	mittel	1,32	1,23	1,14	1,05	1,26	1,17	1,08	0,98	1,16	1,07	0,98	0,89
350.000	mittel	1,37	1,28	1,19	1,09	1,31	1,21	1,12	1,03	1,21	1,12	1,03	0,93
400.000	mittel	1,42	1,32	1,23	1,14	1,35	1,26	1,17	1,08	1,25	1,16	1,07	0,98
450.000	mittel	1,46	1,37	1,28	1,19	1,40	1,31	1,21	1,12	1,30	1,21	1,12	1,02
150.000	gut	1,25	1,15	1,06	0,97	1,18	1,09	1,00	0,91	1,09	0,99	0,90	0,81
200.000	gut	1,29	1,20	1,11	1,02	1,23	1,14	1,04	0,95	1,13	1,04	0,95	0,85
250.000	gut	1,34	1,25	1,15	1,06	1,27	1,18	1,09	1,00	1,18	1,08	0,99	0,90
300.000	gut	1,38	1,29	1,20	1,11	1,32	1,23	1,13	1,04	1,22	1,13	1,04	0,95
350.000	gut	1,43	1,34	1,24	1,15	1,36	1,27	1,18	1,09	1,27	1,18	1,08	0,99
400.000	gut	1,47	1,38	1,29	1,20	1,41	1,32	1,23	1,13	1,31	1,22	1,13	1,04
450.000	gut	1,52	1,43	1,34	1,24	1,46	1,36	1,27	1,18	1,36	1,27	1,18	1,08
150.000	sehr gut	-	-	-	-	1,24	1,15	1,06	0,96	1,14	1,05	0,96	0,87
200.000	sehr gut	-	-	-	-	1,29	1,19	1,10	1,01	1,19	1,10	1,01	0,91
250.000	sehr gut	-	-	-	-	1,33	1,24	1,15	1,06	1,24	1,14	1,05	0,96
300.000	sehr gut	-	-	-	-	1,38	1,29	1,19	1,10	1,28	1,19	1,10	1,01
350.000	sehr gut	-	-	-	-	1,42	1,33	1,24	1,15	1,33	1,24	1,14	1,05
400.000	sehr gut	-	-	-	-	1,47	1,38	1,29	1,19	1,37	1,28	1,19	1,10
450.000	sehr gut	-	-	-	-	1,52	1,42	1,33	1,24	1,42	1,33	1,23	1,14

Sachwertfaktoren

Quelle: Kleiber-digital, Stand Januar 2017; Grundstücksmarktberichte

Sachwertfaktoren (NHK 2010) für Reihenmittelhäuser in Bonn									
Referenzen		**Gebäudestandard**				**Standardstufen der Anl. 2 der SW-RL**			
		Orts- und Regionalfaktoren				keine			
		Gesamtnutzungsdauer				80 Jahre (Modellansatz)			
		Restnutzungsdauer				Ggf. durch Modernisierung verlängert			
		Außenanlage				2 % des Sachwerts der baul. Anlage zzgl. 7.000 € (Hausanschluss)			
		Besondere Bauteile				individuell			
		Bodenwert				Bodenrichtwert abgestellt auf Grundstücksgröße			
RND (Jahre)		20	40	60	80	20	40	60	80
Grundstücksgröße		150 m²				300 m²			
Vorl. SW in €	**Lage**	**Sachwertfaktoren**							
100.000	mittel	1,38	1,31	1,24	1,17	1,23	1,17	1,10	1,03
150.000	mittel	1,37	1,30	1,23	1,16	1,22	1,15	1,08	1,01
200.000	mittel	1,35	1,28	1,21	1,14	1,20	1,13	1,06	0,99
250.000	mittel	1,34	1,27	1,20	1,13	1,19	1,12	1,05	0,98
300.000	mittel	1,32	1,25	1,18	1,11	1,17	1,10	1,03	0,96
350.000	mittel	1,31	1,24	1,17	1,10	1,16	1,09	1,02	0,95
150.000	gut	1,43	1,36	1,30	1,23	1,29	1,22	1,15	1,08
200.000	gut	1,42	1,35	1,28	1,21	1,27	1,20	1,13	1,06
250.000	gut	1,40	1,33	1,26	1,19	1,25	1,19	1,12	1,05
300.000	gut	1,39	1,32	1,25	1,18	1,24	1,17	1,10	1,03
400.000	gut	1,37	1,30	1,23	1,16	1,22	1,15	1,08	1,01
450.000	gut	1,36	1,29	1,22	1,15	1,21	1,14	1,07	1,00

Quelle: Kleiber-digital, Stand Januar 2017

Sachwertfaktoren (NHK 2010) für Gründerzeithäuser in bevorzugten Lagen Südstadt und Musikerviertel in Bonn				
Referenzen	**Gebäudestandard**	**Standardstufen der Anl. 2 der SW-RL**		
	Orts- und Regionalfaktoren	keine		
	Gesamtnutzungsdauer	80 Jahre (Modellansatz)		
	Restnutzungsdauer	Ggf. durch Modernisierung verlängert		
	Außenanlage	2 % des Sachwerts der baul. Anlage zzgl. 7.000 € (Hausanschluss)		
	Besondere Bauteile	individuell		
	Bodenwert	Bodenrichtwert abgestellt auf Grundstücksgröße		
Grundstücksgröße		250 m²	350 m²	450 m²
Lage	**Gesamtwohnfläche**	**Sachwertfaktoren**		
einfach	180 m²	1,68	1,74	1,80
	300 m²	1,53	1,59	1,65
	500 m²	1,28	1,34	1,39
mittel	180 m²	1,78	1,84	1,90
	300 m²	1,63	1,69	1,75
	500 m²	1,38	1,44	1,49
gut	180 m²	1,88	1,94	2,00
	300 m²	1,73	1,79	1,84
	500 m²	1,48	1,54	1,59
sehr gut	180 m²	1,98	2,04	2,10
	300 m²	1,83	1,89	1,94
	500 m²	1,58	1,64	1,69

3.6.5 Sachwertfaktoren für Ein- und Zweifamilienhäuser in Niedersachsen

Quelle: Kleiber-digital, Stand Januar 2017; Grundstücksmarktberichte

Sachwertfaktoren für Ein- und Zweifamilienhäuser (NHK 2010)													
Referenzwert	**LK Lüchow-Dannenberg**				**LK Cloppen-burg**		**Stadt Delmenhorst**			**LK Oldenburg**			**LK Vechta**
Bezugsjahr	1.7.2012				31.12.2012		31.12.2012			31.12.2012			
BRW (Lage)	25 €/m² (W) (Korrekturfaktor)				20 – 80 bzw. 120 €/m²		80 – 130 €/m²			30 – 120 €/m²			
RND	40 Jahre (Korrekturfaktor)				8 – 70 Jahre		17 – 64 Jahre			17 – 66 Jahre			
Sachwert	-						198.000 €						
Wohnfläche	120 m² (Korrekturfaktor)				140 m²		140 m²						
Grundstück	1.000 m² (Korrekturfaktor)				350 – 1 850 m²		240 – 790 m²			290 – 1 635 m²			
Stufe	2,5 (Korrekturfaktor)												
Keller													
Gar/Carport					vorhanden (eine)								
Gesamtnutzung							70 Jahre						
Außenanlagen							Pauschale						
Vorläufiger Sachwert in €	Orte				Bereich		Restnutzungsdauer (Jahre)			Restnutzungsdauer (Jahre)			
	LK	Hilz-acker	Dan-nen-berg	Lü-chow	Nord	Süd	25	40	60	25	40	65	
30.000	2,52	3,03	2,89	3,05	-	-	-	-	-	-	-	-	-
50.000	1,58	1,89	1,51	1,91	-	-	-	-	-	-	-	-	-
70.000	1,17	1,40	1,34	1,41	-	-	-	-	-	-	-	-	-
90.000	0,94	1,12	1,07	1,13	-	-	-	-	-	-	-	-	-
100.000	-	-	-	-	0,76	0,82	0,88	0,97	1,12	0,88	0,93	0,96	0,94
110.000	0,79	0,94	0,90	0,95	-	-	-	-	-	-	-	-	-
130.000	0,69	0,81	0,78	0,82	-	-	-	-	-	-	-	-	-
150.000	0,61	0,72	0,69	0,72	0,70	0,77	0,74	0,82	0,98	0,79	0,84	0,86	0,82
170.000	0,55	0,65	0,62	0,65	-	-	-	-	-	-	-	-	-
190.000	0,50	0,59	0,57	0,59	-	-	-	-	-	-	-	-	-
200.000	-	-	-	-	0,64	0,70	0,66	0,75	0,90	0,72	0,76	0,79	0,74
210.000	0,46	0,54	0,52	0,55	-	-	-	-	-	-	-	-	-
230.000	0,43	0,50	0,48	0,51	-	-	-	-	-	-	-	-	-
250.000	0,40	0,47	0,45	0,47	0,58	0,64	0,60	0,69	0,84	0,66	0,70	0,73	0,68
270.000	0,38	0,44	0,43	0,45	-	-	-	-	-	-	-	-	-
290.000	0,36	0,42	0,40	0,42	-	-	-	-	-	-	-	-	-
300.000	-	-	-	-	0,53	0,60	0,53	0,62	0,77	0,61	0,65	0,67	0,62
310.000	0,34	0,40	0,38	0,40	-	-	-	-	-	-	-	-	-
330.000	0,32	0,38	0,38	0,38	-	-	-	-	-	-	-	-	-
350.000	0,31	0,36	0,35	0,36	-	-	-	-	-	-	-	-	-
370.000	0,30	0,34	0,33	0,35	-	-	-	-	-	-	-	-	-
390.000	0,28	0,33	0,32	0,33	-	-	-	-	-	-	-	-	-
410.000	-	-	-	-	-	0,59	-	-	-	-	-	-	-

Sachwertfaktoren für Ein- und Zweifamilienhäuser in Niedersachsen

Quelle: Kleiber-digital, Stand Januar 2017; Grundstücksmarktberichte

Sachwertfaktoren für Ein- und Zweifamilienhäuser (NHK 2010) in Niedersachsen													
Referenzwert	**LK Rotenburg (Wümme)**				**LK Cloppenburg**				**LK Verden**				**Region Hannover**
Bezugsjahr	2011				31.12.2012				2011				
BRW (Lage) €/m²	58 €/m² (W) (Korrekturfaktor)				20–80 bzw. 120 €/m²				95 €/m² (Korrekturfaktoren)				120
Baujahr/RND (Jahre)	1980				17–64 Jahre				1979				40
Sachwert (in €)	198.000 €				198.000 €				228.000 €				
Wohnfläche (m²)	142 m² (Korrekturfaktor)				140 m²				147 m²				
Grundstücksfläche	-				-				-				
Geb.-Standardstufe	2,4								2,5				mittel
Keller	Teilkeller								Teilkeller (Korrekturfaktoren)				
Gar/Carport	vorhanden (eine)												
Vorläufiger Sachwert in €	Standardstufen				Standardstufen				Standardstufen				
	1	2	3	4	1	2	3	4	1	2	3	4	1
80.000	0,72	0,78	-	-	-	-	-	-	-	-	-	-	-
90.000	-	-	-	-	0,71	0,86	-	-	-	-	-	-	-
100.000	-	-	-	-	-	-	-	-	-	-	-	-	1,03
120.000	0,68	0,75	0,81	-	0,63	0,77	0,89	-	0,76	0,85	-	-	0,97
140.000	-	-	-	-	-	-	-	-	-	-	-	-	0,92
150.000	-	-	-	-	0,58	0,71	0,82	-	0,73	0,82	0,86	0,82	-
160.000	0,65	0,72	0,78	-	-	-	-	-	-	-	-	-	0,88
180.000	-	-	-	-	-	0,67	0,77	-	0,69	0,78	0,85	0,91	0,83
200.000	0,62	0,69	0,75	0,82	-	-	-	-	-	-	-	-	0,79
210.000	-	-	-	-	-	0,63	0,73	-	0,67	0,75	0,82	0,88	-
220.000	-	-	-	-	-	-	-	-	-	-	-	-	0,76
240.000	-	0,66	0,73	0,79	-	0,60	0,70	0,79	-	0,73	0,79	0,85	0,72
260.000	-	-	-	-	-	-	-	-	-	-	-	-	0,69
270.000	-	-	-	-	-	0,57	0,67	0,76	-	0,70	0,77	0,83	-
280.000	-	0,64	0,71	0,77	-	-	-	-	-	-	-	-	0,66
300.000	-	-	-	-	-	-	0,65	0,74	-	0,68	0,67	0,80	0,63
320.000	-	-	0,68	0,75	-	-	-	-	-	-	-	-	-
330.000	-	-	-	-	-	-	0,63	0,72	-	0,65	0,72	0,78	-
340.000	-	-	-	-	-	-	-	-	-	-	-	-	0,58
360.000	-	-	0,67	0,73	-	-	-	-	-	-	0,70	0,76	0,55
380.000	-	-	-	-	-	-	-	-	-	-	-	-	0,53
400.000	-	-	-	-	-	-	-	-	-	-	-	-	0,51
420.000	-	-	-	-	-	-	-	-	-	-	-	-	0,49
440.000	-	-	-	-	-	-	-	-	-	-	-	-	0,47

Sachwertfaktoren für Ein- und Zweifamilienhäuser in Niedersachsen

Quelle: Kleiber-digital, Stand Januar 2017; Grundstücksmarktberichte

Sachwertfaktoren für Ein- und Zweifamilienhäuser (NHK 2010)												
Referenzwert	**LK Harburg**			**LK Lüneburg**					**LK Uelzen**			
Bezugsjahr	1.7.2012			1.7.2012					1.7.2012			
BRW (Lage)	130 €/m² (Korrekturfaktor)			100 €/m² (Korrekturfaktor)					7 – 74 €/m² (W) Gemischte Baufläche KF: 1,09			
RND	45 Jahre (Korrekturfaktor)			45 Jahre (Korrekturfaktor)					40 Jahre (Korrekturfaktor)			
Sachwert	198.000 €											
Wohnfläche	140 m² (Korrekturfaktor)			140 m² (Korrekturfaktor)					130 m² (Korrekturfaktor)			
Grundstück	1.000 m² (Korrekturfaktor)			1.000 m² (Korrekturfaktor)					1 100 m² (Korrekturfaktor)			
Stufe	2,5 (Korrekturfaktor)			2,5 (Korrekturfaktor)					2,5 (Korrekturfaktor)			
Keller	Vollkeller			-					-			
	Ohne Keller KF: 0,96											
Gar/Carport	vorhanden (eine)			vorhanden (eine)					Garage			
Bauweise	massiv			-					-			
Vorläufiger Sachwert in €	**Entfernung (km) zum Zentrum von Hamburg (Rathausplatz)**			**Entfernung (km) zum Zentrum von Lüneburg (Marktplatz)**					**Bodenrichtwert €/m²**			
	13	30	45	0,5	3	6	14	35	8	15	35	74
45.000	-	-	-	-	-	-	-	-	0,94	1,20	1,56	1,96
50.000	-	-	-	3,62	3,21	3.03	2,79	2,50	-	-	-	-
65.000	-	-	-	-	-	-	-	-	0,72	0,90	1,16	1,46
75.000	2,73	2,40	2,21	-	-	-	-	-	-	-	-	-
80.000	-	-	-	2,45	2,18	2,07	1,91	1,72	-	-	-	-
85.000	-	-	-	-	-	-	-	-	0,59	0,74	0,94	1,17
100.000	2,16	1,94	1,76	-	-	-	-	-	-	-	-	-
105.000	-	-	-	-	-	-	-	-	0,51	0,63	0,80	0,99
110.000	-	-	-	1,89	1,69	1,60	1,48	1,34	-	-	-	-
125.000	1,81	1,63	1,47	-	-	-	-	-	0,45	0,55	0,70	0,86
140.000	-	-	-	1,55	1,39	1,32	1,22	1,11	-	-	-	-
145.000	-	-	-	-	-	-	-	-	0,40	0,49	0,62	0,76
150.000	1,57	1,41	1,28	-	-	-	-	-	-	-	-	-
165.000	-	-	-	-	-	-	-	-	0,36	0,45	0,56	0,69
170.000	-	-	-	1,32	1,19	1,13	1,05	0,95	-	-	-	-
175.000	1,39	1,25	1,13	-	-	-	-	-	-	-	-	-
185.000	-	-	-	-	-	-	-	-	0,34	0,41	0,51	0,53
200.000	1,25	1,13	1,02	1,16	1,04	0,99	0,92	0,84	-	-	-	-
205.000	-	-	-	-	-	-	-	-	0,31	0,38	0,47	0,58
225.000	1,14	1,03	0,94	-	-	-	--	-	0,29	0,35	0,44	0,54
230.000	-	-	-	1,03	0,93	0,88	0,82	0,75	-	-	-	-
245.000	-	-	-	-	-	-	-	-	0,27	0,33	0,41	0,50
250.000	1,05	0,95	0,86	-	-	-	-	-	-	-	-	-
260.000	-	-	-	0,93	0,84	0,80	0,75	0,68	-	-	-	-
265.000	-	-	-	-	-	-	-	-	0,26	0,31	0,39	0,47
275.000	0,98	0,88	0,80	-	-	-	-	-	-	-	-	-
285.000	-	-	-	-	-	-	-	-	0,26	0,31	0,39	0,47
290.000	-	-	-	0,86	0,77	0,74	0,69	0,63	-	-	-	-
300.000	0,82	0,83	0,75	-	-	-	-	-	-	-	-	-
305.000	-	-	-	-	-	-	-	-	0,23	0,28	0,35	0,42
320.000	-	-	-	0,79	0,71	0,68	0,64	0,58	-	-	-	-
325.000	0,86	0,78	0,71	-	-	-	-	-	0,22	0,27	0,33	0,40
345.000	-	-	-	-	-	-	-	-	0,21	0,26	0,32	0,38
350.000	0,81	0,74	0,67	0,74	0,67	0,63	0,59	0,54	-	-	-	-
365.000	-	-	-	-	-	-	-	-	0,20	0,25	0,30	0,36
375.000	0,77	0,70	0,64	-	-	-	-	-	-	-	-	-

Sachwertfaktoren für Ein- und Zweifamilienhäuser (NHK 2010)												
Referenzwert	**LK Harburg**			**LK Lüneburg**					**LK Uelzen**			
Bezugsjahr	1.7.2012			1.7.2012					1.7.2012			
BRW (Lage)	130 €/m² (Korrekturfaktor)			100 €/m² (Korrekturfaktor)					7 – 74 €/m² (W) Gemischte Baufläche KF: 1,09			
RND	45 Jahre (Korrekturfaktor)			45 Jahre (Korrekturfaktor)					40 Jahre (Korrekturfaktor)			
Sachwert	198.000 €											
Wohnfläche	140 m² (Korrekturfaktor)			140 m² (Korrekturfaktor)					130 m² (Korrekturfaktor)			
Grundstück	1.000 m² (Korrekturfaktor)			1.000 m² (Korrekturfaktor)					1 100 m² (Korrekturfaktor)			
Stufe	2,5 (Korrekturfaktor)			2,5 (Korrekturfaktor)					2,5 (Korrekturfaktor)			
Keller	Vollkeller			-					-			
	Ohne Keller KF: 0,96											
Gar/Carport	vorhanden (eine)			vorhanden (eine)					Garage			
Bauweise	massiv			-					-			
Vorläufiger Sachwert in €	**Entfernung (km) zum Zentrum von Hamburg (Rathausplatz)**			**Entfernung (km) zum Zentrum von Lüneburg (Marktplatz)**					**Bodenrichtwert €/m²**			
	13	30	45	0,5	3	6	14	35	8	15	35	74
380.000	-	-	-	0,69	0,62	0,59	0,56	0,51	-	-	-	-
400.000	0,74	0,67	0,61	-	-	-	-	-	-	-	-	-
410.000	-	-	-	0,65	0,59	0,56	0,52	0,48	-	-	-	-
425.000	0,70	0,64	0,58	-	-	-	-	-	-	-	-	-
440.000	-	-	-	0,61	0,55	0,53	0,50	0,45	-	-	-	-
450.000	0,67	0,61	0,56	-	-	-	-	-	-	-	-	-
470.000	-	-	-	0,58	0,53	0,50	0,47	0,43	-	-	-	-
475.000	0,65	0,59	0,53	-	-	-	-	-	-	-	-	-
500.000	0,62	0,56	0,51	0,55	0,50	0,48	0,45	0,41	**Korrekturfaktoren**			
525.000	0,60	0,54	0,50	-	-	-	-	-	Uelzen			1,15
530.000	-	-	-	0,53	0,48	0,46	0,43	0,39	Bad Bevensen			1,13
550.000	0,58	0,53	0,48	-	-	-	-	-	Bad Bodenteich			0,93
560.000	-	-	-	0,50	0,46	0,44	0,41	0,38	-	-	-	-
575.000	0,56	0,51	0,46	-	-	-	-	-	-	-	-	-
590.000	-	-	-	0,48	0,44	0,42	0,39	0,36	-	-	-	-
600.000	0,54	0,49	0,45	-	-	-	-	-	-	-	-	-
620.000	-	-	-	0,47	0,42	0,40	0,38	0,35	-	-	-	-
625.000	0,53	0,48	0,44	-	-	-	-	-	-	-	-	-
650.000	0,51	0,46	0,42	-	-	-	-	-	-	-	-	-

Quelle: Kleiber-digital, Stand Januar 2017; Grundstücksmarktberichte

Korrekturfaktoren zum Sachwertfaktor von Ein- und Zweifamilienhäusern bei abweichender Restnutzungsdauer					
RND	2013	2013	2013	2013	2013
	Region Hannover	**LK Harburg**	**LK Lüneburg**	**LK Uelzen**	**LK Lüchow-Dannenberg**
15	0,92	0,73	0,95	0,73	0,79
20	0,93	0,78	0,95	0,79	0,83
25	0,95	0,83	0,96	0,85	0,87
30	0,96	0,88	0,97	0,90	0,91
35	0,98	0,92	0,96	0,95	0,96
40	**1,00**	0,96	0,40	**1,00**	**1,00**
45	1,02	**1,00**	**1,00**	1,05	1,05
50	1,04	1,05	1,01	1,09	1,09
55	1,07	1,07	1,02	1,14	1,14
60	1,09	1,10	1,03	1,18	1,19
65	-	1,12	1,04	1,22	1,24
70	-	1,14	1,05	1,26	1,29

Korrekturfaktoren zum Sachwertfaktor von Ein- und Zweifamilienhäusern bei abweichendem Gebäudestandard

Quelle: Kleiber-digital, Stand Januar 2017; Grundstücksmarktberichte

Korrekturfaktoren zum Sachwertfaktor von Ein- und Zweifamilienhäuser bei abweichendem Gebäudestandard				
Gebäude-standard-stufe	**LK Uelzen**	**LK Lüchow-Dannenberg**	**Region Hannover**	**Ausstattungs-standard**
	2013	2013	2013	-
1,00	0,93	0,90	-	-
1,50	0,96	0,93	-	-
2,00	0,98	0,97	0,95	Einfacher Ausstattungsstandard
2,50	1,00	1,00	1,00	Mittlerer Standard
3,00	1,02	1,03	1,06	Guter Ausstattungsstandard
3,50	1,04	1,07	1,11	Sehr guter Ausstattungsstandard
4,00	1,07	1,10	-	-

Korrekturfaktoren zum Sachwertfaktor von Ein- und Zweifamilienhäusern für abweichende Grundstücksfläche (NHK 2010)

Quelle: Kleiber-digital, Stand Januar 2017; Grundstücksmarktberichte

Korrekturfaktoren zum Sachwertfaktor von Ein-und Zweifamilienhäusern für abweichende Grundstücksfläche (NHK 2010)				
Grundstücksfläche m²	2013	2013	2013	2013
	LK Harburg	**LK Lüneburg**	**LK Uelzen**	**LK Lüchow-Dannenberg**
200	0,87	-	-	-
300	0,89	0,86	0,90	-
400	0,91	0,90	-	0,88
500	0,93	0,92	0,94	-
600	0,94	0,94	-	0,93
700	0,96	0,96	0,97	-
800	0,97	0,98	-	0,97
900	0,99	0,99	0,99	-
1.000	**1,00**	**1,00**	-	**1,00**
1.100	1,01	1,01	**1,00**	-
1.200	1,03	1,02	-	1,02
1.300	1,04	1,03	1,01	-
1.400	1,05	1,04	-	1,04
1.500	1,06	1,04	1,02	-
1.600	1,07	1,05	-	1,06
1.700	1,08	1,05	1,03	-
1.800	1,09	1,06	-	1,07
1.900	1,10	1,06	1,04	-
2.000	1,11	1,07	-	1,09
2.100	1,12	1,07	1,05	-
2.200	-	-	-	1,10
2.300	-	-	1,05	-
2.400	-	-	-	1,11
2.500	-	-	1,06	-
2.600	-	-	-	1,12

Korrekturfaktoren zum Sachwertfaktor für Ein- und Zweifamilienhäuser bei abweichendem Bodenrichtwert in Niedersachsen

Quelle: Kleiber-digital, Stand Januar 2017; Grundstücksmarktberichte

Korrekturfaktoren zum Sachwertfaktor für Ein- und Zweifamilienhäuser bei abweichendem Bodenrichtwert in Niedersachsen									
Abweichender Bodenrichtwert	**LK Lüchow-Dannenberg (W)**	**LK Rotenburg (Wümme)**	**Heidekreis**	**Region Hannover**	**LK Verden**	**Cloppenburg Bereich**		**LK Oldenburg**	**LK Vechta**
				Stadt: UK 1,07		Nord	Süd		
€/m²	2013	2013	2013	2013	2013	2013	2013	2013	2013
8	0,84	-	-	-	-	-	-	-	-
10	0,88	-	-	-	-	-	-	-	-
15	0,94	-	-	-	-	-	-	-	-
20	0,89	0,89	0,90	-	0,88	-	-	-	-
25	1,00	-	-	-	-	-	-	-	-
30	1,02	0,93	0,94	0,88	0,91	0,94	0,94	0,90	0,95
35	1,03	-	-	-	-	-	-	-	-
39	1,04	-	-	-	-	-	-	-	-
40	-	0,96	0,96	-	0,92	0,99	0,97	0,92	0,96
50	-	0,99	0,99	-	0,94	1,00	1,00	0,94	0,99
60	-	1,00	1,01	0,92	0,96	1,02	1,03	0,96	1,00
70	-	1,01	1,03	-	0,97	1,03	1,06	0,99	1,01
80	-	1,04	1,04	-	0.99	1,05	1,07	1,00	1,03
90	-	1,06	1,07	0,96	1,00	1,05	1,10	1,03	1,04
100	-	1,07	1,09	-	1,00	-	1,11	1,06	1,06
110	-	1,08	1,10	-	1,01	-	1,13	1,07	1,07
120	-	1,08	-	1,00	1,03	-	1,14	1,10	1,08
130	-	1,10	-	-	1,04	-	-	-	-
140	-	-	-	-	1,04	-	-	-	-
150	-	-	-	1,04	1,05	-	-	-	-
160	-	-	-	-	1,07	-	-	-	-
170	-	-	-	-	1,07	-	-	-	-
180	-	-	-	1,09	1,08	-	-	-	-
210	-	-	-	1,13	-	-	-	-	-
240	-	-	-	1,18	-	-	-	-	-
270	-	-	-	1,23	-	-	-	-	-
300	-	-	-	1,28	-	-	-	-	-
330	-	-	-	1,33	-	-	-	-	-

Korrekturfaktoren zum Sachwertfaktor für Ein- und Zweifamilienhäuser für abweichende Wohnfläche in Niedersachsen

Quelle: Kleiber-digital, Stand Januar 2017; Grundstücksmarktberichte

Korrekturfaktoren zum Sachwertfaktor für Ein- und Zweifamilienhäuser für abweichende Wohnfläche				
Wohnfläche m²	2013	2013	2013	2013
	LK Harburg	**LK Lüneburg**	**LK Uelzen**	**LK Lüchow-Dannenberg**
50	-	-	-	0,66
60	0,74	0,75	0,66	0,72
70	-	-	0,72	0,78
80	0,83	0,84	0,77	0,83
90	-	-	0,82	0,87
100	0,89	0,90	0,87	0,92
110	-	-	0,92	0,96
120	0,95	0,96	0,96	**1,00**
130	-	-	**1,00**	1,04
140	**1,00**	**1,00**	1,04	1,07
150	-	-	1,07	1,11
160	1,04	1,04	1,10	1,14
170	-	-	1,13	1,17
180	1,08	1,07	1,15	1,20
190	-	-	1,17	1,23
200	1,12	1,10	1,18	1,26
210	-	-	1,19	1,29
220	1,15	1,13	1,20	1,32
230	-	-	1,20	1,34
240	1,18	1,16	1,20	1,37
250	-	-	-	1,30
260	1,20	1,18	-	-
280	1,23	1,20	-	-
300	1,25	1,22	-	-

Sachwertfaktoren für Reihenhäuser und Doppelhaushälften in Niedersachsen

Quelle: Kleiber-digital, Stand Januar 2017; Grundstücksmarktberichte

Sachwertfaktoren für Reihenhäuser (RH) und Doppelhaushälften (DHH)											
Referenzwert	**LK Harburg**				**LK Lüneburg**				**LK Uelzen**		
Bezugsjahr	1.7.2012				1.7.2012				1.7.2012		
BRW (Lage)	140 €/m² (Korrekturfaktor)				140 €/m² (Korrekturfaktor)				16 bis 74 €/m² (W)		
Haustyp	Doppelhaushälfte				Doppelhaushälfte						
RND	45 Jahre (Korrekturfaktor)				45 Jahre (Korrekturfaktor)				45 Jahre (Korrekturfaktor)		
Sachwert	198.000										
Wohnfläche	100 m² (Korrekturfaktor)				100 m² (Korrekturfaktor)				100 m² (Korrekturfaktor)		
Grundstück	400 m² (Korrekturfaktor)				400 m² (Korrekturfaktor)				400 m² (Korrekturfaktor)		
Stufe	2,2 einschl. Einbauküche (KF)				2,5 (Korrekturfaktor)				2,5 (Korrekturfaktor)		
Keller	Vollkeller Ohne Keller Korrekturfaktor 0,96				Vollkeller Ohne Keller Korrekturfaktor 0,93				-		
Gar/Carport	vorhanden (eine)								Garage		
Bauweise	massiv				massiv (kein Fertighaus)						
Dachform					kein Flachdach						
Haustyp	Reihenendhaus: Korrekturfaktor 0,98								Reihenendhaus KF 0,97		
	Reihenmittelhaus Korrekturfaktor 0,96								Reihenmittelhaus: KF		
Vorläufiger Sachwert	**Entfernung (km) zum Zentrum Hamburg (Rathausplatz)**				**Entfernung (km) zum Zentrum Lüneburg (Marktplatz)**				**Bodenrichtwert €/m²**		
	12	20	30	45	0,5	3	9	29	16	40	74
30.000	-	-	-	-	-	-	-	-	3,02	3,44	4,09
50.000	-	-	-	-	3,91	3,19	2,86	2,59	1,70	1,95	2,32
60.000	3,16	3,03	2,86	2,62	-	-	-	-	-	-	-
70.000	-	-	-	-	2,83	2,31	2,08	1,88	1,17	1,34	1,61
80.000	2,43	2,33	2,21	2,02	-	-	-	-	-	-	-
90.000	-	-	-	-	2,23	1,82	1,64	1,48	0,88	1,01	1,22
100.000	1,98	1,90	1,81	1,66	-	-	-	-	-	-	-
110.000	-	-	-	-	1,84	1,51	1,36	1,23	0,71	0,81	0,96
120.000	1,68	1,62	1,54	1,41	-	-	-	-	-	-	-
130.000	-	-	-	-	1,57	1,29	1,16	1,05	0,59	0,68	0,81
140.000	1,47	1,41	1,34	1,23	-	-	-	-	-	-	-
145.000	-	-	-	-	-	-	-	-	-	-	-
150.000	-	-	-	-	1,37	1,13	1,01	0,92	0,50	0,58	0,70
160.000	1,30	1,25	1,19	1,10	-	-	-	-	-	-	-
170.000	-	-	-	-	1,22	1,00	0,90	0,82	0,44	0,50	0,61
180.000	1,17	1,13	1,08	0,99	-	-	-	-	-	-	-
185.000	-	-	-	-	-	-	-	-	-	-	-
190.000	-	-	-	-	1,10	0,90	0,82	0,74	0,39	0,45	0,54
200.000	1,07	1,03	0,98	0,91	-	-	-	-	-	-	-
210.000	-	-	-	-	1,00	0,83	0,74	0,67	0,34	0,40	0,46
220.000	0,99	0,95	0,91	0,84	-	-	-	-	-	-	-
230.000	-	-	-	-	0,92	0,76	0,68	0,62	0,31	0,36	0,44
240.000	0,91	0,88	0,84	0,78	-	-	-	-	-	-	-
245.000	-	-	-	-	-	-	-	-	-	-	-
250.000	-	-	-	-	0,85	0,70	0,63	0,58	0,28	0,33	0,40
260.000	0,85	0,82	0,78	0,73	-	-	-	-	-	-	-
270.000	-	-	-	-	0,80	0,66	0,59	0,54	0,26	0,30	0,37
280.000	0,80	0,77	0,74	0,68	-	-	-	-	**Korrekturfaktoren**		
290.000	-	-	-	-	0,74	0,61	0,55	0,50	Uelzen		1,12
300.000	0,75	0,73	0,70	0,65	-	-	-	-	Bad Bevensen		1,11
310.000	-	-	-	-	0,70	0,58	0,52	0,47	-	-	-
320.000	0,71	0,69	0,68	0,61	-	-	-	-	-	-	-

Sachwertfaktoren für Reihenhäuser und Doppelhaushälften (NHK 2010) in Niedersachsen

Quelle: Kleiber-digital, Stand Januar 2017; Grundstücksmarktberichte

Sachwertfaktoren für Reihenhäuser und Doppelhaushälften (NHK 2010)												
	LK Rotenburg (Wümme)				Heidekreis				LK Verden			
Bezugsjahr	2011				2011				2011			
BRW (Lage)	78 €/m²				56 €/m²				117 €/m² (Korrekturfaktoren)			
Baujahr	1981				1983				1983			
Sachwert	126.000				139.000				150.000			
Wohnfläche	104 m²				113 m²				112 m²			
Stufe	-				-				-			
Keller	-				-				-			
Vorläufiger Sachwert	**Lage (Bodenrichtwert in €/m)**				**Baujahr**				**Baujahr**			
	30	**60**	**90**	**120**	**1955**	**1970**	**1985**	**2000**	**1955**	**1970**	**1985**	**2000**
75.000	0,87	0,92	-	-	0,83	0,89	-	-	-	-	-	-
80.000	-	-	-	-	-	-	-	-	1,07	1,07	-	-
100.000	0,85	0,89	0,94	0,98	0,76	0,82	0,89	-	0,95	1,05	1,14	-
120.000	-	-	-	-	-	-	-	-	0,85	0,95	1,05	1,14
125.000	0,82	0,87	0,91	0,96	0,70	0,75	0,82	0,89	-	-	-	-
140.000	-	-	-	-	-	-	-	-	0,78	0,87	0,97	1,07
150.000	0,80	0,84	0,89	0,93	0,64	0,69	0,75	0,82	-	-	-	-
160.000	-	-	-	-	-	-	-	-	0,71	0,81	0,90	1,00
175.000	0,77	0,81	0,86	0,90	-	0,63	0,69	0,75	-	-	-	-
180.000	-	-	-	-	-	-	-	-	-	0,75	0,80	0,94
200.000	-	-	0,83	0,88	-	-	0,63	0,69	-	0,70	0,80	0,89
220.000	-	-	-	-	-	-	-	-	-	-	0,75	0,85
225.000	-	-	-	-	-	-	-	0,63	-	-	-	-
240.000	-	-	-	-	-	-	-	-	-	-	-	0,81

Sachwertfaktoren für Reihenhäuser und Doppelhaushälften (NHK 2010) in der Region Hannover

Quelle: Kleiber-digital, Stand Januar 2017; Grundstücksmarktberichte

Sachwertfaktoren für Reihenhäuser (RH) und Doppelhaushälften (NHK 2010) in der Region Hannover	
Referenzen	
Marktbericht	2013
Bezugsjahr	2012
Lage (BRW in €/m²)R	120 €/m²
Baujahr/RND (Jahre)	40
Sachwert	
Wohnflächen (m²)	
Grundstücksgröße (m²)	
Ausstattung	mittel
Keller	
Vorläufiger Sachwert in €	
75.000	-
80.000	1,10
100.000	1,03
120.000	0,97
125.000	-
140.000	0,92
150.000	-
160.000	0,88
175.000	-
180.000	0,83
200.000	0,79
220.000	0,76
240.000	0,72
260.000	0,69
280.000	0,66
300.000	0,63
320.000	0,60
340.000	0,58
360.000	0,55

Korrekturfaktoren zu Sachwertfaktoren für Reihenhäuser in Niedersachsen

Quelle: Kleiber-digital, Stand Januar 2017; Grundstücksmarktberichte

Korrekturfaktoren zu Sachwertfaktoren für Reihenhäuser und Doppelhaushälften für abweichende Bodenrichtwerte				
Boden-richtwert	**LK Harburg**	**LK Lüneburg**	**LK Verden**	**Region Hannover**
€/m²	2013	2013	2013	2013
30	-	-	-	0,88
50	-	0,85	0,92	-
60	0,88	0,88	0,93	0,92
70	0,91	0,90	0,95	-
80	0,93	0,93	0.96	-
90	0,95	0,95	0,97	0,96
100	0,87	0,97	0,98	-
110	0,98	0,99	0,99	-
120	0,99	1,00	1,00	1,00
130	1,00	1,01	1,01	-
140	1,00	1,02	1,02	-
150	1,00	1,03	1,04	1,04
160	1,00	1,03	1,05	-
170	1,00	1,03	1,07	-
180	0,99	1,03	-	1,09
190	099	1,03	-	-
200	0,99	1,02	-	-
210	0,98	1,01	-	1,13
220	0,98	-	-	-
230	0,98	-	-	-
240	0,97	-	-	1,18
250	0,97	-	-	-
260	0,98	-	-	-
270	0,98	-	-	1,23
280	0,99	-	-	-
300	-	-	-	1,28
330	-	-	-	1,33

Korrekturfaktoren zu den Sachwertfaktoren von Reihenhäusern und Doppelhaushälften bei abweichender Restnutzungsdauer

Quelle: Kleiber-digital, Stand Januar 2017; Grundstücksmarktberichte

Korrekturfaktoren zu den Sachwertfaktoren von Reihenhäusern und Doppelhaushälften bei abweichender Restnutzungsdauer					
Abweichende Restnutzungsdauer	**LK Harburg**	**LK Lüneburg**	**LK Uelzen**	**LK Lüchow-Dannenberg**	**Region Hannover**
Jahre	2013	2013	2013	2013	2013
15	0,84	0,85	0,71	0,79	0,92
20	0,86	0,86	0,77	0,83	0,93
25	0,88	0,87	0,83	0,87	0,95
30	0,91	0,89	0,89	0,91	0,96
35	0,94	0,92	0,95	0,96	0,98
40	0,97	0,96	1,00	1,00	1,00
45	1,00	1,00	1,05	1,05	1,02
50	1,03	1,05	1,10	1,09	1,04
55	1,07	1,11	1,15	1,14	1,07
60	1,11	1,19	1,19	1,19	1,09
65	1,15	1,27	1,24	1,24	
70	1,19	1,37	1,28	1,29	

Korrekturfaktoren zu den Sachwertfaktoren von Reihenhäusern und Doppelhaushälften bei abweichendem Gebäudestandard

Quelle: Kleiber-digital, Stand Januar 2017; Grundstücksmarktberichte

Korrekturfaktoren zu den Sachwertfaktoren von Reihenhäusern und Doppelhaushälften bei abweichendem Gebäudestandard				
Abweichender Gebäudestandard	**LK Uelzen**	**LK Lüchow-Dannenberg**	**Region Hannover**	**Innenausstattung**
	2013	2013	2013	
1,00	0,87	0,90		
1,50	0,91	0,93		
2,00	0,95	0,97	0,95	Einfache Ausstattung
2,50	**1,00**	**1,00**	**1,00**	**Mittleres Niveau**
3,00	1,05	1,03	1,06	Gute Ausstattung
3,50	1,09	1,07	1,11	Sehr gute Ausstattung
4,00	-	1,10		

3.6.6 Sachwertfaktoren für Ein- und Zweifamilienhäuser in Sachsen-Anhalt

Quelle: Kleiber-digital, Stand Januar 2017, Marktbericht Sachsen-Anhalt 2013

Sachwertfaktoren für freistehende Ein- und Zweifamilienhäuser in Sachsen-Anhalt											
	Harz-Börde		**Mittelzentrum (Bernburg, Bitterfeld, Köthen, Wittenberg, Wolfen, Zerbst)**			**Oberzentrum (Dessau, Alten, Törten, Ziebigk)**			**Alle anderen Orte**		
Referenzen	EFH, ZFH	RH, DHH	EFH, RH, DHH			EFH, RH, DHH			EFH, RH, DHH		
Grundstücksgröße	738 m²	531 m²	593 m²			587 m²			752 m²		
BRW (ebf)	35 €/m²	35 €/m²	40 €/m²			65 €/m²			25 €/m²		
BGF	252 m²	219 m²	247 m²			250 m²			240 m²		
Wohnfläche	128 m²	112 m²	115 m³			117 m²			111 m²		
Baujahr	1972	1945	1939			1945			1946		
Gesamtnutzungsdauer (Jahre)											
Unterkellerungsgrad	48 %	58 %	-			-			-		
RND	46 Jahre	36 Jahre	31 Jahre			31 Jahre			32 Jahre		
Alterswert	linear		linear			linear			linear		
Gebäudestandard	2,7	2,4	2,2			2,3			linear		
Garage	ohne	eine	eine Garage			eine Garagen			eine Garage		
	Bei der Ableitung der Sachwertfaktoren pauschal mit 2.000 € angesetzt										
Außenanlage	Kein Ansatz: Üblicher Umfang: 3 % des alterswertgeminderten vorläufigen Sachwerts										
Bauteile	Kein Ansatz: Üblicher Umfang 3 % des alterswertgeminderten vorläufigen Sachwerts										
Orts- und Regionalfaktor	Kein Ansatz										
Vorläufiger Sachwert in €	Bodenrichtwert		Gebäudestandard			Gebäudestandard			Gebäudestandard		
	35 €/m²	35 €/m²	1,5	2,5	3,5	1,5	2,5	3,5	1,5	2,5	3,5
	2013	2013	2013	2013	2013	2013	2013	2013	2013	2013	2013
30.000	-	1,19	-	-	-	-	-	-	-	-	-
40.000	1,28	1,15	-	-	-	-	-	-	-	-	-
50.000	-	1,11	0,94	**1,00**	-	0,98	1,11	-	0,78	0,92	-
60.000	1,17	1,08	-	-	-	-	-	-	-	-	-
70.000	-	1,05	-	-	-	-	-	-	-	-	-
75.000	-	-	0,86	0,92	0,95	0,88	0,99	1,09	0,69	0,83	0,95
80.000	1,09	1,02	-	-	-	-	-	-	-	-	-
90.000	-	0,99	-	-	-	-	-	-	-	-	-
100.000	1,02	0,96	0,80	0,86	0,89	0,83	0,92	1,01	0,63	0,76	0,87

Sachwertfaktoren für freistehende Ein- und Zweifamilienhäuser in Sachsen-Anhalt											
	Harz-Börde		Mittelzentrum (Bernburg, Bitterfeld, Köthen, Wittenberg, Wolfen, Zerbst)			Oberzentrum (Dessau, Alten, Törten, Ziebigk)			Alle anderen Orte		
110.000	-	0,94	-	-	-	-	-	-	-	-	-
120.000	0,96	0,92	-	-	-	-	-	-	-	-	-
125.000	-	-	0,76	0,82	0,85	0,79	0,88	0,96	0,57	0,70	0,81
130.000	-	0,90	-	-	-	-	-	-	-	-	-
140.000	0,91	0,88	-	-	-	-	-	-	-	-	-
150.000		0,86	0,73	0,79	0,82	0,77	0,84	0,92	0,52	0,64	0,75
160.000	0,87	0,84	-	-	-	-	-	-	-	-	-
170.000	-	0,82	-	-	-	-	-	-	-	-	-
175.000	-	-	0,70	0,76	0,79	0,75	0,82	0,89	0,48	0,59	0,70
180.000	0,83	0,80	-	-	-	-	-	-	-	-	-
190.000		0,78	-	-	-	-	-	-	-	-	-
200.000	0,79	0,76	0,68	0,74	0,77	0,73	0,80	0,87	0,44	0,55	0,65
210.000	-	0,75	-	-	-	-	-	-	-	-	-
220.000	0,75	0,73	-	-	-	-	-	-	-	-	-
225.000	-	-	-	0,72	0,75	-	0,78	0,85	-	0,51	0,61
230.000		0,72	-	-	-	-	-	-	-	-	-
240.000	0,71	-	-	-	-	-	-	-	-	-	-
250.000	-	-	-	-	0,73	-	0,77	0,83		-	0,57
260.000	0,68		-	-	-	-	-	-	-	-	-
275.000	-		-	-	-	-	-	0,82	-	-	-
280.000	0,65	-	-	-	-	-	-	-	-	-	-
300.000	0,63	-	-	-	-	-	-	0,80	-	-	-
320.000	0,60	-	-	-	-	-	-	-	-	-	-
340.000	0,57	-	-	-	-	-	-	-	-	-	-
360.000	0,55	-	-	-	-	-	-	-	-	-	-
380.000	0,52	-	-	-	-	-	-	-	-	-	-
400.000	0,50	-	-	-	-	-	-	-	-	-	-
420.000	0,48	-	-	-	-	-	-	-	-	-	-

Quelle: Kleiber-digital, Stand Januar 2017; Marktbericht Sachsen-Anhalt 2013

Sachwertfaktoren für freistehende Ein- und Zweifamilienhäuser in Sachsen-Anhalt				
	Stadt Halle (Saale)	**Saalekreis, Burgenlandkreis, Mansfeld-Südharz Alle anderen Orte**		
Referenzen	**EFH, RH, DHH**	**RH, DHH**	**EFH, ZFH**	
Grundstücksgröße	717 m²	376 m²	763 m²	
BRW (ebf)	103 €/m²	31 €/m²	27 €/m²	
BGF	305 m²	222 m²	269 m²	
Wohnfläche	140 m³	117 m²	111 m²	
Baujahr	1943	1951	1967	
Gesamtnutzungsdauer				
Unterkellerungsgrad	90 %	69 %	50%	
RND	29 Jahre	37 Jahre	39 Jahre	
Alterswert	linear	linear	linear	
Gebäudestandard	2,5	2,6	2,5	
Garage	eine Garage	eine Garage	eine Garage	
	Bei der Ableitung der Sachwertfaktoren pauschal mit 2.000 € angesetzt			
Außenanlage	Kein Ansatz: Üblicher Umfang: 3 % des alterswertgeminderten vorläufigen Sachwerts			
Bauteile	Kein Ansatz: Üblicher Umfang 3 % des alterswertgeminderten vorläufigen Sachwerts			
Orts- und Regionalfaktor	Kein Ansatz			
Vorläufiger Sachwert in €			**Bodenrichtwert**	
			≤ 20 €/m²	≥ 20 €/m²
	2013	2013	2013	2013
55.000	-	1,04	-	-
65.000	-	-	0,88	-
75.000	-	0,98	-	-
85.000	-	-	0,81	0,99
95.000	-	0,93	-	-
100.000	1,22	-	-	-
105.000	-	-	0,76	0,92
115.000	-	0,87	-	-
120.000	1,17	-	-	-
125.000	-	-	0,72	0,87
135.000	-	0,82	-	-

Sachwertfaktoren für freistehende Ein- und Zweifamilienhäuser in Sachsen-Anhalt				
	Stadt Halle (Saale)	Saalekreis, Burgenlandkreis, Mansfeld-Südharz Alle anderen Orte		
Referenzen	EFH, RH, DHH	RH, DHH	EFH, ZFH	
140.000	1,12	-	-	-
145.000	-	-	0,69	0,82
155.000		0,76	-	-
160.000	1,08	-	-	-
170.000	-	-	0,67	0,79
175.000	-	0,71	-	-
180.000	1,03	-	-	-
185.000		-	0,64	0,76
200.000	098	-	-	-
205.000	-	-	0,63	0,73
220.000	0,93	-	-	-
225.000	-	-	0,61	0,71
240.000	0,88	-	-	-
245.000	-	-	0,59	0,69
260.000	0,83	-	-	-
265.000	-	-		0,68
285.000	-	-		0,66

Quelle: Kleiber-digital, Stand Januar 2017; Marktbericht Sachsen-Anhalt 2013

Korrekturfaktoren zu den Sachwertfaktoren in Sachsen-Anhalt für abweichenden Bodenrichtwert, Wohnfläche, Gebäudestandard, und Gebäudeart						
	Harz-Börde		**Mittel-zentrum**	**Alle anderen Orte**	**Halle (Saale)**	
	EFH/ZFH	**DHH**	**Bodenrichtwert**			
			40 €/m²	**25 €/m²**		
BRW	2013	2013	2013	2013	**Wohnfläche**	2013
5	0,74	0,78	-	-	95	0,81
10	-	-	0,94	0,90	110	0,89
15	0,87	0,90	-	0,93	125	0,95
20	-	-	0,96	0,97	140	1,00
25	0,95	0,96	-	1,00	155	1,04
30	-	-	0,98	1,03	170	1,07
35	1,00	1,00		1,05	185	1,10
40	-	-	1,00	1,07	200	1,12
45	1,04	1,03	-	1,09	215	1,14
50	-	-	1,02	1,11	230	1,16
55	1,07	1,06	-	1,13		
60	-	-	1,04	1,15		
65	1,11	1,08	-	-		
70	-	-	1,05	-		
75	1,13	1,10	-	-		
80	-	-	1,07	-		
85	1,15	1,12	-	-		
90	-	-	1,09	-		
95	1,17	1,14	-	-		
105	1,20	-	-	-		
115	1,22	-	-	-		
Standardstufe						
1,0	0,82	0,82				
1,5	0,86	0,86				
2,0	0,90	0,90				
2,5	0,95	0,95				
3,0	1,00	1,00				
Gebäudeart						
DHH	1,00	1,00				
RH Endh.	0,96	0,96				
RH Mitte	0,92	0,92				

4 Ertragswert

4

4.0 Ertragswertverfahren allgemein

4.0.1 Ertragswertverfahren nach EW-RL (Ablaufschema)

Quelle: Nr. 4.4 EW-RL

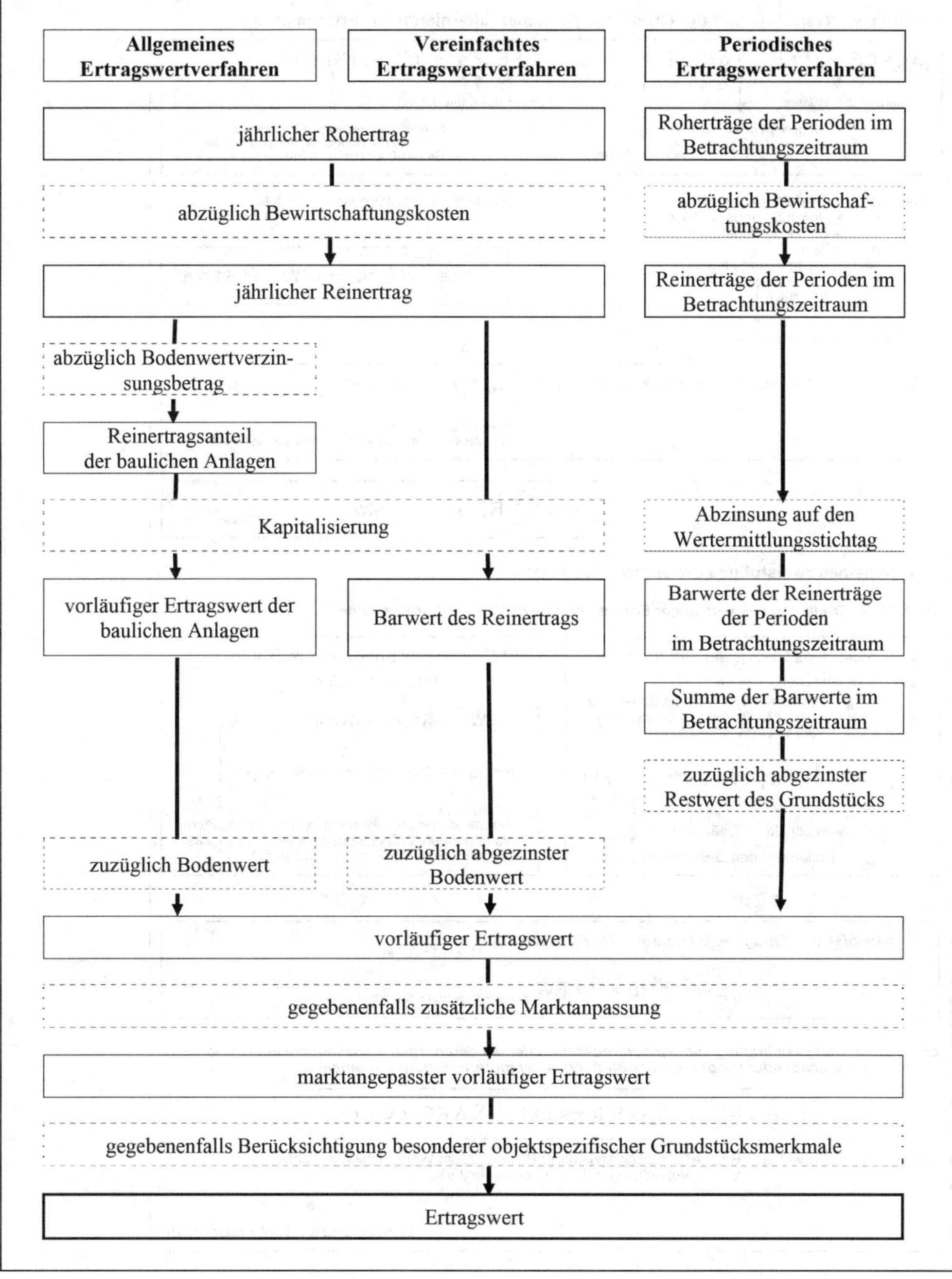

4.0.2 Übersicht über die in der ImmoWertV geregelten Ertragswertverfahren

Quelle: in Anlehnung an KL-W, 61

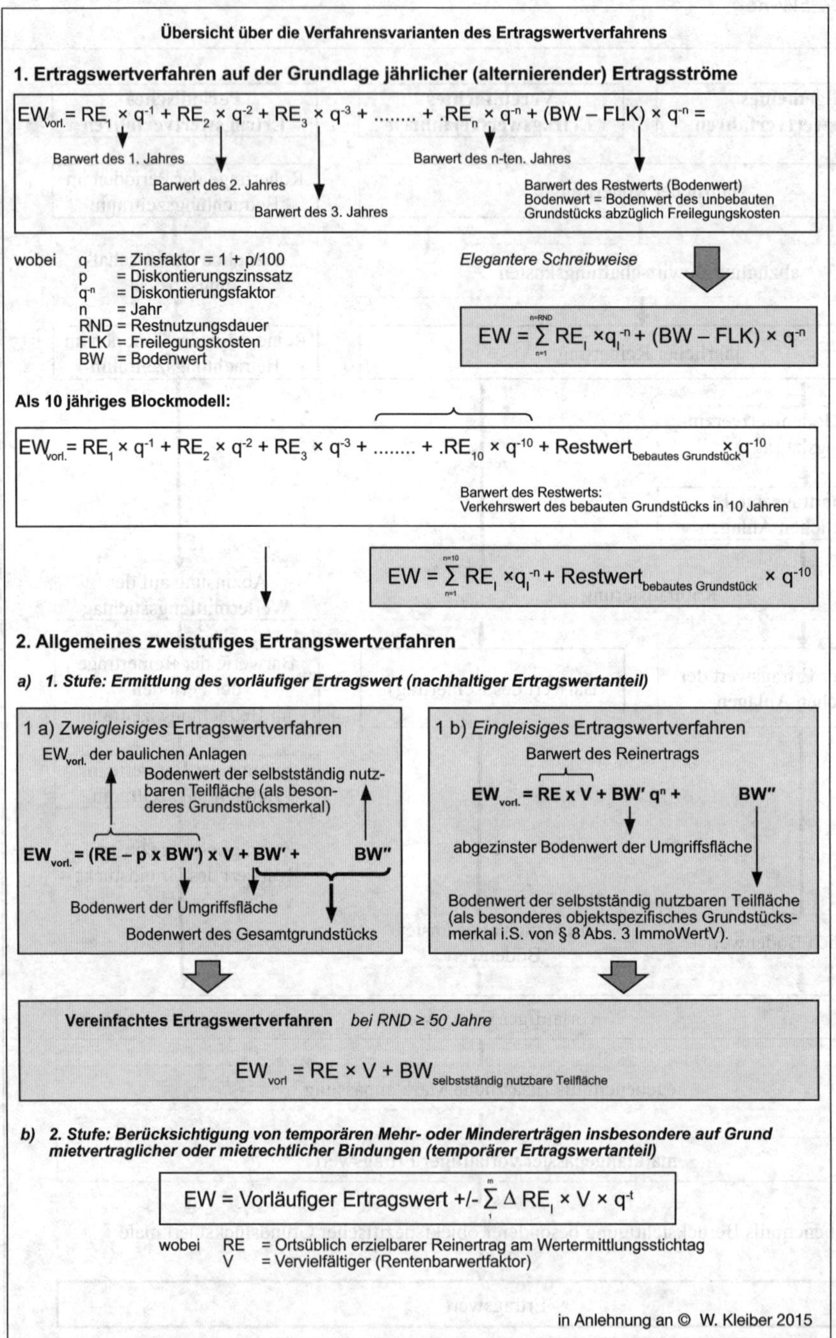

Übersicht über die Verfahrensvarianten des Ertragswertverfahrens
1. Ertragswertverfahren auf der Grundlage jährlicher (alternierender) Ertragsströme
$EW_{vorl.} = RE_1 \times q^{-1} + RE_2 \times q^{-2} + RE_3 \times q^{-3} + ... + .RE_n \times q^{-n} + (BW - FLK) \times q^{-n} =$
Barwert des 1. Jahres
Barwert des 2. Jahres
Barwert des 3. Jahres
Barwert des n-ten. Jahres
Barwert des Restwerts (Bodenwert)
Bodenwert = Bodenwert des unbebauten Grundstücks abzüglich Freilegungskosten
wobei q = Zinsfaktor = 1 + p/100
p = Diskontierungszinssatz
q^{-n} = Diskontierungsfaktor
n = Jahr
RND = Restnutzungsdauer
FLK = Freilegungskosten
BW = Bodenwert
Elegantere Schreibweise
$EW = \sum_{n=1}^{n=RND} RE_l \times q_l^{-n} + (BW - FLK) \times q^{-n}$
Als 10 jähriges Blockmodell:
$EW_{vorl.} = RE_1 \times q^{-1} + RE_2 \times q^{-2} + RE_3 \times q^{-3} + ... + .RE_{10} \times q^{-10} + Restwert_{bebautes\ Grundstück} \times q^{-10}$
Barwert des Restwerts:
Verkehrswert des bebauten Grundstücks in 10 Jahren
$EW = \sum_{n=1}^{n=10} RE_l \times q_l^{-n} + Restwert_{bebautes\ Grundstück} \times q^{-10}$
2. Allgemeines zweistufiges Ertrangswertverfahren
a) 1. Stufe: Ermittlung des vorläufiger Ertragswert (nachhaltiger Ertragswertanteil)
1 a) Zweigleisiges Ertragswertverfahren
$EW_{vorl.}$ der baulichen Anlagen
Bodenwert der selbstständig nutzbaren Teilfläche (als besonderes Grundstücksmerkal)
$EW_{vorl.} = (RE - p \times BW') \times V + BW' + BW''$
Bodenwert der Umgriffsfläche
Bodenwert des Gesamtgrundstücks
1 b) Eingleisiges Ertragswertverfahren
Barwert des Reinertrags
$EW_{vorl.} = RE \times V + BW' q^n + BW''$
abgezinster Bodenwert der Umgriffsfläche
Bodenwert der selbstständig nutzbaren Teilfläche (als besonderes objektspezifisches Grundstücksmerkal i.S. von § 8 Abs. 3 ImmoWertV).
Vereinfachtes Ertragswertverfahren bei RND ≥ 50 Jahre
$EW_{vorl} = RE \times V + BW_{selbstständig\ nutzbare\ Teilfläche}$
b) 2. Stufe: Berücksichtigung von temporären Mehr- oder Mindererträgen insbesondere auf Grund mietvertraglicher oder mietrechtlicher Bindungen (temporärer Ertragswertanteil)
$EW = Vorläufiger\ Ertragswert +/- \sum_{1}^{m} \Delta RE_l \times V \times q^{-t}$
wobei RE = Ortsüblich erzielbarer Reinertrag am Wertermittlungsstichtag
V = Vervielfältiger (Rentenbarwertfaktor)
in Anlehnung an © W. Kleiber 2015

4.0.3 Richtlinie zur Ermittlung des Ertragswerts (Ertragswertrichtlinie – EW-RL)

1 Zweck und Anwendungsbereich

(1) Diese Richtlinie gibt Hinweise für die Ermittlung des Ertragswerts nach den §§ 17 bis 20 der Immobilienwertermittlungsverordnung (ImmoWertV) vom 19. Mai 2010 (BGBl. I S. 639). Ihre Anwendung soll die Ermittlung des Ertrags- bzw. Verkehrswerts von Grundstücken nach einheitlichen und marktgerechten Grundsätzen sicherstellen. Diese Hinweise gelten auch für die Ableitung der Liegenschaftszinssätze (vgl. Nummer 7). Die Richtlinie ersetzt die Nummern 1.5.5 Absatz 3, 3.1.2, 3.5 bis 3.5.8 sowie die Anlagen 3, 5, 9a und 9b der Wertermittlungsrichtlinien 2006 (WertR 2006) vom 1. März 2006 (BAnz. Nr. 108a vom 10. Juni 2006, BAnz. S. 4798).

(2) Die Richtlinie wurde von einer Arbeitsgruppe aus Vertretern des Bundesministeriums für Umwelt, Naturschutz, Bau und Reaktorsicherheit, der für das Gutachterausschusswesen zuständigen Ministerien der Länder sowie der Bundesvereinigung der Kommunalen Spitzenverbände erarbeitet und wird allen in der Grundstückswertermittlung Tätigen zur Anwendung empfohlen.

2 Allgemeines

(1) Das Ertragswertverfahren ist in den §§ 17 bis 20 ImmoWertV geregelt. Ergänzend sind die allgemeinen Verfahrensgrundsätze (§§ 1 bis 8 ImmoWertV) sowie die §§ 9 und 14 ImmoWertV heranzuziehen, um den Verkehrswert des Wertermittlungsobjekts zu ermitteln.

(2) Das Ertragswertverfahren kann in der Verkehrswertermittlung insbesondere zur Anwendung kommen, wenn im gewöhnlichen Geschäftsverkehr (marktüblich) die Erzielung von Erträgen für die Preisbildung ausschlaggebend ist, z.B. bei Mietwohngrundstücken, Wohnungseigentum und gewerblich genutzten Immobilien. Voraussetzung für die Anwendung des Ertragswertverfahrens ist, dass geeignete Daten, wie z.B. marktüblich erzielbare Erträge und Liegenschaftszinssätze zur Verfügung stehen. Das Ertragswertverfahren kann auch zur Überprüfung der Ergebnisse anderer Wertermittlungsverfahren in Betracht kommen.

(3) Bei der Ermittlung des Ertragswerts ist der Grundsatz der Modellkonformität zu beachten. Dies gilt insbesondere bei der Anwendung von Liegenschaftszinssätzen bezüglich der ihnen zu Grunde liegenden Modellparameter (vgl. Anlage 2).

3 Verfahrensvarianten

(1) Für die Ermittlung des Ertragswerts stehen folgende Verfahrensvarianten zur Verfügung:

- das allgemeine Ertragswertverfahren auf der Grundlage marktüblich erzielbarer Erträge unter modellhafter Aufspaltung in einen Boden- und Gebäudewertanteil (§ 17 Absatz 2 Satz 1 Nummer 1 ImmoWertV) oder
- das vereinfachte Ertragswertverfahren auf der Grundlage marktüblich erzielbarer Erträge und des abgezinsten Bodenwerts (§ 17 Absatz 2 Satz 1 Nummer 2 ImmoWertV) oder

- das periodische Ertragswertverfahren auf der Grundlage periodisch unterschiedlicher Erträge und des abgezinsten Restwerts des Grundstücks (§ 17 Absatz 3 ImmoWertV).

(2) Bei gleichen Ausgangsdaten führen die genannten Verfahrensvarianten zu gleichen Ertragswerten (vgl. Anlage 3, Beispielrechnungen 1 und 2).

4 Verfahrensgang

Der vorläufige Ertragswert wird auf der Grundlage des Rohertrags und des Bodenwerts ermittelt, wobei selbstständig nutzbare Teilflächen (§ 17 Absatz 2 Satz 2 ImmoWertV; vgl. Nummer 9 Absatz 3 VW-RL[1]) gesondert zu berücksichtigen sind. Der vorläufige Ertragswert ist gegebenenfalls

- an die Marktlage anzupassen (vgl. Nummer 12 Absatz 1) und
- um den Werteinfluss der besonderen objektspezifischen Grundstücksmerkmale (vgl. Nummer 11) zu korrigieren,

um den Ertragswert des Grundstücks zu ermitteln.

4.1 Allgemeines Ertragswertverfahren

(1) Im allgemeinen Ertragswertverfahren wird der vorläufige Ertragswert

- aus dem kapitalisierten jährlichen Reinertrag zum Wertermittlungsstichtag, der vorab um den Verzinsungsbetrag des Bodenwerts (Bodenwertverzinsungsbetrag) vermindert wurde, zuzüglich
- des Bodenwerts

ermittelt (vgl. Anlage 3 Beispielrechnung 1). Der Ermittlung des Bodenwertverzinsungsbetrags und der Kapitalisierung des jährlichen Reinertrags ist jeweils derselbe Liegenschaftszinssatz (vgl. Nummer 7) zu Grunde zu legen. Die Kapitalisierungsdauer entspricht der wirtschaftlichen Restnutzungsdauer (vgl. Nummer 9) der baulichen Anlagen.

(2) Die Formel für das allgemeine Ertragswertverfahren lautet:

$$vEW = (RE - BW \times LZ) \times KF + BW$$

$$\text{wobei } KF = \frac{q^n - 1}{q^n \times (q - 1)} \qquad q = 1 + LZ$$

$$\text{wobei } LZ = \frac{p}{100}$$

vEW = vorläufiger Ertragswert
RE = jährlicher Reinertrag
BW = Bodenwert ohne selbstständig nutzbare Teilflächen
LZ = Liegenschaftszinssatz
KF = Kapitalisierungsfaktor (Barwertfaktor; Nummer 10 und Anlage 1 ImmoWertV)
n = wirtschaftliche Restnutzungsdauer
p = Zinsfuß

1 Richtlinie zur Ermittlung des Vergleichswerts und des Bodenwerts (Vergleichswertrichtlinie – VW-RL) vom 20. März 2014 (BAnz AT 11.04.2014 B3).

4.2 Vereinfachtes Ertragswertverfahren

(1) Im vereinfachten Ertragswertverfahren wird der vorläufige Ertragswert

- aus dem kapitalisierten jährlichen Reinertrag zum Wertermittlungsstichtag zuzüglich
- des über die wirtschaftliche Restnutzungsdauer (vgl. Nummer 9) der baulichen Anlagen abgezinsten Bodenwerts ermittelt (vgl. Anlage 3 Beispielrechnung 2.2). Der Kapitalisierung des jährlichen Reinertrags und der Abzinsung des

Bodenwerts ist jeweils derselbe Liegenschaftszinssatz (vgl. Nummer 7) zu Grunde zu legen. Die Kapitalisierungsdauer bzw. Abzinsungsdauer entspricht der wirtschaftlichen Restnutzungsdauer der baulichen Anlagen.

4

(2) Die Formel für das vereinfachte Ertragswertverfahren lautet:

vEW = RE x KF + BW x AF

wobei $KF = \frac{q^n - 1}{q^n x (q - 1)}$ $\quad$ $q = 1 + LZ$

wobei $AF = q^{-n}$ $\quad$ wobei $LZ = \frac{p}{100}$

vEW = vorläufiger Ertragswert
RE = jährlicher Reinertrag
KF = Kapitalisierungsfaktor (Barwertfaktor; Nummer 10 und Anlage 1 ImmoWertV)
AF = Abzinsungsfaktor (Barwertfaktor; Nummer 10 und Anlage 2 ImmoWertV)
BW = Bodenwert ohne selbstständig nutzbare Teilfläche
LZ = Liegenschaftszinssatz
n = wirtschaftliche Restnutzungsdauer
p = Zinsfuß

4.3 Periodisches Ertragswertverfahren

(1) Im periodischen Ertragswertverfahren kann der vorläufige Ertragswert in der Regel

- aus der Summe der auf den Wertermittlungsstichtag abgezinsten Reinerträge der Perioden innerhalb des Betrachtungszeitraums zuzüglich
- des über den Betrachtungszeitraum abgezinsten Restwerts des Grundstücks

ermittelt (vgl. Anlage 3 Beispielrechnung 2) werden. Das periodische Ertragswertverfahren kann insbesondere Anwendung finden (§ 17 Absatz 1 Satz 2 ImmoWertV), wenn die Ertragsverhältnisse des Wertermittlungsobjekts im Betrachtungszeitraum mit hinreichender Sicherheit aufgrund konkreter Tatsachen (vgl. § 2 Satz 2 ImmoWertV)

- wesentlichen Änderungen unterliegen (z.B. qualitative Änderungen der Immobilie),
- wesentlich von den marktüblichen Erträgen (z.B. bei Staffelmietverträgen) abweichen oder
- starken Schwankungen unterliegen.

(2) Der Betrachtungszeitraum, für den die periodisch unterschiedlichen Erträge (vgl. Nummer 5 Absatz 6) ermittelt werden, soll so gewählt werden, dass die Höhe der im Betrachtungszeitraum anfallenden Erträge mit hinreichender Sicherheit ermittelt werden kann (in der Regel bis zu 10 Jahre). Ein wichtiges Kriterium für die Festlegung des Betrachtungs-

zeitraums ist die Laufzeit der Miet- bzw. Pachtverträge. Der Abzinsung ist der Liegenschaftszinssatz (vgl. Nummer 7) zu Grunde zu legen.

(3) Der Restwert des Grundstücks kann in der Regel ermittelt werden

– aus dem Barwert des Reinertrags der Restperiode zuzüglich
– des Bodenwerts, der über die Restperiode abgezinst wurde.

Die Restperiode ist die um den Betrachtungszeitraum reduzierte wirtschaftliche Restnutzungsdauer (vgl. Nummer 9). Bei der Ermittlung des Reinertrags der Restperiode, z.B. im vereinfachten Ertragswertverfahren, ist der am Wertermittlungsstichtag marktüblich erzielbare Rohertrag zu Grunde zu legen. Entsprechendes gilt auch für den Ansatz der Bewirtschaftungskosten. Die Kapitalisierung erfolgt über die Dauer der Restperiode. Der Kapitalisierung und der Abzinsung ist jeweils derselbe Liegenschaftszinssatz (vgl. Nummer 7) zu Grunde zu legen.

(4) Die Formel für das periodische Ertragswertverfahren lautet:

$$vEW = RE_1 \times AF_1 + RE_2 \times AF_2 + RE_3 \times AF_3 + \ldots RE_i \times AF_i + RW \times AF_b$$

$$RW = RE_R \times KF_R + BW \times AF_R$$

wobei $AF_{1 \ldots b} = q^{-1 \ldots -b}$

wobei $AF_b = q^{-b}$

wobei $AF_R = q^{-(n-b)}$

wobei $KF_R = \dfrac{q^{n-b} - 1}{q^{n-b} x(q-1)}$

$q = 1 + LZ$ wobei $LZ = \dfrac{p}{100}$

vEW	=	vorläufiger Ertragswert
RE_i	=	Reinerträge der einzelnen Perioden innerhalb des Betrachtungszeitraums
RE_R	=	Reinertrag der Restperiode
RW	=	Restwert des Grundstücks (hier ermittelt im vereinfachten Ertragswertverfahren)
BW	=	Bodenwert ohne selbstständig nutzbare Teilfläche
LZ	=	Liegenschaftszinssatz
AF_i	=	Abzinsungsfaktor (Barwertfaktor; Nummer 10 und Anlage 2 ImmoWertV) für die einzelnen Perioden innerhalb des Betrachtungszeitraums
AF_b	=	Abzinsungsfaktor (Barwertfaktor; Nummer 10 und Anlage 2 ImmoWertV) für den Betrachtungszeitraum
AF_R	=	Abzinsungsfaktor (Barwertfaktor; Nummer 10 und Anlage 2 ImmoWertV) für die Restperiode
KF_R	=	Kapitalisierungsfaktor (Barwertfaktor; Nummer 10 und Anlage 1 ImmoWertV) für die Restperiode (Restperiode = n – b)
i	=	Periode (z.B. 1 Jahr) innerhalb des Betrachtungszeitraums
p	=	Zinsfuß
n	=	wirtschaftliche Restnutzungsdauer
b	=	Dauer des Betrachtungszeitraums

4

4.4 Ablaufschema für die verschiedenen Varianten des Ertragswertverfahrens

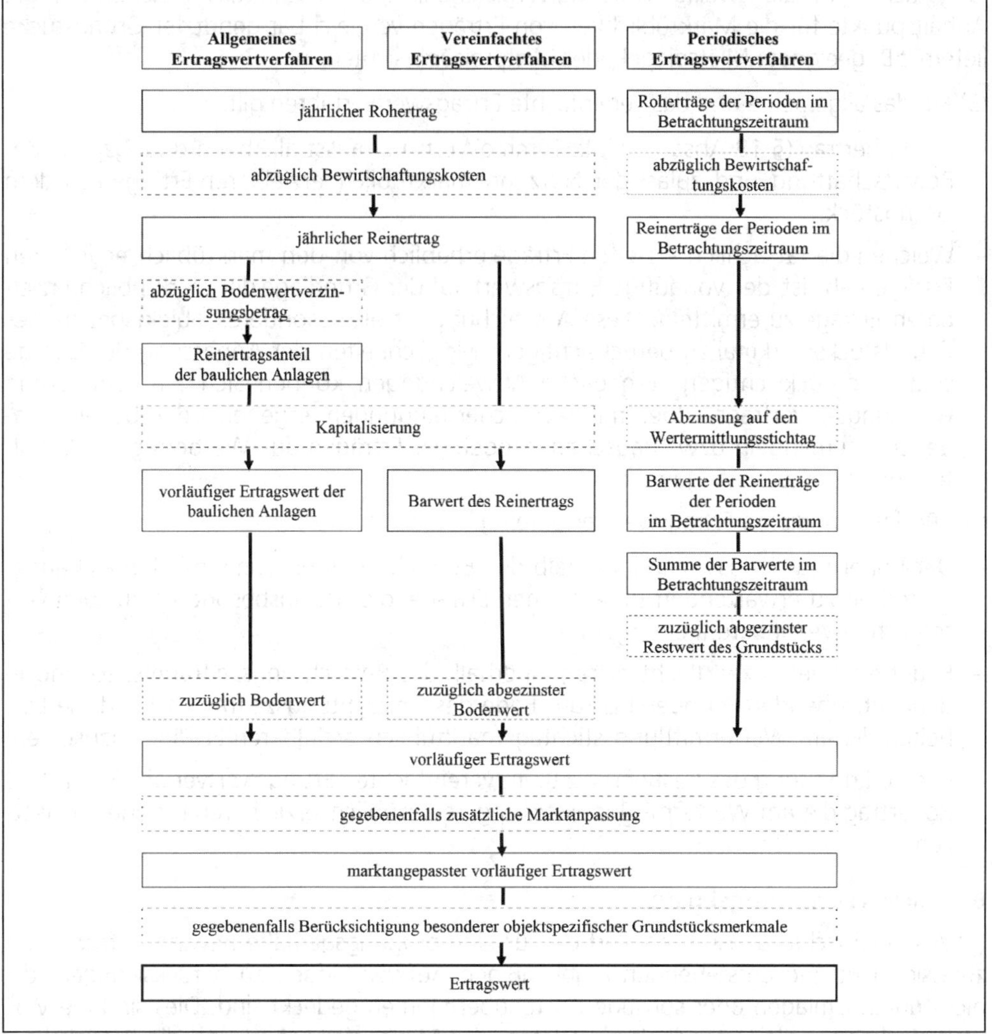

5 Reinertrag, Rohertrag

(1) Der jährliche Reinertrag wird aus dem jährlichen Rohertrag abzüglich der Bewirtschaftungskosten ermittelt (§ 18 Absatz 1 ImmoWertV).

(2) Mit dem Rohertrag sind in der Regel auch die Werteinflüsse der baulichen Außenanlagen und sonstigen Anlagen erfasst.

(3) Für die Bemessung des Rohertrags sind sowohl die tatsächlich erzielten als auch die marktüblich erzielbaren Erträge zu ermitteln. Zu diesem Zweck sind die bestehenden Miet- und Pachtverhältnisse mit ihren wesentlichen Vertragsdaten darzustellen und sachverständig zu würdigen. Ertragsbestandteile für Inventar, Zubehör u.ä. werden gegebenenfalls als besondere objektspezifische Grundstücksmerkmale berücksichtigt. Für selbstgenutzte Flächen und bei vorübergehendem Leerstand (vgl. Nummer 6.3 Absatz 1) sind die am Wertermittlungsstichtag marktüblich erzielbaren Erträge anzusetzen.

(4) Marktüblich erzielbare Erträge sind die nach den Marktverhältnissen am Wertermittlungsstichtag für die jeweilige Nutzung vergleichbaren, durchschnittlich erzielten Erträge. Anhaltspunkte für die Marktüblichkeit von Erträgen vergleichbar genutzter Grundstücke liefern z.B. geeignete Mietspiegel oder Mietpreisübersichten.

(5) Für das allgemeine und das vereinfachte Ertragswertverfahren gilt:

- Der Rohertrag (§ 18 Absatz 2 Satz 1 ImmoWertV) umfasst alle bei ordnungsgemäßer Bewirtschaftung und zulässiger Nutzung marktüblich erzielbaren Erträge aus dem Grundstück.
- Weichen die tatsächlich erzielten Erträge erheblich von den marktüblich erzielbaren Erträgen ab, ist der vorläufige Ertragswert auf der Grundlage der marktüblich erzielbaren Erträge zu ermitteln. Diese Abweichung ist als besonderes objektspezifisches Grundstücksmerkmal zu berücksichtigen. Möglichkeiten der Anpassung der Erträge sind zu berücksichtigen. Erhebliche Abweichungen können sich z.B. auf Grund wohnungs-, vertrags- oder mietrechtlicher Bindungen ergeben oder bei vorhandenen Baumängeln bzw. Bauschäden oder bei Erträgen aus Werbeträgern, Mobilfunkmasten u.ä. vorliegen.

(6) Für das periodische Ertragswertverfahren gilt:

- Der Rohertrag umfasst alle innerhalb des Betrachtungszeitraums mit hinreichender Sicherheit zu erwartenden tatsächlichen Erträge, die sich insbesondere aus den vertraglichen Vereinbarungen ergeben.
- Endet ein Miet- bzw. Pachtvertrag innerhalb des Betrachtungszeitraums, so sind in den verbleibenden Perioden bis zum Ende des Betrachtungszeitraums für diese Einheiten die am Wertermittlungsstichtag marktüblich erzielbaren Erträge anzusetzen.
- Für die Ermittlung des Restwerts, z.B. im vereinfachten Ertragswertverfahren, sind als Rohertrag die am Wertermittlungsstichtag marktüblich erzielbaren Erträge anzusetzen.

6 Bewirtschaftungskosten

(1) Als Bewirtschaftungskosten sind die für eine ordnungsgemäße Bewirtschaftung und zulässige Nutzung entstehenden regelmäßigen Aufwendungen zu berücksichtigen, die nicht durch Umlagen oder sonstige Kostenübernahmen gedeckt sind. Dies sind die Verwaltungskosten, die Instandhaltungskosten, das Mietausfallwagnis und die Betriebskosten.

(2) Als Bewirtschaftungskosten sind dieselben Kosten anzusetzen, die bei der Ableitung des Liegenschaftszinssatzes verwendet wurden.

(3) Wenn erhebliche Abweichungen von den Bewirtschaftungskosten des Absatzes 2 vorliegen, ist der vorläufige Ertragswert auf der Grundlage der Bewirtschaftungskosten des Absatzes 2 zu ermitteln und diese erhebliche Abweichung in der Regel als besonderes objektspezifisches Grundstücksmerkmal zu berücksichtigen (vgl. Nummer 11.1).

6.1 Verwaltungskosten

Verwaltungskosten umfassen insbesondere die Kosten der zur Verwaltung des Grundstücks erforderlichen Arbeitskräfte und Einrichtungen, die Kosten der Aufsicht und die Kosten der Geschäftsführung sowie den Gegenwert der von Eigentümerseite persönlich geleisteten Verwaltungsarbeit.

4

6.2 Instandhaltungskosten

(1) Instandhaltungskosten sind Kosten, die im Rahmen einer ordnungsgemäßen Bewirtschaftung infolge Abnutzung oder Alterung zur Erhaltung des der Wertermittlung zu Grunde gelegten Ertragsniveaus der baulichen Anlagen während ihrer wirtschaftlichen Restnutzungsdauer marktüblich aufgewendet werden müssen. Die Instandhaltungskosten umfassen sowohl die für die laufende Unterhaltung als auch die für die Erneuerung einzelner baulicher Teile aufzuwendenden Kosten und sind hinsichtlich der Höhe mit ihrem langjährigen Mittel zu berücksichtigen. Zur Instandhaltung gehören grundsätzlich auch die Schönheitsreparaturen. Sie sind jedoch nur dann anzusetzen, wenn sie vom Eigentümer zu tragen sind.

(2) Nicht zu den Instandhaltungskosten zählen Modernisierungskosten und solche Kosten, die z.B. auf Grund unterlassener Instandhaltung (vgl. Nummer 11.2) erforderlich sind. Modernisierungen sind u. a. bauliche Maßnahmen, die den Gebrauchswert der baulichen Anlagen wesentlich erhöhen, die allgemeinen Wohn- bzw. Arbeitsverhältnisse wesentlich verbessern oder eine wesentliche Einsparung von Energie oder Wasser bewirken (§ 6 Absatz 6 Satz 2 ImmoWertV). Zur Berücksichtigung der Modernisierung im Rahmen der Wertermittlung vgl. Nummer 9.

6.3 Mietausfallwagnis

(1) Das Mietausfallwagnis ist das Risiko einer Ertragsminderung, die durch uneinbringliche Zahlungsrückstände von Mieten, Pachten und sonstigen Einnahmen oder durch vorübergehenden Leerstand entsteht. Es umfasst auch die durch uneinbringliche Zahlungsrückstände oder bei vorübergehendem Leerstand anfallenden, vom Eigentümer zusätzlich zu tragenden Bewirtschaftungskosten sowie die Kosten einer Rechtsverfolgung auf Zahlung, Aufhebung eines Mietverhältnisses oder Räumung.

(2) Dauerhafter, struktureller Leerstand wird nicht vom Mietausfallwagnis erfasst. Dieser ist als besonderes objektspezifisches Grundstücksmerkmal zu berücksichtigen (vgl. Nummer 11.1).

6.4 Betriebskosten

Betriebskosten sind grundstücksbezogene Kosten, Abgaben und regelmäßige Aufwendungen, die für den bestimmungsgemäßen Gebrauch des Grundstücks anfallen. Diese sind nur zu berücksichtigen, soweit sie nicht vom Eigentümer umgelegt werden können. Eine Aufstellung der umlagefähigen Betriebskosten für Wohnraum enthält § 2 der Betriebskostenverordnung[2].

7 Liegenschaftszinssatz

(1) Die Erwartungen der Marktteilnehmer hinsichtlich der Entwicklung der allgemeinen Ertrags- und Wertverhältnisse auf dem Grundstücksmarkt werden mit dem Liegenschaftszinssatz erfasst. Die Verwendung des angemessenen und nutzungstypischen Liegenschaftszinssatzes (§ 14 Absatz 1 und 3 ImmoWertV) dient insbesondere der Marktanpassung.

---

2 Verordnung über die Aufstellung von Betriebskosten (Betriebskostenverordnung – BetrKV) vom 25. November 2003 (BGBl. I S. 2346, 2347), die durch Artikel 4 des Gesetzes vom 3. Mai 2012 (BGBl. I S. 958) geändert worden ist.

(2) Liegenschaftszinssätze werden auf der Grundlage geeigneter Kaufpreise von für die jeweilige Nutzungsart typischen gleichartig bebauten und genutzten Grundstücken und den ihnen entsprechenden Reinerträgen (vgl. Nummer 5 Absatz 1) unter Berücksichtigung der wirtschaftlichen Restnutzungsdauer ermittelt. Dabei sind die Kaufpreise um die Werteinflüsse besonderer objektspezifischer Grundstücksmerkmale zu bereinigen. Bei der Ermittlung des Reinertrags sind vorrangig die Bewirtschaftungskosten nach Anlage 1 zu verwenden. Die wirtschaftliche Restnutzungsdauer (§ 6 Absatz 6 ImmoWertV) ist vorrangig nach Nummer 4.3.2 SW-RL[3] in Verbindung mit Nummer 4.3.1 SW-RL zu bestimmen. Die wesentlichen Modellparameter für die Ermittlung von Liegenschaftszinssätzen enthält Anlage 2. Bei der Veröffentlichung der Liegenschaftszinssätze sind mindestens die in Anlage 2 aufgeführten Modellparameter sowie der Umfang und die Qualität der zu Grunde liegenden Daten darzustellen.

(3) Im Rahmen der Ertragswertermittlung ist der angemessene nutzungstypische Liegenschaftszinssatz zu verwenden. Hierbei gelten folgende Grundsätze:

1. Vorrangig sind die vom örtlichen Gutachterausschuss für Grundstückswerte ermittelten und veröffentlichten Liegenschaftszinssätze heranzuziehen.
2. Wird vom Gutachterausschuss für das Wertermittlungsobjekt kein geeigneter Liegenschaftszinssatz zur Verfügung gestellt, können Liegenschaftszinssätze aus vergleichbaren Gebieten verwendet werden, sofern Abweichungen in den regionalen und allgemeinen Marktverhältnissen marktgerecht berücksichtigt werden können.
3. Stehen keine geeigneten Liegenschaftszinssätze nach Nummer 1 oder Nummer 2 zur Verfügung, kann der Liegenschaftszinssatz unter Berücksichtigung der regionalen Marktverhältnisse sachverständig geschätzt werden. Dabei können auch Liegenschaftszinssätze aus anderen Quellen berücksichtigt werden, wenn sie hinsichtlich Aktualität und Repräsentativität den für die jeweilige Grundstücksart maßgeblichen Grundstücksmarkt zutreffend abbilden und ihre Ableitung ausreichend nachvollziehbar dargelegt ist. In diesen Fällen ist der Liegenschaftszinssatz besonders, d.h. über das allgemeine Begründungserfordernis hinaus, zu begründen.

(4) Insbesondere bei Anwendung des periodischen Ertragswertverfahrens ist der auf der Grundlage marktüblicher Erträge ermittelte Liegenschaftszinssatz auf seine Anwendbarkeit zu prüfen und gegebenenfalls sachverständig anzupassen.

(5) Um bei Anwendung des Liegenschaftszinssatzes die Modellkonformität sicherzustellen, sind das verwendete Ableitungsmodell und die zu Grunde gelegten Daten zu beachten. Dabei darf der Liegenschaftszinssatz nur auf solche Wertanteile des Wertermittlungsobjekts angewandt werden, die auch der Ermittlung des Liegenschaftszinssatzes zu Grunde lagen. Die nicht von dem angewandten Liegenschaftszinssatz erfassten Wertanteile sind als besondere objektspezifische Grundstücksmerkmale nach der Marktanpassung zu berücksichtigen, soweit dies marktüblich ist.

8 Bodenwert

(1) Zur Ermittlung des Bodenwerts wird auf § 16 ImmoWertV und auf die Vergleichswertrichtlinie (VW-RL) verwiesen.

3 Richtlinie zur Ermittlung des Sachwerts (Sachwertrichtlinie – SW-RL) vom 5. September 2012 (BAnz AT 18.10.2012 B1).

(2) Bei zu erwartenden (§ 2 Satz 2 ImmoWertV), am Wertermittlungsstichtag aber noch nicht erhobenen Beiträgen und Abgaben (z.B. Erschließungsbeitrag) ist der maßgebliche Bodenwert grundsätzlich nach dem beitrags- und abgabenfreien Zustand zu ermitteln. Der Werteinfluss dieses besonderen objektspezifischen Grundstücksmerkmals ist durch die gegebenenfalls abgezinste Beitrags- oder Abgabenschuld zu berücksichtigen.

(3) Bei Vorliegen einer selbstständig nutzbaren Teilfläche (vgl. Nummer 9 Absatz 3 VW-RL) ist im Rahmen der Ermittlung des Ertragswerts als maßgeblicher Bodenwert der Bodenwert ohne die selbstständig nutzbare Teilfläche anzusetzen. Der Wert der selbstständig nutzbaren Teilfläche ist gesondert zu berücksichtigen (vgl. Anlage 3 Beispiel 3). Eine selbstständig nutzbare Teilfläche ist der Teil eines Grundstücks, der für die angemessene Nutzung der baulichen Anlagen nicht benötigt wird und selbstständig genutzt oder verwertet werden kann.

(4) Im Rahmen der Anwendung des Ertragswertverfahrens kann sich ein Hinweis auf ein Liquidationsobjekt (vgl. Nummer 9.2.2.1 Absatz 2 VW-RL) ergeben, wenn der Bodenwertverzinsungsbetrag den Reinertrag erreicht oder übersteigt bzw. wenn der nicht abgezinste Bodenwert für eine planungsrechtlich zulässige Nutzung ohne Berücksichtigung der Freilegungskosten den vorläufigen Ertragswert erreicht oder übersteigt (vgl. Anlage 3 Beispiel 4).

9 Wirtschaftliche Restnutzungsdauer

(1) Die wirtschaftliche Restnutzungsdauer ist nach dem Modell zu bestimmen, das bei der Ableitung des Liegenschaftszinssatzes verwendet wurde.

(2) Bei Grundstücken mit mehreren Gebäuden unterschiedlicher Restnutzungsdauer, die eine wirtschaftliche Einheit bilden, sowie bei Gebäuden mit Bauteilen, die eine deutlich voneinander abweichende Restnutzungsdauer aufweisen, bestimmt sich die maßgebliche wirtschaftliche Restnutzungsdauer nicht zwingend nach dem Gebäude mit der kürzesten Restnutzungsdauer. Sie ist nach wirtschaftlichen Gesichtspunkten unter Einbeziehung der Möglichkeit der Modernisierung wirtschaftlich verbrauchter Gebäude und Bauteile zu bestimmen.

10 Barwertfaktoren

Die Barwertfaktoren für die Kapitalisierung und Abzinsung sind den entsprechenden Anlagen 1 und 2 ImmoWertV unter Berücksichtigung der wirtschaftlichen Restnutzungsdauer der baulichen Anlagen (vgl. Nummer 9) und des angemessenen, nutzungstypischen Liegenschaftszinssatzes (vgl. Nummer 7) zu entnehmen oder nach folgenden Formeln zu berechnen:

– Kapitalisierungsfaktor (Barwertfaktor für die Kapitalisierung)

$$KF = \frac{q^n - 1}{q^n x (q - 1)} = \frac{1}{q^n} x \frac{q^n - 1}{q - 1}$$

$q = 1 + LZ$ wobei $LZ = \frac{p}{100}$

LZ = Liegenschaftszinssatz
n = wirtschaftliche Restnutzungsdauer
p = Zinsfuß

– Abzinsungsfaktor (Barwertfaktor für die Abzinsung):

$$AF = q^{-n} = \frac{1}{q^n}$$

$$q = 1 + LZ \qquad \text{wobei } LZ = \frac{p}{100}$$

LZ = Liegenschaftszinssatz
n = wirtschaftliche Restnutzungsdauer
p = Zinsfuß

11 Besondere objektspezifische Grundstücksmerkmale

(1) Besondere objektspezifische Grundstücksmerkmale (vgl. beispielhaft die Nummern 11.1 bis 11.7) sind vom Üblichen erheblich abweichende Merkmale des einzelnen Wertermittlungsobjekts. Die besonderen objektspezifischen Grundstücksmerkmale sind durch Zu- oder Abschläge nach der Marktanpassung gesondert zu berücksichtigen (§ 8 Absatz 2 und Absatz 3 ImmoWertV), wenn

– ihnen der Grundstücksmarkt einen eigenständigen Werteinfluss beimisst und
– sie im bisherigen Verfahren noch nicht erfasst und berücksichtigt wurden.

(2) Die Ermittlung der Werterhöhung bzw. Wertminderung hat

– marktgerecht zu erfolgen und
– ist zu begründen.

(3) Werden zusätzlich weitere Wertermittlungsverfahren angewandt, sind die besonderen objektspezifischen Grundstücksmerkmale – soweit möglich – in allen Verfahren identisch anzusetzen.

11.1 Besondere Ertragsverhältnisse

(1) Erhebliche Abweichungen von den marktüblich erzielbaren Erträgen sind im allgemeinen und im vereinfachten Ertragswertverfahren wertmindernd oder werterhöhend zu berücksichtigen. Die Wertminderung bzw. Werterhöhung ist nach den Grundsätzen des Ertragswertverfahrens zu ermitteln (vgl. Anlage 3 Beispiel 1).

(2) Bei dauerhaftem, strukturellem Leerstand sind auch die weiterhin anfallenden, sonst üblicherweise vom Mieter zu tragenden Bewirtschaftungskosten zu berücksichtigen.

11.2 Baumängel und Bauschäden

Wertminderungen auf Grund von Baumängeln, Bauschäden oder unterlassener Instandhaltung können

– nach Erfahrungswerten,
– unter Zugrundelegung von Bauteiltabellen oder
– unter Berücksichtigung der Schadensbeseitigungskosten

ermittelt werden. Ein Abzug der vollen Schadensbeseitigungskosten kommt nur in Betracht, wenn der Schaden unverzüglich beseitigt werden muss. Dabei ist gegebenenfalls ein Vorteilsausgleich („neu für alt") vorzunehmen.

11.3 Wirtschaftliche Überalterung

Ausnahmsweise kommt ein Abschlag wegen wirtschaftlicher Überalterung in Betracht, wenn das Wertermittlungsobjekt nur noch eingeschränkt verwendungsfähig bzw. marktgängig ist. Anhaltspunkte für eine wirtschaftliche Überalterung sind z.B. erhebliche Ausstattungsmängel, unzweckmäßige Gebäudegrundrisse oder eine unzweckmäßige Anordnung der Gebäude auf dem Grundstück.

11.4 Überdurchschnittlicher Erhaltungszustand

Ausnahmsweise kommt ein Zuschlag wegen eines überdurchschnittlichen Erhaltungszustands in Betracht, wenn sich das Wertermittlungsobjekt in einem besonders gepflegten Zustand befindet. In Abgrenzung zur Modernisierung handelt es sich hier um über das übliche Maß hinausgehende Instandhaltungsmaßnahmen, die in ihrer Gesamtheit zwar das Erscheinungsbild des Wertermittlungsobjekts überdurchschnittlich positiv beeinflussen, jedoch keine Verlängerung der Restnutzungsdauer bewirken.

11.5 Freilegungsmaßnahmen

Wertminderungen bei Freilegungs-, Teilabbruch- oder Sicherungsmaßnahmen, die bei wirtschaftlicher Betrachtungsweise erforderlich sind, sind gegebenenfalls unter Berücksichtigung

- der anfallenden Kosten,
- der Verwertungserlöse für abgängige Bauteile und
- der ersparten Baukosten durch die Verwendung vorhandener Bauteile

zu ermitteln.

11.6 Bodenverunreinigungen

(1) Bodenverunreinigungen können vorliegen bei schädlichen Bodenveränderungen, Verdachtsflächen, Altlasten und altlastenverdächtigen Flächen.

(2) Die Wertminderung von entsprechenden Grundstücken kann unter Berücksichtigung der Kosten ermittelt werden, die für Bodenuntersuchungen, Sicherungs-, Sanierungs- oder andere geeignete Maßnahmen zur Gefahrenabwehr erforderlich sind.

(3) Der hierfür erforderliche Aufwand hat sich an der baurechtlich zulässigen bzw. marktüblichen Nutzung des Grundstücks zu orientieren (§ 4 Absatz 4 des Bundes-Bodenschutzgesetzes[4]).

11.7 Grundstücksbezogene Rechte und Belastungen

Hinsichtlich der Ermittlung der Auswirkungen von grundstücksbezogenen Rechten und Belastungen wird auf Nummer 4 des Zweiten Teils WertR 2006 verwiesen.

12 Verkehrswert (Marktwert)

(1) Die Lage auf dem Grundstücksmarkt findet bei Anwendung des Ertragswertverfahrens (§§ 17 bis 20 ImmoWertV) insbesondere dadurch Berücksichtigung, dass die Ertragsverhältnisse und der Liegenschaftszinssatz marktüblich angesetzt werden. Eine zusätzliche

---

4 Bundes-Bodenschutzgesetz vom 17. März 1998 (BGBl. I S. 502), das zuletzt durch Artikel 101 der Verordnung vom 31. August 2015 (BGBl. I S. 1474) geändert worden ist.

Marktanpassung ist daher in der Regel nicht notwendig, kann jedoch erforderlich sein, wenn der verwendete Liegenschaftszinssatz oder die sonstigen Daten die Marktverhältnisse für das Wertermittlungsobjekt nicht detailliert oder aktuell genug wiedergeben. In diesen Fällen sind auf Grund ergänzender Analysen und sachverständiger Würdigung Zu- oder Abschläge vorzunehmen. Eine zusätzliche Marktanpassung ist besonders zu begründen.

(2) Der Ertragswert ergibt sich aus dem marktangepassten vorläufigen Ertragswert und der gegebenenfalls erforderlichen Berücksichtigung besonderer objektspezifischer Grundstücksmerkmale. Der Ertragswert entspricht in der Regel dem Verkehrswert und ist wie gegebenenfalls auch die aus zusätzlich angewandten Wertermittlungsverfahren abweichenden Ergebnisse nach § 8 Absatz 1 Satz 3 ImmoWertV bei der Ermittlung des Verkehrswerts entsprechend seiner oder ihrer Aussagefähigkeit zu würdigen.

Hinweis:

Anlage 1 der EW-RL ist im Kapitel 4.3.0.3.1 (Seite 448 ff.) abgedruckt.

4.1 Barwertfaktoren

4.1.1 Barwertfaktoren für die Kapitalisierung (Vervielfältigertabelle) – identisch mit BewG, WertR und BelWertV –

Quelle: Anlage 1 (zu § 20 ImmoWertV) Barwertfaktoren für die Kapitalisierung

Restnutzungsdauer von ....Jahren	Zinssatz								
	1,0 %	1,5 %	2,0 %	2,5 %	3,0 %	3,5 %	4,0 %	4,5 %	5,0 %
1	0,99	0,99	0,98	0,98	0,97	0,97	0,96	0,96	0,95
2	1,97	1,96	1,94	1,93	1,91	1,90	1,89	1,87	1,86
3	2,94	2,91	2,88	2,86	2,83	2,80	2,78	2,75	2,72
4	3,90	3,85	3,81	3,76	3,72	3,67	3,63	3,59	3,55
5	4,85	4,78	4,71	4,65	4,58	4,52	4,45	4,39	4,33
6	5,80	5,70	5,60	5,51	5,42	5,33	5,24	5,16	5,08
7	6,73	6,60	6,47	6,35	6,23	6,11	6,00	5,89	5,79
8	7,65	7,49	7,33	7,17	7,02	6,87	6,73	6,60	6,46
9	8,57	8,36	8,16	7,97	7,79	7,61	7,44	7,27	7,11
10	9,47	9,22	8,98	8,75	8,53	8,32	8,11	7,91	7,72
11	10,37	10,07	9,79	9,51	9,25	9,00	8,76	8,53	8,31
12	11,26	10,91	10,58	10,26	9,95	9,66	9,39	9,12	8,86
13	12,13	11,73	11,35	10,98	10,63	10,30	9,99	9,68	9,39
14	13,00	12,54	12,11	11,69	11,30	10,92	10,56	10,22	9,90
15	13,87	13,34	12,85	12,38	11,94	11,52	11,12	10,74	10,38
16	14,72	14,13	13,58	13,06	12,56	12,09	11,65	11,23	10,84
17	15,56	14,91	14,29	13,71	13,17	12,65	12,17	11,71	11,27
18	16,40	15,67	14,99	14,35	13,75	13,19	12,66	12,16	11,69
19	17,23	16,43	15,68	14,98	14,32	13,71	13,13	12,59	12,09
20	18,05	17,17	16,35	15,59	14,88	14,21	13,59	13,01	12,46
21	18,86	17,90	17,01	16,18	15,42	14,70	14,03	13,40	12,82
22	19,66	18,62	17,66	16,77	15,94	15,17	14,45	13,78	13,16
23	20,46	19,33	18,29	17,33	16,44	15,62	14,86	14,15	13,49
24	21,24	20,03	18,91	17,88	16,94	16,06	15,25	14,50	13,80
25	22,02	20,72	19,52	18,42	17,41	16,48	15,62	14,83	14,09
26	22,80	21,40	20,12	18,95	17,88	16,89	15,98	15,15	14,38
27	23,56	22,07	20,71	19,46	18,33	17,29	16,33	15,45	14,64
28	24,32	22,73	21,28	19,96	18,76	17,67	16,66	15,74	14,90
29	25,07	23,38	21,84	20,45	19,19	18,04	16,98	16,02	15,14
30	25,81	24,02	22,40	20,93	19,60	18,39	17,29	16,29	15,37
31	26,54	24,65	22,94	21,40	20,00	18,74	17,59	16,54	15,59
32	27,27	25,27	23,47	21,85	20,39	19,07	17,87	16,79	15,80
33	27,99	25,88	23,99	22,29	20,77	19,39	18,15	17,02	16,00
34	28,70	26,48	24,50	22,72	21,13	19,70	18,41	17,25	16,19
35	29,41	27,08	25,00	23,15	21,49	20,00	18,66	17,46	16,37
36	30,11	27,66	25,49	23,56	21,83	20,29	18,91	17,67	16,55
37	30,80	28,24	25,97	23,96	22,17	20,57	19,14	17,86	16,71
38	31,48	28,81	26,44	24,35	22,49	20,84	19,37	18,05	16,87
39	32,16	29,36	26,90	24,73	22,81	21,10	19,58	18,23	17,02
40	32,83	29,92	27,36	25,10	23,11	21,36	19,79	18,40	17,16
41	33,50	30,46	27,80	25,47	23,41	21,60	19,99	18,57	17,29
42	34,16	30,99	28,23	25,82	23,70	21,83	20,19	18,72	17,42
43	34,81	31,52	28,66	26,17	23,98	22,06	20,37	18,87	17,55
44	35,46	32,04	29,08	26,50	24,25	22,28	20,55	19,02	17,66
45	36,09	32,55	29,49	26,83	24,52	22,50	20,72	19,16	17,77
46	36,73	33,06	29,89	27,15	24,78	22,70	20,88	19,29	17,88
47	37,35	33,55	30,29	27,47	25,02	22,90	21,04	19,41	17,98
48	37,97	34,04	30,67	27,77	25,27	23,09	21,20	19,54	18,08
49	38,59	34,52	31,05	28,07	25,50	23,28	21,34	19,65	18,17
50	39,20	35,00	31,42	28,36	25,73	23,46	21,48	19,76	18,26

Rest-nutzungs-dauer von ....Jahren	Zinssatz								
	1,0 %	1,5 %	2,0 %	2,5 %	3,0 %	3,5 %	4,0 %	4,5 %	5,0 %
51	39,80	35,47	31,79	28,65	25,95	23,63	21,62	19,87	18,34
52	40,39	35,93	32,14	28,92	26,17	23,80	21,75	19,97	18,42
53	40,98	36,38	32,50	29,19	26,37	23,96	21,87	20,07	18,49
54	41,57	36,83	32,84	29,46	26,58	24,11	21,99	20,16	18,57
55	42,15	37,27	33,17	29,71	26,77	24,26	22,11	20,25	18,63
56	42,72	37,71	33,50	29,96	26,97	24,41	22,22	20,33	18,70
57	43,29	38,13	33,83	30,21	27,15	24,55	22,33	20,41	18,76
58	43,85	38,56	34,15	30,45	27,33	24,69	22,43	20,49	18,82
59	44,40	38,97	34,46	30,68	27,51	24,82	22,53	20,57	18,88
60	44,96	39,38	34,76	30,91	27,68	24,94	22,62	20,64	18,93
61	45,50	39,78	35,06	31,13	27,84	25,07	22,71	20,71	18,98
62	46,04	40,18	35,35	31,35	28,00	25,19	22,80	20,77	19,03
63	46,57	40,57	35,64	31,56	28,16	25,30	22,89	20,83	19,08
64	47,10	40,96	35,92	31,76	28,31	25,41	22,97	20,89	19,12
65	47,63	41,34	36,20	31,96	28,45	25,52	23,05	20,95	19,16
66	48,15	41,71	36,47	32,16	28,60	25,62	23,12	21,01	19,20
67	48,66	42,08	36,73	32,35	28,73	25,72	23,19	21,06	19,24
68	49,17	42,44	36,99	32,54	28,87	25,82	23,26	21,11	19,28
69	49,67	42,80	37,25	32,72	29,00	25,91	23,33	21,16	19,31
70	50,17	43,15	37,50	32,90	29,12	26,00	23,39	21,20	19,34
71	50,66	43,50	37,74	33,07	29,25	26,09	23,46	21,25	19,37
72	51,15	43,84	37,98	33,24	29,37	26,17	23,52	21,29	19,40
73	51,63	44,18	38,22	33,40	29,48	26,25	23,57	21,33	19,43
74	52,11	44,51	38,45	33,57	29,59	26,33	23,63	21,37	19,46
75	52,59	44,84	38,68	33,72	29,70	26,41	23,68	21,40	19,48
76	53,06	45,16	38,90	33,88	29,81	26,48	23,73	21,44	19,51
77	53,52	45,48	39,12	34,03	29,91	26,55	23,78	21,47	19,53
78	53,98	45,79	39,33	34,17	30,01	26,62	23,83	21,50	19,56
79	54,44	46,10	39,54	34,31	30,11	26,68	23,87	21,54	19,58
80	54,89	46,41	39,74	34,45	30,20	26,75	23,92	21,57	19,60
81	55,33	46,71	39,95	34,59	30,29	26,81	23,96	21,59	19,62
82	55,78	47,00	40,14	34,72	30,38	26,87	24,00	21,62	19,63
83	56,21	47,29	40,34	34,85	30,47	26,93	24,04	21,65	19,65
84	56,65	47,58	40,53	34,97	30,55	26,98	24,07	21,67	19,67
85	57,08	47,86	40,71	35,10	30,63	27,04	24,11	21,70	19,68
86	57,50	48,14	40,89	35,22	30,71	27,09	24,14	21,72	19,70
87	57,92	48,41	41,07	35,33	30,79	27,14	24,18	21,74	19,71
88	58,34	48,68	41,25	35,45	30,86	27,19	24,21	21,76	19,73
89	58,75	48,95	41,42	35,56	30,93	27,23	24,24	21,78	19,74
90	59,16	49,21	41,59	35,67	31,00	27,28	24,27	21,80	19,75
91	59,57	49,47	41,75	35,77	31,07	27,32	24,30	21,82	19,76
92	59,97	49,72	41,91	35,87	31,14	27,37	24,32	21,83	19,78
93	60,36	49,97	42,07	35,98	31,20	27,41	24,35	21,85	19,79
94	60,75	50,22	42,23	36,07	31,26	27,45	24,37	21,87	19,80
95	61,14	50,46	42,38	36,17	31,32	27,48	24,40	21,88	19,81
96	61,53	50,70	42,53	36,26	31,38	27,52	24,42	21,90	19,82
97	61,91	50,94	42,68	36,35	31,44	27,56	24,44	21,91	19,82
98	62,29	51,17	42,82	36,44	31,49	27,59	24,46	21,92	19,83
99	62,66	51,40	42,96	36,53	31,55	27,62	24,49	21,94	19,84
100	63,03	51,62	43,10	36,61	31,60	27,66	24,50	21,95	19,85

Restnutzungsdauer von ....Jahren	Zinssatz									
	5,5 %	**6,0 %**	**6,5 %**	**7.0 %**	**7,5 %**	**8,0 %**	**8,5 %**	**9,0 %**	**9,5 %**	**10,0 %**
1	0,95	0,94	0,94	0,93	0,93	0,93	0,92	0,92	0,91	0,91
2	1,85	1,83	1,82	1,81	1,80	1,78	1,77	1,76	1,75	1,74
3	2,70	2,67	2,65	2,62	2,60	2,58	2,55	2,53	2,51	2,49
4	3,51	3,47	3,43	3,39	3,35	3,31	3,28	3,24	3,20	3,17
5	4,27	4,21	4,16	4,10	4,05	3,99	3,94	3,89	3,84	3,79
6	5,00	4,92	4,84	4,77	4,69	4,62	4,55	4,49	4,42	4,36
7	5,68	5,58	5,48	5,39	5,30	5,21	5,12	5,03	4,95	4,87
8	6,33	6,21	6,09	5,97	5,86	5,75	5,64	5,53	5,43	5,33
9	6,95	6,80	6,66	6,52	6,38	6,25	6,12	6,00	5,88	5,76
10	7,54	7,36	7,19	7,02	6,86	6,71	6,56	6,42	6,28	6,14
11	8,09	7,89	7,69	7,50	7,32	7,14	6,97	6,81	6,65	6,50
12	8,62	8,38	8,16	7,94	7,74	7,54	7,34	7,16	6,98	6,81
13	9,12	8,85	8,60	8,36	8,13	7,90	7,69	7,49	7,29	7,10
14	9,59	9,29	9,01	8,75	8,49	8,24	8,01	7,79	7,57	7,37
15	10,04	9,71	9,40	9,11	8,83	8,56	8,30	8,06	7,83	7,61
16	10,46	10,11	9,77	9,45	9,14	8,85	8,58	8,31	8,06	7,82
17	10,86	10,48	10,11	9,76	9,43	9,12	8,83	8,54	8,28	8,02
18	11,25	10,83	10,43	10,06	9,71	9,37	9,06	8,76	8,47	8,20
19	11,61	11,16	10,73	10,34	9,96	9,60	9,27	8,95	8,65	8,36
20	11,95	11,47	11,02	10,59	10,19	9,82	9,46	9,13	8,81	8,51
21	12,28	11,76	11,28	10,84	10,41	10,02	9,64	9,29	8,96	8,65
22	12,58	12,04	11,54	11,06	10,62	10,20	9,81	9,44	9,10	8,77
23	12,88	12,30	11,77	11,27	10,81	10,37	9,96	9,58	9,22	8,88
24	13,15	12,55	11,99	11,47	10,98	10,53	10,10	9,71	9,33	8,98
25	13,41	12,78	12,20	11,65	11,15	10,67	10,23	9,82	9,44	9,08
26	13,66	13,00	12,39	11,83	11,30	10,81	10,35	9,93	9,53	9,16
27	13,90	13,21	12,57	11,99	11,44	10,94	10,46	10,03	9,62	9,24
28	14,12	13,41	12,75	12,14	11,57	11,05	10,57	10,12	9,70	9,31
29	14,33	13,59	12,91	12,28	11,70	11,16	10,66	10,20	9,77	9,37
30	14,53	13,76	13,06	12,41	11,81	11,26	10,75	10,27	9,83	9,43
31	14,72	13,93	13,20	12,53	11,92	11,35	10,83	10,34	9,89	9,48
32	14,90	14,08	13,33	12,65	12,02	11,43	10,90	10,41	9,95	9,53
33	15,08	14,23	13,46	12,75	12,11	11,51	10,97	10,46	10,00	9,57
34	15,24	14,37	13,58	12,85	12,19	11,59	11,03	10,52	10,05	9,61
35	15,39	14,50	13,69	12,95	12,27	11,65	11,09	10,57	10,09	9,64
36	15,54	14,62	13,79	13,04	12,35	11,72	11,14	10,61	10,13	9,68
37	15,67	14,74	13,89	13,12	12,42	11,78	11,19	10,65	10,16	9,71
38	15,80	14,85	13,98	13,19	12,48	11,83	11,23	10,69	10,19	9,73
39	15,93	14,95	14,06	13,26	12,54	11,88	11,28	10,73	10,22	9,76
40	16,05	15,05	14,15	13,33	12,59	11,92	11,31	10,76	10,25	9,78
41	16,16	15,14	14,22	13,39	12,65	11,97	11,35	10,79	10,27	9,80
42	16,26	15,22	14,29	13,45	12,69	12,01	11,38	10,81	10,29	9,82
43	16,36	15,31	14,36	13,51	12,74	12,04	11,41	10,84	10,31	9,83
44	16,46	15,38	14,42	13,56	12,78	12,08	11,44	10,86	10,33	9,85
45	16,55	15,46	14,48	13,61	12,82	12,11	11,47	10,88	10,35	9,86
46	16,63	15,52	14,54	13,65	12,85	12,14	11,49	10,90	10,36	9,88
47	16,71	15,59	14,59	13,69	12,89	12,16	11,51	10,92	10,38	9,89
48	16,79	15,65	14,64	13,73	12,92	12,19	11,53	10,93	10,39	9,90
49	16,86	15,71	14,68	13,77	12,95	12,21	11,55	10,95	10,40	9,91
50	16,93	15,76	14,72	13,80	12,97	12,23	11,57	10,96	10,41	9,91

Restnutzungsdauer von ....Jahren	Zinssatz									
	5,5 %	6,0 %	6,5 %	7.0 %	7,5 %	8,0 %	8,5 %	9,0 %	9,5 %	10,0 %
51	17,00	15,81	14,76	13,83	13,00	12,25	11,58	10,97	10,42	9,92
52	17,06	15,86	14,80	13,86	13,02	12,27	11,60	10,99	10,43	9,93
53	17,12	15,91	14,84	13,89	13,04	12,29	11,61	11,00	10,44	9,94
54	17,17	15,95	14,87	13,92	13,06	12,30	11,62	11,01	10,45	9,94
55	17,23	15,99	14,90	13,94	13,08	12,32	11,63	11,01	10,45	9,95
56	17,28	16,03	14,93	13,96	13,10	12,33	11,64	11,02	10,46	9,95
57	17,32	16,06	14,96	13,98	13,12	12,34	11,65	11,03	10,47	9,96
58	17,37	16,10	14,99	14,00	13,13	12,36	11,66	11,04	10,47	9,96
59	17,41	16,13	15,01	14,02	13,15	12,37	11,67	11,04	10,48	9,96
60	17,45	16,16	15,03	14,04	13,16	12,38	11,68	11,05	10,48	9,97
61	17,49	16,19	15,05	14,06	13,17	12,39	11,68	11,05	10,48	9,97
62	17,52	16,22	15,07	14,07	13,18	12,39	11,69	11,06	10,49	9,97
63	17,56	16,24	15,09	14,08	13,19	12,40	11,70	11,06	10,49	9,98
64	17,59	16,27	15,11	14,10	13,20	12,41	11,70	11,07	10,49	9,98
65	17,62	16,29	15,13	14,11	13,21	12,42	11,71	11,07	10,50	9,98
66	17,65	16,31	15,14	14,12	13,22	12,42	11,71	11,07	10,50	9,98
67	17,68	16,33	15,16	14,13	13,23	12,43	11,71	11,08	10,50	9,98
68	17,70	16,35	15,17	14,14	13,24	12,43	11,72	11,08	10,50	9,98
69	17,73	16,37	15,19	14,15	13,24	12,44	11,72	11,08	10,51	9,99
70	17,75	16,38	15,20	14,16	13,25	12,44	11,73	11,08	10,51	9,99
71	17,78	16,40	15,21	14,17	13,25	12,45	11,73	11,09	10,51	9,99
72	17,80	16,42	15,22	14,18	13,26	12,45	11,73	11,09	10,51	9,99
73	17,82	16,43	15,23	14,18	13,27	12,45	11,73	11,09	10,51	9,99
74	17,84	16,44	15,24	14,19	13,27	12,46	11,74	11,09	10,51	9,99
75	17,85	16,46	15,25	14,20	13,27	12,46	11,74	11,09	10,51	9,99
76	17,87	16,47	15,26	14,20	13,28	12,46	11,74	11,10	10,52	9,99
77	17,89	16,48	15,26	14,21	13,28	12,47	11,74	11,10	10,52	9,99
78	17,90	16,49	15,27	14,21	13,29	12,47	11,74	11,10	10,52	9,99
79	17,92	16,50	15,28	14,22	13,29	12,47	11,75	11,10	10,52	9,99
80	17,93	16,51	15,28	14,22	13,29	12,47	11,75	11,10	10,52	10,00
81	17,94	16,52	15,29	14,23	13,30	12,48	11,75	11,10	10,52	10,00
82	17,96	16,53	15,30	14,23	13,30	12,48	11,75	11,10	10,52	10,00
83	17,97	16,53	15,30	14,23	13,30	12,48	11,75	11,10	10,52	10,00
84	17,98	16,54	15,31	14,24	13,30	12,48	11,75	11,10	10,52	10,00
85	17,99	16,55	15,31	14,24	13,30	12,48	11,75	11,10	10,52	10,00
86	18,00	16,56	15,32	14,24	13,31	12,48	11,75	11,10	10,52	10,00
87	18,01	16,56	15,32	14,25	13,31	12,48	11,75	11,10	10,52	10,00
88	18,02	16,57	15,32	14,25	13,31	12,49	11,76	11,11	10,52	10,00
89	18,03	16,57	15,33	14,25	13,31	12,49	11,76	11,11	10,52	10,00
90	18,03	16,58	15,33	14,25	13,31	12,49	11,76	11,11	10,52	10,00
91	18,04	16,58	15,33	14,26	13,31	12,49	11,76	11,11	10,52	10,00
92	18,05	16,59	15,34	14,26	13,32	12,49	11,76	11,11	10,52	10,00
93	18,06	16,59	15,34	14,26	13,32	12,49	11,76	11,11	10,52	10,00
94	18,06	16,60	15,34	14,26	13,32	12,49	11,76	11,11	10,52	10,00
95	18,07	16,60	15,35	14,26	13,32	12,49	11,76	11,11	10,52	10,00
96	18,08	16,60	15,35	14,26	13,32	12,49	11,76	11,11	10,52	10,00
97	18,08	16,61	15,35	14,27	13,32	12,49	11,76	11,11	10,52	10,00
98	18,09	16,61	15,35	14,27	13,32	12,49	11,76	11,11	10,52	10,00
99	18,09	16,61	15,35	14,27	13,32	12,49	11,76	11,11	10,52	10,00
100	18,10	16,62	15,36	14,27	13,32	12,49	11,76	11,11	10,53	10,00

Berechnungsvorschrift für die der Tabelle nicht zu entnehmenden Barwertfaktoren für die Kapitalisierung

$$\text{Kapitalisierungsfaktor} = \frac{q^n - 1}{q^n \times (q - 1)} \qquad q = 1 + \frac{p}{100}$$

p = Liegenschaftszinssatz
n = Restnutzungsdauer

4.1.2 Barwertfaktoren für die Abzinsung (Abzinsungsfaktoren)

Quelle: Anlage 2 zu § 20 ImmoWertV

Restnutzungsdauer von ....Jahren	Zinssatz								
	1,0 %	1,5 %	2,0 %	2,5 %	3,0 %	3,5 %	4,0 %	4,5 %	5,0 %
1	0,9901	0,9852	0,9804	0,9756	0,9709	0,9662	0,9615	0,9569	0,9524
2	0,9803	0,9707	0,9612	0,9518	0,9426	0,9335	0,9246	0,9157	0,9070
3	0,9706	0,9563	0,9423	0,9286	0,9151	0,9019	0,8890	0,8763	0,8638
4	0,9610	0,9422	0,9238	0,9060	0,8885	0,8714	0,8548	0,8386	0,8227
5	0,9515	0,9283	0,9057	0,8839	0,8626	0,8420	0,8219	0,8025	0,7835
6	0,9420	0,9145	0,8880	0,8623	0,8375	0,8135	0,7903	0,7679	0,7462
7	0,9327	0,9010	0,8706	0,8413	0,8131	0,7860	0,7599	0,7348	0,7107
8	0,9235	0,8877	0,8535	0,8207	0,7894	0,7594	0,7307	0,7032	0,6768
9	0,9143	0,8746	0,8368	0,8007	0,7664	0,7337	0,7026	0,6729	0,6446
10	0,9053	0,8617	0,8203	0,7812	0,7441	0,7089	0,6756	0,6439	0,6139
11	0,8963	0,8489	0,8043	0,7621	0,7224	0,6849	0,6496	0,6162	0,5847
12	0,8874	0,8364	0,7885	0,7436	0,7014	0,6618	0,6246	0,5897	0,5568
13	0,8787	0,8240	0,7730	0,7254	0,6810	0,6394	0,6006	0,5643	0,5303
14	0,8700	0,8118	0,7579	0,7077	0,6611	0,6178	0,5775	0,5400	0,5051
15	0,8613	0,7999	0,7430	0,6905	0,6419	0,5969	0,5553	0,5167	0,4810
16	0,8528	0,7880	0,7284	0,6736	0,6232	0,5767	0,5339	0,4945	0,4581
17	0,8444	0,7764	0,7142	0,6572	0,6050	0,5572	0,5134	0,4732	0,4363
18	0,8360	0,7649	0,7002	0,6412	0,5874	0,5384	0,4936	0,4528	0,4155
19	0,8277	0,7536	0,6864	0,6255	0,5703	0,5202	0,4746	0,4333	0,3957
20	0,8195	0,7425	0,6730	0,6103	0,5537	0,5026	0,4564	0,4146	0,3769
21	0,8114	0,7315	0,6598	0,5954	0,5375	0,4856	0,4388	0,3968	0,3589
22	0,8034	0,7207	0,6468	0,5809	0,5219	0,4692	0,4220	0,3797	0,3418
23	0,7954	0,7100	0,6342	0,5667	0,5067	0,4533	0,4057	0,3634	0,3256
24	0,7876	0,6995	0,6217	0,5529	0,4919	0,4380	0,3901	0,3477	0,3101
25	0,7798	0,6892	0,6095	0,5394	0,4776	0,4231	0,3751	0,3327	0,2953
26	0,7720	0,6790	0,5976	0,5262	0,4637	0,4088	0,3607	0,3184	0,2812
27	0,7644	0,6690	0,5859	0,5134	0,4502	0,3950	0,3468	0,3047	0,2678
28	0,7568	0,6591	0,5744	0,5009	0,4371	0,3817	0,3335	0,2916	0,2551
29	0,7493	0,6494	0,5631	0,4887	0,4243	0,3687	0,3207	0,2790	0,2429
30	0,7419	0,6398	0,5521	0,4767	0,4120	0,3563	0,3083	0,2670	0,2314
31	0,7346	0,6303	0,5412	0,4651	0,4000	0,3442	0,2965	0,2555	0,2204
32	0,7273	0,6210	0,5306	0,4538	0,3883	0,3326	0,2851	0,2445	0,2099
33	0,7201	0,6118	0,5202	0,4427	0,3770	0,3213	0,2741	0,2340	0,1999
34	0,7130	0,6028	0,5100	0,4319	0,3660	0,3105	0,2636	0,2239	0,1904
35	0,7059	0,5939	0,5000	0,4214	0,3554	0,3000	0,2534	0,2143	0,1813
36	0,6989	0,5851	0,4902	0,4111	0,3450	0,2898	0,2437	0,2050	0,1727
37	0,6920	0,5764	0,4806	0,4011	0,3350	0,2800	0,2343	0,1962	0,1644
38	0,6852	0,5679	0,4712	0,3913	0,3252	0,2706	0,2253	0,1878	0,1566
39	0,6784	0,5595	0,4619	0,3817	0,3158	0,2614	0,2166	0,1797	0,1491
40	0,6717	0,5513	0,4529	0,3724	0,3066	0,2526	0,2083	0,1719	0,1420
41	0,6650	0,5431	0,4440	0,3633	0,2976	0,2440	0,2003	0,1645	0,1353
42	0,6584	0,5351	0,4353	0,3545	0,2890	0,2358	0,1926	0,1574	0,1288
43	0,6519	0,5272	0,4268	0,3458	0,2805	0,2278	0,1852	0,1507	0,1227
44	0,6454	0,5194	0,4184	0,3374	0,2724	0,2201	0,1780	0,1442	0,1169
45	0,6391	0,5117	0,4102	0,3292	0,2644	0,2127	0,1712	0,1380	0,1113
46	0,6327	0,5042	0,4022	0,3211	0,2567	0,2055	0,1646	0,1320	0,1060
47	0,6265	0,4967	0,3943	0,3133	0,2493	0,1985	0,1583	0,1263	0,1009
48	0,6203	0,4894	0,3865	0,3057	0,2420	0,1918	0,1522	0,1209	0,0961
49	0,6141	0,4821	0,3790	0,2982	0,2350	0,1853	0,1463	0,1157	0,0916
50	0,6080	0,4750	0,3715	0,2909	0,2281	0,1791	0,1407	0,1107	0,0872

Restnutzungsdauer von ....Jahren	Zinssatz								
	1,0 %	1,5 %	2,0 %	2,5 %	3,0 %	3,5 %	4,0 %	4,5 %	5,0 %
51	0,6020	0,4680	0,3642	0,2838	0,2215	0,1730	0,1353	0,1059	0,0831
52	0,5961	0,4611	0,3571	0,2769	0,2150	0,1671	0,1301	0,1014	0,0791
53	0,5902	0,4543	0,3501	0,2702	0,2088	0,1615	0,1251	0,0970	0,0753
54	0,5843	0,4475	0,3432	0,2636	0,2027	0,1560	0,1203	0,0928	0,0717
55	0,5785	0,4409	0,3365	0,2572	0,1968	0,1508	0,1157	0,0888	0,0683
56	0,5728	0,4344	0,3299	0,2509	0,1910	0,1457	0,1112	0,0850	0,0651
57	0,5671	0,4280	0,3234	0,2448	0,1855	0,1407	0,1069	0,0814	0,0620
58	0,5615	0,4217	0,3171	0,2388	0,1801	0,1360	0,1028	0,0778	0,0590
59	0,5560	0,4154	0,3109	0,2330	0,1748	0,1314	0,0989	0,0745	0,0562
60	0,5504	0,4093	0,3048	0,2273	0,1697	0,1269	0,0951	0,0713	0,0535
61	0,5450	0,4032	0,2988	0,2217	0,1648	0,1226	0,0914	0,0682	0,0510
62	0,5396	0,3973	0,2929	0,2163	0,1600	0,1185	0,0879	0,0653	0,0486
63	0,5343	0,3914	0,2872	0,2111	0,1553	0,1145	0,0845	0,0625	0,0462
64	0,5290	0,3856	0,2816	0,2059	0,1508	0,1106	0,0813	0,0598	0,0440
65	0,5237	0,3799	0,2761	0,2009	0,1464	0,1069	0,0781	0,0572	0,0419
66	0,5185	0,3743	0,2706	0,1960	0,1421	0,1033	0,0751	0,0547	0,0399
67	0,5134	0,3688	0,2653	0,1912	0,1380	0,0998	0,0722	0,0524	0,0380
68	0,5083	0,3633	0,2601	0,1865	0,1340	0,0964	0,0695	0,0501	0,0362
69	0,5033	0,3580	0,2550	0,1820	0,1301	0,0931	0,0668	0,0480	0,0345
70	0,4983	0,3527	0,2500	0,1776	0,1263	0,0900	0,0642	0,0459	0,0329
71	0,4934	0,3475	0,2451	0,1732	0,1226	0,0869	0,0617	0,0439	0,0313
72	0,4885	0,3423	0,2403	0,1690	0,1190	0,0840	0,0594	0,0420	0,0298
73	0,4837	0,3373	0,2356	0,1649	0,1156	0,0812	0,0571	0,0402	0,0284
74	0,4789	0,3323	0,2310	0,1609	0,1122	0,0784	0,0549	0,0385	0,0270
75	0,4741	0,3274	0,2265	0,1569	0,1089	0,0758	0,0528	0,0368	0,0258
76	0,4694	0,3225	0,2220	0,1531	0,1058	0,0732	0,0508	0,0353	0,0245
77	0,4648	0,3178	0,2177	0,1494	0,1027	0,0707	0,0488	0,0337	0,0234
78	0,4602	0,3131	0,2134	0,1457	0,0997	0,0683	0,0469	0,0323	0,0222
79	0,4556	0,3084	0,2092	0,1422	0,0968	0,0660	0,0451	0,0309	0,0212
80	0,4511	0,3039	0,2051	0,1387	0,0940	0,0638	0,0434	0,0296	0,0202
81	0,4467	0,2994	0,2011	0,1353	0,0912	0,0616	0,0417	0,0283	0,0192
82	0,4422	0,2950	0,1971	0,1320	0,0886	0,0596	0,0401	0,0271	0,0183
83	0,4379	0,2906	0,1933	0,1288	0,0860	0,0575	0,0386	0,0259	0,0174
84	0,4335	0,2863	0,1895	0,1257	0,0835	0,0556	0,0371	0,0248	0,0166
85	0,4292	0,2821	0,1858	0,1226	0,0811	0,0537	0,0357	0,0237	0,0158
86	0,4250	0,2779	0,1821	0,1196	0,0787	0,0519	0,0343	0,0227	0,0151
87	0,4208	0,2738	0,1786	0,1167	0,0764	0,0501	0,0330	0,0217	0,0143
88	0,4166	0,2698	0,1751	0,1138	0,0742	0,0484	0,0317	0,0208	0,0137
89	0,4125	0,2658	0,1716	0,1111	0,0720	0,0468	0,0305	0,0199	0,0130
90	0,4084	0,2619	0,1683	0,1084	0,0699	0,0452	0,0293	0,0190	0,0124
91	0,4043	0,2580	0,1650	0,1057	0,0679	0,0437	0,0282	0,0182	0,0118
92	0,4003	0,2542	0,1617	0,1031	0,0659	0,0422	0,0271	0,0174	0,0112
93	0,3964	0,2504	0,1586	0,1006	0,0640	0,0408	0,0261	0,0167	0,0107
94	0,3925	0,2467	0,1554	0,0982	0,0621	0,0394	0,0251	0,0160	0,0102
95	0,3886	0,2431	0,1524	0,0958	0,0603	0,0381	0,0241	0,0153	0,0097
96	0,3847	0,2395	0,1494	0,0934	0,0586	0,0368	0,0232	0,0146	0,0092
97	0,3809	0,2359	0,1465	0,0912	0,0569	0,0355	0,0223	0,0140	0,0088
98	0,3771	0,2324	0,1436	0,0889	0,0552	0,0343	0,0214	0,0134	0,0084
99	0,3734	0,2290	0,1408	0,0868	0,0536	0,0332	0,0206	0,0128	0,0080
100	0,3697	0,2256	0,1380	0,0846	0,0520	0,0321	0,0198	0,0123	0,0076

Restnutzungsdauer von ....Jahren	Zinssatz									
	5,5 %	6,0 %	6,5 %	7,0 %	7,5 %	8,0 %	8,5 %	9,0 %	9,5 %	10 %
1	0,9479	0,9434	0,9390	0,9346	0,9302	0,9259	0,9217	0,9174	0,9132	0,9091
2	0,8985	0,8900	0,8817	0,8734	0,8653	0,8573	0,8495	0,8417	0,8340	0,8264
3	0,8516	0,8396	0,8278	0,8163	0,8050	0,7938	0,7829	0,7722	0,7617	0,7513
4	0,8072	0,7921	0,7773	0,7629	0,7488	0,7350	0,7216	0,7084	0,6956	0,6830
5	0,7651	0,7473	0,7299	0,7130	0,6966	0,6806	0,6650	0,6499	0,6352	0,6209
6	0,7252	0,7050	0,6853	0,6663	0,6480	0,6302	0,6129	0,5963	0,5801	0,5645
7	0,6874	0,6651	0,6435	0,6227	0,6028	0,5835	0,5649	0,5470	0,5298	0,5132
8	0,6516	0,6274	0,6042	0,5820	0,5607	0,5403	0,5207	0,5019	0,4838	0,4665
9	0,6176	0,5919	0,5674	0,5439	0,5216	0,5002	0,4799	0,4604	0,4418	0,4241
10	0,5854	0,5584	0,5327	0,5083	0,4852	0,4632	0,4423	0,4224	0,4035	0,3855
11	0,5549	0,5268	0,5002	0,4751	0,4513	0,4289	0,4076	0,3875	0,3685	0,3505
12	0,5260	0,4970	0,4697	0,4440	0,4199	0,3971	0,3757	0,3555	0,3365	0,3186
13	0,4986	0,4688	0,4410	0,4150	0,3906	0,3677	0,3463	0,3262	0,3073	0,2897
14	0,4726	0,4423	0,4141	0,3878	0,3633	0,3405	0,3191	0,2992	0,2807	0,2633
15	0,4479	0,4173	0,3888	0,3624	0,3380	0,3152	0,2941	0,2745	0,2563	0,2394
16	0,4246	0,3936	0,3651	0,3387	0,3144	0,2919	0,2711	0,2519	0,2341	0,2176
17	0,4024	0,3714	0,3428	0,3166	0,2925	0,2703	0,2499	0,2311	0,2138	0,1978
18	0,3815	0,3503	0,3219	0,2959	0,2720	0,2502	0,2303	0,2120	0,1952	0,1799
19	0,3616	0,3305	0,3022	0,2765	0,2531	0,2317	0,2122	0,1945	0,1783	0,1635
20	0,3427	0,3118	0,2838	0,2584	0,2354	0,2145	0,1956	0,1784	0,1628	0,1486
21	0,3249	0,2942	0,2665	0,2415	0,2190	0,1987	0,1803	0,1637	0,1487	0,1351
22	0,3079	0,2775	0,2502	0,2257	0,2037	0,1839	0,1662	0,1502	0,1358	0,1228
23	0,2919	0,2618	0,2349	0,2109	0,1895	0,1703	0,1531	0,1378	0,1240	0,1117
24	0,2767	0,2470	0,2206	0,1971	0,1763	0,1577	0,1412	0,1264	0,1133	0,1015
25	0,2622	0,2330	0,2071	0,1842	0,1640	0,1460	0,1301	0,1160	0,1034	0,0923
26	0,2486	0,2198	0,1945	0,1722	0,1525	0,1352	0,1199	0,1064	0,0945	0,0839
27	0,2356	0,2074	0,1826	0,1609	0,1419	0,1252	0,1105	0,0976	0,0863	0,0763
28	0,2233	0,1956	0,1715	0,1504	0,1320	0,1159	0,1019	0,0895	0,0788	0,0693
29	0,2117	0,1846	0,1610	0,1406	0,1228	0,1073	0,0939	0,0822	0,0719	0,0630
30	0,2006	0,1741	0,1512	0,1314	0,1142	0,0994	0,0865	0,0754	0,0657	0,0573
31	0,1902	0,1643	0,1420	0,1228	0,1063	0,0920	0,0797	0,0691	0,0600	0,0521
32	0,1803	0,1550	0,1333	0,1147	0,0988	0,0852	0,0735	0,0634	0,0548	0,0474
33	0,1709	0,1462	0,1252	0,1072	0,0919	0,0789	0,0677	0,0582	0,0500	0,0431
34	0,1620	0,1379	0,1175	0,1002	0,0855	0,0730	0,0624	0,0534	0,0457	0,0391
35	0,1535	0,1301	0,1103	0,0937	0,0796	0,0676	0,0575	0,0490	0,0417	0,0356
36	0,1455	0,1227	0,1036	0,0875	0,0740	0,0626	0,0530	0,0449	0,0381	0,0323
37	0,1379	0,1158	0,0973	0,0818	0,0688	0,0580	0,0489	0,0412	0,0348	0,0294
38	0,1307	0,1092	0,0914	0,0765	0,0640	0,0537	0,0450	0,0378	0,0318	0,0267
39	0,1239	0,1031	0,0858	0,0715	0,0596	0,0497	0,0415	0,0347	0,0290	0,0243
40	0,1175	0,0972	0,0805	0,0668	0,0554	0,0460	0,0383	0,0318	0,0265	0,0221
41	0,1113	0,0917	0,0756	0,0624	0,0516	0,0426	0,0353	0,0292	0,0242	0,0201
42	0,1055	0,0865	0,0710	0,0583	0,0480	0,0395	0,0325	0,0268	0,0221	0,0183
43	0,1000	0,0816	0,0667	0,0545	0,0446	0,0365	0,0300	0,0246	0,0202	0,0166
44	0,0948	0,0770	0,0626	0,0509	0,0415	0,0338	0,0276	0,0226	0,0184	0,0151
45	0,0899	0,0727	0,0588	0,0476	0,0386	0,0313	0,0254	0,0207	0,0168	0,0137
46	0,0852	0,0685	0,0552	0,0445	0,0359	0,0290	0,0235	0,0190	0,0154	0,0125
47	0,0807	0,0647	0,0518	0,0416	0,0334	0,0269	0,0216	0,0174	0,0140	0,0113
48	0,0765	0,0610	0,0487	0,0389	0,0311	0,0249	0,0199	0,0160	0,0128	0,0103
49	0,0725	0,0575	0,0457	0,0363	0,0289	0,0230	0,0184	0,0147	0,0117	0,0094
50	0,0688	0,0543	0,0429	0,0339	0,0269	0,0213	0,0169	0,0134	0,0107	0,0085

Restnutzungsdauer von ....Jahren	Zinssatz									
	5,5 %	6,0 %	6,5 %	7,0 %	7,5 %	8,0 %	8,5 %	9,0 %	9,5 %	10 %
51	0,0652	0,0512	0,0403	0,0317	0,0250	0,0197	0,0156	0,0123	0,0098	0,0077
52	0,0618	0,0483	0,0378	0,0297	0,0233	0,0183	0,0144	0,0113	0,0089	0,0070
53	0,0586	0,0456	0,0355	0,0277	0,0216	0,0169	0,0133	0,0104	0,0081	0,0064
54	0,0555	0,0430	0,0334	0,0259	0,0201	0,0157	0,0122	0,0095	0,0074	0,0058
55	0,0526	0,0406	0,0313	0,0242	0,0187	0,0145	0,0113	0,0087	0,0068	0,0053
56	0,0499	0,0383	0,0294	0,0226	0,0174	0,0134	0,0104	0,0080	0,0062	0,0048
57	0,0473	0,0361	0,0276	0,0211	0,0162	0,0124	0,0096	0,0074	0,0057	0,0044
58	0,0448	0,0341	0,0259	0,0198	0,0151	0,0115	0,0088	0,0067	0,0052	0,0040
59	0,0425	0,0321	0,0243	0,0185	0,0140	0,0107	0,0081	0,0062	0,0047	0,0036
60	0,0403	0,0303	0,0229	0,0173	0,0130	0,0099	0,0075	0,0057	0,0043	0,0033
61	0,0382	0,0286	0,0215	0,0161	0,0121	0,0091	0,0069	0,0052	0,0039	0,0030
62	0,0362	0,0270	0,0202	0,0151	0,0113	0,0085	0,0064	0,0048	0,0036	0,0027
63	0,0343	0,0255	0,0189	0,0141	0,0105	0,0078	0,0059	0,0044	0,0033	0,0025
64	0,0325	0,0240	0,0178	0,0132	0,0098	0,0073	0,0054	0,0040	0,0030	0,0022
65	0,0308	0,0227	0,0167	0,0123	0,0091	0,0067	0,0050	0,0037	0,0027	0,0020
66	0,0292	0,0214	0,0157	0,0115	0,0085	0,0062	0,0046	0,0034	0,0025	0,0019
67	0,0277	0,0202	0,0147	0,0107	0,0079	0,0058	0,0042	0,0031	0,0023	0,0017
68	0,0262	0,0190	0,0138	0,0100	0,0073	0,0053	0,0039	0,0029	0,0021	0,0015
69	0,0249	0,0179	0,0130	0,0094	0,0068	0,0049	0,0036	0,0026	0,0019	0,0014
70	0,0236	0,0169	0,0122	0,0088	0,0063	0,0046	0,0033	0,0024	0,0017	0,0013
71	0,0223	0,0160	0,0114	0,0082	0,0059	0,0042	0,0031	0,0022	0,0016	0,0012
72	0,0212	0,0151	0,0107	0,0077	0,0055	0,0039	0,0028	0,0020	0,0015	0,0010
73	0,0201	0,0142	0,0101	0,0072	0,0051	0,0036	0,0026	0,0019	0,0013	0,0010
74	0,0190	0,0134	0,0095	0,0067	0,0047	0,0034	0,0024	0,0017	0,0012	0,0009
75	0,0180	0,0126	0,0089	0,0063	0,0044	0,0031	0,0022	0,0016	0,0011	0,0008
76	0,0171	0,0119	0,0083	0,0058	0,0041	0,0029	0,0020	0,0014	0,0010	0,0007
77	0,0162	0,0113	0,0078	0,0055	0,0038	0,0027	0,0019	0,0013	0,0009	0,0006
78	0,0154	0,0106	0,0074	0,0051	0,0035	0,0025	0,0017	0,0012	0,0008	0,0006
79	0,0146	0,0100	0,0069	0,0048	0,0033	0,0023	0,0016	0,0011	0,0008	0,0005
80	0,0138	0,0095	0,0065	0,0045	0,0031	0,0021	0,0015	0,0010	0,0007	0,0005
81	0,0131	0,0089	0,0061	0,0042	0,0029	0,0020	0,0013	0,0009	0,0006	0,0004
82	0,0124	0,0084	0,0057	0,0039	0,0027	0,0018	0,0012	0,0009	0,0006	0,0004
83	0,0118	0,0079	0,0054	0,0036	0,0025	0,0017	0,0011	0,0008	0,0005	0,0004
84	0,0111	0,0075	0,0050	0,0034	0,0023	0,0016	0,0011	0,0007	0,0005	0,0003
85	0,0106	0,0071	0,0047	0,0032	0,0021	0,0014	0,0010	0,0007	0,0004	0,0003
86	0,0100	0,0067	0,0044	0,0030	0,0020	0,0013	0,0009	0,0006	0,0004	0,0003
87	0,0095	0,0063	0,0042	0,0028	0,0019	0,0012	0,0008	0,0006	0,0004	0,0003
88	0,0090	0,0059	0,0039	0,0026	0,0017	0,0011	0,0008	0,0005	0,0003	0,0002
89	0,0085	0,0056	0,0037	0,0024	0,0016	0,0011	0,0007	0,0005	0,0003	0,0002
90	0,0081	0,0053	0,0035	0,0023	0,0015	0,0010	0,0006	0,0004	0,0003	0,0002
91	0,0077	0,0050	0,0032	0,0021	0,0014	0,0009	0,0006	0,0004	0,0003	0,0002
92	0,0073	0,0047	0,0030	0,0020	0,0013	0,0008	0,0006	0,0004	0,0002	0,0002
93	0,0069	0,0044	0,0029	0,0019	0,0012	0,0008	0,0005	0,0003	0,0002	0,0001
94	0,0065	0,0042	0,0027	0,0017	0,0011	0,0007	0,0005	0,0003	0,0002	0,0001
95	0,0062	0,0039	0,0025	0,0016	0,0010	0,0007	0,0004	0,0003	0,0002	0,0001
96	0,0059	0,0037	0,0024	0,0015	0,0010	0,0006	0,0004	0,0003	0,0002	0,0001
97	0,0056	0,0035	0,0022	0,0014	0,0009	0,0006	0,0004	0,0002	0,0002	0,0001
98	0,0053	0,0033	0,0021	0,0013	0,0008	0,0005	0,0003	0,0002	0,0001	0,0001
99	0,0050	0,0031	0,0020	0,0012	0,0008	0,0005	0,0003	0,0002	0,0001	0,0001
100	0,0047	0,0029	0,0018	0,0012	0,0007	0,0005	0,0003	0,0002	0,0001	0,0001

Berechnungsvorschrift für die der Tabelle nicht zu entnehmenden Barwertfaktoren für die Abzinsung

Abzinsungsfaktor = $q^{-n} = \frac{1}{q^n}$ $\quad q = 1 + \frac{p}{100}$ $\quad$ p = Liegenschaftszinssatz

n = Restnutzungsdauer

4.2 Liegenschaftszinssatz

4.2.0 Liegenschaftszinssätze in Deutschland

Quelle: Immobilienmarktbericht Deutschland 2015 der Gutachterausschüsse in der Bundesrepublik Deutschland, S. 153 ff.; Herausgeber: Arbeitskreis der Gutachterausschüsse und Oberen Gutachterausschüsse in der Bundesrepublik Deutschland (AK OGA), Oldenburg Dezember 2015

Für die Ableitung von Liegenschaftszinssätzen für mit Mehrfamilienhäusern / Geschosswohnungsbauten sowie Büro- und Verwaltungsgebäuden bebauten Grundstücken standen aus der Erhebung von 2013 und 2014 je Teilmarkt zwischen 612 und 123 Datensätze zur Verfügung. Vertreten sind alle Länder mit bis zu 324 Gutachterausschüssen. Der Großteil der Daten stammt aus Nordrhein-Westfalen (bis zu 22 %), Niedersachsen (bis zu 18 %) und Bayern (bis zu 13 %). Die Stadtstaaten Berlin, Bremen und Hamburg sowie das Saarland sind mit nur wenigen Datensätzen unterrepräsentiert.

Die nachfolgenden Auswertungen wurden anhand von Durchschnittswerten unter Ausschluss von Extremwerten durchgeführt. Sie sollen überregionale Zusammenhänge und Entwicklungen aufzeigen.

Eine unreflektierte Anwendung der Daten auf einen regionalen Markt oder für Zwecke der Wertermittlung wird ausdrücklich nicht empfohlen.

Es wird zur Anwendung von Liegenschaftszinssätzen ausdrücklich auf die Marktdaten der örtlichen Gutachterausschüsse und die jeweiligen Modellableitungen verwiesen.

Liegenschaftszinssatz (Mehrfamilienhäuser) in Abhängigkeit vom Bodenrichtwert

Mehrfamilienhäuser (3 – 6 Wohnungen)

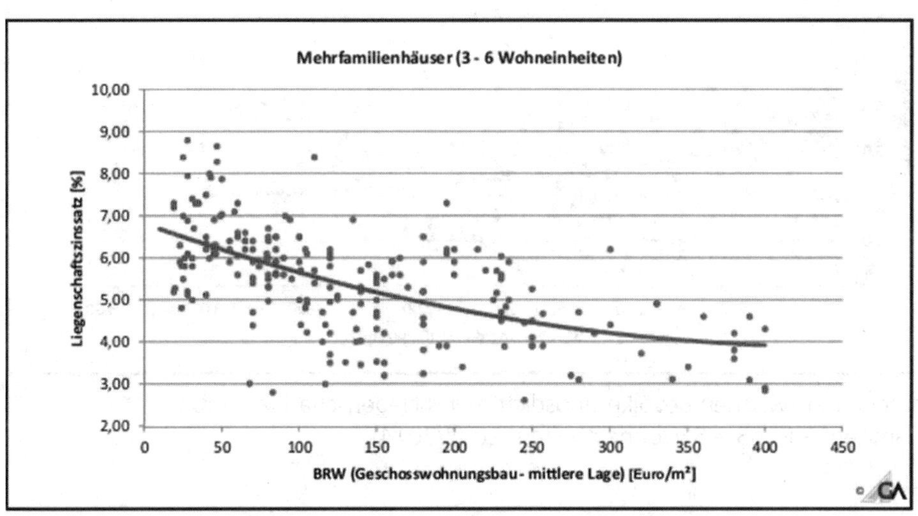

Zusammenhang zwischen Bodenrichtwert und Liegenschaftszinssatz (Mehrfamilienhäuser 3 – 6 Wohneinheiten, 2013/2014)

Mehrfamilienhäuser (7 – 15 Wohnungen)

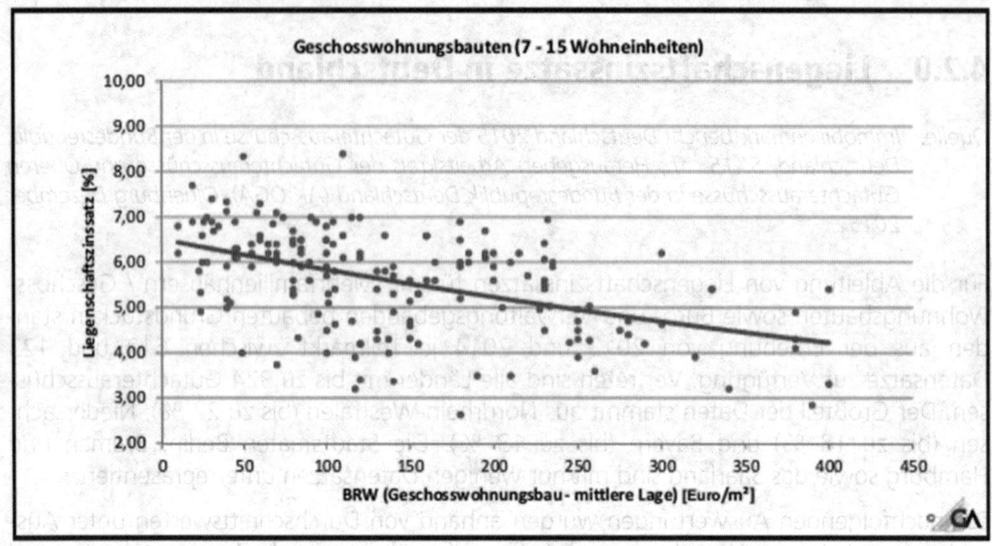

Zusammenhang zwischen Bodenrichtwert und Liegenschaftszinssatz (Mehrfamilienhäuser 7 – 15 Wohneinheiten, 2013/2014)

Liegenschaftszinssatz (Mehrfamilienhäuser) in Abhängigkeit von der Bevölkerungsdichte

Mehrfamilienhäuser (3 – 6 Wohnungen)

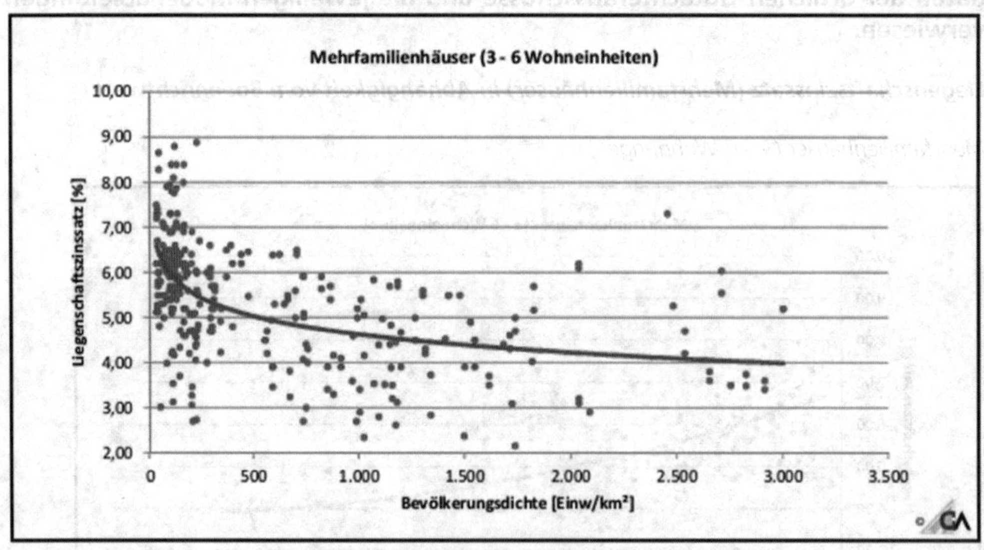

Zusammenhang zwischen Bevölkerungsdichte und Liegenschaftszinssatz (Mehrfamilienhäuser 3 – 6 Wohneinheiten, 2013/2014)

Mehrfamilienhäuser (7 – 15 Wohnungen)

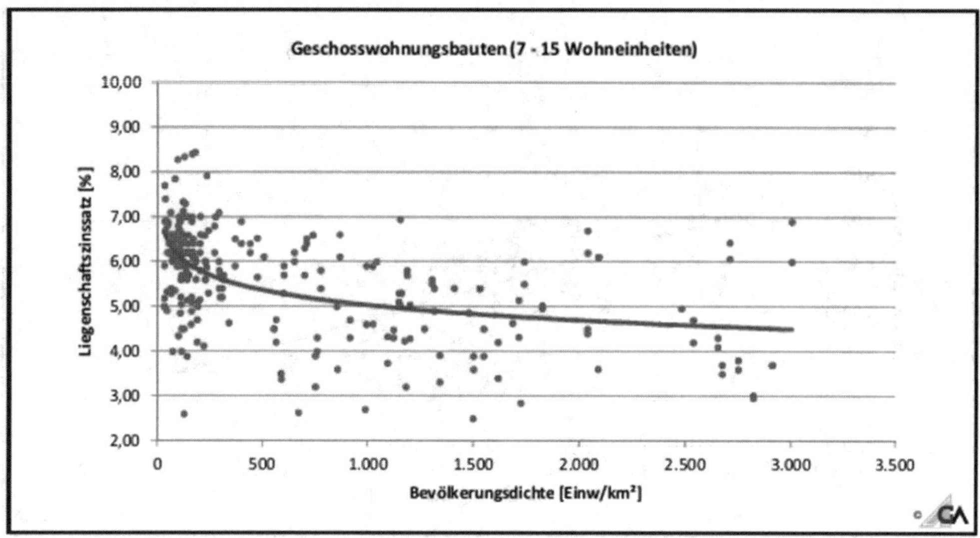

Zusammenhang zwischen Bevölkerungsdichte und Liegenschaftszinssatz (Mehrfamilienhäuser 7 – 15 Wohneinheiten, 2013/2014)

Liegenschaftszinssatz (Mehrfamilienhäuser) in Abhängigkeit von der Bevölkerungsentwicklung

Mehrfamilienhäuser (3 – 6 Wohnungen)

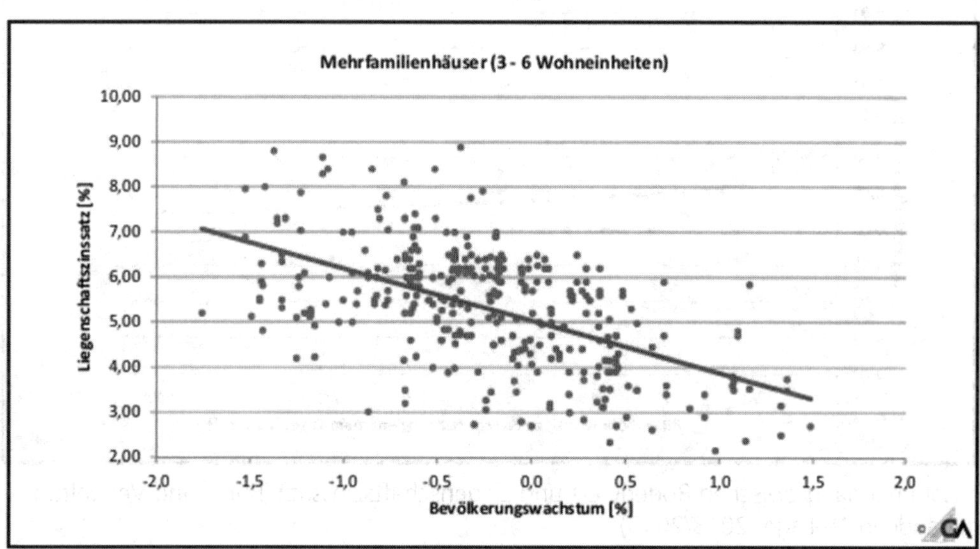

Zusammenhang zwischen Bevölkerungswachstum und Liegenschaftszinssatz (Mehrfamilienhäuser 3 – 6 Wohneinheiten, 2013/2014)

Mehrfamilienhäuser (7 – 15 Wohnungen)

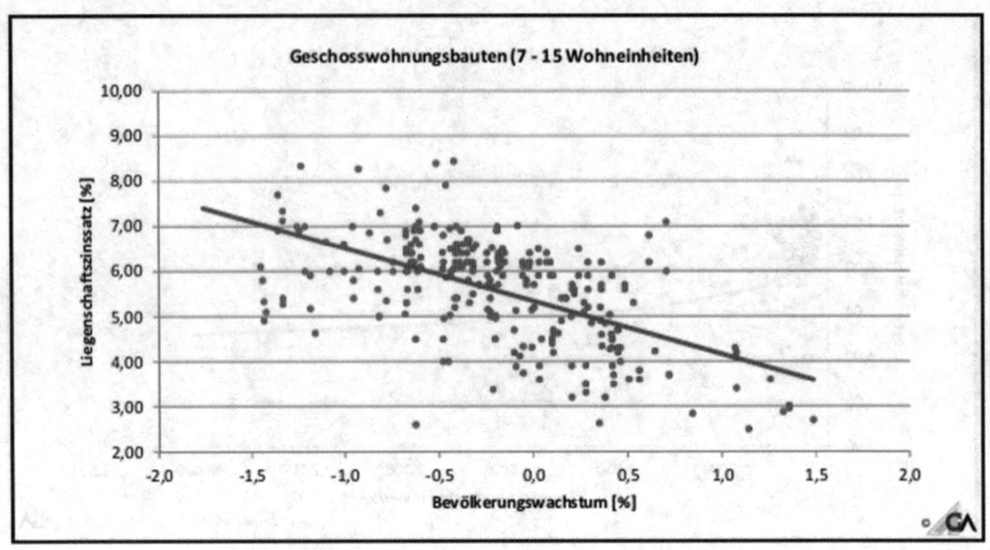

Zusammenhang zwischen Bevölkerungswachstum und Liegenschaftszinssatz (Mehrfamilienhäuser 7 – 15 Wohneinheiten, 2013/2014)

Liegenschaftszinssätze für Büro- und Verwaltungsgebäude

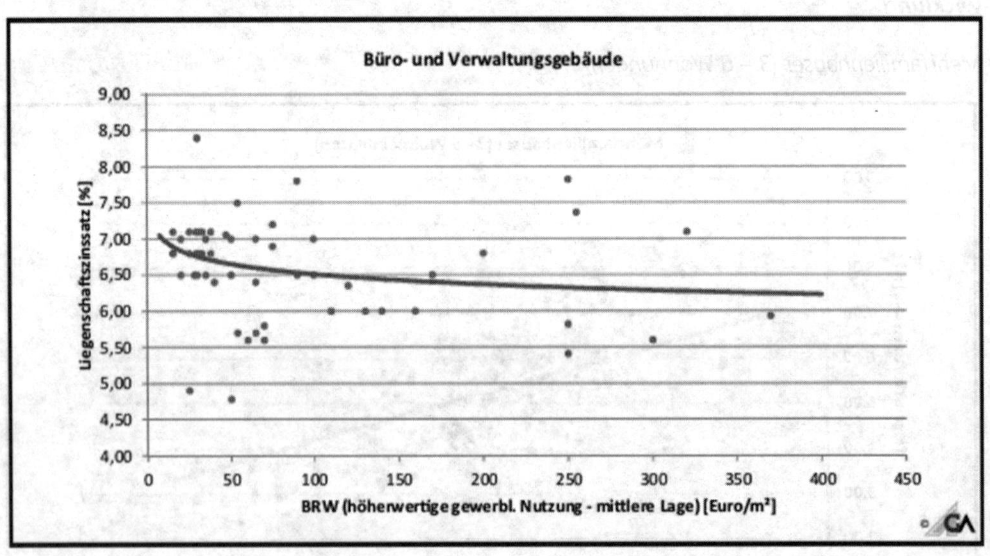

Zusammenhang zwischen Bodenwert und Liegenschaftszinssatz (Büro- und Verwaltungsgebäude in 1b-Lage, 2013/2013)

4.2.1 Kalkulationsschema für den Liegenschaftszinssatz

Quelle: KL-V, 1276

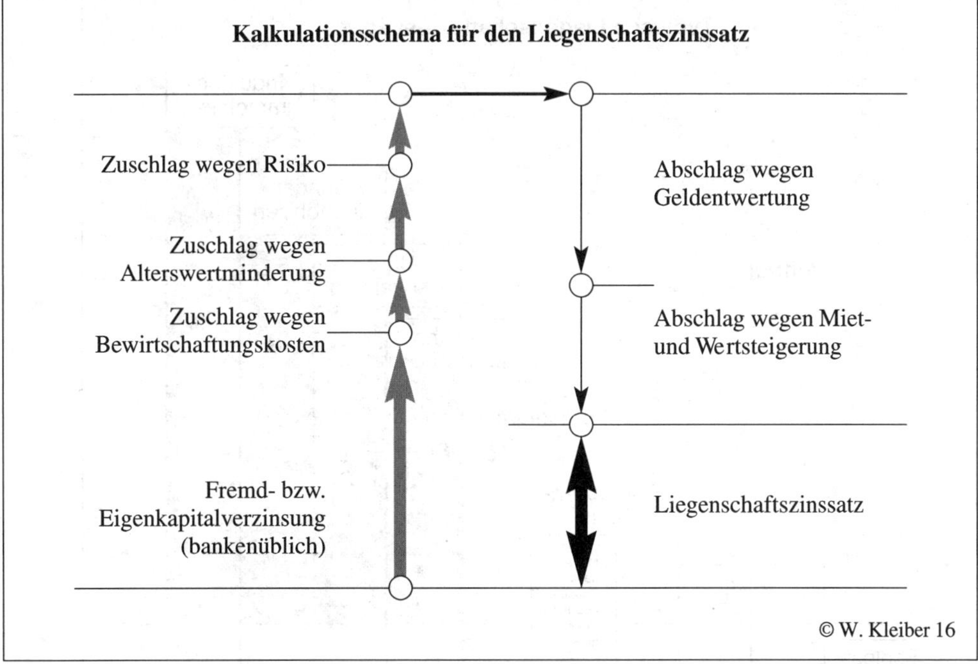

4.2.2 Typische Liegenschaftszinssätze

Quelle: KL-V, 1815

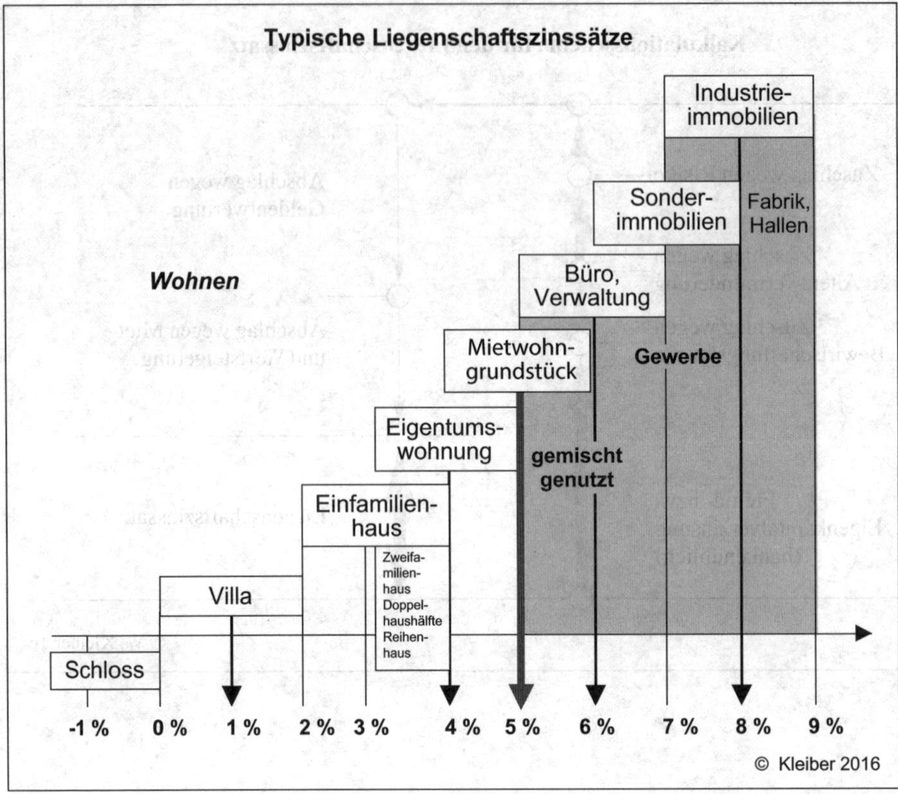

4.2.3 Weitergehende Empfehlungen für Liegenschaftszinssätze und „Kapitalisierungszinssätze" nach BewG und Anl. 3 BelWertV

Quelle: KL-V, 1814

Vorschlag für anzuwendende Liegenschaftszinssätze (Bandbreiten)				
Grundstücksart	Liegenschaftszinssatz			
	in ländlichen Gemeinden	in den übrigen Gemeinden	**nach BewG****	**nach BelWertV**
Wohngrundstücke				
Ein- und Zweifamilienhäuser				
Villa	1,0 bis 2,0 %	0,5 bis 1,5 %	-	-
Freistehende Einfamilienhausgrundstücke*	2,0 bis 2,5 %	1,5 bis 2,0 %	-	-
Reihenhäuser und Doppelhaushälften	2,5 bis 3,0 %	2,0 bis 2,5 %	-	-
Zweifamilienhausgrundstücke	3,0 bis 3,5 %	2,5 bis 3,0 %	-	-
Dreifamilienhausgrundstücke	3,5 bis 4,0 %	3,0 bis 3,5 %	-	-
Mehrfamilienhausgrundstücke				
Mietwohngrundstücke	4,0 bis 6,0 %	3,5 bis 5,0 %	5,0 %	5,0 bis 8,0 %
Eigentumswohnungen	4,0 %	3,5 %		
Gemischt genutzte Grundstücke mit einem				
– gewerblichen Anteil der Jahresnettokaltmiete bis zu 50 %	5,0 %	4,5 %	5,5 %	-
– gewerblichen Anteil der Jahresnettokaltmiete über 50 %	5,5 %	5,0 %	6,0 %	-
Gewerbliche Grundstücke				
Büro- und Geschäftshäuser		6,0 bis 7,0 %	6,5 %	6,0 bis 7,5 %
Gewerbeparks		6,0 bis 8,0 %		-
Verbrauchermärkte und Einkaufszentren		6,5 bis 8,5 %		6,5 bis 9,0 %
Selbstbedienungs- und Fachmärkte		6,5 bis 7,5 %		6,5 bis 8,5 %
Warenhäuser		6,5 bis 7,5 %		6,5 bis 8,0 %
Hotels und Gaststätten		6,0 bis 8,5 %		6,5 bis 8,5 %
³ 4 Sterne		6,0 bis 7,5 %		-
£ 4 Sterne		6,5 bis 8,0 %		-
Budgethotels		7,0 bis 8,0 %		-
Sport- und Freizeitanlagen (Tennishallen, Multiplexkinos)		7,5 bis 9,0 %		6,5 bis 9,0 %
Campingplätze		5,5 bis 7,5 %		-
Sozialimmobilien (z.B. Kliniken und Altenpflegeheime, Reha-Einrichtungen)		6,5 bis 8,5 %		6,5 bis 8,5 %
Parkhäuser, Sammelgaragen		6,0 bis 8,5 %		6,5 bis 9,0 %
Tankstellen		7,0 bis 8,5 %		6,5 bis 8,5 %
Landwirtschaftlich genutzte Objekte		6,5 bis 8,5 %		6,5 bis 8,5 %
Logistikimmobilien		6,5 bis 8,5 %		-
Lagerhallen (Speditionsbetriebe)		6,0 bis 8,0 %		6,5 bis 9,0 %
Industrieobjekte (Fabrikhallen)		6,5 bis 8,5 %		-
Fabriken und ähnliche spezielle Produktionsstätten		7,5 bis 9,0 %		7,0 bis 9,0 %
Öffentliche Gebäude				
mit Drittverwendungsmöglichkeit		5,0 bis 6,0 %	-	-
ohne Drittverwendungsmöglichkeit		6,0 bis 7,0 %	-	-

* Bei nicht bezugsfreien Einfamilienhäusern liegen die Liegenschaftszinssätze darüber (+ 30 % bei freistehenden Einfamilienhäusern: + 20 % bei Reihenhäusern).

** Erbschaftsteuerliche Bewertung (§ 188 Abs. 2 BewG): Vorrang haben Liegenschaftszinssätze der Gutachterausschüsse; ersatzweise Liegenschaftszinssätze nach § 188 Abs. 2 BewG.

4.2.4 Bandbreiten für Kapitalisierungszinssätze nach BelWertV

Quelle: Verordnung über die Ermittlung der Beleihungswerte von Grundstücken nach § 16 Abs. 1 und 2 des Pfandbriefgesetzes (Beleihungswertermittlungsverordnung – BelWertV) vom 12. Mai 2006, Anlage 3, KL-V, 3212

In einem schwachen Markt können die Liegenschaftszinssätze über den Höchstsatz der bankenaufsichtlich vorgegebenen Bandbreite steigen. Für die Beleihungswertermittlung ist dann ein Kapitalisierungszinssatz zu wählen, der dem Objektrisiko entspricht und nicht unter dem Liegenschaftszins liegt.

Anlage 3 zu § 12 Abs. 4 der Beleihungswertermittlungsverordnung – BelWertV
Bandbreiten für Kapitalisierungszinssätze

A) Wohnwirtschaftliche Nutzung (in Deutschland gelegene Objekte):
Wohnhäuser: 5,0 % bis 8,0 %

B) Gewerbliche Nutzung (in Deutschland gelegene Objekte):

a)	Geschäftshäuser:	6,0 % bis 7,5 %
b)	Bürohäuser:	6,0 % bis 7,5 %
c)	Warenhäuser:	6,5 % bis 8,0 %
d)	SB- und Fachmärkte:	6,5 % bis 8,5 %
e)	Hotels und Gaststätten:	6,5 % bis 8,5 %
f)	Kliniken, Reha-Einrichtungen:	6,5 % bis 8,5 %
g)	Alten- und Pflegeheime:	6,5 % bis 8,5 %
h)	Landwirtschaftlich genutzte Objekte:	6,5 % bis 8,5 %
i)	Verbrauchermärkte, Einkaufszentren:	6,5 % bis 9,0 %
j)	Freizeitimmobilien, Sportanlagen:	6,5 % bis 9,0 %
k)	Parkhäuser, Tankstellen:	6,5 % bis 9,0 %
l)	Lagerhallen:	6,5 % bis 9,0 %
m)	Produktionsgebäude:	7,0 % bis 9,0 %

4.2.5 Anpassungsfaktoren für Liegenschaftszinssätze

Quelle: KL-V, 1818

Anpassungsfaktoren für Liegenschaftszinssätze													
Vorbemerkungen: 1. Mithilfe der in der Tabelle angegebene Umrechnungskoeffizienten können Liegenschaftszinssätze, die sich auf bestimmte Referenzmerkmale des „Liegenschaftsgrundstücks" (z.B. Lage: Bodenrichtwert 100 €/m²) beziehen, den einschlägigen Grundstücksmerkmalen des zu bewertenden Grundstücks angepasst werden. Soweit zum Liegenschaftszinssatz keine Referenzangaben gemacht worden sind, müssen – vorbehaltlich anderer Erkenntnisse – durchschnittliche Verhältnisse unterstellt werden. 2. Wenn sich der herangezogene Liegenschaftszinssatz aufgrund der Anpassung an die einschlägigen Grundstücksmerkmale des zu bewertenden Grundstück um mehr als 2,5 % ändert, ist der herangezogene Liegenschaftszinssatz nicht hinreichend geeignet. 3. Es handelt sich um eine erste Auswertung der von den Gutachterausschüssen für Grundstückswerte abgeleiteten und veröffentlichten Korrekturfaktoren.													
MEHRFAMILIENHÄUSER													
Großräumige Lage	City		Großstadt			Subzentrum		Randlage		Zentraler Ort		Ländlicher Raum	
Anpassungsfaktoren	1,03		**1,00**			0,97		0,95		0,93		0,90	
Kleinräumige Lage (BRW €/m²)	< 40	40	50	100	150	200	250	300	350	400	450	500	600
Anpassungsfaktoren	1,25	1,20	1,15	**1,00**	0,90	0,85	0,80	0,75					
Größe der Wohnanlage													
Anzahl der WE	2	3	4	6	8	10	12	14	16	18	20	25	> 25
Gesamte WF bzw. NF (m²)	150	225	300	450	600	750	900	1.050	1.200	1.350	1.500	1.875	>1.875
Anpassungsfaktoren	0,98	0,97	0,95	**1,00**	1,03	1,05	1,06	1,07	1,08	-	-	-	-
Nettokaltmiete (€/m² WF)	<3,00	3,00	4,00	5,00	6,00	7,00	8,00	9,00	10,00	11,00	12,00	13,00	?13,00
Anpassungsfaktoren	0,96	0,96	0,98	**1,00**	1,02	1,04	-	-	-	-	-	-	-
Restnutzungsdauer (Jahre)	> 80	80	70	60	50	40	30	bis 20					
Anpassungsfaktoren	1,01	1,01	1,01	**1,00**	0,92	0,90	0,85	0,80					
Gebäudestandard i. S. SW-RL	<2,0	2,0	3,0	4,0 mittel	4,1	4,2	4,3	4,4	4,5	4,6	4,7	4,8	4,9
Umrechnungskoeffizient				**1,00**									
Gewerblicher Anteil in %				bis 10									
Anpassungsfaktoren				**1,00**									
EIN- und ZWEIFAMILIENHÄUSER													
Gebäudetyp				EFH	ZFH	RH	DHH	DFH					
Anpassungsfaktoren				**1,00**	1,20	1,20	1,20	1,30					

4.2.6 Zu- und Abschläge (Korrekturfaktoren) bei der Festsetzung des Liegenschaftszinssatzes in Abhängigkeit von Referenzangaben

Quelle: KL-V, 1817 f.

Abschlag vom Liegenschaftszinssatz – 0,5 % bis – 1,0 %	**Zuschlag zum Liegenschaftszinssatz + 0,5 % bis + 1,0 %**
Ausgehend von den zu den Liegenschaftszinssätzen gegebenen Angaben der Referenzmerkmale des „Liegenschaftsgrundstücks" (z.B. Lage: Bodenrichtwert 100 €/m²) werden in der Tabelle Hinweise zu tendenziellen Zu- und Abschlägen gegeben; die absolute Summe der Zu- und Abschläge sollte nicht 2,5 Prozentpunkte überschreiten (vgl. § 14 ImmoWertV Rn. 138; Syst. Darst. des Vergleichswertverfahrens Rn. 43). Soweit zum Liegenschaftszinssatz keine Referenzangaben gemacht worden sind, müssen – vorbehaltlich anderer Erkenntnisse – durchschnittlichen Verhältnisse unterstellt werden.	
LAGEBEZOGENE KRITERIEN (sofern nicht anderweitig berücksichtigt)	
Lagekriterien	
– bessere Lage (höherer Bodenrichtwert) – geringeres wirtschaftliches Risiko des Objekts – Orts- bis Zentrumsnähe – städtisches Gebiet • größere Nachfrage • wachsende Bevölkerung • zunehmendes Wirtschaftswachstum	– schlechtere Lage (niedrigerer Bodenrichtwert) – erhöhtes wirtschaftliches Risiko des Objekts – Randlage bis Umlandlage – ländliches Gebiet • geringere Nachfrage • abnehmende Bevölkerung • abnehmendes Wirtschaftswachstum
Wohnnutzung (Häuser und Eigentumswohnungen)	
– Haus/Grundstück sehr groß – Haus sehr aufwendig ausgestattet – Eigennutzung steht eindeutig im Vordergrund – je weniger Wohneinheiten im Haus	– Modernisierungsbedarf besteht – Haus sehr individuell – Kapitalanlage steht eindeutig im Vordergrund – je mehr Wohneinheiten im Haus
Eigentumswohnungen	
– besonders kleine Wohnungen (WF ≤ 40 m²)	– besonders große Wohnungen (WF ≥ 100 m²)
Gemischt genutzte Grundstücke	
– geringer gewerblicher Anteil – bessere Drittverwendungsfähigkeit – größerer Anteil der Wohnnutzung	– höherer gewerblicher Anteil – geringere Drittverwendungsfähigkeit – kleinerer Anteil der Wohnnutzung
Gewerbe- und Industriegrundstücke	
– je wahrscheinlicher eine Eigennutzung ist – je funktionaler die Baulichkeiten sind – je kleiner die Immobilie ist	– je wahrscheinlicher die Kapitalanlage ist – je individueller die Baulichkeiten sind – je größer die Immobilie ist
OBJEKTBEZOGENE KRITERIEN (sofern nicht anderweitig berücksichtigt)	
Wohn- und Nutzfläche	
– kleiner	– größer
Restnutzungsdauer	
– kürzer	– länger
Nettokaltmiete	
– niedriger – regelmäßige Mietzahlungen – geringere Instandhaltungskosten – bessere Vermietbarkeit	– höher – unregelmäßige Mietzahlungen – höhere Instandhaltungskosten – schlechtere Vermietbarkeit
MIETERBEZOGENE KRITERIEN (sofern nicht mit Mietausfallwagnis oder anderweitig berücksichtigt)	
– geringes Leerstandsrisiko – solventere Mieter – gesicherte Einnahmen	– höheres Leerstandsrisiko – risikobehaftetere Mieter – weniger gesicherte Einnahmen
I. d. R. handelt es sich hierbei um temporäre Besonderheiten, denen dann nach Maßgabe des § 8 Abs. 3 ImmoWertV subsidiär Rechnung zu tragen ist.	

4.2.7 Korrekturwerte zum Liegenschaftszinssatz (Basiszinssatz) in Abhängigkeit von der Gesamtwohn- und Nutzfläche der Wohnanlage

Quelle: KL-V, 1273, Grundstücksmarktbericht 2013

Nach Untersuchungen des Oberen Gutachterausschusses für Niedersachsen sind für Wohn- und Geschäftshäuser in Niedersachsen ein durchschnittlicher Liegenschaftszinssatz von 6,0–9,0 % (2013) und folgende Korrekturwerte ermittelt worden:

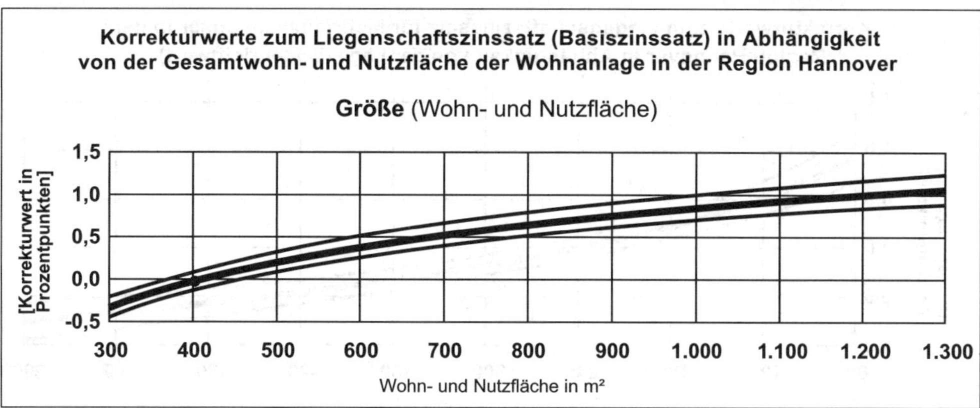

4.2.8 Korrekturwerte zum Liegenschaftszinssatz (Basiszinssatz) in Abhängigkeit von der Nettokaltmiete

Quelle: KL-V, 1273, Grundstücksmarktbericht 2013

Für Wohn- und Geschäftshäuser in Niedersachsen sind folgende Korrekturwerte zum Liegenschaftszinssatz (Basiszinssatz) in Abhängigkeit von der Nettokaltmiete ermittelt worden:

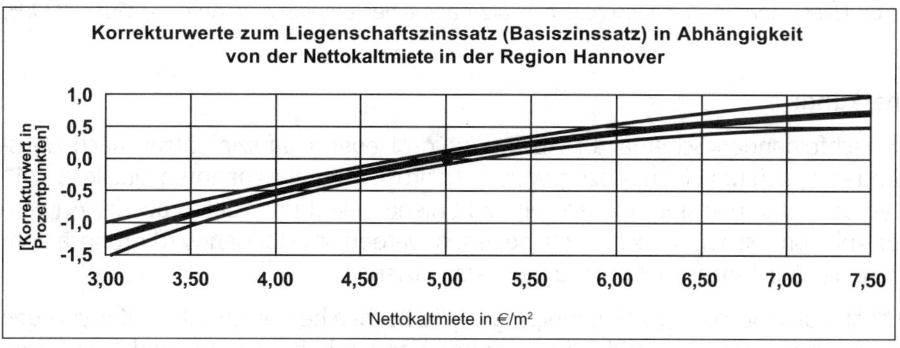

4.2.9 Korrekturwerte zum Liegenschaftszinssatz (Basiszinssatz) in Abhängigkeit von der Lage (Bodenrichtwert)

Quelle: KL-V, 1271, Grundstücksmarktbericht 2013

Für Wohn- und Geschäftshäuser in Niedersachsen sind Korrekturwerte zum Liegenschaftszinssatz (Basiszinssatz) in Abhängigkeit von der Lage ermittelt worden. Müssen mehrere abweichende Grundstücksmerkmale durch Korrekturen berücksichtigt werden, so sollte die Summe der Korrekturen nicht 2,0 Prozentpunkte übersteigen.

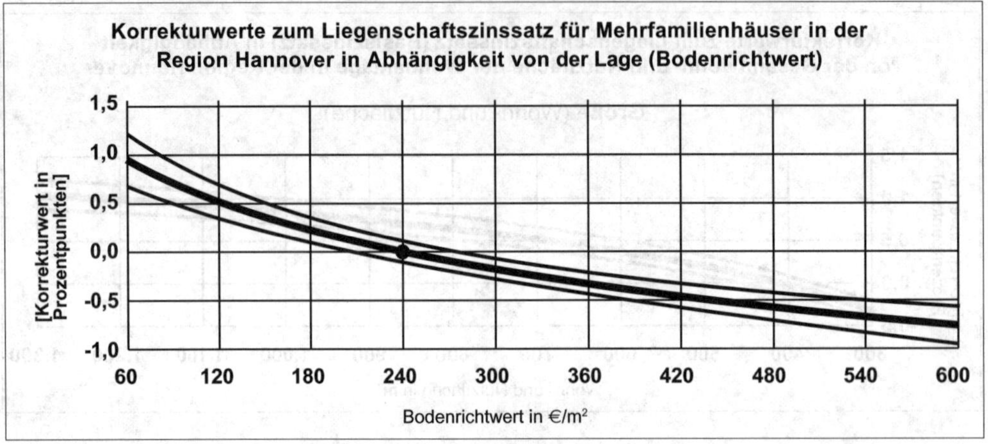

4.2.10 Ableitung von Liegenschaftszinssätzen nach Hausmann

Quelle: Sommer, G.; Kröll, R., Lehrbuch zur Immobilienbewertung, 5. Aufl., Köln, 2017, 237

Ursprung:
Sommer, G.; Kröll, R.: Anzuwendende Liegenschaftszinssätze aus einer empirischen Untersuchung, GuG, 5/1995, 290 ff.
Sommer, G; Hausmann, A.: Liegenschaftszinssätze aus einer empirischen Analyse, GuG 3/2006, 139 ff.

Vorbemerkung:

Bei dem nachfolgenden Schema zur Ableitung von Liegenschaftszinssätzen nach *Hausmann* handelt es sich um einen auszugsweisen Abdruck aus der genannten Quelle (S. 241 ff.). Die Vorbemerkungen sind dort ab Seite 237 niedergelegt und sollten bei der Anwendung des Ableitungsschemas explizit nachgelesen werden. Im Übrigen wird grundsätzlich empfohlen, die Quelltexte zur Anwendung heranzuziehen.

Demnach ist Ausgangsbasis der Überlegungen die Recherche der im Jahr 2004 von den Gutachterausschüssen in Deutschland ermittelten Liegenschaftszinssätze und ihrer Determinanten (Grundstücksmarktberichte 2003). Bei der Recherche wurde festgestellt, dass sich – Ausnahme: Eigentumswohnungen – die Zinssätze in einem Zehnjahreszeitraum (Analyse aus 1995) nicht wesentlich verändert haben.

Dieses Verfahren startet mit einer Ausgangsbandbreite je nach Nutzungsart und engt diese Bandbreite aufgrund von Einflussfaktoren immer weiter ein. Es gibt folgende Einflussfaktoren:

Spezielle Einflussfaktoren je nach Nutzungsart:

- Größe und Anzahl der Wohnungen bei Eigentumswohnungen und Mehrfamilienhäusern
- Anteil Wohnen/Gewerbe bei gemischt genutztem Haus
- Lage bei Geschäfts- und Bürogebäuden und reinen Gewerbegebäuden

Generelle Einflussfaktoren für alle Nutzungsarten

- Restnutzungsdauer
- Miet- und Kaufpreisrelation
- Markteinschätzung bzw. Investitionsrisiko

Die obige Reihenfolge ist strikt einzuhalten. Wenn zu einem einzelnen Einflussfaktor im konkreten Fall keine verlässlichen Informationen vorliegen, wird dieser übersprungen. Die Verfahrensschritte sind wie folgt:

Schritt 1: Starttabelle

In folgender *Starttabelle* sind die jeweiligen Liegenschaftszinssätze für Nutzungsarten in Bandbreiten angegeben. Da es immer Ausreißer geben kann, werden auch die in der Erhebung festgestellten Minima und Maxima angegeben; diese dürfen jedoch auf gar keinen Fall unter- bzw. überschritten werden.

Starttabelle

Nutzungsart	Min.	im Regelfall anzuwendende Bandbreite	Max.
Eigentumswohnung	0,50	3,24 – 4,13	7,70
Einfamilienhaus	0,70	2,26 – 3,85	4,60
Zweifamilien-, Reihen-, Doppelhaus	2,50	2,76 – 3,85	4,54
Dreifamilienhaus	2,00	3,03 – 4,22	5,00
Mehrfamilienhaus	2,50	4,71 – 5,65	8,30
Gemischt genutztes Haus	3,00	4,69 – 6,13	8,00
Geschäfts- und Bürogebäude	4,40	5,60 – 6,51	8,00
reines Gewerbegebäude	6,00	6,30 – 7,10	8,00

Schritt 2: Spezielle Einflussfaktoren je nach Nutzungsart

Die nachstehenden speziellen Einflüsse engen die jeweilige Ausgangsbandbreite aus der Starttabelle ein.

1) Bei **Eigentumswohnungen** und **Mehrfamilienhäusern** spielen die Größe der Wohnungen und die Anzahl der Wohneinheiten in dem Haus eine dominierende Rolle.[5]

Spezieller Einfluss „Größe der Wohnungen"

bis zu etwa 60 m^2	Orientierung in der unteren Hälfte der Bandbreite
ab etwa 60 m^2	Orientierung in der oberen Hälfte der Bandbreite

Spezieller Einfluss „Anzahl der Wohneinheiten im Haus"

bis zu 3 Wohneinheiten	Orientierung in der unteren Hälfte der Bandbreite
mehr als 3 Wohneinheiten	Orientierung in der oberen Hälfte der Bandbreite

2) Bei **gemischt-genutzten Häusern** ist das Verhältnis vom Wohnanteil zum Gewerbeanteil von ausschlaggebender Bedeutung.

Spezieller Einfluss bei gemischt genutzten Häusern

bei überwiegendem Wohnanteil	Orientierung in der unteren Hälfte der Bandbreite
bei überwiegendem gewerblichen Anteil	Orientierung in der oberen Hälfte der Bandbreite

Interessant ist, dass in den Marktberichten kaum Hinweise auf die Bezugsgröße des Wohnanteils bzw. des gewerblichen Anteils zu finden sind. Sachgerecht erscheint es jedoch, den jeweiligen Ertragsanteil und nicht die Wohn-/Nutzfläche als Bezugsgröße zu nehmen, da es sich unzweifelhaft um eine ertragsorientierte Bewertung handelt.

3) Bei **Geschäfts- und Bürogebäuden** und **reinen Gewerbegebäuden** besteht eine Abhängigkeit von der Lage des Wertermittlungsobjekts.

Spezieller Einfluss bei Geschäfts- und Bürogebäuden und reinen Gewerbegebäuden

mäßige Lage	Orientierung im oberen Drittel der Bandbreite
gute Lage	Orientierung im mittleren Drittel der Bandbreite
sehr gute Lage	Orientierung im unteren Drittel der Bandbreite

5 Die Untersuchung konnte nicht zweifelsfrei klären, welchem Einflussfaktor der Vorzug zu geben ist. Wenn es sich zum Beispiel um eine große Wohnung (ab etwa 60 m^2) in einem Haus mit bis zu drei Wohneinheiten handelt, so sollte im Zweifel dieses Kriterium nicht zur Einengung der Bandbreite herangezogen werden. Das gleiche gilt für eine kleine Wohnung in einem Haus mit mehr als drei Wohneinheiten.

Schritt 3: Generelle Einflussfaktoren für alle Nutzungsarten

Mit den generellen Einflüssen wird eine weitere Einengung der im Schritt 2 bereits eingeengten Bandbreite vorgenommen.

Für alle Nutzungsarten gibt es drei gemeinsame generelle Einflussfaktoren:

1) Die **Restnutzungsdauer** der Baulichkeit spielt eine Rolle bei der Ableitung des Liegenschaftszinssatzes.

Genereller Einfluss hinsichtlich der Restnutzungsdauer

bei kurzer Restnutzungsdauer	Orientierung in der unteren Hälfte der Bandbreite
bei langer Restnutzungsdauer	Orientierung in der oberen Hälfte der Bandbreite

Dabei spricht man von „langer" Restnutzungsdauer, wenn diese mehr als 30 Jahre bei hohen Liegenschaftszinssätzen beträgt. Bei eher niedrigen Liegenschaftszinssätzen beginnt eine „lange" Restnutzungsdauer bei etwa 50 Jahren.

2) Das **Verhältnis zwischen Mieten zu Kaufpreisen** kann im Einzelfall nicht ausgewogen sein.

Genereller Einfluss hinsichtlich der Miet- und Kaufpreisrelation

niedriges Mietniveau bei hohen Kaufpreisen	Orientierung in der unteren Hälfte der Bandbreite
hohes Mietniveau bei niedrigen Kaufpreisen	Orientierung in der oberen Hälfte der Bandbreite

3) **Zukunftserwartungen** mit der Einschätzung eines Investitionsrisikos bestehen immer.

Genereller Einfluss hinsichtlich Marktsituation

überwiegend positive Erwartungen bzw. niedriges Investitionsrisiko	Orientierung in der unteren Hälfte der Bandbreite
überwiegend negative Erwartungen bzw. hohes Investitionsrisiko	Orientierung in der oberen Hälfte der Bandbreite

Zur Einengung der Bandbreiten: Die jeweilige Einengung soll nicht schematisch erfolgen. Wenn beispielsweise eine Eigentumswohnung von 60 m^2 vorliegt, so ist es durchaus sachgerecht, abweichend von obigen Hinweisen auf ein mittleres Drittel einzuengen. Das gleiche gilt auch für die genannten weiteren Einflussfaktoren.

Schritt 4: Sonstige Einflussfaktoren

In begründeten Einzelfällen können noch weitere Einflussfaktoren gelten, sodass ein Überschreiten der im Schritt 3 resultierenden Bandbreite notwendig erscheint. Die eingangs angegebenen Minima und Maxima dürfen dabei jedoch, wie bereits erwähnt, keinesfalls unter- bzw. überschritten werden.

Zusammenfassung

In der nachfolgenden Übersicht wird die schrittweise Ermittlung des Liegenschaftszinssatzes für jede Nutzungsart mit dem Verfahren nach Hausmann zusammenfassend dargestellt:

Zusammenfassende Vorgehensweise nach Hausmann

Schritt 1:	Schritt 2:	Schritt 3:	Schritt 4:
Nutzungsart	**spezielle Einflussfaktoren**	**generelle Einflussfaktoren**	**sonstige Einflussfaktoren**
Eigentumswohnung	Größe und Anzahl der Wohnungen	Restnutzungsdauer Miet- und Kaufpreisrelation Markteinschätzung bzw. Investitionsrisiko	Sonstige Einflussfaktoren unter Berücksichtigung der Minima und Maxima
Einfamilienhaus	entfällt		
Zweifamilien-, Reihen-, Doppelhaus	entfällt		
Dreifamilienhaus	Größe und Anzahl der Wohnungen		
Mehrfamilienhaus	Größe und Anzahl der Wohnungen		
Gemischt genutztes Haus	Anteil Wohnen/ Gewerbe		
Geschäfts- und Bürogebäude	Lage		
reines Gewerbegebäude	Lage		

Beispiel

Gesucht ist ein Liegenschaftszinssatz für ein Bürogebäude in guter Lage. Die Restnutzungsdauer beträgt nur noch 30 Jahre und die Markteinschätzung ist negativ. Es ergibt sich damit eine Ausgangsbandbreite von:

5,60 – 6,51

Aufgrund der guten Lage orientiert man sich im mittleren Drittel der Bandbreite von 5,60 bis 6,51 Prozent. Man befindet sich demnach in einer Bandbreite von:

5,90 bis 6,21 Prozent.

Die eher kurze Restnutzungsdauer engt die oben resultierende Bandbreite von 5,90 bis 6,21 Prozent auf die untere Hälfte ein, demnach auf: 5,90 bis 6,06

Es ist in diesem Fall nicht sachgerecht, wegen der Miet- und Kaufpreisrelation eine weitere Anpassung vorzunehmen, weil darüber keine Informationen vorliegen.

Die eher negative Markteinschätzung hingegen führt zu einer Orientierung in die obere Hälfte der oben resultierenden Bandbreite von:

5,98 bis 6,06.

Im Ergebnis liegt der anzuwendende Liegenschaftszinssatz, gegebenenfalls als Plausibilitätsnachweis, in einer Bandbreite von 5,98 bis 6,06. Dies lässt sich wie folgt illustrieren:

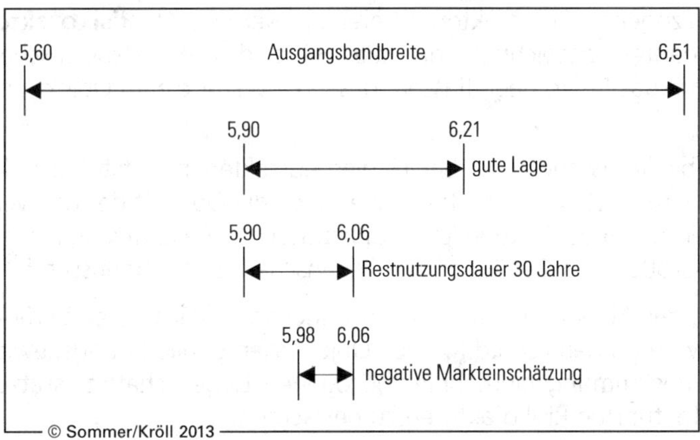

So kann, falls keinerlei weitere verlässliche Quellen vorliegen, ein Liegenschaftszinssatz von rund 6 Prozent im gegebenen Fall nicht ganz falsch sein.

4.2.11 Ableitung Liegenschaftszinssatz aus Spannen für gewerbliche Objekte (nach Zeißler)

Quelle: Zeißler, M., Marktkonforme Liegenschaftszinssätze für Gewerbeimmobilien, in: GuG, 5/ 2001, 269-275, siehe dazu auch RLSK, 274 ff., Sommer, G; Kröll, R., Lehrbuch zur Immobilienbewertung, 5. Aufl., Köln, 2017, S. 246 ff.

***Anmerkung**: Nachfolgend ist ein (leicht modifizierter) **Auszug** aus dem genannten Aufsatz in der GuG zum Normalfall abgedruckt. Die Ursprungsquelle enthält auch die Beschreibung zur Ableitung von Liegenschaftszinssätzen außerhalb der Spanne.*

Im Folgenden wird ein Modell vorgestellt, mit dessen Hilfe die Ableitung eines objektbezogenen Liegenschaftszinssatzes plausibel dargestellt werden kann.

Zwingende Voraussetzung für die Anwendung des Modells ist das Vorhandensein gruppenspezifischer, mittlerer Liegenschaftszinssätze oder von Zinsspannen. Bei der Existenz mittlerer Liegenschaftszinssätze muss die Streubreite um diesen mittleren Zins festgelegt werden. Laut Simon[6] beträgt diese zwischen 0,1 und 0,8 Prozentpunkte. Durch den Ansatz der Streubreite ergibt sich um den mittleren Liegenschaftszinssatz eine Zinsspanne.[7]

Um von einem durchschnittlichen Liegenschaftszinssatz oder einer Zinsspanne zu einem objektbezogenen, marktkonformen Liegenschaftszins zu gelangen, sind die objektspezifischen Daten eines Grundstücks zu berücksichtigen. Die Durchschnittswerte müssen demnach mit Hilfe von objektbezogenen Risikofaktoren bereinigt werden. Als **Risikofaktoren** werden die Determinanten bezeichnet, die die Höhe des objektspezifischen Liegenschaftszinses und somit das Risiko beeinflussen, das ein Investor einem Objekt beimisst.

Als den Liegenschaftszins beeinflussend wird bei Gewerbeobjekten hauptsächlich die Objektart und die Lage des Grundstücks angesehen. Aber auch die Qualität der Mietverträge, die Bonität der Mieter, die gebäudekundliche Konzeption, die Restnutzungsdauer, die Marktsituation und die Größe eines Gebäudes sind liegenschaftszinsbeeinflussend.[8]

Da die Objektart bereits bei der Ableitung von örtlichen Liegenschaftszinssätzen berücksichtigt wird, die Zinssätze werden nämlich i.d.R. nach Objektarten gegliedert ausgewiesen, sind für eine genaue Bestimmung eines objektbezogenen Liegenschaftszinssatzes lediglich die in Tabelle 1 aufgeführten Risikofaktoren zu betrachten.

Auf den örtlichen Grundstücksmärkten herrschen i.d.R. unterschiedliche Verhältnisse. Diese Tatsache sollte mit Hilfe einer Gewichtung der Risikofaktoren berücksichtigt werden. Die aufgeführten Risikofaktoren sind ungleichgewichtig. Eine Gewichtung der Risikofaktoren muss im Einzelfall für das zu wertende Objekt sachverständig erfolgen. Eine einfache Interpolation ist nicht zulässig. Zu beachten ist, dass die Summe der einzelnen Gewichtungsfaktoren immer 1 betragen muss.

---

6 Vgl. *Simon, J.*, Europäische Standards für die Immobilienbewertung. Seminarunterlagen. (Stand: 5.5.2000), S. 17 f.

7 Z.B.: Der mittlere Liegenschaftszins auf dem örtlichen Grundstücksmarkt für Bürogebäude beträgt 6% und Streubreite +/- 0,6%. Somit ergibt sich für das Büroobjekt eine Zinsspanne von 5,4% bis 6,6%.

8 Vgl. *Simon, J.*, Europäische Standards für die Immobilienbewertung. Seminarunterlagen. (Stand: 5.5.2000), S. 9 ff, *Kleiber, W.; Simon, J.; Weyers, G.*, Verkehrswertermittlung von Grundstücken, 3. Aufl. Köln, 1998, S. 662; *Sommer, G.; Kröll, R.*, Anzuwendende Liegenschaftszinssätze aus einer empirischen Untersuchung, in GuG, 1995, S. 290 f.

Tabelle 1: Risikofaktoren und Noten

Risikofaktor	Ausprägung			Gewicht (W)
R 1.1) Lage für Büro- und Geschäftshäuser[a]	Sehr gute repräsentative Lagen oder Lagen in Fußgängerzonen in den Zentren von Großstädten (Landeshauptstädten) oder größeren Städten mit wirtschaftlich überregionaler Bedeutung	Gute bis schlechte Lagen in den Zentren oder zentrumsnahe Randlagen von Großstädten (Landeshauptstädten) oder in größeren oder mittelgroßen Städten mit wirtschaftlich überregionaler Bedeutung oder sehr gute bis mittlere Lage in kleineren Städten oder in Märkten mit wirtschaftlich überregionaler Bedeutung	Lagen in Zentren dörflicher Siedlungen oder Einzellagen	W_1
R1.2) Lage für Einkaufszentren und Gewerbeparks[b]	Sehr gute bis gute Lagen in Großstädten (Landeshauptstädten) oder in größeren Städten mit wirtschaftlich überregionaler Bedeutung. Lagen am Rande derartiger Städte in sehr guter Verkehrslage (sehr gute Erreichbarkeit mit dem Kraftfahrzeug oder öffentlichen Verkehrsmitteln).	Gute bis mittlere Lagen in Großstädten (Landeshauptstädten) oder in mittelgroßen Städten. Lagen im Nahbereich derartiger Städte. Sehr gute bis mittlere Lagen in Kleinstädten oder Märkten mit wirtschaftlich regionaler Bedeutung. Lage in Kleinstädten.	Schlechte bis sehr schlechte Lagen in allen Städten oder Orten.	weiter zu: W_1
R2) Gestaltung der Mietverträge	Indexierte, langfristige, vermieterfreundliche Mietverträge	Indexierte Mietverträge	Kurzfristige Mietverträge	W_2
R3) Bonität der Mieter	Zweifelsfreie Bonität der Mieter	Normale Verhältnisse	Bonität der Mieter über nicht jeden Zweifel erhaben	W_3
R4) Gebäudekundliche Konzeption[c]	Überzeugend	Mittel	Weniger überzeugend	W_4

Risikofaktor	Ausprägung			Gewicht (W)
R5) Restnutzungsdauer	> 50 Jahre	50-30 Jahre	< 30 Jahre	W_5
R6) Marktsituation	Steigende Mieten und damit steigende Erträge oder die Immobiliennachfrage in der zu bewertenden Gruppe ist größer als das Angebot.	Stabile Mieten und Erträge oder das Immobilienangebot in der zu bewertenden Gruppe ist gleich der Nachfrage.	Sinkende Mieten und damit sinkende Erträge oder das Immobilienangebot in der zu bewertenden Gruppe ist größer als die Nachfrage.	W_6
R7) Größe des Objekts	Für die zu bewertende Objektart typische Gebäudegröße	Kleiner als die für diese Objektart typische Gebäudegröße	Größer als die für die Objektart typische Gebäudegröße	W_7
Note	**0**	**1**	**2**	

a In Anlehnung an die Empfehlungen zum Kapitalisierungszinssatz des Hauptverbandes der allgemein beeidigten gerichtlichen Sachverständigen Österreichs in *Kranewitter, H.*, Liegenschaftsbewertung. 3. Aufl. Wien: Sparkassenverlag GmbH 1998, S. 97 f.

b In Anlehnung an die Empfehlungen zum Kapitalisierungszinssatz des Hauptverbandes der allgemein beeidigten gerichtlichen Sachverständigen Österreichs in *Kranewitter, H.*, Liegenschaftsbewertung. 3. Aufl. Wien: Sparkassenverlag GmbH 1998, S. 98.

c Die Beurteilung der gebäudekundlichen Konzeption kann nach folgenden Merkmalen erfolgen: Funktionen und Flächen des Gebäudes, Geschossverteilung der Funktionsbereiche (z.B.: Verkauf, Verwaltung, Wohnen), Aspekte der räumlichen Anordnung, konstruktive Merkmale, Innere Flexibilität. Vgl. hierzu *Weber, U.*, Grundstückswertermittlung, Vorlesung an der Hochschule Anhalt (FH), WS 1999/2000.

Anschließend sind für jeden einzelnen Risikofaktor mit Hilfe der in Tabelle 1 aufgeführten Entscheidungshilfen Noten zu vergeben.

Nach erfolgter Benotung und Gewichtung kann mit Hilfe folgender Formel ein objektbezogener Liegenschaftszins abgeleitet werden.

$$LZ = LZ_{min} + (N_1 \times W_1 + N_2 \times W_2 + N_3 \times W_3 + N_4 \times W_4 + N_5 \times W_5 + N_6 \times W_6 + N_7 \times W_7) \times \frac{LZ_{max} - LZ_{min}}{2}$$

bzw. kürzer:

$$LZ = LZ_{min} + \sum_{R=1}^{7} (N_R \times W_R) \times \frac{LZ_{max} - LZ_{min}}{2} \quad \text{mit} \sum_{R=1}^{7} W_R = 1$$

LZ = Liegenschaftszinssatz
LZ_{min} = minimaler Liegenschaftszinssatz einer gegebenen Zinsspanne
LZ_{max} = maximaler Liegenschaftszinssatz einer gegebenen Zinsspanne
N_R = Note des jeweiligen Risikofaktors
W_R = Gewichtung des jeweiligen Risikofaktors
R = Risikofaktor

Beispiel: Im Folgenden wird mit Hilfe des Modells ein objektbezogener Liegenschaftszinssatz für ein fiktives Büroobjekt abgeleitet. Für das zu bewertende Objekt beträgt die Liegenschaftszinsspanne auf dem örtlichen Grundstücksmarkt 5,5% bis 7%. Der minimale Spannenzinssatz (LZ_{min}) beträgt demnach 5,5 und der maximale Spannenzinsatz (LZ_{max}) 7%.

Wie oben erläutert hat mit Hilfe der in Tabelle 2 aufgeführten Entscheidungshilfen eine Benotung der einzelnen Risikofaktoren zu erfolgen. Danach sind die Risikofaktoren individuell zu gewichten.

Für das Beispielobjekt ergibt sich folgende Situation (siehe Tabelle 2).

Es ist zu beachten, dass die Summe der Gewichtungsfaktoren 1 beträgt. Nach der Einordnung des zu bewertenden Objekts kann der objektbezogene Zinssatz wie folgt ermittelt werden.

Tabelle 2: Ausprägung der Risikofaktoren

Risikofaktor	Ausprägung			Gewicht (W)
R 1) Lage für Büro- und Geschäftshäuser	Sehr gute repräsentative Lagen oder Lagen in Fußgängerzonen in den Zentren von Großstädten (Landeshauptstädten) oder größeren Städten mit wirtschaftlich überregionaler Bedeutung	Gute bis schlechte Lagen in den Zentren oder zentrumsnahe Randlagen von Großstädten (Landeshauptstädten) oder in größeren oder mittelgroßen Städten mit wirtschaftlich überregionaler Bedeutung oder sehr gute bis mittlere Lage in kleineren Städten oder in Märkten mit wirtschaftlich überregionaler Bedeutung	Lagen in Zentren dörflicher Siedlungen oder Einzellagen	0,35
R2) Gestaltung der Mietverträge	Indexierte, langfristige, vermieterfreundliche Mietverträge	Indexierte Mietverträge	Kurzfristige Mietverträge	0,10
R3) Bonität der Mieter	Zweifelsfreie Bonität der Mieter	Normale Verhältnisse	Bonität der Mieter über nicht jeden Zweifel erhaben	0,15
R4) Gebäudekundliche Konzeption	überzeugend	Mittel	Weniger überzeugend	0,15

Risikofaktor	Ausprägung			Gewicht (W)
R5) Restnutzungsdauer	> 50 Jahre	50-30 Jahre	< 30 Jahre	0,10
R6) Marktsituation	Steigende Mieten und damit steigende Erträge oder die Immobiliennachfrage in der zu bewertenden Gruppe ist größer als das Angebot	Stabile Mieten und Erträge oder das Immobilienangebot in der zu bewertenden Gruppe ist gleich der Nachfrage	Sinkende Mieten und damit sinkende Erträge oder das Immobilienangebot in der zu bewertenden Gruppe ist größer als die Nachfrage	0,10
R7) Größe des Objekts	Für die zu bewertende Objektart typische Gebäudegröße	Kleiner als die für diese Objektart typische Gebäudegröße	Größer als die für diese Objektarttypische Gebäudegröße	0,05
Note	**0**	**1**	**2**	
			Summe	1

$$LZ = 5{,}5\% + (0\times0{,}35 + 1\times0{,}10 + 0\times0{,}15 + 1\times0{,}15 + 2\times0{,}10 + 1\times0{,}10 + 1\times0{,}05) \times \frac{(7{,}0\%-5{,}5\%)}{2} \approx 6{,}0\%$$

Der Liegenschaftszinssatz für das Beispielobjekt beträgt demnach rund 6,0%

Ausführung zum Beispiel[9]:

Bewertung von Lage	0,35 × Note 0 =	0,00
Bewertung der Mietverträge	0,10 × Note 1 =	0,10
Bewertung der Bonität	0,15 × Note 0 =	0,00
Bewertung der Gebäudekundlichen Konzeption	0,15 × Note 1 =	0,15
Bewertung der Restnutzungsdauer	0,10 × Note 2 =	0,20
Bewertung der Marktsituation	0,10 × Note 1 =	0,10
Bewertung der Objektgröße	0,05 × Note 1 =	0,05
Gewichtete Summe der Risikofaktoren		0,60

LZ_{min} 5,50%

LZ_{max} 7,00%

Spanne 7,00% – 5,50% = 1,50%

Im nächsten Schritt kommt die o.g. Formel zur Anwendung, wobei die gewichtete Summe der Risikofaktoren (0,6) eingesetzt wird:

$LZ = 5{,}5\% + 0{,}60 \times (1{,}50\% \times ½) = 5{,}95\%$

Der objektspezifische Liegenschaftszinssatz beträgt kalkulatorisch 5,95% bzw. rund 6,0%.

9 Diese Ausführung ist nicht in der Originalquelle enthalten, es dient hier lediglich der Verdeutlichung der o.g. Berechnungsformel unterhalb der Tabelle 2.

4.2.12 Liegenschaftszinssatz gemischt genutzter Grundstücke in Abhängigkeit vom gewerblichen Anteil

Die **Abhängigkeit des Liegenschaftszinssatzes gemischt genutzter Objekte vom gewerblichen Anteil** wurde beispielsweise vom Gutachterausschuss der Stadt *Esslingen a. N.* im Jahre 2000 für Objekte mit Ladennutzung sowie im Gastronomiebereich wie folgt ermittelt:

Quelle: Gutachterausschuss der Stadt Esslingen am Neckar, Grundstücksmarktbericht 2002 sowie KL-V (7), 1225

4

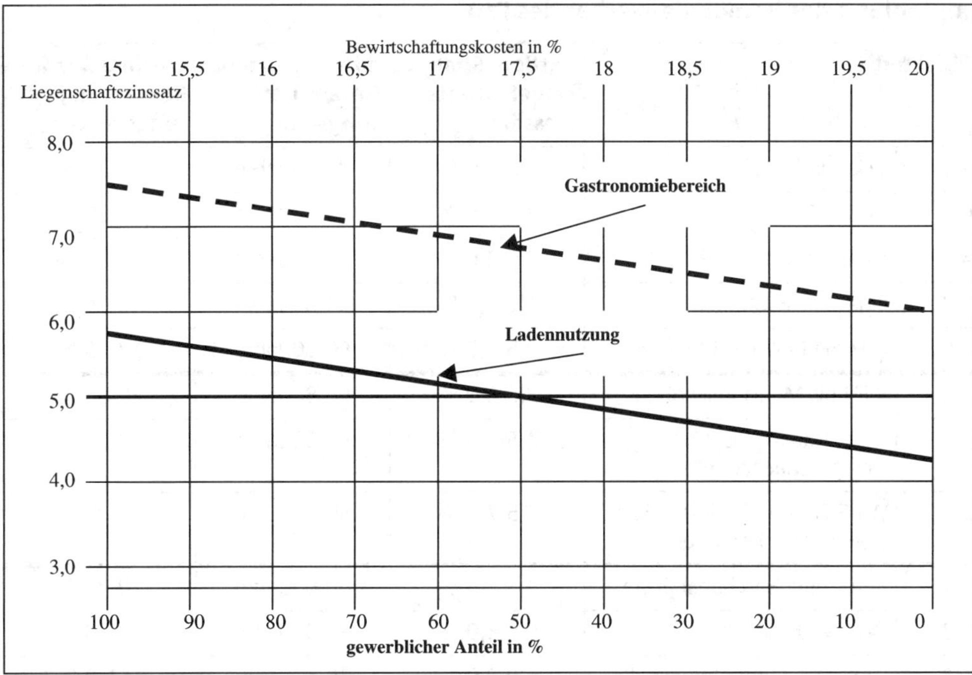

4.2.13 Spanne der Liegenschaftszinssätze, Gesamtnutzungsdauer und Bewirtschaftungskosten

Quelle: IVD-Wohn-Preisspiegel 2016/2017, 50, gleichlautend: IVD-Gewerbe-Preisspiegel 2016/2017, 34

Das Fachreferat Sachverständige des IVD-Bundesverbandes veröffentlicht seit 2000 die Spanne der Liegenschaftszinssätze, Gesamtnutzungsdauern und Bewirtschaftungskosten, die immer dann eine Orientierungshilfe sind, wenn keine qualifizierten Daten vorhanden sind bzw. durch die örtlichen Gutachterausschüsse bekannt gegeben werden.

Empfehlung des Immobilienverbandes IVD

Objektart		mittlere Spanne Liegenschafts-zinssätze	mittlere Spanne Gesamtnut-zungsdauer	mittlere Spanne Bewirtschaf-tungskosten
A 1	Villa, großes EFH	1,5-3,0 %	70-90 Jahre	18-30 %
A 2	freist. EFH	2,0-3,5 %	60-80 Jahre	18-30 %
A 3	nicht freist. EFH, DHH, RH	2,0-4,0 %	60-80 Jahre	18-30 %
A 4	Eigentumswohnung	2,0-4,5 %	60-80 Jahre	18-35 %
A 5	EFH mit ELW bis 3 FH	2,5-4,5 %	60-80 Jahre	18-35 %
B 1	4 FH bis Mehrfamilienhaus	3,5-6,0 %	60-80 Jahre	20-35 %
B2	W+G Häuser, bis 20 % Gewerbeflächenanteil	4,5-6,5 %	60-80 Jahre	20-35 %
B3	W+G Häuser, 20 %-80 % Gewerbeflächenanteil	4,5-7,0 %	50-70 Jahre	20-35 %
C 1	Büro- und Geschäftshäuser	4,5-7,5 %	40-60 Jahre	20-35 %
C 2	Verbrauchermärkte	6,0-8,0 %	20-40 Jahre	10-20 %
C 3	Lager- und Produktionshallen	6,0-8,0 %	20-40 Jahre	15-30 %
C 4	Industrieobjekte	6,5-8,5 %	20-40 Jahre	15-30 %
C 5	Sport- und Freizeitanlagen	7,0-9,0 %	20-40 Jahre	15-30 %
D 1	Öffentliche Gebäude **mit** Drittverwendungsmöglichkeit	5,25-6,75 %	50-80 Jahre	15-30 %
D 2	Öffentliche Gebäude **ohne** Drittverwendungsmöglichkeit	6,00-7,50 %	40-80 Jahre	15-30 %

Die „mittlere Spanne Liegenschaftszinssätze" unterstellt einen ausgeglichenen und funktionierenden Immobilienmarkt. Bundesweit kann festgestellt werden, dass die Immobilienmärkte tlw. Deutlich auseinander driften. Bei entsprechenden Käufermärkten (höherer Liegenschaftszinssatz) bzw. Verkäufermärkten (niedrigerer Liegenschaftszinssatz) sind die ausgewiesenen Liegenschaftszinssätze entsprechend höher oder niedriger festzusetzen.

Grundlage für die mittlere Spanne Gesamtnutzungsdauern ist das Baujahr bzw. bei entsprechender Renovierung bzw. Modernisierung der Immobilie das fiktive Baujahr. Denkmalgeschützte Immobilien sind individuell einzuordnen. Die Gesamtnutzungsdauern beziehen sich auf konventionelle Bauweisen, Denkmal- und Gründerzeitimmobilien sind individuell einzustufen.

Die mittlere Spanne Bewirtschaftungskosten wird auf der Grundlage der marktüblichen Nettokaltmiete ermittelt.

Tendenziell ist davon auszugehen, dass der Liegenschaftszinssatz langfristig vermieteter Wohnobjekte (A1-A5) höher ist als die ausgewiesene mittlere Spanne Liegenschaftszinssätze.

Erklärungen:

Die empfohlenen Werte sind dann anzuwenden, wenn keine konkreten Marktdaten bekannt sind. Die Einordnung innerhalb der Spannen hat unter Berücksichtigung des konkreten Bewertungsgegenstandes zu erfolgen.

Der Liegenschaftszinssatz langfristig vermieteter Wohnobjekte (A 1 – A 5) ist ca. 25 % höher festzusetzen.

Die Gesamtnutzungsdauern beziehen sich auf konventionelle Bauweisen; Denkmale und Gründerzeitimmobilien sind individuell einzustufen.

Stand: Oktober 2016

4.2.14 Zusammenstellung von Liegenschaftszinssätzen in ausgewählten Städten (2014)

Quelle: Kleiber-digital, Stand Mai 2016

Da die Höhe des Liegenschaftszinssatzes von dem Modell abhängig ist, nach dem der jeweilige Gutachterausschuss für Grundstückswerte den einschlägigen Liegenschaftszinssatz abgeleitet hat, muss sich der Sachverständige bei Heranziehung des Liegenschaftszinssatz Klarheit verschaffen über verschaffen über

1. die bei der Ableitung des jeweiligen Liegenschaftszinssatzes maßgeblichen Modellparameter,
2. den Zeitpunkt, auf den sich der Liegenschaftszinssatz bezieht und
3. die Eigenschaften des „Liegenschaftszinssatzgrundstücks“, die sich aus den durchschnittlichen Grundstücksmerkmalen der Grundstücke ergeben, aus denen der Liegenschaftszinssatz abgeleitet wurde (Referenzmerkmale).

Diese Angaben können dem Grundstücksmarktbericht eines qualifizierten Gutachterausschusses entnommen werden. Die Liegenschaftszinssätze sind modell- und referenzkonform anzuwenden.

Die nachfolgenden Beispiele sind daher als Informationsgrundlage zu betrachten und nicht ohne entsprechende Würdigung auf andere Orte, Zeiten und abweichende Modellparameter anwendbar.

Zusammenstellung von Liegenschaftszinssätzen in ausgewählten Städten

Stadt/Kreis	Ein-familien-häuser	Zwei-familien-häuser	Drei-familien-häuser	Reihen-häuser Doppel-haus-hälften	Mietwohnhäuser Gewerbeanteil		Gemischt genutzte Grundstücke Wohnanteil	Geschäfts- und Bürogebäude		Prod. Gewerbe
					< 20 %	≥ 20 %	< 50 %	City-Lage	Nicht-City-Lage	Industrie Werk-stätten Fabriken
Hinweis: *Es handelt sich um Basiszinssätze, die sich auf die Kennzahlen des Norm- bzw. Referenzgrundstücks der Liegenschaftszinssatzermittlung beziehen. Diese können dem jeweiligen Grundstücksmarktbericht entnommen werden. Die Zinssätze können den Grundstücksmerkmalen der zu bewertenden Liegenschaft ggf. unter Heranziehung von Korrekturfaktoren angepasst werden.*										
	Wohnnutzung						**Gewerbliche Nutzung**			
Aachen (Städteregion, 2014)	2,5	2,7	3,3	2,7	3,6	5,0	5,9	5,3		7,0
Aalen	3,0 – 3,5	-	-	-	3,5 – 4,0	-	4,5 – 5,5	5,5 – 6,5		
LK Ammerland	-	-	-	-	6,4	-	6,7	-	-	6,5 – 9,0
Arnsberg (2014)	-	-	4,0	-	4,9	5,7	5,9	-	-	-
LK Aurich (2012)	3,8	-	-	-	6,4	-	6,8	6,2 – 7,0		-
LK Bentheim	-	-	-	-	6,4	-	6,8	6,2 – 7,0		-
Bad Salzgitter	-	-	-	-	7,4	-	-	-		7,0 – 8,0
Bergisch Gladbach (2015)	2,8 – 3,7		3,7 – 4,9	-	5,4	5,0	5,0 – 6,6	6,3		6,9
Berlin	GuG 2006, 111; GuG-aktuell 2006, 28; GuG 2007, 352; GuG-aktuell 2010, 26 f.; GuG 2012, 294; GuG-aktuell 2014, 43									
Bielefeld (2014)	3,2	3,4	-	3,3	5,0	-	-	-	-	-
Bochum (2014)	2,5 – 4,0		3,7	-	5,1	6,4	6,0 – 8,0	5,0 – 8,0	-	-
Bonn (2014)	2,9	3,6	3,6	3,4	4,2	5,2	5,8	5,8		8,0
LK Borken (2014)	3,3	3,9	4,8	3,2	5,1	6,5	-	6,0		5,9
Brandenburg a. d. H.(2013)	-	-	-	-	5,9 – 6,2		6,7 – 8,3	8,1		-
Braunschweig (2012)	-	-	-	-	5,3 – 6,9	-	-	5,7 – 7,7		-
Baujahr nach 1945	4,7		-	-	-	-	-	-		-
Baujahr bis 1945	4,0		-	-	-	-	-	-		-
Bremen (2011)	4,3		5,6	-	6,3	6,9	-	4,5	6,0 – 6,5	-
Bottrop (2014)	3,6		3,9 – 4,4	-	5,3	7,2	-	-	-	-
Oberhavel	2,0 – 3,5		-	-	3,5 – 5,0	-	5,0 – 7,0	6,8 – 8,0		-
Oder-Spree	2,2 – 4,6		-	-	-	-	-	-	-	-
Braunschweig	-	-	-	-	4,3 – 5,7	-	-	4,2 – 7,8		6,8
LK Celle (2012)	-	-	-	-	6,4	-	6,0	-	-	-
LK Cloppenburg (2013)	-	-	-	-	5,1		6,4		-	-
Chemnitz	-	-	-	-	4,0	-	5,25	-	-	-
LK Coesfeld (2014)	-	-			5,4	-		-		-
Cottbus (2012)	4,1		-	-	6,2		-	7,0		4,1
LK Cuxhaven	-	-	-	-	6,4			-	-	-
Darmstadt 2015	-	-	-	-	3,0 – 4,5		6,0	-	5,5	8,0
vor 1950		-	-	-	4,00	-	-	6,25	-	-
nach 1950	-	-	-	-	4,50	-	-	-	-	-
Delmenhorst (2013)	-	-	-	-	5,6		9,9	-	-	-
LK Diepholz	-	-	-	-	6,1 – 6,4	-	6,6 – 6,8	6,2 – 7,0		5,5 – 9,5
Dinslaken (2014)	3,3		4,6	3,0	5,3	-	-	-	-	-
LK Dithmarschen	3,5		-	-	4,2 – 5,9	-	-		-	7,7
Dorsten/Gladbeck/ Marl (2014)	3,5	3,6	4,6	3,7	6,1	6,9	6,2	-	-	-
Dortmund 2013	1,4 – 4,0		4,2	3,0	5,5	6,7	6,7	-	-	-
Dresden (2015)	1,8 – 3,4		-	-	3,0 – 6,0	3,5 – 5,5	4,0 – 6,5	5,0 – 9,0		5,5 – 9,5
LK Düren (2014)	3,0				5,8		6,0		-	7,0
Düsseldorf (2014)	-	-	-	-	-	-	-	4,0 – 7,0		6,0 – 7,5
Bauten bis 1947	3,0	3,0	3,5	-	4,5	5,0	5,5			
Bauten ab 1948	3,0	3,0	3,5	-	4,5	5,0	5,5-			
Duisburg (2015)	2,5	2,9	5,5	3,5	6,1	8,4	8,8	-	-	8,8
Emden	4,0		-	-	6,4	-	6,8	6,2 – 7,0		-
LK Emsland	-	-	-	-	6,4	-	6,8	6,2 – 7,0		-
LK Ennepe-Ruhr (2016)	2,3	2,7	3,9	2,8	5,5	7,2	-	6,9	8,0	
Essen (2013)	2,6		4,1	3,2	6,1	7,2	6,3 – 9,9	5,6		7,1
Esslingen	2,2 – 3,3		-	-	2,5 – 4,0	4,0 – 7,0	-	6,7	-	7,0

Stadt/Kreis	Einfamilienhäuser	Zweifamilienhäuser	Dreifamilienhäuser	Reihenhäuser Doppelhaushälften	Mietwohnhäuser Gewerbeanteil		Gemischt genutzte Grundstücke Wohnanteil	Geschäfts- und Bürogebäude		Prod. Gewerbe
								City-Lage	Nicht-City-Lage	Industrie Werkstätten Fabriken
					< 20 %	≥ 20 %	< 50 %			
LK Euskirchen (2014)	2,9	3,7	4,5	2,9	5,7	5,6	-	-	-	7,4
Frankfurt/Main	3,3 – 4,2		-	-	2,6 – 4,9		2,7 – 5,6	4,6 – 6,9		6,3
Frankfurt/Oder (2011)	3,5		-	-	4,9 – 8,6		5,5	6,0	6,75	6,75
LK Friesland	-	-	-	-	6,4	8,5	6,8	-	-	-
Gelsenkirchen (2014)	3,3	3,4	3,1	3,1	6,3	6,1	8,2	-	-	-
LK Gifhorn (2012)	3,25	3,25	-	-	6,9	-	-	-	-	-
Gladbeck	3,7	3,7	3,7	3,6	4,8	-	8,1	-	-	-
Göttingen (Stadt)	-	-	-	-	6,1 – 6,7	-	-	-	-	-
LK Göttingen	-	-	-	-	6,4	-	6,5 – 7,5	6,2 – 7,0		-
LK Goslar 2012	6,6		-	-	6,0	-	-	-	-	-
Greifswald	2,7 – 3,5		-	-	5,1 – 5,7		6,1 – 6,9	-	-	-
Gütersloh (Stadt) (2014)	2,6	2,6	3,8	4,5	4,8	5,6	5,7	6,5		7,2
LK Gütersloh (2014)	3,4	3,8	5,1	3,4	5,7	5,9	5,0 – 6,5	6,5		7,5
Hagen (2014)	2,7	2,2	2,6	2,7	4,6	7,2	8,4	7,0		7,2
Hamburg(2014)	-	-	-	-	1,9 – 5,0		-	3,7	4,5 – 5,3	-
Hamm (2014)	3,5		4,4	-	5,8	7,8	-	7,0		8,0
LK Hameln-Pyrmont	-	-	-	-	6,4	-	-	-	-	-
Hannover	-	-	-	-	5,3	-	6,0	4,0 – 5,0	5,0 – 8,0	-
Region Hannover 2013	4,5		-	4,3	5,1		6,0 – 9,0	6,0 – 9,0		-
LK Harburg (2013)	-	-	-	-	5,7		7,4	-	-	-
LK Helmstedt	-	-	-	-	6,4	-	-	-	-	-
Heidekreis	-	-	-	-	6,4	-	6,2 – 7,0	-	.	-
LK Heinsberg (2014)	2,0		-	3,4	5,0	6,0	-	-	-	-
Heppenheim (2014)	3,4	3,6	3,0 – 3,8	-	5,2		5,4 – 5,9	6,7		7,1
Herford (2014)	3,1	3,8	4,9	3,5	5,6	7,1	-	5,3	-	-
LK Herford (2014)	2,7	3,6	4,2	2,8	5,6	-	-	-	-	-
Herne (2014)	2,5	3,2	4,6	2,8	5,6	6,5	7,0	-	-	-
Herten	3,0 – 3,5		4,25	-	5,0	-	6,0	6,0	6,0	-
Hildburghausen	3,2 – 5,4		-	-	5,7 – 6,9		-			
Hildesheim	-	-	-	-	4,6	-	-	-	-	-
LK Hildesheim	-	-	-	-	6,5	-	-	-	-	-
LK Hochsauerland (2014)	3,2	4,3	5,1	3,8	6,0	8,2	-	7,4		7,0
LK Höxter (2014)	3,1	3,1	5,4	3,1	6,0	7,0	6,3	8,1		7,9
LK Holzminden	-	-	-	-	6,4	-	-	-	-	-
Ilmenau	2,5 – 3,9		-	-	-	-	-	-	-	-
Iserlohn (2014)	2,9	3,5	4,2	3,1	5,4	7,3	6,0	-	-	-
Kaiserslautern	3,0 – 3,5		3,5 – 4,0	-	4,5 – 5,0	-	5,5 – 6,0	-	-	-
Karlsruhe (2013)	2,0 – 3,0		-	-	3,0 – 4,5	3,5 – 5,5	4,5 – 7,0	5,5 – 7,0		5,0 – 7,5
Kleve	3,2		-	3,8	6,0	-	6,0	-		-
LK Kleve (2014)	3,3		4,5	-	5,2	5,6	-	-		-
Koblenz	3,5		3,75	-	4,75 – 5,75	-	6,0	6,25 – 7,50	6,25	-
Köln (2014)	-	-	4,0	-	3,4	4,61	4,5	5,2	-	8,0
Konstanz	2,5		-	-	5,0	5,1	4,0 – 6,0	-		7,0
Krefeld	-	-	-	-	5,7	6,9	-	-		-
Landshut	2,15		-		3,75	-	4,50	5,4	-	-
Leipzig (2013)	2,5 – 3,0		3,0 – 4,5	3,9 – 4,3	4,2	5,1	1,5 – 4,8	5,5 – 7,0		4,5 – 7,5
LK Leer	4,0		-	-	6,4	-	6,8	6,2 – 7,0		-
Leverkusen (2014)	3,4		3,2	4,0	4,8	5,8	6,4	-	-	6,9
LK Lippe/ Detmold (2014)	3,4	4,2	4,5	3,5	5,5	7,4	5,9	8,3		5,8
Lippstadt (2014)	3,6	3,8	4,2	3,8	4,9	5,3	4,6	-	-	-
Ludwigsburg (2012)	-	-	-	-	4,5		5,5	-	-	7,5

Stadt/Kreis	Ein-familien-häuser	Zwei-familien-häuser	Drei-familien-häuser	Reihenhäuser Doppelhaushälften	Mietwohnhäuser Gewerbeanteil < 20 %	Mietwohnhäuser Gewerbeanteil ≥ 20 %	Gemischt genutzte Grundstücke Wohnanteil < 50 %	Geschäfts- und Bürogebäude City-Lage	Geschäfts- und Bürogebäude Nicht-City-Lage	Prod. Gewerbe Industrie Werkstätten Fabriken
LK Lüchow-Dannenberg	-	-	-	-	7,4		7,4 (Nds)	-	-	-
Lüdenscheid (2014)	3,2	3,4	4,3	3,4	6,0	6,9	5,5	-	-	
LK Lüneburg (2013)	3,5		-	4,5	5,8		7,4	-		-
Lünen (2014)	2,8	3,1	3,6	3,2	5,5	7,1	-	-	-	-
Märkischer Kreis (2014)	2,9	3,2	4,6	3,1	5,7	6,3	6,25	-	-	7,6
Mainz	3,5	3,5		-	3,8 – 4,8		4,5 – 6,1	5,4 – 7,3		-
Minden-Lübbecke	3,0	4,9	4,5	4,8	4,5		5,5	7,5		
LK Mettmann (2014)	-	-	3,9	-	5,0	6,2	-	6,7		7,5
Moers (2014)	-	-	4,7	-	5,8	6,2	6,4	6,9		7,4
Mönchengladbach (2014)	3,2	3,6	5,0	3,6	5,9	5,9	-	-		-
Mülheim a. d. Ruhr (2014)	-	-	3,9	-	5,5	7,0	6,6	6,6		-
München 2015	1,4 – 2,6		-	2,8 – 3,4	1,4 – 4,0	1,3 – 3,2	4,2 – 4,7	1,3 – 3,1	2,3 – 3,6	6,0 – 6,4
Münster (2014)	2,5 – 4,0		2,6	3,0 – 4,0	2,7	3,8	5,7	5,0 – 7,0		-
Neuss (2014)	3,3		4,0	3,3	5,2	6,1	6,0	6,3		7,4
Nienburg	-	-	-	-	6,4	-	-	6,5		-
LK Nienburg	-	-	-	-	6,4	-	6,8	6,2 – 7,0		5,5 – 9,5
Norden	4,0 – 4,25		-	-	4,5 – 5,5	-	-	6,0 – 7,0		6,5 – 7,0
LK Northeim	-	-	-	-	6,9 – 9,3	-	6,8	6,2 – 7,0		-
Nürnberg	3,0		3,5	-	6,5	6,0	6,0	4,4 – 8,2		5,3 – 8,7
Oberbergischer Kreis (2014)	3,3	4,4	4,9	3,5	6,6	6,3	-	6,9		7,1
Oberhausen (2014)	-	-	4,2	-	6,0	6,8	7,1	-	-	7,6
LK Oder-Spree (2012)	3,6	3,6	-	4,7	-	-	-	-	-	-
LK Oberspreewals/ Lausitz (2011)	-	-	-	-	6,5		7,9	8,1		
Offenbach (2014)	-	-	-	-	3,9 – 4,5		3,9 – 5,5	-	-	-
Offenburg	-	-	-	-	-	-	5,4	-	-	-
Oldenburg (Stadt)	-	-	-	-	5,9	-	6,0 – 6,7	-	-	6,5 – 9,0
LK Oldenburg 2013	-	-	-	-	5,3		6,3	-	-	-
LK Olpe	4,0	4,0	-	-	-			-	-	-
Osnabrück (Stadt)	-	-	-	-	5,0	-	5,5-6,0	6,5	-	-
LK Osnabrück	-	-	-	-	6,3	-	7,0	-	-	-
LK Osterholz	-	-	-	-	6,4	-	-	-	-	-
LK Osterode am Harz	-	-	-	-	6,4	-	6,8	6,2 – 7,0		-
Paderborn Stadt (2014)	2,8	3,3	4,0	2,8	4,9	6,1	6,1	6,8		6,5
LK Paderborn (2014)	3,0	3,5	3,8	3,1	4,8	-	-	-		6,8
LK Peine 2012	5,4		-	-	6,4	-	-	-	-	-
Potsdam (2011)	-	-	-	-	3,8 – 5,1	4,9	2,9 – 8,4	3,8 – 7,5		-
Potsdam-Mittelmark (2011)	3,4 – 5,4		-	-	6,0 – 6,3		6,7 – 7,5	7,8		-
Ratingen (2014)	3,2		4,0	3,7	4,6	6,0	-	-	-	-
Recklinghausen (2014)	-	-	3,5	-	5,4	7,0	6,8	7,6		8,0
LK Recklinghausen (2014)	2,5	3,5	3,9	3,0	5,8	6,8	6,2	6,0		6,3
Remscheid (2014)	3,5		4,6	3,8	6,1	7,2	7,4	-	-	-
Rhein-Erft-Kreis (2014)	2,7	3,7	4,7	2,9	5,3	6,5	6,5	6,6		8,0
Rhein.-Bergischer Kreis (2014)	3,2	3,4	3,9	3,8	5,5	6,5	6,4	-	-	7,7
Rheine	2,2 – 3,8		2,2 – 4,0	-	3,2 – 5,8		3,3 – 7,0	3,8 – 8,8	4,0 – 7,1	-
LK Rhein- Sieg (2014)	3,8	4,3	4,6	4,0	5,1	6,2	8,2	6,7		-
LK Rotenburg (Wümme)	-	-	-	-	6,4	-	6,8	6,2 – 7,0		-

Stadt/Kreis	Ein-familien-häuser	Zwei-familien-häuser	Drei-familien-häuser	Reihen-häuser Doppel-haus-hälften	Mietwohnhäuser Gewerbeanteil		Gemischt genutzte Grundstücke Wohnanteil	Geschäfts- und Bürogebäude		Prod. Gewerbe
					< 20 %	≥ 20 %	< 50 %	City-Lage	Nicht-City-Lage	Industrie Werk-stätten Fabriken
Salzgitter (2012)	4,5		-	-	5,75	-	4,5 – 6,5	6,5 – 7,5		-
LK Schaumburg	-	-	-	-	6,4	-	-	-	-	-
Siegen (2014)	4,5	5,3	5,4	-	6,1	-	4,5 – 6,5	5,5 – 6,5		-
LK Siegen-Wittgen-stein (2014)	2,8	3,3	5,2	2,9	6,3	6,2	-	-		6,3
LK Soest (2014)	3,1	3,3	4,7	3,3	5,5	-	-	6,2	-	7,3
Solingen (2014)	3,1	3,4	4,0	3,5	5,4	7,0	6,5	-	-	-
LK Stade	-	-	-	-	6,4	-	-	-	-	-
Stuttgart (2013)	-	-	3,5	-	4,0		5,25	5,25	5,5	6,5
Schwerin	2,9 – 4,9		-	-	5,3		3,6 – 6,6	-		3,3 – 5,9
Steinfurt LK (2014)	2,1	3,1	3,7	2,9	5,1	-	-	-	-	-
Sulingen (2013)	-	-	-	-	5,4	-	7,4	-	-	-
Trier	-	-	3,25 – 3,50	-	6,4	-	5,5	6,0	6,0	7,0
LK Uelzen (2013)	-	-	-	-	7,0		7,4 (Nds)	-	-	-
Unna (2014)	3,0	4,0	4,0	3,3	5,4	6,1	5,7	-	-	-
LK Unna (2014)	3,6	3,2	4,8	3,6	6,4	6,4	-	-	-	-
LK Vechta 2013	-	-	-	-	5,4		5,9	-	-	-
Velbert (2014)	4,1		4,3	-	5,8	6,3	5,6	6,4	-	7,3
LK Verden	-	-	-	-	6,4	-	-	6,2 – 7,0		7,3
LK Viersen (2014)	3,5	4,0	4,4	-	4,8	6,0	6,0	-	-	7,3
LK Warendorf (2014)	2,7		-	3,0	5,1	-	-	-	-	-
LK Wesel (2014)	3,5		4,5	-	5,4	6,2	-	6,5		7,0
LK Wesermarsch	-	-	-	-	6,4	-	6,8	-	-	-
Wiesbaden (2016)	2,3		2,6	-	3,5		4,0	6,1		-
Wilhelmshaven	-	-	-	-	6,4	-	6,8	-	-	-
Witten (2014)	3,1		3,5	2,8	5,6	5,4	5,3	-	-	6,5
Wittmund	4,0		-	-	6,6	-	6,8	6,2 – 7,0		-
LK Wittmund	-	-	-	-	6,4	-	-	-	-	-
LK Wolfenbüttel 2012	3,3		-	-	6,7	-	4,0 – 5,0	5,0 – 7,0		-
Wolfsburg	-	-	-	-	5,75	-	-	-		-
Wuppertal (2015)	-	-	3,3 – 5,8	-	6,5	7,7	6,2 – 10,4	6,8		-

Quelle: Marktberichte der jeweiligen Gutachterausschüsse für Grundstückswerte

Liegen für **gemischt genutzte Grundstücke** keine empirisch vom Gutachterausschuss für Grundstückswerte abgeleiteten Liegenschaftszinssätze vor, so kann für derartige Objekte ein Liegenschaftszinssatz im Wege der Interpolation aus den Liegenschaftszinssätzen für Mietwohngrundstücke und gewerblichen Grundstücken nach Maßgabe des Verhältnisses der jeweiligen Anteile an der Jahresnettokaltmiete abgeleitet werden.

4.2.15 Liegenschaftszinssätze in Abhängigkeit von der Restnutzungsdauer (bzw. Baujahr)

Quelle: Kleiber-digital, Stand Januar 2017, KL-V, 1264 ff.

Zur **Abhängigkeit des Liegenschaftszinssatzes von der Restnutzungsdauer** der baulichen Anlage liegen die Untersuchungsergebnisse des Oberen Gutachterausschusses von Rheinland-Pfalz und der Zentralen Geschäftsstelle der Gutachterausschüsse für Grundstückswerte in Hessen[10] (2010) und anderer Gutachterausschüsse vor. Danach ist der Liegenschaftszinssatz umso höher, je länger die Restnutzungsdauer ist.

Liegenschaftszinssätze in Abhängigkeit von der Restnutzungsdauer						
RND in Jahren	Rheinland-Pfalz					
	Einfamilienhäuser		Zweifamilienhäuser	Mehrfamilienhäuser (bis 6 WE)	Wohn- und Geschäftsgrundstücke	Lagerhallen
	bezugsfrei	vermietet				
	2013					
bis 20	2,2 %	2,7 %	3,0 %	4,2 %	5,0 %	4,7 %
25	2,4 %	2,9 %	3,2 %	4,4 %	5,1 %	5,1 %
30	2,5 %	3,0 %	3,3 %	4,5 %	5,1 %	5,5 %
35	2,6 %	3,1 %	3,3 %	4,6 %	5,2 %	5,7 %
40	2,7 %	3,2 %	3,4 %	4,7 %	5,2 %	6,0 %
45	2,7 %	3,2 %	3,5 %	4,7 %	5,3 %	6,2 %
50	2,8 %	3,3 %	3,5 %	4,8 %	5,3 %	6,4 %
55	2,9 %	3,4 %	3,6 %	4,9 %	5,4 %	-
60	2,9 %	3,4 %	3,6 %	4,9 %	5,4 %	-
65	3,0 %	3,5 %	3,7 %	5,0 %	5,4 %	-
70	3,0 %	3,5 %	3,7 %	5,5 %	5,5 %	-
75	3,1 %	3,6 %	3,8 %	5,1 %	5,5 %	-
80	3,1 %	3,6 %	3,8 %	5,1 %	5,5 %	-
85	3,1 %	3,6 %	3,8 %	-	-	-
90	3,2 %	3,7 %	3,9 %	-	-	-
95	3,2%	3,7 %	3,9 %	-	-	-
100	3,2 %	3,7 %	3,9 %	-	-	-

10 Grundstücksmarktbericht 2010, S. 66.

<table>
<tr><th colspan="8">Liegenschaftszinssätze in Abhängigkeit von der Restnutzungsdauer</th></tr>
<tr><th rowspan="3">RND in Jahren</th><th colspan="3">Moers</th><th>Traunstein</th><th colspan="2">Potsdam</th><th>Potsdam Mittelmark</th></tr>
<tr><th>Mehrfamilienhaus</th><th>Gem. genutzt</th><th>Gewerbe und Industrie</th><th>EFH</th><th>MFH</th><th>Wohn- und Geschäftshäuser</th><th>Wohn- und Geschäftshäuser</th></tr>
<tr><th>gew. Anteil <20%</th><th>gew. Anteil ≥20 %</th><th></th><th></th><th></th><th></th><th></th></tr>
<tr><th></th><th colspan="3">2011</th><th>2010</th><th>2010</th><th>2010</th><th></th></tr>
<tr><td>bis 20</td><td>7,3</td><td>8,6</td><td>-</td><td rowspan="3">4,3</td><td rowspan="4">4,0</td><td rowspan="4">4,9</td><td rowspan="5">6,8</td></tr>
<tr><td>25</td><td rowspan="4">6,6</td><td rowspan="4">7,6</td><td rowspan="4">7,3</td></tr>
<tr><td>30</td></tr>
<tr><td>35</td><td rowspan="5">4,0</td></tr>
<tr><td>40</td><td rowspan="9">5,4</td><td rowspan="9">6,7</td></tr>
<tr><td>45</td><td rowspan="4">6,4</td><td rowspan="4">6,7</td><td rowspan="4">7,0</td><td rowspan="8">7,5</td></tr>
<tr><td>50</td></tr>
<tr><td>55</td></tr>
<tr><td>60</td><td rowspan="9">3,7</td></tr>
<tr><td>65</td><td>-</td><td>-</td><td>-</td></tr>
<tr><td>70</td><td>-</td><td>-</td><td>-</td></tr>
<tr><td>75</td><td>-</td><td>-</td><td>-</td></tr>
<tr><td>80</td><td>-</td><td>-</td><td>-</td></tr>
<tr><td>85</td><td>-</td><td>-</td><td>-</td><td>-</td><td>-</td><td>-</td></tr>
<tr><td>90</td><td>-</td><td>-</td><td>-</td><td>-</td><td>-</td><td>-</td></tr>
<tr><td>95</td><td>-</td><td>-</td><td>-</td><td>-</td><td>-</td><td>-</td></tr>
<tr><td>100</td><td>-</td><td>-</td><td>-</td><td>-</td><td>-</td><td>-</td></tr>
</table>

Quelle: Grundstücksmarktberichte

Zur **Abhängigkeit des Liegenschaftszinssatzes von Einfamilienhäusern von der Restnutzungsdauer** (bzw. komplementär vom Baujahr) hat der Gutachterausschuss von *Frankfurt a.M.* ebenfalls festgestellt, dass der Liegenschaftszinssatz umso höher ist, je länger die Restnutzungsdauer bzw. je jünger das Baujahr ist:

Liegenschaftszinssatz in Abhängigkeit von Restnutzungsdauer (bzw. Baujahr)

Liegenschaftszinssätze für Einfamilienwohnhäuser in Frankfurt am Main				
Baujahr	**Mittelwert**	**Minimum**	**Maximum**	**Anzahl**
1880 – 1949	3,71	1,90	5,53	19
1950 – 1974	3,37	2,17	4,56	23
1975 – 2008	4,02	2,89	5,14	37
2009 – 2011	4,17	3,44	4,90	41

Quelle: Grundstücksmarktbericht Gutachterausschuss Frankfurt am Main 2013

4.2.16 Liegenschaftszinssätze in Abhängigkeit von der Lage und Restnutzungsdauer

Quelle: Kleiber-digital, Stand Januar 2017, KL-V, 1265 f.

Liegenschaftszinssätze von Ein- und Zweifamilienhäusern sind insbesondere von der Lage und Baujahr (Restnutzungsdauer) abhängig.

Die Abhängigkeit des Liegenschaftszinssatzes von der Lage und dem Baujahr ist in verschiedenen Gutachterausschüssen untersucht worden:

Liegenschaftszinssätze für Ein- und Zweifamilienhäuser, Mehrfamilienhäuser und Eigentumswohnungen in Abhängigkeit von der Lage (Bodenrichtwertniveau) in Südhessen

Liegenschaftszinssätze für Ein- und Zweifamilienhäuser in Abhängigkeit vom Bodenrichtwertniveau und Baujahr in Heppenheim (Grundstücksmarktbericht 2014)						
Objektart	**Bodenrichtwert**					
	150 €/m²	**250 €/m²**	**275 €/m²**	**400 €/m²**	**450 €/m²**	**500 €/m²**
Einfamilienhäuser	3,5	-	3,2	2,9	-	-
Zweifamilienhäuser	3,6	-	3,4	3,1	-	-
Villa	-	-	-	-	-	1,7
Mehrfamilienhäuser	5,2	-	4,3	4,0	-	-
Eigentumswohnungen < 10 Einheiten	4,2	-	3,8	3,6	-	-
Eigentumswohnungen in Wohnblocks	4,8	-	4,5	4,1	-	-
Gemischt genutzte Grundstücke	-	5,9	-	-	4,5	-

Quelle: Gutachterausschuss AfB Heppenheim Immobilienmarktbericht 2014

Liegenschaftszinssätze für Ein- und Zweifamilienhäuser in Abhängigkeit von Lage (Bodenrichtwertniveau) und Restnutzungsdauer in Aachen

Liegenschaftszinssätze in Aachen in Abhängigkeit von der Lage und dem Baujahr (Restnutzungsdauer)							
Restnutzungsdauer	Wohnlage	Freistehende Einfamilienhäuser und vergleichbare Doppelhaushälften	Einfamilien-Reihenhäuser und vergleichbare Doppelhaushälften	Zweifamilienhäuser		Dreifamilienhäuser	Mehrfamilienhäuser
				Stadt Aachen	Ehemaliger Kreis Aachen	Region Aachen	Stadt Aachen
				mittlere Wohnlage			
≥ 61 Jahre	einfach/ sehr einfach	-	-	-	-	-	-
	mittel	3,7	3,8	(4,0)	4,1	-	(4,9)
	gut/sehr gut	2,5	-	-	-	-	-
41 bis 60 Jahre	einfach/ sehr einfach	-	-	-	-	-	-
	mittel	2,2	2,5	(2,3)	3,4	(3,4)	3,9
	gut/sehr gut	1,7	1,6	-	-	-	-
25 bis 40 Jahre	einfach/ sehr einfach	-	-	-	-	-	-
	mittel	1,8	1,3	2,2	2,7	3,8	4,2
	gut/sehr gut	1,7	1,1	-	-	-	-
bis 24 Jahre	einfach/ sehr einfach	-	-	-	-	-	-
	mittel	2,6	2,3	-	2,4	-	-
	gut/sehr gut	1,2	-	-	-	-	-

Quelle: Grundstücksmarktbericht Aachen 2013

4.2.17 Liegenschaftszinssätze von Wohnungseigentum

Quelle: Kleiber-digital, Stand Januar 2017, KL-V, 1268 f.

Auch der Liegenschaftszinssatz von Eigentumswohnungen (ETW) ist von dem Baujahr bzw. dem Alter oder der Restnutzungsdauer abhängig. Der Liegenschaftszinssatz erhöht sich mit zunehmendem Alter bzw. abnehmender Restnutzungsdauer der Eigentumswohnung (vgl. Untersuchungen der Gutachterausschüsse).

Liegenschaftszinssätze für selbstgenutztes und vermietetes Wohnungseigentum in Abhängigkeit von der Restnutzungsdauer				
	Mönchengladbach (2012)		**Bonn (2012)**	
Restnutzungsdauer	**selbstgenutzt**	**vermietet**	**selbstgenutzt**	**vermietet**
bis 10 Jahre	-	-	3,4	4,3
11 bis 35 Jahre	-	-	4,9	5,0
25 bis 45 Jahre	6,0	7,2	-	-
≥ 35 Jahre	-	-	4,3	4,1
≥ 45 Jahre	4,2	4,5	-	-

Quelle: Grundstücksmarktberichte

Zur Abhängigkeit des Liegenschaftszinssatzes von dem Modernisierungsgrad, der Lage und dem Vermietungszustand hat der Gutachterausschuss von *Bottrop* folgende Ergebnisse vorgelegt:

Liegenschaftszinssätze in Abhängigkeit von dem Modernisierungsgrad, der Lage und dem Viermietungszustand in Bottrop					
Eigentumswohnungen	**Wohnlage**				
	alle	**einfach**	**mittel**	**gut**	**sehr gut**
Unvermietete Eigentumswohnungen *insgesamt*	3,47	3,50	3,42	3,66	-
baujahrstypisch	3,38	3,57	3,47	3,72	-
teilmodernisiert	3,29	3,23	3,39	3,40	-
überwiegend modernisiert	3,28	2,52	3,32	3,12	-
neuzeitlich	3,61	3,28	-	-	-
Vermietete Eigentumswohnungen *insgesamt*	3,56	4,00	3,50	3,78	-
baujahrstypisch	3,01	-	-	3,01	-
teilmodernisiert	3,57	-	3,57	3,60	-
überwiegend modernisiert	3,60	-	3,60	-	-
neuzeitlich	3,63	3,57	3,31	4,03	-

Quelle: Grundstücksmarktbericht 2014

4.2.18 Liegenschaftszinssätze von Mehrfamilienhäusern

Quelle: Gutachterausschuss für Grundstückswerte, Hamburg, Immobilienmarktbericht Hamburg 2015, S. 105 f., eigene Berechnungen

Der Gutachterausschuss Hamburg hat für 2014 folgende Formel und Aktualisierungsfaktoren veröffentlicht:[11]

Liegenschaftszinssatz für Mehrfamilienhäuser

Datenbasis	Datenbasis: 519 Verkäufe von Mehrfamilienhäusern ohne gewerblichen Anteil aus den Jahren 2009 bis 2013, keine Erbbaurechte, kein sozialer Wohnungsbau
Ertragswertmodell:	
Verwaltungskosten	2008 - 2010: 284,80 € pro Wohnung/Jahr 2011 - 2013: 264,31 € pro Wohnung/Jahr 2014 - 2016: 279,35 € pro Wohnung/Jahr
Mietausfallwagnis	2 % der Bruttomiete inkl. Betriebskosten
Restnutzungsdauer	70 Jahre – Baualter (mindestens aber 30 Jahre)
Instandhaltungskosten	siehe übernächste Seite
Mieten	tatsächliche Mieten zum Kaufzeitpunkt
Einflussgrößen:	
NormBRW11	Bodenrichtwert zum 31.12.2011 für Geschosswohnungsbau mit WGFZ 1,0 [Euro / m²]
Zielgröße: LIZI = Liegenschaftszinssatz [in Prozent]	
LIZI	(4,85 – 0,00127 * NormBRW11 [Euro/m²]) * Korrekturfaktor Baujahr * Aktualisierungsfaktor * Stadtteilfaktor für den Liegenschaftszinssatz von Mehrfamilienhäusern (siehe nächste Seite)

Baujahr	Korrekturfaktor Baujahr
bis 1919	1,04
1920 – 1939	1,02
1940 – 1959	0,98
1960 – 1979	0,95
1980 – 1989	1,01
1990 – 1999	1,09
ab 2000	1,06

Jahr	Aktualisierungsfaktor
2009	1,20
2010	1,03
2011	0,99
2012	0,91
2013	0,87
2014	0,84

Der Aktualisierungsfaktor für 2014 wurde aus 77 Kauffällen ermittelt.

Daraus lassen sich – ohne Berücksichtigung der Stadtteilfaktoren bzw. für die Stadtteile Alsterdorf, Finkenwerder, Hoheluft-Ost, Hoheluft-West, Rotherbaum, Uhlenhorst und Winterhude (Stadtteilfaktor jeweils 1,00) – die folgenden Liegenschaftszinssätze errechnen:

Liegenschaftszinssätze für Mehrfamilienhäuser in Hamburg im Jahr 2014 (% p.a.)							
Bodenrichtwert (€/m²)	bis 1919	1920 bis 1939	1940 bis 1959	1960 bis 1979	1980 bis 1989	1990 bis 1999	ab 2000
200	4,0	3,9	3,8	3,7	3,9	4,2	4,1
400	3,8	3,7	3,6	3,5	3,7	4,0	3,9
600	3,6	3,5	3,4	3,3	3,5	3,7	3,6
800	3,3	3,3	3,2	3,1	3,3	3,5	3,4
1.000	3,1	3,1	2,9	2,9	3,0	3,3	3,2

11 Anmerkung der Autoren des Tabellenhandbuchs: Die Verwaltungskosten 2008–2010 müssen richtig heißen 254,80 € pro Wohnung/Jahr.

Grafisch zeigt sich folgendes Bild:

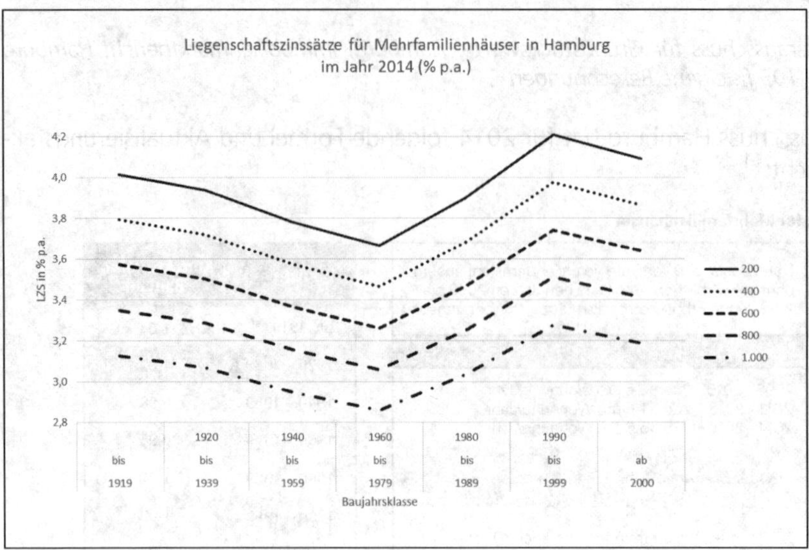

Der Zusammenhang zwischen Liegenschaftszinssatz und Bodenrichtwertniveau ist demnach linear, zum Baujahr besteht ein nichtlinearer Zusammenhang.

Der Grundstücksmarktbericht gibt zudem Stadtteilfaktoren (zwischen 0,83 und 1,26) an, die hier allerdings nicht wiedergegeben werden.

Liegenschaftszinssätze für Mehrfamilienhäuser in Abhängigkeit vom Bodenrichtwertniveau und Baujahr in Heppenheim

Liegenschaftszinssätze für Mehrfamilienhäuser in Abhängigkeit vom Bodenrichtwertniveau und Baujahr in Heppenheim (Grundstücksmarktbericht 2010/2011)							
Baujahr	Bodenrichtwert						
	50 €/m²	150 €/m²	250 €/m²	275 €/m²	350 €/m²	400 €/m²	450 €/m²
1960	-	5,4	5,2	-	5,0	-	4,8
1965	-	5,5	5,2	-	5,0	-	4,8
1970	-	5,5	5,3	-	5,1	-	4,9
1975	-	5,5	5,3	-	5,1	-	4,9
1980	-	5,6	5,4	-	5,1	-	4,9
1985	-	5,6	5,4	-	5,2	-	5,0
1990	-	5,6	5,4	-	5,2	-	5,0
1995	-	5,7	5,5	-	5,2	-	5,0
2000	-	5,7	5,5	-	5,3	-	5,1
2005	-	5,7	5,5	-	5,3	-	5,1
2010	-	5,8*	-	5,5*	-	5,2*	-

Quelle: Gutachterausschuss AfB Heppenheim Immobilienmarktbericht 2010 sowie 2011

Zur **Abhängigkeit des Liegenschaftszinssatzes für Mehrfamilienhäuser mit reiner Wohnnutzung und gemischter Nutzung von der Lage** hat der Gutachterausschuss von *Frankfurt a.M.* folgende Ergebnisse vorgelegt:

Liegenschaftszinssätze für reine Wohnnutzung und gemischte Nutzung

Liegenschaftszinssätze für Mehrfamilienhäuser mit reiner Wohnnutzung und gemischter Nutzung in Frankfurt am Main (2013)										
Lage	**Mehrfamilienhäuser mit reiner Wohnnutzung**					**Mehrfamilienhäuser mit gemischter Nutzung**				
	Mittel	**min**	**max**	**Ø RND**	**Ø WF**	**Mittel**	**min**	**max**	**Ø RND**	**Ø WF**
	%	**%**	**%**	**Jahre**	**m²**	**%**	**%**	**%**	**Jahre**	**m²**
sehr gut	**2,2**	0,7	3,8	39	560	**2,6**	1,5	4,6	41	564
gehoben	**3,7**	1,7	6,0	36	651	**3,8**	1,6	5,8	37	502
mittel	**4,8**	7,22	7,2	40	612	**5,2**	3,5	7,6	39	863
einfach/sehr einfach	**4,8**	3,2	6,7	35	447	**5,1**	2,2	7,9	35	627

Liegenschaftszinssätze für Mietwohngrundstücke und gemischt genutzte Grundstücke in Frankfurt am Main in Abhängigkeit von Baujahr und Lage								
	Mietwohngrundstücke (≥ 80% Wohnnutzung) Lage				**Gemischt genutzte Grundstücke Lage**			
Baujahr	**sehr gut**	**gehoben**	**mittel**	**einfach/sehr einfach**	**sehr gut**	**gehoben**	**mittel**	**einfach/sehr einfach**
vor 1950	2,50	3,50	4,70	5,30	3,00	4,00	5,50	6,10
1950–1974	3,50	4,40	5,30	4,75	3,60	4,50	5,40	5,40
1975–2005	4,25	5,00	5,40	5,50	4,25	4,70	5,10	5,50
ab 2006	4,25	4,75	5,25	5,25	4,25	4,50	5,10	5,50

Quelle: Grundstücksmarktbericht 2013 des Gutachterausschusses für Grundstückswerte Frankfurt am Main

Zur **Abhängigkeit des Liegenschaftszinssatzes von der Gebäudegröße und der Lage** hat der Gutachterausschuss von *Bottrop* folgende Ergebnisse vorgelegt:

Liegenschaftszinssätze in Abhängigkeit von Gebäudegröße und Lage in Bottrop				
Mehrfamilienhäuser einschließlich eines gewerblichen Anteils bis 20 % des Rohertrags	**Wohnlage**			
	alle	**einfach**	**mittel**	**gut**
Mehrfamilienhäuser insgesamt	5,29	3,89	5,27	6,14
Mehrfamilienhäuser (klein)	5,13	3,89	4,99	7,36
Mehrfamilienhäuser (normal)	5,46	-	5,52	4,93
Kleines MFH: 4 – 6 Wohn- bzw. Gewerbeeinheiten; normales MFH: 7 – 15 Wohn.- bzw. Gewerbeeinheiten; großes MFH: > 16 Wohn- bzw. Gewerbeeinheiten				

Quelle: *Grundstücksmarktbericht 2014*

4.2.19 Liegenschaftszinssatz in Abhängigkeit vom Rohertragsfaktor bei Mehrfamilienhäusern

Quelle: *Immobilienmarktbericht Deutschland 2015 der Gutachterausschüsse in der Bundesrepublik Deutschland, S. 158; Herausgeber: Arbeitskreis der Gutachterausschüsse und Oberen Gutachterausschüsse in der Bundesrepublik Deutschland (AK OGA), Oldenburg Dezember 2015, KL-V, 1286*

Rohertragsfaktor	**Liegenschaftszinssatz für Mehrfamilienhäuser mit 3-15 Wohneinheiten [%]**
6	8,3
7	7,7
8	7,2
9	6,7
10	6,2
11	5,8
12	5,4
13	5,0
14	4,7
15	4,4
16	4,1
17	3,8
18	3,5
19	3,3

Liegenschaftszinssatz in Abhängigkeit vom Rohertragsfaktor für kleine und große Mehrfamilienhäuser, 2013/2014

4.3 Bewirtschaftungskosten

4.3.0.1 Bewirtschaftungskosten nach II. BV, Übersicht 2017

Quelle: Anlage 3 WertR i.d.F. vom 1.3.2006, aktualisiert zum 1.1.2017

Durchschnittliche Bewirtschaftungskosten für Verwaltung, Instandhaltung sowie Mietausfallwagnis für Mietwohnungen nach Zweiter Berechnungsverordnung – II. BV – (Anl. 3 WertR i.d.F. vom 1.3.2006), Stand 1.1.2017

4

I Verwaltungskosten zu Nr. 3.5.2.3 WertR nach § 26 Abs. 2 und 3 sowie § 41 Abs. 2 II. BV, aktualisiert zum 1. Januar 2017:

bis 284,63 € jährlich je *Wohnung, bei Eigenheimen, Kaufeigenheimen und Kleinsiedlungen je Wohngebäude*

bis 340,31 € jährlich *je Eigentumswohnung, Kaufeigentumswohnung und Wohnung in der Rechtsform eines eigentumsähnlichen Dauerwohnrechts,*

bis 37,12 € jährlich für *Garagen oder ähnliche Einstellplätze.*

Die nach § 26 Abs. 4 II. BV vorgesehene Anpassung zum 1. Januar 2017 ist berücksichtigt. Die genannten Beträge verändern sich am 1. Januar eines jeden darauf folgenden dritten Jahres um den Prozentsatz, um den sich der vom Statistischen Bundesamt festgestellte Verbraucherpreisindex für Deutschland für den der Veränderung vorausgehenden Monat Oktober gegenüber dem Verbraucherpreisindex für Deutschland für den der letzten Veränderung vorausgehenden Monat Oktober erhöht oder verringert hat.

II Instandhaltungskosten zu Nr. 3.5.2.4 WertR nach § 28 Abs. 2 und Abs. 5 II. BV, aktualisiert zum 1. Januar 2017:

bis 8,78 €/m² Wohnfläche je Jahr für Wohnungen, deren Bezugsfertigkeit am Ende des Kalenderjahres **weniger als 22 Jahre** zurückliegt,

bis 11,14 €/m² Wohnfläche je Jahr für Wohnungen, deren Bezugsfertigkeit am Ende des Kalenderjahres **mindestens 22 Jahre** zurückliegt,

bis 14,23 €/m² Wohnfläche je Jahr für Wohnungen, deren Bezugsfertigkeit am Ende des Kalenderjahres **mindestens 32 Jahre** zurückliegt,

bis 84,16 € je Garagen- oder Einstellplatz im Jahr einschließlich der Kosten für die Schönheitsreparatur.

Im Falle einer **Modernisierung** der baulichen Anlage, die zu einer Verlängerung der Restnutzungsdauer geführt hat, ist im Rahmen der Verkehrswertermittlung von einem entsprechenden fiktiven Baujahr (Bezugsfertigkeit) auszugehen.

Zu- und Abschläge:

abzüglich	0,24 €	jährlich je Quadratmeter Wohnung, bei eigenständig gewerblicher Leistung von Wärme i. S. des § 1 Abs. 2 Nr. 2 der Heizkosten,
abzüglich	1,30 €	jährlich je Quadratmeter Wohnung, wenn der Mieter die Kosten der kleinen Instandhaltung (i. S. des § 28 Abs. 3 Satz 2 II. BV) trägt,
zuzüglich	1,24 €	jährlich je Quadratmeter Wohnung, wenn ein maschinell betriebener Aufzug vorhanden ist,
zuzüglich bis	10,51 €	jährlich je Quadratmeter Wohnung, wenn der Vermieter die Kosten der Schönheitsreparaturen (i. S. des § 28 Abs. 4 Satz 2 II. BV) trägt.

Die nach § 26 Abs. 4 II. BV vorgesehene Anpassung zum 1. Januar 2017 ist berücksichtigt. Die genannten Beträge verändern sich am 1. Januar eines jeden darauf folgenden dritten Jahres nach Maßgabe des vorstehenden für die Verwaltungskosten maßgeblichen Grundsatzes.

III Mietausfallwagnis zu Nr. 3.5.2.5 WERTR u. a. nach § 29 Abs. 2 II. BV

Als Erfahrungssätze können angesetzt werden

2 vom Hundert	der Nettokaltmiete bei Mietwohn- und gemischt genutzten Grundstücken
4 vom Hundert	der Nettokaltmiete bei Geschäftsgrundstücken.

Hinweis zur Berechnung: Der Verbraucherpreisindex für Oktober 2016 [2010=100] beträgt 107,9, der Verbraucherpreisindex für Oktober 2013 [2010=100] beträgt 105,9. Die Veränderung des Verbraucherpreisindex zwischen Oktober 2016 und Oktober 2013 liegt bei rd. 1,89 %. Die bislang gültigen Bewirtschaftungskosten vom 01.01.2014 erhöhen sich um rd. 1,89 % (Multiplikator 1,01888574).

Beispielrechnung: Verwaltungskosten jährlich je Wohnung, bei Eigenheimen, Kaufeigenheimen und Kleinsiedlungen je Wohngebäude zum 01.01.2014 rd. = bis 279,35 €
Erhöhung um rd. x 1,89% zum 01.01.2017 rd. = bis 284,63 €

Die nächste Veränderung ist für den 01.01.2020 vorgesehen. Maßgeblich für diese Veränderung ist die Änderung des Verbraucherpreisindex, die im Oktober 2019 gegenüber dem Oktober 2016 eingetreten sein wird.

Maßgeblich für die Anwendung ist allerdings das vom Gutachterausschuss vorgegebene Berechnungsmodell.

4.3.0.2 Bewirtschaftungskosten nach II. BV im Zeitablauf

Quelle: II. BV und Fortschreibungen

Bewirtschaftungskosten nach II. BV im Zeitablauf					
	ab 01.01.2014	ab 01.01.2011	ab 01.01.2008	ab 01.01.2005	ab 31.12.2002
Verwaltungskosten bis (p.a.)					
Wohnung	279,35 €	264,31 €	254,80 €	240,37 €	230,00 €
ETW	334,00 €	316,02 €	304,65 €	287,40 €	275,00 €
Garagen	36,43 €	34,47 €	33,23 €	31,35 €	30,00 €
Instandhaltungskosten je m² (p.a.) bis					
Wohnungen < 22 Jahre	8,62 €	8,16 €	7,87 €	7,42 €	7,10 €
Wohnungen ≥ 22 Jahre	10,93 €	10,34 €	9,97 €	9,41 €	9,00 €
Wohnungen ≥ 32 Jahre	13,97 €	13,22 €	12,74 €	12,02 €	11,50 €
Zu- und Abschläge je m² (p.a.)					
eigenständige gewerbliche Leistung von Wärme	- 0,24 €	- 0,23 €	- 0,22 €	- 0,21 €	- 0,20 €
Mieter trägt Kosten der kleinen Instandhaltung	- 1,28 €	- 1,21 €	- 1,17 €	- 1,10 €	- 1,05 €
maschinell betriebener Aufzug	1,22 €	1,15 €	1,11 €	1,05 €	1,00 €
Vermieter trägt Kosten der Schönheitsreparaturen	10,32 €	9,76 €	9,41 €	8,88 €	8,50 €
Garagen, bis	82,60 €	78,15 €	75,34 €	71,07 €	68,00 €
Mietausfallwagnis					
Mietwohn- und gemischt genutzte Grundstücke	2%	2%	2%	2%	2%
Geschäftsgrundstücke	4%	4%	4%	4%	4%

Für weiter zurückliegende Einzeldaten siehe Kapitel 4.3.1.5 (Verwaltungskosten), 4.3.2.5 (Instandhaltungskosten) und 4.3.2.9 (Instandhaltung Garagen).

4.3.0.3 Bewirtschaftungskosten nach EW-RL – Übersicht

4.3.0.3.1 Modellwerte für Bewirtschaftungskosten

Quelle: EW-RL, Anlage 1

Stand: 1. Januar 2015

Mit den nachstehenden Angaben sollen plausible und für die Gutachterausschüsse handhabbare Modellwerte für Bewirtschaftungskosten vorgegeben werden, um die Auswertung der Kaufpreise und die Ermittlung der Liegenschaftszinssätze nach einheitlichen Standards zu ermöglichen.

1. Bewirtschaftungskosten für Wohnnutzung

Grundlage der nachstehend genannten Werte sind die entsprechenden, überwiegend auch von der Praxis verwendeten, Angaben in der Zweiten Berechnungsverordnung (II. BV)[12] mit folgenden Abweichungen:

– Verzicht auf Differenzierung der Werte für die Instandhaltungskosten nach der Bezugsfertigkeit (vgl. Nummer 1 Buchstabe b),

– jährliche Anpassung und anschließende Rundung der Werte (vgl. Nummer 3).

a) Verwaltungskosten (vgl. § 26 Absatz 2 und 3 und § 41 Absatz 2 II. BV)

280 Euro jährlich je Wohnung bzw. je Wohngebäude bei Ein- und Zweifamilienhäusern

335 Euro jährlich je Eigentumswohnung

37 Euro jährlich je Garagen- oder Einstellplatz

Die vorstehend genannten Werte gelten für das Jahr 2015. Für abweichende Wertermittlungsstichtage sind sie künftig wie unter Nummer 3 dargestellt zu modifizieren.

b) Instandhaltungskosten (vgl. § 28 Absatz 2 Nummer 2 und Absatz 5 II. BV)

Zur Vermeidung von Wertsprüngen, insbesondere bei den Übergängen der in § 28 II. BV genannten Werte, wird für die Instandhaltungskosten nur der Wert für Wohnungen, deren Bezugsfertigkeit am Ende des Kalenderjahres mindestens 22 Jahre zurückliegt, übernommen. Eine darüber hinausgehende Differenzierung erfolgt nicht. Mit dem Ansatz einer wirtschaftlichen Restnutzungsdauer wird eine übliche, das heißt von jedem wirtschaftlich handelnden Grundstückseigentümer vorgenommene Instandhaltung unterstellt, die den Bestand und die wirtschaftliche Nutzung des Gebäudes für diesen Zeitraum sicherstellt.

11 Euro jährlich je Quadratmeter Wohnfläche, wenn die Schönheitsreparaturen[13] von den Mietern getragen werden

12 Zweite Berechnungsverordnung in der Fassung der Bekanntmachung vom 12. Oktober 1990 (BGBl. I S. 2178), die zuletzt durch Artikel 78 Absatz 2 des Gesetzes vom 23. November 2007 (BGBl. I S. 2614) geändert worden ist.

13 Im Hinblick auf die Frage, ob der Mieter die Schönheitsreparaturen zu tragen hat, wird auf die Urteile des Bundesgerichtshofs vom 18. März 2015 (VIII ZR 185/14; VIII ZR 242/13; VIII ZR 21/13) zur Unwirksamkeit formularmäßiger Quotenabgeltungsklauseln hingewiesen.

83 Euro jährlich je Garagen- oder Einstellplatz einschließlich der Kosten für Schönheitsreparaturen

Die vorstehend genannten Beträge gelten für das Jahr 2015. Für abweichende Wertermittlungsstichtage sind sie künftig wie unter Nummer 3 dargestellt zu modifizieren.

c) **Mietausfallwagnis** (vgl. § 29 II. BV)

2 vom Hundert des marktüblich erzielbaren Rohertrags bei Wohnnutzung

2. Bewirtschaftungskosten für gewerbliche Nutzung

a) Verwaltungskosten

3 vom Hundert des marktüblich erzielbaren Rohertrags bei reiner und gemischter gewerblicher Nutzung

b) Instandhaltungskosten

Den Instandhaltungskosten für gewerbliche Nutzung wird jeweils der Vomhundertsatz der Instandhaltungskosten für Wohnnutzung zugrunde gelegt.

100 vom Hundert für gewerbliche Nutzung wie z.B: Büros, Praxen, Geschäfte und vergleichbare Nutzungen bzw. gewerblich genutzte Objekte mit vergleichbaren Baukosten, wenn der Vermieter die Instandhaltung für „Dach und Fach" trägt

50 vom Hundert für gewerbliche Nutzung wie z.B: SB-Verbrauchermärkte und vergleichbare Nutzungen bzw. gewerblich genutzte Objekte mit vergleichbaren Baukosten, wenn der Vermieter die Instandhaltung für „Dach und Fach" trägt

30 vom Hundert für gewerbliche Nutzung wie z.B: Lager-, Logistik- und Produktionshallen und vergleichbare Nutzungen bzw. gewerblich genutzte Objekte mit vergleichbaren Baukosten, wenn der Vermieter die Instandhaltung für „Dach und Fach" trägt

c) Mietausfallwagnis

Der hier für die gewerbliche Nutzung angegebene Modellwert für das Mietausfallwagnis entspricht dem bereits durch die langjährige Praxis akzeptierten Wert.

4 vom Hundert des marktüblich erzielbaren Rohertrags bei reiner bzw. gemischter gewerblicher Nutzung

3 Jährliche Anpassung

Zur Vermeidung von Wertsprüngen durch die in § 26 Absatz 4 und § 28 Absatz 5a II. BV vorgeschriebene dreijährige Anpassung soll eine jährliche Wertfortschreibung vorgenommen werden. Die Werte sind danach sachverständig zu runden.

Diese Wertfortschreibung erfolgt mit dem Prozentsatz, um den sich der vom Statistischen Bundesamt festgestellte Verbraucherpreisindex für Deutschland für den Monat Oktober 2001 (die Angaben in der II. BV beziehen sich auf das Jahr 2002) gegenüber demjenigen für den Monat Oktober des Jahres, das dem Stichtag der Ermittlung des Liegenschaftszinssatzes vorausgeht, erhöht oder verringert hat.

Beispielrechnung

Das nachstehende Beispiel zeigt ausgehend von den Werten für das Jahr 2002 die Berechnungsmethodik für die Ermittlung der jährlichen Verwaltungskosten je Wohnung im Jahr 2015. Entsprechend zu verfahren ist bei der Ermittlung der übrigen Kostenarten.

jährliche Verwaltungskosten je Wohnung im Jahr 2002 (vgl. § 26 Absatz 2 II. BV)	230,00 €
Verbraucherpreisindex Oktober 2001 (2010 = 100)	87,5
Verbraucherpreisindex Oktober 2014 (2010 = 100)	106,7

$$\text{Verwaltungskosten 2015} = \text{Verwaltungskosten 2002} \times \frac{\text{Index Oktober 2014}}{\text{IndexOktober2001}}$$

$$= 230{,}00\ € \times \frac{106{,}7}{87{,}5} = 280{,}47\ €$$

Für die Verwendung in der Wertermittlung werden die Verwaltungskosten kaufmännisch auf 1 Euro gerundet 280,00 €.

4.3.0.3.2 Jährliche Fortschreibung der Bewirtschaftungskosten nach EW-RL

Zur Vermeidung von Wertsprüngen soll gemäß EW-RL die in § 26 Abs. 4 und § 28 Abs. 5a II. BV vorgeschriebene **dreijährige** Anpassung durch eine **jährliche** Wertfortschreibung bei der Wertermittlung ersetzt werden.

Die jährliche Fortschreibung erfolgt mit dem Prozentsatz, um den sich der vom Statistischen Bundesamt festgestellte Verbraucherpreisindex für Deutschland für den Monat Oktober 2001 (die Angaben der in der II. BV beziehen sich auf das Jahr 2002) gegenüber demjenigen für den Monat Oktober des Jahres, das dem Stichtag der Ermittlung des Liegenschaftszinssatzes vorausgeht, erhöht oder verringert hat.

Da für das Jahr 2002 keine der Ertragswertrichtlinie entsprechenden Angabe für Instandhaltungskosten ohne zeitlichen Bezug in der II. BV veröffentlicht ist, muss die Wertfortschreibung für die Instandhaltungskosten auf den für das Jahr 2015 in der EW-RL festgeschriebenen Daten erfolgen.

Für die Vereinfachung der Fortschreibung werden daher im Folgenden zwei Faktoren angegeben, die die Relation der Veränderung für die Jahre 2002 und 2015 umfassen.

Jährliche Indexierungsfaktoren (EW-RL)

Verbraucherpreisindex des Statistischen Bundesamtes
(Basis 2010 = 100)

Stichtag	Indexbezug Jahr/Monat	Indexstand	Faktor für die Relation des Index (Stichtag 2002) zum jeweiligen Stichtag	Faktor für die Relation des Index (Stichtag 2015) zum jeweiligen Stichtag
01.01.2002	Oktober 2001	87,5		
01.01.2015	Oktober 2014	106,7	1,2194	1,0000
01.01.2016	Oktober 2015	107,0	1,2229	1,0028
01.01.2017	Oktober 2016	107,9	1,2331	1,0112

Beispielrechnung zur Fortschreibung der Verwaltungs- und Instandhaltungskosten

Fortschreibung der Bewirtschaftungskosten gem. EW-RL (Anlage 1) Wertermittlungsstichtag in 2017 (Kalenderjahr)	
Indexstand VPI Oktober 2001 (2010=100)	87,5
Indexstand VPI Oktober 2016 (2010=100)	107,9
Indexierungsfaktor	1,2331
Verwaltungskosten je Wohnung 2002	230,00 €
Verwaltungskosten je Wohnung 2017	283,61 €
Verwaltungskosten je Wohnung 2017 (gerundet)	**284,00 €**

Indexierung der Verwaltungskosten gem. EW-RL {Anlage 1) Wertermittlungsstichtag in 2017 (Kalenderjahr)		
Indexierungsfaktor	1,2331	
	Ansatz 2002	**Ansatz 2017**
Wohnung	230,00 €	**284,00 €**
ETW	275,00 €	**339,00 €**
Garagen	30,00 €	**37,00 €**

Indexierung der Instandhaltungkosten aus 2015 Wertermittlungsstichtag in 2016 bzw. 2017 (Kalenderjahr)			
Indexstand Vorjahr	**2014**	**2015**	**2016**
Indexstand VPI jeweils Oktober (2010=100)	106,7	107,0	107,9
Indexierung auf (Jahr)	**2015**	**2016**	**2017**
Indexierungsfaktor	1,00	1,0028	1,0112
Wohnungen (Schönheitsreparaturen beim Mieter)	11,00 €	11,00 €	11,00 €
Garagen- oder Einstellplätze (Schönheitsreparaturen beim Vermieter)	83,00 €	83,00 €	84,00 €

4.3.0.4 Orientierungswerte für Bewirtschaftungskosten (AGVGA.NRW, 2011)

Quelle: *Arbeitsgemeinschaft der Vorsitzenden der Gutachterausschüsse für Grundstückswerte in Nordrhein-Westfalen (AGVGA.NRW), Modell zur Ableitung von Liegenschaftszinssätzen,* ***Stand: 9.7.2013****, Anlage 3*

Die Werte sind entsprechend der Vorschriften der II. Berechnungsverordnung (§ 26 (4) und § 28 (5a)) zeitlich über den Verbraucherpreisindex anzupassen. Die angegebenen Beträge beziehen sich auf den Stichtag 1.1.2011.[14]

Verwaltungskosten

Wohnnutzung:

Für **Wohnobjekte** einschließlich gemischter Objekte mit einem gewerblichen Rohertragsanteil bis 20% gelten folgende Sätze zum 1.1.2011:

Normaleigentum	264,31 € / Wohnung u. Jahr[15]
Wohnungseigentum	316,02 € / Wohnung u. Jahr[15]

Korrekturfaktoren für die Anzahl der Wohneinheiten:

Anzahl	Korrekturfaktor
1	1,45
4	1,20
12	1,00
30	0,84
90	0,64

Bei Wohnungseigentum ist die Anzahl der Einheiten in der Anlage einzusetzen.

Geschäft und Gewerbe:

Für **Gewerbeobjekte** einschließlich gemischter Objekte mit einem gewerblichen Rohertragsanteil über 20% gelten folgende Sätze zum 1.1.2011:

Normaleigentum	5,0 %
Teileigentum	6,0 %

14 Ab Juni 2016 werden nach geändertem Ansatz die Bewirtschaftungskosten gemäß EW-RL angesetzt!

15 Alle hier genannten Verwaltungs- und Instandhaltungskosten sind aufgrund der zeitlichen Anpassung auf Cent genau angegeben und erlauben keinen Rückschluss auf die Genauigkeit der Bewirtschaftungskosten. Bei der abschließenden Berechnung der Bewirtschaftungskosten aus den Verwaltungs- und Instandhaltungskosten sowie dem Mietausfallwagnis ist das Ergebnis auf volle Euro bzw. Prozent zu runden.

Korrekturfaktoren für den Jahresrohertrag:

Jahresrohertrag	Korrekturfaktor	Jahresrohertrag	Korrekturfaktor
1.000 €	1,30	200.000 €	0,40
40.000 €	1,00	260.000 €	0,30
60.000 €	0,85	340.000 €	0,20
100.000 €	0,66	440.000 €	0,10
150.000 €	0,50	500.000 €	0,05

Bei **Teileigentum** bezieht sich der Jahresrohertrag nur auf die zu bewertende Einheit.

Bei **Normaleigentum** bezieht sich der Jahresrohertrag auf das Gesamtobjekt mit eventuell mehreren Einheiten. Sind in einem Objekt mehrere Einheiten vorhanden, erhöht sich der Verwaltungsaufwand.

Korrekturfaktoren für die Anzahl der Nutzungseinheiten bei Normaleigentum:

Anzahl	Korrekturfaktor
1	1,00
2	1,13
4	1,27
7	1,37
12	1,48
20	1,58
35	1,68
60	1,79
100	1,89

Garagen und Stellplätze:

34,47 € je Garage und Stellplatz im Jahr zum 1.1.2011

Korrekturfaktoren für die Gesamtanzahl:

Anzahl	Korrekturfaktor
1	1,45
4	1,20
12	1,00
30	0,84
90	0,64

Alle Tabellenwerte für die Korrekturfaktoren werden interpoliert.

Instandhaltungskosten zum 1.1.2011

Wohnnutzung:

Fiktives Alter	Instandhaltungskosten[16]
≤ 21 Jahre	8,16 €/m² und Jahr
22 – 31 Jahre	10,34 €/m² und Jahr
≥ 32 Jahre	13,22 €/m² und Jahr

zzgl. 1,15 €/m², wenn ein Aufzug vorhanden ist.

Korrekturfaktoren für die durchschnittliche Wohnfläche:

Wohnfläche [m²]	Korrekturfaktor
140	0,91
100	0,97
80	1,00
70	1,02
60	1,05
40	1,11

Geschäft und Gewerbe:

NHK-Wert 2010	Instandhaltungskosten
350 €/m² BGF	3,60 €/m² und Jahr
700 €/m² BGF	6,10 €/m² und Jahr
1.500 €/m² BGF	8,90 €/m² und Jahr
2.500 €/m² BGF	10,80 €/m² und Jahr
3.850 €/m² BGF	12,50 €/m² und Jahr

(Hinweis: Lager, Gewerbe, Industrie: niedriger NHK-Wert Laden, Büro: hoher NHK-Wert)

Korrekturfaktoren für das fiktive Alter:

Fiktives Alter	Korrekturfaktor
≤ 10 Jahre	0,87
15 Jahre	1,00
25 Jahre	1,17
35 Jahre	1,28
≥ 40 Jahre	1,32

16 siehe Fußnote 14.

Garagen und Stellplätze:

60 €	pro Garagen- und Tiefgaragenstellplatz und Jahr
25 €	pro Stellplatz und Jahr

Die Werte beinhalten keine Schönheitsreparaturen (II. BV: Garagen oder Einstellplätze bis 78,15 €).[17]

Korrekturfaktoren für die Gesamtanzahl:

Anzahl	Korrekturfaktor
1	1,45
4	1,20
12	1,00
30	0,84
90	0,64

Alle Tabellenwerte für die Korrekturfaktoren werden interpoliert.

Mietausfallwagnis zum 1.1.2011:

Nutzung	Richtwert
Wohnen	2 %
Büro	4 %
Laden	5 %
Lager	6 %
Sonstiges Gewerbe	7 %
Industrie	8 %

In begründeten Einzelfällen kann von den Richtwerten abgewichen werden. Die Begründung kann sich auf die Lage, die Ausstattung und die Mietverhältnisse beziehen.

	ab 3%	bis 8%
Lage	gut	mäßig
Ausstattung	gut	mäßig
Objektart	Büro, Läden	Lager, Gewerbe, Industrie
Mietverträge	langfristig	kurzfristig

17 siehe Fußnote 14.

4.3.0.5 Bewirtschaftungskosten nach BelWertV, Übersicht

Quelle: Verordnung über die Ermittlung der Beleihungswerte von Grundstücken nach § 16 Abs. 1 und 2 des Pfandbriefgesetzes (Beleihungswertermittlungsverordnung – BelWertV) vom 12. Mai 2006, Anlage 1

Bewirtschaftungskosten-Einzelansätze nach Anl. 1 BelWertV

Verwaltungskosten

a) Wohnungsbau

Bandbreiten der Kosten, kalkuliert auf Basis der Einheiten:

- Wohnungen: 200,00 bis 275,00 Euro
- Garagen: 25,00 bis 50,00 Euro

b) Gewerbliche Objekte

Bandbreite: 1 bis 3% des Jahresrohertrags

In jedem Einzelfall ist darauf zu achten, dass der ausgewiesene absolute Betrag unzweifelhaft für eine ordnungsgemäße Verwaltung angemessen ist.

Instandhaltungskosten

Kalkulationsbasis: Herstellungskosten pro m² Wohn- oder Nutzfläche (ohne Baunebenkosten und Außenanlagen). Die untere Grenze der Bandbreite ist in der Regel für neue, die obere Grenze für ältere Objekte angemessen. Objektzustand, Ausstattungsgrad und Alter sind bei der Bemessung der Instandhaltungskosten zu berücksichtigen.

a) z.B. Lager und Produktionshallen mit Herstellungskosten von 250,00 bis 500,00 Euro/m²: 0,8% – 1,2%, absolute Untergrenze: 2,50 Euro/ m²

b) z.B. gewerbliche Objekte einfachen Standards und SB-Verbrauchermärkte mit Herstellungskosten von mehr als 500,00 Euro/m²:
0,8% – 1,2%, absolute Untergrenze: 5,00 Euro/ m²

c) z.B. Wohngebäude und gewerbliche Gebäude mit mittlerem Standard und Herstellungskosten von mehr als 1.000,00 Euro/m²:
0,5% – 1%, absolute Untergrenze: 7,50 Euro/ m²

d) z.B. hochwertige Büro- und Handels- und andere gewerbliche Objekte mit Herstellungskosten von mehr als 2.000,00 Euro/m²:
0,4% – 1%, absolute Untergrenze: 9,00 Euro/ m²

e) Garagen und Tiefgaragenstellplätze: 30,00 bis 80,00 Euro je Stellplatz

Mietausfallwagnis

a) Wohnungsbau: 2% oder mehr

b) Gewerbliche Objekte: 4% oder mehr

Des Weiteren ist auch ein Modernisierungs- bzw. Revitalisierungsrisiko zu berücksichtigen. Berechnungsbasis für das **Modernisierungsrisiko** sind nach Anl. 1 zu § 11 BelWertV die Neubauherstellungskosten (ohne Baunebenkosten und Außenanlagen); dort werden folgende Regelansätze vorgegeben:

a) **Kein Modernisierungsrisiko**
(z.B. normale Wohnhäuser, kleinere Wohn- und Geschäftshäuser, kleine und mittlere Bürogebäude, Lager und Produktionshallen): 0,0 % bis 0,3 %

b) **geringes Modernisierungsrisiko**
(z.B. größere Bürogebäude, Wohn-, Büro- und Geschäftshäuser mit besonderen Ausstattungsmerkmalen, Einzelhandel mit einfachem Standard): 0,2 % bis 1,2 %

c) **höheres Modernisierungsrisiko**
(z.B. innerstädtische Hotels, Einzelhandel mit höherem Standard, Freizeitimmo-bilien mit einfachem Standard): 0,5 % bis 2,0 %

d) **sehr hohes Modernisierungsrisiko**
(z.B. Sanatorien, Kliniken, Freizeitimmobilien mit höherem Standard, Hotels und Einzelhandelsobjekte mit besonders hohem Standard): 0,75 % bis 3,0 %

Hinweis:

Zum Modernisierungsrisiko gemäß BelWertV siehe auch Kapitel 1.3.6, Seite 20.

4.3.0.6 Pauschalierte Bewirtschaftungskosten für Verwaltung, Instandhaltung und Mietausfallwagnis in Prozent der Jahresmiete oder üblichen Miete (ohne Betriebskosten) nach BewG

Quelle: *Anlage 23 zu § 187 Abs. 2 Satz 2 BewG, BGBl. I 2008, 3070*

Restnutzungsdauer	Grundstücksart			
	1	2	3	4
	Mietwohngrundstück	gemischt genutztes Grundstück mit einem gewerblichen Anteil von bis zu 50% (berechnet nach der Wohn- bzw. Nutzfläche)	gemischt genutztes Grundstück mit einem gewerblichen Anteil von mehr als 50% (berechnet nach der Wohn- bzw. Nutzfläche)	Geschäftsgrundstück
> 60 Jahre	21	21		18
40 bis 59 Jahre	23	22		20
20 bis 39 Jahre	27	24		22
< 20 Jahre	29	26		23

4.3.1 Verwaltungskosten

4.3.1.1 Durchschnittliche Bewirtschaftungskosten für die Verwaltung von Wohnungen und Garagen (gem. Zweiter Berechnungsverordnung – II. BV), Stand 1.1.2017

Verwaltungskosten		
zu Nr. 3.5.2.3 WERTR nach § 26 Abs. 2 und 3 sowie § 41 Abs. 2 II. BV		
bis	284,63 €	jährlich je *Wohnung, bei Eigenheimen, Kaufeigenheimen und Kleinsiedlungen je Wohngebäude*
bis	340,31 €	jährlich *je Eigentumswohnung, Kaufeigentumswohnung und Wohnung in der Rechtsform eines eigentumsähnlichen Dauerwohnrechts,*
bis	37,12 €	jährlich für *Garagen oder ähnliche Einstellplätze.*
Die nach § 26 Abs. 4 II. BV vorgesehene Anpassung zum 1. Januar 2017 ist berücksichtigt. Die genannten Beträge verändern sich am dem 1. Januar eines jeden darauf folgenden dritten Jahres um den Prozentsatz, um den sich der vom Statistischen Bundesamt festgestellte Verbraucherpreisindex für Deutschland für dem der Veränderung vorausgehenden Monat Oktober gegenüber dem Verbraucherpreisindex für Deutschland für den der letzten Veränderung vorausgehenden Monat Oktober erhöht oder verringert hat.		

Hinweis:

Die nächste Anpassung erfolgt zum 1.1.2020.

4.3.1.2 Verwaltungskosten, Modellwerte für Wohnnutzung (EW-RL)

Quelle: Ertragswertrichtlinie (EW-RL), Anlage 1

Verwaltungskosten (vgl. § 26 Absatz 2 und 3 und § 41 Absatz 2 II. BV)

280 €	jährlich je Wohnung bzw. je Wohngebäude bei Ein- und Zweifamilienhäusern
335 €	jährlich je Eigentumswohnung
37 €	jährlich je Garagen- oder Einstellplatz

Die vorstehend genannten Werte gelten für das Jahr 2015. Für abweichende Wertermittlungsstichtage sind sie künftig wie unter Nummer 3 zu Anlage 1 der Ertragswertrichtlinie dargestellt zu modifizieren (siehe auch Kap. 4.3.0.3).

4.3.1.3 Verwaltungskosten, Modellwerte für gewerbliche Nutzung

Quelle: Ertragswertrichtlinie (EW-RL), Anlage 1

Verwaltungskosten

3%	des marktüblich erzielbaren Rohertrags bei reiner und gemischter gewerblicher Nutzung

4.3.1.4 Verwaltungskosten nach BelWertV

Quelle: Beleihungswertermittlungsverordnung (BelWertV), Anlage 1

Verwaltungskosten

a) Wohnungsbau

Bandbreiten der Kosten, kalkuliert auf Basis der Einheiten:

- Wohnungen: 200,00 € bis 275,00 €
- Garagen: 25,00 € bis 50,00 €

b) Gewerbliche Objekte

Bandbreite: 1 % bis 3 % des Jahresrohertrags

In jedem Einzelfall ist darauf zu achten, dass der ausgewiesene absolute Betrag unzweifelhaft für eine ordnungsgemäße Verwaltung angemessen ist.

4.3.1.5 Verwaltungskosten Wohnraum nach II. BV (Archiv, 1950-2014)

Zeitraum	Jährliche Verwaltungskosten in €, Angabe: bis zu ...		
	je Wohnung	je Eigentumswohnung	je Garage
ab 20.11.1950	15,34		5,11
1.11.1957	25,56		5,11
1.9.1963	30,67		5,11
1.1.1968	43,46		7,67
1.1.1971	51,63		10,23
1.6.1972	61,35		10,23
1.1.1975	92,03		15,34
1.7.1979	122,71	148,27	17,90
1.7.1984	122,71	148,27	17,90
1.7.1988	168,61	196,85	23,01
1.9.1993	214,74	255,65	28,12
1.1.2002	230,00	275,00	30,00
1.1.2005	240,37	287,40	31,35
1.1.2008	254,80	304,65	33,23
1.1.2011	264,31	316,02	34,47
1.1.2014	279,35	334,00	36,43

4.3.1.6 Verwaltungskosten von Wohnungs- und Wohngeschäftsgebäuden

Quelle: *Gärtner, S., Beurteilung und Bewertung alternativer Planungsentscheidungen im Immobilienbereich mit Hilfe eines Kennzahlensystems, 1. Aufl. 1996*

Verhältnis	Wohn- und Geschäftsgebäude		
Qualifizierung	niedrig	mittel	hoch
Jährliche Verwaltungskosten in % der Sollmieten-Vollvermietung *ohne* Mietrückstände	4	8	12

4.3.1.7 Verwaltungskosten in % der Nettokaltmiete

Quelle: *Geschäftsstelle des Gutachterausschusses für Grundstückswerte in Berlin, Amtsblatt für Berlin Nr. 23 vom 05.06.2015, 1207 ff.*

Verwaltungskosten in Prozent pro Jahr

	Monatliche Nettokaltmiete in €/m² Wohn-/ Nutzfläche								
Summe Wohn-/ Nutzfläche (m²)	**3,00**	**4,00**	**5,00**	**6,00**	**7,00**	**8,00**	**9,00**	**10,00**	**10,50**
400	8,0	7,6	7,0	6,4	6,0	5,6	5,3	5,0	4,9
1.000	7,4	7,1	6,4	5,9	5,5	5,1	4,8	4,5	4,4
1.500	7,2	6,8	6,2	5,7	5,3	4,9	4,6	4,3	4,1
2.000	7,1	6,7	6,1	5,5	5,1	4,7	4,4	4,1	4,0
2.500	6,9	6,6	5,9	5,4	5,0	4,6	4,3	4,0	3,9
3.000	6,8	6,5	5,8	5,3	4,9	4,5	4,2	3,9	3,8
3.500	6,7	6,4	5,7	5,2	4,8	4,4	4,1	3,8	3,7
4.000	6,7	6,3	5,7	5,2	4,7	4,4	4,0	3,7	3,6
4.500	6,6	6,2	5,6	5,1	4,7	4,3	4,0	3,7	3,5

Ein Einfluss des gewerblichen Mietanteils der Objekte auf die jährlichen Verwaltungskosten in Prozent des Nettojahresrohertrags ist statistisch nicht signifikant.

4.3.2 Instandhaltungskosten

4.3.2.1 Instandhaltungskosten Wohnraum – II. BV –, Stand 1.1.2017

In der Anl. 3a der WERTR werden die Instandhaltungskosten des § 28 Abs. 2 II. BV als Erfahrungswerte vorgegeben. Nach dem Stand 1.1.2017 belaufen sich diese auf

bis 8,78 €/m² Wohnfläche je Jahr für Wohnungen, deren Bezugsfertigkeit am Ende des Kalenderjahres **weniger als 22 Jahre** zurückliegt.

bis 11,14 €/m² Wohnfläche je Jahr für Wohnungen, deren Bezugsfertigkeit am Ende des Kalenderjahres **mindestens 22 Jahre** zurückliegt.

bis 14,23 €/m² Wohnfläche je Jahr für Wohnungen, deren Bezugsfertigkeit am Ende des Kalenderjahres **mindestens 32 Jahre** zurückliegt".

Es handelt sich bei den angegeben Sätzen um Höchstwerte („bis"). Als „Zeitpunkt der Bezugsfertigkeit" ist auf das Baujahr abzustellen. **Bei modernisierten Gebäuden ist das fiktive Baujahr (Bezugsfertigungsjahr) zu Grunde zu legen**[18].

Die II. BV sieht unter Berücksichtigung der vorgeschriebenen Indexierung ab 1.1.2014 folgende ausstattungsabhängige **Zu- und Abschläge** vor:

Abschlag von 0,24 €/m² bei eigenständig gewerblicher Leistung von Wärme i. S. d. § 1 Abs. 2 Nr. 2 HeizkostenV;

Abschlag von 1,30 €/m² wenn der Mieter die Kosten der kleinen Instandsetzung trägt;

Zuschlag von 1,24 €/m² wenn ein maschinell betriebener Aufzug vorhanden ist und

Zuschlag von 10,51 €/m² wenn der Vermieter die Kosten der Schönheitsreparaturen i. S. d. § 28 Abs. 4 Satz 2 II. BV trägt.

Gesamtübersicht ab 1.1.2017

Instandhaltungskosten					
Bezugsfertigkeit am Ende des Kalenderjahres	Jährliche Instandhaltungskosten pro m² Wohnfläche höchstens	Abschläge bei Wohnungen mit		Zuschläge bei Wohnungen mit	
		kleiner Instandhaltung durch Mieter	eigenständig gewerblicher Leistung von Wärme	maschinell betriebenem Aufzug	Kostentragung der Schönheitsreparaturen durch Vermieter
	€/m²	€/m²	€/m²	€/m²	€/m²
weniger als 22 Jahre	8,78	–1,30	–0,24	1,24	10,51
mindestens 22 Jahre	11,14	–1,30	–0,24	1,24	10,51
mindestens 32 Jahre	14,23	–1,30	–0,24	1,24	10,51

Die Zu- und Abschläge sind nach § 28 Abs. 5a II. BV ab dem 1. Januar eines jeden darauf folgenden dritten Jahres entsprechend der Entwicklung des Verbraucherpreisindexes in Deutschland nach Feststellung des Statistischen Bundesamtes anzupassen.

18 BFH, Urt. vom 31.3.1992 – IX R 175/87 –, DWW 1992, 286.

Hinweis:
Die nächste Veränderung erfolgt zum 1.1.2020, sofern nicht modellgerecht die EW-RL zur Anwendung kommt.

4.3.2.2 Instandhaltungskosten, Modellwerte für Wohnnutzung (EW-RL)

Quelle: Ertragswertrichtlinie (EW-RL), Anlage 1

Instandhaltungskosten (vgl. § 28 Absatz 2 Nummer 2 und Absatz 5 II. BV)

Zur Vermeidung von Wertsprüngen, insbesondere bei den Übergängen der in §28 II. BV genannten Werte, wird für die Instandhaltungskosten nur der Wert für Wohnungen, deren Bezugsfertigkeit am Ende des Kalenderjahres mindestens 22 Jahre zurückliegt, übernommen. Eine darüber hinausgehende Differenzierung erfolgt nicht. Mit dem Ansatz einer wirtschaftlichen Restnutzungsdauer wird eine übliche, das heißt von jedem wirtschaftlich handelnden Grundstückseigentümer vorgenommene Instandhaltung unterstellt, die den Bestand und die wirtschaftliche Nutzung des Gebäudes für diesen Zeitraum sicherstellt.

11 €	jährlich je Quadratmeter Wohnfläche, wenn die Schönheitsreparaturen von den Mietern getragen werden
83 €	jährlich je Garagen- oder Einstellplatz einschließlich der Kosten für Schönheitsreparaturen

Die vorstehend genannten Beträge gelten für das Jahr 2015. Für abweichende Wertermittlungsstichtage sind sie künftig wie unter Nummer 3 in der Anlage 1 der EW-RL dargestellt zu modifizieren (siehe auch Kapitel 4.3.0.3).

4.3.2.3 Instandhaltungskosten, Modellwerte für gewerbliche Nutzung (EW-RL)

Quelle: Ertragswertrichtlinie (EW-RL), Anlage 1

Instandhaltungskosten

Den Instandhaltungskosten für gewerbliche Nutzung wird jeweils der Vomhundertsatz der Instandhaltungskosten für Wohnnutzung zugrunde gelegt.

100%	für gewerbliche Nutzung wie z.B. Büros, Praxen, Geschäfte und vergleichbare Nutzungen bzw. gewerblich genutzte Objekte mit vergleichbaren Baukosten, wenn der Vermieter die Instandhaltung für „Dach und Fach" trägt
50%	für gewerbliche Nutzung wie z.B. SB-Verbrauchermärkte und vergleichbare Nutzungen bzw. gewerblich genutzte Objekte mit vergleichbaren Baukosten, wenn der Vermieter die Instandhaltung für „Dach und Fach" trägt
30%	für gewerbliche Nutzung wie z.B. Lager-, Logistik- und Produktionshallen und vergleichbare Nutzungen bzw. gewerblich genutzte Objekte mit vergleichbaren Baukosten, wenn der Vermieter die Instandhaltung für „Dach und Fach" trägt

4.3.2.4 Instandhaltungskosten (BelWertV)

Quelle: Beleihungswertermittlungsverordnung (BelWertV), Anlage 1

Instandhaltungskosten

Kalkulationsbasis: Herstellungskosten pro m² Wohn- oder Nutzfläche (ohne Baunebenkosten und Außenanlagen). Die untere Grenze der Bandbreite ist in der Regel für neue, die obere Grenze für ältere Objekte angemessen. Objektzustand, Ausstattungsgrad und Alter sind bei der Bemessung der Instandhaltungskosten zu berücksichtigen.

a) z.B: Lager- und Produktionshallen mit Herstellungskosten von 250,00 bis 500,00 €/m²: 0,8% bis 1,2%, absolute Untergrenze: 2,50 €/m²

b) z.B: gewerbliche Objekte einfachen Standards und SB-Verbrauchermärkte mit Herstellungskosten von mehr als 500,00 €/m²: 0,8% bis 1,2%, absolute Untergrenze: 5,00 €/m²

c) z.B: Wohngebäude und gewerbliche Gebäude mit mittlerem Standard und Herstellungskosten von mehr als 1.000,00 €/m²: 0,5% bis 1%, absolute Untergrenze: 7,50 €/m²

d) z.B: hochwertige Büro- und Handels- und andere gewerbliche Objekte mit Herstellungskosten von mehr als 2.000,00 €/m²: 0,4% bis 1%, absolute Untergrenze: 9,00 €/m²

e) Garagen und Tiefgaragenstellplätze: 30,00 bis 80,00 € je Stellplatz.

4.3.2.5 Instandhaltungskosten Wohnraum nach II. BV (Archiv, 1950-2014)

Instandhaltungskosten nach II. BV älterer Fassungen

Zeitraum	Instandhaltungskosten in €/m² p. a.										
	Ofenheizung			Zentralheizung			bei Übernahme				
							Kleinreparaturen durch Mieter	der Schönheitsreparatur durch Vermieter			
	ohne Bad	mit Bad	mit Lift	ohne Bad	mit Bad	mit Lift		ohne Tapete	mit Tapete	mit Zentralheizung	mit Doppelfenster
ab 20.11.1950	0,89	1,02	–	1,02	1,15	–	–0,20	–	–	–	–
ab 1.11.1957											
ab 1.9.1963	1,41	1,58	+ 0,10	1,56	1,74	+ 0,10	– 0,13	–	–	+ 0,87	–
ab 1.1.1968											
a)	1,94	2,15	+ 0,13	2,10	2,30	+ 0,13	– 0,15	+ 1,28	+ 0,15	+ 0,10	+ 0,13
b)	1,79	1,99	+ 0,13	1,94	2,15	+ 0,13	– 0,15	+ 1,28	+ 0,15	+ 0,10	+ 0,13
c)	1,69	1,89	+ 0,13	1,84	2,05	+ 0,13	– 0,15	+ 1,28	+ 0,15	+ 0,10	+ 0,13
ab 1.1.1971											
a)	1,94	2,15	+ 0,13	2,10	2,30	+ 0,13	– 0,15	+ 1,28	+ 0,15	+ 0,10	+ 0,13
b)	1,79	1,99	+ 0,13	1,94	2,15	+ 0,13	– 0,15	+ 1,28	+ 0,15	+ 0,10	+ 0,13
c)	1,69	1,89	+ 0,13	1,84	2,05	+ 0,13	– 0,15	+ 1,28	+ 0,15	+ 0,10	+ 0,13
ab 1.6.1972											
a)	2,35	2,66	+ 0,20	2,61	2,91	+ 0,20	– 0,26	+ 1,84	+ 0,20	+ 0,15	+ 0,18
c)	2,06	2,35	+ 0,20	2,30	2,61	+ 0,20	– 0,26	+ 1,84	+ 0,20	+ 0,15	+ 0,18
ab 1.1.1975											
a)	3,68	4,04	+ 0,26	3,99	4,35	+ 0,26	– 0,51	+ 2,40	+ 0,26	+ 0,20	+ 0,23
b)	3,53	3,89	+ 0,26	3,83	4,19	+ 0,26	– 0,51	+ 2,40	+ 0,26	+ 0,20	+ 0,23
c)	3,17	3,53	+ 0,26	3,48	3,83	+ 0,26	– 0,51	+ 2,40	+ 0,26	+ 0,20	+ 0,23
ab 1.7.1979											
a)	4,40	4,81	+ 0,31	4,76	5,16	+ 0,31	– 0,61	+ 2,40	+ 0,31	+ 0,26	+ 0,33
b)	4,19	4,60	+ 0,31	4,55	4,96	+ 0,31	– 0,61	+ 2,40	+ 0,31	+ 0,26	+ 0,33
c)	3,12	3,53	+ 0,31	3,48	3,98	+ 0,31	– 0,61	+ 2,40	+ 0,31	+ 0,26	+ 0,33

Zeitraum	Instandhaltungskosten	Abschlag wegen fehlenden Bades oder fehlender Dusche	Zuschlag für zentrale Heizungsanlage	Zuschlag für Aufzug	Abschlag wegen kleiner Instandhaltung von Mieter	Garage Instandhaltungskosten	Schönheitsreparaturkosten Normalsatz	Abschlag, wenn überwiegend nicht tapeziert	Zuschlag, wenn Heizkörper vorhanden	Zuschlag Doppel- oder Verbundglasfenster
ab 1.8.1984										
a)	6,39	– 0,56	+ 0,49	+ 0,41	– 0,82	38,55	4,24	+ 0,41	+ 0,33	+ 0,36
b)	6,14	– 0,56	+ 0,49	+ 0,41	– 0,82	38,55	4,24	+ 0,41	+ 0,33	+ 0,36
c)	5,11	– 0,56	+ 0,49	+ 0,41	– 0,82	38,55	4,24	+ 0,41	+ 0,33	+ 0,36
d)	4,09	– 0,56	+ 0,49	+ 0,41	– 0,82	38,55	4,24	+ 0,41	+ 0,33	+ 0,36
ab1.7.1988										
a)	7,93	– 0,66	+ 0,56*	+ 0,51	– 0,97	46,02	5,11	+ 0,51	+ 0,41	+ 0,43
b)	7,41	– 0,66	+ 0,56*	+ 0,51	– 0,97	46,02	5,11	+ 0,51	+ 0,41	+ 0,43
c)	5,88	– 0,66	+ 0,56*	+ 0,51	– 0,97	46,02	5,11	+ 0,51	+ 0,41	+ 0,43
d)	4,60	– 0,66	+ 0,56*	+ 0,51	– 0,97	46,02	5,11	+ 0,51	+ 0,41	+ 0,43

	Instandhaltungskosten	Abschlag wegen fehlenden Bades oder fehlender Dusche	Zuschlag für zentrale Heizungsanlage	Zuschlag für Aufzug	Abschlag wegen kleiner Instandhaltung von Mieter	Garage Instandhaltungskosten	Schönheitsreparaturkosten Normalsatz	Abschlag, wenn überwiegend nicht tapeziert	Zuschlag, wenn Heizkörper vorhanden	Zuschlag Doppel- oder Verbundglasfenster
ab 1.8.1992										
a)	10,23	– 0,59	+ 0,41**	+ 0,84	– 0,97	56,24	+ 6,14	+ 0,61	+ 0,49	+ 0,51
b)	9,46	– 0,59	+ 0,41**	+ 0,84	– 0,97	56,24	+ 6,14	+ 0,61	+ 0,49	+ 0,51
c)	7,16	– 0,59	+ 0,41**	+ 0,84	– 0,97	56,24	+ 6,14	+ 0,61	+ 0,49	+ 0,51
d)	5,62	– 0,59	+ 0,41**	+ 0,84	– 0,97	56,24	+ 6,14	+ 0,61	+ 0,49	+ 0,51
ab 1.8.1996										
a)	–	– 0,66	–	+ 0,95	– 0,97	63,91	7,93	+ 0,69	–	–
b)	10,74	– 0,66	–	+ 0,95	– 0,97	63,91	7,93	+ 0,69	–	–
c)	8,44	–0,66	–	+ 0,95	– 0,97	63,91	7,93	+ 0,69	–	–
d)	6,65	– 0,66	–	+ 0,95	– 0,97	63,91	7,93	+ 0,69	–	–
ab 1.1.2002										
e)	11,50	-0,20	-1,05	1,00	8,50	68,00	-	-	-	-
f)	9,00	-0,20	-1,05	1,00	8,50	68,00	-	-	-	-
g)	7,10	-0,20	-1,05	1,00	8,50	68,00	-	-	-	-
ab 1.1.2005										
e)	12,02	-0,21	-1,10	1,05	8,88	71,07	-	-	-	-
f)	9,41	-0,21	-1,10	1,05	8,88	71,07	-	-	-	-
g)	7,42	-0,21	-1,10	1,05	8,88	71,07	-	-	-	-
ab 1.1.2008										
e)	12,74	-0,22	-1,17	1,11	9,41	75,34	-	-	-	-
f)	9,97	-0,22	-1,17	1,11	9,41	75,34	-	-	-	-
g)	7,87	-0,22	-1,17	1,11	9,41	75,34	-	-	-	-
ab 1.1.2011										
e)	13,22	-0,23	-1,21	1,15	9,76	78,15	-	-	-	-
f)	10,34	-0,23	-1,21	1,15	9,76	78,15	-	-	-	-
g)	8,16	-0,23	-1,21	1,15	9,76	78,15	-	-	-	-
ab 1.1.2014										
e)	13,97	-0,24	-1,28	1,22	10,32	82,60	-	-	-	-
f)	10,93	-0,24	-1,28	1,22	10,32	82,60	-	-	-	-
g)	8,62	-0,24	-1,28	1,22	10,32	82,60	-	-	-	-
ab 1.1.2017										
e)	14,23	-0,24	-1,30	1,24	10,51	84,16	-	-	-	-
f)	11,14	-0,24	-1,30	1,24	10,51	84,16	-	-	-	-
g)	8,78	-0,24	-1,30	1,24	10,51	84,16	-	-	-	-

Bezugsfertig bis:
a) 31.12.1952;
b) 31.12 1969;
c) nach 31.12.1979;
d) bis 31.12.1980;
e) Bezugsfertigkeit liegt mindestens 32 Jahre zurück
f) Bezugsfertigkeit liegt mindestens 22 Jahre zurück
g) Bezugsfertigkeit liegt weniger als 22 Jahre zurück
* Bei Fernanschluss vermindern sich diese Beträge ab 12.10.1990 um 0,17 €.
** Bei Fernanschluss vermindern sich diese Beträge ab 1.8.1992 um 0,15 €.
*** Bei eigenständiger gewerblicher Leistung von Wärme.

Quelle der Fortführungswerte ab 2002: Jeweilige Ausgabe der GuG-Aktuell.

4.3.2.6 Instandhaltungskosten (Berlin)

Quelle: Geschäftsstelle des Gutachterausschusses für Grundstückswerte in Berlin, Amtsblatt für Berlin Nr. 23 vom 05.06.2015, 1207 ff.

Instandhaltungskosten (§ 19 Abs. 2 Nr. 2 ImmoWertV)

Der Preisindex für Instandhaltung hat sich gegenüber dem vorherigen Untersuchungszeitraum verändert (Preisindex Berlin für Bauleistungen am Bauwerk, Instandhaltung von Mehrfamiliengebäuden ohne Schönheitsreparaturen (Basis 2010=100: November 2011 = 103,2; Mai 2014 = 110,4). Die bisherigen Ansätze werden daher um 7% gegenüber der letzten Veröffentlichung und der Ansatz für die Nutzflächen von 50% auf 75% erhöht.

Instandhaltungskostenpauschalen in €/m² pro Jahr:

Baujahr	Instandhaltungskostenpauschale für		Zuschlag bei	
	Wohnflächen (€/m²)	Nutzflächen (€/m²)	Zentralheizung (€/m²)	Aufzug (€/m²)
bis 1900	13,85	10,40	0,65	1,00
von 1901 bis 1948	12,55	9,40	0,65	1,00
von 1949 bis 1969	13,25	9,95	-	1,00
von 1970 bis 1979	10,50	7,90	-	1,00
nach 1979	8,25	6,20	-	1,00
Offene Wageneinstellplätze (je Platz):				40,- €
Garagen und gedeckte Stellplätze (je Platz):				80,- €

Für Nebennutzungen, wie z.B. Werkstatt, Lager etc. im Keller sind 50% der Instandhaltungskosten für vergleichbare oberirdische Nutzflächen anzusetzen.

Weitergehende nutzungsartspezifische Differenzierungen z.B. nach Handel, Büro etc. sind anhand vorliegender Daten nicht möglich.

4.3.2.7 Instandhaltungskosten in % des Herstellungswerts

Die **Instandhaltungskosten im Wohnungsbau bezogen auf Herstellungskosten** belaufen sich – je nach Ausstattung – zwischen 0,87 bis 1,2 %.

Quelle: *Gärtner, S., Beurteilung und Bewertung alternativer Planungsentscheidungen im Immobilienbereich mit Hilfe eines Kennzahlensystems, 1. Aufl. 1996, siehe auch KL-V, 1971*

Instandhaltungskosten in % des Herstellungswerts			
Qualifizierung	**Wohn- und Geschäftsgebäude**		
	niedrig	**mittel**	**hoch**
Instandhaltungskosten in % der Herstellungskosten Annahme: Kosten des Bauwerks eines 3- bis 4-geschossigen Wohnungsbaus 1994: 1.120 €/m²	0,8	1,0	1,2

4.3.2.8 Instandhaltungskosten Garagen, Einstellplätze nach II. BV (Stand 1.1.2017)

Zeitraum	€/Garage und Einstellplatz p. a.
1.1.2017	bis 84,16

Die nächste Anpassung erfolgt zum 1.1.2020, sofen nicht modellgerecht die EW-RL zur Anwendung kommt.

4.3.2.9 Instandhaltungskosten Garagen, Einstellplätze nach II. BV (Archiv, 1950-2014)

Zeitraum, jeweils ab	€/Garage und Einstellplatz p. a.
20.11.1950	–
1.11.1957	–
1.9.1963	–
1.1.1968	bis 7,67 €
1.1.1971	bis 15,34 €
1.6.1972	bis 20,45 €
1.1.1975	bis 25,56 €
1.7.1979	bis 30,67 €
1.8.1984	bis 38,35 €
1.7.1988	bis 46,02 €
1.9.1993	bis 56,24 €
1.1.2002	bis 68,00 €
1.1.2005	bis 71,13 €
1.1.2008	bis 75,33 €
1.1.2011	bis 78,15 €
1.1.2014	bis 82,60 €

4.3.2.10 Instandhaltungskosten Garage, Carport, Stellplatz (AGVGA.NRW) gemäß EW-RL

Quelle: Arbeitsgemeinschaft der Vorsitzenden der Gutachterausschüsse für Grundstückswerte in Nordrhein-Westfalen (AGVGA.NRW), Modell zur Ableitung von Liegenschaftszinssätzen, ***Stand 21.06.2016*** */ 19.07.2016, S. 21 sowie eigene Berechnungen*

Jährliche Instandhaltungskosten (AGVGA.NRW, kaufmännisch gerundet auf 0,1 Euro)

Stichtag	je Garage	je Carport	je Stellplatz
01.01.2015	**65,00 €**	**40,00 €**	**25,00 €**
01.01.2016	65,20 €	40,10 €	25,10 €
01.01.2017	65,70 €	40,50 €	25,30 €

4.3.3 Mietausfallwagnis

4.3.3.1 Mietausfallwagnis nach II. BV

Grundstücksart	% der Nettokaltmiete p.a.
Mietwohn- und gemischt genutzte Grundstücke Geschäftsgrundstücke	2,00 % 4,00 %

4.3.3.2 Mietausfallwagnis (Modellwert gemäß EW-RL)

Grundstücksart	in % des marktüblich erzielbaren Rohertrags
Wohnnutzung	2,00 %
Reine und gemischte gewerbliche Nutzung	4,00 %

4.3.3.3 Mietausfallwagnis nach BelWertV

Grundstücksart	% der Nettokaltmiete p.a.
Wohnungsbau	2,00 % oder mehr
Gewerbliche Objekte	4,00 % oder mehr

4.3.4 Betriebskosten

4.3.4.1 Durchschnittliche Betriebskosten pro m² Wohnfläche (Erfahrungssätze)

Quelle: KL-V, 1071, 1958

Zur Ermittlung der **nicht umgelegten Betriebskosten für Wohngebäude**, die den Jahresreinertrag des Vermieters mindern, werden nachfolgende Erfahrungssätze angegeben:

Betriebskostenart	pro Jahr in €	im Monat in €	umgelegt	nicht umgelegt
Wasserversorgung und- entsorgung	4,70	0,40		
Zentrale Warmwasserversorgung	1,50	0,12		
Verbundene Heizungs- und Warmwasser-versorgungsanlagen	1,30	0,11		
Maschinell betriebener Personen- und Lasten-aufzug	1,00	0,08		
Straßenreinigung und Müllbeseitigung (Schneebeseitigung)	4,00	0,33		
Gebäudereinigung und Ungezieferbekämp-fung	1,10	0,09		
Gartenpflege	1,30	0,11		
Beleuchtung	0,40	0,03		
Schornsteinfegerreinigung	0,60	0,05		
Sach- und Haftpflichtversicherung	1,50	0,12		
Hauswart	1,70	0,14		
Gemeinschaftsantennenanlage Breitbandkabelnetzverteileranlage	0,50 1,00	0,04 0,08		
Wäschepflegeanlage	0,50	0,04		
Sonstiges (Dachrinnenreinigung)				
Grundsteuer	2,80	0,23		
Verbleibt beim Vermieter:				

Zu den genannten Betriebskosten können insbesondere **bei Gewerbeimmobilien weitere Leerstandskosten** treten:

- anteilige Kosten der Instandhaltung,
- laufende Kontrollkosten,
- Kosten für Mietgarantien,
- ggf. Umbaukosten und Kosten von Revitalisierungsmaßnahmen,

- Kosten des Imageverlustes,
- Kosten des Leerstandsmanagements,
- Opportunitätskosten (Vermietung zu einem niedrigeren Mietpreis).

Im Falle eines nur **zeitweise und in ungewöhnlicher Höhe auftretenden Leerstands**, z.B. in der Anlaufphase eines neu errichteten Bürokomplexes (Aquisitionszeitraum), belaufen sich die nicht umgelegten Betriebskosten auf etwa 2 €/m² NF.

Sind **Mietgarantien** gegeben worden, entstehen als weitere Verluste anstelle der entgangenen Miete die Auszahlungen in Höhe der Mindestgarantie.

Im Falle eines nur **zeitweise und in ungewöhnlicher Höhe auftretenden Leerstands**, z.B. in der Anlaufphase eines neu errichteten Bürokomplexes (Akquisitionszeitraum), belaufen sich die nicht umgelegten Betriebskosten auf etwa 2 €/m² NF.

Bei Anwendung des ein- bzw. zweigleisigen Ertragswertverfahrens (Standardverfahren nach § 17 Abs. 2 ImmoWertV) auf der Grundlage der um die üblicherweise anfallenden Bewirtschaftungskosten verminderten marktüblich erzielbaren Erträge ist das im Rahmen der Ermittlung des vorläufigen Ertragswerts angesetzte **Mietausfallwagnis** insoweit nicht berücksichtigungsfähig, wie die Einnahmeausfälle der vom Leerstand betroffenen Flächen ergänzend (als *underrented*) berücksichtigt wurden. Die Ertragsausfälle leerstandsbetroffener Flächen haben kein Mietausfallwagnis. Deswegen muss das im Rahmen der Ermittlung des vorläufigen Sachwerts für die leerstandsbetroffenen Flächen angesetzte Mietausfallwagnis wieder „neutralisiert" werden, indem man es als „Einnahme" ergänzend berücksichtigt.

Beispiel:

Auf der Grundlage

- einer Jahresnettokaltmiete von 130.000 €
- eines Jahresreinertrags von 100.000 €

wurde als vorläufiger Ertragswert ermittelt = 1.500.000 €

Das (langfristige) Mietausfallwagnis wurde dabei berücksichtigt mit 8 %.

Es ist ein vorübergehender (struktureller) Leerstand von 3 Jahren zu berücksichtigen.

Das (langfristige) Mietausfallwagnis wurde dabei berücksichtigt mit 8 %.

Es ist ein vorübergehender (struktureller) Leerstand von 3 Jahren zu berücksichtigen.		
Leerstandsbedingter Reinertragsausfall p. a	25.000 €	
Betriebskosten des Vermieters p. a.	+ 5.000 €	
Mietausfallwagnis: 25.000 € × 0,08	– 2.000 €	
Zwischenwert	28.000 €	
Kapitalisiert über 3 Jahre bei 6 %: 28.000 € × 2,67		– rd. 75.000 €
Ertragswert		= 1.425.000 €

4.3.4.2 Betriebskostenarten im Überblick

Quelle: Deutscher Mieterbund e.V. in Kooperation mit der mindUp GmbH Daten 2013; Datenerfassung 2014/2015, Veröffentlichung 17.08.2015

Nach der Betriebskostenverordnung dürfen – soweit im Mietvertrag wirksam vereinbart – nachfolgende Kosten in tatsächlich angefallener Höhe abgerechnet werden. Die hier genannten Vergleichswerte des aktuellen Betriebskostenspiegels sind Angaben pro Quadratmeter und Monat aus dem Abrechnungsjahr 2013.

Heizkosten **1,24 Euro**

Heizkosten müssen immer dann, wenn eine Heizungsanlage mindestens zwei Wohnungen versorgt, verbrauchsabhängig abgerechnet werden. Bei der Heizkostenabrechnung müssen Mieter nicht nur die reinen Brennstoffkosten für Gas, Öl oder Fernwärme zahlen, sondern auch so genannte Heizungsnebenkosten, wie Betriebsstrom, Heizungswartung und Kosten für Wärmemessdienstfirmen.

Warmwasser **0,27 Euro**

Die Kosten für die zentrale Warmwasserversorgung werden in aller Regel ebenfalls verbrauchsabhängig abgerechnet. Hier gelten die gleichen Grundsätze wie bei der Heizkostenabrechnung.

Wasser / Abwasser **0,34 Euro**

Zu den Wasserkosten gehören neben dem reinen Wassergeld auch die Kosten einer Wasseruhr inklusive regelmäßiger Eichkosten, Kosten der Berechnung und Aufteilung, unter Umständen auch Kosten für eine Wasseraufbereitungs- oder eine Wasserhebeanlage. In den meisten Fällen erfolgt die Abrechnung der Wasserkosten nach dem Verteilerschlüssel „Kopfzahl" oder „Wohnfläche". Nur im Neubaubereich muss zwingend verbrauchsabhängig anhand von Wasseruhren in den Wohnungen abgerechnet werden. Zu den Entwässerungskosten gehören die städtischen Kanalgebühren. Hierzu können aber auch die Kosten für eine private Anlage bzw. die Kosten für Abfuhr und Reinigung einer eigenen Klär- und Sickergrube gezählt werden. Auch von der Gemeinde per Abgabenbescheid erhobene Kosten, wie Sielgebühren, Oberflächenentwässerung, Regenwasser oder Niederschlagswasser, gehören zu den Entwässerungskosten.

Grundsteuer **0,18 Euro**

In der Betriebskostenverordnung ist von „laufenden öffentlichen Lasten des Grundstücks" die Rede, gemeint ist die Grundsteuer.

Hauswart **0,21 Euro**

Zu den typischen Hausmeister- oder Hauswartaufgaben gehören körperliche Arbeiten, wie zum Beispiel Haus-, Treppen- und Straßenreinigung, Gartenpflege, Bedienung und Überwachung der Sammelheizung, der Warmwasserversorgung und des Fahrstuhls. Soweit der Hausmeister auch für Reparaturen oder Verwaltungsarbeiten im Haus zuständig ist, gehört dies nicht in die Betriebskostenabrechnung.

Ist der Hausmeister auch für Gartenpflegearbeiten oder die Hausreinigung verantwortlich, dürfen diese Betriebskostenpositionen in der Regel nicht mehr eigenständig abgerechnet werden. Es sei denn, zusätzliche Arbeitskräfte oder Dienstleistungen werden als Hausreinigung bzw. Gartenpflege abgerechnet.

Müllbeseitigung **0,16 Euro**

Hierunter fallen die Kosten der Müllabfuhr, auch die laufenden Kosten für einen Müllschlucker, eine Müllschleuse oder andere Systeme zur Erfassung der Müllmengen. Keine Kosten der Müllbeseitigung sind es, wenn Container aufgestellt werden, um nach Umbau- oder Modernisierungsarbeiten Bauschutt abzufahren oder Sperrmüll zu entsorgen.

Aufzug **0,16 Euro**

Hierzu gehören die Kosten des Betriebsstroms, der Beaufsichtigung, Bedienung, Überwachung und Pflege der Aufzugsanlage, der regelmäßigen Prüfung der Betriebsbereitschaft und Betriebssicherheit, einschließlich der Einstellung durch einen Fachmann, sowie die Kosten der Reinigung der Anlage und die Kosten einer Notrufbereitschaft. Reparaturkosten für den Aufzug sind niemals Betriebskosten.

Gebäudereinigung **0,15 Euro**

Das sind Kosten für die Säuberung der gemeinsam benutzten Gebäudeteile, wie Zugänge, Flure, Treppen, Keller, Bodenräume, Waschküchen oder Aufzug. Soweit Mieter laut Mietvertrag verpflichtet sind, die Gemeinschaftsräume selbst in regelmäßigen Abständen zu reinigen, fallen keine umlagefähigen Gebäudereinigungskosten an.

Sach- und Haftpflichtversicherungen **0,15 Euro**

Gemeint sind Kosten der Versicherung des Gebäudes gegen Feuer-, Sturm- und Wasserschäden, Kosten der Glasversicherung, der Haftpflichtversicherung für Gebäude, Öltank und Aufzug. Auch Kosten für eine Versicherung gegen Elementarschäden, wie Überschwemmungen oder Erdbeben, zählen hierzu. Dagegen sind die Prämien für die Rechtsschutzversicherung oder die Hausratversicherung des Vermieters keine Betriebskosten.

Gemeinschaftsantenne und Kabelfernsehen **0,14 Euro**

Die Kosten des Betriebs der Gemeinschaftsantennenanlage oder die Kosten des Betriebs des Breitbandkabelnetzes sind umlagefähige Betriebskostenpositionen.

Gartenpflege **0,10 Euro**

Das sind Kosten der Pflege gärtnerisch angelegter Flächen, einschließlich der Erneuerung von Pflanzen und Gehölzen sowie der Neuanlegung des Rasens. Hierunter können auch Kosten für die Pflege von Spielplätzen fallen, einschließlich der Erneuerung von Sand.

Allgemeinstrom **0,05 Euro**

Das sind die Stromkosten für die Außenbeleuchtung und die Beleuchtung der gemeinsam genutzten Gebäudeteile, wie Zugänge, Flur, Treppen, Keller, Bodenräume und Waschküche.

Straßenreinigung **0,04 Euro**

Hierzu gehören die von der Gemeinde erhobenen Gebühren und die Kosten, die für die Säuberung der Straßen und Fußwege aufgewendet werden müssen. Auch die Kosten des Winterdienstes können hierunter fallen.

Schornsteinreinigung **0,03 Euro**

Hierunter fallen die Schornsteinfegerkosten und die Kosten der ggf. notwendig werdenden Immissionsmessungen.

Sonstige Kosten **0,04 Euro**

Hierunter können die Kosten für ein Schwimmbad, eine Sauna oder andere Gemeinschaftseinrichtungen im Haus fallen. Auch Prüfgebühren für einen Feuerlöscher oder die Dachrinnenreinigung sind denkbare „sonstige Betriebskosten". Voraussetzung ist immer, dass im Mietvertrag ausdrücklich geregelt ist, welche Kosten unter „Sonstiges" abgerechnet werden dürfen.

4.3.4.3 Betriebskostenspiegel für Deutschland

Quelle: Deutscher Mieterbund e.V. in Kooperation mit der mindUp GmbH
Daten 2014; Datenerfassung 2015/2016, Veröffentlichung 17.08.2015

Angaben in €/m² WoFl. pro Monat

Betriebskostenart	Deutschland, gesamt	Deutschland, West	Deutschland, Ost
Grundsteuer	0,19	0,20	0,13
Wasser inkl. Abwasser	0,34	0,33	0,40
Heizung	1,10	1,06	1,25
Warmwasser	0,29	0,29	0,31
Aufzug	0,16	0,16	0,16
Straßenreinigung	0,04	0,04	0,02
Müllbeseitigung	0,17	0,18	0,13
Gebäudereinigung	0,16	0,17	0,12
Gartenpflege	0,10	0,10	0,07
Allgemein Strom	0,05	0,05	0,05
Schornsteinreinigung	0,03	0,03	0,02
Versicherung	0,17	0,18	0,13
Hauswart	0,21	0,21	0,19
Antenne/Kabel	0,13	0,13	0,13
Sonstige	0,04	0,04	0,03

4.3.4.3.1 Betriebskostenspiegel (Deutscher Mieterbund), Archiv

Quelle: http://www.mieterbund.de/service/betriebskostenspiegel.html

Angaben in €/m² WoFl. je Monat

Kostenart	2014	2013	2012	2011	2010	2009	2008	2007	2006	2005	Veränderung 2014:2005
Grundsteuer	0,19	0,18	0,19	0,19	k,A,	0,19	0,19	0,19	0,20	0,21	-9,52%
Wasser incl. Abwasser	0,34	0,34	0,35	0,35	k.A.	0,41	0,39	0,40	0,39	0,39	-12,82%
Heizung	1,10	1,24	1,16	0,99	k.A.	0,84	0,90	0,77	0,85	0,76	44,74%
Warmwasser	0,29	0,27	0,27	0,25	k.A.	0,25	0,28	0,22	0,22	0,19	52,63%
Aufzug	0,16	0,16	0,16	0,15	k.A.	0,13	0,11	0,14	0,16	0,18	-11,11%
Straßenreinigung	0,04	0,04	0,03	0,04	k.A.	0,07	0,05	0,05	0,05	0,05	-20,00%
Müllbeseitigung	0,17	0,16	0,16	0,17	k.A.	0,20	0,19	0,19	0,18	0,18	-5,56%
Gebäudereinigung	0,16	0,15	0,16	0,15	k.A.	0,15	0,14	0,15	0,14	0,13	23,08%
Gartenpflege	0,10	0,10	0,09	0,09	k.A.	0,10	0,09	0,09	0,09	0,10	0,00%
Allgemeinstrom	0,05	0,05	0,05	0,05	k.A.	0,05	0,05	0,05	0,04	0,05	0,00%
Schornsteinfeger	0,03	0,03	0,03	0,03	k.A.	0,04	0,04	0,04	0,03	0,04	-25,00%
Versicherung	0,17	0,15	0,15	0,14	k.A.	0,14	0,13	0,12	0,12	0,13	30,77%
Hauswart	0,21	0,21	0,21	0,21	k.A.	0,18	0,19	0,20	0,20	0,20	5,00%
Antenne/Kabel	0,13	0,14	0,14	0,12	k.A.	0,13	0,11	0,12	0,10	0,09	44,44%
Sonstige	0,04	0,04	0,04	0,04	k.A.	0,06	0,05	0,05	0,05	0,04	0.00%

4.3.4.4 Betriebskosten Wohnen, Hausgeld-Spiegel nach Stadtregion pro Monat

Euro pro m² Wohnfläche bzw. Wohnung (Stand: 2006, Datenbasis 2005)

Neuere Untersuchungen liegen hierzu derzeit nicht vor.

Quelle: Wohnen im Eigentum e.V., Bonngasse 29, 53111 Bonn, www.wohnen-im-eigentum.de, info@wohnen-im-eigentum.de, Tel.: 0228-30412670, Fax: 0228-72 158-73

		Berlin	Hannover/BS/HI	Köln/Bonn	München
1.	Wasser/Abwasser/Regenwasser	0,31-**0,44**-0,56	0,20-**0,29**-0,38	0,26-**0,35**-0,44	0,20-**0,28**-0,36
2.	Heizung/Warmwasser	0,52-**0,67**-0,87	0,39-**0,58**-0,71	0,44-**0,55**-0,69	0,58-**0,73**-1,00
	Schornsteinfeger	0,02	0,01	0,02	-
3.	Straßenreinigung	0,01-**0,02**-0,04	0,01-**0,01**-0,02	0,00-**0,01**-0,02	0,01-**0,04**-0,06
4.	Müllentsorgung	0,09-**0,11**-0,14	0,09-**0,12**-0,18	0,14-**0,18**-0,23	0,13-**0,18**-0,22
5.	Hauswartdienste[1] (Summe)	0,24-**0,34**-0,45	0,15-**0,22**-0,31	0,20-**0,27**-0,39	0,28-**0,40**-0,49
	Gartenpflege[2]	0,02-**0,06**-0,13	0,02-**0,07**-0,13	0,01-**0,05**-0,13	0,01-**0,04**-0,08
	Winterdienst[2]	0,02-**0,03**-0,04	0,02-**0,03**-0,05	0,01	0,01
6.	Hausreinigung	0,10-**0,15**-0,23	0,11-**0,14**-0,18	0,04-**0,13**-0,23	0,09-**0,14**-0,18
7.	Allgemeinstrom	0,01-**0,03**-0,06	0,01-**0,03**-0,04	0,01-**0,03**-0,06	0,03-**0,06**-0,08
8.	Versicherungen	0,09-**0,12**-0,16	0,09-**0,12**-0,15	0,10-**0,14**-0,18	0,08-**0,11**-0,13
	Gewässerschaden-Haftpflicht[2]	0,01	-	0,01	0,01
9.	Kabel/Antenne[3]	5,79-**7,17**-8,17	4,81-**7,13**-8,69	4,88-**6,58**-8,54	5,25-**7,04**-8,35
10.	Aufzug	0,21	0,11-**0,15**-0,20	0,10-**0,13**-0,18	0,07-**0,10**-0,14
11.	Garagen	0,02-**0,03**-0,09	0,04	0,01-**0,03**-0,05	0,03-**0,05**-0,09
12.	Sonstige Betriebskosten	0,01-**0,02**-0,03	0,01-**0,02**-0,03	0,01-**0,02**-0,04	0,01-**0,02**-0,04
13.	Verwaltung Wohnungen[3]	19,04-**22,29**-24,52	14,44-**16,17**-18,94	17,46-**20,75**-23,75	15,67-**18,50**-20,75
	Verwaltungsnebenkosten[2,3]	0,40-**0,79**-3,00	0,42	0,50-**1,08**-4,17	0,71-**1,83**-6,58
14.	Verwaltung Garagen[3]	3,75	2,38	2,33	2,13
15.	Kontoführung	0,00-**0,01**-0,01	0,00-**0,01**-0,01	0,00-**0,01**-0,02	0,00-**0,01**-0,02
16.	Reparaturen	0,08-**0,17**-0,41	0,08-**0,11**-0,20	0,09-**0,14**-0,34	0,13-**0,26**-0,53
17.	Instandhaltungsrücklage WE	0,01	0,01	0,01-**0,01**-0,05	0,01-**0,02**-0,04
18.	Sonstige Aufwendungen	0,32-**0,52**-0,7	0,28-**0,42**-0,65	0,26-**0,41**-0,59	0,32-**0,41**-0,65
19.	Hausgeld-Summe	2,58-**2,94**-3,53	2,02-**2,45**-2,86	2,15-**2,66**-3,13	2,60-**3,16**-3,77

1) Hauswart, Gartenpflege, Winterdienst zusammengefasst, ohne Hausreinigung
2) soweit separat nachgewiesen
3) Kosten pro Wohnung; WE = Wohneinheit

Die Kostenspannen decken mittlere 50% aller Fälle ab, der Mittelwert teilt alle Fälle in zwei Hälften mit gleicher Fallzahl. Soweit kein Wert/keine Kostenspanne angegeben ist, ist die Datenbasis gering Aufschlüsselung der Regionen: München = Großstadtregion/PLZ 80, 81. Nördl. Bayern = Nürnberg, Bayreuth, Bamberg, Würzburg/PLZ 90, 91, 95, 96, 97. Rhein-Main-Gebiet = Frankfurt, Wiesbaden, Darmstadt, Mainz/PLZ 60, 61, 64, 65, 55. Rhein-Ruhr-Region = westl. NRW-Städte: PLZ 40, 41, 42, 43, 45, 46, 47, 52. Region Köln/ Bonn: PLZ 50, 53. Hannover/BS/HI = Region Hannover, Braunschweig, Hildesheim. Die regionalen Schwerpunkte ergeben sich aus der Streuung der Einsendungen.

		N/WÜ/BAY	Rhein-Main	Rhein-Ruhr
1.	**Wasser/Abwasser/Regenwasser**	0,19-**0,25**-0,36	0,37	0,24-**0,36**-0,45
2.	**Heizung/Warmwasser**	0,45-**0,64**-0,75	0,72	0,43-**0,54**-0,74
	Schornsteinfeger	0,01	0,01	0,01-**0,01**-0,01
3.	**Straßenreinigung**	0,00-**0,01**-0,02	0,01-**0,02**-0,04	0,01-**0,01**-0,03
4.	**Müllentsorgung**	0,09-**0,13**-0,16	0,11-**0,15**-0,18	0,10-**0,15**-0,20
5.	**Hauswartdienste[1] (Summe)**	0,16-**0,25**-0,34	0,23-**0,34**-0,45	0,14-**0,23**-0,30
	Gartenpflege[2]	0,03	0,01-**0,04**-0,08	0,03-**0,08**-0,12
	Winterdienst[2]	0,03	0,01	0,01
6.	**Hausreinigung**	0,09-**0,14**-0,17	0,11	0,13-**0,16**-0,23
7.	**Allgemeinstrom**	0,02-**0,04**-0,06	0,03-**0,05**-0,08	0,02-**0,03**-0,07
8.	**Versicherungen**	0,08-**0,10**-0,11	0,10-**0,12**-0,15	0,11-**0,14**-0,18
	Gewässerschaden-Haftpflicht[2]	0,01	0,01	0,01
9.	**Kabel/Antenne[3]**	6,56-**7,42**-9,02	5,33-**6,75**-10,25	5,04-**6,58**-8,67
10.	**Aufzug**	0,15	0,12-**0,16**-0,26	0,09-**0,13**-0,21
11.	**Garagen**	0,03	0,01-**0,03**-0,07	0,03
12.	**Sonstige Betriebskosten**	0,00-**0,01**-0,03	0,01-**0,03**-0,04	0,01-**0,02**-0,04
13.	**Verwaltung Wohnungen[3]**	13,92-**16,08**-17,92	18,00-**19,83**-22,50	14,25-**17,42**-21,48
	Verwaltungsnebenkosten[2,3]	0,54	0,33-**1,00**-3,17	0,52-**1,17**-2,17
14.	**Verwaltung Garagen[3]**	1,63	2,25	2,33
15.	**Kontoführung**	0,00-**0,01**-0,01	0,00-**0,01**-0,01	0,01-**0,01**-0,02
16.	**Reparaturen**	0,05-**0,08**-0,15	0,06-**0,14**-0,38	0,09-**0,18**-0,55
17.	**Instandhaltungsrücklage WE**	0,01	0,01-**0,01**-0,03	0,02
18.	**Sonstige Aufwendungen**	0,22-**0,33**-0,42	0,25-**0,35**-0,51	0,25-**0,41**-0,66
19.	**Hausgeld-Summe**	1,82-**2,22**-2,62	2,34-**2,79**-3,38	2,03-**2,64**-3,51

1) Hauswart, Gartenpflege, Winterdienst zusammengefasst, ohne Hausreinigung
2) soweit separat nachgewiesen
3) Kosten pro Wohnung; WE = Wohneinheit

Die Kostenspannen decken mittlere 50% aller Fälle ab, der Mittelwert teilt alle Fälle in zwei Hälften mit gleicher Fallzahl. Soweit kein Wert/keine Kostenspanne angegeben ist, ist die Datenbasis gering Aufschlüsselung der Regionen: München = Großstadtregion/PLZ 80, 81. Nördl. Bayern = Nürnberg, Bayreuth, Bamberg, Würzburg/PLZ 90, 91, 95, 96, 97. Rhein-Main-Gebiet = Frankfurt, Wiesbaden, Darmstadt, Mainz/PLZ 60, 61, 64, 65, 55. Rhein-Ruhr-Region = westl. NRW-Städte: PLZ 40, 41, 42, 43, 45, 46, 47, 52. Region Köln/ Bonn: PLZ 50, 53. Hannover/BS/HI = Region Hannover, Braunschweig, Hildesheim. Die regionalen Schwerpunkte ergeben sich aus der Streuung der Einsendungen.

4.3.4.5 Betriebskosten Wohnen, Hausgeld-Spiegel nach Gebäudealter (Baujahr)

Neuere Untersuchungen liegen hierzu derzeit nicht vor.

Quelle: Wohnen im Eigentum e.V., Bonngasse 29, 53111 Bonn, www.wohnen-im-eigentum.de, info@wohnen-im-eigentum.de, Tel.: 0228-30 41 26 70, Fax: 0228-72 15 87 3

Angaben in € pro m² Wohnfläche bzw. Wohnung, monatlich (Stand: 2006, Datenbasis 2005)

Baujahr	niedrigste Kosten		Mittelwert Mittlere 50%		höchste Kosten
1. Wasser/Abwasser/Regenwasser					
bis 1949	0,07	0,21	**0,32**	0,48	0,80
1950-64	0,15	0,23	**0,35**	0,44	0,56
1965-72	0,10	0,24	**0,34**	0,41	0,59
1972-83	0,10	0,23	**0,30**	0,42	0,62
1984-04	0,09	0,22	**0,30**	0,41	0,67
2. Heizung/Warmwasser					
bis 1949		0,40	**0,79**	0,91	
1950-64	0,24	0,45	**0,67**	0,78	1,18
1965-72	0,23	0,44	**0,63**	0,82	1,25
1972-83	0,31	0,48	**0,60**	0,74	1,10
1984-04	0,20	0,44	**0,60**	0,75	1,09
2.1 Schornsteinfeger					
bis 1949			**0,04**		
1950-64		0,01	**0,01**	0,04	
1965-72			**0,01**		
1972-83			**0,01**		
1984-04	0,00	0,01	**0,01**	0,02	0,05
3. Straßenreinigung					
bis 1949		0,01	**0,03**	0,06	
1950-64	0,00	0,01	**0,02**	0,04	0,10
1965-72	0,00	0,00	**0,01**	0,02	0,09
1972-83	0,00	0,00	**0,01**	0,02	0,07
1984-04	0,00	0,01	**0,01**	0,02	0,09

Baujahr	niedrigste Kosten	Mittelwert Mittlere 50%			höchste Kosten
4. Müllentsorgung					
bis 1949	0,03	0,09	**0,11**	0,17	0,28
1950-64	0,02	0,10	**0,15**	0,20	0,31
1965-72	0,06	0,11	**0,14**	0,22	0,31
1972-83	0,04	0,11	**0,16**	0,22	0,33
1984-04	0,04	0,09	**0,13**	0,17	0,27
5. Hauswartdienste					
bis 1949			**0,27**		
1950-64	0,03	0,13	**0,24**	0,34	0,68
1965-72	0,12	0,20	**0,27**	0,39	0,63
1972-83	0,12	0,20	**0,28**	0,40	0,62
1984-04	0,09	0,21	**0,30**	0,41	0,58
5.1. Gartenpflege					
bis 1949		0,01	**0,03**	0,07	
1950-64	0,01	0,03	**0,07**	0,13	0,26
1965-72	0,00	0,02	**0,06**	0,13	0,27
1972-83	0,00	0,02	**0,05**	0,11	0,23
1984-04	0,00	0,01	**0,04**	0,11	0,20
5.2. Winterdienst					
bis 1949			**0,02**		
1950-64		0,01	**0,02**	0,05	
1965-72		0,02	**0,04**	0,05	
1972-83		0,01	**0,02**	0,04	
1984-04	0,00	0,01	**0,03**	0,04	0,07
6. Hausreinigung					
bis 1949		0,13	**0,18**	0,23	
1950-64	0,00	0,11	**0,19**	0,26	0,53
1965-72	0,00	0,09	**0,12**	0,16	0,28
1972-83	0,01	0,08	**0,14**	0,18	0,29

4

Baujahr	niedrigste Kosten		Mittelwert Mittlere 50%		höchste Kosten
7. Allgemeinstrom					
bis 1949	0,00	0,01	**0,02**	0,03	0,07
1950-64	0,01	0,01	**0,03**	0,04	0,09
1965-72	0,01	0,02	**0,03**	0,06	0,11
1972-83	0,01	0,02	**0,04**	0,08	0,14
1984-04	0,01	0,02	**0,04**	0,06	0,12
8. Versicherungen					
bis 1949	0,05	0,09	**0,13**	0,17	0,28
1950-64	0,04	0,08	**0,11**	0,14	0,27
1965-72	0,07	0,09	**0,12**	0,15	0,23
1972-83	0,05	0,09	**0,12**	0,16	0,26
1984-04	0,05	0,09	**0,11**	0,14	0,19
9. Kabel/Antenne					
bis 1949			**8,00**		
1950-64	3,54	5,69	**6,71**	8,06	12,75
1965-72	2,54	4,29	**5,75**	6,92	11,38
1972-83	2,17	4,75	**6,58**	8,17	12,05
1984-04	3,47	5,75	**6,92**	8,42	12,52
10. Aufzug					
bis 1949			**0,12**		
1950-64		0,08	**0,11**	0,18	
1965-72	0,04	0,07	**0,13**	0,22	0,45
1972-83	0,03	0,07	**0,11**	0,18	0,38
1984-04	0,03	0,10	**0,15**	0,23	0,38
11. Garagen					
bis 1949			**0,00**		
1950-64			**0,03**		
1965-72		0,01	**0,02**	0,09	
1972-83	0,00	0,01	**0,02**	0,05	0,11
1984-04	0,00	0,02	**0,04**	0,08	0,14

Baujahr	niedrigste Kosten	Mittelwert Mittlere 50%			höchste Kosten
12. Sonstige Betriebskosten					
bis 1949			**0,02**		
1950-64	0,00	0,01	**0,01**	0,03	0,10
1965-72	0,00	0,01	**0,02**	0,04	0,11
1972-83	0,00	0,01	**0,02**	0,04	0,14
1984-04	0,00	0,01	**0,01**	0,04	0,11
13. Verwaltung Wohnungen					
bis 1949	2,87	17,83	**20,42**	23,75	32,45
1950-64	7,29	13,77	**17,79**	20,75	25,08
1965-72	10,24	15,13	**17,83**	20,27	23,75
1972-83	10,63	14,83	**17,08**	20,00	24,38
1984-04	10,32	16,00	**18,00**	20,92	25,95
13.1. Verwaltungsnebenkosten					
bis 1949			**1,33**		
1950-64		0,42	**0,83**	1,92	
1965-72	0,17	0,50	**1,58**	2,67	15,25
1972-83	0,13	0,46	**0,83**	2,25	12,63
1984-04	0,08	0,25	**0,92**	3,10	23,06
14. Verwaltung Garagen					
bis 1949			**2,96**		
1950-64			**2,42**		
1965-72			**2,00**		
1972-83			**1,83**		
1984-04	1,17	1,75	**2,08**	2,50	3,58
15. Kontoführung nicht relevant					
16. Reparaturen					
bis 1949	0,03	0,05	**0,14**	0,58	2,27
1950-64	0,03	0,06	**0,18**	0,68	3,91
1965-72	0,02	0,08	**0,17**	0,39	1,43
1972-83	0,02	0,08	**0,20**	0,54	1,50
1984-04	0,03	0,05	**0,14**	0,58	2,27

Baujahr	niedrigste Kosten		Mittelwert Mittlere 50%		höchste Kosten
17. Instandhaltungsrücklage					
bis 1949	0,07	0,29	**0,50**	0,73	1,48
1950-64	0,11	0,28	**0,56**	0,82	1,33
1965-72	0,20	0,35	**0,50**	0,74	1,22
1972-83	0,16	0,31	**0,48**	0,69	1,12
1984-04	0,11	0,21	**0,30**	0,42	0,69
18. Sonstige Aufwendungen					
bis 1949			**0,01**		
1950-64		0,01	**0,01**	0,04	
1965-72	0,00	0,01	**0,01**	0,03	0,15
1972-83	0,00	0,00	**0,01**	0,04	0,15
1984-04	0,00	0,01	**0,01**	0,04	0,25
19. Summe Hausgeld					
bis 1949	0,72	1,61	**2,30**	3,01	5,31
1950-64	1,59	2,45	**2,88**	3,73	5,71
1965-72	1,45	2,36	**2,78**	3,45	4,49
1972-83	1,48	2,10	**2,67**	3,36	5,25
1984-04	0,72	1,61	**2,30**	3,01	5,31

Anmerkung:

Erläuterungen zum Mittelwert und zur Kosten-Spanne siehe Tabelle 4.3.4.4. Bei unbesetzten Feldern/Spannen ist die Datenbasis zu gering. Werte unter 0,5 Ct. abgerundet auf 0,00. Renovierungen ab 1990 sind in der Kategorie 1984-2004 berücksichtigt.

4.3.4.6 Betriebskosten Wohnen nach Gebäudearten

Quelle: *Haus- und Grund Düsseldorf, Düsseldorfer Bauzeitung, Februar 2016*

Gebäudeart	∅ Nettokaltmiete € pro m² WoFl.		∅ Betriebskosten € pro m² WoFl.		∅ Heizkosten € pro m² WoFl.	
	1. HJ 2015	2. HJ 2015	1. HJ 2015	2. HJ 2015	1. HJ 2015	2. HJ 2015
Einfamilien-haus (EFH)	8,21	7,55	0,96	0,88	1,10	1,02
Zweifamilien-haus (ZFH)	6,64	6,70	1,03	1,05	1,12	1,10
Eigentums-wohnung (WEG)	9,60	9,54	1,58	1,65	1,18	1,08
Mehrfamilen-haus (MFH)	7,45	7,58	1,24	1,27	1,10	1,06

4.3.4.7 Durchschnittswerte aller Betriebskosten für Bürogebäude nach Standorten

Quelle: Jones Lang LaSalle (OSCAR 2015)

Durchschnittliche Betriebskosten (2015) für Bürogebäude in €/m² NFl. (im Monat) an den wichtigsten Bürostandorten					
Betriebskosten (2015)	**Berlin**	**Düsseldorf**	**Frankfurt a. M.**	**Hamburg**	**München**
Klimatisiert	**€/m²**	**€/m²**	**€/m²**	**€/m²**	**€/m²**
Öffentliche Abgaben	0,57	0,55	0,55	0,57	0,51
Versicherung	0,14	0,14	0,13	0,13	0,12
Wartung	0,62	0,52	0,61	0,54	0,63
Strom	0,48	0,46	0,50	0,46	0,47
Heizung	0,59	0,56	0,56	0,56	0,63
Wasser, Kanal	0,15	0,11	0,12	0,12	0,11
Reinigung	0,35	0,35	0,37	0,39	0,35
Bewachung	0,33	0,29	0,31	0,30	0,33
Verwaltung	0,36	0,35	0,36	0,35	0,36
Hausmeister	0,26	0,30	0,32	0,29	0,34
Sonstiges	0,10	0,21	0,22	0,15	0,20
Gesamt	**3,95**	**3,84**	**4,05**	**3,86**	**4,05**
Betriebskosten (2015)	**Berlin**	**Düsseldorf**	**Frankfurt a. M.**	**Hamburg**	**München**
Unklimatisiert	**€/m²**	**€/m²**	**€/m²**	**€/m²**	**€/m²**
Öffentliche Abgaben	0,55	0,53	0,50	0,55	0,47
Versicherung	0,11	0,11	0,10	0,10	0,09
Wartung	0,47	0,42	0,49	0,41	0,51
Strom	0,36	0,34	0,36	0,33	0,34
Heizung	0,57	0,57	0,58	0,56	0,54
Wasser, Kanal	0,13	0,11	0,12	0,13	0,11
Reinigung	0,28	0,31	0,28	0,29	0,32
Bewachung	0,28	0,26	0,28	0,25	0,28
Verwaltung	0,30	0,30	0,33	0,31	0,31
Hausmeister	0,23	0,28	0,30	0,26	0,30
Sonstiges	0,07	0,08	0,09	0,10	0,11
Gesamt	**3,35**	**3,31**	**3,43**	**3,29**	**3,38**

4.3.4.8 Durchschnittswerte aller Betriebskosten für Bürogebäude nach Gebäudequalität

Quelle. Jones Lang LaSalle (OSCAR 2015)

Durchschnittliche Betriebskosten (2015) für Bürogebäude in €/m² NFl. (im Monat) nach Gebäudequalität			
	einfach	**mittel**	**hoch**
Öffentliche Abgaben	0,52	0,53	0,57
Versicherung	0,09	0,12	0,14
Wartung	0,41	0,51	0,62
Strom	0,29	0,41	0,52
Heizung	0,57	0,57	0,59
Wasser, Kanal	0,12	0,12	0,12
Reinigung	0,28	0,32	0,39
Bewachung	0,25	0,28	0,33
Verwaltung	0,31	0,31	0,38
Hausmeister	0,24	0,28	0,31
Sonstiges	0,04	0,14	0,20
Gesamt	**3,12**	**3,59**	**4,17**

Allgemein gilt, dass bei Bürogebäuden die Nebenkosten mit der Gebäudequalität geringfügig ansteigen. Eine Besonderheit stellen allerdings einfachste Bürogebäude mit veralteter und unwirtschaftlicher Betriebstechnik und dgl. dar, die vielfach überdurchschnittliche Nebenkosten ausweisen. Nicht immer sind selbst hochqualitative Gebäude klimatisiert.

4.3.4.9 Durchschnittswerte aller Betriebskosten für Bürogebäude nach Gebäudegröße

Quelle: Jones Lang LaSalle (OSCAR 2015)

Durchschnittliche Betriebskosten (2015) für Bürogebäude in €/m² NFl. (im Monat) nach Gebäudegröße										
	1.000-4.999 m²		5.000-9.999 m²		10.000-19.999 m²		20.000-49.999 m²		>=50.000 m²	
	klimatisiert	nicht klimatisiert	klimatisiert	nicht klimatisiert	klimatisiert	nicht klimatisiert	klimatisiert	nicht klimatisiert	klimatisiert	nicht klimatisiert
Öffentliche Abgaben	0,53	0,51	0,56	0,54	0,57	0,54	0,55	0,51	0,56	-
Versicherung	0,12	0,10	0,13	0,11	0,14	0,11	0,14	0,11	0,15	-
Wartung	0,49	0,42	0,52	0,46	0,59	0,47	0,63	0,50	0,67	-
Strom	0,46	0,31	0,45	0,33	0,46	0,36	0,49	0,39	0,52	-
Heizung	0,57	0,55	0,57	0,55	0,57	0,57	0,59	0,60	0,60	-
Wasser, Kanal	0,13	0,12	0,12	0,12	0,12	0,13	0,12	0,12	0,12	-
Reinigung	0,36	0,31	0,38	0,30	0,36	0,30	0,35	0,29	0,37	-
Bewachung	0,29	0,24	0,30	0,25	0,30	0,30	0,34	0,29	0,34	-
Verwaltung	0,35	0,31	0,34	0,31	0,35	0,31	0,37	0,31	0,39	-
Hausmeister	0,33	0,27	0,32	0,25	0,30	0,27	0,29	0,26	0,28	-
Sonstiges	0,20	0,11	0,16	0,12	0,18	0,06	0,15	0,06	0,16	-
Gesamt	**3,83**	**3,25**	**3,85**	**3,34**	**3,94**	**3,42**	**4,02**	**3,44**	**4,16**	**-**

4.3.4.10 Durchschnittswerte aller Betriebskosten für Bürogebäude nach Geschosszahl

Quelle: Jones Lang LaSalle (OSCAR 2015)

Durchschnittliche Betriebskosten für Bürogebäude in €/m² Nutzfläche und Monat nach Geschosszahl		
	Geschosse	**Hochhaus**
Öffentliche Abgaben	0,52	0,57
Versicherung	0,11	0,15
Wartung	0,49	0,69
Strom	0,39	0,51
Heizung	0,56	0,61
Wasser, Kanal	0,12	0,13
Reinigung	0,32	0,38
Bewachung	0,28	0,33
Verwaltung	0,32	0,39
Hausmeister	0,27	0,31
Sonstiges	0,11	0,17
Gesamt	**3,49**	**4,24**

4.3.4.11 Durchschnittswerte aller Betriebskosten für Bürogebäude nach Klimatisierung

Quelle: Jones Lang LaSalle (OSCAR 2015)

Durchschnittliche Betriebskosten für Bürogebäude in €/m² Nutzfläche und Monat nach Klimatisierungsgrad		
	klimatisiert	**unklimatisiert**
Öffentliche Abgaben	0,55	0,52
Versicherung	0,13	0,10
Wartung	0,59	0,46
Strom	0,47	0,35
Heizung	0,58	0,57
Wasser, Kanal	0,12	0,12
Reinigung	0,37	0,30
Bewachung	0,31	0,27
Verwaltung	0,36	0,31
Hausmeister	0,31	0,26
Sonstiges	0,17	0,08
Gesamt	**3,96**	**3,34**

4.3.4.12 Durchschnittswerte aller Betriebskosten für Bürogebäude nach Klimatisierung im Zeitverlauf

Quelle: Jones Lang LaSalle (OSCAR 2016)

Durchschnittswerte aller Betriebskosten für Bürogebäude in €/m² Nutzfläche und Monat nach Klimatisierungsgrad						
	klimatisiert					
	2011	**2012**	**2013**	**2014**	**2015**	**2016**
Öffentliche Abgaben	0,53	0,52	0,53	0,55	0,55	0,56
Versicherung	0.12	0.13	0.13	0.13	0.13	0.14
Wartung	0.50	0.50	0.51	0.57	0.59	0.59
Strom	0.38	0.39	0.41	0.45	0.47	0.47
Heizung	0,57	0,58	0,60	0,59	0,58	0.56
Wasser, Kanal	0.12	0.12	0.13	0.12	0.12	0.12
Reinigung	0,35	0,34	0,32	0,36	0,37	0,37
Bewachung	0,33	0,32	0.33	0.31	0.31	0.32
Verwaltung	0,30	0,31	0,32	0,35	0,36	0,36
Hausmeister	0,28	0,27	0,28	0,30	0,31	0,31
Sonstiges	0,11	0,17	0,19	0,17	0,17	0,19
Gesamt	3,59	3,65	3,75	3,90	3,96	3,99

Durchschnittswerte aller Betriebskosten für Bürogebäude in €/m² Nutzfläche und Monat nach Klimatisierungsgrad						
	unklimatisiert					
	2011	**2012**	**2013**	**2014**	**2015**	**2016**
Öffentliche Abgaben	0,50	0,50	0,51	0,51	0,52	0,52
Versicherung	0,09	0,10	0,10	0,10	0,10	0,11
Wartung	0,43	0,43	0,43	0,45	0,46	0,46
Strom	0,28	0,30	0,32	0,33	0,35	0,36
Heizung	0,53	0,55	0,58	0,57	0,57	0,54
Wasser, Kanal	0,12	0,12	0,12	0,12	0,12	0,12
Reinigung	0,31	0,29	0,29	0,29	0,30	0,31
Bewachung	0,27	0,28	0,29	0,26	0,27	0,27
Verwaltung	0,27	0,29	0,29	0,30	0,31	0,32
Hausmeister	0,27	0,28	0,28	0,26	0,26	0,27
Sonstiges	0,09	0,10	0,12	0,08	0,08	0,11
Gesamt	3,16	3,24	3,33	3,27	3,34	3,39

4.3.5 Heizspiegel (bundesweit)

4.3.5.1 Vergleichswerte zum Wärmeverbrauch

Quelle: *www.heizspiegel.de*

Vergleichswerte bundesweit Abrechnungsjahr 2015

Die Vergleichswerte in den Tabellen beziehen sich auf die gesamte Wohnfläche eines zentral beheizten Gebäudes **und beinhalten den Verbrauch für Raumwärme und Warmwasserbereitung.** Die Werte dienen zur Orientierung. Der Heizspiegel stellt kein geeignetes Instrument für Einzelfallentscheidungen nach SGB dar.

	Wohnfläche in m²	Verbrauch in kWh je m² Wohnfläche und Jahr (Vergleichswerte für das Abrechnungsjahr 2015)			
		niedrig	mittel	erhöht	zu hoch*
Heizöl	100-250	bis 97	bis 166	bis 261	über 261
	251-500	bis 93	bis 160	bis 252	über 252
	501-1.000	bis 89	bis 153	bis 242	über 242
	> 1.000	bis 86	bis 149	bis 236	über 236
Erdgas	100-250	bis 108	bis 167	bis 252	über 252
	251-500	bis 104	bis 162	bis 245	über 245
	501-1.000	bis 100	bis 159	bis 239	über 239
	> 1.000	bis 97	bis 156	bis 236	über 236
Fernwärme	100-250	bis 87	bis 143	bis 234	über 234
	251-500	bis 83	bis 137	bis 224	über 224
	501-1.000	bis 80	bis 131	bis 215	über 215
	> 1.000	bis 78	bis 127	bis 209	über 209

*Am Gebäude besteht Einsparpotenzial durch energetische Modernisierung.

4.3.5.2 Vergleichswerte zu Heizkosten

Quelle: *www.heizspiegel.de*

Vergleichswerte bundesweit Abrechnungsjahr 2015

Die Vergleichswerte in den Tabellen beziehen sich auf die gesamte Wohnfläche eines zentral beheizten Gebäudes **und beinhalten die Kosten für Raumwärme und Warmwasserbereitung.** Die Werte dienen zur Orientierung. Der Heizspiegel stellt kein geeignetes Instrument für Einzelfallentscheidungen nach SGB dar.

	Wohnfläche in m²	Verbrauch in € je m² Wohnfläche und Jahr (Vergleichswerte für das Abrechnungsjahr 2015)			
		niedrig	mittel	erhöht	zu hoch*
Heizöl	100-250	bis 8,60	bis 13,10	bis 19,20	über 19,20
	251-500	bis 8,20	bis 12,50	bis 18,20	über 18,20
	501-1.000	bis 7,80	bis 11,90	bis 17,30	über 17,30
	> 1.000	bis 7,50	bis 11,50	bis 16,80	über 16,80
Erdgas	100-250	bis 8,50	bis 11,80	bis 16,30	über 16,30
	251-500	bis 8,00	bis 11,20	bis 15,60	über 15,60
	501-1.000	bis 7,60	bis 10,80	bis 15,00	über 15,00
	> 1.000	bis 7,30	bis 10,50	bis 14,60	über 14,60
Fernwärme	100-250	bis 10,40	bis 15,30	bis 23,00	über 23,00
	251-500	bis 9,80	bis 14,50	bis 21,80	über 21,80
	501-1.000	bis 9,40	bis 13,80	bis 20,80	über 20,80
	> 1.000	bis 9,10	bis 13,30	bis 20,10	über 20,10

*Am Gebäude besteht Einsparpotenzial durch energetische Modernisierung.

4.4 Rohertragsfaktoren in Deutschland

Quelle: Immobilienmarktbericht Deutschland 2015 der Gutachterausschüsse in der Bundesrepublik Deutschland, S. 160 ff.; Herausgeber: Arbeitskreis der Gutachterausschüsse und Oberen Gutachterausschüsse in der Bundesrepublik Deutschland (AK OGA), Oldenburg Dezember 2015

Für die Ableitung von Rohertragsfaktoren für mit Mehrfamilienhäusern sowie Büro- und Verwaltungsgebäuden bebauten Grundstücken standen aus der Erhebung 2013 und 2014 je Teilmarkt zwischen 612 und 105 Datensätze zur Verfügung. Der Großteil der Daten stammt aus Nordrhein-Westfalen (bis zu 22 %), Niedersachsen (bis zu 18 %) und Bayern (bis zu 13 %). Die Stadtstaaten Berlin, Bremen und Hamburg sowie das Saarland sind mit nur wenigen Datensätzen unterrepräsentiert.

Die Auswertungen wurden anhand von Durchschnittswerten unter Ausschluss von Extremwerten durchgeführt. Sie sollen überregionale Zusammenhänge und Entwicklungen aufzeigen.

Eine unreflektierte Anwendung der Daten auf einen regionalen Markt oder für Zwecke der Wertermittlung wird ausdrücklich **nicht** empfohlen.

Hierzu wird auf die Marktdaten der örtlichen Gutachterausschüsse verwiesen.

Rohertragsfaktor in Abhängigkeit vom Bodenrichtwert (Geschosswohnungsbau)

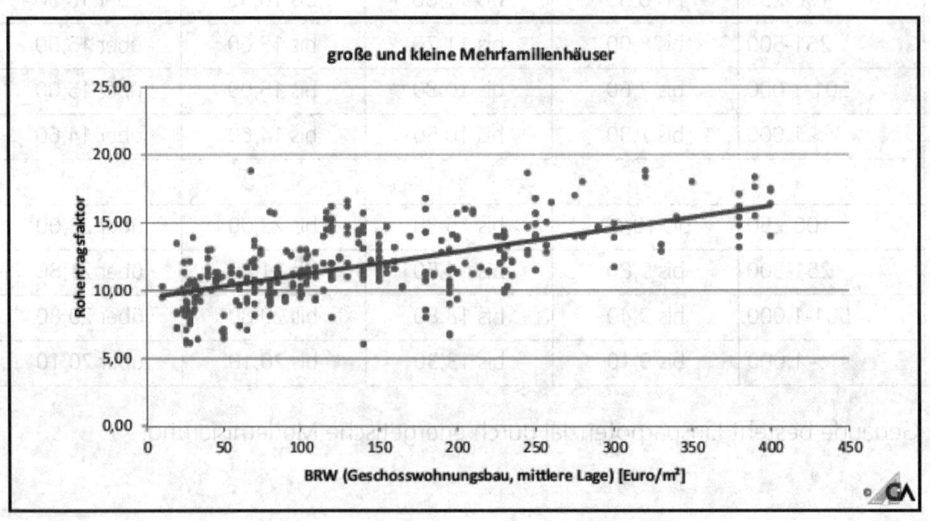

Zusammenhang zwischen Bodenrichtwert und Rohertragsfaktor (große und kleine Mehrfamilienhäuser)

Rohertragsfaktor in Abhängigkeit von der Bevölkerungsdichte (Geschosswohnungsbau)

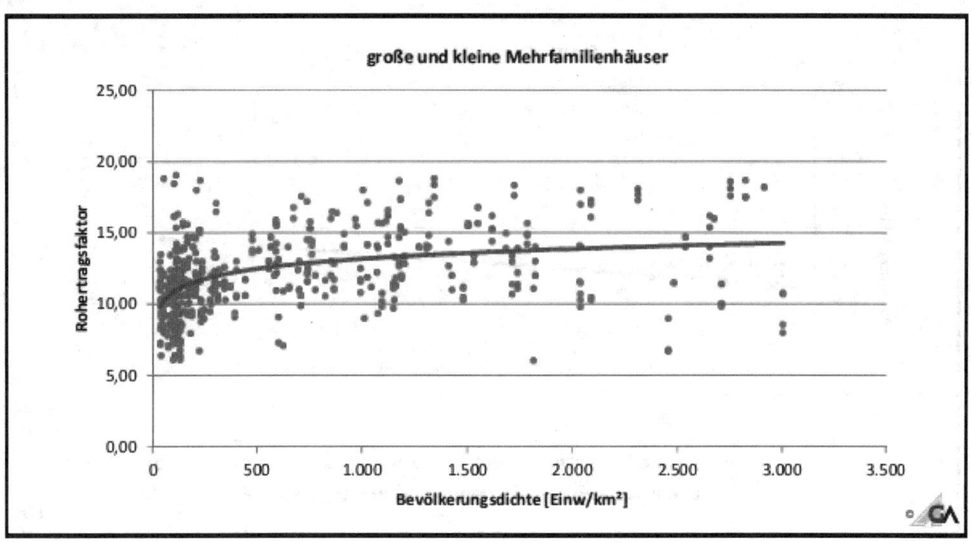

Zusammenhang zwischen Bevölkerungsdichte und Rohertragsfaktor (große und kleine Mehrfamilienhäuser)

Rohertragsfaktor in Abhängigkeit vom Bevölkerungswachstum (Geschosswohnungsbau)

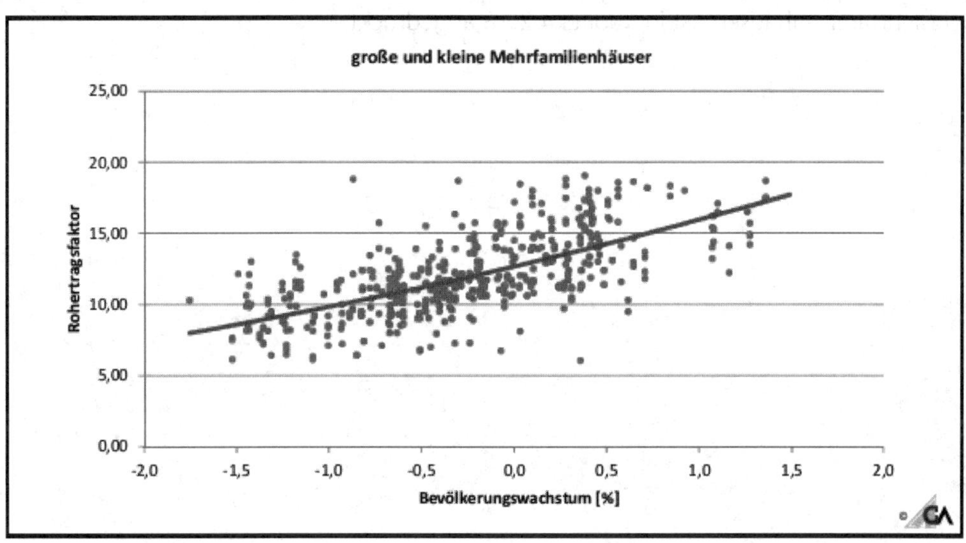

Zusammenhang zwischen Bevölkerungswachstum und Rohertragsfaktor (große und kleine Mehrfamilienhäuser)

Rohertragsfaktor in Abhängigkeit vom Bodenrichtwert (Büro- und Verwaltungsgebäude)

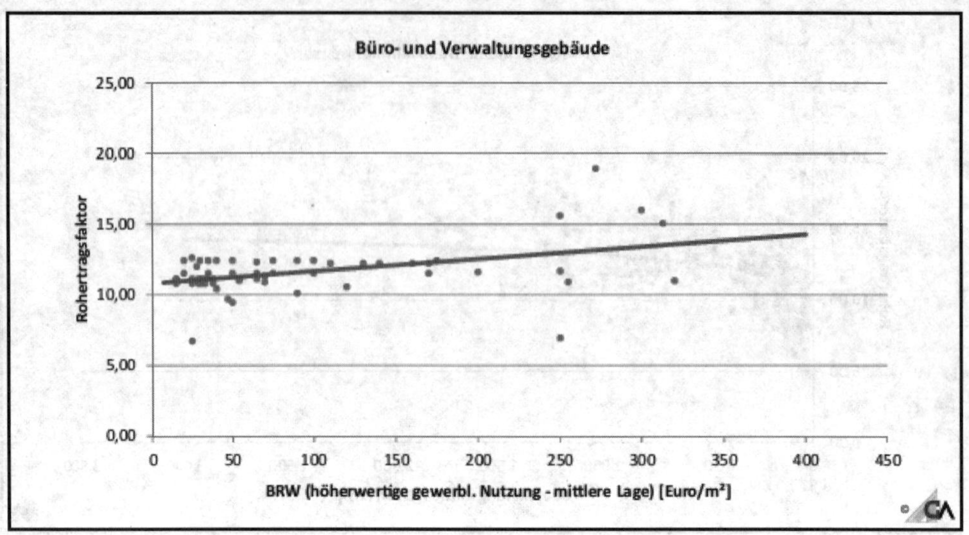

Zusammenhang zwischen Bodenrichtwert und Rohertragsfaktor (Büro- und Verwaltungsgebäude)

Hinweis:

Eine Tabelle zum Zusammenhang zwischen Liegenschaftszinssatz und Rohertragsfaktor bei Mehrfamilienhäusern ist in Kapitel 4.2.18 abgedruckt.

4.5 Durchschnittliche Rohertragsfaktoren

Quelle: KL-V, 1192

Von den Gutachterausschüssen für Grundstückswerte werden aus dem **Verhältnis vom Kaufpreis zum Jahresrohertrag** (erzielte Mieten bzw. Pachten einschließlich Verwaltungskosten, Mietausfallwagnis und Instandhaltungskosten) Ertragsfaktoren abgeleitet:

Durchschnittliche Rohertragsfaktoren

Gebäudeart	**Wuppertal**	**Bergisch Gladbach***	**Düsseldorf**	**LK Ennepe-Ruhr**	**Köln**	**Wiesbaden**	**München**
	2015	2015	2014	2015	2014	2016	2014
Wohnungseigentum *vermietet* *Erstverkauf* *Wiederverkauf*	7,7 – 25,0	23,2 – 30,4 14,3 – 19,7	- -	- 16,4	- -	- -	- -
eigengenutzt *Erstverkauf* *Wiederverkauf*	7,4 – 26,4	26,6 – 32,4 15,4 – 21,4	-	-	-	-	-
Ein- und Zweifamilienhäuser	-	18,8 – 22,8	-	-	-	28,3	-
Einfamilienhäuser (freistehend)	-	-	-	28,3	-	-	-
Einfamilienhäuser /RH DH	-	-	-	23,2	-	-	-
Zweifamilienhäuser	-	-	-	23,7	-	-	-
Dreifamilienhäuser	9,5 – 19,3	14,4–18,4	18,0–18,5	16,1	13–21	24,5	-
Altbauvillen	-	-	-	-	-	30,0	-
Mietwohnhäuser	-	-	-	-	-	-	30
Mietwohnhäuser (kleine Einheit bis 250 m² WF)	-	-	-	-	14–21	-	-
Mietwohnhäuser (gewerblicher Anteil < 20 %)	6,9–16,0*	12,4–18,4	15,5–16,5	11,2	-	18,0	-
Gemischt genutzte Grundstücke (gew. Anteil ≥ 20 %)	7,0–11,2**	11,8–18,2	14,0–14,5	9,9	-	-	-
Gemischt genutzte Grundstücke (gew. Anteil ≥ 50 %)	-	-	-	-	12–19	-	28
Gemischt genutzte Grundstücke (gew. Anteil < 50 %)	-	-	-	-	12–20	-	-
Restnutzungsdauer <40 Jahre	-	-	-	-	-	15,4	-
Restnutzungsdauer > 40 Jahre	-	-	-	-	-	17,1	-
Büro- und Geschäftsgebäude	-	11,0–13,0	14,0–15,5	10,2	12–18	-	-
Bürohäuser (Erstverkauf)	-	-	-	-	-	-	17

Gebäudeart	Wuppertal	Bergisch Gladbach***	Düsseldorf	LK Ennepe-Ruhr	Köln	Wiesbaden	München
	2015	2015	2014	2015	2014	2016	2014
Gewerbegrundstücke in Gewerbegebieten	-	11,1–13,3	-	10,0	8–10	-	-

Erläuterungen:
* max 20 % gewerblicher Anteil, mindestens 4 Wohneinheiten, mittlere Wohnlage, kein bzw. geringer Leerstand
** 20 bis 60%iger gewerblicher Anteil bezogen auf Jahresrohertrag, kein bzw. geringer Leerstand
*** Rohertragsfaktor

Quelle: Grundstücksmarktberichte

5 Vergleichswert

5.0 Vergleichswertverfahren allgemein

5.0.1 Vergleichswertverfahren nach VW-RL (Ablaufschema)

Quelle: VW-RL, Nr. 7[1]

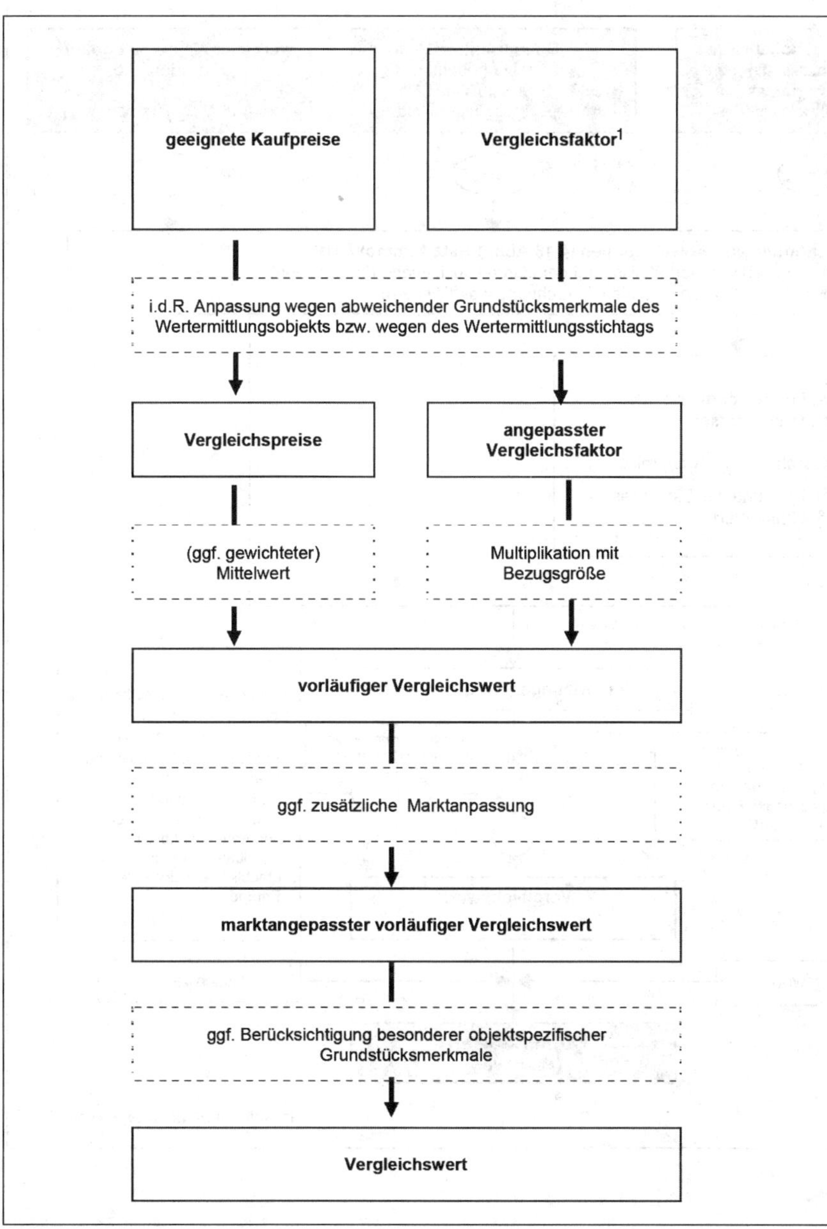

1 Bzw. Bodenrichtwert im Rahmen der Bodenwertermittlung.

5.0.2 Vergleichswertverfahren nach ImmoWertV (Ablaufschema)

Quelle: in Anlehnung an KL-V, 1363

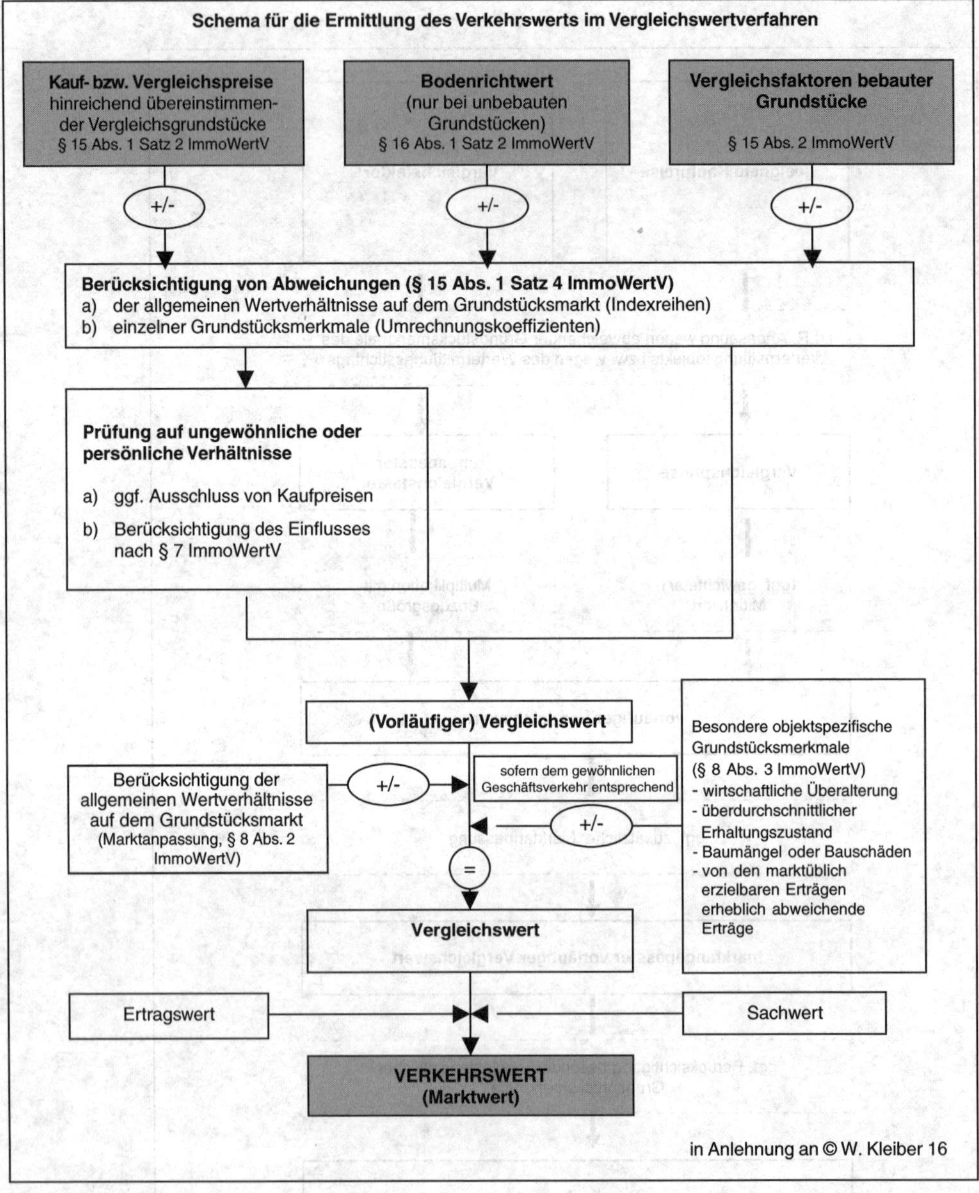

5.0.3 Richtlinie zur Ermittlung des Vergleichswerts (Vergleichswertrichtlinie – VW-RL)

Vom 20. März 2014

Quelle: BAnz AT 11.04.2014 B3

Inhaltsübersicht

1 Zweck und Anwendungsbereich

(1) Diese Richtlinie gibt Hinweise für die Ermittlung des Vergleichswerts und des Bodenwerts nach den §§ 15 und 16 der Immobilienwertermittlungsverordnung (ImmoWertV) vom 19. Mai 2010 (BGBl. I S. 639). Ihre Anwendung soll die Ermittlung des Vergleichs bzw. Verkehrswerts von bebauten Grundstücken bzw. des Bodenwerts bebauter und unbebauter Grundstücke nach einheitlichen und marktgerechten Grundsätzen sicherstel-

len. Die Richtlinie ersetzt das Kapitel 2.3 und Nummer 1.5.5 Absatz 2, die Nummern 3.1.1, 3.1.4.2, 3.4 sowie die Anlage 11 der Wertermittlungsrichtlinien 2006 (WertR 2006) vom 1. März 2006 (BAnz. Nr. 108a vom 10. Juni 2006; S. 4798).

(2) Die Richtlinie wurde von einer Arbeitsgruppe aus Vertretern des Bundesministeriums für Umwelt, Naturschutz, Bau und Reaktorsicherheit, der für das Gutachterausschusswesen zuständigen Ministerien der Länder sowie der Bundesvereinigung der kommunalen Spitzenverbände erarbeitet und wird allen in der Grundstückswertermittlung Tätigen zur Anwendung empfohlen.

2 Allgemeines

(1) Die Ermittlung des Vergleichswerts und des Bodenwerts ist in den §§ 15 und 16 ImmoWertV geregelt. Ergänzend sind die allgemeinen Verfahrensgrundsätze (§§ 1 bis 8 ImmoWertV) heranzuziehen, um den Verkehrswert des Wertermittlungsobjekts zu ermitteln.

(2) Voraussetzung für die Anwendung des Vergleichswertverfahrens bei bebauten und unbebauten Grundstücken ist, dass eine ausreichende Anzahl von geeigneten Kaufpreisen oder ein geeigneter Vergleichsfaktor bzw. Bodenrichtwert oder sonstige geeignete Daten für eine statistische Auswertung vorliegen. Die Hinweise in dieser Richtlinie beziehen sich nur auf die Verwendung geeigneter Kaufpreise bzw. geeigneter Vergleichsfaktoren und Bodenrichtwerte. Sie sind bei Verwendung sonstiger geeigneter Daten (Marktindikatoren) analog anzuwenden.

(3) Das Vergleichswertverfahren kann auch zur Überprüfung der Ergebnisse anderer Wertermittlungsverfahren in Betracht kommen.

(4) Bei der Ermittlung des Vergleichswerts ist der Grundsatz der Modellkonformität zu beachten. Dies gilt sowohl für die bei der Anpassung von Kaufpreisen verwendeten Daten als auch für die Anwendung von Vergleichsfaktoren bzw. Bodenrichtwerten.

3 Vergleichspreise

(1) Vergleichspreise sind geeignete Kaufpreise, die – soweit erforderlich – angepasst wurden und in die Ermittlung eines Vergleichswerts einfließen. Kaufpreise bebauter oder unbebauter Grundstücke sind geeignet, wenn die wertbeeinflussenden Grundstücksmerkmale (§§ 5 und 6 ImmoWertV) mit dem Wertermittlungsobjekt und die Vertragszeitpunkte mit dem Wertermittlungsstichtag hinreichend übereinstimmen (Vergleichsgrundstücke). Kaufpreise, die durch ungewöhnliche oder persönliche Verhältnisse beeinflusst sind, sind ungeeignet, wenn sie erheblich von den Kaufpreisen in vergleichbaren Fällen abweichen (§ 7 ImmoWertV).

(2) Eine hinreichende Übereinstimmung mit dem Wertermittlungsobjekt liegt vor, wenn die Vergleichsgrundstücke hinsichtlich ihrer wertbeeinflussenden Grundstücksmerkmale nur solche Abweichungen aufweisen, die unerheblich sind oder deren Auswirkungen auf die Kaufpreise in sachgerechter Weise berücksichtigt werden können. Hierfür sind insbesondere ihre Lage, ihr Entwicklungszustand, die Art und das Maß der baulichen oder sonstigen Nutzbarkeit, die Bodenbeschaffenheit, die Größe, die Grundstücksgestalt und der beitrags- und abgabenrechtliche Zustand sowie bei bebauten Grundstücken auch die

Gebäudeart, der bauliche Zustand, die Wohn- oder Nutzfläche, die energetischen Eigenschaften, das Baujahr und die Restnutzungsdauer zu beurteilen. Für die Abweichungen der Kaufpreise vom Wertermittlungsstichtag gilt Satz 1 entsprechend.

4 Ableitung von Vergleichspreisen

(1) Zur Ableitung von Vergleichspreisen sind die Kaufpreise auf wertbeeinflussende Abweichungen der Grundstücksmerkmale und Änderungen der allgemeinen Wertverhältnisse (§ 3 Absatz 2 ImmoWertV) gegenüber dem Wertermittlungsobjekt bzw. dem Wertermittlungsstichtag zu prüfen und gegebenenfalls anzupassen. Zur Anpassung der Kaufpreise sind geeignete Daten zu verwenden (z.B. Umrechnungskoeffizienten, Indexreihen – vgl. die §§ 9 ff. ImmoWertV).

(2) Die Auswahlkriterien für die Kaufpreise und die vorgenommenen Anpassungen sind darzustellen und zu begründen. Die verwendeten Kaufpreise und die zur Anpassung verwendeten Daten sind mit Quellenangaben aufzuführen. Wesentliche Modellparameter für die Ableitung von Vergleichspreisen enthält Anlage 3.

4.1 Herkunft der Kaufpreise und Daten

(1) Zur Ableitung von Vergleichspreisen sind geeignete Kaufpreise und Daten (vgl. Nummer 3 Absatz 1) vorrangig aus den Kaufpreissammlungen der Gutachterausschüsse für Grundstückswerte zu verwenden. Steht keine ausreichende Anzahl geeigneter Kaufpreise bzw. stehen keine zur Anpassung der Kaufpreise geeigneten Daten aus dem Gebiet, in dem das zu bewertende Grundstück liegt, zur Verfügung, können geeignete Kaufpreise bzw. Daten aus anderen vergleichbaren Gebieten verwendet werden, sofern etwaige Abweichungen in den regionalen und allgemeinen Marktverhältnissen marktgerecht berücksichtigt werden können.

(2) Geeignete Kaufpreise oder Daten (vgl. Nummer 3 Absatz 1) aus anderen Quellen sollen verwendet werden, wenn sie hinsichtlich Aktualität, Vollständigkeit der Beschreibung der Vergleichsgrundstücke und Repräsentativität den maßgeblichen Grundstücksmarkt zutreffend abbilden.

4.2 Anpassung wegen besonderer objektspezifischer Grundstücksmerkmale

Die Kaufpreise sind vor ihrer Verwendung auf Einflüsse von besonderen objektspezifischen Grundstücksmerkmalen (§ 8 Absatz 3 ImmoWertV) zu prüfen und gegebenenfalls anzupassen. Lässt sich der Einfluss besonderer objektspezifischer Grundstücksmerkmale nicht hinreichend sicher bestimmen, können die entsprechenden Kaufpreise nicht verwendet werden. Zu den besonderen objektspezifischen Grundstücksmerkmalen gehören z.B. Dienstbarkeiten, erhebliche Baumängel und Bauschäden (vgl. Nummer 8).

4.3 Anpassung wegen abweichender wertbeeinflussender Grundstücksmerkmale

(1) Wertbeeinflussende Abweichungen der Grundstücksmerkmale des Vergleichsgrundstücks gegenüber denen des Wertermittlungsobjekts sind in der Regel mit Hilfe geeigneter Umrechnungskoeffizienten (§ 12 ImmoWertV) zu berücksichtigen, es sei denn, die Grundstücksmerkmale weichen so stark voneinander ab, dass eine Verwendung der Umrechnungskoeffizienten nicht sachgerecht ist.

(2) Umrechnungskoeffizienten sind geeignet, wenn sie für einen für das Wertermittlungsobjekt zutreffenden sachlichen und regionalen Teilmarkt ermittelt wurden. Stehen keine Umrechnungskoeffizienten aus dem Gebiet zur Verfügung, können auch Umrechnungskoeffizienten aus vergleichbaren Gebieten verwendet werden, für die eine gleichartige Entwicklung vorliegt. Das Ableitungsmodell und die Datengrundlage müssen bekannt sein.

(3) Hilfsweise kann nach sachverständiger Würdigung eine Anpassung mittels marktgerechter Zu- oder Abschläge vorgenommen werden.

(4) Werden mehrere Anpassungen erforderlich, sind eventuelle Überschneidungen der unterschiedlichen Einflüsse zu beachten; eine Doppelberücksichtigung ist zu vermeiden.

4.3.1 Beitrags- und abgabenrechtlicher Zustand

Die Kaufpreise sind gegebenenfalls an den beitrags- und abgabenrechtlichen Zustand (§ 6 Absatz 3 ImmoWertV) des Wertermittlungsobjekts marktgerecht anzupassen. Zu- oder Abschläge sind, soweit dies marktüblich ist, nach der Höhe des zu erwartenden Beitrags – oder der Abgabe (z.B. Erschließungsbeitrag), gegebenenfalls unter Berücksichtigung einer angemessenen Abzinsung, zu bemessen.

4.3.2 Maß der baulichen Nutzung

(1) Zur Berücksichtigung von Abweichungen des Maßes der baulichen Nutzung der Vergleichsgrundstücke gegenüber dem Wertermittlungsobjekt sind in der Regel Umrechnungskoeffizienten auf der Grundlage der wertrelevanten Geschossflächenzahl (WGFZ) zu verwenden. Dies bedeutet, dass die Flächen von Aufenthaltsräumen auch in anderen als Vollgeschossen einschließlich der zu ihnen gehörenden Treppenräume und ihrer Umfassungswände mitzurechnen sind (vgl. Nummer 6 Absatz 6 BRW-RL[2]). Insbesondere in Geschäftslagen kann die Abhängigkeit des Bodenwerts von den höherwertig genutzten Flächen (z.B. ebenerdige Läden) erheblich größer sein, als die Abhängigkeit von der WGFZ. In diesen Lagen ist zu prüfen, ob eine sachgerechte Anpassung der Kaufpreise unter Verwen dung der Mieten erfolgen kann.

(2) Hilfsweise ist nach sachverständiger Würdigung eine Anpassung mittels der in Anlage 1 enthaltenen Umrechnungskoeffizienten vorzunehmen. Bleiben die Ergebnisse danach unplausibel, können die Umrechnungskoeffizienten nicht verwendet werden.

4.3.3 Grundstücksgröße und weitere Grundstücksmerkmale

(1) Zur Berücksichtigung von Abweichungen der Grundstücksgröße der Vergleichsgrundstücke gegenüber dem Wertermittlungsobjekt sind in der Regel Umrechnungskoeffizienten zu verwenden, soweit dieser Wertunterschied nicht bereits durch die WGFZ-Anpassung (vgl. Nummer 4.3.2) oder in sonstiger Weise (z.B. nach Nummer 9 Absatz 3) berücksichtigt wurde.

(2) Für eine Anpassung mittels der in Anlage 2 enthaltenen Umrechnungskoeffizienten gilt Nummer 4.3.2 Absatz 2 entsprechend.

2 Richtlinie zur Ermittlung von Bodenrichtwerten (Bodenrichtwertrichtlinie – BRW-RL) vom 11. Januar 2011 (BAnz. S. 597).

(3) Sonstige wertbeeinflussende Abweichungen bei den Grundstücksmerkmalen der Vergleichsgrundstücke gegenüber dem Wertermittlungsobjekt, z.B. hinsichtlich:

- Lage (Klassifizierung, Stadtteil, Ecklage),
- Grundstückstiefe,
- Grundstücksbreite,
- Grundstückszuschnitt,
- Anbauart (freistehend, Doppelhaushälfte, Reihenendbzw. Reihenmittelhaus),
- Baujahr,
- Ausstattung (Klassifizierung oder Einzelmerkmale),
- Wohnfläche, Anzahl der Wohnungen,
- Ackerund Grünlandzahl,
- Verpachtung, Vermietung

sind mit geeigneten Umrechnungskoeffizienten oder nach sachverständiger Würdigung mit Zu- oder Abschlägen zu berücksichtigen.

4.4 Anpassung wegen abweichender allgemeiner Wertverhältnisse

(1) Bei einer Änderung der allgemeinen Wertverhältnisse sind die Kaufpreise in der Regel mit Hilfe geeigneter Indexreihen (§ 11 ImmoWertV) an die Wertverhältnisse am Wertermittlungsstichtag anzupassen.

(2) Indexreihen sind geeignet, wenn sie für einen für das Wertermittlungsobjekt zutreffenden sachlichen und regionalen Teilmarkt ermittelt wurden. Stehen keine Indexreihen aus dem Gebiet zur Verfügung, können auch Indexreihen aus vergleichbaren Gebieten verwendet werden, für die eine gleichartige Entwicklung vorliegt. Das Ableitungsmodell und die Datengrundlage müssen bekannt sein.

5 Ungewöhnliche oder persönliche Verhältnisse

Kaufpreise, die nach der Anpassung erhebliche Abweichungen von Kaufpreisen in vergleichbaren Fällen aufweisen, können durch ungewöhnliche oder persönliche Verhältnisse beeinflusst worden sein und bleiben in diesem Fall unberücksichtigt (§ 7 ImmoWertV). Eine Beeinflussung durch ungewöhnliche oder persönliche Verhältnisse kann in der Regel angenommen werden, wenn ein angepasster Kaufpreis mittels statistischer Verfahren als Ausreißer erkannt wird.

6 Vergleichsfaktoren

(1) Vergleichsfaktoren (§ 13 ImmoWertV) sind durchschnittliche, auf eine geeignete Einheit bezogene Werte für Grundstücke mit bestimmten wertbeeinflussenden Grundstücksmerkmalen (Normobjekte). Geeignete Bezugseinheiten können z.B. der marktüblich erzielbare jährliche Ertrag (Ertragsfaktor) oder eine Flächen- oder Raumeinheit der baulichen Anlagen (Gebäudefaktor) sein.

(2) Vergleichsfaktoren werden für einzelne Grundstücksarten und gegebenenfalls Grundstücksteilmärkte aus einer ausreichenden Anzahl von Vergleichspreisen abgeleitet. Zur Ableitung von Vergleichsfaktoren sind geeignete statistische Verfahren heranzuziehen.

(3) Vergleichsfaktoren sind für die Ermittlung des vorläufigen Vergleichswerts geeignet, wenn sie für einen mit dem Wertermittlungsobjekt vergleichbaren regional und sachlich abgegrenzten Teilmarkt abgeleitet wurden und die wertbeeinflussenden Grundstücksmerkmale des Normobjekts dargestellt sind.

(4) Zur Ermittlung des vorläufigen Vergleichswerts sind die wertbeeinflussenden Unterschiede zwischen den Grundstücksmerkmalen des Normobjekts und des Wertermittlungsobjekts sowie die Unterschiede zwischen den allgemeinen Wertverhältnissen am Stichtag des Vergleichsfaktors und dem Wertermittlungsstichtag mit Hilfe geeigneter Umrechnungskoeffizienten bzw. geeigneter Indexreihen oder in anderer sachgerechter Weise z.B. mit Hilfe einer geeigneten mehrdimensionalen Schätzfunktion zu berücksichtigen (angepasster Vergleichsfaktor); Nummer 4 gilt entsprechend.

(5) Das Ableitungsmodell und die Datengrundlage für die Ableitung der Vergleichsfaktoren sind anzugeben. Eine Zusammenstellung wesentlicher Modellparameter für die Ableitung von Vergleichsfaktoren enthält Anlage 4. Für die Herkunft und Auswahl von Vergleichsfaktoren gilt Nummer 4.1 entsprechend.

7 Ermittlung des Vergleichswerts

(1) Der vorläufige Vergleichswert kann ermittelt werden

- aus dem (gegebenenfalls gewichteten) Mittel einer ausreichenden Anzahl von Vergleichspreisen; die erforderliche Anzahl von Vergleichspreisen ist insbesondere unter Berücksichtigung statistischer Anforderungen sachverständig zu bestimmen; eine vorgenommene Gewichtung ist zu begründen; soweit fachlich sinnvoll, ist die Güte des Mittelwerts statistisch zu belegen;
- durch Multiplikation des angepassten Vergleichsfaktors (vgl. Nummer 6 Absatz 4) bzw. Bodenrichtwerts mit der Bezugsgröße des Wertermittlungsobjekts.

(2) Eine zusätzliche Marktanpassung ist nicht erforderlich, soweit die Vergleichspreise oder der Vergleichsfaktor die Marktlage bereits hinreichend berücksichtigen. Ist auf Grund ergänzender Analysen und sachverständiger Würdigung eine zusätzliche Marktanpassung erforderlich, ist diese durch Zu- oder Abschläge vorzunehmen und zu begründen.

(3) Der Vergleichswert ergibt sich aus dem marktangepassten vorläufigen Vergleichswert und der gegebenenfalls erforderlichen Berücksichtigung besonderer objektspezifischer Grundstücksmerkmale des Wertermittlungsobjekts (vgl. Nummer 8).

(4) Damit ergibt sich folgendes Ablaufschema:

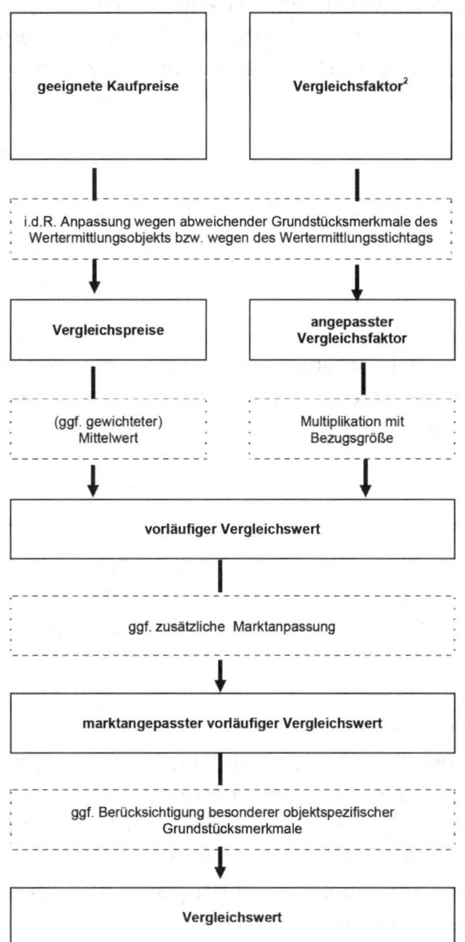

8 Besondere objektspezifische Grundstücksmerkmale

(1) Besondere objektspezifische Grundstücksmerkmale (vgl. insbesondere die Nummern 8.1 bis 8.7) sind vom Üblichen erheblich abweichende Merkmale des einzelnen Wertermittlungsobjekts. Soweit ihnen der Grundstücksmarkt einen eigenständigen Werteinfluss beimisst und sie im bisherigen Verfahren noch nicht erfasst und berücksichtigt wurden, sind sie durch Zu- oder Abschläge nach der Marktanpassung gesondert zu berücksichtigen (§ 8 Absatz 2 und Absatz 3 ImmoWertV).

(2) Die Ermittlung der Werterhöhung bzw. Wertminderung hat marktgerecht zu erfolgen und ist zu begründen. Werden zusätzlich weitere Wertermittlungsverfahren angewandt, sind die besonderen objektspezifischen Grundstücksmerkmale – soweit möglich – in allen Verfahren identisch anzusetzen.

3 Bzw. Bodenrichtwert im Rahmen der Bodenwertermittlung.

8.1 Besondere Ertragsverhältnisse

Von den marktüblich erzielbaren Erträgen erheblich abweichende Erträge des Wertermittlungsobjekts sind wertmindernd oder werterhöhend zu berücksichtigen. Die Wertminderung bzw. Werterhöhung ist nach den Grundsätzen des Ertragswertverfahrens zu ermitteln.

8.2 Baumängel und Bauschäden

Wertminderungen auf Grund von Baumängeln oder Bauschäden können

- durch Abschläge nach Erfahrungswerten,
- unter Zugrundelegung von Bauteiltabellen oder
- auf der Grundlage von Schadensbeseitigungskosten

berücksichtigt werden. Ein Abzug der vollen Schadensbeseitigungskosten kommt nur in Betracht, wenn der Schaden unverzüglich beseitigt werden muss. Dabei ist gegebenenfalls ein Vorteilsausgleich („neu für alt") vorzunehmen.

8.3 Wirtschaftliche Überalterung

Ausnahmsweise kommt ein Abschlag wegen wirtschaftlicher Überalterung in Betracht, wenn das Wertermittlungsobjekt nur noch eingeschränkt verwendungsfähig bzw. marktgängig ist. Anhaltspunkte für eine wirtschaftliche Überalterung sind z.B. erhebliche Ausstattungsmängel, unzweckmäßige Gebäudegrundrisse oder eine unzweckmäßige Anordnung der Gebäude auf dem Grundstück.

8.4 Überdurchschnittlicher Erhaltungszustand

Ausnahmsweise kommt ein Zuschlag wegen eines überdurchschnittlichen Erhaltungszustands in Betracht, wenn sich das Wertermittlungsobjekt in einem besonders gepflegten Zustand befindet. In Abgrenzung zur Modernisierung handelt es sich hier um über das übliche Maß hinausgehende Instandhaltungsmaßnahmen, die in ihrer Gesamtheit zwar das Erscheinungsbild des Wertermittlungsobjekts überdurchschnittlich positiv beeinflussen, jedoch keine Erhöhung der Restnutzungsdauer bewirken.

8.5 Freilegungskosten

Bei Freilegungs-, Teilabbruchund Sicherungsmaßnahmen, die bei wirtschaftlicher Betrachtungsweise erforderlich sind, sind gegebenenfalls

- die anfallenden Kosten,
- die Verwertungserlöse für abgängige Bauteile und
- die ersparten Baukosten durch die Verwendung vorhandener Bauteile

zu berücksichtigen.

8.6 Bodenverunreinigungen

(1) Bodenverunreinigungen können vorliegen bei schädlichen Bodenveränderungen, Verdachtsflächen, Altlasten und altlastenverdächtigen Flächen.

(2) Die Wertminderung von entsprechenden Grundstücken kann in Anlehnung an die Kosten ermittelt werden, die für Bodenuntersuchungen, Sicherungs-, Sanierungs- oder andere geeignete Maßnahmen zur Gefahrenabwehr erforderlich sind.

(3) Der hierfür erforderliche Aufwand hat sich an der baurechtlich zulässigen bzw. marktüblichen Nutzung des Grundstücks zu orientieren (§ 4 Absatz 4 des Bundesbodenschutzgesetzes[4]).

8.7 Grundstücksbezogene Rechte und Belastungen

Hinsichtlich der Ermittlung der Auswirkungen von grundstücksbezogenen Rechten und Belastungen wird auf Nummer 4 des Zweiten Teils der WertR 2006 verwiesen.

9 Bodenwertermittlung

(1) Nach § 16 Absatz 1 Satz 1 ImmoWertV ist der Bodenwert vorrangig im Vergleichswertverfahren zu ermitteln. Die vorstehenden Hinweise gelten damit auch für die Bodenwertermittlung. Bei der Bodenwertermittlung können neben oder an Stelle von Vergleichspreisen geeignete Bodenrichtwerte verwendet werden (§ 16 Absatz 1 Satz 2 ImmoWertV). Bodenrichtwerte sind geeignet, wenn die Grundstücksmerkmale der zugrunde gelegten Bodenrichtwertgrundstücke mit den Grundstücksmerkmalen des Wertermittlungsobjekts sowie die allgemeinen Wertverhältnisse am Stichtag der Bodenrichtwerte und am Wertermittlungsstichtag hinreichend übereinstimmen (vgl. Nummer 3). Wertbeeinflussende Unterschiede zwischen den Grundstücksmerkmalen der Bodenrichtwertgrundstücke und des Wertermittlungsobjekts sowie den allgemeinen Wertverhältnissen am Stichtag der Bodenrichtwerte und am Wertermittlungsstichtag sind durch geeignete Umrechnungskoeffizienten bzw. geeignete Indexreihen oder in anderer sachgerechter Weise zu berücksichtigen (vgl. Nummer 4).

(2) Steht keine ausreichende Anzahl von Vergleichspreisen oder stehen keine geeigneten Bodenrichtwerte zur Verfügung (vgl. Nummer 4.1), kann der Bodenwert auch mit Hilfe deduktiver Verfahren oder in anderer geeigneter und nachvollziehbarer Weise ermittelt werden. Bei der Wahl des herangezogenen Verfahrens sind die im gewöhnlichen Geschäftsverkehr bestehenden Gepflogenheiten und die sonstigen Umstände des Einzelfalls, insbesondere die zur Verfügung stehenden Daten, zu berücksichtigen; die Wahl ist zu begründen.

(3) Insbesondere bei größeren Grundstücken ist zu prüfen, ob wirtschaftlich selbstständig genutzte oder nutzbare Teilflächen oder unterschiedliche Grundstücksqualitäten vorliegen. Der Bodenwert solcher Teilflächen ist getrennt zu ermitteln.

9.1 Bodenwert unbebauter Grundstücke gemäß § 5 Absatz 1 bis 3 ImmoWertV

(1) Bei der Bodenwertermittlung für Flächen der Land- bzw. Forstwirtschaft nach § 5 Absatz 1 ImmoWertV können die LandR[5] bzw. die WaldR[6] in der jeweils aktuellen Fassung zur Wertermittlung ergänzend hinzugezogen werden.

---

4 Vom 17. März 1998 (BGBl. I S. 502), zuletzt geändert durch Artikel 5 Absatz 30 des Gesetzes vom 24. Februar 2012 (BGBl. I S. 212).

5 Richtlinien für die Ermittlung des Verkehrswertes landwirtschaftlicher Grundstücke und Betriebe, anderer Substanzverluste (Wertminderung) und sonstiger Vermögensnachteile (Entschädigungsrichtlinien Landwirtschaft – LandR 78) vom 28. Juli 1978 (BAnz. Nr. 181 vom 26. September 1978) zuletzt geändert durch Erlass des Bundesministeriums der Finanzen vom 4. Febraur 1997.

6 Richtlinien für die Ermittlung und Prüfung des Verkehrswertes von Waldflächen und für Nebenentschädigungen (Waldwertermittlungsrichtlinien 2000 – WaldR 2000) vom 23. Juli 2000 (BAnz. Nr. 168a vom 6. September 2000).

(2) Soweit für die Bodenwertermittlung von Bauerwartungs- oder Rohbauland keine Vergleichspreise oder geeigneten Bodenrichtwerte vorliegen, kann der vorläufige Vergleichswert im deduktiven Verfahren ausgehend vom Bodenwert für entsprechendes baureifes Land durch einen marktgerechten Abzug der kalkulierten Kosten der Baureifmachung unter Berücksichtigung der Wartezeit (§ 2 Satz 3 ImmoWertV) oder in sonstiger geeigneter und nachvollziehbarer Weise ermittelt werden.

9.2 Bodenwert bebauter Grundstücke

Bei bebauten Grundstücken ist der Bodenwert zu ermitteln, der sich ergeben würde, wenn das Grundstück unbebaut wäre (§ 16 Absatz 1 Satz 1 ImmoWertV). In den nachfolgend genannten Fällen kann die tatsächliche bauliche Nutzung ausnahmsweise den Bodenwert beeinflussen.

9.2.1 Bebaute Grundstücke im Außenbereich

Bebaute Grundstücke im Außenbereich (§ 16 Absatz 2 ImmoWertV), deren bauliche Anlagen rechtlich und wirtschaftlich weiterhin nutzbar sind, haben in der Regel einen höheren Bodenwert als unbebaute Grundstücke im Außenbereich. Der Bodenwert derartiger Grundstücke kann auf der Grundlage des Bodenwerts vergleichbarer baureifer Grundstücke benachbarter Baugebiete unter Berücksichtigung wertbeeinflussender Grundstücksmerkmale wie der Entfernung zur Ortslage, besonderer Lagemerkmale, der Erschließungssituation, eingeschränkter Nutzungsänderungs- bzw. Erweiterungsmöglichkeiten oder der Grundstücksgröße ermittelt werden.

9.2.2 Abweichen der tatsächlichen von der maßgeblichen Nutzung

Weicht die tatsächliche Nutzung des Grundstücks hinsichtlich Art und Maß erheblich von der maßgeblichen, das heißt der planungsrechtlich zulässigen (§ 6 Absatz 1 Satz 1 ImmoWertV) oder der lagetypischen (§ 6 Absatz 1 Satz 2 ImmoWertV) Nutzung ab, ist dies im Bodenwert zu berücksichtigen, soweit dies dem gewöhnlichen Geschäftsverkehr entspricht (§ 16 Absatz 4 ImmoWertV).

9.2.2.1 Unterausnutzung, Liquidationsobjekte

(1) Im Fall einer erheblichen Unterausnutzung ist eine Anpassung der Bebauung oder Nutzung bzw. eine alsbaldige Freilegung des Grundstücks zu prüfen. Ist eine Anpassung durch z.B. Anbzw. Aufbauten oder Modernisierung und/oder Instandsetzung oder Umnutzung wirtschaftlich vorteilhaft, ergibt sich in der Regel kein Einfluss auf den Bodenwert.

(2) Kann die Unterausnutzung nicht behoben werden und sind die baulichen Anlagen nicht mehr nachhaltig wirtschaftlich nutzbar (Liquidationsobjekte), ist von einem alsbaldigen Abbruch der aufstehenden Gebäude auszugehen, soweit dies rechtlich zulässig ist. In diesem Fall ist der Bodenwert um die ortsüblichen Freilegungskosten zu mindern, soweit dies marktgerecht ist (§ 16 Absatz 3 ImmoWertV).

(3) Ist insbesondere aus rechtlichen oder wirtschaftlichen Gründen mit der Freilegung erst zu einem späteren Zeitpunkt zu rechnen (aufgeschobene Freilegung), ist bei der Wertermittlung von dem sich unter Berücksichtigung der tatsächlichen Nutzung ergebenden Bodenwert (nutzungsabhängiger Bodenwert) auszugehen. Der Wertvorteil, der sich aus der zukünftigen maßgeblichen Nutzbarkeit ergibt, ist als besonderes objektspezifisches

Grundstücksmerkmal zu berücksichtigen, soweit dies marktgerecht ist. Der Wertvorteil ergibt sich aus der abgezinsten Differenz zwischen dem maßgeblichen Bodenwert und dem nutzungsabhängigen Bodenwert. Die Freilegungskosten sind über die Dauer der Unterausnutzung abzuzinsen und als besonderes objektspezifisches Grundstücksmerkmal zu berücksichtigen, soweit dies marktgerecht ist (vgl. Anlage 5 Beispiele 1 bis 3).

(4) Ist insbesondere aus rechtlichen oder sonstigen Gründen auch langfristig nicht mit einer Freilegung zu rechnen (z.B. wegen Denkmalschutzes), ist der sich unter Berücksichtigung der tatsächlichen Nutzung ergebende Bodenwert (nutzungsabhängiger Bodenwert) anzusetzen.

9.2.2.2 Überausnutzung

Im Fall einer erheblichen Überausnutzung ist sinngemäß nach Nummer 9.2.2.1 zu verfahren. Dabei ist insbesondere zu prüfen, ob die Überausnutzung nur für einen vorübergehenden Zeitraum oder auf Dauer vorliegt. In diesen Fällen ist entsprechend der Nummer 9.2.2.1 Absatz 3 und 4 zu verfahren.

10 Verkehrswert (Marktwert)

Der Vergleichswert entspricht in der Regel dem Verkehrswert. Liegen aus zusätzlich angewandten Wertermittlungsverfahren abweichende Ergebnisse vor, so sind diese nach § 8 Absatz 1 Satz 3 ImmoWertV bei der Ermittlung des Verkehrswerts entsprechend ihrer Aussagefähigkeit und unter Beachtung der Lage auf dem Grundstücksmarkt zu würdigen.

Anlage 1
Umrechnungskoeffizienten zur Berücksichtigung abweichender wertrelevanter Geschossflächenzahlen beim Bodenwert von Mehrfamilienhausgrundstücken[7]

Diese Umrechnungskoeffizienten können nach sachverständiger Würdigung verwendet werden, wenn keine nach Nummer 4.3 Absatz 2 geeigneten Umrechnungskoeffizienten vorliegen.

Beschreibung des statistischen Modells für die Ableitung der Umrechnungskoeffizienten

abhängige Variable (Zielgröße)	Kaufpreis in €/m² (PREI), erschließungsbeitrags- und kostenerstattungsbetragsfrei
unabhängige Variablen (Einflussgrößen)	Bodenrichtwert in €/m² (BRW) für das veräußerte Grundstück zum Kaufzeitpunkt, erschließungsbeitrags- und kostenerstattungsbetragsfrei; wertrelevante Geschossflächenzahl (WGFZ)

Beschreibung der Stichproben

In Abhängigkeit vom Bodenrichtwertniveau ergeben sich unterschiedliche Regressionsfunktionen, die in drei Modellen abgebildet werden. Die Umrechnungskoeffizienten für die Zwischenstufen der Bodenrichtwerte sind durch Interpolation und Funktionsglättung abgeleitet worden.

Zeitraum der Stichproben aller Modelle	**2003 bis 2012**	
Modelle	Modell $_{\text{unter 300}}$	: Bodenrichtwerte unter 300 €/m²
	Modell $_{\text{200 bis 400}}$	: Bodenrichtwerte von 200 bis 400 €/m²
	Modell $_{\text{300 und mehr}}$	: Bodenrichtwerte 300 €/m² und höher
Bodenrichtwertbereiche	Modell $_{\text{unter 300}}$	: 80 bis 300 €/m² (Median = rd. 200 €/m²)
	Modell $_{\text{200 bis 400}}$	: 200 bis 400 €/m² (Median = rd. 290 €/m²)

7 Eine ausführliche Darstellung der Ableitung der Umrechnungskoeffizienten enthält der Abschlussbericht „Ableitung von bundesweit anwendbaren Umrechnungskoeffizienten" unter www.bmub.de.

Zeitraum der Stichproben aller Modelle	**2003 bis 2012**	
	Modell $_{\text{300 und mehr}}$	: 310 bis 650 €/m² (Median = rd. 410 €/m²)
Anzahl der Kauffälle	Modell $_{\text{unter 300}}$	: 885
	Modell $_{\text{200 bis 400}}$	: 915
	Modell $_{\text{300 und mehr}}$	: 800
Bestimmtheitsmaße	Modell $_{\text{unter 300}}$	: 0,75
	Modell $_{\text{200 bis 400}}$	: 0,45
	Modell $_{\text{300 und mehr}}$	: 0,53

Funktionsgleichungen

Modell $_{\text{unter 300}}$	ln (PREI) = 0,304 + 0,951 x ln (BRW) + 0,138 x ln (WGFZ)
Modell $_{\text{200 bis 400}}$	ln (PREI) = 0,382 + 0,943 x ln (BRW) + 0,357 x ln (WGFZ)
Modell $_{\text{300 und mehr}}$	ln (PREI) = 0,710 + 0,885 x ln (BRW) + 0,520 x ln (WGFZ)

Umrechnungskoeffizienten (UK)

Für Bodenrichtwerte zwischen den Bodenrichtwertintervallen können die Umrechnungskoeffizienten durch lineare Interpolation ermittelt werden. Über den tabellarisch aufgeführten Gültigkeitsbereich hinaus ist eine Extrapolation der Umrechnungskoeffizienten nicht sachgerecht.

Bodenrichtwert (€/m²)	**wertrelevante Geschossflächenzahl (WGFZ)**													
	0,4	**0,6**	**0,8**	**1,0**	**1,2**	**1,4**	**1,6**	**1,8**	**2,0**	**2,2**	**2,4**	**2,6**	**2,8**	**3,0**
200	0,88	0,93	0,97	1,00	1,03	1,05	1,07	1,08	1,10	1,11				
250	0,79	0,88	0,94	1,00	1,05	1,09	1,13	1,17	1,20	1,23	1,26			
300	0,71	0,83	0,92	1,00	1,07	1,13	1,19	1,24	1,29	1,34	1,38	1,43		
350		0,80	0,91	1,00	1,08	1,16	1,23	1,30	1,36	1,42	1,47	1,52	1,58	
400		0,77	0,89	1,00	1,10	1,18	1,27	1,35	1,42	1,49	1,56	1,62	1,68	
450			0,88	1,00	1,11	1,21	1,31	1,40	1,48	1,57	1,64	1,72	1,79	1,86
500			0,87	1,00	1,12	1,24	1,34	1,45	1,55	1,64	1,73	1,82	1,90	1,98

Beispielrechnung

Gegeben	**Bodenrichtwert: 380 €/m² bei einer WGFZ von 1,2 WGFZ des Wertermittlungsobjekts: 1,6**
Gesucht	**an die WGFZ des Wertermittlungsobjekts angepasster Bodenwert**
Lösung	UK für WGFZ 1,2 = 1,09 UK für WGFZ 1,6 = 1,25 $380\ €/m^2 \times \frac{1{,}25}{1{,}09} = \textit{rd.}\ 436\ €/m^2$

Anlage 2
Umrechnungskoeffizienten zur Berücksichtigung abweichender Grundstücksgrößen beim Bodenwert von Ein- und Zweifamilienhausgrundstücken[8]

Diese Umrechnungskoeffizienten können nach sachverständiger Würdigung verwendet werden, wenn keine nach Nummer 4.3 Absatz 2 geeigneten Umrechnungskoeffizienten vorliegen.

Beschreibung des statistischen Modells für die Ableitung der Umrechnungskoeffizienten

abhängige Variable (Zielgröße)	Kaufpreis in €/m² (PREI), erschließungsbeitrags- und kostenerstattungsbetragsfrei
unabhängige Variablen (Einflussgrößen)	Bodenrichtwert in €/m² (BRW) für das veräußerte Grundstück zum Kaufzeitpunkt, erschließungsbeitrags- und kostenerstattungsbetragsfrei; Grundstücksgröße des veräußerten Grundstücks (FLAC)

Beschreibung der Stichprobe

Die Analyse der Stichprobe hat eine signifikante Abhängigkeit des Kaufpreises von der Grundstücksgröße ab einer Grundstücksgröße von 500 m² ergeben. Die Umrechnungskoeffizienten sind aus dem Regressionsmodell abgeleitet worden.

Zeitraum der Stichprobe	2005 bis 2012
Anzahl der Kauffälle	27.000
Bodenrichtwertbereich	30 bis 300 €/m²
Bestimmtheitsmaß	0,95

Funktionsgleichung

Regressionsmodell	ln (PREI) = 0,542 + 1,005 x ln (BRW) 0,089 x ln (FLAC)

Umrechnungskoeffizienten (UK)

Die Umrechnungskoeffizienten können nur innerhalb einer Bodenrichtwertspanne von 30 bis 300 €/m² verwendet werden. Für Grundstücksflächen zwischen den angegebenen Intervallen können die Umrechnungskoeffizienten durch lineare Interpolation ermittelt werden.

Über den tabellarisch aufgeführten Gültigkeitsbereich hinaus ist eine Extrapolation der Umrechnungskoeffizienten nicht sachgerecht.

8 Eine ausführliche Darstellung der Ableitung der Umrechnungskoeffizienten enthält der Abschlussbericht „Ableitung von bundesweit anwendbaren Umrechnungskoeffizienten" unter www.bmub.de.

	Grundstücksfläche in m²							
	500	**600**	**700**	**800**	**900**	**1.000**	**1.100**	**1.200**
Umrechnungs-koeffizienten	1,03	1,02	1,00	0,99	0,98	0,97	0,96	0,96

Beispielrechnung

Gegeben	Bodenrichtwert: 150 €/m² bei einer Grundstücksgröße von 900 m² Grundstücksgröße des Wertermittlungsobjekts: 600 m²
Gesucht	an die Grundstücksgröße des Wertermittlungsobjekts angepasster Bodenwert
Lösung	UK für Grundstücksgröße 900 m² = 0,98 UK für Grundstücksgröße 600 m² = 1,02 $150\ €/m^2 \times \frac{1{,}02}{0{,}98} = rd. 156\ €/m^2$

Anlage 3

Wesentliche Modellparameter für die Ableitung von Vergleichspreisen und die Ermittlung des vorläufigen Vergleichswerts

wesentliche Modellparameter	Erläuterungen
Datengrundlage	Herkunft der Kaufpreise, z.B. Kaufpreise aus der Kaufpreissammlung des Gutachterausschusses für Grundstückswerte (Bezeichnung), regional, landesweit, Anzahl der Kaufpreise
Auswahlkriterien	Grundstücksmerkmale, z.B. Gebäudeart (z.B. Einfamilienhaus), Grundstücksart (z.B. unbebautes Grundstück), Grundstücksnutzung (z.B. Ackerland), Lage (z.B. Stadtteil, Ort), Grundstücksgröße (von … bis …), Jahre, aus denen die Kaufpreise stammen
Ausschlusskriterien	z.B. besondere Vertragsvereinbarungen, Zahlungsweise, übernommene Vorleistungen
besondere objektspezifische Grundstücksmerkmale	keine bzw. Kaufpreise wurden bereinigt wegen …
zur Anpassung verwendete Daten einschließlich Quellenangabe	z.B. Umrechnungskoeffizienten für die WGFZ des Gutachterausschusses für Grundstückswerte (Bezeichnung)
Ermittlungsmethode für den vorläufigen Vergleichswert	z.B. Mittelwert, gewichteter Mittelwert, Median
Aussagen zur Qualität	z.B. Angabe der Standardabweichung, Beurteilung der Aussagekraft der Vergleichspreise

Anlage 4
Wesentliche Modellparameter für die Ableitung von Vergleichsfaktoren

wesentliche Modellparameter	Erläuterungen
Datengrundlage	Herkunft der Kaufpreise, z.B. Kaufpreise aus der Kaufpreissammlung des Gutachterausschusses für Grundstückswerte (Bezeichnung), Beschreibung der Stichprobe
zeitlicher Bezug des Vergleichsfaktors	z.B. Stichtag auf den der Vergleichsfaktor/die Schätzfunktion bezogen ist
Bezugsgröße	z.B. €/m² Wohnfläche
Berechnungsgrundlagen	z.B. Flächenberechnung nach der Wohnflächenverordnung[9] (Balkone usw. sind zu einem Viertel zu berücksichtigen)
wertrelevante Grundstücksmerkmale des Normobjekts	z.B. Gebäudeart (z.B. Einfamilienhaus), Grundstücksart (z.B. unbebautes Grundstück), Grundstücksnutzung (z.B. Ackerland), Lage (z.B. Stadtteil, Ort), Grundstücksgröße
Bodenwert	enthalten oder Abzug des Bodenwerts vom Kaufpreis, wobei der Bodenwert z.B. auf der Grundlage des Bodenrichtwerts ermittelt wurde
besondere objektspezifische Grundstücksmerkmale	keine bzw. Kaufpreise wurden bereinigt wegen …
sachlicher und räumlicher Anwendungsbereich	z.B. Angabe der Spannen und des Mittelwerts für den der Vergleichsfaktor gilt z.B. Durchschnittswert für das gesamte Stadtgebiet z.B. Anwendungsbereich nur für Baujahre von … bis …
zur Anpassung an die Grundstücksmerkmale des Wertermittlungsobjekts zu verwendende Indexreihen und Umrechnungskoeffizienten	z.B. Umrechnungskoeffizienten für die WGFZ des Gutachterausschusses für Grundstückswerte (Bezeichnung)
Ableitungsmethode	z.B. Regressionsanalyse, Mittelwert
Aussagen zur Qualität	z.B. Angabe der Standardabweichung, Beurteilung der Aussagekraft

9 Wohnflächenverordnung vom 25. November 2003 (BGBl. I S. 2346).

Anlage 5
Beispielrechnungen zu Nummer 9 der Vergleichswertrichtlinie

Ausgangsdaten für die Beispiele 1 bis 3

maßgeblicher Bodenwert (baureif, ohne Berücksichtigung von Freilegungskosten) bei einer WGFZ von 2,4	480.000 €
nutzungsabhängiger Bodenwert (baureif, ohne Berücksichtigung von Freilegungskosten) bei einer tatsächlichen WGFZ von 1,5	370.000 €
Freilegungskosten sowie sonstiger Aufwand (z.B. für Erschließung usw.)	60.000 €
jährlicher Reinertrag	45.000 €
Liegenschaftszinssatz	5,0 %
Zinssatz zur Abzinsung der Freilegungskosten und des sonstigen Aufwands	5,5 %
wirtschaftliche Restnutzungsdauer	8 Jahre
Barwertfaktor für die Kapitalisierung (Kapitalisierungsfaktor)	6,46
Barwertfaktor für die Abzinsung (Abzinsungsfaktor)	0,6768
Barwertfaktor für die Abzinsung der Freilegungskosten und des sonstigen Aufwands (Abzinsungsfaktor)	0,6516
Sachwert der baulichen Anlagen einschließlich der baulichen Außenanlagen und sonstigen Anlagen	320.000 €
Sachwertfaktor	0,8

Beispiel 1:
Berücksichtigung der Unterausnutzung und der Freilegungskosten als besondere objektspezifische Grundstücksmerkmale im Ertragswertverfahren

	allgemeines Ertragswert-verfahren	**vereinfachtes Ertragswert-verfahren**
jährlicher Reinertrag	**45.000 €**	**45.000 €**
Anteil des Bodenwerts am Reinertrag (Bodenwertverzinsungsbetrag) 5,0 % von 370.000 € (nutzungsabhängiger Bodenwert)	– 18.500 €	
Reinertragsanteil der baulichen Anlagen	**= 26.500 €**	
Kapitalisierungsfaktor	x 6,46	x 6,46
Barwert des Reinertrags		**= 290.700 €**
Ertragswert der baulichen Anlagen	**= 171.190 €**	
nutzungsabhängiger Bodenwert	+ 370.000 €	+ 370.000 €
Abzinsungsfaktor		x 0,6768
nutzungsabhängiger Bodenwert abgezinst		**= 250.416 €**
marktangepasster vorläufiger Ertragswert	**= 541.190 €***	**= 541.116 €***
besondere objektspezifische Grundstücksmerk-male Ermittlung Beispiel 3		
abgezinster Wertvorteil aufgrund der künftigen Nutzbarkeit	+ 74.000 €	+ 74.000 €
abgezinste Freilegungskosten sowie sonstiger Aufwand	– 39.000 €	– 39.000 €
Ertragswert vor Rundung	= 576.190 €*	= 576.116 €*
Ertragswert (gerundet)	**≈ 580.000 €**	**≈ 580.000 €**

* Die Abweichung der Ergebnisse der Verfahrensvarianten beruht auf Rundungen der Barwertfaktoren für die Kapitalisierung bzw. Abzinsung.

Beispiel 2:
Berücksichtigung der Unterausnutzung und der Freilegungskosten als besondere objektspezifische Grundstücksmerkmale im Sachwertverfahren

Sachwert der baulichen Anlagen einschließlich der baulichen Außenanlagen und sonstigen Anlagen		320.000 €
nutzungsabhängiger Bodenwert	+	370.000 €
vorläufiger Sachwert		**690.000 €**
Sachwertfaktor	x	0,8
marktangepasster vorläufiger Sachwert		**552.000 €**
besondere objektspezifische Grundstücksmerkmale Ermittlung siehe Beispiel 3		
abgezinster Wertvorteil aufgrund der künftigen Nutzbarkeit	+	74.000 €
abgezinste Freilegungskosten sowie sonstiger Aufwand	–	39.000 €
Summe		587.000 €
Sachwert		**590.000 €**

5

Beispiel 3:
Ermittlung des Wertvorteils bzw. der Freilegungskosten für die Beispiele 1 und 2

maßgeblicher Bodenwert		480.000 €
nutzungsabhängiger Bodenwert	–	370.000 €
Abweichung		**110.000 €**
Abzinsungsfaktor	x	0,6768
Ergebnis		74.448 €
abgezinster Wertvorteil aufgrund der künftigen Nutzbarkeit		**74.000 €**
Freilegungskosten sowie sonstiger Aufwand		60.000 €
Abzinsungsfaktor	x	0,6516
Ergebnis		39.096 €
abgezinste Freilegungskosten sowie sonstiger Aufwand		**39.000 €**

5.1 Umrechnungskoeffizienten für Eigentumswohnungen

Quelle: GuG-K, 52

Umrechnungskoeffizienten für Eigentumswohnungen								
Alter		**Wohnfläche**		**Größe der Wohnanlage**		**Geschoss**		**Bemerkung**
Jahre	**UK_{Alter}**	**m^2**	**UK_{WF}**	**Zahl der WE**	**$UK_{Größe}$**	**Geschoss**	**$UK_{Geschoss}$**	
1	0,90	20	1,15	5	1,10	UG	0,95	
2	0,86	30	1,10	10	1,05	EG	0,98	
3	0,84	40	1,06	20	1,03	1. OG	**1,00**	
4	0,83	50	1,04	30	1,02	2. OG	1,02	
5	0,82	60	1,02	40	1,01	3. OG	1,04	
6	0,80	70	**1,00**	50	**1,00**	4. OG	1,06	mit Aufzug
7	0,78	80	0,98	60	0,99	4. OG	1,00	ohne Aufzug
8	0,76	90	0,96	70	0,99	5. OG	1,06	mit Aufzug
9	0,75	100	0,95	80	0,99	5. OG	0,95	ohne Aufzug
10	0,74	110	0,94	90	0,99	6. OG	1,06	mit Aufzug
11	0,73	120	0,93	100	0,98			
12	0,72	130	0,92	110	0,98			
13	0,71	140	0,91	120	0,98			
14	0,71	150	0,90	130	0,98			
15	0,70	160	0,90	140	0,97			
16	0,70	170	0,89	150	0,97			
17	0,69	180	0,89	160	0,97			
18	0,69	190	-	170	0,97			
19	0,68	200	-	180	0,96			
20	0,68							
21	0,67							
22	0,67							
23	0,66							
24	0,65							
25	0,64							
30	0,61							
40	0,51							

Wohnlage und Ausstattung		
	Wohnlage	**Ausstattung**
Qualität	**$UK_{Wohnlage}$**	**$UK_{Ausstattung}$**
einfach	0,85	0,85
mittel	**1,00**	**1,00**
gut	1,10	1,10
sehr gut	1,15	1,15

5.2 Umrechnungskoeffizienten für das Verhältnis der Miethöhe zur Wohnfläche

Quelle: KL-V, 1909

Wohnfläche (WoFl.) m²	Umrechnungskoeffizient für das Verhältnis der Miethöhe zur Wohnfläche (WoFl.)		
	von	**Mittel**	**bis**
10	1,50	**1,60**	1,70
20	1,34	**1,40**	1,46
30	1,23	**1,29**	1,35
40	1,16	**1,20**	1,24
50	1,09	**1,13**	1,17
60	1,03	**1,07**	1,11
70	0,98	**1,02**	1,06
75	–	**1,00**	–
80	0,94	**0,98**	1,02
90	0,92	**0,96**	1,00
100	0,90	**0,94**	0,98
110	0,87	**0,91**	0,95
120	0,83	**0,88**	0,93
130	0,70	**0,85**	0,90
140	0,76	**0,82**	0,88
150	0,73	**0,79**	0,85
160	0,70	**0,76**	0,82

5.3 Umrechnungskoeffizienten für das Verhältnis der Miethöhe zur Ladenfläche (Hauptnutzfläche) und zur Ladentiefe

Quelle: KL-V, 2353-2354

Ladenfläche in m²	Umrechnungskoeffizient			Laden-tiefe in m²	Umrechnungskoeffizient		
	von	Mittel	bis		von	Mittel	bis
10	1,45	2,24	3,05	–	–	–	–
20	1,30	2,00	2,70	–	–	–	–
30	1,22	1,80	2,28	–	–	–	–
40	1,16	1,63	2,10	–	–	–	–
50	1,12	1,48	1,84	–	–	–	–
60	1,09	1,35	1,61	–	–	–	–
70	1,06	1,20	1,34	–	–	–	–
80	1,04	1,12	1,20	–	–	–	–
90	1,02	1,05	1,08	–	–	–	–
100	0,97	**1,00**	1,03	7	0,90	**1,00**	1,10
120	0,91	0,94	0,97	8	0,80	0,90	1,00
140	0,87	0,89	0,95	9	0,70	0,80	0,90
160	0,82	0,85	0,88	10	0,60	0,70	0,80
180	0,77	0,82	0,87	11	0,50	0,60	0,70
200	0,75	0,80	0,86	12	0,40	0,50	0,60
250	0,73	0,78	0,85	13	0,30	0,40	0,50
300	0,70	0,76	0,84	14	0,20	0,30	0,40
400	0,67	0,73	0,83	–	–	–	–
500	0,63	0,70	0,81	–	–	–	–
600	0,59	0,67	0,76	–	–	–	–
700	0,55	0,64	0,73	–	–	–	–
800	0,51	0,61	0,71	–	–	–	–

5.4 Staffelung der Ladenmieten nach Zonen

Quelle: KL-V, 2354-2355 und Kemper's City Index, Groß- und Mittelstädte, 1998/1999, 21

Mit zunehmender Distanz von der Straßenfront (Lauflage) vermindert sich die Wertigkeit des Ladens, weil die Umsätze sinken. Hieraus lässt sich der Mietwert eines Ladens ableiten. Läden unterschiedlicher Größen und Zuschnitte lassen sich somit vergleichbar machen. Voraussetzung ist allerdings, dass man die **Staffelung der Mietpreise nach den angegebenen Zonen** kennt. Nach dem Städte-Index von *Kemper* ergeben sich nach dem Prinzip des *halfing-back* folgende Abstufungen:

Zone	Ladentiefe	Mietpreis
Zone I	bis 7 m Ladentiefe	100 %
Zone II	ab 7 m bis 14 m	50 %
Zone III	ab 14 m Ladentiefe	25 %

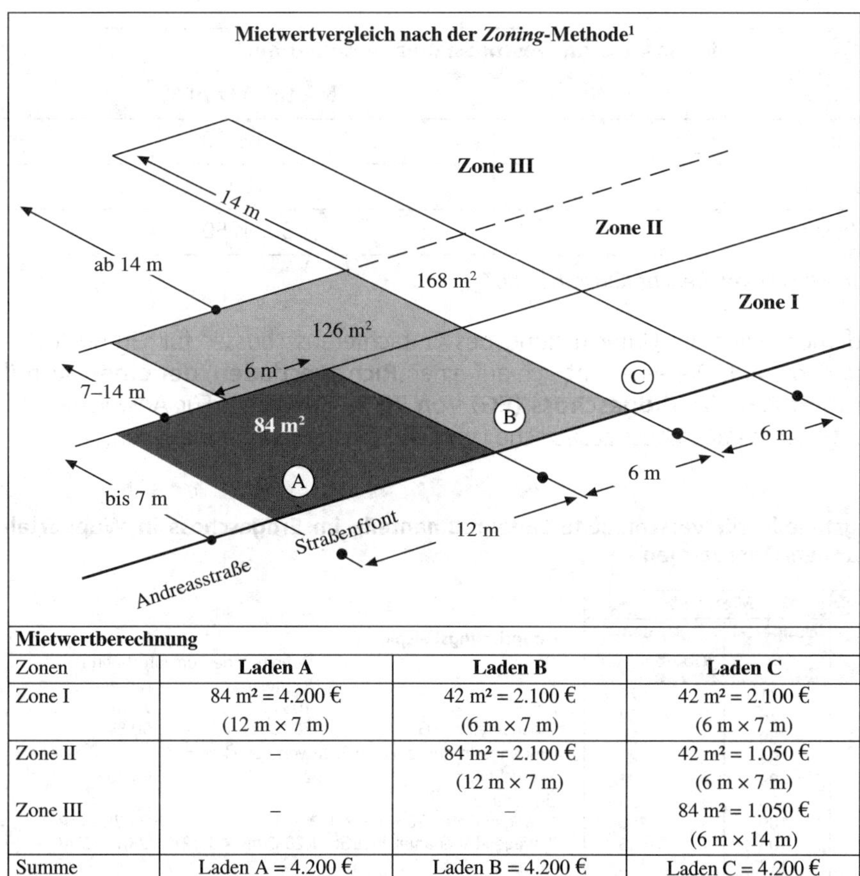

Mietwertberechnung			
Zonen	Laden A	Laden B	Laden C
Zone I	84 m² = 4.200 € (12 m × 7 m)	42 m² = 2.100 € (6 m × 7 m)	42 m² = 2.100 € (6 m × 7 m)
Zone II	–	84 m² = 2.100 € (12 m × 7 m)	42 m² = 1.050 € (6 m × 7 m)
Zone III	–	–	84 m² = 1.050 € (6 m × 14 m)
Summe	Laden A = 4.200 €	Laden B = 4.200 €	Laden C = 4.200 €

10 Mietpreis Zone I = 50 €/m²

Vertikale Zonierung

Bei mehrstöckigen Einkaufsläden **(Warenhäusern)** ist darüber hinaus ein vertikales *Zoning* üblich, bei dem man im Verhältnis zum Erdgeschoss mit dem Wert 1 dem Untergeschoss eine Wertigkeit von 50 % (Wert 0,5) und dem 1. Obergeschoss eine Wertigkeit von 50 % (Wert 0,5) beimisst. Dieser Wertfaktor nimmt dann mit jedem weiteren Geschoss ab (2. OG mit 25 % und nachfolgend 10-15 %).

Eine weitere Rolle spielen dabei vor allem die Erreichbarkeit durch Rolltreppen und konventionelle Treppen sowie deren Anordnung, die Raumhöhe und Belichtung.

5.5 Ladenmieten in Untergeschossen

Quelle: KL-V, 2356-2357

Die **Ladenmieten in Untergeschossen** sind erfahrungsgemäß nicht niedriger als die im 1. Obergeschoss, wie dies auch aus einer Untersuchung des Gutachterausschusses in *Karlsruhe* deutlich wird:

Mietansätze für Geschosslagen in Karlsruhe	
Geschoss	**Mietansatz in %**
1. Untergeschoss	30 bis 50
Erdgeschoss	100
1. Obergeschoss	30 bis 50

Quelle: Grundstücksmarktbericht Karlsruhe 2004

Eine Besonderheit weist die Untersuchung des Gutachterausschusses für Grundstückswerte in *Wuppertal* auf. Diese bezieht sich auf einen **Richtwertladen, der einen Anteil der Ladenraumfläche im Erdgeschoss (EG) von 70 % aufweist.** Für Abweichungen werden vom Gutachterausschuss zusätzliche Umrechnungsfaktoren angegeben.

Umrechnungstabelle für verschiedene Ladenraumanteile im Erdgeschoss in Wuppertal-Elberfeld, Barmen/Oberbarmen

Anteil der Ladenraumfläche im EG in %	Miete in %	
	Wuppertal	Barmen Oberbarmen
10	71	79
20	76	82
30	80	84
40	84	87
50	89	91
60	95	95
70	**100**	**100**
80	106	106
90	112	112
100	118	118

Umrechnungsbeispiel:

	Definition des Richtwerts:	umzurechnenden Laden:
Fläche:	100 m²	70 m²
Ladenanteil im EG:	70 %	90 %
Fußgängerfrequenz: ist im Richtwert berücksichtigt		
Mietrichtwert:	20 €/m²	Miete = ?

Umrechnung:
1. wegen Größe 20 €/m² × 1,06 = 21,20 €/m²
2. wegen Ladenanteil im EG: 21,20 €/m² × 1,12 = 23,74 €/m²

Quelle: Gutachterausschuss für Grundstückswerte in Wuppertal

5.6 Indexierung, Preisentwicklung und Wachstumsrate

Quelle: VW-RL, Nr. 4.4 Anpassung wegen abweichender allgemeiner Wertverhältnisse; Grundstücksmarktbericht Freiburg, jeweilige Jahre

(1) Bei einer Änderung der allgemeinen Wertverhältnisse sind die Kaufpreise in der Regel mit Hilfe geeigneter Indexreihen (§ 11 ImmoWertV) an die Wertverhältnisse am Wertermittlungsstichtag anzupassen.

§ 11 ImmoWertV Indexreihen

(2) Indexreihen bestehen aus Indexzahlen, die sich aus dem durchschnittlichen Verhältnis der Preise eines Erhebungszeitraums zu den Preisen eines Basiszeitraums mit der Indexzahl 100 ergeben. Die Indexzahlen können auch auf bestimmte Zeitpunkte des Erhebungs- und Basiszeitraums bezogen werden.

Berechnungsbeispiel anhand der Grundstücksmarktberichte Freiburg:

Zeitraum	Kaufpreise €/m² WoFl.	Indexzahlen	Preis entwicklung	Wachstums rate
2005	1.765 €	61,20%	100%	
2006	1.815 €	62,93%	103%	2,83%
2007	1.781 €	61,75%	101%	-1,87%
2008	1.731 €	60,02%	98%	-2,81%
2009	1.838 €	63,73%	104%	6,18%
2010	1.951 €	67,65%	111%	6,15%
2011	2.110 €	73,16%	120%	8,15%
2012	2.249 €	77,98%	127%	6,59%
2013	2.473 €	85,75%	140%	9,96%
2014	2.648 €	91,82%	150%	7,08%
2015	2.884 €	100,00%	163%	8,91%

Beispiel zur Ermittlung einer Indexzahl:

Gesucht ist die Indexzahl für 2010

Rechenweg:

Kaufpreis 2010: Kaufpreis 2015 = 1.951 € : 2.884 € = 0,6765 = 67,65%

Indexierung des Kaufpreises aus 2010

Kaufpreis 149.000 €

Kaufpreis : Indexzahl = 149.000 € : 67,65 % = 220.251,29 €

Ein Kaufpreis aus 2010 über 149.000 € geht (bei übereinstimmenden Grundstücksmerkmalen) mit dem indexierten Wert von 220.251 € als Vergleichspreis in die Wertermittlung ein.

Dabei ist zu beachten, dass die Kaufpreise aus der Kaufpreissammlung sich auf die jeweilige Jahresmitte beziehen, die den Mittelwert aus allen Vertragsterminen bildet (sofern nicht im Marktbericht ein anderer Stichtag angegeben ist).

6 Marktdaten

6.1 Marktdaten des Immobilienverbandes Deutschland (IVD-Preisspiegel 2016/2017)

Quelle: Immobilienverband Deutschland IVD Bundesverband der Immobilienberater, Makler, Verwalter und Sachverständigen e.V., Berlin, IVD-Wohn-Preisspiegel 2016/2017, IVD-Gewerbe-Preisspiegel 2016/2017

Die folgenden Erläuterungen und Tabellen sind auszugsweise dem IVD-Wohn-Preisspiegel 2016/2017 und dem IVD-Gewerbe-Preisspiegel 2016/2017 entnommen und mit freundlicher Genehmigung des IVD-Bundesverbandes abgedruckt. Die Preisspiegel erscheinen jährlich und können beim IVD (www.ivd.net) bezogen werden.

Nachfolgend sind nur die in den Preisspiegeln enthaltenen Städte ab 70.000 Einwohner wiedergegeben. Die Tabellenwerte des IVD sind wesentlich umfassender.

6.1.1 Statistische Städtedaten

6.1.1.1 Erläuterungen

Der IVD veröffentlicht statistische Stadtdaten nach 13 Kriterien in 20 Rubriken. Auszugsweise (auch in Bezug auf die Städte) sind hier Daten zu sechs Kriterien in sieben Rubriken abgedruckt. Die nachfolgenden Erläuterungen beziehen sich auf alle 13 Kriterien, damit wird gleichzeitig eine Übersicht über die beim IVD erhältlichen Daten gegeben.

Erläuterungen zum IVD-Wohn-Preisspiegel

1. Amtlicher Gemeindeschlüssel (Quelle: Statistisches Bundesamt, Wiesbaden 2016, Gemeindeverzeichnis 1.1.2016)

   Der Amtliche Gemeindeschlüssel, früher auch Amtliche Gemeindekennzahl oder Gemeindekennziffer, ist eine Ziffernfolge zur Identifizierung politisch selbstständiger Gemeinden oder gemeindefreier Gebiete. Er dient vor allem statistischen Zwecken und wird in Deutschland von den Statistischen Ämtern der einzelnen Bundesländer einheitlich vergeben.

2. Bevölkerung – Anzahl Einwohner gesamt (Quelle: Statistisches Bundesamt, Wiesbaden 2016, Gemeindeverzeichnis 1.1.2016)

3. Einwohner je km² (Quelle: Statistisches Bundesamt, Wiesbaden 2015. Gemeindeverzeichnis 1.1.2016)

4. Anzahl Haushalte (Quelle: MB-Research, Michael Bauer Research GmbH, Nürnberg 2016, www.mb-research.de)

5. Kaufkraft (Quelle: MB-Research, Michael Bauer Research GmbH, Nürnberg 2016, www.mb-research.de)

5.1 Euro pro Kopf (und Jahr)

5.2 Kaufkraftindex D=100 (bezogen auf den Pro-Kopf-Durchschnitt von Deutschland von 22.066 Euro im Jahr 2016)

   Kaufkraft bezeichnet das verfügbare Einkommen (Einkommen ohne Steuern und Sozialversicherungsbeiträge, inkl. empfangener Transferleistungen) der Bevölkerung einer Region.

   Kaufkraftkennziffern werden als Prognosewerte für das Jahr 2016 erstellt. Voraussetzungen sind Fortschreibung der Einkommensdaten anhand volkswirtschaftlicher Prognosen und regionalstatistischer Indikatoren.

   Kaufkraftkennziffern bewerten regionale Teilmärkte hinsichtlich der verfügbaren Einkommen der Bevölkerung/der privaten Haushalte des Gebiets. Regional zugeordnet wird die Kaufkraft nach dem Wohnort des Konsumenten. Der Absatz von Verbrauchsgütern, langlebigen Konsumgütern, persönlichen Dienstleistungen, Immobilien ist unmittelbar abhängig von der Höhe der Kaufkraft, daher werden Kaufkraftkennziffern von Konsumgüterherstellern, Einzelhandel, Banken, Versicherungen, Sparkassen und anderen endverbraucherorientierten Dienstleistern zur regionalen Potenzialermittlung eingesetzt.

6. Bevölkerungsentwicklung 1.1.2010 bis 1.1.2015 in Prozent (Quelle: MB-Research, Michael Bauer Research GmbH, Nürnberg 2016, www.mb-reseairch.de)

7. Kaufkraftentwicklung 2011 bis 2016 in Prozent (Quelle: MB-Research, Michael Bauer Research GmbH, Nürnberg 2016, www.mb-research.de)
8. Sozialversicherungspflichtig Beschäftigte am Arbeltsort, Stand: 30.06.2015 (Quelle: Bundesagentur für Arbeit, Nürnberg 2016)
9. Entwicklung der sozialversicherungspflichtig Beschäftigten am Arbeitsort 30.06.2010 bis 30.06.2015 in Prozent (Quelle: Bundesagentur für Arbeit, Nürnberg 2016)
10. Bestand an Wohngebäuden (Wohngebäudestruktur) Stand: 1.1.2015: Anzahl Insgesamt, darunter mit 1 Wohnung (z.B. Einfamilienhaus), darunter mit 2 Wohnungen (z.B. Zweifamilienhaus): (Quelle: Statistisches Bundesamt, Wiesbaden 2016)

11 Baugenehmigungen zur Errichtung neuer Wohngebäude, Stand: 2014: Anzahl insgesamt, darunter mit 1 Wohnung (z.B. Einfamilienhaus), darunter mit 2 Wohnungen (z.B. Zweifamilienhaus): (Quelle: Statistisches Bundesamt, Wiesbaden 2016)

12 Baufertigstellungen zur Errichtung neuer Wohngebäude, Stand: 2014: Anzahl insgesamt, darunter mit 1 Wohnung (z.B. Einfamilienhaus), darunter mit 2 Wohnungen (z.B. Zweifamilienhaus); (Quelle: Statistisches Bundesamt, Wiesbaden 2016)

6.1.1.2 Statistische Städtedaten, Haushalte, Kaufkraft

Städtedaten I		Gemeinde-schlüssel	Einwohner gesamt	Einwohner je km²	Haushalte Anzahl	Kaufkraft Euro pro Kopf	Kaufkraft Index D=100
		1.1.2016	1.1.2015	1.1.2015	1.1.2015	2016	2016
Stadt	**Bundesland**	*Quelle: Statistisches Bundesamt, Wiesbaden 2016*			*©MB-Research*		
Aachen	Nordrhein-Westfalen	05334002	243.336	1.513	134.821	21.321	96,6
Arnsberg	Nordrhein-Westfalen	05958004	73.436	379	35.760	22.395	101,5
Augsburg	Bayern	09761000	281.111	1.914	156.219	20.994	95,1
Bamberg	Bayern	09461000	71.952	1.317	41.226	22.319	101,1
Bergisch Gladbach	Nordrhein-Westfalen	05378004	109.697	1.320	53.668	26.537	120,3
Berlin	Berlin	11000000	3.469.849	3.891	1.972.721	20.529	93,0
Bielefeld	Nordrhein-Westfalen	05711000	329.782	1.274	165.783	20.913	94,8
Bochum	Nordrhein-Westfalen	05911000	361.876	2.484	194.402	20.843	94,5
Bonn	Nordrhein-Westfalen	05314000	313.958	2.226	164.189	24.458	110,8
Bottrop	Nordrhein-Westfalen	05512000	116.017	1.153	57.199	21.009	95,2
Braunschweig	Niedersachsen	03101000	248.502	1.293	141.562	23.294	105,6
Bremen	Bremen	04011000	551.767	1.695	298.143	21.108	95,7
Bremerhaven	Bremen	04012000	110.121	1.174	61.083	17.737	80,4
Chemnitz	Sachsen	14511000	243.521	1.103	140.107	19.424	88,0
Cottbus	Brandenburg	12052000	99.491	602	56.645	19.384	87,8
Darmstadt	Hessen	06411000	151.879	1.244	79.843	23.700	107,4
Delmenhorst	Niedersachsen	03401000	74.804	1.200	38.491	19.566	88,7
Detmold	Nordrhein-Westfalen	05766020	73.586	569	36.313	22.116	100,2
Dorsten	Nordrhein-Westfalen	05562012	75.439	441	35.062	21.917	99,3
Dortmund	Nordrhein-Westfalen	05913000	580.511	2.068	306.348	20.174	91,4
Dresden	Sachsen	14612000	536.308	1.634	299.244	19.852	90,0
Duisburg	Nordrhein-Westfalen	05112000	485.465	2.085	244.346	18.368	83,2
Düren	Nordrhein-Westfalen	05358008	89.024	1.047	41.974	19.095	86,5
Düsseldorf	Nordrhein-Westfalen	05111000	604.527	2.781	340.961	26.102	118,3
Erfurt	Thüringen	16051000	206.219	764	113.885	20.118	91,2
Erlangen	Bayern	09562000	106.423	1.383	61.250	26.881	121,8
Essen	Nordrhein-Westfalen	05113000	573.784	2.728	304.691	21.587	97,8
Flensburg	Schleswig-Holstein	01001000	84.694	1.493	50.257	20.213	91,6
Frankfurt am Main	Hessen	06412000	717.624	2.890	386.406	25.396	115,1
Freiburg im Breisgau	Baden-Württemberg	08311000	222.203	1.452	116.817	20.797	94,2
Fürth	Bayern	09563000	121.519	1.918	63.761	23.647	107,2
Gelsenkirchen	Nordrhein-Westfalen	05513000	257.651	2.455	131.276	17.711	80,3
Gera	Thüringen	16052000	94.492	621	56.202	19.282	87,4
Gießen	Hessen	06531005	83.280	1.148	45.829	18.764	85,0
Gladbeck	Nordrhein-Westfalen	05562014	74.086	2.063	36.407	19.593	88,8
Gütersloh	Nordrhein-Westfalen	05754008	96.085	858	45.054	23.148	104,9
Hagen	Nordrhein-Westfalen	05914000	186716	1.164	96.013	20.373	92,3

Städtedaten I		Gemeinde-schlüssel	Einwohner gesamt	Einwohner je km²	Haushalte Anzahl	Kaufkraft Euro pro Kopf	Kaufkraft Index D=100
		1.1.2016	1.1.2015	1.1.2015	1.1.2015	2016	2016
Stadt	**Bundesland**	*Quelle: Statistisches Bundesamt, Wiesbaden 2016*			*©MB-Research*		
Halle	Sachsen-Anhalt	15002000	232.470	1.722	133.676	18.096	82,0
Hamburg	Hamburg	02000000	1.762.791	2.334	973.422	24.357	110,4
Hamm	Nordrhein-Westfalen	05915000	176.580	780	83.749	19.129	86,7
Hanau	Hessen	06435014	90.934	1.189	43.672	21.323	96,6
Hannover	Niedersachsen	03241001	523.542	2.565	301.112	22.361	101,3
Heidelberg	Baden-Württemberg	08221000	154.715	1.422	81.796	21.803	98,8
Herne	Nordrhein-Westfalen	05916000	154.608	3.007	77.308	18.723	84,8
Hildesheim	Niedersachsen	03254021	99.979	1.085	54.548	21.105	95,6
Ingolstadt	Bayern	09161000	131.002	982	66.282	24.692	111,9
Iserlohn	Nordrhein-Westfalen	05962024	92.899	740	45.881	22.010	99,7
Jena	Thüringen	16053000	108.207	943	60.303	19.477	88,3
Kaiserslautern	Rheinland-Pfalz	07312000	97.382	697	54.488	19.583	88,7
Karlsruhe	Baden-Württemberg	08212000	300.051	1.730	159.036	22.683	102,8
Kassel	Hessen	06611000	194.747	1.824	106.116	20.508	92,9
Kiel	Schleswig-Holstein	01002000	243.148	2.049	139.581	19.449	88,1
Koblenz	Rheinland-Pfalz	07111000	111.434	1.060	61.024	21.893	99,2
Köln	Nordrhein-Westfalen	05315000	1.046.680	2.584	553.269	23.520	106,6
Konstanz	Baden-Württemberg	08335043	81.692	1.510	43.677	22.867	103,6
Krefeld	Nordrhein-Westfalen	05114000	222.500	1.615	113.293	21.655	98,1
Leipzig	Sachsen	14713000	544.479	1.831	317.854	18.860	85,5
Leverkusen	Nordrhein-Westfalen	05316000	161.540	2.048	81.000	22.520	102,1
Lübeck	Schleswig-Holstein	01003000	214.420	1.001	119.263	20.083	91,0
Ludwigshafen a. Rhein	Rheinland-Pfalz	07314000	163.832	2.113	81.755	21.079	95,5
Lüneburg	Niedersachsen	03355022	72.546	1.031	39.671	21.177	96,0
Magdeburg	Sachsen-Anhalt	15003000	232.306	1.156	133.737	18.948	85,9
Mainz	Rheinland-Pfalz	07315000	206.991	2.118	112.529	23.734	107,6
Mannheim	Baden-Württemberg	08222000	299.844	2.068	162.156	21.336	96,7
Marburg	Hessen	06534014	73.147	590	39.142	19.858	90,0
Minden	Nordrhein-Westfalen	05770024	80.212	793	38.423	20.432	92,6
Moers	Nordrhein-Westfalen	05170024	102.923	1.521	50.493	21.691	98,3
Mönchengladbach	Nordrhein-Westfalen	05116000	256.853	1.507	129.187	20.863	94,5
Mülheim a. d. Ruhr	Nordrhein-Westfalen	05117000	167.108	1.831	85.292	23.732	107,5
München	Bayern	09162000	1.429.584	4.601	807.100	29.255	132,6
Münster	Nordrhein-Westfalen	05515000	302.178	996	161.173	23.484	106,4
Neumünster	Schleswig-Holstein	01004000	77.588	1.083	41.334	18.610	84,3
Neuss	Nordrhein-Westfalen	05162024	152.644	1.534	73.487	23.470	106,4

Städtedaten I		Gemeinde-schlüssel	Einwohner gesamt	Einwohner je km²	Haushalte Anzahl	Kaufkraft Euro pro Kopf	Kaufkraft Index D=100
		1.1.2016	1.1.2015	1.1.2015	1.1.2015	2016	2016
Stadt	**Bundesland**	*Quelle: Statistisches Bundesamt, Wiesbaden 2016*			*©MB-Research*		
Nürnberg	Bayern	09564000	501.072	2.688	277.014	22.928	103,9
Oberhausen	Nordrhein-Westfalen	05119000	209.292	2.715	107.276	19.635	89,0
Offenbach	Hessen	06413000	120.988	2.695	61.882	19.965	90,5
Oldenburg	Niedersachsen	03403000	160.907	1.562	88.230	22.070	100,0
Osnabrück	Niedersachsen	03404000	156.897	1.310	87.309	21.157	95,9
Paderborn	Nordrhein-Westfalen	05774032	145.176	808	71.196	20.518	93,0
Pforzheim	Baden-Württemberg	08231000	119.291	1.217	60.593	21.895	99,2
Potsdam	Brandenburg	12054000	164.042	871	90.425	21.334	96,7
Ratingen	Nordrhein-Westfalen	05158028	86.636	976	43.606	28.056	127,1
Recklinghausen	Nordrhein-Westfalen	05562032	114.147	1.718	58.524	21.038	95,3
Regensburg	Bayern	09362000	142.292	1.763	83.377	24.422	110,7
Remscheid	Nordrhein-Westfalen	05120000	109.009	1.463	54.898	21.874	99,1
Rheine	Nordrhein-Westfalen	05566076	73.944	510	33.453	20.212	91,6
Rostock	Mecklenburg-Vorpommern	13003000	204.167	1.126	119.006	19.174	86,9
Saarbrücken	Saarland	10041100	176.926	1.059	101.139	20.393	92,4
Salzgitter	Niedersachsen	03102000	98.966	442	51.232	20.031	90,8
Schwerin	Mecklenburg-Vorpommern	13004000	92.138	706	54.509	19.731	89,4
Siegen	Nordrhein-Westfalen	05970040	100.325	875	50.970	21.044	95,4
Solingen	Nordrhein-Westfalen	05122000	156.771	1.751	80.697	22.355	101,3
Stuttgart	Baden-Württemberg	08111000	612.441	2.954	318.539	24.921	112,9
Trier	Rheinland-Pfalz	07211000	108.472	926	60.599	19.240	87,2
Troisdorf	Nordrhein-Westfalen	05382068	73.494	1.182	34.067	21.473	97,3
Ulm	Baden-Württemberg	08421000	120.714	1.017	60.187	24.409	110,6
Velbert	Nordrhein-Westfalen	05158032	80.572	1.076	39.537	22.316	101,1
Viersen	Nordrhein-Westfalen	05166032	75.058	824	36.665	20.794	94,2
Villingen-Schwenningen	Baden-Württemberg	08326074	81.916	495	40.227	22.248	100,8
Wiesbaden	Hessen	06414000	275.116	1.349	141.316	24.310	110,2
Wilhelmshaven	Niedersachsen	03405000	75.534	707	42.575	20.015	90,7
Witten	Nordrhein-Westfalen	05954036	95.907	1.325	50.021	21.948	99,5
Wolfsburg	Niedersachsen	03103000	123.027	603	64.840	24.209	109,7
Worms	Rheinland-Pfalz	07319000	81.010	745	40.410	21.063	95,5
Wuppertal	Nordrhein-Westfalen	05124000	345.425	2.051	180.578	21.637	98,1
Würzburg	Bayern	09663000	124.219	1.418	75.464	22.564	102,3
Zwickau	Sachsen	14524330	91.066	888	50.898	19.515	88,4

6.1.2 IVD-Gewerbe-Preisspiegel 2016/2017

6.1.2.1 Erläuterungen

Die folgenden Erläuterungen und Tabellen sind auszugsweise dem IVD-Gewerbe-Preisspiegel 2016/2017 entnommen und mit freundlicher Genehmigung des IVD-Bundesverbandes abgedruckt. Die Preisspiegel erscheinen jährlich und können beim IVD (www.ivd.net) bezogen werden.

Erläuterungen zum IVD-Gewerbe-Preisspiegel

1. Im IVD-Immobilienpreisspiegel wird die Entwicklung des Immobilienmarktes in ca. 350 Städten der Bundesrepublik erfasst. Grundlage für die Preisangaben bilden aktuelle Marktpreise im 2./3. Quartal des Jahres.

   Die Preise sind von den Marktberichterstattern des IVD übermittelt worden. Nach Sammlung der Preisdaten werden diese aufbereitet und zusammengefasst.

6

2. Um den Markt möglichst vollständig zu erfassen, sind die einzelnen Immobilienarten in Kategorien untergliedert worden. Im Wesentlichen dienen dabei die Lage bzw. der Nutzungswert zur Abgrenzung. Mit diesem Erfassungssystem wird die Vergleichbarkeit der Preisangaben erreicht.
3. Der Nutzungswert setzt sich aus der Lagekomponente und der Qualitätskomponente zusammen.

3a. Die Lagekomponente berücksichtigt die Struktur der Bebauung, die bauliche Nutzung, die verkehrsmäßige Erschließung bzw. Anbindung an die Hauptverkehrswege, die Versorgung mit öffentlichen Einrichtungen und andererseits Beeinträchtigungen, wie z.B. durch Straßenlärm, Industrieemissionen, Nutzungs- bzw. Bebauungsbeschränkungen etc.

3b. Die Qualitätskomponente berücksichtigt die architektonische Gestaltung bzw. Nutzbarkeit, Ausstattung und Modernisierungszustand von Gebäude und Büro.

Büromieten (Netto-kalt, EUR/m² monatlich)
Bei den Büromieten sind wieder die beiden Komponenten Lage und Qualität zu berücksichtigen, aus denen sich der Nutzungswert ergibt.

Baugrundstücke im Gewerbegebiet (EUR/m²)
(Verkaufspreise inkl. Erschließungskosten/keine subventionierten Preise).

Der Nutzungswert richtet sich hauptsächlich nach der verkehrsmäßigen Erschließung (Bahn- bzw. Gleisanschluss), Nähe der Autobahn und nach möglicherweise gegebenen Nutzungsbeschränkungen, z.B. Verbot geräuschintensiver Betriebe.

Beispiele:

Einfacher Nutzungswert:
Büro: Objekte in geschäftlicher Randlage, gut erhaltener Vorkriegsbau oder Neubau der ersten Nachkriegsjahre in gemischt-wirtschaftlich genutzter Geschäftslage ohne besondere Ansprüche an Repräsentation.

Gewerbegrundstücke: Grundstücke mit geringen Bebauungsmöglichkeiten und hohen örtlichen Auflagen (z.B. BMZ, Baumassenzahl von 3,5; Geschossflächenzahl von 1,0 (GFZ); Errichtung von Lagergebäuden ist möglich).

Mittlerer Nutzungswert:
Büro: Normal ausgestattetes Büro bzw. Bürogebäude, verkehrsmäßig normal zu erreichen.

Gewerbegrundstücke: Baugrundstücke mit einem Baurecht von ca. 6,0 (BMZ) oder 2,0 (GFZ) in einem Gewerbegebiet mit normaler Umgebungsinfrastruktur.

Guter Nutzungswert:
Büro: Nach modernen Erkenntnissen ausgestatteter und geschnittener, repräsentativ angelegter Bürobau, der mit technischen Einrichtungen wie z.B. Fahrstuhl, Klimaanlage oder mit Parkmöglichkeit im repräsentativen Kernbereich der Stadt oder in sonstiger guter Adresse liegt.

Gewerbegrundstücke: Baugrundstücke mit einem Baurecht von mindestens 6,0 (BMZ) oder 3,0 (GFZ) in einem Gewerbegebiet mit guter Umgebungsinfrastruktur.

4. Alle Preisangaben der Marktberichterstatter sind aktuelle Schwerpunktpreise. Der Schwerpunktpreis wird aus einer Spanne gebildet und stellt nicht das rechnerische Mittel der Preisspanne dar. Lautet z.B. die Spanne für eine Miete 9,00 bis 11,00 EUR, ergibt sich ein Mittelwert von 10,00 EUR. Der Schwerpunkt könnte aber ebenso gut bei 9,50 oder bei 10,50 EUR bzw. bei jedem beliebigen anderen Wert dieser Spanne liegen. Die Gewichtung des Preises innerhalb der Spanne erfolgt einerseits durch die Marktberichterstatter vor Ort und andererseits durch die Zusammenführung mehrerer Preise innerhalb des gleichen Angebots.
5. Bei Mieten werden jeweils nur die bei Neuvermietung erzielten Mietpreise erfasst. Mieten aus dem Bestand sind nicht berücksichtigt. Es handelt sich dabei jeweils um die aktuell am Ort erzielten Nettokaltmieten.
6. Erläuterung zu Ladenmieten: Es handelt sich um Läden zu ebener Erde. Bei Ladenmieten ist lediglich von der Lage auszugehen, da heute angenommen werden kann, dass bei Neuvermietung ohnehin ein Umbau erfolgt. Die Begriffe 1A- und 1B-Lage entsprechen den in der Praxis gängigen Unterscheidungen. Als Beurteilungskriterien werden dazu beispielsweise die Passantenfrequenz, der Branchenbesatz, die Geschlossenheit der Schaufensterfront usw. herangezogen. Nach der Terminologie des IVD-Preisspiegels wird unterschieden zwischen: 1A- und 1B-Lagen in den Kernbereichen einer Großstadt (= Geschäftskern), sowie nach 1A- und 1B-Lagen in großstädtischen Nebenkernen.
7. Spitzen- bzw. Höchstmieten geben die Preise in dem Einzelsegment der Toplagen wieder.

6.1.2.2 IVD-Gewerbe-Preisspiegel, Büromieten

Quelle: Auszug aus dem IVD-Gewerbe-Preisspiegel 2016/2017

Der IVD veröffentlicht Kaufpreisdaten zu Baugrundstücken in Gewerbegebieten in drei Rubriken (hier nicht abgebildet), Büromieten in zwei Kategorien und vier Rubriken sowie Ladenmieten in fünf Kategorien und neun Rubriken.

Detaillierte regionale Preisspiegel sind bei den Regionalverbänden des IVD erhältlich. Von der Homepage des IVD-Bundesverbandes aus (www.ivd.net) kann der jeweilige Regionalverband direkt angeklickt werden.

		Büromieten - Nettokalt EUR je m² monatlich **Nutzungswert**			**Büromieten** Spitzen- bzw. Höchstmiete für Spitzenobjekte in Toplagen bis ca.
Stadt	**Bundesland**	**einfach**	**mittel**	**gut**	
Aachen	Nordrhein-Westfalen	5,30	6,90	9,10	k.A.
Arnsberg	Nordrhein-Westfalen	4,00	6,00	8,00	k.A.
Augsburg	Bayern	7,25	8,50	10,25	k.A.
Bamberg	Bayern	5,75	7,65	9,00	k.A.
Bergisch Gladbach	Nordrhein-Westfalen	k.A.	k.A.	k.A.	k.A.
Berlin	Berlin	6,25	8,88	15,25	25,50
Bielefeld	Nordrhein-Westfalen	5,50	6,20	9,00	k.A.
Bochum	Nordrhein-Westfalen	4,50	6,30	8,50	k.A.
Bonn	Nordrhein-Westfalen	7,50	11,50	16,00	k.A.
Bottrop	Nordrhein-Westfalen	4,60	6,45	7,20	k.A.
Braunschweig	Niedersachsen	5,50	7,50	9,50	15,00
Bremen	Bremen	4,50	7,00	9,00	15,50
Bremerhaven	Bremen	3,00	5,00	6,50	15,00
Chemnitz	Sachsen	k.A.	6,50	7,50	12,50
Cottbus	Brandenburg	4,50	6,50	8,50	12,00
Darmstadt	Hessen	5,50	6,50	8,00	11,00
Delmenhorst	Niedersachsen	4,80	5,80	7,50	8,70
Detmold	Nordrhein-Westfalen	4,00	5,50	6,50	k.A.
Dorsten	Nordrhein-Westfalen	4,50	5,85	9,00	k.A.
Dortmund	Nordrhein-Westfalen	5,50	7,50	9,50	k.A.
Dresden	Sachsen	5,00	6,50	9,00	13,00
Duisburg	Nordrhein-Westfalen	5,80	8,80	13,00	k.A.
Düren	Nordrhein-Westfalen	5,50	7,00	9,00	k.A.
Düsseldorf	Nordrhein-Westfalen	8,00	13,00	22,00	k.A.
Erfurt	Thüringen	4,50	6,00	7,70	8,50
Erlangen	Bayern	6,55	8,55	12,88	k.A.
Essen	Nordrhein-Westfalen	4,00	5,60	11,50	k.A.
Flensburg	Schleswig-Holstein	4,50	7,00	9,50	12,50
Frankfurt am Main (Stadt)	Hessen	10,00	14,40	18,50	35,00

Stadt	Bundesland	Büromieten - Nettokalt EUR je m² monatlich Nutzungswert			Büromieten Spitzen- bzw. Höchstmiete für Spitzenobjekte in Toplagen bis ca.
		einfach	mittel	gut	
Freiburg im Breisgau	Baden-Württemberg	7,93	9,81	12,56	k.A.
Fürth	Bayern	5,30	6,80	7,60	k.A.
Gelsenkirchen	Nordrhein-Westfalen	3,20	4,80	6,50	k.A.
Gera	Thüringen	3,00	5,00	5,70	7,50
Gießen	Hessen	5,50	7,00	7,50	10,50
Gladbeck	Nordrhein-Westfalen	6,00	7,00	8,00	k.A.
Gütersloh	Nordrhein-Westfalen	3,50	5,00	6,50	k.A.
Hagen	Nordrhein-Westfalen	5,50	6,50	9,00	k.A.
Halle	Sachsen-Anhalt	3,00	5,00	8,00	11,00
Hamburg	Hamburg	6,90	9,70	14,50	24,00
Hamm	Nordrhein-Westfalen	4,50	5,80	8,00	k.A.
Hanau	Hessen	4,00	5,00	6,00	10,00
Hannover	Niedersachsen	5,50	6,75	11,00	k.A.
Heidelberg	Baden-Württemberg	8,75	11,35	14,10	k.A.
Herne	Nordrhein-Westfalen	3,45	4,00	4,55	k.A.
Ingolstadt	Bayern	10,00	12,00	14,00	k.A.
Iserlohn	Nordrhein-Westfalen	3,00	4,00	5,00	k.A.
Jena	Thüringen	6,00	7,50	9,00	11,00
Kaiserslautern	Rheinland-Pfalz	5,00	7,00	9,50	k.A.
Karlsruhe	Baden-Württemberg	6,43	8,03	10,38	k.A.
Kassel (Stadt)	Hessen	4,50	6,00	6,80	11,00
Kiel	Schleswig-Holstein	4,50	6,75	9,00	13,50
Koblenz	Rheinland-Pfalz	5,50	8,50	12,00	k.A.
Köln	Nordrhein-Westfalen	6,50	12,00	16,50	k.A.
Krefeld	Nordrhein-Westfalen	5,00	6,00	7,00	k.A.
Leipzig	Sachsen	6,50	9,00	10,00	12,50
Leverkusen	Nordrhein-Westfalen	4,20	5,25	8,20	k.A.
Lübeck	Schleswig-Holstein	4,50	6,00	7,50	9,00
Ludwigshafen a. Rhein	Rheinland-Pfalz	5,50	7,30	9,40	k.A.
Lüneburg	Niedersachsen	6,50	8,50	10,00	12,50
Magdeburg	Sachsen-Anhalt	3,50	6,20	7,30	10,50
Mainz	Rheinland-Pfalz	6,00	9,50	12,50	k.A.
Mannheim	Baden-Württemberg	8,40	11,17	15,50	k.A.
Marburg	Hessen	5,00	6,00	9,00	12,00
Minden	Nordrhein-Westfalen	5,00	6,00	7,50	k.A.
Moers	Nordrhein-Westfalen	5,50	7,00	8,00	k.A.
Mönchengladbach	Nordrhein-Westfalen	6,00	9,00	13,00	k.A.
Mülheim a. d. Ruhr	Nordrhein-Westfalen	5,00	5,80	8,20	k.A.
München	Bayern	16,50	22,50	31,00	k.A.
Münster	Nordrhein-Westfalen	4,00	7,50	13,00	k.A.

Stadt	Bundesland	Büromieten - Nettokalt EUR je m² monatlich Nutzungswert			Büromieten Spitzen- bzw. Höchstmiete für Spitzenobjekte in Toplagen bis ca.
		einfach	mittel	gut	
Neumünster	Schleswig-Holstein	4,50	5,90	8,00	12,00
Neuss	Nordrhein-Westfalen	5,00	8,00	12,00	k.A.
Nürnberg	Bayern	6,60	8,07	9,64	k.A.
Oberhausen	Nordrhein-Westfalen	5,00	6,50	9,00	k.A.
Offenbach	Hessen	7,00	8,00	9,50	12,00
Osnabrück	Niedersachsen	5,50	7,00	9,00	12,50
Paderborn	Nordrhein-Westfalen	5,50	6,20	10,00	k.A.
Pforzheim	Baden-Württemberg	4,33	6,25	8,15	k.A.
Potsdam	Brandenburg	6,00	9,00	12,00	17,00
Ratingen	Nordrhein-Westfalen	7,50	9,00	10,00	k.A.
Recklinghausen	Nordrhein-Westfalen	5,50	7,00	8,50	k.A.
Regensburg	Bayern	7,50	9,17	11,67	k.A.
Remscheid	Nordrhein-Westfalen	5,90	6,80	8,40	k.A.
Rheine	Nordrhein-Westfalen	5,00	5,50	6,50	k.A.
Rostock	Mecklenburg-Vorpommern	6,00	7,00	8,50	14,00
Saarbrücken	Saarland	5,00	6,50	11,00	k.A.
Schwerin	Mecklenburg-Vorpommern	4,50	6,00	7,25	11,00
Siegen	Nordrhein-Westfalen	5,50	7,00	8,50	k.A.
Solingen	Nordrhein-Westfalen	3,75	4,50	6,00	k.A.
Stuttgart	Baden-Württemberg	6,50	10,00	15,00	k.A.
Trier	Rheinland-Pfalz	5,00	7,50	9,00	k.A.
Ulm	Baden-Württemberg	6,48	9,12	13,50	k.A.
Velbert	Nordrhein-Westfalen	5,50	6,50	14,00	k.A.
Villingen-Schwenningen	Baden-Württemberg	5,00	6,00	7,50	k.A.
Wiesbaden	Hessen	7,00	9,00	11,00	15,00
Wilhelmshaven	Niedersachsen	4,00	4,50	6,50	k.A.
Witten	Nordrhein-Westfalen	4,00	4,50	6,00	k.A.
Wolfsburg	Niedersachsen	9,00	11,00	12,50	16,00
Worms	Rheinland-Pfalz	k.A.	6,80	7,50	k.A.
Wuppertal	Nordrhein-Westfalen	4,50	5,50	6,50	k.A.
Würzburg	Bayern	8,00	9,50	12,00	k.A.
Zwickau	Sachsen	4,00	5,00	6,00	8,00

6

6.1.2.3 IVD-Gewerbe-Preisspiegel, Ladenmieten

Quelle: Auszug aus dem IVD-Gewerbe-Preisspiegel 2016/2017

Die Erläuterungen zur folgenden Tabelle sind unter Kap. 6.1.2 abgedruckt.

Detaillierte regionale Preisspiegel sind bei den Regionalverbänden des IVD erhältlich. Von der Homepage des IVD-Bundesverbandes aus (www.ivd.net) kann der jeweilige Regionalverband direkt angeklickt werden.

Ladenmieten - Nettokalt EUR je m² ebenerdiger Ladenfläche monatlich		**Geschäftskern**				**Nebenkern**				**Laden-mieten** Spitzen- bzw. Höchstmiete für Spitzen-objekte in Toplagen bis ca.
		1A-Lage		**1B-Lage**		**1A-Lage**		**1B-Lage**		
Stadt	**Bundesland**	**klein** (ca. 60 m²)	**groß** (ca. 150m²)	**klein** (ca. 60 m²)	**groß** (ca. 150 m²)	**klein** (ca. 60 m²)	**groß** (ca. 15 m²)	**klein** (ca. 60 m²)	**groß** (ca. 150m²)	
Aachen	Nordrhein-Westfalen	60,00	42,00	29,00	19,00	17,50	13,00	10,00	8,50	k.A.
Arnsberg	Nordrhein-Westfalen	35,00	20,00	14,00	9,00	9,00	7,00	6,50	5,00	k.A.
Augsburg	Bayern	45,00	35,00	22,50	14,50	23,50	17,00	11,00	8,25	k.A.
Bamberg	Bayern	42,50	32,50	23,00	16,00	35,00	26,00	12,00	14,00	k.A.
Bergisch Gladbach	Nordrhein-Westfalen	35,00	18,00	9,50	7,50	7,50	5,50	5,50	4,50	k.A.
Berlin	Berlin	180,00	125,00	35,00	25,00	35,00	25,00	12,00	9,00	325,00
Bielefeld	Nordrhein-Westfalen	95,00	65,00	25,00	18,00	13,00	8,00	5,80	5,00	k.A.
Bochum	Nordrhein-Westfalen	110,00	80,00	25,00	19,00	13,50	10,00	8,50	7,00	k.A.
Bonn	Nordrhein-Westfalen	120,00	100,00	60,00	45,00	30,00	20,00	12,00	10,00	k.A.
Bottrop	Nordrhein-Westfalen	38,00	25,00	12,70	10,50	9,20	8,10	6,40	5,80	k.A.
Braunschweig	Niedersachsen	95,00	70,00	38,00	19,00	14,00	9,00	7,50	6,00	k.A.
Bremen	Bremen	125,00	80,00	30,00	15,00	25,00	15,00	9,00	7,00	150,00
Bremerhaven	Bremen	30,00	25,00	20,00	12,50	12,50	10,00	7,50	6,00	45,00
Chemnitz	Sachsen	k.A.	25,00	14,00	k.A.	12,00	7,00	6,00	4,00	80,00
Cottbus	Brandenburg	25,00	16,00	12,00	8,50	9,00	7,00	k.A.	k.A.	40,00
Darmstadt	Hessen	65,00	50,00	25,00	15,00	13,00	13,00	11,00	11,00	k.A.
Delmenhorst	Niedersachsen	25,00	22,00	15,00	8,00	7,00	5,00	4,50	4,00	35,00
Detmold	Nordrhein-Westfalen	25,00	15,00	15,00	10,00	5,00	4,00	5,00	4,00	k.A.
Dorsten	Nordrhein-Westfalen	22,00	18,00	12,00	10,00	7,00	7,00	6,20	5,00	k.A.
Dortmund	Nordrhein-Westfalen	220,00	120,00	20,00	15,00	24,00	15,00	8,50	6,00	k.A.
Dresden	Sachsen	110,00	k.A.	k.A.	k.A.	25,00	15,00	15,00	9,00	150,00
Duisburg	Nordrhein-Westfalen	85,00	75,00	17,00	15,00	12,00	11,00	6,50	6,00	k.A.
Düren	Nordrhein-Westfalen	60,00	35,00	15,00	10,00	8,00	7,00	6,50	6,00	k.A.

Ladenmieten - Nettokalt EUR je m² ebenerdiger Ladenfläche monatlich		Geschäftskern				Nebenkern				Laden-mieten Spitzen-bzw. Höchstmiete für Spitzen-objekte in Toplagen bis ca.
		1A-Lage		1B-Lage		1A-Lage		1B-Lage		
Stadt	**Bundesland**	**klein** (ca. 60 m²)	**groß** (ca. 150m²)	**klein** (ca. 60 m²)	**groß** (ca. 150 m²)	**klein** (ca. 60 m²)	**groß** (ca. 15 m²)	**klein** (ca. 60 m²)	**groß** (ca. 150m²)	
Düsseldorf	Nordrhein-Westfalen	280,00	150,00	40,00	20,00	40,00	20,00	10,00	8,00	k.A.
Erfurt	Thüringen	110,00	95,00	k.A.	k.A.	10,00	8,00	5,00	5,00	150,00
Erlangen	Bayern	85,00	58,88	19,50	13,75	18,38	13,38	10,00	7,50	k.A.
Flensburg	Schleswig-Holstein	75,00	55,00	23,00	17,00	11,00	8,00	6,00	4,00	85,00
Frankfurt am Main (Stadt)	Hessen	240,00	200,00	90,00	40,00	55,00	40,00	20,00	18,00	300,00
Freiburg im Breisgau	Baden-Württemberg	153,75	82,50	38,50	37,88	16,75	12,15	15,24	10,28	k.A.
Fürth	Bayern	76,00	46,00	10,00	8,30	17,50	11,50	9,25	6,0	k.A.
Gelsenkirchen	Nordrhein-Westfalen	60,00	40,00	13,00	10,00	9,00	7,00	6,00	4,50	k.A.
Gera	Thüringen	35,00	30,00	15,00	10,00	k.A.	10,00	5,00	k.A.	50,00
Gießen	Hessen	75,00	55,00	25,00	15,00	12,50	8,00	7,50	6,50	105,00
Gladbeck	Nordrhein-Westfalen	20,00	20,00	9,00	8,00	8,00	8,00	6,50	6,00	k.A.
Gütersloh	Nordrhein-Westfalen	55,00	35,00	12,00	7,50	7,00	6,50	4,00	3,00	k.A.
Hagen	Nordrhein-Westfalen	70,00	40,00	25,00	13,50	10,00	7,00	7,50	5,50	k.A.
Halle	Sachsen-Anhalt	55,00	30,00	12,00	7,00	14,00	10,00	4,00	4,00	60,00
Hamburg	Hamburg	130,00	90,00	37,00	21,00	27,00	21,00	16,00	11,00	270,00
Hanau	Hessen	45,00	28,00	13,00	8,00	7,00	7,00	6,00	6,00	k.A.
Hannover	Niedersachsen	160,00	80,00	25,00	14,00	15,00	10,00	7,00	5,00	200,00
Heidelberg	Baden-Württemberg	115,00	83,50	37,50	27,00	16,50	13,00	11,38	10,25	k.A.
Herne	Nordrhein-Westfalen	17,00	13,50	6,00	4,50	7,00	6,50	4,00	3,00	k.A.
Ingolstadt	Bayern	25,00	20,00	18,00	15,00	22,00	19,00	k.A.	k.A.	k.A.
Iserlohn	Nordrhein-Westfalen	22,50	20,00	9,00	8,50	5,50	4,50	4,50	3,50	k.A.
Jena	Thüringen	40,00	30,00	25,00	15,00	12,00	10,00	8,00	6,00	60,00
Kaiserslautern	Rheinland-Pfalz	50,00	40,00	20,00	15,00	10,00	8,50	6,50	6,00	k.A.
Karlsruhe	Baden-Württemberg	83,00	66,00	20,75	18,25	15,00	11,25	9,85	6,90	k.A.
Kassel (Stadt)	Hessen	70,00	45,00	16,00	15,00	12,00	9,00	8,00	6,00	95,00
Kiel	Schleswig-Holstein	75,00	40,00	17,00	14,00	13,00	10,00	8,50	6,00	100,00
Koblenz	Rheinland-Pfalz	80,00	70,00	25,00	18,00	k.A.	k.A.	k.A.	k.A.	k.A.
Köln	Nordrhein-Westfalen	260,00	130,00	45,00	24,00	25,00	12,00	7,00	6,00	k.A.
Krefeld	Nordrhein-Westfalen	75,00	50,00	25,00	21,00	17,00	14,00	10,00	8,00	k.A.
Leipzig	Sachsen	120,00	100,00	k.A.	30,00	25,00	15,00	12,00	10,00	140,00

Ladenmieten - Nettokalt EUR je m^2 ebenerdiger Ladenfläche monatlich		Geschäftskern				Nebenkern				Ladenmieten Spitzen- bzw. Höchstmiete für Spitzenobjekte in Toplagen bis ca.
		1A-Lage		1B-Lage		1A-Lage		1B-Lage		
Stadt	**Bundesland**	**klein** (ca. 60 m^2)	**groß** (ca. 150m^2)	**klein** (ca. 60 m^2)	**groß** (ca. 150 m^2)	**klein** (ca. 60 m^2)	**groß** (ca. 15 m^2)	**klein** (ca. 60 m^2)	**groß** (ca. 150m^2)	
Leverkusen	Nordrhein-Westfalen	28,00	20,00	12,00	8,00	8,00	6,00	5,50	4,00	k.A.
Lübeck	Schleswig-Holstein	100,00	45,00	25,00	13,00	15,00	9,50	6,00	4,00	100,00
Ludwigshafen a. Rhein	Rheinland-Pfalz	27,00	25,00	9,00	7,50	8,00	6,00	6,00	5,50	k.A.
Lüneburg	Niedersachsen	85,00	58,00	38,00	27,00	20,00	15,00	k.A.	k.A.	k.A.
Magdeburg	Sachsen-Anhalt	60,00	38,00	k.A.	k.A.	10,00	6,00	6,00	3,50	k.A.
Mainz	Rheinland-Pfalz	80,00	60,00	20,00	14,30	14,50	10,00	7,00	6,00	k.A.
Mannheim	Baden-Württemberg	170,00	107,67	45,33	24,67	26,33	19,67	15,17	11,00	k.A.
Marburg	Hessen	26,50	20,00	12,00	9,00	12,00	9,00	7,00	6,00	28,00
Minden	Nordrhein-Westfalen	30,00	20,00	12,00	10,00	8,50	7,00	7,00	4,00	k.A.
Moers	Nordrhein-Westfalen	40,00	23,00	11,00	6,00	10,00	6,00	6,50	5,00	k.A.
Mönchengladbach	Nordrhein-Westfalen	75,00	38,00	32,00	13,00	14,00	10,00	9,00	6,00	k.A.
Mülheim a.d. Ruhr	Nordrhein-Westfalen	45,00	30,00	15,00	10,00	25,00	15,00	7,50	6,00	k.A.
München	Bayern	410,00	320,00	170,00	110,00	110,00	40,00	35,00	23,00	k.A.
Münster	Nordrhein-Westfalen	190,00	160,00	55,00	50,00	20,00	15,00	10,00	8,00	k.A.
Neumünster	Schleswig-Holstein	35,00	25,00	15,00	12,00	14,00	10,00	8,00	5,50	45,00
Neuss	Nordrhein-Westfalen	50,00	50,00	20,00	16,00	10,00	6,50	8,00	6,00	k.A.
Nürnberg	Bayern	107,96	83,56	15,31	12,39	19,70	12,91	8,47	6,68	k.A.
Oberhausen	Nordrhein-Westfalen	35,00	20,00	17,00	8,00	10,50	8,00	5,50	4,50	k.A.
Offenbach	Hessen	40,00	36,00	17,00	13,00	10,50	9,50	8,50	8,00	k.A.
Osnabrück	Niedersachsen	k.A.	k.A.	12,00	8,00	k.A.	k.A.	6,50	5,00	k.A.
Paderborn	Nordrhein-Westfalen	90,00	70,00	20,00	15,00	14,00	10,00	9,00	6,50	k.A.
Pforzheim	Baden-Württemberg	52,50	39,50	20,00	16,75	14,75	11,75	12,00	10,00	k.A.
Potsdam	Brandenburg	55,00	35,00	20,00	12,00	16,00	12,00	10,00	k.A.	80,00
Ratingen	Nordrhein-Westfalen	35,00	30,00	20,00	18,00	10,00	9,50	9,50	9,50	k.A.
Regensburg	Bayern	56,67	45,00	23,33	18,00	20,00	16,33	15,33	11,67	k.A.
Rheine	Nordrhein-Westfalen	33,00	30,00	9,50	9,50	7,00	6,00	5,00	4,00	k.A.
Rostock	Mecklenburg-Vorpommern	80,00	50,00	k.A.	k.A.	k.A.	k.A.	8,50	7,50	90,00
Saarbrücken	Saarland	85,00	k.A.	k.A.	k.A.	9,00	k.A.	k.A.	k.A.	k.A.

Ladenmieten - Nettokalt EUR je m² ebenerdiger Ladenfläche monatlich		Geschäftskern				Nebenkern				Laden-mieten Spitzen- bzw. Höchstmiete für Spitzen-objekte in Toplagen bis ca.
		1A-Lage		1B-Lage		1A-Lage		1B-Lage		
Stadt	**Bundesland**	**klein** (ca. 60 m²)	**groß** (ca. 150m²)	**klein** (ca. 60 m²)	**groß** (ca. 150 m²)	**klein** (ca. 60 m²)	**groß** (ca. 15 m²)	**klein** (ca. 60 m²)	**groß** (ca. 150m²)	
Schwerin	Mecklenburg-Vorpommern	35,00	22,00	15,00	12,00	11,50	7,50	6,50	5,00	50,00
Siegen	Nordrhein-Westfalen	55,00	40,00	28,00	20,00	22,00	15,00	9,00	7,00	k.A.
Solingen	Nordrhein-Westfalen	30,00	17,00	10,50	6,50	13,00	6,00	4,50	3,75	k.A.
Trier	Rheinland-Pfalz	70,00	80,00	15,00	20,00	10,00	10,50	8,00	8,50	k.A.
Troisdorf	Nordrhein-Westfalen	18,00	16,00	11,00	10,00	7,50	6,50	6,50	5,50	k.A.
Ulm	Baden-Württemberg	104,17	92,50	25,50	17,63	36,67	25,00	15,50	14,30	k.A.
Velbert	Nordrhein-Westfalen	45,00	20,00	12,00	9,00	10,00	6,50	7,50	5,50	k.A.
Villingen-Schwenningen	Baden-Württemberg	20,00	15,00	9,00	7,50	7,50	6,50	5,50	5,00	k.A.
Wiesbaden	Hessen	75,00	65,00	28,00	26,00	19,50	16,00	11,00	8,00	k.A.
Wilhelmshaven	Niedersachsen	22,00	18,00	7,00	5,00	5,00	4,50	4,50	4,50	k.A.
Wolfsburg	Niedersachsen	40,00	35,00	30,00	25,00	20,00	15,00	15,00	10,00	k.A.
Worms	Rheinland-Pfalz	20,00	22,00	15,00	13,00	8,75	8,20	6,90	6,20	k.A.
Wuppertal	Nordrhein-Westfalen	85,00	50,00	25,00	18,00	15,00	10,00	8,00	6,00	k.A.
Würzburg	Bayern	85,00	55,00	25,00	15,00	15,00	12,00	12,00	8,00	k.A.
Zwickau	Sachsen	k.A.	k.A.	15,00	10,00	k.A.	4,50	5,00	3,00	60,00

6

6.1.3 IVD-Wohn-Preisspiegel 2016/2017

6.1.3.1 Erläuterungen

Quelle: Auszug aus dem IVD-Wohn-Preisspiegel 2016/2017

1. Im IVD-Immobilienpreisspiegel wird die Entwicklung des Immobilienmarktes in ca. 370 Städten der Bundesrepublik erfasst.

Grundlage für die Preisangaben bilden aktuelle Marktpreise im 2./3. Quartal des Jahres 2016. Die Preise sind von den Marktberichterstattern des IVD übermittelt worden. Nach Sammlung der Preisdaten werden diese aufbereitet und zusammengefasst.

2. Um den Markt möglichst vollständig zu erfassen, sind die einzelnen Immobilienarten in Kategorien untergliedert worden. Im Wesentlichen dienen dabei die Wohnlage bzw. der Wohnwert zur Abgrenzung. Mit diesem Erfassungssystem wird die Vergleichbarkeit der Preisangaben erreicht.

3. Die Preise für Einfamilienhäuser, Reihenhäuser, Eigentumswohnungen und Wohnungsmieten werden nach ihrem Wohnwert erfasst. Der Wohnwert setzt sich aus der Lagekomponente und der Qualitätskomponente zusammen.

3.a. Die Lagekomponente berücksichtigt die Struktur der Bebauung, die verkehrsmäßige Erschließung, die Versorgung mit öffentlichen Einrichtungen, Ausmaß der Durchgrünung des Wohngebietes und andererseits Beeinträchtigungen, wie z.B. durch Straßenlärm, Industrieemissionen etc. Hinzu kommen Faktoren, die sich aus der historischen Entwicklung der Städte ergeben wie beispielsweise am Ort besonders geschätzte Adressen.

Beispiele

Normale Wohnlage:

Lage, die durch die typischen Strukturen eines allgemeinen Wohngebietes gekennzeichnet ist, also nicht zu den „einfachen", wenig beliebten Randlagen zählt.

Gute Wohnlage:

Lage eines Wohnbaugrundstücks in einem reinen Wohngebiet, ohne Lärmbelästigung.

Sehr gute Wohnlage:

Lage eines Wohnbaugrundstücks in einem reinen Wohngebiet, dessen Umgebungsbebauung einen luxuriösen Lebensstil der Bewohner dieser Gegend erkennen lässt.

3.b. Die Qualitätskomponente bezieht sich auf die architektonische Gestaltung, Ausstattung und den Modernisierungszustand von Gebäude oder Wohnung.

Beispiele:

Einfacher Wohnwert:

Nicht modernisiertes, jedoch instand gehaltenes Altobjekt, Lage in gemischt genutztem Gebiet (Mischgebiet) mit alter Bausubstanz, einfache Ausstattung, z.B. Typ „Siedlungshaus". Bei EFH: Wohnfläche ca. 100 m².

Mittlerer Wohnwert:

Objekt, das in Bausubstanz und Ausstattung einem durchschnittlichen „Standard" entspricht und sich in einem allgemeinen Wohngebiet befindet. Bei EFH: Wohnfläche ca. 125 m².

Guter Wohnwert:

Gut ausgestattetes Objekt mit guter Bausubstanz, guter Ausstattung in ruhiger guter Wohnlage. Bei EFH: Wohnfläche ca. 150 m².

Sehr guter Wohnwert:

Hochwertiges Objekt, erstklassige Ausstattung und Bausubstanz in sehr guter Wohnlage. Bei EFH: Wohnfläche ca. 200 m².

4. Alle Preisangaben der Marktberichterstatter sind aktuelle Schwerpunktpreise. Der Schwerpunktpreis wird aus einer Spanne gebildet und stellt nicht das rechnerische Mittel der Preisspanne dar. Lautet z.B. die Spanne für eine Miete 5,00 bis 7,00 EUR, ergibt sich ein Mittelwert von 6,00 EUR. Der Schwerpunkt könnte aber ebenso gut bei 5,50 oder bei 6,25 EUR bzw. bei jedem beliebigen anderen Wert dieser Spanne liegen.

Die Gewichtung des Preises innerhalb der Spanne erfolgt einerseits durch die Marktberichterstatter vor Ort und andererseits durch die Zusammenführung mehrerer Preise innerhalb des gleichen Angebotes.

5. Bei Mieten werden jeweils nur die bei Neuvermietung erzielten Mietpreise erfasst. Mieten aus dem Bestand sind nicht berücksichtigt. Es handelt sich dabei jeweils um die aktuell am Ort erzielten Nettokaltmieten.

6. Alle Verkaufspreise für Wohnimmobilien, also für Eigenheime, Reihenhäuser und Eigentumswohnungen, sowie alle Mieten beziehen sich auf bezugsfreie Immobilien

7. Renditeobjekte/Zinshäuser: Die Preise von Renditeobjekten werden durch einen Multiplikator ausgedrückt, da die Verkaufspreise als Vielfaches der mit dem Objekt erzielten Netto-Jahreskaltmiete angegeben werden. Die Höhe hängt sowohl von der derzeitigen Jahresnetto-Kaltmiete und vor allem von Erwartungen der Nachfrager hinsichtlich Lage- und Mietentwicklung, den Entwicklungsmöglichkeiten der Immobilien selbst und der Nutzungsdauer ab.

8. Spitzen- bzw. Höchstmieten (bzw. Höchstmultiplikatoren) geben die Preise in dem Einzelsegment der Toplagen wieder.

6.1.3.2 IVD-Wohn-Preisspiegel, Renditeobjekte (Mietenvervielfältiger/Multiples)

Quelle: Auszug aus dem IVD-Wohn-Preisspiegel 2016/2017

Die Erläuterungen zur folgenden Tabelle sind unter Kap. 6.1.3 abgedruckt.

Detaillierte regionale Preisspiegel sind bei den Regionalverbänden des IVD erhältlich. Von der Homepage des IVD-Bundesverbandes aus (www.ivd.net) kann der jeweilige Regionalverband direkt angeklickt werden.

Stadt	Bundesland	**Renditeobjekte** Vielfaches der Jahresnetto-Kaltmiete (nicht auf Geschäftshäuser übertragbar)		Spitzen- bzw. Höchstmultiplikatoren für Spitzenobjekte in Toplagen bis ca.
		bis 1948	**ab 1949**	
Aachen	Nordrhein-Westfalen	15,00	18,00	k.A.
Arnsberg	Nordrhein-Westfalen	10,50	13,00	k.A.
Augsburg	Bayern	18,63	20,88	k.A.
Bamberg	Bayern	14,50	16,00	k.A.
Bergisch Gladbach	Nordrhein-Westfalen	13,00	22,00	k.A.
Berlin	Berlin	15,50	16,50	22,00
Bielefeld	Nordrhein-Westfalen	14,00	17,00	k.A.
Bochum	Nordrhein-Westfalen	10,50	12,00	k.A.
Bonn	Nordrhein-Westfalen	18,00	18,00	k.A.
Bottrop	Nordrhein-Westfalen	9,00	10,50	k.A.
Braunschweig	Niedersachsen	13,50	13,50	21,00
Bremen	Bremen	14,50	14,50	k.A.
Bremerhaven	Bremen	9,00	9,00	12,00
Chemnitz	Sachsen	10,00	10,00	14,00
Cottbus	Brandenburg	k.A.	k.A.	k.A.
Darmstadt	Hessen	15,00	17,00	20,00
Delmenhorst	Niedersachsen	12,00	12,00	k.A.
Detmold	Nordrhein-Westfalen	10,00	13,00	k.A.
Dorsten	Nordrhein-Westfalen	10,00	11,00	k.A.
Dortmund	Nordrhein-Westfalen	12,50	14,00	k.A.
Dresden	Sachsen	18,50	18,50	22,00
Duisburg	Nordrhein-Westfalen	10,50	14,00	k.A.
Düren	Nordrhein-Westfalen	14,00	15,00	k.A.
Düsseldorf	Nordrhein-Westfalen	18,00	18,50	k.A.
Erfurt	Thüringen	13,50	16,00	18,00
Erlangen	Bayern	14,20	16,63	k.A.
Essen	Nordrhein-Westfalen	12,00	13,50	k.A.
Flensburg	Schleswig-Holstein	13,00	13,00	16,00
Frankfurt am Main (Stadt)	Hessen	17,00	17,00	25,00
Freiburg im Breisgau	Baden-Württemberg	17,81	20,13	k.A.

Stadt	Bundesland	Renditeobjekte Vielfaches der Jahresnetto-Kaltmiete (nicht auf Geschäftshäuser übertragbar) bis 1948	ab 1949	Spitzen- bzw. Höchstmultiplikatoren für Spitzenobjekte in Toplagen bis ca.
Fürth	Bayern	12,25	14,25	k.A.
Gelsenkirchen	Nordrhein-Westfalen	8,00	9,50	k.A.
Gera	Thüringen	9,50	11,50	13,50
Gießen	Hessen	14,00	16,00	18,00
Gladbeck	Nordrhein-Westfalen	k.A.	k.A.	k.A.
Gütersloh	Nordrhein-Westfalen	10,00	15,00	k.A.
Hagen	Nordrhein-Westfalen	10,50	13,00	k.A.
Halle	Sachsen-Anhalt	10,00	14,00	16,80
Hamburg	Hamburg	20,00	20,00	28,50
Hamm	Nordrhein-Westfalen	10,50	12,50	k.A.
Hanau	Hessen	k.A.	13,00	k.A.
Hannover	Niedersachsen	16,00	16,00	25,00
Heidelberg	Baden-Württemberg	16,67	18,67	k.A.
Herne	Nordrhein-Westfalen	10,00	11,00	k.A.
Ingolstadt	Bayern	k.A.	k.A.	k.A.
Iserlohn	Nordrhein-Westfalen	8,50	12,00	k.A.
Jena	Thüringen	13,50	15,50	17,50
Kaiserslautern	Rheinland-Pfalz	11,00	13,00	k.A.
Karlsruhe	Baden-Württemberg	21,73	22,40	k.A.
Kassel (Stadt)	Hessen	13,00	14,00	17,00
Kiel	Schleswig-Holstein	15,50	15,50	21,00
Koblenz	Rheinland-Pfalz	14,00	15,00	k.A.
Köln	Nordrhein-Westfalen	17,00	20,00	k.A.
Konz	Rheinland-Pfalz	k.A.	k.A.	k.A.
Krefeld	Nordrhein-Westfalen	10,50	12,50	k.A.
Leipzig	Sachsen	16,80	16,80	23,50
Leverkusen	Nordrhein-Westfalen	12,00	13,50	k.A.
Lübeck	Schleswig-Holstein	13,50	13,50	k.A.
Ludwigshafen a. Rhein	Rheinland-Pfalz	13,00	14,50	k.A.
Lüneburg	Niedersachsen	15,00	15,00	24,00
Magdeburg	Sachsen-Anhalt	15,00	13,00	k.A.
Mainz	Rheinland-Pfalz	14,00	17,00	k.A.
Mannheim	Baden-Württemberg	17,63	18,38	k.A.
Marburg	Hessen	13,50	14,00	19,00
Minden	Nordrhein-Westfalen	10,00	13,00	k.A.
Moers	Nordrhein-Westfalen	11,50	14,50	k.A.
Mönchengladbach	Nordrhein-Westfalen	13,00	16,00	k.A.
Mülheim a. d. Ruhr	Nordrhein-Westfalen	10,50	14,00	k.A.
München	Bayern	33,50	31,00	k.A.
Münster	Nordrhein-Westfalen	21,00	25,00	k.A.

Stadt	Bundesland	**Renditeobjekte** Vielfaches der Jahresnetto-Kaltmiete (nicht auf Geschäftshäuser übertragbar)		Spitzen- bzw. Höchstmultiplikatoren für Spitzenobjekte in Toplagen bis ca.
		bis 1948	**ab 1949**	
Neumünster	Schleswig-Holstein	9,00	9,00	16,50
Neuss	Nordrhein-Westfalen	14,00	17,00	k.A.
Nürnberg	Bayern	15,91	16,97	k.A.
Offenbach	Hessen	11,50	12,00	19,00
Oldenburg	Niedersachsen	17,00	17,00	k.A.
Osnabrück	Niedersachsen	13,50	13,50	k.A.
Paderborn	Nordrhein-Westfalen	12,50	18,00	k.A.
Pforzheim	Baden-Württemberg	17,00	19,00	k.A.
Potsdam	Brandenburg	15,00	16,00	19,00
Ratingen	Nordrhein-Westfalen	16,00	16,00	k.A.
Recklinghausen	Nordrhein-Westfalen	9,50	13,00	k.A.
Regensburg	Bayern	16,67	19,33	k.A.
Remscheid	Nordrhein-Westfalen	k.A.	k.A.	k.A.
Rheine	Nordrhein-Westfalen	10,00	11,00	k.A.
Rostock	Mecklenburg-Vorpommern	14,50	14,50	18,50
Saarbrücken	Saarland	13,00	16,00	k.A.
Schwerin	Mecklenburg-Vorpommern	12,50	12,50	17,00
Siegen	Nordrhein-Westfalen	12,00	13,50	k.A.
Solingen	Nordrhein-Westfalen	9,50	11,50	k.A.
Stuttgart	Baden-Württemberg	25,00	25,00	k.A.
Trier	Rheinland-Pfalz	16,00	20,00	k.A.
Troisdorf	Nordrhein-Westfalen	k.A.	k.A.	k.A.
Ulm	Baden-Württemberg	17,81	19,74	k.A.
Velbert	Nordrhein-Westfalen	11,50	14,00	k.A.
Villingen-Schwenningen	Baden-Württemberg	11,00	13,00	k.A.
Wiesbaden	Hessen	17,00	16,50	21,00
Wilhelmshaven	Niedersachsen	9,00	9,00	k.A.
Witten	Nordrhein-Westfalen	8,00	11,00	k.A.
Wolfsburg	Niedersachsen	12,50	12,50	k.A.
Worms	Rheinland-Pfalz	14,00	14,00	k.A.
Wuppertal	Nordrhein-Westfalen	10,00	11,50	k.A.
Würzburg	Bayern	14,25	15,00	k.A.
Zwickau	Sachsen	11,00	12,00	13,00

6.1.3.3 IVD-Wohn-Preisspiegel, Eigentumswohnungen, Kaufpreise

Quelle: Auszug aus dem IVD-Wohn-Preisspiegel 2016/2017

Die Erläuterungen zur folgenden Tabelle sind unter Kap. 6.1.3 abgedruckt.

Detaillierte regionale Preisspiegel sind bei den Regionalverbänden des IVD erhältlich. Von der Homepage des IVD-Bundesverbandes aus (www.ivd.net) kann der jeweilige Regionalverband direkt angeklickt werden.

		Eigentumswohnungen						
		Verkaufspreise in EUR je m² Wohnfläche			Bestand = Verkauf aus Bestand Neubau = Neubau/Erstbezug			
		Wohnwert						
Stadt	**Bundesland**	**einfach** Bestand	**mittel** Bestand	**mittel** Neubau	**gut** Bestand	**gut** Neubau	**sehr gut** Bestand	**sehr gut** Neubau
Aachen	Nordrhein-Westfalen	900	1.500	2.000	1.900	2.300	2.200	2.600
Arnsberg	Nordrhein-Westfalen	750	1.000	2.200	1.250	2.350	1.450	2.550
Augsburg	Bayern	1.475	2.013	3.350	2.588	3.750	3.375	4.288
Bamberg	Bayern	1.190	1.375	2.700	2.025	2.900	2.675	3.525
Bergisch Gladbach	Nordrhein-Westfalen	420	1.100	2.400	1.700	2.800	2.300	4.000
Berlin	Berlin	1.300	1.950	3.050	2.700	4.100	3.550	4.600
Bielefeld	Nordrhein-Westfalen	900	1.400	2.300	1.850	2.700	2.450	3.500
Bochum	Nordrhein-Westfalen	800	1.150	2.000	1.750	2.400	2.400	3.200
Bonn	Nordrhein-Westfalen	1.450	2.100	2.850	2.500	3.800	3.500	4.800
Bottrop	Nordrhein-Westfalen	550	900	1.300	1.100	1.500	1.450	1.800
Braunschweig	Niedersachsen	1.050	1.300	2.500	1.900	2.850	2.450	3.650
Bremen	Bremen	750	1.300	2.600	2.200	3.800	3.000	4.500
Bremerhaven	Bremen	210	600	1.900	1.300	2.500	2.600	3.600
Chemnitz	Sachsen	400	800	1.000	1.000	1.800	1.300	2.300
Cottbus	Brandenburg	850	1.200	1.600	1.400	1.700	1.700	1.900
Darmstadt	Hessen	1.100	1.450	2.200	2.000	2.500	2.500	3.000
Delmenhorst	Niedersachsen	500	950	1.800	1.400	2.100	1.700	2.450
Detmold	Nordrhein-Westfalen	650	750	1.400	850	1.500	1.300	2.500
Dorsten	Nordrhein-Westfalen	550	800	1.650	1.070	1.800	1.370	2.150
Dortmund	Nordrhein-Westfalen	830	1.450	2.350	2.100	2.800	2.650	3.950
Dresden	Sachsen	1.100	1.400	2.800	2.000	3.000	2.800	3.500
Duisburg	Nordrhein-Westfalen	750	950	k.A.	1.600	2.300	2.300	3.100
Düren	Nordrhein-Westfalen	850	1.350	1.800	1.750	2.150	2.400	2.700
Düsseldorf	Nordrhein-Westfalen	1.600	2.250	2.800	3.550	3.400	4.950	5.100
Erfurt	Thüringen	800	1.150	1.950	1.600	2.200	1.900	3.000
Erlangen	Bayern	1.138	1.838	3.050	2.550	3.500	3.300	4.000
Essen	Nordrhein-Westfalen	750	1.100	2.050	1.950	2.750	2.800	3.900
Flensburg	Schleswig-Holstein	700	1.000	1.600	1.500	2.500	2.500	3.500
Frankfurt am Main (Stadt)	Hessen	1.800	2.200	3.200	3.500	3.800	5.500	4.300
Freiburg im Breisgau	Baden-Württemberg	1.742	2.517	3.475	3.067	4.258	3.908	5.142
Fürth	Bayern	655	1.025	2.225	1.600	2.725	2.100	3.150
Gelsenkirchen	Nordrhein-Westfalen	400	700	1.350	1.300	1.650	1.700	2.100
Gera	Thüringen	500	650	1.600	800	1.850	k.A.	2.100

Stadt	Bundesland	Eigentumswohnungen						
		Verkaufspreise in EUR je m² Wohnfläche			Bestand = Verkauf aus Bestand Neubau = Neubau/Erstbezug			
		Wohnwert						
		einfach Bestand	**mittel** Bestand	**mittel** Neubau	**gut** Bestand	**gut** Neubau	**sehr gut** Bestand	**sehr gut** Neubau
Gießen	Hessen	1.350	1.750	2.700	1.850	2.950	2.100	3.000
Gladbeck	Nordrhein-Westfalen	650	1.050	k.A.	1.300	k.A.	1.600	2.700
Gütersloh	Nordrhein-Westfalen	525	840	1.950	1.260	2.250	1.730	2.900
Hagen	Nordrhein-Westfalen	950	1.350	k.A.	1.500	1.950	k.A.	2.500
Halle	Sachsen-Anhalt	k.A.	1.000	1.800	1.600	2.300	2.200	2.700
Hamburg	Hamburg	1.850	2.500	3.600	3.400	4.600	5.000	6.500
Hamm	Nordrhein-Westfalen	700	950	1.600	1.300	1.900	1.700	2.600
Hanau	Hessen	k.A.	1.000	k.A.	1.350	k.A.	1.700	k.A.
Hannover	Niedersachsen	850	1.400	2.600	2.550	3.100	3.500	4.550
Heidelberg	Baden-Württemberg	950	2.300	3.350	3.225	3.650	4.200	5.025
Herne	Nordrhein-Westfalen	800	950	1.900	1.200	2.200	1.650	2.250
Ingolstadt	Bayern	2.000	2.525	3.500	2.925	3.800	3.300	4.125
Iserlohn	Nordrhein-Westfalen	500	1.000	1.750	1.300	1.850	1.500	2.000
Jena	Thüringen	700	1.100	1.800	1.400	2.200	2.200	2.800
Kaiserslautern	Rheinland-Pfalz	700	900	1.900	1.100	2.100	1.500	2.500
Karlsruhe	Baden-Württemberg	1.633	1.927	2.783	2.283	3.050	2.533	3.583
Kassel (Stadt)	Hessen	850	1.200	2.100	1.700	2.400	2.300	3.000
Kiel	Schleswig-Holstein	1.000	1.600	2.700	2.500	3.100	3.000	3.500
Koblenz	Rheinland-Pfalz	1.150	1.800	2.250	2.500	2.650	3.200	3.700
Köln	Nordrhein-Westfalen	1.200	2.300	3.200	3.400	3.900	4.600	5.200
Konz	Rheinland-Pfalz	1.000	1.400	2.300	1.800	2.500	2.200	2.800
Krefeld	Nordrhein-Westfalen	650	900	1.350	1.350	1.600	1.500	2.200
Leipzig	Sachsen	880	1.250	2.820	1.750	3.100	2.450	3.600
Leverkusen	Nordrhein-Westfalen	800	1.000	2.300	1.500	2.400	2.250	2.800
Lübeck	Schleswig-Holstein	550	1.100	k.A.	1.800	3.500	2.700	4.250
Ludwigshafen a. Rhein	Rheinland-Pfalz	700	1.300	2.400	1.500	2.850	1.900	4.000
Lüneburg	Niedersachsen	1.400	2.000	2.800	2.500	3.200	3.000	3.600
Magdeburg	Sachsen-Anhalt	350	750	1.200	1.200	2.200	2.200	3.000
Mainz	Rheinland-Pfalz	1.120	1.950	2.570	2.330	2.950	2.950	3.700
Mannheim	Baden-Württemberg	1.390	1.827	2.950	2.470	3.567	4.053	5.067
Marburg	Hessen	1.100	1.600	2.100	2.000	2.600	2.300	3.100
Minden	Nordrhein-Westfalen	500	850	1.600	1.100	1.850	1.250	2.250
Moers	Nordrhein-Westfalen	950	1.250	2.100	1.650	2.600	2.150	3.200
Mönchengladbach	Nordrhein-Westfalen	1.000	1.600	2.450	2.350	3.000	2.900	3.600
Mülheim a. d. Ruhr	Nordrhein-Westfalen	620	1.000	k.A.	1.600	2.200	2.200	3.200
München	Bayern	3.300	4.200	5.900	5.300	6.900	7.400	9.000
Münster	Nordrhein-Westfalen	1.200	1.950	3.000	3.000	3.900	4.000	5.500
Neumünster	Schleswig-Holstein	625	900	1.700	1.250	2.000	1.900	2.600
Neuss	Nordrhein-Westfalen	600	1.175	2.200	1.800	2.500	2.950	3.800
Nürnberg	Bayern	1.091	1.589	2.750	2.141	3.241	2.636	3.622
Oberhausen	Nordrhein-Westfalen	550	1.000	1.950	1.250	2.050	1.800	2.350
Offenbach	Hessen	950	1.100	2.000	1.450	2.300	1.750	2.900
Oldenburg	Niedersachsen	1.200	1.550	2.500	2.000	3.000	2.700	3.600

Stadt	Bundesland	Eigentumswohnungen						
		Verkaufspreise in EUR je m² Wohnfläche			Bestand = Verkauf aus Bestand Neubau = Neubau/Erstbezug			
		Wohnwert						
		einfach Bestand	**mittel** Bestand	**mittel** Neubau	**gut** Bestand	**gut** Neubau	**sehr gut** Bestand	**sehr gut** Neubau
Osnabrück	Niedersachsen	750	1.300	2.400	1.950	2.800	2.500	3.400
Paderborn	Nordrhein-Westfalen	1.100	1.700	2.200	1.900	2.500	2.350	3.000
Pforzheim	Baden-Württemberg	1.138	1.675	2.150	2.000	2.500	2.325	2.975
Potsdam	Brandenburg	1.400	2.200	2.900	2.600	3.300	3.600	3.900
Ratingen	Nordrhein-Westfalen	1.300	1.800	2.500	2.500	3.000	4.000	4.000
Recklinghausen	Nordrhein-Westfalen	850	1.400	1.800	1.700	2.600	2.400	3.100
Regensburg	Bayern	1.867	2.350	3.167	2.983	3.600	3.450	4.417
Remscheid	Nordrhein-Westfalen	680	950	1.900	1.200	k.A.	1.850	k.A.
Rheine	Nordrhein-Westfalen	900	1.100	2.400	1.300	2.600	1.600	2.900
Rostock	Mecklenburg-Vorpommern	k.A.	1.450	2.000	1.950	2.500	2.500	3.000
Saarbrücken	Saarland	800	1.500	k.A.	2.500	k.A.	k.A.	k.A.
Schwerin	Mecklenburg-Vorpommern	925	1.400	1.650	1.600	2.000	2.000	2.450
Siegen	Nordrhein-Westfalen	950	1.400	2.200	1.650	2.550	2.000	2.950
Solingen	Nordrhein-Westfalen	750	1.100	2.000	1.375	2.300	1.650	2.950
Stuttgart	Baden-Württemberg	2.250	2.950	4.400	3.650	5.500	4.850	7.350
Trier	Rheinland-Pfalz	1.500	2.100	3.200	2.500	3.500	3.000	4.000
Troisdorf	Nordrhein-Westfalen	790	1.370	2.050	1.580	2.500	1.850	2.850
Ulm	Baden-Württemberg	1.566	1.892	3.000	2.462	3.356	2.934	3.770
Velbert	Nordrhein-Westfalen	700	1.200	1.900	1.650	2.400	2.000	3.000
Villingen-Schwenningen	Baden-Württemberg	800	950	2.250	1.150	2.350	1.450	2.750
Wiesbaden	Hessen	1.500	1.900	2.500	2.550	3.300	4.000	4.800
Wilhelmshaven	Niedersachsen	450	850	k.A.	1.300	k.A.	2.000	2.900
Witten	Nordrhein-Westfalen	600	900	1.700	1.200	1.800	1.800	2.300
Wolfsburg	Niedersachsen	1.000	1.400	2.200	1.700	2.500	2.250	3.200
Worms	Rheinland-Pfalz	k.A.	1.200	k.A.	1.850	2.650	2.250	2.950
Wuppertal	Nordrhein-Westfalen	700	1.050	2.300	1.300	2.900	1.600	3.300
Würzburg	Bayern	1.200	1.550	2.400	1.850	2.600	2.500	3.250
Zwickau	Sachsen	350	650	k.A.	1.100	1.800	1.400	2.300

6

6.1.3.4 IVD-Wohn-Preisspiegel, Eigenheime

Quelle: Auszug aus dem IVD-Wohn-Preisspiegel 2016/2017

Die Erläuterungen zur folgenden Tabelle sind in Kap. 6.1.3 abgedruckt.

Detaillierte regionale Preisspiegel sind bei den Regionalverbänden des IVD erhältlich. Von der Homepage des IVD-Bundesverbandes aus (www.ivd.net) kann der jeweilige Regionalverband direkt angeklickt werden.

Stadt	Bundesland	Einfamilienhäuser (bezugsfrei) Gesamtobjektpreis in EUR						
		Freistehende Eigenheime (inkl. Garage und ortsübl. großem Grundstück)				Reihenhäuser (Mittelhaus ohne Garage)		
		Wohnwert				Wohnwert		
		einfach	mittel	gut	sehr gut	einfach	mittel	gut
		ca. 100 m²	ca. 125 m²	ca. 150 m²	ca. 200 m²	ca. 100 m²	ca. 100 m²	ca. 100 m²
Aachen	Nordrhein-Westfalen	220.000	250.000	370.000	570.000	170.000	215.000	260.000
Arnsberg	Nordrhein-Westfalen	130.000	170.000	240.000	370.000	110.000	135.000	190.000
Augsburg	Bayern	277.500	365.000	446.250	607.500	248.750	307.500	358.750
Bamberg	Bayern	255.000	325.000	400.000	655.000	220.000	250.000	270.000
Bergisch Gladbach	Nordrhein-Westfalen	240.000	270.000	370.000	480.000	210.000	245.000	295.000
Berlin	Berlin	k.A.	295.000	385.000	620.000	k.A.	235.000	290.000
Bielefeld	Nordrhein-Westfalen	165.000	235.000	345.000	490.000	155.000	195.000	235.000
Bochum	Nordrhein-Westfalen	260.000	330.000	440.000	650.000	190.000	220.000	290.000
Bonn	Nordrhein-Westfalen	320.000	450.000	698.000	1.000.000	250.000	380.000	420.000
Bottrop	Nordrhein-Westfalen	160.000	220.000	280.000	350.000	145.000	180.000	220.000
Braunschweig	Niedersachsen	205.000	240.000	390.000	610.000	165.000	205.000	245.000
Bremen	Bremen	120.000	220.000	410.000	800.000	110.000	180.000	300.000
Bremerhaven	Bremen	80.000	135.000	185.000	250.000	70.000	100.000	130.000
Chemnitz	Sachsen	110.000	130.000	200.000	320.000	65.000	95.000	140.000
Cottbus	Brandenburg	90.000	120.000	170.000	210.000	k.A.	100.000	140.000
Darmstadt	Hessen	275.000	350.000	450.000	800.000	220.000	200.000	320.000
Delmenhorst	Niedersachsen	110.000	165.000	235.000	345.000	90.000	125.000	175.000
Detmold	Nordrhein-Westfalen	140.000	180.000	200.000	300.000	120.000	160.000	200.000
Dorsten	Nordrhein-Westfalen	132.000	185.000	227.000	333.000	125.000	140.000	150.000
Dortmund	Nordrhein-Westfalen	250.000	350.000	440.000	720.000	180.000	220.000	290.000
Dresden	Sachsen	180.000	260.000	450.000	k.A.	155.000	200.000	250.000
Duisburg	Nordrhein-Westfalen	245.000	330.000	450.000	650.000	160.000	220.000	280.000
Düren	Nordrhein-Westfalen	180.000	270.000	360.000	470.000	145.000	190.000	230.000
Düsseldorf	Nordrhein-Westfalen	350.000	500.000	790.000	1.400.000	290.000	380.000	480.000
Erfurt	Thüringen	150.000	200.000	320.000	490.000	130.000	k.A.	220.000
Erlangen	Bayern	370.000	425.000	570.000	800.000	297.500	337.500	395.000

Stadt	Bundesland	Einfamilienhäuser (bezugsfrei) Gesamtobjektpreis in EUR						
		Freistehende Eigenheime (inkl. Garage und ortsübl. großem Grundstück)				Reihenhäuser (Mittelhaus ohne Garage)		
		Wohnwert				Wohnwert		
		einfach	mittel	gut	sehr gut	einfach	mittel	gut
		ca. 100 m²	ca. 125 m²	ca. 150 m²	ca. 200 m²	ca. 100 m²	ca. 100 m²	ca. 100 m²
Essen	Nordrhein-Westfalen	240.000	365.000	535.000	840.000	185.000	250.000	320.000
Flensburg	Schleswig-Holstein	135.000	190.000	290.000	530.000	110.000	145.000	190.000
Frankfurt am Main (Stadt)	Hessen	350.000	470.000	700.000	1.100.000	310.000	350.000	400.000
Freiburg i. Breisgau	Baden-Württemberg	330.833	456.667	591.667	1.002.500	301.333	377.500	465.833
Fürth	Bayern	220.000	315.000	422.500	542.500	185.000	237.500	278.500
Gelsenkirchen	Nordrhein-Westfalen	190.000	220.000	300.000	400.000	100.000	165.000	200.000
Gera	Thüringen	115.000	160.000	235.000	350.000	k.A.	k.A.	k.A.
Gießen	Hessen	200.000	230.000	250.000	450.000	160.000	200.000	210.000
Gladbeck	Nordrhein-Westfalen	165.000	195.000	265.000	390.000	129.000	185.000	215.000
Gütersloh	Nordrhein-Westfalen	135.000	183.000	245.000	345.000	108.000	134.000	163.000
Hagen	Nordrhein-Westfalen	220.000	275.000	375.000	500.000	170.000	235.000	280.000
Halle	Sachsen-Anhalt	120.000	210.000	310.000	580.000	80.000	140.000	220.000
Hamburg	Hamburg	260.000	370.000	565.000	1.000.000	225.000	300.000	380.000
Hamm	Nordrhein-Westfalen	185.000	225.000	285.000	390.000	135.000	170.000	225.000
Hanau	Hessen	200.000	250.000	k.A.	390.000	190.000	220.000	250.000
Hannover	Niedersachsen	175.000	295.000	440.000	710.000	135.000	220.000	300.000
Heidelberg	Baden-Württemberg	295.000	397.500	605.000	945.000	260.000	325.000	495.000
Herne	Nordrhein-Westfalen	195.000	245.000	345.000	435.000	150.000	180.000	185.000
Ingolstadt	Bayern	382.500	470.000	585.000	666.250	316.250	366.250	410.000
Iserlohn	Nordrhein-Westfalen	135.000	175.000	250.000	310.000	120.000	165.000	195.000
Jena	Thüringen	175.000	227.000	293.000	383.000	180.000	210.000	280.000
Kaiserslautern	Rheinland-Pfalz	120.000	190.000	280.000	350.000	110.000	170.000	210.000
Karlsruhe	Baden-Württemberg	343.333	365.000	480.000	741.667	288.333	333.333	383.333
Kassel (Stadt)	Hessen	170.000	200.000	330.000	600.000	90.000	140.000	200.000
Kiel	Schleswig-Holstein	170.000	250.000	350.000	570.000	140.000	195.000	240.000
Koblenz	Rheinland-Pfalz	215.000	300.000	400.000	920.000	160.000	240.000	350.000

		Einfamilienhäuser (bezugsfrei) Gesamtobjektpreis in EUR						
		Freistehende Eigenheime (inkl. Garage und ortsübl. großem Grundstück)				Reihenhäuser (Mittelhaus ohne Garage)		
		Wohnwert				Wohnwert		
		einfach	mittel	gut	sehr gut	einfach	mittel	gut
Stadt	Bundesland	ca. 100 m²	ca. 125 m²	ca. 150 m²	ca. 200 m²	ca. 100 m²	ca. 100 m²	ca. 100 m²
Köln	Nordrhein-Westfalen	300.000	430.000	620.000	1.500.000	250.000	370.000	500.000
Konstanz	Baden-Württemberg	400.000	525.000	720.000	1.035.000	310.000	410.000	500.000
Krefeld	Nordrhein-Westfalen	210.000	250.000	350.000	450.000	170.000	200.000	230.000
Leipzig	Sachsen	175.000	245.000	350.000	660.000	130.000	170.000	220.000
Leverkusen	Nordrhein-Westfalen	220.000	270.000	350.000	470.000	175.000	230.000	260.000
Lübeck	Schleswig-Holstein	140.000	220.000	300.000	500.000	115.000	180.000	200.000
Ludwigshafen a. Rhein	Rheinland-Pfalz	190.000	270.000	350.000	550.000	170.000	210.000	255.000
Lüneburg	Niedersachsen	230.000	280.000	330.000	410.000	190.000	200.000	230.000
Magdeburg	Sachsen-Anhalt	k.A.	175.000	300.000	k.A.	80.000	150.000	k.A.
Mainz	Rheinland-Pfalz	352.000	404.000	472.000	643.500	270.000	293.000	339.000
Mannheim	Baden-Württemberg	363.333	435.000	688.333	960.667	300.000	385.000	445.000
Marburg	Hessen	190.000	230.000	330.000	490.000	160.000	210.000	270.000
Minden	Nordrhein-Westfalen	110.000	150.000	180.000	k.A.	90.000	105.000	125.000
Moers	Nordrhein-Westfalen	210.000	270.000	360.000	520.000	165.000	190.000	210.000
Mönchengladbach	Nordrhein-Westfalen	270.000	380.000	550.000	950.000	180.000	240.000	270.000
Mülheim a. d. Ruhr	Nordrhein-Westfalen	240.000	290.000	405.000	620.000	170.000	220.000	270.000
München	Bayern	620.000	840.000	1.300.000	2.250.000	485.000	610.000	750.000
Münster	Nordrhein-Westfalen	350.000	425.000	500.000	750.000	265.000	325.000	375.000
Neumünster	Schleswig-Holstein	95.000	155.000	200.000	330.000	85.000	125.000	160.000
Neuss	Nordrhein-Westfalen	250.000	340.000	460.000	720.000	190.000	260.000	275.000
Nürnberg	Bayern	293.571	352.857	452.857	640.929	242.750	278.167	320.833
Oberhausen	Nordrhein-Westfalen	165.000	205.000	275.000	350.000	140.000	160.000	190.000
Offenbach	Hessen	225.000	245.000	310.000	390.000	200.000	230.000	240.000
Oldenburg	Niedersachsen	150.000	220.000	310.000	490.000	135.000	185.000	240.000
Osnabrück	Niedersachsen	120.000	180.000	275.000	400.000	100.000	140.000	180.000
Paderborn	Nordrhein-Westfalen	260.000	290.000	380.000	480.000	210.000	245.000	280.000

Stadt	Bundesland	Einfamilienhäuser (bezugsfrei) Gesamtobjektpreis in EUR						
		Freistehende Eigenheime (inkl. Garage und ortsübl. großem Grundstück)				Reihenhäuser (Mittelhaus ohne Garage)		
		Wohnwert				Wohnwert		
		einfach	mittel	gut	sehr gut	einfach	mittel	gut
		ca. 100 m²	ca. 125 m²	ca. 150 m²	ca. 200 m²	ca. 100 m²	ca. 100 m²	ca. 100 m²
Pforzheim	Baden-Württemberg	240.000	315.000	387.500	465.000	230.000	265.000	307.500
Potsdam	Brandenburg	190.000	250.000	360.000	550.000	160.000	220.000	290.000
Ratingen	Nordrhein-Westfalen	320.000	480.000	690.000	850.000	320.000	380.000	450.000
Recklinghausen	Nordrhein-Westfalen	180.000	240.000	310.000	450.000	160.000	210.000	280.000
Regensburg	Bayern	331.667	406.667	550.000	876.667	251.667	310.000	411.667
Remscheid	Nordrhein-Westfalen	180.000	215.000	295.000	395.000	155.000	195.000	225.000
Rheine	Nordrhein-Westfalen	110.000	145.000	220.000	350.000	90.000	115.000	135.000
Rostock	Mecklenburg-Vorpommern	195.000	265.000	330.000	430.000	150.000	175.000	200.000
Saarbrücken	Saarland	160.000	330.000	400.000	650.000	145.000	200.000	250.000
Schwerin	Mecklenburg-Vorpommern	130.000	180.000	260.000	380.000	115.000	150.000	170.000
Siegen	Nordrhein-Westfalen	165.000	195.000	265.000	355.000	135.000	165.000	200.000
Solingen	Nordrhein-Westfalen	230.000	255.000	310.000	360.000	160.000	205.000	240.000
Stuttgart	Baden-Württemberg	390.000	595.000	900.000	1.500.000	285.000	340.000	430.000
Trier	Rheinland-Pfalz	200.000	300.000	450.000	700.000	160.000	220.000	360.000
Troisdorf	Nordrhein-Westfalen	190.000	240.000	295.000	335.000	138.000	200.000	240.000
Ulm	Baden-Württemberg	283.750	382.500	470.250	635.000	233.500	292.500	378.250
Velbert	Nordrhein-Westfalen	195.000	270.000	340.000	400.000	175.000	210.000	245.000
Villingen-Schwenningen	Baden-Württemberg	180.000	230.000	320.000	430.000	180.000	215.000	280.000
Wiesbaden	Hessen	350.000	450.000	780.000	1.200.000	280.000	360.000	420.000
Wilhelmshaven	Niedersachsen	85.000	170.000	220.000	280.000	60.000	95.000	130.000
Witten	Nordrhein-Westfalen	180.000	240.000	280.000	350.000	120.000	160.000	200.000
Wolfsburg	Niedersachsen	175.000	200.000	245.000	430.000	175.000	210.000	250.000
Worms	Rheinland-Pfalz	170.000	230.000	295.000	450.000	150.000	200.000	250.000
Wuppertal	Nordrhein-Westfalen	235.000	290.000	360.000	450.000	190.000	215.000	270.000
Würzburg	Bayern	255.000	290.000	380.000	520.000	225.000	260.000	280.000
Zwickau	Sachsen	90.000	145.000	250.000	350.000	85.000	135.000	170.000

6.1.3.5 IVD-Wohn-Preisspiegel, Wohnungsmieten

Quelle: Auszug aus dem IVD-Wohn-Preisspiegel 2016/2017

Die Erläuterungen zur folgenden Tabelle sind in Kap. 6.1.3 abgedruckt.

Detaillierte regionale Preisspiegel sind bei den Regionalverbänden des IVD erhältlich. Von der Homepage des IVD-Bundesverbandes aus (www.ivd.net) kann der jeweilige Regionalverband direkt angeklickt werden.

Wohnungsmieten - Nettokaltmieten EUR je m² Wohnfläche, monatlich: bezogen auf ca. 3 Zimmer, ca. 70 m², ohne öffentlich geförd. Wohnungsbau		**Fertigstellung bis 1948** (Wiedervermietung/Neuvertragsmiete)				**Fertigstellung ab 1949** (Wiedervermietung/Neuvertragsmiete)				**Neubau - Erstbezug** (Erstvermietung im Berichtsjahr)		
		Wohnwert				**Wohnwert**				**Wohnwert**		
Stadt	**Bundesland**	**einfach**	**mittel**	**gut**	**sehr gut**	**einfach**	**mittel**	**gut**	**sehr gut**	**mittel**	**gut**	**sehr gut**
Aachen	Nordrhein-Westfalen	5,00	5,50	6,50	k.A.	6,30	7,00	8,00	k.A.	9,00	10,00	k.A.
Arnsberg	Nordrhein-Westfalen	3,90	4,30	4,80	k.A.	4,50	5,50	5,80	k.A.	7,00	7,50	k.A.
Augsburg	Bayern	6,63	7,75	9,13	10,25	6,89	7,85	9,14	10,26	9,56	10,14	10,94
Bamberg	Bayern	5,75	6,45	7,20	8,75	6,25	6,95	7,55	8,75	7,50	8,50	9,75
Bergisch Gladbach	Nordrhein-Westfalen	k.A.	k.A.	k.A.	k.A.	6,00	7,50	9,00	k.A.	9,00	11,00	k.A.
Berlin	Berlin	5,88	7,80	9,40	k.A.	6,00	8,25	9,50	k.A.	10,50	12,50	k.A.
Bielefeld	Nordrhein-Westfalen	5,00	6,30	7,20	k.A.	5,50	6,50	8,00	k.A.	9,00	10,00	k.A.
Bochum	Nordrhein-Westfalen	4,90	5,30	5,60	k.A.	5,20	5,70	6,20	k.A.	7,20	8,50	k.A.
Bonn	Nordrhein-Westfalen	7,20	9,50	10,50	k.A.	7,00	8,70	9,80	k.A.	11,50	13,50	k.A.
Bottrop	Nordrhein-Westfalen	3,80	4,35	4,75	k.A.	4,75	5,50	6,50	k.A.	6,85	7,10	k.A.
Braunschweig	Niedersachsen	6,00	7,30	9,10	10,20	6,00	7,30	9,10	10,20	9,00	10,20	12,30
Bremen	Bremen	6,50	7,75	9,00	11,00	6,50	7,75	9,00	11,00	9,50	11,00	12,75
Bremerhaven	Bremen	3,00	5,00	6,00	7,50	3,00	5,00	6,00	7,50	7,50	8,50	9,50
Chemnitz	Sachsen	3,70	5,00	5,80	6,10	3,70	5,00	5,80	6,10	k.A.	7,35	7,90
Cottbus	Brandenburg	3,75	5,75	6,75	k.A.	4,00	5,25	6,25	k.A.	7,00	8,00	k.A.
Darmstadt	Hessen	6,60	7,70	8,80	11,00	6,60	7,80	9,00	11,50	8,50	10,00	11,50
Delmenhorst	Niedersachsen	4,80	5,95	6,40	7,50	4,80	5,95	6,40	7,50	7,20	8,40	9,45
Detmold	Nordrhein-Westfalen	4,50	6,00	8,00	k.A.	4,50	6,00	8,00	k.A.	7,50	9,00	k.A.
Dorsten	Nordrhein-Westfalen	3,50	k.A.	3,90	k.A.	3,90	4,60	5,50	k.A.	6,90	8,40	k.A.
Dortmund	Nordrhein-Westfalen	5,00	5,50	7,10	k.A.	5,20	6,20	7,80	k.A.	8,40	10,30	k.A.
Dresden	Sachsen	k.A.	6,50	8,00	9,00	k.A.	6,50	8,00	k.A.	8,25	9,60	11,50

Wohnungsmieten - Nettokaltmieten EUR je m² Wohnfläche, monatlich: bezogen auf ca. 3 Zimmer, ca. 70 m², ohne öffentlich geförd. Wohnungsbau		**Fertigstellung bis 1948** (Wiedervermietung/Neuvertragsmiete)				**Fertigstellung ab 1949** (Wiedervermietung/Neuvertragsmiete)				**Neubau - Erstbezug** (Erstvermietung im Berichtsjahr)		
		Wohnwert				**Wohnwert**				**Wohnwert**		
Stadt	**Bundesland**	**einfach**	**mittel**	**gut**	**sehr gut**	**einfach**	**mittel**	**gut**	**sehr gut**	**mittel**	**gut**	**sehr gut**
Duisburg	Nordrhein-Westfalen	3,80	4,90	7,10	k.A.	3,80	4,90	7,60	k.A.	7,90	8,50	k.A.
Düren	Nordrhein-Westfalen	5,00	5,70	6,70	k.A.	4,90	6,10	6,90	k.A.	7,50	8,50	k.A.
Düsseldorf	Nordrhein-Westfalen	7,50	9,00	11,00	k.A.	7,50	9,00	12,50	k.A.	11,50	13,00	k.A.
Erfurt	Thüringen	k.A.	k.A.	k.A.	k.A.	6,30	7,30	8,00	k.A.	7,00	7,70	8,80
Erlangen	Bayern	7,35	9,38	12,25	14,05	7,10	9,15	11,55	13,55	9,75	11,63	15,10
Essen	Nordrhein-Westfalen	4,65	6,00	8,20	k.A.	4,95	7,25	8,50	k.A.	8,40	10,35	k.A.
Flensburg	Schleswig-Holstein	5,00	5,80	6,90	8,50	5,00	5,80	6,90	8,50	7,10	8,00	9,10
Frankfurt am Main (Stadt)	Hessen	8,50	9,50	12,00	15,00	9,00	10,00	13,00	15,00	12,00	13,00	15,00
Freiburg im Breisgau	Baden-Württemberg	6,28	7,37	9,75	13,00	7,28	9,05	11,58	14,05	10,53	11,77	14,00
Fürth	Bayern	5,18	6,45	7,40	8,63	5,45	7,10	7,95	8,80	8,15	9,90	11,20
Gelsenkirchen	Nordrhein-Westfalen	2,90	3,50	4,20	k.A.	3,50	4,00	4,80	k.A.	5,00	6,00	k.A.
Gera	Thüringen	k.A.	k.A.	k.A.	k.A.	k.A.	5,80	6,00	k.A.	6,00	6,50	7,00
Gießen	Hessen	6,50	7,50	8,50	k.A.	6,50	8,50	8,75	10,00	9,50	10,00	10,50
Gladbeck	Nordrhein-Westfalen	4,10	4,40	5,00	k.A.	4,60	5,00	5,50	k.A.	6,90	7,70	k.A.
Gütersloh	Nordrhein-Westfalen	4,30	4,90	5,40	k.A.	4,90	5,90	6,60	k.A.	7,70	8,80	k.A.
Hagen	Nordrhein-Westfalen	4,30	4,40	5,50	k.A.	4,75	6,00	7,00	k.A.	8,50	9,50	k.A.
Halle	Sachsen-Anhalt	3,80	5,50	7,00	8,50	3,80	5,50	6,80	7,20	6,20	7,50	9,00
Hamburg	Hamburg	7,90	9,60	12,30	14,90	7,90	9,60	12,30	14,90	12,30	14,10	16,10
Hamm	Nordrhein-Westfalen	4,25	5,00	5,40	k.A.	4,60	5,30	6,00	k.A.	8,50	k.A.	k.A.
Hanau	Hessen	5,50	6,50	7,50	k.A.	6,00	7,00	8,00	k.A.	7,00	8,00	k.A.
Hannover	Niedersachsen	5,90	8,00	9,90	11,80	5,90	8,00	9,90	11,80	10,00	11,50	13,00

Wohnungsmieten - Nettokaltmieten EUR je m² Wohnfläche, monatlich: bezogen auf ca. 3 Zimmer, ca. 70 m², ohne öffentlich geförd. Wohnungsbau		Fertigstellung bis 1948 (Wiedervermietung/Neuvertrags-miete)				Fertigstellung ab 1949 (Wiedervermietung/Neuvertrags-miete)				Neubau - Erstbezug (Erstvermietung im Berichtsjahr)		
		Wohnwert				Wohnwert				Wohnwert		
Stadt	Bundesland	einfach	mittel	gut	sehr gut	einfach	mittel	gut	sehr gut	mittel	gut	sehr gut
Heidelberg	Baden-Württemberg	8,18	9,40	10,60	11,75	8,75	9,45	10,75	12,00	12,00	13,00	13,75
Herne	Nordrhein-Westfalen	3,50	4,50	5,00	k.A.	4,00	4,90	5,10	k.A.	7,00	7,35	k.A.
Ingolstadt	Bayern	8,78	9,50	10,56	11,75	9,25	10,38	11,63	12,75	11,88	12,88	13,88
Iserlohn	Nordrhein-Westfalen	3,00	4,00	5,00	k.A.	3,50	4,50	5,70	k.A.	7,20	7,80	k.A.
Jena	Thüringen	k.A.	k.A.	k.A.	k.A.	7,00	8,00	9,50	k.A.	9,00	10,00	11,00
Kaiserslautern	Rheinland-Pfalz	4,50	5,00	5,50	k.A.	4,50	5,50	6,50	k.A.	7,50	8,00	k.A.
Karlsruhe	Baden-Württemberg	7,35	8,30	9,25	11,13	7,53	8,37	9,53	10,53	9,98	10,40	12,50
Kassel (Stadt)	Hessen	5,50	6,00	7,30	8,40	5,80	6,50	8,00	9,50	7,00	8,50	10,00
Kiel	Schleswig-Holstein	6,30	7,50	8,50	9,80	6,30	7,50	8,50	9,80	9,00	10,00	11,00
Koblenz	Rheinland-Pfalz	5,00	5,80	7,50	k.A.	6,00	7,00	8,50	k.A.	8,00	9,50	k.A.
Köln	Nordrhein-Westfalen	k.A.	k.A.	k.A.	k.A.	7,80	10,00	12,50	k.A.	12,50	14,50	k.A.
Konstanz	Baden-Württemberg	7,80	9,50	9,75	12,50	8,20	9,50	10,75	13,25	k.A.	k.A.	k.A.
Krefeld	Nordrhein-Westfalen	k.A.	6,25	6,40	k.A.	6,00	6,80	7,70	k.A.	k.A.	k.A.	k.A.
Leipzig	Sachsen	4,70	5,70	7,30	9,00	4,70	5,70	7,30	9,00	7,50	9,50	11,50
Leverkusen	Nordrhein-Westfalen	4,90	5,20	6,20	k.A.	5,40	5,80	6,40	k.A.	7,70	8,80	k.A.
Lübeck	Schleswig-Holstein	5,50	7,00	8,00	10,00	5,50	7,00	8,00	10,00	9,00	10,00	12,00
Ludwigshafen a. Rhein	Rheinland-Pfalz	4,50	6,20	7,50	k.A.	5,50	6,80	7,50	k.A.	8,30	10,00	k.A.
Lüneburg	Niedersachsen	6,50	7,50	8,50	9,00	6,50	7,50	8,50	9,00	9,00	9,50	10,00
Magdeburg	Sachsen-Anhalt	4,60	5,50	6,20	7,70	4,80	5,50	6,20	7,60	6,00	7,00	8,50
Mainz	Rheinland-Pfalz	5,50	8,00	10,00	k.A.	8,00	9,70	11,00	k.A.	11,30	12,50	k.A.
Mannheim	Baden-Württemberg	7,11	8,72	10,81	14,43	7,15	8,59	10,64	14,20	10,60	13,13	15,33

Wohnungsmieten - Nettokaltmieten EUR je m² Wohnfläche, monatlich: bezogen auf ca. 3 Zimmer, ca. 70 m², ohne öffentlich geförd. Wohnungsbau		**Fertigstellung bis 1948** (Wiedervermietung/Neuvertrags-miete)				**Fertigstellung ab 1949** (Wiedervermietung/Neuvertrags-miete)				**Neubau - Erstbezug** (Erstvermietung im Berichtsjahr)		
		Wohnwert				**Wohnwert**				**Wohnwert**		
Stadt	**Bundesland**	**einfach**	**mittel**	**gut**	**sehr gut**	**einfach**	**mittel**	**gut**	**sehr gut**	**mittel**	**gut**	**sehr gut**
Marburg	Hessen	6,00	7,50	9,00	11,00	6,00	7,50	9,00	12,00	8,50	9,50	12,50
Minden	Nordrhein-Westfalen	4,00	4,50	5,00	k.A.	4,50	5,00	5,50	k.A.	6,50	7,00	k.A.
Moers	Nordrhein-Westfalen	k.A.	4,50	5,00	k.A.	5,50	5,80	6,00	k.A.	7,50	8,20	k.A.
Mönchengladbach	Nordrhein-Westfalen	5,00	6,50	7,50	k.A.	5,50	7,80	8,80	k.A.	9,80	11,50	k.A.
Mülheim a. d. Ruhr	Nordrhein-Westfalen	4,20	5,60	7,10	k.A.	4,50	6,50	8,50	k.A.	7,50	9,50	k.A.
München	Bayern	11,00	13,60	16,30	20,90	10,50	12,90	14,90	18,50	15,30	17,00	21,90
Münster	Nordrhein-Westfalen	6,50	7,70	8,90	k.A.	6,90	8,80	9,25	k.A.	11,00	13,00	k.A.
Neumünster	Schleswig-Holstein	4,50	5,30	6,10	6,50	4,50	5,30	6,10	6,50	6,35	6,85	7,25
Neuss	Nordrhein-Westfalen	5,20	7,00	7,50	k.A.	5,60	7,00	8,60	k.A.	9,20	10,50	k.A.
Nürnberg	Bayern	6,21	7,65	8,89	11,23	6,64	7,90	9,12	11,17	8,90	9,82	11,57
Oberhausen	Nordrhein-Westfalen	4,00	4,50	5,20	k.A.	4,20	5,50	6,20	k.A.	8,00	8,50	k.A.
Offenbach	Hessen	6,50	6,70	7,20	7,90	6,50	6,70	7,20	7,80	8,00	8,25	9,00
Oldenburg	Niedersachsen	6,55	7,85	8,60	9,50	6,55	7,85	8,60	9,50	7,70	9,00	10,50
Osnabrück	Niedersachsen	5,50	6,80	7,50	8,50	5,50	6,80	7,50	8,50	7,50	8,00	9,50
Paderborn	Nordrhein-Westfalen	4,20	4,70	5,10	k.A.	5,50	6,50	7,00	k.A.	8,00	9,30	k.A.
Pforzheim	Baden-Württemberg	5,25	6,70	7,48	8,13	5,38	6,90	7,55	8,40	8,00	8,63	9,15
Potsdam	Brandenburg	5,80	8,00	9,20	k.A.	k.A.	8,00	9,50	k.A.	9,50	11,00	k.A.
Ratingen	Nordrhein-Westfalen	7,00	8,00	8,00	k.A.	7,00	8,00	9,00	k.A.	9,00	10,00	k.A.
Recklinghausen	Nordrhein-Westfalen	3,80	4,40	5,10	k.A.	4,50	5,60	6,50	k.A.	7,00	8,50	k.A.
Regensburg	Bayern	7,58	8,17	9,50	11,00	7,67	8,67	9,67	10,67	9,83	10,67	11,67
Remscheid	Nordrhein-Westfalen	k.A.	k.A.	k.A.	k.A.	4,20	5,60	6,50	k.A.	8,50	9,50	k.A.
Rheine	Nordrhein-Westfalen	5,50	6,00	6,50	k.A.	6,00	6,50	6,50	k.A.	8,50	9,00	k.A.

Wohnungsmieten - Nettokaltmieten EUR je m² Wohnfläche, monatlich: bezogen auf ca. 3 Zimmer, ca. 70 m², ohne öffentlich geförd. Wohnungsbau		Fertigstellung bis 1948 (Wiedervermietung/Neuvertragsmiete)				Fertigstellung ab 1949 (Wiedervermietung/Neuvertragsmiete)				Neubau - Erstbezug (Erstvermietung im Berichtsjahr)		
		Wohnwert				Wohnwert				Wohnwert		
Stadt	Bundesland	einfach	mittel	gut	sehr gut	einfach	mittel	gut	sehr gut	mittel	gut	sehr gut
Rostock	Mecklenburg-Vorpommern	5,80	7,50	8,50	9,50	5,80	7,50	8,50	9,50	8,50	9,10	10,00
Saarbrücken	Saarland	k.A.	k.A.	k.A.	k.A.	5,40	7,50	10,50	k.A.	k.A.	k.A.	k.A.
Schwerin	Mecklenburg-Vorpommern	5,00	6,15	7,20	8,10	5,00	6,15	7,20	8,10	7,00	7,90	9,00
Siegen	Nordrhein-Westfalen	5,50	6,50	7,50	k.A.	6,50	7,50	8,50	k.A.	9,50	10,50	k.A.
Solingen	Nordrhein-Westfalen	4,00	4,75	6,00	k.A.	4,50	5,25	6,50	k.A.	8,00	9,00	k.A.
Stuttgart	Baden-Württemberg	9,40	11,20	12,40	14,60	9,50	11,20	12,30	14,60	12,60	13,70	15,10
Trier	Rheinland-Pfalz	5,50	6,20	7,50	k.A.	6,30	7,90	8,50	k.A.	9,50	10,50	k.A.
Troisdorf	Nordrhein-Westfalen	4,70	4,90	5,10	k.A.	5,30	6,30	7,30	k.A.	8,80	9,80	k.A.
Ulm	Baden-Württemberg	6,72	7,88	8,81	9,44	7,28	8,40	9,36	10,80	9,73	10,67	11,58
Velbert	Nordrhein-Westfalen	5,30	5,80	6,50	k.A.	5,60	6,50	7,10	k.A.	7,50	8,00	k.A.
Villingen-Schwenningen	Baden-Württemberg	5,00	5,50	6,50	7,50	4,80	5,50	6,50	7,50	7,50	8,00	9,00
Wiesbaden	Hessen	7,50	9,00	11,00	13,50	7,50	9,00	11,00	13,50	9,25	10,25	13,50
Wilhelmshaven	Niedersachsen	3,50	5,00	7,00	8,00	3,50	5,00	7,00	8,00	7,00	8,00	k.A.
Witten	Nordrhein-Westfalen	3,50	4,00	4,50	k.A.	3,50	4,50	5,00	k.A.	6,00	7,50	k.A.
Wolfsburg	Niedersachsen	5,90	6,90	8,20	9,30	5,90	6,90	8,20	9,30	9,60	10,20	10,75
Worms	Rheinland-Pfalz	k.A.	5,60	6,60	k.A.	k.A.	5,40	6,50	k.A.	k.A.	8,50	k.A.
Wuppertal	Nordrhein-Westfalen	4,40	5,60	6,40	k.A.	5,00	5,70	6,60	k.A.	8,50	10,00	k.A.
Würzburg	Bayern	6,50	7,50	8,50	8,75	6,80	7,75	8,70	9,30	8,50	9,50	11,00
Zwickau	Sachsen	4,00	4,80	5,50	8,00	4,00	4,80	5,50	6,50	k.A.	7,00	k.A.

6.2 LBS-Preisspiegel 2016, Wohnungsbau

Quelle: LBS Bausparkasse der Sparkassen, Markt für Wohnimmobilien 2016, Daten, Fakten, Trends

Erläuterungen zum Preisspiegel[1]

Der Immobilien-Preisspiegel basiert auf einer Umfrage unter den Immobilienvermittlern von LBS und Sparkasse und gibt einen Überblick über die Marktlage im Neubau und Bestand. Er umfasst 925 Städte, darunter 13 Großstädte mit mehr als 500.000 Einwohnern sowie 63 Städte mit mehr als 100.000 Einwohnern, außerdem Einpendler- orte mit mehr als 10.000 Einwohnern. Erstmals wurden für Städte ab 500.000 Einwohner die Immobilienpreise auf der Ebene der Stadtteile oder Bezirke erhoben. Zu allen Kategorien (Grundstücke, frei stehende Eigenheime, Reiheneigenheime und Eigentumswohnungen) sind jeweils Preisspannen sowie der aktuell am häufigsten anzutreffende Wert angegeben. Dabei wurden folgende Kriterien berücksichtigt:

6

Baugrundstücke für Eigenheime (in €/m²) Baureife Grundstücke, mittlere bis gute Wohnlage, 300 bis 800 Quadratmeter

Frei stehende Eigenheime (in 1.000 €) Mittlere bis gute Wohnlage, Wohnfläche ca. 120 Quadratmeter, inkl. Garage und ortsüblichem Grundstück

Reiheneigenheime (in 1.000 €)

Mittlere bis gute Wohnlage, Wohnfläche ca. 100 Quadratmeter,

ohne Garage, ortsübliches Grundstück

Eigentumswohnungen (€/m² Wohnfläche) Mittlere bis gute Wohnlage, 3 Zimmer, Wohnfläche ca. 80 Quadratmeter,

ohne Garage/Stellplatz, keine Steuermodelle

Ortsübliche Abweichungen sind im Einzelfall möglich. Erhebungszeitraum: April 2016

1 Die Daten des LBS-Immobilienspiegels können für 925 Städte und über 100 Stadtteilen der 13 größten Städte Deutschlands auch abgerufen werden unter: www.lbs-markt-fuer-wohnimmobilien.de.

6.2.1 LBS-Preisspiegel 2016, Neubaumarkt

Quelle: LBS Bausparkasse der Sparkassen, Markt für Wohnimmobilien 2016, Daten, Fakten, Trends

Segment: Baugrundstücke, Reiheneigenheime, Eigentumswohnungen (Städte ab 100.000 Einwohner)

NEUBAUMARKT PREISSPIEGEL 2016	Baugrundstücke €/m²			Reiheneigenheime in 1.000 €			Eigentumswohnungen €/m² Wohnfläche		
	von	bis	**häufigster Wert**	von	bis	**häufigster Wert**	von	bis	**häufigster Wert**
Großstädte über 500.000 Einwohner									
Berlin	110	385	**220**	240	390	**280**	2.700	5.200	**3.500**
Bremen	160	500	**250**	180	320	**250**	3.000	4.300	**3.600**
Dortmund	145	540	**285**	165	310	**215**	2.115	4.100	**2.300**
Dresden	110	275	**165**	205	305	**255**	2.405	4.180	**2.925**
Düsseldorf	250	1.200	**500**	280	750	**380**	2.600	9.000	**3.900**
Essen	140	990	**420**	185	545	**280**	1.325	6.110	**3.055**
Frankfurt am Main	450	1.900	**600**	450	700	**650**	3.200	11.000	**4.600**
Hamburg	155	3.660	**560**	265	730	**420**	2.600	11.100	**4.350**
Hannover	125	520	**270**	210	370	**330**	2.000	4.990	**2.705**
Köln	200	1.410	**390**	250	700	**360**	2.500	9.100	**3.380**
Leipzig	80	350	**120**	220	330	**275**	2.500	3.900	**3.000**
München	940	2.300	**1.550**	550	820	**670**	5.000	9.550	**6.500**
Stuttgart	590	1.600	**900**	400	800	**580**	3.200	10.000	**4.600**
Großstädte mit 100.000 bis unter 500.000 Einwohner									
Aachen	220	550	**440**	250	450	**290**	2.800	4.200	**2.850**
Augsburg	280	540	**410**	360	490	**420**	3.450	4.550	**4.200**
Bergisch Gladbach	190	425	**240**	200	405	**355**	2.345	4.055	**3.360**
Bielefeld	170	360	**235**	180	300	**260**	2.200	3.200	**2.700**
Bochum	160	400	**250**	260	450	**325**	1.950	4.200	**2.900**
Bonn	240	800	**425**	180	810	**320**	2.950	5.000	**3.250**
Bottrop	150	440	**285**	175	325	**250**	2.000	2.970	**2.400**
Braunschweig	105	845	**170**	180	340	**245**	2.090	4.620	**3.245**
Bremerhaven	70	160	**90**	180	240	**200**	2.000	5.000	**3.000**
Chemnitz	70	130	**90**	160	240	**190**	1.650	2.250	**2.000**
Darmstadt	400	800	**450**	300	600	**400**	2.885	4.120	**3.295**
Duisburg	105	535	**245**	125	260	**205**	800	2.905	**1.805**
Erfurt	165	330	**230**	205	360	**270**	2.420	3.960	**2.750**
Erlangen	220	680	**450**	380	650	**550**	3.000	4.600	**3.900**
Freiburg/Breisgau	460	830	**570**	320	580	**430**	4.200	8.000	**4.600**
Fürth	280	480	**350**	300	450	**380**	2.700	3.800	**3.300**
Gelsenkirchen	120	325	**160**	200	300	**220**	1.300	3.000	**1.750**
Göttingen	170	310	**285**	195	295	**270**	1.850	3.010	**2.580**
Hagen	95	285	**220**	180	230	**200**	1.735	2.960	**2.655**
Halle/Saale	80	120	**100**	160	190	**170**	1.505	1.805	**1.655**
Hamm	125	290	**180**	190	280	**235**	1.800	3.100	**2.450**
Heidelberg	340	1.100	**580**	340	700	**500**	3.000	7.000	**3.800**
Heilbronn	350	700	**500**	300	420	**360**	2.600	4.000	**3.500**
Herne	145	340	**200**	155	235	**180**	1.600	2.650	**2.100**
Ingolstadt	450	1.000	**730**	400	600	**520**	3.400	4.500	**4.000**
Jena	195	450	**295**	–	–	**–**	2.800	3.300	**3.000**
Karlsruhe	350	650	**400**	330	500	**380**	3.000	5.500	**3.500**
Kassel	125	290	**155**	220	290	**240**	2.040	3.065	**2.555**

NEUBAUMARKT
PREISSPIEGEL 2016

	Baugrundstücke €/m²			Reiheneigenheime in 1.000 €			Eigentumswohnungen €/m² Wohnfläche		
	von	bis	**häufigster Wert**	von	bis	**häufigster Wert**	von	bis	**häufigster Wert**
Kiel	170	320	**250**	280	460	**350**	2.900	5.000	**3.700**
Koblenz	210	400	**300**	225	430	**310**	2.400	4.000	**3.000**
Krefeld	200	585	**250**	160	300	**230**	2.200	5.000	**2.500**
Leverkusen	200	450	**300**	280	380	**350**	3.000	3.500	**3.300**
Lübeck	145	500	**300**	210	380	**280**	2.400	6.500	**3.200**
Ludwigshafen am Rhein	270	480	**370**	200	285	**250**	2.300	4.500	**2.600**
Magdeburg	85	200	**125**	180	235	**200**	2.200	3.000	**2.500**
Mainz	470	600	**540**	340	460	**390**	3.500	5.800	**4.100**
Mannheim	350	720	**450**	310	400	**360**	2.300	4.500	**3.200**
Moers	150	380	**270**	145	230	**190**	1.800	3.300	**2.600**
Mönchengladbach	140	400	**220**	205	360	**280**	2.400	3.800	**2.650**
Mülheim an der Ruhr	200	580	**330**	230	515	**350**	2.000	4.200	**2.500**
Münster	240	935	**480**	250	450	**310**	2.995	6.530	**4.500**
Neuss	230	610	**320**	200	400	**310**	2.110	3.900	**2.700**
Nürnberg	290	990	**620**	320	650	**475**	3.250	4.650	**4.000**
Oberhausen	125	380	**220**	180	250	**230**	1.900	2.850	**2.300**
Offenbach am Main	350	550	**440**	280	400	**360**	2.800	4.500	**3.200**
Oldenburg/Oldenburg	155	310	**200**	140	240	**180**	2.255	3.190	**2.585**
Osnabrück	200	500	**260**	220	350	**280**	2.300	4.800	**2.850**
Paderborn	200	475	**250**	220	290	**250**	2.300	3.500	**2.800**
Pforzheim	300	400	**350**	230	320	**280**	2.600	3.400	**2.900**
Potsdam	145	415	**235**	265	375	**310**	2.900	4.450	**3.100**
Recklinghausen	120	435	**220**	160	280	**230**	1.600	2.400	**1.800**
Regensburg	300	1.300	**770**	385	750	**630**	3.700	5.400	**4.600**
Remscheid	120	280	**190**	170	260	**225**	1.800	3.000	**2.200**
Reutlingen	280	450	**380**	280	350	**330**	2.800	4.000	**3.300**
Rostock	180	300	**200**	200	285	**250**	2.100	3.800	**3.000**
Saarbrücken	150	300	**250**	250	370	**300**	2.400	3.300	**2.600**
Solingen	190	320	**260**	230	310	**250**	1.700	2.740	**2.370**
Trier	220	360	**340**	340	390	**380**	2.800	3.800	**3.350**
Ulm	200	510	**320**	360	500	**420**	2.900	6.500	**4.000**
Wiesbaden	600	1.500	**900**	360	420	**380**	3.100	4.500	**3.300**
Wolfsburg	85	200	**130**	200	350	**280**	2.200	3.200	**2.500**
Wuppertal	120	450	**240**	160	300	**240**	2.500	5.000	**3.750**
Würzburg	200	500	**380**	300	500	**400**	2.900	4.100	**3.500**

6.2.2 LBS-Preisspiegel 2016, Gebrauchtwohnungsmarkt

Quelle: LBS Bausparkasse der Sparkassen, Markt für Wohnimmobilien 2016, Daten, Fakten, Trends

Segment: Eigenheime, Reiheneigenheime, Eigentumswohnungen (Städte ab 100.000 Einwohner)

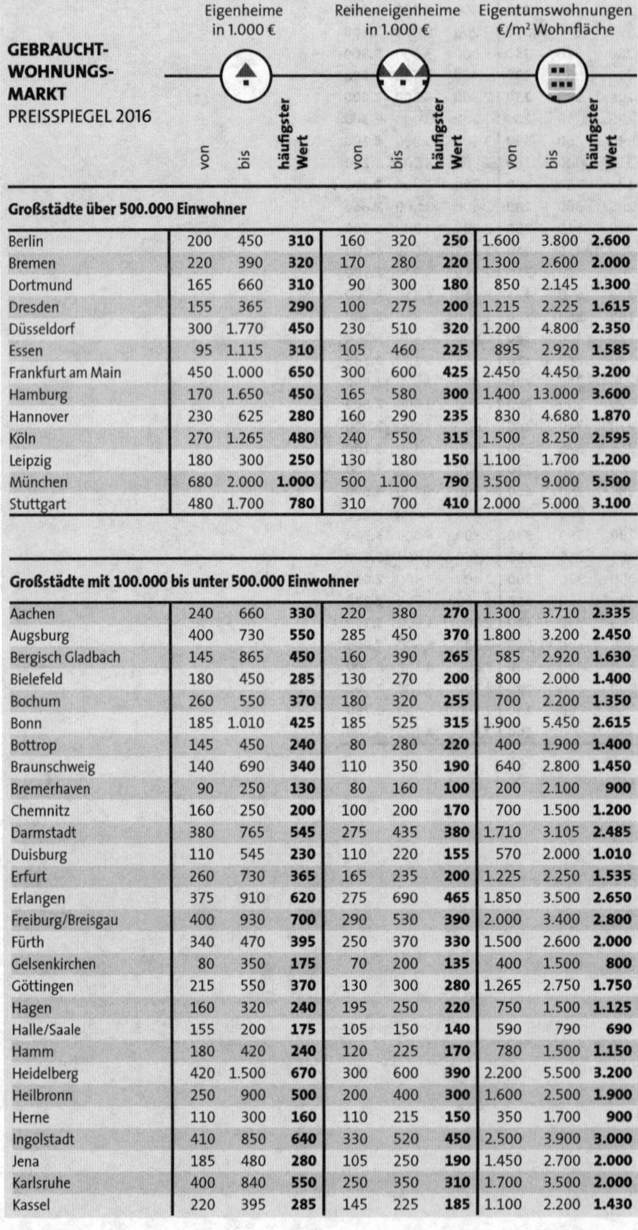

GEBRAUCHT-WOHNUNGS-MARKT PREISSPIEGEL 2016	Eigenheime in 1.000 €			Reiheneigenheime in 1.000 €			Eigentumswohnungen €/m² Wohnfläche		
	von	bis	**häufigster Wert**	von	bis	**häufigster Wert**	von	bis	**häufigster Wert**
Großstädte über 500.000 Einwohner									
Berlin	200	450	**310**	160	320	**250**	1.600	3.800	**2.600**
Bremen	220	390	**320**	170	280	**220**	1.300	2.600	**2.000**
Dortmund	165	660	**310**	90	300	**180**	850	2.145	**1.300**
Dresden	155	365	**290**	100	275	**200**	1.215	2.225	**1.615**
Düsseldorf	300	1.770	**450**	230	510	**320**	1.200	4.800	**2.350**
Essen	95	1.115	**310**	105	460	**225**	895	2.920	**1.585**
Frankfurt am Main	450	1.000	**650**	300	600	**425**	2.450	4.450	**3.200**
Hamburg	170	1.650	**450**	165	580	**300**	1.400	13.000	**3.600**
Hannover	230	625	**280**	160	290	**235**	830	4.680	**1.870**
Köln	270	1.265	**480**	240	550	**315**	1.500	8.250	**2.595**
Leipzig	180	300	**250**	130	180	**150**	1.100	1.700	**1.200**
München	680	2.000	**1.000**	500	1.100	**790**	3.500	9.000	**5.500**
Stuttgart	480	1.700	**780**	310	700	**410**	2.000	5.000	**3.100**
Großstädte mit 100.000 bis unter 500.000 Einwohner									
Aachen	240	660	**330**	220	380	**270**	1.300	3.710	**2.335**
Augsburg	400	730	**550**	285	450	**370**	1.800	3.200	**2.450**
Bergisch Gladbach	145	865	**450**	160	390	**265**	585	2.920	**1.630**
Bielefeld	180	450	**285**	130	270	**200**	800	2.000	**1.400**
Bochum	260	550	**370**	180	320	**255**	700	2.200	**1.350**
Bonn	185	1.010	**425**	185	525	**315**	1.900	5.450	**2.615**
Bottrop	145	450	**240**	80	280	**220**	400	1.900	**1.400**
Braunschweig	140	690	**340**	110	350	**190**	640	2.800	**1.450**
Bremerhaven	90	250	**130**	80	160	**100**	200	2.100	**900**
Chemnitz	160	250	**200**	100	200	**170**	700	1.500	**1.200**
Darmstadt	380	765	**545**	275	435	**380**	1.710	3.105	**2.485**
Duisburg	110	545	**230**	110	220	**155**	570	2.000	**1.010**
Erfurt	260	730	**365**	165	235	**200**	1.225	2.250	**1.535**
Erlangen	375	910	**620**	275	690	**465**	1.850	3.500	**2.650**
Freiburg/Breisgau	400	930	**700**	290	530	**390**	2.000	3.400	**2.800**
Fürth	340	470	**395**	250	370	**330**	1.500	2.600	**2.000**
Gelsenkirchen	80	350	**175**	70	200	**135**	400	1.500	**800**
Göttingen	215	550	**370**	130	300	**280**	1.265	2.750	**1.750**
Hagen	160	320	**240**	195	250	**220**	750	1.500	**1.125**
Halle/Saale	155	200	**175**	105	150	**140**	590	790	**690**
Hamm	180	420	**240**	120	225	**170**	780	1.500	**1.150**
Heidelberg	420	1.500	**670**	300	600	**390**	2.200	5.500	**3.200**
Heilbronn	250	900	**500**	200	400	**300**	1.600	2.500	**1.900**
Herne	110	300	**160**	110	215	**150**	350	1.700	**900**
Ingolstadt	410	850	**640**	330	520	**450**	2.500	3.900	**3.000**
Jena	185	480	**280**	105	250	**190**	1.450	2.700	**2.000**
Karlsruhe	400	840	**550**	250	350	**310**	1.700	3.500	**2.000**
Kassel	220	395	**285**	145	225	**185**	1.100	2.200	**1.430**

GEBRAUCHT-WOHNUNGS-MARKT
PREISSPIEGEL 2016

	Eigenheime in 1.000 €			Reiheneigenheime in 1.000 €			Eigentumswohnungen €/m² Wohnfläche		
	von	bis	**häufigster Wert**	von	bis	**häufigster Wert**	von	bis	**häufigster Wert**
Kiel	230	420	**300**	180	300	**240**	1.800	3.800	**2.300**
Koblenz	280	600	**320**	220	420	**280**	1.410	2.700	**2.000**
Krefeld	125	590	**290**	110	320	**220**	380	2.600	**1.250**
Leverkusen	260	700	**360**	220	280	**260**	800	2.500	**1.800**
Lübeck	200	480	**320**	170	280	**230**	1.100	5.000	**2.000**
Ludwigshafen am Rhein	280	480	**370**	150	280	**185**	1.000	2.100	**1.500**
Magdeburg	150	300	**200**	80	175	**145**	400	1.200	**800**
Mainz	400	900	**520**	310	450	**360**	1.900	2.800	**2.400**
Mannheim	350	720	**450**	220	300	**260**	1.200	2.400	**1.800**
Moers	190	590	**310**	100	250	**210**	550	1.900	**1.200**
Mönchengladbach	175	750	**300**	90	280	**185**	550	1.750	**1.200**
Mülheim an der Ruhr	210	630	**360**	160	330	**250**	850	2.450	**1.600**
Münster	210	690	**450**	240	440	**280**	1.815	5.000	**3.500**
Neuss	180	580	**340**	160	375	**290**	580	2.800	**1.500**
Nürnberg	300	700	**430**	275	500	**380**	1.900	4.200	**2.950**
Oberhausen	130	545	**300**	85	250	**175**	725	2.000	**1.100**
Offenbach am Main	320	480	**400**	230	370	**320**	1.750	2.500	**2.125**
Oldenburg/Oldenburg	175	325	**235**	100	185	**150**	1.090	1.850	**1.550**
Osnabrück	190	400	**290**	150	230	**180**	1.200	2.400	**2.150**
Paderborn	150	320	**220**	165	310	**200**	850	2.400	**1.900**
Pforzheim	300	650	**350**	210	280	**250**	1.300	2.200	**1.900**
Potsdam	275	475	**385**	210	295	**245**	1.900	3.500	**2.875**
Recklinghausen	140	450	**200**	110	275	**200**	840	1.700	**1.175**
Regensburg	400	1.100	**790**	350	830	**600**	2.700	4.000	**3.250**
Remscheid	120	520	**230**	100	310	**210**	450	1.870	**1.200**
Reutlingen	320	650	**420**	130	250	**170**	1.400	2.300	**1.900**
Rostock	275	385	**325**	170	250	**230**	1.400	2.200	**1.900**
Saarbrücken	200	320	**230**	160	250	**180**	900	1.500	**1.200**
Solingen	160	460	**280**	130	360	**230**	700	2.410	**1.090**
Trier	220	620	**330**	200	300	**260**	1.450	2.500	**2.050**
Ulm	450	600	**500**	300	480	**390**	1.900	3.900	**2.900**
Wiesbaden	600	900	**750**	300	400	**340**	2.000	3.300	**2.800**
Wolfsburg	105	420	**280**	120	300	**230**	1.000	3.000	**1.430**
Wuppertal	190	400	**260**	160	260	**215**	800	2.000	**1.100**
Würzburg	270	650	**450**	290	390	**330**	2.200	3.500	**2.700**

6

6.3 vdp-Immobilienpreisindizes

Quelle: vdpResearch GmbH, http://www.vdpresearch.de/vdp-immobilienpreisindizes

Erläuterungen

Die von der vdpResearch GmbH berechneten und durch den Verband deutscher Pfandbriefbanken e.V. (vdp) veröffentlichten Immobilienpreisindizes messen quartalsweise auf der bundesweiten Ebene die zeitliche Entwicklung der Immobilienpreise in Deutschland. Datengrundlage für die Berechnung der vdp-Immobilienpreisindizes ist die im Jahr 2004 durch ein Projekt des vdp gegründete Transaktionsdatenbank, welche mittlerweile von mehr als 580 Bankinstituten quartalsweise mit Daten aus ihrem Kreditgeschäft gefüllt wird. Die Transaktionsdatenbank wurde im Zuge der Gründung der vdpResearch GmbH als 100%-Tochter des vdp Ende des Jahres 2008 auf diese übertragen und enthält Angaben zu Immobilientransaktionen seit 2003.

Die Indizes werden im Rahmen eines Vertragsverhältnisses zwischen der vdpResearch GmbH, dem Verband der deutschen Pfandbriefbanken und den für die Indexberechnung Daten bereitstellenden Instituten erstellt und veröffentlicht.

Nachfolgende Abbildung stellt den inhaltlichen Aufbau der vdp-Immobilienpreisindizes von den originären Indizes, welche direkt auf den Transaktionsdaten der Datenbank basieren, und den aus ihnen abgeleiteten Indizes schematisch dar.

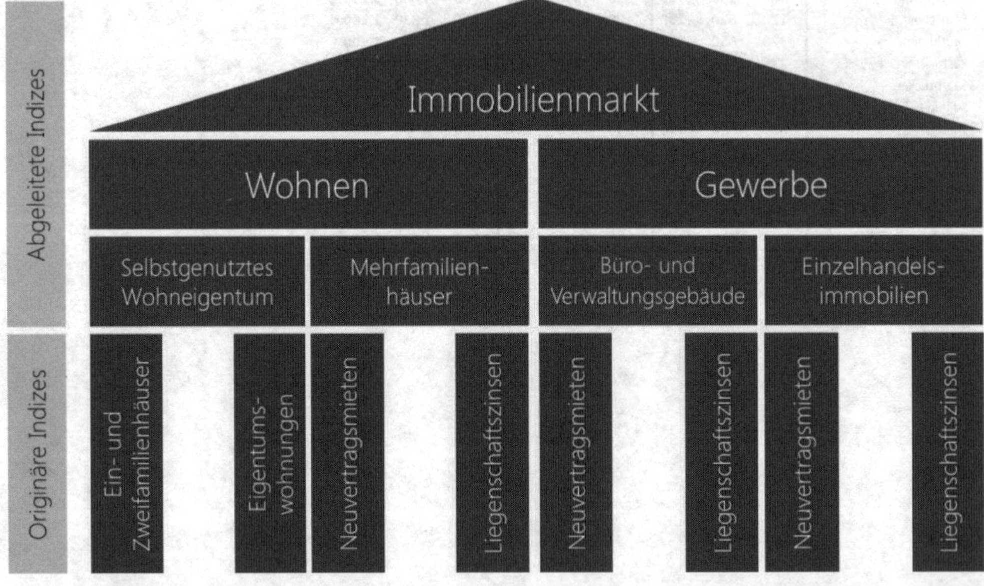

- Der vdp-Immobilienpreisindex ist ein zusammengesetzter Indikator, der die Entwicklung auf dem deutschen Immobilienmarkt insgesamt abbildet. Er setzt sich zusammen aus den Preisindizes für die beiden Marktsegmente Wohnen und Gewerbe.
- Der vdp-Preisindex Wohnen bildet die Preisentwicklung im wohnwirtschaftlichen Bereich des deutschen Immobilienmarkts ab. Er setzt sich zusammen aus dem vdp-

Preisindex für selbst genutztes Wohneigentum sowie dem vdp-Kapitalwertindex für Mehrfamilienhäuser.

- Der vdp-Preisindex Gewerbe bildet die Entwicklung der Preise auf den gewerblichen Immobilienmarktsegmenten ab und setzt sich zusammen aus dem vdp-Kapitalwertindex für Büro- und Verwaltungsgebäude sowie aus dem vdp-Kapitalwertindex für Einzelhandelsimmobilien.
- Der vdp-Preisindex für selbst genutztes Wohneigentum misst die Entwicklung der Werte für selbst genutztes Wohneigentum in Deutschland. Der Index setzt sich aus dem vdp-Preisindex für Ein- und Zweifamilienhäuser sowie dem vdp-Preisindex für Eigentumswohnungen zusammen.
- Der vdp-Kapitalwertindex für Mehrfamilienhäuser misst die Entwicklung der Werte für Mehrfamilienhäuser in Deutschland. Der Index setzt sich aus einem vdp-Mietindex der Neuvertragsmieten für Wohnflächen sowie dem vdp-Liegenschaftszinssatzindex für Mehrfamilienhäuser zusammen.
- Der vdp-Kapitalwertindex für Büroimmobilien misst die Entwicklung der Werte für Büroimmobilien in Deutschland. Der Index setzt sich aus einem vdp-Mietindex der Neuvertragsmieten für Nutzflächen in Büro- und Verwaltungsgebäuden sowie dem vdp-Liegenschaftszinssatzindex für Büro- und Verwaltungsgebäude zusammen.
- Der vdp-Kapitalwertindex für Einzelhandelsimmobilien misst die Entwicklung der Werte für Einzelhandelsimmobilien in Deutschland. Der Index setzt sich aus einem vdp-Mietindex der Neuvertragsmieten für Nutzflächen in Einzelhandelsimmobilien sowie dem vdp-Liegenschaftszinssatzindex für Einzelhandelsimmobilien zusammen.

Alle originären Indizes werden unter Verwendung hedonischer Verfahren ermittelt. Dieser Ansatz findet eine weitreichende Anwendung bei der Messung von Preisänderungen von heterogenen Gütern, die große Differenzen hinsichtlich ihrer Qualität aufweisen und bei denen traditionelle Verfahren der Preismessung ungeeignet sind. Dies trifft im Besonderen für Immobilien zu, da gerade hier große Differenzen in der Qualität der einzelnen Objekte zu beobachten sind. Das hedonische Verfahren kontrolliert explizit die Unterschiede in der Qualität der einzelnen Immobilien wie z.B. Größe, Alter oder Lage, um einen fehlerhaften Einfluss auf die ermittelten Indexwerte zu vermeiden.

Mit den vdp-Immobilienpreisindizes lässt sich die Preisentwicklung der wichtigsten Immobilienmarktsegmente in Deutschland abbilden. Die Indizes spiegeln knapp 90 Prozent der Umsätze auf dem deutschen Immobilienmarkt wider und liefern so einen Beitrag zur Erhöhung der Markttransparenz auf dem deutschen Immobilienmarkt.

6.3.1 vdp Indizes für selbst genutztes Wohnungseigentum

Quelle: vdpResearch GmbH, www.pfandbrief.de

Jahres- und Quartalswerte

		Selbst genutztes Wohneigentum insgesamt	Eigenheime	Eigentumswohnungen	Selbst genutztes Wohneigentum insgesamt	Eigenheime	Eigentumswohnungen
		Owner Occupied Housing	Single Family Houses	Condominiums	Owner Occupied Housing	Single Family Houses	Condominiums
		Indizes / *Indices* (2003=100)			Veränderung gegenüber Vorjahr in % / *y-o-y change in %*		
2003	JD	100,0	100,0	100,0			
2004	JD	100,7	100,6	100,7	0,7	0,6	0,7
2005	JD	104,3	104,2	104,7	3,6	3,6	4,0
2006	JD	104,5	104,5	104,4	0,2	0,3	-0,3
2007	JD	104,3	104,2	104,3	-0,2	-0,3	-0,1
2008	JD	107,4	108,7	103,7	3,0	4,3	-0,6
2009	JD	106,9	107,3	105,8	-0,5	-1,3	2,0
2010	JD	107,5	108,0	106,0	0,6	0,7	0,2
2011	JD	110,2	110,2	110,5	2,5	2,0	4,2
2012	JD	113,6	113,2	114,8	3,1	2,7	3,9
2013	JD	117,2	116,1	120,4	3,2	2,6	4,9
2014	JD	120,9	119,7	124,0	3,2	3,1	3,0
2015	JD	126,3	125,4	128,9	4,5	4,8	4,0
2016	JD	133,9	132,7	137,3	6,0	5,8	6,5
					Veränderung gegenüber Vorjahresquartal in % / *y-o-y change in %*		
2003	1	100,4	100,6	99,7			
2003	2	99,7	100,1	98,7			
2003	3	99,6	99,3	100,6			
2003	4	100,2	99,9	100,9			
2004	1	100,1	100,0	100,1	-0,3	-0,6	0,4
2004	2	100,7	100,9	100,4	1,0	0,8	1,7
2004	3	100,6	100,3	101,3	1,0	1,0	0,7
2004	4	101,3	101,3	101,1	1,1	1,4	0,2
2005	1	105,0	104,9	105,1	4,9	4,9	5,0
2005	2	103,5	102,9	105,2	2,8	2,0	4,8
2005	3	104,7	105,1	103,5	4,1	4,8	2,2
2005	4	104,0	103,7	104,9	2,7	2,4	3,8
2006	1	103,2	103,0	103,7	-1,7	-1,8	-1,3
2006	2	104,6	104,8	104,2	1,1	1,8	-1,0
2006	3	105,6	105,6	105,7	0,9	0,5	2,1
2006	4	104,5	104,6	104,2	0,5	0,9	-0,7
2007	1	103,9	104,1	103,4	0,7	1,1	-0,3
2007	2	103,8	103,9	103,8	-0,8	-0,9	-0,4
2007	3	104,5	104,5	104,5	-1,0	-1,0	-1,1
2007	4	104,7	104,5	105,4	0,2	-0,1	1,2

		Selbst genutztes Wohneigentum insgesamt	Eigenheime	Eigentumswohnungen	Selbst genutztes Wohneigentum insgesamt	Eigenheime	Eigentumswohnungen
		Owner Occupied Housing	Single Family Houses	Condominiums	Owner Occupied Housing	Single Family Houses	Condominiums
		Indizes / *Indices* (2003=100)			Veränderung gegenüber Vorjahr in % / *y-o-y change in %*		
2008	1	106,9	107,4	105,4	2,9	3,2	1,9
2008	2	107,7	108,8	104,8	3,8	4,7	1,0
2008	3	107,1	109,0	101,7	2,5	4,3	-2,7
2008	4	107,8	109,6	102,9	3,0	4,9	-2,4
2009	1	107,6	108,8	104,4	0,7	1,3	-0,9
2009	2	106,5	106,8	105,6	-1,1	-1,8	0,8
2009	3	106,5	106,8	105,8	-0,6	-2,0	4,0
2009	4	107,0	106,9	107,3	-0,7	-2,5	4,3
2010	1	106,0	106,2	105,6	-1,5	-2,4	1,1
2010	2	107,2	108,0	105,0	0,7	1,1	-0,6
2010	3	108,0	109,0	105,5	1,4	2,1	-0,3
2010	4	108,6	109,0	107,7	1,5	2,0	0,4
2011	1	109,3	109,3	109,1	3,1	2,9	3,3
2011	2	109,7	109,4	110,6	2,3	1,3	5,3
2011	3	110,9	110,9	111,0	2,7	1,7	5,2
2011	4	111,1	111,0	111,2	2,3	1,8	3,2
2012	1	112,0	112,1	111,8	2,5	2,6	2,5
2012	2	113,5	113,3	114,0	3,5	3,6	3,1
2012	3	113,9	113,4	115,5	2,7	2,3	4,1
2012	4	114,9	113,9	117,7	3,4	2,6	5,8
2013	1	115,8	114,9	118,2	3,4	2,5	5,7
2013	2	117,2	115,9	120,8	3,3	2,3	6,0
2013	3	118,2	117,2	121,0	3,8	3,4	4,8
2013	4	117,7	116,4	121,4	2,4	2,2	3,1
2014	1	118,6	117,0	123,0	2,4	1,8	4,1
2014	2	120,1	118,9	123,5	2,5	2,6	2,2
2014	3	121,9	121,1	124,1	3,1	3,3	2,6
2014	4	122,8	121,9	125,4	4,3	4,7	3,3
2015	1	124,5	123,8	126,5	5,0	5,8	2,8
2015	2	125,4	124,6	127,7	4,4	4,8	3,4
2015	3	127,2	126,3	129,6	4,3	4,3	4,4
2015	4	128,2	126,8	131,9	4,4	4,0	5,2
2016	1	130,4	129,2	133,7	4,7	4,4	5,7
2016	2	133,3	132,0	137,0	6,3	5,9	7,3
2016	3	135,3	134,5	137,4	6,4	6,5	6,0
2016	4	136,6	135,0	141,2	6,6	6,5	7,1

JD = Jahresdurchschnitt / *yearly average*

Berechnungen auf Basis der Transaktionsdatenbank der vdpResearch — Stand: Februar 2017

Calculations based on vdpResearch transaction database — as of February 2017

6

6.3.2 vdp Indizes für Mehrfamilienhäuser

Quelle: *vdpResearch GmbH, www.pfandbrief.de*

Jahres- und Quartalswerte

		Kapitalwert	Neuvertragsmieten	Liegenschaftszinssatz	Kapitalwert	Neuvertragsmieten	Liegenschaftszinssatz
		Capital Value	Residential Rents	Cap Rate	Capital Value	Residential Rents	Cap Rate
		Indizes / *Indices* (2003=100)			Veränderung gegenüber Vorjahr in % / *y-o-y change in %*		
2003	JD	100,0	100,0	100,0			
2004	JD	99,4	100,4	101,1	-0,6	0,4	1,1
2005	JD	98,4	100,9	102,6	-1,1	0,4	1,4
2006	JD	98,2	101,9	103,8	-0,2	1,0	1,2
2007	JD	101,5	103,6	102,1	3,4	1,7	-1,6
2008	JD	102,3	104,5	102,2	0,8	0,9	0,1
2009	JD	101,3	105,3	104,0	-1,0	0,8	1,8
2010	JD	101,8	106,9	104,9	0,5	1,5	0,9
2011	JD	104,9	109,1	104,0	3,0	2,1	-0,9
2012	JD	110,0	112,1	101,9	4,9	2,7	-2,0
2013	JD	115,2	116,8	101,4	4,7	4,2	-0,5
2014	JD	123,1	122,4	99,5	6,9	4,8	-1,9
2015	JD	132,0	127,1	96,3	7,2	3,8	-3,2
2016	JD	141,1	132,2	93,5	7,1	4,0	-2,9
					Veränderung gegenüber Vorjahresquartal in % / *y-o-y change in %*		
2003	1	100,6	99,4	98,8			
2003	2	99,9	100,3	100,4			
2003	3	100,0	100,1	100,1			
2003	4	99,5	100,1	100,6			
2004	1	99,6	100,2	100,6	-1,0	0,8	1,8
2004	2	99,8	100,3	100,6	-0,1	0,0	0,2
2004	3	99,9	100,5	100,6	-0,1	0,4	0,5
2004	4	98,2	100,6	102,4	-1,3	0,5	1,8
2005	1	98,2	100,7	102,6	-1,4	0,5	2,0
2005	2	97,5	100,8	103,4	-2,3	0,5	2,8
2005	3	98,7	100,9	102,2	-1,2	0,4	1,6
2005	4	99,0	101,0	102,0	0,8	0,4	-0,4
2006	1	98,0	101,2	103,3	-0,2	0,5	0,7
2006	2	98,5	101,7	103,3	1,0	0,9	-0,1
2006	3	97,0	102,2	105,4	-1,7	1,3	3,1
2006	4	99,3	102,6	103,3	0,3	1,6	1,3
2007	1	101,0	103,1	102,1	3,1	1,9	-1,2
2007	2	101,3	103,4	102,1	2,8	1,7	-1,2
2007	3	100,7	103,8	103,1	3,8	1,6	-2,2
2007	4	103,1	104,1	101,0	3,8	1,5	-2,2
2008	1	102,6	104,3	101,7	1,6	1,2	-0,4
2008	2	101,8	104,4	102,6	0,5	1,0	0,5

		Kapitalwert	Neuvertrags-mieten	Liegen-schafts-zinssatz	Kapitalwert	Neuvertragsmie-ten	Liegenschaftszinssatz
		Capital Value	Residential Rents	Cap Rate	Capital Value	Residential Rents	Cap Rate
		Indizes / *Indices* (2003=100)			Veränderung gegenüber Vorjahr in % / *y-o-y change in %*		
2008	3	102,6	104,5	101,9	1,9	0,7	-1,2
2008	4	102,0	104,6	102,5	-1,1	0,5	1,5
2009	1	100,7	104,8	104,1	-1,9	0,5	2,4
2009	2	101,4	105,1	103,7	-0,4	0,7	1,1
2009	3	101,6	105,5	103,7	-1,0	1,0	1,8
2009	4	101,4	105,8	104,3	-0,6	1,1	1,8
2010	1	101,8	106,2	104,3	1,1	1,3	0,2
2010	2	101,4	106,6	105,1	0,0	1,4	1,4
2010	3	101,8	107,1	105,2	0,2	1,5	1,4
2010	4	102,3	107,6	105,1	0,9	1,7	0,8
2011	1	102,4	108,1	105,6	0,6	1,8	1,2
2011	2	103,2	108,8	105,3	1,8	2,1	0,2
2011	3	106,7	109,4	102,5	4,8	2,1	-2,6
2011	4	107,4	110,0	102,4	5,0	2,2	-2,6
2012	1	108,9	110,5	101,5	6,3	2,2	-3,9
2012	2	108,7	111,1	102,2	5,3	2,1	-2,9
2012	3	109,8	112,2	102,2	2,9	2,6	-0,3
2012	4	112,4	114,4	101,8	4,7	4,0	-0,6
2013	1	112,9	115,2	102,0	3,7	4,3	0,5
2013	2	114,0	116,2	101,9	4,9	4,6	-0,3
2013	3	116,5	118,0	101,3	6,1	5,2	-0,9
2013	4	117,3	117,7	100,3	4,4	2,9	-1,5
2014	1	119,5	120,2	100,6	5,8	4,3	-1,4
2014	2	122,0	122,0	100,0	7,0	5,0	-1,9
2014	3	124,9	123,4	98,8	7,2	4,6	-2,5
2014	4	125,8	123,9	98,5	7,2	5,3	-1,8
2015	1	127,6	125,2	98,1	6,8	4,2	-2,5
2015	2	131,3	126,4	96,3	7,6	3,6	-3,7
2015	3	133,5	128,0	95,9	6,9	3,7	-2,9
2015	4	135,6	128,8	95,0	7,8	4,0	-3,6
2016	1	137,8	130,2	94,5	8,0	4,0	-3,7
2016	2	141,1	132,1	93,6	7,5	4,5	-2,8
2016	3	143,0	133,1	93,1	7,1	4,0	-2,9
2016	4	143,5	133,3	92,9	5,8	3,5	-2,2

Der Mietindex bezieht sich auf die Nettokaltmiete in Euro pro m^2 Wohnfläche. *Residential rents: Net rent in Euro per m^2.*
Der ausgewiesene Liegenschaftszinssatz ist ein empirischer Liegenschaftszinssatz. Der Zinssatz entspricht hier dem Verhältnis aus dem Reinertrag und dem Kaufpreis (ohne Kaufnebenkosten) für neuwertige Objekte mit ähnlicher Restnutzungsdauer.
Cap rate as ratio between net rent and transaction price for new buildings with similar remaining useful life.
JD = Jahresdurchschnitt / *yearly average*
Berechnungen auf Basis der Transaktionsdatenbank der vdpResearch Stand: Februar 2017
Calculations based on vdpResearch transaction database as of February 2017

6.3.3 vdp Indizes für Büroimmobilien

Quelle: *vdpResearch GmbH, www.pfandbrief.de*

Jahres- und Quartalswerte

		Kapitalwert	Büromieten	Liegen-schafts-zinssatz	Kapitalwert	Büromieten	Liegenschaftszinssatz
		Capital Value	Office Rents	Cap Rate	Capital Value	Office Rents	Cap Rate
		Indizes / *Indices* (2003=100)			Veränderung gegenüber Vorjahr in % / *y-o-y change in %*		
2003	JD	100,0	100,0	100,0			
2004	JD	92,4	96,8	104,8	-7,6	-3,2	4,8
2005	JD	92,4	96,0	103,9	0,0	-0,8	-0,9
2006	JD	111,7	97,3	87,1	20,9	1,4	-16,2
2007	JD	115,0	99,1	86,2	3,0	1,8	-1,0
2008	JD	114,4	99,7	87,3	-0,5	0,6	1,3
2009	JD	105,9	96,6	91,2	-7,4	-3,1	4,5
2010	JD	106,7	98,4	92,3	0,8	1,9	1,2
2011	JD	110,5	98,7	89,3	3,6	0,3	-3,3
2012	JD	117,2	102,0	87,1	6,1	3,3	-2,5
2013	JD	124,1	104,8	84,5	5,9	2,7	-3,0
2014	JD	128,9	106,3	82,5	3,9	1,4	-2,4
2015	JD	131,1	106,9	81,6	1,7	0,6	-1,1
2016	JD	141,2	110,4	78,2	7,7	3,2	-4,2
					Veränderung gegenüber Vorjahresquartal in % / *y-o-y change in %*		
2008	1	117,4	97,7	83,2			
2008	2	118,0	100,4	85,1			
2008	3	112,8	101,6	90,1			
2008	4	109,3	99,1	90,7			
2009	1	104,6	95,0	90,8	-10,9	-2,8	9,1
2009	2	106,8	96,8	90,6	-9,5	-3,6	6,5
2009	3	104,5	97,1	92,9	-7,4	-4,4	3,1
2009	4	107,6	97,4	90,5	-1,6	-1,7	-0,2
2010	1	103,4	97,1	93,9	-1,1	2,2	3,4
2010	2	107,9	100,2	92,9	1,0	3,5	2,5
2010	3	105,1	99,5	94,7	0,6	2,5	1,9
2010	4	110,4	96,9	87,8	2,6	-0,5	-3,0

		Kapitalwert	Büromieten	Liegen-schafts-zinssatz	Kapitalwert	Büromieten	Liegenschaftszinssatz
		Capital Value	Office Rents	Cap Rate	Capital Value	Office Rents	Cap Rate
		Indizes / *Indices* (2003=100)			Veränderung gegenüber Vorjahr in % / *y-o-y change in %*		
2011	1	105,9	96,9	91,5	2,4	-0,2	-2,6
2011	2	110,2	98,2	89,1	2,1	-2,0	-4,1
2011	3	111,2	99,2	89,2	5,8	-0,3	-5,8
2011	4	114,8	100,3	87,4	4,0	3,5	-0,5
2012	1	115,2	100,7	87,4	8,8	3,9	-4,5
2012	2	116,6	101,9	87,4	5,8	3,8	-1,9
2012	3	116,8	102,1	87,4	5,0	2,9	-2,0
2012	4	120,0	103,2	86,0	4,5	2,9	-1,6
2013	1	121,2	104,2	86,0	5,2	3,5	-1,6
2013	2	123,1	104,3	84,7	5,6	2,4	-3,1
2013	3	124,9	104,4	83,6	6,9	2,3	-4,3
2013	4	127,1	106,1	83,5	5,9	2,8	-2,9
2014	1	127,2	106,2	83,5	5,0	1,9	-2,9
2014	2	129,3	106,3	82,2	5,0	1,9	-3,0
2014	3	129,5	106,3	82,1	3,7	1,8	-1,8
2014	4	129,5	106,3	82,1	1,9	0,2	-1,7
2015	1	129,8	106,4	82,0	2,0	0,2	-1,8
2015	2	130,3	106,6	81,8	0,8	0,3	-0,5
2015	3	130,8	106,9	81,7	1,0	0,6	-0,5
2015	4	133,4	107,9	80,9	3,0	1,5	-1,5
2016	1	136,3	108,9	79,9	5,0	2,3	-2,6
2016	2	140,0	109,6	78,3	7,4	2,8	-4,3
2016	3	141,7	110,4	77,9	8,3	3,3	-4,7
2016	4	146,9	112,5	76,6	10,1	4,3	-5,3

Der Mietindex bezieht sich auf die Nettokaltmiete in Euro pro m^2 Nutzfläche. *Office rents: Net rent in Euro per m^2.*

Der ausgewiesene Liegenschaftszinssatz ist ein empirischer Liegenschaftszinssatz. Der Zinssatz entspricht hier dem Verhältnis aus dem Reinertrag und dem Kaufpreis (ohne Kaufnebenkosten) für neuwertige Objekte mit ähnlicher Restnutzungsdauer.
Cap rate as ratio between net rent and transaction price for new buildings with similar remaining useful life.
JD = Jahresdurchschnitt / *yearly average*
Berechnungen auf Basis der Transaktionsdatenbank der vdpResearch
Calculations based on vdpResearch transaction database
Stand: Februar 2017
as of February 2017

6

6.3.4 vdp Indizes für Einzelhandelsimmobilien

Quelle: vdpResearch GmbH, www.pfandbrief.de

Jahres- und Quartalswerte

		Kapitalwert	Neuver-tragsmieten	Liegen-schafts-zins-satz	Kapitalwert	Neuvertrags-mieten	Liegenschaftszinssatz
		Capital Value	Retail Rents	Cap Rate	Capital Value	Retail Rents	Cap Rate
		Indizes / *Indices* (2003=100)			Veränderung gegenüber Vorjahr in % / *y-o-y change in %*		
2003	JD	100,0	100,0	100,0			
2004	JD	98,0	100,9	103,0	-2,0	0,9	3,0
2005	JD	95,9	101,6	105,9	-2,1	0,7	2,8
2006	JD	98,3	101,7	103,5	2,5	0,1	-2,3
2007	JD	97,2	101,4	104,3	-1,1	-0,3	0,8
2008	JD	94,9	101,8	107,3	-2,4	0,4	2,9
2009	JD	93,0	102,5	110,2	-2,0	0,7	2,7
2010	JD	92,9	102,7	110,5	-0,1	0,2	0,3
2011	JD	93,4	103,2	110,5	0,5	0,5	0,0
2012	JD	91,9	103,9	113,0	-1,6	0,7	2,3
2013	JD	94,1	105,5	112,1	2,4	1,5	-0,8
2014	JD	97,7	106,6	109,1	3,8	1,0	-2,7
2015	JD	100,3	107,1	106,8	2,7	0,5	-2,1
2016	JD	102,8	107,9	105,0	2,5	0,7	-1,7
					Veränderung gegenüber Vorjahresquartal in % / *y-o-y change in %*		
2003	1	99,6	99,9	100,3			
2003	2	100,6	99,9	99,3			
2003	3	100,6	100,1	99,5			
2003	4	99,4	100,2	100,8			
2004	1	98,2	100,4	102,2	-1,4	0,5	1,9
2004	2	97,9	100,7	102,9	-2,7	0,8	3,6
2004	3	98,3	101,1	102,8	-2,3	1,0	3,3
2004	4	97,5	101,3	103,9	-1,9	1,1	3,1
2005	1	96,8	101,5	104,9	-1,4	1,1	2,6
2005	2	95,5	101,5	106,3	-2,5	0,8	3,3
2005	3	95,5	101,6	106,4	-2,8	0,5	3,5
2005	4	95,9	101,7	106,0	-1,6	0,4	2,0
2006	1	97,1	101,8	104,8	0,3	0,3	-0,1
2006	2	98,0	101,8	103,9	2,6	0,3	-2,3
2006	3	98,7	101,8	103,1	3,4	0,2	-3,1
2006	4	99,5	101,6	102,1	3,8	-0,1	-3,7
2007	1	98,0	101,5	103,6	0,9	-0,3	-1,1
2007	2	97,5	101,4	104,0	-0,5	-0,4	0,1
2007	3	97,1	101,4	104,4	-1,6	-0,4	1,3
2007	4	96,6	101,4	105,0	-2,9	-0,2	2,8
2008	1	95,0	101,6	107,0	-3,1	0,1	3,3
2008	2	95,3	101,8	106,8	-2,3	0,4	2,7

		Kapitalwert	Neuver-tragsmieten	Liegen-schafts-zins-satz	Kapitalwert	Neuvertrags-mieten	Liegenschaftszinssatz
		Capital Value	Retail Rents	Cap Rate	Capital Value	Retail Rents	Cap Rate
		Indizes / *Indices* (2003=100)			Veränderung gegenüber Vorjahr in % / *y-o-y change in %*		
2008	3	95,1	101,9	107,2	-2,1	0,5	2,7
2008	4	94,2	102,0	108,3	-2,5	0,6	3,1
2009	1	93,9	102,2	108,8	-1,2	0,6	1,7
2009	2	92,9	102,5	110,3	-2,5	0,7	3,3
2009	3	92,2	102,8	111,5	-3,0	0,9	4,0
2009	4	93,0	102,7	110,4	-1,3	0,7	1,9
2010	1	92,4	102,7	111,1	-1,6	0,5	2,1
2010	2	92,7	102,6	110,7	-0,2	0,1	0,4
2010	3	93,1	102,7	110,3	1,0	-0,1	-1,1
2010	4	93,3	102,8	110,2	0,3	0,1	-0,2
2011	1	93,3	103,0	110,4	1,0	0,3	-0,6
2011	2	94,0	103,3	109,9	1,4	0,7	-0,7
2011	3	93,5	103,3	110,5	0,4	0,6	0,2
2011	4	92,8	103,3	111,3	-0,5	0,5	1,0
2012	1	91,9	103,5	112,6	-1,5	0,5	2,0
2012	2	91,7	103,6	113,0	-2,4	0,3	2,8
2012	3	92,1	104,1	113,0	-1,5	0,8	2,3
2012	4	92,2	104,6	113,5	-0,6	1,3	2,0
2013	1	92,9	105,0	113,0	1,1	1,4	0,4
2013	2	93,6	105,5	112,7	2,1	1,8	-0,3
2013	3	94,4	105,7	112,0	2,5	1,5	-0,9
2013	4	95,6	106,1	111,0	3,7	1,4	-2,2
2014	1	96,5	106,2	110,1	3,9	1,1	-2,6
2014	2	97,4	106,3	109,1	4,1	0,8	-3,2
2014	3	98,1	106,9	109,0	3,9	1,1	-2,7
2014	4	98,8	106,8	108,1	3,3	0,7	-2,6
2015	1	99,3	106,9	107,6	2,9	0,7	-2,3
2015	2	100,3	107,0	106,6	3,0	0,7	-2,3
2015	3	100,6	107,2	106,5	2,5	0,3	-2,3
2015	4	100,8	107,3	106,4	2,0	0,5	-1,6
2016	1	100,8	107,3	106,4	1,5	0,4	-1,1
2016	2	102,9	108,0	104,9	2,6	0,9	-1,6
2016	3	103,3	107,9	104,4	2,7	0,7	-2,0
2016	4	103,9	108,2	104,1	3,1	0,8	-2,2

Der Mietindex bezieht sich auf die Nettokaltmiete in Euro pro m^2 Nutzfläche. *Retail rents: Net rent in Euro per m^2.*

Der ausgewiesene Liegenschaftszinssatz ist ein empirischer Liegenschaftszinssatz. Der Zinssatz entspricht hier dem Verhältnis aus dem Reinertrag und dem Kaufpreis (ohne Kaufnebenkosten) für neuwertige Objekte mit ähnlicher Restnutzungsdauer.
Cap rate as ratio between net rent and transaction price for new buildings with similar remaining useful life.
JD = Jahresdurchschnitt / *yearly average*
Berechnungen auf Basis der Transaktionsdatenbank der vdpResearch Stand: Februar 2017
Calculations based on vdpResearch transaction database as of February 2017

6.3.5 vdp Immobilienpreisindizes (Gesamtindizes)

Quelle: vdpResearch GmbH, www.pfandbrief.de

Jahres- und Quartalswerte

		Wohnen	Gewerbe	Gesamtindex	Wohnen	Gewerbe	Gesamtindex
		Residential	Commercial	Overall Index	Residential	Commercial	Overall Index
		Indizes / *Indices* (2003=100)			Veränderung gegenüber Vorjahr in % / *y-o-y change in %*		
2003	JD	100,0	100,0	100,0			
2004	JD	100,0	94,6	98,7	0,0	-5,4	-1,3
2005	JD	101,2	93,8	99,4	1,2	-0,8	0,7
2006	JD	101,3	106,3	102,5	0,1	13,3	3,1
2007	JD	102,9	107,9	104,1	1,6	1,5	1,6
2008	JD	104,8	106,6	105,2	1,8	-1,2	1,1
2009	JD	104,0	100,8	103,2	-0,8	-5,4	-1,9
2010	JD	104,6	101,2	103,8	0,6	0,4	0,6
2011	JD	107,5	103,7	106,6	2,8	2,5	2,7
2012	JD	111,7	107,1	110,6	3,9	3,3	3,8
2013	JD	116,2	112,1	115,2	4,0	4,7	4,2
2014	JD	122,0	116,4	120,6	5,0	3,8	4,7
2015	JD	129,2	118,7	126,6	5,9	2,0	5,0
2016	JD	137,7	125,8	134,8	6,6	6,0	6,5
					Veränderung gegenüber Vorjahresquartal in % / *y-o-y change in %*		
2003	1	100,5					
2003	2	99,8					
2003	3	99,8					
2003	4	99,8					
2004	1	99,8			-0,7		
2004	2	100,2			0,4		
2004	3	100,2			0,4		
2004	4	99,7			-0,1		
2005	1	101,5			1,7		
2005	2	100,4			0,2		
2005	3	101,6			1,4		
2005	4	101,4			1,7		

		Wohnen	Gewerbe	Gesamtindex	Wohnen	Gewerbe	Gesamtindex
		Residential	Commercial	Overall Index	Residential	Commercial	Overall Index
		Indizes / *Indices* (2003=100)			Veränderung gegenüber Vorjahr in % / *y-o-y change in %*		
2006	1	100,5			-1,0		
2006	2	101,5			1,1		
2006	3	101,2			-0,4		
2006	4	101,8			0,4		
2007	1	102,4			1,9		
2007	2	102,5			1,0		
2007	3	102,6			1,4		
2007	4	103,9			2,1		
2008	1	104,7	108,4	105,6	2,2		
2008	2	104,7	108,9	105,7	2,1		
2008	3	104,8	105,7	105,0	2,1		
2008	4	104,8	103,3	104,4	0,9		
2009	1	104,1	100,3	103,2	-0,6	-7,5	-2,3
2009	2	103,9	101,3	103,3	-0,8	-7,0	-2,3
2009	3	104,0	99,6	102,9	-0,8	-5,8	-2,0
2009	4	104,1	101,8	103,5	-0,7	-1,5	-0,9
2010	1	103,8	99,0	102,6	-0,3	-1,3	-0,6
2010	2	104,2	101,8	103,6	0,3	0,5	0,3
2010	3	104,8	100,3	103,7	0,8	0,7	0,8
2010	4	105,4	103,6	105,0	1,2	1,8	1,4
2011	1	105,8	100,9	104,6	1,9	1,9	1,9
2011	2	106,4	103,7	105,7	2,1	1,9	2,0
2011	3	108,7	104,1	107,6	3,7	3,8	3,8
2011	4	109,2	106,0	108,4	3,6	2,3	3,2
2012	1	110,4	105,9	109,3	4,3	5,0	4,5
2012	2	111,0	106,6	109,9	4,3	2,8	4,0
2012	3	111,8	106,9	110,6	2,9	2,7	2,8
2012	4	113,6	108,9	112,4	4,0	2,7	3,7

6

		Wohnen	Gewerbe	Gesamtindex	Wohnen	Gewerbe	Gesamtindex
		Residential	Commercial	Overall Index	Residential	Commercial	Overall Index
		Indizes / *Indices* (2003=100)			Veränderung gegenüber Vorjahr in % / *y-o-y change in %*		
2013	1	114,3	109,9	113,2	3,5	3,8	3,6
2013	2	115,6	111,3	114,6	4,1	4,4	4,3
2013	3	117,3	112,7	116,2	4,9	5,4	5,1
2013	4	117,5	114,5	116,8	3,4	5,1	3,9
2014	1	119,1	114,9	118,1	4,2	4,5	4,3
2014	2	121,1	116,6	120,0	4,8	4,8	4,7
2014	3	123,4	116,9	121,8	5,2	3,7	4,8
2014	4	124,3	117,2	122,6	5,8	2,4	5,0
2015	1	126,1	117,6	124,0	5,9	2,3	5,0
2015	2	128,4	118,3	125,9	6,0	1,5	4,9
2015	3	130,4	118,7	127,5	5,7	1,5	4,7
2015	4	132,0	120,3	129,1	6,2	2,6	5,3
2016	1	134,2	122,1	131,2	6,4	3,8	5,8
2016	2	137,3	125,2	134,3	6,9	5,8	6,7
2016	3	139,2	126,3	136,1	6,7	6,4	6,7
2016	4	140,1	129,7	137,6	6,1	7,8	6,6

JD = Jahresdurchschnitt / *yearly average*

Berechnungen auf Basis der Transaktionsdatenbank der vdpResearch — Stand: Feburar 2017

Calculations based on vdpResearch transaction database — as of February 2017

6.4 Durchschnittliche Pachtsätze (Handel) in Prozent des Umsatzes nach Branchen (Auswahl)

Quelle: IFH Institut für Handelsforschung GmbH (IFH Köln), Betriebsvergleich Einzelhandel alle Branchen 2013, Köln, 2014, Dürener Straße 401 b, 50858 Köln, Telefon: 0221-9436070, Info@ifhkoeln.de, www.ifhkoeln.de

Übersicht

	Jahr		Geschäftsräume je Betrieb (m²) Durchschnitt	
Branche	**2010**	**2013**	**2013**	
Apotheken	2,5	2,0	182	incl. Raumneben-kosten
Glas/Porzellan/Keramik/Besteck	6,1	5,1	805	
Möbel	4,6	4,8	37.391	
Parfümerien	8,0	7,0		
Schuhe	5,6	6,5	719	
Textilien	6,1	6,4	1.473	
Lebensmittel	2,8			aus 2009, aktuell nicht vorhanden
Reformhaus	6,1	5,8		
Uhren/Juwelen/Gold- und Silberwaren	3,1	3,4	139	
Buchhandel	4,1	4,4		

Geschäftsräume: Verkaufsräume incl. Nebenräume

6.5 Durchschnittliche Mieten in Prozent vom Umsatz nach Branche 2009-2013

Quelle: IFH Institut für Handelsforschung GbmH (IFH Köln), Betriebsvergleich Einzelhandel alle Branchen 2013, Köln, 2014, Dürener Straße 401 b, 50858 Köln, Telefon: 0221-9436070, Info@ifhkoeln.de, www.ifhkoeln.de

Branche	2013	2012	2011	2010	2009
Apotheken	2,00	2,10	2,10	2,50	2,60
Glas/Porzellan/ Keramik/Besteck	5,10	5,50	4,40	6,10	
Möbel	4,80	4,90	4,50	4,60	4,50
Parfümerien	6,98	6,67	7,18	8,02	8,10
Reformhäuser	5,84	5,90	5,84	6,06	6,02
Schuheinzelhandel	6,50	6,80	6,00	5,60	5,90
Sortimentsbuch- handel	4,40	4,40	4,30	4,10	4,10
Textileinzelhandel	6,40	6,50	5,70	6,10	6,30
Uhren/Juwelen/ Gold- und Silber- waren	3,40	3,20	2,80	3,10	3,40

6.6 Durchschnittliche Umsätze (2013) je m² Verkaufsfläche nach Branche und Größenklasse

Quelle: *IFH Institut für Handelsforschung GbmH (IFH Köln), Betriebsvergleich Einzelhandel alle Branchen 2013, Köln, 2014, Dürener Straße 401 b, 50858 Köln, Telefon: 0221-9436070, Info@ifhkoeln.de, www.ifhkoeln.de*

Feingliederung nach Umsatzklassen

Branche	Umsatzgröße	Umsatz je m^2 in €	Miete in % vom Umsatz		Raumgröße	Umsatz je m^2 in €	Miete in % vom Umsatz ohne NK
			ohne NK	incl. NK			
Apotheken	bis 1 Mio. €	5.480		2,50	k.A.	k.A.	k.A.
	> 1,0 bis 1,5 Mio. €	7.753		2,00	k.A.	k.A.	k.A.
	> 1,5 bis 2,0 Mio. €	9.188		1,70	k.A.	k.A.	k.A.
	> 2,0 bis 3,0 Mio. €	11.977		1,80	k.A.	k.A.	k.A.
	> 3,0 Mio. €	15.620		2,40	k.A.	k.A.	k.A.
	Durchschnitt	**10.261**		**2,00**	**k.A.**	**k.A.**	**k.A.**
Glas/Porzellan/ Keramik/Besteck	bis 600 T€	1.478	5,10		k.A.	k.A.	k.A.
	600 T€ bis 1,5 Mio. €	1.984	5,30		k.A.	k.A.	k.A.
	> 1,5 Mio. €	2.015	4,40		k.A.	k.A.	k.A.
	Durchschnitt	**1.741**	**5,10**		**k.A.**	**k.A.**	**k.A.**
Möbel	bis 5 Mio. €	1.250	5,30				
	5,0 bis 10,0 Mio. €	950	5,10		bis 10.000 m^2	1.541	5,00
	> 10 Mio. €	1.233	4,70		> 10.000 m^2	1.084	4,80
	Durchschnitt	**1.185**	**4,80**		**Durchschnitt**	**1.185**	**4,80**
Parfümerien	< 5 Mio. €	6.579	6,96		k.A.	k.A.	k.A.
	ab 5 Mio. €	7.379	7,04		k.A.	k.A.	k.A.
	Durchschnitt	**6.747**	**6,98**		**k.A.**	**k.A.**	**k.A.**
Reformhäuser	bis 600 T€	k.A.	5,37		k.A.	k.A.	k.A.
	> 600 T€ bis 2,5 Mio. €	k.A.	5,65		k.A.	k.A.	k.A.
	> 2,5 Mio. €	k.A.	7,63		k.A.	k.A.	k.A.
	Durchschnitt	**k.A.**	**5,84**		**k.A.**	**k.A.**	**k.A.**

Branche	Umsatzgröße	Umsatz je m² in €	Miete in % vom Umsatz		Raumgröße	Umsatz je m² in €	Miete in % vom Umsatz ohne NK
			ohne NK	incl. NK			
Schuheinzelhandel	bis 500 T€	2.523	6,60		bis 300 m²	3.933	6,20
	> 500 T€ bis 1,0 Mio. €	3.528	5,50		> 300 bis 600 m²	3.112	6,10
	> 1 Mio. € bis 2 Mio. €	4.359	7,30		> 600 bis 1.200 m²	4.804	6,70
	> 2Mio. €	4.494	6,90		> 1.200 m²	3.221	7,40
	Durchschnitt	**3.669**	**6,50**		**Durchschnitt**	**3.669**	**6,50**
Sortimentsbuchhandel	bis 250 T€	1.972	4,50				
	> 250 T€ bis 500 T€	2.989	4,20		bis 150 m²	3.775	3,50
	> 500 T€ bis 1,0 Mio. €	3.341	4,10		> 150 bis 300 m²	2.981	4,10
	> 1,0 Mio. € bis 2 Mio. €	3.288	4,30		> 300 bis 600 m²	2.964	4,70
	> 2 Mio. € bis 5 Mio. €	2.785	5,00		> 600 bis 1.500 m²	2.642	5,20
	> 5 Mio. €	3.415	5,30		> 1.500 m²	2.978	6,30
	Durchschnitt	**3.136**	**4,40**		**Durchschnitt**	**3.136**	**4,40**
Textileinzelhandel	bis 1 Mio. €	4.158	9,60		bis 300 m²	4.500	9,10
	> 1 Mio. € bis 3 Mio. €	5.619	5,30		> 300 bis 600 m²	5.609	5,90
	> 3 Mio. €	6.162	6,00		> 600 m²	5.930	6,00
	Durchschnitt	**5.666**	**6,40**		**Durchschnitt**	**5.666**	**6,40**
Uhren/Juwelen/ Gold- und Silberwaren	bis 500 T€	8.189	3,40		bis 75 m²	13.764	3,50
	> 500 T€ bis 1,0 Mio. €	10.539	3,50		> 75 bis 150 m2	10.794	3,10
	> 1 Mio. € bis 2 Mio. €	17.141	3,30		> 150 bis 300 m²	9.450	3,90
	> 2 Mio. €	12.983	k.A.		> 300 m²	6.888	2,50
	Durchschnitt	**10.661**	**3,40**		**Durchschnitt**	**10.661**	**3,40**

6.7 Durchschnittliche Pachtsätze in % des Umsatzes im Beherbungsgewerbe

Quelle: Deutsches Wirtschaftswissenschaftliches Institut für Fremdenverkehr e.V. an der Universität München (dwif e.V.) Hotelbetriebsvergleich Deutschland, München, 2013

	Eigentümer		**Pächter**	
	Mieten/ Pachten	**Leasing**	**Mieten/ Pachten**	**Leasing**
Vollhotels: Stadthotels				
Normale Ausstattung	0,3	0,1	12,9	0,2
Gehobene Ausstattung	0,5	0,3	15,5	0,4
First-Class-Ausstattung	0,4	0,3	17,4	0,1
Vollhotels: Hotels in Ferienorten				
Normale Ausstattung	0,6	0,3	13,7	0,1
Gehobene Ausstattung				
unteres Segment	0,4	0,6	14,0	0,8
oberes Segment	1,2	0,4	13,4	0,4
First-Class-Ausstattung	0,2	0,6	16,8	0,7
Hotels garni				
Normale Ausstattung	1,6	0,3	21,5	0,2
Gehobene Ausstattung	0,5	1,0	24,3	0,3

Miet-/Pachtsätze incl. Leasing im Zeitvergleich (Eigentümer und Pächter)

Pachtsätze im Zeitvergleich	**2008**	**2011**
Vollhotels		
Gemeinden über 50.000 Einwohner	11,6	11,4
Gemeinden unter 50.000 Einwohner	2,7	2,7
Luftkur- und Erholungsorte	6,2	6,1
Mineral- und Moorbäder, Kneippheilbäder Heilklimatische Kurorte	7,5	6,8
Durchschnittswert	**7,6**	**7,2**

Erläuterungen und Begriffsdefinitionen:

Eigentümer: Der Hotelbetrieb wird durch den Grundstückseigentümer geführt. Mieten/Pachten fallen deshalb praktisch nicht an.

Pächter: Der Hotelbetrieb wird durch einen Pächter geführt. Miet-/Pachtzahlungen fallen deshalb in spürbarer Höhe an.

Vollhotels: Gastgewerbliche Betriebe mit uneingeschränkter Beherbergungs-, Verpflegungs- und Servicefunktion.

Folgende Merkmale kennzeichnen den Betriebstyp im Besonderen;

- Mindestkapazität: 20 Gästezimmer mit 30 Betten.
- Überdurchschnittliches Qualitätsniveau und breite Angebotspalette.
- Ausgeglichene Ertragsstruktur ohne dominierende Umsatzträger

darunter:

Vollhotels mit normaler Ausstattung (Standard-Hotels): Die hier erfassten Häuser sind im Rahmen der Deutschen Hotelklassifizierung des DEHOGA mit einem oder zwei Sternen ausgezeichnet und so den Kategorien „Tourist" bzw. „Standard" zuzurechnen.

Ausstattung:

- Über 90 % mit eigener Dusche und WC im Zimmer (Stadthotels 93 %, Kur- und Ferienhotels 96 %)
- Zusatzausstattung v.a. Kongress- und Tagungsräume (35 % bzw. 42 %), daneben Wellnesseinrichtungen, vor allem in Kur- und Freienhotels (Schwimmbad 18 %, Sauna 45 %, Solarium 24 %)

Vollhotels mit gehobener Ausstattung (gehobener Standard): Die hier erfassten Häuser sind im Rahmen der Deutschen Hotelklassifizierung des DEHOGA mit mindestens drei Sternen ausgezeichnet und so der Kategorie „Komfort" zuzurechnen. Sie werden als „Unterkunft für gehobene Ansprüche" tituliert, eine Kennzeichnung, die sich auch in der beim Vergleich verwendeten Gruppenbezeichnung „Vollhotels mit gehobener Ausstattung" wiederfindet. Es sind aber auch die Kategorien „Drei-Sterne-Superior" und – zumindest bei den Kur- und Ferienhotels – „Vier-Sterne-Hoteis" vertreten, so dass bei dieser Gruppe eine weitere Untergliederung in ein unteres (Drei Sterne) und ein oberes Segment (vorrangig Drei-Sterne-Superior) sinnvoll erschien.

Ausstattung:

- Fast alle Häuser mit eigener Dusche und WC im Zimmer.
- Zusatzausstattung begrenzt: Stadthotels oft mit Konferenz- und Tagungsräumen (ca. 75 %), Sauna (23 %); in Kur- und Ferienorten höherer Anteil an Wellnesseinrichtungen (Schwimmbad 25 % im unteren, 63 % im gehobenen Segment), Sauna (44 % bzw. 70 %), Solarium (20 % bzw. 11 %), Beautyfarm (24 % bzw. 55 %), Fitnesseinrichtungen (8 % bzw. 30 %), Kongress- und Tagungsräume (48 % bzw. 44 %).

Vollhotels mit First-Class-Standard: Die hier erfassten Häuser sind im Rahmen der Deutschen Hotelklassifizierung des DEHOGA mit mindestens vier, manche auch mit fünf Sternen ausgezeichnet und so den Kategorien „First Class" und „Luxus" zuzurechnen. Sie werden als „Unterkunft für hohe und höchste Ansprüche" tituliert. Beim Betriebsvergleich wird sinngemäß die Gruppenbezeichnung „Vollhotels mit First-Class-Ausstattung" verwendet.

Der Ausstattungsgrad ist allgemein sehr hoch:

- Kongress-, Tagungs- und Konferenzräume gehören bei Stadthotels zur Standardausstattung.
- Bei First-Class-Hotels in Kur- und Ferienorten ist ein Wellnessbereich heute im Prinzip ein Muss, ebenso wie ein attraktives Programm- und Animationsangebot.
- Gleiches gilt im Prinzip für perfekt eingerichtete Kongresss- und Tagungseinrichtungen; hier ist allerdings anzumerken, dass in einiger Fällen öffentliche Verwaltungseinrichtungen ebenso wie Therapie- und Wellnessangebote mitbenutzt werden können.

6

Hotels garni: Beherbergungsbetriebe mit vollem Service bei eingeschränktem Leistungsangebot im Gastronomiebereich:

- Abgegeben werden nur Frühstück, kleine Gerichte und Getränke.
- Die Abgabe erfolgt nur an Hausgäste.

6.8 Ortsübliche Pachten für Kleingärten

Datengrundlage: Abfrage bei den Gutachterausschüssen der genannten Städte, Zufallsauswahl nach geographischen Gesichtspunkten, geringe Rücklaufquote.

Stadt	€/m² p.a.	mitgeteilt	aus
Chemnitz	0,14	2015	2015
Dresden	0,09	2015	2002
Duisburg			
Pachtzins	0,23	2015	2015
zzgl. Umlage Straßenreinigung	0,04	2015	2015
Essen	0,26	2015	2010
Frankfurt am Main			
nicht vereinsgebunden	0,51	2015	2015
vereinsgebunden	0,25	2015	2015
Freiburg im Breisgau	0,24	2015	2012
Landau	0,15	2015	2015
Leipzig	0,12	2015	2000
Mainz	0,12	2015	seit vielen Jahren konstant
zzgl. Umlage für Wege etc.	0,12		
Pforzheim			
untere Grenze	0,15	2015	2015
obere Grenze	0,18	2015	2015
Saarbrücken	0,20	2015	2015
Stuttgart	0,20	2015	2015
arithmetisches Mittel	**0,19**		
Median	**0,20**		
Maximalwert	**0,27**		
Minimalwert	**0,09**		

7 Rechte und Belastungen

7.1 Beispielrechnungen aus den Wertermittlungsrichtlinien (WERTR 06)

Vorbemerkung

Die anliegenden Beispielrechnungen aus den Wertermittlungsrichtlinien (WERTR 06) können nicht unmittelbar in einen konkreten Bewertungsgang übernommen werden. Sie stellen einerseits eine Generalisierung des Berechnungsgangs dar und sind insbesondere auch nicht an die inhaltlichen und formalen Anforderungen der ImmoWertV angepasst.

Die Nummerierungen der WERTR 06-Beispiele sind unverändert übernommen, ebenso die Hinweise auf die dortigen Kapitelnummern und die vormalige WERTV.

7.1.1 Wert eines unentgeltlichen Wohnungsrecht für den Berechtigten

Quelle: *WERTR 06, Anlage 16*

Es ist der Wert eines unentgeltlichen Wohnungsrechts an einem vom Berechtigten selbst bewohnten Einfamilienhaus (Beispielrechnung Nr. 10) bzw. an einer vom Berechtigten selbst bewohnten Wohnung in einem Mehrfamilienhaus (Beispielrechnung Nr. 11) zu ermitteln.

Der Berechtigte ist 65 Jahre alt und trägt **nur die umlagefähigen** Bewirtschaftungskosten (BetrKV).

Beispielrechnung Nr. 10: Wert des unentgeltlichen Wohnungsrechts an einem Einfamilienhaus nach Nr. 4.4.1 WERTR 06

Annahmen

– jährlich nachhaltig erzielbare Nettokaltmiete für das Einfamilienhaus	7.200 €
– Liegenschaftszinssatz (Einfamilienhaus)	3,0%

Berechnung

jährlicher Vorteil aus

– ersparte, nachhaltig erzielbare Nettokaltmiete		7.200 €	
– Ersparnis von Kosten und Lasten	+	0 €	
– Unkündbarkeit und Sicherheit vor Mieterhöhungen (hier 10% der Nettokaltmiete)	+	720 €	
jährlicher Nachteil aus			
– Tragung von Kosten und Lasten	–	0 €	
Summe		7.920 €	
Leibrentenbarwertfaktor[1] für einen 65-jährigen Mann (3%)	×	12,216	
		96.751 €	
Wert des Wohnungsrechts für den Berechtigten			**97.000 €**

1 Entspricht dem Versicherungsbarwert $ä_x$ einer lebenslänglich **monatlich vorschüssig** zahlbaren Rente nach der Sterbetafel 2001/2003.

Beispielrechnung Nr. 11: Wert des unentgeltlichen Wohnungsrechts an einer Wohnung in einem Mehrfamilienhaus nach Nr. 4.4.1 WERTR 06

Annahmen

– jährlich nachhaltig erzielbare Nettokaltmiete für die Wohnung (Mehrfamilienhaus)	4.800 €
– Liegenschaftszinssatz (Mehrfamilienhaus)	4,0%

Berechnung

jährlicher Vorteil aus

– ersparte, nachhaltig erzielbare Nettokaltmiete	4.800 €	
– Ersparnis von Kosten und Lasten	+ 0 €	
– Unkündbarkeit und Sicherheit vor Mieterhöhungen (hier 10% der Nettokaltmiete)	+ 480 €	
jährlicher Nachteil aus		
– Tragung von Kosten und Lasten	– 0 €	
Summe	5.280 €	
Leibrentenbarwertfaktor[2] für einen 65-jährigen Mann (4%)	× 11,255	
	59.426 €	
Wert des Wohnungsrechts für den Berechtigten		**59.000 €**

2 Entspricht dem Versicherungsbarwert $\ddot{a}_x$ einer lebenslänglich **monatlich vorschüssig** zahlbaren Rente nach der Sterbetafel 2001/2003.

7.1.2 Verkehrswert des mit einem unentgeltlichen Wohnungsrecht belasteten Grundstücks

Quelle: WERTR 06, Anlage 17

Es ist der Verkehrswert eines mit einem unentgeltlichen Wohnungsrecht belasteten Einfamilienhausgrundstücks (Beispielrechnung Nr. 12) bzw. eines, mit einem Wohnungsrecht an einer Wohnung belasteten Mehrfamilienhausgrundstücks (Beispielrechnung Nr. 13) zu ermitteln.

Der Berechtigte ist 65 Jahre alt und trägt **nur die umlagefähigen** Bewirtschaftungskosten (BetrKV).

Beispielrechnung Nr. 12: Verkehrswert des mit einem unentgeltlichen Wohnungsrecht belasteten Einfamilienhausgrundstücks nach Nr. 4.4.2 WERTR 06

Annahmen

– Herstellungswert der baulichen Anlagen	150.000 €
– Bodenwert	60.000 €
– Restnutzungsdauer der baulichen Anlagen	50 Jahre
– Alter des Berechtigten	65 Jahre
– durchschnittliche Lebenserwartung des Berechtigten[3]	16 Jahre
– Restnutzungsdauer der baulichen Anlagen in 16 Jahren	34 Jahre
– Alterswertminderung entsprechend Anlage 8a (GND 100 Jahre, RND 34 Jahre)	55%
– Liegenschaftszinssatz	4%

Berechnung

Herstellungswert der baulichen Anlagen		150.000 €
Alterswertminderung (GND 100 Jahre; RND 34 Jahre)	55%	– 82.500 €
Sachwert der baulichen Anlagen bei einer RND von 34 Jahren		67.500 €
Bodenwert		+ 60.000 €
Sachwert		**127.500 €**
Sachwert-Marktanpassungsfaktor		× 1,10
Verkehrswert des unbelasteten Grundstücks		**140.250 €**
an das Leben gebundener Abzinsungsfaktor[4] (65 Jahre, 4%)		× 0,57120

abgezinster Verkehrswert	**80.111 €**

3 Entspricht dem Versicherungsbarwert $ä_x$ einer lebenslänglich **monatlich vorschüssig** zahlbaren Rente nach der Sterbetafel 2001/2003.

4 Berechnungsgrundlage: Versicherungsbarwert einer lebenslänglich, **nachschüssig** zahlbaren Rente nach der Sterbetafel 2001/2003.

jährlicher Vorteil aus

– Übernahme von Kosten und Belastungen durch den Berechtigten	+	0 €	

jährlicher Nachteil aus

– Übernahme von Kosten und Belastungen (hier Bewirtschaftungskosten nach § 18 WertV, hier Instandhaltungskosten)	–	800 €	
Summe	–	800 €	
Leibrentenbarwertfaktor[5] für einen 65jährigen Mann (4%)	×	**11,255**	
Belastung des Grundstücks durch das Recht			**– 9.004 €**
			71.107 €
Verkehrswert des mit einem Wohnungsrecht belasteten Einfamilienhausgrundstücks			**71.000 €**

Beispielrechnung Nr. 13: Verkehrswert des mit einem unentgeltlichen Wohnungsrecht an einer Wohnung belasteten Mehrfamilienhausgrundstücks nach Nr. 4.4.2 WERTR 06

Annahmen

– Verkehrswert des unbelasteten bebauten Mehrfamilienhausgrundstücks	740.000 €
– jährlich nachhaltig erzielbare Nettokaltmiete für die Wohnung (Mehrfamilienhaus)	4.800 €
– Liegenschaftszinssatz (Mehrfamilienhaus)	5%

Berechnung

Verkehrswert des unbelasteten bebauten Grundstücks	**740.000 €**

jährlicher Vorteil aus

– Übernahme von Kosten und Belastungen durch den Berechtigten	+	0 €	

jährlicher Nachteil aus

– entgangene, nachhaltig erzielbare Nettokaltmiete	–	4.800 €	
– Übernahme von Kosten und Lasten	–	0 €	
Summe	–	4.800 €	
Leibrentenbarwertfaktor[6] für einen 65-jährigen Mann (5%)	×	10,418	
Belastung des Grundstücks durch das Recht			**– 50.006 €**
			689.994 €
Verkehrswert des mit einem Wohnungsrecht belasteten Mehrfamilienhausgrundstücks			**690.000 €**

5 Vgl. Anlage 16 WertR 06 Fußnote 1 (Kapitel 7.1.1).
6 Berechnungsgrundlage: Versicherungsbarwert einer lebenslänglich, **nachschüssig** zahlbaren Rente nach der Sterbetafel 2001/2003.

7.1.3 Wert eines unentgeltlichen Nießbrauchs für den Berechtigten

Quelle: WERTR 06, Anlage 18

Es ist der Wert eines unentgeltlichen Nießbrauchs an einem vom Berechtigten selbst bewohnten Einfamilienhaus (Beispielrechnung Nr. 14) bzw. an einem Mehrfamilienhaus (Beispielrechnung Nr. 15) zu ermitteln

Beispielrechnung Nr. 14: Wert des unentgeltlichen Nießbrauchs an einem Einfamilienhaus nach Nr. 4.4.1 WERTR 06

Annahmen

– jährlich nachhaltig erzielbare Nettokaltmiete für das Einfamilienhaus	7.200 €
– Liegenschaftszinssatz (Einfamilienhaus)	3,0%
– Die Berechtigte ist 70 Jahre alt und trägt **sämtliche** Bewirtschaftungskosten (§ 18 WertV, BetrKV)	

Berechnung

jährlicher Vorteil aus

– ersparte, nachhaltig erzielbare Nettokaltmiete	7.200 €
– Ersparnis von Kosten und Lasten (u. a. Bewirtschaftungskosten nach BetrKV)	+ 0 €
– Unkündbarkeit und Sicherheit vor Mieterhöhungen (hier 10% der Nettokaltmiete)	+ 720 €
jährlicher Nachteil aus	
– Tragung sonstiger Kosten und Lasten (hier Bewirtschaftungskosten § 18 WertV-Instandhaltungskosten)	– 800 €
– Aufwendungen (für Lasten nach § 1047 BGB)	– 0 €
Summe	– 7.120 €
Leibrentenbarwertfaktor[7] für eine 70-jährige Frau (3%)	× 12,015
	85.547 €
Wert des Nießbrauchs für die Berechtigte	**86.000 €**

7 Vgl. Anlage 16 WertR 06 Fußnote 1 (Kapitel 7.1.1).

Beispielrechnung Nr. 15: Wert des unentgeltlichen Nießbrauchs an einem Mehrfamilienhaus nach Nr. 4.4.1 WERTR 06

Annahmen

– jährlich nachhaltig erzielbare Nettokaltmiete für das Mehrfamilienhaus	31.200 €
– Liegenschaftszinssatz (Mehrfamilienhaus)	5,0%
– Die Berechtigte ist 70 Jahre alt und trägt die Bewirtschaftungskosten (§ 18 WertV)	

Berechnung

jährlicher Vorteil aus

– nachhaltig erzielbare Nettokaltmiete	+ 31.200 €	
– Ersparnis von Kosten und Lasten (u. a. Bewirtschaftungskosten nach BetrKV)	+ 0 €	

jährlicher Nachteil aus

– Tragung sonstiger Kosten und Lasten (hier Bewirtschaftungskosten § 18 WertV)	– 7.800 €	
– Aufwendungen (für Lasten nach § 1047 BGB)	– 0 €	
Summe	+ 23.400 €	
Leibrentenbarwertfaktor[8] für eine 70-jährige Frau (5%)	× 10,324	
	241.582 €	
Wert des Nießbrauchs für die Berechtigte		**242.000 €**

8 Vgl. Anlage 16 WertR 06 Fußnote 1 (Kapitel 7.1.1).

7.1.4 Verkehrswert des mit einem unentgeltlichen Nießbrauch belasteten Grundstücks

Quelle: WERTR 06, Anlage 19

Es ist der Verkehrswert eines mit einem unentgeltlichen Nießbrauch belasteten, von der Berechtigten selbst bewohnten Einfamilienhausgrundstücks (Beispielrechnung Nr. 16) bzw. eines, mit einem Nießbrauch belasteten Mehrfamilienhausgrundstücks (Beispielrechnung Nr. 17) zu ermitteln.

Beispielrechnung Nr. 16: Verkehrswert des mit einem unentgeltlichen Nießbrauch belasteten Einfamilienhausgrundstücks nach Nr. 4.4.2 WERTR 06

Annahmen

– Herstellungswert der baulichen Anlagen	150.000 €
– Bodenwert	60.000 €
– Restnutzungsdauer der baulichen Anlagen	50 Jahre
– Alter der Berechtigten	70 Jahre
– durchschnittliche Lebenserwartung der Berechtigten[9]	16 Jahre
– Restnutzungsdauer der baulichen Anlagen in 16 Jahren	34 Jahre
– Alterswertminderung entsprechend Anlage 8a (GND 100 Jahre, RND 34 Jahre)	55%

– Die Berechtigte ist 70 Jahre alt und trägt **sämtliche** Bewirtschaftungskosten (§ 18 WertV, BetrKV)

Berechnung

Herstellungswert der baulichen Anlagen		150.000 €
Alterswertminderung (GND 100 Jahre; RND 34 Jahre)	55%	– 82.500 €
Sachwert der baulichen Anlagen bei einer RND von 34 Jahren		67.500 €
Bodenwert		+ 60.000 €
Sachwert		**127.500 €**
Sachwert-Marktanpassungsfaktor		× 1,10
Verkehrswert des unbelasteten Grundstücks (zum Zeitpunkt des Ablaufs des Rechts)		**140.250 €**
an das Leben gebundener Abzinsungsfaktor[10] (70 Jahre, 4%)		**0,5768**
abgezinster Verkehrswert		**80.896 €**

9 Entspricht dem Versicherungsbarwert $\ddot{a}_x$ einer lebenslänglich monatlich **vorschüssig** zahlbaren Rente nach der Sterbetafel 2001/2003.

10 Berechnungsgrundlage: Versicherungsbarwert einer lebenslänglich, **nachschüssig** zahlbaren Rente nach der Sterbetafel 2001/2003.

jährlicher Vorteil aus		
– Übernahme von Kosten und Belastungen durch die Berechtigte (hier Bewirtschaftungskosten nach § 18 WertV, hier Instandhaltungskosten)	+ 800 €	
– Übernahme von Lasten nach § 1047 BGB durch die Berechtigte	+ 0 €	
jährlicher Nachteil aus		
– Übernahme von Kosten und Belastungen	– 0 €	
Summe	800 €	
Leibrentenbarwertfaktor[11] für eine 70-jährige Frau (4%)	× 11,115	
		+ 8.892 €
Summe		89.788 €
Verkehrswert des mit einem Nießbrauch belasteten Einfamilienhausgrundstücks		**90.000 €**

Beispielrechnung Nr. 17: Verkehrswert des mit einem unentgeltlichen Nießbrauch belasteten Mehrfamilienhausgrundstücks nach Nr. 4.4.2 WERTR 06

Annahmen

– Verkehrswert des unbelasteten bebauten Mehrfamilienhausgrundstücks	740.000 €
– jährlich nachhaltig erzielbare Nettokaltmiete für das Mehrfamilienhaus	31.200 €
– Liegenschaftszinssatz (Mehrfamilienhaus)	5%
– Die Berechtigte ist 70 Jahre alt und trägt die Bewirtschaftungskosten (§ 18 WertV)	

Berechnung

Verkehrswert des unbelasteten bebauten Grundstücks		**740.000 €**
jährlicher Vorteil aus		
– Übernahme von Kosten und Belastungen durch die Berechtigte (hier Bewirtschaftungskosten nach § 18 WertV)	+ 7.800 €	
– Übernahme von Lasten nach § 1047 BGB durch die Berechtigte	+ 0 €	
jährlicher Nachteil aus		
– entgangene, nachhaltig erzielbare Nettokaltmiete	– 31.200 €	
– Übernahme von Kosten und Belastungen	– 0 €	
Summe	**– 23.400 €**	
Leibrentenbarwertfaktor[12] für eine 70-jährige Frau (5%)	× 10,324	
Belastung des Grundstücks durch das Recht		**– 241.582 €**
		498.418 €
Verkehrswert des mit einem Nießbrauch belasteten Mehrfamilienhausgrundstücks		**500.000 €**

11 Vgl. Anlage 16 WertR 06 Fußnote 1 (Kapitel 7.1.1).

12 Vgl. Anlage 16 WertR 06 Fußnote 1 (Kapitel 7.1.1).

7.1.5 Bodenwert des begünstigten bzw. des belasteten Grundstücks – zeitlich unbefristetes Wegerecht

Quelle: WertR 06, Anlage 20

Über das an einer öffentlichen Straße gelegene Grundstück A wurde ein Wegerecht zugunsten des dahinter liegenden Grundstücks B bestellt. Das Grundstück B wurde damit verkehrlich erschlossen. Beide Grundstücke wurden nach Bestellung des Wegerechts bebaut und haben jeweils eine Fläche von 650 m².

- Der unbelastete Bodenwert beträgt 150 €/m². Es wurde eine jährliche Wegerechtsrente in Höhe von 300 € vereinbart.
- Die Kosten der Instandhaltung für den Weg betragen jährlich 100 € und sind vom Eigentümer des begünstigten Grundstücks B zu tragen.
- Der Weg ist 3 m breit und 20 m lang und verläuft am Rand des Grundstücks A. Die bauliche Nutzbarkeit wird nicht beeinträchtigt.
- Durch die Nutzung des Weges entstehen jedoch Immissionen, die bei Grundstück A zu einer sonstigen Nutzungsbeeinträchtigung führen.
- Auf Grund der Nutzungsintensität und der Lage des Weges wird die Wertminderung mit 15% des unbelasteten Bodenwerts angesetzt.
- Eine Minderung des Gebäudewerts ist nicht gegeben.
- Es wird von einem Liegenschaftszinssatz von 3% ausgegangen,
- der ewige Rentenbarwertfaktor beträgt 33,33.

Beispielrechnung Nr. 18: Bodenwert des begünstigten Grundstücks nach Nr. 4.5.1.2 WertR 06

Berechnung

Bodenwert des Grundstücks unter Berücksichtigung der geänderten Lagequalität (650 m² × 150 €/ m²)		**97.500 €**
abzüglich Barwert der Wegerechtsrente (300 € × 33,33)	– 9.999 €	
abzüglich Barwert der Kosten für die Instandhaltung des Weges (100 € × 33,33)	– 3.333 €	
zusammen	84.168 €	
Bodenwert des begünstigten Grundstücks		**84.000 €**

Beispielrechnung Nr. 19: Bodenwert des belasteten Grundstücks nach Nr. 4.5.1.3 WertR 06

Berechnung

Bodenwert des unbelasteten Grundstücks (650 m² × 150 €/m²)		**97.500 €**
abzüglich Beeinträchtigung des Grundstücks durch das Wegerecht (15% von 97.500 €)	– 14.625 €	
zuzüglich Barwert der Wegerechtsrente (300 € × 33,33)	+ 9.999 €	
	92.874 €	
Bodenwert des belasteten Grundstücks		**93.000 €**

7.1.6 Bodenwertermittlung eines mit einem Leitungsrecht belasteten Grundstücks

Quelle: WERTR 06, Anlage 21

Eine unterirdische Erdgasleitung durchquert ein Einfamilienhausgrundstück im rückwärtigen Bereich.

- Der Schutzstreifen ist 200 m^2 groß.
- Das 800 m^2 große Grundstück wird in seiner baulichen Ausnutzung nicht beeinträchtigt, die sonstige Ausnutzung wird nur geringfügig beeinträchtigt.
- Der Bodenwert beträgt 150 €/m^2.

Beispielrechnung Nr. 20: Bodenwert des belasteten Grundstücks nach Nr. 4.5.2 WERTR 06

Berechnung

Bodenwert des Grundstücks ohne Berücksichtigung des Rechts (800 m^2 × 150 €/m_2)	120.000 €	
Wertminderung der vom Schutzstreifen bedeckten Fläche durch das Leitungsrecht wegen eingeschränkter sonstiger Nutzbarkeit (hier 15%) 15% × 200 m^2 × 150 €/m^2	– 4.500 €	
	115.500 €	
Bodenwert des belasteten Grundstücks		**116.000 €**

Das bisher unbebaute 600 m^2 große Grundstück (Wohnbauland) wird vom Schutzstreifen einer 220-kV-Freileitung berührt. Das Benutzungsrecht ist dinglich gesichert. Der Schutzstreifen darf nicht überbaut werden. Die ohne das Recht tatsächlich und rechtlich mögliche GFZ von 0,65 ist durch diese Einschränkung nicht realisierbar, sondern nur eine eingeschränkte Bebaubarkeit mit einer GFZ von 0,5. Der unbelastete Bodenwert beträgt 100 €/m^2.

Die direkte Nachbarschaft des Grundstücks zur Freileitung begründet noch einen zusätzlichen Wertabschlag in Höhe von 10% des unbelasteten Bodenwerts, da diese Tatsache im Bodenrichtwert noch nicht berücksichtigt wurde.

Wiederkehrende Entschädigungszahlungen werden nicht geleistet.

Beispielrechnung Nr. 21: Bodenwert des belasteten Grundstücks nach Nr. 4.5.2 WERTR 06

Berechnung

Bodenwert des Grundstücks ohne Berücksichtigung des Rechts (600 m^2 × 100 €/m^2)	60.000 €	
sonstige Wertminderung (hier 10% des Bodenwerts)	– 6.000 €	
geminderter Bodenwert	54.000 €	
Wertminderung durch die eingeschränkte Bebaubarkeit (GFZ-Umrechnungskoeffizient der WertR 0,89)	× 0,89	
	48.060 €	
Bodenwert des belasteten Grundstücks		**48.000 €**

7.1.7 Wertermittlung im Fall eines Überbaus

Quelle: WERTR 06, Anlage 22

Bei der Bebauung des Innenstadtgrundstücks B wurde ein Überbau vom Nachbargrundstück A um 3,00 m auf einer Länge von 20 m festgestellt.

- Der derzeitige Bodenwert beträgt 200 €/m².
- Zum Zeitpunkt des Überbaus 1965 betrug der Bodenwert 60 €/m².
- Der Liegenschaftszinssatz betrug 6%.
- Die Grundstücke haben jeweils eine Fläche von 450 m².

Bei der Berechnung wird davon ausgegangen, dass der Überbau noch 100 Jahre bestehen bleibt, da der Eigentümer des herrschenden Grundstücks den Vorteil des Überbaus künftig nichtaufgeben wird. Der Berechnung ist der **vorschüssige** Rentenbarwertfaktor in Höhe von 17,61 (100 Jahre, 6%) zu Grunde zu legen.

Beispielrechnung Nr. 22: Ermittlung der Überbaurente nach Nr. 4.6.1 WERTR 06

Berechnung

Jährlicher Nutzungsverlust der überbauten Grundstücksteilfläche – Bodenwertverzinsungsbetrag (60 m² × 60 €/m² × 6%)	216 €	
jährliche Überbaurente		**216 €**

Beispielrechnung Nr. 23: Bodenwert des begünstigten Grundstücks A nach Nr. 4.6.2 WERTR 06

Berechnung

Bodenwert des Grundstücks (450 m² × 200 €/m²)	90.000 €	
Barwert der Überbaurente (216 € × 17,61)	– 3.804 €	
	86.196 €	
Bodenwert des begünstigten Grundstücks		**86.000 €**

Beispielrechnung Nr. 24: Bodenwert des belasteten Grundstücks B nach Nr. 4.6.3 WERTR 06

Berechnung

abgezinster Bodenwert des überbauten Grundstückteils 200 €/m² × 60 m² × 0,0029	35 €	
Barwert der Überbaurente (216 € × 17,61)	+ 3.804 €	
Bodenwert des nicht überbauten Grundstücksteils (450 m²–60 m²) × 200 €/m²	+ 78.000 €	
	81.839 €	
Bodenwert des belasteten Grundstücks		**82.000 €**

7.2 Sterbetafeln

7.2.1 Allgemeines

Quelle: Statistisches Bundesamt (2016): Sterbetafeln für Deutschland, Wiesbaden
https://www.destatis.de/DE/ZahlenFakten/GesellschaftStaat/Bevoelkerung/Sterbefaelle/Tabellen/SterbetafelDeutschland.xlsx
Statistisches Bundesamt (2015): Allgemeine Sterbetafel – Methodische Erläuterungen und Ergebnisse
https://www.destatis.de/DE/Publikationen/Thematisch/Bevoelkerung/Bevoelkerungsbewegung/SterbetafelnAllgemeinErlaeuterung.html.
sowie Ergänzungen

Die Periodensterbetafeln der amtlichen Statistik basieren auf den Daten über die Gestorbenen und die Durchschnittsbevölkerung der letzten drei Jahre. Eine Sterbetafel ist ein demografisches Modell, das die zusammenfassende Beurteilung der Sterblichkeitsverhältnisse einer Bevölkerung unabhängig von ihrer Größe und Altersstruktur ermöglicht. Die Sterbetafel zeigt hierzu in einer nach Geschlecht getrennten Tabelle, wie viele Personen eines Ausgangsbestandes aufgrund von Sterbewahrscheinlichkeiten in den einzelnen Altersjahren überleben und sterben werden. Darüber hinaus gibt die Sterbetafel Auskunft über die geschlechtsspezifische durchschnittliche Lebenserwartung in den einzelnen Altersjahren. Die sogenannte fernere Lebenserwartung gibt daher an, wie viele weitere Lebensjahre Menschen eines bestimmten Alters nach den in der aktuellen Berichtsperiode – zum Beispiel 2013/2015 – geltenden Sterblichkeitsverhältnissen im Durchschnitt noch leben könnten. Eine Periodensterbetafel beinhaltet damit keine Zukunftserwartung zur weiteren Entwicklung der Lebenserwartung. Die mit Hilfe der Sterbetafel berechnete durchschnittliche Lebenserwartung wird in internationalen und zeitlichen Vergleichen als Indikator für den Entwicklungsstand eines Landes verwendet.

Ausführliche methodische Erläuterungen zur Berechnung von Periodensterbetafeln (Sterbetafel 2010/12) und einen Aufsatz zum Thema: „Amtliche Sterbetafeln und Entwicklung der Sterblichkeit" erschienen in Wirtschaft und Statistik 03/2011 finden Sie in den Publikationen des Statistischen Bundesamtes.

Auf Grundlage der Absterbeordnung der Sterbetafel werden weiterführende Berechnungen zu den Kommutationszahlen und Versicherungsbarwerten für Leibrenten durchgeführt.

7.2.2 Periodensterbetafeln für Deutschland

Quelle: Statistisches Bundesamt, Wiesbaden

7.2.2.1 Erläuterungen

Allgemeine Sterbetafeln, abgekürzte Sterbetafeln und Sterbetafeln 1871/1881 bis 2013/2015

Erläuterungen (1)

Bei der Publikation der Periodensterbetafeln 1871/1881 bis 2008/2010 handelt es sich um eine revidierte Fassung, in der einige offensichtliche Fehler bereinigt worden sind.

Hiervon waren insbesondere die Angaben zu den ältesten Sterbetafeln ab der Tafel 1871/1881 betroffen. Die Korrektur erwies sich als notwendig, weil die ursprünglich verwendeten Papiervorlagen zum Teil nur in einer sehr schlechten Druckqualität vorgelegen hatten. Durch intensive Recherchen konnten diese Mängel mit neuen Quellen behoben werden.

Eine Sterbetafel ist ein demographisches Modell, das die zusammenfassende Beurteilung der Sterblichkeitsverhältnisse einer Bevölkerung unabhängig von ihrer Größe und Altersstruktur ermöglicht. Die Sterbetafel zeigt hierzu nach Geschlecht getrennt, wie viele Personen eines Ausgangsbestandes entsprechend den Sterbewahrscheinlichkeiten in den einzelnen Altersjahren überleben oder sterben werden. Darüber hinaus gibt die Sterbetafel Auskunft über die geschlechtsspezifische durchschnittliche Lebenserwartung in den einzelnen Altersjahren.

Die mit Hilfe der Sterbetafel berechnete durchschnittliche Lebenserwartung wird in internationalen und zeitlichen Vergleichen als Indikator für den Entwicklungsstand eines Landes verwendet. Sterbetafeln werden darüber hinaus im Rahmen von demographischen Untersuchungen für Bevölkerungsvorausberechnungen benötigt und dienen in verschiedenen Bereichen als Planungsgrundlage, wie beispielsweise im Gesundheits- und Pflegesektor. Zudem werden Sterbetafeln für medizinische Analysen herangezogen und bei versicherungsmathematischen Berechnungen sowie Rentenprognosen eingesetzt.

Es gibt zwei grundsätzliche Ansatzpunkte, eine Sterbetafel aufzustellen. Entweder wird von einer *Längsschnittbetrachtung* oder von einer *Querschnittsbetrachtung* ausgegangen.

Bei einer **Längsschnittbetrachtung** werden alle Personen eines Geburtsjahrgangs von der Geburt bis zum Tod betrachtet, so dass genau bekannt ist, wie viele Personen in jedem Jahr leben. Eine solche *Längsschnitt-, Kohorten- oder Generationensterbetafel* zeigt damit den spezifischen Sterblichkeitsverlauf und die Lebenserwartung eines Geburtsjahrgangs auf. Die Längsschnittbetrachtung setzt eine vollständige Beobachtungsreihe aller Jahre und Personen des entsprechenden Geburtsjahrgangs voraus und ist somit ein sehr aufwändiges Verfahren. Um die Berechnung durchführen zu können, müssen alle Angehörigen des entsprechenden Geburtsjahrgangs bereits verstorben sein, was in der Regel einen Beobachtungszeitraum von mehr als 100 Jahren erfordert. Ansonsten sind Schätzungen über die Sterblichkeitsverhältnisse notwendig, die bei jüngeren Geburtsjahrgängen zunehmend unsicherer werden. Die Gewährleistung einer vollständigen Beobachtungsreihe stellt auch in Anbetracht von Gebietsveränderungen und starken Wanderungsbewegungen, wie sie beispielsweise durch Kriege verursacht werden, ein erhebliches Problem dar.

In die **Querschnittsbetrachtung** werden hingegen alle gestorbenen und lebenden Personen aus einem oder mehreren Kalenderjahren einbezogen und somit alle in dieser Periode gleichzeitig lebenden Geburtsjahrgänge betrachtet. Die so genannte *Querschnitt- oder Periodensterbetafel* bildet die Sterblichkeitsverhältnisse der gesamten Bevölkerung während eines bestimmten Zeitraumes ab und damit auch die in dieser Zeit herrschenden Bedingungen, wie beispielsweise die außergewöhnlich starke Grippewelle zum Jahreswechsel 1969/1970. Die in einer Querschnitt- oder Periodensterbetafel ausgewiesene Lebenserwartung entspricht deshalb der durchschnittlichen Zahl von weiteren Jahren, die Personen in einem bestimmten Alter nach den im Beobachtungszeitraum geltenden Sterblichkeitsverhältnissen voraussichtlich noch leben könnten. Eine Veränderung der Sterblichkeitsverhältnisse in der Zukunft wird hierbei nicht berücksichtigt. Wegen ihrer schnellen Verfügbarkeit und der Möglichkeit, aktuelle Sterblichkeitsverhältnisse abzubilden, wird die Querschnitt- oder Periodensterbetafel sehr häufig verwendet.

Zu beachten ist, dass sowohl Längsschnitt- als auch Querschnitttafeln stets Durchschnittswerte enthalten, von denen das individuelle Sterblichkeitsrisiko je nach Lebensverhältnissen, Lebensführung, Beruf und gesundheitlicher Verfassung erheblich abweichen kann.

Die amtliche Statistik in Deutschland unterscheidet bei den *Querschnitt- oder Periodensterbetafeln* zusätzlich zwischen *allgemeinen Sterbetafeln, abgekürzten Sterbetafeln* und *Sterbetafeln*.

Allgemeine Sterbetafeln werden jeweils im Anschluss an eine Volkszählung für einen Dreijahreszeitraum erstellt und bis zur Altersstufe von 100 Jahren veröffentlicht. Die letzten allgemeinen Sterbetafeln für das frühere Bundesgebiet bezieht sich auf die Berichtsperiode 1986/1988 mit dem Volkszählungsjahr 1987 sowie auf die Ausgabe 2012/2014. Zuvor wurden allgemeine Sterbetafeln für die Jahre 1871/1881, 1881/1890, 1891/1900, 1901/1910, 1910/1911, 1924/1926, 1932/1934, 1949/1951, 1960/1962 und 1970/1972 veröffentlicht. Allgemeine Sterbetafeln werden zusätzlich über mathematisch-statistische Verfahren von Zufallsschwankungen und Kohorteneffekten bereinigt. In der ehemaligen DDR wurden allgemeine Sterbetafeln allerdings nicht nur im Anschluss an Volkszählungen berechnet, sondern auch auf Grundlage der Bevölkerungsfortschreibung sowie für unterschiedlich lange Berichtsperioden veröffentlicht.

Abgekürzte Sterbetafeln werden für das frühere Bundesgebiet seit 1957 und für Deutschland seit der deutschen Vereinigung jährlich für einen Dreijahresdurchschnitt berechnet und bilden die Entwicklung der Lebenserwartung in der Zeit zwischen den Volkszählungen ab. Abgekürzte Sterbetafeln werden im Gegensatz zu den allgemeinen Sterbetafeln mit der Altersstufe von 90 Jahren geschlossen und die Sterbewahrscheinlichkeiten werden nicht ausgeglichen. Die vorzeitige Schließung begründet sich dadurch, dass abgekürzte Sterbetafeln auf fortgeschriebenen Bevölkerungszahlen basieren, die mit zunehmendem Abstand zur Volkszählung immer mehr Ungenauigkeiten enthalten, welche in den schwächer besetzten Altersstufen nach 90 Jahren sichtbar werden. Allgemeine Sterbetafeln bieten aufgrund der zeitlichen Nähe zur Volkszählung deshalb eine größere Verlässlichkeit.

Vor dem Hintergrund der steigenden Lebenserwartung werden jedoch seit der Sterbetafel 2000/2002 die Altersjahre bis 100 nachgewiesen. Der Zusatz „abgekürzt" entfällt daher in der Bezeichnung der Sterbetafeln ab 2000/2002.

Erläuterungen (2)

Ausgangspunkt der Berechnung einer Sterbetafel sind die altersspezifischen Sterbewahrscheinlichkeiten.

Die **altersspezifische Sterbewahrscheinlichkeit** q_x ist definiert als die Wahrscheinlichkeit, im Alter x vor Vollendung des nächsten Lebensjahres x + 1 zu sterben. Das Statistische Bundesamt berechnet die altersspezifischen Sterbewahrscheinlichkeiten in den abgekürzten Sterbetafeln seit 1957 und in den allgemeinen Sterbetafeln seit 1970/1972 näherungsweise mit der *Sterbeziffermethode nach Farr*. Um für Altersgruppen mit wenigen Sterbefällen zuverlässige Ergebnisse zu erhalten und um irreguläre Schwankungen zu reduzieren, wird ein Beobachtungszeitraum von drei Jahren einbezogen. Die Sterbewahrscheinlichkeit für das erste Lebensjahr, die Säuglingssterblichkeit, wird gesondert mit der *Methode nach Rahts* (Sterbejahrmethode) berechnet. Der Grund liegt darin, dass die

Wahrscheinlichkeit, im ersten Lebensjahr zu sterben, im Verhältnis besonders hoch ist und sich die Sterbefälle der Säuglinge auf die ersten Lebenstage, -wochen und -monate konzentrieren. Die Sterbeziffermethode nach *Farr* beinhaltet jedoch implizit die Annahme, dass sich die Sterbefälle in den Altersstufen gleichmäßig über das ganze Jahr verteilen.

Die **Überlebenswahrscheinlichkeit** px ist das Gegenstück zur Sterbewahrscheinlichkeit und gibt die Wahrscheinlichkeit an, mit der eine Person im Alter x das nächste Lebensjahr erreicht.

Ausgehend von fiktiven 100.000 männlichen bzw. weiblichen Lebendgeborenen, der so genannten *„Sterbetafelbevölkerung"*, wird dann ermittelt, wie viele Personen des Ausgangsbestandes in einem bestimmten Alter unter den aktuellen Sterblichkeitsverhältnissen noch leben würden. Dies sind die *„Überlebenden im Alter x"* l_x. Der Verlauf der l_x wird auch als *Absterbeordnung* bezeichnet.

Die Anzahl der Personen, um die sich die Zahl der Überlebenden in jedem Altersjahr verringert, sind dementsprechend die *„Gestorbenen im Alter x bis x + 1"* d_x.

In einem weiteren Schritt werden die *„von den Überlebenden im Alter x bis zum Alter x + 1 durchlebten Jahre"* L_x abgeleitet. Eine Ausnahme bildet hierbei das erste Lebensjahr, für das die durchlebten Jahre mit der Sterbejahrmethode nach *Rahts* berechnet werden. Die *„von den Überlebenden im Alter x insgesamt noch zu durchlebenden Jahre"* $e_x l_x$ ergeben sich jeweils als Summe der L_x über alle weiteren Alter vom Alter x aus.

Die **„durchschnittliche Lebenserwartung im Alter x"** e_x wird schließlich aus dem Verhältnis zwischen den „von den Überlebenden im Alter x insgesamt noch zu durchlebenden Jahren" und den „Überlebenden im Alter x" berechnet. Die durchschnittliche Lebenserwartung gibt damit die Zahl der weiteren Lebensjahre an, die Personen in einem bestimmten Alter nach den im Beobachtungszeitraum geltenden Sterblichkeitsverhältnissen noch leben könnten.

<u>Für weitere Informationen siehe:</u>

Methodische Erläuterungen zur Berechnung von Periodensterbetafeln für Deutschland. *Eisenmenger, M.*: Sterbetafel 2001/2003, in Wirtschaft und Statistik, 05/2005, S. 463 ff. *Eisenmenger, M.*: Die Erweiterung der abgekürzten Sterbetafel in den Altersstufen von 90 bis 100 Jahren, in Wirtschaft und Statistik, Sonderausgabe ISI-Weltkongress 2003, S. 90 ff.

Fachserie 1, Reihe 1.S.2 Allgemeine Sterbetafel für die Bundesrepublik Deutschland 1986/1988, Wiesbaden 1991.

Eisenmenger, M. und *Emmerling, D.*: Amtliche Sterbetafeln und Entwicklung der Sterblichkeit, in Wrtschaft und Statistik, 03/2011, S. 219 ff.

7.2.2.2 Übersicht verfügbarer Sterbetafeln

Deutschland	Früheres Bundesgebiet ohne Berlin-West	Neue Länder ohne Berlin-Ost
Sterbetafeln		
2008/2010 Deutschland	Früheres Bundesgebiet o. Berlin-West	Neue Länder ohne Berlin-Ost
2007/2009 Deutschland	Früheres Bundesgebiet o. Berlin-West	Neue Länder ohne Berlin-Ost
2006/2008 Deutschland	Früheres Bundesgebiet o. Berlin-West	Neue Länder ohne Berlin-Ost
2005/2007 Deutschland	Früheres Bundesgebiet o. Berlin-West	Neue Länder ohne Berlin-Ost
2004/2006 Deutschland	Früheres Bundesgebiet o. Berlin-West	Neue Länder ohne Berlin-Ost
2003/2005 Deutschland	Früheres Bundesgebiet o. Berlin-West	Neue Länder ohne Berlin-Ost
2002/2004 Deutschland	Früheres Bundesgebiet o. Berlin-West	Neue Länder ohne Berlin-Ost
2001/2003 Deutschland	Früheres Bundesgebiet o. Berlin-West	Neue Länder ohne Berlin-Ost
2000/2002 Deutschland	Früheres Bundesgebeit o. Berlin-West	Neue Länder ohne Berlin-Ost
1986/1988 Deutschland		
Abgekürzte Sterbetafeln		
1999/2001 Deutschland	Früheres Bundesgebiet o. Berlin-West	Neue Länder ohne Berlin-Ost
1998/2000 Deutschland	Früheres Bundesgebiet	Neue Länder und Berlin-Ost
1997/1999 Deutschland	Früheres Bundesgebiet	Neue Länder und Berlin-Ost
1996/1998 Deutschland	Früheres Bundesgebiet	Neue Länder und Berlin-Ost
1995/1997 Deutschland	Früheres Bundesgebiet	Neue Länder und Berlin-Ost
1994/1996 Deutschland	Früheres Bundesgebiet	Neue Länder und Berlin-Ost
1993/1995 Deutschland	Früheres Bundesgebiet	Neue Länder und Berlin-Ost
1992/1994 Deutschland	Früheres Bundesgebiet	Neue Länder und Berlin-Ost
1991/1993 Deutschland	Früheres Bundesgebiet	Neue Länder und Berlin-Ost

1990/1992 Früheres Bundesgebiet
1989/1991 Früheres Bundesgebiet
1988/1990 Früheres Bundesgebiet
1987/1989 Früheres Bundesgebiet
1986/1988 Früheres Bundesgebiet
1985/1987 Früheres Bundesgebiet
1984/1986 Früheres Bundesgebiet
1983/1985 Früheres Bundesgebiet
1982/1984 Früheres Bundesgebiet
1981/1983 Früheres Bundesgebiet
1980/1982 Früheres Bundesgebiet
1979/1981 Früheres Bundesgebiet
1978/1980 Früheres Bundesgebiet
1977/1979 Früheres Bundesgebiet
1976/1978 Früheres Bundesgebiet
1975/1977 Früheres Bundesgebiet
1974/1976 Früheres Bundesgebiet
1973/1975 Früheres Bundesgebiet
1972/1974 Früheres Bundesgebiet
1971/1973 Früheres Bundesgebiet
1970/1972 Früheres Bundesgebiet
1969/1971 Früheres Bundesgebiet
1968/1970 Früheres Bundesgebiet
1967/1969 Früheres Bundesgebiet
1966/1968 Früheres Bundesgebiet
1965/1967 Früheres Bundesgebiet
1964/1966 Früheres Bundesgebiet
1963/1965 Früheres Bundesgebiet
1962/1964 Früheres Bundesgebiet
1961/1963 Früheres Bundesgebiet
1960/1961 Früheres Bundesgebiet
1959/1960 Früheres Bundesgebiet
1958/1959 Früheres Bundesgebiet
1957/1958 Früheres Bundesgebiet

Allgemeine Sterbetafeln

1986/1988 Früheres Bundesgebiet
1970/1972 Früheres Bundesgebiet
1960/1962 Früheres Bundesgebiet
1949/1951 Früheres Bundesgebiet

1932/1934 Deutsches Reich
1924/1926 Deutsches Reich
1910/1911 Deutsches Reich
1901/1910 Deutsches Reich
1891/1900 Deutsches Reich
1881/1890 Deutsches Reich
1871/1881 Deutsches Reich

Allgemeine Sterbetafeln der ehemaligen DDR [1)]

1988/1989 Ehemalige DDR
1986/1988 Ehemalige DDR [2)]
1986/1987 Ehemalige DDR
1985/1986 Ehemalige DDR
1971/1972 Ehemalige DDR
1969/1970 Ehemalige DDR
1967/1968 Ehemalige DDR
1965/1966 Ehemalige DDR
1963/1966 Ehemalige DDR
1963/1964 Ehemalige DDR
1956/1957 Ehemalige DDR
1955/1958 Ehemalige DDR
1955/1956 Ehemalige DDR
1954/1955 Ehemalige DDR
1953/1954 Ehemalige DDR
1952/1953 Ehemalige DDR

Lebenserwartung nach Altersstufen

1871/1881-1949/1951
1960/1962-1966/1968
1967/1969-1973/1975
1974/1976-1980/1982
1981/1983-1987/1989
1988/1990-1994/1996
1995/1997-1999/2001
2000/2002-2008/2010

Durchschnittliche Lebenserwartung Neugeborener

1970/1972-2008/2010

Lebenserwartung nach Bundesländern

Durchschnittliche Lebenserwartung Neugeborener 1970/1972-2008/2010
Durchschnittliche Lebenserwartung 60-Jähriger 1970/1972-2008/2010
Durchschnittliche Lebenserwartung nach Altersstufen 2002/2004
Durchschnittliche Lebenserwartung nach Altersstufen 2003/2005
Durchschnittliche Lebenserwartung nach Altersstufen 2004/2006
Durchschnittliche Lebenserwartung nach Altersstufen 2005/2007
Durchschnittliche Lebenserwartung nach Altersstufen 2006/2008
Durchschnittliche Lebenserwartung nach Altersstufen 2007/2009
Durchschnittliche Lebenserwartung nach Altersstufen 2008/2010

1) übernommen aus den Statistischen Jahrbüchern der ehemaligen DDR
2) Keine allgemeine Sterbetafel, Berechnung des Statistischen Bundesamtes, Wiesbaden

7.2.3 Allgemeine Sterbetafel 2012/2014 für Deutschland

Quelle: Statistisches Bundesamt, Wiesbaden

Durchschnittliche Lebenserwartung in Deutschland (nach der Allgemeinen Sterbetafel 2012/2014)

Vollendetes Alter	Durchschnittliche Lebenserwartung im Alter x	Vollendetes Alter	Durchschnittliche Lebenserwartung im Alter x	Vollendetes Alter	Durchschnittliche Lebenserwartung im Alter x	Vollendetes Alter	Durchschnittliche Lebenserwartung im Alter x
in Jahren	in Jahren	in Jahren	in Jahren	in Jahren	in Jahren	in Jahren	in Jahren
männlich				weiblich			
x	e_x	x	e_x	x	e_x	x	e_x
0	78,13	25	53,75	0	83,05	25	58,51
1	77,40	26	52,77	1	82,30	26	57,52
2	76,42	27	51,80	2	81,32	27	56,53
3	75,43	28	50,83	3	80,33	28	55,54
4	74,44	29	49,85	4	79,34	29	54,56
5	73,45	30	48,88	5	78,35	30	53,57
6	72,46	31	47,91	6	77,35	31	52,59
7	71,47	32	46,94	7	76,36	32	51,60
8	70,47	33	45,98	8	75,36	33	50,62
9	69,48	34	45,01	9	74,37	34	49,64
10	68,49	35	44,04	10	73,37	35	48,66
11	67,49	36	43,08	11	72,38	36	47,68
12	66,50	37	42,12	12	71,38	37	46,70
13	65,50	38	41,15	13	70,38	38	45,72
14	64,51	39	40,20	14	69,39	39	44,75
15	63,52	40	39,24	15	68,40	40	43,77
16	62,53	41	38,29	16	67,40	41	42,80
17	61,54	42	37,34	17	66,41	42	41,84
18	60,56	43	36,39	18	65,42	43	40,87
19	59,59	44	35,45	19	64,44	44	39,91
20	58,61	45	34,52	20	63,45	45	38,95
21	57,64	46	33,59	21	62,46	46	37,99
22	56,67	47	32,66	22	61,47	47	37,04
23	55,69	48	31,75	23	60,48	48	36,10
24	54,72	49	30,84	24	59,50	49	35,16

Vollendetes Alter	Durchschnittliche Lebenserwartung im Alter x	Vollendetes Alter	Durchschnittliche Lebenserwartung im Alter x	Vollendetes Alter	Durchschnittliche Lebenserwartung im Alter x	Vollendetes Alter	Durchschnittliche Lebenserwartung im Alter x
in Jahren	in Jahren	in Jahren	in Jahren	in Jahren	in Jahren	in Jahren	in Jahren
männlich				weiblich			
x	e_x	x	e_x	x	e_x	x	e_x
50	29,94	75	10,74	50	34,22	75	12,84
51	29,05	76	10,11	51	33,29	76	12,08
52	28,16	77	9,50	52	32,37	77	11,35
53	27,30	78	8,91	53	31,45	78	10,64
54	26,44	79	8,33	54	30,54	79	9,95
55	25,59	80	7,79	55	29,63	80	9,29
56	24,75	81	7,26	56	28,73	81	8,65
57	23,92	82	6,76	57	27,84	82	8,04
58	23,11	83	6,30	58	26,95	83	7,46
59	22,30	84	5,86	59	26,06	84	6,91
60	21,51	85	5,44	60	25,19	85	6,39
61	20,72	86	5,05	61	24,32	86	5,89
62	19,95	87	4,68	62	23,45	87	5,43
63	19,19	88	4,33	63	22,59	88	5,01
64	18,43	89	4,00	64	21,74	89	4,61
65	17,69	90	3,69	65	20,90	90	4,25
66	16,95	91	3,40	66	20,06	91	3,92
67	16,22	92	3,16	67	19,23	92	3,62
68	15,50	93	2,97	68	18,41	93	3,38
69	14,79	94	2,77	69	17,59	94	3,14
70	14,09	95	2,56	70	16,78	95	2,92
71	13,40	96	2,35	71	15,98	96	2,69
72	12,72	97	2,20	72	15,18	97	2,50
73	12,05	98	2,05	73	14,39	98	2,35
74	11,39	99	1,94	74	13,61	99	2,21
		100	1,83			100	2,09

7.2.4 Allgemeine Sterbetafel 2012/2014 für Früheres Bundesgebiet (ohne Berlin-West)

Quelle: Statistisches Bundesamt, Wiesbaden

Durchschnittliche Lebenserwartung im Früheren Bundesgebiet ohne Berlin-West (nach der Allgemeinen Sterbetafel 2012/2014)

Vollendetes Alter	Durchschnittliche Lebenserwartung im Alter x	Vollendetes Alter	Durchschnittliche Lebenserwartung im Alter x	Vollendetes Alter	Durchschnittliche Lebenserwartung im Alter x	Vollendetes Alter	Durchschnittliche Lebenserwartung im Alter x
in Jahren	in Jahren	in Jahren	in Jahren	in Jahren	in Jahren	in Jahren	in Jahren
weiblich				männlich			
x	e_x	x	e_x	x	e_x	x	e_x
0	78,41	25	54,05	0	83,12	25	58,59
1	77,70	26	53,07	1	82,38	26	57,61
2	76,73	27	52,10	2	81,40	27	56,62
3	75,74	28	51,13	3	80,41	28	55,63
4	74,75	29	50,15	4	79,42	29	54,64
5	73,76	30	49,18	5	78,43	30	53,66
6	72,77	31	48,21	6	77,44	31	52,67
7	71,78	32	47,24	7	76,44	32	51,69
8	70,78	33	46,27	8	75,45	33	50,70
9	69,79	34	45,30	9	74,45	34	49,72
10	68,80	35	44,33	10	73,46	35	48,74
11	67,80	36	43,37	11	72,46	36	47,76
12	66,81	37	42,41	12	71,47	37	46,78
13	65,81	38	41,44	13	70,47	38	45,80
14	64,82	39	40,48	14	69,48	39	44,83
15	63,83	40	39,52	15	68,48	40	43,85
16	62,84	41	38,57	16	67,49	41	42,88
17	61,85	42	37,62	17	66,50	42	41,91
18	60,87	43	36,67	18	65,51	43	40,95
19	59,89	44	35,72	19	64,52	44	39,98
20	58,92	45	34,78	20	63,53	45	39,02
21	57,95	46	33,85	21	62,55	46	38,06
22	56,97	47	32,92	22	61,56	47	37,11
23	56,00	48	32,00	23	60,57	48	36,17
24	55,02	49	31,08	24	59,58	49	35,22

Vollendetes Alter	Durchschnittliche Lebenserwartung im Alter x	Vollendetes Alter	Durchschnittliche Lebenserwartung im Alter x	Vollendetes Alter	Durchschnittliche Lebenserwartung im Alter x	Vollendetes Alter	Durchschnittliche Lebenserwartung im Alter x
in Jahren	in Jahren	in Jahren	in Jahren	in Jahren	in Jahren	in Jahren	in Jahren
weiblich				männlich			
x	e_x	x	e_x	x	e_x	x	e_x
50	30,17	75	10,75	50	34,28	75	12,89
51	29,27	76	10,11	51	33,35	76	12,13
52	28,38	77	9,49	52	32,43	77	11,39
53	27,50	78	8,89	53	31,51	78	10,68
54	26,63	79	8,31	54	30,60	79	9,98
55	25,77	80	7,75	55	29,69	80	9,31
56	24,92	81	7,24	56	28,79	81	8,68
57	24,08	82	6,73	57	27,89	82	8,06
58	23,26	83	6,25	58	27,00	83	7,46
59	22,44	84	5,79	59	26,12	84	6,90
60	21,64	85	5,37	60	25,24	85	6,37
61	20,85	86	4,96	61	24,37	86	5,86
62	20,06	87	4,58	62	23,51	87	5,40
63	19,29	88	4,23	63	22,65	88	4,96
64	18,52	89	3,89	64	21,80	89	4,55
65	17,77	90	3,59	65	20,96	90	4,18
66	17,03	91	3,29	66	20,12	91	3,85
67	16,29	92	3,03	67	19,30	92	3,54
68	15,57	93	2,82	68	18,48	93	3,29
69	14,87	94	2,63	69	17,67	94	3,05
70	14,15	95	2,45	70	16,85	95	2,86
71	13,45	96	2,28	71	16,05	96	2,65
72	12,76	97	2,13	72	15,25	97	2,47
73	12,07	98	2,00	73	14,45	98	2,30
74	11,41	99	1,88	74	13,67	99	2,16
		100	1,78			100	2,03

7.2.5 Allgemeine Sterbetafel 2012/2014 für Neue Länder (ohne Berlin-Ost)

Quelle: Statistisches Bundesamt, Wiesbaden

Durchschnittliche Lebenserwartung für die Neuen Länder ohne Berlin-Ost (nach der Allgemeinen Sterbetafel 2012/2014)

Vollendetes Alter	Durchschnittliche Lebenserwartung im Alter x	Vollendetes Alter	Durchschnittliche Lebenserwartung im Alter x	Vollendetes Alter	Durchschnittliche Lebenserwartung im Alter x	Vollendetes Alter	Durchschnittliche Lebenserwartung im Alter x
in Jahren	in Jahren	in Jahren	in Jahren	in Jahren	in Jahren	in Jahren	in Jahren
weiblich				männlich			
x	e_x	x	e_x	x	e_x	x	e_x
0	77,11	25	52,70	0	83,11	25	58,53
1	76,33	26	51,73	1	82,31	26	57,54
2	75,36	27	50,76	2	81,34	27	56,55
3	74,37	28	49,79	3	80,35	28	55,57
4	73,38	29	48,82	4	79,36	29	54,58
5	72,38	30	47,85	5	78,37	30	53,59
6	71,39	31	46,89	6	77,37	31	52,61
7	70,40	32	45,93	7	76,38	32	51,63
8	69,40	33	44,97	8	75,38	33	50,65
9	68,41	34	44,00	9	74,38	34	49,67
10	67,41	35	43,04	10	73,39	35	48,69
11	66,42	36	42,08	11	72,39	36	47,71
12	65,43	37	41,12	12	71,39	37	46,73
13	64,43	38	40,16	13	70,4	38	45,75
14	63,44	39	39,21	14	69,4	39	44,77
15	62,44	40	38,26	15	68,41	40	43,81
16	61,45	41	37,31	16	67,42	41	42,84
17	60,46	42	36,37	17	66,43	42	41,87
18	59,48	43	35,44	18	65,44	43	40,91
19	58,51	44	34,51	19	64,45	44	39,95
20	57,54	45	33,58	20	63,47	45	39
21	56,57	46	32,68	21	62,48	46	38,04
22	55,60	47	31,78	22	61,49	47	37,09
23	54,64	48	30,88	23	60,5	48	36,15
24	53,67	49	30,00	24	59,52	49	35,21

Vollendetes Alter	Durchschnittliche Lebenserwartung im Alter x	Vollendetes Alter	Durchschnittliche Lebenserwartung im Alter x	Vollendetes Alter	Durchschnittliche Lebenserwartung im Alter x	Vollendetes Alter	Durchschnittliche Lebenserwartung im Alter x
in Jahren	in Jahren	in Jahren	in Jahren	in Jahren	in Jahren	in Jahren	in Jahren
weiblich				männlich			
x	e_x	x	e_x	x	e_x	x	e_x
50	29,12	75	10,41	50	34,28	75	12,65
51	28,26	76	9,80	51	33,35	76	11,89
52	27,42	77	9,19	52	32,43	77	11,16
53	26,58	78	8,61	53	31,51	78	10,45
54	25,75	79	8,05	54	30,6	79	9,77
55	24,94	80	7,50	55	29,69	80	9,11
56	24,14	81	7,00	56	28,79	81	8,49
57	23,33	82	6,52	57	27,89	82	7,89
58	22,54	83	6,06	58	26,99	83	7,32
59	21,76	84	5,63	59	26,1	84	6,76
60	21,00	85	5,23	60	25,21	85	6,24
61	20,24	86	4,84	61	24,34	86	5,75
62	19,49	87	4,49	62	23,46	87	5,3
63	18,75	88	4,15	63	22,58	88	4,87
64	18,03	89	3,83	64	21,72	89	4,47
65	17,30	90	3,56	65	20,86	90	4,12
66	16,60	91	3,26	66	20,01	91	3,79
67	15,89	92	2,99	67	19,17	92	3,49
68	15,18	93	2,78	68	18,32	93	3,22
69	14,49	94	2,58	69	17,49	94	2,98
70	13,78	95	2,42	70	16,64	95	2,75
71	13,08	96	2,26	71	15,83	96	2,55
72	12,40	97	2,12	72	15,02	97	2,37
73	11,72	98	1,99	73	14,2	98	2,21
74	11,05	99	1,88	74	13,42	99	2,06
		100	1,78			100	1,94

7.2.6 Sterbetafel 2013/2015 für Deutschland

Quelle: Statistisches Bundesamt, Wiesbaden

Durchschnittliche Lebenserwartung in Deutschland (nach der Sterbetafel 2013/2015)

Vollendetes Alter	Durchschnittliche Lebenserwartung im Alter x	Vollendetes Alter	Durchschnittliche Lebenserwartung im Alter x	Vollendetes Alter	Durchschnittliche Lebenserwartung im Alter x	Vollendetes Alter	Durchschnittliche Lebenserwartung im Alter x
in Jahren	in Jahren	in Jahren	in Jahren	in Jahren	in Jahren	in Jahren	in Jahren
männlich				weiblich			
x	e_x	x	e_x	x	e_x	x	e_x
0	78,18	25	53,79	0	83,06	25	58,52
1	77,45	26	52,81	1	82,31	26	57,53
2	76,48	27	51,84	2	81,33	27	56,54
3	75,49	28	50,87	3	80,34	28	55,56
4	74,50	29	49,89	4	79,35	29	54,57
5	73,51	30	48,92	5	78,36	30	53,59
6	72,51	31	47,95	6	77,36	31	52,60
7	71,52	32	46,98	7	76,37	32	51,62
8	70,52	33	46,02	8	75,37	33	50,63
9	69,53	34	45,05	9	74,38	34	49,65
10	68,54	35	44,09	10	73,38	35	48,67
11	67,54	36	43,12	11	72,38	36	47,69
12	66,55	37	42,16	12	71,39	37	46,72
13	65,55	38	41,20	13	70,40	38	45,74
14	64,56	39	40,24	14	69,40	39	44,76
15	63,57	40	39,29	15	68,41	40	43,79
16	62,58	41	38,33	16	67,42	41	42,82
17	61,59	42	37,38	17	66,43	42	41,85
18	60,61	43	36,44	18	65,44	43	40,89
19	59,63	44	35,50	19	64,45	44	39,92
20	58,66	45	34,56	20	63,46	45	38,96
21	57,68	46	33,63	21	62,48	46	38,01
22	56,71	47	32,71	22	61,49	47	37,06
23	55,73	48	31,79	23	60,50	48	36,11
24	54,76	49	30,88	24	59,51	49	35,17

7

Vollendetes Alter	Durchschnittliche Lebenserwartung im Alter x	Vollendetes Alter	Durchschnittliche Lebenserwartung im Alter x	Vollendetes Alter	Durchschnittliche Lebenserwartung im Alter x	Vollendetes Alter	Durchschnittliche Lebenserwartung im Alter x
in Jahren	in Jahren	in Jahren	in Jahren	in Jahren	in Jahren	in Jahren	in Jahren
männlich				weiblich			
x	e_x	x	e_x	x	e_x	x	e_x
50	29,97	75	10,79	50	34,23	75	12,87
51	29,08	76	10,16	51	33,30	76	12,12
52	28,20	77	9,55	52	32,37	77	11,38
53	27,32	78	8,94	53	31,45	78	10,66
54	26,46	79	8,37	54	30,54	79	9,97
55	25,61	80	7,81	55	29,64	80	9,30
56	24,77	81	7,28	56	28,73	81	8,66
57	23,94	82	6,77	57	27,84	82	8,04
58	23,12	83	6,30	58	26,95	83	7,46
59	22,32	84	5,86	59	26,06	84	6,90
60	21,52	85	5,44	60	25,19	85	6,38
61	20,74	86	5,05	61	24,32	86	5,88
62	19,97	87	4,68	62	23,46	87	5,42
63	19,21	88	4,32	63	22,60	88	4,99
64	18,45	89	3,99	64	21,74	89	4,59
65	17,71	90	3,68	65	20,90	90	4,22
66	16,98	91	3,39	66	20,07	91	3,89
67	16,26	92	3,15	67	19,24	92	3,58
68	15,54	93	2,93	68	18,42	93	3,31
69	14,83	94	2,75	69	17,61	94	3,10
70	14,13	95	2,56	70	16,80	95	2,88
71	13,44	96	2,40	71	16,00	96	2,68
72	12,77	97	2,22	72	15,21	97	2,45
73	12,10	98	2,03	73	14,42	98	2,25
74	11,44	99	1,91	74	13,64	99	2,09
		100	1,80			100	1,95

7.2.7 Sterbetafel 2013/2015 für Früheres Bundesgebiet (ohne Berlin-West)

Quelle: *Statistisches Bundesamt, Wiesbaden*

Durchschnittliche Lebenserwartung im Früheren Bundesgebiet ohne Berlin-West (nach der Sterbetafel 2013/2015)

Vollendetes Alter	Durchschnittliche Lebenserwartung im Alter x	Vollendetes Alter	Durchschnittliche Lebenserwartung im Alter x	Vollendetes Alter	Durchschnittliche Lebenserwartung im Alter x	Vollendetes Alter	Durchschnittliche Lebenserwartung im Alter x
in Jahren	in Jahren	in Jahren	in Jahren	in Jahren	in Jahren	in Jahren	in Jahren
männlich				weiblich			
x	e_x	x	e_x	x	e_x	x	e_x
0	78,44	25	54,05	0	83,06	25	58,53
1	77,72	26	53,08	1	82,32	26	57,54
2	76,74	27	52,10	2	81,34	27	56,55
3	75,76	28	51,13	3	80,35	28	55,56
4	74,77	29	50,15	4	79,36	29	54,58
5	73,77	30	49,18	5	78,36	30	53,59
6	72,78	31	48,21	5	77,37	31	52,61
7	71,79	32	47,24	7	76,38	32	51,62
8	70,79	33	46,27	8	75,38	33	50,64
9	69,80	34	45,31	9	74,39	34	49,66
10	68,80	35	44,34	10	73,39	35	48,68
11	67,81	36	43,38	11	72,39	36	47,70
12	66,81	37	42,41	12	71,40	37	46,72
13	65,82	38	41,45	13	70,41	38	45,74
14	64,83	39	40,49	14	69,41	39	44,77
15	63,83	40	39,54	15	68,42	40	43,79
16	62,84	41	38,58	16	67,43	41	42,82
17	61,86	42	37,63	17	66,44	42	41,85
18	60,88	43	36,68	18	65,45	43	40,89
19	59,90	44	35,74	19	64,46	44	39,93
20	58,92	45	34,80	20	63,47	45	38,97
21	57,95	46	33,87	21	62,48	46	38,01
22	56,98	47	32,94	22	61,49	47	37,06
23	56,00	48	32,01	23	60,50	48	36,11
24	55,03	49	31,10	24	59,52	49	35,16

Vollendetes Alter	Durch-schnittliche Lebens-erwartung im Alter x	Vollendetes Alter	Durch-schnittliche Lebens-erwartung im Alter x	Vollendetes Alter	Durch-schnittliche Lebens-erwartung im Alter x	Vollendetes Alter	Durch-schnittliche Lebens-erwartung im Alter x
in Jahren	in Jahren	in Jahren	in Jahren	in Jahren	in Jahren	in Jahren	in Jahren
männlich				weiblich			
x	e_x	x	e_x	x	e_x	x	e_x
50	30,19	75	10,84	50	34,23	75	12,89
51	29,29	76	10,20	51	33,29	76	12,14
52	28,39	77	9,58	52	32,37	77	11,40
53	27,51	78	8,98	53	31,45	78	10,68
54	26,64	79	8,40	54	30,54	79	9,99
55	25,78	80	7,84	55	29,63	80	9,32
56	24,94	81	7,30	56	28,73	81	8,67
57	24,10	82	6,79	57	27,83	82	8,05
58	23,27	83	6,31	58	26,94	83	7,47
59	22,46	84	5,87	59	26,06	84	6,91
60	21,65	85	5,44	60	25,19	85	6,38
61	20,86	86	5,05	61	24,32	86	5,88
62	20,08	87	4,68	62	23,46	87	5,41
63	19,31	88	4,32	63	22,60	88	4,98
64	18,55	89	3,99	64	21,75	89	4,58
65	17,80	90	3,67	65	20,91	90	4,20
66	17,05	91	3,38	66	20,07	91	3,87
67	16,32	92	3,14	67	19,25	92	3,56
68	15,60	93	2,91	68	18,44	93	3,29
69	14,89	94	2,73	69	17,63	94	3,07
70	14,19	95	2,54	70	16,82	95	2,84
71	13,50	96	2,37	71	16,02	96	2,63
72	12,82	97	2,21	72	15,23	97	2,44
73	12,15	98	2,08	73	14,44	98	2,28
74	11,49	99	1,96	74	13,67	99	2,13
		100	1,85			100	2,00

7.2.8 Sterbetafel 2013/2015 für Neue Länder (ohne Berlin-Ost)

Quelle: Statistisches Bundesamt, Wiesbaden

Durchschnittliche Lebenserwartung für die Neuen Länder ohne Berlin-Ost (nach der Sterbetafel 2013/2015)

Vollendetes Alter	Durchschnittliche Lebenserwartung im Alter x	Vollendetes Alter	Durchschnittliche Lebenserwartung im Alter x	Vollendetes Alter	Durchschnittliche Lebenserwartung im Alter x	Vollendetes Alter	Durchschnittliche Lebenserwartung im Alter x
in Jahren	in Jahren	in Jahren	in Jahren	in Jahren	in Jahren	in Jahren	in Jahren
männlich				weiblich			
x	e_x	x	e_x	x	e_x	x	e_x
0	77,07	25	52,67	0	83,05	25	58,48
1	76,30	26	51,70	1	82,24	26	57,49
2	75,32	27	50,72	2	81,26	27	56,50
3	74,33	28	49,76	3	80,28	28	55,51
4	73,34	29	48,79	4	79,29	29	54,53
5	72,35	30	47,83	5	78,30	30	53,55
6	71,36	31	46,86	6	77,30	31	52,57
7	70,37	32	45,90	7	76,30	32	51,59
8	69,37	33	44,94	8	75,31	33	50,61
9	68,38	34	43,98	9	74,31	34	49,63
10	67,38	35	43,02	10	73,31	35	48,65
11	66,39	36	42,07	11	72,32	36	47,67
12	65,40	37	41,11	12	71,32	37	46,69
13	64,40	38	40,15	13	70,33	38	45,71
14	63,41	39	39,20	14	69,34	39	44,74
15	62,41	40	38,25	15	68,34	40	43,77
16	61,42	41	37,30	16	67,35	41	42,81
17	60,44	42	36,36	17	66,36	42	41,84
18	59,46	43	35,43	18	65,38	43	40,88
19	58,49	44	34,50	19	64,39	44	39,92
20	57,52	45	33,58	20	63,41	45	38,96
21	56,55	46	32,67	21	62,43	46	38,00
22	55,59	47	31,77	22	61,44	47	37,05
23	54,61	48	30,87	23	60,45	48	36,11
24	53,64	49	29,99	24	59,46	49	35,18

Vollendetes Alter	Durchschnittliche Lebenserwartung im Alter x	Vollendetes Alter	Durchschnittliche Lebenserwartung im Alter x	Vollendetes Alter	Durchschnittliche Lebenserwartung im Alter x	Vollendetes Alter	Durchschnittliche Lebenserwartung im Alter x
in Jahren	in Jahren	in Jahren	in Jahren	in Jahren	in Jahren	in Jahren	in Jahren
männlich				weiblich			
x	e_x	x	e_x	x	e_x	x	e_x
50	29,11	75	10,51	50	34,25	75	12,67
51	28,25	76	9,89	51	33,32	76	11,92
52	27,40	77	9,28	52	32,40	77	11,19
53	26,56	78	8,70	53	31,48	78	10,48
54	25,73	79	8,13	54	30,56	79	9,79
55	24,92	80	7,59	55	29,65	80	9,12
56	24,11	81	7,07	56	28,75	81	8,49
57	23,31	82	6,59	57	27,85	82	7,88
58	22,53	83	6,13	58	26,96	83	7,31
59	21,76	84	5,70	59	26,07	84	6,76
60	21,00	85	5,30	60	25,18	85	6,25
61	20,25	86	4,91	61	24,31	86	5,76
62	19,51	87	4,55	62	23,43	87	5,30
63	18,77	88	4,20	63	22,56	88	4,88
64	18,05	89	3,88	64	21,70	89	4,48
65	17,34	90	3,58	65	20,84	90	4,12
66	16,63	91	3,27	66	19,99	91	3,78
67	15,93	92	3,01	67	19,16	92	3,46
68	15,22	93	2,79	68	18,32	93	3,17
69	14,53	94	2,59	69	17,49	94	2,93
70	13,84	95	2,41	70	16,66	95	2,68
71	13,16	96	2,25	71	15,84	96	2,48
72	12,48	97	2,10	72	15,04	97	2,30
73	11,81	98	1,98	73	14,24	98	2,14
74	11,15	99	1,86	74	13,45	99	2,00
		100	1,76			100	1,87

7.3 Leibrentenbarwertfaktoren

7.3.1 Allgemeines

Quelle: Statistisches Bundesamt, Wiesbaden, Hinweise: Kleiber

Für Leibrentenberechnungen sei auf folgende Veröffentlichungen und Daten des Statistischen Bundesamtes verwiesen:

Versicherungsbarwerte für Leibrenten, Tabellen zur jährlich und monatlich vorschüssigen Zahlungsweise, 2013/2015. Erscheinungsfolge: unregelmäßig.

Zuletzt erschienen am 4.11.2016, Artikelnummer: 5126201159004.

Dort:

- Sterbetafel 2013/2015
- Kommutationszahlen und Versicherungsbarwerte einer lebenslänglich, jährlich und monatlich vorschüssig zahlbaren Rente
- Kommutationszahlen und Versicherungsbarwerte einer lebenslänglich, jährlich und monatlich vorschüssig zahlbaren Verbindungsrente auf das kürzere Leben

7

Hinweise zu Leibrentenfaktoren

Die **Geschäftsstelle des Gutachterausschusses in der Landeshauptstadt Kiel** hat eine Rechenanwendung entwickelt, die Leiberentenbarwertfaktoren auf Basis der jeweils aktuellen Sterbetafel anzeigt; sie können im Internet über die Adresse „Gutachtausschuss Kiel" abgerufen werden. Liegen neue Veröffentlichungen des Statistischen Bundesamtes (Destatis) vor, werden diese eingepflegt.

Soweit im Rahmen der Verkehrswertermittlung „verbundene Leibrenten" zu berücksichtigen sind, ist zwischen Zahlungen

- „bis zum Tode der letztversterbenden Person" oder
- „bis zum Tod der erstversterbenden Person" (ab Version 2003 bis 2005 vom Gutachterausschuss Kiel eingepflegt)

zu unterscheiden. Die entwickelte Applikation berücksichtigt auch diese Möglichkeit, in dem Leibrentenbarwertfaktoren für zwei Berechtigte unter Berücksichtigung des Geschlechts ermittelt werden können.

Zur Anwendung werden folgende Erläuterungen gegeben: Zur Ermittlung des Werts des durch ein Recht im vorstehenden Sinne belasteten Grundstücks ist der Verkehrswert (Marktwert) des fiktiv unbelasteten Grundstücks mit dem aus dem Leibrentenbarwertfaktor ermittelten Abzinsungsfaktor (an das Leben gebundener Abzinsungsfaktor) zu multiplizieren. Dieser ist Bestandteil der Anwendung. Die mathematische Grundlage bildet (entsprechend Ziff. 4.4.3 (Anl. 17) der WertR 06) nachstehende Formel:

$f_{(x)} = 1 - (ä_{(x)} - 1) \times p$

wobei

$f_{(x)}$ = Abzinsungsfaktor

$ä_{(x)}$ = Leibrentenfaktor

p = Zinsfaktor (z.B. 0,05 bei 5 %)

Des Weiteren wird der Hinweis gegeben, dass der in dem Rechenbeispiel der Anl. 17 WERTR 06 dargestellte Leibrentenfaktor auf Grundlage einer „monatlich vorschüssigen Zahlungsweise" ermittelt wurde und im Rahmen der Ermittlung des an das „Leben gebundenen Abzinsungsfaktors" jedoch der jährlich nachschüssige Leibrentenfaktor Grundlage des Rechenbeispiels ist. Dieser wird im Rahmen der nachfolgenden Rechenmaschinen angeboten:

Rechenmaschine 2013-2015 (Grundlage: Absterbeordnung 2013-2015 Datum: 20.10.2016).

Rechenmaschine 2012-2014 (Grundlage: Absterbeordnung 2012-2014 Datum: 04.03.2016).

Rechenmaschine 2011-2013 (Grundlage: Absterbeordnung 2011-2013 Datum: 04.03.2016).

Rechenmaschine 2010-2012 (Grundlage: Absterbeordnung 2010-2012 Datum: 22.04.2015).

Rechenmaschine 2009-2011 (Grundlage: Absterbeordnung 2009-2011), hierzu GuG 2015, 178.

Rechenmaschine 2008-2010 (Grundlage: Absterbeordnung 2008-2010)

Rechenmaschine 2007-2009 (Grundlage: Absterbeordnung 2007-2009)

Rechenmaschine 2006-2008 (Grundlage: Absterbeordnung 2006-2008)

Rechenmaschine 2005-2007 (Grundlage: Absterbeordnung 2005-2007)

Rechenmaschine 2004-2006 (Grundlage: Absterbeordnung 2004-2006)

Rechenmaschine 2003-2005 (Grundlage: Absterbeordnung 2003-2005)

Rechenmaschine 2002-2004 (Grundlage: Absterbeordnung 2002-2004)

Rechenmaschine 2001-2003 (Grundlage: Absterbeordnung 2001-2003)

Rechenmaschine 2000-2002 (Grundlage: Absterbeordnung 2000-2002)

Rechenmaschine 1986-1988 (West) (Grundlage: Absterbeordnung 1986-1988)

Ansprechpartner im Gutachterausschuss Kiel: Wolfgang Plaga – Tel: 0431-901 2538

Bitte beachten Sie die Hinweise im Impressum auf der Homepage des Gutachterausschusses Kiel.

Literaturhinweis:

Vogels, Manfred, Grundstücks- und Gebäudebewertung marktgerecht: mit Formeln, Rechenverfahren, Diagrammen, Tab. und Rechnerprogrammierung. 1. Auflage – Wiesbaden, Berlin: Bauverlag 1977 – sowie 2. Auflage 1992

Hinweis:

1. Siehe auch Kapitel 9.3.2: Verrentung von Kaufpreisen; Leib- und Zeitrenten
2. Rechenmaschinen verfügbar über: www.gutachterausschuss-kiel.de/?page_id-61

7.3.2 Leibrentenbarwertfaktoren, Verbindungsrenten, Diskontierungsfaktoren

Quelle: Tillmann, H.-G., Wertermittlung von Rechten und Belastungen, 2016

Die aktuellen Leibrentenbarwertfaktoren werden durch das Statistische Bundesamt, Wiesbaden, auf der Grundlage der jeweiligen Sterbetafeln ermittelt.

Die Veröffentlichungen unter der Bezeichnung „Kommutationszahlen und Versicherungsbarwerte für Leibrenten 200x/200y" enthalten Tabellen zur jährlich und monatlich vorschüssigen Zahlung einer lebenslänglich, vorschüssig zahlbaren Rente, die an das Leben einerseits von Männern, andererseits von Frauen gebunden sind. Zudem werden seit der Veröffentlichung der Sterbetafel 2002/2004 Daten für lebenslänglich vorschüssig zahlbare Verbindungsrenten veröffentlicht.

Der für die Leibrentenberechnungen heranzuziehende Versicherungsbarwert

$\ddot{a}_x$ **entspricht einer sofort beginnenden und lebenslänglich jährlich vorschüssig zahlbaren Leibrente „1" für eine x-jährige Person (lebenslängliche Leibrente)**

$^{(12)}\ddot{a}_x$ **entspricht einer sofort beginnenden und lebenslänglich monatlich vorschüssig zahlbaren Leibrente „1" für eine x-jährige Person (lebenslängliche Leibrente)**

nach der jeweils aktuellen Sterbetafel

Hinweis:

Die Beispiele in den WertR 2006 beziehen sich auf die Leibrentenbarwertfaktoren zur Sterbetafel 2001/2003.

In den Tabellen wird folgende Notation verwendet:

x Vollendetes Alter (x für männlich, y für weiblich)

L_x Lebende im Alter x gemäß Sterbetafel

D_x Diskontierte Zahl der Lebenden

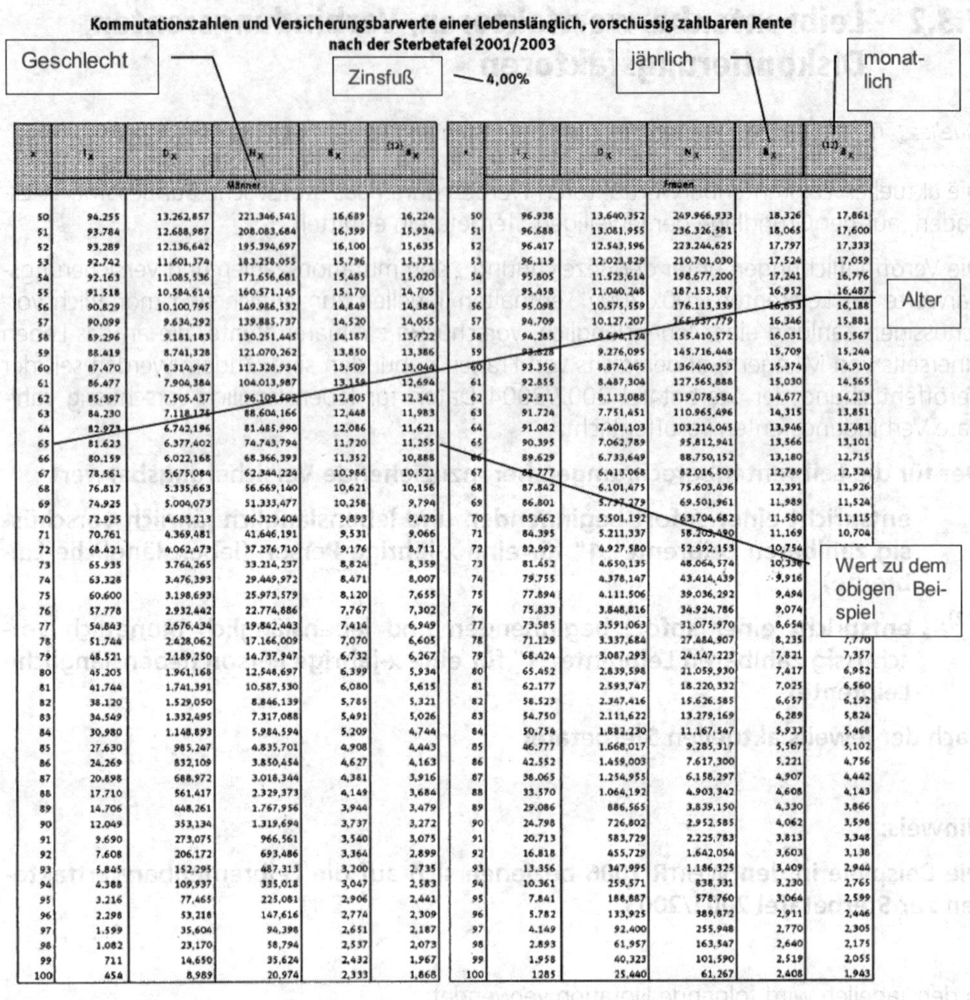

Kommutationszahlen und Versicherungsbarwerte einer lebenslänglich, vorschüssig zahlbaren Rente nach der Sterbetafel 2001/2003

4,00%

x	l_x	D_x	N_x	$ä_x$	$^{(12)}ä_x$	x	l_x	D_x	N_x	$ä_x$	$^{(12)}ä_x$
	Männer						Frauen				
50	94.255	13.262,857	221.346,541	16,689	16,224	50	96.938	13.640,352	249.966,933	18,326	17,861
51	93.784	12.688,987	208.083,684	16,399	15,934	51	96.688	13.081,955	236.326,581	18,065	17,600
52	93.289	12.136,642	195.394,697	16,100	15,635	52	96.417	12.543,596	223.244,625	17,797	17,333
53	92.742	11.601,374	183.258,055	15,796	15,331	53	96.119	12.023,829	210.701,030	17,524	17,059
54	92.163	11.085,536	171.656,681	15,485	15,020	54	95.805	11.523,614	198.677,200	17,241	16,776
55	91.518	10.584,614	160.571,145	15,170	14,705	55	95.458	11.040,248	187.153,587	16,952	16,487
56	90.829	10.100,795	149.986,532	14,849	14,384	56	95.098	10.575,559	176.113,339	16,653	16,188
57	90.099	9.634,292	139.885,737	14,520	14,055	57	94.709	10.127,207	165.537,779	16,346	15,881
58	89.296	9.181,183	130.251,445	14,187	13,722	58	94.285	9.694,124	155.410,572	16,031	15,567
59	88.419	8.741,328	121.070,262	13,850	13,386	59	93.828	9.276,095	145.716,448	15,709	15,244
60	87.470	8.314,947	112.328,934	13,509	13,044	60	93.356	8.874,465	136.440,353	15,374	14,910
61	86.477	7.904,384	104.013,987	13,159	12,694	61	92.855	8.487,304	127.565,888	15,030	14,565
62	85.397	7.505,437	96.109,602	12,805	12,341	62	92.311	8.113,088	119.078,584	14,677	14,213
63	84.230	7.118,176	88.604,166	12,448	11,983	63	91.724	7.751,451	110.965,496	14,315	13,851
64	82.973	6.742,196	81.485,990	12,086	11,621	64	91.082	7.401,103	103.214,045	13,946	13,481
65	81.623	6.377,402	74.743,794	11,720	11,255	65	90.395	7.062,789	95.812,941	13,566	13,101
66	80.159	6.022,168	68.366,393	11,352	10,888	66	89.629	6.733,649	88.750,152	13,180	12,715
67	78.561	5.675,084	62.344,224	10,986	10,521	67	88.777	6.413,068	82.016,503	12,789	12,324
68	76.817	5.335,663	56.669,140	10,621	10,156	68	87.842	6.101,475	75.603,436	12,391	11,926
69	74.925	5.004,073	51.333,477	10,258	9,794	69	86.801	5.797,279	69.501,961	11,989	11,524
70	72.925	4.683,213	46.329,404	9,893	9,428	70	85.662	5.501,192	63.704,682	11,580	11,115
71	70.761	4.369,481	41.646,191	9,531	9,066	71	84.395	5.211,337	58.203,490	11,169	10,704
72	68.421	4.062,473	37.276,710	9,176	8,711	72	82.992	4.927,580	52.992,153	10,754	[illegible]
73	65.935	3.764,265	33.214,237	8,824	8,359	73	81.452	4.650,135	48.064,574	10,336	[illegible]
74	63.328	3.476,393	29.449,972	8,471	8,007	74	79.755	4.378,147	43.414,439	9,916	[illegible]
75	60.600	3.198,693	25.973,579	8,120	7,655	75	77.894	4.111,506	39.036,292	9,494	[illegible]
76	57.778	2.932,442	22.774,886	7,767	7,302	76	75.833	3.848,816	34.924,786	9,074	[illegible]
77	54.843	2.676,434	19.842,443	7,414	6,949	77	73.585	3.591,063	31.075,970	8,654	[illegible]
78	51.744	2.428,062	17.166,009	7,070	6,605	78	71.129	3.337,684	27.484,907	8,235	7,770
79	48.521	2.189,250	14.737,947	6,732	6,267	79	68.424	3.087,293	24.147,223	7,821	7,357
80	45.205	1.961,168	12.548,697	6,399	5,934	80	65.452	2.839,598	21.059,930	7,417	6,952
81	41.744	1.741,391	10.587,530	6,080	5,615	81	62.177	2.593,747	18.220,332	7,025	6,560
82	38.120	1.529,050	8.846,139	5,785	5,321	82	58.523	2.347,416	15.626,585	6,657	6,192
83	34.549	1.332,495	7.317,088	5,491	5,026	83	54.750	2.111,622	13.279,169	6,289	5,824
84	30.980	1.148,893	5.984,594	5,209	4,744	84	50.754	1.882,230	11.167,547	5,933	5,468
85	27.630	985,247	4.835,701	4,908	4,443	85	46.777	1.668,017	9.285,317	5,567	5,102
86	24.269	832,109	3.850,454	4,627	4,163	86	42.552	1.459,003	7.617,300	5,221	4,756
87	20.898	688,972	3.018,344	4,381	3,916	87	38.065	1.254,955	6.158,297	4,907	4,442
88	17.710	561,417	2.329,373	4,149	3,684	88	33.570	1.064,192	4.903,342	4,608	4,143
89	14.706	448,261	1.767,956	3,944	3,479	89	29.086	886,565	3.839,150	4,330	3,866
90	12.049	353,134	1.319,694	3,737	3,272	90	24.798	726,802	2.952,585	4,062	3,598
91	9.690	273,075	966,561	3,540	3,075	91	20.713	583,729	2.225,783	3,813	3,348
92	7.608	206,172	693,486	3,364	2,899	92	16.818	455,729	1.642,054	3,603	3,138
93	5.845	152,295	487,313	3,200	2,735	93	13.356	347,995	1.186,325	3,409	2,944
94	4.388	109,937	335,018	3,047	2,583	94	10.361	259,571	838,331	3,230	2,765
95	3.216	77,465	225,081	2,906	2,441	95	7.841	188,887	578,760	3,064	2,599
96	2.298	53,218	147,616	2,774	2,309	96	5.782	133,925	389,872	2,911	2,446
97	1.599	35,604	94,398	2,651	2,187	97	4.149	92,400	255,948	2,770	2,305
98	1.082	23,170	58,794	2,537	2,073	98	2.893	61,957	163,547	2,640	2,175
99	711	14,650	35,624	2,432	1,967	99	1.958	40,323	101,590	2,519	2,055
100	454	8,989	20,974	2,333	1,868	100	1285	25,440	61,267	2,408	1,943

Beispiel 1: Jährlich vorschüssig zahlbare Leibrente an eine männlichen Person

Gesucht: Leibrentenfaktor für einen 65-jährigen Mann, Zinssatz 4 %, lebenslänglich vorschüssig zahlbare Rente in monatlichen Raten, Sterbetafel 2001/2003

Lösung: $^{(12)}ä_x = 11{,}255$[1]

(Bezug auf veraltete Werte gemäß Sterbetafel 2001/2003 wegen der Verwendung in den Beispielen der *WertR* 06)

1 Dieses Beispiel findet im Zusammenhang mit der Berechnung für ein unentgeltliches Wohnungsrecht (Beispiel Nr. 12 WertR 2006) Anwendung.

Beispiel 2: Jährlich vorschüssig zahlbare Leibrente als Verbindungsrente an eine männliche und eine weibliche Person bis zum Tod des Letztlebenden

Gesucht: Leibrentenfaktor für einen 78-jährigen Mann
und seine 73-jährige Frau, Zinssatz 4 % p.a.,
lebenslänglich vorschüssig zahlbare Rente in monatlichen Raten
Sterbetafel 2002/2004

(Bezug auf Werte gemäß Sterbetafel 2002/2004, da hier **erstmals** in den Quellen des Statistischen Bundesamtes unterschieden wird, zwischen Daten für $\mathbf{a_x}$ für männlich und $\mathbf{a_y}$ für weiblich.)

Ableitung des Leibrentenfaktors[2] für eine lebenslänglich monatlich vorschüssig zahlbare verbundene Leibrente bis zum Tode des Letztlebenden (Sterbetafel 2002/2004)	
$^{(12)}\ddot{a}_x$, *Alter 78 Jahre, 4 %*[3]	*6,682*
$^{(12)}\ddot{a}_y$, *Alter 73 Jahre, 4 %*[4]	*9,937*
Summe: $^{(12)}\ddot{a}_{x+y}$	*16,619*
abzgl. $^{(12)}\ddot{a}_{x,y}$, *bei x – y = +5, Zins 4 %*[5]	*– 5,685*
Ergebnis: $^{(12)}\ddot{a}'_{x,y}$	*10,934*

Lösung: $^{(12)}\ddot{a}'_{xy} = 10{,}934$[6]

Leibrentenbarwertfaktoren (nachschüssig)

Der Barwertfaktor einer sofort beginnenden und lebenslänglich, jährlich **nachschüssig** zahlbaren Leibrente „1" für eine x-jährige Person errechnet sich als

$$\mathbf{a_x = \ddot{a}_x - 1}$$

Gesucht: Jährlich nachschüssiger Leibrentenfaktor für einen 78-jährigen Mann bei einem Zinsfuß von 4 %, Sterbetafel 2002/2004

Lösung: $\ddot{a}_x = 6{,}682$
$a_x = 6{,}682 - 1 = 5{,}682$

2 Vergleiche zum Berechnungsansatz: z.B. bei Gerardy/Möckel/Troff, Loseblattsammlung, Seite A.5.5./6 bzw. Statistisches Bundesamt: Kommutationszahlen und Versicherungsbarwerte für Leibrenten 2002/2004, Erläuterungen, Kapitel 3.6.

3 Leibrentenbarwertfaktor einer Einzelperson (Versicherungsbarwert einer lebenslänglich, monatlich vorschüssig zahlbaren Rente für Männer nach der Sterbetafel 2002/2004).

4 Leibrentenbarwertfaktor einer Einzelperson (Versicherungsbarwert einer lebenslänglich, monatlich vorschüssig zahlbaren Rente für Frauen nach der Sterbetafel 2002/2004).

5 Leibrentenbarwertfaktor einer Verbindungsrente für den „kürzer Lebenden" (Versicherungsbarwert einer lebenslänglich, monatlich vorschüssig zahlbaren Verbindungsrente nach der Sterbetafel 2002/2004, Altersdifferenz zwischen Mann und Frau (x – y) = 5 Jahre).

6 Dieses Beispiel findet im Zusammenhang mit der Berechnung für ein unentgeltliches Wohnungsrecht (Beispiel Nr. 12 WertR 2006) Anwendung.

Leibrenten-Diskontierungsfaktoren

An das Leben gebundene Diskontierungsfaktoren (Abzinsungsfaktoren) ergeben sich als

$$\mathbf{f_x = 1 - (ä_x - 1) \times p}$$

wobei der Leibrentenbarwertfaktor ($ä_x$) aus der Tabelle des Statistischen Bundesamtes entnommen wird und p dem angemessenen Zinssatz (dezimal) entspricht.

Anwendung findet der Leibrentendiskontierungsfaktor z.B. in Anlage 17 der WERTR 2006, dort: Beispielrechnung Nr. 12 (Wohnungsrecht) und Nr. 16 (Nießbrauch).

Ausgangswert:

Leibrentenfaktor (Alter: 65 Jahre, männlich) bei einem Zinssatz von 4 %, Sterbetafel 2001/2003, für eine sofort beginnende und lebenslänglich, **jährlich** vorschüssig zahlbare Leibrente

$$\mathbf{ä_x\ (65\ J,\ 4\ \%) = 11{,}720}$$

Gesucht: Leibrentendiskontierungsfaktor

$$\mathbf{f_x = 1 - (11{,}720 - 1) \times 0{,}04}$$

$$\mathbf{f_x = 1 - (10{,}720) \times 0{,}04}$$

$$\mathbf{f_x = 1 - 0{,}4288}$$

$$\mathbf{f_x = 0{,}5712}$$[7]

Weitere Hinweise für den Umgang mit Leibrenten ergeben sich aus dem Kapitel 7.3.1 und 9.3.2

7 Dieses Beispiel findet im Zusammenhang mit der Berechnung für ein unentgeltliches Wohnungsrecht (Beispiel Nr. 12 WERTR 2006) Anwendung.

7.3.3 Kapitalwert einer lebenslänglichen Nutzung oder Leistung (BMF)

Quelle: *Anlage zu § 14 Absatz 1 BewG; BMF, Schreiben vom 04.11.2016, IV C7 S3104/09/10001, DOK 2016/1012678*

Kapitalwert einer lebenslänglichen Nutzung oder Leistung im Jahresbetrag von einem Euro für Bewertungsstichtage ab dem 01. Januar 2017

Der Kapitalwert ist nach der am 20. Oktober 2016 veröffentlichten Allgemeinen Sterbetafel 2013/2015 des Statistischen Bundesamtes unter Berücksichtigung von Zwischenzinsen und Zinseszinsen mit 5,5 % p.a. errechnet worden. Der Kapitalwert der Tabelle ist der Mittelwert zwischen dem Kapitalwert für jährlich vorschüssige und jährlich nachschüssige Zahlungsweise.

Vollendetes Lebensalter	Männer		Frauen	
	Durchschnittliche Lebenserwartung	Kapitalwert	Durchschnittliche Lebenserwartung	Kapitalwert
0	78,18	18,398	83,06	18,463
1	77,45	18,386	82,31	18,454
2	76,48	18,371	81,33	18,442
3	75,49	18,354	80,34	18,429
4	74,50	18,336	79,35	18,415
5	73,51	18,317	78,36	18,400
6	72,51	18,297	77,36	18,385
7	71,52	18,276	76,37	18,369
8	70,52	18,254	75,37	18,352
9	69,53	18,230	74,38	18,334
10	68,54	18,206	73,38	18,314
11	67,54	18,180	72,38	18,294
12	66,55	18,152	71,39	18,273
13	65,55	18,123	70,40	18,251
14	64,56	18,093	69,40	18,227
15	63,57	18,061	68,41	18,202
16	62,58	18,027	67,42	18,176
17	61,59	17,991	66,43	18,149
18	60,61	17,954	65,44	18,120
19	59,63	17,915	64,45	18,089

Vollendetes Lebensalter	Männer		Frauen	
	Durchschnittliche Lebenserwartung	Kapitalwert	Durchschnittliche Lebenserwartung	Kapitalwert
20	58,66	17,874	63,46	18,057
21	57,68	17,830	62,48	18,023
22	56,71	17,785	61,49	17,987
23	55,73	17,737	60,50	17,950
24	54,76	17,686	59,51	17,910
25	53,79	17,633	58,52	17,868
26	52,81	17,577	57,53	17,823
27	51,84	17,518	56,54	17,777
28	50,87	17,456	55,56	17,728
29	49,89	17,390	54,57	17,676
30	48,92	17,321	53,59	17,622
31	47,95	17,248	52,60	17,564
32	46,98	17,172	51,62	17,504
33	46,02	17,092	50,63	17,440
34	45,05	17,007	49,65	17,373
35	44,09	16,919	48,67	17,302
36	43,12	16,825	47,69	17,228
37	42,16	16,727	46,72	17,151
38	41,20	16,624	45,74	17,068
39	40,24	16,515	44,76	16,981
40	39,29	16,402	43,79	16,890
41	38,33	16,282	42,82	16,795
42	37,38	16,157	41,85	16,694
43	36,44	16,027	40,89	16,590
44	35,50	15,890	39,92	16,478
45	34,56	15,745	38,96	16,362
46	33,63	15,596	38,01	16,241
47	32,71	15,440	37,06	16,113
48	31,79	15,276	36,11	15,979
49	30,88	15,106	35,17	15,840
50	29,97	14,927	34,23	15,693
51	29,08	14,744	33,30	15,540
52	28,20	14,554	32,37	15,380
53	27,32	14,355	31,45	15,213
54	26,46	14,151	30,54	15,040

Vollendetes Lebensalter	Männer		Frauen	
	Durchschnittliche Lebenserwartung	Kapitalwert	Durchschnittliche Lebenserwartung	Kapitalwert
55	25,61	13,940	29,64	14,860
56	24,77	13,722	28,73	14,670
57	23,94	13,497	27,84	14,474
58	23,12	13,264	26,95	14,268
59	22,32	13,027	26,06	14,053
60	21,52	12,779	25,19	13,832
61	20,74	12,528	24,32	13,601
62	19,97	12,269	23,46	13,362
63	19,21	12,002	22,60	13,111
64	18,45	11,725	21,74	12,849
65	17,71	11,444	20,90	12,580
66	16,98	11,155	20,07	12,303
67	16,26	10,860	19,24	12,013
68	15,54	10,552	18,42	11,714
69	14,83	10,237	17,61	11,405
70	14,13	9,915	16,80	11,082
71	13,44	9,585	16,00	10,750
72	12,77	9,252	15,21	10,407
73	12,10	8,908	14,42	10,050
74	11,44	8,556	13,64	9,682
75	10,79	8,198	12,87	9,303
76	10,16	7,838	12,12	8,918
77	9,55	7,478	11,38	8,524
78	8,94	7,106	10,66	8,125
79	8,37	6,748	9,97	7,727
80	7,81	6,384	9,30	7,327
81	7,28	6,030	8,66	6,931
82	6,77	5,680	8,04	6,535
83	6,30	5,349	7,46	6,152
84	5,86	5,031	6,90	5,770
85	5,44	4,721	6,38	5,406
86	5,05	4,426	5,88	5,046
87	4,68	4,141	5,42	4,706
88	4,32	3,858	4,99	4,380
89	3,99	3,593	4,59	4,070

Vollendetes Lebensalter	Männer		Frauen	
	Durchschnittliche Lebenserwartung	Kapitalwert	Durchschnittliche Lebenserwartung	Kapitalwert
90	3,68	3,341	4,22	3,778
91	3,39	3,101	3,89	3,512
92	3,15	2,899	3,58	3,259
93	2,93	2,712	3,31	3,034
94	2,75	2,558	3,10	2,857
95	2,56	2,393	2,88	2,670
96	2,40	2,253	2,68	2,497
97	2,22	2,094	2,45	2,297
98	2,03	1,924	2,25	2,120
99	1,91	1,816	2,09	1,978
100 und darüber	1,80	1,716	1,95	1,852

7.4 Erbbaurecht

7.4.1 Vorbemerkung

Die WERTR 06, Teil II (Zusätzliche Richtlinien für Teilbereiche), sind derzeit noch nicht novelliert worden. Die nachfolgenden Beispiele der WERTR 06 entsprechen daher in Details nicht den Regelungen aus der ImmoWertV bzw. der Sachwert-, Ertragswert- oder Vergleichswertrichtlinie. Bei der Anwendung ist daher darauf zu achten, dass die Richtlinien- und Modellkonformität durch den Anwender eine angemessene Berücksichtigung findet.

Die Nummerierungen der WERTR 06-Beispiele sind unverändert übernommen, ebenso die Hinweise auf die dortigen Kapitelnummern und die vormalige WertV.

7.4.1.1 Verkehrswert des Erbbaurechts

Quelle: WERTR 06, Anlage 12

Es ist der Verkehrswert eines Erbbaurechts an einem Einfamilienhausgrundstück zu ermitteln.

Annahmen für die Beispielrechnungen zum Erbbaurecht Nr. 1–5

– Bodenwert des unbelasteten unbebauten erschließungsbeitragsfreien Grundstücks	60.000 €
– Verkehrswert des unbelasteten bebauten Grundstücks	165.000 €
– Sachwert der baulichen Anlagen	100.000 €
– Restnutzungsdauer der baulichen Anlagen	50 Jahre
– Restlaufzeit des Erbbaurechtsvertrags	50 Jahre
– jährlich erzielbarer Erbbauzins (wertgesichert)	748,95 €
– Liegenschaftszinssatz des unbelasteten Grundstücks	3,0%
– Verzinsungsbetrag des Bodenwerts (Liegenschaftszins)	1.800 €

Beispielrechnung Nr. 1: Vergleichswertverfahren nach Nr. 4.3.2.1 WERTR 06

zusätzliche bzw. abweichende Annahmen

– Bodenwertniveau des unbelasteten unbebauten erschließungsbeitragsfreien Grundstücks	100 €/m²
– Wohnfläche	140 m²
– Wohnflächenpreis (ermittelt aus dem Verhältnis des Verkehrswerts des unbelasteten bebauten Grundstücks und der Wohnfläche = 165.000 €/140 m²)	1.179 €/m²
– Vergleichsfaktor für das Erbbaurecht auf den Wert des unbelasteten bebauten Grundstücks in Abhängigkeit von Wohnflächenpreis und Restlaufzeit für freistehende Einfamilienhäuser ermittelt auf Grund von Untersuchungen	0,85

Berechnung

Verkehrswert des unbelasteten bebauten Grundstücks	**165.000 €**	
Vergleichsfaktor	× 0,85	
Zwischensumme	140.250 €	
Zu-/Abschläge wegen besonderer vertraglicher Vereinbarungen	± 0 €	
Verkehrswert des Erbbaurechts		**140.000 €**

Finanzmathematische Methode nach 4.3.2.2 WERTR 06

Beispielrechnung Nr. 2: Finanzmathematische Methode nach Nr. 4.3.2.2 WERTR 06

Berechnung

Verzinsungsbetrag des Bodenwerts (Liegenschaftszins)	1.800,00 €	
– vertraglich und gesetzlich erzielbarer Erbbauzins	– 748,95 €	
Differenz	1.051,05 €	
Vervielfältiger bei 50 Jahren Restlaufzeit und 3% Liegenschaftszinssatz	× 25,73	
Bodenwertanteil des Erbbaurechts nach Nr. 4.3.2.2.1		**27.044 €**

Beispielrechnung Nr. 3: Verkehrswert des Erbbaurechts nach Nr. 4.3.2.2.2 WERTR 06

Berechnung

Sachwert des Gebäudes (Gebäudewertanteil)	100.000 €	
Bodenwertanteil des Erbbaurechts	+ **27.044 €**	
finanzmathematischer Wert des Erbbaurechts	**127.044 €**	
ermittelter Marktanpassungsfaktor für Erbbaurechte	× 1,1	
Zwischensumme	139.748 €	
Zu-/Abschläge wegen besonderer vertraglicher Vereinbarungen	± 0 €	
	139.748 €	
Verkehrswert des Erbbaurechts		**140.000 €**

7.4.1.2 Verkehrswert des Erbbaugrundstücks

Quelle: WertR 06, Anlage 13

Es ist der Verkehrswert eines mit einem Einfamilienhaus bebauten Erbbaugrundstücks zu ermitteln.

Beispielrechnung Nr. 4: Vergleichswertverfahren nach Nr. 4.3.3.1 WertR 06

zusätzliche bzw. abweichende Annahmen

– Bodenwertniveau des unbelasteten unbebauten erschließungsbeitragsfreien Grundstücks	100 €/m²
– berechnete Rendite aus dem Verhältnis erzielbarer Erbbauzins zum Bodenwert des unbelasteten Grundstücks (748,95 €/60.000 €)	1,25%
– Vergleichsfaktor auf den Wert des unbelasteten Bodenwerts in Abhängigkeit von der gegebenen Rendite und vom Bodenwertniveau ermittelt auf Grund von Untersuchungen	0,7

Berechnung

Bodenwert des unbelasteten Grundstücks		**60.000 €**
Vergleichsfaktor	× 0,7	
Zwischensumme	42.000 €	
Zu-/Abschläge wegen besonderer vertraglicher Vereinbarungen	± 0 €	
Verkehrswert des Erbbaugrundstücks		**42.000 €**

finanzmathematische Methode nach Nr. 4.3.3.2

Beispielrechnung Nr. 5: Verkehrswert des Erbbaugrundstücks nach Nr. 4.3.3.2 WertR 06

unbelasteter Bodenwert	60.000 €	
Abzinsungsfaktor bei 50 Jahren Restlaufzeit und 3% Liegenschaftszinssatz	× 0,2281	
abgezinster Bodenwert		**13.686 €**
vertraglich und gesetzlich erzielbarer Erbbauzins	748,95 €	
Vervielfältiger bei 50 Jahren Restlaufzeit und 3% Liegenschaftszinssatz	× 25,73	
Barwert des vertraglich und gesetzlich erzielbaren Erbbauzinses		**+ 19.270 €**
finanzmathematischer Wert des Erbbaugrundstücks		**32.956 €**
ermittelter Marktanpassungsfaktor für Erbbaugrundstücke	× 1,4	
Zwischensumme	46.139 €	
Zu-/Abschläge wegen besonderer vertraglicher Vereinbarungen	± 0 €	
	46.139 €	
Verkehrswert des Erbbaugrundstücks		**46.000 €**

7.4.1.3 Gebäudewertanteil des Erbbaurechts

Quelle: WertR 06, Anlage 14

Die Restlaufzeit des Erbbaurechtsvertrags ist kürzer als die Restnutzungsdauer der baulichen Anlagen und der Wert der baulichen Anlagen ist bei Vertragsablauf vom Grundstückseigentümer nur zu $^2/_3$ des Verkehrswerts zu entschädigen. Für diesen Fall ist der Wert der baulichen Anlagen (Gebäudewertanteil) des Erbbaurechts zu ermitteln.

Beispielrechnung Nr. 6: Sachwertverfahren nach Nr. 4.3.2.2.2 WERTR 06

Annahmen

Es ist der Wert der baulichen Anlagen (Gebäudewertanteil) eines Erbbaurechts für ein Einfamilienhaus zu ermitteln.

– Herstellungswert der baulichen Anlagen	150.000 €
– Restlaufzeit des Vertrags am Wertermittlungsstichtag	10 Jahre
– Gesamtnutzungsdauer der baulichen Anlagen	100 Jahre
– Restnutzungsdauer der baulichen Anlagen	50 Jahre
– Alterswertminderung entsprechend Anlage 8a (GND 100 Jahre; RND 50 Jahre)	38%

Berechnung

Herstellungswert der baulichen Anlagen	150.000 €
Alterswertminderung (GND 100 Jahre; RND 50 Jahre) 38%	– 57.000 €
Sachwert der baulichen Anlagen am Wertermittlungsstichtag	93.000 €
abzüglich des Wertanteils der baulichen Anlagen, der vom Grundstückseigentümer bei Vertragsablauf nicht zu entschädigen ist (zur Berechnung vgl. Beispielrechnung Nr. 8)	– 19.345 €
Gebäudewertanteil des Erbbaurechts	**73.655 €**

Beispielrechnung Nr. 7: Ertragswertverfahren nach Nr. 4.3.2.2.2 WERTR 06

Annahmen

Es ist der Wert der baulichen Anlagen (Gebäudewertanteil) eines Erbbaurechts für ein Mehrfamilienhaus zu ermitteln.

– Bodenwert	40.000 €
– Restlaufzeit des Vertrags am Wertermittlungsstichtag	10 Jahre
– Restnutzungsdauer der baulichen Anlagen	50 Jahre
– Liegenschaftszinssatz	4,5%
– nachhaltig erzielbare Nettokaltmiete	31.200 €

Berechnung

nachhaltig erzielbare jährliche Nettokaltmiete		31.200 €	
Bewirtschaftungskosten (§ 18 WertV)		– 7.800 €	
Jahresreinertrag		**23.400 €**	
Reinertragsanteil des Bodens	4,5%	– 1.800 €	
Reinertragsanteil der baulichen Anlagen		**21.600 €**	
Vervielfältiger (10 Jahre Restlaufzeit des Vertrags, 4,5% LZ)		× 7,91	
über die Restlaufzeit kapitalisierte Erträge			**170.856 €**
Ertragswert der baulichen Anlagen bei Vertragsablauf (abgezinst auf den Wertermittlungsstichtag) zur Berechnung vgl. Beispielrechnung Nr. 9		**255.912 €**	
vom Grundstückseigentümer an den Erbbauberechtigten zu entschädigender Anteil (66,67%)		× 0,6667	**+ 170.616 €**
Gebäudewertanteil des Erbbaurechts			**341.472 €**

7.4.1.4 Gebäudewertanteil des Erbbaugrundstücks

Quelle: WERTR 06, Anlage 15

Gebäudewertanteil des Erbbaugrundstücks

Die Restlaufzeit des Erbbaurechtsvertrags ist kürzer als die Restnutzungsdauer der baulichen Anlagen und der Wert der baulichen Anlagen ist bei Vertragsablauf vom Grundstückseigentümer nur zu 2/3 des Verkehrswerts zu entschädigen. Für diesen Fall ist der Wertanteil der baulichen Anlagen (Gebäudewertanteil) des Erbbaugrundstücks zu ermitteln.

Beispielrechnung Nr. 8: Sachwertverfahren nach Nr. 4.3.3.2.2 WERTR 06

Annahmen

Es ist der Wertanteil der baulichen Anlagen (Gebäudewertanteil) eines Erbbaugrundstücks für ein Einfamilienhaus zu ermitteln.

Annahmen entsprechend der Beispielrechnung Nr. 6

zusätzliche bzw. abweichende Annahmen:

– Restnutzungsdauer der baulichen Anlagen bei Vertragsablauf	40 Jahre
– Alterswertminderung entsprechend Anlage 8a (GND 100 Jahre; RND 40 Jahre)	48%
– Liegenschaftszinssatz	3%

Berechnung

Herstellungswert der baulichen Anlagen	150.000 €
– Alterswertminderung nach Ross (100 Jahre GND; 40 Jahre RND bei Vertragsablauf) 48,0%	– 72.000 €
Sachwert der baulichen Anlagen zum Zeitpunkt des Vertragsablaufs	78.000 €
Abzinsungsfaktor (10 Jahre Restlaufzeit, 3,0% LZ)	× 0,7441
Sachwert der baulichen Anlagen bei Vertragsablauf (abgezinst auf den Wertermittlungsstichtag)	**58.040 €**
nicht vom Grundstückseigentümer zu entschädigender Anteil (33,33%)	× 0,3333
Gebäudewertanteil des Erbbaugrundstücks	**19.345 €**

Beispielrechnung Nr. 9: Ertragswertverfahren nach Nr. 4.3.3.2.2 WERTR 06

Annahmen

Es ist der Wertanteil der baulichen Anlagen (Gebäudewertanteil) eines Erbbaugrundstücks für ein Mehrfamilienhaus zu ermitteln.

Annahmen entsprechend der Beispielrechnung Nr. 7

Berechnung

nachhaltig erzielbare jährliche Nettokaltmiete			31.200 €
Bewirtschaftungskosten (§ 18 WertV)	25%	–	7.800 €
Jahresreinertrag			**23.400 €**
Reinertragsanteil des Bodens	4,5%	–	1.800 €
Reinertragsanteil der baulichen Anlagen			21.600 €
Vervielfältiger (40 Restnutzungsdauer bei Vertragsablauf; 4,5% LZ)		×	18,40
Ertragswert der baulichen Anlagen			**397.440 €**
Abzinsungsfaktor (10 Jahre Restlaufzeit; 4,5% LZ)		×	0,6439
Ertragswert der baulichen Anlagen bei Vertragsablauf (abgezinst auf den Wertermittlungsstichtag)			**255.912 €**
vom Grundstückseigentümer an den Erbbauberechtigten nicht zu entschädigender Anteil (33,33%)		×	0,3333
Gebäudewertanteil des Erbbaugrundstücks			**85.295 €**

7.4.2 Differenzierung von Erbbauzins-Begriffen

Angemessener Erbbauzins	**Erbbauzins**, der am Ort für die Grundstücksart und -nutzung zum Stichtag üblich ist (ortsüblicher Erbbauzins).
Angemessene Bodenwertverzinsung:	Ergibt sich aus dem **Liegenschaftszinssatz.**
Dinglicher Erbbauzins:	Erbbauzins, der (insgesamt) dinglich gesichert ist, also ggf. einschließlich vertraglicher Anpassungen und deren aufgeführter dinglicher Sicherung bzw. Wertsicherung gemäß Änderungen im Erbbaurecht von 1994/1998 (**Erbbauzinsreallast**).
Schuldrechtlich erhöhter Erbbauzins:	Erbbauzins, der über die dingliche Sicherung hinaus auch mögliche schuldrechtliche Erhöhungen umfasst, die selbst noch nicht dinglich gesichert zu sein brauchen.
Erzielbarer Erbbauzins:	Erbbauzins, der vertraglich vereinbart ist, **einschließlich aller sich aus Vertrag und Gesetz ergebenden Erhöhungsmöglichkeiten** (sowie ggf. Erhöhungsmöglichkeiten aus Billigkeitserwägungen).
sowie als Synonym: **Vertraglich und gesetzlich erzielbarer Erbbauzins:**	Erzielbarer Erbbauzins, der im Erbbaurechtsvertrag vereinbart ist und durch eine Anpassungsklausel (Wertsicherungsklausel) oder in sonstiger gesetzlich zulässiger Weise angepasst ist.
Tatsächlicher Erbbauzins:	Zum Stichtag tatsächlich gezahlter Erbbauzins, wobei insbesondere dessen Erhöhungsmöglichkeiten (dinglich, schuldrechtlich, Billigkeitserwägungen) ggf. noch ausstehen oder Minderzahlungen vorliegen können.

Je nach Fallkonstellation stimmen die genannten Erbbauzinsen vom Betrag teilweise überein oder sie weichen gravierend voneinander ab.

Es ist für die Wertermittlung stets zu prüfen, in welcher Höhe der „vertraglich und gesetzlich erzielbare Erbbauzins" (also einschließlich aller Erhöhungsmöglichkeiten) anzusetzen ist. Er bildet die Ausgangsbasis für alle Wertermittlungen im Zusammenhang mit Erbbaurechten.

Dem „tatsächlich gezahlten Erbbauzins" kommt im Rahmen der Bewertung lediglich eine nachrichtliche Funktion zu, sofern er vom vertraglichen und gesetzlich erzielbaren Erbbauzins abweicht.

7.4.3 Wertfaktoren zum Erbbaurecht nach Tiemann

Quelle: Tiemann, M., Erbbaurecht und Erbbaugrundstück in der Wertermittlung, Essen, 1991

Beispiele für Wertfaktor bei Restlaufzeit des Erbbauvertrages > 25 Jahre

vertragliche Erbbauzins-anpassung	vertragliche Bindungen	Entschädigung bei Ablauf und Heimfall 4)	Wert-faktor
keine 1)	keine	1/1	0,9
keine	sehr gering	1/1	0,8
gering 2)	keine	1/1	0,8
keine	gering	1/1	0,75
keine	keine	3/4	0,75
gering	gering	1/1	0,7
gering	gering	3/4	0,65
keine	geringer als normal	3/4	0,6
gering	geringer als normal	3/4	0,5–0,55
keine	normal	2/3	0,5
gering	normal	2/3	0,45–0,5
gering	normal	1/2	0,4
gering	überdurchschnittlich	2/3	0,4
keine	sehr stark	2/3	0,35
stark 3)	stark	2/3	0,35
stark	sehr stark	1/2	0,3
stark	stark	< 1/2	0,3

1) aber Anpassung entspr. BGH möglich.
2) entspr. gesetzl. begrenzter Anpassung.
3) starke Anpassung nur bei gewerblicher Nutzung!
4) wesentliche Auswirkung nur, wenn Restnutzungsdauer des Gebäudes > Restlaufzeit des Erbbaurechts; Einfluss umso geringer, je länger Restlaufzeit.

Hinweis:

Die Wertfaktoren sind in ihrer Anwendung (WERTR 2002) als methodisch deutlich überkommen einzuschätzen und sollten keine Anwendung mehr finden. Sie werden hier lediglich nachrichtlich zu Dokumentationszwecken wiedergegeben!

Thesen

1. Eine höhere Anpassungsmöglichkeit des Erbbauzinses führt zwangsläufig zu einer Verringerung des Wertes des „reinen Erbbaurechtes" (Wertfaktor I wird kleiner) und zu einer Erhöhung des Wertes des belasteten Grundstücks (Erbbaugrundstücks) (Wertfaktor II – für die Wertminderung – wird kleiner).
2. Die vertraglichen Bindungen haben die stärksten Auswirkungen auf den Wertfaktor; sie verlieren aber gegen Ende der Laufzeit an Bedeutung.
3. Das Verhältnis der Entschädigungshöhe zum Wert (1/1, 3/4, 2/3 usw.) hat bei normalen Laufzeiten zu Beginn kaum Bedeutung; erst gegen Ende der Laufzeit und nach Modernisierung der Gebäude gewinnt es höheres Gewicht.
4. Zwischen Wertfaktor I und Wertfaktor II liegt i.d.R. eine Differenz von 0,05 bis 0,1 (Wertfaktor II > Wertfaktor I); gegen Ende der Laufzeit wird der Unterschied 0.

Hinweis:

Die Wertfaktoren kamen in der Methodik der Bewertung im Zusammenhang mit Erbbaurechten bis einschl. der WertR 02 zur Anwendung, seither nicht mehr.

Die Tabelle von Tiemann kann derzeit „lediglich" als Grundlage für eine verbale inhaltliche Argumentation zur Einschätzung eines Erbbaurechtsvertrages dienen.

7

7.4.4 Typische Erbbauzinssätze

Quelle: KL-V, 2928

Nachfolgende Erbbauzinssätze galten bis zur Niedrigzinsphase als typisch.

Nutzung des Erbbaurechtsgrundstücks	Erbbauzinssatz (%)	Spanne (%)
Ein- und Zweifamilienhausgrundstücke	2,5	2,0 bis 3,0
Mehrfamilienhausgrundstücke	3,5	3,0 bis 4,0
Gemischt genutzte Grundstücke	5,0	4,5 bis 5,5
Gewerblich genutzte Grundstücke	6,0	5,5 bis 6,5*
Büro- und Geschäftshausgrundstücke	6,5	6,0 bis 7,0**

* Mitunter sind hier niedrigere Erbbauzinssätze, etwa 2 bis 4 % der marktgerechten Bodenwerte, zutreffend. Diese ergeben sich auf der Grundlage von Umsatzpachten (meist 3 bis 8 % der Gesamterlöse – Mieten ohne MwSt. – aus dem Erbbaugrundstück), worauf ein günstiger „Basis-Erbbauzins" angerechnet wird, oder durch Gewinnbeteiligungen (z. B. 20 bis 25 % des Handelsbilanzgewinns nach Steuern) und geringere Erbbauzinsen. Für eine Gewinnbeteiligung ist regelmäßig ein Mindestbetrag zu zahlen.

** Im Einzelfall auch bis 10 %.

7.5 Pflegedaten

7.5.0.1 Pflegestufen (bis 31.12.2016)

Quelle: www.bmg.bund.de/themen/pflege/pflegebeduerftigkeit/pflegestufen.html

Pflegestufe 0

Personen mit dauerhaft erheblich eingeschränkter Alltagskompetenz, die zwar einen Hilfebedarf im Bereich der Grundpflege und hauswirtschaftlichen Versorgung haben, jedoch noch nicht die Voraussetzungen für eine Einstufung in die Pflegestufe I erfüllen.

Pflegestufe I – Erhebliche Pflegebedürftigkeit

Erhebliche Pflegebedürftigkeit liegt vor, wenn mindestens einmal täglich ein Hilfebedarf bei mindestens zwei Verrichtungen aus einem oder mehreren Bereichen der Grundpflege (Körperpflege, Ernährung oder Mobilität) erforderlich ist. Zusätzlich muss mehrfach in der Woche Hilfe bei der hauswirtschaftlichen Versorgung benötigt werden. Der wöchentliche Zeitaufwand muss im Tagesdurchschnitt mindestens 90 Minuten betragen, wobei auf die Grundpflege mehr als 45 Minuten entfallen müssen.

Pflegestufe II – Schwerpflegebedürftigkeit

Schwerpflegebedürftigkeit liegt vor, wenn mindestens dreimal täglich zu verschiedenen Tageszeiten ein Hilfebedarf bei der Grundpflege (Körperpflege, Ernährung oder Mobilität) erforderlich ist. Zusätzlich muss mehrfach in der Woche Hilfe bei der hauswirtschaftlichen Versorgung benötigt werden. Der wöchentliche Zeitaufwand muss im Tagesdurchschnitt mindestens drei Stunden betragen, wobei auf die Grundpflege mindestens zwei Stunden entfallen.

Pflegestufe III – Schwerstpflegebedürftigkeit

Schwerstpflegebedürftigkeit liegt vor, wenn der Hilfebedarf bei der Grundpflege so groß ist, dass er jederzeit gegeben ist und Tag und Nacht (rund um die Uhr) anfällt. Zusätzlich muss die pflegebedürftige Person mehrfach in der Woche Hilfe bei der hauswirtschaftlichen Versorgung benötigen. Der wöchentliche Zeitaufwand muss im Tagesdurchschnitt mindestens fünf Stunden betragen, wobei auf die Grundpflege (Körperpflege, Ernährung oder Mobilität) mindestens vier Stunden entfallen müssen.

Härtefallregelung

Sind die Voraussetzungen der Pflegestufe III erfüllt und liegt ein außergewöhnlich hoher Pflegeaufwand vor, kann die Härtefallregelung in Anspruch genommen werden. In diesem Fall gibt es höhere Leistungen. Für die Feststellung eines außergewöhnlich hohen Pflegebedarfs im Sinne der Härtefallregelungen ist Voraussetzung,

- dass die Hilfe bei der Grundpflege (Körperpflege, Ernährung oder Mobilität) mindestens sechs Stunden täglich, davon mindestens dreimal in der Nacht, erforderlich ist, wobei bei Pflegebedürftigen in vollstationären Pflegeeinrichtungen auch die auf Dauer bestehende medizinische Behandlungspflege zu berücksichtigen ist, oder
- dass die Grundpflege für den Pflegebedürftigen auch nachts nur von mehreren Pflegekräften gemeinsam (zeitgleich) erbracht werden kann. Wenigstens bei einer Verrichtung tagsüber und des Nachts muss dabei neben einer professionellen mindestens eine weitere Pflegeperson tätig werden, die nicht bei einem Pflegedienst beschäftigt sein muss (zum Beispiel Angehörige). Durch diese Festlegung soll erreicht werden, dass hier nicht mehrere Pflegekräfte eines Pflegedienstes tätig werden müssen.

7.5.0.2 Pflegegrade (ab 2017)

Quelle: Bundesgesundheitsministerium, Das Zweite Pflegestärkungsgesetz (Auszüge).

Neuer Pflegebedürftigkeitsbegriff

Die Bundesregierung hat mit Wirkung vom 1. Januar 2017 einen neuen Pflegebedürftigkeitsbegriff eingeführt. Damit wird das bisherige System der drei Pflegestufen und der Feststellung einer erheblich eingeschränkten Alltagskompetenz durch fünf neue Pflegegrade ersetzt.

7

In den neuen Pflegegraden werden körperliche, geistige und psychische Einschränkungen gleichermaßen erfasst und in die Einstufung einbezogen. Bei der Begutachtung wird der Grad der Selbstständigkeit oder der Fähigkeiten in sechs verschiedenen Lebensbereichen mit unterschiedlicher Gewichtung ermittelt und zu einer Gesamtbewertung zusammengeführt. Daraus ergibt sich die Einstufung in einen Pflegegrad.

Die Umstellung von Pflegestufen auf Pflegegrade ist zum 1. Januar 2017 wirksam geworden, gleichzeitig kommen neue Leistungsbeträge zur Anwendung.

Pflegegrade und Leistungen ab dem 1. Januar 2017

Ab 2017 werden körperliche, geistige und psychische Einschränkungen gleichermaßen erfasst und in die Einstufung einbezogen. Mit der Begutachtung wird der Grad der Selbstständigkeit in sechs verschiedenen Bereichen gemessen und – mit unterschiedlicher Gewichtung – zu einer Gesamtbewertung zusammengeführt. Daraus ergibt sich die Einstufung in einen Pflegegrad. Die sechs Bereiche sind:

1. Mobilität
2. Kognitive und kommunikative Fähigkeiten
3. Verhaltensweisen und psychische Problemlagen
4. Selbstversorgung
5. Bewältigung von und selbstständiger Umgang mit krankheits- oder therapiebedingten Anforderungen und Belastungen
6. Gestaltung des Alltagslebens und sozialer Kontakte

7.5.0.3 Zuordnung Pflegestufen zu Pflegegraden

Quelle: Bundesgesundheitsministerium, Das Zweite Pflegestärkungsgesetz (Auszüge).

Bei Menschen mit ausschließlich körperlichen Einschränkungen gilt die Regel „+1"		Bei Menschen mit erheblich eingeschränkter Alltagskompetenz gilt die Regel „+2".	
In Pflegestufen bis 2016	**In Pflegegraden ab 2017**	**In Pflegestufen bis 2016**	**In Pflegegraden ab 2017**
0	1		1
I	2	0	2
II	3	I	3
III	4	II	4
III (Härtefall)	5	III	5

7.5.1 Pflegerisiko (Pflegewahrscheinlichkeit)

7.5.1.1 Begrifflichkeiten

Quelle: Schaper, D.: Bewertung von Wart- und Pflegeverpflichtungen, GuG, 2012, 257 ff. (nachfolgend auszugsweise wiedergegeben, Hervorhebungen eingefügt)

Das **Pflegerisiko** wird berechnet aus den Angaben der Pflegestatistik und der Bevölkerungszahlen des Statistischen Bundesamtes. Das Pflegerisiko ist nicht zu verwechseln mit der Pflegequote.

Die **Pflegequote** ergibt sich als Quotient der Anzahl von Pflegebedürftigen einer Altersgruppe zur Bevölkerungszahl in dieser Altersgruppe (Abb. 1). Sie sagt letztlich nur aus, wie viel Prozent der Personen in einer Altersgruppe pflegebedürftig sind und kann auch noch differenziert für die einzelnen Pflegestufen (jetzt: Pflegegrade)[8] ermittelt werden. Es handelt sich jedoch um eine statische Momentaufnahme, die nicht das Risiko abbildet, in den Folgejahren pflegebedürftig zu werden.

$$\textbf{Pflegequote} = \frac{\text{Pflegebedürftige im Alter X}}{\text{Einwohner im Alter X}}$$

Abb. 1

Das Pflegerisiko ist daher als Quotient zweier Summen zu ermitteln (Abb. 2).

Zunächst wird die Summe der Pflegebedürftigen ab einem Alter X gebildet. Hierfür werden alle Pflegebedürftigen ab dieser Altersgruppe addiert. Diese Summe wird ins Verhältnis gesetzt zur Summe der Einwohner ab dieser Altersgruppe:[9]

8 Die Pflegestufen sind seit dem 01.01.2017 durch Pflegegrade ersetzt, auf die o.g. Angaben sinngemäß übertragen werden können.

9 Vgl. *Steinkamp, Chr.*, Zwischen Pflegequote und Pflegerisiko, GuG 2009, 293–294.

$$\textbf{Pflegerisiko} = = \frac{\text{Summe Pflegebedürftige ab Alter X}}{\text{Summe Einwohner ab Alter X}}$$

Für eine Altersklasse mit Pflegegrad I z.B.:

$$= \frac{\text{Summe Pflegebedürftige mit Pflegegrad I ab Alter X}}{\text{Summe Einwohner ab Alter X}}$$

Abb. 2

Das Pflegerisiko sagt somit aus, mit welcher **Wahrscheinlichkeit** eine Person mit Alter X bis zum Lebensende pflegebedürftig wird.

Das Pflegerisiko liegt oberhalb der Pflegequote was sich vor allem bei jüngeren Altersgruppen auswirkt. Bei Hochbetagten entsprechen sich dann Pflegequote und Pflegerisiko nahezu (vgl. hierzu Kapitel 7.5.1.2).

7.5.1.2 Pflegequoten und Pflegerisiken

7

Quelle: Steinkamp, Chr., SV-Büro Dr. Steinkamp, Freiburg im Breisgau; vgl. auch Schaper, D.: Bewertung von Wart- und Pflegeverpflichtung, GuG, 2012, 257 ff.

Bei der Beurteilung einer Pflegeverpflichtung im Zusammenhang mit einer Immobilienbewertung muss abgeschätzt werden, mit welcher Wahrscheinlichkeit der Berechtigte künftig ein Pflegefall wird (**Pflegerisiko**). Nur bei Kenntnis dieses Risikos lassen sich die Kosten der Pflege realistisch berücksichtigen.

Das Pflegerisiko kann aus der Pflegestatistik des Statistischen Bundesamtes abgeleitet werden.[10] Dazu ist es notwendig, die Pflegequote zu kennen. Sie gibt Auskunft darüber, welcher Anteil der Bevölkerung (m/w/gesamt) zum Erhebungsstichtag der Statistik bereits pflegebedürftig ist.[11]

Hinweis: Die Zahlen zu den folgenden Berechnungen beziehen sich auf die nachstehenden Tabellen.

Daraus wird z.B. die **Pflegequote** für die Frauen im Alter von 70 bis unter 75 Jahren wie folgt ermittelt:

$$\textbf{Pflegequote} = \frac{114.678}{2.121.822} \times 100\ \% = 5{,}4\ \%$$

Diese **Pflegequote ist aber nicht gleichzusetzen mit dem Pflegerisiko** einer 70jährigen Frau, denn dieses beträgt 17,2 %!

Das **Pflegerisiko** einer 70-jährigen Person kann nur beurteilt werden, wenn die ganze verbleibende Lebenszeitspanne – vom Alter 70 bis zum Längstlebenden – betrachtet wird. Somit errechnet sich das Pflegerisiko in Prozent aus der Summe aller Pflegefälle von Alter

10 https://www.destatis.de/DE/ZahlenFakten/GesellschaftStaat/Gesundheit/Pflege/Pflege.html.

11 Die neueste Veröffentlichung (Abruf: Januar 2017) ist am 16. Januar 2017 erschienen und berücksichtigt den Datenstand vom Dezember 2015.

70 bis zum Längstlebenden dividiert durch die Summe der Bevölkerung von Alter 70 bis zum Längstlebenden.

$$\textbf{Pflegerisiko} = \frac{2.234.864}{12.968.294} \times 100\ \% = 17{,}2\ \%$$

Dieser Anteil gibt demnach Auskunft darüber, mit welcher statistischen Wahrscheinlichkeit der Pflegefall eintritt.

Das Pflegerisiko liegt oberhalb der Pflegequote, was sich vor allem bei jüngeren Altersgruppen auswirkt. Bei hochbetagten entsprechen sich dann Pflegequote und Pflegerisiko nahezu. Das Pflegerisiko ist getrennt nach Geschlecht und Pflegestufe zu ermitteln.

Die folgende Abbildung zeigt das Verhältnis von Pflegequote zu Pflegerisiko:[12]

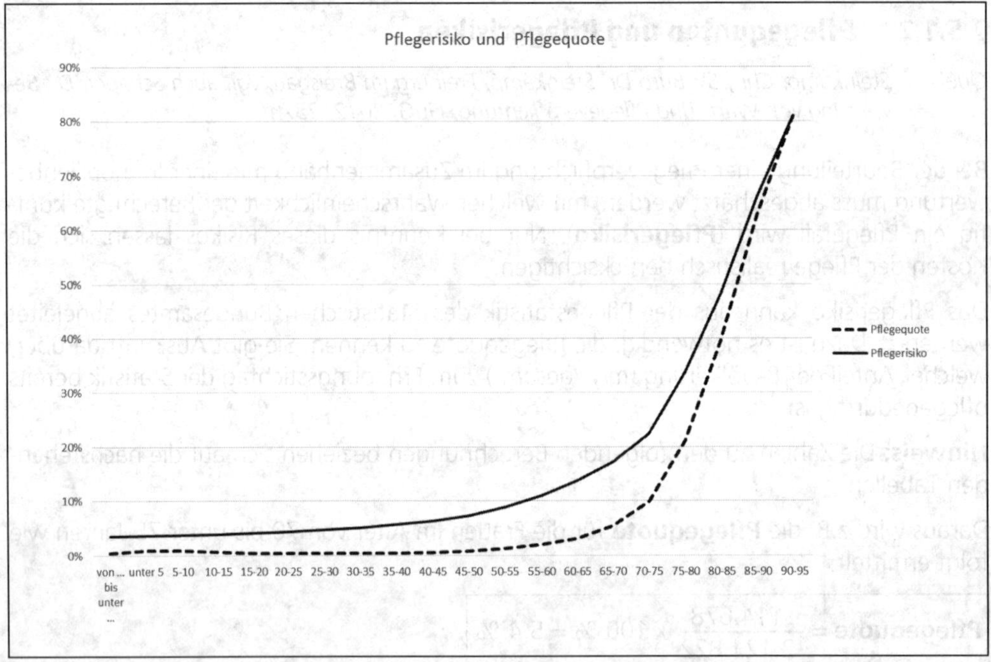

Die im folgenden Kapitel abgedruckte Tabelle enthält die aus der Pflegestatistik abgeleiteten Pflegequoten und Pflegerisiken nach Alter und Geschlecht.[13]

12 Datenquelle: Statistisches Bundesamt; Auswertung: *Steinkamp, Chr.*

13 Datenquelle: Statistisches Bundesamt; Auswertung: *Steinkamp, Chr.*; Darstellung nach *Schaper, D.*, a.a.O.

7.5.1.3 Pflegequoten und Pflegerisiken (2015)

Quelle: Steinkamp, Chr., SV-Büro Dr. Steinkamp, Freiburg, Datenbasis: DESTATIS (Stand: 15.12.2015)

Statistik über die Pflegeversicherung: Pflegebedürftige am 15.12.2015 nach Geschlecht und Altersgruppen

Alter von ... bis unter ... Jahren	Pflegebedürftige insgesamt 1)	Bevölkerung insgesamt	Pflegequote 2)	Pflegebedürftige Summe bis zum Endalter	Bevölkerung Summe bis zum Endalter	Pflegerisiko 3)
Insgesamt						
Insgesamt	2.860.293	82.175.684	3,48%	2.860.293	82.175.684	3,48%
unter 5	15.267	3.613.546	0,42%	2.860.293	82.175.684	3,48%
5 - 10	32.461	3.571.914	0,91%	2.845.026	78.562.138	3,62%
10 - 15	32.811	3.695.666	0,89%	2.812.565	74.990.224	3,75%
15 - 20	27.664	4.189.964	0,66%	2.779.754	71.294.558	3,90%
20 - 25	21.767	4.587.878	0,47%	2.752.090	67.104.594	4,10%
25 - 30	22.325	5.387.681	0,41%	2.730.323	62.516.716	4,37%
30 - 35	20.132	5.167.860	0,39%	2.707.998	57.129.035	4,74%
35 - 40	19.368	4.951.744	0,39%	2.687.866	51.961.175	5,17%
40 - 45	22.783	4.990.088	0,46%	2.668.498	47.009.431	5,68%
45 - 50	37.427	6.523.704	0,57%	2.645.715	42.019.343	6,30%
50 - 55	57.577	6.954.765	0,83%	2.608.288	35.495.639	7,35%
55 - 60	76.306	6.038.640	1,26%	2.550.711	28.540.874	8,94%
60 - 65	102.565	5.202.056	1,97%	2.474.405	22.502.234	11,00%
65 - 70	136.976	4.331.884	3,16%	2.371.840	17.300.178	13,71%
70 - 75	214.427	3.969.193	5,40%	2.234.864	12.968.294	17,23%
75 - 80	422.093	4.269.898	9,89%	2.020.437	8.999.101	22,45%
80 - 85	533.737	2.524.412	21,14%	1.598.344	4.729.203	33,80%
85 - 90	589.665	1.486.700	39,66%	1.064.607	2.204.791	48,29%
90 - 95	373.559	592.931	63,00%	474.942	718.091	66,14%
95 und mehr	101.383	125.160	81,00%	101.383	125.160	81,00%
Männlich						
Insgesamt	1.028.434	40.514.123	2,54%	1.028.434	40.514.123	2,54%
unter 5	8.707	1.856.293	0,47%	1.028.434	40.514.123	2,54%
5 - 10	20.283	1.835.790	1,10%	1.019.727	38.657.830	2,64%
10 - 15	20.746	1.901.968	1,09%	999.444	36.822.040	2,71%
15 - 20	16.462	2.189.470	0,75%	978.698	34.920.072	2,80%
20 - 25	12.456	2.398.568	0,52%	962.236	32.730.602	2,94%
25 - 30	12.667	2.798.715	0,45%	949.780	30.332.034	3,13%
30 - 35	11.261	2.647.069	0,43%	937.113	27.533.319	3,40%
35 - 40	10.376	2.507.280	0,41%	925.852	24.886.250	3,72%
40 - 45	11.912	2.518.808	0,47%	915.476	22.378.970	4,09%
45 - 50	18.673	3.302.545	0,57%	903.564	19.860.162	4,55%
50 - 55	28.865	3.510.827	0,82%	884.891	16.557.617	5,34%
55 - 60	38.569	3.012.491	1,28%	856.026	13.046.790	6,56%
60 - 65	52.505	2.529.258	2,08%	817.457	10.034.299	8,15%
65 - 70	69.006	2.080.322	3,32%	764.952	7.505.041	10,19%
70 - 75	99.749	1.847.371	5,40%	695.946	5.424.719	12,83%
75 - 80	172.154	1.889.669	9,11%	596.197	3.577.348	16,67%
80 - 85	178.674	1.019.477	17,53%	424.043	1.687.679	25,13%
85 - 90	157.866	504.530	31,29%	245.369	668.202	36,72%
90 - 95	71.869	141.013	50,97%	87.503	163.672	53,46%
95 und mehr	15.634	22.659	69,00%	15.634	22.659	69,00%

Alter von ... bis unter ... Jahren	Pflegebedürftige insgesamt 1)	Bevölkerung insgesamt	Pflegequote 2)	Pflegebedürftige Summe bis zum Endalter	Bevölkerung Summe bis zum Endalter	Pflegerisiko 3)
Weiblich						
Insgesamt	1.831.859	41.661.561	4,40%	1.831.859	41.661.561	4,40%
unter 5	6.560	1.757.253	0,37%	1.831.859	41.661.561	4,40%
5 - 10	12.178	1.736.124	0,70%	1.825.299	39.904.308	4,57%
10 - 15	12.065	1.793.698	0,67%	1.813.121	38.168.184	4,75%
15 - 20	11.202	2.000.494	0,56%	1.801.056	36.374.486	4,95%
20 - 25	9.311	2.189.310	0,43%	1.789.854	34.373.992	5,21%
25 - 30	9.658	2.588.966	0,37%	1.780.543	32.184.682	5,53%
30 - 35	8.871	2.520.791	0,35%	1.770.885	29.595.716	5,98%
35 - 40	8.992	2.444.464	0,37%	1.762.014	27.074.925	6,51%
40 - 45	10.871	2.471.280	0,44%	1.753.022	24.630.461	7,12%
45 - 50	18.754	3.221.159	0,58%	1.742.151	22.159.181	7,86%
50 - 55	28.712	3.443.938	0,83%	1.723.397	18.938.022	9,10%
55 - 60	37.737	3.026.149	1,25%	1.694.685	15.494.084	10,94%
60 - 65	50.060	2.672.798	1,87%	1.656.948	12.467.935	13,29%
65 - 70	67.970	2.251.562	3,02%	1.606.888	9.795.137	16,40%
70 - 75	114.678	2.121.822	5,40%	1.538.918	7.543.575	20,40%
75 - 80	249.939	2.380.229	10,50%	1.424.240	5.421.753	26,27%
80 - 85	355.063	1.504.935	23,59%	1.174.301	3.041.524	38,61%
85 - 90	431.799	982.170	43,96%	819.238	1. 536.589	53,32%
90 - 95	301.690	451.918	66,76%	387.439	554.419	69,88%
95 und mehr	85.749	102.501	83,66%	85.749	102.501	83,66%

1) Ohne Empfänger/-innen von Pflegegeld, die zusätzlich auch ambulante Pflege erhalten. Diese werden bei der ambulanten Pflege berücksichtigt. Stichtag: 31.12.2015. Zudem ohne Empfänger/-innen von Kurzzeit- bzw. Verhinderungspflege. Diese werden bereits bei der vollstationären bzw. ambulanten Pflege erfasst.
2) Leistungsempfänger/-innen je 100 der Bevölkerung gleichen Alters und Geschlechts.
3) Summe der Pflegefälle ab Alter x bis Endalter / Summe der Bevölkerung ab Alter x bis Endalter in Prozent.
Datengrundlage: Pflegestatistik 2015. Statistisches Bundesamt, Wiesbaden (www.destatis.de)
Die Berechnung der Pflegerisiken wurde von *Dr. Christian Steinkamp*, Freiburg, vorgenommen.

Hinweis:

Daten für Pflegerisiken aus früheren Zeiträumen ergeben sich aus folgenden Quellen:

Datenbasis 2013:

SV-Büro Dr. *Steinkamp*, Freiburg, Datenbasis: DESTATIS (Stand 31.12.2013)

▶ *Siehe Kapitel 7.5.1.4*

Datenbasis 2009:

Schaper, D.: Bewertung von Wart- und Pflegeverpflichtungen, in: GuG, 2012, 257, sowie dortiger Hinweis, Seite 264, auf das Berechnungstool auf Excel-Basis des Arbeitskreises Wart und Pflege des LVS Bayern in München.

Datenbasis 2007:

Steinkamp, Chr.: Zwischen Pflegequote und Pflegerisiko, in: GuG, 2009, 293 ff.

Datenbasis 2001:

Steinkamp, Chr.: Die Bevölkerung und der Pflegefall, in: *GuG, 2004, 143 ff., Steinkamp, Chr.*: Pflegrisiko nach Alter und Geschlecht, in: GuG, 2004, 232 ff.

7.5.1.4 Pflegequoten und Pflegerisiken (Übersicht 2015)

Quelle: Eigene Berechnung, Datenbasis: Statistisches Bundesamt, 15.12.2015

Altersgruppe	Pflegebedürftige			Bevölkerung		
von … bis unter …	insgesamt	männlich	weiblich	insgesamt	männlich	weiblich
15	80.539	49.736	30.803	10.881.126	5.594.051	5.287.075
15-60	305.349	161.241	144.108	48.792.324	24.885.773	23.906.551
60-65	102.565	52.505	50.060	5.202.056	2.529.258	2.672.798
65-70	136.976	69.006	67.970	4.331.884	2.080.322	2.251.562
70-75	214.427	99.749	114.678	3.969.193	1.847.371	2.121.822
75-80	422.093	172.154	249.939	4.269.898	1.889.669	2.380.229
80-85	533.737	178.674	355.063	2.524.412	1.019.477	1.504.935
85-90	589.665	157.866	431.799	1.486.700	504.530	982.170
90 und mehr	474.942	87.503	387.439	718.091	163.672	554.419
Summe	2.860.293	1.028.434	1.831.859	82.175.684	40.514.123	41.661.561

Altersgruppe	Pflegequote			Pflegerisiko		
von … bis unter …	insgesamt	männlich	weiblich	insgesamt	männlich	weiblich
15	0,7%	0,9%	0,6%	3,5%	2,5%	4,4%
15-60	0,6%	0,6%	0,6%	3,9%	2,8%	5,0%
60-65	2,0%	2,1%	1,9%	11,0%	8,1%	13,3%
65-70	3,2%	3,3%	3,0%	13,7%	10,2%	16,4%
70-75	5,4%	5,4%	5,4%	17,2%	12,8%	20,4%
75-80	9,9%	9,1%	10,5%	22,5%	16,7%	26,3%
80-85	21,1%	17,5%	23,6%	33,8%	25,1%	38,6%
85-90	39,7%	31,3%	44,0%	33,8%	25,1%	38,6%
90 und mehr	66,1%	53,5%	69,9%	66,1%	53,5%	69,9%
Summe	3,5%	2,5%	4,4%	3,5%	2,5%	4,4%

7.5.1.5 Pflegequoten und Pflegerisiken (Übersicht 2013)

Quelle: SV-Büro Dr. Steinkamp, Freiburg, Datenbasis: DESTATIS (Stand: 31.12.2013)

Altersgruppe	Pfleigebedürftige			Bevölkerung		
	Anzahl	männlich	weiblich	insgesamt	männlich	weiblich
unter 15	73.848	45.012	28.836	10.606.829	5.444.613	5.162.216
15-60	283.762	150.600	133.162	48.257.697	24.402.101	23.855.596
60-65	95.262	49.255	46.007	5.078.700	2.467.842	2.610.858
65-70	117.682	59.889	57.793	3.908.954	1.876.575	2.032.379
70-75	233.249	109.371	123.878	4.658.479	2.165.257	2.493.222
75-80	380.906	152.868	228.038	3.897.223	1.711.398	2.185.825
80-85	482.827	156.721	326.106	2.297.441	902.933	1.394.508
85-90	538.799	131.693	407.106	1.410.061	444.528	965.533
90 und mehr	419.871	73.460	346.411	652.079	141.832	510.247
insgesamt	2.626.206	928.869	1.697.337	80.767.463	39.557.079	41.210.384

Altersgruppe	Pflegequote			Pflegerisiko		
	insgesamt	männlich	weiblich	insgesamt	männlich	weiblich
unter 15	0,7%	0,8%	0,6%	3,3%	2,3%	4,1%
15-60	0,6%	0,6%	0,6%	3,6%	2,6%	4,6%
60-65	1,9%	2,0%	1,8%	10,4%	7,6%	12,6%
65-70	3,0%	3,2%	2,8%	12,9%	9,4%	15,5%
70-75	5,0%	5,1%	5,0%	15,9%	11,6%	19,0%
75-80	9,8%	8,9%	10,4%	22,1%	16,1%	25,9%
80-85	21,0%	17,4%	23,4%	33,1%	24,3%	37,6%
85-90	38,2%	29,6%	42,2%	46,5%	35,0%	51,1%
90 und mehr	64,4%	51,8%	67,9%	64,4%	51,8%	67,9%
insgesamt	3,3%	2,3%	4,1%	3,3%	2,3%	4,1%

7.5.2 Pflegeleistungen (2015, 2014)

▶ *Siehe auch Kapitel 7.5.4 (Archivdaten)*

Quelle: Bundesministerium für Gesundheit, Pflegeleistungen ab 1. Januar 2015

Durch das Erste Gesetz zur Stärkung der pflegerischen Versorgung und zur Änderung weiterer Vorschriften – Erstes Pflegestärkungsgesetz – wurden die Pflegeleistungen zum 01. Januar 2015 angepasst. Nachfolgend ist ein Gesamtüberblick aller Leistungen dargestellt.

7.5.2.1 Pflegegeld für häusliche Pflege

Quelle: Bundesministerium für Gesundheit, Pflegeleistungen ab 1. Januar 2015

Stufe der Pflegebedürftigkeit	**Leistungen ab 2015 pro Monat** (Angaben in Euro)	**Leistungen 2014 pro Monat** (Angaben in Euro)
Pflegestufe 0 (mit Demenz*)	123	120
Pflegestufe I	244	235
Pflegestufe I (mit Demenz*)	316	305
Pflegestufe II	458	440
Pflegestufe II (mit Demenz*)	545	525
Pflegestufe III	728	700
Pflegestufe III (mit Demenz*)	728	700

* Gilt für Personen mit dauerhaft erheblich eingeschränkter Alltagskompetenz im Sinne von § 45a SGB XI – das sind vor allem an Demenz erkrankte Menschen.

Das Pflegegeld kann in Anspruch genommen werden, wenn Angehörige oder Ehrenamtliche die Pflege übernehmen. Das Pflegegeld kann auch mit Pflegesachleistungen kombiniert werden.

7.5.2.2 Pflegesachleistungen für häusliche Pflege

Quelle: Bundesministerium für Gesundheit, Pflegeleistungen ab 1. Januar 2015

Stufe der Pflegebedürftigkeit	**Leistungen ab 2015 pro Monat** (Angaben in Euro) bis zu	**Leistungen 2014 pro Monat** (Angaben in Euro) bis zu
Pflegestufe 0 (mit Demenz*)	231	225
Pflegestufe I	468	450
Pflegestufe I (mit Demenz*)	689	665
Pflegestufe II	1.144	1.100
Pflegestufe II (mit Demenz*)	1.298	1.250
Pflegestufe III	1.612	1.550
Pflegestufe III (mit Demenz*)	1.612	1.550
Härtefall	1.995	1.918
Härtefall (mit Demenz*)	1.995	1.918

* Gilt für Personen mit dauerhaft erheblich eingeschränkter Alltagskompetenz im Sinne von § 45a, das sind vor allem an Demenz erkrankte Menschen.

Pflegesachleistungen können für die Hilfe durch einen ambulanten Pflegedienstes eingesetzt werden. Pflegesachleistungen können auch mit dem Pflegegeld kombiniert werden.

7.5.2.3 Pflegehilfsmittel

Quelle: Bundesministerium für Gesundheit, Pflegeleistungen ab 1. Januar 2015

Stufe der Pflegebedürftigkeit	**Leistungen ab 2015 pro Monat** (Angaben in Euro) bis zu	**Leistungen 2014 pro Monat** (Angaben in Euro) bis zu
Pflegestufe 0 (mit Demenz*)	40	31
Pflegestufe I, II oder III	40	31

* Gilt für Personen mit dauerhaft erheblich eingeschränkter Alltagskompetenz im Sinne von § 45a SGB XI – das sind vor allem an Demenz erkrankte Menschen.

Grundsätzlich werden unter dem Begriff Pflegehilfsmittel Geräte und Sachmittel verstanden, die zur häuslichen Pflege notwendig sind, sie erleichtern und dazu beitragen, dem Pflegebedürftigen eine selbstständige Lebensführung zu ermöglichen.

7.5.2.4 Pflege bei Verhinderung einer Pflegeperson durch Personen, die keine nahen Angehörigen sind

Quelle: Bundesministerium für Gesundheit, Pflegeleistungen ab 1. Januar 2015

Stufe der Pflegebedürftigkeit	**Leistungen ab 2015 pro Kalenderjahr** bis zu	**Leistungen 2014 pro Kalenderjahr** bis zu
Pflegestufe 0 (mit Demenz*)	1.612 Euro für Kosten einer notwendigen Ersatzpflege bis zu 6 Wochen	1.550 Euro für Kosten einer notwendigen Ersatzpflege bis zu 4 Wochen
Pflegestufe I, II oder III	1.612 Euro für Kosten einer notwendigen Ersatzpflege bis zu 6 Wochen	1.550 Euro für Kosten einer notwendigen Ersatzpflege bis zu 4 Wochen

* Gilt für Personen mit dauerhaft erheblich eingeschränkter Alltagskompetenz im Sinne von § 45a SGB XI – das sind vor allem an Demenz erkrankte Menschen.

Macht die private Pflegeperson Urlaub oder ist sie durch Krankheit vorübergehend an der Pflege gehindert, übernimmt die Pflegeversicherung die Kosten einer Ersatzpflege.

Ab dem 1. Januar 2015 ist eine Ersatzpflege bis zu 6 Wochen pro Kalenderjahr möglich. Außerdem können bis zu 50% des Leistungsbetrags für Kurzzeitpflege (das sind bis zu 806 Euro) künftig zusätzlich für Verhinderungspflege ausgegeben werden. Verhinderungspflege kann dadurch auf max. 150% des bisherigen Betrages ausgeweitet werden. Der für die Verhinderungspflege in Anspruch genommene Erhöhungsbetrag wird auf den Leistungsbetrag für eine Kurzzeitpflege angerechnet.

Bei einer Ersatzpflege durch nahe Angehörige wird die Verhinderungspflege auch ab 1. Januar 2015 auf bis zu 6 Wochen im Kalenderjahr ausgedehnt. Die Aufwendungen sind grundsätzlich auf den 1,5fachen Betrag des Pflegegeldes der festgestellten Pflegestufe beschränkt.

7.5.2.5 Teilstationäre Leistungen der Tages-/Nachtpflege

Quelle: Bundesministerium für Gesundheit, Pflegeleistungen ab 1. Januar 2015

Stufe der Pflegebedürftigkeit	**Leistungen ab 2015 pro Monat** (Angaben in Euro) bis zu	**Leistungen 2014 pro Monat** (Angaben in Euro) bis zu
Pflegestufe 0 (mit Demenz*)	231	0
Pflegestufe I	468	450
Pflegestufe I (mit Demenz*)	689	450
Pflegestufe II	1.144	1.100
Pflegestufe II (mit Demenz*)	1.298	1.100
Pflegestufe III	1.612	1.550
Pflegestufe III (mit Demenz*)	1.612	1.550

* Gilt für Personen mit dauerhaft erheblich eingeschränkter Alltagskompetenz im Sinne von § 45a SGB XI – das sind vor allem an Demenz erkrankte Menschen.

7

Unter Tages- und Nachtpflege (teilstationäre Versorgung) versteht man die zeitweise Betreuung im Tagesverlauf in einer Pflegeeinrichtung.

Ab dem 1. Januar 2015 können die Leistungen der Tages- und Nachtpflege neben der ambulanten Pflegesachleistung/dem Pflegegeld in vollem Umfang in Anspruch genommen werden.

7.5.2.6 Kurzzeitpflege

Quelle: Bundesministerium für Gesundheit, Pflegeleistungen ab 1. Januar 2015

Stufe der Pflegebedürftigkeit	**Leistungen ab 2015 pro Kalenderjahr** bis zu	**Leistungen 2014 pro Kalenderjahr** bis zu
Pflegestufe 0 (mit Demenz*)	1.612 Euro für Kosten einer notwendigen Ersatzpflege bis zu 4 Wochen	kein Anspruch
Pflegestufe I, II oder III	1.612 Euro für Kosten einer notwendigen Ersatzpflege bis zu 4 Wochen	1.550 Euro für Kosten einer notwendigen Ersatzpflege bis zu 4 Wochen

* Gilt für Personen mit dauerhaft erheblich eingeschränkter Alltagskompetenz im Sinne von § 45a SGB XI – das sind vor allem an Demenz erkrankte Menschen.

Viele Pflegebedürftige (im Sinne des Rechts der Pflegeversicherung) sind nur für eine begrenzte Zeit auf vollstationäre Pflege angewiesen, insbesondere zur Bewältigung von Krisensituationen bei der häuslichen Pflege oder übergangsweise im Anschluss an einen Krankenhausaufenthalt. Für sie gibt es die Kurzzeitpflege in entsprechenden stationären Einrichtungen.

Ab dem 1. Januar 2015 wird gesetzlich klargestellt, dass der im Kalenderjahr bestehende, noch nicht verbrauchte Leistungsbetrag für Verhinderungspflege auch für Leistungen der Kurzzeitpflege eingesetzt werden kann. Dadurch kann der Leistungsbetrag der Kurzzeitpflege maximal verdoppelt werden; parallel kann auch die Zeit für die Inanspruchnahme von 4 auf bis zu 8 Wochen ausgeweitet werden. Der für die Kurzzeitpflege in Anspruch genommene Erhöhungsbetrag wird auf den Leistungsbetrag für eine Verhinderungspflege angerechnet.

7.5.2.7 Zusätzliche Leistungen für Pflegebedürftige in ambulant betreuten Wohngruppen

Quelle: Bundesministerium für Gesundheit, Pflegeleistungen ab 1. Januar 2015

Stufe der Pflegebedürftigkeit	**Leistungen ab 2015 pro Monat** (Angaben in Euro)	**Leistungen 2014 pro Monat** (Angaben in Euro)
Pflegestufe 0 (mit Demenz*)	205	kein Anspruch
Pflegestufe I, II oder III	205	200

* Gilt für Personen mit dauerhaft erheblich eingeschränkter Alltagskompetenz im Sinne von § 45a SGB XI – das sind vor allem an Demenz erkrankte Menschen.

Neue Wohnformen, unter anderem Senioren-Wohngemeinschaften sowie Pflege-Wohn-Gemeinschaften, bieten die Möglichkeit, zusammen mit Frauen und Männern in der selben Lebenssituation zu leben und Unterstützung zu erhalten – ohne auf Privatsphäre und Eigenständigkeit zu verzichten.

Durch das Pflegestärkungsgesetz I wird die Inanspruchnahme der oben genannten Leistungen deutlich entbürokratisiert und vereinfacht.

7.5.2.8 Wohnumfeldverbessernde Maßnahmen

Quelle: Bundesministerium für Gesundheit, Pflegeleistungen ab 1. Januar 2015

Stufe der Pflegebedürftigkeit	**Leistungen ab 2015 pro Maßnahme** bis zu	**Leistungen 2014 pro Maßnahme** bis zu
Pflegestufe 0 (mit Demenz*)	4.000 Euro (bis 16.000 Euro, wenn mehrere Anspruchsberechtigte zusammen wohnen)	2.557 Euro (bis 10.228 Euro, wenn mehrere Anspruchsberechtigte zusammen wohnen)
Pflegestufe I, II oder III	4.000 Euro (bis 16.000 Euro, wenn mehrere Anspruchsberechtigte zusammen wohnen)	2.557 Euro (bis 10.228 Euro, wenn mehrere Anspruchsberechtigte zusammen wohnen)

* Gilt für Personen mit dauerhaft erheblich eingeschränkter Alltagskompetenz im Sinne von § 45a SGB XI – das sind vor allem an Demenz erkrankte Menschen.

Wenn ein Pflegebedürftiger oder jemand, der in seiner Alltagskompetenz dauerhaft erheblich eingeschränkt ist, zu Hause gepflegt und betreut wird, kann es hilfreich sein, das Wohnumfeld an die besonderen Belange des Pflege- oder Betreuungsbedürftigen individuell anzupassen.

7.5.2.9 Leistungen bei vollstationärer Pflege

Quelle: Bundesministerium für Gesundheit, Pflegeleistungen ab 1. Januar 2015

Stufe der Pflegebedürftigkeit	Leistungen ab 2015 pro Monat (Angaben in Euro)	Leistungen 2014 pro Monat (Angaben in Euro)
Pflegestufe 0 (mit Demenz*)	0	0
Pflegestufe I	1.064	1.023
Pflegestufe I (mit Demenz*)	1.064	1.023
Pflegestufe II	1.330	1.279
Pflegestufe II (mit Demenz*)	1.330	1.279
Pflegestufe III	1.612	1.550
Pflegestufe III (mit Demenz*)	1.612	1.550
Härtefall	1.995	1.918
Härtefall (mit Demenz*)	1.995	1.918

* Gilt für Personen mit dauerhaft erheblich eingeschränkter Alltagskompetenz im Sinne von § 45a SGB XI – das sind vor allem an Demenz erkrankte Menschen.

Durch Leistungen der vollstationären Pflege werden Pflegebedürftige, die zum Beispiel in einem Pflegeheim leben, unterstützt.

7.5.2.10 Pflege in vollstationären Einrichtungen der Hilfe für behinderte Menschen

Quelle: Bundesministerium für Gesundheit, Pflegeleistungen ab 1. Januar 2015

Stufe der Pflegebedürftigkeit	Leistungen ab 2015 pro Monat (Angaben in Euro)	Leistungen 2014 pro Monat (Angaben in Euro)
Pflegestufe I-III	266	256

7.5.2.11 Zusätzliche Betreuungs- (und Entlastungs-) Leistungen

Quelle: Bundesministerium für Gesundheit, Pflegeleistungen ab 1. Januar 2015

Stufe der Pflegebedürftigkeit	**Leistungen ab 2015 pro Monat** (Angaben in Euro) bis zu	**Leistungen 2014 pro Monat** (Angaben in Euro) bis zu
Pflegestufe I, II oder III (ohne erheblich eingeschränkter Alltagskompetenz)	104	0
Pflegestufe 0, I, II oder III (mit dauerhaft erheblich eingeschränkter Alltagskompetenz, der zur Inanspruchnahme des Grundbetrages berechtigt)	104	100
Pflegestufe 0, I, II oder III (mit dauerhaft erheblich eingeschränkter Alltagskompetenz, der zur Inanspruchnahme des erhöhten Betrages berechtigt)	208	200

Den Betreuungsbetrag erhalten Versicherte mit erheblich eingeschränkter Alltagskompetenz (psychisch kranke, behinderte oder demenziell erkrankte Menschen). Es wird je nach Betreuungsbedarf ein Grundbetrag oder ein erhöhter Betrag gewährt.

Ab dem 1. Januar 2015 werden zusätzliche Betreuungsleistungen um die Möglichkeit ergänzt, niedrigschwellige Entlastungsleistungen in Anspruch zu nehmen.

Wer seinen Anspruch auf ambulante Pflegesachleistungen nicht voll ausschöpft, kann zudem ab 1. Januar 2015 den nicht für den Bezug von ambulanten Sachleistungen genutzten Betrag – maximal aber 40 Prozent des hierfür vorgesehenen Leistungsbetrages – für niedrigschwellige Betreuungs- und Entlastungsangebote verwenden.

7.5.3 Pflegeleistungen (ab 2017)

Quelle: *Bundesgesundheitsministerium, Die Pflegestärkungsgesetze. Alle Leistungen zum Nachschlagen (Auszüge).*

Durch das Zweite Pflegestärkungsgesetz wurden die Pflegeleistungen zum 1. Januar 2017 angepasst. Nachfolgend ist ein Überblick der Leistungen dargestellt.

7.5.3.1 Pflegegeld für häusliche Pflege

Quelle: *Bundesgesundheitsministerium, Die Pflegestärkungsgesetze. Alle Leistungen zum Nachschlagen (Auszüge).*

<table>
<tr><th>Pflegebedürftigkeit in Stufen</th><th>Leistungen seit 2015 pro Monat</th><th>Pflegebedürftigkeit in Graden</th><th>Leistungen ab 2017 pro Monat</th></tr>
<tr><td>-</td><td>-</td><td>Pflegegrad 1</td><td>**</td></tr>
<tr><td>sog. „Pflegestufe 0" (mit Demenz*)</td><td>123 Euro</td><td rowspan="2">Pflegegrad 2</td><td rowspan="2">316 Euro</td></tr>
<tr><td>Pflegestufe I</td><td>244 Euro</td></tr>
<tr><td>Pflegestufe I (mit Demenz*)</td><td>316 Euro</td><td rowspan="2">Pflegegrad 3</td><td rowspan="2">545 Euro</td></tr>
<tr><td>Pflegestufe II</td><td>458 Euro</td></tr>
<tr><td>Pflegestufe II (mit Demenz*)</td><td>545 Euro</td><td rowspan="2">Pflegegrad 4</td><td rowspan="2">728 Euro</td></tr>
<tr><td>Pflegestufe III</td><td>728 Euro</td></tr>
<tr><td>Pflegestufe III (mit Demenz*)</td><td>728 Euro</td><td>Pflegegrad 5</td><td>901 Euro</td></tr>
</table>

* Gilt für Personen mit dauerhaft erheblich eingeschränkter Alltagskompetenz im Sinne von § 45a SGB XI – das sind vor allem an Demenz erkrankte Menschen.

** Bei Pflegegrad 1 gewährt die Pflegeversicherung Leistungen nach § 28a SGB XI.

Das Pflegegeld kann in Anspruch genommen werden, wenn Angehörige oder Ehrenamtliche die Pflege übernehmen. Das Pflegegeld kann auch mit ambulanten Pflegesachleistungen kombiniert werden. Im Zuge der Pflegestärkungsgesetze erhalten fast alle Pflegebedürftigen zumeist höhere Leistungen.

7.5.3.2 Pflegesachleistungen für häusliche Pflege

Quelle: Bundesgesundheitsministerium, Die Pflegestärkungsgesetze. Alle Leistungen zum Nachschlagen (Auszüge).

<table>
<tr><th>Pflegebedürftigkeit in Stufen</th><th>Leistungen seit 2015 max. Leistungen pro Monat</th><th>Pflegebedürftigkeit in Graden</th><th>Leistungen ab 2017 max. Leistungen pro Monat</th></tr>
<tr><td>-</td><td>-</td><td>Pflegegrad 1</td><td>**</td></tr>
<tr><td>sog. „Pflegestufe 0" (mit Demenz*)</td><td>231 Euro</td><td rowspan="2">Pflegegrad 2</td><td rowspan="2">698 Euro</td></tr>
<tr><td>Pflegestufe I</td><td>468 Euro</td></tr>
<tr><td>Pflegestufe I (mit Demenz*)</td><td>689 Euro</td><td rowspan="2">Pflegegrad 3</td><td rowspan="2">1.298 Euro</td></tr>
<tr><td>Pflegestufe II</td><td>1.144 Euro</td></tr>
<tr><td>Pflegestufe II (mit Demenz*)</td><td>1.298 Euro</td><td rowspan="2">Pflegegrad 4</td><td rowspan="2">1.612 Euro</td></tr>
<tr><td>Pflegestufe III</td><td>1.612 Euro</td></tr>
<tr><td>Pflegestufe III (mit Demenz*)</td><td>1.612 Euro</td><td rowspan="3">Pflegegrad 5</td><td rowspan="3">1.995 Euro</td></tr>
<tr><td>Härtefall (mit Demenz*)</td><td>1.995 Euro</td></tr>
<tr><td>Härtefall (mit Demenz*)</td><td>1.995 Euro</td></tr>
</table>

* Gilt für Personen mit dauerhaft erheblich eingeschränkter Alltagskompetenz im Sinne von § 45a SGB XI – das sind vor allem an Demenz erkrankte Menschen.

** Bei Pflegegrad 1 gewährt die Pflegeversicherung Leistungen nach § 28a SGB XI.

Mit ambulanten Pflegesachleistungen können Versicherte die Hilfe eines ambulanten Pflegedienstes in Anspruch nehmen. Ambulante Pflegesachleistungen können auch mit dem Pflegegeld kombiniert werden. Im Zuge der Pflegestärkungsgesetze erhalten fast alle Pflegebedürftigen zumeist höhere Leistungen.

7.5.3.3 Pflegehilfsmittel

Quelle: Bundesgesundheitsministerium, Die Pflegestärkungsgesetze. Alle Leistungen zum Nachschlagen (Auszüge).

Pflegebedürftigkeit in Stufen	**Leistungen seit 2015 max. Leistungen** pro Monat	**Pflegebedürftigkeit in Graden**	**Leistungen ab 2017 max. Leistungen** pro Monat
-	-	Pflegegrad 1	40 Euro
sog. „Pflegestufe 0" (mit Demenz*) Pflegestufe I-III	40 Euro	Pflegegrad 2–5	40 Euro

* Gilt für Personen mit dauerhaft erheblich eingeschränkter Alltagskompetenz im Sinne von § 45a SGB XI – das sind vor allem an Demenz erkrankte Menschen.

Grundsätzlich werden unter dem Begriff Pflegehilfsmittel Geräte und Sachmittel verstanden, die zur häuslichen Pflege notwendig sind, sie erleichtern oder dazu beitragen, die Beschwerden der pflegebedürftigen Person zu lindern oder ihr eine selbstständigere Lebensführung zu ermöglichen. Technische Pflegehilfsmittel werden in der Regel teilweise oder gegen eine Zuzahlung zur Verfügung gestellt. Die Kosten für Verbrauchsprodukte in Höhe von bis zu 40 Euro pro Monat werden von der Pflegekasse erstattet. Dazu gehören z.B. Einmalhandschuhe oder Betteinlagen.

Ab 1. Januar 2017 haben auch Versicherte im neuen Pflegegrad 1 Anspruch auf Versorgung mit Pflegehilfsmitteln.

7.5.3.4 Pflege bei Verhinderung einer Pflegeperson

Quelle: Bundesgesundheitsministerium, Die Pflegestärkungsgesetze. Alle Leistungen zum Nachschlagen (Auszüge).

Pflegebedürftigkeit in Stufen	**Leistungen seit 2015 max. Leistungen** pro Monat	**Pflegebedürftigkeit in Graden**	**Leistungen ab 2017 max. Leistungen** pro Monat
-	-	Pflegegrad 1	**
sog. „Pflegestufe 0" (mit Demenz*) Pflegestufe I-III	1.612 Euro für Kosten einer notwendigen Ersatzpflege bis zu sechs Wochen	Pflegegrad 2–5	1.612 Euro für Kosten einer notwendigen Ersatzpflege bis zu sechs Wochen

* Gilt für Personen mit dauerhaft erheblich eingeschränkter Alltagskompetenz im Sinne von § 45a SGB XI – das sind vor allem an Demenz erkrankte Menschen.

** Bei Pflegegrad 1 gewährt die Pflegeversicherung Leistungen nach § 28a SGB XI.

Macht die private Pflegeperson Urlaub oder ist sie durch Krankheit vorübergehend an der Pflege gehindert, übernimmt die Pflegeversicherung die Kosten einer Ersatzpflege. Diese sogenannte Verhinderungspflege kann etwa durch einen ambulanten Pflegedienst, durch Einzelpflegekräfte, ehrenamtlich Pflegende oder nahe Angehörige erfolgen.

Seit dem 1. Januar 2015 ist eine Ersatzpflege von bis zu sechs Wochen pro Kalenderjahr möglich. Außerdem können bis zu 50 Prozent des Leistungsbetrags für Kurzzeitpflege (das sind bis zu 806 Euro) künftig zusätzlich für Verhinderungspflege ausgegeben werden. Verhinderungspflege kann dadurch auf maximal 150 Prozent des bisherigen Betrages ausgeweitet werden. Der für die Verhinderungspflege in Anspruch genommene Erhöhungsbetrag wird auf den Leistungsbetrag für eine Kurzzeitpflege angerechnet. Seit dem 1. Januar 2016 wird auch die Hälfte des bisher bezogenen Pflegegeldes für bis zu sechs Wochen im Jahr fortgewährt. Ab 1. Januar 2017 stehen die Leistungen der Verhinderungspflege den Versicherten der Pflegegrade 2 bis 5 zu.

7.5.3.5 Teilstationäre Leistungen der Tages-/Nachtpflege

Quelle: Bundesgesundheitsministerium, Die Pflegestärkungsgesetze. Alle Leistungen zum Nachschlagen (Auszüge).

<table>
<tr><th>Pflegebedürftigkeit in Stufen</th><th>Leistungen seit 2015 max. Leistungen
pro Monat</th><th>Pflegebedürftigkeit in Graden</th><th>Leistungen ab 2017 max. Leistungen
pro Monat</th></tr>
<tr><td>-</td><td>-</td><td>Pflegegrad 1</td><td>bis zu 125 Euro einsetzbarer Entlastungsbetrag</td></tr>
<tr><td>sog. „Pflegestufe 0" (mit Demenz*)</td><td>231 Euro</td><td rowspan="2">Pflegegrad 2</td><td rowspan="2">689 Euro</td></tr>
<tr><td>Pflegestufe I</td><td>468 Euro</td></tr>
<tr><td>Pflegestufe I (mit Demenz*)</td><td>689 Euro</td><td rowspan="2">Pflegegrad 3</td><td rowspan="2">1.298 Euro</td></tr>
<tr><td>Pflegestufe II</td><td>1.144 Euro</td></tr>
<tr><td>Pflegestufe II (mit Demenz*)</td><td>1.298 Euro</td><td rowspan="2">Pflegegrad 4</td><td rowspan="2">1.612 Euro</td></tr>
<tr><td>Pflegestufe III</td><td>1.612 Euro</td></tr>
<tr><td>Pflegestufe III (mit Demenz*)</td><td>1.612 Euro</td><td>Pflegegrad 5</td><td>1.995 Euro</td></tr>
</table>

* Gilt für Personen mit dauerhaft erheblich eingeschränkter Alltagskompetenz im Sinne von § 45a SGB XI – das sind vor allem an Demenz erkrankte Menschen.

Unter Tages- und Nachtpflege (teilstationäre Versorgung) versteht man die zeitweise Betreuung im Tagesverlauf in einer Pflegeeinrichtung.

Seit dem 1. Januar 2015 können die Leistungen der Tages- und Nachtpflege neben der ambulanten Pflegesachleistung/dem Pflegegeld in vollem Umfang in Anspruch genommen werden, eine Anrechnung der Leistungen erfolgt nicht mehr. Zudem wurde der Anspruch auf Versicherte in der sogenannten „Pflegestufe 0" erweitert. Ab 1. Januar 2017 haben Versicherte der Pflegegrade 2 bis 5 Anspruch auf Tages- und Nachtpflege. Personen im Pflegegrad 1 können ihren Entlastungsbetrag hierfür einsetzen.

7.5.3.6 Kurzzeitpflege

Quelle: Bundesgesundheitsministerium, Die Pflegestärkungsgesetze. Alle Leistungen zum Nachschlagen (Auszüge).

Pflegebedürftigkeit in Stufen	**Leistungen seit 2015 max. Leistungen** pro Monat	**Pflegebedürftigkeit in Graden**	**Leistungen ab 2017 max. Leistungen** pro Monat
-	-	Pflegegrad 1	bis zu 125 Euro einsetzbarer Entlastungsbetrag
sog. „Pflegestufe 0" (mit Demenz*) Pflegestufe I-III	1.612 Euro für Kosten der Kurzzeitpflege bis zu vier Wochen bzw. acht Wochen seit 1.1.2016	Pflegegrad 2-5	1.612 Euro für Kosten der Kurzzeitpflege bis zu acht Wochen

* Gilt für Personen mit dauerhaft erheblich eingeschränkter Alltagskompetenz im Sinne von § 45a SGB XI – das sind vor allem an Demenz erkrankte Menschen.

Viele Pflegebedürftige sind nur für eine begrenzte Zeit auf vollstationäre Pflege angewiesen, insbesondere zur Bewältigung von Krisensituationen bei der häuslichen Pflege oder übergangsweise im Anschluss an einen Krankenhausaufenthalt. Für sie gibt es die Kurzzeitpflege in entsprechenden stationären Einrichtungen.

Seit dem 1. Januar 2015 ist gesetzlich klargestellt, dass der im Kalenderjahr bestehende, noch nicht verbrauchte Leistungsbetrag für Verhinderungspflege auch für Leistungen der Kurzzeitpflege eingesetzt werden kann. Dadurch kann der Leistungsbetrag der Kurzzeitpflege maximal verdoppelt werden; parallel kann auch die Zeit für die Inanspruchnahme von vier auf bis zu acht Wochen ausgeweitet werden. Der für die Kurzzeitpflege in Anspruch genommene Erhöhungsbetrag wird auf den Leistungsbetrag für eine Verhinderungspflege angerechnet. Seit dem 1. Januar 2016 besteht auch ohne Inanspruchnahme des Leistungsbetrages der Verhinderungspflege generell ein Anspruch auf acht Wochen Kurzzeitpflege. Auch die Weiterzahlung des hälftigen Pflegegeldes bei Inanspruchnahme einer Kurzzeitpflege wurde auf acht Wochen im Jahr ausgeweitet. Diese Ansprüche gelten ab 1. Januar 2017 für Pflegebedürftige der Pflegegrade 2 bis 5. Pflegebedürftige Personen mit dem Pflegegrad 1 können den Entlastungsbetrag in Höhe von 125 Euro pro Monat einsetzen, um Leistungen der Kurzzeitpflege in Anspruch zu nehmen.

7.5.3.7 Zusätzliche Leistungen für Pflegebedürftige in ambulant betreuten Wohngruppen

Quelle: Bundesgesundheitsministerium, Die Pflegestärkungsgesetze. Alle Leistungen zum Nachschlagen (Auszüge).

Neue Wohnformen wie Senioren- oder Pflege-Wohngemeinschaften bieten die Möglichkeit, zusammen mit Frauen und Männern in derselben Lebenssituation zu leben und Unterstützung zu erhalten – ohne auf Privatsphäre und Eigenständigkeit zu verzichten. Für die Gründung von ambulant betreuten Wohngruppen, sogenannten Pflege-WGs, sieht die Pflegeversicherung eine Anschubfinanzierung vor, die es ab 2017 auch für Pflegebedürftige im neuen Pflegegrad 1 gibt.

Pflegebedürftigkeit in Stufen	**Leistungen seit 2015 einmaliger Höchstbetrag**	**Pflegebedürftigkeit in Graden**	**Leistungen ab 2017 einmaliger Höchstbetrag**
-	-	Pflegegrad 1	2.500 Euro pro Person
			10.000 Euro pro Wohngruppe
sog. „Pflegestufe 0" (mit Demenz*) Pflegestufe I–III	2.500 Euro pro Person	Pflegegrad 2-5	2.500 Euro pro Person
	10.000 Euro pro Wohngruppe		10.000 Euro pro Wohngruppe

Pflegebedürftige in ambulant betreuten Wohngruppen, die bestimmte Mindestanforderungen erfüllen, haben unter bestimmten Voraussetzungen zusätzlich zu den anderen Leistungen Anspruch auf einen monatlichen Wohngruppenzuschlag. Damit kann eine Person finanziert werden, die in der Pflege-WG zum Beispiel organisatorische, betreuende oder hauswirtschaftliche Tätigkeiten übernimmt. Der Wohngruppenzuschlag wird ab 2017 erhöht und steht auch Pflegebedürftigen im neuen Pflegegrad 1 zu.

Pflegebedürftigkeit in Stufen	**Leistungen seit 2015 max. Leistungen** pro Monat	**Pflegebedürftigkeit in Graden**	**Leistungen ab 2017 max. Leistungen** pro Monat
-	-	Pflegegrad 1	214 Euro
sog. „Pflegestufe 0" (mit Demenz*) Pflegestufe I–III	205 Euro	Pflegegrad 2–5	214 Euro

* Gilt für Personen mit dauerhaft erheblich eingeschränkter Alltagskompetenz im Sinne von § 45a SGB XI – das sind vor allem an Demenz erkrankte Menschen.

7.5.3.8 Wohnumfeldverbessernde Maßnahmen

Quelle: Bundesgesundheitsministerium, Die Pflegestärkungsgesetze. Alle Leistungen zum Nachschlagen (Auszüge).

Pflegebedürftigkeit in Stufen	**Leistungen seit 2015 max. Zuschuss je Maßnahme**	**Pflegebedürftigkeit in Graden**	**Leistungen ab 2017 max. Zuschuss je Maßnahme**
-	-	Pflegegrad 1	4.000 Euro
-	-	Pflegegrad 1 wenn mehrere Antragsberechtigte zusammenwohnen	16.000 Euro
sog. „Pflegestufe 0" (mit Demenz*) Pflegestufe I-III	4.000 Euro	Pflegegrad 2–5	4.000 Euro
sog. „Pflegestufe 0" (mit Demenz*) Pflegestufe I-III wenn mehrere Anspruchsberechtigte zusammenwohnen	16.000 Euro	Pflegegrad 2–5 wenn mehrere Antragsberechtigte zusammenwohnen	16.000 Euro

* Gilt für Personen mit dauerhaft erheblich eingeschränkter Alltagskompetenz im Sinne von § 45a SGB XI – das sind vor allem an Demenz erkrankte Menschen.

Wenn Versicherte zu Hause gepflegt und betreut werden, kann es hilfreich sein, das Wohnumfeld an ihre besonderen Belange anzupassen. Hierfür leistet die Pflegeversicherung unter bestimmten Voraussetzungen Zuschüsse. Diese wurden zum 1. Januar 2015 deutlich angehoben. Ab 1. Januar 2017 haben auch Leistungsbezieherinnen und Leistungsbezieher im neuen Pflegegrad 1 Anspruch auf diese Zuschüsse.

7.5.3.9 Leistungen bei vollstationärer Pflege

Quelle: Bundesgesundheitsministerium, Die Pflegestärkungsgesetze. Alle Leistungen zum Nachschlagen (Auszüge).

<table>
<tr><th>Pflegebedürftigkeit in Stufen</th><th>Leistungen seit 2015
pro Monat</th><th>Pflegebedürftigkeit
in Graden</th><th>Leistungen ab 2017
pro Monat</th></tr>
<tr><td>-</td><td>-</td><td>Pflegegrad 1</td><td>Zuschuss in Höhe von 125 Euro monatlich</td></tr>
<tr><td>sog. „Pflegestufe 0"
(mit Demenz*)</td><td>0 Euro</td><td rowspan="2">Pflegegrad 2</td><td rowspan="2">770 Euro</td></tr>
<tr><td>Pflegestufe I</td><td>1.064 Euro</td></tr>
<tr><td>Pflegestufe I
(mit Demenz*)</td><td>1.064 Euro</td><td rowspan="2">Pflegegrad 3</td><td rowspan="2">1.262 Euro</td></tr>
<tr><td>Pflegestufe II</td><td>1.330 Euro</td></tr>
<tr><td>Pflegestufe II
(mit Demenz*)</td><td>1.330 Euro</td><td rowspan="2">Pflegegrad 4</td><td rowspan="2">1.775 Euro</td></tr>
<tr><td>Pflegestufe III</td><td>1.612 Euro</td></tr>
<tr><td>Pflegestufe III
(mit Demenz*)</td><td>1.612 Euro</td><td rowspan="3">Pflegegrad 5</td><td rowspan="3">2.005 Euro</td></tr>
<tr><td>Härtefall</td><td>1.995 Euro</td></tr>
<tr><td>Härtefall
(mit Demenz*)</td><td>1.995 Euro</td></tr>
</table>

* Gilt für Personen mit dauerhaft erheblich eingeschränkter Alltagskompetenz im Sinne von § 45a SGB XI – das sind vor allem an Demenz erkrankte Menschen.

Durch Leistungen der vollstationären Pflege werden Pflegebedürftige, die in einem Pflegeheim leben, unterstützt.

Im Rahmen des zweiten Pflegestärkungsgesetzes werden die Leistungsbeträge neu gestaffelt, weil auf das System der Pflegegrade umgestellt wird. Um Einbußen, die sich aus der Umstellung ergeben könnten, zu vermeiden, haben betroffene Pflegebedürftige Bestandsschutz: Sie erhalten künftig einen Zuschlag auf den Leistungsbetrag, wenn ihr selbst zu tragender Eigenanteil am Pflegesatz ab 1. Januar 2017 höher ist als im Dezember 2016. Der Zuschlag gleicht die Differenz aus. Außerdem erhalten erstmals auch Pflegebedürftige mit Demenz, die bisher unter die sogenannte „Pflegestufe 0" gefallen sind, Anspruch auf Leistungen zur vollstationären Pflege. Versicherte mit Pflegegrad 1 erhalten einen Zuschuss in Höhe von 125 Euro monatlich.

Darüber hinaus wird künftig ein **einrichtungseinheitlicher Eigenanteil** der Versicherten in vollstationärer Pflege für die Pflegegrade 2 bis 5 festgeschrieben. Bisher stieg im Falle einer Höherstufung der Pflegebedürftigkeit zwar die Leistung der Pflegeversicherung an, gleichzeitig aber nahm auch der pflegebedingte Eigenanteil zu. Dieser Eigenanteil wird künftig nicht mehr steigen, wenn jemand in einen höheren Pflegegrad eingestuft werden muss.

7.5.3.10 Pflege in vollstationären Einrichtungen der Hilfe für behinderte Menschen

Quelle: Bundesgesundheitsministerium, Die Pflegestärkungsgesetze. Alle Leistungen zum Nachschlagen (Auszüge).

Pflegebedürftigkeit in Stufen bzw. Graden	**Leistungen seit 2015** **max. Leistungen** pro Monat
Pflegestufe I, II oder III bzw. ab 2017 Pflegegrad 2 bis 5	266 Euro

7.5.3.11 Zusätzliche Betreuungs- und Entlastungsleistungen – Entlastungsbetrag

Quelle: Bundesgesundheitsministerium, Die Pflegestärkungsgesetze. Alle Leistungen zum Nachschlagen (Auszüge).

Pflegebedürftige, die zu Hause gepflegt werden, können sogenannte **zusätzliche Betreuungs- und Entlastungsleistungen** in Anspruch nehmen. Diese sollen die Pflegebedürftigen und pflegenden Angehörigen unterstützen, zum Beispiel zur Sicherstellung einer Betreuung im Alltag oder zur Unterstützung bei der hauswirtschaftlichen Versorgung oder der Organisation des Pflegealltags.

Ab 1. Januar 2017 erhalten Pflegebedürftige aller Pflegegrade (1 bis 5), die ambulant gepflegt werden, einen einheitlichen **Entlastungsbetrag** in Höhe von bis zu 125 Euro monatlich. **Dieser ersetzt die bisherigen zusätzlichen Betreuungs- und Entlastungsleistungen nach § 45b SGB XI.** Der Entlastungsbetrag ist keine pauschale Geldleistung, sondern zweckgebunden. Er kann zur (Ko-)Finanzierung einer teilstationären Tages- oder Nachtpflege, einer vorübergehenden vollstationären Kurzzeitpflege oder von Leistungen ambulanter Pflegedienste (in den Pflegegraden 2 bis 5 jedoch nicht von Leistungen im Bereich der Selbstversorgung) verwendet werden. Außerdem kann er für Leistungen durch nach Landesrecht anerkannte Angebote zur Unterstützung im Alltag eingesetzt werden.

Der Entlastungsbetrag wird zusätzlich zu den sonstigen Leistungen der Pflegeversicherung bei häuslicher Pflege gewährt, er wird mit den anderen Leistungsansprüchen also nicht verrechnet. Nicht (vollständig) ausgeschöpfte Beträge können innerhalb des jeweiligen Kalenderjahres in die Folgemonate bzw. am Ende des Kalenderjahres noch nicht verbrauchte Beträge können in das darauffolgende Kalenderhalbjahr übertragen werden.

7.5.3.12 Alle Leistungen ab 2017 im Überblick

Quelle: Bundesgesundheitsministerium, Die Pflegestärkungsgesetze. Alle Leistungen zum Nachschlagen (Auszüge).

Mit dem neuen Pflegebedürftigkeitsbegriff wächst die Zahl der Versicherten, die Anspruch auf Leistungen der Pflegeversicherung haben, da die Unterstützung deutlich früher ansetzt. In den Pflegegrad 1 werden künftig erstmalig Menschen eingestuft, die noch keine erheblichen Beeinträchtigungen haben, aber schon in gewissem Maß – zumeist körperlich – eingeschränkt sind.

Pflegegrade	Geldleistung ambulant	Sachleistung ambulant	Entlastungsbetrag ambulant (zweckgebunden)	Leistungsbetrag vollstationär
Pflegegrad 1			125 Euro	125 Euro
Pflegegrad 2	316 Euro	689 Euro	125 Euro	770 Euro
Pflegegrad 3	545 Euro	1.298 Euro	125 Euro	1.262 Euro
Pflegegrad 4	728 Euro	1.612 Euro	125 Euro	1.775 Euro
Pflegegrad 5	901 Euro	1.995 Euro	125 Euro	2.005 Euro

7.5.4 Pflegeleistungen (Archivdaten)

Quelle: Bundesministerium für Gesundheit, Kommunikationsstab (Öffentlichkeitsarbeit), Berlin

Monatliche Pflegeleistung vor dem 01.07.2008			
	Pflegestufe I	Pflegestufe II	Pflegestufe III
Pflegegeldleistung	205 €	410 €	665 €
Pflegesachleistung	bis zu 384 €	bis zu 921 €	Bis zu 1.432 € (Härtefälle bis zu 1.918 €)
Vollstationäre Pflege	1.023 €	1.279 €	Bis zu 1.432 € (Härtefälle 1.918 €)

(Quelle: Pflegeversicherungsgesetz)

	Anzahl der Punkte	Finanzieller Aufwand in v.H. des Pflegesatzes *)
Pflegestufe I	3	40
Pflegestufe II	4	70
Pflegestufe III	8	100

*) Pflegeversicherungsgesetz, 2005, entspricht den **Kosten der stationären Pflege in einem Heim (im Durchschnitt etwa 3.500 €/Monat in der Pflegestufe III**, Preisstand 2005), wobei die Höhe der Kosten vom jeweiligen Heim abhängig ist.

In den Jahren 2008 bis 2012 wurden die **monatlichen** Leistungen für Pflegebedürftige in drei Stufen angehoben.

Leistungen der einzelnen Pflegestufen				
Pflegestufe	**Vorher**	**2008***	**2010**	**2012**
Pflegegeld (in €)				
Stufe I	205	215	225	235
Stufe II	410	420	430	440
Stufe III	665	675	685	700
Ambulante Pflegeleistung bis zu (in €)				
Stufe I	384	420	440	450
Stufe II	921	980	1.040	1.100
Stufe III	1.432	1.470	1.510	1.550
Ambulante Sachleistungsbeträge im Härtefall bleiben zunächst unverändert (1.918 EUR).				
Stationäre Leistung pauschal (in €)				
Stufe III	1.432	1.470	1.510	1.550
Härtefall	1.688	1.750	1.825	1.918
Stationäre Sachleistungsbeträge der Stufen I (1.023 EUR) und II (1.279 EUR) bleiben zunächst unverändert.				

* Die Werte für 2008 galten ab 01.07.2008.

7.5.5 Pflegebedürftige nach Art der Versorgung

Quelle: Statistisches Bundesamt, Pflegestatistik, Ländervergleich – Pflegebedürftigkeit

Pflegebedürftige nach Art der Versorgung zum Jahresende 2013 in %[14 15]

Land	Pflegebedürftige[14]					
	insgesamt	vollstationär in Heimen	darunter vollstationäre Dauerpflege	zu Hause	davon versorgt allein durch Angehörige[15]	davon versorgt zusammen mit/durch ambulante Pflegedienste
Baden-Württemberg	100	30,4	29,4	69,6	48,4	21,2
Bayern	100	**32,2**	31,3	67,8	45,0	22,8
Berlin	100	24,5	24,2	**75,5**	**50,9**	24,7
Brandenburg	100	22,9	22,4	**77,1**	48,6	**28,5**
Bremen	100	27,8	26,7	72,2	43,5	**28,7**
Hamburg	100	31,5	30,5	68,5	39,3	**29,2**
Hessen	100	24,8	23,9	**75,2**	**53,5**	21,7
Mecklenburg-Vorpommern	100	25,7	25,5	**74,3**	48,0	26,3
Niedersachsen	100	30,8	29,8	69,2	45,6	23,6
Nordrhein-Westfalen	100	27,6	26,8	72,4	49,8	22,6
Rheinland-Pfalz	100	28,9	27,9	71,1	49,8	21,3
Saarland	100	30,2	29,3	69,8	48,6	21,2
Sachsen	100	31,1	30,5	68,9	39,9	**29,0**
Sachsen-Anhalt	100	30,6	29,9	69,4	44,5	24,9
Schleswig-Holstein	100	**40,5**	**39,6**	59,5	39,3	20,3
Thüringen	100	26,9	26,5	73,1	49,0	24,1
Deutschland	**100**	**29,1**	**28,3**	**70,9**	**47,4**	**23,5**

14 Relativ hohe Werte sind durch Fettschrift hervorgehoben, relativ niedrige durch Unterstreichung.

15 Entspricht den Empfängerinnen und Empfängern von ausschließlich Pflegegeld nach § 37 Abs. 1 SGB XI. Empfänger/-innen von Kombinationsleistungen nach § 38 Satz 1 sind dagegen bei den ambulanten Pflegediensten enthalten.

7.5.6 Durchschnittliche Pflegekosten

7.5.6.1 Durchschnittliche Pflegeheimkosten (Stand 09/2016)

Quelle: Recherche Ruhrnachrichten Dortmund, Lensing-Verlagshaus, Veröffentlichung vom 12.09.2016

Tatsächliche durchschnittliche Pflegeheimkosten in NRW (Stand 2016)

Pflegestufe	Kosten in € / Monat
0	2.500
I	2.959
II	3.600
III	4.100

Die tatsächlichen Kosten für Pflegeheimplätze variieren deutlich nach Bundesländern, Stadtgrößen sowie Ausstattung der Pflegeheime. Die Kosten in NRW liegen im oberen Bereich der bundesdurchschnittlichen Werte.

7.5.6.2 Durchschnittliche Kosten der ambulanten und stationären Pflege (Stand 2016)

Quelle: pflegestufen.org

	Ambulante Pflege durch Pflegedienst	Stationäre Pflegeeinrichtung
Pflegestufe	Kosten in € / Monat	Kosten in € / Monat
0		
I	400	2.300
II	900	2.700
III	1.950	3.300

Die tatsächlichen Kosten variieren sehr stark nach Bundesländern, Stadtgrößen sowie weiterem Pflegeumfang.

7.5.7 Wertermittlung von Pflegerechten (Berechnungstool)

Quelle: Schaper, D., Bewertung von Wart- und Pflegeleistungen, GuG, 5/2012, S. 257 ff.

Ein Berechnungstool auf Excel-Basis für Wart- und Pflegeverpflichtungen kann über die Geschäftsstelle des LVS Bayern, München, gegen Schutzgebühr bezogen werden (info@lvs-bayern.de).

7.6 Finanzmathematische Tabellen

Hinweis:

- **Die Barwertfaktoren für die Kapitalisierung**
  (Vervielfältigertabelle, Anlage 1 zu § 20 ImmoWertV)

und

- **die Barwertfaktoren für die Abzinsung**
  (Abzinsungsfaktoren, Anlage 2 zu § 20 ImmoWertV)

sind **in den Kapiteln 4.1.1 und 4.1.2** (Ertragswertverfahren) abgedruckt.

7.6.1 Aufzinsungsfaktor einer Einmalzahlung

Formeln $K_n = K_o \times q^n$ wobei $q = 1 + \frac{p}{100}$ ist

K_n = Endkapital
K_o = Anfangskapital
n = Anzahl der Jahre, Laufzeit
p = Zinssatz, Zinsfuß
q^n = Tabellenwert (Aufzinsungsfaktor) = $\left(1 + \frac{p}{100}\right)^n$

	Zinssatz									
n	1%	2%	3%	4%	5%	6%	7%	8%	9%	10%
1	1,0100	1,0200	1,0300	1,0400	1,0500	1,0600	1,0700	1,0800	1,0900	1,1000
2	1,0201	1,0404	1,0609	1,0816	1,1025	1,1236	1,1449	1,1664	1,1881	1,2100
3	1,0303	1,0612	1,0927	1,1249	1,1576	1,1910	1,2250	1,2597	1,2950	1,3310
4	1,0406	1,0824	1,1255	1,1699	1,2155	1,2625	1,3108	1,3605	1,4116	1,4641
5	1,0510	1,1041	1,1593	1,2167	1,2763	1,3382	1,4026	1,4693	1,5386	1,6105
6	1,0615	1,1262	1,1941	1,2653	1,3401	1,4185	1,5007	1,5869	1,6771	1,7716
7	1,0721	1,1487	1,2299	1,3159	1,4071	1,5036	1,6058	1,7138	1,8280	1,9487
8	1,0829	1,1717	1,2668	1,3686	1,4775	1,5938	1,7182	1,8509	1,9926	2,1436
9	1,0937	1,1951	1,3048	1,4233	1,5513	1,6895	1,8385	1,9990	2,1719	2,3579
10	1,1046	1,2190	1,3439	1,4802	1,6289	1,7908	1,9672	2,1589	2,3674	2,5937
11	1,1157	1,2434	1,3842	1,5395	1,7103	1,8983	2,1049	2,3316	2,5804	2,8531
12	1,1268	1,2682	1,4258	1,6010	1,7959	2,0122	2,2522	2,5182	2,8127	3,1384
13	1,1381	1,2936	1,4685	1,6651	1,8856	2,1329	2,4098	2,7196	3,0658	3,4523
14	1,1495	1,3195	1,5126	1,7317	1,9799	2,2609	2,5785	2,9372	3,3417	3,7975
15	1,1610	1,3459	1,5580	1,8009	2,0789	2,3966	2,7590	3,1722	3,6425	4,1772
16	1,1726	1,3728	1,6047	1,8730	2,1829	2,5404	2,9522	3,4259	3,9703	4,5950
17	1,1843	1,4002	1,6528	1,9479	2,2920	2,6928	3,1588	3,7000	4,3276	5,0545
18	1,1961	1,4282	1,7024	2,0258	2,4066	2,8543	3,3799	3,9960	4,7171	5,5599
19	1,2081	1,4568	1,7535	2,1068	2,5270	3,0256	3,6165	4,3157	5,1417	6,1159
20	1,2202	1,4859	1,8061	2,1911	2,6533	3,2071	3,8697	4,6610	5,6044	6,7275
21	1,2324	1,5157	1,8603	2,2788	2,7860	3,3996	4,1406	5,0338	6,1088	7,4002
22	1,2447	1,5460	1,9161	2,3699	2,9253	3,6035	4,4304	5,4365	6,6586	8,1403
23	1,2572	1,5769	1,9736	2,4647	3,0715	3,8197	4,7405	5,8715	7,2579	8,9543
24	1,2697	1,6084	2,0328	2,5633	3,2251	4,0489	5,0724	6,3412	7,9111	9,8497
25	1,2824	1,6406	2,0938	2,6658	3,3864	4,2919	5,4274	6,8485	8,6231	10,8347

Aufzinsungsfaktor q^n (Fortsetzung)

	Zinssatz									
n	1%	2%	3%	4%	5%	6%	7%	8%	9%	10%
26	1,2953	1,6734	2,1566	2,7725	3,5557	4,5494	5,8074	7,3964	9,3992	11,9182
27	1,3082	1,7069	2,2213	2,8834	3,7335	4,8223	6,2139	7,9881	10,2451	13,1100
28	1,3213	1,7410	2,2879	2,9987	3,9201	5,1117	6,6488	8,6271	11,1671	14,4210
29	1,3345	1,7758	2,3566	3,1187	4,1161	5,4184	7,1143	9,3173	12,1722	15,8631
30	1,3478	1,8114	2,4273	3,2434	4,3219	5,7435	7,6123	10,0627	13,2677	17,4494
31	1,3613	1,8476	2,5001	3,3731	4,5380	6,0881	8,1451	10,8677	14,4618	19,1943
32	1,3749	1,8845	2,5751	3,5081	4,7649	6,4534	8,7153	11,7371	15,7633	21,1138
33	1,3887	1,9222	2,6523	3,6484	5,0032	6,8406	9,3253	12,6760	17,1820	23,2252
34	1,4026	1,9607	2,7319	3,7943	5,2533	7,2510	9,9781	13,6901	18,7284	25,5477
35	1,4166	1,9999	2,8139	3,9461	5,5160	7,6861	10,6766	14,7853	20,4140	28,1024
36	1,4308	2,0399	2,8983	4,1039	5,7918	8,1473	11,4239	15,9682	22,2512	30,9127
37	1,4451	2,0807	2,9852	4,2681	6,0814	8,6361	12,2236	17,2456	24,2538	34,0039
38	1,4595	2,1223	3,0748	4,4388	6,3855	9,1543	13,0793	18,6253	26,4367	37,4043
39	1,4741	2,1647	3,1670	4,6164	6,7048	9,7035	13,9948	20,1153	28,8160	41,1448
40	1,4889	2,2080	3,2620	4,8010	7,0400	10,2857	14,9745	21,7245	31,4094	45,2593
41	1,5038	2,2522	3,3599	4,9931	7,3920	10,9029	16,0227	23,4625	34,2363	49,7852
42	1,5188	2,2972	3,4607	5,1928	7,7616	11,5570	17,1443	25,3395	37,3175	54,7637
43	1,5340	2,3432	3,5645	5,4005	8,1497	12,2505	18,3444	27,3666	40,6761	60,2401
44	1,5493	2,3901	3,6715	5,6165	8,5572	12,9855	19,6285	29,5560	44,3370	66,2641
45	1,5648	2,4379	3,7816	5,8412	8,9850	13,7646	21,0025	31,9204	48,3273	72,8905
46	1,5805	2,4866	3,8950	6,0748	9,4343	14,5905	22,4726	34,4741	52,6767	80,1795
47	1,5963	2,5363	4,0119	6,3178	9,9060	15,4659	24,0457	37,2320	57,4176	88,1975
48	1,6122	2,5871	4,1323	6,5705	10,4013	16,3939	25,7289	40,2106	62,5852	97,0172
49	1,6283	2,6388	4,2562	6,8333	10,9213	17,3775	27,5299	43,4274	68,2179	106,7190
50	1,6446	2,6916	4,3839	7,1067	11,4674	18,4202	29,4570	46,9016	74,3575	117,3909
51	1,6611	2,7454	4,5154	7,3910	12,0408	19,5254	31,5190	50,6537	81,0497	129,1299
52	1,6777	2,8003	4,6509	7,6866	12,6428	20,6969	33,7253	54,7060	88,3442	142,0429
53	1,6945	2,8563	4,7904	7,9941	13,2749	21,9387	36,0861	59,0825	96,2951	156,2472
54	1,7114	2,9135	4,9341	8,3138	13,9387	23,2550	38,6122	63,8091	104,9617	171,8719
55	1,7285	2,9717	5,0821	8,6464	14,6356	24,6503	41,3150	68,9139	114,4083	189,0591
56	1,7458	3,0312	5,2346	8,9922	15,3674	26,1293	44,2071	74,4270	124,7050	207,9651
57	1,7633	3,0918	5,3917	9,3519	16,1358	27,6971	47,3015	80,3811	135,9285	228,7616
58	1,7809	3,1536	5,5534	9,7260	16,9426	29,3589	50,6127	86,8116	148,1620	251,6377
59	1,7987	3,2167	5,7200	10,1150	17,7897	31,1205	54,1555	93,7565	161,4966	276,8015
60	1,8167	3,2810	5,8916	10,5196	18,6792	32,9877	57,9464	101,2571	176,0313	304,4816
61	1,8349	3,3467	6,0684	10,9404	19,6131	34,9670	62,0027	109,3576	191,8741	334,9298
62	1,8532	3,4136	6,2504	11,3780	20,5938	37,0650	66,3429	118,1062	209,1428	368,4228
63	1,8717	3,4819	6,4379	11,8332	21,6235	39,2889	70,9869	127,5547	227,9656	405,2651
64	1,8905	3,5515	6,6311	12,3065	22,7047	41,6462	75,9559	137,7591	248,4825	445,7916
65	1,9094	3,6225	6,8300	12,7987	23,8399	44,1450	81,2729	148,7798	270,8460	490,3707

Aufzinsungsfaktor q^n (Fortsetzung)

	Zinssatz									
n	1%	2%	3%	4%	5%	6%	7%	8%	9%	10%
66	1,9285	3,6950	7,0349	13,3107	25,0319	46,7937	86,9620	160,6822	295,2221	539,4078
67	1,9477	3,7689	7,2459	13,8431	26,2835	49,6013	93,0493	173,5368	321,7921	593,3486
68	1,9672	3,8443	7,4633	14,3968	27,5977	52,5774	99,5627	187,4198	350,7534	652,6834
69	1,9869	3,9211	7,6872	14,9727	28,9775	55,7320	106,5321	202,4133	382,3212	717,9518
70	2,0068	3,9996	7,9178	15,5716	30,4264	59,0759	113,9894	218,6064	416,7301	789,7470
71	2,0268	4,0795	8,1554	16,1945	31,9477	62,6205	121,9686	236,0949	454,2358	868,7217
72	2,0471	4,1611	8,4000	16,8423	33,5451	66,3777	130,5065	254,9825	495,1170	955,5938
73	2,0676	4,2444	8,6520	17,5160	35,2224	70,3604	139,6419	275,3811	539,6775	1051,1532
74	2,0882	4,3293	8,9116	18,2166	36,9835	74,5820	149,4168	297,4116	588,2485	1156,2685
75	2,1091	4,4158	9,1789	18,9453	38,8327	79,0569	159,8760	321,2045	641,1909	1271,8954
76	2,1302	4,5042	9,4543	19,7031	40,7743	83,8003	171,0673	346,9009	698,8981	1399,0849
77	2,1515	4,5942	9,7379	20,4912	42,8130	88,8284	183,0421	374,6530	761,7989	1538,9934
78	2,1730	4,6861	10,0301	21,3108	44,9537	94,1581	195,8550	404,6252	830,3608	1692,8927
79	2,1948	4,7798	10,3310	22,1633	47,2014	99,8075	209,5648	436,9952	905,0933	1862,1820
80	2,2167	4,8754	10,6409	23,0498	49,5614	105,7960	224,2344	471,9548	986,5517	2048,4002
81	2,2389	4,9729	10,9601	23,9718	52,0395	112,1438	239,9308	509,7112	1075,3413	2253,2402
82	2,2613	5,0724	11,2889	24,9307	54,6415	118,8724	256,7260	550,4881	1172,1220	2478,5643
83	2,2839	5,1739	11,6276	25,9279	57,3736	126,0047	274,6968	594,5272	1277,6130	2726,4207
84	2,3067	5,2773	11,9764	26,9650	60,2422	133,5650	293,9255	642,0893	1392,5982	2999,0628
85	2,3298	5,3829	12,3357	28,0436	63,2544	141,5789	314,5003	693,4565	1517,9320	3298,9690
86	2,3531	5,4905	12,7058	29,1653	66,4171	150,0736	336,5154	748,9330	1654,5459	3628,8659
87	2,3766	5,6003	13,0870	30,3320	69,7379	159,0781	360,0714	808,8476	1803,4550	3991,7525
88	2,4004	5,7124	13,4796	31,5452	73,2248	168,6227	385,2764	873,5555	1965,7660	4390,9278
89	2,4244	5,8266	13,8839	32,8071	76,8861	178,7401	412,2458	943,4399	2142,6849	4830,0206
90	2,4486	5,9431	14,3005	34,1193	80,7304	189,4645	441,1030	1018,9151	2335,5266	5313,0226
91	2,4731	6,0620	14,7295	35,4841	84,7669	200,8324	471,9802	1100,4283	2545,7240	5844,3249
92	2,4979	6,1832	15,1714	36,9035	89,0052	212,8823	505,0188	1188,4626	2774,8391	6428,7574
93	2,5228	6,3069	15,6265	38,3796	93,4555	225,6553	540,3701	1283,5396	3024,5747	7071,6331
94	2,5481	6,4330	16,0953	39,9148	98,1283	239,1946	578,1960	1386,2227	3296,7864	7778,7964
95	2,5735	6,5617	16,5782	41,5114	103,0347	253,5463	618,6697	1497,1205	3593,4971	8556,6760
96	2,5993	6,6929	17,0755	43,1718	108,1864	268,7590	661,9766	1616,8902	3916,9119	9412,3437
97	2,6253	6,8268	17,5878	44,8987	113,5957	284,8846	708,3150	1746,2414	4269,4340	10353,5780
98	2,6515	6,9633	18,1154	46,6947	119,2755	301,9776	757,8970	1885,9407	4653,6830	11388,9358
99	2,6780	7,1026	18,6589	48,5625	125,2393	320,0963	810,9498	2036,8160	5072,5145	12527,8294
100	2,7048	7,2446	19,2186	50,5049	131,5013	339,3021	867,7163	2199,7613	5529,0408	13780,6123

7.6.2 Abschreibungsdivisor

Abschreibungsdivisor $\frac{q^n - 1}{(q-1)}$

(Zeitrentenendwertfaktor einer jährlich nachschüssig zahlbaren Rente)

	Zinssatz									
n	1%	2%	3%	4%	5%	6%	7%	8%	9%	10%
1	1,000	1,000	1,000	1,000	1,000	1,000	1,000	1,000	1,000	1,000
2	2,010	2,020	2,030	2,040	2,050	2,060	2,070	2,080	2,090	2,100
3	3,030	3,060	3,091	3,122	3,153	3,184	3,215	3,246	3,278	3,310
4	4,060	4,122	4,184	4,246	4,310	4,375	4,440	4,506	4,573	4,641
5	5,101	5,204	5,309	5,416	5,526	5,637	5,751	5,867	5,985	6,105
6	6,152	6,308	6,468	6,633	6,802	6,975	7,153	7,336	7,523	7,716
7	7,214	7,434	7,662	7,898	8,142	8,394	8,654	8,923	9,200	9,487
8	8,286	8,583	8,892	9,214	9,549	9,897	10,260	10,637	11,028	11,436
9	9,369	9,755	10,159	10,583	11,027	11,491	11,978	12,488	13,021	13,579
10	10,462	10,950	11,464	12,006	12,578	13,181	13,816	14,487	15,193	15,937
11	11,567	12,169	12,808	13,486	14,207	14,972	15,784	16,645	17,560	18,531
12	12,683	13,412	14,192	15,026	15,917	16,870	17,888	18,977	20,141	21,384
13	13,809	14,680	15,618	16,627	17,713	18,882	20,141	21,495	22,953	24,523
14	14,947	15,974	17,086	18,292	19,599	21,015	22,550	24,215	26,019	27,975
15	16,097	17,293	18,599	20,024	21,579	23,276	25,129	27,152	29,361	31,772
16	17,258	18,639	20,157	21,825	23,657	25,673	27,888	30,324	33,003	35,950
17	18,430	20,012	21,762	23,698	25,840	28,213	30,840	33,750	36,974	40,545
18	19,615	21,412	23,414	25,645	28,132	30,906	33,999	37,450	41,301	45,599
19	20,811	22,841	25,117	27,671	30,539	33,760	37,379	41,446	46,018	51,159
20	22,019	24,297	26,870	29,778	33,066	36,786	40,995	45,762	51,160	57,275
21	23,239	25,783	28,676	31,969	35,719	39,993	44,865	50,423	56,765	64,002
22	24,472	27,299	30,537	34,248	38,505	43,392	49,006	55,457	62,873	71,403
23	25,716	28,845	32,453	36,618	41,430	46,996	53,436	60,893	69,532	79,543
24	26,973	30,422	34,426	39,083	44,502	50,816	58,177	66,765	76,790	88,497
25	28,243	32,030	36,459	41,646	47,727	54,865	63,249	73,106	84,701	98,347
26	29,526	33,671	38,553	44,312	51,113	59,156	68,676	79,954	93,324	109,182
27	30,821	35,344	40,710	47,084	54,669	63,706	74,484	87,351	102,723	121,100
28	32,129	37,051	42,931	49,968	58,403	68,528	80,698	95,339	112,968	134,210
29	33,450	38,792	45,219	52,966	62,323	73,640	87,347	103,966	124,135	148,631
30	34,785	40,568	47,575	56,085	66,439	79,058	94,461	113,283	136,308	164,494
31	36,133	42,379	50,003	59,328	70,761	84,802	102,073	123,346	149,575	181,943
32	37,494	44,227	52,503	62,701	75,299	90,890	110,218	134,214	164,037	201,138
33	38,869	46,112	55,078	66,210	80,064	97,343	118,933	145,951	179,800	222,252
34	40,258	48,034	57,730	69,858	85,067	104,184	128,259	158,627	196,982	245,477
35	41,660	49,994	60,462	73,652	90,320	111,435	138,237	172,317	215,711	271,024
36	43,077	51,994	63,276	77,598	95,836	119,121	148,913	187,102	236,125	299,127
37	44,508	54,034	66,174	81,702	101,628	127,268	160,337	203,070	258,376	330,039
38	45,953	56,115	69,159	85,970	107,710	135,904	172,561	220,316	282,630	364,043
39	47,412	58,237	72,234	90,409	114,095	145,058	185,640	238,941	309,066	401,448
40	48,886	60,402	75,401	95,026	120,800	154,762	199,635	259,057	337,882	442,593
41	50,375	62,610	78,663	99,827	127,840	165,048	214,610	280,781	369,292	487,852
42	51,879	64,862	82,023	104,820	135,232	175,951	230,632	304,244	403,528	537,637
43	53,398	67,159	85,484	110,012	142,993	187,508	247,776	329,583	440,846	592,401
44	54,932	69,503	89,048	115,413	151,143	199,758	266,121	356,950	481,522	652,641
45	56,481	71,893	92,720	121,029	159,700	212,744	285,749	386,506	525,859	718,905
46	58,046	74,331	96,501	126,871	168,685	226,508	306,752	418,426	574,186	791,795
47	59,626	76,817	100,397	132,945	178,119	241,099	329,224	452,900	626,863	871,975
48	61,223	79,354	104,408	139,263	188,025	256,565	353,270	490,132	684,280	960,172
49	62,835	81,941	108,541	145,834	198,427	272,958	378,999	530,343	746,866	1.057,190
50	64,463	84,579	112,797	152,667	209,348	290,336	406,529	573,770	815,084	1.163,909

Abschreibungsdivisor (Fortsetzung)

	Zinssatz									
n	1%	2%	3%	4%	5%	6%	7%	8%	9%	10%
51	66,108	87,271	117,181	159,774	220,815	308,756	435,986	620,672	889,441	1.281,299
52	67,769	90,016	121,696	167,165	232,856	328,281	467,505	671,326	970,491	1.410,429
53	69,447	92,817	126,347	174,851	245,499	348,978	501,230	726,032	1.058,835	1.552,472
54	71,141	95,673	131,137	182,845	258,774	370,917	537,316	785,114	1.155,130	1.708,719
55	72,852	98,587	136,072	191,159	272,713	394,172	575,929	848,923	1.260,092	1.880,591
56	74,581	101,558	141,154	199,806	287,348	418,822	617,244	917,837	1.374,500	2.069,651
57	76,327	104,589	146,388	208,798	302,716	444,952	661,451	992,264	1.499,205	2.277,616
58	78,090	107,681	151,780	218,150	318,851	472,649	708,752	1.072,645	1.635,134	2.506,377
59	79,871	110,835	157,333	227,876	335,794	502,008	759,365	1.159,457	1.783,296	2.758,015
60	81,670	114,052	163,053	237,991	353,584	533,128	813,520	1.253,213	1.944,792	3.034,816
61	83,486	117,333	168,945	248,510	372,263	566,116	871,467	1.354,470	2.120,823	3.339,298
62	85,321	120,679	175,013	259,451	391,876	601,083	933,469	1.463,828	2.312,698	3.674,228
63	87,174	124,093	181,264	270,829	412,470	638,148	999,812	1.581,934	2.521,840	4.042,651
64	89,046	127,575	187,702	282,662	434,093	677,437	1.070,799	1.709,489	2.749,806	4.447,916
65	90,937	131,126	194,333	294,968	456,798	719,083	1.146,755	1.847,248	2.998,288	4.893,707
66	92,846	134,749	201,163	307,767	480,638	763,228	1.228,028	1.996,028	3.269,134	5.384,078
67	94,774	138,444	208,198	321,078	505,670	810,022	1.314,990	2.156,710	3.564,357	5.923,486
68	96,722	142,213	215,444	334,921	531,953	859,623	1.408,039	2.330,247	3.886,149	6.516,834
69	98,689	146,057	222,907	349,318	559,551	912,200	1.507,602	2.517,667	4.236,902	7.169,518
70	100,676	149,978	230,594	364,290	588,529	967,932	1.614,134	2.720,080	4.619,223	7.887,470
71	102,683	153,977	238,512	379,862	618,955	1.027,008	1.728,124	2.938,686	5.035,953	8.677,217
72	104,710	158,057	246,667	396,057	650,903	1.089,629	1.850,092	3.174,781	5.490,189	9.545,938
73	106,757	162,218	255,067	412,899	684,448	1.156,006	1.980,599	3.429,764	5.985,306	10.501,532
74	108,825	166,463	263,719	430,415	719,670	1.226,367	2.120,241	3.705,145	6.524,984	11.552,685
75	110,913	170,792	272,631	448,631	756,654	1.300,949	2.269,657	4.002,557	7.113,232	12.708,954
76	113,022	175,208	281,810	467,577	795,486	1.380,006	2.429,533	4.323,761	7.754,423	13.980,849
77	115,152	179,712	291,264	487,280	836,261	1.463,806	2.600,601	4.670,662	8.453,321	15.379,934
78	117,304	184,306	301,002	507,771	879,074	1.552,634	2.783,643	5.045,315	9.215,120	16.918,927
79	119,477	188,992	311,032	529,082	924,027	1.646,792	2.979,498	5.449,940	10.045,481	18.611,820
80	121,672	193,772	321,363	551,245	971,229	1.746,600	3.189,063	5.886,935	10.950,574	20.474,002
81	123,888	198,647	332,004	574,295	1.020,790	1.852,396	3.413,297	6.358,890	11.937,126	22.522,402
82	126,127	203,620	342,964	598,267	1.072,830	1.964,540	3.653,228	6.868,601	13.012,467	24.775,643
83	128,388	208,693	354,253	623,197	1.127,471	2.083,412	3.909,954	7.419,090	14.184,589	27.254,207
84	130,672	213,867	365,881	649,125	1.184,845	2.209,417	4.184,651	8.013,617	15.462,202	29.980,628
85	132,979	219,144	377,857	676,090	1.245,087	2.342,982	4.478,576	8.655,706	16.854,800	32.979,690
86	135,309	224,527	390,193	704,134	1.308,341	2.484,561	4.793,076	9.349,163	18.372,732	36.278,659
87	137,662	230,017	402,898	733,299	1.374,758	2.634,634	5.129,592	10.098,096	20.027,278	39.907,525
88	140,038	235,618	415,985	763,631	1.444,496	2.793,712	5.489,663	10.906,943	21.830,733	43.899,278
89	142,439	241,330	429,465	795,176	1.517,721	2.962,335	5.874,940	11.780,499	23.796,499	48.290,206
90	144,863	247,157	443,349	827,983	1.594,607	3.141,075	6.287,185	12.723,939	25.939,184	53.120,226
91	147,312	253,100	457,649	862,103	1.675,338	3.330,540	6.728,288	13.742,854	28.274,711	58.433,249
92	149,785	259,162	472,379	897,587	1.760,105	3.531,372	7.200,269	14.843,282	30.820,435	64.277,574
93	152,283	265,345	487,550	934,490	1.849,110	3.744,254	7.705,287	16.031,745	33.595,274	70.706,331
94	154,806	271,652	503,177	972,870	1.942,565	3.969,910	8.245,658	17.315,284	36.619,849	77.777,964
95	157,354	278,085	519,272	1.012,785	2.040,694	4.209,104	8.823,854	18.701,507	39.916,635	85.556,760
96	159,927	284,647	535,850	1.054,296	2.143,728	4.462,651	9.442,523	20.198,627	43.510,132	94.113,437
97	162,527	291,340	552,926	1.097,468	2.251,915	4.731,410	10.104,500	21.815,518	47.427,044	103.525,780
98	165,152	298,166	570,513	1.142,367	2.365,510	5.016,294	10.812,815	23.561,759	51.696,478	113.879,358
99	167,803	305,130	588,629	1.189,061	2.484,786	5.318,272	11.570,712	25.447,700	56.350,161	125.268,294
100	170,481	312,232	607,288	1.237,624	2.610,025	5.638,368	12.381,662	27.484,516	61.422,675	137.796,123

7.7 Sonstige Werteinflüsse

7.7.1 Einflussfaktoren von Leitungsrechten

Quelle: Fischer in KL-V, 3067-3069, Kl-V (7), 3004

Bei einer Verkehrswertermittlung ist für die Höhe der Wertminderung durch ein Leitungsrecht entscheidend, in welchem Umfang der Verkehrswert des Grundstücks beeinträchtigt wird. Die Belastung durch Leitungsrechte wird von vielen Faktoren beeinflusst. Sie ist abhängig von der Art der Leitung, ob ober- oder unterirdisch, von der Nutzung des dienenden Grundstücks, der Größe des Baugrundstücks oder der landwirtschaftlichen Fläche, und von den Beeinträchtigungen durch die Leitung. Die möglichen Einflussparameter sind nachfolgend dargestellt.

Abb. 1: Einflussparameter von Leitungsrechten bei Baugrundstücken

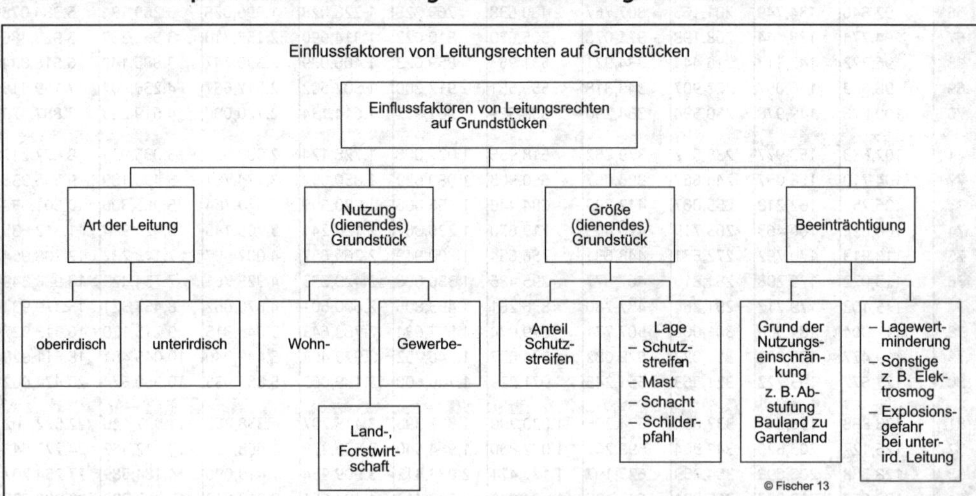

Die Beeinträchtigung hängt von den konkreten Besonderheiten des Einzelfalls ab. Die nachfolgenden Abbildungen geben einen Anhalt über den Grad der Nutzungsbeeinträchtigungen, die durch Leitungsrechte an Baugrundstücken entstehen können.

Abb. 2: Geringe Beeinträchtigung des dienenden Grundstücks

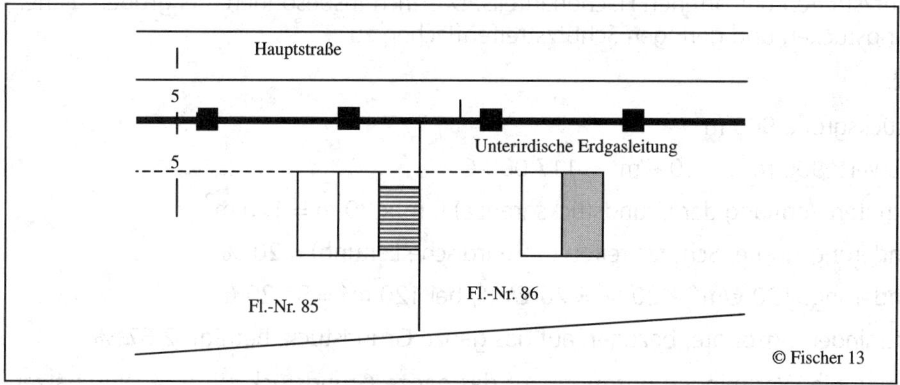

Abb. 3: Erhebliche Beeinträchtigung

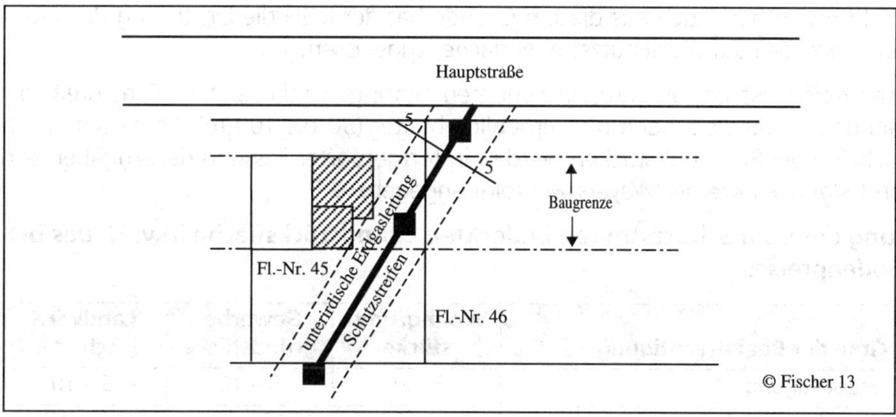

Abb. 4: Starke Beeinträchtigung

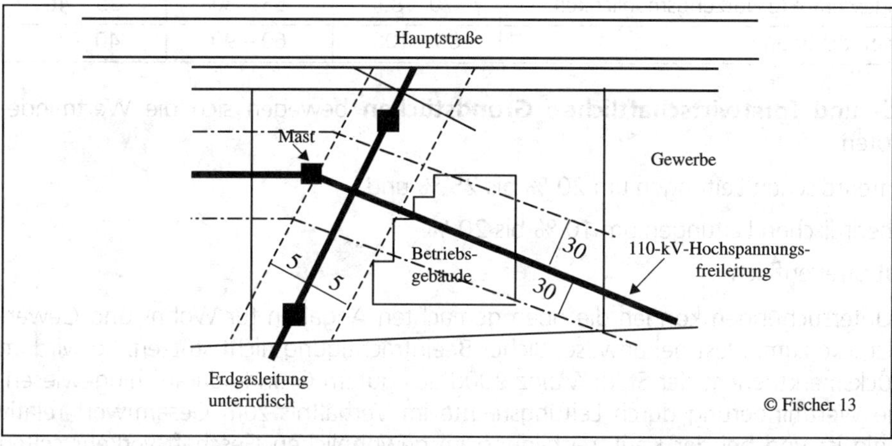

Im Allgemeinen ist die **Höhe der Wertminderung nach dem jeweiligen Schutzstreifen zu bemessen.** Das liegt darin begründet, dass die Wertminderungsquoten bezogen auf das ganze Grundstück i. d. R. sehr gering sind. Eine geringe Änderung der Wertminderungsquote auf der Gesamtfläche bewirkt eine erhebliche Wertminderung des durch den Schutzstreifen betroffenen Flächenanteils. Das trifft insbesondere bei großen dienenden Grundstücken und geringen Schutzstreifenflächen zu.

Beispiel:

Grundstücksgröße 900 m²

Verkehrswert: 900 m² × 130 €/m² = 117.000 €

Schutzstreifen: (entlang der Grundstücksgrenze) 6 m × 20 m = 120 m²

Wertminderungsquote, Schutzstreifen (unterirdische Leitung) = 20 %

Wertminderung: 130 €/m² × 20 % = 26 €/m², bei 120 m² = 3.120 €

Die Wertminderungsquote, bezogen auf das ganze Grundstück, beträgt: 2,67 %

Würde man die Wertminderungsquote auf das ganze Grundstück mit 5 % einschätzen, so würde die Wertminderung je m² Schutzstreifenfläche 48,75 €/m² oder 37,5 % betragen. Das allerdings wäre aus der Sicht einer objektiven Wertermittlung i.S.d. § 194 BauGB nicht vertretbar. Auch aus diesem Grunde hat der BGH die Einstufung der Wertminderung, bezogen auf die Schutzstreifenfläche, zugelassen.

Der Schutzstreifen ist bei unterirdisch verlegten Leitungen i.d.R. 3 bis 10 m breit, bei Hochspannungsfreilandleitungen u.U. erheblich breiter (30 bis 100 m). Empirisch ermittelte Abschläge bei Baugrundstücken werden in fortgeführter Fassung der Angaben von *Vogels* und *Stannigel/Kremer/Weyers* wie folgt angegeben.[16]

Minderung der vom Schutzstreifen bedeckten Grundstücksfläche in v. H. des örtlichen Bodenpreises

Grad der Beeinträchtigung	Wohngrundstücke	Gewerbegrundstücke	Landwirtschaft
Ohne Beeinträchtigung	5 – 20	5 – 10	5 – 10
Unwesentliche Beeinträchtigung	10 – 30	10 – 20	10 – 15
Teilweise eingeschränkte Nutzungsmöglichkeit	30 – 70	20 – 55	15 – 25
Stark eingeschränkte Nutzungsmöglichkeit	70 – 80	55 – 80	25 – 40
Volle Beeinträchtigung	80 – 100	60 – 90	40 – 70

Bei **land- und forstwirtschaftlichen Grundstücken** bewegen sich die Wertminderungsquoten

- bei unterirdischen Leitungen um 20 % bis 25 % und
- bei oberirdischen Leitungen um 10 % bis 20 %

der Schutzstreifenfläche.

Neuere Untersuchungen können die oben gemachten Angaben für Wohn- und Gewerbegrundstücke zumindest bei unwesentlicher Beeinträchtigung nicht stützen. So wird im Grundstücksmarktbericht der Stadt *Mainz* 2008 aus gutem Grunde darauf hingewiesen, dass „die Wertminderung durch Leitungsrechte im Verhältnis zum Gesamtwert relativ geringfügig ist und bei der Kaufpreisbildung im gewöhnlichen Geschäftsverkehr selten

16 Quellenangaben aus KL-V, 3070, *Stannigel/Kremer/Weyers*, Beleihungsgrundsätze für Sparkassen, Stuttgart 1984, 202, *Vogels* [sh. KL-V (7), S. 2896].

berücksichtigt wird". Das liegt nicht selten auch darin begründet, dass gerade bei unterirdischen Leitungen nach einer Anzahl von Jahren das störende Element nicht mehr erkannt und von anderen wertbildenden Faktoren überlagert wird.

7.7.2 Werteinfluss von Strom-Freileitungen auf den Verkehrswert von Wohngrundstücken

Quelle: Kaup, L. in: GuG 2016, 27 – 29 (Auszug sowie Aktualisierung und Ergänzungen)

Größe/Umfang der Stromleitungen

Die Art und Größe der Stromfreileitung müssen für die Ableitung des Werteinflusses definiert werden, die Höchstspannungs-Freileitung hat eine Leistung 380 kV und eine Masthöhe von 56 m – 77,5 m. Kleinere Freileitungen haben 110 kV bzw. 220 kV Leistung mit entsprechend geringeren Masthöhen.

Abstände zu Stromspannungsleitungstrassen

Für die Planung neuer Freileitungstrassen sind Mindestabstände zur Wohnbebauung vorgesehen:

- Abstand bei Leitungstrassen zur **ausgewiesenen Wohnbebauung im Bebauungsplan mindestens 400 m.**
- Abstand von Leitungstrassen zu Wohngebäuden **im Außenbereich mindestens 200 m.**

Es gibt keine verbindlichen Vorgaben/Empfehlungen hinsichtlich der Unbedenklichkeit von Stromleitungen. In der **Literatur sind je nach Spannung** / Leistung Abstandsempfehlungen vermerkt:

Leitungsart	Abstandsempfehlung
110 kV	20 - 100 m
220 kV	30 - 120 m
380 kV	40 - 160 m

Wertbeeinflussung

Die Beeinträchtigung durch Strom-Freileitungstrassen kann insbesondere bei Wohnhäusern festgestellt werden. Gewerbeimmobilien sind geringer beeinträchtigt. Da es um den Einfluss auf die Nachbargrundstücke geht, ist die konkrete Beeinträchtigung der Grundstücke (in der Regel landwirtschaftliche Flächen), über die die Trasse führt, nicht Gegenstand dieser Betrachtung.

Für Wohngebäude kann festgestellt werden, dass die Beeinträchtigung neben der emotionalen Auswertung grundsätzlich durch

- Geräuschentwicklung
- Schattenwirkung
- Blickbeeinträchtigung

gegeben ist.

Die Auswirkung durch die Geräuschentwicklung und die Schattenbildung ist im Verhältnis zur Blickbeeinträchtigung eher zu vernachlässigen. Weiterhin gibt es subjektive, emotionale und gesundheitliche Folgen, die sich aufgrund tatsächlicher oder vermuteter Einwirkung einstellen und den Grundstückswert beeinflussen können. Hierzu kann festgestellt werden:

Der Wohnwert einer Immobilie in Randlage mit „Blick in die freie Landschaft" ist besonders hoch. Dieser Wohnwert wird jedoch insbesondere durch den „Blick auf die Stromfreileitungstrasse" erheblich beeinträchtigt. Gleichzeitig kann festgestellt werden, dass das Vorhandensein einer Stromleitungstrasse die weitere Entwicklung/Bebauung verhindert und somit der „Blick in die freie Landschaft" erhalten bleibt. Je nach Intensität der Beeinflussung (z.B. Lage in 2. Reihe oder Wald) ist der Abschlag anzupassen.

Diese Beeinträchtigung gilt es zu quantifizieren. Hierbei sind folgende Punkte zu berücksichtigen:

Gibt es anderweitige, ggf. überlagernde Umwelt-Beeinflussungen etwa durch erhöhten Verkehrslärm (z.B. Autobahn, Eisenbahn oder Flughafen) oder gibt es anderweitige Umwelteinflüsse durch in der Nähe liegende gewerbliche Entwicklungen, die Immissionen verursachen? Bei Vorliegen entsprechender Einflüsse ist die darüber hinausgehende Beeinflussung durch die Stromfreileitungstrassen eher geringer. Sollten derartige überlagernde Beeinträchtigungen nicht vorliegen, ist die konkrete Situation der betroffenen Immobilie zu würdigen.

Hierbei ist zu berücksichtigen, ob es sich um eine Immobilie unmittelbar in Sichtkontakt zur Freileitung handelt oder ob zwischen der Freileitung und konkreter Immobilie noch eine weitere Wohnbebauung bzw. Bebauung vorhanden ist. Gleichzeitig kann die Topografie (z.B. Hanglage, Bäume, Wald usw.) die Sicht auf die Stromleitung verhindern. In diesem Fall ist die Beeinträchtigung eher gering.

Sofern keine weitere Bebauung zwischen dem konkreten Objekt und der Stromfreileitungstrasse vorhanden ist, ist der Grad der Beeinträchtigung abhängig von der Ausrichtung (Himmelsrichtung) des Hauses. Der Verlauf der Stromleitung im Norden oder Osten des konkreten Objektes ist weniger beeinflussend als im Süden oder Westen des Hauses.

In Einzelfällen sind Stromleitungstrassen parallel bzw. übereinander, die dann die „Massivität" unterstreichen und deren Beeinträchtigung deshalb deutlicher ist.

Die Wertbeeinflussung ist auch von der Lage auf dem Immobilienmarkt abhängig. Bei einem großen Angebot (Käufermarkt) ist die Verkäuflichkeit schlechter gegeben als bei geringem Angebot (Verkäufermarkt). Das ist durch die Berücksichtigung der Zu- oder Abschläge im oberen oder unteren Bereich der Spanne zu berücksichtigen.

Auch kann festgestellt werden, dass die Wertbeeinflussung bei höherwertigen Immobilien größer ist als bei Objekten im unteren Preissegment.

Die Wertbeeinflussung ist abhängig von der Höhe des Mastes oder der Stromleitungen und (korrelierend) von der Spannung/Leistung. Beispielhaft ist nachfolgend eine Tabelle angefügt, die ggf. auf die individuellen Verhältnisse anzupassen (zu interpolieren) ist.

Parameter zur Quantifizierung einer Wertbeeinflussung:

Tabelle 1: Grundsätzliche Wertbeeinflussung: Ausgangsabschlag[17]

Masthöhe 80 m	Masthöhe 60 m	Masthöhe 40 m	Ausgangs-abschlag vom Verkehrswert	Bemerkung: Entfernung
Entfernung	Entfernung	Entfernung		
0 – 80 m	0 – 60 m	0 – 40 m	50 – 25 %	1 Masthöhe
81 – 160 m	61 – 120 m	41 – 80 m	25 – 20 %	1–2 Masthöhen
161 – 240 m	121 – 180 m	81 – 120 m	20 – 15 %	2–3 Masthöhen
241 – 320 m	181 – 240 m	121 – 160 m	15 – 10 %	3–4 Masthöhen
321 – 400 m	241 – 300 m	161 – 200 m	10 – 5 %	4–5 Masthöhen
über 400 m	über 300 m	über 200 m	5 – 0 %	> 5 Masthöhen

1. Grundsätzliche Beeinträchtigung in % (Ausgangsabschlag vom Verkehrswert als Ergebnis aus Tabelle 1)	**....... %**

Tabelle 2: Anpassung des Ausgangsabschlags wegen weiterer Einflüsse

Zu dem Ergebnis aus Tabelle 1 sind folgende Zu- bzw. Abschläge vorzunehmen:

2. Anpassung des Ausgangsabschlags wegen weiterer Einflüsse:				
a)	Blickrichtung (Himmelsrichtung)	-	0-50 % =	.... %
b)	Verstärkte Trassenführung, z.B. 2 Leitungen	+	0-10 % =	.... %
c)	Marktlage, hohe/geringe Nachfrage	+/-	0-30 % =	.... %
d)	Topographie	-	0-30 % =	.... %
e)	Geringe Blickbeeinträchtigungen	-	0-50 % =	.... %
f)	Vorhandene Immissionen	-	25-75 % =	.... %
Summe der Anpassung zum Ausgangsabschlag				.... %

17 Die Wertspannen für den Ausgangsabschlag beruhen auf Ergebnissen einer Umfrage.

Erläuterungen zu Tabelle 2

a) Blickrichtung (Himmelsrichtung)

Trassenverlauf im Norden oder Osten des Wohngebäudes:
0-50 % Abschlag von der festgestellten Verkehrswertminderung

b) Verstärkte Trassenführung

Erhöhte Wertbeeinflussung wegen überlagernder Stromtrassen – Zuschlag ca. 0 % –10 % je nach Anzahl von der festgestellten Verkehrswertminderung.

c) Marktlage

In Abhängigkeit von der Lage auf dem Immobilienmarkt (Käufer- oder Verkäufermarkt) kann die Wertbeeinflussung deutlich abweichend sein; bei großer Nachfrage eher geringer, bei geringer Nachfrage eher höher, bei ausgeglichenem Markt keine weitere Anpassung.

d) Topografie

Die Topografie (z.B. Hanglage/Wald) kann die »Sichtbarkeit« erheblich beeinflussen. Die vorzunehmende Anpassung ist in Abhängigkeit von der Sichtbarkeit vorzunehmen, 0 % – 30 % von der festgestellten Verkehrswertminderung.

e) Geringe Blickbeeinträchtigungen

Die konkrete Lage des Bewertungsgegenstandes in der betroffenen Siedlung beeinflusst die Beeinträchtigungen. Der Sichtkontakt einer Immobilie z.B. „in 3. Reihe" (kein Blick in die freie Landschaft) macht eine Anpassung des Abschlages erforderlich, 0 % - 50 % von der festgestellten Verkehrswertminderung.

f) Vorhandene Immissionen

Eine Lage mit anderen Immissionen/Wertbeeinträchtigungen (z.B. an einer BAB, einer Haupteisenbahnlinie, einem Industriestandort o.ä.) bewirkt, dass ggf. keine weiteren Abschläge durch die neue Stromleitungstrasse zu berücksichtigen sind. In Abhängigkeit von der Vorbelastung liegt der Abschlag von der festgestellten Verkehrswertminderung zwischen 25 % und 75 %.

Tabelle 3: Ableitung der gesamten Wertbeeinflussung in %

3. Zusammenstellung der Einflüsse		
1.	Grundsätzliche Beeinträchtigung, Ausgangsabschlag aus Tabelle 1:	.... %
2.	Anpassung aufgrund weiterer Einflüsse gemäß Tabelle 2 als Anpassung des Ausgangsabschlags	.... %
Der Ausgangsabschlag (siehe 1.) wird durch das Ergebnis der Anpassung aufgrund weiterer Einflüsse (siehe 2.) modifiziert.		

Beispielfall:

Sachverhaltseinordnung:

Ein Einfamilienhaus, dessen Verkehrswert (unbelastet) mit 300.000 € (mittleres Preissegment) festgestellt wurde, wird durch die Neuplanung einer Leitungstrasse (110 kV) im Abstand von ca. 70 m betroffen. Das Gebäude liegt in Randlage zur Leitungstrasse. Die Masthöhe der Leitung beträgt ca. 40 m.

Die Einschätzung der weiteren wertbeeinflussenden Parameter ergibt sich wie folgt:

a) **Blickrichtung (Himmelsrichtung)**
   - Die Trasse verläuft im Norden des zu bewertenden Wohnhauses.

b) **Verstärkte Trassenführung**
   - Eine verstärkte Trassenführung liegt nicht vor, es handelt sich „nur" um eine Leitung.

c) **Marktlage**
   - Die Marktlage zeigt eine gute Nachfrage.

d) **Topografie**
   - Es sind keine Einflüsse aufgrund der Topografie festzustellen

e) **Geringe Blickbeeinträchtigungen**
   - Das Wohnhaus liegt in Randlage, d.h. mit nur geringer Beeinträchtigung durch einen „Blick in die freie Landschaft".

f) **Vorhandene Immissionen**
   - In der Nachbarschaft befinden sich keine überlagernden Immissionen/Einflüsse.

<u>Zuordnung des Objektes zu den Tabellenwerten:</u>

zu Tabelle 1: Grundsätzliche Beeinträchtigung (Ausgangsabschlag):

Neuplanung einer Trasse (110 kV) - Abstand ca. 70 m - Masthöhe ca. 40 m	}	Lt. Tabelle interpoliert	21 %

zu Tabelle 2: Anpassung des Ausgangsabschlags wegen weiterer Einflüsse

a)	Trassenverlauf: Nord	→	= geringe Beeinträchtigung	-40 %
b)	verstärkte Trassenführung: keine	→	= kein Abschlag	0 %
c)	Marktlage: gute Nachfrage	→	= geringer Abschlag	-15 %
d)	Topographie: eben	→	= kein Abschlag	0 %
e)	Geringe Blickbeeinträchtigung	→	= geringer Abschlag	-25 %
f)	Vorhandene Immissionen: keine	→	= kein Abschlag	0 %

Beispielrechnung:

Verkehrswert, unbelastet			**300.000,00 €**
Werteinfluss durch Stromfreileitungen			
1. Grundsätzliche Beeinträchtigung (Ausgangsabschlag)		-21 %	

2. Anpassung des Ausgangsabschlags wegen weiterer Einflüsse		
a)	Anpassung wg. Lageausrichtung: Nordlage	-40 %
b)	Anpassung wg. verstärkter Trassenführung: entfällt	0 %
c)	Anpassung wg. Marktlage: gute Nachfrage	-15 %
d)	Anpassung wg. Topografie: entfällt	0 %
e)	Anpassung wg. Blickbeeinträchtigungen: gering, 3. Reihe	-25 %
f)	Anpassung wg. vorhandener Immissionen: entfällt	0 %
	Anpassung des Ausgangsabschlags, insgesamt:	-80 %

3.	**Zusammenfassung der Einflüsse[18] als Minderung des Verkehrswertes**			
	aus 1.: Ausgangsabschlag	-21 %		
	aus 2.: Anpassung des Ausgangsabschlags um	-80 %		
	somit: -21 % x (100 % - 80 %) = -21 % x 20 % = -21 % x 0,2 =		-4,2 %	
	-4,2 % x 300.000 € =			**-12.600,00 €**

Verkehrswert, belastet durch die Nähe der Stromleitungstrasse		**287.400,00 €**

18 Die grundsätzliche Beeinträchtigung (Ausgangsabschlag) wird durch die weiteren Einflüsse angepasst, d.h. der Ausgangsabschlag wird im vorliegenden Fall gemindert. Der Rechengang ist multiplikativ und **nicht** kumulativ (summarisch).

7.7.3 Durchschnittliche Nutzungsentgelte für Telekommunikationseinrichtungen

Durchschnittliche Nutzungsentgelte nach Angaben der Vodafone D2 GmbH:

Quelle: KL-V, 855 f.

1.	Betreiber errichtet eigenen Mast	1.500 bis 3.999 € p.a.
2	Mitbenutzung Fremdmast bei eigener Stellfläche	1.000 bis 2.000 € p.a.
3.	Mitbenutzung Fremdmast ohne eigene Stellfläche	0 bis 1.000 €/m² p.a.
4.	Gebäudestandorte durchschnittlich	3.000 bis 4.500 € p.a.
5.	über 5.000 € p.a. nur bei großen Sammlerstandorten oder städtischen Standorten mit besonders hohem Nutzungsvolumen	

Von anderen Unternehmen wurden auf der Grundlage von Rahmenverträgen für Maststandorte mit einer durchschnittlich betriebsnotwendigen Fläche von insgesamt 325 m^2 (250 m^2 zuzüglich eines 30 %igen Reserveaufschlags) im Außenbereich Entgelte von bis zu rd. 4.000 € (p.a.), d.h. bis zu 16 €/m^2 vereinbart. Bei Nutzung des Standorts durch mehrere Betreiber werden zusätzlich 1.500 € (p.a.) pro Untervermietung entrichtet. Das Entgelt nimmt mit der Grundstücksgröße degressiv ab:

Jährliche Nutzungsentgelte für Antennengrundstücke

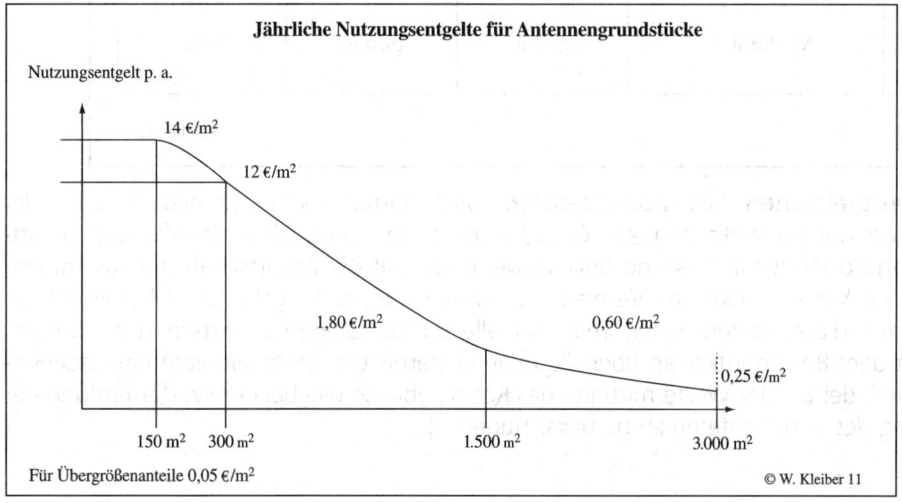

Die Kapitalisierung des Nutzungsentgelts (mit 5,5 bis 6 %), das i.d.R. nicht mit Bewirtschaftungskosten verbunden ist, ist auf den voraussichtlichen Zeitraum des Bestands der Einrichtungen zu beschränken. Dabei ist die technische Entwicklung bezüglich des Umfangs und eines schädlichen Einflusses der emittierenden Anlage zu berücksichtigen, die möglicherweise sogar diese Einrichtungen eines Tages entbehrlich macht.

7.7.4 Wirtschaftliche Auswirkungen des Wohnungsrechts

Quelle: Fischer in: KL-V, 3092

Einen **Überblick über die Auswirkungen eines Wohnungsrechts auf den Verkehrswert** gibt die folgende Abbildung:

Auswirkungen des Wohnungsrechts auf den Verkehrswert

		Art des Objekts		
		EFH	ZFH	Mietwohnung im MFH
Erträge		Auswirkungen		
unentgeltlich		stark	mittel	gering
entgeltlich	< Marktmiete	stark bis mittel	mittel bis gering	mittel bis gering
	Marktmiete	mittel	gering	keine

© Fischer 13

Bei **unentgeltlichen Wohnungsrechten** wird normalerweise unterstellt, dass der Berechtigte nur die Nettokaltmiete (Grundmiete) einspart und alle umlagefähigen Bewirtschaftungskosten zahlt. Das sind üblicherweise alle mit der Bewirtschaftung zusammenhängenden Kosten außer den Verwaltungs- und Instandhaltungskosten. Übernimmt der Eigentümer diese Kosten, einen Teil oder alle umlagefähigen Bewirtschaftungskosten, entsteht dem Berechtigten ein über die reine Ersparnis der Nettokaltmiete hinausgehender Vorteil, der bei der Wertermittlung des Rechts ebenso wie bei der Wertermittlung der Belastung des Verpflichteten zu berücksichtigen ist.

8 Flächen- und Kubaturberechnungen

8

8.1 Ermittlung der Brutto-Grundfläche (BGF)

Quelle: Sachwertrichtlinie (SW-RL) Nr. 4.1.1.4 ff.

(1) Die Kostenkennwerte der NHK 2010 beziehen sich auf den Quadratmeter Brutto-Grundfläche (BGF). Die BGF ist die Summe der bezogen auf die jeweilige Gebäudeart marktüblich nutzbaren Grundflächen aller Grundrissebenen eines Bauwerks.

(2) In Anlehnung an die DIN 277-1:2005-02 sind bei den Grundflächen folgende Bereiche zu unterscheiden:

Bereich a: überdeckt und allseitig in voller Höhe umschlossen,

Bereich b: überdeckt, jedoch nicht allseitig in voller Höhe umschlossen,

Bereich c: nicht überdeckt.

Für die Anwendung der NHK 2010 sind im Rahmen der Ermittlung der BGF nur die Grundflächen der Bereiche a und b zu Grunde zu legen. Balkone, auch wenn sie überdeckt sind, sind dem Bereich c zuzuordnen (vgl. Abbildung 1).

(3) Für die Ermittlung der BGF sind die äußeren Maße der Bauteile einschließlich Bekleidung, z.B. Putz und Außenschalen mehrschaliger Wandkonstruktionen, in Höhe der Bodenbelagsoberkanten anzusetzen.

(4) Nicht zur BGF gehören z.B. Flächen von Spitzböden (vgl. Nummer 4.1.1.5 Absatz 3) und Kriechkellern, Flächen, die ausschließlich der Wartung, Inspektion und Instandsetzung von Baukonstruktionen und technischen Anlagen dienen sowie Flächen unter konstruktiven Hohlräumen, z.B. über abgehängten Decken.

Abbildung 1: Zuordnung der Grundflächen zu den Bereichen a, b, c:

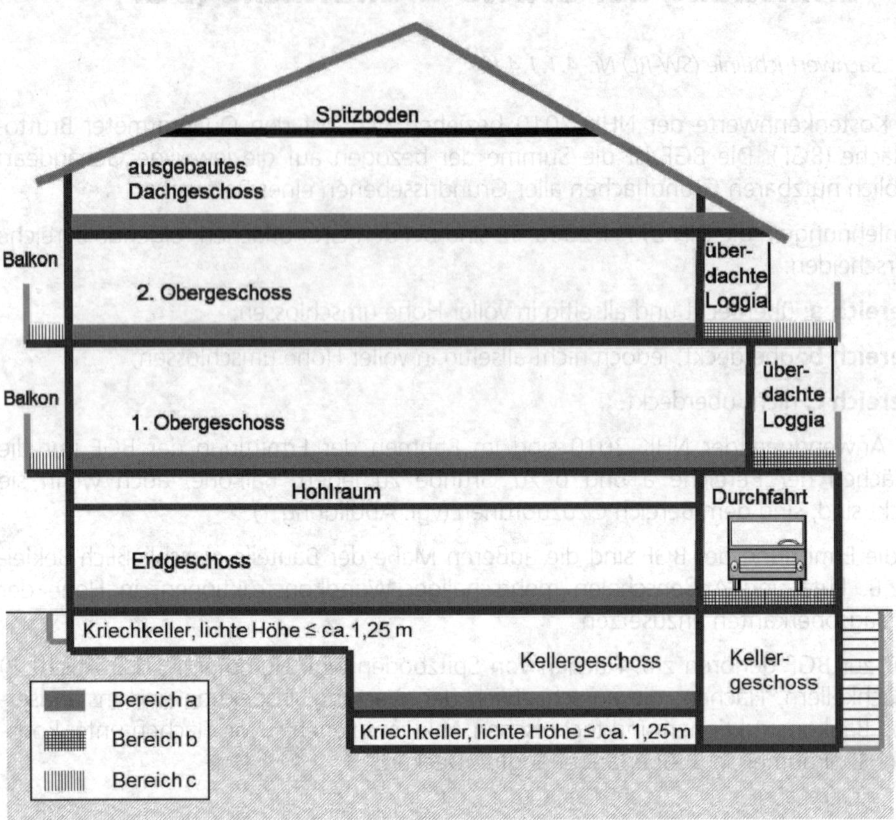

(5) Bei den freistehenden Ein- und Zweifamilienhäusern, Doppelhäusern und Reihenhäusern der NHK 2010 erfolgt u. a. eine Unterteilung in Gebäudearten mit ausgebautem bzw. nicht ausgebautem Dachgeschoss (vgl. Absatz 6) und Gebäudearten mit Flachdach bzw. flach geneigtem Dach (vgl. Absatz 7), wobei für eine Einordnung zu der entsprechenden Gebäudeart die Anrechenbarkeit ihrer Grundflächen entscheidend ist.

(6) Entscheidend für die Anrechenbarkeit der Grundflächen in Dachgeschossen ist ihre Nutzbarkeit. Dabei genügt es nach dieser Richtlinie auch, dass nur eine untergeordnete Nutzung (vgl. DIN 277-2:2005-02), wie z.B. als Lager- und Abstellräume, Räume für betriebstechnische Anlagen möglich ist (eingeschränkte Nutzbarkeit). Als nutzbar können Dachgeschosse ab einer lichten Höhe von ca. 1,25 m behandelt werden, soweit sie begehbar sind. Eine Begehbarkeit setzt eine feste Decke und die Zugänglichkeit voraus.

(7) Bei Gebäuden mit Flachdach bzw. flach geneigtem Dach ist auf Grund der Dachkonstruktion eine Dachgeschossnutzung nicht möglich, sodass eine Anrechnung der Grundfläche des Dachgeschosses bei der Berechnung der BGF nicht vorzunehmen ist.

Abbildung 2: Anrechenbarkeit der Grundfläche im Dachgeschoss

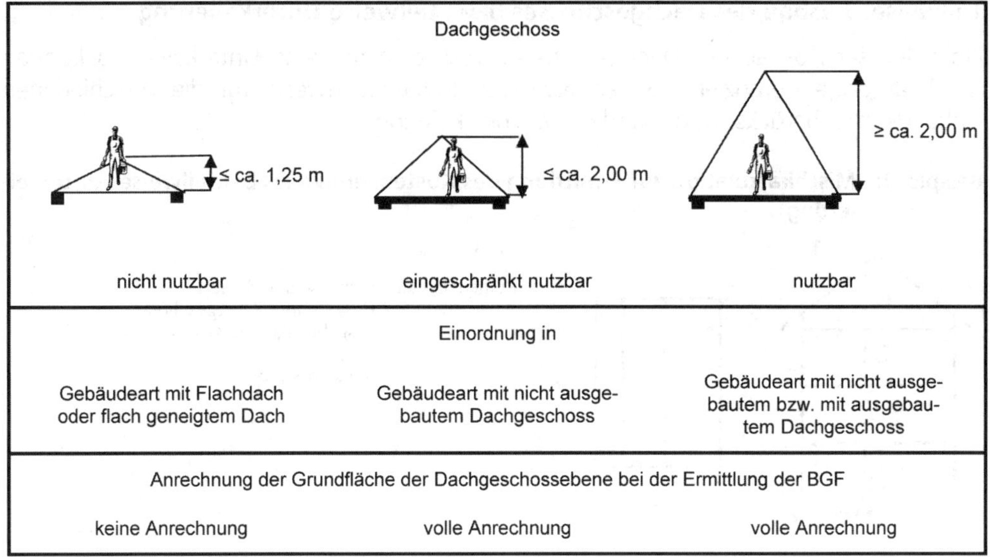

SW-RL Nr. 4.1.1.5:

Nutzbarkeit von Dachgeschossen bei freistehenden Ein- und Zweifamilienhäusern, Doppelhäusern und Reihenhäusern

(1) Trotz gleicher BGF können sich bei freistehenden Ein- und Zweifamilienhäusern, Doppelhäusern und Reihenhäusern mit ausgebauten bzw. nicht ausgebauten Dachgeschossen Unterschiede hinsichtlich des Grades der wirtschaftlichen Nutzbarkeit des Dachgeschosses ergeben, die insbesondere auf Unterschieden der Dachkonstruktion, der Gebäudegeometrie und der Giebelhöhe beruhen können.

(2) Bei Gebäuden mit nicht ausgebautem Dachgeschoss ist zu unterscheiden zwischen

- Gebäuden mit Dachgeschossen, die nur eine eingeschränkte Nutzung zulassen (nicht ausbaufähig) und
- Gebäuden mit Dachgeschossen, die für die Hauptnutzung „Wohnen" ausbaubar sind.

Im Fall einer nur eingeschränkten Nutzbarkeit des Dachgeschosses (nicht ausbaufähig) ist in der Regel ein Abschlag vom Kostenkennwert für die Gebäudeart mit nicht ausgebautem Dachgeschoss anzusetzen. Die Höhe des Abschlags ist zu begründen.

(3) Bei Gebäuden mit ausgebautem Dachgeschoss bestimmt sich der Grad der wirtschaftlichen Nutzbarkeit des Dachgeschosses insbesondere nach der vorhandenen Wohnfläche. Diese ist im Wesentlichen abhängig von Dachneigung, Giebelbreite und Drempelhöhe. Deshalb ist z.B. zu prüfen, ob im Dachgeschoss ein Drempel vorhanden ist. Ein fehlender Drempel verringert die Wohnfläche und ist deshalb in der Regel wertmindernd zu berücksichtigen. Ein ausgebauter Spitzboden (zusätzliche Ebene im Dachgeschoss) ist durch Zuschläge zu berücksichtigen. Die Höhe des entsprechenden Abschlags bzw. Zuschlags ist zu begründen.

SW-RL Nr. 4.1.1.6:

Teilweiser Ausbau des Dachgeschosses bzw. teilweise Unterkellerung

Ein teilweiser Ausbau des Dachgeschosses bzw. eine teilweise Unterkellerung können durch anteilige Heranziehung der jeweiligen Kostenkennwerte für die verschiedenen Gebäudearten berücksichtigt werden (Mischkalkulation).

Beispiel 1: Mischkalkulation zur Ermittlung des Kostenkennwerts bei teilweiser Unterkellerung

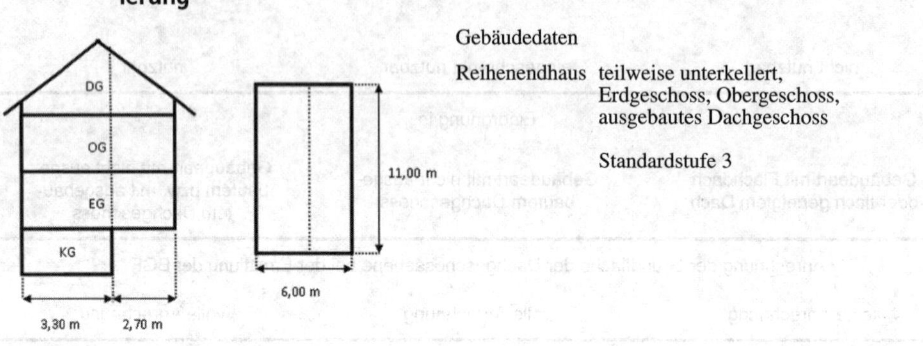

Gebäudeart und Kostenkennwert der NHK 2010

Gebäudeart unterkellert	2.11	785 €/m² BGF	Gebäudeart nicht unterkellert	2.31	865 €/m² BGF

Unterkellerter Gebäudeteil:

Grundfläche: 3,3 m × 11 m = 36,3 m²
BGF: 4 Ebenen × 36,3 m² × 4 = 145,2 m²

Nicht unterkellerter Gebäudeteil:

Grundfläche 2,7 m × 11 m = 29,7 m²
BGF: 3 Ebenen 29,7 m² × 3 = 89,1 m²

145,2 m² BGF × 785 €/m² BGF + 89,1 m² BGF × 865 €/m² BGF = 191.053 €

Herstellungskosten: 190.000 €

Beispiel 2: Mischkalkulation zur Ermittlung des Kostenkennwerts eines nicht unterkellerten Anbaus

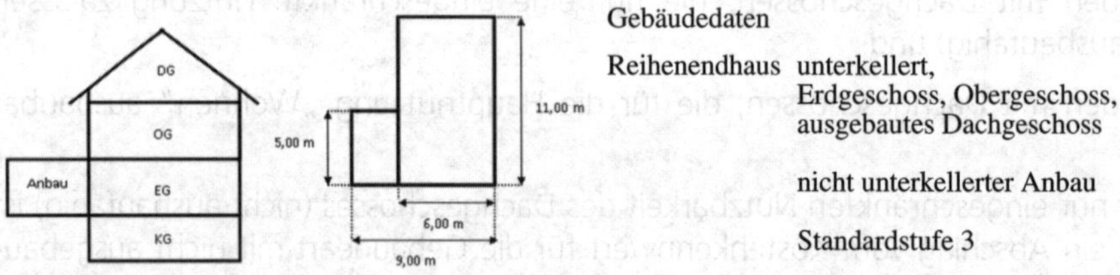

Gebäudeart und Kostenkennwert der NHK 2010

Gebäudeart unterkellert	2.11	785 €/m² BGF	Gebäudeart nicht unterkellert, Flachdach	2.23	1 105 €/m² BGF

Gebäude (ohne Anbau)

Grundfläche: 6 m × 11m = 66 m²
BGF: 4 Ebenen × 66 m² = 264 m²

Anbau

Grundfläche/BGF: 3 m × 5 m = 15 m²

264 m² BGF × 785 €/m² BGF + 15 m² BGF × 1.105 €/m² BGF = 223.815 €

Herstellungskosten: 225.000 €

8.2 Wohnflächenermittlungen (Gegenüberstellung)

8.2.1 Wohnflächen nach WoFlV, II. BV, DIN 283

► *Die WoFlV und die II.BV sind in den Kapiteln 13.3 und 13.4 (auszugsweise) abgedruckt*

Quelle: KL-V, 243-245

Gegenüberstellung WoFlV, II. BV und DIN 283		
WoFlV	**II. BV**	**DIN 283**
Die Wohnfläche ... ist die Summe der anrechenbaren Grundflächen der ausschließlich zur Wohnung gehörenden Räume (§ 19 WohnraumFördG; § 2 WoFlV).	Die Wohnfläche einer Wohnung ist die Summe der anrechenbaren Grundfläche der Räume, die ausschließlich zu der Wohnung gehören.	Wohnfläche ist die anrechenbare Grundfläche der Räume von Wohnungen.
Voll berechnet werden die Grundflächen von Räumen und Raumteilen mit einer lichten Höhe von mindestens 2 m.	Voll berechnet werden die Grundflächen von Räumen und Raumteilen mit einer lichten Höhe von mindestens 2 m.	Voll berechnet werden die Grundfläche von Räumen oder Raumteilen mit einer lichten Höhe von mindestens 2 m.
Zur Hälfte anrechenbar ist die Grundfläche von Räumen und Raumteilen mit einer lichten Höhe von mindestens 1 m und < als 2 m, von *unbeheizbaren Wintergärten*, Schwimmbädern u. Ä. nach allen Seiten geschlossenen Räumen. „In der Regel" zu einem Viertel, höchstens jedoch zur Hälfte die Grundflächen von Balkonen, Loggien, Dachgärten und Terrassen (Freisitze).	Zur Hälfte anrechenbar ist die Grundfläche von Räumen und Raumteilen mit einer lichten Höhe von mindestens 1 m und < als 2 m und von Wintergärten, Schwimmbecken u. ä. nach allen Seiten geschlossenen Räumen. Die Grundflächen von Balkonen, Loggien, Dachgärten oder gedeckten Freisitzen können *bis zur Hälfte* angerechnet werden, wenn sie ausschließlich zu dem Wohnraum gehören.	Zur Hälfte anrechenbar ist die Grundfläche von Raumteilen mit einer lichten Höhe von mehr als 1 m und < als 2 m und von nicht ausreichend beheizbaren Wintergärten. Zu einem Viertel anrechenbar sind Hauslauben (Loggien), Balkone und gedeckte Freisitze.
Nicht zu berechnen sind die Grundfläche von Räumen oder Raumteilen mit einer lichten Höhe < als 1 m.	Nicht zu berechnen sind die Grundflächen von Räumen oder Raumteilen mit einer lichten Höhe < als 1 m.	Nicht zu berechnen sind die Grundfläche von Raumteilen mit einer lichten Höhe < als 1 m und von nicht gedeckten Terrassen und Freisitzen.

Gegenüberstellung WoFlV, II. BV und DIN 283		
WoFlV	**II. BV**	**DIN 283**
Nicht zur Wohnfläche gehören Zubehörräume, insbesondere – Kellerräume, Abstellräume, Waschküchen, Bodenräume, Trockenräume, Heizungsräume, Garagen, – Geschäftsräume und – Räume, die bauordnungsrechtlichen Anforderungen nicht genügen.	Nicht zur Wohnfläche gehören Zubehörräume, wie Keller, Abstellräume, Waschküchen, Dachböden usw. außerhalb der Wohnung.	Nutzflächen von Wirtschaftsräumen und gewerblichen Räumen, die mit einer Wohnung im Zusammenhang stehen, sind nach den Grundsätzen für die Ermittlung von Wohnflächen zu berechnen.
Bei der Grundflächenermittlung sind einzubeziehen die Grundflächen von – Tür- und Fensterbekleidungen, – Fußsockel- und Schrammleisten, – fest eingebauten Gegenständen (Öfen, Herde, Klimageräte usw.), – Einbaumöbeln, – frei liegenden Installationen, – nicht ortsgebundenen Raumteilen.	Bei der Grundflächenermittlung sind einzubeziehen die Grundflächen von – Tür- und Fensterbekleidungen, – Fußsockel- und Schrammleisten, – fest eingebauten Gegenständen (Öfen, Herde, Klimageräte usw.), – Erkern und Wandschränken, die eine Mindestgrundfläche von 0,5 m² haben, Raumteilern unter Treppen mit lichter Höhe von mindestens 2 m.	Bei der Grundflächenermittlung sind einzubeziehen die Grundflächen von – Tür- und Fensterbekleidungen und -umrahmung, – Scheuerleisten, – Öfen, Kochherde, Kamine, Heizkörper – Einbaumöbel, – Wandgliederung in Stuck, Mörtel oder Gips.
Bei der Grundflächenermittlung bleiben außer Betracht die Grundflächen von – Schornsteinen, Pfeilern, Vormauerungen und Bekleidungen mit einer Höhe von > 1,50 m und einer Grundfläche von > 0,1 m², – Treppen mit über 3 Steigungen und deren Treppenabsätze, – Türnischen, – Fenster- und Wandnischen, die nicht zum Fußboden herunterreichen oder bis zum Fußboden herunterreichen und 0,13 m oder weniger tief sind.	Bei der Grundflächenermittlung bleiben außer Betracht die Grundflächen von – Schornstein- und Mauervorlagen mit einer Grundfläche > von 0,1 m² (§ 43 Abs. 4 Nr. 1 II. BV). – Fenster- und offenen Wandnischen, die bis zum Fußboden herunterreichen und weniger als 0,13 m tief sind.	Bei der Grundflächenermittlung bleiben außer Betracht die Grundflächen von – Schornsteinen, Pfeilern, Säulen, Mauervorlagen mit einer Grundfläche von > 0,1 m², die in ganzer Raumhöhe durchgehen, – Treppen bis zu 3 Steigungen, – Türnischen, – Fenster- und Wandnischen, die nicht zum Fußboden herunterreichen oder bis zum Fußboden herunterreichen und weniger als 0,13 m tief sind.

Gegenüberstellung WoFlV, II. BV und DIN 283		
WoFlV	**II. BV**	**DIN 283**
Die Grundfläche ist zu ermitteln durch – Ausmessung am fertig gestellten Wohnraum oder – nach bauordnungsrechtlich geeigneter Bauzeichnung, wenn entsprechend gebaut wurde, ohne Abzug von 3 % für Putz.	– Wird die Wohnfläche über Fertigmaße ermittelt, so werden die lichten Maße zwischen den Wänden ohne Berücksichtigung der Wandgliederung, Wandbekleidungen, Scheuerleisten usw. zu Grunde gelegt (§ 43 Abs. 2 II. BV). – Wird bei der Grundflächenermittlung von Rohbaumaßen ausgegangen, so sind die errechneten Wohnflächen um 3 v. H. zu kürzen (§ 43 Abs. 3 II. BV).	– Die Grundflächen sind aus Fertigmaßen (lichte Maße zwischen den Wänden) zu ermitteln. – Wird bei der Grundflächenermittlung von Bauzeichnungen ausgegangen, so sind bei verputzten Wänden die aus Rohbaumaßen ermittelten Flächen um 3 v. H. zu kürzen (§ 43 Abs. 3 II. BV).

8.2.2 Wohnfläche nach WoFlV und DIN 277

Quelle: KL-V, 245

Gegenüberstellung WoFlV und DIN 277			
Gebäudeteil		**WoFlV**	**DIN 277**
Abstellraum	im Wohnbereich	100%	100%
	außerhalb des Wohnbereichs	nicht anzurechnen	100%, sofern dieser zweckbestimmt ist
Terrasse		25%, höchstens 50%	100%
Balkon		25%, höchstens 50%	100%
Wintergarten	beheizt	100%	100%
	unbeheizt	50%	100%
Dachschrägen bis zu	1 bis 2 m	50%	100%
	unter 1 m	nicht anzurechnen	100%
Keller und Waschküche		nicht anzurechnen	

8.3 Kennzahlen

▶ *Weitere Kennzahlen siehe auch im Kapitel Sachwert, dort 3.1.14*

Hinweis: Die Definitionen des Nutzflächenfaktors und des Ausbauverhältnisses sind in der Literatur nicht einheitlich, teilweise sind die Kehrwerte unter den gleichen Begriffen definiert.

8.3.1 Nutzflächenfaktor, Ausbauverhältnis

Quelle: KS, 1889

Nutzflächenfaktor ist definiert[1] als:

Nutzflächenfaktor NFF [%] = Nutzfläche/Geschossfläche

Der Nutzflächenfaktor hat sich mit der Zeit für Gebäude jüngeren Baujahrs verbessert.

Nutzflächenfaktoren

Nutzflächenfaktoren NFF für			
Wohngebäude		Büro- und Verwaltungsgebäude	
ungünstig	0,70	0,65	Jahrhundertwende
günstig	0,80	0,80	heute

Je größer der Nutzflächenfaktor ausfällt, desto wirtschaftlicher ist die räumliche Baugestaltung.

Für **Wohngebäude** wurden nachfolgend ersichtliche Nutzflächenfaktoren abgeleitet:

Quelle: KS, 326, 327

Nutzflächenfaktoren für Wohngebäude

Nutzflächenfaktoren (NFF)		
Baujahr	nach Udart[1]	nach Vogels[2]
bis 1899	0,72	0,68–0,72
1900–1919	0,72	0,68–0,72
1920–1930		0,72–0,74
1920 –1939	0,76	
1930–1950		0,74–0,76
1940–1959	0,76	
ab 1950		0,76–0,78
ab 1960	0,77	

1 Zur Definition siehe auch Kapitel 16.1, Seite 992.
2 *Udart* in VR 1976, 291.
3 *Vogels*, Grundstücks- und Gebäudebewertung – marktgerecht, 5. Aufl. 1996, 21.

Mit Hilfe der Nutzflächenfaktoren NFF ergibt sich die **Nutz- bzw. Wohnfläche (NF, WF)** durch Umstellung vorstehender Formel nach folgender Beziehung:

$$\text{Nutzflächenfaktor NFF} = \frac{\text{Nutzfläche}}{\text{Geschossfläche bzw. Brutto-Grundfläche}}$$

$$\text{Nutz-/Wohnfläche (NF/WF)} = \text{Geschossfläche (GF)} \times \text{NFF}$$

Beispiel

Wohnhaus aus dem Jahre 1955	
Bebaute Fläche (Außenmaße) :	$20\ m \times 15\ m = 300\ m^2$
Anzahl der Vollgeschosse :	III
Geschossfläche :	$300\ m^2 \times 3 = 900\ m^2$
Nutzflächenfaktor :	0,76
Nutzfläche = 900 × 0,76 =	$684\ m^2$ (überschlägig)

Quelle: KL-V, 253

Das **Ausbauverhältnis** ist definiert als:

$$\text{Ausbauverhältnis ABV } \left[\frac{m^3}{m^2}\right] = \frac{\text{Umbauter Raum bzw. Brutto-Rauminhalt } [m^3]}{\text{Wohn- bzw. Nutzfläche } [m^2]}$$

Das Ausbauverhältnis ist insbesondere vom Baujahr des Gebäudes abhängig; es hat sich mit der Zeit für Gebäude jüngeren Baujahrs verbessert (effizientere Gebäudeaufteilungen).

Für das Verhältnis „umbauter Raum/Nutzfläche" hat Vogels folgende Werte abgeleitet:

Quelle: Vogels, 5. Auflage, 120, Tab 2.22

Verhältnis umbauter Raum/Nutzfläche (Ausbauverhältnis) – theoretisch ermittelte Normalwerte[4]

(A) Vollunterkellerte Gebäude

Anzahl der Voll-geschosse	Flach-dach	30°-Satteldach ohne Drempel nicht ausgebaut, Haustiefe:			45°-Dach, mit 0,50 m Drempel DG ausgebaut, Haustiefe:		
		8	10	12	8	10	12
1	6,99	7,22	7,35	7,47	5,40	5,47	5,54
2	5,26	5,37	5,44	5,50	4,74	4,78	4,83
3	4,68	4,76	4,80	4,84	4,42	4,45	4,49
4	4,39	4,45	4,48	4,51	4,23	4,25	4,29
5	4,22	4,26	4,29	4,32	4,11	4,13	4,16
6	4,10	4,14	4,16	4,18	4,02	4,04	4,07
8	3,96	3,99	4,00	4,02	3,91	3,92	3,94
9	3,91	3,94	3,95	3,96	3,87	3,88	3,90
10	3,87	3,89	3,91	3,92	3,84	3,85	3,87

Grundlagen: Kellerhöhe: 2,50 m
Vollgeschosshöhe: 2,75 m
Verhältnis Nutzfläche/Geschossfläche = 0,78

(B) Nichtunterkellerte Gebäude

Anzahl der Voll-geschosse	Flach-dach	30°-Satteldach ohne Drempel nicht ausgebaut, Haustiefe:			45°-Dach, mit 0,50 m Drempel DG ausgebaut, Haustiefe:		
		8	10	12	8	10	12
1	3,78	4,01	4,14	4,27	3,60	3,69	3,79
2	3,65	3,77	3,83	3,90	3,58	3,63	3,70
3	3,61	3,69	3,73	3,77	3,56	3,60	3,65
4	3,59	3,65	3,68	3,71	3,55	3,59	3,63
5	3,58	3,62	3,65	3,67	3,55	3,58	3,61
6	3,57	3,61	3,63	3,65	3,55	3,57	3,60
8	3,56	3,59	3,60	3,62	3,54	3,56	3,58
9	3,55	3,58	3,59	3,61	3,54	3,56	3,57
10	3,55	3,57	3,59	3,60	3,54	3,55	3,57

4 Hinweis: Der „umbaute Raum" ist nicht mit dem „Brutto-Rauminhalt" identisch.

8.3.2 Wohn- und Nutzflächenfaktor

Quelle: Geschäftsstelle des Gutacherausschusses für Grundstückswerte in Berlin

Der Gutachterausschuss für Grundstückswerte in Berlin hat diese Daten abschließend am 08. März 2000 beschlossen.

Mit Hilfe des Wohn- und Nutzflächenfaktors kann aus der Geschossfläche nach § 20 der BauNVO die Wohn- und Nutzfläche ermittelt werden.

Zahlendarstellung

In den Tabellen geben fett gedruckte Zahlenwerte die Mittelwerte und die normal gedruckten die 5%- bzw- 95%-Perzentile der Einzelwerte wieder.

Tabelle 1

Baujahr	**Mittelwert** 95% Konfidenz-bereich	**Perzentile**	
		5%	95%
Insgesamt	**0,742** 0,740-0,744	0,644	0,898
Baujahr < 1901 Altbauten	**0,725** 0,721-0,728	0,633	0,840
Baujahr > 1900 und Baujahr < 1919 Altbauten	**0,736** 0,733-0,739	0,647	0,870
Baujahr > 1918 und Baujahr < 1949 Zwischenkriegsbauten	**0,754** 0,745-0,763	0,648	0,877
Baujahr > 1948 und Baujahr < 1970 Neubauten	**0,757** 0,722-0,761	0,672	0,872
Baujahr > 1969 und Baujahr < 1980 Neubauten	**0,774** 0,765-0,783	0,649	0,903
Baujahr > 1979 Neubauten	**0,828** 0,815-0,840	0,703	0,939

Für die Gruppe der geschäftlich / gewerblich genutzten Objekte ergab sich folgender Mittelwert, 95%-Konfidenzbereich für den Mittelwert und die 5% bzw. 95% Perzentile der Einzelwerte:

Tabelle 2

Baujahr	**Mittelwert** 95% Konfidenz-bereich	**Perzentile**	
		5%	95%
Insgesamt	**0,792** 0,782-0,803	0,586	0,930

8.3.3 Funktions- und Nutzungskennzahlen

Quelle: *Gärtner, S., Beurteilung und Bewertung alternativer Planungsentscheidungen im Immobilienbereich mit Hilfe eines Kennzahlensytems, 1. Aufl. 1996*

Verhältnis	Büro- und Verwaltungsgebäude			Wohn- sowie Wohn- und Geschäftsgebäude		
Qualifizierung	**gut**	**mittel**	**schlecht**	**gut**	**mittel**	**schlecht**
Netto-Grundfläche (NFG) Brutto-Grundfläche (BGF)	0,94	0,91	0,88	0,88	0,83	0,78
Verkehrsfläche (VF) Brutto-Grundfläche (BGF)	0,14	0,19	0,27	0,007	0,11	0,15
Nutzfläche (NF) Brutto-Grundfläche (BGF)	0,76	0,65	0,54	0,78	0,70	0,62
Hauptnutzfläche (HNF)* Brutto-Grundfläche (BGF) * Gebäude *ohne* Tiefgarage	0,69	0,55	0,40	0,68	0,57	0,46
Geschosshöhe im Normalgeschoss* Zellenbüro (ohne Unterdecke) * nicht klimatisiert	2,80	2,95	3,10	–	–	–
Geschosshöhe im Normalgeschoss* Zellenbüro * klimatisiert	3,20	3,30	3,40	–	–	–
Brutto-Rauminhalt (BRI)* Brutto-Grundfläche (BGF) * Gebäude ohne Tiefgarage	3,00	3,80	4,60	2,50	2,85	3,20
Brutto-Rauminhalt (BRI)* Hauptnutzfläche (HNF) * Gebäude ohne Tiefgarage	5,40	7,40	9,30	3,80	4,80	5,80
Nebennutzfläche (NNF) m² je Wohneinheit (WE)	–	–	–	12	19	26
Hüllfläche (HF) Brutto-Grundfläche (BGF)	–	–	–	1,0	1,3	2,6
Hüllfläche (HF) Hauptnutzfläche (HNF)	–	–	–	1,5	2,2	2,9

9 Formelsammlungen

9

9.1 Formelsammlung Geometrie

Symbol		Formel
Quadrat		
	Fläche	$A = a^2$
	Umfang	$U = 4 \cdot a$
Rechteck		
	Fläche	$A = a \cdot b$
	Umfang	$U = 2(a + b)$
	Diagonale	$d = \sqrt{a^2 + b^2}$
Parallelogramm		
	Fläche	$A = a \cdot h = a \cdot b \cdot \sin\alpha$
	Umfang	$U = 2 \cdot a + \frac{2 \cdot h}{\sin\alpha}$
Trapez		
	Fläche	$A = \frac{a + b}{2} \cdot h = m \cdot h$
Dreieck		
	Fläche	$A = \frac{a \cdot h}{2}$
	Umfang	$U = a + b + c$
	Seite	$a = \sqrt{b^2 + c^2}$

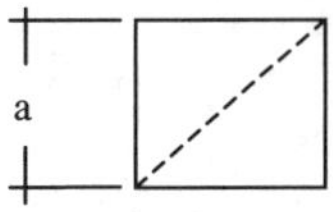

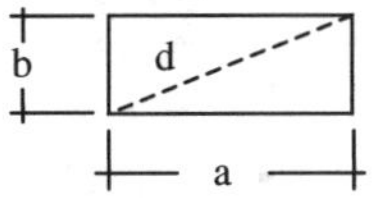

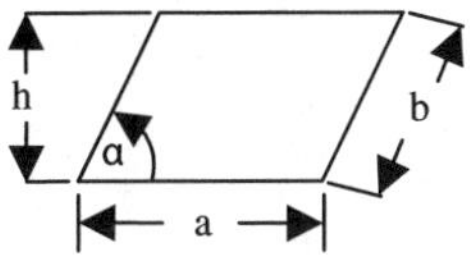

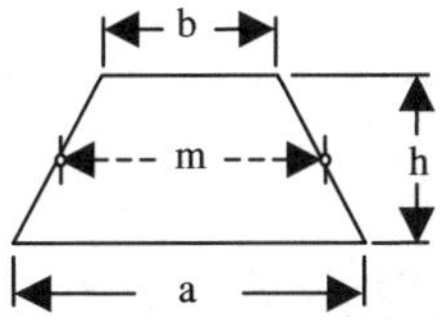

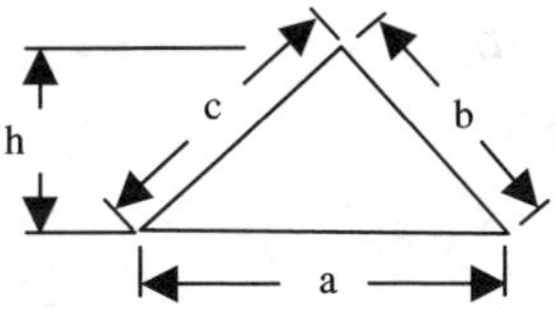

Symbol		Formel
Gleichseitiges Dreieck 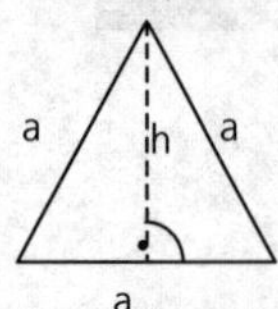	Fläche	$A = \frac{a^2}{4} \cdot \sqrt{3}$
Regelmäßiges Fünfeck 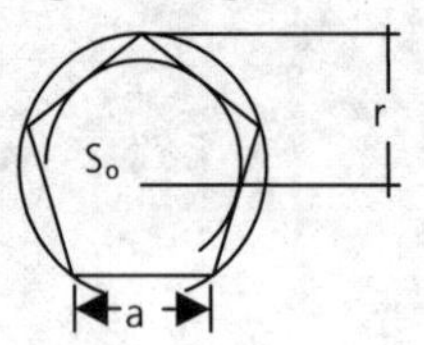	Fläche	$A = \frac{5}{8} r^2 \sqrt{10+\ \sqrt{5}2}$
Regelmäßiges Sechseck 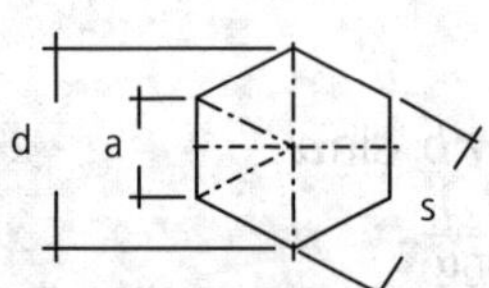	Fläche	$A = \frac{3}{2} a^2 \cdot \sqrt{3}$
Kreis 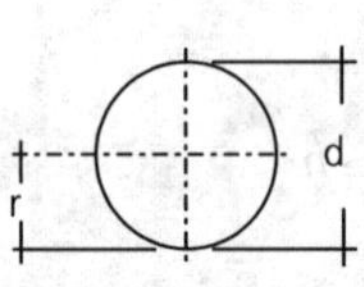	Fläche	$A = \frac{\pi}{4} \cdot d = \pi \cdot r^2$ $= 0{,}785 \cdot d^2$
	Umfang	$U = \pi \cdot d = 2\pi \cdot r$ $\pi = 3{,}1416$
Ellipse 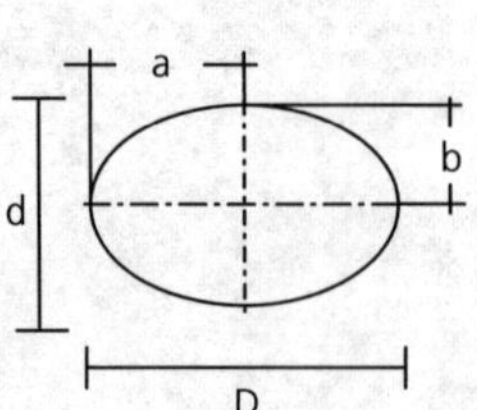	Fläche	$A = \frac{\pi}{4} \cdot Dd = \pi \cdot a \cdot b$
	Umfang	$U = \pi \cdot \frac{D+d}{2}$

9.2 Formelsammlung Maßeinheiten

9.2.1 Maßeinheiten (Länge, Fläche, Raum)

Maßeinheiten	
Längenmaße 1 km (Kilometer) = 1.000 m 1 m (Meter) = 10 dm = 100 cm = 1.000 mm 1 dm (Dezimeter) = 10 cm = 100 mm 1 cm (Zentimeter) = 10 mm (Millimeter)	**Flächenmaße** 1 km² (Quadratkilometer) = 100 ha = 10.000 a = 1.000.000 m² 1 ha (Hektar) = 100 a = 10.000 m² = 3,9166 Preußische Morgen 1 a (Ar) = 100 m² 1 m² (Quadratmeter) = 100 dm² = 10.000 cm² 1 dm² (Quadratdezimeter) = 100 cm² = 10.000 mm² 1 cm² (Quadratzentimeter) = 100 mm²
Raummaße 1 m³ (Kubikmeter) = 1.000 dm³ = 1.000.000 cm³ 1 dm³ (Kubikdezimeter) = 1.000 cm³ = 1.000.000 mm³ 1 cm³ (Kubikzentimeter) = 1.000 mm³ (Kubikmillimeter)	

Ausländische Maße

England, USA			metrisch
Längenmaße			
line		=	2,12 mm
inch (Zoll)	in., "	=	25,4 mm
foot (Fuß)	ft., '	=	30,48 cm
yard	yd.	=	91,44 cm
nautical mile (knot)	naut. mi.	=	1,855 km
statute mile	stat. mi.	=	1,6093 km

		metrisch
Raummaße		
cubic inch	=	16,38 cm³
cubic foot = 1.728 cubic inches	=	0,028 m³
cubic yard = 27 cubic feet	=	0,765 m³

Flächenmaße			
square inch	sq. in.	=	6,452 cm²
square foot	sq. ft.	=	929 cm²
square yard	sq. yd.	=	0,8361 m²
acre		=	4.840 sq. yd
		=	4.046,8 m²
square mile (= 640 acre)	sq. mi.	=	2,59 km²
		=	259 ha

9.2.2 Alte Längen- und Flächenmaße

Land	Längenmaß		Flächenmaß			
	1 Rute hat		Bezeichnung	Das Maß hat		1 Quadratrute hat m²
	Fuß	m		Quadratruten	m²	
Bayern	10	2,919	Tagwerk	400	3.407	8,521
Baden	10	3,007 = 100 Zoll	Morgen	400	3.600	9,000
Braunschweig	16	4,566	Feldmorgen	120	2.502	20,848
Bremen	16	4,630	Morgen	120	2.572	21,437
Hamburg (Marsch)	14	4,012	Morgen	600	9.658	16,096
(Geest)	16	4,585	Scheffel	200	4.205	21,022
Hannover	16	4,674	Morgen	120	2.621	21,846
Hessen	10	2,500	Morgen	400	2.500	6,250
Kurhessen	14	3,989	Acker	150	2.387	15,912
Mecklenburg	16	4,656	Morgen	300	6.504	21,678
Oldenburg	18	5,326	neues Jück	160	4.538	28,366
Österreich (f. Ruten Klafter)	6	1,896	Joch	1.600	5.755	3,595
Preußen	12	3,766 = 144 Zoll	Morgen	180	2.553	14,185
Rheinland	1 Elle	0,628				
Sachsen	15,7	4,295	Acker	300	5.534	18,477
Württemberg	10	2,865	Morgen	384	3.152	8,208

9.2.3 Gewichtseinheiten, international

Einheit	Tonne t	ton ton	short ton sh tn	hundredweight cwt
1 t	1	0,9842	1,1023	19,6841
1 ton	1,0160	1	1,12	20
1 sh tn	0,9072	0,8929	1	17,8571
1 cwt	$50,8023 \cdot 10^{-3}$	$50 \cdot 10^{-3}$	$56 \cdot 10^{-3}$	1

Einheit	Kilogramm kg	pound (av) lb (av)	pound (tr) lb (tr)	slug
1 kg	1	2,2046	2,6792	$68,5218 \cdot 10^{-3}$
1 lb (av)	0,4536	1	1,2153	$31,0809 \cdot 10^{-3}$
1 lb (tr)	0,3732	0,8229	1	$25,5752 \cdot 10^{-3}$
1 slug	14,5939	32,1740	39,1004	1

Einheit	Gramm g	metr. Karat Kt	ounce (av) oz (av)	ounce (tr) oz (tr)
1 g	1	5	$35,2740 \cdot 10^{-3}$	$32,1507 \cdot 10^{-3}$
1 Kt	0,2	1	$7,0548 \cdot 10^{-3}$	$6,4301 \cdot 10^{-3}$
1 oz (av)	28,3495	141,748	1	0,9115
1 oz (tr)	31,1035	155,517	1,0971	1

1 ton = 2 240 lb (av); 1 shtn = 2.000 lb (av); 1 cwt = 112 lb (av);
1 Tb (av) = 16 oz (av); 1 oz (av) = 437,5 grain (av) = 16 dram (av);
1 dram (av) = 1,7718 g; 1 grain (av) = 1/7.000 lb (av) = 64,7989 mg;
1 drachm = 60 grain (av) = 60/7.000 lb (av) = 3,8879 g;
1 oz (tr) = 480/7.000 lb (av); 1 lb (tr) = 5.760/7.000 lb (av);

tdw: ton-deadweight, Einheit der Maße für Trag- und Ladefähigkeit von Schiffen;
1 tdw = 1.016 kg

9.2.4 Umrechnungstabellen für Längen- und Flächenmaße

Länge

Einheit	Meter m	inch in	foot ft	yard yd
1 m	1	39,3701	3,280$\underline{8}$	1,093$\underline{6}$
1 in	0,024	1	0,0833	0,027$\underline{7}$
1 ft	0,308	12	1	0,3333
1 yd	0,914	36	3	1

Einheit	Kilometer km	furlong fur	mile mile	Seemeilen; naut. mile sm; n mile
1 km	1	4,9710	0,6214	0,5400
1 fur	0,202	1	0,125	0,1086
1 mile	1,603	8	1	0,8690
1 sm = 1 n mile	1,852	9,2062	1,1508	1

1 ft = 12 in, 1 yd = 3 ft = 36 in, 1 fathom = 2 yd,
1 rod = 1 pole = 1 perch = 5,5 yd = 5,0292 m,
1 link = 0,201 168 m, 1 chain = 4 rods = 22 yd = 100 links = 20,1168 m,
1 für = 10 chains = 220 yd = 1.000 links = 201,168 m,
1 mile = 8 für = 80 chains = 1.760 yd = 1.609,344 m, 1 mil = 0,001 in = 0,0254 mm

Fläche

Einheit	Quadratmeter m^2	square inch in^2	Square foot ft^2	Square yard yd^2
1 m^2	1	1 550,0	10,763$\underline{9}$	1,1960
1 in^2	$0{,}6452 \cdot 10^{-3}$	1	$6{,}9444 \cdot 10^{-3}$	$0{,}771\underline{6} \cdot 10^{-3}$
1 ft^2	0,0929	144	1	0,1111
1 yd^2	0,8361	1 296	9	1

1 circular mil = $\pi/4 \cdot 1Q^{-6}$ in^2 = $5{,}06707 \cdot 10^{-4}$ mm^2

Einheit	Hektar ha	rood	acre	square mile $mile^2$
1 ha	1	9,8843	2,4711	$3{,}8610 \cdot 10^{-3}$
1 rood	0,1012	1	0,25	$0{,}3906 \cdot 10^{-3}$
1 acre	0,4047	4	1	$1{,}5625 \cdot 10^{-3}$
1 $mile^2$	258,9988	2 560	640	1

1 Ar= 1 a = 100 m^2, 1 ha = 100 a, 1 km^2 = 100 ha,
1 acre = 4 roods = 10 sq. chains = 4.840 yd^2 = 4.046,856 m^2.

Unterstrichene Ziffern kennzeichnen eine Periode.

9.2.5 Internationale Maßeinheiten (SI)

Quellen: DIN 1301, ISO 1000 und Bureau international des poids et mesures (BIPM): Le Système international d'unités (SI) – The International System of Units (SI). 7e édition, 1998. Pavillon de Breteuil, F-92312 Sèvres Cedex, France

9.2.5.1 SI-Basiseinheiten

Basisgröße	Basiseinheit		Definition (siehe auch DIN 1301)
	Name	Zeichen	
Länge	Meter	m	Das Meter ist die Länge der Strecke, die Licht im Vakuum während der Dauer von (1/299792458) Sekunden durchläuft.
Masse	Kilogramm	kg	Das Kilogramm ist die Einheit der Masse; es ist gleich der Masse des Internationalen Kilogrammprototyps.
Zeit	Sekunde	s	Die Sekunde ist das 9192631770-fache der Periodendauer der dem Übergang zwischen den beiden Hyperfeinstrukturniveaus des Grundzustandes von Atomen des Nuklids ^{133}Cs entsprechenden Strahlung.
elektrische Stromstärke	Ampere	A	Das Ampere ist die Stärke eines konstanten elektrischen Stromes, der, durch zwei parallele, geradlinige, unendlich lange und im Vakuum im Abstand von einem Meter voneinander angeordnete Leiter von vernachlässigbar kleinem, kreisförmigem Querschnitt fließend, zwischen diesen Leitern je einem Meter Leiterlänge die Kraft $2 \cdot 10^{-7}$ Newton hervorrufen würde.
Temperatur	Kelvin	K	Das Kelvin, die Einheit der thermodynamischen Temperatur, ist der 273,16 te Teil der thermodynamischen Temperatur des Tripelpunktes des Wassers.
Stoffmenge	Mol	mol	Das Mol ist die Stoffmenge eines Systems, das aus ebenso vielen Einzelteilchen besteht, wie Atome in 0,012 Kilogramm des Kohlenstoffnuklids ^{12}C enthalten sind. Bei Benutzung des Mols müssen die Einzelteilchen spezifiziert sein und können Atome, Moleküle, Ionen, Elektronen sowie andere Teilchen oder Gruppen solcher Teilchen genau angegebener Zusammensetzung sein.
Lichtstärke	Candela	cd	Die Candela ist die Lichtstärke in einer bestimmten Richtung einer Strahlungsquelle, die monochromatische Strahlung der Frequenz $540 \cdot 10^{12}$ Hertz aussendet und deren Strahlstärke in dieser Richtung (1/683) Watt durch Steradiant beträgt.

9.2.5.2 SI-Vorsätze

Potenz	Name	Zeichen
10^{24}	Yotta	Y
10^{21}	Zetta	Z
10^{18}	Exa	E
10^{15}	Peta	P
10^{12}	Tera	T
10^{9}	Giga	G
10^{6}	Mega	M
10^{3}	Kilo	k
10^{2}	Hekto	h
10^{1}	Deka	da

Potenz	Name	Zeichen
10^{-1}	Dezi	d
10^{-2}	Zenti	c
10^{-3}	Milli	m
10^{-6}	Mikro	µ
10^{-9}	Nano	n
10^{-12}	Piko	p
10^{-15}	Femto	f
10^{-18}	Atto	a
10^{-21}	Zepto	z
10^{-24}	Yokto	y

9.3 Formelsammlung finanzmathematische Grundlagen

9.3.1 Finanzmathematische Grundlagen für das Ertragswertverfahren aus der Zinseszins- und Rentenrechnung (geometrische Reihen)

Kurzzeichen	Begriffe der Renten- bzw. Zinseszinsrechnung	Formel [Einheit]	Entsprechende Begriffe beim Ertragswertverfahren
R_0	Barwert einer nachschüssigen Zeitrente	$R_0 = R \cdot \frac{(q^n - 1)}{q^n(q-1)}$ [€] $R_0 = R \cdot V$ [€]	Gebäudeertragswert
V	Rentenbarwertfaktor (Jährlich nachschüssiger Zeitrenten-Barwertfaktor)	$V = \frac{(q^n - 1)}{q^n(q-1)}$	V = Vervielfältiger (Barwertfaktor für die Kapitalisierung)
R_0	Barwert einer „ewigen" Rente	$R_0 = \frac{R}{p} \cdot 100$ [€]	$n = \infty$
n	Laufzeit der Rente, Zahl der Rententermine	n [Jahre]	Restnutzungsdauer des Gebäudes
p	Zinsfuß, bezogen auf ein Jahr	p [%]	z. B. p = 5 [%]
q	Aufzinsungsfaktor	$q = 1 + \frac{p}{100}$	z. B. q = 1,05 bei p = 5 [%]
$\frac{1}{q^n}$	Abzinsungsfaktor	$\frac{1}{q^n} = \frac{1}{(1+\frac{p}{100})^n}$	n = Anz. Jahre
R	Rente oder Rate	R [€/Jahr]	marktüblich erzielbarer jährlicher Gebäudeertrag (= Reinertrag - Bodenzins)
K_0	Barwert oder Gegenwartswert eines Kapitals	$K_0 = K_n \cdot \frac{1}{q^n}$ [€]	Abzinsung des Zeit- oder Endwertes (K_n) eines Kapitals
K_n	Zeitwert oder Endwert eines Kapitals	$K_n = K_0 \cdot q^n$ [€]	Aufzinsung des Barwertes oder Gegenwartswerts (K_0) eines Kapitals

9.3.2 Verrentung von Kaufpreisen; Leib- und Zeitrenten

Quelle: KL-V, 927-933, 934-936, ergänzt, siehe auch Kapitel 7.3
des Weiteren: Statistisches Bundesamt: Versicherungsbarwerte für Leibrenten, 2013/2015, 3 ff., erschienen am 4.11.2016.

Schrifttum: *Bertz, U.*, Bewertung von beschränkt persönlichen Dienstbarkeiten und Nießbrauch – Leibrenten- oder Zeitrentenfaktoren? GuG 2003, 134, 239; *Petersen/Schnoor*, Leibrentenberechnung, GuG 2012, 1; *Steinkamp, Chr.*, Modifizierte Leibrentenbarwertfaktoren für die abgekürzte Sterbetafel 1998/2000, GuG 2003, 151; *Simon, Th.*, Verwendung von Leibrenten- und Leibrentendiskontierungsfaktoren, GuG 2009, 15.

Im Falle einer **Verrentung des Kaufpreises ist zu unterscheiden zwischen Zeitrenten und Leibrenten**:

- Bei einer nicht personengebundenen *Zeitrente* endet die Zahlung der Rente zu einem vertraglich genau festgelegten Zeitpunkt; dies gilt auch dann, wenn die berechtigte Person innerhalb des Zeitraums stirbt; rentenberechtigt ist ggf. der Erbe oder sind mehrere Erben (terminierte Laufzeit).
- Bei einer personengebundenen *Leibrente* endet die Zahlungsverpflichtung durch den Tod des oder der Berechtigten; über den Zeitpunkt lassen sich auf der Grundlage von Sterbetafeln nur Vermutungen anstellen, wobei Frauen i.d.R. eine höhere Lebenserwartung als Männer haben.

Leibrenten i.S. des § 759 BGB sind regelmäßig wiederkehrende, „im Zweifel" für die Lebensdauer des Gläubigers im Voraus zu entrichtende Leistungen, z.B. für die Einräumung eines Wohnungsrechts oder eines Nießbrauchs. Der für die Rente bestimmte Betrag ist nach § 759 Abs. 2 BGB im Zweifel der Jahresbetrag der Rente. Zur Gültigkeit eines Vertrags, durch den eine Leibrente versprochen wird, ist, soweit nicht eine andere Form vorgeschrieben ist, gemäß § 761 BGB, eine schriftliche Erteilung des Versprechens erforderlich. Die Erteilung des Leibrentenversprechens in elektronischer Form ist ausgeschlossen, soweit das Versprechen der Gewährung familienrechtlichen Unterhalts dient.

Leibrenten dürfen dabei nicht als Zeitrenten verstanden werden, bei denen die mittlere Lebenserwartung des Berechtigten zugrunde zu legen ist. Vielmehr muss für jedes einzelne der künftigen Jahre, in denen die Leibrente anfällt, die Wahrscheinlichkeit berücksichtigt werden, mit der der Leibrentenberechtigte noch leben wird.

Bleiben solche Renten während der gesamten Laufzeit unverändert, spricht man von einer **„konstanten Rentenhöhe"**; häufig sind die Renten allerdings durch Wertsicherungsklauseln dynamisiert. Hinsichtlich der Zulässigkeit von Wertsicherungsklauseln (**Preisklauseln**) sind die Vorschriften des Preisklauselgesetzes zu beachten.

9.3.2.1 Zeitrente

Zeitrenten lassen sich nach unterschiedlichen **Zahlungsmodalitäten** unterscheiden (Abb. 1).

Abb. 1: Unterschiedliche Zahlungsmodalitäten bei Zeitrenten

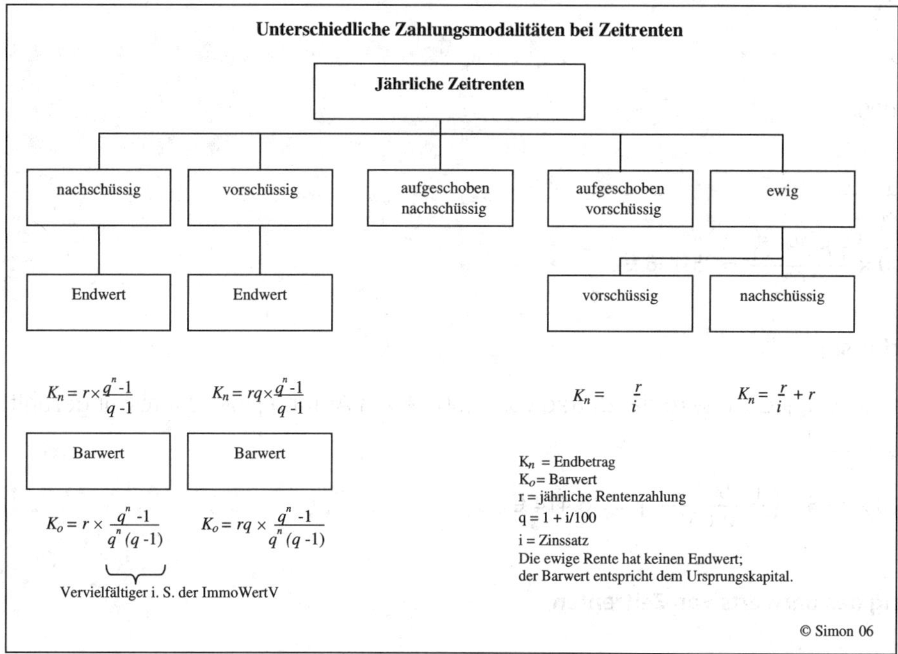

Bei der Rentenzahlung ist nach der **Zahlungsweise** zu unterscheiden, d. h. nach

1. Zahlungs*intervallen* (monatlich, viertel- und halbjährlich, jährlich);
2. Zahlungs*zeitpunkt* (innerhalb des Zahlungsintervalls), wobei wiederum zu unterscheiden ist zwischen
   - der *vorschüssigen* (pränumerando), am Anfang eines Zahlungsintervalls,
   - der *nachschüssigen* (postnumerando), am Ende eines Zahlungsintervalls fälligen Zahlungspflicht und
   - der mittelschüssigen Zahlweise, wenn in der Mitte des jeweiligen Zahlungsintervalls die Zahlungspflicht fällig ist.

Die monatlich vorschüssige Zahlungsweise ist vorherrschend; hierauf bauen die meisten Tabellenwerke auf.

Ermittlung des Endwerts von Zeitrenten

a) nachschüssig

A zahlt am Ende eines jeden Jahres 10 Jahre lang 2.000 €, die mit 5 % p.a. verzinst werden, auf ein Konto. Wie hoch ist der gesparte Betrag nach 10 Jahren?

n = 10
i = 5
r = 2.000

$$K_n = r \times \frac{q^n - 1}{q - 1}$$

$$K_n = 2.000 \times \frac{1{,}05^{10} - 1}{0{,}05} = 25.156\ €$$

b) vorschüssig

Aufgabe wie vor, jedoch wird der Betrag von 2.000 € am Anfang jeden Jahres eingezahlt.

$$K_n = r \times q \times \frac{q^n - 1}{q - 1}$$

$$K_n = 2.000 \times 1{,}05 \times \left[\frac{1{,}05^{10} - 1}{0{,}05}\right] = 26.414\ €$$

Ermittlung des Barwerts von Zeitrenten

a) nachschüssig

Wie hoch ist der Barwert einer nachschüssigen Rente von r = 2.000 €, die 5 Jahre lang gezahlt werden soll, bei einem Zinssatz von 5 % p.a.?

$$K_0 = r \times \frac{q^n - 1}{q^n(q - 1)}$$

$$K_0 = 2.000 \times \frac{1{,}05^5 - 1}{1{,}05^5 \times 0{,}05} = 8.659\ €$$

b) vorschüssig

Aufgabe wie vor, jedoch vorschüssige Einzahlung.

$$K_0 = r \times q\ \frac{q^n - 1}{q^n(q - 1)}$$

$$K_0 = 2.000 \times 1{,}05 \times \frac{1{,}05^5 - 1}{1{,}05^5 \times 0{,}05} = 9.092\ €$$

9.3.2.2 Leibrente

Schrifttum: *Bertz, U.*, Bewertung von beschränkt persönlichen Dienstbarkeiten und Nießbrauch – Leibrenten- oder Zeitrentenfaktoren? GuG 2003, 134, 239; *Möckel, R.*, Aktuelle Probleme bei der Verwendung von Leibrentenfaktoren, GuG 2003, 343; *Möckel, R.*, Leibrentenfaktoren 2000/2002, GuG 2004, 340; *Schneider/Schlund/Haas*, Kapitalisierungs- und Verrentungstabellen, 2. Aufl. 1992; *Statistisches Bundesamt*: Kommutationszahlen und Versicherungsbarwerte für Leibrenten 2001/2003; *Steinkamp, Chr.*, Modifizierte Leibrentenbarwertfaktoren für die abgekürzte Sterbetafel 1998/2000, GuG 2003, 151.

Leibrenten sind **periodische Zahlungen** (z.B. monatlich oder jährlich), die **bis zum Lebensende des Empfängers** gezahlt werden.

Bei Leibrenten ist zu unterscheiden zwischen

a) lebenslänglichen Leibrenten „auf das Leben" *einer* Person (Mann oder Frau),

b) lebenslänglichen Leibrenten „auf das Leben" *zweier* Personen (z.B. Ehepaar),

c) „aufgeschobenen" Leibrenten, d. h. lebenslänglichen Leibrenten auf das Leben einer oder mehrerer Personen, die erst zu einem späteren, vertraglich vereinbarten Zeitpunkt beginnen,

d) temporären Leibrenten, wobei eine zeitlich begrenzte (temporäre) Leibrente vereinbart wird („Höchstbetragsrente"); im Unterschied zur Zeitrente soll dabei die Zahlungsverpflichtung zusätzlich zu einem vertraglich vereinbarten Ende durch den Tod des Berechtigten innerhalb dieses Zeitraums beendet werden.

Kombinationen der verschiedenen Leibrentenformen sowie Kombinationen von Leib- und Zeitrenten sind möglich (Abb. 2):

Abb. 2. Leibrenten

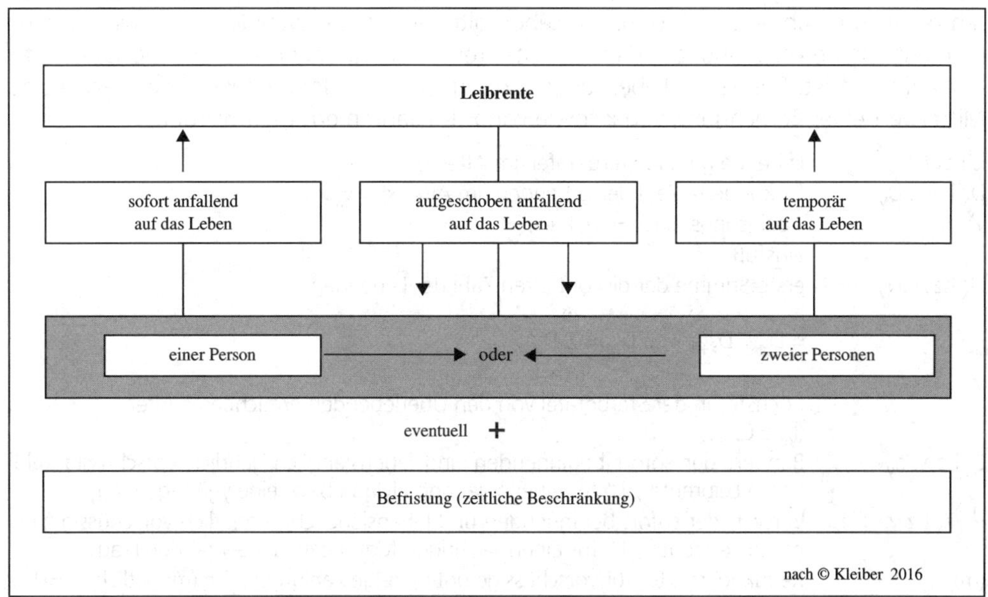

Als Kalkulationsgrundlage von Leibrenten dienen **Versicherungsbarwerte**, die auf der Grundlage der Sterblichkeitsverhältnisse einer Bevölkerung erstellt werden. Die Versicherungsbarwerte werden aus der Absterbeordnung einer Sterbetafel mithilfe der sog. Kommutationszahlen (D_x und N_x) in Abhängigkeit von dem Zinsfuß abgeleitet:

Der Versicherungsbarwert $ä_x$ entspricht beispielsweise dem Wert einer sofort beginnenden und lebenslänglich, jährlich vorschüssig zahlbaren Leibrente vom Werte „1" für eine x-jährige Person. Sie können den vom Statistischen Bundesamt veröffentlichten Tabellen der Kommutationszahlen und Versicherungsbarwerten entnommen werden (auf der Grundlage der Sterbetafel 200x/200y).

Bezieht sich die Leibrente auf zwei unabhängige Personen, z.B. Geschwister, so spricht man **von „unabhängigen Leibrenten"**. Der Barwert ermittelt sich in diesen Fällen als Summe der Barwerte der Leibrenten für die einzelnen Personen. Sind die Leibrenten auf das Leben mehrerer Personen sowohl in ihrer Höhe als auch in der Laufzeit verbunden, spricht man von **„verbundenen Leibrenten" (Verbindungsrente)**, wobei zu unterscheiden ist nach

a) Leibrente auf das kürzere Leben (Leibrente bis zum Tode des zuerst Versterbenden) und

b) Leibrente auf das längere Leben (Leibrente bis zum Tode des zuletzt Versterbenden).

Bei Anwendung der Kommutationszahlen des Statistischen Bundesamtes gilt folgende Notation:

x	vollendetes Alter des Mannes
y	vollendetes Alter der Frau

Für die Altersbestimmung ist das versicherungsmathematische Alter maßgebend.

Zur Ermittlung des versicherungsmathematischen Alters wird das auf den Berechnungsstichtag (Wertermittlungsstichtag) bis auf den Tag berechnete Lebensalter auf ganze Jahre auf- oder abgerundet, d. h. ein Lebensalter von x und weniger als sechs Monaten wird auf x Jahre abgerundet und ein Lebensalter von x und mehr als sechs Monaten auf x + 1 aufgerundet. Bei einem Lebensalter von x und sechs Monaten kann der Barwert als Mittelwert einer Berechnung von x sowie von x + 1 Jahren ermittelt werden.

l_x bzw. l_y	Lebende gemäß Sterbetafel (im Alter x)
D_x bzw. D_y	Diskontierte Zahl der Lebenden (im Alter x) = $v_x \times l_x$
v^x	Abzinsungsfaktor = $1/(1 + i)^x$
i	Zinsfuß
N_x bzw. N_y	erste Summe der diskontierten Zahl der Lebenden $= D_x + D_{x+1} + \dots D_\omega = \sum_{a=x}^{\omega} D_a$
ω	höchstes in der Sterbetafel von den Überlebenden erreichbares Alter ($l_\omega \geq 0$, $l_{\omega+1} = 0$)
$ä_x$ bzw. $ä_y$	Barwert der sofort beginnenden und lebenslänglich, jährlich vorschüssig zahlbaren Leibrente „1" für einen x-jährigen Mann bzw. eine y-jährige Frau
$^{(12)}ä_x$ bzw. $^{(12)}ä_y$	Barwert der sofort beginnenden und lebenslänglich, monatlich vorschüssig zahlbaren Leibrente „1" für einen x-jährigen Mann bzw. eine y-jährige Frau
$(m)_k$	Reduktionsfaktor für vorschüssige unterjährige Zahlungsweise (monatlich m = 12)

Reduktionsfaktor für vorschüssig monatliche Zahlweise

Quelle: Statistisches Bundesamt, Versicherungsbarwerte für Leibrenten, 2013/2015

Zinsfuß %	$^{(m)}k$	Zinsfuß %	$^{(m)}k$	Zinsfuß %	$^{(m)}k$	Zinsfuß %	$^{(m)}k$
1,00	0,45998	3,75	0,46442	6,50	0,46874	9,25	0,47293
1,25	0,46039	4,00	0,46482	6,75	0,46913	9,50	0,47331
1.50	0,46080	4,25	0,46522	7,00	0,46951	9,75	0,47368
1,75	0,46120	4,50	0,46561	7,25	0,46990	10,00	0,47406
2,00	0,46161	4,75	0,46601	7,50	0,47028	10,25	0,47443
2,25	0,46202	5,00	0,46640	7,75	0,47066	10,50	0,47480
2,50	0,46242	5,25	0,46679	8,00	0,47104	10,75	0,47517
2,75	0,46282	5,50	0,46719	8,25	0,47142	11,00	0,47554
3,00	0,46322	5,75	0,46758	8,50	0,47180	11,25	0,47591
3,25	0,46362	6,00	0,46797	8,75	0,47218	11,50	0,47627
3,50	0,46402	6,25	0,46835	9,00	0,47256	11,75	0,47664
						12,00	0,47700

9

9.3.2.2.1 Berechnung des Barwerts

Allgemeines

Um den Barwert einer Leibrente zu ermitteln, ist es nicht zulässig, die durchschnittliche Lebenserwartung (nach den Angaben der Sterbetafel) in eine Zeitrentenformel einzusetzen. Vielmehr muss zunächst die Höhe der Jahresrente mit der Wahrscheinlichkeit multipliziert werden, die aus der Sicht des Berechtigten im Jahr des Rentenbeginns bezüglich des Erlebensfalls besteht. Das Produkt aus Jahresrentenbetrag und Erlebenswahrscheinlichkeit ist auf den Zeitpunkt des Rentenbeginns zu diskontieren; rechentechnisch erfolgt dies unter Anwendung sog. **Leibrenten(barwert)faktoren.**

Mit Leibrentenbarwertfaktoren lassen sich Leistungen, die an das Leben von Personen gebunden sind, kapitalisieren.

Man unterscheidet nach:

- $ä_x$ Leibrentenbarwertfaktor für die sofort beginnende, lebenslängliche jährlich vorschüssige Leibrente vom Wert 1,
- $^{(12)}ä_x$ Leibrentenbarwertfaktor für die sofort beginnende, lebenslängliche monatlich vorschüssige Leibrente vom Wert 1,
- a_x Leibrentenbarwertfaktor für die sofort beginnende, lebenslängliche jährlich nachschüssige Leibrente vom Wert 1 = $ä_x - 1$,

Die vorstehend erläuterte Vorgehensweise ist darin begründet, dass einerseits innerhalb der durchschnittlichen Lebenserwartung eine mit zunehmendem Alter anwachsende Sterbewahrscheinlichkeit besteht und andererseits über die durchschnittliche Lebenswahrscheinlichkeit noch eine nicht unbeträchtliche Erlebenswahrscheinlichkeit gegeben ist. Mit den Abfindungsfaktoren werden Sterbe- und Erlebenswahrscheinlichkeit mit berücksichtigt. **Insoweit ist die Ermittlung des Barwerts von Leibrenten auf der Grundlage der Sterbetafel mithilfe der durchschnittlichen Lebenserwartung nicht sachgerecht.**

Der **Barwert einer lebenslänglichen Leibrente** berechnet sich als Produkt aus der Jahresrente und dem Leibrentenfaktor ${}^{(m)}\ddot{a}$, d. h. nach der Formel:

$B = R \times {}^{(m)}\ddot{a}_x$ für Männer

$B = R \times {}^{(m)}\ddot{a}_y$ für Frauen

$B = R \times {}^{(m)}\ddot{a}_{xy}$ für „verbundene" Leben bis zum Tode des zuerst Versterbenden

wobei:

R = Jahresbetrag der Rente (bei Wohnrechten: Jahresmietertrag)
m = Anzahl der Zahlungen/Jahr, d. h. bei monatlicher Zahlung = 12
${}^{(m)}\ddot{a}_x$ = Leibrentenfaktor für Männer; vorschüssig
${}^{(m)}\ddot{a}_y$ = Leibrentenfaktor für Frauen; vorschüssig
${}^{(m)}\ddot{a}_{xy}$ = Leibrentenfaktor für „verbundene" Leben.
y = Alter der Frau
x = Alter des Mannes

Bei nachschüssiger Zahlweise werden die Leibrentenfaktoren mit ${}^{(m)}a_x$, ${}^{(m)}a_y$ bzw. ${}^{(m)}a_{xy}$ bezeichnet.

Die **Leibrentenfaktoren** sind einschlägigen Tabellenwerken zu entnehmen[1], die insbesondere Tabellen für Abfindungsfaktoren für eine monatlich vorschüssige Zahlungsweise enthalten, in die mit dem Jahresbetrag der Rente eingegangen wird, insbesondere

- Leibrentenfaktoren für *lebenslängliche* Zahlungen:
  - ${}^{(12)}\ddot{a}_x$ für Männer
  - ${}^{(12)}\ddot{a}_y$ für Frauen
  - ${}^{(12)}\ddot{a}_{xy}$ für verbundene Leben.
- Leibrentenfaktoren für *temporäre* Leibrenten:
  - ${}^{(12)}\ddot{a}_{x:n}$ für Männer
  - ${}^{(12)}\ddot{a}_{y:n}$ für Frauen

wobei n = zeitliche Begrenzung in Jahren.

Auch **Wohnungs- und Nießbrauchrechte** sind im Übrigen nach den Methoden der Leibrentenberechnung und nicht nach Zeitrenten zu ermitteln.

1 Kommutationszahlen des Statistischen Bundesamtes, *Schneider/Schlund/Haas*, Kapitalisierungs- und Verrentungstabellen, 2. Aufl., S. 45.

9.3.2.2.2 Barwert einer jährlich vorschüssig zahlbaren Leibrente

Die Jahresrente ermittelt sich durch Umstellung der vorstehenden Formel für die Verrentung von Kapitalbeträgen:

$$\text{Jahresrente} = \frac{\text{Barwert}}{\ddot{a}_x \text{ bzw. } \ddot{a}_y}$$

Beispiel A:

Eine 70-jährige Frau verkauft ihr Grundstück gegen eine lebenslänglich **jährlich** vorschüssig zu zahlende Rente. Der Wert des Grundstücks beträgt 200.000 €. Gesucht ist die Höhe der Leibrente bei einer Verzinsung des Kaufpreises von 5,0 %.

Bei einem Zinssatz von 5,0 % ergibt sich für eine 70-jährige Frau nach dem Tabellenwerk der Kommutationszahlen 2013/2015: $\ddot{a}_y = 11{,}390$

$$\text{Rentenbetrag} = \frac{\text{Kaufpreis}}{\ddot{a}_y} = \frac{200.000\ €}{11{,}390} = 17.559{,}26\ €$$

Beispiel B:

Eine 70-jährige Frau möchte eine lebenslänglich, jährlich vorschüssig zu zahlende Rente in Höhe von 24.000 € erhalten. Gesucht ist die Höhe des Kaufpreises bei einem Zinssatz von 5,0 %.

$$\text{Kaufpreis} = \text{Rentenbetrag} \times \ddot{a}_y = 24.000\ € \times 11{,}390 = 273.360\ €$$

9.3.2.2.3 Barwert einer monatlich vorschüssig zahlbaren Leibrente

Beispiel:

Eine 70-jährige Frau verkauft ihr Grundstück für eine lebenslänglich, **monatlich** vorschüssig zu zahlende Rente. Der Wert des Grundstücks beträgt 200.000 €. Gesucht ist die Höhe der Leibrente bei einer Verzinsung des Kaufpreises von 5,0 %.

Bei einem Zinssatz von 5,0 % ergibt sich für eine 70-jährige Frau nach dem Tabellenwerk der Kommutationszahlen 2013/2015:

$^{(m)}\ddot{a}_y$: 10,924, wobei $^{(m)}\ddot{a}_y = {}^{(12)}\ddot{a}_{70} = \ddot{a}_y - {}^{(m)}k = 11{,}390 - 0{,}4664$

$$\text{Rentenbetrag} = \frac{\text{Kaufpreis}}{^{(m)}\ddot{a}_{ym}} = \frac{200.000\ €}{10{,}924} = 18.308{,}31\ €$$

9.3.2.2.4 Barwert einer aufgeschobenen Leibrente

Eine 70-jährige Frau verkauft ihr Grundstück gegen eine lebenslänglich **jährlich** vorschüssig zu zahlende Rente, beginnend ab dem 75. Lebensjahr. Der Wert des Grundstücks beträgt 200.000 €. Gesucht ist die Höhe der Leibrente bei einer Verzinsung des Kaufpreises von 5,0 %.

Bei einem Zinssatz von 5,0 % ergibt sich für eine 70-jährige Frau nach dem Tabellenwerk der Kommutationszahlen 2013/2015:

$${}_n\ddot{a}_y = \frac{D_{y+n}}{D_y} \times \ddot{a}_{y+n} = 6{,}957$$

$$\text{Rentenbetrag} = \frac{\text{Kaufpreis}}{^{(m)}\ddot{a}_{ym}} = \frac{200.000\ €}{6{,}957} = 28.748{,}02\ €$$

9

9.3.2.2.5 Temporäre Leibrente

Eine 70-jährige Frau verkauft ihr Grundstück gegen eine lebenslänglich **jährlich** vorschüssig zu zahlende Rente, die auf eine Laufzeit von 20 Jahren begrenzt sein soll. Der Wert des Grundstücks beträgt 200.000 €. Gesucht ist die Höhe der Leibrente bei einer Verzinsung des Kaufpreises von 5,0 %.

Bei einem Zinssatz von 5,0 % ergibt sich für eine 70-jährige Frau nach dem Tabellenwerk der Kommutationszahlen 2013/2015:

$$ä_{70:20}\ (N_y - N_{y+n})/D_y = \frac{(32.696{,}665 - 1.588{,}872)}{2.870{,}586} = 10.837$$

$$\text{Rentenbetrag} = \frac{\text{Kaufpreis}}{^{(m)}ä_{ym}} = \frac{200.000\ €}{10{,}837} = 18.455{,}29\ €$$

9.3.2.2.6 Verbundene Leibrente

Bei der Berechnung des Barwerts verbundener Leibrenten – auch **Verbindungsrente** genannt – sind zwei Besonderheiten zu beachten:

a) Der Leibrentenfaktor $^{(m)}ä_{xy}$ ist vom Altersunterschied z. B. des Ehepaares abhängig; insoweit muss auf die einschlägigen Tabellenwerke zurückgegriffen werden.

b) Der Altersunterschied ist dadurch zu ermitteln, dass zunächst beide Alter (genau) bezogen auf den Wertermittlungsstichtag zu ermitteln sind und anschließend die Differenz gebildet wird.

c) Es müssen besondere Bestimmungen beachtet werden, wenn beim Tode des einen Berechtigten die Höhe der Rente nur zum Teil auf den anderen Berechtigten übergeht. Dazu werden die Faktoren F eingeführt, die jeweils den prozentualen Übergang der Leibrentenhöhe kennzeichnen. Bei vollem Übergang ist F = 1, bei 50 %igem Übergang ist F = 0,5 usw.:
   - F_x = Übergangsfaktor an den Mann
   - F_y = Übergangsfaktor an die Frau
   - $F_{xy} = (F_x + F_y) - 1$

Geht die Leibrente beim Tode eines Berechtigten jeweils voll auf den Überlebenden über, ist

$$F_{xy} = 1 + 1 - 1 = 1$$

Der **Barwert für eine verbundene Leibrente** (monatlich und vorschüssig) berechnet sich dann nach folgender Formel:

$B = R \times m\ (F_x \times {}^{(m)}ä_x + F_y \times {}^{(m)}ä_y - F_{xy} \times {}^{(m)}ä_{xy})$
wobei m = 12 bei monatlicher Zahlweise

Beispiel:

Ein Ehepaar will eine monatlich vorschüssig zahlbare Leibrente in Höhe von 2.000 € erhalten.

Versicherungsmathematisches Alter des Mannes 55 Jahre

Versicherungsmathematisches Alter der Frau 50 Jahre

Verstirbt der Mann zuerst, dann sollen 70 % der Leibrente an die Frau weitergezahlt werden.

Verstirbt die Frau zuerst, dann sollen 100 % der Leibrente an den Mann weitergezahlt werden.

Gesucht ist der Barwert.

Mithin ist $F_x =$ 1,000

$F_y =$ 0,700

$F_{xy} =$ (1,000 + 0,700) – 1 = 0,700

Barwert = Rentenbetrag x m x ($F_x \times {}^{(12)}ä_x + F_y \times {}^{(12)}ä_y - F_{xy} \times {}^{(12)}ä_{xy}$)

Barwert = 2.000 € × 12 (1.000 × 13,830 + 0,700 × 16,077 – 0,700 × 13,051) = 382.757 €

Anmerkung: Ein häufiger Anwendungsfall ist die Verbindungsrente, die bis zum Tod der letztversterbenden Person in *voller* Höhe weitergezahlt wird. Die Höhe des Übergangs der Leibrente nimmt somit für F_x, F_y und F_{xy} den Wert 1 an, so dass die Berechnung sich vereinfacht:

Kaufpreis = Rentenbetrag x m x (${}^{(12)}ä_x + {}^{(12)}ä_y - {}^{(12)}ä_{xy}$) *bei monatlich vorschüssiger Zahlungsweise*

Kaufpreis = Rentenbetrag x ($ä_x + ä_y - ä_{xy}$)

9.3.2.2.7 Zinssatz

Für die Kapitalisierung von Leibrenten wird üblicherweise ein Zinssatz von 5,5 % (monatlich vorschüssig) angesetzt. Dieser Zinssatz ist allerdings nur deshalb praxisüblich, weil die entsprechenden Tabellen der Finanzverwaltung hierauf aufbauen. Tatsächlich kommt es aber maßgeblich auf den Zinssatz an, den die Vertragsparteien ausgehandelt haben. Dabei ist vor allem zu beachten, ob eine Wertsicherungsklausel vereinbart worden ist, die i. d. R. zu einem effektiv höheren Zinssatz führt.

Die WERTR 2006 führen in den Grundsätzen der Wertermittlung (Nr. 4.2) zum Zinssatz bei Rechten und Belastungen aus:

Den Berechnungen ist in der Regel jeweils der angemessene, nutzungstypische Liegenschaftszinssatz zu Grunde zu legen, der nach der Art des Grundstücks und der Lage auf dem Grundstücksmarkt zu bestimmen ist und in allen behandelten Fällen zu hinreichend genauen Ergebnissen führt.

10 Checklisten

10

10 Checklisten

10.1 Checkliste: Ermittlung der Lageklasse von Wohnimmobilien

Quelle: KS-M, 1224

Erläuterungen zur Lageklassentabelle

Spalte 1: Enthält beispielhaft die wichtigsten Lagekriterien. Selbstverständlich können Sie noch andere Kriterien, die für den Einzelfall zutreffen, hinzufügen und/oder andere Kriterien weglassen.

Spalte 2: Hier sollten Sie Noten eintragen, wobei Sie sinnvollerweise eine Notenskala verwenden sollten, die Ihrem Mietspiegel entspricht (hat der Mietspiegel vier Lageklassen, sollte man die Noten Eins bis Vier vergeben). Auf diese Weise wird die Eingruppierung in die Lageklasse für beide Vertragsparteien nachvollziehbarer und überprüfbarer. Wenn Sie die Gesamtnotenzahl durch die Anzahl der vergebenen Noten dividieren, erhalten Sie einen Wert, der zunächst eine Aussage über die Eingruppierung in eine Lageklasse erlaubt, und zum anderen kann man unter Umständen an dem entsprechenden Dezimalwert auch schon ablesen, ob die Benotung im oberen, mittleren oder unteren Bereich der Notenskala liegt, was dann ggf. ein Anhaltspunkt dafür sein kann, aus welchem Bereich der Mietpreisspanne die konkrete Vergleichsmiete zu entnehmen ist. Maßstab für die Benotung muss aber auf jeden Fall ein objektiver sein. Wie oben bereits festgestellt, kann für den einen Mieter ein fehlender U-Bahnanschluss bedeutungslos sein und für den anderen von sehr großer Bedeutung. Objektiv ist ein solcher Anschluss aber immer vorteilhaft. Wichtig ist in diesem Zusammenhang aber der Hinweis, dass manche Mietspiegel bestimmte Bedingungen an die Eingruppierung in eine bestimmte Lageklasse knüpfen. In diesem Fall muss zusätzlich überprüft werden, ob diese Bedingungen erfüllt sind.

10

Tabelle zur Ermittlung der Lageklasse für Wohnimmobilien

Lagemerkmal	Beurteilung
Lage	
Im Stadtgebiet	
Im Stadtbezirk	
Wohnberuhigung	
Bebauung	
Offene/geschlossene Bauweise	
Bebauungsdichte	
Wohnbeeinträchtigungen	
Straßenlärm	
Bahn- oder Fluglärm	
Industrielärm	
Sonstiger Lärm	
Gerüche- u. Staubimmissionen	
Verkehrsanbindung	
Auto	
Bahn/Bus	
U-Bahn	
Radwege	
Fußwege	
Schulweg	
Einkauf	
Für den täglichen Einkauf	
Andere Dinge	
Freizeiteinrichtungen	
Kinderspielplätze	
Naherholungsgebiete	
Sportplätze, -hallen	
Sonstige Einrichtungen	
Medizinische Versorgung	
Schulen	
Kindergärten	
Öffentliche Einrichtungen	
Sonstige Lagevor- und -nachteile	

Es handelt sich bei dem vorstehenden Kriterienkatalog um die sog. Makrolage. Umstritten ist dagegen, ob die sog. Mikrolage, d. h. die **Lage der Wohnung innerhalb des Hauses,** unter den Begriff der Lage i. S. d. § 568 Abs. 2 BGB fällt, da diese möglicherweise bereits mit der „Beschaffenheit" erfasst werden kann. Entscheidend ist bei alledem, dass diese Mikrolage nicht doppelt berücksichtigt wird.

10.2 Checkliste: Wertigkeit und Lagequalität von Büroimmobilien

Quelle: Leopoldsberger, G., Kontinuierliche Wertermittlung von Immobilien, Köln, 1998.

Nach Leopoldsberger sind folgende **Faktoren für die Wertigkeit von Büroimmobilien** von Bedeutung:

Wertigkeit von Büroimmobilien

Merkmal	Kriterium	Wert	Gewicht	gew. Objektwert
Allgemeine Einschätzung (20 %)				
Lage im Ort; Umgebung	Bürozentrum Stadtzentrum Industriegebiet Wohngebiet Peripherie außerhalb ungünstig	1 1 3 3 3 5	10 %	
Image	erstklassig attraktiv neutral unattraktiv negativ	1 2 3 4 5	10 %	
Individualverkehrsanbindung (30 %) unter Berücksichtigung des Verkehrsflusses und unter Berücksichtigung der Erreichbarkeit				
Autobahnanschluss • Entfernung • Erreichbarkeit	 bis zu 1 km bis zu 5 km bis zu 10 km bis zu 20 km mehr als 20 km i. d. R. kein Stau selten Stau häufig Stau immer mit Stau	 1 2 3 4 5 1 3 4 5	10 %	
Innerstädtische Straßenanbindung	Gute Anbindung Mittlere Anbindung Schlechte Anbindung	1 3 5	10 %	
Parkplatzsituation	für Mitarbeiter und für Kunden nur für Kunden kaum vorhanden keine	1 3 4 5	10 %	

Lagequalität von Büroimmobilien

Merkmal	Kriterium	Wert	Gewicht	gew. Objektwert
Öffentlicher Personennahverkehr (20 %)				
Anzahl der Haltepunkte in 500 m Umkreis (bzw. Qualität der ÖPNV-Linien)	mehr als drei drei zwei eine keine	1 2 3 4 5	5 %	
Entfernung zu U-Bahnhöfen	weniger als 500 m bis zu 500 m bis zu 1.000 m bis zu 2.000 m mehr als 2.000 m	1 2 3 4 5	5 %	
Entfernung zu Straßenbahnhaltestellen	weniger als 500 m bis zu 500 m bis zu 1.000 m mehr als 1.000 m	1 2 3 5	5 %	
Entfernung zu Bushaltestellen	weniger als 500 m bis zu 500 m bis zu 1.000 m mehr als 1.000 m	1 2 3 5	5 %	
Öffentlicher Personenfernverkehr (15 %)				
IC-Bahnhof	bis zu 10 km bis zu 20 km bis zu 30 km bis zu 50 km mehr als 50 km	1 2 3 4 5	5 %	
Flughafen	bis zu 10 km bis zu 20 km bis zu 30 km bis zu 50 km mehr als 50 km	1 2 3 4 5	10 %	
Infrastrukturelle und kulturelle Umgebung (15 %)				
Hotels im 5-km-Radius	mehr als drei drei zwei eines keines	1 2 3 4 5	6 %	
Restaurants im 1.000-m-Radius	mehr als 10 bis zu 10 bis zu 5 eines keines	1 2 3 4 5	4 %	
Nahversorgungszentrum	weniger als 500 m bis zu 500 m bis zu 1.000 m bis zu 2.000 m mehr als 2.000 m	1 2 3 4 5	5 %	
Bank- oder Postfilialen	weniger als 500 m bis zu 500 m bis zu 1.000 m bis zu 2.000 m mehr als 2.000 m	1 2 3 4 5		
Lagequalität der Büroimmobilie			**100 %**	

10.3 Checkliste: Merkmale für die Beurteilung der baulichen Ausstattung bei Gebäuden

Quelle: *KS-M, 402-404*

In der Praxis der Gutachterausschüsse, aber auch der Finanzverwaltungen bei der Einheitsbewertung, haben sich die Untergliederungen herausgebildet, die nachfolgend abgedruckt sind.

Anmerkung: Diese Tabelle dient der freien (sachverständigen) Beurteilung der baulichen Ausstattung von Gebäuden. Sie ist nicht identisch mit **der Beschreibung der Gebäudestandards** gem. SW-RL (Anlage 2).

Merkmale für die Beurteilung der baulichen Ausstattung bei Gebäuden					
Bau- und Gebäudeteil	**Einfache Ausstattung**	**Mittlere Ausstattung**	**Gute Ausstattung**	**Sehr gute Ausstattung**	**Aufwendige Ausstattung**
1	**2**	**3**	**4**	**5**	**6**
1. Fassadenausführung	Schwemmsteine, Plattenwände, Hintermauersteine oder Kalksandsteine gefugt; einfacher glatter Putz, Holzfachwerk mit einfacher Ausfachung.	Einfacher Putz mit Fenster- und Türeinfassung; gefugte Vormauersteine, Holzfachwerk mit Klinkeraus fachung.	Edelputz mit Fenster- und Tür einfassungen in Kunststein; Sockel mit Klinkerverblendung oder Waschputz. Holzfachwerk aus Lärche oder Eiche mit Klinkerausfachung.	Edelputz mit Fenster- und Türeinfassungen aus Naturstein; Keramikplatten; Kunststeinverkleidung; Glasverkleidung; Klinkerfassade aus holländischen oder bunten Klinkern.	Natursteinfassade; Spaltklinker oder Mosaik; Kupfer, Eloxal oder Ähnliches.
2. Dachausführung	Flaches Pappdach; einfaches Ziegeldach (Giebel- oder Pultdach); Asbestzementeindeckung.	Kleines Walmdach; Giebeldach mit größeren Dachausbauten; leichtes Massivflachdach mit Pappeindeckung.	Größeres Walmdach mit Dachausbauten; Oberlichte besonderer Ausführung; schweres Massivflachdach mit Pappeindeckung.	Sattel- oder Walmdach mit besonderen Ausbauten; Schieferdachdeckung, Dächer mit bes. Wärmeisolierung.	Flachdach mit Kupfer oder Bleideckung und mit Wärmeisolierung.
3. Deckenbehandlung	Einfacher Deckenputz; unverputzte Holzfaserplatten oder ähnliche Platten.	Decken, gerieben und gefilzt.	Deckenputz teilweise mit Stuck; schalldämmende Platten.	Bessere Stuckdecken; Decken vertäfelung in 1oder 2 Räumen; Decken mit indirekter Beleuchtung.	Beste Stuckarbeiten; Vertäfelungen in mehreren Räumen.
4. Wandbehandlung	Kalk- oder Leimfarbenanstriche.	Ölfarbenanstriche; einfache Tapeten; Steinemaille; Wandplatten in geringem Ausmaß	Gute Tapeten; Wandplatten aus Naturstein in geringem Ausmaß; Keramikplatten in reicherem Ausmaß; Holzvertäfelung in einfachen Ausführungen.	Abwaschbare Tapeten; Vertäfelungen und Heizkörperverkleidungen aus Edelhölzern oder Rohrbespannungen, Stoffbespannungen; Natursteinplatten in größerem Ausmaß.	Beste Tapeten (Seidentapeten, Ledertapeten); Vertäfelungen und Heizkörperverkleidungen aus ausländischen Edelhölzern (Mahagoni und Ähnl.); Wandbemalungen.

Merkmale für die Beurteilung der baulichen Ausstattung bei Gebäuden					
Bau- und Gebäudeteil	Einfache Ausstattung	Mittlere Ausstattung	Gute Ausstattung	Sehr gute Ausstattung	Aufwendige Ausstattung
1	2	3	4	5	6
5. Fußböden	Dielen, Steinholz-, Asphalt-, Spachtel- oder ähnliche Böden.	Linoleum- und PVC-Böden einfacher Art und Ausführung; Kleinparkett in einem Raum; Buchenparkett.	Linoleum besserer Qualität; teilweise Natursteinplatten; beste PVC-Böden; Kleinparkett I.Wahl in mehreren Räumen; Bespannungen (Bouclé, Haargarn und Ähnliches).	Parkett in guter Ausführung, versiegelt; Veloursbespannungen in mehreren Räumen.	Parkett aus besten Hölzern, versiegelt; beste Bespannungen (Nylon, Perlon); Naturstein in mehreren Räumen.
6. Treppen	Einfache Treppen, Betontreppe mit PVC-Belag einfacher Art, einfache Geländer.	Massivtreppen mit Kunststeinbelag, Linoleumbelag oder gutem PVC-Belag; Hartholztreppen; einfache Geländer.	Massivtreppen mit Plattenbelag aus Qualitätskunststein oder aus Naturstein einfacher Qualität; bessere Geländer.	Massivtreppen mit Natursteinauflage und besserem Geländer (z.B. schmiedeeisernes oder geschnitztes Geländer).	Marmortreppen und wertvolle Treppen mit künstlerisch gestaltetem Geländer.
7. Fenster	Einfache Fenster aus Holz oder Stahl mit einfacher Verglasung und einfachen Beschlägen, Fensterbänke aus Asbestzement, Holz oder Beton.	Einfache Fenster aus Holz oder Stahl mit besseren Beschlägen; Rollläden oder Fensterläden; einfache Fensterbänke (Holz oder Kunststein).	Doppelfenster mit einfacher Verglasung und besseren Beschlägen; Blumenfenster mit besserer Verglasung; Fensterbänke aus Kunststein bzw. Klinker oder einfachem Naturstein; Rollläden.	Verbundfenster mit Spiegelglas, Isolierglas; besondere Beschläge; Schiebefenster und dgl.; Blumenfenster mit Bleiverglasung; Fensterbänke aus deutschem Marmor bzw. ähnlichem Naturstein; Rollläden bzw. Markisen.	Besonders große teure Fenster mit bester Verglasung; versenkbare Fenster; eingebaute Markisen und dgl.; beste Blumenfenster mit Marmorfensterbänken oder ähnliche Fenster.
8. Türen	Einfache glatte Türen oder Füllungstüren mit einfachen Beschlägen.	Bessere glatte Türen oder Füllungstüren mit besseren Beschlägen.	Türen mit Glasfüllungen und guten Beschlägen; Schleiflacktüren; Türen mit Edelholz in geringem Ausmaß; Eingangstüren Eiche oder Ähnl.	Türen aus Edelhölzern; Schleiflacktüren mit besten Beschlägen und Ornamentglas, Schiebetüren; Doppeltüren; Metalleingangs-türen.	Edelholztüren; Türen in künstlerischer Form; Metalleingangstür in Bronze oder ähnl. Ausführung.
9. Elektroinstallation	Einfache Ausstattung, wenige Brennstellen, einfache Beleuchtungskörper.	Mehrere Brennstellen und Steckdosen; mittlere Beleuchtungskörper.	Mehrere Brennstellen, Lichtbänder und dgl.; gute Beleuchtungskörper.	Indirekte Beleuchtungskörper, Wandbeleuchtung und gute Beleuchtungskörper.	Aufwendige Ausstattung, beste Beleuchtungskörper.
10. Sanitärinstallation	Einfache und wenige sanitäre Einrichtungs-gegenstände in Wasch- und Toilettenräumen.	Sanitäre Einrichtungsgegenstände in einfacher Ausführung, aber größerer Anzahl.	Wie vor, jedoch in besserer Ausführung und außer in Toiletten und Waschräumen auch in anderen Räumen.	Beste Ausführung in Waschräumen, Bädern und Toiletten; in anderen Räumen größere Objekte.	Besonders reiche Ausstattung in bester Qualität.
11. Boden- und Wandfliesen	Geringfügig (Wand nur teilw.); Boden- und Wandplatten in einfacher Ausführung (Keramikplatten II.-III.Wahl).	Keramische Boden- und Wandplatten I.-II. Wahl in einigen Räumen.	Keramische Boden- und Wandplatten I. Wahl in mehreren Räumen; teilweise Naturstein-Bodenplatten.	In mehreren Räumen Mosaikbodenfliesen; Majolikawandplatten; inländische Natursteinplatten.	In mehreren Räumen japanisches Mosaik oder ausländische Natursteine (z.B. Marmor).

Merkmale für die Beurteilung der baulichen Ausstattung bei Gebäuden					
Bau- und Gebäudeteil	**Einfache Ausstattung**	**Mittlere Ausstattung**	**Gute Ausstattung**	**Sehr gute Ausstattung**	**Aufwendige Ausstattung**
1	**2**	**3**	**4**	**5**	**6**
12. Heizung	Öfen.	Warmluftheizung.	Warmwasserheizung mit festen Brennstoffen und einfacher Regelung.	Warmwasserheizung mit flüssigen Brennstoffen oder Gas bzw. Fernheizung; Thermostatregelung.	Klimaanlage.
13. Anteil der besonderen Räume (z.B. Empfangsräume, Direktionsräume, Sitzungszimmer, Gesellschaftszimmer u. Ähnl.)	Keine.	Geringe Anzahl.	Mehrere kleine Räume.	Kleine und größere Räume in größerer Anzahl.	Anzahl.

10.4 Checkliste: Durchschnittliche Betriebskosten pro m² Wohnfläche in € (Erhebungsformular)

Quelle: KL-V, 1071, 1958

Betriebskostenart	per annum	im Monat	umgelegt	nicht umgelegt
Wasserversorgung und- entsorgung				
Zentrale Warmwasserversorgung				
Verbundene Heizungs- und Warmwasserversorgungsanlagen				
Maschinell betriebener Personen- und Lastenaufzug				
Straßenreinigung und Müllbeseitigung (Schneebeseitigung)				
Gebäudereinigung und Ungezieferbekämpfung				
Gartenpflege				
Beleuchtung				
Schornsteinfegerreinigung				
Sach- und Haftpflichtversicherung				
Hauswart				
Gemeinschaftsantennenanlage				
Breitbandkabelnetzverteileranlage				
Wäschepflegeanlage				
Sonstiges (Dachrinnenreinigung)				
Grundsteuer				
			Verbleibt beim Vermieter:	

10.5 Checkliste: Ortstermin (Erhebungsformulare)

Die folgenden Checklisten können als Leitfaden und Arbeitshilfe für die Dokumentation der Objektaufnahme im Ortstermin dienen und als Vorlage für die Gestaltung von Erhebungsvorlagen Verwendung finden. Die nachfolgenden Varianten der Formulare folgen unterschiedlichen Arbeitsweisen bei der Erhebung.

Die **Variante 1** ist als Kurzfassung eines Objektprotokolls gehalten, in das die wesentlichen Beschreibungselemente mit individuellen Kürzeln eingetragen bzw. ergänzt werden. Je Erhebungsblatt werden die bekannten Daten (z.B. Objektlage, Aktenzeichen, Datum) mit der Serienbrieffunktion in die Formulare eingesetzt. Zur Erfassung der raumweisen Ausstattungen eines Objektes wird die letzte dort angeführte Tabelle (siehe Seite 752) entsprechend der voraussichtlichen Anzahl der zu begehenden Räume ausgedruckt.

Die **Variante 2** ist als Langfassung eines Objektprotokolls gestaltet, das eine große Anzahl an Beschreibungselementen umfasst, welche z.B. durch Ankreuzen erfasst werden. Mit diesen Eintragungen können u.a. auch die Ableitung des konkreten Gebäudestandards und die Bestimmung der Restnutzungsdauer des Objektes unterstützt werden.

Die **Variante 3** ist (in Ergänzung zur Variante 2) als ausführliche Fassung zur Erhebung der Merkmale einzelner Räume konzipiert und orientiert sich im Wesentlichen an der Definition der Standardstufen gemäß SW-RL. Sie wird entsprechend der Anzahl der voraussichtlich zu begehenden Räume ausgedruckt.

Die nachstehenden Formulare erheben keinen Anspruch auf Vollständigkeit.

10.5.1 Erhebungsformular Variante 1, Gesamtobjekt

Objekt: Beispielstraße 1 **Umgebung**
1234-5678-AGD

Datum:
Beginn:
Ende: Seite 1

1. Straße		**2. Straße**	
spurig		spurig	
seitig Gehwege		seitig Gehwege	
seitige Parkstreifen		seitige Parkstreifen	
seitig Radwege		seitig Radwege	
Beleuchtung		Beleuchtung	
Entwässerung		Entwässerung	
Anpflanzungen		Anpflanzungen	
- Baumreihen 1-seitig		- Baumreihen 1-seitig	
- Baumreihen 2-seitig		- Baumreihen 2-seitig	
Parkplatzsituation		Parkplatzsituation	
Verkehrsberuhigung - 30er-Zone		Verkehrsberuhigung - 30er-Zone	
- Str.-Einbauten		- Str.-Einbauten	
- Str.-Möblierungen - Mischverkehrsflächen		- Str.-Möblierungen - Mischverkehrsflächen	

Umgebungsbebauung

geschossig		geschossig	
Art der Nutzung		Art der Nutzung	
Bauweise	❑ offen ❑ halboffen ❑ geschlossen	Bauweise	❑ offen ❑ halboffen ❑ geschlossen

Nähere Umgebung

Art des Gebietes ______

Art der Nutzung ______

Lageeinschätzung ______

Weitere Umgebung

Art der Nutzung ______

Lageeinschätzung ______

Einkaufsmöglichkeiten ______

Schulen ______

Anschluß ÖPNV ______

Freizeiteinrichtungen ______

Erholungseinrichtungen ______

Objekt: Beispielstraße 1
1234-5678-AGD

Umgebung

Datum:

Beginn:

Ende:

Seite 2

Sonstiges

z.B. Störungen (Flugzeuge / Gewerbe / Verkehr)

Grundstück

Höhenlage

Grenzsituation

Objekt: Beispielstraße 1
1234-5678-AGD

Gebäude Nr ____________.

Datum:
Beginn:
Ende:

Seite 1

Gebäude

Gebäudeart ____________ freistehend seitig angebaut -Spänner
Geschosszahl ____________ Unterkellerung ____________
Dachform ____________ Dachgeschoss ____________ Spitzboden ____________

Außenansicht straßenseitig		**Außenansicht hofseitig**	
Sockel		Sockel	
Fassade (Dämmung)		Fassade(Dämmung)	
Eingangstür		Hoftür	
Eingangstürüberdachung		Hoftürüberdachung	
Treppenflur-Fenster		Treppenflur-Fenster	
Wohnungs-Fenster		Wohnungs-Fenster	
Balkon		Balkon	
Erker		Erker	
Dachkonstruktion		Dachkonstruktion	
Dacheindeckung		Dacheindeckung	
Dachaufbauten		Dachaufbauten	
Dachentwässerung		Dachentwässerung	
Schornsteine		Schornsteine	
Antennen		Antennen	

Modernisierungen

Schäden

Sonstiges

Objekt: Beispielstraße 1
1234-5678-AGD

Gebäude Nr___________.

Datum:

Beginn:

Ende:

Seite 2

Besonderheiten

z.B.:

Kein Zugang zu

- Mieterkeller
- Gemeinschaftsräume
- Heizungskeller

- Abstellräume am Zwischenpodest

- Dachboden
- Spitzboden

- Dacheindeckung nicht einsehbar

Objekt: Beispielstraße 1
1234-5678-AGD

Außenanlagen

Datum:
Beginn:
Ende:

Seite 3

Hauszuwegung

Zufahrt

Müllbox

Vorgarten

Hausgarten / Hof

Kelleraußentreppe

Einfriedung

Hofbefestigung

Spielplätze

Stellplätze

Nebengebäude

Schäden an Außenanlagen

Sonstiges

Objekt: Beispielstraße 1
1234-5678-AGD

Innenbesichtigung des Gebäudes

Datum:
Beginn:
Ende:

Seite 4

Gebäudeausstattung

Rohbau

Kellermauerwerk

Kellerdecke

Geschossmauerwerk

Geschossdecken

Geschosstreppen

Podeste

Ausbau

Keller

- Treppe
- Bodenbeläge
- Wandbehandlung
- Türen
- Fenster

Haustechnik

- Heizung ❑zentral ❑dezentral
- Warmwasser ❑zentral ❑dezentral
- Versorgungs-anschlüsse
  - Gas
  - Wasser
  - Elektro
  - Entwässerung
  - Kabel-TV
  - SAT-Anlage

Treppenflur

- Eingangstür
- Anzahl Klingeln
- Sprechanlage
- Briefkästen

- Bodenbeläge
- Wände
- Decken
- Fenster
- Wohnungstüren

- Treppenkonstruk-
- tion
- Treppenbelag
- Treppengeländer

Objekt: Beispielstraße 1
1234-5678-AGD

Innenbesichtigung des Gebäudes

Datum:
Beginn:
Ende:

Seite 5

Dachkonstruktion	**Dachboden**	
	- Zugangstreppe	
	- Bodenbelag	
	- Dachfenster	
	- Unterspannbahn	
	- Dacheindeckung	
	- Schornstein	

Technische Ausstattung

	Typ-Fabrikat	Typ	Baujahr	Medium (Öl/Gas/Pellets etc.)
- Heizung				
- Kessel				
- Brenner				

Energieausweis ❑ liegt vor
❑ liegt nicht vor

Modernisierungen

Modernisierungselemente	max. Punkte	Punkte	Ausführung im Jahr
Dacherneuerung inklusive Verbesserung der Wärmedämmung			
Modernisierung der Fenster und Außentüren			
Modernisierung der Leitungssysteme (Strom, Gas, Wasser, Abwasser)			
Modernisierung der Heizungsanlage			
Wärmedämmung der Außenwände			
Modernisierung von Bädern			
Modernisierung des Innenausbaus, z.B. Decken, Fußböden, Treppen			
Wesentliche Verbesserung der Grundrissgestaltung			

Modernisierungsgrad		
≤ 1 Punkt	=	nicht modernisiert
4 Punkte	=	kleine Modernisierungen im Rahmen der Instandhaltung
8 Punkte	=	mittlerer Modernisierungsgrad
13 Punkte	=	überwiegend modernisiert
≥ 18 Punkte	=	umfassend modernisiert

Objekt: Beispielstraße 1
1234-5678-AGD

Innenbesichtigung des Gebäudes

Datum:

Beginn:

Ende:

Seite 6

Schäden Gebäude Nr.

Sonstiges

Objekt: Beispielstraße 1
1234-5678-AGD

Raumweise Beschreibung

Beginn:		Ende:	
Mieter:		Wohnung / Lage im Gebäude:	Nr
Telefon:		Kaltmiete:	
Vertrag vom:		Nebenkosten:	
Minderung:		Sozialwohnung:	
		Datum:	
		Versuch:	

Schäden lt. Mieterangabe:

Vom Wohnungseingang rechts herum gehen!, Sonst Anmerkung hier. Fotos in gleicher Reihenfolge aufnehmen!

	Raum 1	Raum 2	Raum 3	Raum 4	Raum 5	Raum 6	Raum 7
Art							
Boden							
Wände							
Decken							
Fenster							
Türen							
Beheizung							
Warmwasser							
Elektro							
Sprechanl.							
Sanitär							
- Wanne							
- Dusche							
- WC							
- Waschb.							
Sonstiges							
Balkon							
Schäden je Raum (Kurzfassung)							

„Schulnote" für		Sonstiges
Zustand		
Ausstattung		**Ggf. weitere Formulare** >>>>>>>

10.5.2 Erhebungsformular Variante 2, Wohnhaus sowie Wohn- und Geschäftshaus

Allgemeine Angaben			
Auftragsnummer/Aktenzeichen	Eigentümer:		
Postleitzahl Ort	Straße, Nummer:		
Datum der Besichtigung	Uhrzeit der Besichtigung	von	bis
Teilnehmer (Name, Funktion)	Hilfspersonen		
Außenbesichtigung ❑	Innenbesichtigung ❑		
Name des Sachverständigen	Unterschrift des Sachverständigen		
Vor Beginn prüfen, ggf. nachfordern:	Unterlagen vollständig ❑		
	fehlende Unterlagen		
Energieausweis liegt vor	ja ❑ nein ❑ Bedarfsausweis: ❑ Verbrauchsausweis: ❑ Ausstellungsdatum: Gültig bis:		

10

Makrolage, Mikrolage, Lagebeurteilung, Umfeld					
Makrolage					
Metropole	Großstadt	Mittelstadt	Kleinstadt	Dorf	Siedlung
Zentrum	Stadtteil/Ortsteil	Stadt-/ Ortsrandlage	Außenbezirk	Einzugsgebiet	Hof

Mikrolage I												
Art der baulichen Nutzung	Wohnbauflächen			Gemischte Bauflächen				Gewerbliche Bauflächen		Sonderbauflächen		
	Wohngebiet											
	reines Wohngebiet	allgemeines Wohngebiet	Neubaugebiet	Dorfgebiet	Mischgebiet	Urbanes Gebiet	Kerngebiet	Gewerbegebiet	Industriegebiet	Wochenendhausgebiet	Sondergebiet	Außenbereich
Lagebesonderheiten	Aussichtslage	Sonnenlage	Schattenlage	aufgelockert	beengt							
Lagebeurteilung	bevorzugt	gut	weniger gut	mittel	schlecht		starke Beeinträchtigung					
Nachbarschaft/ Umgebung	**Bauweise**	offene Bauweise	geschlossene Bauweise	Baujahresklasse			❑ geschossig					
	Bauart	EFH/ DH	RH	MFH	WGH		Gewerbe/ Industrie		Sonstiges			
	Nutzung	Wohnen	Büros	Gewerbe	Geschäfte/ Cafés		Kirche/Moschee		Schulen/ Kindergärten	Öffentliche Gebäude	Öffentlicher Platz	Grünanlage

Mikrolage II							
Verkehrslage/ Anbindung Individualverkehr	sehr gut	gut	mittelmäßig	ungünstig	PKW erforderlich		
öffentliche Verkehrsmittel	Bus	Straßenbahn	S-/U-Bahn	Bahn	Flughafen	Autobahn	
Geschäfte des täglichen Bedarfs	unmittelbare Nähe	fußläufig entfernt	ca. Minuten Fußweg ❑	weiter entfernt	ca. Kilometer ❑		
Ärzte/Apotheken	unmittelbare Nähe	fußläufig entfernt	ca. Minuten Fußweg ❑	weiter entfernt	ca. Kilometer ❑		
Angebote für Kinder und Jugendliche vor Ort	Kinderkrippe/ Kindertagesstätte/Kindergarten	Grundschule	weiterführende Schulen	weiter entfernt	ca. Kilometer ❑		
Freizeitangebote in der Nähe	Sportanlage	Freibad	Hallenbad	Fitnessstudio	Grünanlage	Kultur	Gaststätten und Kneipen
Straßenbild							
Straßenart	Sackgasse	Anliegerstraße	Wohnstraße	Hauptstraße	Geschäftsstraße	Bundesstraße	Sonstiges
Verkehrsberuhigung	Fußgängerzone	Spielstraße	Zone 30	Zone 50	Zone 70		

Mikrolage II						
erste Straße (frontseitig)	❑ spurig	❑ seitige Gehwege	❑ seitige Parkstreifen	❑ seitige Radwege	Beleuchtung	Entwässerung
	Anpflanzungen	Baumreihen einseitig	Baumreihen zweiseitig			
	Ausbaustand	voll ausgebaut	teilweise ausgebaut	nicht ausgebaut		
zweite Straße (rückwärtig oder seitlich)	❑ spurig	❑ seitige Gehwege	❑ seitige Parkstreifen	❑ seitige Radwege	Beleuchtung	Entwässerung
	Anpflanzungen	Baumreihen einseitig	Baumreihen zweiseitig			
	Ausbaustand	voll ausgebaut	teilweise ausgebaut	nicht ausgebaut		

Mikrolage III						
Parkplatzsituation im öffentlichen Raum	großzügig	gut	ausreichend	schlecht	keine Parkplätze	
Versorgung	Strom	Wasser	Gas	Fernwärme	Kabelanschluss	Sonstiges
Erschließung	straßenseitig	rückseitig	nicht gesichert			
Immissionen/ wertbeeinflussende Einwirkungen durch:	Lärm	sehr stark	stark	normal	gering	keine
	Flugbetrieb					
	Straßenverkehr					
	Bahn					
	Industrie					
	Gewerbe					
	zum Zeitpunkt der Besichtigung ❑					
	zu anderen Zeite ❑					
	Gerüche	sehr stark	stark	normal	gering	keine
	zum Zeitpunkt der Besichtigung ❑					
	zu anderen Zeiten ❑					
	Staub	sehr stark	stark	normal	gering	keiner
	zum Zeitpunkt der Besichtigung ❑					
	zu anderen Zeiten ❑					
	optische Beeinträchtigung	sehr stark	stark	normal	gering	keine
	Freileitung	sehr stark	stark	normal	gering	keine
allgemeine Risiken	Hochwasserrisiko	Bergschäden	Wind/Sturm	Strom-/Funkmast (Elektrosmog)	Sonstiges	
besondere Risiken	Lage in einer Niederschlagsrinne	Überschwemmungsgefahr bei starken Niederschlägen (Sturzbach)	Kellerüberflutung wegen Regenstau (Tallage)	leichte Erdrutsche (Hanglage)	Schlamm bei Starkregen	

10

Mikrolage IV					
Altlasten: augenscheinliche Hinweise	nein ❑	ja ❑	Art:		
Baulasten: augenscheinliche Hinweise	nein ❑	ja ❑	Art:		
Denkmalschutz: augenscheinliche Hinweise	nein ❑	ja ❑	Bezug:		
Atmosphäre	Tag	laut	belebt	ruhig	einsam
	Nacht	laut	belebt	ruhig	einsam

Wertermittlungsgrundstück							
Boden							
Grundstücksform	rechteckig	quadratisch	dreieckig	unregelmäßig/ polygonal	Pfeifengrundstück	Hammergrundstück	Eckgrundstück
Zuwegung von der Straße	direkt	indirekt, gesichert	nicht gesichert				
Topographie	eben	leichte Hanglage	mittlere Hanglage	starke Hanglage			
Bodenart	Fels/Stein	Kies	Ton	Lehm	Sand	bindiger Boden	nicht bindiger Boden

Bauliche Außenanlagen							
Wege- und Platzbefestigungen	Ausführung						
Stützmauer	Ausführung						
Einfriedung	Ausführung						
Grundleitungen	vorhanden	nicht vorhanden	Schwimmbecken außen	Schwimmteich	Regenwasserzisterne		
Oberflächige Regenwasserversickerung	ja ❑	nein ❑					
sonstige Anlagen (Aufwuchs)		normal	überdurchschnittlich	unterdurchschnittlich			
Qualität Zuwegung und Hofbefestigung, Stellflächen	stark gehoben	gehoben	mittel	einfach			
Material	Naturstein	Betonstein	Kies/Split	Forstmischung	Gras	offen	versiegelt
Qualität Einfriedung	stark gehoben	gehoben	mittel	einfach			
äußerer Eindruck der Außenanlage insgesamt	stark gehoben	gehoben	mittel	einfach			
Fertigstellungsgrad	angelegt	in Arbeit	Fertigstellungsquote Prozent (ca.):		noch nicht begonnen		

Gebäude							
Gebäude insgesamt (Übersicht)							
Gebäudeart	EFH freistehend	ZFH freistehend	DHH	Reihenmittelhaus	Reiheneckhaus	MFH	Zahl der Wohnein-heiten ❑
	Einliegerwohnung ❑		Einliegerwohnung ❑	Einliegerwohnung ❑	Einliegerwohnung ❑		
	Wohn-/Geschäftshaus						
	Zahl der Wohneinheiten ❑	Zahl der Gewerbeeinheiten❑	Art der Gewerbeeinheiten ❑				
Orientierung	Ausrichtung Wohnzimmer/Balkon/ Terrasse	N W-O S					
Baujahr(e)		Quelle		Baujahr plausibel		ja ❑	nein ❑
Bautenstand	fertiggestellt	bezogen	im Bau	Fertigstellungsquote Prozent (ca.):		Bau eingestellt	abbruchreif
fertig gestellte Elemente	Außenwände	Geschossdecken	Innenwände	Dachstuhl	Dachdämmung	Dacheindeckung	Fenster
Sanitär	Rohinstallation	Fertigmontage	Rohinstallation	Fertigmontage	Rohinstallation	Fertigmontage	Rohinstallation
Heizung	Rohinstallation	Fertigmontage	Rohinstallation	Fertigmontage	Rohinstallation	Fertigmontage	Rohinstallation
Elektro	Rohinstallation	Fertigmontage	Rohinstallation	Fertigmontage	Rohinstallation	Fertigmontage	Rohinstallation
	Trockenbau	Innenputz	Estrich	Bodenbeläge	Wandfliesen	Türen	Maler
	Schlosserarbeiten	Fassade	Grundputz	Edelputz	Hofbefestigung	Gartenanlage	Einriedung

Gebäude außen							
Bauweise	massiv	Holzkonstruktion	Fertighaus	Elementbauweise	Fachwerk	Plattenbau	Sonstiges
Geschosse	Kellergeschoss	Erdgeschoss	Obergeschoss(e)	Zahl OGs ❑	Dachgeschoss		
Keller	voll unterkellert	teilweise unterkellert	nicht unterkellert	nicht erkennbar	Zugang	innen ❑	außen ❑
Dach	voll ausgebaut	teilweise ausgebaut	nicht ausgebaut	zum Ausbau vorbereitet	nicht erkennbar	fester Zugang	nutzbar
Dachform	Satteldach	Walmdach	Krüppelwalmdach	Pultdach	Flachdach	Tonnendach	anderes

Gebäude außen							
Dachdeckung, Dämmung (SW-RL)	Dachpappe, Faserzementplatten/Wellplatten; keine bis geringe Dachdämmung	einfache Betondachsteine oder Tondachziegel, Bitumenschindeln; nicht zeitgemäße Dachdämmung (vor ca. 1995)	Faserzementschindeln, beschichtete Betondachsteine und Tondachziegel, Folienabdichtung; Rinnen und Fallrohre aus Zinkblech; Dachdämmung (nach ca. 1995),	glasierte Tondachziegel, Flachdachausbildung tlw. als Dachterrassen; Konstruktion in Brettschichtholz, schweres Massivflachdach; besondere Dachformen, z. B. Mansarden-, Walmdach; Aufsparrendämmung, überdurchschnittliche Dämmung (nach ca. 2005)	hochwertige Eindeckung z. B. aus Schiefer oder Kupfer, Dachbegrünung, befahrbares Flachdach; aufwendig gegliederte Dachlandschaft, sichtbare Bogendachkonstruktionen; Rinnen und Fallrohre aus Kupfer; Dämmung im Passivhausstandard		
Zustand	ohne ersichtliche Schäden	leichte Schäden	schwere Schäden	undicht			
Solaranlage	Fotovoltaik	bewertet	ja ❑	nein ❑	Brauchwasserunterstützung	ja ❑	nein ❑
Außenwände	Holzfachwerk, Ziegelmauerwerk; Fugenglattstrich, Putz, Verkleidung mit Faserzement-platten, Bitumenschindeln oder einfachen Kunststoffplatten; kein oder deutlich nicht zeitgemäßer Wärmeschutz (vor ca. 1980)	ein-/zweischaliges Mauerwerk, z. B. Gitterziegel oder Hohlblocksteine; verputzt und gestrichen oder Holzverkleidung; nicht zeitgemäßer Wärmeschutz (vor ca. 1995)	ein-/zweischaliges Mauerwerk, z. B. aus Leichtziegeln, Kalksandsteinen, Gasbetonsteinen; Edelputz; Wärmedämmverbundsystem oder Wärmedämmputz (nach ca. 1995)	Verblendmauerwerk, zweischalig, hinterlüftet, Vorhangfassade (z. B. Naturschiefer); Wärmedämmung (nach ca. 2005)	aufwendig gestaltete Fassaden mit konstruktiver Gliederung (Säulenstellungen, Erker etc.), Sichtbeton-Fertigteile, NatursteinfassadeElemente aus Kupfer-/Eloxalblech, mehrgeschossige Glasfassaden; Dämmung im Passivhausstandard		
besondere Bauteile	Terrassen	Balkone	Loggia/ Loggien	Erker	Gauben	Winter-garten	Schwimmbad innen
besondere Einbauten (bewertet)	Aufzug	Treppenlift	Sauna	Einbauschränke	Einbauküche	Kachelofen	Kaminofen

Gebäude außen							
Fenster und Außentüren	Einfachverglasung; einfache Holztüren	Zweifachverglasung (vor ca. 1995); Haustür mit nicht zeitgemäßem Wärmeschutz (vor ca. 1995)	Zweifachverglasung (nach ca. 1995), Rollläden (manuell); Haustür mit zeitgemäßem Wärmeschutz (nach ca. 1995)	Dreifachverglasung, Sonnenschutzglas, aufwendigere Rahmen, Rollläden (elektr.); höherwertige Türanlage z. B. mit Seitenteil, besonderer Einbruchschutz	große feststehende Fensterflächen, Spezialverglasung (Schall- und Sonnenschutz); Außentüren in hochwertigen Materialien		
Pflegezustand außen absolut	sehr gepflegt	gepflegt	ungepflegt	vernachlässigt			
Instandhaltung	guter Unterhaltungszustand	lückenhaft	Instandhaltungsmaßnahmen notwendig	renovierungsbedürftig	Instandsetzungsmaßnahmen notwendig	sanierungsbedürftig	
Zustand	ohne ersichtliche Schäden	leichte Schäden	schwere Schäden	Beschreibung			
Zustand im Vergleich zu benachbarten Immobilien	deutlich besser	etwas besser	vergleichbar	etwas schlechter	deutlich schlechter		
Gesamteindruck Bau und Bauqualität	sehr gut	gut	normal/ durchschnittlich	schlecht	sehr schlecht	Abriss	

Garage, Stellplatz, Nebengebäude							
Garage	Anzahl Stellplätze ❑	Tiefgaragenstellplatz	eben	Doppelparker oben ❑ unten ❑			
	Einzelgarage/ Garagenanlage	im Haus	am Haus	freistehend			
Bauweise	massiv	Holz	Satteldach	Flachdach	Pultdach	individuell	Fertiggarage
Carport	❑ seitig offen						
Bauweise	massiv	Metell	Holz	Elementarbauweise			
	Satteldach	Pultdach	Flachdach				
offener Stellplatz/ offene Stellplätze	Anzahl Stellplätze zum Grundstück ❑			davon am Haus		davon an der Straße ❑	
	Zahl der Stellplätze insgesamt ❑		davon überdacht ❑		von den überdachten: geschlossen ❑		
Stellplätze insgesamt	❑						
Nebengebäude	Scheune	Werkstatt	Schuppen	Gartenhaus	Saunahaus		
Beschreibung							

Gebäude innen					
Innenwände und Türen (SW-RL)	Fachwerkwände, einfache Putze/ Lehmputze, einfache Kalkanstriche; Füllungstüren, gestrichen, mit einfachen Beschlägen ohne Dichtungen	massive tragende Innenwände, nicht tragende Wände in Leichtbauweise (z. B. Holzständerwände mit Gipskarton), Gipsdielen; leichte Türen, Stahlzargen	nicht tragende Innenwände in massiver Ausführung bzw. mit Dämmmaterial gefüllte Ständerkonstruktionen; schwere Türen, Holzzargen	Sichtmauerwerk, Wandvertäfelungen (Holzpaneele); Massivholztüren, Schiebetürelemente, Glastüren, strukturierte Türblätter	gestaltete Wandabläufe (z. B. Pfeilervorlagen, abgesetzte oder geschwungene Wandpartien); Vertäfelungen (Edelholz, Metall), Akustikputz, Brandschutzverkleidung; raumhohe aufwendige Türelemente
Deckenkonstruktionen und Treppen (SW-RL)	Holzbalkendecken ohne Füllung, Spalierputz; Weichholztreppen in einfacher Art und Ausführung; kein Trittschallschutz	Holzbalkendecken mit Füllung, Kappendecken; Stahl- oder Hartholztreppen in einfacher Art und Ausführung	Beton- und Holzbalkendecken mit Tritt- und Luftschallschutz (z. B. schwimmender Estrich); geradläufige Treppen aus Stahlbeton oder Stahl, Harfentreppe, Trittschallschutz	Decken mit größerer Spannweite, Deckenverkleidung (Holzpaneele-/Kassetten); gewendelte Treppen aus Stahlbeton oder Stahl, Hartholztreppenanlage in besserer Art und Ausführung	Decken mit großen Spannweiten, gegliedert, Deckenvertäfelungen (Edelholz, Metall); breite Stahlbeton-, Metall- oder Hartholztreppenanlage mit hochwertigem Geländer
Fußböden (SW-RL)	ohne Belag	Linoleum-, Teppich-, Laminat- und PVC-Böden einfacher Art und Ausführung	Linoleum-, Teppich-, Laminat- und PVC-Böden besserer Art und Ausführung, Fliesen, Kunststeinplatten	Natursteinplatten, Fertigparkett, hochwertige Fliesen, Terrazzobelag, hochwertige Massivholzböden auf gedämmter Unterkonstruktion	hochwertiges Parkett, hochwertige Natursteinplatten, hochwertige Edelholzböden auf gedämmter Unterkonstruktion
Sanitäreinrichtungen (SW-RL)	einfaches Bad mit Stand-WC, Installation auf Putz, Ölfarbenanstrich, einfache PVC-Bodenbeläge	1 Bad mit WC, Dusche oder Badewanne; einfache Wand- und Bodenfliesen, teilweise gefliest	1 Bad mit WC, Dusche und Badewanne, Gäste-WC; Wand- und Bodenfliesen, raumhoch gefliest	1 - 2 Bäder mit tlw. zwei Waschbecken, tlw. Bidet/Urinal, Gäste-WC, bodengleiche Dusche; Wand- und Bodenfliesen; jeweils in gehobener Qualität	mehrere großzügige, hochwertige Bäder, Gäste-WC; hochwertige Wand- und Bodenplatten (oberflächenstrukturiert, Einzel- und Flächendekors)
Heizung (SW-RL)	Einzelöfen, Schwerkraftheizung	Fern- oder Zentralheizung, einfache Warmluftheizung, einzelne Gasaußenwandthermen, Nachtstromspeicher-, Fußbodenheizung (vor ca. 1995)	elektronisch gesteuerte Fern- oder Zentralheizung, Niedertemperatur- oder Brennwertkessel	Fußbodenheizung, Solarkollektoren für Warmwassererzeugung, zusätzlicher Kaminanschluss	Solarkollektoren für Warmwassererzeugung und Heizung, Blockheizkraftwerk, Wärmepumpe, Hybrid-Systeme; aufwendige zusätzliche Kaminanlage
Energieträger	Gas Öl	Strom Pellets	Wärmepumpe	Erdwärme	Feststoff-heizung
Heizkörper	Plattenheizkörper	Handtuchwärmer	Fußbodenheizung	Konvektorheizung	Wandstrahlheizung
Zusatzheizung	Kachelofen	Kaminofen	offenes Kamin	Infrarotstrahler	Elektroheizung

Gebäude innen					
sonstige technische Ausstattung (SW-RL)	sehr wenige Steckdosen, Schalter und Sicherungen, kein Fehlerstromschutzschalter (FI-Schalter), Leitungen teilweise auf Putz	wenige Steckdosen, Schalter und Sicherungen	zeitgemäße Anzahl an Steckdosen und Lichtaus-lässen, Zählerschrank (ab ca. 1985) mit Unterverteilung und Kippsicherungen	zahlreiche Steckdosen und Lichtauslässe, hochwertige Abdeckungen, dezentrale Lüftung mit Wärmetauscher, mehrere LAN- und Fernsehanschlüsse	Video- und zentrale Alarmanlage, zentrale Lüftung mit Wärmetauscher, Klimaanlage, Bussystem
Gesamteindruck	stark gehoben	gehoben	durch-schnittlich	einfach	sehr einfach
Erhaltungszustand innen	sehr gut	gut	normal	altersbedingter Renovierungs-bedarf	schlecht

Sanierungen/Modernisierungen (SW-RL)				
Dacherneuerung inklusive Verbesserung der Wärmedämmung				
Wann? Was?				
Modernisierung der Fenster und Außentüren				
Wann? Was?				
Modernisierung der Leitungssysteme	Strom	Gas	Wasser	Abwasser
Wann? Was?				
Modernisierung der Heizungsanlage				
Wann? Was?				
Wärmedämmung der Außenwände				
Wann? Was?				
Modernisierung von Bädern				
Wann? Was?				
Modernisierung des Innenausbaus		Decken	Fußböden	Treppen
Wann? Was?				
wesentliche Verbesserung der Grundrissgestaltung				
Wann? Was?				
Sonstiges				
Wann? Was?				

10

Besondere objektspezifische Grundstücksmerkmale	
	Beschreibung/Begründung
besondere Ertragsverhältnisse	
Baumängel und Bauschäden	
Baumängel	
Bauschäden	
wirtschaftliche Überalterung	
überdurchschnittlicher Erhaltungszustand	
Sonstiges	

Feststellungen zur Nutzbarkeit							
Nutzung	eigengenutzt	voll vermietet	teilweise vermietet	teilweise leer stehend	leer stehend/ ungenutzt	noch nicht nutzbar	nicht mehr nutz-bar
Verwertbarkeit	sehr gut	gut	normal	schwierig/ langwierig	nicht verwertbar, weil:		
Vermietbarkeit	sehr gut	gut	normal	schwierig/ langwierig	nicht verwertbar, weil:		
Eigennutzungsfähigkeit	gegeben	nicht gegeben	Drittverwendungsfähigkeit	gegeben	nicht gegeben		

Individuelle Anmerkungen

10.5.3 Erhebungsformular Variante 3, Raumbeschreibung

Die folgende Checkliste kann zur Beschreibung einzelner Räume verwendet werden. Die Räume eines Objektes werden sinnvollerweise stets in der gleichen Reihenfolge aufgenommen. Üblich ist der Durchgang im Gebäude von unten nach oben und im jeweiligen Stockwerk im Uhrzeigersinn. Die Räume werden pro Etage fortlaufend nummeriert. Fotos werden in der gleichen Reihenfolge angefertigt.

Es ist sinnvoll, zur Beschreibung der Makrolage, der Mikrolage, des Bodens und der baulichen Anlagen Gebäudes insgesamt die Checkliste 10.5.1 oder 10.5.2 zu verwenden. Die Beschreibung einzelner Räume dient dann als Ergänzung. Tabellenfelder, die auf beiden Bögen vorhanden sind, brauchen nur einmal ausgefüllt werden.

Allgemeine Angaben			
Anlage zum Protokoll Auftragsnummer/Aktenzeichen			
Postleitzahl Ort	Straße Nummer	Stockwerk/Lage	
Datum der Besichtigung	Uhrzeit der Besichtigung	von	bis
Name des Sachverständigen	Unterschrift des Sachverständigen		

Stockwerk		Raumnummer	Raumnutzung		
Boden					
Parkett, massiv	Naturstein	Teppichboden	PVC/ Vinyl	Sonstiges	
Fertigparkett	Fliesen	Laminat			
Wände	**Standardstufe 1 (SW-RL)**	**Standardstufe 2 (SW-RL)**	**Standardstufe 3 (SW-RL)**	**Standardstufe 4 (SW-RL)**	**Standardstufe 5 (SW-RL)**
	Fachwerkwände	massive tragende Innenwände, nicht tragende Wände in Leichtbauweise (z. B. Holzständerwände mit Gipskarton), Gipsdielen	nicht tragende Innenwände in massiver Ausführung bzw. mit Dämmmaterial gefüllte Ständer-konstruktionen	Sichtmauerwerk, Wandvertäfelungen (Holzpaneele)	gestaltete Wandabläufe (z. B. Pfeilervorlagen, abgesetzte oder geschwungene Wandpartien); Vertäfelungen (Edelholz, Metall)
	verputzt	tapeziert	gestrichen	bespannt	
		Motiv-/ Strukturtapete, Raufaser			

Innentüren	**Standardstufe 1 (SW-RL)**	**Standardstufe 2 (SW-RL)**	**Standardstufe 3 (SW-RL)**	**Standardstufe 4 (SW-RL**	**Standardstufe 5 (SW-RL)**
	Füllungstüren, gestrichen, mit einfachen Beschlägen ohne Dichtungen	leichte Türen, Stahlzargen	schwere Türen, Holzzargen	Massivholztüren, Schiebetürelemente, Glastüren, strukturierte Türblätter	raumhohe aufwendige Türelemente

Decken	Standardstufe 1 (SW-RL)	Standardstufe 2 (SW-RL)	Standardstufe 3 (SW-RL)	Standardstufe 4 (SW-RL)	Standardstufe 5 (SW-RL)
	Holzbalkendecken ohne Füllung, Spalierputz	Holzbalkendecken mit Füllung, Kappendecken	Beton- und Holzbalkendecken mit Tritt- und Luftschallschutz (z. B. schwimmender Estrich)	Decken mit größerer Spannweite, Deckenverkleidung (Holzpaneele/Kassetten)	Decken mit großen Spannweiten, gegliedert, Deckenvertäfelungen (Edelholz, Metall)
Ansichten	verputzt Holzdecke	tapeziert Metalldecke	gestrichen Spanndecke	abgehängte Decke	
Treppen	**Standardstufe 1 (SW-RL)**	**Standardstufe 2 (SW-RL)**	**Standardstufe 3 (SW-RL)**	**Standardstufe 4 (SW-RL)**	**Standardstufe 5 (SW-RL)**
	Weichholz-treppen in einfacher Art und Ausführung; kein Trittschallschutz	Stahl- oder Hartholztreppen in einfacher Art und Ausführung	geradläufige Treppen aus Stahlbeton oder Stahl, Harfentreppe, Trittschallschutz	Stahlbeton oder Stahl, Hartholztreppenanlage in besserer Art und Ausführung	breite Stahlbeton-, Metall- oder Hartholztreppenanlage mit hochwertigem Geländer
Außentüren	**Standardstufe 1 (SW-RL)**	**Standardstufe 2 (SW-RL)**	**Standardstufe 3 (SW-RL)**	**Standardstufe 4 (SW-RL)**	**Standardstufe 5 (SW-RL)**
	einfache Holztüren	Haustür mit nicht zeitgemäßem Wärmeschutz (vor ca. 1995)	Haustür mit zeitgemäßem Wärmeschutz (nach ca. 1995)	höherwertige Türanlage z. B. mit Seitenteil, besonderer Einbruchschutz	Außentüren in hochwertigen Materialien

Fenster	Standardstufe 1 (SW-RL)	Standardstufe 2 (SW-RL)	Standardstufe 3 (SW-RL)	Standardstufe 4 (SW-RL)	Standardstufe 5 (SW-RL)
	Einfachverglasung	Zweifachverglasung (vor ca. 1995)	Zweifachverglasung (nach ca. 1995)	Dreifachverglasung, Sonnenschutzglas, aufwendigere Rahmen	große feststehende Fensterflächen, Spezialverglasung (Schall- und Sonnenschutz)
Rahmen	Holz	Kunststoff	Aluminium	Holz-/Alu	
	Standardstufe 1 (SW-RL)	**Standardstufe 2 (SW-RL)**	**Standardstufe 3 (SW-RL)**	**Standardstufe 4 (SW-RL)**	**Standardstufe 5 (SW-RL)**
Rollläden			Rollläden (manuell);	Rollläden (elektr.);	
Sanitäreinrichtungen (Badezimmer)	**Standardstufe 1 (SW-RL)**	**Standardstufe 2 (SW-RL)**	**Standardstufe 3 (SW-RL)**	**Standardstufe 4 (SW-RL)**	**Standardstufe 5 (SW-RL)**
	einfaches Bad mit Stand-WC, Installation auf Putz; Ölfarbenanstrich; einfache PVC-Bodenbeläge	Bad mit WC, Dusche ❑ oder Badewanne ❑; einfache Wand- und Bodenfliesen, teilweise gefliest	Bad mit WC, Dusche ❑ oder Badewanne ❑; Wand- und Bodenfliesen, raumhoch gefliest	Bad mit zwei Waschbecken, tlw. Bidet/Urinal, bodengleiche Dusche; Wand- und Bodenfliesen; jeweils in gehobener Qualität	großzügiges, hochwertiges Bad; hochwertige Wand- und Bodenplatten (oberflächenstrukturiert, Einzel- und Flächendekors)
Gäste-WC			Gäste-WC	Gäste-WC	Gäste-WC
Heizung	**Standardstufe 1 (SW-RL)**	**Standardstufe 2 (SW-RL)**	**Standardstufe 3 (SW-RL)**	**Standardstufe 4 (SW-RL)**	**Standardstufe 5 (SW-RL)**
	Einzelöfen, Schwerkraftheizung	Fern- oder Zentralheizung, einfache Warmluftheizung, einzelne Gasaußenwandthermen, Nachtstromspeicher-, Fußbodenheizung (vor ca. 1995)	elektronisch gesteuerte Fern- oder Zentralheizung, Niedertemperatur- oder Brennwertkessel	Fußboden-heizung, Solarkollektoren für Warmwassererzeugung, zusätzlicher Kaminanschluss	Solarkollektoren für Warmwassererzeugung und Heizung, Blockheizkraftwerk, Wärmepumpe, Hybrid-Systeme; aufwendige zusätzliche Kaminanlage

Sonstige technische Ausstattung	Standardstufe 1 (SW-RL)	Standardstufe 2 (SW-RL)	Standardstufe 3 (SW-RL)	Standardstufe 4 (SW-RL)4	Standardstufe 5 (SW-RL)
	sehr wenige Steckdosen, Schalter und Sicherungen, kein Fehlerstromschutzschalter (FI-Schalter), Leitungen teilweise auf Putz	wenige Steckdosen, Schalter und Sicherungen	zeitgemäße Anzahl an Steckdosen und Lichtauslässen, Zählerschrank (ab ca. 1985) mit Unterverteilung und Kippsicherungen	zahlreiche Steckdosen und Lichtauslässe, hochwertige Abdeckungen, dezentrale Lüftung mit Wärmetauscher, mehrere LAN- und Fernsehanschlüsse	Video- und zentrale Alarmanlage, zentrale Lüftung mit Wärmetauscher, Klimaanlage, Bussystem
Tür-sprech-anlage	vorhanden ❑	nicht vorhanden ❑			

Sonstiges					
Austritt ins Freie	vorhanden nicht vorhanden ❑	Balkon	Terrasse	Ausrichtung Wohnzimmer/ Balkon/Terrasse:	N W ⊕ O S

Besondere Bauteile und Einrichtungen					
Besondere Bauteile	Terrassen Balkone	Loggia/ Loggien Erker	Gauben	Wintergarten	Schwimmbad innen
Besondere Einbauten (bewertet)	Aufzug Treppenlift	Sauna Einbauschränke	Einbauküche	Kachelofen	Kaminofen

Zustandseinordnung							
Pflegezustand innen absolut	sehr gepflegt	gepflegt	ungepflegt	vernachlässigt			
Instandhaltung	guter Unterhaltungszustand	lückenhaft	notwendige Instandhaltungsmaßnahmen	renovierungsbedürftig	notwendige Instandsetzungsmaßnahmen	sanierungsbedürftig	
Zustand	ohne ersichtliche Schäden	leichte Schäden	schwere Schäden	Beschreibung			
Mängel							
Schäden							
Schulnote für	Ausstattung	1 ☐	2 ☐	3 ☐	4 ☐	5 ☐	6 ☐
	Zustand	1 ☐	2 ☐	3 ☐	4 ☐	5 ☐	6 ☐
Individuelle Anmerkungen							

10.6 Checkliste: Übernahme eines Gerichtsauftrags

Quelle: OLG Hamm, Qualitätszirkel Sachverständigenwesen NRW, Stand: Dezember 2016

I. Bestätigung des Eingangs des Auftrags und des Empfangs der Akten

1. Prüfen der Akten und Beiakten auf Vollständigkeit im Hinblick auf die für Begutachtung erforderlichen Unterlagen (§ 407a ZPO). Ggf. benötigte Unterlagen vom **Gericht** anfordern (soweit nicht anders angeordnet). ❑
2. Fällt der Auftrag ganz/teilweise in das Bestellungs- und/oder Sachgebiet? Falls nicht: Hinweis an das Gericht, das über evtl. Entpflichtung entscheiden muss (noch nicht die Akte zurückschicken!). ❑
3. Bestehen Unklarheiten oder Schwierigkeiten, insbesondere Zweifel an Inhalt oder Umfang des Auftrags? Falls ja, zeitnahe Klärung mit Gericht herbeiführen[1]. ❑
4. Sind andere Sachverständige hinzuzuziehen? ❑
   Wenn ja, Hinweis an das Gericht. Ggf. geeignete Sachverständige vorschlagen.
5. Liegt ein Gutachtenverweigerungsrecht (§§ 408, 383 f. ZPO)/Befangenheitsgrund (§§ 406, 42 ZPO) vor? Ggf. Hinweis an das Gericht. ❑

II. Weitergehende Rückmeldung zwei Wochen nach Zugang der Gerichtsakten

1. Kann das Gutachten unter Berücksichtigung des Auftragsumfangs und der sonstigen Auftragslage innerhalb der gesetzten Frist erstattet werden oder bis wann kann eine Gutachtenerstattung verbindlich zugesagt werden (§ 407a Abs. 1 ZPO)? Ggf. Gericht abweichende Erledigungsfrist vorschlagen. ❑
2. Kann die Beweisfrage den Honorargruppen des JVEG zugeordnet werden? Wenn nein: Ggfls. Antrag auf gerichtliche Festsetzung des Stundensatzes. ❑
3. Ggfls. Antrag auf besondere Vergütung nach § 13 JVEG. ❑
4. Werden die Kosten erkennbar außer Verhältnis zum Streitwert stehen *(mehr als 55 % des Streitwertes)* oder wird der Kostenvorschuss erheblich (mindestens um 20 %) überstiegen (§ 407a Abs. 3 Satz 2 ZPO)? Falls ja, Hinweis an das Gericht. ❑
5. Mündliches Gutachten (gesetzlicher Regelfall nach ZPO) möglich und zweckmäßig? Ggf. entsprechende Anregung an das Gericht. ❑

1 Die Ergebnisse der Klärung sollten dokumentiert werden (z.B. durch ein Schreiben oder einen Vermerk). Dies gilt für sämtliche Abreden mit dem Gericht.

III. Das mündliche Gutachten / Die mündliche Erläuterung des schriftlichen Gutachtens

Was beim mündlichen Vortrag zu beachten ist: ❑

1. Grundlagen des mündlichen Gutachtens in gedrängter Form schriftlich abfassen und die angefertigte Unterlage (ggf. unter Beifügung von Lichtbildern, Skizzen, Diagrammen etc.) im Termin den Parteien und dem Gericht überreichen, wenn vom Gericht so beauftragt oder zur Schaffung von Übersichtlichkeit und Verständlichkeit zweckmäßig[2]. ❑
2. Spontane Äußerungen vermeiden. Sie bergen die Gefahr, etwas Wichtiges zu übersehen oder etwas Schwieriges nicht voll zu erfassen. ❑
3. Worte mit Bedacht wählen. Missverständnisse und absichtliche Missdeutungen vermeiden. ❑
4. Auf korrekte Protokollierung achten. ❑
5. Zuhörer nicht überfordern: Klar gliedern, nicht zu weitschweifig, aber auch nicht zu knapp vortragen. Für Laien unverständliche Fachsprache vermeiden, wo sie ausnahmsweise zwingend erforderlich ist, erläutern. ❑

IV. Der Ortstermin

1. Anberaumung eines Ortstermins mit angemessener Frist (idR 2 Wochen), Ladung der Parteien und ggf. von weiteren teilnahmeberechtigten Verfahrensbeteiligten (z.B. Streithelfer)[3]. ❑

   Wichtig: *Anträgen auf Terminsverlegung* soll *nur bei erheblichen Hinderungsgründen entsprochen werden,* ein „Dauerverschieben" ist zu vermeiden. Bei Schwierigkeiten: *Weiteres Vorgehen mit Gericht absprechen.*
2. Prüfung, ob es in Anbetracht der Beweisfragen und des Streitstandes zweckmäßig erscheint, dass das Gericht an dem Ortstermin teilnimmt. Ggf. entsprechende Anregung mit Begründung an das Gericht. ❑
3. Unterrichtung des Gerichts von der Ortsbesichtigung. ❑
4. Bei erheblichen Fahrtkosten oder sonstigen Aufwendungen (z.B. Bauteilöffnung): Ggf. Vorschuss nach § 3 JVEG beantragen. ❑
5. Befangenheitsgründe vermeiden! (z.B. Fahrt zum Begutachtungsobjekt niemals mit einer Partei, keine Unterhaltungen mit einer Partei vor dem Objekt). ❑
6. Betreten des Begutachtungsobjekts nicht vor der angegebenen Zeit, wenn noch eine Partei fehlt (ca. 15 Minuten warten). ❑
7. Ortsbesichtigung niemals erzwingen. Kann diese nicht ordnungsgemäß mit allen Teilnahmeberechtigten durchgeführt werden, Beweisaufnahme abbrechen und Gericht informieren. ❑

---

2 Um Vergütungsprobleme auszuschließen, sollte in diesem Fall das Einverständnis des Gerichts eingeholt werden.

3 Insbesondere in Bauprozessen (und entsprechenden selbständigen Beweisverfahren) kann es zweckmäßig sein, bei der Geschäftsstelle des Gerichts nachzufragen, ob mittlerweile weitere Beteiligte dem Prozess beigetreten sind, die zum Ortstermin geladen werden müssen.

8. Vor Abschluss des Ortstermins den Parteien Gelegenheit geben, (weitere) Hinweise zu geben. ❑
9. Sollten Bauteilöffnungen erforderlich werden, Gericht darauf hinweisen. ❑

   Prüfen, ob der eingezahlte Vorschuss diese Maßnahmen abdeckt, ansonsten: Hinweis!

V. Das schriftliche Gutachten

1. Die fachlichen Ausführungen müssen sich streng an den im Beweisbeschluss gestellten Fragen orientieren. Keine eigenmächtige Überschreitung der Beweisfragen (Gefahr der Befangenheitsablehnung)! ❑
2. Die Ergebnisse sind für den fachlichen Laien verständlich und nachvollziehbar zu begründen und zu formulieren. Für Laien unverständliche Fachsprache vermeiden, wo sie ausnahmsweise zwingend erforderlich ist, erläutern! ❑
3. Feststellungen und Beurteilungen auf das Wesentliche reduzieren, ohne die Nachvollziehbarkeit zu beeinträchtigen; keine überflüssigen Ausschweifungen. ❑

VI. Nach Abschluss des Gutachtens

1. Schlussrechnung verschicken (Achtung: 3-Monatsfrist beachten, ansonsten erlischt der Vergütungsanspruch, vgl. § 2 Abs. 1 JVEG). ❑
2. Anfrage nach einer Urteilsabschrift. ❑
3. Feedback an Richter geben, falls es besondere positive/negative Erfahrungen gab. ❑

Merke:

1) Alle Anfragen, Anforderungen von Unterlagen, Abstimmungen, Fristverlängerungen etc. laufen über das Gericht!
2) Die Einschaltung von Mitarbeitern ist kenntlich zu machen, soweit es sich nicht um Hilfsdienste von nur untergeordneter Bedeutung handelt, § 407a Abs. 2 S. 2 ZPO!
3) Bei Verstoß gegen Gutachtenerstattungspflicht und bei Fristversäumnis kann das Gericht ein Ordnungsgeld verhängen, § 411 Abs. 2 ZPO! Wenn trotz Festsetzung eines weiteren Ordnungsgeldes die Leistung nicht vollständig erbracht wird, kann die Vergütung gekürzt werden oder ganz entfallen (§ 8a Abs. 2 Nr. 4 JVEG).

10.7 Checkliste: Analyse eines Erbbaurechtsvertrags

Quelle: Tillmann, H.-G., Wertermittlung im Zusammenhang mit Erbbaurechten, 2/2017

Zum Zweck der Wertermittlung ist der Erbbaurechtsvertrag nebst aller Veränderungen und Nachträge in den Grundakten des Grundbuchamts einzusehen und auszuwerten. Hierzu kann beispielhaft die nachfolgende Checkliste Anwendung finden.

Belastungsfläche durch das Erbbaurecht:	Grundstück (alle Flurstücke)
Ausübungsfläche des Erbbaurechts:	Grundstück (ggf. Teilfläche)
Bebauungszustand bei Erbbaurechtsbestellung:	Unbebaut/bebaut
Laufzeit des Erbbaurechts	
– Beginn des Erbbaurechts:	Vereinbartes Datum/Grundbucheintrag
– Ablauf des Erbbaurechts:	Vereinbartes Datum
– Gesamtlaufzeit des Erbbaurechts:	xx Jahre
– Restlaufzeit zum Stichtag rd.:	yy Jahre
– Verlängerung/Erneuerung des Erbbaurechts:	Ja/nein/ggf. Bedingungen
Erbbauzins	
– Höhe des Erbbauzinses	Ursprungserbbauzins
– Letzte Veränderung des Erbbauzinses	Datum, Höhe
Anpassung des Erbbauzinses	Wertsicherungsklausel ja/nein
– Anpassungskriterium:	Prozent/Punkte/anderes
– Anpassungsverfahren:	lt. Vertrag/Art der Anpassungsklausel/ ggf. „Wertgesicherter Erbbauzins"
– Vormerkung zur Erbbauzinsanpassung:	Ggf. dingliche Sicherung
Entschädigung	
– Gegenstand der Entschädigung:	z.B. „bauliche Anlagen"
– Entschädigung bei Zeitablauf:	Art und Umfang lt. Vertrag
– Entschädigung bei Heimfall:	Art und Umfang lt. Vertrag
Dingliches Vorkaufsrecht für	
– den Eigentümer:	ja/nein lt. Vertrag/lt. Grundbuch
– den Erbbauberechtigten:	ja/nein lt. Vertrag/lt. Grundbuch
Zustimmungs-Erfordernis bei	
– Veräußerung:	lt. Vertrag; ja/nein
– Belastung:	lt. Vertrag; ja/nein

10.8 Checkliste: Anforderungen an Verkehrswertgutachten im Rahmen des Nachweises des niedrigeren gemeinen Wertes – § 198 BewG

Quelle: Jardin, A., in: GuG 1/2015, S. 25-26

Plausibilitätsprüfung eines Gutachtens – Checkliste Analog: Praxis der Grundstücksbewertung, 9.2.3 Prüfung von Gutachten, 2014				
Belegenheit: ______________		**ja bzw. plausibel**	**nein bzw. nicht plausibel**	**Bemerkung**
1	**Formale Anforderungen**			
1.1	Das Gutachten wurde unterschrieben.	❑	❑	
1.2	Der Verfasser hat seine Sachkunde für das Fachgebiet der Immobilienbewertung durch eine öffentliche Bestellung, Zertifizierung, o.a. belegt.	❑	❑	
1.3	Der Zweck der Wertermittlung wurde benannt und hinsichtlich des Verkehrswertes wurde auf § 194 BauGB verwiesen.	❑	❑	
1.4	Es liegen keine Gründe vor, die an der Objektivität zweifeln lassen.	❑	❑	
1.5	Das Gutachten wurde durch den Sachverständigen eigenständig verfasst.	❑	❑	
1.6	Das Gutachten ist in systematisch gegliederter und nachvollziehbarer Weise erstellt worden.	❑	❑	
1.7	Der Sachverständige hat das Objekt persönlich besichtigt.	❑	❑	
1.8	Das zutreffende Objekt ist (mit allen dazugehörenden Grundstücken u. Gebäuden) bewertet worden.	❑	❑	
1.9	Das Objekt wurde zum zutreffenden Bewertungsstichtag/Qualitätsstichtag wurde bewertet (Geringfügige Abweichungen zum Bewertungsstichtag können nur im Einzelfall als zutreffender Bewertungsstichtag angesehen werden).	❑	❑	
1.10	Angaben zu den Personen, die an dem Gutachten mitgewirkt haben, wurden erbracht.	❑	❑	
1.11	Der Auftraggeber wurde benannt.	❑	❑	

10

Plausibilitätsprüfung eines Gutachtens – Checkliste Analog: Praxis der Grundstücksbewertung, 9.2.3 Prüfung von Gutachten, 2014				
Belegenheit: ___________________		**ja bzw. plausibel**	**nein bzw. nicht plausibel**	**Bemerkung**
2	**Sachliche Anforderungen**			
2.1	Das Grundbuch wurde eingesehen und nachvollziehbar gewürdigt (Angabe zum Eigentümer, Rechte und Betastungen aus Abteilung II).	❑	❑	
2.2	Das Liegenschaftskataster wurde eingesehen und nachvollziehbar gewürdigt (z.B. hinsichtlich der vollständigen Berücksichtigung sämtlicher Grundstücke des zu bewertenden Objekts).	❑	❑	
2.3	Das Planungs- und Baurecht wurde nachvollziehbar dargelegt und gewürdigt (z.B. Bebaubarkeit, Kennziffern der Bebaubarkeit, Rechtsgrundlagen).	❑	❑	
2.4	Das Baulastenverzeichnis, die Denkmalliste und das Altlastenverzeichnis wurden eingesehen und nachvollziehbar gewürdigt.	❑	❑	
2.5	Die Angaben zur Lage des Grundstücks in der Örtlichkeit wurden nachvollziehbar gewürdigt (z.B. Anbindung an Straßen, Personennahverkehr, Nahversorgung, öffentliche Einrichtungen).	❑	❑	
2.6	Die Angaben zur Nachbarschaft des Grundstücks (z.B. Nutzung, Lärm) wurden nachvollziehbar gewürdigt.	❑	❑	
2.7	Die Angaben zur Gestalt des Grundstücks (z.B. Schnitt, Höhengestalt, Hanglage, Erreichbarkeit) wurden nachvollziehbar gewürdigt.	❑	❑	
2.8	Eine Beschreibung der Gebäude und Außenanlagen ist vorhanden. Die Angaben zur Art der Bebauung, zur Bauweise, zum Baujahr, zu Modernisierungen, zu An- oder Umbauten, zur Raumaufteilung sowie zu den Ausstattungsmerkmale (wie z.B. Fenster, Türen, Fußböden, Leitungen, Wände, Heizung, Warmwasser, Abwasser, Energieversorgung, Besonderes) wurden dargestellt und nachvollziehbar gewürdigt.	❑	❑	
2.9	Die Grundstücksgröße ist plausibel.	❑	❑	
2.10	Der Bodenwert wurde plausibel gewählt.	❑	❑	
2.11	Angaben zu Wohnflächen, Nutzflächen, Geschossflächen, Bruttogrundflächen wurden erbracht und deren Quelle (Aufmaß, Pläne usw.) belegt.	❑	❑	
2.12	Mietverträge, ggf. Besonderheiten zu Instandhaltungsrücklagen (WEG) usw. wurden dargelegt und berücksichtigt.	❑	❑	

Plausibilitätsprüfung eines Gutachtens – Checkliste Analog: Praxis der Grundstücksbewertung, 9.2.3 Prüfung von Gutachten, 2014				
Belegenheit: ______________________		**ja bzw. plausibel**	**nein bzw. nicht plausibel**	**Bemerkung**
3	**Die Plausibilitäts- und Wertungsanforderungen**			
3.1	Die Auswahl des oder der Wertermittlungsverfahren wurde mit nachvollziehbarer Begründung dargestellt	❑	❑	
3.2	Grundstücksgröße und Bodenwert wurden plausibel bei der Wertermittlung berücksichtigt.	❑	❑	
3.3	Realistischer Ansatz des Bauwerts (in Bezug auf Objektart, Ausstattung/Bauweise, Alterswertminderung) ist erfolgt.	❑	❑	
3.4	Nachprüfbare Flächen- bzw. Massenberechnungen sind plausibel	❑	❑	
3.5	Das Verhältnis der Bruttogrundfläche zur Wohn-/Nutzfläche wurde plausibel gewählt	❑	❑	
3.6	Das Verhältnis Ertrag zum Bodenwert wurde plausibel dargestellt bzw. nachvollziehbar begründet.	❑	❑	
3.7	Die gewählten Mietansätze sind plausibel, bestehende Miet- und Pachtverhältnisse wurden substantiiert dargestellt.	❑	❑	
3.8	Die gewählten Bewirtschaftungskosten sind plausibel	❑	❑	
3.9	Der gewählte Liegenschaftszinssatz ist plausibel	❑	❑	
3.10	Die gewählte wirtschaftliche Restnutzungsdauer ist plausibel	❑	❑	
3.11	Die übrigen Parameter zu den Wertermittlungsverfahren wurden plausibel gewählt.	❑	❑	
3.12	Besondere objektspezifische Grundstücksmerkmale wie z.B. Baumängel oder Bauschäden wurden nachvollziehbar dargestellt und nachprüfbar ermittelt.	❑	❑	
3.13	Die genutzten Parameter zu den Wertermittlungsverfahren wurden nachvollziehbar erläutert.	❑	❑	
3.14	Die Berechnungen sind mathematisch (überschlägig) zutreffend.	❑	❑	
3.15	Die Kriterien für die Marktgängigkeit und Drittverwendungsfähigkeit wurden berücksichtigt.	❑	❑	
3.16	Alle erforderlichen Informationen zur Nachvollziehbarkeit des Gutachtens sind in den Anlagen enthalten (z.B. Karten, Lagepläne, Grundrisse, Berechnungen, Fotos).	❑	❑	

10.9 Checkliste: Qualitätsprüfung von Wertermittlungsgutachten

Quelle: Bundesverband öffentlich bestellter und vereidigter sowie qualifizierter Sachverständiger e.V. (BVS), Berlin

		ja	nein
1.	**Zur Person des Sachverständigen**		
1.1	Ist der Sachverständige öffentlich bestellt und vereidigt für das Fachgebiet der Immobilienbewertung oder ist er zertifiziert nach der DIN EN 45013 oder DIN EN ISO/IEC 17024?		
1.2	Ist die Zertifizierung von einem in Deutschland akkreditiertem Prüfinstitut ausgesprochen worden?		
1.3	Hat der Sachverständige das Grundstück oder die Eigentumswohnung persönlich besichtigt?		
2.	**Zur Form des Gutachtens**		
2.1	Liegt das Gutachten schriftlich vor?		
2.2	Ist das Gutachten unterschrieben ***und mit einem Rundstempel oder Zertifizierungssymbol versehen?***		
2.3	Ist das Gutachten so gebunden, dass einzelne Seiten nicht entfernt oder ausgetauscht werden können? Sind die Seiten fortlaufend nummeriert?		
2.4	Hat der Sachverständige Unterlagen beschafft und wurden diese mit der Gutachtenerstattung übergeben?		
3.	**Grundsätzliches zum Gutachten**		
3.1	Ist das richtige Grundstück oder die richtige Eigentumswohnung bewertet worden?		
3.2	Wird der Wertermittlungsstichtag angegeben und wurde er so beauftragt?		
4.	**Beschreibung des Wertermittlungsobjektes im Gutachten**		
	Sind in dem Gutachten folgende beschreibende Angaben vorhanden und stimmen sie mit den bekannten Informationen überein:		
4.1	Grundbuch und Liegenschaftskataster (z.B. Eigentümer, Größe)		
4.2	Planungs- und Baurecht (z.B. Bebaubarkeit, Kennziffern der Bebaubarkeit, Rechtsgrundlagen)		
4.3	Rechte und Belastungen am Grundstück (z.B. Geh-, Fahr- und Leitungsrechte, Wohnungsrecht, Nießbrauch)		
4.4	Angaben zur Lage des Grundstücks in der Örtlichkeit (z.B. innerhalb der Stadt, Straßenverkehr, Personennahverkehr auf Straße und Schiene)		
4.5	Angaben zur Nachbarschaft des Grundstücks (z.B. Nutzungen, Lärm, Geruch)		
4.6	Gestalt des Grundstücks (z.B. Schnitt, Höhengestalt, Hanglage, Erreichbarkeit)		
4.7	Ist eine Beschreibung der Gebäude und baulichen Anlagen vorhanden, die die wertrelevanten Inhalte darstellt?		
4.8	Stimmt die Beschreibung mit der Örtlichkeit überein?		
4.9	Sind folgende Angaben enthalten:		

		ja	nein
4.10	Art der Bebauung, Bauweise, Baujahr, Modernisierungen, Umbauten, Bauschäden und -mängel		
4.11	Raumaufteilung		
4.12	technische Ausstattung (z.B. Heizung, Warmwasser, Abwasser, Energieversorgung, Besonderes)		
4.13	relevante Ausstattungsmerkmale (z.B. Fenster, Türen, Fußboden, Leitungen, Wände)		
4.14	Angaben zu Wohnflächen, Nutzflächen, Geschossfläche, Bruttogrundfläche und deren Nachweis oder Datenquellen		
5.	**Wertermittlung im Gutachten**		
5.1	Grundlagen der Wertermittlung (Erklärung der benutzten Begriffe, Rechtsgrundlagen, Darstellung der Wertermittlungsverfahren) erläutert?		
5.2	Auswahl des oder der Wertermittlungsverfahren mit ausführlicher Begründung dargestellt?		
5.3	nachvollziehbare Beschreibung der genutzten Verfahren und Methoden vorhanden?		
5.4	Erläuterung aller benutzten Wertermittlungsdaten (z.B. Erträge, Zinssätze, Zeiten, Kosten) erfolgt?		
5.5	nachvollziehbare Ableitung der genutzten Daten und Parameter zur Wertermittlung mit nachprüfbaren Quellenangaben und eingehenden Begründungen vorhanden?		
5.6	Erklärung aller Berechnungen, so dass mit einem Taschenrechner die wesentlichen Angaben nachvollzogen werden können?		
5.7	Sind die Berechnungen mathematisch richtig?		
5.8	Werden die Ergebnisse der angewandten Verfahren gegenübergestellt und erläutert?		
5.9	Werden die Ergebnisse der angewandten Verfahren auf ihre Marktfähigkeit überprüft und angepasst (Marktanpassung, Nutzung von Anpassungsfaktoren, Ableitung von Korrekturen aus Marktdaten)?		
5.10	Erfolgt die Ermittlung des Verkehrswertes (Marktwertes, Beleihungswertes) mit eingehender verständlicher und nachvollziehbarer Begründung?		
6.	**Anlagen und Informationen**		
6.1	Sind alle erforderlichen Informationen in den Anlagen enthalten (z.B. Karten, Lagepläne, Grundrisse, Berechnungen, Fotos)?		

Auswertung:

Nr.	Erläuterungen
1.1	Sachverständige ohne diese Anerkennungen haben keine umfangreiche Prüfung abgelegt, verfügen möglicherweise nicht über ausreichende berufliche Ausbildung und sind nicht auf Unparteilichkeit und Objektivität verpflichtet.
1.2	Die Zertifizierung nach DIN EN 45013 oder ISO/IEC 17024 kann in Europa von vielen Instituten erteilt werden. Die in Deutschland akkreditierten Institute unterliegen umfangreichen Kontrollen und haben Qualitätsstandards einzuhalten.
1.3	Jeder Sachverständige sollte eine örtliche Besichtigung persönlich vornehmen, um die Wertermittlung durchzuführen.
2.1	Jedes Gutachten ist schriftlich zu erstatten.
2.2	Jedes Gutachten ist persönlich vom Sachverständigen zu unterschreiben. Für zertifizierte Sachverständige sind ähnliche Angaben vorgesehen.
2.3	Jedes Gutachten sollte zur Vermeidung von unerwünschten Änderungen so gebunden sein, dass ein Seitenaustausch oder das Entfernen von Teilen nicht möglich ist.
2.4	Wenn der Sachverständige Unterlagen beschafft hat (z.B. Grundbuchauszug, Lagepläne), stellt er die Gebühren mit in Rechnung. Diese Unterlagen sind dann auch zu übergeben.
3.1	Es liegt auf der Hand, dass nur das richtige Grundstück oder Eigentumswohnung bewertet werden kann. Verwechselungen sind aber nicht immer ausgeschlossen.
3.2	Jeder Verkehrswert (Marktwert) hat nur zu einem Wertermittlungsstichtag eine Aussagekraft und bedarf immer der Angabe dieses Stichtages. Der Stichtag muss entweder zu einem aktuellen Datum oder einem vergangenem Zeitpunkt gegeben sein.
4.1 bis 4.14	Alle Angaben sind wertrelevant und sind anzugeben, soweit es möglich ist. Dabei ist darauf zu achten, dass ein Wertermittlungsgutachten kein Bauschadensgutachten ist und auch keine vollständige Analyse umweltgefährdender Stoffe im Boden oder Gebäude sein kann. Alle Angaben haben so umfangreich zu erfolgen, wie es für die Fragen der Wertermittlung relevant ist.
5.1 bis 5.10	Die Wertermittlung muss für einen verständigen Leser nachvollziehbar sein. Hierzu sind alle Daten und Wertansätze zu begründen, Quellen von Informationen sind zu benennen und Berechnungen müssen kontrolliert werden können. Bei komplizierten mathematischen Vorgängen ist zumindest die Methodik nachvollziehbar zu erläutern.
6.1	In den Anlagen sind die notwendigen kartographischen Unterlagen aufzunehmen, die Berechnungen zu zeigen und bildliche Darstellungen zur Unterstützung der Aussagen des Gutachtens aufzunehmen.

Eine große Anzahl von „Nein" wirft erhebliche Bedenken auf. Mit hoher Wahrscheinlichkeit kann einem solchen Gutachten kein Vertrauen beigemessen werden.

Ein „Nein" bei den Punkten 1.1, 1.3, 2.1, 2.2, 2.3 oder 3.1 sollte erhebliche Zweifel an der Qualität des Gutachtens wecken. Je mehr „Nein" bei den anderen Punkten erscheinen, umso schlechter könnte die Qualität des Gutachtens sein.

11 Indizes des Statistischen Bundesamtes (Auswahl)

11.1 Verbraucherpreisindex (VPI) für Deutschland, Monats- und Jahresindex

Quelle: Statistisches Bundesamt, Wiesbaden, Fachserie 17, Reihe 7 (auch: GuG-Kalender 2017)

Der Verbraucherpreisindex wird turnusmäßig alle fünf Jahre überarbeitet Im Berichtsmonat Januar 2013 wurde von der bisherigen Basis 2005 auf das Basisjahr 2010 umgestellt Damit ist eine Neuberechnung der Ergebnisse ab Januar 2010 verbunden. Endgültige Ergebnisse auf neuer Basis 2010 sowie erste Rückrechnungsergebnisse wurden erstmals am Stichtag 20.2.2013 veröffentlicht.

Verbraucherpreisindex für Deutschland (Basis 2010 = 100)													
Jahr	**Jan**	**Feb**	**Mär**	**Apr**	**Mai**	**Jun**	**Jul**	**Aug**	**Sep**	**Okt**	**Nov**	**Dez**	**Jahr**
1991	68,6	68,9	68,9	69,2	69,4	69,8	70,6	70,6	70,6	71,7	72,0	72,1	70,2
1992	72,5	72,9	73,2	73,5	73,7	73,9	74,1	74,1	74,1	74,1	74,4	74,5	73,8
1993	75,8	76,4	76,6	76,8	76,9	77,1	77,5	77,5	77,4	77,4	77,5	77,7	77,1
1994	78,1	78,7	78,8	78,9	79,1	79,2	79,4	79,6	79,4	79,3	79,4	79,6	79,1
1995	79,9	80,3	80,3	80,4	80,4	80,5	80,7	80,7	80,7	80,5	80,5	80,8	80,5
1996	81,0	81,5	81,5	81,5	81,6	81,7	81,8	81,8	81,8	81,8	81,7	82,0	81,6
1997	82,7	82,8	82,8	82,7	82,9	83,0	83,7	83,8	83,6	83,5	83,5	83,7	83,2
1998	83,7	83,9	83,8	83,9	84,0	84,1	84,4	84,2	84,0	83,9	83,9	84,0	84,0
1999	82,9	84,0	84,0	84,4	84,4	84,5	84,9	84,8	84,6	84,5	84,7	85,0	84,5
2000	85,2	85,3	85,3	85,3	85,2	85,6	86,0	85,8	86,0	85,9	86,0	86,7	85,7
2001	86,4	86,9	86,9	87,3	87,6	87,7	87,8	87,6	87,6	87,5	87,3	88,1	87,4
2002	88,2	88,5	88,7	88,6	88,7	88,7	88,8	88,7	88,7	88,6	88,3	89,1	88,6
2003	89,1	89,6	89,7	89,4	89,2	89,5	89,7	89,7	89,6	89,6	89,4	90,1	89,6
2004	90,1	90,3	90,6	90,9	91,1	91,1	91,3	91,4	91,2	91,3	91,1	92,1	91,0
2005	91,4	91,8	92,2	92,0	92,2	92,3	92,7	92,8	92,9	93,0	92,7	93,3	92,5
2006	93,1	93,5	93,5	93,8	93,8	94,0	94,4	94,2	93,9	94,0	94,0	94,7	93,9
2007	94,7	95,1	95,3	95,8	95,8	95,8	96,3	96,2	96,4	96,6	97,1	97,7	96,1
2008	97,4	97,8	98,3	98,1	98,7	98,9	99,5	99,2	99,1	98,9	98,4	98,8	98,6
2009	98,3	98,9	98,7	98,8	98,7	99,0	99,0	99,2	98,9	98,0	98,8	99,8	98,9
2010	99,0	99,4	99,9	100,0	99,9	99,9	100,1	100,2	100,1	100,2	100,3	100,9	100,0
2011	100,7	101,3	101,9	101,9	101,9	102,0	102,2	102,3	102,5	102,5	102,7	102,9	102,1
2012	102,8	103,5	104,1	103,9	103,9	103,7	104,1	104,5	104,6	104,6	104,7	105,0	104,1
2013	104,5	105,1	105,6	105,1	105,5	105,6	106,1	106,1	106,1	105,9	106,1	106,5	105,7
2014	105,9	106,4	106,7	106,5	106,4	106,7	107,0	107,0	107,0	106,7	106,7	106,7	106,6
2015	105,6	106,5	107,0	107,0	107,1	107,0	107,2	107,2	107,0	107,0	107,1	107,0	106,9
2016	106,1	106,5	107,3	106,9	107,2	107,3	107,6	107,6	107,7	107,9	108,0	108,8	107,4

11.2 Anleitung für die Berechnung von Schwellenwerten und Veränderungsraten für Wertsicherungsklauseln

Quelle: Statistisches Bundesamt, Wiesbaden, Stand Februar 2013

Die Anleitung ist beim Statistischen Bundesamt abrufbar unter: https://www.destatis.de/DE/ZahlenFakten/GesamtwirtschaftUmwelt/Preise/Verbraucherpreisindizes/Wertsicherungsklauseln/Anleitung.html

Hinweis:

Aufgrund des Umfangs der Anleitung wird hier lediglich die Adresse für den Internet-Zugang der PDF-Datei wiedergegeben.

11.3 VPI-Rechenhilfe bei der Anpassung gemäß Wertsicherungsklauseln

Quelle: Statistisches Bundesamt, Wiesbaden, Stand März 2012

Die Rechenhilfe zur Anpassung von Verträgen ist vom Statistischen Bundesamt unter folgender Adresse abrufbar:

https://www.destatis.de/DE/ZahlenFakten/GesamtwirtschaftUmwelt/Preise/Verbraucherpreisindizes/Wertsicherungsklauseln/Internetprogramm.html

Diese Anwendung bietet eine **rein rechnerische Hilfestellung** bei der Anpassung von Wertsicherungsklauseln, die auf Verbraucherpreisindizes basieren. Weiterhin ist sie eine Hilfestellung beim Umstieg von den weggefallenen Indizes (für das frühere Bundesgebiet, die neuen Länder und Berlin-Ost und die speziellen Haushaltstypen) auf den Verbraucherpreisindex für Deutschland. Den Berechnungen liegen die folgenden, aus statistischer Sicht sinnvollen **Annahmen** zu Grunde:

- Verträge, die auf Indizes für einen speziellen Haushaltstyp basieren, werden auf den Verbraucherpreisindex für Deutschland (VPI) umgestellt.
- Verkettungsmonat ist der Dezember 1999. Grund hierfür ist, dass bei Einführung der Basis 2000 alle Indizes, die sich auf den Zeitraum von Januar 2000 bis Dezember 2002 bezogen, rückwirkend entfallen sind. Da es für die Indizes der speziellen Haushaltstypen keine neuberechneten Werte gibt, sind diese für den Zeitraum ab Januar 2000 endgültig entfallen. Ab Januar 2000 wird daher der VPI verwendet.

Hinweis:

Mit der Aktualisierung der Rechenhilfe am 13. Mai 2015 wurde durch das Statistische Bundesamt der Verbraucherpreisindex für Januar 2015 um 0,1 Punkte auf den Indexstand 105,6 nach oben korrigiert.

11

11.4 VPI Merkblatt für Nutzer von Punkteregelungen in Wertsicherungsklauseln

Quelle: Statistisches Bundesamt, Wiesbaden, Stand März 2012

Punkteregelungen sind problematisch

Wertsicherungsklauseln sind Vereinbarungen in Verträgen, die sicherstellen sollen, dass der Gläubiger auch künftig den Betrag erhält, der wertmäßig der ursprünglich festgelegten Geldsumme entspricht. Wertsicherungsklauseln sind weit verbreitet und kommen zum Beispiel in Miet-, Pacht- oder Pensionsverträgen vor. So genannte Punkteregelungen sind eine Sonderform von Wertsicherungsklauseln, bei denen der Anpassungszeitpunkt durch eine Veränderung in Punkten oder Prozentpunkten definiert ist.

Beispiel für eine Punkteregelung:

Wenn sich der vom Statistischen Bundesamt veröffentlichte Verbraucherpreisindex für Deutschland um mehr als 10 Punkte (Basis 2000=100) erhöht oder ermäßigt, so soll die Miete im entsprechenden prozentualen Verhältnis angepasst werden.

Punkteregelungen sind für die betroffenen Vertragsparteien mit einem hohen rechnerischen Aufwand verbunden. Es gibt gute Alternativen zu Punkteregelungen, zum Beispiel die so genannten Prozentregelungen, die für die Anwender wesentlich leichter zu handhaben sind.

Beispiel für eine Prozentregelung:

Wenn sich der vom Statistischen Bundesamt veröffentlichte Verbraucherpreisindex für Deutschland um mehr als 5 Prozent erhöht oder ermäßigt, so soll die Miete im entsprechenden prozentualen Verhältnis angepasst werden.

Noch einfacher ist eine Regelung mit festen Anpassungsterminen, die nur das Ausmaß dieser Anpassungen von der Teuerungsrate abhängig machen:

Beispiel für eine Regelung mit festen Anpassungsterminen:

Die Zahlung ist jährlich im Februar an die Preisentwicklung anzupassen. Gemessen wird diese anhand der jahresdurchschnittlichen Veränderung des Verbraucherpreisindex für Deutschland für das abgelaufene Kalenderjahr.

Der Aufwand, den Vertrag auf eine neue Wertsicherungsklausel umzustellen, ist oft gering gemessen am Nutzen, den eine klare und zügig zu prüfende Regelung bietet. In diesem Merkblatt finden Sie ausführliche Hinweise zum Umstieg von einer Punkteregelung auf die Prozentregelung.

Das Merkblatt enthält Empfehlungen aus statistischer Sicht. Bei juristischen Fragen, insbesondere Auslegungsfragen im Einzelfall, verweisen wir auf Rechtsanwälte, Notare oder die Rechtsberatungsstellen der Verbraucherzentralen.

Welche Nachteile haben Punkteregelungen und was genau unterscheidet sie von Prozentregelungen?

Steht in einer Wertsicherungsklausel ein zu erreichender Wert in Punkten (beziehungsweise Prozentpunkten), muss zusätzlich ein Basisjahr mit angegeben sein. Das Basisjahr ist das Bezugsjahr des Preisindex, für das bei diesem Preisindex das Preisniveau auf 100 gesetzt wurde. Das im Vertrag angegebene Basisjahr beeinflusst das Berechnungsergebnis entscheidend. Es ist zum Beispiel ein großer Unterschied, ob eine Zahlung nach Veränderung um 10 Punkte für einen Preisindex auf Basis 1962=100 oder auf Basis 1985=100 erfolgen soll.

Das Problem besteht darin, dass der Verbraucherpreisindex alle fünf Jahre überarbeitet und auf ein neues Preisbasisjahr umgestellt wird und nach der Umbasierung die Daten auf der alten Basis nicht mehr zur Verfügung stehen. Die Vertragspartner müssen nun entweder die zu erreichende Punkteveränderung auf das aktuelle Basisjahr oder die Indexstände des aktuellen Basisjahres auf das ursprünglich vereinbarte Basisjahr umrechnen. Erst danach kann geprüft werden, ob die geforderte Punkteveränderung erreicht und damit eine Anpassung fällig ist. Darüber hinaus muss bei der Punkteregelung im zweiten Schritt die Veränderung in Prozent ermittelt werden, damit die konkrete Erhöhung des zu zahlenden Geldbetrages bestimmt werden kann. Damit sind mehrere Rechenschritte nötig, bis die zu ermittelnde Punktezahl und die dazugehörige Prozentzahl, mit welcher der Geldbetrag dann tatsächlich anzupassen ist, vorliegen. Häufig müssen diese Berechnungsschritte mehrfach durchgeführt werden, da von Zeit zu Zeit geprüft wird, ob eine Anpassung bereits erfolgen kann.

Beispiel: „Erhöht oder ermäßigt sich der Preisindex für die Lebenshaltung aller privaten Haushalte für das frühere Bundesgebiet, Basisjahr 1962, um mehr als 10 Punkte, so kann der Betrag entsprechend angepasst werden". Die letzte Anpassung bezog sich auf den Indexstand Januar 1992.

	1962 = 100	**1985 = 100**
Januar 1992	274,9	113,1
Januar 1993	287,1	118,1
Veränderung in Punkten	287,1 – 274,9 = **12,2**	118,1 – 113,1 = **5,0**
Veränderung in Prozent	287,1/274,9 × 100-100 = **4,4**	118,1/113,1 × 100-100 **= 4,4**

Das Ergebnis in Punkten hängt vom Basisjahr ab, der prozentuale Unterschied ist jedoch bei beiden Basisjahren gleich. Zudem zeigt sich, dass beim Basisjahr 1985 = 100 die Punktedifferenz, die sich zwischen den identischen Zeitpunkten ergibt, geringer ist als beim älteren Basisjahr.

Bei einer Prozentregelung muss keine Umrechnung der Indizes auf ein früheres Basisjahr erfolgen. Es kann immer direkt mit den Indexständen des aktuellen Basisjahres gerechnet werden, selbst wenn im Vertrag ein früheres Basisjahr genannt ist. Deshalb ist die Prozentregelung unabhängig vom Basisjahr. Bei der Prozentregelung besteht die Berechnung auch nur aus einem Schritt. Wenn eine Anpassung beispielsweise nach 5% Veränderung erfolgen kann, lautet die Berechnung:

Indexstand (Bezugsmonat) × 1,05 = Indexstand, bei dem angepasst werden kann

Aus dieser unterschiedlichen Berechnungsweise ergibt sich ein weiterer Unterschied: Je länger bei Punkteregelungen das vereinbarte Basisjahr zurückliegt (also mit jeder weiteren Basisumstellung), desto kürzer werden die Abstände bis zur nächsten Anpassung. Der Grund ist, dass die auf das aktuelle Basisjahr umgerechnete Punktezahl betragsmäßig immer kleiner wird und dadurch immer schneller der kritische Indexstand, bei dem angepasst werden kann, erreicht ist. Andererseits wird die jeweilige Erhöhung in Prozent, also das Anpassungsvolumen, dann entsprechend kleiner. Diese Besonderheit ist den Vertragspartnern oft vorab nicht bekannt und eventuell auch nicht so gewollt.

Schließlich ist die Umrechnung auf alte Basisjahre aus statistischer Sicht nicht sinnvoll. Die Preisindizes verschiedener Basisjahre unterscheiden sich nicht nur durch ihre rechnerische Normierung auf das jeweilige Basisjahr, sondern auch durch inhaltliche und methodische Änderungen und sind daher auch nach einer Umrechnung streng genommen nicht direkt vergleichbar.

Welche Alternativen empfiehlt das Statistische Bundesamt Vertragsparteien, die mit Punkteregelungen arbeiten?

Aufgrund der beschriebenen Nachteile von Punkteregelungen möchten viele Vertragsparteien auf einfacher zu handhabende Klauseln umsteigen. Gewünscht ist dabei normalerweise, dass möglichst wenig von der bisherigen Anpassungshäufigkeit abgewichen wird. Das Statistische Bundesamt hat für Sie folgende Vorschläge entwickelt:

Vorschlag Prozentregelung

Das Statistische Bundesamt empfiehlt, vorhandene Punkteregelungen auf eine Regelung in Prozent umzustellen beziehungsweise neuen Verträgen eine Anpassung nach Prozent zu Grunde zu legen. Der Vorteil einer Prozentregelung ist die einfache Berechnung und die Unabhängigkeit von Umstellungen auf neue Basisjahre, denn Umbasierungen sind dann nicht mehr erforderlich. Eine aus fachlicher Sicht einfach zu handhabende Klausel, die auf Prozentangaben beruht, könnte etwa lauten:

„Wenn sich der Verbraucherpreisindex für Deutschland seit der letzten Zahlungsanpassung um mindestens 5% verändert hat, ist der Geldbetrag prozentual entsprechend anzupassen."

Die Indexentwicklung in Prozent errechnet sich nach der Formel: ((neuer Indexstand / alter Indexstand) × 100) – 100

Mit Hilfe dieser Formel kann geprüft werden, ob der für eine Anpassung erforderliche Prozentsatz (hier: 5 %) bereits erreicht ist.

Alternativ kann auch der kritische Indexstand ermittelt werden („Schwellenwert"), bei dem eine Anpassung erfolgen kann:

Indexstand (Bezugsmonat) × 1,05 = Indexstand, bei dem angepasst werden kann

Es macht Sinn, diese Berechnung immer erst zur aktuellen Anpassungsprüfung vorzunehmen, damit der errechnete Schwellenwert mit den aktuellen Indexständen vergleichbar ist, sofern das Statistische Bundesamt seit der letzten Anpassung auf ein neues Basisjahr umgestellt hat.

Falls bisher eine Punkteregelung zu Grunde lag, könnte die letzte auf „Punktebasis" ermittelte prozentuale Anpassung für die neue Klausel herangezogen werden. Auf diese Art werden künftige Zahlungen nach Erreichen der gleichen Preissteigerungsrate angepasst wie bei der vorangegangenen Anpassung an Hand der Punkte.

Vorschlag feste Anpassungstermine

Noch einfacher zu handhaben sind Regelungen, die feste Anpassungstermine vorsehen und nur das Ausmaß dieser Anpassungen von der Teuerungsrate abhängig machen, etwa im Sinne von:

„Die Zahlung ist jährlich im Februar an die Preisentwicklung anzupassen. Gemessen wird diese anhand der jahresdurchschnittlichen Veränderung des Verbraucherpreisindex für Deutschland für das abgelaufene Kalenderjahr."

In diesem Fall muss für die Ermittlung der Prozentzahl, mit der anzupassen ist, gar nicht gerechnet werden, sondern es wird einfach die Veränderungsrate des Verbraucherpreisindex des abgelaufenen Jahres aus den Veröffentlichungen – zum Beispiel aus den Tabellen des Internetangebotes – des Statistischen Bundesamtes abgelesen.

Auch hier können als Verhandlungsbasis die Abstände der letzten Anpassungen zu Grunde gelegt werden (zum Beispiel: Anpassung alternativ nur jedes zweite oder dritte Jahr).

Warum gibt es keine „Umbasierungsfaktoren" mehr?

Früher wurden vom Statistischen Bundesamt so genannte Umbasierungsfaktoren für die Umrechnung von aktuellen auf alte Basisjahre bereitgestellt. Bereits seit Februar 2003 – im Zuge der turnusmäßigen Überarbeitung des Verbraucherpreisindex auf das Basisjahr 2000 – werden diese Faktoren nicht mehr berechnet und veröffentlicht. Die aus statistischer Sicht bestehenden Nachteile von Punkteregelungen machen eine Unterstützung dieser Form von Wertsicherungsklauseln nicht mehr vertretbar.

Für eine Übergangsphase konnten und können Berechnungen mit Punkteregelungen mit der Rechenhilfe unter **www.destatis.de/wsk/** erfolgen. Diese Übergangsphase schließt Punkteregelungen ein, bei denen die letzte Anpassung (beziehungsweise der Vertragsbeginn) bis zum Ende des Jahres 2002 erfolgte. Das heißt, das Statistische Bundesamt unterstützt Punkteregelungen nur noch bis zum Dezember 2002 als Startmonat der Berechnung. Punktberechnungen, die von den Vertragspartnern selbst durchgeführt wurden und sich auf Zeiträume nach Dezember 2002 beziehen, können vom Statistischen Bundesamt nicht als rechnerisch richtig bestätigt werden.

Alle Serviceleistungen, die das Statistische Bundesamt für Nutzer von Wertsicherungsklauseln erstellt hat, sind (zum Zeitpunkt des Redaktionsschlusses für das Tabellenhandbuch) im Internetangebot des Statistischen Bundesamtes zu finden unter:

www.destatis.de ⇒ Zahlen & Fakten ⇒ Preise > Verbraucherpreisindizes ⇒ Wertsicherungsklauseln.

11.5 Verdienstindex für Erbbauzinsberechnungen

11.5.1 Verdienstindex für Erbbauzinsberechnungen (Jahresdurchschnitt)

Quelle: Statistisches Bundesamt, Wiesbaden, Verdienste und Arbeitskosten

Index der Bruttomonatsverdienste vollzeitbeschäftigter Arbeitnehmer (ohne Sonderzahlungen) für Deutschland
2015 = 100, Stand: 4. Quartal 2016

Hinweis:
Im Rahmen der Veröffentlichung der Daten für das 1. Quartal 2016 fand eine Umbasierung auf das neue Basisjahr 2015 statt. (Artikelnummer: 5623207163214)

Jahr[1]		Index	Jahr[1]		Index	Jahr[1]		Index
1913/14	JD	2,0	1941	JD	3,1	1968	JD	14,5[2]
1915	JD	.	1942	JD	3,1	1969	JD	15,8[2]
1916	JD	.	1943	JD	3,2	1970	JD	18,0[2]
1917	JD	.	1944	März	3,1	1971	JD	19,7[2]
1918	JD	.	1945	JD	-	1972	JD	21,4[2]
1919	JD	.	1946	JD	2,6	1973	JD	23,5[2]
1920	JD	.	1947	JD	2,7	1974	JD	25,6[2]
1921	JD	.	1948	JD	3,1	1975	JD	27,3[2]
1922	JD	.	1949	JD	3,9	1976	JD	29,3[2]
1923	JD	.	1950	JD	4,3[2]	1977	JD	31,4[2]
1924	JD	.	1951	JD	5,1[2]	1978	JD	33,1[2]
1925	JD	2,3	1952	JD	5,3[2]	1979	JD	35,3[2]
1926	JD	2,6	1953	JD	5,7[2]	1980	JD	37,4[2]
1927	JD	2,8	1954	JD	5,9[2]	1981	JD	39,1[2]
1928	JD	3,2	1955	JD	6,2[2]	1982	JD	40,8[2]
1929	JD	3,3	1956	JD	6,8[2]	1983	JD	42,1[2]
1930	JD	2,9	1957	JD	7,1[2]	1984	JD	43,4[2]
1931	JD	2,7	1958	JD	7,4[2]	1985	JD	45,0
1932	JD	2,1	1959	JD	7,8[2]	1986	JD	46,4
1933	JD	2,2	1960	JD	8,4[2]	1987	JD	48,0
1934	JD	2,4	1961	JD	9,2[2]	1988	JD	49,9
1935	JD	2,5	1962	JD	10,1[2]	1989	JD	51,6
1936	JD	2,6	1963	JD	10,7[2]	1990	JD	53,7
1937	JD	2,7	1964	JD	11,6[2]	1991	JD	56,7
1938	JD	2,8	1965	JD	12,7[2]	1992	JD	59,2
1939	JD	2,8	1966	JD	13,5[2]	1993	JD	61,1
1940	JD	2,8	1967	JD	13,7[2]	1994	JD	63,2

Jahr[1]		Index
1995	JD	65,6
1996	JD	66,9
1997	JD	67,9
1998	JD	69,2
1999	JD	71,0
2000	JD	72,8
2001	JD	74,4
2002	JD	75,9
2003	JD	77,9
2004	JD	79,5
2005	JD	80,6
2006	JD	81,7
2007	JD	83,4
2008	JD	85,7
2009	JD	86,2
2010	JD	88,7
2011	JD	91,1
2012	JD	93,4
2013	JD	95,1
2014	JD	97,6
2015	JD	100,0
2016	JD	102,2
2017	JD	
2018	JD	
2019	JD	

1 Bis einschl. 2006 Durchschnitt aus vier (1951: drei) Erhebungsmonaten.
2 Korrektur der Indexwerte 1950 bis einschließlich 1984.

11.5.2 Verdienstindex für Erbbauzinsberechnungen (Quartalswerte)

Quelle: Statistisches Bundesamt, Wiesbaden, Verdienste und Arbeitskosten

Index der Bruttomonatsverdienste vollzeitbeschäftigter Arbeitnehmer (ohne Sonderzahlungen), Deutschland (2015 = 100), Stand: 4. Quartal 2016

Hinweis:
Im Rahmen der Veröffentlichung der Daten für das 1. Quartal 2016 fand eine Umbasierung auf das neue Basisjahr 2015 = 100 statt. (Artikelnummer: 5623207163214)

Jahr / Monat / Quartal		Index
1950	März	4,1
	Juni	4,3
	September	4,5
	Dezember	4.6
1951	März	4,7
	Juni	5,1
	September	5,1
	Dezember	.
1952	Februar	5,1
	Mai	5,3
	August	5,4
	November	5,6
1953	Februar	5,4
	Mai	5,7
	August	5,8
	November	5,9
1954	Februar	5,7
	Mai	5,8
	August	5,9
	November	6,1
1955	Februar	5,9
	Mai	6,3
	August	6,3
	November	6,6
1956	Februar	6,5
	Mai	6,7
	August	6,9
	November	7,0
1957	Februar	6,9
	Mai	7,0
	August	7,1
	November	7,3

Jahr / Monat / Quartal		Index
1958	Februar	7,3
	Mai	7,5
	August	7,5
	November	7,5
1959	Februar	7,5
	Mai	7,7
	August	7,8
	November	8,1
1960	Februar	8,0
	Mai	8,3
	August	8,5
	November	8,8
1961	Februar	8,9
	Mai	9,0
	August	9,4
	November	9,6
1962	Februar	9,8
	Mai	10,0
	August	10,2
	November	10,4
1963	Februar	10,4
	Mai	10,7
	August	10,8
	November	11,2
1964	Januar	11,1
	April	11,4
	Juli	11,7
	Oktober	12,1
1965	Januar	12,2
	April	12,5
	Juli	12,9
	Oktober	13,0
1966	Januar	13,0
	April	13,5
	Juli	13,7
	Oktober	13,7
1967	Januar	13,4
	April	13,6
	Juli	13,8
	Oktober	13,8

Jahr / Monat / Quartal		Index
1968	Januar	13,9
	April	14,3
	Juli	14,7
	Oktober	14,9
1969	Januar	15,0
	April	15,5
	Juli	15,9
	Oktober	16,7
1970	Januar	17,1
	April	17,7
	Juli	18,5
	Oktober	18,7
1971	Januar	19,0
	April	19,4
	Juli	20,1
	Oktober	20,3
1972	Januar	20,5
	April	21,2
	Juli	21,7
	Oktober	22,0
1973	Januar	22,4
	April	23,3
	Juli	24,0
	Oktober	24,2
1974	Januar	24,1
	April	25,6
	Juli	26,5
	Oktober	26,4
1975	Januar	26,1
	April	27,2
	Juli	27,9
	Oktober	27,9
1976	Januar	27,9
	April	29,1
	Juli	30,0
	Oktober	30,3
1977	Januar	30,0
	April	31,2
	Juli	32,1
	Oktober	32,2

Jahr / Monat / Quartal		Index
1978	Januar	31,8
	April	32,9
	Juli	33,8
	Oktober	33,9
1979	Januar	34,1
	April	35,0
	Juli	35,8
	Oktober	36,0
1980	Januar	35,7
	April	37,4
	Juli	38,2
	Oktober	38,2
1981	Januar	38,0
	April	38,7
	Juli	39,9
	Oktober	40,0
1982	Januar	39,9
	April	40,9
	Juli	41,4
	Oktober	41,0
1983	Januar	40,5
	April	42,0
	Juli	42,8
	Oktober	42,8
1984	Januar	42,4
	April	43,0
	Juli	44,0
	Oktober	44,3
1985	Januar	43,9
	April	44,9
	Juli	45,4
	Oktober	45,5
1986	Januar	45,2
	April	46,0
	Juli	47,1
	Oktober	47,2
1987	Januar	46,8
	April	47,7
	Juli	48,5
	Oktober	48,9

Jahr / Monat / Quartal		Index
1988	Januar	48,6
	April	49,6
	Juli	50,3
	Oktober	50,7
1989	Januar	50,2
	April	51,5
	Juli	52,2
	Oktober	52,3
1990	Januar	52,2
	April	53,1
	Juli	54,6
	Oktober	55,0
1991	Januar	54,9
	April	56,0
	Juli	57,6
	Oktober	58,1
1992	Januar	57,4
	April	58,5
	Juli	60,3
	Oktober	60,5
1993	Januar	59,9
	April	60,8
	Juli	61,7
	Oktober	61,9
1994	Januar	61,6
	April	62,8
	Juli	63,8
	Oktober	64,2
1995	Januar	63,8
	April	65,6
	Juli	66,4
	Oktober	66,4
1996	Januar	66,2
	April	66,9
	Juli	67,2
	Oktober	67,2
1997	Januar	66,8
	April	68,0
	Juli	68,0
	Oktober	68,3

Jahr / Monat / Quartal		Index
1998	Januar	68,0
	April	69,3
	Juli	69,5
	Oktober	69,9
1999	Januar	69,5
	April	70,9
	Juli	71,3
	Oktober	71,9
2000	Januar	71,5
	April	72,7
	Juli	73,5
	Oktober	73,7
2001	Januar	73,3
	April	74,3
	Juli	74,8
	Oktober	74,8
2002	Januar	74,5
	April	75,5
	Juli	76,6
	Oktober	77,1
2003	Januar	76,6
	April	77,7
	Juli	78,4
	Oktober	78,8
2004	Januar	78,4
	April	79,5
	Juli	79,8
	Oktober	80,2
2005	Januar	79,8
	April	80,6
	Juli	80,7
	Oktober	81,1
2006	Januar	80,5
	April	81,5
	Juli	82,2
	Oktober	82,6
2007	Q1	82,2
	Q2	83,1
	Q3	83,7
	Q4	84,5

Jahr / Monat / Quartal		Index
2008	Q1	84,5
	Q2	85,6
	Q3	86,1
	Q4	86,6
2009	Q1	85,3
	Q2	85,9
	Q3	86,7
	Q4	87,2
2010	Q1	87,0
	Q2	88,8
	Q3	89,2
	Q4	89,8
2011	Q1	89,6
	Q2	91,2
	Q3	91,6
	Q4	92,1
2012	Q1	91,9
	Q2	93,3
	Q3	94,0
	Q4	94,7
2013	Q1	93,5
	Q2	95,0
	Q3	95,7
	Q4	96,4
2014	Q1	95,8
	Q2	97,3
	Q3	98,2
	Q4	99,0
2015	Q1	98,3
	Q2	100,1
	Q3	100,6
	Q4	101,0
2016	Q1	100,7r
	Q2	101,9r
	Q3	102,8
	Q4	103,5

r = revidierte Werte

11.6 Preisindex für den Neubau von Wohngebäuden

11.6.1 Preisindex für den Neubau von Wohngebäuden (Jahresdurchschnitt)

Quelle: Statistisches Bundesamt, Wiesbaden, Fachserie 17, Reihe 4

Langfristige Übersicht, einschließlich Umsatzsteuer (bis 1990 Gebietsstand früheres Bundesgebiet). 2010 = 100, Stand November 2016

Jahr	Wohngebäude		
	Insgesamt	davon nach Abschnitten	
		Rohbauarbeiten	Ausbauarbeiten
1958	13,9	15,7	12,4
1959	14,6	16,7	12,9
1960	15,6	18,1	13,7
1961	16,8	19,3	14,8
1962	18,3	21,0	16,0
1963	19,1	22,2	16,8
1964	20,0	23,2	17,5
1965	21,0	24,0	18,5
1966	21,6	24,6	19,1
1967	21,1	24,0	18,9
1968	22,1	24,9	19,6
1969	23,3	26,6	20,5
1970	27,1	31,9	23,4
1971	30,0	35,0	25,9
1972	32,0	37,2	27,8
1973	34,3	39,4	30,2
1974	36,8	41,2	33,0
1975	37,7	41,5	34,4
1976	39,1	42,8	35,5
1977	40,8	45,0	37,2
1978	43,4	48,2	39,1
1979	47,2	53,1	41,6
1980	52,3	59,2	45,7
1981	55,3	62,3	48,7
1982	56,9	63,2	51,2
1983	58,1	64,0	52,7
1984	59,6	65,3	54,5
1985	59,8	65,0	55,3
1986	60,6	65,8	56,1
1987	61,7	66,8	57,5
1988	63,1	68,1	59,1

Jahr	Wohngebäude		
	Insgesamt	davon nach Abschnitten	
		Rohbauarbeiten	Ausbauarbeiten
1989	65,4	70,5	61,3
1990	69,6	75,6	64,6
1991	74,5	80,8	68,7
1992	79,2	85,8	73,3
1993	83,1	89,7	77,4
1994	85,1	91,5	79,7
1995	87,1	93,3	82,0
1996	86,9	92,3	82,6
1997	86,3	90,8	82,6
1998	86,0	89,7	82,9
1999	85,7	89,1	82,9
2000	85,9	88,9	83,6
2001	85,9	87,9	84,4
2002	85,9	87,3	84,9
2003	85,9	86,8	85,3
2004	87,0	87,9	86,5
2005	87,8	87,9	87,7
2006	89,5	89,8	89,2
2007	95,4	95,8	95,1
2008	98,2	98,9	97,6
2009	99,0	99,1	99,0
2010	100	100	100
2011	102,8	102,8	102,7
2012	105,4	105,3	105,5
2013	107,5	107,1	107,9
2014	109,4	108,7	110,0
2015	111,1	109,9	112,2
2016	113,4	111,7	114,8

11.6.2 Preisindex für den Neubau von Wohngebäuden (Quartalswerte)

Quelle: Statistisches Bundesamt, Wiesbaden, Fachserie 17, Reihe 4

Langfristige Übersicht, einschließlich Umsatzsteuer
2010 = 100, Stand November 2016

Jahr / Monat		Wohngebäude		
		Insgesamt	davon nach Abschnitten	
			Rohbauarbeiten	Ausbauarbeiten
2006	Februar	88,3	88,4	88,3
	Mai	88,8	89,0	88,6
	August	89,9	90,4	89,6
	November	90,8	91,2	90,3
2007	Februar	94,6	94,9	94,4
	Mai	95,2	95,7	94,8
	August	95,7	96,2	95,3
	November	96,1	96,5	95,9
2008	Februar	97,1	97,4	96,9
	Mai	97,9	98,6	97,3
	August	98,9	100,1	98,0
	November	98,8	99,4	98,2
2009	Februar	99,1	99,4	98,8
	Mai	98,8	98,9	98,9
	August	99,0	99,0	99,0
	November	99,1	98,9	99,2
2010	Februar	99,2	98,8	99,5
	Mai	99,9	100,1	99,8
	August	100,3	100,4	100,2
	November	100,6	100,7	100,5
2011	Februar	101,8	101,8	101,8
	Mai	102,5	102,7	102,4
	August	103,2	103,2	103,1
	November	103,5	103,4	103,6
2012	Februar	104,6	104,6	104,7
	Mai	105,2	105,2	105,2
	August	105,7	105,7	105,8
	November	106,0	105,8	106,1
2013	Februar	106,8	106,3	107,2
	Mai	107,4	107,0	107,7
	August	107,8	107,3	108,2
	November	108,1	107,6	108,6

Jahr / Monat		Wohngebäude		
		Insgesamt	davon nach Abschnitten	
			Rohbauarbeiten	Ausbauarbeiten
2014	Februar	108,9	108,4	109,3
	Mai	109,2	108,5	109,8
	August	109,6	108,9	110,2
	November	109,8	109,0	110,5
2015	Februar	110,6	109,5	111,5
	Mai	110,9	109,8	111,9
	August	111,4	110,2	112,4
	November	111,6	110,2	112,8
2016	Februar	112,5	110,7	114,0
	Mai	113,2	111,5	114,5
	August	113,7	112,1	115,1
	November	114,1	112,3	115,6

*) Bis 1990 Gebietsstand früheres Bundesgebiet. August und November 2013 Hamburg und Schleswig-Holstein geschätzt.

11.7 Preisindex für den Neubau von Nichtwohngebäuden

11.7.1 Preisindex für den Neubau von Nichtwohngebäuden (Jahresdurchschnitt)

Quelle: Statistisches Bundesamt, Wiesbaden, Fachserie 17, Reihe 4

Langfristige Übersicht, einschließlich Umsatzsteuer (bis 1990 Gebietsstand früheres Bundesgebiet). 2010 = 100, Stand November 2016

Jahr	Nichtwohngebäude	
	Bürogebäude	Gewerbliche Betriebsgebäude
1958	13,9	14,2
1959	14,6	14,8
1960	15,6	15,7
1961	16,7	16,7
1962	18,0	18,0
1963	18,9	18,8
1964	19,7	19,5
1965	20,5	20,3
1966	21,1	20,8
1967	20,6	19,8
1968	21,4	20,9
1969	22,7	22,7
1970	26,6	26,9
1971	29,3	29,8
1972	31,2	31,3
1973	33,4	33,1
1974	35,7	35,1
1975	36,5	36,1
1976	37,7	37,6
1977	39,5	39,1
1978	41,6	41,2
1979	45,0	44,5
1980	49,6	49,1
1981	52,6	52,1
1982	54,6	54,2
1983	55,9	55,4
1984	57,5	56,7
1985	58,0	57,2
1986	59,0	58,4
1987	60,4	59,7

Jahr	Nichtwohngebäude	
	Bürogebäude	Gewerbliche Betriebsgebäude
1988	61,9	60,9
1989	64,1	63,1
1990	67,9	67,0
1991	72,2	71,1
1992	76,6	75,4
1993	80,2	78,8
1994	82,1	80,4
1995	84,0	82,2
1996	84,1	82,4
1997	83,6	82,0
1998	83,6	82,2
1999	83,5	81,8
2000	84,1	82,5
2001	84,4	82,8
2002	84,5	82,9
2003	84,6	83,1
2004	85,8	84,4
2005	86,9	86,1
2006	88,7	88,1
2007	94,8	94,4
2008	97,9	97,9
2009	98,8	99,0
2010	100	100
2011	103,0	103,2
2012	105,5	105,8
2013	107,6	107,8
2014	109,6	109,7
2015	111,4	111,5
2016	113,9	113,7

11.7.2 Preisindex für den Neubau von Nichtwohngebäuden (Quartalswerte)

Quelle: Statistisches Bundesamt, Wiesbaden, Fachserie 17, Reihe 4

Langfristige Übersicht, einschließlich Umsatzsteuer (bis 1990 Gebietsstand früheres Bundesgebiet). 2010 = 100, Stand November 2016

Jahr / Monat		Nichtwohngebäude	
		Büro-gebäude	Gewerbliche Betriebs-gebäude
2006	Februar	87,5	86,8
	Mai	88,1	87,4
	August	89,1	88,7
	November	90,0	89,6
2007	Februar	93,9	93,4
	Mai	94,6	94,2
	August	95,1	94,7
	November	95,6	95,3
2008	Februar	96,7	96,3
	Mai	97,5	97,5
	August	98,6	98,9
	November	98,6	98,8
2009	Februar	98,8	99,1
	Mai	98,7	99,0
	August	98,8	99,0
	November	98,9	98,9
2010	Februar	99,1	98,9
	Mai	99,9	99,8
	August	100,3	100,4
	November	100,6	100,9
2011	Februar	102,0	102,2
	Mai	102,7	103,0
	August	103,4	103,7
	November	103,7	103,9
2012	Februar	104,8	105,0
	Mai	105,4	105,6
	August	105,8	106,0
	November	106,1	106,4
2013	Februar	106,9	107,1
	Mai	107,5	107,7
	August	107,9	108,1
	November	108,2	108,3

Jahr / Monat		Nichtwohngebäude	
		Bürogebäude	Gewerbliche Betriebsgebäude
2014	Februar	109,1	109,2
	Mai	109,4	109,5
	August	109,8	110,0
	November	110,0	110,2
2015	Februar	110,8	111,0
	Mai	111,2	111,3
	August	111,7	111,8
	November	112,0	112,0
2016	Februar	112,9	112,8
	Mai	113,7	113,5
	August	114,2	114,1
	November	114,6	114,5

11.8 Preisindex für die Instandhaltung von Wohngebäuden

11.8.1 Preisindex für die Instandhaltung von Wohngebäuden (Jahresdurchschnitt)

Quelle: Statistisches Bundesamt, Wiesbaden, Fachserie 17, Reihe 4

Langfristige Übersicht, einschließlich Umsatzsteuer (bis 1990 Gebietsstand früheres Bundesgebiet). 2010 = 100, Stand November 2016

Jahr	Instandhaltung von Wohngebäuden	
	Wohngebäude ohne Schönheitsreparaturen	Schönheitsreparaturen in einer Wohnung
1958	13,8	11,1
1959	14,1	11,8
1960	14,8	12,7
1961	15,9	14,2
1962	16,8	16,1
1963	17,4	17,1
1964	18,2	18,3
1965	18,9	19,5
1966	19,4	20,8
1967	19,2	20,7
1968	20,0	22,0
1969	20,9	23,0
1970	23,3	25,9
1971	25,7	29,1
1972	27,1	31,2
1973	29,0	33,5
1974	31,9	36,6
1975	33,6	38,2
1976	34,7	39,7
1977	36,3	41,6
1978	38,1	44,2
1979	40,5	47,0
1980	44,1	50,8
1981	47,0	54,4
1982	49,3	56,4
1983	50,9	58,2
1984	52,5	60,0
1985	53,5	61,0
1986	54,5	62,4

Jahr	Instandhaltung von Wohngebäuden	
	Wohngebäude ohne Schönheitsreparaturen	Schönheitsreparaturen in einer Wohnung
1987	55,9	64,0
1988	57,4	65,8
1989	59,5	67,9
1990	62,5	71,4
1991	66,6	75,7
1992	71,7	81,6
1993	76,0	86,5
1994	78,4	89,1
1995	80,7	91,8
1996	81,7	93,0
1997	82,0	93,5
1998	82,7	94,1
1999	82,9	94,0
2000	83,4	94,4
2001	84,0	94,7
2002	84,4	94,5
2003	84,8	93,7
2004	85,7	93,6
2005	87,0	93,2
2006	88,6	93,7
2007	94,3	97,3
2008	96,9	98,7
2009	98,5	99,2
2010	100	100
2011	103,0	101,4
2012	106,1	103,6
2013	109,0	105,8
2014	111,5	107,8
2015	114,0	109,9
2016	116,8	112,8

11.8.2 Preisindex für die Instandhaltung von Wohngebäuden (Quartalswerte)

Quelle: Statistisches Bundesamt, Wiesbaden, Fachserie 17, Reihe 4

Langfristige Übersicht, einschließlich Umsatzsteuer (bis 1990 Gebietsstand früheres Bundesgebiet). 2010 = 100, Stand November 2016

Jahr / Monat		Instandhaltung von Wohngebäuden	
		Wohngebäude ohne Schönheitsreparaturen	Schönheitsreparaturen in einer Wohnung
2006	Februar	87,7	93,6
	Mai	88,1	93,6
	August	88,9	93,6
	November	89,6	93,8
2007	Februar	93,7	96,8
	Mai	94,1	97,2
	August	94,6	97,4
	November	94,9	97,6
2008	Februar	96,1	98,2
	Mai	96,6	98,4
	August	97,2	99,1
	November	97,5	99,0
2009	Februar	98,3	99,2
	Mai	98,4	99,1
	August	98,6	99,1
	November	98,7	99,3
2010	Februar	99,3	99,7
	Mai	99,7	99,8
	August	100,3	100,2
	November	100,7	100,3
2011	Februar	101,9	100,6
	Mai	102,7	101,1
	August	103,4	101,8
	November	103,9	102,0
2012	Februar	105,2	102,8
	Mai	105,9	103,5
	August	106,4	103,8
	November	106,9	104,4
2013	Februar	108,1	105,2
	Mai	108,8	105,5
	August	109,3	106,0
	November	109,7	106,3

11

Jahr / Monat		Instandhaltung von Wohngebäuden	
		Wohngebäude ohne Schönheitsreparaturen	Schönheitsreparaturen in einer Wohnung
2014	Februar	110,7	106,9
	Mai	111,2	107,7
	August	111,8	108,2
	November	112,2	108,4
2015	Februar	113,3	109,2
	Mai	113,8	109,7
	August	114,3	110,3
	November	114,7	110,5
2016	Februar	115,9	111,6
	Mai	116,6	112,7
	August	117,1	113,2
	November	117,6	113,5

11.9 Preisindex Außenanlagen für Wohngebäude

11.9.1 Preisindex Außenanlagen für Wohngebäude (Jahresdurchschnitt)

Quelle: Statistisches Bundesamt, Wiesbaden, Fachserie 17, Reihe 4

Langfristige Übersicht, einschließlich Umsatzsteuer (bis 1990 Gebietsstand früheres Bundesgebiet). 2010 = 100, Stand November 2016

Jahr	Außenanlagen für Wohngebäude
1968	24,8
1969	25,9
1970	29,6
1971	32,7
1972	34,1
1973	36,4
1974	39,7
1975	41,2
1976	42,5
1977	45,0
1978	47,8
1979	52,0
1980	57,9
1981	60,5
1982	60,6
1983	61,2
1984	62,4
1985	63,0
1986	64,4
1987	65,6
1988	66,8
1989	68,5
1990	72,7
1991	77,4
1992	82,3
1993	85,4
1994	86,6
1995	87,9
1996	87,7
1997	87,0

Jahr	Außenanlagen für Wohngebäude
1998	86,9
1999	86,7
2000	87,4
2001	87,8
2002	87,6
2003	87,1
2004	87,6
2005	88,4
2006	90,2
2007	95,4
2008	98,3
2009	99,4
2010	100
2011	101,9
2012	104,4
2013	106,5
2014	108,3
2015	110,2
2016	112,3

Bis 2004 Leistungen im Rahmen des Neubaus von Wohngebäuden.
Einschließlich andere baubezogene Dienstleistungen.
August und November 2013 Hamburg und Schleswig-Holstein geschätzt.

11.9.2 Preisindex Außenanlagen für Wohngebäude (Quartalswerte)

Quelle: Statistisches Bundesamt, Wiesbaden, Fachserie 17, Reihe 4

Langfristige Übersicht, einschließlich Umsatzsteuer (bis 1990 Gebietsstand früheres Bundesgebiet). 2010 = 100, Stand November 2016

Jahr / Monat		Außenanlagen für Wohngebäude
2006	Februar	89,2
	Mai	89,7
	August	90,5
	November	91,2
2007	Februar	94,6
	Mai	95,3
	August	95,3
	November	96,3
2008	Februar	97,5
	Mai	97,9
	August	99,0
	November	98,9
2009	Februar	99,3
	Mai	99,2
	August	99,4
	November	99,6
2010	Februar	99,7
	Mai	99,9
	August	100,1
	November	100,3
2011	Februar	100,9
	Mai	101,8
	August	102,4
	November	102,6
2012	Februar	103,7
	Mai	104,1
	August	104,6
	November	105,0
2013	Februar	105,7
	Mai	106,4
	August	106,9
	November	107,1

Jahr / Monat		Außenanlagen für Wohngebäude
2014	Februar	107,6
	Mai	108,0
	August	108,7
	November	108,7
2015	Februar	109,4
	Mai	110,1
	August	110,5
	November	110,9
2016	Februar	111,3
	Mai	112,0
	August	112,6
	November	113,1

Bis 2004 Leistungen im Rahmen des Neubaus von Wohngebäuden.
Einschließlich andere baubezogene Dienstleistungen.
August und November 2013 Hamburg und Schleswig-Holstein geschätzt.

11.10 Preisindex für Einfamiliengebäude in vorgefertigter Bauweise

11.10.1 Preisindex für Einfamiliengebäude in vorgefertigter Bauweise (Jahresdurchschnitt)

Quelle: Statistisches Bundesamt, Wiesbaden, Fachserie 17, Reihe 4

Langfristige Übersicht, einschließlich Umsatzsteuer (bis 1990 Gebietsstand früheres Bundesgebiet). 2010 = 100, Stand November 2016

Jahr	Vorgefertigte Bauart[1] ohne Unterkellerung	
	Index	Veränderung gegenüber dem Vorjahr in %
1968	19,2	-
1969	19,83	*3,1*
1970	21,1	*6,6*
1971	22,9	*8,5*
1972	24,4	*6,6*
1973	25,6	*4,9*
1974	27,3	*6,6*
1975	29,3	*7,3*
1976	30,6	*4,4*
1977	32,2	*5,2*
1978	34,2	*6,2*
1979	36,9	*7,9*
1980	40,6	*10,0*
1981	44,0	*8,4*
1982	46,3	*5,2*
1983	48,6	*5,0*
1984	50,4	*3,7*
1985	50,7	*0,6*
1986	51,4	*1,4*
1987	52,7	*2,5*
1988	54,1	*2,7*
1989	55,7	*3,0*
1990	58,9	*5,7*
1991	62,4	*5,9*
1992	68,1	*9,1*
1993	73,5	*7,9*
1994	76,3	*3,8*
1995	78,5	*2,9*
1996	79,5	*1,3*
1997	79,6	*0,1*

Jahr	Vorgefertigte Bauart[1] ohne Unterkellerung	
	Index	Veränderung gegenüber dem Vorjahr in %
1998	81,0	*1,8*
1999	81,1	*0,1*
2000	81,5	*0,5*
2001	82,4	*1,1*
2002	82,9	*0,6*
2003	83,3	*0,5*
2004	84,0	*0,8*
2005	84,7	*0,8*
2006	87,1	*2,8*
2007	92,4	*6,1*
2008	94,8	*2,6*
2009	97,4	*2,7*
2010	100	*2,7*
2011	103,1	*3,1*
2012	105,8	*2,6*
2013	109,8	*3,8*
2014	112,8	*2,7*
2015	115,0	*2,0*
2016	119,5 p	*3,9 p*

1) Bis 2004 Berichtskreis gewerbliche Unternehmen und Bauunternehmen.
Ab 2005 Berichtskreis gewerbliche Unternehmen;
Mittelwert aus 12 Erhebungsmonaten.
p = Vorläufige Zahl

11.10.2 Preisindex für Einfamiliengebäude in vorgefertigter Bauweise (Quartalswerte)

Quelle: Statistisches Bundesamt, Wiesbaden, Fachserie 17, Reihe 4

Langfristige Übersicht, einschließlich Umsatzsteuer (bis 1990 Gebietsstand früheres Bundesgebiet). 2010 = 100, Stand November 2016

Jahr	Monat	Index	Vorgefertigte Bauart ohne Unterkellerung	
			Veränderung gegenüber der Vorjahresperiode in %	Vorperiode
2007	Februar	90,7	5,0	3,1
	Mai	92,4	6,3	1,9
	August	92,2	5,9	-0,2
	November	94,1	6,9	2,1
2008	Februar	94,2	3,9	0,1
	Mai	94,6	2,4	0,4
	August	94,9	2,9	0,3
	November	95,6	1,6	0,7
2009	Februar	95,7	1,6	0,1
	Mai	97,1	2,6	1,5
	August	97,4	2,6	0,3
	November	98,9	3,5	1,5
2010	Februar	99,3	3,8	0,4
	Mai	99,8	2,8	0,5
	August	100,5	3,2	0,7
	November	100,7	1,8	0,2
2011	Februar	101,7	2,4	1,0
	Mai	102,9	3,1	1,2
	August	103,7	3,2	0,8
	November	103,9	3,2	0,2
2012	Februar	105,2	3,4	1,3
	Mai	105,8	2,8	0,6
	August	106,1	2,3	0,3
	November	106,3	2,3	0,2
2013	Februar	107,9	2,6	1,5
	Mai	109,5	3,5	1,5
	August	110,1	3,8	0,5
	November	111,2	4,6	1,0

Jahr	Monat	Index	Vorgefertigte Bauart ohne Unterkellerung	
			Veränderung gegenüber der Vorjahresperiode in %	Vorperiode
2014	Februar	113,2	4,9	1,8
	Mai	112,1	2,4	-1,0
	August	112,6	2,3	0,4
	November	112,7	1,3	0,1
2015	Februar	114,3	1,0	1,4
	Mai	114,9	2,5	0,5
	August	115,4	2,5	0,4
	November	115,6	2,6	0,2
2016	Februar	117,8	3,1	1,9
	Mai	119,8	4,3	1,7
	August	120,1	4,1	0,3
	November	120,8	4,5	0,6

1) Bis 2004 Berichtskreis gewerbliche Unternehmen und Bauunternehmen.
2) Ab 2005 Berichtskreis gewerbliche Unternehmen.

11.11 Wiederherstellungswerte für 1913/1914 erstellte Wohngebäude

einschl. Umsatzsteuer *)

11.11.1 Wiederherstellungswerte für 1913/1914 erstellte Wohngebäude (Jahreswerte)

Quelle: Statistisches Bundesamt, Wiesbaden, Fachserie 17, Reihe 4, Stand November 2016

Jahr	1913 = 1 M	1914 = 1 M
1913	1 M	0,936 M
1914	1,068 M	1 M
1915	1,197 M	1,121 M
1916	1,320 M	1,236 M
1917	1,639 M	1,535 M
1918	2,272 M	2,127 M
1919	3,735 M	3,497 M
1920	10,680 M	10,000 M
1921	18,030 M	16,880 M
1922[1)]	-	
1923[1)]	-	

Umstellung von Mark auf Rentenmark/Reichsmark

Jahr	1913 = 1 M	1914 = 1 M
1924	1,381 RM	1,293 RM
1925	1,701 RM	1,592 RM
1926	1,653 RM	1,548 RM
1927	1,673 RM	1,567 RM
1928	1,748 RM	1,637 RM
1929	1,776 RM	1,662 RM
1930	1,701 RM	1,592 RM
1931	1,558 RM	1,459 RM
1932	1,320 RM	1,236 RM
1933	1,252 RM	1,172 RM
1934	1,313 RM	1,229 RM
1935	1,313 RM	1,229 RM
1936	1,313 RM	1,229 RM
1937	1,340 RM	1,255 RM
1938	1,354 RM	1,268 RM

Jahr	1913 = 1 M	1914 = 1 M
1939	1,374 RM	1,287 RM
1940	1,395 RM	1,306 RM
1941	1,463 RM	1,369 RM
1942	1,585 RM	1,484 RM
1943	1,619 RM	1,516 RM
1944	1,653 RM	1,548 RM
1945	1,707 RM	1,599 RM
1946	1,823 RM	1,707 RM
1947	2,129 RM	1,994 RM
1948	-	-

Umstellung von Reichsmark auf Deutsche Mark

Jahr	1913 = 1 M	1914 = 1 M
1949	2,626 DM	2,459 DM
1950	2,503 DM	2,344 DM
1951	2,898 DM	2,713 DM
1952	3,088 DM	2,892 DM
1953	2,986 DM	2,796 DM
1954	3,000 DM	2,809 DM
1955	3,163 DM	2,962 DM
1956	3,245 DM	3,038 DM
1957	3,361 DM	3,146 DM
1958	3,469 DM	3,248 DM
1959	3,653 DM	3,420 DM
1960	3,925 DM	3,675 DM
1961	4,224 DM	3,955 DM
1962	4,571 DM	4,280 DM
1963	4,810 DM	4,503 DM
1964	5,034 DM	4,713 DM
1965	5,245 DM	4,911 DM
1966	5,415 DM	5,070 DM
1967	5,299 DM	4,962 DM
1968	5,524 DM	5,172 DM
1969	5,840 DM	5,468 DM
1970	6,803 DM	6,369 DM
1971	7,505 DM	7,027 DM
1972	8,012 DM	7,502 DM
1973	8,600 DM	8,053 DM
1974	9,226 DM	8,639 DM

Jahr	1913 = 1 M	1914 = 1 M
1975	9,446 DM	8,844 DM
1976	9,771 DM	9,150 DM
1977	10,245 DM	9,593 DM
1978	10,878 DM	10,186 DM
1979	11,833 DM	11,080 DM
1980	13,097 DM	12,263 DM
1981	13,863 DM	12,981 DM
1982	14,263 DM	13,355 DM
1983	14,564 DM	13,637 DM
1984	14,924 DM	13,974 DM
1985	14,987 DM	14,033 DM
1986	15,193 DM	14,226DM
1987	15,482 DM	14,496 DM
1988	15,811 DM	14,805 DM
1989	16,389 DM	15,345 DM
1990	17,445 DM	16,334 DM
1991	18,656 DM	17,469 DM
1992	19,850 DM	18,587 DM
1993	20,830 DM	19,504 DM
1994	21,329 DM	19,971 DM
1995	21,829 DM	20,440 DM
1996	21,791 DM	20,405 DM
1997	21,627 DM	20,252 DM
1998	21,551 DM	20,180 DM

Jahr	1913 = 1 M		1914 = 1 M	
1999	21,474 DM	10,980 EUR	20,108 DM	10,281 EUR
2000	21,545 DM	11,016 EUR	20,174 DM	10,315 EUR
2001	21,529 DM	11,007 EUR	20,159 DM	10,307 EUR
2002	21,518 DM	11,002 EUR	20,149 DM	10,302 EUR
2003	21,529 DM	11,008 EUR	20,159 DM	10,307 EUR
2004	21,809 DM	11,151 EUR	20,422 DM	10,442 EUR
2005	22,003 DM	11,250 EUR	20,603 DM	10,534 EUR
2006	22,421 DM	11,464 EUR	20,995 DM	10,735 EUR
2007	23,917 DM	12,229 EUR	22,395 DM	11,451 EUR
2008	24,599 DM	12,577 EUR	23,034 DM	11,777 EUR
2009	24,808 DM	12,684 EUR	23,230 DM	11,877 EUR
2010	25,064 DM	12,815 EUR	23,469 DM	11,999 EUR
2011	25,753 DM	13,167 EUR	24,114 DM	12,329 EUR

11 Indizes des Statistischen Bundesamtes (Auswahl)

Jahr	1913 = 1 M		1914 = 1 M	
2012	26,411 DM	13,503 EUR	24,730 DM	12,644 EUR
2013	26,950 DM	13,779 EUR	25,235 DM	12,902 EUR
2014	27,413 DM	14,016 EUR	25,669 DM	13,124 EUR
2015	27,852 DM	14,240 EUR	26,080 DM	13,334 EUR
2016	28,416 DM	14,528 EUR	26,608 DM	13,604 EUR

*) 1913 bis 1944 Reichsgebiet (jeweiliger Gebietsstand), 1945 bis 1990 Gebietsstand früheres Bundesgebiet.

1) Für 1922 und 1923 wurden wegen der sprunghaften Entwertung der Mark keine Jahresdurchschnitte veröffentlicht.
2) Für den Jahresdurchschnitt wurden 2,810 (1913 = 1 M) bzw. 2,631 (1914 = 1 M) als Mittelwert der Ergebnisse auf Basis der Reichsmark bzw. Deutsche Mark ermittelt.

Hinweis: Die Relation der ab 1999 in DM und EUR vorliegenden Werte beträgt einheitlich 1,95583.

11.11.2 Wiederherstellungswerte für 1913/1914 erstellte Wohngebäude einschl. Umsatzsteuer*)

Quelle: Statistisches Bundesamt, Wiesbaden, Fachserie 17, Reihe 4, Stand November 2016

Jahr / Monat		1913	= 1 M	1914	= 1 M
2010	Februar	24,863 DM	12,712 EUR	23,281 DM	11,903 EUR
	Mai	25,038 DM	12,802 EUR	23,445 DM	11,987 EUR
	August	25,139 DM	12,853 EUR	23,539 DM	12,035 EUR
	November	25,214 DM	12,892 EUR	23,610 DM	12,072 EUR
2011	Februar	25,515 DM	13,046 EUR	23,891 DM	12,215 EUR
	Mai	25,690 DM	13,135 EUR	24,056 DM	12,300 EUR
	August	25,866 DM	13,225 EUR	24,220 DM	12,383 EUR
	November	25,941 DM	13,263 EUR	24,290 DM	12,419 EUR
2012	Februar	26,216 DM	13,404 EUR	24,548 DM	12,551 EUR
	Mai	26,367 DM	13,481 EUR	24,689 DM	12,623 EUR
	August	26,492 DM	13,545 EUR	24,807 DM	12,684 EUR
	November	26,567 DM	13,583 EUR	24,877 DM	12,719 EUR
2013	Februar	26,768 DM	13,686 EUR	25,065 DM	12,816 EUR
	Mai	26,918 DM	13,763 EUR	25,205 DM	12,887 EUR
	August	27,018 DM	13,814 EUR	25,299 DM	12,935 EUR
	November	27,094 DM	13,853 EUR	25,370 DM	12,971 EUR
2014	Februar	27,294 DM	13,955 EUR	25,558 DM	13,068 EUR
	Mai	27,369 DM	13,994 EUR	25,628 DM	13,103 EUR
	August	27,470 DM	14,045 EUR	25,722 DM	13,151 EUR
	November	27,520 DM	14,071 EUR	25,769 DM	13,175 EUR
2015	Februar	27,720 DM	14,173 EUR	25,956 DM	13,271 EUR
	Mai	27,795 DM	14,211 EUR	26,027 DM	13,307 EUR
	August	27,921 DM	14,276 EUR	26,144 DM	13,367 EUR
	November	27,971 DM	14,301 EUR	26,191 DM	13,391 EUR
2016	Februar	28,196 DM	14,416 EUR	26,402 DM	13,499 EUR
	Mai	28,372 DM	14,506 EUR	26,567 DM	13,583 EUR
	August	28,497 DM	14,570 EUR	26,684 DM	13,643 EUR
	November	28,597 DM	14,621 EUR	26,778 DM	13,691 EUR

*) August und November 2013 Hamburg und Schleswig-Holstein geschätzt.
Die Relation der ab 1999 in DM und EUR vorliegenden Werte beträgt einheitlich 1,95583.

11.12 Preisindex für Bauland

11.12.1 Preisindex für Bauland (Jahreswerte)

Quelle: Statistisches Bundesamt, Wiesbaden, Fachserie 17, Reihe 4, Stand November 2016

2010 = 100

Jahr / Vierteljahr	Index	Veränderung gegenüber der Vorjahresperiode in %
2000	89,5	-
2001	90,9	1,6
2002	92,1	1,3
2003	93,4	1,4
2004	94,4	1,1
2005	95,6	1,3
2006	97,5	2,0
2007	97,6	0,1
2008	97,6	-
2009	98,1	0,5
2010	100	1,9
2011	102,8	2,8
2012	106,1	3,2
2013	112,3	5,8
2014	116,0	3,3
2015	121,1 p	4,4 p

p = vorläufiger Wert

11.12.2 Preisindex für Bauland (Quartalswerte)

Quelle: Statistisches Bundesamt, Wiesbaden, Fachserie 17, Reihe 4, Stand November 2016

2010 = 100

Jahr / Vierteljahr		Index	Veränderung gegenüber der	
			Vorjahresperiode	Vorperiode
			in %	
2008	1. Vierteljahr	95,5	-4,7	0,5
	2. Vierteljahr	99,1	-0,1	3,8
	3. Vierteljahr	99,0	3,2	-0,1
	4. Vierteljahr	96,9	2,0	-2,1
2009	1. Vierteljahr	95,4	-0,1	-1,5
	2. Vierteljahr	97,4	-1,7	2,1
	3. Vierteljahr	99,6	0,6	2,3
	4. Vierteljahr	99,9	3,1	0,3
2010	1. Vierteljahr	98,5	3,2	-1,4
	2. Vierteljahr	98,3	0,9	-0,2
	3. Vierteljahr	100,6	1,0	2,3
	4. Vierteljahr	102,6	2,7	2,0
2011	1. Vierteljahr	104,6	6,2	1,9
	2. Vierteljahr	102,1	3,9	-2,4
	3. Vierteljahr	102,5	1,9	0,4
	4. Vierteljahr	102,0	-0,6	-0,5
2012	1. Vierteljahr	104,4	-0,2	2,4
	2. Vierteljahr	104,8	2,6	0,4
	3. Vierteljahr	107,0	4,4	2,1
	4. Vierteljahr	108,1	6,0	1,0
2013	1. Vierteljahr	111,8p	7,1p	3,4p
	2. Vierteljahr	112,3p	7,2p	0,4p
	3. Vierteljahr	113,5p	6,1p	1,1p
	4. Vierteljahr	111,4p	3,1p	-1,9p
2014	1. Vierteljahr	114,0p	2,0p	2,3p
	2. Vierteljahr	115,4p	2,8p	1,2p
	3. Vierteljahr	117,3p	3,3p	1,6p
	4. Vierteljahr	117,1p	5,1p	-0,2p
2015	1. Vierteljahr	117,7p	3,2p	0,5p
	2. Vierteljahr	120,1p	4,1p	2,0p
	3. Vierteljahr	122,8p	4,7p	2,2p
	4. Vierteljahr	123,8p	5,7p	0,8p
2016	1. Vierteljahr	124,6p	5,9p	0,6p
	2. Vierteljahr	125,2p	4,2p	0,5p

*) Bis einschließlich 2004 ohne Hamburg. 4.Vj. 2011 ohne Bayern. 2014, 1. bis 3. Vj. 2015 ohne Bremen.
p = vorläufige Zahl

11

11.13 Häuserpreisindex, Preisindex für Bauland

11.13.1 Häuserpreisindex, Preisindex für Bauland (Jahresdurchschnittswerte)

Quelle: Statistisches Bundesamt, GENESIS-Online Datenbank, Code 61262-0001

Stand: Januar 2017
2010 = 100

Jahr	Häuserpreisindex[1]	Preisindex für neu erstellte Wohnimmobilien[1]	Preisindex für bestehende Wohnimmobilien[1]	Preisindex für Bauland[2]
2015	119,3	119,7	119,2	121,1p
2014	113,9	113,4	113,9	116,0
2013	110,4	109,4	110,5	112,3
2012	107,1	108,1	106,9	106,1
2011	103,5	105,1	103,3	102,8
2010	100,0	100,0	100,0	100,0
2009	99,0	97,7	99,2	98,1
2008	98,2	92,7	99,1	97,6
2007	96,9	90,2	98,0	97,6
2006	99,0	88,4	100,8	97,5
2005	99,4	89,3	101,1	95,6
2004	98,2	89,4	99,7	94,4
2003	99,7	88,9	101,6	93,4
2002	99,3	89,0	101,1	92,1
2001	100,7	89,5	102,7	90,9
2000	100,6	91,3	102,2	89,5

[1] Ab 2013 vorläufige Werte.

[2] Ab 2012 vorläufige Werte.

Bis einschließlich 2004 ohne Hamburg, 4. Quartal 2011 ohne Bayern, ab 2014 ohne Bremen.

p = vorläufige Werte

11.13.2 Häuserpreisindex, Preisindex für Bauland (Quartalswerte)

Quelle: Statistisches Bundesamt, GENESIS-Online Datenbank, Code 61262-0002

Stand: Januar 2017
2010 = 100

Jahr, Quartal		Häuserpreis-index	Preisindex für neu erstellte Wohn-immobilien	Preisindex für bestehende Wohn-immobilien	Preisindex für Bauland
2016	IV				
	III	127,2p	125,6p	127,4	-
	II	125,7p	124,6p	125,9	125,2
	I	122,2p	122,6p	122,2	124,6
2015	IV	121,5	122,9	121,2	123,8p
	III	119,8	120,6	119,7	122,8p
	II	119,2	118,6	119,3	120,1p
	I	116,6	116,7	116,6	117,7p
2014	IV	113,6	115,4	113,4	117,1p
	III	113,8	114,6	113,7	117,3p
	II	113,4	112,8	113,5	115,4p
	I	111,8	110,7	112,0	114,0p
2013	IV	110,9	109,2	111,2	111,4p
	III	110,8	109,5	111,0	113,5p
	II	111,0	110,1	111,1	112,3p
	I	108,9	108,8	108,9	111,8p
2012	IV	109,3	109,9	109,2	108,1
	III	107,8	108,4	107,7	107,0
	II	106,3	107,3	106,1	104,8
	I	104,9	106,6	104,7	104,4
2011	IV	104,1	105,7	103,9	102,0
	III	103,4	107,1	102,9	102,5
	II	103,9	105,4	103,7	102,1
	I	102,6	102,2	102,7	104,6
2010	IV	99,9	101,0	99,7	102,6
	III	100,6	101,5	100,5	100,6
	II	100,5	98,8	100,8	98,3
	I	99,0	98,8	99,0	98,5
2009	IV	100,4	100,1	100,4	99,9
	III	98,9	99,2	98,9	99,6
	II	99,1	95,6	99,7	97,4
	I	97,6	95,8	97,9	95,4

Jahr, Quartal		Häuserpreis-index	Preisindex für neu erstellte Wohn-immobilien	Preisindex für bestehende Wohn-immobilien	Preisindex für Bauland
2008	IV	97,6	92,6	98,4	96,9
	III	97,3	93,3	98,0	99,0
	II	99,1	92,9	100,1	99,1
	I	98,8	91,8	99,9	95,5
2007	IV	97,3	91,5	98,3	95,0
	III	97,3	91,9	98,2	95,9
	II	97,5	91,3	98,5	99,2
	I	95,4	86,0	97,0	100,2
2006	IV	99,0	89,3	100,7	99,9
	III	98,2	88,3	99,9	98,3
	II	99,6	87,0	101,8	96,4
	I	99,2	88,9	100,9	95,5
2005	IV	97,8	88,8	99,4	94,8
	III	100,7	89,9	102,6	95,6
	II	98,6	88,1	100,4	96,9
	I	100,4	90,5	102,1	94,9
2004	IV	96,1	89,8	97,1	94,1
	III	97,7	89,0	99,2	93,4
	II	98,8	89,1	100,5	94,5
	I	100,1	89,7	101,9	95,7
2003	IV	98,4	88,3	100,2	95,5
	III	99,9	87,4	102,0	94,3
	II	101,3	90,7	103,2	92,5
	I	99,3	89,1	101,1	91,1
2002	IV	97,9	88,3	99,6	91,4
	III	99,9	90,1	101,6	92,4
	II	100,2	88,6	102,2	92,8
	I	99,3	89,1	101,0	91,8
2001	IV	99,1	89,5	100,8	91,0
	III	101,0	89,9	103,0	90,4
	II	101,3	88,4	103,6	90,1
	I	101,3	90,3	103,3	91,9
2000	IV	101,0	90,7	102,8	91,3
	III	100,9	91,3	102,6	90,6
	II	100,0	91,4	101,5	88,4
	I	100,5	91,9	101,9	87,8

Ab. 2. Quartal 2013 vorläufige Werte
Ab 1. Quartal 2012 vorläufige Werte; bis einschließlich 2004 ohne Hamburg.
p = vorläufiger Wert

Bis einschließlich 2004 ohne Hamburg, 4. Quartal, Bayern, ab 1. Quartal 2014 ohne Bremen.

11.14 Preisindex für Wohnungsmieten (NKM) und Wohnungsnebenkosten (WNK) in Deutschland im langfristigen Vergleich

Quelle: *Statistisches Bundesamt: Preise – Verbraucherpreisindizes für Deutschland, Fachserie 17, Reihe 7, Wiesbaden, sowie eigene Berechnungen*

Preisindex für Wohnungsmieten (NKM und WNK) Basis: 2010 = 100					
Jahr	**zusammen**	**Nettokaltmiete (NKM)**	**davon**		**Wohnungsnebenkosten (WNK)**
			Altbauwohnungen	**Neubauwohnungen**	
2000	89,2	89,7	87,5	90,1	86,1
2001	90,2	90,8	89,0	91,0	87,6
2002	91,5	92,0	90,6	92,2	88,8
2003	92,6	92,9	91,6	93,2	90,3
2004	93,4	93,7	92,6	93,9	92,3
2005	94,4	94,5	93,7	94,7	93,7
2006	95,5	95,6	94,9	95,6	94,9
2007	96,6	96,6	96,3	96,8	96,3
2008	97,7	97,8	97,7	97,9	97,2
2009	98,9	98,9	98,9	99,0	98,2
2010	**100,00**	**100,00**	**100,00**	**100,00**	**100,00**
2011	101,3	101,3	101,3	101,3	101,4
2012	102,5	102,5	102,6	102,4	102,3
2013	103,8	103,8	104,1	103,7	103,5
2014	105,2	105,4	105,7	105,3	104,2
2015	106,5	106,7	107,0	106,5	105,4
2016	107,8	108,0	108,4	107,8	106,5

12 Weiteres

12 Weiteres

12.1 Auf- und Abrundung in der Marktwertermittlung und in der Beleihungswertermittlung

12.1.1 Verkehrswertermittlung

Quelle: KL-V, 497

Die Forderung nach der Ableitung eines „spitz" ermittelten Verkehrswerts findet ihre Begründung in der Verkehrswertdefinition des § 194 BauGB und bedeutet allerdings nicht, dass **Verkehrswerte mit einer „Pfenniggenauigkeit"** ermittelt werden können. Wie im Grundstücksverkehr sind auch bei der Verkehrswertermittlung die „rechnerischen" Ergebnisse der Wertermittlung entsprechend abzurunden. Folgende **Auf- und Abrundungen** *(rounding)* sind gebräuchlich:

Auf- und Abrundung bei der Verkehrswertermittlung	
Höhe des Verkehrswerts	**Auf- und Abrundung auf**
bis 10.000 €	volle Hunderter
10.000 bis 500.000 €	volle Tausender
500.000 bis 1.000.000 €	volle Zehntausender
über 1.000.000 €	volle Hunderttausender
	©W. Kleiber 11

12.1.2 Auf- und Abrundungen bei Bodenrichtwerten

Quelle: KL-V, 1146

Bei der Ableitung des Bodenrichtwerts ist der sich rechnerisch ergebende „Betrag" in sinnvoller Weise auf- bzw. abzurunden, d. h. es ist – wie bei der Ermittlung von Verkehrswerten – in Anlehnung an die Preisgestaltung des gewöhnlichen Geschäftsverkehrs ein **auf- oder abgerundeter Wert** anzugeben.

In der Praxis wird wie folgt auf- oder abgerundet:

Auf- und Abrundungen von Bodenrichtwerten					
Bodenrichtwert				**Auf- und Abrundungen**	
		bis	5 Euro	auf	0,1 Euro
über	5 Euro	bis	20 Euro	auf	0,5 Euro
über	20 Euro	bis	50 Euro	auf	1,0 Euro
über	50 Euro	bis	100 Euro	auf	5,0 Euro
über	100 Euro	bis	1.000 Euro	auf	10,0 Euro
über	1.000 Euro			auf	100,0 Euro

© W. Kleiber 16

12.2 Aufrundungsverbot in der Beleihungswertermittlung

Quelle: KL-V (7), 3106, gekürzt in KL-V, 3178

Aus der Tatsache, dass bei der Beleihungswertermittlung Mindest- und Höchstwerte einzuhalten sind, wird das Verbot werterhöhender Rundungen (vereinfacht als „Aufrundungsverbot" bezeichnet) abgeleitet. Werterhöhend können sich neben Aufrundungen auch Abrundungen auswirken, wenn Werte abgerundet werden, die im Verfahren wertmindernd wirken.

Beispiel:

Der Rohertrag eines Objekts beträgt 697.000 € p.a. Aus den Einzelansätzen der Bewirtschaftungskosten ergeben sich Gesamtkosten in Höhe von 102.583 € p.a. Dies entspricht einem Anteil der Bewirtschaftungskosten am Rohertrag von 14,7 %. Als Mindestansatz sind jedoch 15 % vorgeschrieben (vgl. § 11 Abs. 2 Satz 2 BelWertV); dies entspricht 104.550 € p.a. Dieser Betrag ist vom Rohertrag in Abzug zu bringen, als Reinertrag ergeben sich 592.450 € p.a.

Rundet man die Bewirtschaftungskosten von 104.550 € auf 100.000 € ab, so ergibt sich ein Reinertrag in Höhe von 596.000 €.

Die Abrundung der Bewirtschaftungskosten bewirkt eine Erhöhung des Reinertrags und damit letzten Endes des Ertragswertes. Zugleich machen die tatsächlich in Abzug gebrachten, gerundeten Bewirtschaftungskosten nur noch 14,3 % aus (100.000 € / 697.000 € x 100 %) und liegen damit unterhalb des zwingend einzuhaltenden Mindestansatzes der BelWertV.

Dem Verbot werterhöhender Rundungen ist am einfachsten dadurch Rechnung zu tragen, dass alle Zwischenergebnisse höchstens auf ganze Euro gerundet werden (Mietpreise pro Quadratmeter allerdings Cent-genau). Rundungen im Centbereich (außer bei Mietpreisen) werden toleriert. Nach Ermittlung des Ertragswertes wird als Beleihungswert ein sinnvoll gerundeter Wert ausgewiesen. Es gibt kein Rundungsgebot, sodass Abrundungen, die zu nennenswerten Minderungen des Beleihungswerts führen, nicht zwingend durchzuführen sind. Ggf. ist ein unschöner „krummer" Wert in Kauf zu nehmen.

Beispiel:

Ein Ergebnis (Ertragswert) in Höhe von 1.095.711 € darf nicht auf 1.100.000 € aufgerundet werden. Als Beleihungswert können 1.000.000 €, 1.090.000 € oder 1.095.000 € ausgewiesen werden. Einer der beiden höheren Werte wäre in diesem Fall zu bevorzugen.

12.3 Indexzahlen

12.3.1 Rechnen mit Indexzahlen

Quelle: Tillmann, H.-G., Bewertung von Rechten und Belastungen

Nachstehend werden einige Erläuterungen zum Rechnen mit Indexzahlen gegeben.

Messung von Indexveränderungen in Punkten und in Prozent:

Die Indexveränderung von einem Zeitpunkt zum anderen – berechnet als Veränderung in Prozent – kann als allgemeine Preisveränderungsrate aus der Sicht der Verbraucher interpretiert werden.

Formal ist auch eine Indexentwicklung nach Punkten als Differenz zwischen dem neuen und dem alten Indexstand berechenbar.

Die Indexveränderung zwischen zwei Daten kann in **Punkten,** in **Prozent** oder als **Vielfaches** des Ausgangswerts dargestellt werden.

Beispiel: Alter Indexstand: 120 Punkte
Neuer Indexstand: 270 Punkte

Veränderung in Punkten:

$$270 - 120 = 150 \text{ Punkte}$$

(= Veränderung **um** 150 Punkte)

Veränderung in Prozent:

$$\frac{270}{120} \times 100 - 100 = 125\ \%$$

(= Veränderung **um** 125 %)

Veränderung in Prozent:

$$\frac{270}{120} \times 100 = 225\ \%$$

(= Veränderung **auf** 225 %)

Veränderung als Vielfaches des Ausgangswerts:

$$\frac{270}{120} = 2{,}25\text{–Faches}$$

(= Veränderung **auf** das **2,25**–Fache)

12

12.3.2 Rechenhinweis für Indexwerte

Quelle: Statistisches Bundesamt, Verdienste und Arbeitskosten, Erläuterungen

Aus Indexzahlen lässt sich die Indexentwicklung in Prozent nach der folgenden Formel berechnen:

$$\frac{\text{Indexwert A}}{\text{Indexwert B}} \times 100 - 100 = \text{Veränderung in Prozent}$$

Beispiel:

Vom 1. Quartal 2007 bis zum 1. Quartal 2009 stieg der Index der Bruttomonatsverdienste der Arbeitnehmer von 82,2 auf 85,3.

Dies sind

$$\frac{85{,}3}{82{,}2} \times 100 - 100 = 3{,}8\%$$

Die nachgewiesenen Indizes liegen auf Basis 2015 = 100 vor. Wird ein anderer Basiszeitraum gewünscht, können die Indexwerte nach der folgenden Formel umgerechnet werden (Umbasierung):

$$\frac{\text{Index des Beobachtungszeitraums}}{\text{Index des gewünschten Basiszeitraums}} \times 100 = \text{Indexwert mit neuem Basiszeitraum}$$

Beispiel:

Für das 1. Quartal 2007 lautet der Index der Bruttomonatsverdienste der Arbeitnehmer auf Basis 2010 = 100:

$$\frac{82{,}2}{88{,}7} \times 100 = 92{,}7$$

12.4 Sütterlin Alphabet

Quelle: *www.suetterlinschrift.de, dort auch weiterführende Links zu Möglichkeiten, sich Unterstützung bei der Transkription (Übertragung ins lateinische Alphabet) einzuholen, z.B. über http.//www.suetterlinschrift.de/Links.htm.*

a b c d e f g h i j k l m

n o p q r s t u v w x y z

A B C D E F G H I J K L M

N O P Q R S T U V W X Y Z

12.5 Griechisches Alphabet

Α	α	*a*	Alpha
Β	β	*b*	Beta
Γ	γ	*g*	Gamma
Δ	δ	*d*	Delta
Ε	ε		Epsilon
Ζ	ζ	*z*	Zeta
Η	η		Eta
Θ	ϑ	*th*	Theta
Ι	ι	*i*	Jota
Κ	κ	*k*	Kappa
Λ	λ	*l*	Lambda
Μ	μ	*m*	Mü

Ν	ν	*n*	Nü
Ξ	ξ	*x*	Kxi
Ο	ο		Omikron
Π	π	*p*	Pi
Ρ	ρ	*r*	Rho
Σ	σ	*s*	Sigma
Τ	τ	*t*	Tau
Υ	υ	*ü*	Ypsilon
Φ	φ	*ph*	Phi
Ψ	ψ	*ps*	Chi
Ω	ω		Omega

12.6 Römische Zahlen

1	I
2	II
3	III
4	IV
5	V
6	VI
7	VII
8	VIII
9	IX

10	X
11	XI
20	XX
40	XL
50	L
90	XC
100	C
500	D
1.000	M

Beispiel:

1610: MDCX

1945: MCMXLV

1989: MCMLXXXIX

2008: MMVIII

12.7 EURO-Wechselkurs

1 Euro= 1,95583 DM 1 DM = 0,5112918 Euro

Verordnung (EG) Nr. 2866/98 des Rates vom 31.12.1998
(Amtsblatt L Nr. 359 vom 31.12.1998)

12.8 Steuersätze seit Einführung der Mehrwertsteuer

Zeitraum	Regelsatz in %	ermäßigter Regelsatz in %
01.01.1968 – 30.06.1968	10,0	5,0
01.07.1968 – 31.12.1977	11,0	5,5
01.01.1978 – 30.06.1979	12,0	6,0
01.07.1979 – 30.06.1983	13,0	6,5
01.07.1983 – 31.12.1992	14,0	7,0
01.01.1993 – 31.03.1998	15,0	7,0
01.04.1998 – 31.12.2006	16,0	7,0
seit 01.01.2007	19,0	7,0

12.9 Basiszinssatz nach § 247 BGB

Quelle: Deutsche Bundesbank

Gemäß § 247 Abs. 2 BGB ist die Deutsche Bundesbank verpflichtet, den aktuellen Stand des Basiszinssatzes im Bundesanzeiger zu veröffentlichen. Der jeweils relevante Stand des Basiszinssatzes lässt sich nachstehender Tabelle entnehmen.

Aktueller Stand gültig ab		
	01.01.	**01.07.**
2017	-0,88%	
2016	-0,83%	-0,88%
2015	-0,83%	-0,83%
2014	-0,63%	-0,73%
2013	-0,13%	-0,38%
2012	0,12%	0,12%
2011	0,12%	0,37%
2010	0,12%	0,12%
2009	1,62%	0,12%
2008	3,32%	3,19%
2007	2,70%	3,19%
2006	1,37%	1,95%
2005	1,21%	1,17%
2004	1,14%	1,13%
2003	1,97%	1,22%
2002	-	2,47%

12.10 Entwicklung der Hypothekenzinsen

Quelle: Deutsche Bundesbank, www.bundesbank.de

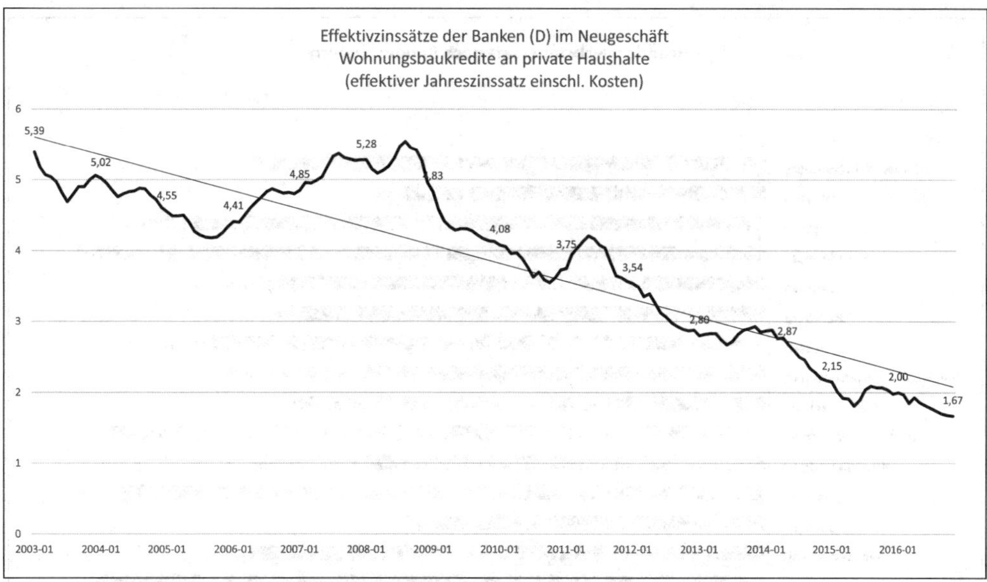

Die Grafik beruht auf den von der Bundesbank monatlich ermittelten Zinssätzen. Angegeben sind jeweils die Zinssätze von Januar des jeweiligen Jahres in % p.a., für 2016 auch der zuletzt verfügbare Zinssatz von November 2016. Angegeben ist jeweils der Januarwert jeden Jahres, für 2016 zusätzlich der Novemberwert.

Neben der Entwicklung der Zinssätze (dickere Linie) ist auch die Trendlinie (dünner) dargestellt.

12

12.11 Grunderwerbsteuer nach Bundesländern

Quelle: IVD Bundesverband, www.ivd.net

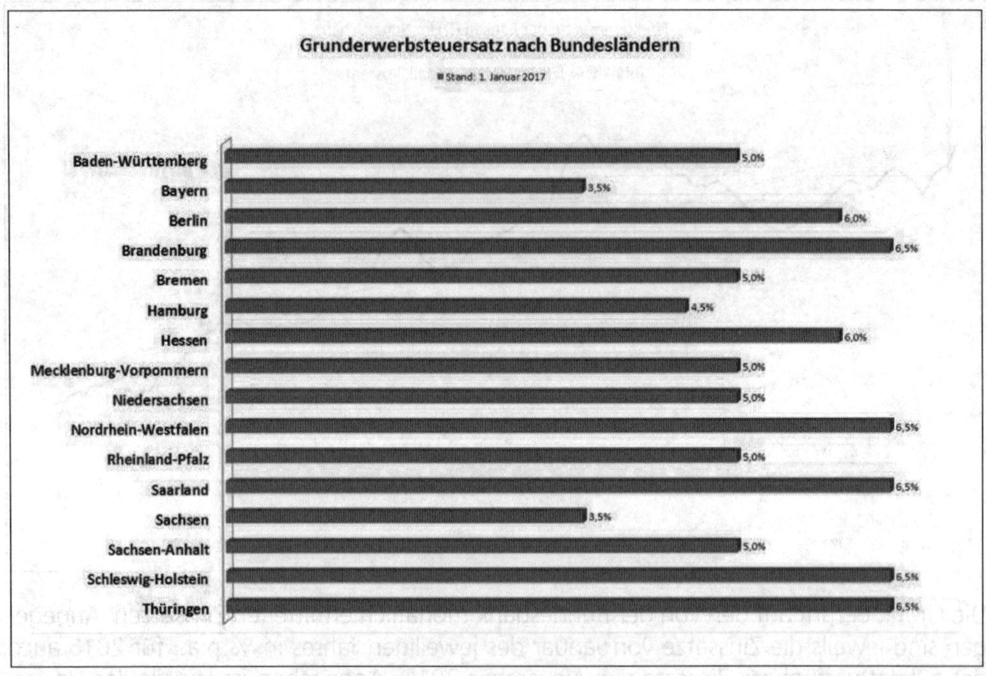

Grunderwerbsteuersätze		
Bundesland	**seit**	**Satz**
Baden-Württemberg	05.11.2011	5,00%
Bayern	01.01.1997	3,50%
Berlin	01.01.2014	6,00%
Brandenburg	01.07.2015	6,50%
Bremen	01.01.2014	5,00%
Hamburg	01.01.2009	4,50%
Hessen	01.08.2014	6,00%
Mecklenburg-Vorpommern	01.07.2012	5,00%
Niedersachsen	01.01.2014	5,00%
Nordrhein-Westfalen	01.01.2015	6,50%
Rheinland-Pfalz	01.03.2012	5,00%
Saarland	01.01.2015	6,50%
Sachsen	01.01.1997	3,50%
Sachsen-Anhalt	01.03.2012	5,00%
Schleswig-Holstein	01.01.2014	6,50%
Thüringen	01.01.2017	6,50%

sortiert nach Bundesland (alphabetisch); Stand: April 2017

Grunderwerbsteuersätze		
Bundesland	**seit**	**Satz**
Bremen	01.07.2015	6,50%
Nordrhein-Westfalen	01.01.2015	6,50%
Saarland	01.01.2015	6,50%
Thüringen	01.01.2017	6,50%
Schleswig-Holstein	01.01.2014	6,50%
Berlin	01.01.2014	6,00%
Hessen	01.08.2014	6,00%
Baden-Württemberg	05.11.2011	5,00%
Brandenburg	01.01.2011	5,00%
Mecklenburg-Vorpommern	01.07.2012	5,00%
Niedersachsen	01.01.2014	5,00%
Rheinland-Pfalz	01.03.2012	5,00%
Sachsen-Anhalt	01.03.2012	5,00%
Hamburg	01.01.2009	4,50%
Bayern	01.01.1997	3,50%
Sachsen	01.01.1997	3,50%

sortiert nach Höhe (absteigend); Stand: April 2017

12.12 Grundstückstransaktionskosten (ohne Maklerkosten), Notar- und Grundbuchkosten

Quelle: *Notar- und Grundbuchamt: Interhyp*
Grunderwerbsteuersätze: eigene Recherche, siehe Kapitel 12.11
Maklerprovision: immoverkauf24, siehe Kapitel 12.13; Stand: jeweils Februar 2017

Geschäftswert/Grundschuldbetrag	**100.000,00 €**	**150.000,00 €**	**200.000,00 €**	**250.000,00 €**	**300.000,00 €**	**350.000,00 €**	**400.000,00 €**	**450.000,00 €**	**500.000,00 €**	**1.000.000,00 €**
Notargebühren										
Beurkundung des Kaufvertrags	546,00 €	708,00 €	870,00 €	1.070,00 €	1.270,00 €	1.370,00 €	1.570,00 €	1.770,00 €	1.870,00 €	3.470,00 €
Vollzug des Geschäfts	136,50 €	177,00 €	217,50 €	267,50 €	317,50 €	342,50 €	392,50 €	442,50 €	467,50 €	867,50 €
Sonstige betreuende Tätigkeit	136,50 €	177,00 €	217,50 €	267,50 €	317,50 €	342,50 €	392,50 €	442,50 €	467,50 €	867,50 €
Beurkundung der Grundschuld/Hypothek	273,00 €	354,00 €	435,00 €	535,00 €	635,00 €	685,00 €	785,00 €	885,00 €	935,00 €	1.735,00 €
Zwischensumme	1.092,00 €	1.416,00 €	1.740,00 €	2.140,00 €	2.540,00 €	2.740,00 €	3.140,00 €	3.540,00 €	3.740,00 €	6.940,00 €
Mehrwertsteuer (19 %)	207,48 €	269,04 €	330,60 €	406,60 €	482,60 €	520,60 €	596,60 €	672,60 €	710,60 €	1.318,60 €
Summe Notargebühren	1.299,48 €	1.685,04 €	2.070,60 €	2.546,60 €	3.022,60 €	3.260,60 €	3.736,60 €	4.212,60 €	4.450,60 €	8.258,60 €
Grundbuchgebühren										
Auflassungsvormerkung	136,50 €	177,00 €	217,50 €	267,50 €	317,50 €	342,50 €	392,50 €	442,50 €	467,50 €	867,50 €
Umschreibung Eigentümer	273,00 €	354,00 €	435,00 €	535,00 €	635,00 €	685,00 €	785,00 €	885,00 €	935,00 €	1.735,00 €
Eintragung Hypothek/Grundschuld	273,00 €	354,00 €	435,00 €	535,00 €	635,00 €	685,00 €	785,00 €	885,00 €	935,00 €	1.735,00 €
Summe Grundbuchkosten	682,50 €	885,00 €	1.087,50 €	1.337,50 €	1.587,50 €	1.712,50 €	1.962,50 €	2.212,50 €	2.337,50 €	4.337,50 €
Kalkulatorische Gesamtkosten	**1.981,98 €**	**2.570,04 €**	**3.158,10 €**	**3.884,10 €**	**4.610,10 €**	**4.973,10 €**	**5.699,10 €**	**6.425,10 €**	**6.788,10 €**	**12.596,10 €**

Kosten des Grunderwerbs insgesamt nach Bundesländern, Kaufpreis 500.000 €

		Grunderwerbsteuer		Maklerprovision Käufer		Gesamtkosten	
		prozentual	absolut	prozentual	absolut	absolut	in % vom KP
Geschäftswert	500.000,00 €						
Notar	4.450,60 €						
Grundbuch	2.337,50 €						
Notar und Grundbuch	**6.788,10 €**						
	seit						
Baden-Württemberg	05.11.2011	5,00%	25.000,00 €	3,57%	17.850,00 €	49.638,10 €	9,93%
Bayern	01.01.1997	3,50%	17.500,00 €	3,57%	17.850,00 €	42.138,10 €	8,43%
Berlin	01.01.2014	6,00%	30.000,00 €	7,14%	35.700,00 €	72.488,10 €	14,50%
Brandenburg	01.01.2011	5,00%	25.000,00 €	7,14%	35.700,00 €	67.488,10 €	13,50%
Bremen	01.01.2014	5,00%	25.000,00 €	5,95%	29.750,00 €	61.538,10 €	12,31%
Hamburg	01.01.2009	4,50%	22.500,00 €	6,25%	31.250,00 €	60.538,10 €	12,11%
Hessen	01.08.2014	6,00%	30.000,00 €	5,95%	29.750,00 €	66.538,10 €	13,31%
Mecklenburg-Vorpommern	01.07.2012	5,00%	25.000,00 €	3,57%	17.850,00 €	49.638,10 €	9,93%
Niedersachsen	01.01.2011	5,00%	25.000,00 €	3,57%	17.850,00 €	49.638,10 €	9,93%
	01.01.2011	5,00%	25.000,00 €	4,76%	23.800,00 €	55.588,10 €	11,12%
	01.01.2011	5,00%	25.000,00 €	5,95%	29.750,00 €	61.538,10 €	12,31%
Nordrhein-Westfalen	01.01.2015	6,50%	32.500,00 €	3,57%	17.850,00 €	57.138,10 €	11,43%
Rheinland-Pfalz	01.03.2012	5,00%	25.000,00 €	3,57%	17.850,00 €	49.638,10 €	9,93%
Saarland	01.01.2015	6,50%	32.500,00 €	3,57%	17.850,00 €	57.138,10 €	11,43%
Sachsen	01.01.1997	3,50%	17.500,00 €	3,57%	17.850,00 €	42.138,10 €	8,43%
Sachsen-Anhalt	01.03.2012	5,00%	25.000,00 €	3,57%	17.850,00 €	49.638,10 €	9,93%
Schleswig-Holstein	01.01.2014	6,50%	32.500,00 €	3,57%	17.850,00 €	57.138,10 €	11,43%
Thüringen	01.01.2017	6,50%	32.500,00 €	3,57%	17.850,00 €	57.138,10 €	11,43%

12.13 Übliche Höhe der Maklerprovision nach Bundesländern

Quelle: immoverkauf24 GmbH, Schillerstraße 44 A, D – 22767 Hamburg, https://www.immoverkauf24.de/, Stand Januar 2017

Bundesland	Maklerprovision gesamt	Anteil Verkäufer	Anteil Kaufer
Baden-Württemberg	7,14%	3,57%	3,57%
Bayern	7,14%	3,57%	3,57%
Berlin	7,14%	0%	7,14%
Brandenburg	7,14%	0%	7,14%
Bremen	5,95%	0%	5,95%
Hamburg	6,25%	0%	6,25%
Hessen	5,95%	0%	5,95%
Mecklenburg-Vorpommem	5,95%	2,38%	3,57%
Niedersachsen[1]	7,14% oder 4,76-5,95%	3,57% oder 0%	3,57% oder 4,76-5,95%
Nordrhein-Westfalen[2]	7,14%	3,57%	3,57%
Rheinland-Pfalz[3]	7,14%	3,57%	3,57%
Saarland	7,14%	3,57%	3,57%
Sachsen	7,14%	3,57%	3,57%
Sachsen-Anhalt	7,14%	3,57%	3,57%
Schleswig- Holstein	7,14%	3,57%	3,57%
Thüringen[4]	7,14%	3,57%	3,57%

Alle Angaben incl. 19 % Mehrwertsteuer.

1) Je nach Region werden unterschiedliche Provisionen vereinbart.
2) In Münster bis zu 4,75 % Käuferprovision.
3) Im Kreis Mainz-Bingen bis zu 5,95 % Käuferprovision.
4) In Westthüringen üblicherweise bis zu 5,95 % Käuferprovision.

12

13 Texte zu Verordnungen, Richtlinien, Normen

13

13.1 ImmoWertV

Vom 19. Mai 2010 (BGBl. I 2010, 639)

Aufgrund des § 199 Absatz 1 des Baugesetzbuchs, der zuletzt durch Artikel 4 Nummer 4 Buchstabe a des Gesetzes vom 24. Dezember 2008 (BGBl. I S. 3018) geändert worden ist, verordnet die Bundesregierung:

Inhaltsübersicht

Abschnitt 1
Anwendungsbereich, Begriffsbestimmungen und allgemeine Verfahrensgrundsätze

§ 1
Anwendungsbereich

(1) Bei der Ermittlung der Verkehrswerte (Marktwerte)[1] von Grundstücken, ihrer Bestandteile sowie ihres Zubehörs und bei der Ableitung der für die Wertermittlung erforderlichen Daten einschließlich der Bodenrichtwerte ist diese Verordnung anzuwenden.

(2) Die nachfolgende Vorschriften sind auf grundstücksgleiche Rechte, Rechte an diesen und Rechte an Grundstücken sowie auf solche Wertermittlungsobjekte, für die kein Markt besteht, entsprechend anzuwenden. In diesen Fällen kann der Wert auf der Grundlage marktkonformer Modelle unter besonderer Berücksichtigung der wirtschaftlichen Vor- und Nachteile ermittelt werden.

§ 2
Grundlagen der Wertermittlung

Der Wertermittlung sind die allgemeinen Wertverhältnisse auf dem Grundstücksmarkt am Wertermittlungsstichtag (§ 3) und der Grundstückszustand am Qualitätsstichtag (§ 4) zugrunde zu legen. Künftige Entwicklungen wie beispielsweise absehbare anderweitige Nutzungen (§ 4 Absatz 3 Nummer 1) sind zu berücksichtigen, wenn sie mit hinreichender Sicherheit aufgrund konkreter Tatsachen zu erwarten sind. In diesen Fällen ist auch die voraussichtliche Dauer bis zum Eintritt der rechtlichen und tatsächlichen Voraussetzungen für die Realisierbarkeit einer baulichen oder sonstigen Nutzung eines Grundstücks (Wartezeit) zu berücksichtigen.

§ 3
Wertermittlungsstichtag und allgemeine Wertverhältnisse

(1) Der Wertermittlungsstichtag ist der Zeitpunkt, auf den sich die Wertermittlung bezieht.

(2) Die allgemeinen Wertverhältnisse auf dem Grundstücksmarkt bestimmen sich nach der Gesamtheit der am Wertermittlungsstichtag für die Preisbildung von Grundstücken im gewöhnlichen Geschäftsverkehr (marktüblich) maßgebenden Umstände wie nach der allgemeinen Wirtschaftslage, den Verhältnissen am Kapitalmarkt sowie den wirtschaftlichen und demographischen Entwicklungen des Gebiets.

§ 4
Qualitätsstichtag und Grundstückszustand

(1) Der Qualitätsstichtag ist der Zeitpunkt, auf den sich der für die Wertermittlung maßgebliche Grundstückszustand bezieht. Er entspricht dem Wertermittlungsstichtag, es sei denn, dass aus rechtlichen oder sonstigen Gründen der Zustand des Grundstücks zu einem anderen Zeitpunkt maßgebend ist.

(2) Der Zustand eines Grundstücks bestimmt sich nach der Gesamtheit der verkehrswertbeeinflussenden rechtlichen Gegebenheiten und tatsächlichen Eigenschaften, der sonstigen Beschaffenheit und der Lage des Grundstücks (Grundstücksmerkmale). Zu den

---

1 **§ 194 BauBG** (Verkehrswert): Der Verkehrswert (Marktwert) wird durch den Preis bestimmt, der in dem Zeitpunkt, auf den sich die Ermittlung bezieht, im gewöhnlichen Geschäftsverkehr nach den rechtlichen Gegebenheiten und den tatsächlichen Eigenschaften, der sonstigen Beschaffenheit und der Lage des Grundstücks oder des sonstigen Gegenstands der Wertermittlung ohne Rücksicht auf ungewöhnliche oder persönliche Verhältnisse zu erzielen wäre.

Grundstücksmerkmalen gehören insbesondere der Entwicklungszustand (§ 5), die Art und das Maß der baulichen oder sonstigen Nutzung (§ 6 Absatz 1), die wertbeeinflussenden Rechte und Belastungen (§ 6 Absatz 2), der abgabenrechtliche Zustand (§ 6 Absatz 3), die Lagemerkmale (§ 6 Absatz 4) und die weiteren Merkmale (§ 6 Absatz 5 und 6).

(3) Neben dem Entwicklungszustand (§ 5) ist bei der Wertermittlung insbesondere zu berücksichtigen, ob am Qualitätsstichtag

1. eine anderweitige Nutzung von Flächen absehbar ist,
2. Flächen aufgrund ihrer Vornutzung nur mit erheblich über dem Üblichen liegenden Aufwand einer baulichen oder sonstigen Nutzung zugeführt werden können,
3. Flächen von städtebaulichen Missständen oder erheblichen städtebaulichen Funktionsverlusten betroffen sind,
4. Flächen einer dauerhaften öffentlichen Zweckbestimmung unterliegen,
5. Flächen für bauliche Anlagen zur Erforschung, Entwicklung oder Nutzung von Erneuerbaren Energien bestimmt sind,
6. Flächen zum Ausgleich für Eingriffe in Natur und Landschaft genutzt werden oder ob sich auf Flächen gesetzlich geschützte Biotope befinden.

§ 5
Entwicklungszustand

(1) Flächen der Land- oder Forstwirtschaft sind Flächen, die, ohne Bauerwartungsland, Rohbauland oder baureifes Land zu sein, land- oder forstwirtschaftlich nutzbar sind.

(2) Bauerwartungsland sind Flächen, die nach ihren weiteren Grundstücksmerkmalen (§ 6), insbesondere dem Stand der Bauleitplanung und der sonstigen städtebaulichen Entwicklung des Gebiets, eine bauliche Nutzung aufgrund konkreter Tatsachen mit hinreichender Sicherheit erwarten lassen.

(3) Rohbauland sind Flächen, die nach den §§ 30, 33 und 34 des Baugesetzbuchs für eine bauliche Nutzung bestimmt sind, deren Erschließung aber noch nicht gesichert ist oder die nach Lage, Form oder Größe für eine bauliche Nutzung unzureichend gestaltet sind.

(4) Baureifes Land sind Flächen, die nach öffentlich-rechtlichen Vorschriften und den tatsächlichen Gegebenheiten baulich nutzbar sind.

§ 6
Weitere Grundstücksmerkmale

(1) Art und Maß der baulichen oder sonstigen Nutzung ergeben sich in der Regel aus den für die planungsrechtliche Zulässigkeit von Vorhaben maßgeblichen §§ 30, 33 und 34 des Baugesetzbuchs und den sonstigen Vorschriften, die die Nutzbarkeit betreffen. Wird vom Maß der zulässigen Nutzung in der Umgebung regelmäßig abgewichen, ist die Nutzung maßgebend, die im gewöhnlichen Geschäftsverkehr zugrunde gelegt wird.

(2) Als wertbeeinflussende Rechte und Belastungen kommen insbesondere Dienstbarkeiten, Nutzungsrechte, Baulasten sowie wohnungs- und mietrechtliche Bindungen in Betracht.

(3) Für den abgabenrechtlichen Zustand des Grundstücks ist die Pflicht zur Entrichtung von nichtsteuerlichen Abgaben maßgebend.

(4) Lagemerkmale von Grundstücken sind insbesondere die Verkehrsanbindung, die Nachbarschaft, die Wohn- und Geschäftslage sowie die Umwelteinflüsse.

(5) Weitere Merkmale sind insbesondere die tatsächliche Nutzung, die Erträge, die Grundstücksgröße, der Grundstückszuschnitt und die Bodenbeschaffenheit wie beispielsweise Bodengüte, Eignung als Baugrund oder schädliche Bodenveränderungen. Bei bebauten Grundstücken sind dies zusätzlich insbesondere die Gebäudeart, die Bauweise und Baugestaltung, die Größe, Ausstattung und Qualität, der bauliche Zustand, die energetischen Eigenschaften, das Baujahr und die Restnutzungsdauer.

(6) Die Restnutzungsdauer ist die Zahl der Jahre, in denen die baulichen Anlagen bei ordnungsgemäßer Bewirtschaftung voraussichtlich noch wirtschaftlich genutzt werden können; durchgeführte Instandsetzungen oder Modernisierungen oder unterlassene Instandhaltungen oder andere Gegebenheiten können die Restnutzungsdauer verlängern oder verkürzen. Modernisierungen sind beispielsweise Maßnahmen, die eine wesentliche Verbesserung der Wohn- oder sonstigen Nutzungsverhältnisse oder wesentliche Einsparungen von Energie oder Wasser bewirken.

§ 7
Ungewöhnliche oder persönliche Verhältnisse

Zur Wertermittlung und zur Ableitung erforderlicher Daten für die Wertermittlung sind Kaufpreise und andere Daten wie Mieten und Bewirtschaftungskosten heranzuziehen, bei denen angenommen werden kann, dass sie nicht durch ungewöhnliche oder persönliche Verhältnisse beeinflusst worden sind. Eine Beeinflussung durch ungewöhnliche oder persönliche Verhältnisse kann angenommen werden, wenn Kaufpreise und andere Daten erheblich von den Kaufpreisen und anderen Daten in vergleichbaren Fällen abweichen.

§ 8
Ermittlung des Verkehrswerts

(1) Zur Wertermittlung sind das Vergleichswertverfahren (§ 15) einschließlich des Verfahrens zur Bodenwertermittlung (§ 16), das Ertragswertverfahren (§§ 17 bis 20), das Sachwertverfahren (§§ 21 bis 23) oder mehrere dieser Verfahren heranzuziehen. Die Verfahren sind nach der Art des Wertermittlungsobjekts unter Berücksichtigung der im gewöhnlichen Geschäftsverkehr bestehenden Gepflogenheiten und der sonstigen Umstände des Einzelfalls, insbesondere der zur Verfügung stehenden Daten, zu wählen; die Wahl ist zu begründen. Der Verkehrswert ist aus dem Ergebnis des oder der herangezogenen Verfahren unter Würdigung seiner oder ihrer Aussagefähigkeit zu ermitteln.

(2) In den Wertermittlungsverfahren nach Absatz 1 sind regelmäßig in folgender Reihenfolge zu berücksichtigen:

1. die allgemeinen Wertverhältnisse auf dem Grundstücksmarkt (Marktanpassung),
2. die besonderen objektspezifischen Grundstücksmerkmale des zu bewertenden Grundstücks.

(3) Besondere objektspezifische Grundstücksmerkmale wie beispielsweise eine wirtschaftliche Überalterung, ein überdurchschnittlicher Erhaltungszustand, Baumängel oder Bauschäden sowie von den marktüblich erzielbaren Erträgen erheblich abweichende Erträge können, soweit dies dem gewöhnlichen Geschäftsverkehr entspricht, durch marktgerechte Zu- oder Abschläge oder in anderer geeigneter Weise berücksichtigt werden.

Abschnitt 2
Bodenrichtwerte und sonstige erforderliche Daten

§ 9
Grundlagen der Ermittlung

(1) Bodenrichtwerte (§ 10) und sonstige für die Wertermittlung erforderliche Daten sind insbesondere aus der Kaufpreissammlung (§ 193 Absatz 5 Satz 1 des Baugesetzbuchs) auf der Grundlage einer ausreichenden Zahl geeigneter Kaufpreise unter Berücksichtigung der allgemeinen Wertverhältnisse zu ermitteln. Zu den sonstigen erforderlichen Daten gehören insbesondere Indexreihen (§ 11), Umrechnungskoeffizienten (§ 12), Vergleichsfaktoren für bebaute Grundstücke (§ 13) sowie Marktanpassungsfaktoren und Liegenschaftszinssätze (§ 14).

(2) Kaufpreise solcher Grundstücke, die in ihren Grundstücksmerkmalen voneinander abweichen, sind im Sinne des Absatzes 1 Satz 1 nur geeignet, wenn die Abweichungen

1. in ihren Auswirkungen auf die Preise sich ausgleichen,
2. durch Zu- oder Abschläge oder
3. durch andere geeignete Verfahren berücksichtigt werden können.

§ 10
Bodenrichtwerte

(1) Bodenrichtwerte (§ 196 des Baugesetzbuchs) sind vorrangig im Vergleichswertverfahren (§ 15) zu ermitteln. Findet sich keine ausreichende Zahl von Vergleichspreisen, kann der Bodenrichtwert auch mithilfe deduktiver Verfahren oder in anderer geeigneter und nachvollziehbarer Weise ermittelt werden. Die Bodenrichtwerte sind als ein Betrag in Euro pro Quadratmeter Grundstücksfläche darzustellen.

(2) Von den wertbeeinflussenden Merkmalen des Bodenrichtwertgrundstücks sollen der Entwicklungszustand und die Art der Nutzung dargestellt werden. Zusätzlich sollen dargestellt werden:

1. bei landwirtschaftlich genutzten Flächen gegebenenfalls die Bodengüte als Acker- oder Grünlandzahl,
2. bei baureifem Land der erschließungsbeitragsrechtliche Zustand sowie je nach Wertrelevanz das Maß der baulichen Nutzung, die Grundstücksgröße, -tiefe oder -breite und
3. bei förmlich festgelegten Sanierungsgebieten (§ 142 des Baugesetzbuchs) und förmlich festgelegten Entwicklungsbereichen (§ 165 des Baugesetzbuchs) der Grundstückszustand, auf den sich der Bodenrichtwert bezieht; dabei ist entweder der Grundstückszustand vor Beginn der Maßnahme oder nach Abschluss der Maßnahme darzustellen.

Deckt der Bodenrichtwert verschiedene Nutzungsarten oder verschiedene Nutzungsmaße ab, sollen diese ebenfalls dargestellt werden.

(3) Die Bodenrichtwerte sind in automatisierter Form auf der Grundlage der amtlichen Geobasisdaten zu führen.

§ 11
Indexreihen

(1) Änderungen der allgemeinen Wertverhältnisse auf dem Grundstücksmarkt sollen mit Indexreihen erfasst werden.

(2) Indexreihen bestehen aus Indexzahlen, die sich aus dem durchschnittlichen Verhältnis der Preise eines Erhebungszeitraums zu den Preisen eines Basiszeitraums mit der Indexzahl 100 ergeben. Die Indexzahlen können auch auf bestimmte Zeitpunkte des Erhebungs- und Basiszeitraums bezogen werden.

(3) Die Indexzahlen werden für Grundstücke mit vergleichbaren Lage- und Nutzungsverhältnissen abgeleitet. Das Ergebnis eines Erhebungszeitraums kann in geeigneten Fällen durch Vergleich mit den Indexreihen anderer Bereiche und vorausgegangener Erhebungszeiträume geändert werden.

(4) Indexreihen können insbesondere abgeleitet werden für

1. Bodenpreise,
2. Preise für Eigentumswohnungen und
3. Preise für Einfamilienhäuser.

§ 12
Umrechnungskoeffizienten

Wertunterschiede von Grundstücken, die sich aus Abweichungen bestimmter Grundstücksmerkmale sonst gleichartiger Grundstücke ergeben, insbesondere aus dem unterschiedlichen Maß der baulichen Nutzung oder der Grundstücksgröße und -tiefe, sollen mithilfe von Umrechnungskoeffizienten (§ 193 Absatz 5 Satz 2 Nummer 3 des Baugesetzbuchs) erfasst werden.

§ 13
Vergleichsfaktoren für bebaute Grundstücke

Vergleichsfaktoren (§ 193 Absatz 5 Satz 2 Nummer 4 des Baugesetzbuchs) sollen der Ermittlung von Vergleichswerten für bebaute Grundstücke dienen. Sie sind auf den marktüblich erzielbaren jährlichen Ertrag (Ertragsfaktor) oder auf eine sonst geeignete Bezugseinheit, insbesondere auf eine Flächen- oder Raumeinheit der baulichen Anlage (Gebäudefaktor), zu beziehen.

§ 14
Marktanpassungsfaktoren, Liegenschaftszinssätze

(1) Mit Marktanpassungsfaktoren und Liegenschaftszinssätzen sollen die allgemeinen Wertverhältnisse auf dem Grundstücksmarkt erfasst werden, soweit diese nicht auf andere Weise zu berücksichtigen sind.

(2) Marktanpassungsfaktoren sind insbesondere

1. Faktoren zur Anpassung des Sachwerts, die aus dem Verhältnis geeigneter Kaufpreise zu entsprechenden Sachwerten abgeleitet werden (Sachwertfaktoren, § 193 Absatz 5 Satz 2 Nummer 2 des Baugesetzbuchs),
2. Faktoren zur Anpassung finanzmathematisch errechneter Werte von Erbbaurechten oder Erbbaugrundstücken, die aus dem Verhältnis geeigneter Kaufpreise zu den finanzmathematisch errechneten Werten von entsprechenden Erbbaurechten oder Erbbaugrundstücken abgeleitet werden (Erbbaurechts- oder Erbbaugrundstücksfaktoren).

(3) Die Liegenschaftszinssätze (Kapitalisierungszinssätze, § 193 Absatz 5 Satz 2 Nummer 1 des Baugesetzbuchs) sind die Zinssätze, mit denen Verkehrswerte von Grundstücken je nach Grundstücksart im Durchschnitt marktüblich verzinst werden. Sie sind auf der

Grundlage geeigneter Kaufpreise und der ihnen entsprechenden Reinerträge für gleichartig bebaute und genutzte Grundstücke unter Berücksichtigung der Restnutzungsdauer der Gebäude nach den Grundsätzen des Ertragswertverfahrens (§§ 17 bis 20) abzuleiten.

Abschnitt 3
Wertermittlungsverfahren

Unterabschnitt 1
Vergleichswertverfahren, Bodenwertermittlung

§ 15
Ermittlung des Vergleichswerts

(1) Im Vergleichswertverfahren wird der Vergleichswert aus einer ausreichenden Zahl von Vergleichspreisen ermittelt. Für die Ableitung der Vergleichspreise sind die Kaufpreise solcher Grundstücke heranzuziehen, die mit dem zu bewertenden Grundstück hinreichend übereinstimmende Grundstücksmerkmale aufweisen. Finden sich in dem Gebiet, in dem das Grundstück gelegen ist, nicht genügend Vergleichspreise, können auch Vergleichspreise aus anderen vergleichbaren Gebieten herangezogen werden. Änderungen der allgemeinen Wertverhältnisse auf dem Grundstücksmarkt oder Abweichungen einzelner Grundstücksmerkmale sind in der Regel auf der Grundlage von Indexreihen oder Umrechnungskoeffizienten zu berücksichtigen.

(2) Bei bebauten Grundstücken können neben oder anstelle von Vergleichspreisen zur Ermittlung des Vergleichswerts geeignete Vergleichsfaktoren herangezogen werden. Der Vergleichswert ergibt sich dann durch Vervielfachung des jährlichen Ertrags oder der sonstigen Bezugseinheit des zu bewertenden Grundstücks mit dem Vergleichsfaktor. Vergleichsfaktoren sind geeignet, wenn die Grundstücksmerkmale der ihnen zugrunde gelegten Grundstücke hinreichend mit denen des zu bewertenden Grundstücks übereinstimmen.

§ 16
Ermittlung des Bodenwerts

(1) Der Wert des Bodens ist vorbehaltlich der Absätze 2 bis 4 ohne Berücksichtigung der vorhandenen baulichen Anlagen auf dem Grundstück vorrangig im Vergleichswertverfahren (§ 15) zu ermitteln. Dabei kann der Bodenwert auch auf der Grundlage geeigneter Bodenrichtwerte ermittelt werden. Bodenrichtwerte sind geeignet, wenn die Merkmale des zugrunde gelegten Richtwertgrundstücks hinreichend mit den Grundstücksmerkmalen des zu bewertenden Grundstücks übereinstimmen. § 15 Absatz 1 Satz 3 und 4 ist entsprechend anzuwenden.

(2) Vorhandene bauliche Anlagen auf einem Grundstück im Außenbereich (§ 35 des Baugesetzbuchs) sind bei der Ermittlung des Bodenwerts zu berücksichtigen, wenn sie rechtlich und wirtschaftlich weiterhin nutzbar sind.

(3) Ist alsbald mit einem Abriss von baulichen Anlagen zu rechnen, ist der Bodenwert um die üblichen Freilegungskosten zu mindern, soweit sie im gewöhnlichen Geschäftsverkehr berücksichtigt werden. Von einer alsbaldigen Freilegung kann ausgegangen werden, wenn

1. die baulichen Anlagen nicht mehr nutzbar sind oder

2. der nicht abgezinste Bodenwert ohne Berücksichtigung der Freilegungskosten den im Ertragswertverfahren (§§ 17 bis 20) ermittelten Ertragswert erreicht oder übersteigt.

(4) Ein erhebliches Abweichen der tatsächlichen von der nach § 6 Absatz 1 maßgeblichen Nutzung, wie insbesondere eine erhebliche Beeinträchtigung der Nutzbarkeit durch vorhandene bauliche Anlagen auf einem Grundstück, ist bei der Ermittlung des Bodenwerts zu berücksichtigen, soweit dies dem gewöhnlichen Geschäftsverkehr entspricht.

(5) Bei der Ermittlung der sanierungs- oder entwicklungsbedingten Bodenwerterhöhung zur Bemessung von Ausgleichsbeträgen nach § 154 Absatz 1 oder § 166 Absatz 3 Satz 4 des Baugesetzbuchs sind die Anfangs- und Endwerte auf denselben Zeitpunkt zu ermitteln.

Unterabschnitt 2
Ertragswertverfahren

§ 17
Ermittlung des Ertragswerts

(1) Im Ertragswertverfahren wird der Ertragswert auf der Grundlage marktüblich erzielbarer Erträge ermittelt. Soweit die Ertragsverhältnisse absehbar wesentlichen Veränderungen unterliegen oder wesentlich von den marktüblich erzielbaren Erträgen abweichen, kann der Ertragswert auch auf der Grundlage periodisch unterschiedlicher Erträge ermittelt werden.

(2) Im Ertragswertverfahren auf der Grundlage marktüblich erzielbarer Erträge wird der Ertragswert ermittelt

1. aus dem nach § 16 ermittelten Bodenwert und dem um den Betrag der angemessenen Verzinsung des Bodenwerts verminderten und sodann kapitalisierten Reinertrag (§ 18 Absatz 1); der Ermittlung des Bodenwertverzinsungsbetrags ist der für die Kapitalisierung nach § 20 maßgebliche Liegenschaftszinssatz zugrunde zu legen; bei der Ermittlung des Bodenwertverzinsungsbetrags sind selbständig nutzbare Teilflächen nicht zu berücksichtigen (allgemeines Ertragswertverfahren), oder
2. aus dem nach § 20 kapitalisierten Reinertrag (§ 18 Absatz 1) und dem nach § 16 ermittelten Bodenwert, der mit Ausnahme des Werts von selbständig nutzbaren Teilflächen auf den Wertermittlungsstichtag nach § 20 abzuzinsen ist (vereinfachtes Ertragswertverfahren).

Eine selbständig nutzbare Teilfläche ist der Teil eines Grundstücks, der für die angemessene Nutzung der baulichen Anlagen nicht benötigt wird und selbständig genutzt oder verwertet werden kann.

(3) Im Ertragswertverfahren auf der Grundlage periodisch unterschiedlicher Erträge wird der Ertragswert aus den durch gesicherte Daten abgeleiteten periodisch erzielbaren Reinerträgen (§ 18 Absatz 1) innerhalb eines Betrachtungszeitraums und dem Restwert des Grundstücks am Ende des Betrachtungszeitraums ermittelt. Die periodischen Reinerträge sowie der Restwert des Grundstücks sind jeweils auf den Wertermittlungsstichtag nach § 20 abzuzinsen.

§ 18
Reinertrag, Rohertrag

(1) Der Reinertrag ergibt sich aus dem jährlichen Rohertrag abzüglich der Bewirtschaftungskosten (§ 19).

(2) Der Rohertrag ergibt sich aus den bei ordnungsgemäßer Bewirtschaftung und zulässiger Nutzung marktüblich erzielbaren Erträgen. Bei Anwendung des Ertragswertverfahrens auf der Grundlage periodisch unterschiedlicher Erträge ergibt sich der Rohertrag insbesondere aus den vertraglichen Vereinbarungen.

§ 19
Bewirtschaftungskosten

(1) Als Bewirtschaftungskosten sind die für eine ordnungsgemäße Bewirtschaftung und zulässige Nutzung marktüblich entstehenden jährlichen Aufwendungen zu berücksichtigen, die nicht durch Umlagen oder sonstige Kostenübernahmen gedeckt sind.

(2) Nach Absatz 1 berücksichtigungsfähige Bewirtschaftungskosten sind

1. die Verwaltungskosten; sie umfassen die Kosten der zur Verwaltung des Grundstücks erforderlichen Arbeitskräfte und Einrichtungen, die Kosten der Aufsicht, den Wert der vom Eigentümer persönlich geleisteten Verwaltungsarbeit sowie die Kosten der Geschäftsführung;
2. die Instandhaltungskosten; sie umfassen die Kosten, die infolge von Abnutzung oder Alterung zur Erhaltung des der Wertermittlung zugrunde gelegten Ertragsniveaus der baulichen Anlage während ihrer Restnutzungsdauer aufgewendet werden müssen;
3. das Mietausfallwagnis; es umfasst das Risiko von Ertragsminderungen, die durch uneinbringliche Rückstände von Mieten, Pachten und sonstigen Einnahmen oder durch vorübergehenden Leerstand von Raum entstehen, der zur Vermietung, Verpachtung oder sonstigen Nutzung bestimmt ist; es umfasst auch das Risiko von uneinbringlichen Kosten einer Rechtsverfolgung auf Zahlung, Aufhebung eines Mietverhältnisses oder Räumung;
4. die Betriebskosten.

Soweit sich die Bewirtschaftungskosten nicht ermitteln lassen, ist von Erfahrungssätzen auszugehen.

§ 20
Kapitalisierung und Abzinsung

Der Kapitalisierung und Abzinsung sind Barwertfaktoren zugrunde zu legen. Der jeweilige Barwertfaktor ist unter Berücksichtigung der Restnutzungsdauer (§ 6 Absatz 6 Satz 1) und des jeweiligen Liegenschaftszinssatzes (§ 14 Absatz 3) der Anlage 1 oder der Anlage 2 zu entnehmen oder nach der dort angegebenen Berechnungsvorschrift zu bestimmen.

Unterabschnitt 3
Sachwertverfahren

§ 21
Ermittlung des Sachwerts

(1) Im Sachwertverfahren wird der Sachwert des Grundstücks aus dem Sachwert der nutzbaren baulichen und sonstigen Anlagen sowie dem Bodenwert (§ 16) ermittelt; die allgemeinen Wertverhältnisse auf dem Grundstücksmarkt sind insbesondere durch die Anwendung von Sachwertfaktoren (§ 14 Absatz 2 Nummer 1) zu berücksichtigen.

(2) Der Sachwert der baulichen Anlagen (ohne Außenanlagen) ist ausgehend von den Herstellungskosten (§ 22) unter Berücksichtigung der Alterswertminderung (§ 23) zu ermitteln.

(3) Der Sachwert der baulichen Außenanlagen und der sonstigen Anlagen wird, soweit sie nicht vom Bodenwert miterfasst werden, nach Erfahrungssätzen oder nach den gewöhnlichen Herstellungskosten ermittelt. Die §§ 22 und 23 sind entsprechend anzuwenden.

§ 22
Herstellungskosten

(1) Zur Ermittlung der Herstellungskosten sind die gewöhnlichen Herstellungskosten je Flächen-, Raum- oder sonstiger Bezugseinheit (Normalherstellungskosten) mit der Anzahl der entsprechenden Bezugseinheiten der baulichen Anlagen zu vervielfachen.

(2) Normalherstellungskosten sind die Kosten, die marktüblich für die Neuerrichtung einer entsprechenden baulichen Anlage aufzuwenden wären. Mit diesen Kosten nicht erfasste einzelne Bauteile, Einrichtungen oder sonstige Vorrichtungen sind durch Zu- oder Abschläge zu berücksichtigen, soweit dies dem gewöhnlichen Geschäftsverkehr entspricht. Zu den Normalherstellungskosten gehören auch die üblicherweise entstehenden Baunebenkosten, insbesondere Kosten für Planung, Baudurchführung, behördliche Prüfungen und Genehmigungen. Ausnahmsweise können die Herstellungskosten der baulichen Anlagen nach den gewöhnlichen Herstellungskosten einzelner Bauleistungen (Einzelkosten) ermittelt werden.

(3) Normalherstellungskosten sind in der Regel mithilfe geeigneter Baupreisindexreihen an die Preisverhältnisse am Wertermittlungsstichtag anzupassen.

§ 23
Alterswertminderung

Die Alterswertminderung ist unter Berücksichtigung des Verhältnisses der Restnutzungsdauer (§ 6 Absatz 6 Satz 1) zur Gesamtnutzungsdauer der baulichen Anlagen zu ermitteln. Dabei ist in der Regel eine gleichmäßige Wertminderung zugrunde zu legen. Gesamtnutzungsdauer ist die bei ordnungsgemäßer Bewirtschaftung übliche wirtschaftliche Nutzungsdauer der baulichen Anlagen.

Abschnitt 4
Schlussvorschrift

§ 24
Inkrafttreten und Außerkrafttreten

Diese Verordnung tritt am 1. Juli 2010 in Kraft. Gleichzeitig tritt die Wertermittlungsverordnung vom 6. Dezember 1988 (BGBl. I S. 2209), die durch Artikel 3 des Gesetzes vom 18. August 1997 (BGBl. I S. 2081) geändert worden ist, außer Kraft.

Der Bundesrat hat zugestimmt.

13.2 Richtlinien

13.2.1 Bodenrichtwertrichtlinie – (BRW-RL)

Hinweis: Die Anlage 3 ist hier nicht abgedruckt

Vom 11.1.2011 (BAnz Nr. 24 vom 11.2.2011 S. 597 ff.)

Inhaltsübersicht

1 Zweck und Anwendungsbereich

(1) Diese Richtlinie gibt Hinweise für die Ermittlung der Bodenrichtwerte nach §10 der Immobilienwertermittlungsverordnung (ImmoWertV) vom 19. Mai 2010 (BGBl. I S. 639). Ihre Anwendung soll die Ermittlung und Darstellung der Bodenrichtwerte nach einheitlichen und marktgerechten Grundsätzen und Verfahren sicherstellen.

(2) Die Richtlinie wurde von einer Arbeitsgruppe aus Vertretern des Bundesministeriums für Verkehr, Bau und Stadtentwicklung, des Bundesministeriums der Finanzen, der für das Gutachterausschusswesen zuständigen Ministerien der Länder sowie der Bundesvereinigung der Kommunalen Spitzenverbände erarbeitet und wird den Gutachterausschüssen zur Anwendung empfohlen.

(3) Bodenrichtwerte tragen zur Transparenz auf dem Immobilienmarkt bei. Sie dienen in besonderem Maße der Unterrichtung der Öffentlichkeit über die Situation am Immobilienmarkt, darüber hinaus sind sie eine Grundlage zur Ermittlung des Bodenwerts (§ 16 Absatz 1 Satz 2 ImmoWertV) und dienen der steuerlichen Bewertung.

2 Definition

Der Bodenrichtwert (§ 196 Absatz 1 des Baugesetzbuchs – BauGB) ist der durchschnittliche Lagewert des Bodens für eine Mehrheit von Grundstücken innerhalb eines abgegrenzten Gebiets (Bodenrichtwertzone), die nach ihren Grundstücksmerkmalen (§ 4 Absatz 2 ImmoWertV), insbesondere nach Art und Maß der Nutzbarkeit (§ 6 Absatz 1 ImmoWertV) weitgehend übereinstimmen und für die im Wesentlichen gleiche allgemeine Wertverhältnisse (§ 3 Absatz 2 ImmoWertV) vorliegen. Er ist bezogen auf den Quadratmeter Grundstücksfläche eines Grundstücks mit den dargestellten Grundstücksmerkmalen (Bodenrichtwertgrundstück).

3 Ermittlungspflicht

Bodenrichtwerte sind, soweit die Länder keine häufigere Ermittlung vorgeschrieben haben, mindestens zum 31. Dezember eines jeden zweiten Kalenderjahres flächendeckend zu ermitteln (§ 196 Absatz 1 BauGB).

4 Grundlagen

(1) Für die Bodenrichtwertermittlung sind die Daten der Kaufpreissammlung und sonstige für die Wertermittlung erforderliche Daten, vor allem Bodenpreisindexreihen und Umrechnungskoeffizienten, zu Grunde zu legen.

(2) Zweckdienliche sonstige Daten und Informationen sind unterstützend heranzuziehen. Dazu können zum Beispiel gehören:

- Geobasisdaten, z.B. Liegenschaftskarte und topografische Informationen,
- Bauleitpläne, Satzungen nach § 34 Absatz 4 BauGB zur Abgrenzung von Innen- und Außenbereich, Landschaftspläne,
- Schutzgebiete, z.B. nach Denkmalschutzrecht, Naturschutzrecht und Wasserrecht,
- Erhaltungssatzungen (§ 172 BauGB),
- städtebauliche Entwicklungskonzepte nach § 171b Absatz 2 BauGB,
- Daten über Bodenordnungs-, Sanierungs- und Entwicklungsmaßnahmen, Planfeststellungen,
- Daten über Art und Umfang der Erschließung,
- Daten über die Abrechnung von Erschließungsbeiträgen und von anderen in Betracht kommenden Beiträgen und sonstigen Abgaben,
- Informationen über Mieten,
- Informationen über Pachten,
- Bodengütekarten,
- Ergebnisse der Bodenschätzung,
- Ergebnisse örtlicher Ermittlungen (z. B. Passantenfrequenzzählungen),
- Daten zur demografischen Entwicklung.

(3) Bei der Ermittlung von Bodenrichtwerten für Richtwertzonen am Rande des Zuständigkeitsbereiches des Gutachterausschusses soll eine Abstimmung mit den benachbarten Gutachterausschüssen herbeigeführt werden.

5 Bildung der Bodenrichtwertzonen

(1) Die Bodenrichtwertzonen sollen so abgegrenzt werden, dass lagebedingte Wertunterschiede zwischen der Mehrzahl der Grundstücke und dem Bodenrichtwertgrundstück nicht erheblich sind. Wertunterschiede, die sich aus nicht mit dem Bodenrichtwertgrundstück übereinstimmenden Grundstücksmerkmalen einzelner Grundstücke ergeben (z. B. Abweichungen bei der Grundstücksfläche, individuelle rechtliche oder tatsächliche Belastungen), sind bei der Abgrenzung nicht zu berücksichtigen.

(2) Je Bodenrichtwertzone ist ein Bodenrichtwert anzugeben. Bodenrichtwertzonen können nicht aus räumlich getrennt liegenden Gebieten bestehen. Bodenrichtwertzonen können sich in begründeten Fällen deckungsgleich überlagern. Voraussetzung ist, dass eine eindeutige Zuordnung der Mehrzahl der Grundstücke zum jeweiligen Bodenrichtwert-

grundstück gewährleistet bleibt. Bei Bodenrichtwerten nach § 196 Absatz 1 Satz 7 BauGB können sich die Bodenrichtwertzonen auch nicht deckungsgleich überlagern.

(3) Soweit Gemeinbedarfsflächen nicht bereits nach Absatz 1 bei der Bildung der Bodenrichtwertzone unberücksichtigt bleiben, sind Gemeinbedarfsflächen auch in den verbleibenden Fällen nur zu berücksichtigen, wenn ihre Zweckbestimmung eine privatwirtschaftliche Nutzung nicht auf Dauer ausschließt.

(4) Bodenrichtwertzonen für den Entwicklungszustand Bauerwartungsland und Rohbauland sind unter besonderer Berücksichtigung der Bauleitpläne sowie der Entwicklung am Grundstücksmarkt zu bilden. Sie sind so abzugrenzen, dass in der Bodenrichtwertzone ein überwiegend einheitlicher Entwicklungsgrad der Grundstücke gegeben ist.

(5) Im Grenzbereich des baulichen Innen- und Außenbereichs sind der Abgrenzung der Bodenrichtwertzone soweit vorhanden Satzungen nach § 34 Absatz 4 BauGB zu Grunde zu legen. Im Übrigen sind der Abgrenzung der Bodenrichtwertzone die tatsächlichen Grenzen des vorhandenen Bebauungszusammenhangs und ggf. Auskünfte der Planungs- oder der Baugenehmigungsbehörde zu Grunde zu legen.

6 Grundstücksmerkmale des Bodenrichtwertgrundstücks

(1) Die Grundstücksmerkmale des Bodenrichtwertgrundstücks sollen mit den vorherrschenden wertbeeinflussenden Merkmalen der Mehrheit der Grundstücke in der Bodenrichtwertzone übereinstimmen.

(2) Zu den wesentlichen wertbeeinflussenden Grundstücksmerkmalen des Bodenrichtwertgrundstücks gehören stets (§ 10 Absatz 2 ImmoWertV) der Entwicklungszustand und die Art der Nutzung, sowie insbesondere

- bei baureifem Land der erschließungsbeitragsrechtliche Zustand und soweit wertrelevant vor allem
  - die Bauweise oder Anbauart,
  - das Maß der baulichen Nutzung,
  - die Grundstücksgröße (Grundstücksfläche, -tiefe oder -breite),
- bei förmlich festgelegten Sanierungsgebieten (§ 142 BauGB) und förmlich festgelegten Entwicklungsbereichen (§ 165 BauGB) der Zustand, auf den sich der Bodenrichtwert bezieht (entweder der sanierungs- oder entwicklungsunbeeinflusste oder der sanierungs- oder entwicklungsbeeinflusste Zustand),
- bei landwirtschaftlich genutzten Flächen soweit verfügbar die Bodengüte (Acker- oder Grünlandzahl).

(3) Die wesentlichen wertbeeinflussenden Grundstücksmerkmale sind nach Anlage 1 zu spezifizieren.

(4) Das Bodenrichtwertgrundstück ist frei von Merkmalen, die nur im Rahmen einer Einzelbegutachtung ermittelt werden können, insbesondere frei von

- individuellen privatrechtlichen Vereinbarungen und Belastungen (z.B. Miet- und Pachtverträge, Grunddienstbarkeiten),
- individuellen öffentlich-rechtlichen Merkmalen (z. B. Baulasten, Denkmalschutz, Bindungen des öffentlich geförderten Wohnungsbaus),
- individuellen tatsächlichen Belastungen (z.B. Altlasten).

(5) Bei der Festlegung der Art und des Maßes der baulichen Nutzung des Bodenrichtwertgrundstücks ist grundsätzlich die zulässige Nutzung zu Grunde zu legen. Diese ergibt sich aus den für die planungsrechtliche Zulässigkeit von Vorhaben maßgeblichen §§ 30, 33 und 34 BauGB und den sonstigen Vorschriften, die die Nutzbarkeit betreffen. Wird vom Maß der zulässigen Nutzung in der Umgebung regelmäßig abgewichen, ist das Nutzungsmaß maßgebend, das im gewöhnlichen Geschäftsverkehr zu Grunde gelegt wird (§ 6 Absatz 1 ImmoWertV).

(6) Wird als Maß der baulichen Nutzung das Verhältnis von Geschossfläche zur Grundstücksfläche angegeben, sind auch die Flächen zu berücksichtigen, die nach den baurechtlichen Vorschriften nicht anzurechnen sind, aber der wirtschaftlichen Nutzung dienen (wertrelevante Geschossflächenzahl – WGFZ). Die Geschossfläche ist nach den Außenmaßen der Gebäude in allen Vollgeschossen zu ermitteln. Die Flächen von Aufenthaltsräumen in anderen Geschossen einschließlich der zu ihnen gehörenden Treppenräume und ihrer Umfassungswände sind mitzurechnen.

Soweit keine anderweitigen Erkenntnisse vorliegen, ist

- die Geschossfläche eines ausgebauten oder ausbaufähigen Dachgeschosses pauschal mit 75 % der Geschossfläche des darunterliegenden Vollgeschosses,
- die Geschossfläche des Kellergeschosses, wenn Aufenthaltsräume vorhanden oder möglich sind, pauschal mit 30 % des darüberliegenden Vollgeschosses

zu berechnen.

(7) Bodenrichtwerte für baureifes Land sind in der Regel für erschließungsbeitragsfreie und kostenerstattungsbetragsfreie Grundstücke zu ermitteln. Aufgrund örtlicher Gegebenheiten können Bodenrichtwerte mit dem folgenden abweichenden beitrags- und abgabenrechtlichen Zustand ermittelt werden:

- erschließungsbeitrags-/kostenerstattungsbetragsfrei und abgabenpflichtig nach Kommunalabgabengesetz,
- erschließungsbeitrags-/kostenerstattungsbetragspflichtig und abgabenpflichtig nach Kommunalabgabengesetz.

Der dargestellte beitrags- und abgabenrechtliche Zustand soll der Mehrheit der Grundstücke innerhalb der Bodenrichtwertzone entsprechen. Der Einfluss der Beiträge und Abgaben auf den Bodenrichtwert ist am Marktverhalten zu orientieren.

7 Ermittlung der Bodenrichtwerte

(1) Bodenrichtwerte sind vorrangig im Vergleichswertverfahren zu ermitteln. Die Kaufpreise sind mittels Umrechnungskoeffizienten oder anderer geeigneter Verfahren an die Merkmale des Bodenrichtwertgrundstücks und mittels Indexreihen an den Stichtag der Bodenrichtwertermittlung anzupassen.

(2) Für die Bodenrichtwertermittlung in Gebieten ohne oder mit geringem Grundstücksverkehr sind

- Kaufpreise und Bodenrichtwerte aus vergleichbaren Gebieten,
- Kaufpreise und Bodenrichtwerte vorangegangener Jahre, die mit Indexreihen an die allgemeine Marktentwicklung angepasst werden,

heranzuziehen. Darüber hinaus können andere marktbezogene Verfahren Anwendung finden, z. B. deduktive Verfahren, Zielbaummethode, Wohn-/Geschäftslagenklassifizierung, Miet- und Pachtentwicklung, Verhältnis der Mieten in Geschäftslagen, Mietsäulenverfahren.

(3) Bei bebauten Grundstücken ist der Wert zu ermitteln, der sich ergeben würde, wenn der Boden unbebaut wäre (§ 196 Absatz 1 Satz 2 BauGB). Dabei ist zu beachten, dass Zustand und Struktur der das Gebiet prägenden Bebauung als Lagemerkmal (§ 6 Absatz 4 ImmoWertV) den Bodenwert beeinflussen können.

(4) Bei forstwirtschaftlich genutzten Grundstücken enthält der Bodenrichtwert keinen Wertanteil für den Aufwuchs.

(5) Die Bodenrichtwerte sind als ein Betrag in Euro pro Quadratmeter Grundstücksfläche zu ermitteln. Bodenrichtwertspannen sind nicht zulässig.

(6) Das Verfahren für die Ableitung der Bodenrichtwerte ist zu dokumentieren, um es bei Bedarf nachvollziehbar darlegen zu können. Einzelne Bodenrichtwerte sind nicht zu begründen.

8 Bereitstellung der Bodenrichtwerte

(1) Bodenrichtwerte sind mit ihren wertbeeinflussenden Merkmalen nutzergerecht bereitzustellen. Zur Berücksichtigung von Wertunterschieden, die auf Abweichungen von den wesentlichen wertbeeinflussenden Merkmalen des Bodenrichtwertgrundstücks beruhen, sind Umrechnungskoeffizienten oder Zu- bzw. Abschläge anzugeben. Es ist auch anzugeben, wenn der Bodenrichtwert für verschiedene Nutzungsarten oder Nutzungsmaße Geltung hat. Bei einer Darstellung der Bodenrichtwerte in einer analogen Karte ist eine Erläuterung in der in Anlage 2 dargestellten Form beizufügen.

(2) Bodenrichtwerte sind automatisiert in einem Informationssystem zum Immobilienmarkt zu führen und für die Öffentlichkeit bereitzustellen. Dabei kann der in Anlage 3 beschriebene Datenstandard verwendet werden.

Anlage 1 zu BRW-RL

Wesentliche wertbeeinflussende Grundstücksmerkmale

Für jeden Bodenrichtwert sind die wertbeeinflussenden Merkmale aus dem folgenden abschließenden Katalog anzugeben.

1 Nutzungsartenkatalog für Bodenrichtwerte

Für jeden Bodenrichtwert sind der Entwicklungszustand und die Art der Nutzung anzugeben. Zusätzlich kann eine Ergänzung zur Art der Nutzung angegeben werden (z.B. B, WR, EFH).

Nr.	Art der Nutzung bzw. Ergänzung zur Art der Nutzung	Abkürzung für: Entwicklungszustand	Abkürzung für: Art der Nutzung	Abkürzung für: Ergänzung zur Art der Nutzung
Baureifes Land		**B**		
Rohbauland		**R**		
Bauerwartungsland		**E**		
1	Wohnbaufläche		W	
1.1	Kleinsiedlungsgebiet		WS	
1.2	reines Wohngebiet		WR	
1.3	allgemeines Wohngebiet		WA	
1.4	besonderes Wohngebiet		WB	
2	gemischte Baufläche (auch Baufläche ohne nähere Spezifizierung)		M	
2.1	Dorfgebiet		MD	
2.2	Mischgebiet		MI	
2.3	Kerngebiet		MK	
3	gewerbliche Baufläche		G	
3.1	Gewerbegebiet		GE	
3.2	Industriegebiet		GI	
4	Sonderbaufläche		S	
4.1	Sondergebiet für Erholung (§ 10 BauNVO)		SE	
4.2	sonstige Sondergebiete (§ 11 BauNVO)		SO	
4.3	Baufläche für Gemeinbedarf		GB	

Nr.	Art der Nutzung bzw. Ergänzung zur Art der Nutzung	Abkürzung für Entwicklungszustand	Abkürzung für Art der Nutzung	Abkürzung für Ergänzung zur Art der Nutzung
Die Bauflächen (1 bis 4.3) können zusätzlich durch folgende Ergänzungen zur Art der Nutzung weiter spezifiziert werden in:				
	Ein- und Zweifamilienhäuser			EFH
	Mehrfamilienhäuser			MFH
	Geschäftshäuser (mehrgeschossig)			GH
	Wohn- und Geschäftshäuser			WGH
	Büro- und Geschäftshäuser			BGH
	Bürohäuser			BH
	Produktion und Logistik			PL
	Wochenendhäuser			WO
	Ferienhäuser			FEH
	Freizeit und Touristik			FZT
	Läden (eingeschossig)			LAD
	Einkaufszentren			EKZ
	Messen, Ausstellungen, Kongresse, Großveranstaltungen aller Art			MES
	Bildungseinrichtungen			BI
	Gesundheitseinrichtungen			MED
	Hafen			HAF
	Garagen, Stellplatzanlagen, Parkhäuser			GAR
	Militär			MIL
	landwirtschaftliche Produktion			LP
	Außenbereich			ASB
Flächen der Land- oder Forstwirtschaft		**LF**		
5	landwirtschaftliche Fläche		LW	
5.1	Acker		A	
5.2	Grünland		GR	
5.3	Erwerbsgartenanbaufläche		EGA	
5.3.1	Obstanbaufläche		EGA	OG
5.3.2	Gemüseanbaufläche		EGA	GEM
5.3.3	Blumen- und Zierpflanzenanbaufläche		EGA	BLU
5.3.4	Baumschulfläche		EGA	BMS
5.4	Anbaufläche für Sonderkulturen		SK	
5.4.1	Spargelanbaufläche		SK	SPA
5.4.2	Hopfenanbaufläche		SK	HPF
5.4.3	Tabakanbaufläche		SK	TAB
5.5	Weingarten		WG	
5.5.1	Weingarten in Flachlage		WG	FL
5.5.2	Weingarten in Hanglage		WG	HL
5.5.3	Weingarten in Steillage		WG	STL
5.6	Kurzumtriebsplantagen/Agroforst		KUP	
5.7	Unland, Geringstland, Bergweide, Moor		UN	
6	forstwirtschaftliche Fläche		F	

Nr.	Art der Nutzung bzw. Ergänzung zur Art der Nutzung	Abkürzung für Entwicklungszustand	Art der Nutzung	Ergänzung zur Art der Nutzung
Sonstige Flächen		**SF**		
7.1	private Grünfläche		PG	
7.2	Kleingartenfläche		KGA	
7.3	Freizeitgartenfläche		FGA	
7.4	Campingplatz		CA	
7.5	Sportfläche (u. a. Golfplatz)		SPO	
7.6	sonstige private Fläche		SG	
7.7	Friedhof		FH	
7.8	Wasserfläche		WF	
7.9	Flughäfen, Flugplätze usw.		FP	
7.10	private Parkplätze, Stellplatzfläche		PP	
7.11	Lagerfläche		LG	
7.12	Abbauland		AB	
7.12.1	Abbauland von Sand und Kies		AB	SND
7.12.2	Abbauland von Ton und Mergel		AB	TON
7.12.3	Abbauland von Torf		AB	TOF
7.12.4	Steinbruch		AB	STN
7.12.5	Braunkohletagebau		AB	KOH
7.13	Gemeinbedarfsfläche (kein Bauland)		GF	
7.14	Sondernutzungsfläche		SN	

2 Weitere wertbeeinflussende Grundstücksmerkmale

Bei baureifem Land ist die Beitragssituation anzugeben. Die weiteren Grundstücksmerkmale sind anzugeben, soweit sie wertbeeinflussend sind.

2.1 Beitrags- und abgabenrechtlicher Zustand

keine Angabe	erschließungsbeitrags- und kostenerstattungsbetragsfrei
ebf	erschließungsbeitrags-/kostenerstattungsbetragsfrei und abgabenpflichtig nach Kommunalabgabengesetz,
ebpf	erschließungsbeitrags-/kostenerstattungsbetragspflichtig und abgabenpflichtig nach Kommunalabgabengesetz

2.2 Bauweise oder Anbauart

o	offene Bauweise
g	geschlossene Bauweise
a	abweichende Bauweise
eh	Einzelhäuser
ed	Einzel- und Doppelhäuser
dh	Doppelhaushälften
rh	Reihenhäuser
rm	Reihenmittelhäuser
re	Reihenendhäuser

2.3 Maß der baulichen Nutzung

II	Geschosszahl (römische Ziffer)
WGFZ	wertrelevante Geschossflächenzahl
GRZ	Grundflächenzahl
BMZ	Baumassenzahl

2.4 Angaben zum Grundstück

t	Grundstückstiefe in Metern
b	Grundstücksbreite in Metern
f	Grundstücksfläche in Quadratmetern

2.5 Sanierungs- oder Entwicklungszusatz

SU	sanierungsunbeeinflusster Bodenrichtwert, ohne Berücksichtigung der rechtlichen und tatsächlichen Neuordnung
SB	sanierungsbeeinflusster Bodenrichtwert, unter Berücksichtigung der rechtlichen und tatsächlichen Neuordnung
EU	entwicklungsunbeeinflusster Bodenrichtwert, ohne Berücksichtigung der rechtlichen und tatsächlichen Neuordnung
EB	entwicklungsbeeinflusster Bodenrichtwert, unter Berücksichtigung der rechtlichen und tatsächlichen Neuordnung

2.6 Bewertung der Bodenschätzung

Angabe entsprechend dem Bodenschätzungsgesetz

Ackerzahl

Grünlandzahl

Anlage 2 zur BRW-RL

Erläuterungen zum Auszug aus den Bodenrichtwerten

Gesetzliche Bestimmungen

Bodenrichtwerte werden gemäß § 193 Absatz 5 BauGB vom zuständigen Gutachterausschuss für Grundstückswerte nach den Bestimmungen des BauGB und der ImmoWertV ermittelt. Die aktuellen Bodenrichtwerte wurden zum Stichtag ... [einsetzen: Datum des jeweiligen Stichtags] ermittelt.

Begriffsdefinition

Der Bodenrichtwert (§ 196 Absatz 1 BauGB) ist der durchschnittliche Lagewert des Bodens für eine Mehrheit von Grundstücken innerhalb eines abgegrenzten Gebiets (Bodenrichtwertzone), die nach ihren Grundstücksmerkmalen, insbesondere nach Art und Maß der Nutzbarkeit weitgehend übereinstimmen und für die im Wesentlichen gleiche allgemeine Wertverhältnisse vorliegen. Er ist bezogen auf den Quadratmeter Grundstücksfläche eines Grundstücks mit den dargestellten Grundstücksmerkmalen (Bodenrichtwertgrundstück).

Der Bodenrichtwert enthält keine Wertanteile für Aufwuchs, Gebäude, bauliche und sonstige Anlagen. Bei bebauten Grundstücken ist der Bodenrichtwert ermittelt worden, der sich ergeben würde, wenn der Boden unbebaut wäre (§ 196 Absatz 1 Satz 2 BauGB).

Eventuelle Abweichungen eines einzelnen Grundstücks vom Bodenrichtwertgrundstück hinsichtlich seiner Grundstücksmerkmale (zum Beispiel hinsichtlich des Erschließungszustands, des beitrags- und abgabenrechtlichen Zustands, der Art und des Maßes der baulichen Nutzung) sind bei der Ermittlung des Verkehrswerts des betreffenden Grundstücks zu berücksichtigen.

Die Abgrenzung der Bodenrichtwertzone sowie die Festsetzung der Höhe des Bodenrichtwerts begründet keine Ansprüche zum Beispiel gegenüber den Trägern der Bauleitplanung, Baugenehmigungsbehörden oder Landwirtschaftsbehörden.

Darstellung

Der Bodenrichtwert wird mit seiner Begrenzungslinie (Bodenrichtwertzone) sowie mit seinen wertbeeinflussenden Grundstücksmerkmalen entsprechend einer der folgenden Übersichten dargestellt. Der Bodenrichtwertzone können Zonennummern zugeordnet sein.

Bodenrichtwerte für Bauflächen

95 B ebf (1255)
WA EFH WGFZ0,3 b25 f750

Bodenrichtwert	Entwicklungszustand	Sanierungs- oder Entwicklungszusatz	Beitragssituation	Zonennummer
95	B		ebf	(1255)

Art der Nutzung	Ergänzung zur Art der Nutzung	Bauweise	Geschosszahl	wertrelevante Geschossflächenzahl	Grundflächenzahl	Baumassenzahl	Grundstückstiefe	Grundstücksbreite	Grundstücksfläche	weitere Merkmale
WA	EFH			WGFZ 0,3				b25	f750	
			Maß der baulichen Nutzung							

	Bodenrichtwert
...	**Bodenrichtwert in Euro je Quadratmeter**

	Entwicklungszustand
B	baureifes Land
R	Rohbauland
E	Bauerwartungsland

	Art der Nutzung
W	Wohnbaufläche
WS	Kleinsiedlungsgebiet
WR	reines Wohngebiet
WA	allgemeines Wohngebiet
WB	besonderes Wohngebiet
M	gemischte Baufläche
MD	Dorfgebiet
MI	Mischgebiet
MK	Kerngebiet
G	gewerbliche Baufläche
GE	Gewerbegebiet
GI	Industriegebiet
S	Sonderbaufläche
SE	Sondergebiet für Erholung (§ 10 BauNVO)
SO	sonstige Sondergebiete (§ 11 BauNVO)
GB	Baufläche für Gemeinbedarf

	Ergänzung zur Art der Nutzung
EFH	Ein- und Zweifamilienhäuser
MFH	Mehrfamilienhäuser
GH	Geschäftshäuser (mehrgeschossig)
WGH	Wohn- und Geschäftshäuser
BGH	Büro- und Geschäftshäuser
BH	Bürohäuser
PL	Produktion und Logistik
WO	Wochenendhäuser
FEH	Ferienhäuser
FZT	Freizeit und Touristik
LAD	Läden (eingeschossig)
EKZ	Einkaufszentren
MES	Messen, Ausstellungen, Kongresse, Großveranstaltungen aller Art
BI	Bildungseinrichtungen
MED	Gesundheitseinrichtungen
HAF	Hafen
GAR	Garagen, Stellplatzanlagen, Parkhäuser
MIL	Militär
LP	landwirtschaftliche Produktion
ASB	Außenbereich

	Sanierungs- oder Entwicklungszusatz
SU	sanierungsunbeeinflusster Bodenrichtwert, ohne Berücksichtigung der rechtlichen und tatsächlichen Neuordnung
SB	sanierungsbeeinflusster Bodenrichtwert, unter Berücksichtigung der rechtlichen und tatsächlichen Neuordnung
EU	entwicklungsunbeeinflusster Bodenrichtwert, ohne Berücksichtigung der rechtlichen und tatsächlichen Neuordnung
EB	entwicklungsbeeinflusster Bodenrichtwert, unter Berücksichtigung der rechtlichen und tatsächlichen Neuordnung

	Bauweise oder Anbauart
o	offene Bauweise
g	geschlossene Bauweise
a	abweichende Bauweise
eh	Einzelhäuser
ed	Einzel- und Doppelhäuser
dh	Doppelhaushälften
rh	Reihenhäuser
rm	Reihenmittelhäuser
re	Reihenendhäuser

	Beitrags- und abgabenrechtlicher Zustand
keine Angabe	erschließungsbeitrags- und kostenerstattungsbetragsfrei
ebf	erschließungsbeitrags-/kostenerstattungsbetragsfrei und abgabenpflichtig nach Kommunalabgabengesetz
ebpf	erschließungsbeitrags-/kostenerstattungsbetragspflichtig und abgabenpflichtig nach Kommunalabgabengesetz

	Maß der baulichen Nutzung
II	Geschosszahl (römische Ziffer)
WGFZ...	wertrelevante Geschossflächenzahl
GRZ...	Grundflächenzahl
BMZ...	Baumassenzahl

	Angaben zum Grundstück
t...	Grundstückstiefe in Metern
b...	Grundstücksbreite in Metern
f...	Grundstücksfläche in Quadratmetern

Bodenrichtwerte für Flächen der Land- oder Forstwirtschaft

1,50 LF (0023)

A 55 f5000

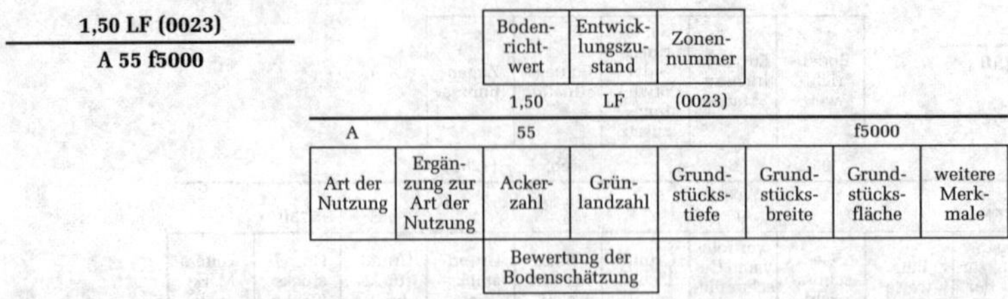

Bodenrichtwert	
…	**Bodenrichtwert in Euro je Quadratmeter**

Entwicklungszustand	
LF	Flächen der Land- oder Forstwirtschaft

Art der Nutzung	
LW	landwirtschaftliche Fläche
A	Acker
GR	Grünland
EGA	Erwerbsgartenanbaufläche
SK	Anbaufläche für Sonderkulturen
WG	Weingarten
KUP	Kurzumtriebsplantagen/Agroforst
UN	Unland, Geringstland, Bergweide, Moor
F	forstwirtschaftliche Fläche

Ergänzung zur Art der Nutzung	
OG	Obstanbaufläche
GEM	Gemüseanbaufläche
BLU	Blumen- und Zierpflanzenanbaufläche
BMS	Baumschulfläche
SPA	Spargelanbaufläche
HPF	Hopfenanbaufläche
TAB	Tabakanbaufläche
FL	Weingarten in Flachlage
HL	Weingarten in Hanglage
STL	Weingarten in Steillage

Bewertung der Bodenschätzung	
…	Ackerzahl
…	Grünlandzahl

Angaben zum Grundstück	
t…	Grundstückstiefe in Metern
b…	Grundstücksbreite in Metern
f…	Grundstücksfläche in Quadratmetern

Bodenrichtwerte für sonstige Flächen

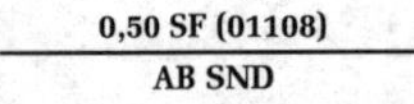

Boden-richt-wert	Entwick-lungszu-stand	Zonen-nummer
0,50	SF	(01108)

AB	SND				
Art der Nutzung	Ergän-zung zur Art der Nutzung	Grund-stücks-tiefe	Grund-stücks-breite	Grund-stücks-fläche	weitere Merk-male

Bodenrichtwert	
…	**Bodenrichtwert in Euro je Quadratmeter**

Entwicklungszustand	
SF	sonstige Flächen

Art der Nutzung	
PG	private Grünfläche
KGA	Kleingartenfläche
FGA	Freizeitgartenfläche
CA	Campingplatz
SPO	Sportfläche (u.a. Golfplatz)
SG	sonstige private Fläche
FH	Friedhof
WF	Wasserfläche
FP	Flughäfen, Flugplätze usw.
PP	private Parkplätze, Stellplatzfläche
LG	Lagerfläche
AB	Abbauland
GF	Gemeinbedarfsfläche (kein Bauland)
SN	Sondernutzungsfläche

Ergänzung zur Art der Nutzung	
SND	Abbauland von Sand und Kies
TON	Abbauland von Ton und Mergel
TOF	Abbauland von Torf
STN	Steinbruch
KOH	Braunkohletagebau

Angaben zum Grundstück	
t…	Grundstückstiefe in Metern
b…	Grundstücksbreite in Metern
f…	Grundstücksfläche in Quadratmetern

13.2.2 Hinweis auf weitere Richtlinien

Weitere Richtlinien (z.T. auszugsweise) finden Sie in den Kapiteln:

13.3 Wohnflächenverordnung (WoFlV)

Verordnung zur Berechnung der Wohnfläche (Wohnflächenverordnung – WoFlV) vom 25.11.2003 (BGBl. I 2003, 2346)

§ 1
Anwendungsbereich, Berechnung der Wohnfläche

(1) Wird nach dem Wohnraumförderungsgesetz die Wohnfläche berechnet, sind die Vorschriften dieser Verordnung anzuwenden.

(2) Zur Berechnung der Wohnfläche sind die nach § 2 zur Wohnfläche gehörenden Grundflächen nach § 3 zu ermitteln und nach § 4 auf die Wohnfläche anzurechnen.

§ 2
Zur Wohnfläche gehörende Grundflächen

(1) Die Wohnfläche einer Wohnung umfasst die Grundflächen der Räume, die ausschließlich zu dieser Wohnung gehören. Die Wohnfläche eines Wohnheims umfasst die Grundflächen der Räume, die zur alleinigen und gemeinschaftlichen Nutzung durch die Bewohner bestimmt sind.

(2) Zur Wohnfläche gehören auch die Grundflächen von

1. Wintergärten, Schwimmbädern und ähnlichen nach allen Seiten geschlossenen Räumen sowie
2. Balkonen, Loggien, Dachgärten und Terrassen,

wenn sie ausschließlich zu der Wohnung oder dem Wohnheim gehören.

(3) Zur Wohnfläche gehören nicht die Grundflächen folgender Räume:

1. Zubehörräume, insbesondere:
    a) Kellerräume,
    b) Abstellräume und Kellerersatzräume außerhalb der Wohnung,
    c) Waschküchen,
    d) Bodenräume,
    e) Trockenräume,
    f) Heizungsräume und
    g) Garagen,
2. Räume, die nicht den an ihre Nutzung zu stellenden Anforderungen des Bauordnungsrechts der Länder genügen, sowie
3. Geschäftsräume.

§ 3
Ermittlung der Grundfläche

(1) Die Grundfläche ist nach den lichten Maßen zwischen den Bauteilen zu ermitteln; dabei ist von der Vorderkante der Bekleidung der Bauteile auszugehen. Bei fehlenden begrenzenden Bauteilen ist der bauliche Abschluss zu Grunde zu legen.

(2) Bei der Ermittlung der Grundfläche sind namentlich einzubeziehen die Grundflächen von

1. Tür- und Fensterbekleidungen sowie Tür- und Fensterumrahmungen,
2. Fuß-, Sockel- und Schrammleisten,
3. fest eingebauten Gegenständen, wie z. B. Öfen, Heiz- und Klimageräten, Herden, Bade- oder Duschwannen,
4. frei liegenden Installationen,
5. Einbaumöbeln und
6. nicht ortsgebundenen, versetzbaren Raumteilern.

(3) Bei der Ermittlung der Grundflächen bleiben außer Betracht die Grundflächen von

1. Schornsteinen, Vormauerungen, Bekleidungen, frei stehenden Pfeilern und Säulen, wenn sie eine Höhe von mehr als 1,50 Meter aufweisen und ihre Grundfläche mehr als 0,1 Quadratmeter beträgt,
2. Treppen mit über drei Steigungen und deren Treppenabsätze,
3. Türnischen und
4. Fenster- und offenen Wandnischen, die nicht bis zum Fußboden herunterreichen oder bis zum Fußboden herunterreichen und 0,13 Meter oder weniger tief sind.

(4) Die Grundfläche ist durch Ausmessung im fertig gestellten Wohnraum oder auf Grund einer Bauzeichnung zu ermitteln. Wird die Grundfläche auf Grund einer Bauzeichnung ermittelt, muss diese

1. für ein Genehmigungs-, Anzeige-, Genehmigungsfreistellungs- oder ähnliches Verfahren nach dem Bauordnungsrecht der Länder gefertigt oder, wenn ein bauordnungsrechtliches Verfahren nicht erforderlich ist, für ein solches geeignet sein und
2. die Ermittlung der lichten Maße zwischen den Bauteilen im Sinne des Absatzes 1 ermöglichen.

Ist die Grundfläche nach einer Bauzeichnung ermittelt worden und ist abweichend von dieser Bauzeichnung gebaut worden, ist die Grundfläche durch Ausmessung im fertig gestellten Wohnraum oder auf Grund einer berichtigten Bauzeichnung neu zu ermitteln.

§ 4
Anrechnung der Grundflächen

Die Grundflächen

1. von Räumen und Raumteilen mit einer lichten Höhe von mindestens zwei Metern sind vollständig,
2. von Räumen und Raumteilen mit einer lichten Höhe von mindestens einem Meter und weniger als zwei Metern sind zur Hälfte,
3. von unbeheizbaren Wintergärten, Schwimmbädern und ähnlichen nach allen Seiten geschlossenen Räumen sind zur Hälfte,
4. von Balkonen, Loggien, Dachgärten und Terrassen sind in der Regel zu einem Viertel, höchstens jedoch zur Hälfte

anzurechnen.

§ 5
Überleitungsvorschrift

Ist die Wohnfläche bis zum 31. Dezember 2003 nach der Zweiten Berechnungsverordnung in der Fassung der Bekanntmachung vom 12. Oktober 1990 (BGBl. I S. 2178), zuletzt geändert durch Artikel 3 der Verordnung vom 25. November 2003 (BGBl. I S. 2346), in der jeweils geltenden Fassung berechnet worden, bleibt es bei dieser Berechnung. Soweit in den in Satz 1 genannten Fällen nach dem 31. Dezember 2003 bauliche Änderungen an dem Wohnraum vorgenommen werden, die eine Neuberechnung der Wohnfläche erforderlich machen, sind die Vorschriften dieser Verordnung anzuwenden.

13.4 Berechnung der Wohnfläche nach II.BV

Berechnung der Wohnfläche nach den §§ 42 bis 44 der II. Berechnungsverordnung

– Auszug –

▶ *Zur Überleitung vgl. § 5 WoFlV.*

§ 42
Wohnfläche

(1) Die Wohnfläche einer Wohnung ist die Summe der anrechenbaren Grundflächen der Räume, die ausschließlich zu der Wohnung gehören.

(2) 1Die Wohnfläche eines einzelnen Wohnraumes besteht aus dessen anrechenbarer Grundfläche; hinzuzurechnen ist die anrechenbare Grundfläche der Räume, die ausschließlich zu diesem einzelnen Wohnraum gehören. 2Die Wohnfläche eines untervermieteten Teils einer Wohnung ist entsprechend zu berechnen.

(3) Die Wohnfläche eines Wohnheimes ist die Summe der anrechenbaren Grundflächen der Räume, die zur alleinigen und gemeinschaftlichen Benutzung durch die Bewohner bestimmt sind.

(4) Zur Wohnfläche gehört nicht die Grundfläche von

1. Zubehörräumen; als solche kommen in Betracht: Keller, Waschküchen, Abstellräume außerhalb der Wohnung, Dachböden, Trockenräume, Schuppen (Holzlegen), Garagen und ähnliche Räume;
2. Wirtschaftsräumen; als solche kommen in Betracht: Futterküchen, Vorratsräume, Backstuben, Räucherkammern, Ställe, Scheunen, Abstellräume und ähnliche Räume;
3. Räumen, die den nach ihrer Nutzung zu stellenden Anforderungen des Bauordnungsrechtes nicht genügen;
4. Geschäftsräumen.

§ 43
Berechnung der Grundfläche

(1) 1Die Grundfläche eines Raumes ist nach Wahl des Bauherrn aus den Fertigmaßen oder den Rohbaumaßen zu ermitteln. 2Die Wahl bleibt für alle späteren Berechnungen maßgebend.

13

(2) Fertigmaße sind die lichten Maße zwischen den Wänden ohne Berücksichtigung von Wandgliederungen, Wandbekleidungen; Scheuerleisten, Öfen, Heizkörpern, Herden und dergleichen.

(3) Werden die Rohbaumaße zu Grunde gelegt, so sind die errechneten Grundflächen um 3 vom Hundert zu kürzen.

(4) Von den errechneten Grundflächen sind abzuziehen die Grundflächen von

1. Schornsteinen und anderen Mauervorlagen, frei stehenden Pfeilern und Säulen, wenn sie in der ganzen Raumhöhe durchgehen und ihre Grundfläche mehr als 0,1 Quadratmeter beträgt,
2. Treppen mit über drei Steigungen und deren Treppenabsätze.

(5) Zu den errechneten Grundflächen sind hinzuzurechnen die Grundflächen von

1. Fenster- und offenen Wandnischen, die bis zum Fußboden herunterreichen und mehr als 0,13 Meter tief sind,
2. Erkern und Wandschränken, die eine Grundfläche von mindestens 0,5 Quadratmeter haben,
3. Raumteilen unter Treppen, soweit die lichte Höhe mindestens 2 Meter ist.

Nicht hinzuzurechnen sind die Grundflächen der Türnischen.

(6) [1]Wird die Grundfläche auf Grund der Bauzeichnung nach den Rohbaumaßen ermittelt, so bleibt die hiernach berechnete Wohnfläche maßgebend, außer wenn von der Bauzeichnung abweichend gebaut worden ist. [2]Ist von der Bauzeichnung abweichend gebaut worden, so ist die Grundfläche auf Grund der berichtigten Bauzeichnung zu ermitteln.

§ 44
Anrechenbare Grundfläche

(1) Zur Ermittlung der Wohnfläche sind anzurechnen

1. voll
   die Grundflächen von Räumen und Raumteilen mit einer lichten Höhe von mindestens 2 Metern;
2. zur Hälfte
   die Grundflächen von Räumen und Raumteilen mit einer lichten Höhe von mindestens 1 Meter und weniger als 2 Metern und von Wintergärten, Schwimmbädern und ähnlichen, nach allen Seiten geschlossenen Räumen;
3. nicht
   die Grundflächen von Räumen oder Raumteilen mit einer lichten Höhe von weniger als 1 Meter.

(2) Gehören ausschließlich zu dem Wohnraum Balkone, Loggien, Dachgärten oder gedeckte Freisitze, so können deren Grundflächen zur Ermittlung der Wohnfläche bis zur Hälfte angerechnet werden.

(3) Zur Ermittlung der Wohnfläche können abgezogen werden

1. bei einem Wohngebäude mit einer Wohnung bis zu 10 vom Hundert der ermittelten Grundfläche der Wohnung,
2. bei einem Wohngebäude mit zwei nicht abgeschlossenen Wohnungen bis zu 10 vom Hundert der ermittelten Grundfläche beider Wohnungen,
3. bei einem Wohngebäude mit einer abgeschlossenen und einer nicht abgeschlossenen Wohnung bis zu 10 vom Hundert der ermittelten Grundfläche der nicht abgeschlossenen Wohnung.

(4) [1]Die Bestimmung über die Anrechnung oder den Abzug nach Absatz 2 oder 3 kann nur für das Gebäude oder die Wirtschaftseinheit einheitlich getroffen werden. [2]Die Bestimmung bleibt für alle späteren Berechnungen maßgebend.

13.5 Richtlinie zur Berechnung der Mietfläche für Wohnraum – MF/W (gif)© 1. Mai 2012

Quelle: gif Gesellschaft für Immobilienwirtschaftliche Forschung e.V.

A. Vorbemerkungen[2]

Im Jahr 2004 stellte das *Institut für Bauen und Wohnen* im Rahmen einer Studie[3] fest, dass es für den Begriff der *Wohnfläche* in Deutschland weder eine allgemein eindeutige Definition noch einheitliche Berechnungsmodelle gäbe. Es fehle eine verbindliche Regelung für die Berechnung der *Wohnfläche* im frei finanzierten Wohnungsbau.

Nachdem die DIN 283 zurückgezogen wurde, existierten gesetzlich verbindliche Definitionen nur noch für den öffentlich geförderten Wohnraum: 2004 ersetzte die Wohnflächenverordnung (WoFlV) die Regelungen zur Berechnung der Wohnfläche in der Zweiten Berechnungsverordnung (II. BV). Die WoFlV gilt nur für den Sozialwohnungsbau und ist wegen der Verlagerung der Zuständigkeit auf die Länder auslaufendes Recht. Die bisherigen Regelwerke weisen folgende Negativmerkmale auf:

- Waschküchen, WCs „auf halber Treppe" und Schwimmbäder (womit ursprünglich *Gemeinschaftsbaderäume* gemeint waren) deuten auf veraltete Flächenkonzepte hin, die noch aus der Nachkriegszeit stammen.[4]
- Neue Wohnformen mit Gemeinschaftswohnräumen, Gastwohnungen und veränderten Anforderungen durch den demographischen Wandel finden darin keine Berücksichtigung (z.B. auf der Etage angesiedelte Abstellflächen außerhalb der Wohnung, sowie Begegnungs- und Kommunikationsbereiche).
- Messbare *Wohnflächen* werden mit prozentual gewichteten Flächenanteilen (z.B. in Dachgeschossen) vermischt, daher sind die tatsächlichen Raumgrößen kaum nachvollziehbar.
- Durch Definitionslücken und Schwankungsbreiten in der Anrechenbarkeit (z.B. Balkone und Terrassen) können *Wohnflächen* größer oder kleiner „gerechnet" werden.

Umfragen sprechen davon, dass bis zu 80% aller Mietflächen nicht korrekt berechnet worden sind[5]. Für Vermieter wird der Flächennachweis dadurch erschwert, dass die bekannten Flächen auf unter schiedlichste Weise ermittelt wurden. Für Mieter ist die Preisbildung oft nicht nachvollziehbar, weil Definitionen ungenau sind oder Pläne zur Prüfung der Mietflächenangaben fehlen.

Die MF/W zielt darauf ab, diese Nachteile zu beseitigen und messbare Flächen ohne prozentuale Verzerrungen einheitlich zu definieren. Durch den separaten Ausweis von Flächen mit Nutzungseinschränkungen soll zudem Transparenz bei der Beurteilung der Nutzbarkeit einer Fläche geschaffen werden. Zudem bietet sie einen Anreiz für neue Wohnformen, vor allem für die Schaffung von gemeinschaftlich nutzbaren Flächen durch

2 **Hinweis:** Gemäß Auskunft der gif – Gesellschaft für Immobilienwirtschaftliche Forschung e.V. – ist für den weiteren Verlauf des Jahres 2017 eine Aktualisierung der Richtlinie vorgesehen.

3 Quelle: Untersuchung zur Normung von Wohnflächenberechnungen für den Verbraucherrat des DIN Deutsches Institut für Normung e.V., Institut Bauen und Wohnen, Freiburg, 4.8.2004.

4 Vgl. DIN 283, März 1951, 1.11.: „Auch Wasserversorgung, Ausguss und Abort können außerhalb der Wohnung liegen".

5 Vgl. Pressemitteilung, Bund der öffentlich bestellten Vermessungsingenieure (BDVI), Berlin 23. Januar 2007.

die Möglichkeit, solche Flächen auch außerhalb der abgeschlossenen Wohnung als Mietfläche auszuweisen. Mit detaillierten Anleitungen zu Nachweis und Berechnung von Mietflächen schafft die MF/W Rechtssicherheit für Mieter und Vermieter, wodurch Mietstreitigkeiten vermieden werden können.

Die MF/W verwendet nicht den juristisch vorbelasteten Begriff der *Wohnfläche*, sondern unterscheidet stattdessen **Mietflächen** (mit vollständigem bzw. anteiligem Nutzungsrecht) in **Wohnungsflächen** und **Nebenflächen**. Der Markt verwendet für diese beiden Flächenarten häufig die Bezeichnung ‚Wohn- und Nutzflächen', womit jedoch Flächen unterschiedlicher Nutzungsqualität zusammengefasst werden, so dass die als Wohnraum nutzbare Fläche letztlich kaum erkennbar ist. Die MF/W gibt deshalb den separaten Ausweis aller zu einem Mietobjekt gehörenden Flächen vor und weist auch solche Flächen als Mietflächen (hier: Nebenflächen) aus, die gemäß der jeweils gültigen Landesbauordnung (LBO) nicht für Wohnzwecke zugelassen sind. Dieser Regelung liegt der Gedanke zugrunde, dass jede Fläche abzubilden ist, die einem Mieter zur Nutzung überlassen werden kann. Die MF/W verfolgt damit jedoch nicht das Ziel, eine *„Anrechnung auf die Wohnfläche"* vorzugeben, sondern überlässt die preisliche Bewertung solcher Flächen den Mietparteien. Zur Unterstützung der Preisfindung enthält die MF/W im Anhang 2 ein Berechnungsbeispiel, welches marktübliche Gewichtungen benennt.

Die Mietfläche nach gif (MF/W) kann anhand der Vergleichstabelle im Anhang 1 auf *Wohnflächen* nach Wohnflächenverordnung (WoFlV) umgerechnet werden. Dieses Hilfsmittel soll jedoch keine Flächenberechnungen ersetzen, sondern einen Vergleich der Wohnungsgrößen ermöglichen, wobei verfahrensbedingte Abweichungen auftreten können. **Die Anhänge sind kein Bestandteil der Richtlinie MF/W.**

B. Anwendung und Abgrenzung

Die vorliegende Richtlinie wurde vom gif-Arbeitskreis Flächendefinition erarbeitet und von der gif e.V. verabschiedet. Sie stellt eine Vorgehensweise dar, welche die Mitglieder der gif e.V. für richtig halten. Diese Richtlinie ist eine Erkenntnisquelle für ordnungsgemäßes Verhalten im Regelfall.

Die Richtlinie soll nur als Ganzes verwendet werden. Wird bei der Verwendung von ihr abgewichen, ist dies unmittelbar unter Bezugnahme auf die Richtlinie MF/W sowohl im Text als auch in Darstellung und Nachweis (gemäß 3.2) zu verdeutlichen. In allen anderen Fällen soll jede Bezugnahme auf die Richtlinie MF/W unterbleiben. **Jede Abweichung von der Richtlinie birgt in sich das Risiko der Unwirksamkeit, insbesondere wegen Verstoßes gegen das Transparenzgebot.**

Die MF/W ist keine gesetzliche Verordnung und gilt deshalb nur dann, wenn sie miet- oder kaufvertraglich ausdrücklich vereinbart wurde. Sie ist sinngemäß auch auf (vorübergehend) nicht vermietete und eigengenutzte Flächen anwendbar. Die Richtlinie MF/W ergänzt die *Richtlinie zur Berechnung der Mietfläche für gewerblichen Raum (MF/G)* und erleichtert in gemischt genutzten Objekten die Vergleichbarkeit von Mietflächen.

Die MF/W baut auf dem Definitionsvorrat der DIN 277 (Februar 2005) auf, deren Grundflächenarten die Basis für die Gliederung der MF/W bilden. Bei der DIN 277 handelt es sich nicht um eine Mietflächendefinition, sondern sie befasst sich mit den Grundflächen und Rauminhalten von Gebäuden. Die Richtlinie MF/W geht darüber hinaus, indem sie festlegt, welche dieser Grundflächen als Mietfläche anrechenbar sind. Außerdem wird die anteilige Nutzung von Gemeinschaftsräumen geregelt. Aus diesem Grund wird zwischen vollständig und anteilig zuordenbaren Mietflächen unterschieden.

Gegenüber der WoFlV verwendet die MF/W zur Differenzierung von Grundflächen mit eingeschränkter Raumhöhe nur eine Messlinie bei 1,50 m (statt 1,00 m / 2,00 m), weil die Reduzierung auf eine Bezugshöhe die Messung und Berechnung von Grundflächen in Dachräumen erheblich erleichtert. Zudem wird die Differenzierung bei 1,50 m auch in den Landesbauordnungen und in der *Richtlinie zur Berechnung der Mietfläche für gewerblichen Raum (MF/G)* vorgenommen.

Die MF/W leistet **keine monetäre Bewertung**, nimmt jedoch eine Mietflächentypisierung vor (siehe 1.2.2), welche dazu dient, dass Mietflächen nach ihrer Nutzbarkeit strukturiert und (auch für eine monetäre Bewertung) transparent ausgewiesen werden. Im Einzelfall kann sich ergeben, dass eine Fläche zur Mietfläche zählt, es aber nahe liegt, sie monetär nicht zu berücksichtigen. Flächen, die gemäß Landesbauordnungen nicht für Wohnzwecke geeignet sind, sind gemäß MF/W als **Nebenflächen** auszuweisen (siehe 1.2.2 e) und zählen nicht zur **Wohnungsfläche** nach gif.

Flächen, die in der DIN 277 nicht im erforderlichen Maße abgegrenzt sind oder nicht zur BGF zählen, jedoch als Sondermietobjekte vermietet werden sollen, werden im Kapitel 2 Sondermietobjekte aufgeführt. Solche Sondermietobjekte sind ausdrücklich anzugeben und getrennt von der MF/W zu ermitteln.

C. Kopierrecht

D. Definitionen

1 Begriffsbestimmungen nach gif

A Die Flächenarten dieser Richtlinie gliedern sich ausgehend von der **Brutto-Grundfläche** (BGF gemäß DIN 277) in MF/W-0 (Keine Mietfläche nach gif) und MF/W (Mietfläche nach gif).

B Die Unterscheidung der **Flächenarten nach gif** erfolgt in der Planungs- und Bauphase nach einer angenommenen Nutzungssituation. Das Verhältnis von MF/W-0 zu MF/W kann sich mit neuen Nutzungssituationen ändern.

C Als **Wohneinheit** gelten einzelne Wohnungen und Wohnhäuser mit nur einer Nutzungseinheit.

D Die Zuordnung von **Grundflächenarten** gemäß DIN 277 erfolgt i.d.R. raumweise. G**rundflächenarten nach DIN 277** und **Flächenarten nach gif** gliedern sich wie folgt:

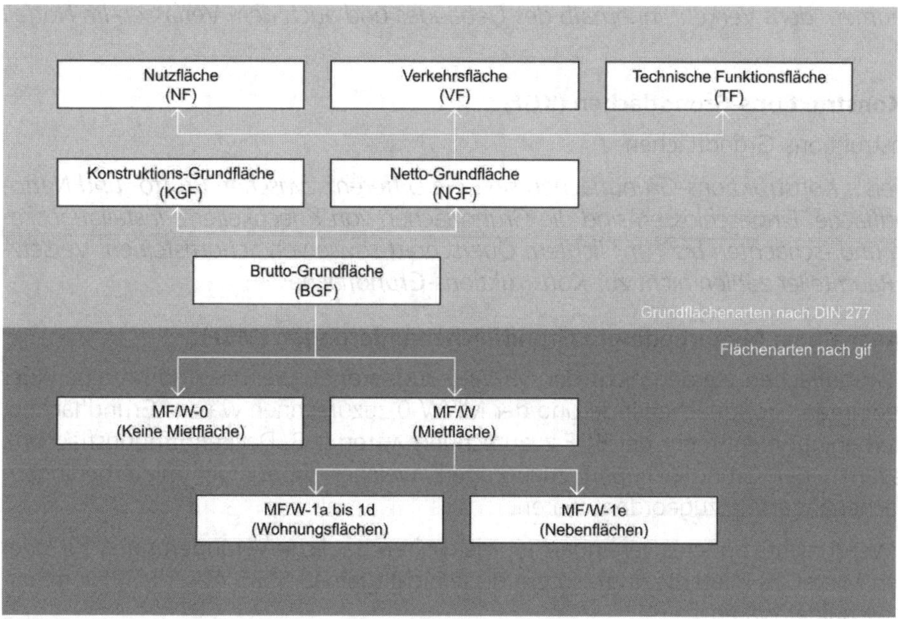

1.1 MF/W-0 Keine Mietfläche nach gif

Von den nachfolgenden Grundflächenarten der DIN 277 sind keine Mietfläche nach gif und heißen MF/W-0:

1.1.1 Nutzflächen (NF)

1.1.1.1 Kraftfahrzeugabstellflächen (siehe 2.1.2).

1.1.1.2 (Zivil-) Schutzräume.

Hinweis[6]: Nutzflächen sind derjenige Teil der Netto- Grundfläche, der der Nutzung eines Gebäudes aufgrund seiner Zweckbestimmung dient.

6 Die Definitionen der DIN 277 gehen im Zweifel den o.g. Hinweisen vor.

13

1.1.2 Technische Funktionsflächen (TF)

Alle Technischen Funktionsflächen.

Hinweis[7]*: Technische Funktionsflächen sind derjenige Teil der Netto-Grundfläche, der betriebstechnischen Anlagen dient. Eingeschlossen sind die Grundflächen von Kriechkellern, Installationskanälen und -schächten über 1 m² lichtem Querschnitt.*

1.1.3 Verkehrsflächen (VF)

1.1.3.1 Alle Verkehrsflächen. Ausgenommen sind innerhalb von Wohneinheiten: Flure, Geschosspodeste und Treppenausgleichsstufen bis zu 3 Steigungen (einschließlich solche ersetzende Rampen).

1.1.3.2 Podeste und Treppenausgleichsstufen (einschließlich solche ersetzende Rampen) vor den äußeren Zugangstüren einer Wohneinheit.

Hinweis[1]*: Verkehrsflächen sind derjenige Teil der Netto-Grundfläche, der dem Zugang zu Räumen, dem Verkehr innerhalb des Gebäudes und auch dem Verlassen im Notfall dient.*

1.1.4 Konstruktions-Grundflächen (KGF)

Alle Konstruktions-Grundflächen.

Hinweis[1]*: Konstruktions-Grundflächen sind die Differenz zwischen Brutto- und Netto-Grundfläche. Eingeschlossen sind die Grundflächen von Kriechkellern, Installationskanälen und -schächten bis 1 m² lichtem Querschnitt sowie von Schornsteinen. Versetzbare Raumteiler zählen nicht zur Konstruktions-Grundfläche.*

1.1.5 Ausnahme: Mieterbedingte Grundflächenänderungen (MBF)

1.1.5.1 Grundflächen werden nicht der MF/W-0 zugeordnet, wenn sie nur infolge einer mieterbedingten Grundflächenänderung der MF/W-0 zuzurechnen wären. Grundflächen, die mieterbedingt nicht mehr der BGF zuzurechnen wären (z.B. Deckenöffnungsflächen), sind weiterhin der Grundflächenart zuzuordnen, welcher sie vor der mieterbedingten Grundflächenänderung zugeordnet waren.

1.1.5.2 Wenn nichts anderes vereinbart wurde, gelten bauliche Veränderungen für oder durch den Mieter als mieterbedingt, sofern diese nicht (gemäß §535 Abs.1 BGB) vom Vermieter geschuldet waren.

1.1.5.3 Beim Übergang an einen Nachmieter und bei der Mietflächenermittlung nach gif in Kaufverträgen werden mieterbedingte Grundflächenänderungen nur dann als solche behandelt, wenn diese gemäß 3.2 ausgewiesen und zwischen den Parteien ausdrücklich vereinbart wurden.

1.2 MF/W Mietfläche nach gif

Die Grundfläche, die zur Brutto-Grundfläche gehört und nicht der MF/W-0 zugerechnet wird, ist Mietfläche und heißt MF/W. Die Mietfläche wird unterschieden in **Wohnungsflächen** gemäß 1.2.2 a bis d und **Nebenflächen** gemäß 1.2.2 e.

7 Die Definitionen der DIN 277 gehen im Zweifel den o.g. Hinweisen vor.

1.2.1 MF/W-1 Exklusiv genutzte Mietfläche

MF/W-Flächen gelten grundsätzlich als exklusiv genutzte Mietfläche, gleich ob sie einem Mieter oder einer Mietergruppe exklusiv zuzuordnen sind. Sie heißen **exklusive Mietfläche** (MF/W-1).

In Abhängigkeit von der Vermietungssituation lässt sich die Mietfläche MF/W-1 in Mietflächen mit **vollständigem** (MF/W-1.1) und solche mit **anteiligem** Nutzungsrecht (MF/W-1.2) gliedern.

1.2.1.1 MF/W-1-Flächen, die einem Mieter **vollständig** zugeordnet sind. Sie sind als **MF/W-1.1** separat auszuweisen, sofern der Mieter auch Anteile an MF/W-1-Flächen gemäß 1.2.1.2 hat.

1.2.1.2 MF/W-1-Flächen, die einer Mietergruppe zugeordnet sind (z.B. Gemeinschaftswohnräume, Gastwohnungen etc.). Sie sind allen daran beteiligten Mietern über einen nachvollziehbaren Verteilungsschlüssel **anteilig** zuzurechnen und als **Mf/W-1.2** für jeden Mieter separat auszuweisen.

Nach dem separaten Ausweis sind beide Mietflächenarten (MF/W-1.1 und MF/W-1.2) zu MF/W-1 zusammenzufassen.

1.2.2 Mietflächentypisierung

Alle Mietflächen MF/W sind gemäß nachfolgender Systematik zu typisieren, separat auszuweisen und mit dem jeweiligen Buchstaben zu kennzeichnen (z.B. MF/W-1a, MF/W-1b, etc.).

a – Keine räumlichen Nutzungseinschränkungen

Mietflächen, die keiner Nutzungseinschränkung gemäß 1.2.2 b/c/d/e unterliegen.

b – DIN 277 Bereich b

Mietflächen, die überdeckt, jedoch nicht allseitig in voller Höhe umschlossen sind und nicht 1.2.2 d/e zugerechnet werden.

c – DIN 277 Bereich c

Mietflächen, die nicht überdeckt sind und nicht 1.2.2 e zugerechnet werden.

d – Raumhöhe unter 1,5 m

Mietflächen, deren lichte Raumhöhe unter 1,5 m liegt und die nicht 1.2.2 e zugerechnet werden.

e – Nebenflächen

Mietflächen, die gemäß der jeweils zugrundeliegenden Landesbauordnung und/oder einem Bebauungsplan nicht für Wohnzwecke zugelassen sind.

13

2 Sondermietobjekte

Sondermietobjekte können nur solche Objekte sein, deren Grundflächen der MF/W-0 zugerechnet werden oder die außerhalb der Brutto-Grundfläche liegen. Diese Sondermietobjekte sind ausdrücklich im Vertrag zu vereinbaren.

2.1 Definierte Sondermietobjekte

Die nachfolgend definierten Sondermietobjekte können individuell vereinbart werden. Wird von den Definitionen abgewichen, so handelt es sich um Sonstige Sondermietobjekte gemäß 2.2.

2.1.1 Angrenzende Freiflächen außerhalb der BGF

Nicht unterbaute, angrenzende Terrassen. Maßgeblich ist die Ausdehnung der durch befestigten Bodenbelag begrenzten Fläche.

2.1.2 Kraftfahrzeugabstellflächen

Stellplätze für Kraftfahrzeuge in Garagen oder im Freien, nach Anzahl und Lage

2.2 Sonstige Sondermietobjekte

Alle übrigen Sondermietobjekte und Nutzungsrechte, die nicht den definierten Sondermietobjekten gemäß 2.1 entsprechen.

3 Regeln für die Berechnung und Darstellung

3.1 Messpunkte der Flächenermittlung

Grundsätzlich werden die Grundflächen direkt über dem Fußboden innerhalb der fertigen Oberflächen erfasst. Es ist bis an alle raumbegrenzenden Bauteile (einschließlich raumhoher Vormauerungen und Bekleidungen) zu messen. Tür- und Fensterbekleidungen, Fußleisten, Schrammborde, freiliegende Installationen sowie Einbauten und nicht raumhohe Vorsatzschalen sind zu übermessen.

Grundflächen von Nischen und Öffnungen in einer Wand, z.B. Türen, Fenster, Durchgänge, zählen zur Konstruktions-Grundfläche. Bei raumhoch ausgeführten Fenstern (auch: Balkontüren etc.) ist bis an den waagerechten Profilrahmen bzw. bei dessen Bodengleichheit bis an die Innenseite der Verglasung zu messen.

3.2 Darstellung und Nachweis

Die Ermittlung der MF/W und das Ausweisen der Sondermietobjekte (siehe Kapitel 2) erfolgt aus Plänen oder durch örtliches Aufmaß. Die Ermittlungsgrundlage ist anzugeben. Der Nachweis dieser Flächen erfolgt in Tabellen und Plänen.

3.2.1 Tabellen

Die Mietflächenberechnung ist in tabellarischer Form zu erstellen. Flächen sind in der Einheit Quadratmeter (m²) anzugeben und wie folgt getrennt auszuweisen:

3.2.1.1 Gliederung in Mietbereiche.

3.2.1.2 Flächenarten nach gif, getrennt nach MF/W-0 und MF/W-1 (nur sofern vorhanden: MF/W-1.1, MF/W-1.2) und Mietflächentypisierungen (a-e), sowie im Falle von 1.1.5.3 mit Kennzeichnung von mieterbedingten Grundflächenänderungen.

3.2.1.3 Sondermietobjekte gemäß 2 (Ausweis in geeig neter Form z.B. Anzahl, Nutzungszeiten, Fläche etc.).

3.2.2 Pläne

In Mietflächenplänen sind die Flächenarten nach gif (MF/W-0 bis MF/W-1) und räumliche Nutzungseinschränkungen gemäß 1.2.2 (im Falle von 1.1.5.3 auch mieterbedingte Grundflächenänderungen) graphisch unterscheidbar und prüfbar in einem geeigneten Maßstab darzustellen. Jeder Mietbereich ist mit einer Legende zu bezeichnen, welche den Bezug zur Tabelle ermöglicht.

4 Graphische Erläuterungen

Die nachfolgenden Grundrisse erläutern den Richtlinientext anhand exemplarischer Wohnungstypen.

Sie sind keine Muster für eine Plandarstellung.

4.1 Beispiel: Reihenhaus

Die Grundrisse R zeigen ein Reihenendhaus mit KG, EG, OG und Spitzboden sowie angrenzender Terrasse.

Grundriss R1

KG: Heizungsraum, Waschraum mit Teilfläche Hausanschluss (HA), Vorratsraum, Hobbyraum und Flur, dessen Raumhöhe unterhalb der Treppe zum Teil unter 1,50 m liegt.

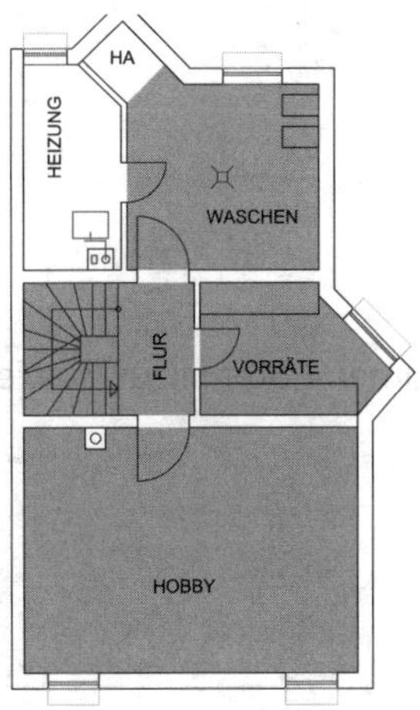

Grundriss R2

DG: Spitzboden, dessen Raumhöhe zum Teil unter 1,50 m liegt, sowie Treppenlauf.

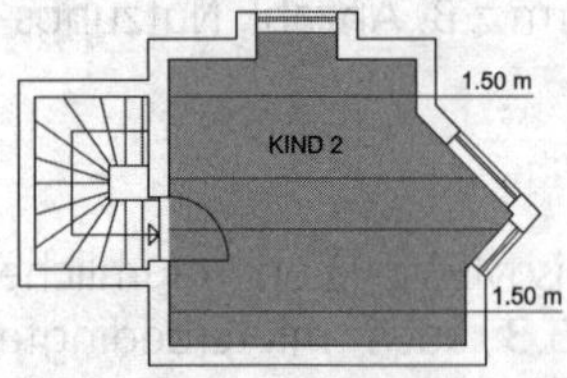

Grundriss R3

EG: Diele, WC, Abstellraum, Treppenlauf, Küche, Wohn- und Essraum mit angrenzender Terrasse, die durch das KG teilweise unterbaut ist, sowie Garage und äußerem Zugang.

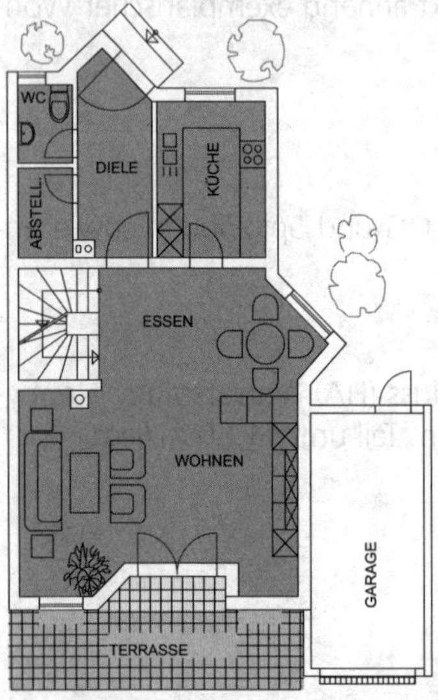

Grundriss R4

OG: Bad, Kinder- und Schlafzimmer, deren Raumhöhe zum Teil unter 1,50 m liegt, sowie Flur und Treppenlauf.

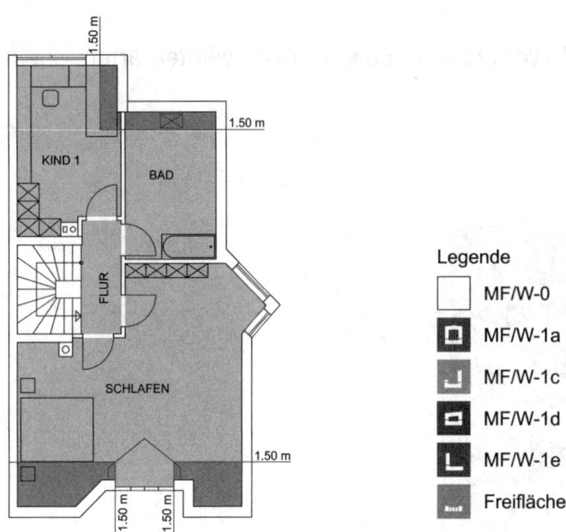

4.2 Beispiel: Mehrfamilienhaus

Die Grundrisse M zeigen eine Wohneinheit in einem Mehrfamilienhaus, hier Wohneinheit im EG mit weiteren Mietflächen im KG und DG.

Grundriss M1

KG: Kellerräume und gemeinschaftlicher Waschraum, sowie Heizungskeller, Flur, Treppenhaus und äußerer Zugang.

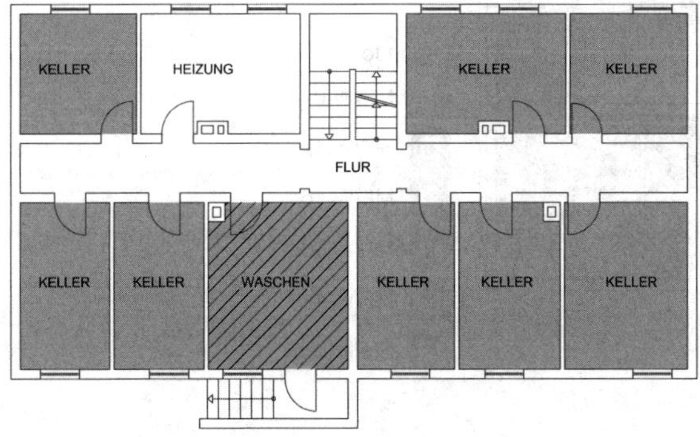

13

Grundriss M2

EG: Diele, Bad/WC, Küche, Schlaf- und Wohnräume, Balkon, bzw. Wintergarten, sowie Treppenhaus und äußerer Zugang.

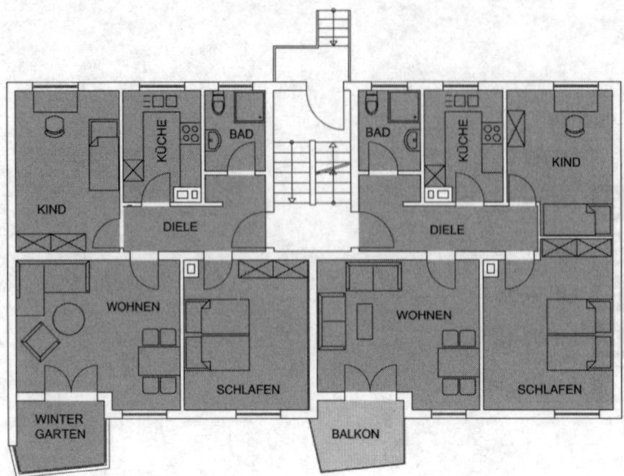

Grundriss M3

DG: Gemeinschaftliche Trockenräume und (nicht ausgebaute) Abstellräume, deren Raumhöhe zum Teil unter 1,50 m liegt, sowie Flure und Treppenhaus.

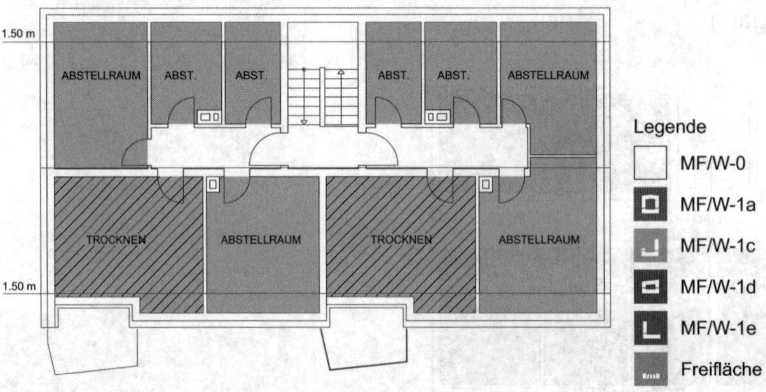

4.3 Beispiel: Neue Wohnform

Der Grundriss N zeigt ein Beispiel aus der Kategorie der sog. neuen Wohnformen, hier ein Obergeschoss mit unterschiedlichen, teils flexiblen Wohnungsgrößen und Gemeinschaftsräumen (für den dauerhaften Aufenthalt von Personen). Das Beispiel ist auch auf Formen betreuten Wohnens anwendbar.

Grundriss N

Obergeschoss: (teils zusammenlegbare) Wohnungen mit 1-3 Schlafräumen, Wohnküche, Bad/WC, Flur, Abstellflächen, überdeckten Balkonen, dazu gemeinschaftliche Aufenthalts- und Arbeitsräume sowie Flure, Treppen/Treppenhaus und Aufzug.

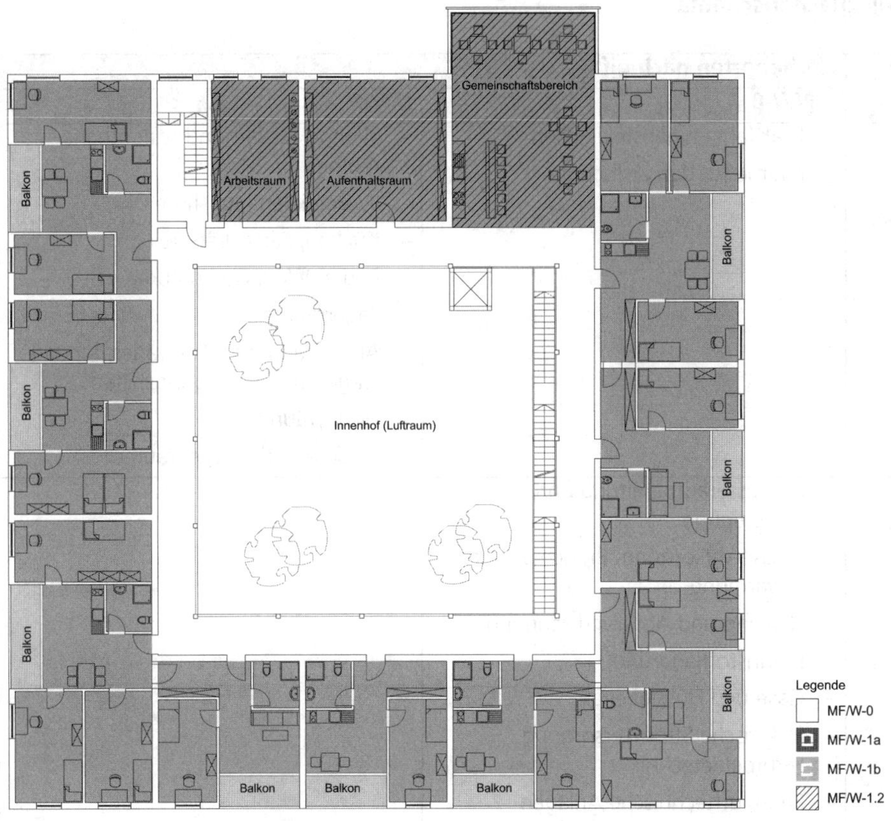

4.4 Messpunkte an Fassaden

Die Zeichnungen zeigen Ausschnitte einer Loch- (A) und einer vorgehängten Fassade (B).

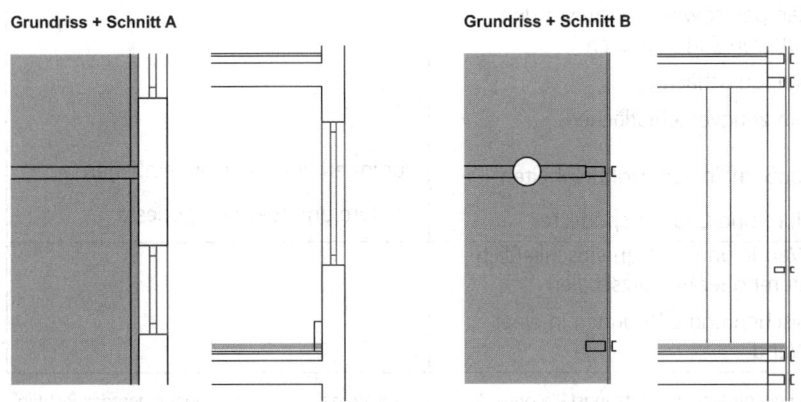

Die Grundflächen werden in Höhe des Fertigfußbodens bis an das raumbegrenzende Bauteil gemessen, also:

A: bis zur Innenkante der Außenwand
B: bis zur Innenkante der Verglasung

5 Mietflächenschema

DIN 277	Flächenarten nach gif*	
BGF	**MF/W-0**	**MF/W**
NF	– Kraftfahrzeugabstellflächen – Räume für den Zivilschutz	– Wohn-, Schlaf- und Aufenthaltsräume – Wohndielen und -flure – Küchen, Abstellräume – Bäder, WCs, Duschräume – Lagerräume – Abstellräume für Fahrräder, Kinderwagen und Bewegungshilfen – Hobbyräume – Wasch- und Trockenräume
TF	– Abwasseraufbereitung und -beseitigung – Wasserversorgung, Brauchwassererwärmung – Heizung und Abfallverbrennung – Brennstofflagerung, – Gase und Flüssigkeiten – Elektrische Stromversorgung, Fernmeldetechnik – Raumlufttechnische Anlagen – Aufzugs- und Förderanlagenmaschinenräume – Hausanschluss und Installation	
VF	– Treppenläufe, Zwischenpodeste und Rampen sowie Podeste vor den äußeren Zugangstüren – Aufzugsschächte – Fahrzeugverkehrsflächen Nur außerhalb von Wohneinheiten: – Flure und Geschosspodeste	Nur innerhalb von Wohneinheiten: – Flure und Geschosspodeste
KGF	– Wände und Stützen einschließlich raumhoher Vorsatzschalen – Nischen und Öffnungen in einer Wand	

* Die Beispiele zeigen einige typische Nutzungsfälle ohne Anspruch auf Vollzähligkeit. Die Regelungen des Richtlinientextes gehen im Zweifel diesem Mietflächenschema vor.

Anhang 1: Vergleichstabelle

Die Umrechnung von Mietfläche nach gif (MF/W) in Wohnfläche gemäß Wohnflächenverordnung (WoFlV) kann in der Regel annäherungsweise nach folgender Tabelle vorgenommen werden:

	Typisierung	Beschreibung	Gewichtung (WoFlV)
	MF/W-1a	Volle Nutzbarkeit	**100 %**
	MF/W-1b	Eingeschränkte Nutzbarkeit, überdeckt, nicht allseitig in voller Höhe umschlossen	**25 %**
	MF/W-1c	Eingeschränkte Nutzbarkeit, nicht überdeckt	**25 %**
	MF/W-1d	Eingeschränkte Nutzbarkeit, Raumhöhe unter 1,50 m	**0 %**
	MF/W-1e	Nebenflächen	**0 %**
	2.1.1	Angrenzende Freiflächen	**25 %**
S	**2.2**	Sonstige Sondermietobjekte	**0 %**

Die Bedeutung der Symbole wird unter den Gliederungspunkten 1.2.2 und 2.1.1 der Richtlinie MF/W erläutert.

13

Anhang 2: Berechnungsbeispiel

Flächen	a	b	c	d	e	2.1.1	2.2
MF/W-1.1 (Vollständige Zuordnung)	60,0 m^2	3,0 m^2	5,0 m^2	5,0 m^2	5,0 m^2	8,0 m^2	-
MF/W-1.2 (Anteilige Zuordnung)	10,0 m^2	-	2,0 m^2	-	-	-	5,0 m^2
Mietfläche (MF/W)	**70,0 m^2**	**3,0 m^2**	**7,0 m^2**	**5,0 m^2**	**5,0 m^2**	-	-
Wohnungsfläche (MF/W-1a-d)	↘	↘	↘	**85,0 m^2**			
Nebenfläche (MF/W-1e)					5,0 m^2		
Angrenzende Freifläche (Terrassen)						8,0 m^2	
Sonstige Sondermietobjekte							5,0 m^2
UMRECHNUNG	↓	↓	↓			↓	
Gewichtung	100 %	25 %	25%	0 %	0 %	25 %	0 %
Wohnfläche (Vollständige Zuordnung)	60,0 m^2	0,75 m^2	1,25 m^2			2,0 m^2	
Wohnfläche (Anteilige Zuordnung)	10,0 m^2	-	0,5 m^2			-	
SUMMEN	→	→	→			→	↘
Wohnfläche	**70,0 m^2**	**0,75 m^2**	**1,75 m^2**	-	-	**2,0 m^2**	**74,5 m^2**

Die Bedeutung der Symbole wird unter den Gliederungspunkten 1.2.2 und 2.1.1 der Richtlinie MF/W erläutert.

13.6 Richtlinie zur Berechnung der Mietfläche für gewerblichen Raum – MF/G (gif)©, 1. Mai 2012

Quelle: gif Gesellschaft für Immobilienwirtschaftliche Forschung e.V.

A. Vorbemerkungen[8]

Wenn im Zusammenhang mit einer Immobilie ein Mietverhältnis begründet wird, dann spielt die Mietfläche eine entscheidende Rolle, zumal es eine gesetzlich verbindliche Definition der Mietfläche für gewerblich genutzte Gebäude bislang nicht gibt. Es war deshalb schon immer von besonderem Interesse, sich nicht nur mit der Miete, sondern auch mit dem, was Mietfläche sein soll, zu befassen.

Je nach Markt- und Interessenlage wurde das Flächenset, das die Mietfläche ausmachte, einmal mehr, das andere Mal weniger ausgedehnt. Diese Mietfläche spiegelte nur unzuverlässig die tatsächliche Leistungsfähigkeit der Flächen des betreffenden Gebäudes wider.

Im Sinne ihrer Arbeitshypothese *Definition und Verbesserung der beruflichen Standards in der Immobilienwirtschaft* gibt die gif mit der Richtlinie MF/G den Marktbeteiligten ein Regelwerk an die Hand, das die Mietfläche als eine Größe auffasst, die direkt aus den Gebäudeeigenschaften abzuleiten ist. Sie ist damit nicht mehr regionalen Gepflogenheiten oder der Gebäudetypologie unterworfen und soll folgende Ziele erreichen:

- Erhöhung der Planungssicherheit in den Phasen Entwicklung, Realisierung und Nutzung
- Erhöhung der Aussagekraft und Vergleichbarkeit von Mietflächenangaben
- Reduzierung der Fälle, in denen eine Neuberechnung der Mietfläche notwendig wird

Die MF/G definiert die Mietfläche von gewerblich vermieteten oder genutzten Gebäuden. Sie geht mit den Begriffen und Wesenszügen der DIN 277 Grundflächen und Rauminhalte von Bauwerken im Hochbau konform. Die Richtlinie ist marktbezogen, aber unabhängig und stellt sicher, dass die Berechnung einheitlich, eindeutig und reproduzierbar durchgeführt werden kann.

Für die Vermietung von Wohnraum wurde die Richtlinie MF/W entwickelt, die in gemischt genutzten Gebäuden zusammen mit der MF/G-2012 anzuwenden ist. Der im Handel verwendete Begriff der Verkaufsfläche wird in der Richtlinie MF/V definiert und kann aus der Mietfläche MF/G über Umrechnungsfaktoren abgeleitet werden.

Änderungen gegenüber MF-G, November 2004:

- Die Kurzbezeichnung der Richtlinie wurde von *MF-G* in *MF/G* geändert.
- Die Richtlinie wurde inhaltlich überarbeitet und neu gegliedert.
- Die Definition von Grundflächen, die *Keine Mietfläche nach gif* sind, wurde präzisiert.
- Die Gliederung von exklusiv genutzten Mietflächen wurde ergänzt.

8 **Hinweis:** Gemäß Auskunft der gif – Gesellschaft für Immobilienwirtschaftliche Forschung e.V. – ist für den weiteren Verlauf des Jahres 2017 eine Aktualisierung der Richtlinie vorgesehen.

- Die Definition von Sondermietobjekten wurde überarbeitet und neu gegliedert.
- *Individuelle Mieteranforderungen* wurden in *Mieterbedingte Grundflächenänderungen* umbenannt und in einem nummerierten Abschnitt definiert.
- Der separate Ausweis von Mietflächen mit räumlichen Nutzungseinschränkungen wurde als *Mietflächentypisierung* in einem nummerierten Abschnitt zusammengefasst.
- Die Zuordnung von gemeinschaftlichen Mietflächen in Gebäuden mit anderen Vermietungsformen wurde neu aufgenommen.
- Im Anhang wurde eine Musterformulierung hinzugefügt.

Frühere Richtlinien:

MF-B, April 1996; MF-H, Juli 1997; MF-G, November 2004

B. Anwendung und Abgrenzung

Die vorliegende Richtlinie wurde vom gif-Arbeitskreis *Flächendefinition* erarbeitet und von der gif e.V. verabschiedet. Sie stellt eine Vorgehensweise dar, welche die Mitglieder der gif e.V. für richtig halten. Diese Richtlinie ist eine Erkenntnisquelle für ordnungsgemäßes Verhalten im Regelfall.

Die Richtlinie soll nur als Ganzes verwendet werden. Wird bei der Verwendung von ihr abgewichen, ist dies unmittelbar unter Bezugnahme auf die Richtlinie MF/G sowohl im Text als auch in Darstellung und Nachweis (gemäß 3.2) zu verdeutlichen. In allen anderen Fällen soll jede Bezugnahme auf die Richtlinie MF/G unterbleiben. **Jede Abweichung von der Richtlinie birgt in sich das Risiko der Unwirksamkeit, insbesondere wegen Verstoßes gegen das Transparenzgebot.**

Die MF/G gilt mittlerweile als Marktstandard zur Berechnung von Mietfläche für gewerblichen Raum. Sie findet Anwendung auf alle gewerblich vermieteten oder genutzten Gebäude und sinngemäß auch auf (vorübergehend) nicht vermietete und eigengenutzte Flächen. Die Richtlinie MF/G-2012 novelliert und ersetzt die MF/G-2004, welche ihrerseits die vorhergehenden Richtlinien zur Mietflächenermittlung für Büro- und Handelsraum (MF/B-1996 und MF/H-1997) abgelöst hat.

Die MF/G baut auf dem Definitionsvorrat der DIN 277 (Februar 2005) auf. Aus diesem Grund ist die Kenntnis der DIN 277 für den Anwender der Richtlinie MF/G unabdingbar. Bei der DIN 277 handelt es sich nicht um eine Mietflächendefinition, sondern sie befasst sich mit den Grundflächen und Rauminhalten von Gebäuden. Die Richtlinie MF/G geht darüber hinaus, indem sie festlegt, welche dieser Grundflächen als Mietfläche anrechenbar sind. Außerdem wird zwischen exklusiv und gemeinschaftlich genutzten Mietflächen unterschieden.

Die MF/G zielt darauf ab, dass eine Veränderung des Zuschnitts von Mieteinheiten innerhalb eines Gebäudes keine Auswirkungen auf die Gesamtmietfläche des Gebäudes hat. Bei bauvorlagepflichtigen Maßnahmen und Veränderungen an Tragkonstruktion, Boden- oder Deckenaufbau wird dagegen mit Änderungen in der Gesamtmietfläche zu rechnen sein.

Die MF/G leistet **keine monetäre Bewertung**, nimmt jedoch eine Mietflächentypisierung vor (siehe 1.2.4), welche dazu dient, dass Mietflächen nach ihrer Nutzbarkeit strukturiert und (auch für eine monetäre Bewertung) transparent ausgewiesen werden. Im Einzelfall kann sich ergeben, dass eine Fläche zur Mietfläche zählt, es aber nahe liegt, sie monetär nicht zu berücksichtigen.

Gemäß Richtlinie MF/G wird die Mietfläche in der Regel kleiner als die Brutto-Grundfläche (BGF) der DIN 277 sein, da bestimmte Flächen, die zur BGF gerechnet werden, nicht zur Mietfläche zählen. Flächen, die in der DIN 277 nicht im erforderlichen Maße abgegrenzt sind oder nicht zur BGF zählen, jedoch als Sondermietobjekte vermietet werden sollen, werden im Kapitel 2 Sondermietobjekte aufgeführt. Solche Sondermietobjekte sind ausdrücklich anzugeben und getrennt von der MF/G zu ermitteln.

C. Kopierrecht

Alle Rechte vorbehalten. Nachdruck, Vervielfältigung oder Verbreitung, auch auszugsweise, nur mit schriftlicher oder textlicher Genehmigung der Gesellschaft für immobilienwirtschaftliche Forschung e. V. und mit der Quellenangabe „Richtlinie zur Berechnung der Mietfläche für gewerblichen Raum (MF/G) © gif Gesellschaft für Immobilienwirtschaftliche Forschung e.V., 1. Mai 2012", erlaubt.

D. Definitionen

1 Begriffsbestimmungen nach gif

A Die Flächenarten dieser Richtlinie gliedern sich ausgehend von der **Brutto-Grundfläche** (BGF gemäß DIN 277) in MF/G-0 (Keine Mietfläche nach gif) und MF/G (Mietfläche nach gif).

B Die Unterscheidung der **Flächenarten nach gif** erfolgt in der Planungs- und Bauphase nach einer angenommenen Nutzungssituation. Das Verhältnis von MF/G-0 zu MF/G kann sich mit neuen Nutzungssituationen ändern.

C Zur Ermittlung der MF/G-0 bei nur einem Mieter oder Nutzer im Gebäude wird der fiktive Fall angenommen, dass mehrere Mieter das Gebäude belegen.

D Die Zuordnung von **Grundflächenarten** gemäß DIN 277 erfolgt i.d.R. raumweise. **Grundflächenarten nach DIN 277** und **Flächenarten nach gif** gliedern sich wie folgt:

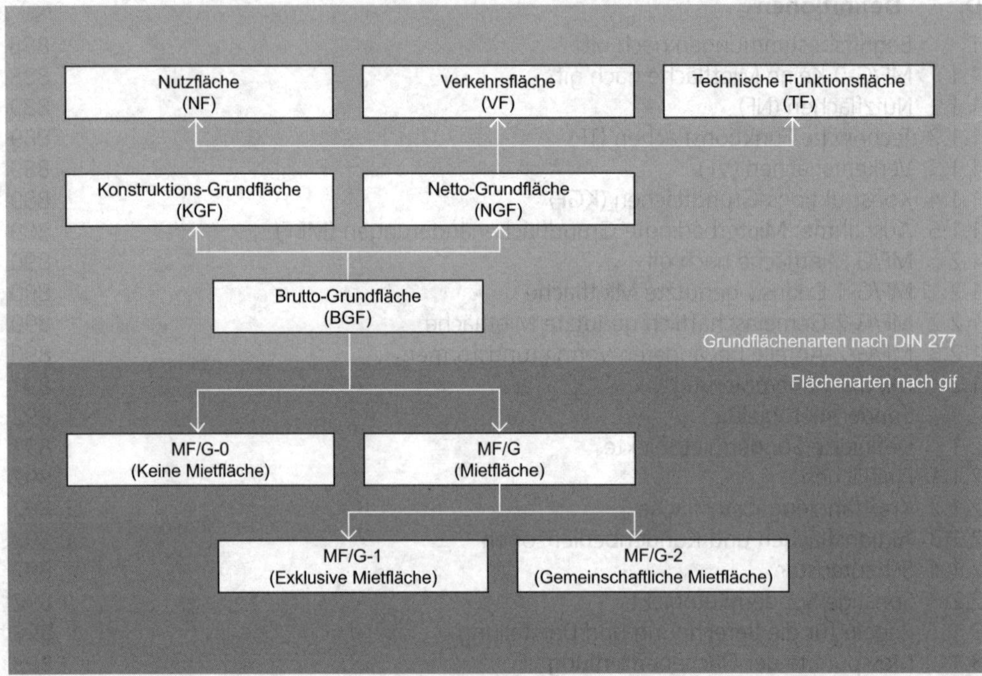

E Als **Mall** gilt die für den Kundenverkehr vorgesehene Erschließungsfläche einer Gruppe von Geschäften (meist in Einkaufszentren, ggf. mit dazugehörigen Eingangshallen und Windfängen). Nicht zur Mall zählen Flächen, die innerhalb einer Geschäftsfläche liegen (z.B. Rücksprünge in einer der Mall zugewandten Schaufensterfront). Als Geschäftsfläche gelten die gesamten betrieblich genutzten Grund- und Freiflächen für Verkaufs-, Ausstellungs-, Lager-, Versand-, Büro- sowie Personal- und Sozialzwecke.

1.1 MF/G-0 Keine Mietfläche nach gif

Von den nachfolgenden Grundflächenarten der DIN 277 sind keine Mietfläche nach gif und heißen MF/G-0:

1.1.1 Nutzflächen (NF)

1.1.1.1 Kraftfahrzeugabstellflächen (siehe 2.1.2).

1.1.1.2 (Zivil-) Schutzräume.

1.1.2 Technische Funktionsflächen (TF)

Alle Technischen Funktionsflächen einschließlich Grundflächen von Kriechkellern, Installationskanälen und -schächten über 1 m² lichtem Querschnitt.

1.1.3 Verkehrsflächen (VF)

1.1.3.1 Aufzugsschacht-Grundflächen je Haltepunkt, Treppenläufe, Zwischenpodeste und Rampen; ausgenommen sind Treppenausgleichsstufen (einschließlich solche ersetzende Rampen), sowie Geschosspodeste mit direktem Zugang ins Freie oder in eine Geschossebene, sofern diese nicht 1.1.3.2 bis 1.1.3.6 zugerechnet werden.

1.1.3.2 Grundflächen, die nicht allseitig in voller Höhe umschlossen oder nicht überdeckt sind.

1.1.3.3 Grundflächen von Räumen, die baulich vollkommen durch Wände und Decken von anderen Räumen abgetrennt sind und welche ausschließlich TF erschließen.

1.1.3.4 Wege, Treppen und Balkone, deren ausschließlicher Zweck der Flucht und Rettung dient.

1.1.3.5 Fahrzeugverkehrsflächen.

1.1.3.6 Ladenstraßen / Malls.

1.1.4 Konstruktions-Grundflächen (KGF)

1.1.4.1 Grundflächen von Außenwänden einschließlich deren Konstruktionshohlräumen, sowie von äußeren Umwehrungen.

1.1.4.2 Grundflächen von aufgehenden Bauteilen wie Wände und Stützen, die zur konstruktiven, d.h. tragenden und/oder aussteifenden Raumbildung eines Gebäudes notwendig sind.

1.1.4.3 Grundflächen von Kriechkellern, Installationskanälen und -schächten bis 1 m² lichtem Querschnitt, sowie Schornsteinen.

1.1.4.4 Grundflächen der Umschließungswände von solchen Flächen, die der MF/G-0 zugerechnet werden.

1.1.5 Ausnahme: Mieterbedingte Grundflächenänderungen (MBF)

1.1.5.1 Grundflächen werden nicht der MF/G-0 zugeordnet, wenn sie nur infolge einer mieterbedingten Grundflächenänderung der MF/G-0 zuzurechnen wären. Grundflächen, die mieterbedingt nicht mehr der BGF zuzurechnen wären (z.B. Deckenöffnungsflächen), sind weiterhin der Grundflächenart zuzuordnen, welcher sie vor der mieterbedingten Grundflächenänderung zugeordnet waren.

1.1.5.2 Wenn nichts anderes vereinbart wurde, gelten bauliche Veränderungen für oder durch den Mieter als mieterbedingt, sofern diese nicht für den vertraglich vereinbarten Miet-, Verwendungs- oder Nutzungszweck vom Vermieter geschuldet waren.

1.1.5.3 Beim Übergang an einen Nachmieter und bei der Mietflächenermittlung nach gif in Kaufverträgen werden mieterbedingte Grundflächenänderungen nur dann als solche behandelt, wenn diese gemäß 3.2 ausgewiesen und zwischen den Parteien ausdrücklich vereinbart wurden.

1.2 MF/G Mietfläche nach gif

Die Grundfläche, die zur Brutto-Grundfläche gehört und nicht der MF/G-0 zugerechnet wird, ist Mietfläche und heißt MF/G. Die Grundfläche einer Mietbereichstrennwand wird, sofern nicht MF/G-0, je zur Hälfte den Anliegern zugeordnet.

In Abhängigkeit von der Vermietungssituation lässt sich die Mietfläche MF/G in Mietflächen mit **exklusivem** (MF/G-1) und solche mit **gemeinschaftlichem** Nutzungsrecht (MF/G-2) gliedern.

Die Einordnung als Fläche mit exklusivem Nutzungsrecht wird typischerweise charakterisiert durch das Recht, andere Mieter auszuschließen und/oder das Recht, die Fläche personell und/oder sächlich zu belegen (Schlüsselrecht/Zutrittsrecht). Das Verhältnis von MF/G-1 zu MF/G-2 kann sich mit neuen Vermietungssituationen innerhalb eines Gebäudes oder Abschnittes ändern.

1.2.1 MF/G-1 Exklusiv genutzte Mietfläche

MF/G-Flächen gelten dann als exklusiv genutzte Mietfläche, wenn sie einem Mieter oder einer Mietergruppe exklusiv zuzuordnen sind. Sie heißen **exklusive Mietfläche** (MF/G-1).

1.2.1.1 MF/G-1-Flächen, die einem Mieter vollständig zugeordnet sind. Sie sind als **MF/G-1.1** separat auszuweisen, sofern der Mieter auch Anteile an MF/G-1-Flächen gemäß 1.2.1.2 hat.

1.2.1.2 MF/G-1-Flächen, die einer Mietergruppe zugeordnet sind (z.B. Konferenzräume, Teeküchen etc.). Sie sind allen daran beteiligten Mietern über einen nachvollziehbaren Verteilungsschlüssel anteilig zuzurechnen und als **MF/G-1.2** für jeden Mieter separat auszuweisen.

Nach dem separaten Ausweis sind beide Mietflächenarten (MF/G-1.1 und MF/G-1.2) zu MF/G-1 zusammenzufassen.

1.2.2 MF/G-2 Gemeinschaftlich genutzte Mietfläche

MF/G-Flächen gelten dann als gemeinschaftlich genutzte Mietfläche, wenn sie typischerweise von allen Mietern genutzt werden können. Sie heißen **gemeinschaftliche Mietfläche** (MF/G-2).

1.2.2.1 Gemeinschaftliche Mietflächen sind allen daran beteiligten Mietern über einen nachvollziehbaren Verteilungsschlüssel anteilig zuzurechnen. In der Regel erfolgt die Zuordnung der MF/G-2-Anteile gebäudeweise und geschoßübergreifend. Bei Gebäuden, die in Teilen nicht nach der gif-Richtlinie MF/G vermietet sind, ist 1.2.3 zu beachten.

1.2.2.2 In Abhängigkeit von der jeweiligen Vermietungssituation kann eine **abschnittsweise Gliederung** definiert werden (z.B. Geschosse, Bauabschnitte oder Bauteile). Innerhalb dieser Abschnitte werden die gemeinschaftlichen Mietflächen addiert und den Parteien anteilig zugeordnet.

1.2.3 MF/G-2-Anteile bei anderen Vermietungsformen

Bei Gebäuden, die in Teilen nicht nach der gif-Richtlinie MF/G vermietet sind, werden den nach MF/G vermieteten Bereichen die MF/G-2-Anteile wie folgt zugerechnet:

1.2.3.1 Wohnnutzungen

Für Mietbereiche, die für Wohnzwecke genutzt werden, ist (falls nicht vereinbart, dann *pro forma*) die gif- Richtlinie MF/W anzuwenden. Für die Berechnung von MF/G-2-Anteilen ist die Mietfläche MF/W-1 wie MF/G-1 zu behandeln. Mietflächen, die anteilig als MF/W-1.2 zugeordnet sind und die auch von MF/G-Mietern genutzt werden können, sind nach MF/W zu ermitteln und den daran beteiligten MF/G-Mietern als MF/G-1.2 zuzuordnen.

1.2.3.2 Sonstige Nutzungen

Für sonstige Mietbereiche, die nicht auf Grundlage der gif-Richtlinien MF/W oder MF/G vermietet sind, ist *pro forma* deren Mietfläche MF/G-1 zu ermitteln.

Diesen und den nach MF/G vermieteten Bereichen wird nun der jeweilige Anteil an der MF/G-2 analog 1.2.2 (falls nicht vereinbart, dann *pro forma*) zugerechnet.

1.2.4 Mietflächentypisierung

Alle Mietflächen MF/G sind gemäß nachfolgender Systematik zu typisieren, separat auszuweisen und mit dem jeweiligen Buchstaben zu kennzeichnen (z.B. MF/G-2c, MF/G-1b etc.).

a – Keine räumlichen Nutzungseinschränkungen

Mietflächen, die keiner Nutzungseinschränkung gemäß 1.2.4 b/c/d unterliegen.

b – DIN 277 Bereich b

Mietflächen, die überdeckt, jedoch nicht allseitig in voller Höhe umschlossen sind und nicht 1.2.4 d zugerechnet werden.

c – DIN 277 Bereich c

Mietflächen, die nicht überdeckt sind.

d – Raumhöhe unter 1,5 m

Mietflächen, deren lichte Raumhöhe unter 1,5 m liegt.

13

2 Sondermietobjekte

Sondermietobjekte können nur solche Objekte sein, deren Grundflächen der MF/G-0 zugerechnet werden oder die außerhalb der Brutto-Grundfläche liegen. Diese Sondermietobjekte sind ausdrücklich im Vertrag zu vereinbaren und erhalten keine MF/G-2-Anteile.

2.1 Definierte Sondermietobjekte

Die nachfolgend definierten Sondermietobjekte können individuell vereinbart werden. Wird von den Definitionen abgewichen, so handelt es sich um Sonstige Sondermietobjekte gemäß 2.2.

2.1.1 Freiflächen

Nicht unterbaute Freiflächen (z.B. Terrassen). Maßgeblich ist die Ausdehnung der überdeckten oder durch befestigten Bodenbelag abgeteilten Fläche.

2.1.2 Kraftfahrzeugabstellflächen

Stellplätze für Kraftfahrzeuge in Garagen oder im Freien, nach Anzahl und Lage

2.1.3 Aktionsflächen und Kundenbedienzonen

Als solche gelten Teilflächen in einer Mall, die ständig oder zeitweise für Verkäufe oder verkaufsbegleitende Maßnahmen genutzt werden.

2.1.3.1 Verkaufs-, Präsentations- oder Gastronomiezonen in der Ausdehnung der durch Raumteiler, Warenträger oder Mobiliar abgeteilten Fläche, ggf. zzgl. Kundenbedienzonen.

2.1.3.2 Kundenbedienzonen mit 1,00 m Tiefe (bei 2.1.3.1 umschließend, bei Schaufensterverkäufen in der Breite der Fensteröffnung).

2.1.4 Schaufenster

Schaufenster bis an die Innenseite der Verglasung, nach Fläche.

2.2 Sonstige Sondermietobjekte

Alle übrigen Sondermietobjekte und Nutzungsrechte, die nicht den definierten Sondermietobjekten gemäß 2.1 entsprechen.

3 Regeln für die Berechnung und Darstellung

3.1 Messpunkte der Flächenermittlung

Grundsätzlich werden die Grundflächen direkt über dem Fußboden innerhalb der fertigen Oberflächen erfasst. Es ist bis an alle raumbegrenzenden Bauteile (einschließlich raumhoher Vormauerungen und Bekleidungen) zu messen. Tür- und Fensterbekleidungen, Fußleisten, Schrammborde, freiliegende Installationen sowie Einbauten und nicht raumhohe Vorsatzschalen sind zu übermessen.

Bei Vorhangfassaden mit bodengleichen, waagerechten Tragprofilen ist bis an die Innenseite der Verglasung zu messen. Senkrechte Fassadenprofile sind dann zu übermessen.

3.2 Darstellung und Nachweis

Die Ermittlung der MF/G und das Ausweisen der Sondermietobjekte (siehe Kapitel 2) erfolgt aus Plänen oder durch örtliches Aufmaß. Die Ermittlungsgrundlage ist anzugeben. Der Nachweis dieser Flächen erfolgt in Tabellen und Plänen.

3.2.1 Tabellen

Die Mietflächenberechnung ist in tabellarischer Form zu erstellen. Flächen sind in der Einheit Quadratmeter (m²) anzugeben und wie folgt getrennt auszuweisen:

3.2.1.1 Gliederung in Abschnitte gemäß Kapitel 1.2.2 und Mietbereiche.

3.2.1.2 Flächenarten nach gif (MF/G-0 bis MF/G-2) und Mietflächentypisierungen (a-d), sowie im Falle von 1.1.5.3 mit Kennzeichnung von mieterbedingten Grundflächenänderungen.

3.2.1.3 Sondermietobjekte gemäß 2 (Ausweis in geeigneter Form z.B. Anzahl, Nutzungszeiten, Fläche etc.).

3.2.2 Pläne

In Mietflächenplänen sind die Flächenarten nach gif (MF/G-0 bis MF/G-2) und räumliche Nutzungseinschränkungen gemäß 1.2.4 (im Falle von 1.1.5.3 auch mieterbedingte Grundflächenänderungen) graphisch unterscheidbar und prüfbar in einem geeigneten Maßstab darzustellen. Jeder Mietbereich ist mit einer Legende zu bezeichnen, welche den Bezug zur Tabelle ermöglicht.

4 Graphische Erläuterungen

Die nachfolgenden Grundrisse erläutern den Richtlinientext. Sie sind keine Muster für eine Plandarstellung.

4.1 Beispiel: Mietflächentypisierung

Der Grundriss A zeigt ein Geschoss mit Mietflächen, die teilweise Nutzungseinschränkungen gemäß 1.2.4 b/c/d unterliegen.

Grundriss A

Dachgeschoss, dessen Raumhöhe zum Teil unter 1,50 m liegt, mit teilweise überdeckten Balkonen.

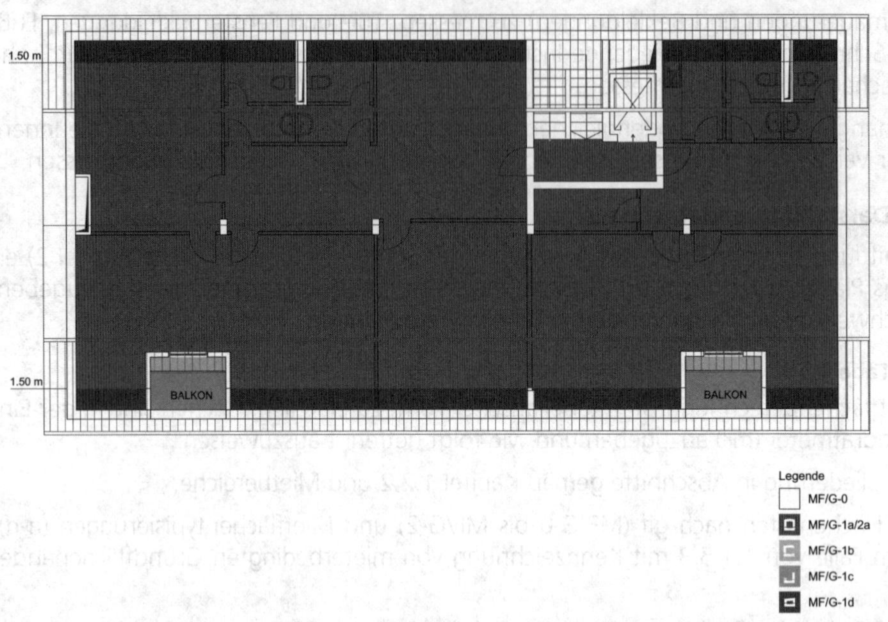

4.2 Beispiel: Flächenarten nach gif

Der Grundriss B zeigt ein Geschoss mit zwei Mietbereichen, die über ein gemeinsames Treppenhaus mit Aufzugsvorraum erschlossen werden.

Grundriss B

Die Außenwand ist zum einen als Lochfassade (oben) und zum anderen als vorgehängte Fassade (unten) mit bodengleichen Profilen ausgebildet. Die Mietbereichstrennung ergibt sich aus einer konstruktiv notwendigen Wand und aus einer leichten Trennwand, die die Variation des Mietbereichszuschnitts vereinfachen soll.

MF/G-0: Die Aufzugsschachtfläche, der Treppenlauf mit Zwischenpodest, Installationsschächte, die Grundflächen aller tragenden/aussteifenden Konstruktionsteile sowie der Wände, welche MF/G-0-Flächen umfassen.

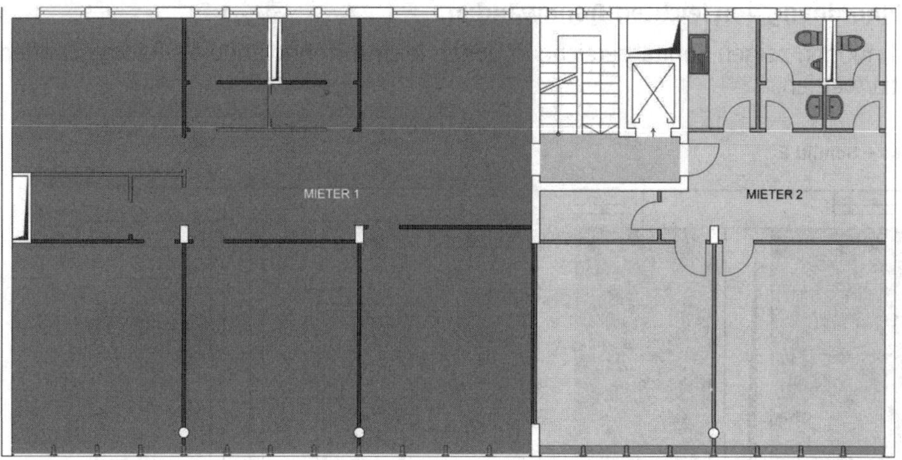

MF/G-1: Exklusive Mietfläche der Mieter 1 und 2

MF/G-2: Gemeinschaftliche Mietfläche (Aufzugsvorraum / Geschosspodest)

4.3 Messpunkte an Fassaden

Die Zeichnungen zeigen Ausschnitte einer Loch- (C) und einer vorgehängten Fassade (D).

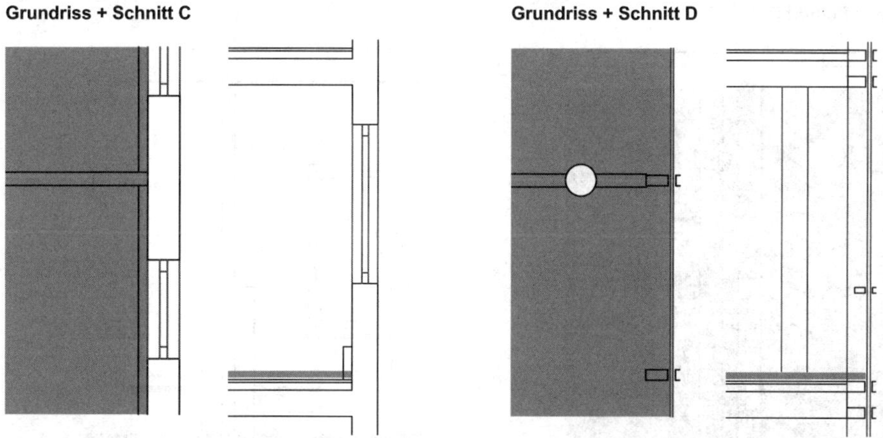

Die Grundflächen werden in Höhe des Fertigfußbodens bis an das raumbegrenzende Bauteil gemessen, also:

C: bis zur Innenkante der Außenwand

D: bis zur Innenkante der Verglasung

4.4 Einordnung von leichten Trennwänden

Die Zeichnungen zeigen Sanitärbereiche in denen leichte Trennwände als Raumteilungen eingesetzt werden.

Grundriss + Schnitt E

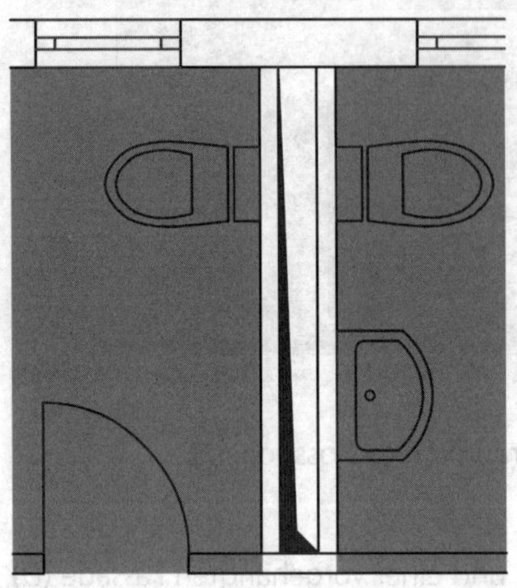

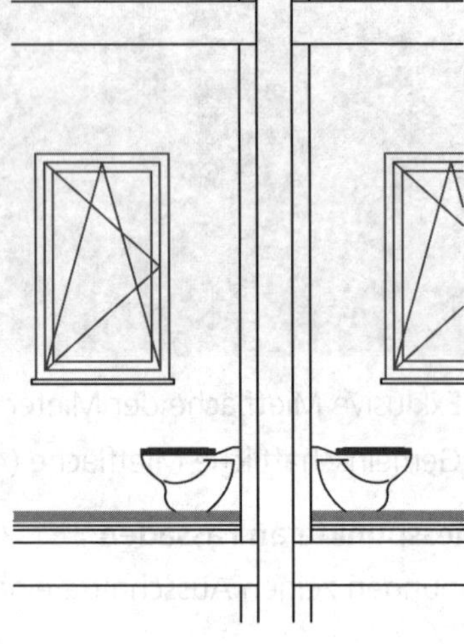

Grundriss + Schnitt F

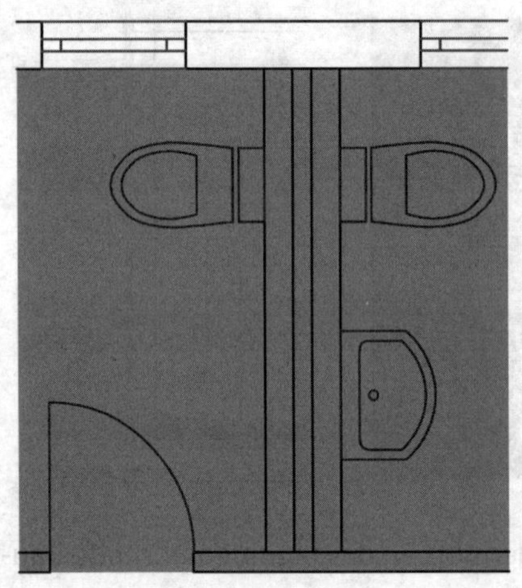

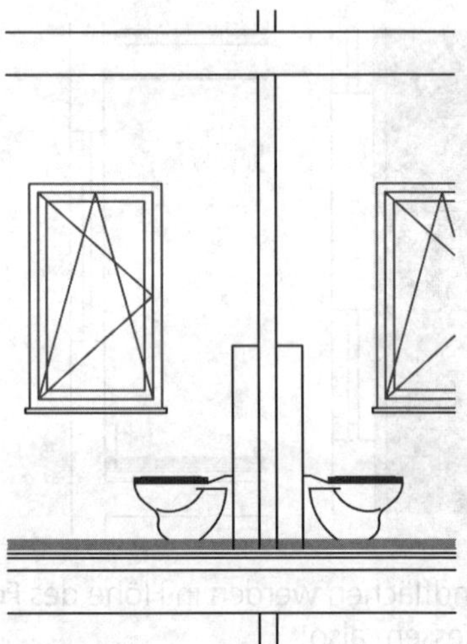

5 Mietflächenschema

DIN 277	Flächenarten nach gif*	
BGF	**MF/G-0**	**MF/G**
NF	– Kraftfahrzeugabstellflächen – Räume für den Zivilschutz	– Büro- und Bürotechnikräume, Großraumbüros – Besprechungs-, Pausen- und Sozialräume – Aufenthaltsräume – Sanitärräume, Abstellräume – Aufsichts-, Schalter- und Bedienräume – Lagerräume, Archive, Kühlräume – Verkaufs- und Ausstellungsräume – Warte- und Speiseräume, Hafträume – Annahme-, Ausgabe-, Umkleideräume – Werkhallen, Werkstätten, Labors – Unterrichts-, Sport- und Übungsräume, Bibliotheken – Bühnen, Studioräume, Schauräume – Medizinische Räume, Bettenräume – Fahrradkeller – In Räumen der NF befindliche Treppenausgleichsstufen (einschl. solche ersetzende Rampen) mit max. 3 Steigungen
TF	– Abwasseraufbereitung und -beseitigung – Wasserversorgung, Brauchwassererwärmung – Heizung und Abfallverbrennung – Brennstofflagerung, Gase und Flüssigkeiten – Elektrische Stromversorgung, Fernmeldetechnik – Raumlufttechnische Anlagen – Aufzugs- und Förderanlagenmaschinenräume – Hausanschluss und Installation	
VF	– Ladenstraßen / Malls – Treppenläufe, Zwischenpodeste und Rampen – Aufzugsschächte, Abwurfschächte – Ausschließlich Flucht und Rettung dienende Wege, Treppen und Balkone – Zuwegungen von außen – Fahrzeugverkehrsflächen	– Flure, Eingangshallen, Foyers, sowie darin befindliche Treppenausgleichsstufen (einschließlich solche ersetzende Rampen) mit max. 3 Steigungen – Geschosspodeste mit direktem Austritt ins Freie oder in eine Geschossebene

DIN 277	Flächenarten nach gif*	
BGF	MF/G-0	MF/G
KGF	– Außenwände und -stützen – Innenwände und -stützen, die konstruktiv notwendig sind – Alle Wände, welche MF/G-0-Flächen umschließen	– Leichte Trennwände – Konstruktiv nicht notwendige Wände, sofern keine MF/G-0-Umschließung – Versetzbare oder veränderbare Konstruktionen

* Die Beispiele zeigen einige typische Nutzungsfälle ohne Anspruch auf Vollzähligkeit. Die Regelungen des Richtlinientextes gehen im Zweifel diesem Mietflächenschema vor.

Musterformulierung

Die nachfolgende Musterformulierung wird vom gif-Arbeitskreis Flächendefinition zur Verwendung in Mietverträgen empfohlen (ohne Gewähr):

Die Mietsache hat ca. … m², davon ca. … m² Flächen mit Nutzungseinschränkungen (siehe MF/G, 1.2.4), zzgl. eines Anteils an gemeinschaftlich genutzten Mietflächen von ca. … m² gemäß beigefügtem Plan – Anlage […]. Auf Antrag einer Vertragspartei, den diese bis spätestens 2 Monate nach Übergabe stellen kann, ist durch einen von der gif Gesellschaft für immobilienwirtschaftliche Forschung e.V., Wiesbaden, zu benennenden Architekten bzw. Ingenieur oder durch einen von der zuständigen IHK zu benennenden Sachverständigen ein Aufmaß zu erstellen.

Dieser hat dabei die Richtlinie zur Berechnung der Mietfläche für gewerblichen Raum (MF/G), Stand 1. Mai 2012, der gif Gesellschaft für immobilienwirtschaftliche Forschung e. V., Wiesbaden, diesem Vertrag als Anlage […] beigefügt, zugrunde zu legen. Die Kosten des Schiedsgutachters tragen die Parteien im Verhältnis des Obsiegens bzw. Unterliegens, bezogen auf den Zeitpunkt der Anrufung des Schiedsgutachters.

Abweichungen von +/- 3 % haben keinen Einfluss auf die Miethöhe. Ist die Abweichung größer, so ändert sich der Mietzins entsprechend der tatsächlichen Mietfläche, also im Umfange der Gesamtabweichung, mit Wirkung ab dem auf die Feststellung der tatsächlichen Mietfläche folgenden Monat. Bereits erstellte Nebenkostenabrechnungen werden nicht geändert. Die so ermittelten Mietflächen werden, wozu sich die Parteien bereits jetzt wechselseitig verpflichten, zum Gegenstand einer Nachtragsvereinbarung zum Mietvertrag gemacht. Verlangt keine Partei innerhalb der 2-monatigen Frist ein Aufmaß, so berechtigt nach dem übereinstimmenden Willen der Parteien eine Mietflächenabweichung nicht zu einer Anpassung des Mietzinses und stellt insbesondere keinen Mangel dar.

Zur Wahrung des Transparenzgebotes wird das Anfügen der kompletten Richtlinie MF/G an Miet- und Kaufverträge empfohlen (Kopierrecht beachten).

13.7 Richtlinie zur Berechnung der Verkaufsfläche im Einzelhandel – MF/V (gif)©, 1. Mai 2012

Quelle: *gif Gesellschaft für Immobilienwirtschaftliche Forschung e.V.*

A. Vorbemerkungen[9]

Die Richtlinie MF/V definiert **Verkaufsfläche nach gif** im Rahmen der bauplanungsrechtlichen und bauordnungsrechtlichen Vorschriften vorrangig für Zwecke der Genehmigung.

Die MF/V stellt darauf ab, dass die Verkaufsfläche in der Regel eine Teilmenge der Mietfläche eines Betriebes ist, sodass eine Korrelation mit der *Richtlinie zur Berechnung der Mietfläche im gewerblichen Raum (MF/G)*, gif e. V. (Hrsg.), Wiesbaden, hergestellt werden kann. Die **Verkaufsfläche** nach gif (MF/V) kann anhand der Tabellen im Anhang in **Mietfläche** nach gif (MF/G) „umgerechnet“ werden. Dieses Hilfsmittel soll jedoch keine Flächenberechnungen ersetzen, sondern einen Vergleich beider Flächenarten ermöglichen. Hierbei können branchenspezifische Faktoren angewendet werden, wobei verfahrens- oder projektbedingte Abweichungen möglich sind.

Die Verkaufsfläche ist eine Kenngröße, die ihre Definition erst durch die Praxis im Einzelhandel und in der Rechtsprechung erfahren hat und die inzwischen zu einem baurechtlichen Planungsinstrument geworden ist. Bei der Verkaufsfläche handelt es sich um ein spezifisch deutsches Phänomen. Andere Länder – insbeson dere auch der gesamte angelsächsische Sprachraum – kennen diesen Begriff nicht, was immer wieder zu Verwirrungen und Fehleinschätzungen geführt hat.

Seinen Ursprung hat der Begriff der Verkaufsfläche im innerbetrieblichen Benchmarking der Kauf- und Warenhäuser bei der Ermittlung der Flächenproduktivität (d.h. Umsatz pro m² Verkaufsfläche). In der Folge wurde diese Kennzahl auch von anderen Handelsunternehmen eingeführt, welche aber häufig jeweils eigene Flächendefinitionen gefunden haben. Weite Verbreitung und allgemeine Durchsetzung fand der Begriff jedoch erst in Zusammenhang mit der bauplanungsrechtlichen Steuerung der Einzelhandelsentwicklung durch Festlegungen in den Bebauungsplänen, wie z.B. der maximal zulässigen Verkaufsflächengröße und/oder der Differenzierung nach einzelnen Sortimenten.

Die Baunutzungsverordnung (BauNVO) kennt den Begriff der Verkaufsfläche nicht, sondern beschreibt u.a. die Anforderungen an Gebiete für Einkaufszentren und großflächigen Einzelhandel auf Grundlage der <u>Geschossfläche.</u> Großflächigkeit wird i.d.R. angenommen, wenn die Geschossfläche eines Betriebes mehr als 1.200 m² (BauNVO 1977: 1.500 m²) umfasst. Mit dieser Abgrenzung sollen insbesondere potentiell nachteilige (städtebauliche oder raumordnerische) Auswirkungen von großflächigen Einzelhandelsprojekten vermieden werden, die die Entwicklung zentraler Versorgungsbereiche und die Nahversorgungssituation in den umliegenden Städten und Gemeinden sowie die planerisch vorgesehene Struktur der zentralen Orte beeinträchtigen könnten.

9 **Hinweis:** Gemäß Auskunft der gif – Gesellschaft für Immobilienwirtschaftliche Forschung e.V. – ist für den weiteren Verlauf des Jahres 2017 eine Aktualisierung der Richtlinie vorgesehen.

Die BauNVO gibt vor, dass die Geschossfläche in Vollgeschossen in Abhängigkeit von der jeweils gültigen Landesbauordnung (LBO) zu ermitteln ist[10]. Länderspezifische Unterschiede führen jedoch zu einer uneinheitlichen Definition von Vollgeschossen und können durch ergänzende Festlegungen im Bebauungsplan noch weiter divergieren, sofern darin die Eignung von Räumlichkeiten für den „nicht nur vorübergehenden Aufenthalt von Personen" festgesetzt wird.

Durch das Bundesverwaltungsgericht (BVerwG) wurde 1987 die Großflächigkeit erstmalig auf der Grundlage der Verkaufsfläche festgeschrieben und eine Regelvermutungsgrenze von 700 m² festgelegt. 2005 hat das BVerwG entschieden, dass Einzelhandelsbetriebe großflächig sind, wenn sie eine Verkaufsfläche von 800 m² überschreiten[11].

Die Verkaufsfläche ist jedoch definitorisch keine Teilmenge der Geschossfläche, denn zur Verkaufsfläche zählen gemeinhin auch solche Flächen, die nicht zur Geschossfläche gerechnet werden (z.B. für Verkaufszwecke dienende Freiflächen außerhalb von Gebäuden). Als Verkaufsfläche gelten in der Regel solche Flächen, die für den Verkauf (und die Präsentation) von Waren dienen, und die für Kunden zugänglich sind, nicht jedoch Büro- und Lagerräume oder ähnliches.

10 Siehe § 20 Abs. 1 Baunutzungsverordnung (BauNVO), 1990.

11 Vgl. BVerwG, Urteile vom 22.05.1987 – 4 C 19.85 und 4 C 30.86 –, NVwZ 1987, 1076 und NVwZ 1988, 414; BVerwG, Urteil vom 24.11.2005 – 4 C 10.04 –, NVwZ 2006, 452.

Schnittmengen und Diskrepanzen unterschiedlicher Flächenbegriffe (Geschossfläche: Baunutzungsverordnung und Landesbauordnungen, Brutto-Grundfläche: DIN 277, Verkaufsfläche: Rechtsprechung, gif-Richtlinien: Verkaufsfläche MF/V und Mietfläche MF/G).

Die Ablösung der Geschossfläche durch eine uneinheitlich definierte Verkaufsfläche hat zu Rechtsunsicherheit geführt, was vielfältige Umgehungsversuche nach sich gezogen hat. Im Sinne einer erforderlichen Rechtssicherheit und zur verbesserten Transparenz des gewerblichen Immobilienmarktes ist daher aus Sicht der gif Handlungsbedarf gegeben. Mit der MF/V wurde deshalb eine einheitliche Definition und Abgrenzung der Verkaufsfläche geschaffen.

B. Anwendung und Abgrenzung

Die vorliegende Richtlinie wurde vom gif-Arbeitskreis *Flächendefinition* erarbeitet und von der gif e.V. verabschiedet. Sie stellt eine Vorgehensweise dar, welche die Mitglieder der gif e.V. für richtig halten. Diese Richtlinie ist eine Erkenntnisquelle für ordnungsgemäßes Verhalten im Regelfall.

Die Richtlinie soll nur als Ganzes verwendet werden. Wird bei der Verwendung von ihr abgewichen, ist dies unmittelbar unter Bezugnahme auf die Richtlinie MF/V sowohl im Text als auch in Darstellung und Nachweis (gemäß 2.2) zu verdeutlichen. In allen anderen Fällen soll jede Bezugnahme auf die Richtlinie MF/V unterbleiben.

Die Richtlinie MF/V baut auf dem Definitionsvorrat der DIN 277 (Februar 2005) auf, welche sich mit den Grundflächen und Rauminhalten von Gebäuden befasst. Die Kenntnis der DIN 277 ist für den Anwender der Richtlinie MF/V unabdingbar.

Die Richtlinie MF/V definiert die Verkaufsfläche innerhalb und außerhalb von Gebäuden, die ganz oder teilweise dem Einzelhandel zuzurechnen sind und legt fest, welche dieser Flächen als Verkaufsfläche nach gif auszuweisen sind.

Zum Einzelhandel werden vorwiegend jene Betriebe gezählt, deren wirtschaftliche Haupttätigkeit im Absatz von Waren an private Haushalte liegt. Hierbei ist dem Umstand Rechnung zu tragen, dass Unternehmungen in der Realität immer häufiger eine produzierende, händlerische oder eine sonstige Tätigkeit (z.B. Dienstleistungen, Handwerk) mischen. In der *Amtlichen Statistik* wird die wirtschaftliche Haupttätigkeit dann im Einzelhandel gesehen, wenn die Einzelhandelstätigkeit den größten Beitrag zur Wertschöpfung der betrachteten Unternehmung leistet.

Oft wird aus dem Bereich „Verarbeitendes Gewerbe" der sog. Handwerkshandel (z.B. Fleischer, Bäcker, Konditoren, Juweliere) dem Einzelhandel zugerechnet, obwohl die verkauften Waren selbst hergestellt, aber im Regelfall in kleinen Mengen an Endverbraucher abgegeben werden. Bedingt durch die anhaltende Vorwärts-Vertikalisierung (u.a. Flagship-Stores von Markenherstellern, Outlets) werden zwischenzeitlich dem Einzelhandel auch Verkaufsstellen der Industrie zugerechnet, wenn diese direkt über ein Ladengeschäft an Endverbraucher verkaufen.

Der Gliederung der Wirtschaftszweige der *Amtlichen Statistik* folgend, zählen gastronomische Betriebe (z.B. Ausschank, Eisdielen) nicht zum Einzelhandel. Das gleiche gilt für sog. einzelhandelsnahe Dienstleistungen (z.B. Post, Bank, Autovermietung, Arztpraxis, Rechtsberatung, Reisebüro, Fotografie, chemische Reinigung, Schlüsseldienst, Fitnesscenter, Kosmetiksalon, Solarium etc.). Die Anwendbarkeit der Richtlinie MF/V ist somit im Einzelfall zu prüfen.

Die Verkaufsfläche nach gif (MF/V) kann anhand der Vergleichstabellen im Anhang aus der Mietfläche nach gif (MF/G) abgeleitet werden. Dieses Hilfsmittel soll jedoch keine Flächenberechnungen ersetzen, sondern eine Plausibilisierung und Vereinfachung ermöglichen, wobei verfahrensbedingte Abweichungen auftreten können. **Der Anhang ist kein Bestandteil der Richtlinie Mf/V.**

C. Kopierrecht

D. Definitionen

Anhänge

1 Begriffsbestimmungen nach gif

A Die Flächenarten dieser Richtlinie gliedern sich ausgehend von der **Brutto-Grundfläche** (BGF gemäß DIN 277) in MF/V-0 *Keine Verkaufsfläche nach gif* und MF/V *Verkaufsfläche nach gif.* Verkaufsflächen, die außerhalb der BGF liegen, werden in 1.2.2 behandelt.

B Die Unterscheidung der **Flächenarten nach gif** erfolgt in der Planungs- und Bauphase nach einer angenommenen Nutzungssituation. Das Verhältnis von MF/V-0 zu MF/V kann sich mit neuen Nutzungssituationen ändern.

C Die Zuordnung von **Grundflächenarten** gemäß DIN 277 erfolgt i.d.R. raumweise. **Grundflächenarten nach DIN 277** und **Flächenarten nach gif** gliedern sich wie folgt:

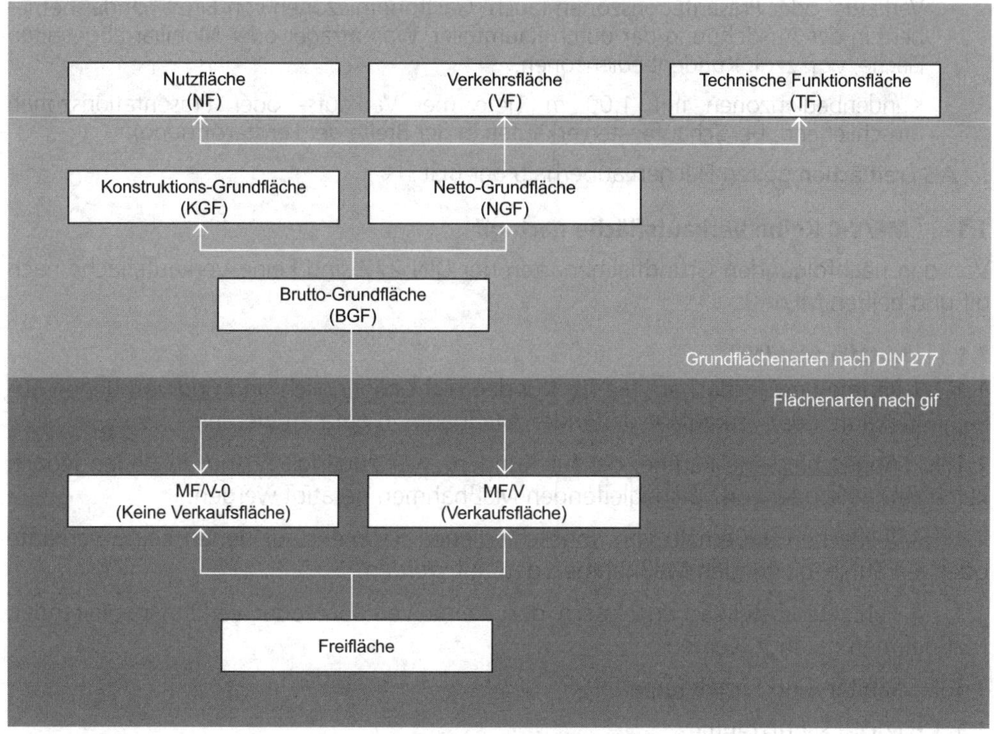

D Als **Geschäftsfläche** gelten die gesamten betrieblich genutzten Grund- und Freiflächen für Verkaufs-, Ausstellungs-, Lager-, Versand-, Büro- sowie Personal- und Sozialzwecke.[12]

E Eine **Teilfläche** ist ein Teilbereich eines Raumes, der durch (versetzbare) Raumteiler, Warenträger, Mobiliar oder eine Warenpräsentation gebildet wird und der sichtbar und dauerhaft einen eigenständigen Teilbereich darstellt. Warenträger, die als Raumteiler verwendet werden, sind mit ihrer gesamten Grundfläche dem Raum oder Teilbereich zuzuordnen, welchem der Warenträger zugewendet ist.

F **Verkäufe** sind Übertragungen von Eigentum an einer Sache (Ware) gegen Zahlung eines vereinbarten Geldbetrages vom Verkäufer an den Käufer. **Verkaufsbegleitende Maßnahmen** sind Warenpräsentationen und zur Ware gehörende Dienstleistungen, nicht jedoch Pfandannahme und die Bereitstellung von Einkaufswagen.

G Als **Mall** gilt die für den Kundenverkehr vorgesehene Erschließungsfläche einer Gruppe von Geschäften (meist in Einkaufszentren, ggf. mit dazugehörigen Eingangshallen und Windfängen). Nicht zur Mall zählen Flächen, die innerhalb einer Geschäftsfläche liegen (z.B. Rücksprünge in einer der Mall zugewandten Schaufensterfront).

H Als **Aktionsflächen und Kundenbedienzonen** gelten Teilflächen in einer Ladenstraße / Mall, die nicht nur vorübergehend für Verkäufe oder verkaufsbegleitende Maßnahmen genutzt werden:

12 Vgl. Katalog E, Institut für Handelsforschung (Hrsg.), Köln, 5. Ausgabe, Februar 2006.

- Verkaufs- oder Präsentationszonen (auch: Gastronomiezonen von Einzelhandelsbetrieben) in der Ausdehnung der durch Raumteiler, Warenträger oder Mobiliar abgeteilten Fläche, ggf. zzgl. Kundenbedienzonen.
- Kundenbedienzonen mit 1,00 m Tiefe (bei Verkaufs- oder Präsentationszonen umschließend, bei Schaufensterverkäufen in der Breite der Fensteröffnung).

J Als **Freiflächen** gelten Flächen außerhalb der BGF.

1.1 MF/V-0 Keine Verkaufsfläche nach gif

Von den nachfolgenden Grundflächenarten der DIN 277 sind keine Verkaufsfläche nach gif und heißen MF/V-0:

1.1.1 Nutzflächen (NF)

1.1.1.1 Räume und Teilflächen, die für Kunden nicht zugänglich sind und von denen aus keine Verkäufe oder verkaufsbegleitenden Maßnahmen getätigt werden.

1.1.1.2 Abgeschlossene Räume, die für Kunden zwar zugänglich sind, in denen jedoch keine Verkäufe oder verkaufsbegleitenden Maßnahmen getätigt werden.

1.1.1.3 Teilflächen außerhalb von abgeschlossenen Räumen, auf denen keine Verkäufe oder verkaufsbegleitenden Maßnahmen getätigt werden.

1.1.1.4 Fahrzeugabstellflächen, sofern dort keine Verkäufe oder verkaufsbegleitenden Maßnahmen getätigt werden.

1.1.1.5 Sanitär- und Sozialräume.

1.1.1.6 (Zivil-) Schutzräume.

1.1.2 Technische Funktionsflächen (TF)

Alle Technischen Funktionsflächen.

1.1.3 Verkehrsflächen (VF)

1.1.3.1 Räume und Teilflächen, die für Kunden nicht zugänglich sind und von denen aus keine Verkäufe oder verkaufsbegleitenden Maßnahmen getätigt werden.

1.1.3.2 Abgeschlossene Räume, die für Kunden zwar zugänglich sind, in denen jedoch keine Verkäufe oder verkaufsbegleitenden Maßnahmen getätigt werden.

1.1.3.3 Teilflächen außerhalb von abgeschlossenen Räumen, auf denen keine Verkäufe oder verkaufsbegleitenden Maßnahmen getätigt werden.

1.1.3.4 Sonstige Wege, Flure, Treppen(-häuser), Aufzugsschächte etc., sofern diese außerhalb der Geschäftsfläche liegen.

1.1.3.5 Wege, Treppen und Balkone, deren ausschließlicher Zweck der Flucht und Rettung dient.

1.1.3.6 Fahrzeugverkehrsflächen.

1.1.3.7 Ladenstraßen / Malls, ausgenommen Aktionsflächen und Kundenbedienzonen gemäß H.

1.1.4 Konstruktions-Grundflächen (KGF)

Alle Konstruktions-Grundflächen, ausgenommen Wandöffnungen, von denen aus Verkäufe oder verkaufsbegleitenden Maßnahmen getätigt werden.

1.2 MF/V Verkaufsfläche nach gif

Die nachfolgenden Flächenarten sind Verkaufsfläche nach gif. Sie heißen MF/V und sind gemäß 1.3 zu typisieren. MF/V, die mehreren Nutzern zuzuordnen ist, ist jeweils allen daran beteiligten Nutzern über einen nachvollziehbaren Verteilungsschlüssel anteilig zuzurechnen.

1.2.1 **Brutto-Grundflächen**, die nicht der MF/V-0 zugerechnet werden. Die Grundfläche einer Geschäftsflächentrennwand wird, sofern nicht MF/V-0, je zur Hälfte den Anliegern zugeordnet.

1.2.2 **Freiflächen**, die nicht nur vorübergehend für Verkäufe oder verkaufsbegleitende Maßnahmen genutzt werden. Maßgeblich ist die Ausdehnung der dafür sichtbar abgeteilten Fläche.

1.3 Verkaufsflächentypisierung

Alle Verkaufsflächen MF/V sind gemäß nachfolgender Systematik zu typisieren, separat auszuweisen und mit dem jeweiligen Buchstaben zu kennzeichnen (z.B. MF/V-a, MF/V-b etc.).

a – DIN 277 Bereich a

Verkaufsflächen innerhalb der BGF, die überdeckt und allseitig in voller Höhe umschlossen sind.

b – DIN 277 Bereich b

Verkaufsflächen innerhalb der BGF, die überdeckt, jedoch nicht allseitig in voller Höhe umschlossen sind.

c – DIN 277 Bereich c

Verkaufsflächen innerhalb der BGF, die nicht überdeckt sind.

d – Freiflächen, überdeckt

Verkaufsflächen außerhalb der BGF, die überdeckt sind.

e – Freiflächen, nicht überdeckt

Verkaufsflächen außerhalb der BGF, die nicht überdeckt sind.

2 Regeln für die Berechnung und Darstellung

2.1 Messpunkte der Flächenermittlung

Grundsätzlich werden die Grundflächen direkt über dem Fußboden innerhalb der fertigen Oberflächen erfasst. Es ist bis an alle raumbegrenzenden Bauteile (einschließlich raumhoher Vormauerungen und Bekleidungen) zu messen. Tür- und Fensterbekleidungen, Fußleisten, Schrammborde, freiliegende Installationen sowie Einbauten und nicht raumhohe Vorsatzschalen sind zu übermessen.

Bei Vorhangfassaden mit bodengleichen, waagerechten Tragprofilen ist bis an die Innenseite der Verglasung zu messen. Senkrechte Fassadenprofile sind dann zu übermessen.

2.2 Darstellung und Nachweis

Die Ermittlung der MF/V erfolgt aus Plänen oder durch örtliches Aufmaß. Die Ermittlungsgrundlage ist anzugeben. Der Nachweis dieser Flächen erfolgt in Tabellen und Plänen.

2.2.1 Tabellen

Die Verkaufsflächenberechnung ist in tabellarischer Form zu erstellen. Flächen sind in der Einheit Quadratmeter (m^2) anzugeben und wie folgt getrennt auszuweisen:

2.2.1.1 Gliederung nach Geschäftsflächen.

2.2.1.2 Flächenarten nach gif, getrennt nach MF/V-0 und MF/V und Verkaufsflächentypisierungen (a-e).

2.2.2 Pläne

In Verkaufsflächenplänen sind die Flächenarten nach gif (MF/V-0 und MF/V) und Typisierungen gemäß 1.3 graphisch unterscheidbar und prüfbar in einem geeigneten Maßstab darzustellen. Jede Geschäftsfläche ist mit einer Legende zu bezeichnen, welche den Bezug zur Tabelle ermöglicht.

3 Graphische Erläuterungen

Der nachfolgende Grundriss erläutert den Richtlinientext. Er ist kein Muster für eine Plandarstellung.

3.1 Beispiel: Supermarkt

Das Beispiel zeigt einen schematischen Grundriss aus einem zweigeschossigen Supermarkt, dessen Untergeschoss über Aufzug, Treppenhaus und Rolltreppen erreicht wird.

Grundriss A

Erdgeschoss: Verkaufsraum mit Vorkassenzone, Back Shop mit Café (durch Faltwand abteilbar), abgeschlossener Windfang mit Packzone (verkaufsbegleitende Maßnahme), Einkaufswagenstationen (teils innerhalb, teils außerhalb des Verkaufsraumes), Außenverkaufsflächen (teils unterbaut und/oder überdeckt).

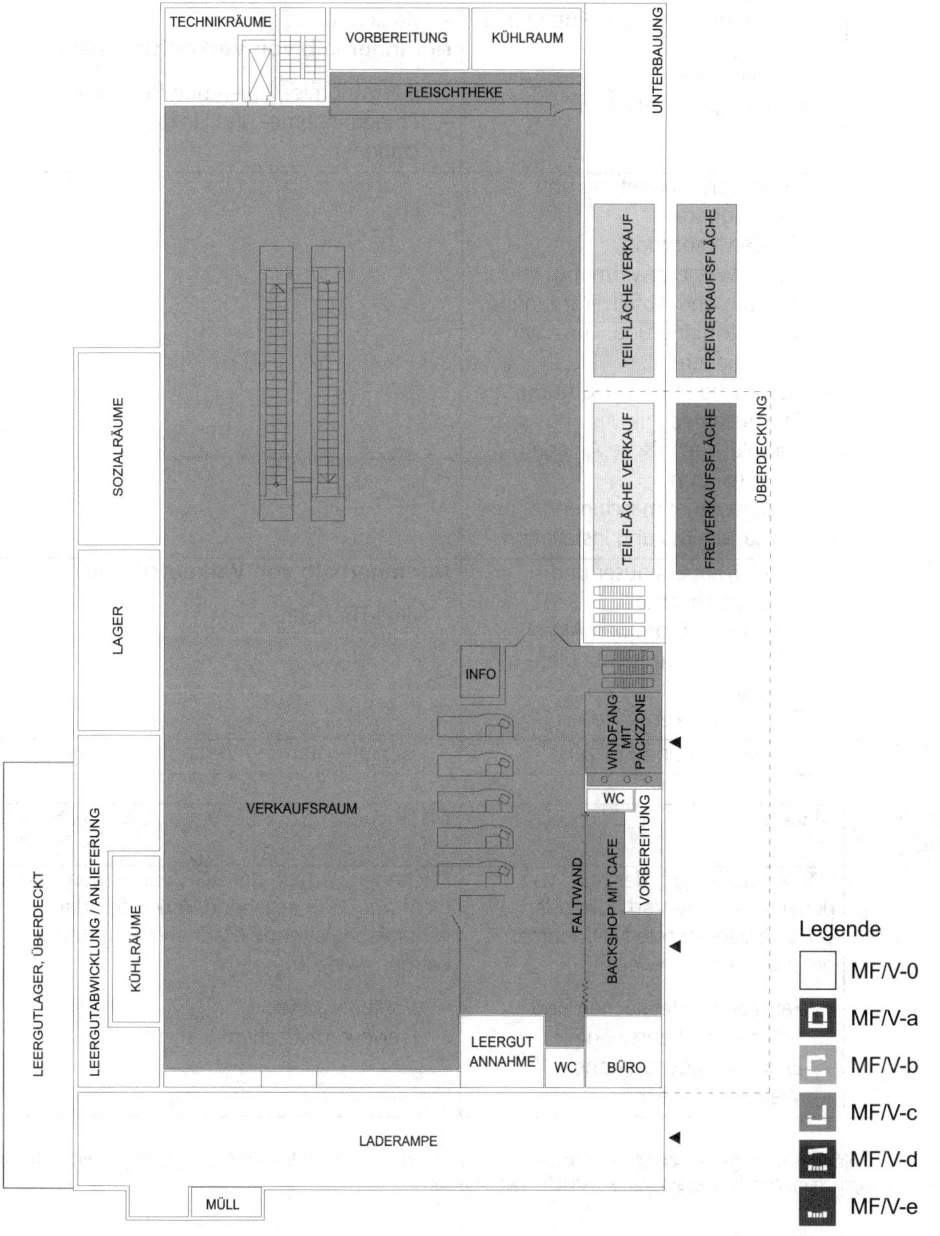

13

4 Verkaufsflächenschema

DIN277	Flächenarten nach gif*	
BGF	**MF/V-0**	**MF/V**
NF	– Büro- und Bürotechnikräume – Sanitär-, Personal- und Sozialräume – Werkstätten, Labors, Backstuben – Lagerräume, Archive, Putzräume, Kühlräume – Schutzräume – Fahrzeugabstellflächen	– Verkaufsräume – Ausstellungs- und Präsentationsräume – Umkleideräume für Kunden – Aktionsflächen und Kundenbedienzonen – Kassen- und Packzonen **Nur innerhalb von Verkaufsräumen:** – Gastronomie-, Spiel- und Ruhezonen – Pfandannahme- und Einkaufswagenstationen
TF	– Abwasseraufbereitung und -beseitigung – Wasserversorgung, Brauchwassererwärmung – Heizung und Abfallverbrennung – Brennstofflagerung, Gase und Flüssigkeiten – Elektrische Stromversorgung, Fernmeldetechnik – Raumlufttechnische Anlagen – Aufzugs- und Förderanlagenmaschinenräume – Hausanschluss und Installation	
VF	– Flure, Treppenhäuser und Aufzugsschächte – Malls (ausgenommen Aktionsflächen und Kundenbedienzonen) – Fahrzeugverkehrsflächen	**Nur innerhalb von Verkaufsräumen:** – (Roll-)Treppen
KGF	– Alle Wände und Stützen	– Schaufenster und Verkaufsöffnungen

Freiflächen	MF/V-0	Mf/V
	Flächen außerhalb der BGF, von denen aus keine Verkäufe oder verkaufsbegleitende Maßnahmen getätigt werden, wie z.B.: – Fahrzeugabstellflächen und Fahrzeugverkehrswege – Einkaufswagenstationen – Wege, Grünflächen	Flächen außerhalb der BGF, von denen aus nicht nur vorübergehend Verkäufe oder verkaufsbegleitende Maßnahmen getätigt werden, wie z.B.: – Verkaufsstände – Freiverkaufsflächen

* Die Beispiele zeigen einige typische Nutzungsfälle ohne Anspruch auf Vollzähligkeit. Die Regelungen des Richtlinientextes gehen im Zweifel diesem Verkaufsflächenschema vor.

Gewichtung der Flächenleistung

Die städtebaulichen und raumordnerischen Auswirkungen von Verkaufsflächen werden i.d.R. in Abhängigkeit von Sortiment und Flächenleistung beurteilt. Die Richtlinie MF/V typisiert Verkaufsflächen mit etwaigen (baulichen) Nutzungseinschränkungen, welche eine Wirkung auf die Flächenleistung haben können, aber nicht müssen.

Sofern keine Einzelfallbeurteilung vorliegt, kann in der Regel annäherungsweise für eine pauschale Gewichtung der Verkaufsfläche MF/V die nachfolgende Tabelle auf Grundlage der Verkaufsflächentypisierung unterstützend verwendet werden:

	Typisierung	Beschreibung	Gewichtung
	MF/V-a	Verkaufsflächen innerhalb der BGF, die überdeckt und allseitig in voller Höhe umschlossen sind.	**100 %**
	MF/V-b	Verkaufsflächen innerhalb der BGF, die überdeckt, jedoch nicht allseitig in voller Höhe umschlossen sind.	**50 %**
	MF/V-c	Verkaufsflächen innerhalb der BGF, die nicht überdeckt sind.	**25 %**
	MF/V-d	Verkaufsflächen außerhalb der BGF, die überdeckt sind.	**50 %**
	MF/V-e	Verkaufsflächen außerhalb der BGF, die nicht überdeckt sind.	**25 %**

Umrechnungsfaktoren

Zum Zwecke der Plausibilisierung und Vereinfachung kann die Verkaufsfläche MF/V aus der Mietfläche MF/G abgeleitet werden. Hierfür stehen 3 methodische Ansätze zur Verfügung: Pauschal über den Einheitsfaktor, differenziert über einen branchentypischen Faktor oder fallspezifisch durch eine detaillierte Flächenberechnung.

13

Einheitsfaktor

1,00 m² MF/G = 0,80 m² MF/V, bzw.

1,00 m² MF/V = 1,25 m² MF/G

Branchentypische Faktoren

Eine differenziertere Ableitung der Verkaufsfläche MF/V aus der Mietfläche MF/G kann über branchentypische Faktoren[13] erfolgen. Die Zuordnung eines Handelsbetriebes zu einer bestimmten Branche erfolgt anhand des sortimentsbezogenen Umsatzschwerpunktes, wobei ein Betrieb immer nur einer einzigen Branche zugeordnet werden kann. Die Mietfläche von 1,00 m² MF/G entspricht dann einer Verkaufsfläche von (Faktor in m² MF/V, Kehrwert in Klammern):

Branchentypen	Verkaufsfläche pro 1,00 m² MF/G	Mietfläche pro 1,00 m² MF/V
Nahrungs- und Genussmittel	0,75	(1,33)
Gesundheit und Körperpflege	0,80	(1,25)
Blumen, Pflanzen und zoologischer Bedarf	0,75	(1,33)
Zeitungen, Zeitschriften Bücher	0,80	(1,25)
Papier-, Büro-, Schreib-, Bastel- und Spielwaren, sowie Hobby	0,80	(1,25)
Bekleidung, Schuhe und Sportartikel	0,85	(1,18)
Glas-, Porzellan-, Keramik- und Geschenkartikel, sowie Hausrat	0,85	(1,18)
Elektrowaren	0,75	(1,33)
Einrichtung und Möbel	0,80	(1,25)
Sonstiger Einzelhandel	0,75	(1,33)

Detaillierte Flächenberechnung

Fallspezifische Berechnung gemäß den Regeln der Richtlinie MF/V für die Berechnung und Darstellung von Verkaufsflächen.

13 Die Umrechnungsfaktoren basieren auf einer umfassenden und detaillierten branchen- und betriebstypenbezogenen Auswertung von marktüblichen Flächenkonfigurationen, welche im Unterarbeitskreis „Verkaufsflächendefinition" der gif vorgenommen wurde. Die Einzeldaten wurden auf Branchenebene aggregiert und Bandbreiten sowie entsprechende Mittelwerte bestimmt. Bei den Umrechnungsfaktoren handelt es sich somit um Orientierungswerte, welche mit zunehmender Aggregierungsebene weiter generalisiert wurden.

13.8 Art der baulichen Nutzung (BauNVO)

Quelle: Verordnung über die bauliche Nutzung der Grundstücke (Baunutzungsverordnung – BauNVO) in der Fassung der Bekanntmachung vom 23. Januar 1990 (BGBl. I S. 132), zuletzt geändert durch Artikel 2 des Gesetzes vom 4. Mai 2017 (BGBl. I S. 1057).

§ 1
Allgemeine Vorschriften für Bauflächen und Baugebiete

(1) Im Flächennutzungsplan können die für die Bebauung vorgesehenen Flächen nach der allgemeinen Art ihrer baulichen Nutzung (Bauflächen) dargestellt werden als

1. Wohnbauflächen (W)
2. gemischte Bauflächen (M)
3. gewerbliche Bauflächen (G)
4. Sonderbauflächen (S).

(2) Die für die Bebauung vorgesehenen Flächen können nach der besonderen Art ihrer baulichen Nutzung (Baugebiete) dargestellt werden als

1. Kleinsiedlungsgebiete (WS)
2. reine Wohngebiete (WR)
3. allgemeine Wohngebiete (WA)
4. besondere Wohngebiete (WB)
5. Dorfgebiete (MD)
6. Mischgebiete (MI)
7. urbane Gebiete (MU)
8. Kerngebiete (MK)
9. Gewerbegebiete (GE)
10. Industriegebiete (GI)
11. Sondergebiete (SO).

(3) Im Bebauungsplan können die in Absatz 2 bezeichneten Baugebiete festgesetzt werden. Durch die Festsetzung werden die Vorschriften der §§ 2 bis 14 Bestandteil des Bebauungsplans, soweit nicht auf Grund der Absätze 4 bis 10 etwas anderes bestimmt wird. Bei Festsetzung von Sondergebieten finden die Vorschriften über besondere Festsetzungen nach den Absätzen 4 bis 10 keine Anwendung; besondere Festsetzungen über die Art der Nutzung können nach den §§ 10 und 11 getroffen werden.

(4) Für die in den §§ 4 bis 9 bezeichneten Baugebiete können im Bebauungsplan für das jeweilige Baugebiet Festsetzungen getroffen werden, die das Baugebiet

1. nach der Art der zulässigen Nutzung,
2. nach der Art der Betriebe und Anlagen und deren besonderen Bedürfnissen und Eigenschaften

gliedern. Die Festsetzungen nach Satz 1 können auch für mehrere Gewerbegebiete einer Gemeinde im Verhältnis zueinander getroffen werden; dies gilt auch für Industriegebiete. Absatz 5 bleibt unberührt.

(5) Im Bebauungsplan kann festgesetzt werden, daß bestimmte Arten von Nutzungen, die nach den §§ 2 bis 9 sowie 13 und 13a allgemein zulässig sind, nicht zulässig sind oder nur ausnahmsweise zugelassen werden können, sofern die allgemeine Zweckbestimmung des Baugebiets gewahrt bleibt.

(6) Im Bebauungsplan kann festgesetzt werden, daß alle oder einzelne Ausnahmen, die in den Baugebieten nach den §§ 2 bis 9 vorgesehen sind,

1. nicht Bestandteil des Bebauungsplans werden oder
2. in dem Baugebiet allgemein zulässig sind, sofern die allgemeine Zweckbestimmung des Baugebiets gewahrt bleibt.

(7) In Bebauungsplänen für Baugebiete nach den §§ 4 bis 9 kann, wenn besondere städtebauliche Gründe dies rechtfertigen (§ 9 Abs. 3 des Baugesetzbuchs), festgesetzt werden, daß in bestimmten Geschossen, Ebenen oder sonstigen Teilen baulicher Anlagen

1. nur einzelne oder mehrere der in dem Baugebiet allgemein zulässigen Nutzungen zulässig sind,
2. einzelne oder mehrere der in dem Baugebiet allgemein zulässigen Nutzungen unzulässig sind oder als Ausnahme zugelassen werden können oder
3. alle oder einzelne Ausnahmen, die in den Baugebieten nach den §§ 4 bis 9 vorgesehen sind, nicht zulässig oder, sofern die allgemeine Zweckbestimmung des Baugebiets gewahrt bleibt, allgemein zulässig sind.

(8) Die Festsetzungen nach den Absätzen 4 bis 7 können sich auch auf Teile des Baugebiets beschränken.

(9) Wenn besondere städtebauliche Gründe dies rechtfertigen, kann im Bebauungsplan bei Anwendung der Absätze 5 bis 8 festgesetzt werden, daß nur bestimmte Arten der in den Baugebieten allgemein oder ausnahmsweise zulässigen baulichen oder sonstigen Anlagen zulässig oder nicht zulässig sind oder nur ausnahmsweise zugelassen werden können.

(10) Wären bei Festsetzung eines Baugebiets nach den §§ 2 bis 9 in überwiegend bebauten Gebieten bestimmte vorhandene bauliche und sonstige Anlagen unzulässig, kann im Bebauungsplan festgesetzt werden, daß Erweiterungen, Änderungen, Nutzungsänderungen und Erneuerungen dieser Anlagen allgemein zulässig sind oder ausnahmsweise zugelassen werden können. Im Bebauungsplan können nähere Bestimmungen über die Zulässigkeit getroffen werden. Die allgemeine Zweckbestimmung des Baugebiets muß in seinen übrigen Teilen gewahrt bleiben. Die Sätze 1 bis 3 gelten auch für die Änderung und Ergänzung von Bebauungsplänen.

§ 2
Kleinsiedlungsgebiete

(1) Kleinsiedlungsgebiete dienen vorwiegend der Unterbringung von Kleinsiedlungen einschließlich Wohngebäuden mit entsprechenden Nutzgärten und landwirtschaftlichen Nebenerwerbsstellen.

(2) Zulässig sind

1. Kleinsiedlungen einschließlich Wohngebäude mit entsprechenden Nutzgärten, landwirtschaftliche Nebenerwerbsstellen und Gartenbaubetriebe,
2. die der Versorgung des Gebiets dienenden Läden, Schank- und Speisewirtschaften sowie nicht störenden Handwerksbetriebe.

(3) Ausnahmsweise können zugelassen werden

1. sonstige Wohngebäude mit nicht mehr als zwei Wohnungen,
2. Anlagen für kirchliche, kulturelle, soziale, gesundheitliche und sportliche Zwecke,
3. Tankstellen,
4. nicht störende Gewerbebetriebe.

§ 3
Reine Wohngebiete

(1) Reine Wohngebiete dienen dem Wohnen.

(2) Zulässig sind

1. Wohngebäude,
2. Anlagen zur Kinderbetreuung, die den Bedürfnissen der Bewohner des Gebiets dienen.

(3) Ausnahmsweise können zugelassen werden

1. Läden und nicht störende Handwerksbetriebe, die zur Deckung des täglichen Bedarfs für die Bewohner des Gebiets dienen, sowie kleine Betriebe des Beherbergungsgewerbes,
2. sonstige Anlagen für soziale Zwecke sowie den Bedürfnissen der Bewohner des Gebiets dienende Anlagen für kirchliche, kulturelle, gesundheitliche und sportliche Zwecke.

(4) Zu den nach Absatz 2 sowie den §§ 2, 4 bis 7 zulässigen Wohngebäuden gehören auch solche, die ganz oder teilweise der Betreuung und Pflege ihrer Bewohner dienen.

§ 4
Allgemeine Wohngebiete

(1) Allgemeine Wohngebiete dienen vorwiegend dem Wohnen.

(2) Zulässig sind

1. Wohngebäude,
2. die der Versorgung des Gebiets dienenden Läden, Schank- und Speisewirtschaften sowie nicht störenden Handwerksbetriebe,
3. Anlagen für kirchliche, kulturelle, soziale, gesundheitliche und sportliche Zwecke.

(3) Ausnahmsweise können zugelassen werden

1. Betriebe des Beherbergungsgewerbes,
2. sonstige nicht störende Gewerbebetriebe,
3. Anlagen für Verwaltungen,
4. Gartenbaubetriebe,
5. Tankstellen.

§ 4a
Gebiete zur Erhaltung und Entwicklung der Wohnnutzung (besondere Wohngebiete)

(1) Besondere Wohngebiete sind überwiegend bebaute Gebiete, die aufgrund ausgeübter Wohnnutzung und vorhandener sonstiger in Absatz 2 genannter Anlagen eine besondere Eigenart aufweisen und in denen unter Berücksichtigung dieser Eigenart die Wohnnutzung erhalten und fortentwickelt werden soll. Besondere Wohngebiete dienen vorwiegend dem Wohnen; sie dienen auch der Unterbringung von Gewerbebetrieben und sonstigen Anlagen im Sinne der Absätze 2 und 3, soweit diese Betriebe und Anlagen nach der besonderen Eigenart des Gebiets mit der Wohnnutzung vereinbar sind.

(2) Zulässig sind

1. Wohngebäude,
2. Läden, Betriebe des Beherbergungsgewerbes, Schank- und Speisewirtschaften,
3. sonstige Gewerbebetriebe,
4. Geschäfts- und Bürogebäude,
5. Anlagen für kirchliche, kulturelle, soziale, gesundheitliche und sportliche Zwecke.

(3) Ausnahmsweise können zugelassen werden

1. Anlagen für zentrale Einrichtungen der Verwaltung,
2. Vergnügungsstätten, soweit sie nicht wegen ihrer Zweckbestimmung oder ihres Umfangs nur in Kerngebieten allgemein zulässig sind,
3. Tankstellen.

(4) Für besondere Wohngebiete oder Teile solcher Gebiete kann, wenn besondere städtebauliche Gründe dies rechtfertigen (§ 9 Abs. 3 des Baugesetzbuchs), festgesetzt werden, daß

1. oberhalb eines im Bebauungsplan bestimmten Geschosses nur Wohnungen zulässig sind oder
2. in Gebäuden ein im Bebauungsplan bestimmter Anteil der zulässigen Geschoßfläche oder eine bestimmte Größe der Geschoßfläche für Wohnungen zu verwenden ist.

§ 5
Dorfgebiete

(1) Dorfgebiete dienen der Unterbringung der Wirtschaftsstellen land- und forstwirtschaftlicher Betriebe, dem Wohnen und der Unterbringung von nicht wesentlich störenden Gewerbebetrieben sowie der Versorgung der Bewohner des Gebietes dienenden Handwerksbetrieben. Auf die Belange der land- und forstwirtschaftlichen Betriebe einschließlich ihrer Entwicklungsmöglichkeiten ist vorrangig Rücksicht zu nehmen.

(2) Zulässig sind

1. Wirtschaftsstellen land- und forstwirtschaftlicher Betriebe und die dazugehörigen Wohnungen und Wohngebäude,
2. Kleinsiedlungen einschließlich Wohngebäude mit entsprechenden Nutzgärten und landwirtschaftliche Nebenerwerbsstellen,
3. sonstige Wohngebäude,

4. Betriebe zur Be- und Verarbeitung und Sammlung land- und forstwirtschaftlicher Erzeugnisse,
5. Einzelhandelsbetriebe, Schank- und Speisewirtschaften sowie Betriebe des Beherbergungsgewerbes,
6. sonstige Gewerbebetriebe,
7. Anlagen für örtliche Verwaltungen sowie für kirchliche, kulturelle, soziale, gesundheitliche und sportliche Zwecke,
8. Gartenbaubetriebe,
9. Tankstellen.

(3) Ausnahmsweise können Vergnügungsstätten im Sinne des § 4a Abs. 3 Nr. 2 zugelassen werden.

§ 6
Mischgebiete

(1) Mischgebiete dienen dem Wohnen und der Unterbringung von Gewerbebetrieben, die das Wohnen nicht wesentlich stören.

(2) Zulässig sind

1. Wohngebäude,
2. Geschäfts- und Bürogebäude,
3. Einzelhandelsbetriebe, Schank- und Speisewirtschaften sowie Betriebe des Beherbergungsgewerbes,
4. sonstige Gewerbebetriebe,
5. Anlagen für Verwaltungen sowie für kirchliche, kulturelle, soziale, gesundheitliche und sportliche Zwecke,
6. Gartenbaubetriebe,
7. Tankstellen,
8. Vergnügungsstätten im Sinne des § 4a Abs. 3 Nr. 2 in den Teilen des Gebiets, die überwiegend durch gewerbliche Nutzungen geprägt sind.

(3) Ausnahmsweise können Vergnügungsstätten im Sinne des § 4a Abs. 3 Nr. 2 außerhalb der in Absatz 2 Nr. 8 bezeichneten Teile des Gebiets zugelassen werden.

§ 6a
Urbane Gebiete

(1) Urbane Gebiete dienen dem Wohnen sowie der Unterbringung von Gewerbebetrieben und sozialen, kulturellen und anderen Einrichtungen, die die Wohnnutzung nicht wesentlich stören. Die Nutzungsmischung muss nicht gleichgewichtig sein.

(2) Zulässig sind

1. Wohngebäude,
2. Geschäfts- und Bürogebäude,
3. Einzelhandelsbetriebe, Schank- und Speisewirtschaften sowie Betriebe des Beherbergungsgewerbes,
4. sonstige Gewerbebetriebe,

5. Anlagen für Verwaltungen sowie für kirchliche, kulturelle, soziale, gesundheitliche und sportliche Zwecke.

(3) Ausnahmsweise können zugelassen werden

1. Vergnügungsstätten, soweit sie nicht wegen ihrer Zweckbestimmung oder ihres Umfangs nur in Kerngebieten allgemein zulässig sind,
2. Tankstellen.

(4) Für urbane Gebiete oder Teile solcher Gebiete kann festgesetzt werden, dass in Gebäuden

1. im Erdgeschoss an der Straßenseite eine Wohnnutzung nicht oder nur ausnahmsweise zulässig ist,
2. oberhalb eines im Bebauungsplan bestimmten Geschosses nur Wohnungen zulässig sind,
3. ein im Bebauungsplan bestimmter Anteil der zulässigen Geschossfläche oder eine im Bebauungsplan bestimmte Größe der Geschossfläche für Wohnungen zu verwenden ist, oder
4. ein im Bebauungsplan bestimmter Anteil der zulässigen Geschossfläche oder eine im Bebauungsplan bestimmte Größe der Geschossfläche für gewerbliche Nutzungen zu verwenden ist.

§ 7
Kerngebiete

(1) Kerngebiete dienen vorwiegend der Unterbringung von Handelsbetrieben sowie der zentralen Einrichtungen der Wirtschaft, der Verwaltung und der Kultur.

(2) Zulässig sind

1. Geschäfts-, Büro- und Verwaltungsgebäude,
2. Einzelhandelsbetriebe, Schank- und Speisewirtschaften, Betriebe des Beherbergungsgewerbes und Vergnügungsstätten,
3. sonstige nicht wesentlich störende Gewerbebetriebe,
4. Anlagen für kirchliche, kulturelle, soziale, gesundheitliche und sportliche Zwecke,
5. Tankstellen im Zusammenhang mit Parkhäusern und Großgaragen,
6. Wohnungen für Aufsichts- und Bereitschaftspersonen sowie für Betriebsinhaber und Betriebsleiter,
7. sonstige Wohnungen nach Maßgabe von Festsetzungen des Bebauungsplans.

(3) Ausnahmsweise können zugelassen werden

1. Tankstellen, die nicht unter Absatz 2 Nr. 5 fallen,
2. Wohnungen, die nicht unter Absatz 2 Nr. 6 und 7 fallen.

(4) Für Teile eines Kerngebiets kann, wenn besondere städtebauliche Gründe dies rechtfertigen (§ 9 Abs. 3 des Baugesetzbuchs), festgesetzt werden, daß

1. oberhalb eines im Bebauungsplan bestimmten Geschosses nur Wohnungen zulässig sind oder

2. in Gebäuden ein im Bebauungsplan bestimmter Anteil der zulässigen Geschoßfläche oder eine bestimmte Größe der Geschoßfläche für Wohnungen zu verwenden ist.

Dies gilt auch, wenn durch solche Festsetzungen dieser Teil des Kerngebiets nicht vorwiegend der Unterbringung von Handelsbetrieben sowie der zentralen Einrichtungen der Wirtschaft, der Verwaltung und der Kultur dient.

§ 8
Gewerbegebiete

(1) Gewerbegebiete dienen vorwiegend der Unterbringung von nicht erheblich belästigenden Gewerbebetrieben.

(2) Zulässig sind

1. Gewerbebetriebe aller Art, Lagerhäuser, Lagerplätze und öffentliche Betriebe,
2. Geschäfts-, Büro- und Verwaltungsgebäude,
3. Tankstellen,
4. Anlagen für sportliche Zwecke.

(3) Ausnahmsweise können zugelassen werden

1. Wohnungen für Aufsichts- und Bereitschaftspersonen sowie für Betriebsinhaber und Betriebsleiter, die dem Gewerbebetrieb zugeordnet und ihm gegenüber in Grundfläche und Baumasse untergeordnet sind,
2. Anlagen für kirchliche, kulturelle, soziale und gesundheitliche Zwecke,
3. Vergnügungsstätten.

§ 9
Industriegebiete

(1) Industriegebiete dienen ausschließlich der Unterbringung von Gewerbebetrieben, und zwar vorwiegend solcher Betriebe, die in anderen Baugebieten unzulässig sind.

(2) Zulässig sind

1. Gewerbebetriebe aller Art, Lagerhäuser, Lagerplätze und öffentliche Betriebe,
2. Tankstellen.

(3) Ausnahmsweise können zugelassen werden

1. Wohnungen für Aufsichts- und Bereitschaftspersonen sowie für Betriebsinhaber und Betriebsleiter, die dem Gewerbebetrieb zugeordnet und ihm gegenüber in Grundfläche und Baumasse untergeordnet sind,
2. Anlagen für kirchliche, kulturelle, soziale, gesundheitliche und sportliche Zwecke.

§ 10
Sondergebiete, die der Erholung dienen

(1) Als Sondergebiete, die der Erholung dienen, kommen insbesondere in Betracht Wochenendhausgebiete, Ferienhausgebiete, Campingplatzgebiete.

(2) Für Sondergebiete, die der Erholung dienen, sind die Zweckbestimmung und die Art der Nutzung darzustellen und festzusetzen. Im Bebauungsplan kann festgesetzt werden, daß bestimmte, der Eigenart des Gebiets entsprechende Anlagen und Einrichtungen zur Versorgung des Gebiets und für sportliche Zwecke allgemein zulässig sind oder ausnahmsweise zugelassen werden können.

(3) In Wochenendhausgebieten sind Wochenendhäuser als Einzelhäuser zulässig. Im Bebauungsplan kann festgesetzt werden, daß Wochenendhäuser nur als Hausgruppen zulässig sind oder ausnahmsweise als Hausgruppen zugelassen werden können. Die zulässige Grundfläche der Wochenendhäuser ist im Bebauungsplan, begrenzt nach der besonderen Eigenart des Gebiets, unter Berücksichtigung der landschaftlichen Gegebenheiten festzusetzen.

(4) In Ferienhausgebieten sind Ferienhäuser zulässig, die aufgrund ihrer Lage, Größe, Ausstattung, Erschließung und Versorgung für den Erholungsaufenthalt geeignet und dazu bestimmt sind, überwiegend und auf Dauer einem wechselnden Personenkreis zur Erholung zu dienen. Im Bebauungsplan kann die Grundfläche der Ferienhäuser, begrenzt nach der besonderen Eigenart des Gebiets, unter Berücksichtigung der landschaftlichen Gegebenheiten festgesetzt werden.

(5) In Campingplatzgebieten sind Campingplätze und Zeltplätze zulässig.

§ 11
Sonstige Sondergebiete

(1) Als sonstige Sondergebiete sind solche Gebiete darzustellen und festzusetzen, die sich von den Baugebieten nach den §§ 2 bis 10 wesentlich unterscheiden.

(2) Für sonstige Sondergebiete sind die Zweckbestimmung und die Art der Nutzung darzustellen und festzusetzen. Als sonstige Sondergebiete kommen insbesondere in Betracht

Gebiete für den Fremdenverkehr, wie Kurgebiete und Gebiete für die Fremdenbeherbergung, auch mit einer Mischung von Fremdenbeherbergung oder Ferienwohnen einerseits sowie Dauerwohnen andererseits,

Ladengebiete,

Gebiete für Einkaufszentren und großflächige Handelsbetriebe,

Gebiete für Messen, Ausstellungen und Kongresse,

Hochschulgebiete,

Klinikgebiete,

Hafengebiete,

Gebiete für Anlagen, die der Erforschung, Entwicklung oder Nutzung erneuerbarer Energien, wie Wind- und Sonnenenergie, dienen.

(3)

1. Einkaufszentren,
2. großflächige Einzelhandelsbetriebe, die sich nach Art, Lage oder Umfang auf die Verwirklichung der Ziele der Raumordnung und Landesplanung oder auf die städtebauliche Entwicklung und Ordnung nicht nur unwesentlich auswirken können,
3. sonstige großflächige Handelsbetriebe, die im Hinblick auf den Verkauf an letzte Verbraucher und auf die Auswirkungen den in Nummer 2 bezeichneten Einzelhandelsbetrieben vergleichbar sind,

sind außer in Kerngebieten nur in für sie festgesetzten Sondergebieten zulässig. Auswirkungen im Sinne des Satzes 1 Nr. 2 und 3 sind insbesondere schädliche Umwelteinwirkungen im Sinne des § 3 des Bundes-Immissionsschutzgesetzes sowie Auswirkungen auf die infrastrukturelle Ausstattung, auf den Verkehr, auf die Versorgung der Bevölkerung im Einzugsbereich der in Satz 1 bezeichneten Betriebe, auf die Entwicklung zentraler Versorgungsbereiche in der Gemeinde oder in anderen Gemeinden, auf das Orts- und Landschaftsbild und auf den Naturhaushalt. Auswirkungen im Sinne des Satzes 2 sind bei Betrieben nach Satz 1 Nr. 2 und 3 in der Regel anzunehmen, wenn die Geschoßfläche 1 200 qm überschreitet. Die Regel des Satzes 3 gilt nicht, wenn Anhaltspunkte dafür bestehen, daß Auswirkungen bereits bei weniger als 1 200 qm Geschoßfläche vorliegen oder bei mehr als 1 200 qm Geschoßfläche nicht vorliegen; dabei sind in bezug auf die in Satz 2 bezeichneten Auswirkungen insbesondere die Gliederung und Größe der Gemeinde und ihrer Ortsteile, die Sicherung der verbrauchernahen Versorgung der Bevölkerung und das Warenangebot des Betriebs zu berücksichtigen.

§ 12
Stellplätze und Garagen

(1) Stellplätze und Garagen sind in allen Baugebieten zulässig, soweit sich aus den Absätzen 2 bis 6 nichts anderes ergibt.

(2) In Kleinsiedlungsgebieten, reinen Wohngebieten und allgemeinen Wohngebieten sowie Sondergebieten, die der Erholung dienen, sind Stellplätze und Garagen nur für den durch die zugelassene Nutzung verursachten Bedarf zulässig.

(3) Unzulässig sind

1. Stellplätze und Garagen für Lastkraftwagen und Kraftomnibusse sowie für Anhänger dieser Kraftfahrzeuge in reinen Wohngebieten,
2. Stellplätze und Garagen für Kraftfahrzeuge mit einem Eigengewicht über 3,5 Tonnen sowie für Anhänger dieser Kraftfahrzeuge in Kleinsiedlungsgebieten und allgemeinen Wohngebieten.

(4) Im Bebauungsplan kann, wenn besondere städtebauliche Gründe dies rechtfertigen (§ 9 Abs. 3 des Baugesetzbuchs) , festgesetzt werden, daß in bestimmten Geschossen nur Stellplätze oder Garagen und zugehörige Nebeneinrichtungen (Garagengeschosse) zulässig sind. Eine Festsetzung nach Satz 1 kann auch für Geschosse unterhalb der Geländeoberfläche getroffen werden. Bei Festsetzungen nach den Sätzen 1 und 2 sind Stellplätze und Garagen auf dem Grundstück nur in den festgesetzten Geschossen zulässig, soweit der Bebauungsplan nichts anderes bestimmt.

(5) Im Bebauungsplan kann, wenn besondere städtebauliche Gründe dies rechtfertigen (§ 9 Abs. 3 des Baugesetzbuchs), festgesetzt werden, daß in Teilen von Geschossen nur Stellplätze und Garagen zulässig sind. Absatz 4 Satz 2 und 3 gilt entsprechend.

(6) Im Bebauungsplan kann festgesetzt werden, daß in Baugebieten oder bestimmten Teilen von Baugebieten Stellplätze und Garagen unzulässig oder nur in beschränktem Umfang zulässig sind, soweit landesrechtliche Vorschriften nicht entgegenstehen.

(7) Die landesrechtlichen Vorschriften über die Ablösung der Verpflichtung zur Herstellung von Stellplätzen und Garagen sowie die Verpflichtung zur Herstellung von Stellplätzen und Garagen außerhalb der im Bebauungsplan festgesetzten Bereiche bleiben bei Festsetzungen nach den Absätzen 4 bis 6 unberührt.

§ 13
Gebäude und Räume für freie Berufe

Für die Berufsausübung freiberuflich Tätiger und solcher Gewerbetreibender, die ihren Beruf in ähnlicher Art ausüben, sind in den Baugebieten nach den §§ 2 bis 4 Räume, in den Baugebieten nach den §§ 4a bis 9 auch Gebäude zulässig.

§ 13a
Ferienwohnungen

Räume oder Gebäude, die einem ständig wechselnden Kreis von Gästen gegen Entgelt vorübergehend zur Unterkunft zur Verfügung gestellt werden und die zur Begründung einer eigenen Häuslichkeit geeignet und bestimmt sind (Ferienwohnungen), gehören unbeschadet des § 10 in der Regel zu den nicht störenden Gewerbebetrieben nach § 2 Absatz 3 Nummer 4 und § 4 Absatz 3 Nummer 2 oder zu den Gewerbebetrieben nach § 4a Absatz 2 Nummer 3, § 5 Absatz 2 Nummer 6, § 6 Absatz 2 Nummer 4, § 6a Absatz 2 Nummer 4 und § 7 Absatz 2 Nummer 3. Abweichend von Satz 1 können Räume nach Satz 1 in den übrigen Fällen insbesondere bei einer baulich untergeordneten Bedeutung gegenüber der in dem Gebäude vorherrschenden Hauptnutzung zu den Betrieben des Beherbergungsgewerbes nach § 4 Absatz 3 Nummer 1, § 4a Absatz 2 Nummer 2, § 5 Absatz 2 Nummer 5, § 6 Absatz 2 Nummer 3, § 6a Absatz 2 Nummer 3 und § 7 Absatz 2 Nummer 2 oder zu den kleinen Betrieben des Beherbergungsgewerbes nach § 3 Absatz 3 Nummer 1 gehören.

§ 14
Nebenanlagen; Anlagen zur Nutzung solarer Strahlungsenergie und Kraft-Wärme-Kopplungsanlagen

(1) Außer den in den §§ 2 bis 13 genannten Anlagen sind auch untergeordnete Nebenanlagen und Einrichtungen zulässig, die dem Nutzungszweck der in dem Baugebiet gelegenen Grundstücke oder des Baugebiets selbst dienen und die seiner Eigenart nicht widersprechen. Soweit nicht bereits in den Baugebieten nach dieser Verordnung Einrichtungen und Anlagen für die Tierhaltung, einschließlich der Kleintiererhaltungszucht, zulässig sind, gehören zu den untergeordneten Nebenanlagen und Einrichtungen im Sinne des Satzes 1 auch solche für die Kleintierhaltung. Im Bebauungsplan kann die Zulässigkeit der Nebenanlagen und Einrichtungen eingeschränkt oder ausgeschlossen werden.

(2) Die der Versorgung der Baugebiete mit Elektrizität, Gas, Wärme und Wasser sowie zur Ableitung von Abwasser dienenden Nebenanlagen können in den Baugebieten als Ausnahme zugelassen werden, auch soweit für sie im Bebauungsplan keine besonderen Flächen festgesetzt sind. Dies gilt auch für fernmeldetechnische Nebenanlagen sowie für Anlagen für erneuerbare Energien, soweit nicht Absatz 1 Satz 1 Anwendung findet.

(3) Soweit baulich untergeordnete Anlagen zur Nutzung solarer Strahlungsenergie in, an oder auf Dach- und Außenwandflächen oder Kraft-Wärme-Kopplungsanlagen innerhalb von Gebäuden nicht bereits nach den §§ 2 bis 13 zulässig sind, gelten sie auch dann als Anlagen im Sinne des Absatzes 1 Satz 1, wenn die erzeugte Energie vollständig oder überwiegend in das öffentliche Netz eingespeist wird.

§ 15
Allgemeine Voraussetzungen für die Zulässigkeit baulicher und sonstiger Anlagen

(1) Die in den §§ 2 bis 14 aufgeführten baulichen und sonstigen Anlagen sind im Einzelfall unzulässig, wenn sie nach Anzahl, Lage, Umfang oder Zweckbestimmung der Eigenart des Baugebiets widersprechen. Sie sind auch unzulässig, wenn von ihnen Belästigungen

oder Störungen ausgehen können, die nach der Eigenart des Baugebiets im Baugebiet selbst oder in dessen Umgebung unzumutbar sind, oder wenn sie solchen Belästigungen oder Störungen ausgesetzt werden.

(2) Die Anwendung des Absatzes 1 hat nach den städtebaulichen Zielen und Grundsätzen des § 1 Abs. 5 des Baugesetzbuchs zu erfolgen.

(3) Die Zulässigkeit der Anlagen in den Baugebieten ist nicht allein nach den verfahrensrechtlichen Einordnungen des Bundes-Immissionsschutzgesetzes und der auf seiner Grundlage erlassenen Verordnungen zu beurteilen.

13

13.9 Maß der baulichen Nutzung (BauNVO)

Quelle: *Verordnung über die bauliche Nutzung der Grundstücke (Baunutzungsverordnung – BauNVO) in der Fassung der Bekanntmachung vom 23. Januar 1990 (BGBl. I S. 132), zuletzt geändert durch Artikel 2 des Gesetzes vom 4. Mai 2017 (BGBl. I S. 1057).*

§ 16
Bestimmung des Maßes der baulichen Nutzung

(1) Wird im Flächennutzungsplan das allgemeine Maß der baulichen Nutzung dargestellt, genügt die Angabe der Geschoßflächenzahl, der Baumassenzahl oder der Höhe baulicher Anlagen.

(2) Im Bebauungsplan kann das Maß der baulichen Nutzung bestimmt werden durch Festsetzung

1. der Grundflächenzahl oder der Größe der Grundflächen der baulichen Anlagen,
2. der Geschoßflächenzahl oder der Größe der Geschoßfläche, der Baumassenzahl oder der Baumasse,
3. der Zahl der Vollgeschosse,
4. der Höhe baulicher Anlagen.

(3) Bei Festsetzung des Maßes der baulichen Nutzung im Bebauungsplan ist festzusetzen

1. stets die Grundflächenzahl oder die Größe der Grundflächen der baulichen Anlagen,
2. die Zahl der Vollgeschosse oder die Höhe baulicher Anlagen, wenn ohne ihre Festsetzung öffentliche Belange, insbesondere das Orts- und Landschaftsbild, beeinträchtigt werden können.

(4) Bei Festsetzung des Höchstmaßes für die Geschoßflächenzahl oder die Größe der Geschoßfläche, für die Zahl der Vollgeschosse und die Höhe baulicher Anlagen im Bebauungsplan kann zugleich ein Mindestmaß festgesetzt werden. Die Zahl der Vollgeschosse und die Höhe baulicher Anlagen können auch als zwingend festgesetzt werden.

(5) Im Bebauungsplan kann das Maß der baulichen Nutzung für Teile des Baugebiets, für einzelne Grundstücke oder Grundstücksteile und für Teile baulicher Anlagen unterschiedlich festgesetzt werden; die Festsetzungen können oberhalb und unterhalb der Geländeoberfläche getroffen werden.

(6) Im Bebauungsplan können nach Art und Umfang bestimmte Ausnahmen von dem festgesetzten Maß der baulichen Nutzung vorgesehen werden.

§ 17
Obergrenzen für die Bestimmung des Maßes der baulichen Nutzung

(1) Bei der Bestimmung des Maßes der baulichen Nutzung nach § 16 dürfen, auch wenn eine Geschossflächenzahl oder eine Baumassenzahl nicht dargestellt oder festgesetzt wird, folgende Obergrenzen nicht überschritten werden:

1	2	3	4
Baugebiet	**Grund-flächenzahl (GRZ)**	**Geschoss-flächenzahl (GFZ)**	**Bau-massenzahl (BMZ)**
in Kleinsiedlungsgebieten (WS)	0,2	0,4	–
in reinen Wohngebieten (WR) allgem. Wohngebieten (WA) Ferienhausgebieten	0,4	1,2	–
in besonderen Wohngebieten (WB)	0,6	1,6	–
in Dorfgebieten (MD) Mischgebieten (MI)	0,6	1,2	–
in urbanen Gebieten (MU)	0,8	3,0	–
in Kerngebieten (MK)	1,0	3,0	–
in Gewerbegebieten (GE) Industriegebieten (GI) sonstigen Sondergebieten	0,8	2,4	10,0
in Wochenendhausgebieten	0,2	0,2	–

(2) Die Obergrenzen des Absatzes 1 können aus städtebaulichen Gründen überschritten werden, wenn die Überschreitung durch Umstände ausgeglichen ist oder durch Maßnahmen ausgeglichen wird, durch die sichergestellt ist, dass die allgemeinen Anforderungen an gesunde Wohn- und Arbeitsverhältnisse nicht beeinträchtigt werden und nachteilige Auswirkungen auf die Umwelt vermieden werden. Dies gilt nicht für Wochenendhausgebiete und Ferienhausgebiete.

(3) (weggefallen)

§ 18
Höhe baulicher Anlagen

(1) Bei Festsetzung der Höhe baulicher Anlagen sind die erforderlichen Bezugspunkte zu bestimmen.

(2) Ist die Höhe baulicher Anlagen als zwingend festgesetzt (§ 16 Abs. 4 Satz 2) , können geringfügige Abweichungen zugelassen werden.

§ 19
Grundflächenzahl, zulässige Grundfläche

(1) Die Grundflächenzahl gibt an, wieviel Quadratmeter Grundfläche je Quadratmeter Grundstücksfläche im Sinne des Absatzes 3 zulässig sind.

(2) Zulässige Grundfläche ist der nach Absatz 1 errechnete Anteil des Baugrundstücks, der von baulichen Anlagen überdeckt werden darf.

(3) Für die Ermittlung der zulässigen Grundfläche ist die Fläche des Baugrundstücks maßgebend, die im Bauland und hinter der im Bebauungsplan festgesetzten Straßenbegrenzungslinie liegt. Ist eine Straßenbegrenzungslinie nicht festgesetzt, so ist die Fläche des Baugrundstücks maßgebend, die hinter der tatsächlichen Straßengrenze liegt oder die im Bebauungsplan als maßgebend für die Ermittlung der zulässigen Grundfläche festgesetzt ist.

(4) Bei der Ermittlung der Grundfläche sind die Grundflächen von

1. Garagen und Stellplätzen mit ihren Zufahrten,
2. Nebenanlagen im Sinne des § 14,
3. baulichen Anlagen unterhalb der Geländeoberfläche, durch die das Baugrundstück lediglich unterbaut wird,

mitzurechnen. Die zulässige Grundfläche darf durch die Grundflächen der in Satz 1 bezeichneten Anlagen bis zu 50 vom Hundert überschritten werden, höchstens jedoch bis zu einer Grundflächenzahl von 0,8; weitere Überschreitungen in geringfügigem Ausmaß können zugelassen werden. Im Bebauungsplan können von Satz 2 abweichende Bestimmungen getroffen werden. Soweit der Bebauungsplan nichts anderes festsetzt, kann im Einzelfall von der Einhaltung der sich aus Satz 2 ergebenden Grenzen abgesehen werden

1. bei Überschreitungen mit geringfügigen Auswirkungen auf die natürlichen Funktionen des Bodens oder
2. wenn die Einhaltung der Grenzen zu einer wesentlichen Erschwerung der zweckentsprechenden Grundstücksnutzung führen würde.

§ 20
Vollgeschosse, Geschoßflächenzahl, Geschoßfläche

(1) Als Vollgeschosse gelten Geschosse, die nach landesrechtlichen Vorschriften Vollgeschosse sind oder auf ihre Zahl angerechnet werden.

(2) Die Geschoßflächenzahl gibt an, wieviel Quadratmeter Geschoßfläche je Quadratmeter Grundstücksfläche im Sinne des § 19 Abs. 3 zulässig sind.

(3) Die Geschoßfläche ist nach den Außenmaßen der Gebäude in allen Vollgeschossen zu ermitteln. Im Bebauungsplan kann festgesetzt werden, daß die Flächen von Aufenthaltsräumen in anderen Geschossen einschließlich der zu ihnen gehörenden Treppenräume und einschließlich ihrer Umfassungswände ganz oder teilweise mitzurechnen oder ausnahmsweise nicht mitzurechnen sind.

(4) Bei der Ermittlung der Geschoßfläche bleiben Nebenanlagen im Sinne des § 14, Balkone, Loggien, Terrassen sowie bauliche Anlagen, soweit sie nach Landesrecht in den Abstandsflächen (seitlicher Grenzabstand und sonstige Abstandsflächen) zulässig sind oder zugelassen werden können, unberücksichtigt.

§ 21
Baumassenzahl, Baumasse

(1) Die Baumassenzahl gibt an, wieviel Kubikmeter Baumasse je Quadratmeter Grundstücksfläche im Sinne des § 19 Abs. 3 zulässig sind.

(2) Die Baumasse ist nach den Außenmaßen der Gebäude vom Fußboden des untersten Vollgeschosses bis zur Decke des obersten Vollgeschosses zu ermitteln. Die Baumassen von Aufenthaltsräumen in anderen Geschossen einschließlich der zu ihnen gehörenden Treppenräume und einschließlich ihrer Umfassungswände und Decken sind mitzurechnen. Bei baulichen Anlagen, bei denen eine Berechnung der Baumasse nach Satz 1 nicht möglich ist, ist die tatsächliche Baumasse zu ermitteln.

(3) Bauliche Anlagen und Gebäudeteile im Sinne des § 20 Abs. 4 bleiben bei der Ermittlung der Baumasse unberücksichtigt.

(4) Ist im Bebauungsplan die Höhe baulicher Anlagen oder die Baumassenzahl nicht festgesetzt, darf bei Gebäuden, die Geschosse von mehr als 3,50 m Höhe haben, eine Baumassenzahl, die das Dreieinhalbfache der zulässigen Geschoßflächenzahl beträgt, nicht überschritten werden.

§ 21a
Stellplätze, Garagen und Gemeinschaftsanlagen

(1) Garagengeschosse oder ihre Baumasse sind in sonst anders genutzten Gebäuden auf die Zahl der zulässigen Vollgeschosse oder auf die zulässige Baumasse nicht anzurechnen, wenn der Bebauungsplan dies festsetzt oder als Ausnahme vorsieht.

(2) Der Grundstücksfläche im Sinne des § 19 Abs. 3 sind Flächenanteile an außerhalb des Baugrundstücks festgesetzten Gemeinschaftsanlagen im Sinne des § 9 Abs. 1 Nr. 22 des Baugesetzbuchs hinzuzurechnen, wenn der Bebauungsplan dies festsetzt oder als Ausnahme vorsieht.

(3) Soweit § 19 Abs. 4 nicht entgegensteht, ist eine Überschreitung der zulässigen Grundfläche durch überdachte Stellplätze und Garagen bis zu 0,1 der Fläche des Baugrundstücks zulässig; eine weitergehende Überschreitung kann ausnahmsweise zugelassen werden

1. in Kerngebieten, Gewerbegebieten und Industriegebieten,
2. in anderen Baugebieten, soweit solche Anlagen nach § 9 Abs. 1 Nr. 4 des Baugesetzbuchs im Bebauungsplan festgesetzt sind.

(4) Bei der Ermittlung der Geschoßfläche oder der Baumasse bleiben unberücksichtigt die Flächen oder Baumassen von

1. Garagengeschossen, die nach Absatz 1 nicht angerechnet werden,
2. Stellplätzen und Garagen, deren Grundflächen die zulässige Grundfläche unter den Voraussetzungen des Absatzes 3 überschreiten,
3. Stellplätzen und Garagen in Vollgeschossen, wenn der Bebauungsplan dies festsetzt oder als Ausnahme vorsieht.

(5) Die zulässige Geschoßfläche oder die zulässige Baumasse ist um die Flächen oder Baumassen notwendiger Garagen, die unter der Geländeoberfläche hergestellt werden, insoweit zu erhöhen, als der Bebauungsplan dies festsetzt oder als Ausnahme vorsieht.

13

13.10 Bauweise, überbaubare Grundstücksfläche (BauNVO)

Quelle: Verordnung über die bauliche Nutzung der Grundstücke (Baunutzungsverordnung – BauNVO) in der Fassung der Bekanntmachung vom 23. Januar 1990 (BGBl. I S. 132), zuletzt geändert durch Artikel 2 des Gesetzes vom 4. Mai 2017 (BGBl. I S. 1057).

§ 22
Bauweise

(1) Im Bebauungsplan kann die Bauweise als offene oder geschlossene Bauweise festgesetzt werden.

(2) In der offenen Bauweise werden die Gebäude mit seitlichem Grenzabstand als Einzelhäuser, Doppelhäuser oder Hausgruppen errichtet. Die Länge der in Satz 1 bezeichneten Hausformen darf höchstens 50 m betragen. Im Bebauungsplan können Flächen festgesetzt werden, auf denen nur Einzelhäuser, nur Doppelhäuser, nur Hausgruppen oder nur zwei dieser Hausformen zulässig sind.

(3) In der geschlossenen Bauweise werden die Gebäude ohne seitlichen Grenzabstand errichtet, es sei denn, daß die vorhandene Bebauung eine Abweichung erfordert.

(4) Im Bebauungsplan kann eine von Absatz 1 abweichende Bauweise festgesetzt werden. Dabei kann auch festgesetzt werden, inwieweit an die vorderen, rückwärtigen und seitlichen Grundstücksgrenzen herangebaut werden darf oder muß.

§ 23
Überbaubare Grundstücksfläche

(1) Die überbaubaren Grundstücksflächen können durch die Festsetzung von Baulinien, Baugrenzen oder Bebauungstiefen bestimmt werden. § 16 Abs. 5 ist entsprechend anzuwenden.

(2) Ist eine Baulinie festgesetzt, so muß auf dieser Linie gebaut werden. Ein Vor- oder Zurücktreten von Gebäudeteilen in geringfügigem Ausmaß kann zugelassen werden. Im Bebauungsplan können weitere nach Art und Umfang bestimmte Ausnahmen vorgesehen werden.

(3) Ist eine Baugrenze festgesetzt, so dürfen Gebäude und Gebäudeteile diese nicht überschreiten. Ein Vortreten von Gebäudeteilen in geringfügigem Ausmaß kann zugelassen werden. Absatz 2 Satz 3 gilt entsprechend.

(4) Ist eine Bebauungstiefe festgesetzt, so gilt Absatz 3 entsprechend. Die Bebauungstiefe ist von der tatsächlichen Straßengrenze ab zu ermitteln, sofern im Bebauungsplan nichts anderes festgesetzt ist.

(5) Wenn im Bebauungsplan nichts anderes festgesetzt ist, können auf den nicht überbaubaren Grundstücksflächen Nebenanlagen im Sinne des § 14 zugelassen werden. Das gleiche gilt für bauliche Anlagen, soweit sie nach Landesrecht in den Abstandsflächen zulässig sind oder zugelassen werden können.

14 Honorartafeln

14.1 BVS-Honorarrichtlinie (2016)

Quelle: Bundesverband öffentlich bestellter und vereidigter sowie qualifizierter Sachverständiger e.V., Stand: August 2016

Vorbemerkung: Honorare für Wertermittlungsgutachten sind grundsätzlich frei verhandelbar. Die Honorarrichtlinie des BVS stellt eine unverbindliche Empfehlung für Immobilienbewertungssachverständige dar, die Mitglied eines BVS-Mitgliedsverbandes sind. Sie wurde von den Fachbereichsleitern Immobilienbewertung des BVS und seiner Mitgliedsverbände erarbeitet und beschlossen.

1 Anwendungsbereich:

Die Honorarrichtlinie gilt für die Erstattung von Gutachten über den Verkehrswert von Grundstücken im Sinne der Sachverständigenordnung der jeweiligen Bestellungskörperschaft. Unter „Grundstück" ist ein immobilienwirtschaftliches Grundstück zu verstehen. Die Anzahl der sachenrechtlichen Grundstücke ist in der Regel unbeachtlich.

2 Anwendung der Honorartabelle

Maßgeblich ist der ermittelte Verkehrswert. Für die Fälle, bei denen Wertminderungen erfolgen, (z.B. Abschläge für Instandsetzungseinfluss, Reparatureinfluss, ökologische Lasten, Abbruchkosten, Erschließungsprobleme), ist das Honorar auf der Grundlage des ungekürzten Werts zu bemessen.

3 Berücksichtigung von Besonderheiten

Bei Vorhandensein von Besonderheiten ist das Honorar auf der Basis des Ergebnisses aus der Honorartabelle gesondert zu berechnen.

Besonderheit	Korrekturfaktor	Bemerkung
mehrere Wertermittlungsstichtage		beim Zusammenfallen von Qualitäts- und Wertermittlungsstichtag: nur einmal den Faktor pro Datum
pro weiteren Stichtag	+ 20% bis +50 %	
mehrere Qualitätsstichtage		
pro weiteren Stichtag	+ 20% bis +50 %	
Rechte am Grundstück		
Erbbaurecht	+ 40 %	nur für die Wertermittlung eines Erbbaurechts oder eines mit Erbbaurecht belasteten Grundstücks
Wegerecht	+ 20%	
Leitungsrecht	+ 20%	
Wohnungsrecht	+ 30%	
Nießbrauchsrecht	+ 30%	
Überbau	+ 30%	

Bemerkung bei Rechten am Grundstück

Beim Zusammenfallen mehrerer Rechte sind die einzelnen Faktoren zu addieren, wenn keine Gemeinsamkeiten bei den Rechten bestehen. Gemeinsamkeiten sind z.B. ein kombiniertes Geh-, Fahr- und Leitungsrecht auf der gleichen Teilfläche eines Grundstücks. Rechte ohne Werteinfluss sind nicht zu berücksichtigen.

Bei Fällen gleicher Voraussetzungen (z.B. Wohnungsrecht und Nießbrauch für die gleiche Person) wird ein Recht voll und jedes weitere Recht mit dem halben Korrekturfaktor berücksichtigt.
Baulasten sind wie Rechte zu behandeln.

4 Aktualisierung eines früheren Gutachtens des Sachverständigen oder der Sachverständigen

Das Honorar ist mit einem Faktor zwischen 0,9 und 0,6 zu multiplizieren. Die Höhe des Faktors ist abhängig vom Aufwand, der mit der Aktualisierung verbunden ist.

5 Zuschlag für erschwerte Bedingungen

Bei erschwerten Arbeitsbedingungen, die objektbezogen sind (z.B. Schmutz, Sicherheit, Gefahrenabwehr) ist mit dem Faktor 1,2 zu multiplizieren, mindestens mit 200,- €, zu berücksichtigen.

6 Zuschlag für besondere Leistungen

Für die Beschaffung von erforderlichen Unterlagen, örtliche Aufnahme der Gebäude und Aufmaß, Erstellung oder Ergänzung von Plänen und maßstabsbezogenen Skizzen ist ein Zuschlag von 20 % bis 50 % je nach Aufwand und Schwierigkeit zu berücksichtigen.

7 Nebenkosten

Nebenkosten sind frei vereinbar. Bei Fahrten mit dem Kraftfahrzeug ist zusätzlich eine Pauschale von 0,50 € pro gefahrenem Kilometer zu berücksichtigen.

8 Umsatzsteuer

Alle Angaben sind ohne gesetzliche Umsatzsteuer dargestellt.

9 Honorartabelle

	Grundstücke Eigentumswohnungen
Wert	**Honorar**
€	**bis €**
bis 150.000,00	1.500,00
200.000,00	1.600,00
250.000,00	1.700,00
300.000,00	1.800,00
350.000,00	1.900,00
400.000,00	2.000,00
450.000,00	2.100,00

	Grundstücke Eigentumswohnungen
Wert	**Honorar**
€	**bis €**
500.000,00	2.200,00
750.000,00	2.500,00
1.000.000,00	2.800,00
1.250.000,00	3.100,00
1.500.000,00	3.400,00
1.750.000,00	3.700,00
2.000.000,00	4.000,00
2.250.000,00	4.300,00
2.500.000,00	4.600,00
3.000.000,00	5.000,00
3.500.000,00	5.400,00
4.000.000,00	5.700,00
4.500.000,00	6.100,00
5.000.000,00	6.500,00
7.500.000,00	8.400,00
10.000.000,00	10.100,00
12.500.000,00	11.800,00
15.000.000,00	13.500,00
17.500.000,00	15.200,00
20.000.000,00	16.900,00
22.500.000,00	18.600,00
25.000.000,00	20.300,00
über 25.000.000,00	22.000,00

14.2 Honorar-Richtlinie des LVS-Bayern (2016)

Quelle: Bundesverband öffentlich bestellter und vereidigter sowie qualifizierter Sachverständige e.V. (LVS-Bayern), Stand: November 2016

Honorar-Richtlinie des LVS-Bayern zur Immobilienbewertung

in der Fassung vom 18.11.2016

Vorbemerkung:
Diese Honorar-Richtlinie bezieht sich auf die Erstellung von Gutachten zum Verkehrswert (gem. § 194 BauGB) von Immobilien durch öffentlich bestellte und vereidigte Sachverständige.

I. Bestandteile des Honorars

Das **Honorar für ein Verkehrswertgutachten** setzt sich zusammen aus:

1. dem **Tabellenhonorar**
   Die Ausarbeitung, Erstellung und erste Fertigung des Gutachtens wird abgerechnet über das
   Basishonorar, bestehend aus

   a) dem objektunabhängigen **Sockelbetrag**
   plus
   b) dem aus dem Objektwert abgeleiteten **Wertanteil**

   multipliziert mit dem
   c) **Objektfaktor** (nach Schwierigkeit und Aufwand) zur Berücksichtigung der Objekt- bzw. Auftragsmerkmale

2. dem **Zeithonorar**
   Die Ortsbesichtigung (einschl. An- und Abfahrt), die Beschaffung der für die Gutachtenerstellung erforderlichen Objektunterlagen, die Bewertung von Rechten, Lasten und Beschränkungen sowie von besonderen objektspezifischen Merkmalen wird abgerechnet als
   a) **Zeithonorar** (nach Stundensatz) oder
   b) Aufwandspauschale

3. den Nebenkosten
   Zu den Beträgen aus 1.) bis 2.) kommt jeweils hinzu:
   a) Die entsprechenden **Nebenkosten**, Auslagen und Aufwendungen (Auslagenersatz)
   b) Die jeweils geltende **Umsatzsteuer** (Mehrwertsteuer)

II. Berechnung der Honorars

zu I. 1 Das **Basishonorar** für die Ausarbeitung, die Erstellung und die Fertigung des Gutachtens beträgt

bei einem Objektwert bis 1 Mio. €:
1 a) Sockelbetrag 1.500,- €
1 b) plus 0,2 % des Objektwerts,

bei einem Objektwert über 1 Mio. €:
1 a) Sockelbetrag 2.500,- €
1 b) plus 0,1 % des Objektwerts.

Dieses Basishonorar wird mit dem Objektfaktor multipliziert,der sich aus der Art des Objekts und des Auftrags ergibt:

1 c) **Objektfaktoren**
(Einzelfaktoren, Aufzählung nicht abschließend, z.B.):

keine Besonderheiten	= 1,0
gemischte Nutzungen im Obj.	≥ 1,1
Wohnungs-/Teileigentum	≥ 1,2
Sonderimmobilien	≥ 1,4
Erbbaurechte	≥ 1,5
besondere Eilbedürftigkeit	≥ 1,2

Der Gesamtfaktor ergibt sich durch Multiplikation der Einzelfaktoren.

zu I. 2 Das **Zeithonorar** wird berechnet:

Vereinbarter Stundensatz
(Basis- oder Büro-Stundensatz)
multipliziert mit
dem Zeitaufwand in Stunden.

zu I.3 Nebenkosten und Umsatzsteuer
Zusätzlich zu den oben genannten Honoraren werden berechnet:

a) Der **Auslagenersatz** (Nebenkosten, Auslagen u. Aufwendungen), z.B.(Aufzählung nicht abschließend):
- Reisekostenersatz
  Fahrtkosten PKW 0,70 €/km
  sonstige Reisekosten auf Nachweis
- Kopierkosten, Mehrfertigungen
- schwarz/weiß 0,15 €/Seite
- farbig 1,00 €/Seite
- Fotografien 2,00 €/Stück
- Portokosten auf Nachweis
- Kosten, Auslagen, Auskünfte von Ämtern o. Dritten auf Nachweis

b) Die gesetzliche Umsatzsteuer (**Mehrwertsteuer**) in Höhe des bei Rechnungsstellung gültigen Satzes (derzeit 19 %).

III. Honorar für andere Leistungen

Das Honorar für **Leistungen, die nicht in direktem Zusammenhang mit einem Verkehrswertgutachten** stehen, wie z.B.
- Beratungen
- Teilnahme an Abnahmen
- fachliche Stellungnahmen
- Vorabprüfungen (z.B. steuerliche Zwecke)
- Schiedsgutachten

bemisst sich in der Regel als Zeithonorar auf der Basis des Büro-Stundensatzes multipliziert mit einem Faktor, der abhängig ist von der Art und der Besonderheit des Auftrags (Schwierigkeit, erforderliche besondere Kenntnisse o. Qualifikationen, usw.).

Dieser Faktor liegt in der Regel zwischen 1,3 und 3,0 und ist vor Auftragserteilung zu vereinbaren.

IV. Honorartabelle

Basishonorar nach Ziff. I.1

Berechnung des Basishonorars (netto):
Objektwert
bis 1 Mio €: 1.500,- € + 0,2% des Objektwerts
über 1 Mio €: 2.500,- € + 0,1% des Objektwerts

Objektwert (Beispiele)	Basishonorar (Sockel+Wertanteil) netto	Basishonorar einschl. MWSt. 19%
bis 250.000 €	2.000,00 €	2.380,00 €
300.000 €	2.100,00 €	2.499,00 €
400.000 €	2.300,00 €	2.737,00 €
500.000 €	2.500,00 €	2.975,00 €
600.000 €	2.700,00 €	3.213,00 €
700.000 €	2.900,00 €	3.451,00 €
800.000 €	3.100,00 €	3.689,00 €
900.000 €	3.300,00 €	3.927,00 €
1.000.000 €	3.500,00 €	4.165,00 €
1.100.000 €	3.600,00 €	4.284,00 €
1.200.000 €	3.700,00 €	4.403,00 €
1.300.000 €	3.800,00 €	4.522,00 €
1.400.000 €	3.900,00 €	4.641,00 €
1.500.000 €	4.000,00 €	4.760,00 €
1.600.000 €	4.100,00 €	4.879,00 €
1.700.000 €	4.200,00 €	4.998,00 €
1.800.000 €	4.300,00 €	5.117,00 €
1.900.000 €	4.400,00 €	5.236,00 €
2.000.000 €	4.500,00 €	5.355,00 €
2.500.000 €	5.000,00 €	5.950,00 €
3.000.000 €	5.500,00 €	6.545,00 €
3.500.000 €	6.000,00 €	7.140,00 €
4.000.000 €	6.500,00 €	7.735,00 €
4.500.000 €	7.000,00 €	8.330,00 €
5.000.000 €	7.500,00 €	8.925,00 €
10.000.000 €	12.500,00 €	14.875,00 €
20.000.000 €	22.500,00 €	26.775,00 €

Dieses Basishonorar ist dann mit dem entsprechenden Objektfaktor zu multiplizieren.

Dazu kommt:
Das Zeithonorar für:
Durchführung des Ortstermins, Berücksichtigung von besonderen objektspezifischen Merkmalen und ggf. die Beschaffung von erforderlichen Unterlagen.

Ersatz von Auslagen (Nebenkosten) nach Aufwand

14

Stand: 18.11.2016 HS.

Anlage 1
zu Honorar-Richtlinie des LVS-Bayern zur Immobilienbewertung

Begriffe

1. Objektwert

Der für die Honorarberechnung anzusetzende Objektwert ist
- der ermittelte Verkehrswert
- im lastenfreien Zustand (d.h. ohne wertmindernde Rechte und Lasten)
- und ohne Minderungen aufgrund von besonderen objektspezifischen Merkmalen (z.B. Instandhaltungsrückstand, temporärer Minderertrag, ...)

2. Basishonorar

Das Basishonorar ist die Summe aus dem Sockelbetrag plus dem Wertanteil (wertabhängiger Zusatzbetrag).

3. Objektfaktor

Der Objektfaktor berücksichtigt die Art des Objekts und des Auftrags und ist der Multiplikationsfaktor für das Basishonorar.
Der Objektfaktor soll bei Auftragserteilung bzw. im Sachverständigenvertrag vereinbart werden, ohne Vereinbarung gelten bei den Objektfaktoren die zu I.1 angegebenen Mindestsätze.

4. Tabellenhonorar

Das Tabellenhonorar ergibt sich aus dem Basishonorar multipliziert mit dem Objektfaktor.

5. Zeithonorar

Der für die Berechnung des Zeithonorars anzusetzende Stundensatz ist abgeleitet aus dem Stundensatz, den das Bayerische Staatsministerium des Inneren nach der Zuständigkeitsverordnung im Bauwesen (ZustVBau) für Amtshandlungen im Vollzug der Bayerischen Bauordnung (BayBO) bekannt gibt. (Bekanntmachung und Ableitung siehe nächste Seite)

Der Basis-Stundensatz ist durch einen Faktor an die jeweilige regionale Gemeinkostenstruktur anzupassen bzw. an die Personal- und Kostenstruktur des Büros. Dieser Regionalfaktor ist der Mulitplikationsfaktor für den landesweiten Basis-Stundensatz, er beträgt insbesondere in Ballungsgebieten regelmäßig ≥ 1,2.
Der Büro-Stundensatz ergibt sich aus:
Basis-Stundensatz multipliziert mit dem Regionalfaktor

Der jeweilige Büro-Stundensatz ist bei Auftragserteilung bzw. im Sachverständigenvertrag zu vereinbaren, ohne Vereinbarung gilt der Faktor 1,0 als vereinbart.

4. Basis-Stundensatz

a) Ausgangsbasis:

(Quelle: Zuständigkeitsverordnung im Bauwesen (ZustVBau) vom 5. Juli 1994 (GVBl. S. 573) BayRS 21303I Zuletzt geä. d. § 1 V zur Änderung der Zuständigkeitsverordnung im Bauwesen vom 12. 7. 2016 (GVBl. S. 191)

§ 7 Vergütung

(1) [1]Der TÜV SÜD Industrie Service GmbH, München und der LGA (Landesgewerbeanstalt Bayern) steht für Amtshandlungen im Vollzug von Art. 72 BayBO eine Vergütung zu.[2]Die Vergütung besteht aus Gebühren und Auslagen.

(2) [1]Die Höhe der Gebühren bemisst sich nach dem dieser Verordnung als Anlage beigefügten Verzeichnis.[2]Soweit sich die Gebühr nach dem Zeitaufwand bestimmt, ist die Zeit anzusetzen, die unter regelmäßigen Verhältnissen von einer entsprechend ausgebildeten Fachkraft benötigt wird.[3]Für jede Arbeitsstunde wird ein Betrag von 1,552 v.H. des Monatsgrundgehalts eines Staatsbeamten in der Endstufe der Besoldungsgruppe A 15 zuzüglich der gesetzlichen Umsatzsteuer berechnet; angefangene Arbeitstunden werden zeitanteilig verrechnet.[4]Der Betrag ist auf volle Euro aufzurunden.[5]Bei der Abnahme von fliegenden Bauten im Rahmen der Erteilung der Ausführungsgenehmigung kann bei dringlichen vom Benutzer veranlassten Arbeiten an Samstagen oder an Sonn- und Feiertagen ein Zuschlag bis zu 70 v.H. und bei Nachtarbeit ein Zuschlag bis zu 40 v.H. erhoben werden.

b) Ableitung:

In Anlehnung an ZustVBau-Stundensatz:

113,- €/h einschl. MWSt = 94,96 €/h netto
+ Gemeinkostenzuschlag 15 % (Bürokosten, vgl. JVEG § 12 Abs. 2)
+ Zuschlag selbständige Tätigkeit 25 % (private Daseinsfürsorge)
= 132,94 €/h netto
Basis-Stundensatz
gerundet: **133,- €/h netto**

c) Anpassung:

Der Basis-Stundensatz ist durch einen Faktor an die jeweilige regionale Gemeinkostenstruktur anzupassen bzw. an die Personal- und Kosten-struktur des Büros. Dieser Regionalfaktor ist der Mulitplikationsfaktor für den landesweiten Basis-Stundensatz, er beträgt insbesondere in Ballungsgebieten regelmäßig ≥ 1,2.
Der Büro-Stundensatz ergibt sich aus:
Basis-Stundensatz multipliziert mit dem Regionalfaktor

Anlage 2
Honorar-Richtlinie des LVS-Bayern zur Immobilienbewertung

1. Beispiel: Berechnung des Gesamthonorars
hier: Verkehrswertgutachten für Eigentumswohnung (aktueller Stichtag)
Verkehrswert (Objektwert): 250.000,- €

Honorarberechnung
nach der Honorar-Richtlinie des LVS-Bayern zur Immobilienbewertung
(gelbe Felder: Eingaben des Bearbeiters)

Objekt: Musterstr. 14, ETW Nr. 8

Verkehrswert laut Gutachten	250.000 €
anzusetzender Objektwert	**250.000 €**

(lastenfrei und ohne Abzüge von besonderen objektspezifischen Merkmalen)

Basishonorar
für die Ausarbeitung und Erstellung des Gutachtens:

	Sockelbetrag		1.500,00 €		
	Wertanteil	0,2 %			
	aus dem Objektwert	250.000 €	500,00 €		
	Summe		2.000,00 €		
			x		
x Objektfaktor	nach Vereinbarung, hier		1,20	**2.400,00 €**	+

Zeithonorar
für die nach Zeitaufwand abzurechnenden Tätigkeiten

Ortstermin mit Vor- und Nachbereitung		2,0 h		
Beschaffung von Unterlagen zum Objekt		0,0 h		
Bearbeitung bes. objektspez. Merkmale		0,0 h		
Sonstiges		0,0 h		
Summe Zeitaufwand	hier:	2,0 h		
		x		
Basis-Stundensatz	x Bürofaktor			
133,00 €	1,00	133,00 €	**266,00 €**	+

oder alternativ als Pauschalbetrag | pauschal | +

Summe =
Honorar netto **2.666,00 €** =

Auslagenersatz

Fahrtkosten km	20	x 0,70 €/km	14,00 €
Kopien s/w		x 0,15 €/Seite	0,00 €
Kopien farbig		x 1,00 €/Seite	0,00 €
Fotografien	10	x 2,00 €/St.	20,00 €
Lageplan, Flurkarte		geodaten.bayern	auf Nachweis
Auskunft Kaufpreissamml.		örtl. GAA	auf Nachweis
Porto			auf Nachweis
Sonstiges			auf Nachweis
			34,00 € +

Gesamthonorar, netto		**2.700,00 €**	=
zuzügl. MWSt.	19%	513,00 €	+
Gesamthonorar einschl. MWSt.		**3.213,00 €**	=

2. Übersicht: Bestandteile und Berechnung des Honorars

Grafische Darstellung

Tätigkeit (Leistungsphasen)	**Honorar** (Berechnungsgrundlage)		**Nebenkosten** (Berechnungsgrundlage)
Versand / Dateierstellung	**Honorar-Tabelle** Honorar-Richtlinie LVS-Bayern zur Immobilienbewertung	zuzüglich gesetzliche Mehrwertsteuer	- Porto, Zustellung - Fertigung Dateien bzw. Datenträger
Fertigung Durchsicht, Korrektur Endfertigung Gutachten u. Anlagen Binden, Mehrfertigungen			Kosten der Ausfertigung - Kopien, Mehrfertigungen - Fotos (Abzüge), Farbkopien - Sonstiges
Ausarbeitung des Gutachtens - Auswertung der Objektunterlagen - Objektbeschreibung - rechtliche Gegebenheiten - wirtschaftliche Verhältnisse - Marktanalysen - Beurteilungen - Berechnungen - Bewertung - Erstellung des Gutachtens - Erstellung/Aufbereitung der Anlagen	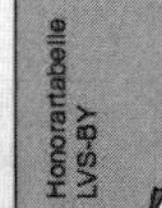 Basishonorar (Sockelbetrag + wertabh. Betrag) x Objektfaktor Alternativ: Pauschalhonorar, Zeithonorar		Bearbeitungsbezogene Nebenkosten - Bodenrichtwertauskünfte - Auskünfte aus Kaufpreissammlung - Gebühren Online-Auskunftssysteme - Sonderfachleute - Telekommunikationskosten - Sonstiges
Ortstermin Vorbereitung Durchführung Nachbereitung	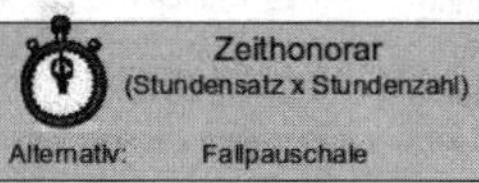 Zeithonorar (Stundensatz x Stundenzahl) Alternativ: Fallpauschale		- Kopie Unterlagen für den Ortstermin - Fahrtkosten (PKW, Bahn, Taxi, ...) - Fremdleistungen - Fotos für die Bearbeitung - Schriftverkehr Ladung Beteiligte
Objektdatenermittlung Grundbuchauszug Grundakteneinsicht Lageplan, Baupläne, Baubeschreib. TE, GO, Bew-Kost., Mietaufstellung ...	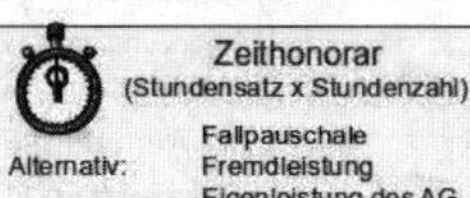 Zeithonorar (Stundensatz x Stundenzahl) Alternativ: Fallpauschale, Fremdleistung, Eigenleistung des AG		Objektdatenbezogene Nebenkosten - Kopien, Lichtpausen, Digitalisierung - Fahrtkosten (PKW, Bahn, Taxi, ...) - Fremdleistungen - Auskünfte von Behörden, HV, sonst. - Sonstiges

©Herbert Schlatt 2012

14

14.3 BDGS-Honorartarif (2013)

Quelle: Bundesverband deutscher Grundstückssachverständigen (BDGS), München, Stand: September 2013

Honorartarif für Gutachten über die Ermittlung des Wertes von Grundstücken, Gebäuden und anderen Bauwerken bzw. Rechten von Grundstücken

Unverbindliche Preisempfehlung

Seit dem Inkrafttreten der novellierten Honorarordnung für Architekten und Ingenieure – HOAI 2009 – werden die Leistungen der Wertermittlung von Grundstücken, Gebäuden und anderen Bauwerken bzw. Rechten an Grundstücken nicht mehr vom Regelungsbereich der HOAI umfasst; der bis dahin für die Honorierung dieser Leistungen maßgebliche § 34 der bisherigen HOAI ist ersatzlos entfallen. Das Honorar für diese Leistungen kann daher ab dem Zeitpunkt des Inkrafttretens der HOAI 2009 ohne jede preisrechtliche Bindung frei ausgehandelt werden. Im außergerichtlichen Bereich kann infolgedessen nach Stundensätzen abgerechnet oder auch ein Pauschalpreis vereinbart werden.

Mit dieser **unverbindlichen Preisempfehlung** möchte der BDGS den Sachverständigen und Auftraggebern eine an § 34 der ehemaligen HOAI angelehnte einfache und verlässliche Grundlage für die Vereinbarung von Honoraren für Wertermittlungsgutachten zur Verfügung stellen.

Die Honorarempfehlung und die Honorartafel sollen nur der Orientierung für eine dringend angeratene konkrete Honorarvereinbarung dienen. Sie stellen kein zwingendes Preisrecht dar.

Unverbindliche Honorarempfehlung für Wertermittlungen*

(1) Für die Honorierung von Leistungen der Ermittlung des Wertes von Grundstücken, Gebäuden und anderen Bauwerken oder von Rechten an Grundstücken wird die nachfolgende Honorartafel als Rahmen empfohlen.

(2) Das Honorar richtet sich nach dem Wert der Grundstücke, Gebäude, anderen Bauwerke oder Rechte, der nach dem Zweck der Ermittlung zum Zeitpunkt der Wertermittlung festgestellt wird; bei unbebauten Grundstücken ist der Bodenwert maßgebend. Soweit nichts anderes vereinbart ist, ist das Honorar für jedes einzelne Objekt getrennt zu berechnen.

(3) Soweit nichts anderes vereinbart ist, beträgt das Honorar für Wertermittlungen bis zu einem Wert von 25.000 € bei der Normalstufe 290 € und bei der Schwierigkeitsstufe 362 €. Soweit keine Zwischenstufe zwischen den unteren und oberen Werten der Honorartafel zu Abs. 1 vereinbart ist, gilt der jeweils untere Wert der Honorartafel als vereinbart.

(4) Wertermittlungen können je nach Anzahl und Gewicht der Schwierigkeiten nach Abs. 5 entweder der Normalstufe oder der Schwierigkeitsstufe der Honorartafel nach Abs. 1 zugeordnet werden. Die Honorare der Schwierigkeitsstufe können bei Schwierigkeiten nach Absatz 5 Nr. 3 überschritten werden. Es wird empfohlen, die maßgebliche Stufe konkret zu vereinbaren.

(5) Schwierigkeiten können insbesondere vorliegen

1. bei Wertermittlungen:
   - für Erbbaurechte, Nießbrauchs- und Wohnrechte sowie sonstige Rechte
   - bei Umlegungen und Enteignungen
   - bei steuerlichen Bewertungen
   - für unterschiedliche Nutzungsarten auf einem Grundstück
   - bei Berücksichtigung von Schadensgraden
   - bei besonderen Unfallgefahren, starkem Staub oder Schmutz oder sonstigen nicht unerheblichen Erschwernissen bei der Durchführung des Auftrages
2. bei Wertermittlungen, zu deren Durchführung der Auftragnehmer die erforderlichen Unterlagen beschaffen, überarbeiten oder anfertigen muss, z. B.:
   - Beschaffung und Ergänzung der Grundstücks-, Grundbuch- und Katasterangaben
   - Feststellung der Roheinnahmen
   - Feststellung der Bewirtschaftungskosten
   - Örtliche Aufnahme der Bauten
   - Anfertigung von Systemskizzen im Maßstab nach Wahl
   - Ergänzung vorhandener Grundriss- und Schnittzeichnungen
3. bei Wertermittlungen:
   - für mehrere Stichtage
   - die im Einzelfall eine Auseinandersetzung mit Grundsatzfragen der Wertermittlung und eine entsprechende schriftliche Begründung erfordern.

(6) Die nach den Absätzen 1, 2, 4 und 5 ermittelten Honorare mindern sich bei
- überschlägigen Wertermittlungen nach Vorlagen von Banken und Versicherungen um 30 v. H.
- Verkehrswertermittlungen nur unter Heranziehung des Sachwerts oder Ertragswerts um 20 v. H.
- Umrechnungen von bereits festgestellten Wertermittlungen auf einen anderen Zeitpunkt um 20 v. H.

(7) Wird eine Wertermittlung um Feststellungen ergänzt und sind dabei lediglich Zugänge oder Abgänge bzw. Zuschläge oder Abschläge zu berücksichtigen, so mindern sich die nach den vorstehenden Vorschriften ermittelten Honorare um 20 vom Hundert. Dasselbe gilt für andere Ergänzungen, deren Leistungsumfang nicht oder nur unwesentlich über den einer Wertermittlung nach Satz 1 hinausgeht. ■

EDELSBERGSTR. 8 • D-80686 MÜNCHEN • TELEFON (089) 57007-0 • TELEFAX (089) 5700 7260 • e-mail: info@bdgs.de

Honorartafel

zu Abs. 1 der Honorarempfehlung für Wertermittlungen *

Wert	Normalstufe		Schwierigkeitsstufe	
EUR	von EUR	bis EUR	von EUR	bis EUR
25 000	290	374	362	560
50 000	415	507	494	691
75 000	563	691	666	943
100 000	698	854	827	1 171
125 000	823	1 004	972	1 367
150 000	934	1 134	1 102	1 548
175 000	987	1 207	1 174	1 645
200 000	1 107	1 353	1 309	1 843
225 000	1 196	1 455	1 410	1 987
250 000	1 258	1 535	1 489	2 095
300 000	1 378	1 678	1 626	2 290
350 000	1 479	1 798	1 746	2 456
400 000	1 554	1 904	1 835	2 589
450 000	1 630	1 990	1 918	2 707
500 000	1 697	2 073	2 007	2 829
750 000	2 011	2 461	2 377	3 359
1 000 000	2 286	2 806	2 707	3 815
1 250 000	2 549	3 111	3 007	4 237
1 500 000	2 785	3 402	3 280	4 632
1 750 000	3 034	3 703	3 578	5 042
2 000 000	3 230	3 941	3 805	5 361
2 250 000	3 437	4 182	4 054	5 711
2 500 000	3 676	4 488	4 352	6 123
3 000 000	4 056	4 954	4 792	6 760
3 500 000	4 440	5 397	5 250	7 427
4 000 000	4 799	5 880	5 676	8 044
4 500 000	5 253	6 470	6 226	8 817
5 000 000	5 596	6 839	6 626	9 361
7 500 000	7 344	8 974	8 702	12 241
10 000 000	9 100	11 011	10 607	15 082
12 500 000	10 734	13 102	12 745	17 984
15 000 000	12 058	14 714	14 131	19 871
17 500 000	13 574	16 443	15 941	22 329
20 000 000	14 502	17 745	17 205	24 268
22 500 000	15 866	19 514	18 908	26 591
25 000 000	17 301	21 355	20 680	29 129

Bei der Ausführung des Auftrages entstehende, erforderliche Nebenkosten und gesetzlich geschuldete Umsatzsteuer sind von den o. a. Honorartarifen nicht umfasst.

*) Angelehnt an § 34 HOAI (Honorarordnung für Architekten und Ingenieure) i. d. bis zum 17.08.2009 gültigen Fassung mit Änderung der Honorarsätze analog der vom Gesetzgeber vorgenommenen pauschalen Erhöhung der Honorartabellen für Architekten und Ingenieure um 10 % im Jahr 2009 und durchschnittlich 17 % im Jahr 2013.

Diese Fassung wurde dem Bundeskartellamt zur Kenntnis gegeben.

Stand: 09/2013

EDELSBERGSTR. 8 • D-80686 MÜNCHEN • TELEFON (089) 57007-0 • TELEFAX (089) 5700 7260 • e-mail: info@bdgs.de

14.4 BDVI-Honorierungsempfehlungen (2016)

Quelle: *Bund der Öffentlich bestellten Vemessungsingenieure e.V., Berlin (BDVi)*
Stand: September 2016

Unverbindliche BDVI-Honorierungsempfehlung für Immobilienwertermittlungen

30. September 2016

1. Die Honorierungsempfehlung stellt einen unverbindlichen Orientierungsrahmen für die Honorierung von Leistungen zur Ermittlung des Wertes von Grundstücken, Gebäuden und anderen Bauwerken oder von Rechten an Grundstücken dar. Die jeweiligen Honorare sind der Honorartafel zu Nr. 8 zu entnehmen.

2. Das Honorar richtet sich nach dem Verkehrswert der Grundstücke, Gebäude, anderen Bauwerken oder Rechten, der nach dem Zweck der Ermittlung zum Zeitpunkt der Wertermittlung festgestellt wird; bei unbebauten Grundstücken ist der Bodenwert maßgeblich. Bei der Honorarermittlung von Grundstücken, die durch besondere Umstände, z.B. Rechte, Belastungen oder Freilegungskosten eine Wertminderung erfahren, ist der Verkehrswert des unbelasteten Grundstücks zugrunde zu legen. Das Honorar ist für jedes wirtschaftliche Bewertungsobjekt getrennt zu berechnen.

3. Die Honorare für Wertgutachten, die zwischen den in der Honorartafel genannten Werten liegen, sind durch lineare Interpolation zu ermitteln. Für Verkehrswerte über 25.000.000 Euro wird in Anlehnung an die Honorartafel das Honorar frei vereinbart.

4. Honorare für Wertermittlungen können nach Anzahl und Gewicht der Schwierigkeiten nach Nr. 5 bis zu den Honorarsätzen der Schwierigkeitsstufe bestimmt werden. Die Honorare der Schwierigkeitsstufe können bei Schwierigkeiten nach Nr. 5 c) überschritten werden.

5. Schwierigkeiten können insbesondere vorliegen,
   a. bei Wertermittlungen zu deren Durchführung der Auftragnehmer die erforderlichen Unterlagen beschaffen, überarbeiten oder anfertigen muss, z.B.
      - Beschaffung und Ergänzung der Grundstücks- Grundbuch-, Bau- und Katasterangaben,
      - Feststellung der tatsächlichen Mieten und Pachten,
      - Feststellung der tatsächlichen Bewirtschaftungskosten,
   b. bei Wertermittlungen
      - für Erbbaurechte, Nießbrauch- und Wohnrechte, sowie sonstige Rechte,
      - bei Berücksichtigung von besonderen objektsspezifischen Grundstücksmerkmalen,
      - bei besonderen Unfallgefahren, starkem Staub oder Schmutz oder sonstigen nicht unerheblichen Erschwernissen bei der Durchführung des Auftrages;
   c. bei Wertermittlungen
      - für mehrere Stichtage,
      - in Umlegungs- oder Enteignungsverfahren, die im Einzelfall eine Auseinandersetzung in Grundsatzfragen der Wertermittlung oder eine entsprechende schriftliche Begründung erfordern,
      - nach dem Besonderen Städtebaurecht des BauGB,
      - mit örtlichen Vermessungen der baulichen Anlagen,
      - mit Anfertigung von Systemskizzen im Maßstab nach Wahl, oder Ergänzung vorhandener Grundriss- und Schnittzeichnungen.

6. Die ermittelten Honorare mindern sich bei
   - überschlägigen Wertermittlungen, z.B. nach Vorlagen von Banken und Versicherungen, um 30 % bis zu 50 %,
   - Aktualisierungen von bereits festgestellten Wertermittlungen um 20 %.

7. Für besondere Leistungen, die nicht nach der Honorartafel abgerechnet werden können, z.B.:
   - Plausibilitätsprüfungen,
   - Stellungnahmen,
   - Wertanalysen,
   - Miet-/Pachtwertgutachten

   wird das Honorar nach Zeitaufwand ermittelt. Die Stundensätze betragen
   - für den Sachverständigen: 130 €/Stunde,
   - für Mitarbeiter: 65 €/Stunde.

8. Die in der nachfolgenden Honorartafel aufgeführten Honorare verstehen sich zuzüglich der bei der Ausführung des Auftrages entstehenden Auslagen (Nebenkosten) und der gesetzlichen Umsatzsteuer.

Honorartafel

Wert in €	Normalstufe Honorar	Schwierigkeitsstufe Honorar
bis 100.000	950 €	1.500 €
125.000	1.050 €	1.600 €
150.000	1.150 €	1.700 €
175.000	1.200 €	1.800 €
200.000	1.400 €	2.000 €
225.000	1.500 €	2.200 €
250.000	1.550 €	2.300 €
300.000	1.700 €	2.500 €
350.000	1.800 €	2.700 €
400.000	1.900 €	2.900 €
450.000	2.000 €	3.000 €
500.000	2.100 €	3.200 €
750.000	2.500 €	3.800 €
1.000.000	2.800 €	4.200 €
1.250.000	3.000 €	4.500 €
1.500.000	3.300 €	5.000 €
1.750.000	3.500 €	5.300 €
2.000.000	3.700 €	5.600 €
2.250.000	4.000 €	6.000 €
2.500.000	4.300 €	6.500 €
3.000.000	4.700 €	7.100 €
3.500.000	5.200 €	7.800 €
4.000.000	5.600 €	8.400 €
4.500.000	6.200 €	9.300 €
5.000.000	6.600 €	9.900 €
7.500.000	8.600 €	12.900 €
10.000.000	10.600 €	15.900 €
12.500.000	12.500 €	18.800 €
15.000.000	14.000 €	21.000 €
17.500.000	15.800 €	23.700 €
20.000.000	16.900 €	25.400 €
22.500.000	18.600 €	27.900 €
25.000.000	20.400 €	30.600 €

14.5 VermWertGebO NRW, dort Tarifstelle 7.1

Gebührenordnung für das amtliche Vermessungswesen und die amtliche Grundstückswertermittlung in Nordrhein-Westfalen (Vermessungs- und Wertermittlungsgebührenordnung – VermWertGebO NRW)

Vom 5. Juli 2010, zuletzt geändert am 8.8.2016

§ 1 Anwendungsbereich

Für Amtshandlungen

1. der Kreise und kreisfreien Städte als Katasterbehörden gemäß § 23 des Vermessungs- und Katastergesetzes,
2. der gemäß § 10 des Vermessungs- und Katastergesetz für die Landesvermessung zuständigen Behörde,
3. des Geodatenzentrums, der kreisangehörigen Gemeinden und der Öffentlich bestellten Vermessungsingenieurinnen und -ingenieure gemäß § 15 des Vermessungs- und Katastergesetzes,
4. der Öffentlich bestellten Vermessungsingenieurinnen und -ingenieure gemäß § 1 Absatz 2 der Berufsordnung für die Öffentlich bestellten Vermessungsingenieure / Öffentlich bestellten Vermessungsingenieurinnen in Nordrhein-Westfalen,
5. der Bezirksregierungen gemäß der Berufsordnung für die Öffentlich bestellten Vermessungsingenieure / Öffentlich bestellten Vermessungsingenieurinnen in Nordrhein-Westfalen und
6. der Gutachterausschüsse für Grundstückswerte gemäß dem Baugesetzbuch und der Gutachterausschussverordnung NRW,

werden Kosten (Gebühren und Auslagen) nach dieser Verordnung erhoben. Der in der Anlage enthaltene Gebührentarif (VermWertGebT) bildet einen Teil dieser Verordnung.

7 Amtliche Grundstückswertermittlung

Quelle: *Gesetz- und Verordnungsblatt (GV.NRW.), Ausgabe 2015, Nr. 27 vom 30.6.2015, §§ 481 bis 494 (Dieser Teil der Verordnung ist zum 1. Januar 2016 in Kraft getreten.)*

Nach diesen Tarifstellen sind die nach dem BauGB und der GAVO NRW beschriebenen Aufgaben der Gutachterausschüsse und ihrer Geschäftsstellen – mit Ausnahme der Sachverständigenleistungen nach dem Justizvergütungs- und -entschädigungsgesetz (JVEG) – abzurechnen.

7.1 Gutachten

a) Gutachten gemäß GAVO NRW, soweit nicht Buchstabe b zutrifft
Gebühr: 100 Prozent der Gebühr nach Tarifstelle 7.1.1 bis 7.1.4

b) Gutachten über Miet- und Pachtwerte
Gebühr: 1.500 bis 3.000 Euro

c) Obergutachten des Oberen Gutachterausschusses
Gebühr: 150 Prozent der Gebühren nach den Buchstaben a bzw. b

Die Gebühren für Gutachten zu unterschiedlichen Wertermittlungsstichtagen sind separat für jeden Stichtag zu ermitteln.

7.1.1 Grundgebühr

Die Grundgebühr ist in Abhängigkeit von dem im Gutachten abschließend ermittelten Wert zu bemessen:

a) Wert bis 1 Million Euro
Gebühr: 0,2 Prozent vom Wert zuzüglich 1.250 Euro

b) Wert über 1 Million Euro bis 10 Millionen Euro
Gebühr: 0,1 Prozent vom Wert zuzüglich 2.250 Euro

c) Wert über 10 Millionen Euro bis 100 Millionen Euro
Gebühr: 0,05 Prozent vom Wert zuzüglich 7.250 Euro

d) Wert über 100 Millionen Euro
Gebühr: 0,01 Prozent vom Wert zuzüglich 47.250 Euro

Mit der Gebühr ist die Abgabe von bis zu 3 gleichzeitig mit beantragten beglaubigten Mehrausfertigungen sowie die Mehrausfertigung für den Eigentümer, soweit dieser nicht der Antragsteller ist, abgegolten.

7.1.2 Zuschläge

Zuschläge wegen erhöhten Aufwands,

a) insgesamt bis 400 Euro, wenn Unterlagen gesondert erstellt werden müssen oder umfangreiche Recherchen erforderlich sind.

b) insgesamt bis 800 Euro, wenn besondere wertrelevante öffentlich-rechtliche oder privatrechtliche Gegebenheiten (z.B. Denkmalschutz, sozialer Wohnungsbau, Mietrecht, Erbbaurecht) zu berücksichtigen sind.

c) insgesamt bis 1.200 Euro, wenn Baumängel oder -Schäden, Instandhaltungsrückstände oder Abbruchkosten aufwändig zu ermitteln und wertmäßig zu berücksichtigen sind.

d) insgesamt bis 1.600 Euro für sonstige Erschwernisse bei der Ermittlung wertrelevanter Eigenschaften.

Die Zuschläge sind im Kostenbescheid zu erläutern.

7.1.3 Abschläge

Abschläge wegen verminderten Aufwands,

a) bis 500 Euro, wenn der Ermittlung unterschiedliche Wertermittlungsstichtage zugrunde zu legen sind.

b) bis 500 Euro je zusätzlicher Wertermittlung bei der Ermittlung von Anfangs- und Endwerten nach § 154 Abs. 2 BauGB ohne Zuhilfenahme besonderer Bodenrichtwerte nach § 196 Abs. 1 Satz 5 BauGB.

c) 50 Prozent der Gebühr nach Tarifstelle 7.1.1, bei der Ermittlung von Anfangs- und Endwerten nach § 154 Abs. 2 BauGB unter Zuhilfenahme besonderer Bodenrichtwerte nach § 196 Abs. 1 Satz 5 BauGB.

d) je Antrag bis zu 50 Prozent der Gebühr nach Tarifstelle 7.1.1, wenn gemeinsam bewertete Objekte verschiedener Anträge die gleichen wertbestimmenden Merkmale besitzen.

Die Abschläge sind im Kostenbescheid zu erläutern.

7.1.4 Wiederverwendung von Gutachten

Wird ein zu einem früheren Zeitpunkt von einem Gutachterausschuss erstelltes Gutachten von diesem aktualisiert oder ergänzt und können bereits erbrachte Leistungen verwendet werden, so sind diese bei der Gebührenfestsetzung angemessen zu berücksichtigen. Die Gebührenermäßigung ist zu begründen.

7.2 Besondere Bodenrichtwerte nach § 196 Absatz 1 Satz 7 BauGB

a) Ermittlung besonderer Bodenrichtwerte je Antrag

Gebühr: 1.500 Euro zuzüglich je besonderen Bodenrichtwert 200 Euro

b) Anpassung der besonderen Bodenrichtwerte an die allgemeinen Verhältnisse je Bodenrichtwert und Anpassung

Gebühr: 100 Euro

7.3 Informationen der amtlichen Grundstückswertermittlung

a) Dokumente und Daten, die vom Nutzer über automatisierte Verfahren abgerufen werden Gebühr: keine

b) Bereitstellung durch die Geschäftsstellen der Gutachterausschüsse oder des Oberen Gutachterausschusses

aa) je Abruf der Dokumente und Daten, die gemäß Tarifstelle 7.3 Buchstabe a bereitgestellt werden sowie für sonstige standardisiert aufbereitete Dokumente und Daten

Gebühr: ein Halbstundensatz gemäß Tarifstelle 1.1.1 Buchstabe b

bb) für jede Auskunft aus der Kaufpreissammlung

Gebühr: 140 Euro für einschließlich bis zu zehn mitgeteilter Vergleichspreise, je weiterem mitgeteilten Vergleichspreis 10 Euro

cc) individuell aufbereitete Dokumente und Daten

Gebühr: Zeitgebühr nach Tarifstelle 1.1.1 Buchstabe a

14.6 JVEG (§§ 1 – 14) mit Anlage 1 (Auszug)

Justizvergütungs- und -entschädigungsgesetz vom 5. Mai 2004 (BGBl. I S. 718, 776), das zuletzt durch Artikel 5, Absatz 2, des Gesetzes vom 11. Oktober 2016 (BGBl. I S. 2222) geändert worden ist

Abschnitt 1: Allgemeine Vorschriften

Abschnitt 2: Gemeinsame Vorschriften

Abschnitt 3: Vergütung von Sachverständigen, Dolmetschern und Übersetzern

Abschnitt 4: Entschädigung von ehrenamtlichen Richtern

§ 15 Grundsatz der Entschädigung
§ 16 Entschädigung für Zeitversäumnis
§ 17 Entschädigung für Nachteile bei der Haushaltsführung
§ 18 Entschädigung für Verdienstausfall

Abschnitt 5: Entschädigung von Zeugen und Dritten

§ 19 Grundsatz der Entschädigung
§ 20 Entschädigung für Zeitversäumnis
§ 21 Entschädigung für Nachteile bei der Haushaltsführung
§ 22 Entschädigung für Verdienstausfall
§ 23 Entschädigung Dritter

Abschnitt 6: Schlussvorschriften

§ 24 Übergangsvorschrift
§ 25 Übergangsvorschrift aus Anlass des Inkrafttretens dieses Gesetzes

Anlage 1 (zu § 9 Abs. 1) (auszugsweise abgedruckt)
Anlage 2 (zu § 10 Abs. 1) (nicht abgedruckt)
Anlage 3 (zu § 23 Absatz 1) (nicht abgedruckt)

Abschnitt 1

§ 1
Geltungsbereich und Anspruchsberechtigte

(1) Dieses Gesetz regelt

1. die Vergütung der Sachverständigen, Dolmetscherinnen, Dolmetscher, Übersetzerinnen und Übersetzer, die von dem Gericht, der Staatsanwaltschaft, der Finanzbehörde in den Fällen, in denen diese das Ermittlungsverfahren selbstständig durchführt, der Verwaltungsbehörde im Verfahren nach dem Gesetz über Ordnungswidrigkeiten oder dem Gerichtsvollzieher herangezogen werden;
2. die Entschädigung der ehrenamtlichen Richterinnen und Richter bei den ordentlichen Gerichten und den Gerichten für Arbeitssachen sowie bei den Gerichten der Verwaltungs-, der Finanz- und der Sozialgerichtsbarkeit mit Ausnahme der ehrenamtlichen Richterinnen und Richter in Handelssachen, in berufsgerichtlichen Verfahren oder bei Dienstgerichten sowie
3. die Entschädigung der Zeuginnen, Zeugen und Dritten (§ 23), die von den in Nummer 1 genannten Stellen herangezogen werden.

Eine Vergütung oder Entschädigung wird nur nach diesem Gesetz gewährt. Der Anspruch auf Vergütung nach Satz 1 Nr. 1 steht demjenigen zu, der beauftragt worden ist; dies gilt auch, wenn der Mitarbeiter einer Unternehmung die Leistung erbringt, der Auftrag jedoch der Unternehmung erteilt worden ist.

(2) Dieses Gesetz gilt auch, wenn Behörden oder sonstige öffentliche Stellen von den in Absatz 1 Satz 1 Nr. 1 genannten Stellen zu Sachverständigenleistungen herangezogen werden. Für Angehörige einer Behörde oder einer sonstigen öffentlichen Stelle, die weder Ehrenbeamte noch ehrenamtlich tätig sind, gilt dieses Gesetz nicht, wenn sie ein Gutachten in Erfüllung ihrer Dienstaufgaben erstatten, vertreten oder erläutern.

(3) Einer Heranziehung durch die Staatsanwaltschaft oder durch die Finanzbehörde in den Fällen des Absatzes 1 Satz 1 Nr. 1 steht eine Heranziehung durch die Polizei oder eine andere Strafverfolgungsbehörde im Auftrag oder mit vorheriger Billigung der Staatsanwaltschaft oder der Finanzbehörde gleich. Satz 1 gilt im Verfahren der Verwaltungsbehörde nach dem Gesetz über Ordnungswidrigkeiten entsprechend.

(4) Die Vertrauenspersonen in den Ausschüssen zur Wahl der Schöffen und die Vertrauensleute in den Ausschüssen zur Wahl der ehrenamtlichen Richter bei den Gerichten der Verwaltungs- und der Finanzgerichtsbarkeit werden wie ehrenamtliche Richter entschädigt.

(5) Die Vorschriften dieses Gesetzes über die gerichtliche Festsetzung und die Beschwerde gehen den Regelungen der für das zugrunde liegende Verfahren geltenden Verfahrensvorschriften vor.

§ 2
Geltendmachung und Erlöschen des Anspruchs, Verjährung

(1) Der Anspruch auf Vergütung oder Entschädigung erlischt, wenn er nicht binnen drei Monaten bei der Stelle, die den Berechtigten herangezogen oder beauftragt hat, geltend gemacht wird; hierüber und über den Beginn der Frist ist der Berechtigte zu belehren. Die Frist beginnt

1. im Fall der schriftlichen Begutachtung oder der Anfertigung einer Übersetzung mit Eingang des Gutachtens oder der Übersetzung bei der Stelle, die den Berechtigten beauftragt hat,
2. im Fall der Vernehmung als Sachverständiger oder Zeuge oder der Zuziehung als Dolmetscher mit Beendigung der Vernehmung oder Zuziehung,
3. bei vorzeitiger Beendigung der Heranziehung oder des Auftrags in den Fällen der Nummern 1 und 2 mit der Bekanntgabe der Erledigung an den Berechtigten,
4. in den Fällen des § 23 mit Beendigung der Maßnahme und
5. im Fall der Dienstleistung als ehrenamtlicher Richter oder Mitglied eines Ausschusses im Sinne des § 1 Abs. 4 mit Beendigung der Amtsperiode, jedoch nicht vor dem Ende der Amtstätigkeit.

Wird der Berechtigte in den Fällen des Satzes 2 Nummer 1 und 2 in demselben Verfahren, im gerichtlichen Verfahren in demselben Rechtszug, mehrfach herangezogen, ist für den Beginn aller Fristen die letzte Heranziehung maßgebend. Die Frist kann auf begründeten Antrag von der in Satz 1 genannten Stelle verlängert werden; lehnt sie eine Verlängerung ab, hat sie den Antrag unverzüglich dem nach § 4 Abs. 1 für die Festsetzung der Vergütung oder Entschädigung zuständigen Gericht vorzulegen, das durch unanfechtbaren Beschluss entscheidet. Weist das Gericht den Antrag zurück, erlischt der Anspruch, wenn die Frist nach Satz 1 abgelaufen und der Anspruch nicht binnen zwei Wochen ab Bekanntgabe der Entscheidung bei der in Satz 1 genannten Stelle geltend gemacht worden ist.

(2) War der Berechtigte ohne sein Verschulden an der Einhaltung einer Frist nach Absatz 1 gehindert, gewährt ihm das Gericht auf Antrag Wiedereinsetzung in den vorigen Stand, wenn er innerhalb von zwei Wochen nach Beseitigung des Hindernisses den Anspruch beziffert und die Tatsachen glaubhaft macht, welche die Wiedereinsetzung begründen. Ein Fehlen des Verschuldens wird vermutet, wenn eine Belehrung nach Absatz 1 Satz 1 unterblieben oder fehlerhaft ist. Nach Ablauf eines Jahres, von dem Ende der versäumten Frist an gerechnet, kann die Wiedereinsetzung nicht mehr beantragt werden. Gegen die Ablehnung der Wiedereinsetzung findet die Beschwerde statt. Sie ist nur zulässig, wenn sie innerhalb von zwei Wochen eingelegt wird. Die Frist beginnt mit der Zustellung der Entscheidung. § 4 Abs. 4 Satz 1 bis 3 und Abs. 6 bis 8 ist entsprechend anzuwenden.

(3) Der Anspruch auf Vergütung oder Entschädigung verjährt in drei Jahren nach Ablauf des Kalenderjahrs, in dem der nach Absatz 1 Satz 2 Nr. 1 bis 4 maßgebliche Zeitpunkt eingetreten ist. Auf die Verjährung sind die Vorschriften des Bürgerlichen Gesetzbuchs anzuwenden. Durch den Antrag auf gerichtliche Festsetzung (§ 4) wird die Verjährung wie durch Klageerhebung gehemmt. Die Verjährung wird nicht von Amts wegen berücksichtigt.

(4) Der Anspruch auf Erstattung zu viel gezahlter Vergütung oder Entschädigung verjährt in drei Jahren nach Ablauf des Kalenderjahrs, in dem die Zahlung erfolgt ist. § 5 Abs. 3 des Gerichtskostengesetzes gilt entsprechend.

§ 3
Vorschuss

Auf Antrag ist ein angemessener Vorschuss zu bewilligen, wenn dem Berechtigten erhebliche Fahrtkosten oder sonstige Aufwendungen entstanden sind oder voraussichtlich entstehen werden oder wenn die zu erwartende Vergütung für bereits erbrachte Teilleistungen einen Betrag von 2.000 Euro übersteigt.

§ 4
Gerichtliche Festsetzung und Beschwerde

(1) Die Festsetzung der Vergütung, der Entschädigung oder des Vorschusses erfolgt durch gerichtlichen Beschluss, wenn der Berechtigte oder die Staatskasse die gerichtliche Festsetzung beantragt oder das Gericht sie für angemessen hält. Zuständig ist

1. das Gericht, von dem der Berechtigte herangezogen worden ist, bei dem er als ehrenamtlicher Richter mitgewirkt hat oder bei dem der Ausschuss im Sinne des § 1 Abs. 4 gebildet ist;
2. das Gericht, bei dem die Staatsanwaltschaft besteht, wenn die Heranziehung durch die Staatsanwaltschaft oder in deren Auftrag oder mit deren vorheriger Billigung durch die Polizei oder eine andere Strafverfolgungsbehörde erfolgt ist, nach Erhebung der öffentlichen Klage jedoch das für die Durchführung des Verfahrens zuständige Gericht;
3. das Landgericht, bei dem die Staatsanwaltschaft besteht, die für das Ermittlungsverfahren zuständig wäre, wenn die Heranziehung in den Fällen des § 1 Abs. 1 Satz 1 Nr. 1 durch die Finanzbehörde oder in deren Auftrag oder mit deren vorheriger Billigung durch die Polizei oder eine andere Strafverfolgungsbehörde erfolgt ist, nach Erhebung der öffentlichen Klage jedoch das für die Durchführung des Verfahrens zuständige Gericht;
4. das Amtsgericht, in dessen Bezirk der Gerichtsvollzieher seinen Amtssitz hat, wenn die Heranziehung durch den Gerichtsvollzieher erfolgt ist, abweichend davon im Verfahren der Zwangsvollstreckung das Vollstreckungsgericht.

(2) Ist die Heranziehung durch die Verwaltungsbehörde im Bußgeldverfahren erfolgt, werden die zu gewährende Vergütung oder Entschädigung und der Vorschuss durch gerichtlichen Beschluss festgesetzt, wenn der Berechtigte gerichtliche Entscheidung gegen die Festsetzung durch die Verwaltungsbehörde beantragt. Für das Verfahren gilt § 62 des Gesetzes über Ordnungswidrigkeiten.

(3) Gegen den Beschluss nach Absatz 1 können der Berechtige und die Staatskasse Beschwerde einlegen, wenn der Wert des Beschwerdegegenstands 200 Euro übersteigt oder wenn sie das Gericht, das die angefochtene Entscheidung erlassen hat, wegen der grundsätzlichen Bedeutung der zur Entscheidung stehenden Frage in dem Beschluss zulässt.

(4) Soweit das Gericht die Beschwerde für zulässig und begründet hält, hat es ihr abzuhelfen; im Übrigen ist die Beschwerde unverzüglich dem Beschwerdegericht vorzulegen. Beschwerdegericht ist das nächsthöhere Gericht. Eine Beschwerde an einen obersten Gerichtshof des Bundes findet nicht statt. Das Beschwerdegericht ist an die Zulassung der Beschwerde gebunden; die Nichtzulassung ist unanfechtbar.

(5) Die weitere Beschwerde ist nur zulässig, wenn das Landgericht als Beschwerdegericht entschieden und sie wegen der grundsätzlichen Bedeutung der zur Entscheidung stehenden Frage in dem Beschluss zugelassen hat. Sie kann nur darauf gestützt werden, dass die Entscheidung auf einer Verletzung des Rechts beruht; die §§ 546 und 547 der Zivilprozessordnung gelten entsprechend. Über die weitere Beschwerde entscheidet das Oberlandesgericht. Absatz 4 Satz 1 und 4 gilt entsprechend.

(6) Anträge und Erklärungen können ohne Mitwirkung eines Bevollmächtigten schriftlich eingereicht oder zu Protokoll der Geschäftsstelle abgegeben werden; § 129a der Zivilprozessordnung gilt entsprechend. Für die Bevollmächtigung gelten die Regelungen der für das zugrunde liegende Verfahren geltenden Verfahrensordnung entsprechend. Die Beschwerde ist bei dem Gericht einzulegen, dessen Entscheidung angefochten wird.

(7) Das Gericht entscheidet über den Antrag durch eines seiner Mitglieder als Einzelrichter; dies gilt auch für die Beschwerde, wenn die angefochtene Entscheidung von einem Einzelrichter oder einem Rechtspfleger erlassen wurde. Der Einzelrichter überträgt das Verfahren der Kammer oder dem Senat, wenn die Sache besondere Schwierigkeiten tatsächlicher oder rechtlicher Art aufweist oder die Rechtssache grundsätzliche Bedeutung hat. Das Gericht entscheidet jedoch immer ohne Mitwirkung ehrenamtlicher Richter. Auf eine erfolgte oder unterlassene Übertragung kann ein Rechtsmittel nicht gestützt werden.

(8) Die Verfahren sind gebührenfrei. Kosten werden nicht erstattet.

(9) Die Beschlüsse nach den Absätzen 1, 2, 4 und 5 wirken nicht zu Lasten des Kostenschuldners.

§ 4a
Abhilfe bei Verletzung des Anspruchs auf rechtliches Gehör

(1) Auf die Rüge eines durch die Entscheidung nach diesem Gesetz beschwerten Beteiligten ist das Verfahren fortzuführen, wenn

1. ein Rechtsmittel oder ein anderer Rechtsbehelf gegen die Entscheidung nicht gegeben ist und
2. das Gericht den Anspruch dieses Beteiligten auf rechtliches Gehör in entscheidungserheblicher Weise verletzt hat.

(2) Die Rüge ist innerhalb von zwei Wochen nach Kenntnis von der Verletzung des rechtlichen Gehörs zu erheben; der Zeitpunkt der Kenntniserlangung ist glaubhaft zu machen. Nach Ablauf eines Jahres seit Bekanntmachung der angegriffenen Entscheidung kann die Rüge nicht mehr erhoben werden. Formlos mitgeteilte Entscheidungen gelten mit dem dritten Tage nach Aufgabe zur Post als bekannt gemacht. Die Rüge ist bei dem Gericht zu erheben, dessen Entscheidung angegriffen wird; § 4 Abs. 6 Satz 1 und 2 gilt entsprechend. Die Rüge muss die angegriffene Entscheidung bezeichnen und das Vorliegen der in Absatz 1 Nr. 2 genannten Voraussetzungen darlegen.

(3) Den übrigen Beteiligten ist, soweit erforderlich, Gelegenheit zur Stellungnahme zu geben.

(4) Das Gericht hat von Amts wegen zu prüfen, ob die Rüge an sich statthaft und ob sie in der gesetzlichen Form und Frist erhoben ist. Mangelt es an einem dieser Erfordernisse, so ist die Rüge als unzulässig zu verwerfen. Ist die Rüge unbegründet, weist das Gericht sie zurück. Die Entscheidung ergeht durch unanfechtbaren Beschluss. Der Beschluss soll kurz begründet werden.

(5) Ist die Rüge begründet, so hilft ihr das Gericht ab, indem es das Verfahren fortführt, soweit dies aufgrund der Rüge geboten ist.

(6) Kosten werden nicht erstattet.

§ 4b
Elektronische Akte, elektronisches Dokument

In Verfahren nach diesem Gesetz sind die verfahrensrechtlichen Vorschriften über die elektronische Akte und über das elektronische Dokument anzuwenden, die für das Verfahren gelten, in dem der Anspruchsberechtigte herangezogen worden ist.

§ 4c
Rechtsbehelfsbelehrung

Jede anfechtbare Entscheidung hat eine Belehrung über den statthaften Rechtsbehelf sowie über die Stelle, bei der dieser Rechtsbehelf einzulegen ist, über deren Sitz und über die einzuhaltende Form zu enthalten.

Abschnitt 2

§ 5
Fahrtkostenersatz

(1) Bei Benutzung von öffentlichen, regelmäßig verkehrenden Beförderungsmitteln werden die tatsächlich entstandenen Auslagen bis zur Höhe der entsprechenden Kosten für die Benutzung der ersten Wagenklasse der Bahn einschließlich der Auslagen für Platzreservierung und Beförderung des notwendigen Gepäcks ersetzt.

(2) Bei Benutzung eines eigenen oder unentgeltlich zur Nutzung überlassenen Kraftfahrzeugs werden

1. dem Zeugen oder dem Dritten (§ 23) zur Abgeltung der Betriebskosten sowie zur Abgeltung der Abnutzung des Kraftfahrzeugs 0,25 Euro,
2. den in § 1 Abs. 1 Satz 1 Nr. 1 und 2 genannten Anspruchsberechtigten zur Abgeltung der Anschaffungs-, Unterhaltungs- und Betriebskosten sowie zur Abgeltung der Abnutzung des Kraftfahrzeugs 0,30 Euro

für jeden gefahrenen Kilometer ersetzt zuzüglich der durch die Benutzung des Kraftfahrzeugs aus Anlass der Reise regelmäßig anfallenden baren Auslagen, insbesondere der Parkentgelte. Bei der Benutzung durch mehrere Personen kann die Pauschale nur einmal geltend gemacht werden. Bei der Benutzung eines Kraftfahrzeugs, das nicht zu den Fahrzeugen nach Absatz 1 oder Satz 1 zählt, werden die tatsächlich entstandenen Auslagen bis zur Höhe der in Satz 1 genannten Fahrtkosten ersetzt; zusätzlich werden die durch die Benutzung des Kraftfahrzeugs aus Anlass der Reise angefallenen regelmäßigen baren Auslagen, insbesondere die Parkentgelte, ersetzt, soweit sie der Berechtigte zu tragen hat.

(3) Höhere als die in Absatz 1 oder Absatz 2 bezeichneten Fahrtkosten werden ersetzt, soweit dadurch Mehrbeträge an Vergütung oder Entschädigung erspart werden oder höhere Fahrtkosten wegen besonderer Umstände notwendig sind.

(4) Für Reisen während der Terminsdauer werden die Fahrtkosten nur insoweit ersetzt, als dadurch Mehrbeträge an Vergütung oder Entschädigung erspart werden, die beim Verbleiben an der Terminsstelle gewährt werden müssten.

(5) Wird die Reise zum Ort des Termins von einem anderen als dem in der Ladung oder Terminsmitteilung bezeichneten oder der zuständigen Stelle unverzüglich angezeigten Ort angetreten oder wird zu einem anderen als zu diesem Ort zurückgefahren, werden

Mehrkosten nach billigem Ermessen nur dann ersetzt, wenn der Berechtigte zu diesen Fahrten durch besondere Umstände genötigt war.

§ 6
Entschädigung für Aufwand

(1) Wer innerhalb der Gemeinde, in der der Termin stattfindet, weder wohnt noch berufstätig ist, erhält für die Zeit, während der er aus Anlass der Wahrnehmung des Termins von seiner Wohnung und seinem Tätigkeitsmittelpunkt abwesend sein muss, ein Tagegeld, dessen Höhe sich nach der Verpflegungspauschale zur Abgeltung tatsächlich entstandener, beruflich veranlasster Mehraufwendungen im Inland nach dem Einkommensteuergesetz bemisst.

(2) Ist eine auswärtige Übernachtung notwendig, wird ein Übernachtungsgeld nach den Bestimmungen des Bundesreisekostengesetzes gewährt.

§ 7
Ersatz für sonstige Aufwendungen

(1) Auch die in den §§ 5, 6 und 12 nicht besonders genannten baren Auslagen werden ersetzt, soweit sie notwendig sind. Dies gilt insbesondere für die Kosten notwendiger Vertretungen und notwendiger Begleitpersonen.

(2) Für die Anfertigung von Kopien und Ausdrucken werden ersetzt

1. bis zu einer Größe von DIN A3 0,50 Euro je Seite für die ersten 50 Seiten und 0,15 Euro für jede weitere Seite,
2. in einer Größe von mehr als DIN A3 3 Euro je Seite und
3. für Farbkopien und -ausdrucke jeweils das Doppelte der Beträge nach Nummer 1 oder Nummer 2.

Die Höhe der Pauschalen ist in derselben Angelegenheit einheitlich zu berechnen. Die Pauschale wird nur für Kopien und Ausdrucke aus Behörden- und Gerichtsakten gewährt, soweit deren Herstellung zur sachgemäßen Vorbereitung oder Bearbeitung der Angelegenheit geboten war, sowie für Kopien und zusätzliche Ausdrucke, die nach Aufforderung durch die heranziehende Stelle angefertigt worden sind. Werden Kopien oder Ausdrucke in einer Größe von mehr als DIN A3 gegen Entgelt von einem Dritten angefertigt, kann der Berechtigte anstelle der Pauschale die baren Auslagen ersetzt verlangen.

(3) Für die Überlassung von elektronisch gespeicherten Dateien anstelle der in Absatz 2 genannten Kopien und Ausdrucke werden 1,50 Euro je Datei ersetzt. Für die in einem Arbeitsgang überlassenen oder in einem Arbeitsgang auf denselben Datenträger übertragenen Dokumente werden höchstens 5 Euro ersetzt.

Abschnitt 3

§ 8
Grundsatz der Vergütung

(1) Sachverständige, Dolmetscher und Übersetzer erhalten als Vergütung

1. ein Honorar für ihre Leistungen (§§ 9 bis 11),
2. Fahrtkostenersatz (§ 5),

3. Entschädigung für Aufwand (§ 6) sowie
4. Ersatz für sonstige und für besondere Aufwendungen (§§ 7 und 12).

(2) Soweit das Honorar nach Stundensätzen zu bemessen ist, wird es für jede Stunde der erforderlichen Zeit einschließlich notwendiger Reise- und Wartezeiten gewährt. Die letzte bereits begonnene Stunde wird voll gerechnet, wenn sie zu mehr als 30 Minuten für die Erbringung der Leistung erforderlich war; anderenfalls beträgt das Honorar die Hälfte des sich für eine volle Stunde ergebenden Betrags.

(3) Soweit vergütungspflichtige Leistungen oder Aufwendungen auf die gleichzeitige Erledigung mehrerer Angelegenheiten entfallen, ist die Vergütung nach der Anzahl der Angelegenheiten aufzuteilen.

(4) Den Sachverständigen, Dolmetschern und Übersetzern, die ihren gewöhnlichen Aufenthalt im Ausland haben, kann unter Berücksichtigung ihrer persönlichen Verhältnisse, insbesondere ihres regelmäßigen Erwerbseinkommens, nach billigem Ermessen eine höhere als die in Absatz 1 bestimmte Vergütung gewährt werden.

§ 8a
Wegfall oder Beschränkung des Vergütungsanspruchs

(1) Der Anspruch auf Vergütung entfällt, wenn der Berechtigte es unterlässt, der heranziehenden Stelle unverzüglich solche Umstände anzuzeigen, die zu seiner Ablehnung durch einen Beteiligten berechtigen, es sei denn, er hat die Unterlassung nicht zu vertreten.

(2) Der Berechtigte erhält eine Vergütung nur insoweit, als seine Leistung bestimmungsgemäß verwertbar ist, wenn er

1. gegen die Verpflichtung aus § 407a Absatz 1 bis 4 Satz 1 der Zivilprozessordnung verstoßen hat, es sei denn, er hat den Verstoß nicht zu vertreten;
2. eine mangelhafte Leistung erbracht hat;
3. im Rahmen der Leistungserbringung grob fahrlässig oder vorsätzlich Gründe geschaffen hat, die einen Beteiligten zur Ablehnung wegen der Besorgnis der Befangenheit berechtigen; oder
4. trotz Festsetzung eines weiteren Ordnungsgeldes seine Leistung nicht vollständig erbracht hat.

Soweit das Gericht die Leistung berücksichtigt, gilt sie als verwertbar.

(3) Steht die geltend gemachte Vergütung erheblich außer Verhältnis zum Wert des Streitgegenstands und hat der Berechtigte nicht rechtzeitig nach § 407a Absatz 4 Satz 2 der Zivilprozessordnung auf diesen Umstand hingewiesen, bestimmt das Gericht nach Anhörung der Beteiligten nach billigem Ermessen eine Vergütung, die in einem angemessenen Verhältnis zum Wert des Streitgegenstands steht.

(4) Übersteigt die Vergütung den angeforderten Auslagenvorschuss erheblich und hat der Berechtigte nicht rechtzeitig nach § 407a Absatz 4 Satz 2 der Zivilprozessordnung auf diesen Umstand hingewiesen, erhält er die Vergütung nur in Höhe des Auslagenvorschusses.

(5) Die Absätze 3 und 4 sind nicht anzuwenden, wenn der Berechtigte die Verletzung der ihm obliegenden Hinweispflicht nicht zu vertreten hat.

§ 9
Honorar für die Leistung der Sachverständigen und Dolmetscher

(1) Der Sachverständige erhält für jede Stunde ein Honorar

in der Honorargruppe ...	in Höhe von ... Euro
1	65
2	70
3	75
4	80
5	85
6	**90**
7	95
8	100
9	105
10	**110**
11	115
12	120
13	125
M 1	65
M 2	75
M 3	100

Die Zuordnung der Leistungen zu einer Honorargruppe bestimmt sich entsprechend der Entscheidung über die Heranziehung nach der Anlage 1. Ist die Leistung auf einem Sachgebiet zu erbringen, das in keiner Honorargruppe genannt wird, ist sie unter Berücksichtigung der allgemein für Leistungen dieser Art außergerichtlich und außerbehördlich vereinbarten Stundensätze einer Honorargruppe nach billigem Ermessen zuzuordnen; dies gilt entsprechend, wenn ein medizinisches oder psychologisches Gutachten einen Gegenstand betrifft, der in keiner Honorargruppe genannt wird. Ist die Leistung auf mehreren Sachgebieten zu erbringen oder betrifft das medizinische oder psychologische Gutachten mehrere Gegenstände und sind die Sachgebiete oder Gegenstände verschiedenen Honorargruppen zugeordnet, bemisst sich das Honorar einheitlich für die gesamte erforderliche Zeit nach der höchsten dieser Honorargruppen; jedoch gilt Satz 3 entsprechend, wenn dies mit Rücksicht auf den Schwerpunkt der Leistung zu einem unbilligen Ergebnis führen würde. § 4 gilt entsprechend mit der Maßgabe, dass die Beschwerde auch zulässig ist, wenn der Wert des Beschwerdegegenstands 200 Euro nicht übersteigt. Die Beschwerde ist nur zulässig, solange der Anspruch auf Vergütung noch nicht geltend gemacht worden ist.

(2) Beauftragt das Gericht den vorläufigen Insolvenzverwalter, als Sachverständiger zu prüfen, ob ein Eröffnungsgrund vorliegt und welche Aussichten für eine Fortführung des Unternehmens des Schuldners bestehen (§ 22 Absatz 1 Satz 2 Nummer 3 der Insolvenzordnung, auch in Verbindung mit § 22 Absatz 2 der Insolvenzordnung), beträgt das Honorar in diesem Fall abweichend von Absatz 1 für jede Stunde 80 Euro.

(3) Das Honorar des Dolmetschers beträgt für jede Stunde 70 Euro und, wenn er ausdrücklich für simultanes Dolmetschen herangezogen worden ist, 75 Euro; maßgebend ist ausschließlich die bei der Heranziehung im Voraus mitgeteilte Art des Dolmetschens. Ein ausschließlich als Dolmetscher Tätiger erhält eine Ausfallentschädigung, soweit er durch die Aufhebung eines Termins, zu dem er geladen war und dessen Aufhebung nicht durch einen in seiner Person liegenden Grund veranlasst war, einen Einkommensverlust erlitten hat und ihm die Aufhebung erst am Terminstag oder an einem der beiden vorhergehenden Tage mitgeteilt worden ist. Die Ausfallentschädigung wird bis zu einem Betrag gewährt, der dem Honorar für zwei Stunden entspricht.

§ 10
Honorar für besondere Leistungen

(1) Soweit ein Sachverständiger oder ein sachverständiger Zeuge Leistungen erbringt, die in der Anlage 2 bezeichnet sind, bemisst sich das Honorar oder die Entschädigung nach dieser Anlage.

(2) Für Leistungen der in Abschnitt O des Gebührenverzeichnisses für ärztliche Leistungen (Anlage zur Gebührenordnung für Ärzte) bezeichneten Art bemisst sich das Honorar in entsprechender Anwendung dieses Gebührenverzeichnisses nach dem 1,3fachen Gebührensatz. § 4 Absatz 2 Satz 1, Absatz 2a Satz 1, Absatz 3 und 4 Satz 1 und § 10 der Gebührenordnung für Ärzte gelten entsprechend; im Übrigen bleiben die §§ 7 und 12 unberührt.

(3) Soweit für die Erbringung einer Leistung nach Absatz 1 oder Absatz 2 zusätzliche Zeit erforderlich ist, erhält der Berechtigte ein Honorar nach der Honorargruppe 1.

§ 11
Honorar für Übersetzungen

(1) Das Honorar für eine Übersetzung beträgt 1,55 Euro für jeweils angefangene 55 Anschläge des schriftlichen Textes (Grundhonorar). Bei nicht elektronisch zur Verfügung gestellten editierbaren Texten erhöht sich das Honorar auf 1,75 Euro für jeweils angefangene 55 Anschläge (erhöhtes Honorar). Ist die Übersetzung wegen der besonderen Umstände des Einzelfalls, insbesondere wegen der häufigen Verwendung von Fachausdrücken, der schweren Lesbarkeit des Textes, einer besonderen Eilbedürftigkeit oder weil es sich um eine in Deutschland selten vorkommende Fremdsprache handelt, besonders erschwert, beträgt das Grundhonorar 1,85 Euro und das erhöhte Honorar 2,05 Euro. Maßgebend für die Anzahl der Anschläge ist der Text in der Zielsprache; werden jedoch nur in der Ausgangssprache lateinische Schriftzeichen verwendet, ist die Anzahl der Anschläge des Textes in der Ausgangssprache maßgebend. Wäre eine Zählung der Anschläge mit unverhältnismäßigem Aufwand verbunden, wird deren Anzahl unter Berücksichtigung der durchschnittlichen Anzahl der Anschläge je Zeile nach der Anzahl der Zeilen bestimmt.

(2) Für eine oder für mehrere Übersetzungen aufgrund desselben Auftrags beträgt das Honorar mindestens 15 Euro.

(3) Soweit die Leistung des Übersetzers in der Überprüfung von Schriftstücken oder Aufzeichnungen der Telekommunikation auf bestimmte Inhalte besteht, ohne dass er insoweit eine schriftliche Übersetzung anfertigen muss, erhält er ein Honorar wie ein Dolmetscher.

§ 12
Ersatz für besondere Aufwendungen

(1) Soweit in diesem Gesetz nichts anderes bestimmt ist, sind mit der Vergütung nach den §§ 9 bis 11 auch die üblichen Gemeinkosten sowie der mit der Erstattung des Gutachtens oder der Übersetzung üblicherweise verbundene Aufwand abgegolten. Es werden jedoch gesondert ersetzt

1. die für die Vorbereitung und Erstattung des Gutachtens oder der Übersetzung aufgewendeten notwendigen besonderen Kosten, einschließlich der insoweit notwendigen Aufwendungen für Hilfskräfte, sowie die für eine Untersuchung verbrauchten Stoffe und Werkzeuge;
2. für jedes zur Vorbereitung und Erstattung des Gutachtens erforderliche Foto 2 Euro und, wenn die Fotos nicht Teil des schriftlichen Gutachtens sind (§ 7 Absatz 2), 0,50 Euro für den zweiten und jeden weiteren Abzug oder Ausdruck eines Fotos;
3. für die Erstellung des schriftlichen Gutachtens 0,90 Euro je angefangene 1.000 Anschläge; ist die Zahl der Anschläge nicht bekannt, ist diese zu schätzen;
4. die auf die Vergütung entfallende Umsatzsteuer, sofern diese nicht nach § 19 Abs. 1 des Umsatzsteuergesetzes unerhoben bleibt.

(2) Ein auf die Hilfskräfte (Absatz 1 Satz 2 Nr. 1) entfallender Teil der Gemeinkosten wird durch einen Zuschlag von 15 Prozent auf den Betrag abgegolten, der als notwendige Aufwendung für die Hilfskräfte zu ersetzen ist, es sei denn, die Hinzuziehung der Hilfskräfte hat keine oder nur unwesentlich erhöhte Gemeinkosten veranlasst.

§ 13
Besondere Vergütung

(1) Haben sich die Parteien oder Beteiligten dem Gericht gegenüber mit einer bestimmten oder einer von der gesetzlichen Regelung abweichenden Vergütung einverstanden erklärt, wird der Sachverständige, Dolmetscher oder Übersetzer unter Gewährung dieser Vergütung erst herangezogen, wenn ein ausreichender Betrag für die gesamte Vergütung an die Staatskasse gezahlt ist. Hat in einem Verfahren nach dem Gesetz über Ordnungswidrigkeiten die Verfolgungsbehörde eine entsprechende Erklärung abgegeben, bedarf es auch dann keiner Vorschusszahlung, wenn die Verfolgungsbehörde nicht von der Zahlung der Kosten befreit ist. In einem Verfahren, in dem Gerichtskosten in keinem Fall erhoben werden, genügt es, wenn ein die Mehrkosten deckender Betrag gezahlt worden ist, für den die Parteien oder Beteiligten nach Absatz 6 haften.

(2) Die Erklärung nur einer Partei oder eines Beteiligten oder die Erklärung der Strafverfolgungsbehörde oder der Verfolgungsbehörde genügt, soweit sie sich auf den Stundensatz nach § 9 oder bei schriftlichen Übersetzungen auf ein Honorar für jeweils angefangene 55 Anschläge nach § 11 bezieht und das Gericht zustimmt. Die Zustimmung soll nur erteilt werden, wenn das Doppelte des nach § 9 oder § 11 zulässigen Honorars nicht überschritten wird und wenn sich zu dem gesetzlich bestimmten Honorar keine geeignete Person zur Übernahme der Tätigkeit bereit erklärt. Vor der Zustimmung hat das Gericht die andere Partei oder die anderen Beteiligten zu hören. Die Zustimmung und die Ablehnung der Zustimmung sind unanfechtbar.

(3) Derjenige, dem Prozess- oder Verfahrenskostenhilfe bewilligt worden ist, kann eine Erklärung nach Absatz 1 nur abgeben, die sich auf den Stundensatz nach § 9 oder bei

schriftlichen Übersetzungen auf ein Honorar für jeweils angefangene 55 Anschläge nach § 11 bezieht. Wäre er ohne Rücksicht auf die Prozess- oder Verfahrenskostenhilfe zur vorschussweisen Zahlung der Vergütung verpflichtet, hat er einen ausreichenden Betrag für das gegenüber der gesetzlichen Regelung oder der vereinbarten Vergütung (§ 14) zu erwartende zusätzliche Honorar an die Staatskasse zu zahlen; § 122 Abs. 1 Nr. 1 Buchstabe a der Zivilprozessordnung ist insoweit nicht anzuwenden. Der Betrag wird durch unanfechtbaren Beschluss festgesetzt. Zugleich bestimmt das Gericht, welcher Honorargruppe die Leistung des Sachverständigen ohne Berücksichtigung der Erklärungen der Parteien oder Beteiligten zuzuordnen oder mit welchem Betrag für 55 Anschläge in diesem Fall eine Übersetzung zu honorieren wäre.

(4) Ist eine Vereinbarung nach den Absätzen 1 und 3 zur zweckentsprechenden Rechtsverfolgung notwendig und ist derjenige, dem Prozess- oder Verfahrenskostenhilfe bewilligt worden ist, zur Zahlung des nach Absatz 3 Satz 2 erforderlichen Betrags außerstande, bedarf es der Zahlung nicht, wenn das Gericht seiner Erklärung zustimmt. Die Zustimmung soll nur erteilt werden, wenn das Doppelte des nach § 9 oder § 11 zulässigen Honorars nicht überschritten wird. Die Zustimmung und die Ablehnung der Zustimmung sind unanfechtbar.

(5) Im Musterverfahren nach dem Kapitalanleger-Musterverfahrensgesetz ist die Vergütung unabhängig davon zu gewähren, ob ein ausreichender Betrag an die Staatskasse gezahlt ist. Im Fall des Absatzes 2 genügt die Erklärung eines Beteiligten des Musterverfahrens. Die Absätze 3 und 4 sind nicht anzuwenden. Die Anhörung der übrigen Beteiligten des Musterverfahrens kann dadurch ersetzt werden, dass die Vergütungshöhe, für die die Zustimmung des Gerichts erteilt werden soll, öffentlich bekannt gemacht wird. Die öffentliche Bekanntmachung wird durch Eintragung in das Klageregister nach § 4 des Kapitalanleger-Musterverfahrensgesetzes bewirkt. Zwischen der öffentlichen Bekanntmachung und der Entscheidung über die Zustimmung müssen mindestens vier Wochen liegen.

(6) Schuldet nach den kostenrechtlichen Vorschriften keine Partei oder kein Beteiligter die Vergütung, haften die Parteien oder Beteiligten, die eine Erklärung nach Absatz 1 oder Absatz 3 abgegeben haben, für die hierdurch entstandenen Mehrkosten als Gesamtschuldner, im Innenverhältnis nach Kopfteilen. Für die Strafverfolgungs- oder Verfolgungsbehörde haftet diejenige Körperschaft, der die Behörde angehört, wenn die Körperschaft nicht von der Zahlung der Kosten befreit ist. Der auf eine Partei oder einen Beteiligten entfallende Anteil bleibt unberücksichtigt, wenn das Gericht der Erklärung nach Absatz 4 zugestimmt hat. Der Sachverständige, Dolmetscher oder Übersetzer hat eine Berechnung der gesetzlichen Vergütung einzureichen.

§ 14
Vereinbarung der Vergütung

Mit Sachverständigen, Dolmetschern und Übersetzern, die häufiger herangezogen werden, kann die oberste Landesbehörde, für die Gerichte und Behörden des Bundes die obersten Bundesbehörde, oder eine von diesen bestimmte Stelle eine Vereinbarung über die zu gewährende Vergütung treffen, deren Höhe die nach diesem Gesetz vorgesehene Vergütung nicht überschreiten darf.

Anlage 1 (zu § 9 Abs. 1), hier nur auszugsweise

(Fundstelle: BGBl. I 2004, 783 – 784);

Nr.	Sachgebietsbezeichnung	Honorar-gruppe
4	Bauwesen – soweit nicht Sachgebiet 13 – einschließlich technische Gebäudeausrüstung	
4.1	Planung	4
4.2	handwerklich-technische Ausführung	2
4.3	Schadensfeststellung, -ursachenermittlung und -bewertung – soweit nicht Sachgebiet 4.1 oder 4.2 –, Bauvertragswesen, Baubetrieb und Abrechnung von Bauleistungen	5
4.4	Baustoffe	6
7	**Bewertung von Immobilien**	**6**
25	**Mieten und Pachten**	**10**

14.7 Honorar für Mietwertgutachten

Quelle: Schwirley, P., Dickersbach, M., Die Bewertung von Wohnraummieten bei Miet- und Verkehrswertgutachten, 3. Aufl., Köln, 2017, 79 f.; Dröge, F., Handbuch der Mietpreisbewertung für Wohn-und Gewerberaum, 3. Aufl., Köln, 2005, 324 f.; Zehnter, S., Sachverständigenkanzlei Stephan Zehnter (www.zehnter.com), München, 2017.

Anmerkung:

Eine Verbandsempfehlung für Honorare von Mietwertgutachten ist nicht bekannt.

Zur Honorierung von Mietwertgutachten sind in der Standardliteratur lediglich zwei Fundstellen veröffentlicht, nämlich einerseits bei Dröge und andererseits bei Schwirley/Dickersbach. Dabei ist zu beachten, dass diese Honorartabellen aus unterschiedlichen Jahren stammen. Trotzdem zeigt die ältere Literaturquelle für Mietwertgutachten grundsätzlich höhere Honorare. Die dort veröffentlichten Honorarsätze wurden nach den von der Sachverständigenkanzlei Stephan Zehnter (vormals Büro Dröge) veröffentlichten Honorarsätzen aktualisiert (siehe Kapitel 14.7.2 bzw. 14.7.3).

Bei der Würdigung der folgenden Angaben ist zusätzlich zu berücksichtigen, dass die Werte bei Schwirley/Dickersbach (3. Aufl., 2017) niedriger sind als die Honorarsätze in der 1. Aufl. (2000, S. 139 f.) des gleichen Werkes. Dort wurden die Honorarsätze von Dröge, F., Handbuch der Mietpreisbewertung für Wohn- und Gewerberaum, 2. Aufl. 1999 (Seite 212) und von Kleiber/Simon/Weyers, Verkehrswertermittlung von Grundstücken, 3. Aufl., 1998 (Seite 1586) übernommen. In der aktuellen 8. Aufl. (KL-V) sind keine Tabellen dazu veröffentlicht. Die Honorartabelle von Schwirley/Dickersbach orientiert sich an den Honorarsätzen des JVEG.

14.7.1 Honorartabelle für Mietwertgutachten

Quelle: Schwirley, P.; Dickersbach, M., s.o.

Vorbemerkung: In der nachfolgenden Quelle ist die Sichtweise der Autoren in der „Ich-Form" wiedergegeben:.

Im Gegensatz zum Gerichtsgutachten, bei dem die Honorierung nach dem Gesetz für die Entschädigung von Zeugen und Sachverständigen[1] erfolgt, ist das Honorar bei Privatgutachten frei wählbar. Die Honorierung bei Mietgutachten ist aus meiner Sicht in einer Honorartabelle schwer fassbar, da Mietgutachten vom Zeitaufwand sehr unterschiedlich zu sehen sind. Sinnvoll halte ich jedoch in diesem Zusammenhang Honorarspannen zu nennen, die sich nach Erfahrungswerten aus der Praxis ergeben haben.

Im Einzelfall sind auch Abweichungen von den Spannwerten möglich.

Die nachfolgend angeführten Honorare sind als Pauschale ohne weitere Nebenkosten zu sehen.

– Kurzexposé	250 – 350 €
– Einzelgutachten Wohnraummiete	800 – 1.400 €
– Einzelgutachten Gewerberaummiete	1.000 – 2.000 €
– Sammelgutachten Wohnraummiete	
bis 5 Wohnungen je Objekt	400 – 600 € je Wohnung
bis 10 Wohnungen je Objekt	350 – 550 € je Wohnung
bis 15 Wohnungen je Objekt	300 – 500 € je Wohnung
bis 20 Wohnungen je Objekt	250 – 450 € je Wohnung
– Aufmaß im Rahmen eines Mietgutachtens	200 – 400 € je Wohnung

Sämtliche Werte zzgl. jeweils gültiger Mehrwertsteuer

Bei den angeführten Honoraren handelt es sich um grobe Richtwerte, die jeder Sachverständige hinsichtlich der Höhe im Rahmen seiner individuellen Wettbewerbssituation für sich entscheiden muss. Es stellt sich auch für jeden Sachverständigen die Frage, ob am Markt die Inrechnungstellung weiterer Nebenkosten wie Fahrtkosten, Telefon- und Portokosten, Kosten für Kopien durchsetzbar ist.

1 **Hinweis der Autoren des Tabellenhandbuchs**: Das im o.g. Zitat angeführte *Gesetz für die Entschädigung von Zeugen und Sachverständigen (ZSEG)* ist im Jahr 2004 durch das *Gesetz über die Vergütung von Sachverständigen, Dolmetscherinnen, Dolmetschern, Übersetzerinnen und Übersetzern sowie die Entschädigung von ehrenamtlichen Richterinnen, ehrenamtlichen Richtern, Zeuginnen, Zeugen und Dritten (Justizvergütungs- und entschädigungsgesetz – JVEG)* abgelöst worden. Siehe hierzu auch Auszüge des JVEG im Kapitel 14.6.

Honorar Mietgutachten

Bei Mietgutachten Honorartafeln zu veröffentlichen, hält der Unterzeichner[2] für wenig hilfreich, da jedes Mietgutachten individuell zu sehen ist. Sinnvoller ist es aus Sicht des Unterzeichners, Anhaltswerte zu nennen, aus denen der Sachverständigen seine individuelle Honorarforderungen ableiten kann.

Zunächst ist informativ zu nennen, dass ein Mietgutachten für Gerichte im Schnitt 1.300 € bis 1.400 € zzgl. MwSt. kostet. Dieses ergibt sich auch aus dem Justizvergütungsgesetz mit einem Stundensatz von netto 110,00 € zzgl. sonstiger Nebenkosten.

Bei Privataufträgen kann z.B. folgende Kalkulation intern vorgenommen werden, die individuell anzupassen ist.

Beispiel

Geschätzter Zeitaufwand:	8	Stunden (Ortstermin, Fahrt, Diktat, Abschlusskontrolle)
Schreibaufwand:	3	Stunden
Nebenkosten (pauschal):	3	%

8 x 130,00 €[3]	=	1.040,00 €	
3 x 50,00 €	=	150,00 €	
Nebenkosten 3 %	=	35,70 €	
Summe		1.225,70 €	
zzgl. MwSt. 19%	=	232,88 €	
Summe brutto		1.458,58 €	
		1.459,00 €	als Honorar für das Gutachten

Würde man z.B. für ein Haus 2 Wohnungen bewerten, so würde sich folgende Musterrechnung ergeben:

Geschätzter Zeitaufwand:	10	Stunden (Ortstermin, Fahrt, Diktat, Abschlusskontrolle)	
Schreibaufwand:	4	Stunden	
Nebenkosten (pauschal):	3	%	
10 x 130,00 €[3]	=	1.300,00 €	
4 x 50,00 €	=	200,00 €	
Nebenkosten 3 %	=	45,00 €	
Summe		1.545,00 €	
zzgl. MwSt. 19%		293,55 €	
Summe brutto		1.838,55 €	
		1.839,00 €	als Honorar für das Gutachten
pro Wohnung brutto		920,00 €	

2 Gemeint sind mit „Unterzeichner" die Autoren *Schwirley/Dickersbach*.

3 Der Stundensatz von 130 € gilt für Privatgutachten, der vorstehend genannte Satz von 110 € gem. JVEG bezieht sich auf Gerichtsgutachten.

14.7.2 Honorartabelle: Gutachten Wohnraummieten (München)

Quelle: Zehnter, vorm. Dröge (s.o.)

I. Einzelgutachten

	Miete pro Monat	Honorar ohne MwSt.
bis	1.000,00 €	2.300,00 €
bis	1.250,00 €	2.400,00 €
bis	1.500,00 €	2.500,00 €
bis	2.500,00 €	2.600,00 €
ab	2.500,00 €	nach Vereinbarung

Sofern sich das Bewertungsobjekt außerhalb Münchens befindet, erteilen wir Honorarauskünfte gerne auf Anfrage.

II. Sammelgutachten (Tabelle bezieht sich bis 50 Wohneinheiten auf 1 Typ)

Zahl der Wohneinheiten			Honorar ohne MwSt.
2	Wohnungen	á 1.600,00 €	3.200,00 €
3	Wohnungen	á 1.300,00 €	3.900,00 €
4	Wohnungen	á 1.200,00 €	4.800,00 €
ab 5	Wohnungen	á 1.100,00 €	ab 5.500,00 €
ab 8	Wohnungen	á 1.000,00 €	ab 8.000,00 €
ab 10	Wohnungen	á 950,00 €	ab 9.500,00 €
ab 20	Wohnungen	á 900,00 €	ab 18.000,00 €
ab 30	Wohnungen	á 850,00 €	ab 25.500,00 €
ab 50	Wohnungen	á 800,00 €	ab 40.000,00 €
ab 100	Wohnungen		nach Vereinbarung

III. Typengutachten (Honorar auf Anfrage)

Nicht enthalten sind:

Schreibgebühr, Telefon, Porto, Büromaterial, Fahrtspesen sowie die MwSt.

Mehrmalige Ortsbesichtigungen, welche nicht durch den Sachverständigen verursacht sind (z.B. Unzugänglichkeit des Objektes zum vorgesehenen Termin, örtliches Aufmaß, Beschaffung erforderlicher Unterlagen) werden nach Zeitaufwand abgerechnet, wobei ein Stundenhonorar von € 180,00 zuzüglich MwSt. in Rechnung gestellt wird.

Die Schreibgebühr wird mit € 50,00/Std., die Fahrtspesen werden mit € 0,60/km zuzüglich MwSt. berechnet. Für die Fahrzeit bei einer Entfernung über 30 km wird zusätzlich ein Stundensatz von € 90,00 zuzüglich MwSt. in Rechnung gestellt.

Sofern eine Gutachtenerstattung – aus Gründen, die der Sachverständige nicht zu vertreten hat – entfällt, wird der bis dahin erforderliche Zeitaufwand nebst Auslagen berechnet.

14.7.3 Honorartabelle: Gutachten Gewerberaummieten (München)

Quelle: Zehnter, vorm. Dröge (s.o.)

	Nettomiete pro Jahr	Honorar ohne MwSt.
bis	7.500,00 €	2.300,00 €
bis	10.000,00 €	2.600,00 €
bis	15.000,00 €	3.200,00 €
bis	20.000,00 €	3.700,00 €
bis	25.000,00 €	4.100,00 €
bis	30.000,00 €	4.400,00 €
bis	50.000,00 €	5.300,00 €
bis	100.000,00 €	7.000,00 €
bis	200.000,00 €	9.000,00 €
bis	500.000,00 €	15.000,00 €
bis	1.000.000,00 €	20.000,00 €
bis	2.500.000,00 €	30.000,00 €
bis	5.000.000,00 €	40.000,00 €

Zwischenwerte werden durch Interpolation ermittelt

Nicht enthalten sind:

Schreibgebühr, Telefon, Porto, Büromaterial, Fahrtspesen sowie die MwSt.

Mehrmalige Ortsbesichtigungen, welche nicht durch den Sachverständigen verursacht sind (z.B. Unzugänglichkeit des Objektes zum vorgesehenen Termin, örtliches Aufmaß, Beschaffung erforderlicher Unterlagen) werden nach Zeitaufwand abgerechnet, wobei ein Stundenhonorar von € 180,00 zuzüglich MwSt. in Rechnung gestellt wird.

Die Schreibgebühr wird mit € 50,00/Std., die Fahrtspesen werden mit € 0,60/km zuzüglich MwSt. berechnet. Für die Fahrzeit bei einer Entfernung über 30 km wird zusätzlich ein Stundensatz von € 90,00 zuzüglich MwSt. in Rechnung gestellt.

Sofern eine Gutachtenserstattung – aus Gründen, die der Sachverständige nicht zu vertreten hat – entfällt, wird der bis dahin erforderliche Zeitaufwand nebst Auslagen berechnet.

15 Internetadressen

Vorbemerkung

Die folgenden Internetadressen stellen eine Auswahl aus dem reichhaltigen Angebot im Netz dar. Sie bieten Hilfestellung bei konkreten Fragen, laden aber auch zum planlosen Surfen ein. Die Liste erhebt keinen Anspruch auf Vollständigkeit.

Es wird ausdrücklich darauf hingewiesen, dass die nachfolgenden Links nur den bis zum Redaktionsschluss aktuellen Stand wiedergeben können. Spätere Veränderungen sind daher nicht auszuschließen.

Onlinedienste

Kleiber digital	http://www.bundesanzeiger-verlag.de/immobilien/wertermittlung/kleiber-digital
Wertermittlerportal	http://www.bundesanzeiger-verlag.de/immobilien/wertermittlerportal/

Zeitschriften

Der Immobilienbewerter	http://www.bundesanzeiger-verlag.de/immobilien/wertermittlung/der-immobilienbewerter
Der Sachverständige	http://www.bvs-ev.de/leistungen/der-sachverstaendige
Deutsche Bauzeitung	http://www.db-bauzeitung.de
Grundstücksmarkt und Grundstückswert GuG)	https://shop.wolterskluwer.de/wkd/detail/gug---grundstuecksmarkt-und-grundstueckswert,0938-0175,werner-verlag,3661/
GuG aktuell	http://www.gug-aktuell.de/
Immobilien Zeitung	http://www.immobilien-zeitung.de/
Immobilienmanager	http://www.immobilien-zeitung.de/
Informationen für öbuv Sachverständige	https://www.ifsforum.de/startseite.html

Allgemeines

Definitionen (amtliche Statistik)	http://www.statistik.thueringen.de/datenbank/defAuswahl.asp?auswahl=sg&anzahlH4=-2&sachgebiet=31
Fachwörterbuch (auch Übersetzungen engl.)	http://www.stalys.de/data/ix04.htm
Fachwörterbuch Bauwesen (Übersetzungen engl.)	http://www.baulexikon.de/ (Navigation über Button „BAUDIC")
Fraunhofer Informationszentrum	http://www.irb.fraunhofer.de/produkte/datenbanken/
Immobilienlexikon	http://www.imoplex.de/
Linksammlung	http://www.archifee.de/
Online Fremdwörterbuch	http://dict.tu-chemnitz.de
Online-Fremdwörterbuch	http://www.dict.cc/?s=forum-question.html
Übersetzungsprogramm	http://www.abacho.de/uebersetzer-main/
Umwelt-Datenbank	http://www.umwelt-online.de/

Waldbewertungsrichtlinien WBR	https://www.landesforsten.de/Waldbewertung-Downloadbereich.71.0.html
Bewertung Deutschland/Österreich	kein Zugang

Bundesregierung/Bundesministerien/nachgeordnete Dienststellen

Bundesamt für zentrale Dienste und offene Vermögensfragen	http://www.badv.bund.de
Bundesanstalt für Finanzdienstleistungsaufsicht	http://www.bafin.de
Bundesministerium der Finanzen	http://www.bundesfinanzministerium.de
Bundesministerium der Justiz und für Verbraucherschutz	http://www.bmjv.de
Bundesministerium für Umwelt, Naturschutz und Reaktorsicherheit	http://www.bmub.bund.de/
Bundesregierung	http://www.bundesregierung.de

Gerichte

Bundesfinanzhof	http://www.bundesfinanzhof.de/
Bundesgerichtshof	http://www.bundesgerichtshof.de
Bundesverfassungsgericht	http://www.bundesverfassungsgericht.de/
Bundesverwaltungsgericht	http://www.bverwg.de
Deutsches Notarinstitut	http://www.dnoti.de/
Gerichtsverzeichnis	http://gerichtsverzeichnis.de
Gesetze und Rechtsprechung	http://www.lexetius.de
OLG Hamm	http://www.olg-hamm.nrw.de/
OLG Oldenburg	http://www.olg-oldenburg.de/

Rechtsgrundlagen

Baurecht	http://www.bauordnungen.de/html/bundesgesetze.html
Baurecht	http://www.baurecht.de
BGH Datenbank	http://www.caselaw.de/
Europarecht	http://eur-lex.europa.eu/collection/eu-law.html
Gesetzessammlung (alphabetisch)	http://dejure.org/
Gesetzessammlung (Bundesrecht)	http://www.rechtliches.de/
Gesetzessammlung (Bundesrecht, Volltextsuche)	http://www.gesetze-im-internet.de
Gesetzessammlung (Liste, Suche)	http://www.juris.de/jportal/nav/kostenfreieinhalte/infokostenfreieinhalte.jsp
Gesetzessammlung (mit Links)	http://www.jura.uni-saarland.de/deutschland/
Landesrecht Baden-Württemberg	http://www.landesrecht-bw.de
Landesrecht Bayern	http://www.gesetze-bayern.de
Landesrecht Berlin	http://gesetze.berlin.de
Landesrecht Brandenburg	https://www.landesrecht.brandenburg.de
Landesrecht Bremen	https://bremen.beck.de
Landesrecht Hamburg	http://www.landesrecht-hamburg.de
Landesrecht Hessen	http://www.rv.hessenrecht.hessen.de

Landesrecht Mecklenburg-Vorpommern	http://www.landesrecht-mv.de
Landesrecht Niedersachsen	http://www.niedersachsen.de/politik_staat/gesetze_verordnungen/gesetze--verordnungen
Landesrecht Nordrhein-Westfalen	https://recht.nrw.de
Landesrecht Rheinland-Pfalz	http://www.landesrecht.rlp.de
Landesrecht Saarland	http://www.saarland.de/landesrecht.htm
Landesrecht Sachsen	http://www.recht.sachsen.de/
Landesrecht Sachsen-Anhalt	http://www.landesrecht.sachsen-anhalt.de
Landesrecht Schleswig-Holstein	http://www.gesetze-rechtsprechung.sh.juris.de
Landesrecht Thüringen	http://landesrecht.thueringen.de
	https://beck-online.beck.de/?cat=coll&xml=gesetze/BGD&coll=Landesrecht+Niedersachsen
Parlamentsspiegel	http://www.parlamentsspiegel.de
Parlamentarische Vorgänge	http://dip.bundestag.de/
Sammlung Baugesetze und Verordnungen	http://www.workshop-archiv.de/archiv/beruf/gesetze.html

Banken

Commerzbank	https://www.commerzbank.de
DEKA	https://www.deka.de
Deutsche Bank	https://www.deutsche-bank.de
Deutsche Bundesbank	https://www.bundesbank.de
DZ Bank	https://www.dzbank.de
Europäische Zentralbank	https://www.ecb.europa.eu
LBBW	https://www.lbbw.de
LBB	https://www.lbb.de
LBS	https://www.lbs.de

Verbände, Kammern etc.

BdB	http://www.baumeister-online.de
BDGS	http://www.bdgs.de
BDVI	http://www.bdvi.de
BFW	http://www.bfw-bund.de
BID	http://www.bid.info
BIIS	http://www.biis.info
Bundesarchitektenkammer	https://www.bak.de
BVS	http://www.bvs-ev.de
DDIV	http://www.ddiv.de
Dehoga	https://www.dehoga-bundesberband.de
DIHK	http://www.dihk.de
Euroexpert	http://www.euroexpert.org
Europa	http://www.euroexpert.org
Fiabci	http://www.fiabci.de
Freie Berufe	http://www.freie-berufe.de
GdW	https://www.gdw.de
Gif	https://www.gif-ev.de
Haus und Grund Deutschland	http://www.haus-und-grund.de
Hyp Zert	http://www.hypzert.de

IfS	http://www.ifsforum.de
IVD	http://www.ivd.net
Link zu allen Ingenieurkammern	http://www.ingenieure.de
Landwirtschaftliche Sachverständige	http://www.landwirtschaftskammern.de/sachverstaendige
LSW Brandenburg	http://www.lsw-brandenburg.de
RICS	http://www.rics.org/deutschland
Sachverständigenverzeichnis	http://www.svv.ihk.de
TEGOVA	http://www.tegova.org
VBD	http://www.vbd-ev.de
vdp	http://www.pfandbrief.de
Verbände allgemein	http://www.verbaende.com/
Zentralverband des Deutschen Handwerks	http://www.zdh.de
ZIA	http://www.zia-deutschland.de

Standards

EVS	http://www.tegova.org/en/p4fe1fcee0b1db
IAS/IFRS	http://www.iasplus.com/de/de/standards http://www.ifrs-portal.com/
IVS	http://www.ivsc.org/products

Statistische Ämter

Baden-Württemberg	http://www.statistik.baden-wuerttemberg.de
Bayern	http://www.statistik.bayern.de
Berlin-Brandenburg	http://www.statistik-berlin-brandenburg.de
Bremen	http://www.statistik.bremen.de
Hamburg (Statistikamt Nord)	http://www.hamburg.de/statistik
Hessen	http://www.statistik-hessen.de
Mecklenburg-Vorpommern	http://www.statistik-mv.de
Niedersachsen	http://www.statistik.niedersachsen.de
Nordrhein-Westfalen	http://www.statistik.nrw.de
Rheinland-Pfalz	http://www.statistik.rlp.de
Saarland	http://www.statistik.saarland.de
Sachsen	http://www.statistik.sachsen.de
Sachsen-Anhalt	http://www.statistik.sachsen-anhalt.de
Schleswig-Holstein (Statistikamt Nord)	http://www.hamburg.de/statistik
Thüringen	http://www.statistik.thüringen.de
Statistisches Bundesamt	http://www.destatis.de

Zwangsversteigerungen

Zwangsversteigerungsportal	https://immobilienpool.de/zwangsversteigerung-von-immobilien
Zwangsversteigerungsportal	http://www.zvg-portal.de

Statistiken

Bau- und Immobilienpreise	https://www.destatis.de/DE/ZahlenFakten/GesamtwirtschaftUmwelt/Preise/BauImmobilienpreise/BauImmobilienpreise.html
Baulandpreise	https://www.destatis.de/DE/ZahlenFakten/GesamtwirtschaftUmwelt/Preise/BauImmobilienpreise/BauImmobilienpreise.html
VPI	https://www.destatis.de/DE/ZahlenFakten/GesamtwirtschaftUmwelt/Preise/Verbraucherpreisindizes/Tabellen_/VerbraucherpreiseKategorien.html
Gesundheitsstatistik Bund	http://gbe-bund.de
Zinssätze	http://www.wowi.de
Zinssätze (Eurostat)	http://ec.europa.eu/eurostat/de/web/interest-rates/data/main-tables

Stadt- und Gemeindeinformationen

Bundesweit	http://www.wegweiser-kommune.de/statistik
Hessen	http://www.standorte-in-hessen.de
Landkarten und Stadtpläne	http://www.landkartenindex.de
Stadtpläne	http://www.stadtplan.de
Stadtpläne	http://www.falk.de/index.jsp
Stadtpläne	http://www.viamichelin.de

Bodenrichtwerte, Obere Gutachterausschüsse/Zentrale Geschäftsstellen

Baden-Württemberg	http://www.gutachterausschuesse-bw.de
Bayern	http://www.gutachterausschuesse-bayern.de
Berlin	http://www.berlin.de/gutachterausschuss
Brandenburg	http://www.gutachterausschuesse-bb.de
Bremen	http://www.gutachterausschuss.bremen.de
Hamburg	http://www.gutachterausschuss.hamburg.de
Hessen	https://hvbg.hessen.de/irj/HVBG_Internet?cid=f999b0a2f1ce812526fd89e2cd99ce00
Mecklenburg-Vorpommern	http://www.gutachterausschuesse-mv.de
Niedersachsen	http://www.gag.niedersachsen.de
Nordrhein-Westfalen	http://www.gutachterausschuesse-nrw.de
Rheinland-Pfalz	http://www.gutachterausschuesse.rlp.de
Saarland	http://www.saarland.de/SID-064AA623-8105F375/zgga.htm
Sachsen	http://www.gutachterauschuss.sachsen.de
Sachsen-Anhalt	http://www.lvermgeo.sachsen-anhalt.de/de/leistungen/wertermittlung/main.htm
Schleswig-Holstein	http://www.gutachterausschuesse-sh.de
Thüringen	http://www.thueringen.de/th9/tlvermgeo/geoinformation/bodenmanagement/wertermittlung_gutachterausschuss
Übersicht mit Links	http://www.gutachterausschuesse-online.de

15

Researchdaten, Immobilienmarkt

Betriebsvergleiche für Hotellerie und Gastronomie	http://www.dwif.de
Catella	http://www.catella.com/de/Deutschland/AdvisoryServices/Research/
COMFORT Holding GmbH	http://www.comfort-gmbh.de
Feri EuroRating Services AG	http://fer.feri.de/de/produkte-dienstleistungen/
gif e.V	https://www.gif-ev.de/onlineshop/overview/4
Immobilienmarkt Angebotsdaten	http://www.imv-online.de
ImmobilienScout24	http://www.immobilienscout.de
Immonet	http://www.immonet.de/
Immobilienpool (auch: Zwangsversteigerungen)	https://immobilienpool.de/
Immowelt	http://www.immowelt.de/
IW Köln	http://www.iwkoeln.de/studien
IVD24	https://www.ivd24immobilien.de/
Handelsimmobilien	http://www.stalys.de
Marktdaten (Colliers, englischsprachig)	http://www.colliers.com/en-us
Marktdaten (Empirica)	http://www.empirica-institut.de/empi2007/startseite.html
Marktdaten (GfK GeoMarketing)	http://www.gfk-geomarketing.de/marktdaten.html
Marktdaten (IMV)	http://www.immobilien-marktdaten.de
Marktdaten (IVD)	http://www.ivd-webshop.net
Marktdaten (IVD, App)	https://ivd-marktforschung.de/
Marktdaten (on-geo)	http://www.on-geo.de
Marktdaten, Kennzahlen, Folien (bulwiengesa)	http://www.bulwien.de/de/publikationen
Pachtsätze nach Umsatz	http://www.ifhkoeln.de
Thomas Daily	http://www.thomas-daily.de/de/market-reports
Wohnimmobilien	http://www.immoportal.de
Zwangsversteigerungen	http://www.immobilienpool.de
Zwangsversteigerungen	http://www.zvg-portal.de

Immobilienportale

Deutschland (ImmobilienScout24)	http://www.immobilienscout.de
Deutschland (Immoguide)	http://www.immoguide.de/
Deutschland (Immokat)	http://www.immokat.de/
Deutschland (Immonet)	http://www.immonet.de/
Deutschland (Immobilienpool)	https://immobilienpool.de/
Deutschland (Immowelt)	http://www.immowelt.de/
Deutschland (IVD24)	https://www.ivd24immobilien.de/
Europaweit (Freeimmo)	http://www.freeimmo.com/
Europaweit (Immobilienscout)	http://www.immobilienscout24.de/auslandsimmobilien/
Europaweit (Immonet)	http://www.immonet.de/auslandsimmobilien.html
Europaweit (Immowelt)	http://www.immowelt.de/ausland/
Österreich u.a (immodirekt.at)	http://www.immobilien.net/
Österreich u.a (Immobilien.NET)	http://www.immobilien.net/
Schweiz (Homegate)	http://www.homegate.ch/de

Weltweit (Immobilienscout)	http://www.immobilienscout24.de/auslandsimmobilien/
Weltweit (Immonet)	http://www.immonet.de/auslandsimmobilien.html
Weltweit (Immowelt)	http://www.immowelt.de/ausland/

Marktberichte und Studien

Baulandmarkt	http://www.bbsr.bund.de/BBSR/DE/Veroeffentlichungen/veroeffentlichungen
Brockhoff & Partner	http://www.brockhoff.de/
BulwienGesa	http://www.bulwiengesa.de/de/publikationen
Corpus Sireo	https://www.corpussireo.com/CORPUSSIREO/Presse/Downloads.aspx
CRES	http://www.steinbeis-cres.de/de/453/Forschung.html?sid=39c.aSHjJX05M
Engel und Völkers	http://www.engelvoelkers.com/de/unternehmen/research/
Geoport	http://www.geoport.de/pub_geoport/main/overview.html
Gruppe Rudolf Müller (Immobilienmanager)	http://www.immobilienmanager.de/
HypoVereinsbank	https://www.hypovereinsbank.de/portal?view=/de/privatkunden/immobilien/immobilien-marktberichte.jsp#
IVD	http://www.ivd-sued.net/themen/immobilienmarktpreise/browse/1.html
Jones Lang Lasalle	http://www.jll.de/germany/de-de/research
LBS	lbs-markt-fuer-wohnimmobilien.de

Mietmarkt

Betriebskostenspiegel	http://www.mieterbund.de/service/betriebskostenspiegel.html
Mietspiegel Deutschland (Links)	http://www.wowi.de/mietspiegel.html
Mietspiegel (Links)	http://www.grundeigentum-verlag.de/?show=overview&cat=19.00

Einzelhandel

Brockhoff & Partner	http://www.brockhoff.de/website/index.php/de/publikationen
Comfort GmbH	http://www.comfort.de/de/research-consulting/
Marktforschung	http://www.marktforschung.de/studien-shop/marktanalysen-marktdaten/einzelhandel-allgemein/
Shopping Center	http://www.shoppingcenters.de/de/studien/index.html
Statista	http://statista-research.com/studien-publikationen/

Bauen und Renovieren, Berechnen

Bauen (Energieeffizienz, Beschreibungen)	http://www.co2online.de/
Baukosten international	http://www.echarris.com/
Baukosteninformationszentrum	http://www.bki.de/
Berechnungen (Interhyp)	http://www.interhyp.de/rechner/?adChannel=S_Google&adCampaign=SG_Immobilienfinanzierung&adKeyword=Sitelink_Alle_Rechner
Deutsche Energie-Agentur	http://www.dena.de/
EnEV	www.enev-online.de
Fördermittel	http://www.co2online.de/
Fördermittel	http://www.foerderdata.de/
Fördermittel	https://www.kfw.de/kfw.de.html
Fördermittel (Denkmal)	https://www.kfw.de/inlandsfoerderung/Privatpersonen/Bestandsimmobilien/Energetische-Sanierung/KfW-Effizienzhaus-Denkmal/
Fördermittel (Energieeinsparberatung)	http://www.bafa.de/bafa/de/energie/energiesparberatung/
Gebäudetypen (mit Buchtipps)	http://deu.archinform.net/
Leibrentenrechner (Spiering, online)	http://www.spiering-expert.info/leibrentenrechner.html
Leibrentenrechner (Spiering, App)	https://itunes.apple.com/de/app/gug-spiering-leibrentenrechner/id600832470?mt=8
Modernisierungskosten	http://www.lbs.de/modernisieren/index.jsp
Notar- und Grundbuchkosten sowie weitere Rechner	https://www.interhyp.de/rechner
Nutzungsdauer (steuerliche AfA)	http://www.steuertipps.de/lexikon/a/abschreibung-gebaeude
Preise und allgemeine Berechnungen	http://www.fug-rundumshaus.de/

Excel-Vorlagen

Simon/Reinhold	http://www.simon-reinhold.de/index.php?id=193

International

Bureau of Economic Analysis	http://www.bea.gov/
Bureau of Labor Statistics	http://www.bls.gov/
CBRE (deutsch)	http://www.cbre.de/
CBRE (englisch)	http://www.cbre.com/EN/Pages/Home.aspx
CoStar	http://www.costar.com/products
ESRI	http://www.esri.com/industries/real-estate/services
Federal Reserve	http://www.federalreserve.gov/econresdata/statisticsdata.htm
Institute of Real Estate Managers	http://www.irem.org/
Market Vector	http://www.marketvector.com/
Moody's Analytics	https://www.economy.com/
Newmark	http://www.ngkf.com/home/research/about-our-research.aspx
Real Capital Analytics	https://www.rcanalytics.com/
REIS	http://www.reis.com/

Aus- und Weiterbildung

Architekturkammern NRW	http://www.aknw.de/fort-weiterbildung/seminaruebersicht
CRES	http://www.steinbeis-cres.de/
DEKRA	http://www.qm-akademie.eu/sachverstaendigen-ausbildung/dekra_sachverstaendiger_immobilienbewertung.html
DIA	https://www.dia.de/
IfKb Sachverständigen- und Gutachterwesen e.V.	http://ifkb.de/index.php?seminare
Institut für Sachverständigenwesen e.V.	http:/ifsforum.de
IREBS	http://www-wiwi.uni-regensburg.de/Institute/IREBS/Institut/Home/index.html.de
Sachverständigen-Kolleg	http://skolleg.de/seminare
Sprengnetter	http://www.sprengnetter.de/
TU Kaiserslautern	http://www.uni-kl.de/studium/studienangebot/

16 Auswahl wichtiger Begriffe

16.1 Auswahl wichtiger Begriffe zur Wertermittlung

Kursiv geschriebene Worte bezeichnen einen Verweis. Die angegebene Quelle die jeweilige originäre Fundstelle, die jedoch nicht zwingend wörtlich zitiert sein muss.

Altlasten

Quelle: *§ 2 Abs. 5 BBodSchG*

Altlasten im Sinne des Bundes-Bodenschutzgesetzes (BBodSchG) sind

1. stillgelegte Abfallbeseitigungsanlagen sowie sonstige Grundstücke, auf denen Abfälle behandelt, gelagert oder abgelagert worden sind (Altablagerungen), und
2. Grundstücke stillgelegter Anlagen und sonstige Grundstücke, auf denen mit umweltgefährdenden Stoffen umgegangen worden ist, ausgenommen Anlagen, deren Stilllegung einer Genehmigung nach dem Atomgesetz bedarf (Altstandorte),

durch die *schädliche Bodenveränderungen* oder sonstige Gefahren für den Einzelnen oder die Allgemeinheit hervorgerufen werden.

Altlastverdächtige Flächen

Quelle: *§ 2 Abs. 6 BBodSchG*

Altablagerungen und Altstandorte *(Altlasten),* bei denen der Verdacht *schädlicher Bodenveränderungen* oder sonstiger Gefahren für den Einzelnen oder die Allgemeinheit besteht

Barwert

Auf den Zeitpunkt t_0 abgezinster finanzmathematischer Wert einer in der Zukunft erfolgenden Zahlung. Zur Ermittlung des Barwerts wird die Zahlung über den Betrachtungszeitraum mit einem kalkulatorischen Zinssatz abgezinst. Der Barwert wird umso kleiner (größer), je länger (kürzer) die Abzinsungsdauer und je größer (kleiner) der Diskontierungszinssatz ist.

Bauerwartungsland (im steuerlichen Sinn)

Quelle: *Gleich lautende Erlasse der obersten Finanzbehörden der Länder zur Umsetzung des Gesetzes zur Reform des Erbschaftsteuer- und Bewertungsrechts vom S. Mai 2009*

Flächen, die nach ihrer Eigenschaft, sonstigen Beschaffenheit und Lage eine bauliche Nutzung in absehbarer Zeit tatsächlich erwarten lassen. Diese Erwartung kann sich insbesondere auf eine entsprechende Darstellung dieser Flächen im Flächennutzungsplan, auf ein entsprechendes Verhalten der Gemeinde oder auf die allgemeine städtebauliche Entwicklung des Gemeindegebiets gründen. Ist damit zu rechnen, dass die Flächen in absehbarer Zeit (> Abschnitt 2 Abs. 7 BewRGr) anderen als land- und forstwirtschaftlichen Zwecken dienen werden und daher gemäß § 159 BewG als Grundvermögen anzusehen sind, werden diese Flächen regelmäßig als Bauerwartungsland angesetzt.

Bauliche Außenanlagen

Quelle: *SW-RL, Nr. 4.2 Abs. 1*

Zu den baulichen Außenanlagen zählen zum Beispiel befestigte Wege und Plätze, Ver- und Entsorgungseinrichtungen auf dem Grundstück und Einfriedungen.

Baumangel, Bauschaden, Mangelfolgeschaden

Quelle: *TK, S. 36*

Der **Baumangel** beruht auf Planungs- oder Ausführungsfehlern.

Beispiele:

Unzureichende Standsicherheit, unzweckmäßige Baustoff

Der **Bauschaden** tritt (u.a.) nach Fertigstellung des Gebäudes durch äußere Einwirkungen auf.

Beispiel:

Sturmschäden an der Dacheindeckung

Der **Mangelfolgeschaden** ergibt sich als Folge eines nicht behobenen Baumangels.

Beispiel:

Wand- und Deckendurchfeuchtung aufgrund vorausgegangener mangelhafter Ausführung der Dachentwässerung

Quelle: *SW-RL, Nr. 6.2: Baumängel und Bauschäden*

Wertminderungen auf Grund von Baumängeln und/oder Bauschäden können

- durch Abschläge nach Erfahrungswerten,
- unter Zugrundelegung von Bauteiltabellen oder
- auf der Grundlage von Schadensbeseitigungskosten

berücksichtigt werden. Ein Abzug der vollen Schadensbeseitigungskosten kommt nur in Betracht, wenn der Schaden unverzüglich beseitigt werden muss. Dabei ist ggf. ein Vorteilsausgleich („neu für alt") vorzunehmen.

Baunebenkosten

Quelle: *WertR 06, Nr. 3.6.1.1.4*

Baunebenkosten sind die Kosten für Planung, Baudurchführung, behördliche Prüfungen und Genehmigungen sowie die unmittelbar mit der Herstellung der baulichen Anlagen erforderlichen Kosten der Finanzierung (Ziffer 3.6.1.1.4 WertR 06, durch Ziffer 1 Abs. 3 SW-RL außer Kraft gesetzt).

Die Baunebenkosten waren in den NHK 2000 nicht enthalten, in den NHK 2010 sind sie beinhaltet (vgl. Nr. 4.1.1 Abs. 1 SW-RL und Anlage 1SW-RL).

Bebaute Grundstücke (Steuerrecht)

Quelle: *Gleich lautende Erlasse der obersten Finanzbehörden der Länder zur Umsetzung des Gesetzes zur Reform des Erbschaftsteuer- und Bewertungsrechts vorn 5. Mai 2009*

Grundstücke, auf denen sich benutzbare Gebäude befinden.

Tatbestandsmerkmale Benutzbarkeit: Die Benutzbarkeit beginnt im Zeitpunkt der Bezugsfertigkeit des Gebäudes. Es muss den zukünftigen Bewohnern oder sonstigen Benutzern nach objektiven Merkmalen zugemutet werden können, die Wohnungen oder Räume des gesamten Gebäudes zu benutzen. Am Bewertungsstichtag müssen alle wesentlichen Bauarbeiten abgeschlossen sein. Geringfügige Restarbeiten, die üblicherweise vor dem tatsächlichen Bezug durchgeführt werden (z.B. Malerarbeiten, Verlegen des Bodenbelags), schließen die Bezugsfertigkeit nicht aus. Auf die Abnahme durch die Bauaufsichtsbehörde kommt es nicht an. Ist das Gebäude am Bewertungsstichtag bezogen, begründet dies die widerlegbare Vermutung der Bezugsfertigkeit.

Bei der Entscheidung, ob ein Gebäude bezugsfertig ist, ist auf das ganze Gebäude und nicht auf einzelne Wohnungen oder Räume abzustellen. Sind z.B. Wohnungen im Erdgeschoss vor dem Bewertungsstichtag, die übrigen Wohnungen jedoch erst danach bezugsfertig geworden, ist das Gebäude als nicht bezugsfertig anzusehen. Die Bewertung eines Grundstücks im Zustand der Bebauung erfolgt nach § 196 BewG. Dies ist z.B. der Fall, wenn bei einem Bürogebäude mehrere Geschosse bereits bezugsfertig sind und bei anderen noch der vollständige Innenausbau fehlt. Wird ein Gebäude dagegen nur zum Teil fertig gestellt und der Innenausbau nach den Wünschen der künftigen Nutzer zurückgestellt, ist das Gebäude insgesamt als bezugsfertig anzusehen. Bei abschnittsweise errichtetem Gebäude ist die Entscheidung, ob ein bezugsfertiges Gebäude anzunehmen ist, nach der Verkehrsanschauung zu treffen. Eine Errichtung in Bauabschnitten ist gegeben, wenn ein Gebäude nicht in einem Zuge in planmäßig vorgesehenem Umfang bzw. im Rahmen der behördlichen Genehmigung bezugsfertig erstellt wird (z.B. wird anstelle des geplanten Mietwohngrundstücks zunächst nur eine Wohnung im Erdgeschoss fertig gestellt). Die Verzögerung / Unterbrechung darf jedoch nicht auf bautechnischen Gründen beruhen (z.B. Überwindung einer Frostperiode) und muss von gewisser Dauer – mindestens zwei Jahre – sein.

Beleihungswert

Nach dem Wortlaut der Beleihungswertermittlungsverordnung (BelWertV) *11 der* Wert, der der Beleihung zugrunde gelegt wird" (§ 3 BelWertV). Dabei handelt es sich um den Wert der Immobilie, der erfahrungsgemäß unabhängig von vorübergehenden, etwa konjunkturell bedingten Wertschwankungen am maßgeblichen Grundstücksmarkt und unter Ausschaltung von spekulativen Elementen während der gesamten Dauer der Beleihung bei einer Veräußerung voraussichtlich erzielt werden kann" (§ 3 BelWertV). Im Gegensatz zum Verkehrswert handelt es sich demnach nicht um einen zeitpunktbezogenen Wert, sondern um einen Wert, der zwar zu einem bestimmten Zeitpunkt festgelegt wird, sich aber auf einen definierten Zeitraum (Finanzierungsdauer) bezieht.

Besondere objektspezifische Grundstücksmerkmale (boG)

Vom Üblichen abweichende Eigenschaften des Bewertungsobjekts. Sofern der gewöhnliche Geschäftsverkehr diesen Eigenschaften eine Wertrelevanz beimisst, ist der Einfluss besonderer objektspezifischer Grundstücksmerkmale durch Zu- oder Abschläge oder in anderer geeigneter Weise zu berücksichtigen (§ 8 Abs. 3 ImmoWertV). Die Berücksichtigung der boG erfolgt im Verfahrensgang nach der Marktanpassung (§ 8 Abs. 2 ImmoWertV).

Bestandsverzeichnis

Teil des Grundbuchblatts (umgangssprachlich: Grundbuchs), das die für die Bestimmung des Grundstücks notwendigen Angaben enthält. Insbesondere sind im Bestandsverzeichnis die Flurstücksnummer, die Gemarkung und die Wirtschaftsart des Grundstücks einschließlich dessen Lage bezeichnet. Auch die Größe des Grundstücks ist dort angegeben, weiterhin als *Herrschvermerk* die mit dem Grundstück verbundenen Rechte. Wirtschaftsart und Größe des Grundstücks genießen – anders als die übrigen Teile des Grundbuchs – keinen öffentlichen Glauben.

Betriebskosten

Quelle: § 2 Abs. 1 BetrKV

Betriebskosten sind die Kosten, die dem Eigentümer oder Erbbauberechtigten durch das Eigentum oder Erbbaurecht am Grundstück oder durch den bestimmungsmäßigen Gebrauch des Gebäudes, der Nebengebäude, Anlagen, Einrichtungen und des Grundstücks laufend entstehen.

Quelle: § 2 Abs. 2 BetrKV

Zu den Betriebskosten gehören nicht

1. die *Verwaltungskosten,*
2. die *Instandhaltungs-* und *Instandsetzungskosten.*

Quelle: WertR 06, Nr. 3.5.2.2.

Betriebskosten sind die Kosten, die durch das Eigentum am Grundstück oder durch den bestimmungsgemäßen Gebrauch des Grundstücks sowie seiner baulichen und sonstigen Anlagen laufend entstehen. Sie sind bei der Wertermittlung nur anzusetzen, soweit sie üblicherweise nicht vom Eigentümer auf die Mieter umgelegt werden.

Eine Aufstellung der umlegbaren Betriebskosten für Wohnraum enthält § 2 BetrKV.

Quelle: EW-RL, Nr. 6.4

Betriebskosten sind grundstücksbezogene Kosten, Abgaben und regelmäßige Aufwendungen, die für den bestimmungsgemäßen Gebrauch des Grundstücks anfallen. Diese sind nur zu berücksichtigen, soweit sie nicht vom Eigentümer umgelegt werden können. Eine Aufstellung der umlagefähigen Betriebskosten für Wohnraum enthält § 2 der Betriebskostenverordnung.

Bewirtschaftungskosten

Quelle: § 19 ImmoWertV, EW-RL, Nr. 6.1

Bewirtschaftungskosten sind die für eine ordnungsgemäße Bewirtschaftung bei zulässiger Nutzung marktüblich entstehenden jährlichen Aufwendungen. Sie sind bei der Wertermittlung insoweit zu berücksichtigen, wie sie nicht durch Umlagen oder sonstige Kostenübernahme gedeckt sind. Berücksichtigungsfähigen Bewirtschaftungskosten sind:

1. die *Verwaltungskosten,*
2. die *Instandhaltungskosten,*
3. das *Mietausfallwagnis,*
4. die *Betriebskosten.*

Bodenrichtwert

Quelle: BRW-RL, Nr. 2

Der Bodenrichtwert ist der durchschnittliche Lagewert des Bodens für eine Mehrheit von Grundstücken innerhalb eines abgegrenzten Gebietes (Bodenrichtwertzone), die nach ihren Grundstücksmerkmalen, insbesondere nach Art und Maß der Nutzbarkeit weitgehend übereinstimmen und für die im Wesentlichen gleiche allgemeine Wertverhältnisse vorliegen. Er ist bezogen auf den Quadratmeter Grundstücksfläche eines Grundstücks mit den dargestellten Grundstücksmerkmalen (Bodenrichtwertgrundstück).

Bodenverunreinigungen

Quelle: EW-RL, Nr. 11.6

Bodenverunreinigungen können vorliegen bei schädlichen Bodenveränderungen, Verdachtsflächen, Altlasten und altlastenverdächtigen Flächen.

Die Wertminderung von entsprechenden Grundstücken kann unter Berücksichtigung der Kosten ermittelt werden, die für Bodenuntersuchungen, Sicherungs-, Sanierungs- oder andere geeignete Maßnahmen zur Gefahrenabwehr erforderlich sind.

Freilegungskosten

Quelle: TK, S. 44

Freilegungskosten umfassen die

- **Abbruchkosten** der baulichen Anlagen (Kosten des Rückbaus),
- **Verbringungskosten** des Abbruchmaterials,
- **Deponierungskosten** des Abbruchmaterials,
- abzgl. der Erlöse aus Materialverwendung.

Gesamtnutzungsdauer

Quelle: TK, S. 45

Der Begriff der Gesamtnutzungsdauer bezeichnet stets die *übliche wirtschaftliche* Gesamtnutzungsdauer, die einer baulichen Anlage bei ordnungsgemäßer Bewirtschaftung – insbesondere Instandhaltung – und Unterhaltung zuzumessen ist. Die anzusetzende Gesamtnutzungsdauer ist eine Modellgröße.

Quelle: SW-RL, Nr. 4.3.1

Die anzusetzende Gesamtnutzungsdauer ist eine Modellgröße. Anlage 3 der SW-RL enthält hierzu Orientierungswerte, die die Gebäudeart berücksichtigen.

Grundschuld

Gebräuchlichste Form der Absicherung auf einem Grundstück zur Zahlung einer bestimmten Geldsumme aus dem Grundstück (§§ 1191 ff. BGB). Die Grundschuld wird in der Dritten Abteilung des Grundbuchs eingetragen. Sie ist abstrakt, d.h. in ihrem Bestand nicht an eine Hauptforderung gebunden. Zur Verbindung mit der zu sichernden Forderung ist deshalb eine Zweckerklärung in einem gesonderten Dokument notwendig. Anders als die Grundschuldbestellungsurkunde ist für die Zweckerklärung Schriftform

16

ausreichend. Sofern die Grundschuld gemäß § 800 ZPO sofort vollstreckbar ist, muss die Grundschuldbestellung notariell beurkundet werden; handelt es sich um eine einfache Grundschuld ohne Unterwerfung unter die sofortige Zwangsvollstreckung, reicht die notarielle Beglaubigung aus.

Grundstücksarten zur steuerlichen Einheitsbewertung

Quelle: § 7S BewG, Bewertungsgesetz in der Fassung der Bekanntmachung vom 01.02.1991(BGBl. I S. 230), zuletzt geändert durch Gesetz vom 02.11.2015 (BGBl. I S. 1834) m.W.v. 06.11.2015

(1) Bei der Bewertung bebauter Grundstücke sind die folgenden Grundstücksarten zu unterscheiden:

1. Mietwohngrundstücke,
2. Geschäftsgrundstücke,
3. gemischtgenutzte Grundstücke,
4. Einfamilienhäuser,
5. Zweifamilienhäuser,
6. sonstige bebaute Grundstücke.

(2) Mietwohngrundstücke sind Grundstücke, die zu mehr als achtzig Prozent, berechnet nach der Jahresrohmiete (§ 79 BewG), Wohnzwecken dienen mit Ausnahme der Einfamilienhäuser und Zweifamilienhäuser (Absätze 5 und 6).

(3) Geschäftsgrundstücke sind Grundstücke, die zu mehr als achtzig Prozent, berechnet nach der Jahresrohmiete (§ 79 BewG), eigenen oder fremden gewerblichen oder öffentlichen Zwecken dienen.

(4) Gemischtgenutzte Grundstücke sind Grundstücke, die teils Wohnzwecken, teils eigenen oder fremden gewerblichen oder öffentlichen Zwecken dienen und nicht Mietwohngrundstücke, Geschäftsgrundstücke, Einfamilienhäuser oder Zweifamilienhäuser sind.

(5) Einfamilienhäuser sind Wohngrundstücke, die nur eine Wohnung enthalten. Wohnungen des Hauspersonals (Pförtner, Heizer, Gärtner, Kraftwagenführer, Wächter usw.) sind nicht mitzurechnen. Eine zweite Wohnung steht, abgesehen von Satz 2, dem Begriff "Einfamilienhaus" entgegen, auch wenn sie von untergeordneter Bedeutung ist. Ein Grundstück gilt auch dann als Einfamilienhaus, wenn es zu gewerblichen oder öffentlichen Zwecken mitbenutzt wird und dadurch die Eigenart als Einfamilienhaus nicht wesentlich beeinträchtigt wird.

(6) Zweifamilienhäuser sind Wohngrundstücke, die nur zwei Wohnungen enthalten. Die Sätze 2 bis 4 von Absatz 5 sind entsprechend anzuwenden.

(7) Sonstige bebaute Grundstücke sind solche Grundstücke, die nicht unter die Absätze 2 bis 6 fallen.

Grundstücksarten für die Bewertung von Grundvermögen für die Erbschaftsteuer ab 1. Januar 2009

Quelle: § 181 BewG, Bewertungsgesetz in der Fassung der Bekanntmachung vom 01.02.1991 (BGBl. I S.230),zuletzt geändert durch Gesetz vom 02.11.2015 (BGBl. I S. 1834) m.W.v. 06.11.2015

(1) Bei der Bewertung bebauter Grundstücke sind die folgenden Grundstücksarten zu unterscheiden:

1. Ein- und Zweifamilienhäuser,
2. Mietwohngrundstücke,
3. Wohnungs- und Teileigentum,
4. Geschäftsgrundstücke,
5. gemischt genutzte Grundstücke und
6. sonstige bebaute Grundstücke.

(2) Ein- und Zweifamilienhäuser sind Wohngrundstücke, die bis zu zwei Wohnungen enthalten und kein Wohnungseigentum sind. Ein Grundstück gilt auch dann als Ein- oder Zweifamilienhaus, wenn es zu weniger als 50 Prozent, berechnet nach der Wohn- oder Nutzfläche, zu anderen als Wohnzwecken mitbenutzt und dadurch die Eigenart als Ein- oder Zweifamilienhaus nicht wesentlich beeinträchtigt wird.

(3) Mietwohngrundstücke sind Grundstücke, die zu mehr als 80 Prozent, berechnet nach der Wohn- oder Nutzfläche, Wohnzwecken dienen, und nicht Ein- und Zweifamilienhäuser oder Wohnungseigentum sind.

(4) Wohnungseigentum ist das Sondereigentum an einer Wohnung in Verbindung mit dem Miteigentumsanteil an dem gemeinschaftlichen Eigentum, zu dem es gehört.

(5) Teileigentum ist das Sondereigentum an nicht zu Wohnzwecken dienenden Räumen eines Gebäudes in Verbindung mit dem Miteigentum an dem gemeinschaftlichen Eigentum, zu dem es gehört.

(6) Geschäftsgrundstücke sind Grundstücke, die zu mehr als 80 Prozent, berechnet nach der Wohn- und Nutzfläche, eigenen oder fremden betrieblichen oder öffentlichen Zwecken dienen und nicht Teileigentum sind.

(7) Gemischt genutzte Grundstücke sind Grundstücke, die teils Wohnzwecken, teils eigenen oder fremden betrieblichen oder öffentlichen Zwecken dienen und nicht Ein- und Zweifamilienhäuser, Mietwohngrundstücke, Wohnungseigentum, Teileigentum oder Geschäftsgrundstücke sind.

(8) Sonstige bebaute Grundstücke sind solche Grundstücke, die nicht unter die Absätze 2 bis 7 fallen.

(9) Eine Wohnung ist die Zusammenfassung einer Mehrheit von Räumen, die in ihrer Gesamtheit so beschaffen sein müssen, dass die Führung eines selbständigen Haushalts möglich ist. Die Zusammenfassung einer Mehrheit von Räumen muss eine von anderen Wohnungen oder Räumen, insbesondere Wohnräumen, baulich getrennte, in sich abgeschlossene Wohneinheit bilden und einen selbständigen Zugang haben. Außerdem ist erforderlich, dass die für die Führung eines selbständigen Haushalts notwendigen Neben-

räume (Küche, Bad oder Dusche, Toilette) vorhanden sind. Die Wohnfläche muss mindestens 23 Quadratmeter (m^2) betragen.

Grundstücksarten nach der Sachwertrichtlinie, gemischte Nutzung

Quelle: SW-RL, Anlage 1

Wohnhäuser mit Mischnutzung sind Gebäude mit überwiegend Wohnnutzung und einem geringen gewerblichen Anteil. Anteil der Wohnfläche ca. 75 %.

Geschäftshäuser sind Gebäude mit überwiegend gewerblicher Nutzung und einem geringen Wohnanteil. Anteil der Wohnfläche ca. 20-25 %.

Herrschvermerk

Eintragung zu einem mit dem Grundstück verbundenen Recht im Bestandsverzeichnis zum Grundbuch des herrschenden Grundstücks. Der Herrschvermerk gibt Auskunft über die mit dem Grundstück verbundenen Rechte an einem dienenden Grundstück, die als Lasten oder Beschränkungen in der zweiten Abteilung des Grundbuchs dieses Grundstücks eingetragen sind. Die Eintragungen in den beiden Grundbüchern korrespondieren, allerdings wird nicht zur jeder Last oder Beschränkung ein Herrschvermerk im Grundbuch des herrschenden Grundstücks eingetragen.

Hypothek

Heute nur noch ausnahmsweise gebräuchliche Art der Belastung eines Grundstücks mit einem Grundpfandrecht zur Erzielung einer Geldzahlung aus dem Grundstück. Die Eintragung einer Hypothek (§§ 1113 ff. BGB) erfolgt üblicherweise nur noch im Wege einer Zwangssicherungsmaßnahme, hauptsächlich durch Finanzamt oder Bauhandwerker. Banken sichern ihre Forderungen ausschließlich durch *Grundschulden,* die im Gegensatz zur Hypothek abstrakt sind. Demgegenüber sind Hypotheken akzessorisch, d.h. in ihrem Bestand an eine Hauptforderung gebunden.

Indexierung

Anpassung historischer Kaufpreise an die Wertverhältnisse des Wertermittlungsstichtags über Indexreihen. Die Indexierung dient der Ermittlung von Vergleichspreisen und berücksichtigt die Entwicklung der allgemeinen Wertverhältnisse auf dem Grundstücksmarkt (§ 11 ImmoWertV).

Instandhaltung

Quelle: DIN 31051:2012-09

Die Maßnahmen, die notwendig sind, eine Betrachtungseinheit in dem Zustand zu halten oder in diesen zurückzuführen, in dem sie die geforderte Funktion erfüllen kann. Dabei ist die geforderte Funktion die Summe der bei der Herstellung festgelegten Anforderungen. Zur Instandhaltung zählen auch Verbesserungen, die dazu dienen, die Funktionssicherheit zu erhöhen, z.B. durch die Beseitigung von Schwachstellen.

Instandhaltungskosten

Quelle: § 19 Abs. 2 Nr. 2 ImmoWertV

Die Kosten, die infolge von Abnutzung oder Alterung zur Erhaltung des der Wertermittlung zu Grunde gelegten Ertragsniveaus der baulichen Anlage während ihrer Restnutzungsdauer aufgewendet werden müssen.

ähnlich § 2 Abs. 2 BetrKV:

Die Kosten, die während der Nutzungsdauer zur Erhaltung des bestimmungsmäßigen Gebrauchs aufgewendet werden müssen, um die durch Abnutzung, Alterung und Witterungseinwirkung entstehenden baulichen oder sonstigen Mängel ordnungsgemäß zu beseitigen *(Instandhaltungs-* und *Instandsetzungskosten).*

Quelle: WertR 06, Nr. 3.5.2.4.

Die Kosten, die infolge Abnutzung, Alterung und Witterung zur Erhaltung des bestimmungsgemäßen Gebrauchs der baulichen Anlagen während ihrer Nutzungsdauer aufgewendet werden müssen. Die Instandhaltungskosten umfassen sowohl die für die laufende Unterhaltung als auch für die Erneuerung einzelner baulicher Teile aufzuwendenden Kosten und sind hinsichtlich der Höhe mit ihrem langfristigen Mittel zu berücksichtigen.

Zu den Instandhaltungskosten gehören grundsätzlich auch die Schönheitsreparaturen. Sie sind jedoch nur in den besonderen Fällen anzusetzen, in denen sie vom Eigentümer zu tragen sind. Instandhaltungskosten können mithilfe von Erfahrungssätzen je Quadratmeter Geschossfläche, Nutz- oder Wohnfläche ermittelt werden. Anhaltspunkte für den Ansatz der Instandhaltungskosten in Abhängigkeit vom Alter ergeben sich aus Anlage 3 WertR 06.

Von den Instandhaltungskosten sind die Modernisierungskosten zu unterscheiden. Modernisierungskosten und unterlassene Instandhaltung (Instandhaltungsstau) sind im Rahmen der Wertermittlung gesondert zu berücksichtigen (vgl. Ziffer 3.5.8. WertR).

Quelle: EW-RL, Nr. 6.2

(1) Instandhaltungskosten sind Kosten, die im Rahmen einer ordnungsgemäßen Bewirtschaftung infolge Abnutzung oder Alterung zur Erhaltung des der Wertermittlung zu Grunde gelegten Ertragsniveaus der baulichen Anlagen während ihrer wirtschaftlichen Restnutzungsdauer marktüblich aufgewendet werden müssen. Die Instandhaltungskosten umfassen sowohl die für die laufende Unterhaltung als auch die für die Erneuerung einzelner baulicher Teile aufzuwendenden Kosten und sind hinsichtlich der Höhe mit ihrem langjährigen Mittel zu berücksichtigen. Zur Instandhaltung gehören grundsätzlich auch die Schönheitsreparaturen. Sie sind jedoch nur dann anzusetzen, wenn sie vom Eigentümer zu tragen sind.

(2) Nicht zu den Instandhaltungskosten zählen Modernisierungskosten und solche Kosten, die z.B. auf Grund unterlassener Instandhaltung (vgl. Nummer 11.2) erforderlich sind. Modernisierungen sind u. a. bauliche Maßnahmen, die den Gebrauchswert der baulichen Anlagen wesentlich erhöhen, die allgemeinen Wohn- bzw. Arbeitsverhältnisse wesentlich verbessern oder eine wesentliche Einsparung von Energie oder Wasser bewirken (§ 6 Absatz 6 Satz 2 Immo-WertV). Zur Berücksichtigung der Modernisierung im Rahmen der Wertermittlung vgl. Nummer 9.

Instandsetzungskosten

Kosten, die im Zusammenhang mit der ordnungsgemäßen Beseitigung von Schäden und Mängeln entstehen.

Kernsanierung

Gesamtheit aller baulichen Maßnahmen, die dazu dienen, die Bausubstanz eines bestehenden Gebäudes in vollem Umfang wiederherzustellen und dieses in einen neuwertigen Zustand zu versetzen. Der Umfang der Maßnahmen erstreckt sich im Regelfall auf den Dachstuhl und die Dachdeckung einschließlich der Einbringung einer zeitgemäßen Wärmedämmung, das Mauerwerk einschließlich Putz, Decken, Böden, Fenster und Türen sowie die gesamte Haustechnik nebst Leitungssystem (Heizung, Sanitär, Elektro). Die Kernsanierung ist keine Entkernung, bei der das Gebäude bis auf die Außenmauern abgetragen wird. Siehe auch Kapitel 1.2.3.

Lasten und Beschränkungen

Eintragungen in der zweiten Abteilung des Grundbuchs. Die Belastungen können im Einzelfall wertrelevant sein, wirken sich aber nicht generell zwingend auf den Verkehrswert aus. Nach dem BGB werden die Lasten und Beschränkungen unterschieden in Dienstbarkeiten (Grunddienstbarkeiten, Nießbrauch, beschränkte persönliche Dienstbarkeiten, §§ 1030 ff. BGB), Vorkaufsrecht (§§ 1094 ff. BGB) und Reallasten (§§ 1105 ff. BGB). Weiterhin wird die Auflassungsvormerkung (§§ 883 ff. BGB) in der Zweiten Abteilung eingetragen. Darüber hinaus können auch Vermerke über die Anordnung der Zwangsversteigerung (§ 19 ZVG) oder der Zwangsverwaltung (§§ 146, 19 ZVG) als Lasten und Beschränkungen dort eingetragen werden. Auch die Belastung mit einem Erbbaurecht ist in der zweiten Abteilung des Grundbuchs zu finden, und zwar grundsätzlich an erster Rangstelle (§ 10 ErbbauRG).

Leibrentenbarwertfaktor

Vervielfältiger zur Ermittlung des *Barwerts* regelmäßig wiederkehrender Zahlungen aus Leibrenten. Im Gegensatz zur *Zeitrente,* die dem Ertragswertverfahren zu Grunde liegt, wird bei der Leibrente grundsätzlich eine periodisch zum Jahresanfang erfolgende Zahlung unterstellt.

Liegenschaftszinssatz

Quelle: § 14 Abs. 3 ImmoWertV

Die Liegenschaftszinssätze (Kapitalisierungszinssätze, § 193 Abs. 5 Satz 2 Nr. 1 BauGB) sind die Zinssätze, mit denen Verkehrswerte von Grundstücken je nach Grundstücksart im Durchschnitt marktüblich verzinst werden. Sie sind auf der Grundlage geeigneter Kaufpreise und der ihnen entsprechenden Reinerträge für gleichartig bebaute und genutzte Grundstücke unter Berücksichtigung der Restnutzungsdauer der Gebäude nach den Grundsätzen des Ertragswertverfahrens abzuleiten.

Quelle: WertR 06, Nr. 3.5.4.

Der Liegenschaftszinssatz ist der Zinssatz, mit dem sich das im Verkehrswert gebundene Kapital verzinst, wobei sich der Zinssatz nach dem aus der Liegenschaft marktüblich erzielbaren Reinertrag im Verhältnis zum Verkehrswert bemisst.

Der angemessene und nutzungstypische Liegenschaftszinssatz ist nach der Art des Grundstücks (z.B. Mietwohngrundstück, gemischtes Grundstück, Geschäftsgrundstück, gewerbliches Grundstück oder Ähnliches) und der Lage auf dem Grundstücksmarkt zu bestimmen. Dabei soll auf den vom örtlichen Gutachterausschuss für Grundstückswerte ermittelten und veröffentlichten Liegenschaftszinssatz zurückgegriffen werden. Ist für das Grundstück kein am regionalen Markt orientierter Liegenschaftszinssatz feststellbar, so kann auf Liegenschaftszinssätze aus vergleichbaren Gebieten, die auch in anderen Gemeinden liegen können, zurückgegriffen werden.

Mit dem Liegenschaftszinssatz werden die allgemein vom Grundstücksmarkt erwarteten künftigen Entwicklungen insbesondere der Ertrags- und Wertverhältnisse sowie der üblichen steuerlichen Rahmenbedingungen berücksichtigt. Besonderer Ertragsverhältnisse aufgrund Wohnung- und mietvertraglicher Bindungen bedürfen dagegen einer eigenständigen Berücksichtigung.

Quelle: EW-RL, Nr. 7

(1) Die Erwartungen der Marktteilnehmer hinsichtlich der Entwicklung der allgemeinen Ertrags- und Wertverhältnisse auf dem Grundstücksmarkt werden mit dem Liegenschaftszinssatz erfasst. Die Verwendung des angemessenen und nutzungstypischen Liegenschaftszinssatzes (§14 Absatz 1 und 3 ImmoWertV) dient insbesondere der Marktanpassung.

(2) Liegenschaftszinssätze werden auf der Grundlage geeigneter Kaufpreise von für die jeweilige Nutzungsart typischen gleichartig bebauten und genutzten Grundstücken und den ihnen entsprechenden Reinerträgen (vgl. Nummer 5 Absatz 1) unter Berücksichtigung der wirtschaftlichen Restnutzungsdauer ermittelt. Dabei sind die Kaufpreise um die Werteinflüsse besonderer objektspezifischer Grundstücksmerkmale zu bereinigen. Bei der Ermittlung des Reinertrags sind vorrangig die Bewirtschaftungskosten nach Anlage 1 zu verwenden. Die wirtschaftliche Restnutzungsdauer (§ 6 Absatz 6 ImmoWertV) ist vorrangig nach Nummer 4.3.2 SW-RL in Verbindung mit Nummer 4.3.1 SW-RL zu bestimmen. Die wesentlichen Modellparameter für die Ermittlung von Liegenschaftszinssätzen enthält Anlage 2. Bei der Veröffentlichung der Liegenschaftszinssätze sind mindestens die in Anlage 2 aufgeführten Modellparameter sowie der Umfang und die Qualität der zu Grunde liegenden Daten darzustellen.

(3) Im Rahmen der Ertragswertermittlung ist der angemessene nutzungstypische Liegenschaftszinssatz zu verwenden. Hierbei gelten folgende Grundsätze:

1. Vorrangig sind die vom örtlichen Gutachterausschuss für Grundstückswerte ermittelten und veröffentlichten Liegenschaftszinssätze heranzuziehen.
2. Wird vom Gutachterausschuss für das Wertermittlungsobjekt kein geeigneter Liegenschaftszinssatz zur Verfügung gestellt, können Liegenschaftszinssätze aus vergleichbaren Gebieten verwendet werden, sofern Abweichungen in den regionalen und allgemeinen Marktverhältnissen marktgerecht berücksichtigt werden können.
3. Stehen keine geeigneten Liegenschaftszinssätze nach Nummer 1 oder Nummer 2 zur Verfügung, kann der Liegenschaftszinssatz unter Berücksichtigung der regionalen Marktverhältnisse sachverständig geschätzt werden. Dabei können auch Liegenschaftszinssätze aus anderen Quellen berücksichtigt werden, wenn sie hinsichtlich Aktualität und Repräsentativität den für die jeweilige Grundstücksart maßgeblichen Grundstücksmarkt zutreffend abbilden und ihre Ableitung ausreichend nachvoll-

ziehbar dargelegt ist. In diesen Fällen ist der Liegenschaftszinssatz besonders, d.h. über das allgemeine Begründungserfordernis hinaus, zu begründen.

(4) Insbesondere bei Anwendung des periodischen Ertragswertverfahrens ist der auf der Grundlage marktüblicher Erträge ermittelte Liegenschaftszinssatz auf seine Anwendbarkeit zu prüfen und gegebenenfalls sachverständig anzupassen.

(5) Um bei Anwendung des Liegenschaftszinssatzes die Modellkonformität sicherzustellen, sind das verwendete Ableitungsmodell und die zu Grunde gelegten Daten zu beachten. Dabei darf der Liegenschaftszinssatz nur auf solche Wertanteile des Wertermittlungsobjekts angewandt werden, die auch der Ermittlung des Liegenschaftszinssatzes zu Grunde lagen. Die nicht von dem angewandten Liegenschaftszinssatz erfassten Wertanteile sind als besondere objektspezifische Grundstücksmerkmale nach der Marktanpassung zu berücksichtigen, soweit dies marktüblich ist.

Merkantiler Minderwert

Quelle: KL-V, 344 (BGH Urteil vom 24. Februar 1972, VII ZR 177/70, BGHZ 58,181)

Unter einem merkantilen Minderwert ist der Betrag zu verstehen, um den sich der Verkehrswert eines Grundstücks, das einen Mangel aufwies, trotz vollständiger Beseitigung dieses Mangels in technisch einwandfreier Weise in der allgemein verbliebenen Befürchtung mindert, dass sich ein Folgeschaden irgendwie auch künftig auswirken könnte, auch wenn diese Befürchtung tatsächlich unbegründet ist. Der merkantile Minderwert wird auch als psychologischer Minderwert bezeichnet.

Quelle: OLG Hamm, Urteil vom 10. Mai 2010,17 U 92/09

Ein sogenannter merkantiler Minderwert liegt vor, wenn der Mangel den Veräußerungswert der baulichen Anlage mindert, und zwar im Unterschied zum technischen Minderwert gerade dann, wenn dies trotz Mangelbehebung der Fall ist und die Wertminderung nur auf dem objektiv unbegründeten Verdacht beruht, das Bauwerk könne noch weitere verborgene Mängel aufweisen.

Beispiel

Bei der Ermittlung des Minderwerts eines vom Schwamm befallenen Hauses werden die Kosten der Beseitigung der Grundfeuchtigkeit des Hauses, die die Schwammbildung hervorgerufen hat, in Ansatz gebracht. Eine Minderung des Verkehrswerts kann bestehen bleiben, auch wenn die wertmindernden Schäden in technisch einwandfreier Weise beseitigt sind. Das gilt es zu berücksichtigen, wenn im gewöhnlichen Geschäftsverkehr befürchtet wird, die Schäden könnten sich doch irgendwie nachteilig auswirken, und deshalb im Geschäftsverkehr Sachen, bei denen solche Schäden aufgetreten waren, wertmäßig niedriger eingeschätzt werden als unbeschädigt gebliebene Sachen. Dies gilt selbst dann, wenn im Einzelfall die Befürchtung eines Folgeschadens unbegründet ist.

Mietausfallwagnis

Quelle: EW-RL, Nr. 6.3

Das Mietausfallwagnis ist das Risiko einer Ertragsminderung, die durch uneinbringliche Zahlungsrückstände von Mieten, Pachten und sonstigen Einnahmen oder durch vorübergehenden Leerstand entsteht. Es umfasst auch die durch uneinbringliche Zahlungsrückstände oder bei vorübergehendem Leerstand anfallenden, vom Eigentümer zusätzlich zu tragenden Bewirtschaftungskosten sowie die Kosten einer Rechtsverfolgung auf Zahlung, Aufhebung eines Mietverhältnisses oder Räumung.

Dauerhafter, struktureller Leerstand wird nicht vom Mietausfallwagnis erfasst. Dieser ist als besonderes objektspezifisches Grundstücksmerkmal zu berücksichtigen.

Mietflächenfaktor

Quelle: KL-V, 1033

Als Mietflächenfaktor (MFF) wird das Verhältnis der Netto-Grundfläche (NGF) zur Brutto-Grundfläche eines Gebäudes bezeichnet. Je niedriger der Prozentsatz ausfällt, umso höher ist der Anteil nicht vermietbarer Flächen. Umgekehrt ist die räumliche Baugestaltung umso wirtschaftlicher, je größer das Verhältnis ist.

$$\text{Mietflächenfaktor (MFF)} = \frac{\text{Netto-Grundfläche}}{\text{Brutto-Grundfläche}} = \frac{\text{NGF}}{\text{BGF}}$$

Modernisierung

Quelle: § 555b BGB

Modernisierungen sind bauliche Veränderungen,

1. durch die in Bezug auf die Mietsache Endenergie nachhaltig eingespart wird (energetische Modernisierung),
2. durch die nicht erneuerbare Primärenergie nachhaltig eingespart oder das Klima nachhaltig geschützt wird, sofern nicht bereits eine energetische Modernisierung nach Nummer 1 vorliegt,
3. durch die der Wasserverbrauch nachhaltig reduziert wird,
4. durch die der Gebrauchswert der Mietsache nachhaltig erhöht wird,
5. durch die die allgemeinen Wohnverhältnisse auf Dauer verbessert werden,
6. die auf Grund von Umständen durchgeführt werden, die der Vermieter nicht zu vertreten hat, und die keine Erhaltungsmaßnahmen nach § 555a BGB sind, oder
7. durch die neuer Wohnraum geschaffen wird.

Modifizierte wirtschaftliche Restnutzungsdauer

Quelle: SW-RL, Nr. 4.3.2. Abs. 2

Durch Modernisierung begründete verlängerte oder durch unterlassene Instandhaltung verringerte wirtschaftliche *Restnutzungsdauer* von Gebäuden. Für die Ermittlung der wirtschaftlichen Restnutzungsdauer bei der Modernisierung von Wohngebäuden sind in Anlage 4 SW-RL Formeln und Tabellen hinterlegt. Unterlassene Instandhaltung (§ 6 Abs. 6 ImmoWertV) wird in der Regel als Bauschaden und in gravierenden Fällen durch eine Verringerung der wirtschaftlichen Restnutzungsdauer berücksichtigt.

Die längere oder verringerte wirtschaftliche Restnutzungsdauer verändert nicht die Gesamtnutzungsdauer des Gebäudes.

niedrigerer gemeiner Wert

Quelle: §§ 9 Abs. 2, 198 BewG

Der gemeine Wert wird durch den Preis bestimmt, der im gewöhnlichen Geschäftsverkehr nach der Beschaffenheit des Wirtschaftsgutes bei einer Veräußerung zu erzielen wäre. Dabei sind alle Umstände, die den Preis beeinflussen, zu berücksichtigen. Ungewöhnliche oder persönliche Verhältnisse sind nicht zu berücksichtigen (§ 9 Abs. 2 BewG).

Der gemeine Wert wird zu Zwecken der Besteuerung nach den §§ 179, 182-196 BewG ermittelt. Weist der Steuerpflichtige nach, dass der gemeine Wert der wirtschaftlichen Einheit am Bewertungsstichtag niedriger ist als nach den genannten Vorschriften, so ist dieser Wert anzusetzen. Für den Nachweis des niedrigeren gemeinen Werts gelten grundsätzlich die aufgrund des § 199 Abs. 1BauGB erlassenen Vorschriften (§ 198 BewG).

Nutzflächenfaktor

Quelle: KL-V, 1032 f.

Als Nutzflächenfaktor NFF wird das Verhältnis der Geschossfläche (GF) bzw. der Brutto-Grundfläche (BGF) zur Wohn- bzw. Nutzfläche eines Gebäudes definiert:

$$\text{Nutzflächenfaktor } (NFF_{BGF}) = \frac{\text{Brutto-Grundfläche (BGF)}}{\text{Wohn- bzw. Nutzfläche (WF bzw. NF)}}$$

Mit Hilfe des Nutzflächenfaktors lässt sich die Nutz- bzw.Wohnfläche aus der Brutto-Grundfläche (BGF) bzw. der Geschossfläche nach § 20 BauNVO (GF) ausrechnen. Dabei wird die Geschossfläche um die nicht anrechenbaren Grundflächen (Mauerwerk, Verkehrsflächen usw.) reduziert.

$$\text{Wohn- bzw. Nutzfläche (WF bzw. NF)} = \frac{\text{Brutto-Grundfläche (BGF)}}{\text{Nutzflächenfaktor } (NFF_{BGF})}$$

Hinweis:
In der Literatur wird der Nutzflächenfaktor vielfach auch als Kehrwert des o.g. Quotienten definiert.

Qualitätsstichtag

Quelle: § 4 Abs.1 ImmoWertV

Der Qualitätsstichtag ist der Zeitpunkt auf den sich der für die Wertermittlung maßgebliche Grundstückszustand bezieht. Er entspricht dem *Wertermittlungsstichtag, es sei denn,* dass aus rechtlichen oder sonstigen Gründen der Zustand des Grundstücks zu einem anderen Zeitpunkt maßgebend ist.

Reinertrag

Quelle: EW-RL, Nr. 5 Abs. 2

Der jährliche Reinertrag ergibt sich aus dem jährlichen Rohertrag abzüglich der Bewirtschaftungskosten.

Rentenbarwertfaktor (Barwertfaktor zur Kapitalisierung – Vervielfältiger)

Quelle: § 20 ImmoWertV

Vervielfältiger zur Abzinsung regelmäßig wiederkehrender Zahlungen, der unter Berücksichtigung der Restnutzungsdauer und des Liegenschaftszinssatzes zu bestimmen ist. Bei der Ermittlung des Verkehrswerts und/oder des Beleihungswerts von Grundstücken wird der Rentenbarwertfaktor Leibrenten und Zeitrenten (Leibrentenbarwertfaktor, Zeitrentenbarwertfaktor) unterschiedlich ermittelt.

Die Formel zur Berechnung des im Ertragswertverfahren zu veranschlagenden Zeitrentenbarwertfaktors (§ 20 ImmoWertV) lautet wie folgt (Anlage I ImmoWertV):

$$\text{Rentenbarwertfaktor (RBF)} = \frac{q^n - 1}{q^n \times (q - 1)}$$

mit $q = 1 + \frac{p}{100}$

und

p = Liegenschaftszinssatz

n = Restnutzungsdauer

Alternative Schreibweise:

$$\text{Rentenbarwertfaktor (RBF)} = \frac{(1+p)^n - 1}{(1+p)^n \times p}$$

Restnutzungsdauer

Quelle: SW-RL, Nr. 4.3.4

Unterschiedsbetrag (in Jahren) zwischen *Gesamtnutzungsdauer* und dem Alter des Gebäudes am Wertermittlungsstichtag. Das Ergebnis der Ermittlung ist daraufhin zu überprüfen, ob es dem Zeitraum entspricht, in dem das Gebäude bei ordnungsgemäßer Bewirtschaftung voraussichtlich noch wirtschaftlich genutzt werden kann (wirtschaftliche Restnutzungsdauer), wobei die rechtliche Zulässigkeit der angesetzten Nutzung vorausgesetzt wird. Für Gebäude, die modernisiert wurden, kann von einer (entsprechend längeren wirtschaftlichen) *modifizierten Restnutzungsdauer* ausgegangen werden.

Rohbauland

Quelle: Gleich lautende Erlasse der obersten Finanzbehörden der Länder zur Umsetzung des Gesetzes zur Reform des Erbschaftsteuer- und Bewertungsrechts vom 5. Mai 2009

Flächen, die nach den §§ 30, 33 und 34 BauGB für eine bauliche Nutzung bestimmt sind, deren Erschließung aber noch nicht gesichert ist oder die nach Lage, Form oder Größe für eine bauliche Nutzung unzureichend gestaltet sind. Im Regelfall handelt es sich hierbei um größere, unerschlossene Grundstücksflächen, die die Eigenschaft als land- und forstwirtschaftliches Vermögen verloren haben, selbst wenn sie noch land- und forstwirtschaftlich genutzt werden (§ 159 BewG). **Bruttorohbauland** schließt im Gegensatz zum

16

Nettorohbauland die für öffentliche Zwecke benötigten Flächen des Planungsgebiets ein.

Rohertrag

Quelle: EW-RL, Nr. 5 Abs. 5 und Abs. 2

Der Rohertrag umfasst alle bei ordnungsgemäßer Bewirtschaftung und zulässiger Nutzung marktüblich erzielbaren Erträge aus dem Grundstück.

Mit dem Rohertrag sind in der Regel auch die Werteinflüsse der baulichen Außenanlagen und sonstigen Anlagen erfasst.

Sachverständiger

Quelle: KL-V, S. 67

Sachverständiger ist (nur) eine Person, die sich durch

- eine besondere Sachkunde mit erheblich über dem Durchschnitt liegenden Fachkenntnissen auf einem bestimmten Sachgebiet,
- entsprechende Erfahrung auf diesem Gebiet,
- höchstpersönliche Leistungserstattung und
- persönliche Integrität

auszeichnet und in dieser Eigenschaft für Gerichte, Behörden und Privatpersonen zu bestimmten Problemen

- unparteiisch,
- unabhängig,
- weisungsfrei und
- gewissenhaft

Gutachten erstattet oder allgemein Unkundigen eine eigene Urteilsbildung ermöglicht.

Sachwertfaktoren

Quelle: § 14 ImmoWertV

Sachwertfaktoren sind Marktanpassungsfaktoren zur Anpassung des Sachwerts, die aus dem Verhältnis geeigneter Kaufpreise zu entsprechenden Sachwerten abgeleitet werden. Sie dienen zur Erfassung der allgemeinen Wertverhältnisse auf dem Grundstücksmarkt, soweit diese nicht auf andere Weise zu berücksichtigen sind.

schädliche Bodenveränderungen

Quelle: § 2 Abs.3 BBodSchG

Beeinträchtigungen der Bodenfunktionen, die geeignet sind, Gefahren, erhebliche Nachteile oder erhebliche Belästigungen für den Einzelnen oder die Allgemeinheit herbeizuführen.

Sonstige Anlagen

Quelle: SW-RL Nr. 4.2 Abs. 1

Zu den sonstigen Anlagen zählen insbesondere Gartenanlagen.

Umrechnungskoeffizienten

Quelle: § 12 ImmoWertV

Umrechnungskoeffizienten dienen der Erfassung von Wertunterschieden zwischen Grundstücken, die sich aus Abweichungen bestimmter Grundstücksmerkmal e sonst gleichartiger Grundstücke ergeben, insbesondere aus dem unterschiedlichen Maß der baulichen Nutzung oder der Grundstücksgröße und -tiefe.

Unbebaute Grundstücke

Quelle: Gleich lautende Erlasse der obersten Finanzbehörden der Länder zur Umsetzung des Gesetzes zur Reform des Erbschaftsteuer- und Bewertungsrechts vom 5. Mai 2009

Grundstücke, auf denen sich keine benutzbaren Gebäude befinden.

Verdachtsflächen

Quelle: § 2 Abs. 3 BBodSchG

Grundstücke, bei denen der Verdacht *schädlicher Bodenveränderungen* besteht.

Verwaltungskosten

Quelle: § 2 Abs. 2 BetrKV (nahezu wortgleich § 19 Abs.2 Nr. 1 ImmoWertV), EW-RL, Nr. 6.1

Die Kosten der zur Verwaltung des Gebäudes erforderlichen Arbeitskräfte und Einrichtungen, die Kosten der Aufsicht, der Wert der vom Vermieter persönlich geleisteten Verwaltungsarbeit, die Kosten für die gesetzlichen oder freiwilligen Prüfungen des Jahresabschlusses und die Kosten für die Geschäftsführung.

Wertermittlungsstichtag

Quelle: § 3 Abs.1 ImmoWertV

Der Wertermittlungsstichtag ist der Zeitpunkt, auf den sich die Wertermittlung bezieht.

Zeitrentenbarwertfaktor (Vervielfältiger)

Vervielfältiger zur Ermittlung des *Barwerts* regelmäßig wiederkehrender Zahlungen, sofern es sich dabei nicht um Leibrenten *(Leibrentenbarwertfaktor)* handelt. Im Rahmen des Ertragswertverfahrens wird bei der Ermittlung des Barwerts von konstanten jährlich nachschüssigen Zahlungen ausgegangen.

16.2 Mietbegriffe und ihre Zusammenhänge

Quelle: *AG „Ertragswertmodell" der AGVGA.NRW, Modell zur Ableitung von Liegenschaftszinssätzen, Stand: Juni 2016, © Daten der Gutachterausschüsse für Grundstückswerte NRW (2016), (www.govdata.de/dl-de/by-2-0), https://www.boris.nrw.de*

Abschlussmiete

Ist die im Einzelfall beim Vertragsabschluss tatsächlich vereinbarte Miete.

Bestandsmiete

Ist die Miete für Wohn/Gewerberaum in einem bereits seit längerem bestehenden Wohn/Gewerberaummietverhältnis.

Kostenmiete

Ist die kostendeckende Miete im Sinne der Neubaumietenverordnung; sie darf bei preisgebundenem Wohnraum (öffentlich geförderter Wohnungsbau) nicht überschritten werden.

Marktmiete

Ist der am Wertermittlungsstichtag gegebene Durchschnitt der Abschlussmieten für vergleichbaren Wohn/Gewerberaum.

Nachhaltig erzielbare Miete

Ist ein Begriff der Wertermittlungsverordnung: § 16 Abs. 1 WertV schrieb vor, dass bei der Ermittlung des Ertragswerts von dem nachhaltig erzielbaren jährlichen Reinertrag auszugehen ist.

Für *Kleiber* ist der Reinertrag nachhaltig, mit dem die Entwicklung der Rendite „auf Dauer", d.h. über die gesamte Restnutzungsdauer der baulichen Anlagen berücksichtigt wird.[1]

Nach *Sprengnetter*[2] handelt es sich hierbei um die eine langfristige Entwicklung berücksichtigende Miete. Sie sollte unter Heranziehung langperiodischer Mietpreisanalysen (bundesdurchschnittliche Mietpreisentwicklung) abgeleitet werden.

Ortsübliche Miete

Ist ein Begriff aus dem Mietrecht für den frei finanzierten Wohnraum: Nach § 558 BGB ergibt sich die ortsübliche Vergleichsmiete aus den Entgelten, die für Wohnraum vergleichbarere Art, Größe, Ausstattung, Beschaffenheit und Lage in den letzten vier Jahren vereinbart oder geändert worden ist. Die ortsübliche Vergleichsmiete kann durch einen Mietspiegel nachgewiesen werden.

Zulässige Miete

Das Mietpreisrecht, welches die Frage nach der zulässigen Miethöhe beantwortet und die einzelnen Mieterhöhungsmöglichkeiten regelt, ist je nach Wohnungsart unterschiedlich:

1 z.B. *Kleiber; Simon*: WertV'98, § 16 RdNr. 5. 5. Auflage 1999.
2 *Sprengnetter*: Handbuch zur Ermittlung von Grundstückswerten, Bd. VI.

Das Bürgerliche Gesetzbuch (BGB), hier insbesondere die §§ 556 bis 561 BGB, gelten für alle nicht preisgebundenen Wohnungen.

Bei Sozialwohnungen sind das Wohnungsbindungsgesetz (WoBindG), die Neubaumietenverordnung (NMV) und die Zweite Berechnungsverordnung (II.BV) maßgeblich.

Im Ertragswertmodell anzuwenden ist die folgende Definition:

Marktüblich erzielbarer Ertrag gemäß ImmoWertV

Der Begriff der marktüblich erzielbaren Erträge entspricht im Wesentlichen dem Begriff der nachhaltig erzielbaren Miete aus der WertV. Nach der Begründung zu § 17 ImmoWertV sind marktübliche Erträge nachhaltig erzielbar. Die ortsübliche Vergleichsmiete stellt in der Regel eine gute Annäherung an die marktüblich erzielbaren Erträge dar und kann daher in die Berechnungen des Ertragswertverfahrens eingeführt werden.

Empfehlung:

Bei der Auswertung der Kaufverträge bzw. der Ableitung von Liegenschaftszinssätzen ist es unter arbeitsökonomischen Gesichtspunkten empfehlenswert , die ortsübliche Vergleichsmiete in die Berechnungen einzuführen, da sie eine gute Annäherung an die marktüblich erzielbaren Erträge darstellt und hypothesenfrei insbesondere aus Mietpreisspiegeln zu ermitteln ist.

Stichwortverzeichnis

F

H

J

K

M

N

Q

R

S

T

U

V

W

Z